Bernhard Kytzler
Lutz Redemund

Unser tägliches LATEIN

Lexikon des lateinischen Spracherbes

VERLAG PHILIPP VON ZABERN · MAINZ AM RHEIN

Bernhard Kytzler
Lutz Redemund

Unser tägliches LATEIN

Lexikon des lateinischen Spracherbes

XXXIX, 1000 Seiten

Die Herausgabe des Werkes wurde durch die
Vereinsmitglieder der WBG ermöglicht.

Bibliografische Information der Deutschen Nationalbibliothek

Die Deutsche Nationalbibliothek verzeichnet diese Publikation
in der Deutschen Nationalbibliografie; detaillierte bibliografische Daten
sind im Internet über <*http://dnb.d-nb.de*> abrufbar

7. Auflage 2007

ISBN: 978-3-8053-1301-8

Printed in Germany by Philipp von Zabern
Printed on fade resistant and archival quality paper (PH 7 neutral) · tcf

Inhaltsverzeichnis

Vorwort

Die Autoren des vorliegenden Werkes haben sich zum Ziel gesetzt, den Stellenwert des Lateinischen in der modernen Deutschen Sprache umfassend und in seinen wesentlichen Bestandteilen darzustellen, und zwar in bezug auf Fremd- und Lehnwörter ebenso wie im Hinblick auf Redewendungen.

Die bisherigen Veröffentlichungen sind entweder sehr unvollständig oder fußen auf Untersuchungen aus dem vorigen Jahrhundert; sie sind daher unbrauchbar oder veraltet. Zudem wurde dabei vom lateinischen Ursprungswort ausgegangen, sodaß der Leser, der nicht über tiefergehende Kenntnis der Lateinischen Sprache verfügt, keinen Nutzen daraus gewinnen kann.
Die gängigen Wörterbücher bieten nicht immer die notwendigen Informationen, z. B. fehlen Angaben über die Herkunftswörter; außerdem präsentieren sie unsortiert Fremdwörter aus allen Sprachen und müssen sich aus räumlichen Gründen inhaltlich sehr einschränken.
In Fremdwörterlexika hingegen fehlen sämtliche Lehnwörter, die einen beträchtlichen Teil der aus dem Lateinischen stammenden Wörter ausmachen. Dies gilt auch für Redewendungen.
Greift man zu einem mehrbändigen Werk, so sind die gewünschten Erkenntnisse oft nur schwer zu finden und verschwinden in einem Wust unübersichtlich angeordneter Fakten (ganz abgesehen von dem hohen Anschaffungspreis).

Dieses Buch stellt in nur einem Band auf rund 1000 Seiten das gesamte sprachliche Erbe der Römer dar; es schafft auf diese Weise dem Bedürfnis der Philologen nach Rechtfertigung für den heutigen Stellenwert der Lateinischen Sprache ebenso Abhilfe, wie es den Lateinunkundigen – und das dürfte heutzutage die Mehrheit sein – über die Herkunft und Bedeutung des Wortes oder der Floskel ins Bild setzt. Die große Übersichtlichkeit gewährleistet dabei ein schnellstmögliches Auffinden des Gesuchten. Somit scheint gewährleistet, daß die auf dem Buchmarkt vorhandene Lücke eines Nachschlagewerkes für jedermann auf diesem Gebiet nachhaltig geschlossen werden konnte.

Die enorme Anzahl lateinischer Fremdwörter im Deutschen und auch in den anderen europäischen Sprachen zeigt, daß Latein keine „tote Sprache" ist, sondern in seinen europäischen Kindern munter fort lebt, ja mit den Neuschöpfungen der modernen Technik-Sprachen täglich neu geboren wird!

Die Autoren wünschen dem Leser bei der Benutzung dieses Buches, daß er nicht nur seinen Wissensdurst stillen kann, sondern auch manche überraschende Erkenntnis gewinnt (auf die er sonst vielleicht nicht gekommen wäre); sie wünschen sich selbst, daß dieses Buch dem Leser die benötigte Information bieten und ihm als nützliches Nachschlagewerk dienen möge.

* * *

Das vorliegende Buch ist in der Zeit von Mai 1989 bis Oktober 1991 entstanden. Die Arbeiten wurden mit Finanzmitteln der Bundesanstalt für Arbeit in Nürnberg unterstützt. Durch die Einrichtung einer Arbeitsstelle als Wissenschaftlicher Mitarbeiter im Rahmen des ABM-Programms konnte so die Durchführung eines solch umfänglichen Projekts ermöglicht werden.

Die Druckvorlagen wurden auf Macintosh-Computern unter Verwendung des Programms WORD 4 in den Schriftarten New Century Schoolbook und Kadmos erstellt und auf einem Macintosh-Laserwriter produziert.

Dem Verlag Philipp von Zabern, namentlich Herrn Franz Rutzen, gebührt unser außerordentlicher Dank dafür, daß er ein derart umfangreiches Manuskript bereitwilig in Druck gegeben und unsere Vorschläge und Wünsche ohne Einwände aufgenommen hat.

Die Autoren sind darüber hinaus folgenden Personen bzw. Institutionen zu Dank verpflichtet:
Dem Seminar für Klassische Philologie der Freien Universität Berlin und ihrem Direktor Prof. Dr. Bernd Seidensticker für die großzügige Bereitstellung von Räumlichkeiten und Arbeitsmaterialien;
Frau Beatrice Krieg für die freundliche Unterstützung im Zusammenhang mit der Produktion des Laserausdrucks;
Herrn Dr. Dietmar Najock für die zahlreichen Ratschläge bei der Erstellung des Sachgruppenkataloges;
Frau Christiane Staege, Frau Birgit Kleinert und Frau Ina Lehmann für die Mithilfe bei der Eingabe des Manuskripts in den Computer.

Ganz besonderer Dank gilt Herrn Dr. Christian Wildberg für die unschätzbare Hilfe und Beratung bei der Erstellung der Computer-Vorlagen. Ohne ihn wären die Arbeiten - zumal in so kurzer Zeit - nicht zu bewältigen gewesen.

Weiterhin sei allen gedankt, die zu dem förderlichen Arbeitsklima der Forschungsstelle Neulatein beigetragen und so die Arbeiten an dem Buch befördert haben. Es sind dies im besonderen: Herr Ralf Leu, Wissenschaftlicher Mitarbeiter; die Mitglieder der S.E.C. (Societas Europaea Studiosorum Philologiae Classicae / Desiderius-Büro), namentlich ihr unermüdlicher Präsident Herr Nikolaus Eberl, Frau Sabine Adlkofer u. a.; schließlich alle, die an der Schaffung eines so angenehmen Umfeldes beteiligt gewesen sind.

Berlin, im Oktober 1991

Bernhard Kytzler
Lutz Redemund

Vorwort

zur fünften Auflage

Dem regen Interesse des Publikums wie der freundlichen Aufnahme seitens der Kritik ist es zu verdanken, daß nur fünf Jahre nach dem Erscheinen dieses Buches bereits die fünfte Auflage veröffentlicht werden kann. Wie bereits die vorausgegangenen Neuauflagen so bietet auch diese dem Benutzer verschiedene Verbesserungen, die am Ende des Bandes einzusehen sind. Es sind dies die Korrekturen auf den Seiten 977 bis 990 und die Nachträge auf den Seiten 991 bis 1000. In diesem Zusammenhang ist all jenen aufmerksamen Benutzern und freundlichen Lesern zu danken, die den Verfassern zahlreiche Hinweise für Korrekturen, Klärungen und Hinzufügungen haben zukommen lassen. Erneuter Dank gilt auch dem Verlag Philipp von Zabern und insbesondere Herrn Franz Rutzen, die das Werk weiterhin mit aktiver Anteilnahme betreut haben.
Zwei Bereiche sind kurz anzusprechen. Da ist zum einen die gern gestellte Frage nach den Kriterien der Auswahl der Stichwörter. Hierzu ist auf S. XVf. das Nötige gesagt; insbesondere ist auf den Schlußparagraphen mit der Betonung des Restes an persönlicher Entscheidung hinzuweisen, ohne welche eine uferlose Menge an Material aufzubereiten gewesen wäre, welches für die Allgemeinheit nur von sehr geringem Nutzen wäre. Zum anderen ein Vorverweis: Ein Parallelwerk „Unser tägliches Griechisch" befindet sich in Vorbereitung; wir hoffen, es etwa in Jahresfrist vorlegen zu können.

Bernhard Kytzler — Lutz Redemund
Berlin und Durban, im August 1997.

Vorwort

zur sechsten Auflage

Im Laufe von zehn Jahren sind durch interessierte Leser weitere Einzelheiten zu Tage gefördert worden, die der Korrektur bedürfen. Der weiterhin regen Nachfrage schulden es die Autoren dieses Buches, die Interessenten laufend auf dem neuesten Stand der Dinge zu halten. Deshalb wurde der Abschnitt Korrekturen und Nachträge gegenüber der vorigen Auflage nach nun weiteren fünf Jahren von uns gänzlich neubearbeitet, der Bestand an Nachträgen vorsichtig erweitert (z. B. um technische Begriffe) und dem aktuellen Sprachgebrauch angepaßt.
Ferner verweisen die Autoren auf ein weiteres Werk, das die Kenntnisse über das Fortleben der antiken Sprachen in der modernen Zeit sinnvoll ergänzt: Es handelt sich dabei um „Unser tägliches Griechisch", das jüngst im gleichen Verlag erschienen ist und die knappe Liste der Wörter griechischen Ursprungs in diesem Band erheblich ergänzt und konkretisiert. Dem geneigten Leser sei dieses Buch empfohlen, da dort bei einigen auch in diesem Band vorhandenen Wörtern die Etymologien z. T. erweitert behandelt werden konnten.
Allen Lesern sei nochmals ausdrücklich für die Mithilfe bei Aufspüren von Irrtümern, dem Verlag Philipp von Zabern für die Betreuung des Werkes gedankt.

Bernhard Kytzler — Lutz Redemund
Berlin und Durban, im August 2002.

Einführung – kulturhistorischer Teil

Die deutsche Sprache gehört, wie im allgemeinen bekannt, einer weitverbreiteten Familie an. Diese trägt je nachdem bald den Namen indo-europäisch, bald (hauptsächlich hierzulande) indo-germanisch, bisweilen auch indo-arisch. Mit dieser Zuordnung ist der grundlegende Zusammenhang angesprochen, der nahezu sämtliche Sprachen von Indien bis an den Atlantik verbindet, weit ausgreifend zwischen Skandinavien und Sizilien, zwischen dem morgenländischen Subkontinent und dem westlichen Ozean, weit zurückgreifend auch in der Zeit, bis zum Sanskrit und zum Hethitischen. Das Iranische zählt ebenso hinzu wie das Phrygische und das Baltische, desgleichen Keltisch und Illyrisch, Armenisch und Albanisch, natürlich auch Griechisch und Italisch mit Oskisch und Umbrisch, mit Latein und seinen Tochtersprachen Italienisch, Französisch, Portugiesisch. Von diesen hebt sich die germanische Gruppe, westlich der slawischen, ab mit Untergruppen wie Isländisch, Gotisch, Wandalisch, Langobardisch - und eben Deutsch.
Deutsch und Latein verbindet somit nur eine etwas entferntere Vetternschaft. Gewiß gehören beide Sprachen zu einer gemeinsamen Großfamilie; aber sie ordnen sich jeweils einer anderen Gruppe zu, weisen nähere Verwandtschaft in dem einen Falle mit den romanischen Sprachen auf, in dem anderen mit nordischen Idiomen. Geht man rein phänomenologisch vor, würde man kaum erwarten, daß gerade das Lateinische es ist, aus dem die meisten Fremdwörter im Deutschen herstammen. Das läßt sich nicht mehr aus der Geographie erklären, sondern nur aus der Tradition. Diese Tradition greift sogar noch hinter das Lateinische zurück: Verdankt dieses doch selbst zahlreiche Begriffe der griechischen Geisteswelt , die es integriert hat, um sie hernach den Tochter- und Nachbarsprachen in latinisierter Form weiterzureichen.
Als Provinzen des Imperium Romanum haben Teile des späteren deutschen Sprachraums in den Jahrhunderten um und vor allem nach Christi Geburt tiefgreifende Prägungen durch das südliche Großreich empfangen. Straßenbau, Häuserbau, Weinbau, dazu Städtegründungen und Rechtssatzungen sind von den Eroberern aus Rom und damit von der Sprache aus Latium beeinflußt worden. Dieser Prozeß der Anregung durch die römische Zivilisation und die lateinische Sprache hat sich auch in den folgenden Phasen der europäischen Geschichte fortgesetzt. Sie hat durch Mittelalter und Humanismus, durch die Frühe Neuzeit und auch die Moderne – bis hin zur Postmoderne, die selbst ein lateinisches Wort ist – gewirkt und sichtbare Spuren im Corpus des deutschen Wortschatzes hinterlassen. Diese Spuren aufzuzeigen, ist das Ziel des nachfolgenden Lexikons; dieses Lexikon dem Leser zu erschließen, ist das Ziel dieser Einleitung.

* * *

Zur Zeit Cäsars zeigten sich die ersten Berührungen zwischen Römern und Germanen. Sie waren zumeist nicht eben friedlicher Natur; so verwundert es nicht, wenn militärische Begriffe übernommen wurden, Wörter wie *Kampf* und *Kastell, Pfeil* und *Wall, Meile* und *Straße*. Auch die Wasserstraßen wurden von den Römern genutzt; die Worte *Anker* oder *Riemen* (= Ruder) zeugen davon. Der Name des Imperators selbst, Cäsar, ging als *Kaiser* ins Deutsche, als *Zar* ins Russische ein. Die Gerichtsbarkeit ließ zahlreiche Begriffe die Sprachgrenze überqueren, so *Kette* und *Kerker*, *Pacht* und *Pfand*. Noch deutlicher, noch zahlreicher die Zeugnisse in der Architektur: *Ziegel* und *Schindel*, *Kalk* und *Maüer*, *Pforte* und *Pfeiler*, *Fenster* und *Kammer*. Gleich zweimal ist das lateinische Wort cella ins Deutsche übernommen worden: zunächst, noch mit K-Aussprache, als *Keller*, später dann mit der C-Lautung als *Zelle*. Doch bevor mehr von den christlichen Begriffen zu sagen ist, muß erst noch der weite Bereich des Wein- und Ackerbaus, der Landwirtschaft und des Handels Erwähnung finden.

Kohl etwa, als Gemüse- wie als Eigenname gebräuchlich, ist eines jener zahlreichen Wörter aus dem Lateinischen, die sich in der Gartenwirtschaft etablieren. Dazu treten *Kümmel* und *Kerbel*, *Kirsche*, *Kastanie* und *Kürbis*, um nur die mit K anlautenden Wörter zu nennen. *Mispel*, *Mandel* und *Minze* kommen hinzu, ferner *Senf*, *Fenchel* und *Lorbeer*, *Rettich* und *Quitte*, *Pflaume* und *Pfirsich*. Aber nicht nur die Namen, auch die Tätigkeiten sind hier zu nennen, *pflücken* und *okulieren* und *pfropfen*. Schließlich ist sogar der Ausdruck *Pflanze* lateinischen Ursprungs. Wie im Garten, so auch auf dem Feld: *Forke* und (Dresch-)*Flegel* gehören hierher, der *Stiel* und die *Frucht*, die *Stoppeln* und die *Sichel*. Das Roß wird nun *Pferd* genannt, *Pfau* und *Fasan* treten auf, das Federvieh sorgt für *Kissen*, *Flaum* und *Flocke*.

In der Küche geht es nicht anders zu: Vieles ist da lateinischen Ursprungs, in der Sache wie im Namen. Schon die *Küche* selbst ist ein solches Wort, ebenso das, was sich in ihr findet, wie *Kessel* und *Schüssel*, *Pfanne* und *Becken*, *Tisch* und *Mühle*.

Am wichtigsten aber ist der *Wein*: Wiederum sind Sache wie Wort übernommen, mitsamt allen einschlägigen Ausdrücken, dem *Winzer* und dem *Küfer*, dem *Most* und dem *Essig*, den Behältnissen wie *Kelch*, *Bottich*, *Eimer*, *Kübel*, und den Gerätschaften wie *Kelter*, *Trichter* und *Presse*. *Vivat Bacchus!*

Kaum ein *Kaufmann* wird sich bewußt sein, daß sein Berufsstand samt seiner *Kasse* einen lateinischen Namen tragen, kaum ein *Markt*besucher wissen, daß die Bezeichnung dieses Ortes ebenfalls aus dem Lateinischen herrührt. Auch was dazu gehört, ist hier zu einzureihen: *Kiste* und *Korb*, *Speicher* und *Sack*, *Münze* und *Unze*, *Pfund* und *Zins*.

Schließlich ist das tägliche Leben mit all seinen vielen Facetten ebenfalls durchdrungen von römischen Sachen und lateinischen Namen aus jener Zeit. Das beginnt mit den Namen der Wochentage von *Sonntag* bis *Samstag*, die Lehnübersetzungen aus dem Lateinischen sind; das schließt den Bereich der Kleidung ein mit Dingen wie *Socke* und *Sohle*, es erstreckt sich auch auf Alltagsdinge wie den *Spiegel* und den *Schemel*, die *Fackel* und die *Kerze*.

* * *

Es mag gut sein, hier erst einmal innezuhalten. Dieses Vorwort soll ja nicht etwa das folgende Lexikon vorwegnehmen; es soll nicht als Auflistung erscheinen, die einen ausgewählten Wortbestand vor Augen führt. Aber da die Anordnung im Lexikon die alphabetische – und darum eine ganz und gar nichtssagende – ist, wird es gut sein, vorab einige Hinweise zu geben, die den Leser und Benutzer auf zwei Ordnungsprinzipien verweisen: das chronologische und das systematische.
Der vorangegangene Paragraph hat sich auf jene Worte bezogen, die in der ersten Phase der Begegnung von Römern und Germanen Eingang in die deutsche Sprache gefunden haben. Sieht man dieses kleine *Corpus* genauer an, so zeigt sich, daß es, abgesehen vom *Kalender* mit seinen Wochentagen, allein dingliche Bezeichnungen zu verzeichnen hat, Gegenstände des Alltags, keine Abstraktionen oder Institutionen. Diese treten erst später auf; zunächst bietet sich mit dem frühen Christentum ein neuer Bereich des Spätlateins den Provinzialen dar.
Zu den anfänglichen Übernahmen zählen Wendungen wie *Probst*, *Pfründe* und *Münster*; auch der zentrale Begriff des *Segnens* gehört hierzu. Vor allem das über Jahrhunderte hin wirksame Kulturinstrument des *Klosters* hat seine sprachliche Wurzel im Lateinischen, ebenso wie seine Bewohner, die *Mönche* und die *Nonnen*.
Im Althochdeutschen werden rasch weitere wichtige Wendungen heimisch: der *Dom* und die *Kapelle*, der *Altar* und die *Messe*, die *katholische Religion* und das *Martyrium*, der *Psalm* und die *Predigt*, die *Vesper* und selbst das *Kreuz*, zu dem sich die vollständigere Form *Kruzifix* stellt. Insbesondere treten auch Titel und Ämterbezeichnungen hervor, wie *Kaplan* und *Küster*, *Abt* und *Äbtissin*, *Prälat* und *Dekan*. Aber auch Dingliches bleibt nicht ausgeschlossen, wie die *Kanzel* und die *Orgel*, die *Lampe* und die *Ampel*. Hinzu treten auch Eigenschaften wie *nüchtern* oder *keusch*, Begriffe des *Kults* wie *Text* und *Legende*, *Patron* und *Pilger*, *Ordensregel* und *Spende*. Daß weiterhin neben den als Fremdwörtern integrierten Ausdrücken auch zahlreiche Übersetzungslehnwörter aus dem Lateinischen stehen, wie *Gewissen*, *Gevatter*, *Gemeinde*, ferner etwa noch *Weissagung*, *Jünger*, *Fegefeuer*, *Beichte*, sei am Rande vermerkt.
Die Klöster waren Zentren der *Mission*, aber auch der Gelehrsamkeit. Aus diesem Wortschatz des Forschens, Schreibens, überhaupt der Bildung, sind zahlreiche Zeugnisse des lateinischen Ursprungs erhalten, Wörter wie *Schule* und *Schüler*, *schreiben* und *dichten*, *Tinte* und *Zettel*, *Griffel* und *Linie*, *Brief* und *Siegel*. Auch im Bauwesen sind viele Fortschritte sprachlich dokumentiert in Wendungen wie *Turm*, *Portal*, *Gruft*, in Wörtern wie *Gips* und *Zement*, *Mörtel* und *Marmor*. Desgleichen weist die Kleidung vielerlei Neues auf: die *Albe* und die *Kappe*, ferner Luxusgegenstände wie *Seide* und *Perle*, *Pelz* und *Teppich*.
Natürlich ist die lateinisch geführte Verwaltung ebenfalls mit vielerlei lateinischen Wendungen dokumentiert. Statt sie im einzelnen aufzuzählen, sei auf einen Mustersatz verwiesen, dem gleich vier Wörter aus der Römersprache entnommen sind: *Kanzler Kohl regiert* die *Republik*.

Einen interessanten Übergang kann man in einer Reihe von Wörtern finden, die von der lateinischen Amtssprache in die Kaufmanns- und von dort in die Alltagssprache übergegangen sind: *Rente* und *Register*, *Datum* und *Summe*, *Kopie* und *Privileg*. So manches ist dann auch auf dem Wege über das Italienische in diesen Bereich eingedrungen, das nun freilich hier nicht mehr zu besprechen ist.

* * *

Im Mittelalter, insbesondere in seinen späteren Jahrhunderten, sind es die nämlichen Bereiche, die die deutsche Sprache mit lateinischen Wendungen bereichern. An erster Stelle ist die Kirche zu nennen, die ein weites Vokabular zur Verfügung stellt, wie die *Passion* und das *Requiem*, die *Absolution* und die *Exkommunikation*, die *Prozession* und die *Lektion*, ferner *Talar* und *Tonsur*, *Inquisition* und *Monstranz*, *Kantor* und *Konfession*. Dabei ist auch manches in volkssprachlicher Verformung zu gänzlich gegensätzlicher Bedeutung gelangt, wie *Sapperment* (aus sacramentum) und *Hokuspokus* (aus den Wandlungsworten der lateinischen Messe Hoc est corpus meum = Dieses ist mein Leib). Umgekehrt werden von der internationalen gelehrten Welt Wendungen verwendet, die bis ins Sozio-Kauderwelsch der Gegenwart reichen, wie *Disput* und *Diskurs*, *Text* und *Traktat*, *Argument* und *Definition*.
Nicht minder sind in den verschiedenen Fachsprachen regelmäßig lateinische Ausdrücke die vorherrschenden: in der *Medizin* und der *Musik* zum Beispiel, wo die Namen der *Intervalle* wie *Oktave*, *Quinte*, *Quart*, *Terz* usw., aber auch *Komposition* und *Konsonanz*, *Resonanz* und *Takt*, *Kontrapunkt* und *Pause* einerseits, *Klistiere* und *Koliken*, *Karbunkel* und *Furunkel* andererseits samt *Rezept* und *Medikament*, *Puls* und *Pulver* aufs Latein verweisen. Dasselbe gilt für die Mathematik und die Chemie. Diese letztgenannte holt aus der Alchemie ihren Wortvorrat, integriert mit Wendungen wie *Essenz* und *Extrakt*, *Mixtur* und *Tinktur*; die erstgenannte verwendet die heute schon dem Schulkind geläufigen Termini wie *addieren* und *multiplizieren*, *Zirkel* und *Quadrat*. Zuletzt sind noch die lateinischen Monatsnamen des *Kalenders* anzufügen, die von *Januar* bis *Dezember* den antiken Kalender tradieren, von *Anno domini* bis *Anno* dunnemals ... .

* * *

Der Humanismus setzt neue Akzente. Er bringt auch 1571 aus der Feder von Simon Roth das erste Fremdwörterbuch des Deutschen hervor. Hier schon, unter etwa 2000 Beispielen, gehören etwa zwei Drittel zu denjenigen Wörtern, die aus dem Lateinschen und Griechischen stammen – eine Proportion, die auch in späteren, umfangreicheren Fachwörterbüchern kaum korrigiert wird. Der lateinische Unterrichtsbetrieb hinterläßt nun kräftige Spuren, von A wie *Abitur* bis Z wie *Zensur*, in der *Interpretation* wie in der *Exkursion*, dem *Pensum* und den *Ferien*, im *Diktieren*, *Deklamieren*, *Demonstrieren* (sic!), im *Präparieren*, im *Repetieren* und im *Rezitieren*. Das *Studium*, die *Universität*

mit ihren *Fakultäten*, ihren *Professoren* und *Doktoren*, dem *Karzer* und dem *Consilium abeundi* – genug der *Vokabeln!*
Dies ist auch die Zeit, in der selbst deutsche Familiennamen ins Latein übertragen wurden, sodaß Fischer nun *Piscator* hieß und Bauer sich *Agricola* nannte; daneben gibt es freilich auch Namen, die nicht übersetzt, sondern direkt aus dem Lateinischen entstanden sind, wie z. B. *Zabern* aus taverna.
Zuweilen wandte man selbst im Deutschen lateinischen Deklinationsformen an („Ich glaube an Jesum Christum") und nahm entsprechende Pluralbildungen vor, sprach also von *Tempora* und *Termini*.
Es ist auch die Zeit, in der im Jahre 1495 das *Corpus Juris* durch die Kammergerichtsordnung hierzulande Fuß faßte, so daß man nun *appellieren* und *annullieren* kann, *konfrontieren* und *konfiszieren*, *adoptieren* und *alimentieren*, *protestieren*, *arrestieren* und *inquirieren*.
Schließlich ist es auch die Zeit, in der die lateinischen Sprüche und Zitate in der deutschen Sprache heimisch zu werden beginnen. Die „Geflügelten Worte" Georg Büchmanns in seinem Buch der bürgerlichen Bildungsbelege beanspruchen, um die aus dem Latein herrührenden Redewendungen aufzulisten, beinahe die doppelte Seitenzahl wie für die aus dem Griechischen stammenden: von *in dulci jubilo* bis *in flagranti*, vom *Credo, quia absurdum* bis zum *Alea iacta*, vom *Et tu, Brute?* bis zum *Et in Arcadia ego*. Ob wir *cui bono?* fragen oder *suum cuique* für angemessen halten, ob wir etwas *sub specie aeternitatis* betrachten oder lieber *O tempora, o mores!* deklamieren, die Sättigung unseres Denk- und Sprachbestandes mit lateinischem Gut ist unübersehbar. Es mögen Dichterzitate oder Rednersätze sein, juristische oder theologische Formulierungen, genau bezeichenbares, einmaliges historisches Gut oder nur vage bestimmbares traditionelles: Es bewirkt in jedem Falle eine formal geschlossene, gedanklich präzisierte Verständigung, die der Kommunikation durch eingeschliffene semantische Werte dient und den Parteien zu rascherem, tieferen und intensiverem Begreifen verhilft.
Vergessen wir nicht, daß die Epoche des Humanismus auch die Zeit ist, in der die (westliche) Erfindung des Buchdrucks eine revolutionäre Wandlung der Kommunikationsmöglichkeiten einleitet. Vergessen wir auch nicht, daß es damals ein lateinisches Buch war, welches als erstes von Gutenberg in Mainz gedruckt wurde: die Bibel, nicht in der Sprache Christi, dem Aramäischen, auch nicht in der Originalsprache des Buches selbst, dem Griechischen, sondern in der Weltsprache Latein. Anhangsweise ist noch daran zu erinnern, daß auch die Drucker ein ganzes Arsenal lateinischer Fachausdrücke zur Hand haben, wenn es um ihre Kunst geht: das *Exemplar* und das *Faksimile*, das *Format* und die *Kolumne*, die *Korrektur* und die *Makulatur*, vom *Autor* und seinem *Manuskript* ganz zu schweigen. Aber wir wollen hier vorderhand abbrechen.

* * *

Nicht nur die klassische und die späte Antike, nicht allein das Mittelalter und die Renaissancezeit haben der deutschen Sprache lateinische Wendungen vererbt. Auch das sogenannte Neulatein ist hier mit wirksam geworden. Es bezeichnet im weiteren Sinne das nach dem Mittelalter gesprochene und

geschriebene Latein, hier und jetzt insbesondere das auch noch nach den hohen Zeiten des Humanismus mündlich und schriftlich verwendete Latein. Auch aus ihm ist nahezu ein halbes Tausend deutscher Fremdwörter zu verzeichnen. Freilich sind dies teils Fachvokabular für naturwissenschaftliche Kategorisierungen, teils „-ismen", die nach der griechischen Endsilbe *„-ismos"*, lateinisch *„-ismus"*, an mancherlei moderne Dinge angehängt werden, an den *Journalismus* wie den *Parlamentarismus*, den *Imperialismus*, den *Revanchismus* und den *Kommunismus*, den *Stalinismus* und den *Liberalismus*. Wie man sieht, eine sehr *kunterbunte* Mischung recht unterschiedlicher Gedanken und Gestalten, denen man noch den *Opportunismus*, den *Machiavellismus* und den *Marxismus* hinzufügen mag. Auch den *Humanismus*.
Auch das galante Zeitalter hatte viel Lateinisches dem Deutschen zugeführt. Freilich geschah dies vornehmlich auf dem Weg über die Sprache der gebildeten Gesellschaftsschichten, das Französische, das nun an das Nachbarland weitergab, was ihm aus der eigenen Frühzeit zur Verfügung stand. Im 19. Jahrhundert wiederum wurden zahlreiche Termini in den erwachenden Wissenschaften geprägt, wobei die lateinische Tradition starke Berücksichtigung fand.
In den letzten Jahrzehnten sind es vor allem neue Erfindungen in Wissenschaft und Technik, die gern mit neugeprägten altlateinisch anmutenden Benennungen bezeichnet werden. *Nukleare* Forschung gehört hierher, der *Computer* wie auch der *Astronaut*, um nur die bekanntesten hervorzuheben. Sie zeigen, wie auch in der Gegenwart das Einströmen neuer lateinischer Worte in die deutsche Sprache weiterhin anhält, auch wenn es sich um Kunstworte handelt, die eine Tradition weiterführen, ohne ihr recht eigentlich noch anzugehören. Wie ist dieser ganze Vorgang des Sprachtransfers, der so viele Epochen verbindet und nun schon zwei Jahrtausende umfaßt, einzuordnen?
Man wird nicht übersehen, daß es in der Gegenwart vor allem die englische Sprache ist, die zur Bereicherung – sagen wir vorsichtiger: zur Erweiterung der deutschen Sprache beiträgt. Das hat mit der Technisierung der Welt zu tun und dem Wissenstransfer, der in der Technik vornehmlich auf Englisch vor sich geht. Sie ist die Lingua Franca, die heute *Ingenieure* und *Diplomaten*, *Touristen* und *Handelsmanager* miteinander *international* leichter verkehren läßt. Aber im Hintergrund ist auch weiterhin die *Latinität* am Werk, die gerade bei herausragenden Ereignissen beschworen wird, etwa bei der *Transplantation* von Organen, bei *interplanetarischen Missionen*, *extraterrestrischen Exkursionen* und *nuklearen Experimenten*.
So verbindet sich aktuellste Gegenwart mit uralter *Tradition*. Jene lebendige, *latente Latinität*, die sich in unsere Muttersprache eingewoben hat, macht sie in stärkerem Maße zur europäischen *Konstante:* Sie teilt so mit ihren Sprachschwestern in den anderen *Regionen* unseres *Kontinents* gemeinsames Erbe und zugleich die Formung und Bewältigung gegenwärtiger Entwicklungen. Es bleibt eine ebenso lockende wie leider unbeantwortbare Frage, was wohl an neuen, lateinisch *inspirierten Vokabeln* einer Neuauflage dieses Buches in ein, zwei oder drei *Generationen* hinzuzufügen sein wird. Doch das mag die Zukunft lehren.

Einführung in die Arbeit mit dem Wörterbuch

1. KRITERIEN FÜR DIE AUSWAHL DER WÖRTER IM LEXIKALISCHEN TEIL

Der vorliegende Lexikon-Teil **enthält** alle wichtigen Wörter lateinischer – einschließlich spät-, vulgär- oder mittelateinischer – Herkunft aus dem täglichen Sprachgebrauch sowie einige zentrale Wörter aus den Fachsprachen.
Darüber hinaus sind einige inzwischen veraltete, aber in literarischen Werken noch vorkommende Ausdrücke aufgenommen worden. So wurden von insgesamt rund 25 000 Wörtern die ca. **14 000** bedeutendsten ausgewählt.

Enthalten sind ebenfalls all diejenigen Wörter **lateinischen Ursprungs**, die indirekt über andere europäische Sprachen ins Deutsche eingedrungen sind. Dies gilt auch für Wörter vulgär-, spät- oder mittellateinischer Herkunft, selbst dann, wenn die Herleitung nicht völlig sicher geklärt ist (und möglicherweise lediglich eine gemeinsame germanische Wurzel zugrunde liegen könnte).

Originär **neulateinische Wörter** finden sich in einer separaten Liste im Anhang des Buches.

Wörter **griechischer Herkunft**, die als Fremdwörter in der lateinischen Sprache in Erscheinung treten, können ebenfalls einer gesonderten Auflistung im Anhang entnommen werden. Dort finden sich auch Wörter anderer Sprachen (z. B. hebräischer oder ägyptischer Herkunft), die über das Griechische als Fremdwort ins Lateinische eindrangen.

Wörter aus dem Griechischen oder anderen Sprachen, die im Lateinischen zu Lehnwörtern geworden sind, d. h. sich lautlich verändert haben und mehr als nur reinen Fachwortcharakter im Lateinischen besaßen, wurden in den Lexikonteil integriert. In Zweifelsfällen erfolgte sowohl die Aufnahme in den lexikalischen Teil als auch in die Liste griechischer Wörter im Anhang.

Aus mehreren Wörtern bestehende **Redewendungen** und Ausdrücke befinden sich in einer umfangreichen Zusammenstellung im Anhang.
Aufnahme fanden auch diejenigen **Wörter**, die ihren Ursprung in **Österreich**, der **Schweiz** und der ehemaligen **DDR** haben. Letztere sind noch mit dem Kürzel „DDR" hinter der Bedeutung versehen, da ihre Entstehung in eine Zeit fällt, in der dieser Staat noch existierte; dabei wird sich zeigen, ob sich solche Wörter in den neuen Bundesländern halten und vielleicht auch in den alten Bundesländern durchsetzen werden oder nicht.
Nicht aufgenommen wurden dagegen solche Wörter **griechischer** oder **anderer Herkunft**, die erst im **Mittelalter** oder in der frühen Neuzeit (also

mittellateinische und neulateinische Wörter) ins **Lateinische** eingedrungen sind und daher nicht als lateinischen Ursprungs gelten können.

Ebenfalls nicht aufgenommen wurden diejenigen Wörter, die auf eine dem Deutschen und Lateinischen und auch anderen europäischen Sprachen zugrundeliegende gemeinsame **indogermanische Wurzel** zurückgehen. In diesem Falle ist von einer analogen Entwicklung, nicht jedoch von einem Mutterverhältnis des einen Wortes zum anderen auszugehen.

Zusammengesetzte Wörter fanden nur dann eine Aufnahme, wenn ihre jeweiligen Teile einzeln andere Bedeutungen haben als das zusammengesetzte Wort. Aus Gründen der Beschränkungen wurden solche Zusammensetzungen fortgelassen, die von der Bedeutung her leicht von den Einzelteilen her erschlossen werden können. Die Wortmenge würde ansonsten durch die immense Zahl von Zusammensetzungen ins Uferlose steigen. Dies trifft besonders auf solche zu, die unter Verwendung deutscher Präpositionen (z. B. an-, auf-, ver-, zer-) in Kombination mit einem lateinischen Fremd- oder Lehnwort entstehen.
Bei zusammengesetzten Wörtern empfiehlt es sich daher, unter den jeweiligen **Einzelwörtern nachzuschlagen**, falls die Zusammensetzung nicht gefunden werden kann.

Namen, die z. B. Personen bezeichnen, wurden ebenso wie Vornamen oder Produktbezeichnungen **nicht** aufgenommen. Davon ausgenommen sind nur einige wenige Bezeichnungen für geographische Begriffe sowie des weiteren Produktbezeichnungen, die in der Umgangssprache synonym für die ganze Produktgattung verwandt werden (z. B. Tempo für Papiertaschentuch).

Trotz des Bemühens, alle wesentlich erscheinenden Wörter aufzunehmen, bleibt ein Rest an persönlicher Entscheidung. Eine Aufnahme aller auffindbaren Wörter hätte den Rahmen dieses Buches gesprengt und vom eigentlichen Ziel, der konzentrierten Präsentierung des Wesentlichen weggeführt.

2. VORGEHENSWEISE

Zunächst ist unter Benutzung der letzten Auflage des Fremdwörterbuches der Dudenredaktion eine Liste sämtlicher aus dem Lateinischen stammender direkt oder indirekt übernommener Wörter erstellt worden. Diese Liste wurde auf das Maß der den Autoren relevant erscheinenden Ausdrücke reduziert. Anschließend wurden diese Wörter für den Lexikon-Teil bearbeitet, die Etymologie mit Hilfe der anderen in der Literaturliste aufgeführten Werke überprüft (gegebenfalls Korrekturen angebracht) und das jeweilige Ursprungswort aus dem Lateinischen unter Verwendung des Lexikons von Georges ermittelt. Eventuelle Lücken wurden am Schluß unter Benutzung des sechsbändigen Duden-Wörterbuchs geschlossen.

Die Redewendungen wurden den entsprechenden in der Literaturliste aufgeführten Werken entnommen und vollständig neu zusammengestellt.

3. ZU DEN EINZELNEN TEILEN DES WÖRTERBUCHS

3.1. LITERATURLISTE UND ABKÜRZUNGSLISTE

Im Literaturverzeichnis vor dem lexikalischen Teil sind die bibliographischen Angaben sämtlicher benutzter Werke vollständig aufgeführt.

Aus praktischen Erwägungen befinden sich die im gesamten Lexikon verwendeten Abkürzungen direkt vor Beginn des Lexikon-Teils.

3.2. SACHGRUPPENKATALOG

Der aufgenommene lateinische Wortschatz ist – auch was die unterschiedlichen Bedeutungen des Einzelwortes betrifft – **88 verschiedenen Sachgruppen** zugewiesen worden. Mit Hilfe der in der Liste systematisch aufgeführten Gruppen ist es möglich, einen Überblick darüber zu gewinnen, in welchen Lebensbereichen die lateinische Sprache besonders Fuß gefaßt hat. Auf diese Weise läßt sich die kulturelle Verknüpfung der Antike mit der Moderne schon anhand des Mediums Sprache sichtbar machen.

Die **Grundlage** des Sachgruppenschemas bildet ein von **Hallig-Wartburg** in den dreißiger Jahren entwickeltes und von Schmidt erweitertes System, mit dessen Hilfe sich der gesamte Wortschatz in einigermaßen überschaubare Strukturen gliedern läßt. Bei der Verwendung dieses Systems ergab sich nicht nur die Notwendigkeit, sich dabei auf Hauptgruppen zu beschränken, sondern im Nachhinein mußten auch einige Modifikation und Erweiterungen vorgenommen werden, um auf diese Weise bestimmte Gruppen nicht zu groß, andere dagegen nicht zu klein werden zu lassen. Deshalb stimmt an einigen Stellen die Struktur des Systems nicht voll mit der Reihenfolge der Numerierung überein, was jedoch keine gravierenden Nachteile mit sich bringt.

Viele Wörter lassen sich einer ganzen Reihe von Sachgruppen zugleich zuordnen; um die Fälle von **Mehrfachzuordnungen** zu verringern und endlose Zahlenkolonnen zu vermeiden, wurden überwiegend die Bedeutungsschwerpunkte bei der Zuweisung berücksichtigt und die Spanne der Möglichkeiten nicht immer voll ausgenutzt. Die Zahl der Zuordnungen wurde auf maximal fünf Sachgruppen pro Bedeutung begrenzt. Der Sachgruppe 29 (Aktion, Handlung) zum Beispiel sind nur solche Wörter zugeordnet worden, die sich ansonsten schwer einordnen lassen; im Prinzip müßten sonst alle Verba, die Tätigkeiten ausdrücken, in diese Sachgruppe aufgenommen werden.

Problematisch ist bei dem verwendeten System die Herauslösung der Fachbegriffsebene aus der Sache selbst, z. B. *Medizin* Gruppe 70 (C.2.b.3) aus *Gesundheit und Krankheit* Gruppe 14 (B.1.e). Im allgemeinen wurde so verfahren, daß weit verbreitete Begriffe und Bezeichnungen dann eher den Ebenen A (*Universum*) und B (*Mensch*), ggf. beiden Gruppierungen, reine (vor allem nicht die Sache selbst bezeichnende) Fachbegriffe jedoch nur der Ebene C.2 (*Wissenschaft und Technik*) zugeordnet wurden. Dies betrifft z. B. auch die nachträglich geschaffene Gruppe 87 (B.3.b.8) der *Freizeit- und Haushaltstechnik*, die in der Übersicht unter dem Bereich *Welt der Arbeit* firmiert, aber genauso gut auch unter *Wissenschaft und Technik* einzuordnen gewesen wäre. Hingegen wurden religiöse Begriffe eher der Sachgruppe 51 *Mythologie, Religion, Kirche* (B.4.e) als der Gruppe 77 *Philosophie, Theologie* (C.2.d.4) zugewiesen.

Auf eine Aufgliederung des deutschen Wortschatzes der lateinischen Fremd- und Lehnwörter nach Sachgruppen mußte aus Platzgründen verzichtet werden. Dornseiff hat in einer umfangreichen Arbeit dies bereits für den gesamten deutschen Wortschatz getan und ihn in zahreiche Sachgruppen aufgegliedert.

Des weiteren ist hinzuzufügen, daß die **Zuweisung** trotz der Modifikationen bisweilen **nicht unproblematisch** ist, was freilich seine Ursache in der Sache selbst hat; jeder, der sich mit dieser Materie befaßt, verbindet mit einem bestimmten Wort einen anderen Zusammenhang und weist das Wort dann einer der jeweiligen individuellen Assoziation geeignet erscheinenden Gruppe zu, wie die (mehr oder weniger gelungenen) Versuche von anderer Seite beweisen.

3.3 Lexikalischer Teil

Dieser Abschnitt stellt auf 828 Seiten etwa **11 000 Wörter ausführlich** dar. Die Auflistung erfolgte in der Regel streng **alphabetisch**, lediglich bei zur gleichen Wortgruppe gehörigen und nur geringfügig alphabetisch getrennten Wörtern gibt es wenige Ausnahme, die jedoch in keinem Falle das Auffinden des gesuchten Wortes erschweren.

Wörter, die mit Präpositionen zusammengesetzt sind und die nicht ausführlich behandelt werden, befinden sich zuweilen hinter dem Grundwort.
Wörter, die der Leser unter dem Buchstaben C (oder K, Z) vermißt, sind ggf. unter den anderen beiden oben genannten zu suchen.
Zur schnellen Orientierung besitzt jede Seite - übrigens des gesamten Werkes - eine **Kopfzeile**. Im lexikalischen Teil findet sich dort auf jeder geraden (linken) Seite links außen das erste ausführlich behandelte Fremdwort, rechts innen

die jeweilige Wortgruppenziffer; auf jeder ungeraden (linken) Seite ist diese Anordnung umgekehrt, angegeben wird dort das letzte Wort und die letzte Wortgruppenziffer auf der jeweiligen Seite. Beim raschen Durchblättern ist so rasch und mühelos feststellbar, ob das gesuchte Wort auf den beiden gerade aufgeschlagenen Seiten zu finden ist oder nicht.

Die Seitenzahl befindet sich unten auf der Seite.

Die einzelne Seite ist in **fünf senkrechte Spalten** gegliedert, zu denen im folgenden einige Erläuterungen gegeben werden.

Erste Spalte

Hier finden sich vierstellige Ziffern. Diese dienen nicht nur dem schnelleren Auffinden des gesuchten Wortes, sie fassen vor allem verschiedene Fremdwörter zu einzelnen **Gruppen** (Wortfamilien) zusammen. Als Gruppe kann man diejenigen Wörter ansehen, die alle von dem gleichen lateinischen Ursprungswort abstammen; ebenso bilden Fremdwörter eine Gruppe, wenn sie von einer lateinischen Wortfamilie abstammen. Wörter, die zur gleichen Wortgruppe gehören, tragen in dieser Spalte keine Ziffern, sondern das Zeichen „–".

Durch die Auflistung der Wörter nach dem Alphabet wird natürlich bewirkt, daß manche Wörter, die eigentlich zu einer Wortgruppe gehören, räumlich voneinander getrennt sind. Diese tragen dann auch eine andere Ziffer. Um das Auffinden der Fremdwörter nicht unnötig zu erschweren, war diese Lösung unumgänglich. Einige Verweise zu anderen Wortgruppen in der letzten Spalte, die mit „s. auch" gekennzeichnet sind, erleichtern das Auffinden von verwandten, doch durch das Alphabet getrennten Wörtern. Aus Platzgründen wurden diese Verweise jedoch sparsam gehalten. Wer alle verwandten Wörter einer Wortfamilie finden möchte, kann mit Hilfe der **Liste der lateinischen Ursprungswörter** am Ende dieses Buches S. 937ff. mühelos alle Wörter herausfinden, die sich von einem einzigen lateinischen Wort herleiten.
Das Fehlen einzelner Ziffern resultiert aus Änderungen, die sich später als notwendig ergeben haben; es bedeutet keinesfalls die irrtümliche Auslassung eines Wortes bzw. einer Wortfamilie.
Ebenso sind die zuweilen auftretenden Buchstaben hinter der Wortfamilienziffer eine Folge später vorgenommener Änderungen und Einfügungen. Sie bedingen keinesfalls eine Verwandtschaft zweier verschiedener Wortfamilien.
Die Kennzeichnung „>>>" kündigt einen **Verweis** an. In diesem Falle muß unter dem zuletzt angegebenen Wort des Verweises nachgeschlagen werden. Diese Verweise finden sich fast ausschließlich bei zusammengesetzten Wörtern. Die Wörter, bei denen woanders nachgeschlagen werden muß, sind nicht fett gedruckt.

Zweite Spalte

Hier ist in Fettdruck das jeweilige **Fremd**- bzw. **Lehnwort** in der Schreibweise, wie es in der modernen deutschen Sprache auftaucht, notiert.

Direkt **darunter** befinden sich in den meisten Fällen Angaben über den Weg, den das Wort vor dem Eindringen in die deutsche Sprache genommen hat.

Diese **Sprachenfolge** ist dem Fremdwörterbuch der Dudenredaktion entnommen; allerdings mußten an einigen Stellen Irrtümer und Ungenauigkeiten beseitigt und Ergänzungen vorgenommen werden, da die Angaben in den verschiedenen Büchern der Dudenredaktion (s. Literaturliste S. XXVIII Nr. 1-3) z. T. einander widersprechen.

Fehlt der Hinweis über Herkunftssprachen, so ist das Wort **direkt** aus dem Lateinischen ins Deutsche gelangt.
Bei Wörtern, die **nicht direkt** übernommen wurden, ist jeweils der Weg durch die einzelnen Sprachen angegeben. Die dabei verwendeten Abkürzungen sind direkt vor dem lexikalischen Teil aufgelistet. Der Übergang in eine andere Sprache ist durch das Zeichen „>" gekennzeichnet.
Zusammengesetzte Wörter bestehen oftmals aus Teilen mit unterschiedlicher Sprachenfolge. Die für die jeweiligen Teile geltenden Angaben sind durch Semikolon getrennt. Zum Beispiel bedeutet die Angabe l;l>frz>engl bei dem Wort Discount, daß die erste Hälfte des Wortes direkt aus dem Lateinischen übernommen wurde, die zweite hingegen den Weg über das Französische und Englische genommen hat. Stammen die Wortteile aus verschiedenen Sprachen, so handelt es sich um sogenannte **Hybride**.

Ist eine der aufgeführten Sprachen **eingeklammert** - z. B. (gr)>l - , wird damit eine Beeinflussung des Wortes in der nächst aufgeführten Sprache ausgedrückt; das bedeutet, daß ein – im Beispiel griechisches – Wort bei der Bildung eines lateinischen Wortes beteiligt ist, ohne daß es als direkte Übernahme bezeichnet werden könnte.

Sind **mehrere** durch Semikolon getrennte Teile der Sprachenfolge **eingeklammert** - z. B. Dessert = (l;l)>frz -, so wurden die ursprünglich getrennten (hier lateinischen) Teile in der nächstfolgenden Sprache (im Beispiel „Dessert" im Französischen) zusammengesetzt.

Ist dagegen die **gesamte Sprachenfolge eingeklammert** - z. B. so bei Dominante = (l>it) -, dann bezieht sich diese Angabe nur auf die Bedeutungen des jeweiligen Wortes, die in den gegenüber- und ggf. darunterliegenden Zeilen in der dritten Spalte aufgeführt sind (im Falle des Beispiels also auf die 2. und 3. Bedeutung = die Tonleiterstufe und den Dreiklang; die erste Bedeutung hingegen ist nur lateinisch beeinflußt). Bisweilen haben nämlich andere Sprachen die Bedeutungen bereits übernommener Femdwörter erweitert oder verändert.

Aus Platzgründen wurden einige Wörter, die inhaltlich nichts Neues bieten und deren Bedeutung wie Herleitung eindeutig ist, **nicht ausführlich** behandelt. Beispiel: Algologe, algologisch. Diese anderen Wortarten bzw. -formen des Fremdwortes Algologie sind der Vollständigkeit halber **nur aufgelistet**. Es entfällt die Übersetzung, ebenso die Zuweisung zu einer Sachgruppe. Die Aufzählung erfolgt - normal gedruckt anstelle von Fettdruck - in alphabetischer Reihenfolge und nimmt auf die Einteilung in senkrechte Spalten keine Rücksicht.
Das gleiche gilt auch für die vorwiegend aus zusammengesetzten Wörtern bestehenden Verweise (vgl. oben die Bemerkungen zu Spalte 1).

Dritte Spalte

Sie enthält alle wichtigen **Bedeutungen**, die das Fremd- oder Lehnwort in der deutschen Sprache besitzt. Die vorwiegend dem Fremdwörterduden entnommenen Angaben wurden z. T. gekürzt, aber zuweilen auch im umgangssprachlichen Bereich erweitert und aktualisiert.

Die verschiedenen **Bedeutungen** sind **durchnumeriert** und durch Semikola voneinander getrennt. Hinter den einzelnen Bedeutungen befindet sich in **geschweiften Klammer** die jeweilige **Sachgruppenkennziffer**. Die jeweilige Sachgruppe kann mit Hilfe des vor dem Lexikon befindlichen Sachgruppenkataloges S. XXIXff. leicht aufgeschlüsselt werden. Mehrfachzuweisungen sind häufig und werden durch das Zeichen „/" getrennt. Befindet sich hinter der einzelnen Bedeutung **keine Sachgruppenkennziffer**, so gilt die der jeweils folgenden Bedeutung.
Die Angabe „s. oben" in geschweiften Klammern verweist auf die Sachgruppen des jeweiligen Bezugswortes.

Außerdem enthält diese Spalte in **runden Klammern** auch Hinweise bezüglich der Zugehörigkeit des Wortes oder der Bedeutung zu **Fachsprachen**. Derartige Angaben befinden sich stets hinter der Bedeutung, jedoch vor der Sachgruppenkennziffer; im Gegensatz zu dieser gilt aber die Angabe nur für die einzelne Bedeutung, nie für die vorangegangene oder folgende.
Steht eine Fachsprachenangabe jedoch vor der ersten Bedeutung – z. B.: (jur. t. t.) 1. ...; 2. ... usw. –, so gilt sie für alle Bedeutungen des Wortes.
Die gleiche Regelung gilt auch für Angaben wie **„veraltet, ugs."** oder ähnliches.

Vierte Spalte

Sie enthält in Fettdruck das jeweilige **lateinische Ausgangswort**.

Hinzu treten – normal gedruckt, durch Komma vom eigentlichen Ursprungswort getrennt und meist eine Zeile tiefer stehend – **bei Substantiven** Angaben über die **Form des Genitivs** und das **Geschlecht**. Dies geschieht, weil mitunter

erst durch die Form des Genitivs eine enge Verwandtschaft des lateinischen Urwortes mit dem Fremdwort im Deutschen deutlich wird.

Der letzte Buchstabe (m, f, n) weist auf das jeweilige (grammatische) **Geschlecht** des Wortes hin; dabei bedeutet m = männlich (Maskulinum), f = weiblich (Femininum) und n = sächlich (Neutrum). Bisweilen haben die Wörter auch mehr als nur ein Geschlechter.

Obwohl diese Hinweise eher für Personen gedacht sind, die bereits einmal mit der lateinischen Sprache in Berührung gekommen sind, so sind diese Genitive derart abgekürzt, daß auch Nichtlateiner diese Form problemlos bilden können. Wiederholt wird - z. T. abweichend von dem allgemein in lateinischen Lexika üblichen Verfahren - immer (mindestens) der letzte gleichbleibende Buchstabe.

Hier die wichtigsten **Genitivformen** der verschiedenen Deklinationen; es gelten für **männliche Substantive**:

deus, ei m = deus, Gen. dei;
ager, gri m = ager, Gen. agri;
aer, ris m = aer, Gen. aeris;
ren, nis m = ren, Gen. renis;
aster, tris m = aster, Gen. astris;
abacus, ci m = abacus, Genitiv abaci;
nauta, ae m = nauta, Gen. nautae;
aedilis, is m = aedilis, Gen. aedilis;
apex, picis m = apex, Gen. apicis;
bison, ntis m = bison, Gen. bisontis;
baro, onis m = baro, Gen. baronis;
antistes, titis m = antistes, Gen. antistitis;
abbreviator, oris m = abbreviator, Gen. abbreviatoris;
abusus, us, m = abusus, Gen. abusus (mit langem zweiten u);

abecedarii, iorum m (Pl.) = abecedarii, Gen. abecedariorum - dieses Wort existiert nur im Plural;
amores, rum m (Pl.) = amores, Gen. amorum (ebenfalls nur im Plural);
annales, lium m (Pl.) = annales, Gen. annalium (nur im Plural).

Für **weibliche Substantive** gelten:

aedicula, ae f = aedicula, Gen. aediculae;
abstinentia, ae f = abstinentia, Gen. abstinentiae;
absurditas, atis f = absurditas, Gen. absurditatis;
abscissio, onis f = abscissio, Gen. abscissionis;
frons, ntis f = frons, Gen. frontis;
acus, us f = acus, Gen. acus;
pars, rtis f = pars, partis f;
pax, acis f = pax, Gen. pacis;
actrix, icis f = actrix, Gen. actricis;
febris, is f = febris, Gen. febris;
pyxis, idis f = pyxis, Gen. pyxidis;
crux, ucis f = crux, Gen. crucis;
calvities, ei f = calvities, Gen. calvitiei;
amplitudo, dinis f = amplitudo, Gen. amplitudinis;
antae, arum f (Pl) = antae, Gen antarum (existiert nur im Plural);
antiquitates, tium f (Pl). = antiquitates, Gen. antiquitatium (nur im Plural).

Für **sächliche Substantive** gelten:

acetum, ti n = acetum, Gen. aceti;
sal, lis n = sal, Gen. salis;
cor, rdis n = cor, Gen. cordis;
caput, pitis n = caput, Gen. capitis;
clima, atis n = clima, Gen. climatis;
altar, ris n = altar, Gen. altaris;
adverbium, ii n = adverbium, Gen. adverbii;
accidens, ntis n = accidens, Gen. accidentis;
abdomen, minis n = abdomen, Gen. abdominis;
corpus, poris n = corpus, Gen. corporis;
Bacchanal, lis n = Bacchanal, Gen. Bacchanalis;
acta, torum n (Pl.) = acta, Gen. actorum (existiert nur im Plural);
antiqua, uorum n (Pl) = antiqua, Gen. antiquorum (existiert nur im Plural).

Bei Wörtern mit **mehreren** möglichen **Geschlechtern** gilt:

adeps, dipis mfn = adeps, Gen. adipis – das Wort kommt in allen drei Geschlechtern vor;
bos, bovis mf = bos, Gen. bovis – das Wort kommt in männlicher und weiblicher Form vor.
Die Regelung der Wiederholung des letzten gleichen Buchstaben gilt nicht für **Adjektive**, da hierbei **nicht** der **Genitiv**, **sondern** die **Endung der verschiedenen Geschlechter** angegeben wird.
Folgende **Abkürzungen** werden verwendet:

abruptus, a, um = abruptus männlich, abrupta weiblich, abruptum sächlich;
adipeus, a, um = adipeus männlich, adipea weiblich, adipeum sächlich;
alter, era, erum = alter männlich, altera weiblich, alterum sächlich;
ambidexter, tra, trum = ambidexter männlich, ambidextra weiblich, ambidextrum sächlich;

acer, cris, cre = acer männlich, acris weiblich, acre sächlich;
posterior, ius = posterior männlich und weiblich, posterius sächlich;
abominabilis, e = abominabilis männlich und weiblich, abominabile sächlich;
bilinguis, e = bilinguis männlich und weiblich, bilingue sächlich;
omnes, omnia = omnes männlich und weiblich, omnia sächlich (nur im Plural);
ambo, ae, o = ambo männlich, ambae weiblich, ambo sächlich (nur im Plural);
bini, ae, a = bini männlich, binae weiblich, bina sächlich (nur im Plural).

Bei **Partizipien** (Präsens Aktiv) und **Adjektiven**, die **von Partizipien gebildet** werden oder auf ihnen beruhen und die auf die Buchstabenkombination –ns enden, ist die Endung in allen drei Geschlechtern gleich. Bei diesen Wörtern wird **stattdessen** die Form des **Genitivs** mit der Wiederholung des letzten gleichbleibenden Buchstabens angegeben. Beispiel:
abstinens (Gen. –ntis) = abstinens, Genitiv abstinentis.

Wörter, die aus dem Vulgär– oder Mittellateinischen stammen, wurden zumeist ohne Angabe von Genitiven oder Geschlechterendungen notiert.

Bei **Verben** ist zur Verdeutlichung der Abstammung des im Deutschen vorkommenden Fremdwortes **gegebenfalls** auch in Klammern die Form eines **Partizips** angegeben, mitunter auch die der 1. Person Perfekt Aktiv (abgekürzt „Pf.").

Mitunter sind dem fettgedruckten lateinischen Wort besondere **Hinweise** über die **Herkunft** vorangestellt, z. B. spätl. (spätlateinisch), vulgl. (vulgärlateinisch) oder ähnliches.

Neben dem lateinischen Wort sind – zur Verdeutlichung des Weges und der lautlichen wie inhaltlichen Veränderung eines Wortes – sehr häufig auch Angaben zu diesen **„Brückenwörtern"** zu finden. Lateinische Wörter sind dabei normal, Wörter aus nichtlateinischen Sprachen dagegen kursiv gedruckt. Die verwendeten Abkürzungen für die verschiedenen Sprachen können dem Abkürzungsverzeichnis S. XXXIIIff. entnommen werden.
Die **Reihenfolge** der Auflistung dieser Brückenwörter entspricht dem Weg, den das Wort durch die jeweiligen Sprachen genommen hat; jedoch ist das **lateinische Wort** stets **zuerst** aufgeführt, auch wenn z. B. ein griechisches Urwort dem Fremdwort zugrundeliegt.

Mit einem **Stern „*"** sind jene Formen gekennzeichnet, die von Sprachwissenschaftlern erschlossen wurden und nicht schriftlich belegt sind.

Das Zeichen „+" bedeutet, daß das jeweilige Fremdwort aus mehreren Einzelwörtern, die aus verschiedenen Sprachen stammen können (Hybride), **zusammengesetzt** worden ist (z. B. Automobil).

Die Abkürzung **dto.** bedeutet, daß das in der höheren Spalte zuletzt genannte lateinische Wort ebenfalls Urwort für das jeweilige Fremdwort ist.
Befindet sich vor der Angabe des Urwortes die Abkürzung **„uns."**, so bedeutet dies, daß die Herleitung des Fremdwortes nicht sicher geklärt ist.

Fünfte Spalte

Hier befindet sich die **Übersetzung** des genannten **lateinischen Ur- bzw.** (nichtlateinischen) **Brückenwortes**. Angesichts der Vielzahl der Bedeutungen mancher Wörter war es aus Raumgründen unumgänglich, die Angaben auf in der Regel maximal vier Bedeutungen zu beschränken. Dshalb konnten an dieser Stelle nur **Grundbedeutungen** und / oder die zur Bedeutung des Fremdworts im Deutschen **korrespondierenden Bedeutungen** aufgenommen werden. Es kann daher vorkommen, daß für das gleiche Wort an verschiedenen Stellen auch verschiedene Übersetzungen aufgeführt sind. Für lateinische Wörter sind die Übersetzungen dem Lexikon von Georges entnommen worden.
An einigen Stellen sind Angaben über fachsprachliches Vorkommen im Lateinischen hinzugefügt.
In dieser Spalte sind auch die **Querverweise** zu anderen verwandten Fremdwörtern eingefügt worden. Die Angabe „dto." oder „s. oben" bezieht sich auf die jeweils zuletzt genannte Übersetzung. Zum Teil konnte auf die Übersetzung fremdsprachlicher Brückenwörter verzichtet werden.

3.4. Anhang

3.4.1. Die Liste der Wörter griechischen Ursprungs

In dieser alphabetisch geordneten Liste findet der Leser die wichtigsten derjenigen Wörter, die von ihrem Ursprung her griechischer oder anderer Herkunft sind und nur **Fremdwörtercharakter im Lateinischen** besaßen, von wo aus sie entweder direkt aus dem Lateinischen oder über den Umweg anderer Sprachen ins Deutsche eingedrungen sind.

Die Seite gliedert sich in **vier** senkrechte **Spalten**. Die erste enthält das im Deutschen auftretende Fremdwort, die zweite das dazugehörige lateinische Pendant; in der dritten steht dann das griechische Ur- oder Brückenwort. Stammt das Fremdwort aus einer anderen Sprache als aus der griechischen, steht in einer vierten Spalte in Klammern die Angabe über die Her-

kunftssprache des Wortes. Ein „dto." statt einer Angabe verweist auf die darüberliegende Zeile.
Da es das Bestreben dieses Buches ist, das lateinische Spracherbe im Deutschen darzustellen, haben sich die Autoren aus Raumgründen dazu entschlossen, in dieser Liste auf Angaben zu **Bedeutung** und **Übersetzung** zu **verzichten** und die Gesamtzahl der Wörter in engen Grenzen zu halten.
Das im gleichen Verlag erschienene Buch von Richter / Hornbostel „Unser tägliches Griechisch" gibt dem interessierten Leser die Möglichkeit, den Ursprüngen griechischer Wörter im Deutschen genauer nachzugehen. Die Wortangaben ermöglichen aber in jedem Falle, die entsprechenden Bedeutungen einem der gängigen Fremdsprachenlexika für Latein bzw. Griechisch zu entnehmen.

3.4.2. Die Liste der neulateinischen Wörter

In dieser Auflistung finden sich in alphabetischer Reihenfolge sämtliche im Fremdwörterduden als **originär neulateinisch** bezeichneten **Wörter**. Alle diejenigen Begriffe, bei denen Neulatein nur Teil des Wortweges ist und die aus anderen Sprachen stammend in der (Früh-)Neuzeit latinisiert wurden, sind nicht enthalten; Zweifelsfälle stehen in Klammern. Allerdings muß festgestellt werden, daß die Kennzeichnung im Duden in diesem Punkt als nicht konsequent erscheint (der „Masochist" wird als originär neulateinisch bezeichnet, der „Sadist" nicht!).

3.4.3. Die Liste der Redewendungen und zusammengesetzter Ausdrücke

Hier wurden die wichtigsten **aus mehreren Wörtern bestehenden Ausdrücke** in **alphabetischer** Reihenfolge zusammengestellt. Die Buchstabenanfänge sind im Druck hervorgehoben. Enthalten sind dabei neben aus mehreren Fremdwörtern bestehenden und in der normalen Umgangssprache verbreiteten Redewendungen **auch** einige in literarischen Werken zuweilen auftretende **Sentenzen und Zitate** der klassischen antiken Autoren.

Die Seitenaufteilung erfolgte **zweispaltig**, wobei Hilfslinien den Überblick erleichtern sollen. In der linken Spalte befindet sich der mehrwortige Ausdruck oder Ausspruch und ggf. (z. B. bei Zusammensetzungen) auch Hinweise zur sprachlichen Herkunft in der Art, wie sie im lexikalischen Teil in der zweiten Spalte zu finden sind; in der rechten Spalte steht die zugehörige Bedeutungserklärung.
Dabei sind wörtliche **Übersetzungen normal** gedruckt, **Erklärungen kursiv**. Erklärungen oder Ergänzungen zusätzlich zur Übersetzung stehen kursiv in Klammern. **Zusatzangaben** für Fachausdrücke oder zu Erklärungen (oder Hinweise wie „veraltet") finden sich in **eckigen Klammern**.

Auf die Angabe der Quelle bzw. des Autors wurde - sofern nicht zum Verständnis der Sentenz hilfreich - verzichtet.

Bezüglich der Verwendung von **Groß- und Kleinschreibung** ist zu sagen, daß die Uneinheitlichkeit z. T. von der Benutzung verschiedener Werke herrührt, zum anderen daraus resultiert, daß einige weniger verbreitete Floskeln noch (lateinisch) klein geschrieben werden, andere – als eingedeutscht empfundene – bei Beginn mit einem Substantiv hingegen groß.

3.4.4. Das alphabetische Verzeichnis der im lexikalischen Teil auftauchenden lateinischen Ursprungswörter

Diese Auflistung **sämtlicher** im Lexikon-Teil vorkommenden **lateinischen Wörter** in **alphabetischer** Reihenfolge bildet den Abschluß dieses Werkes. Sie ist dreispaltig gedruckt und enthält neben dem jeweiligen lateinischen Ursprungswort die betreffende **Wortfamilienkennziffer**, die im Lexikon in der ersten Spalte steht. Unter Benutzung der Kopfzeilen im lexikalischen Teil ist so ein schnellstmögliches Auffinden des Wortes im Buch gewährleistet.

Hinweise auf die in dieser Liste verwendeten **Zeichen** finden sich am **Anfang** der Liste (S. 937).

Diese Liste dient einerseits dazu, zusammengehörige Wortfamilien, die durch das Alphabet räumlich voneinander getrennt sind, zu kennzeichnen und komplett im Überblick zu behalten, so daß das Buch auf eine Vielzahl von Verweisen verzichten kann. Andererseits ist es für den einen oder anderen Philologen interessant herauszufinden, welche Fremdwörter von der jeweiligen Vokabel herzuleiten sind. Manch einem Schüler kann der Lehrer so das Lernen einer Vokabel erleichtern und den Zusammenhang der europäischen Sprachen einerseits, die Verwandtschaft des Deutschen mit dem Lateinischen andererseits mühelos darstellen. Dies gilt natürlich auch für jeden, der sich für das Nachleben der Antike in der modernen Zeit interessiert.

Hinweis: Die in den Nachträgen S. 977 auftauchenden lateinischen Ursprungswörter konnten leider nicht mehr in dieses Verzeichnis integriert werden.

3.4.5. Nachträge

Hier finden sich noch einige Wörter, die nach dem eigentlichen Abschluß der Arbeiten am Lexikon wichtig genug schienen, nachträglich in dieses Buch aufgenommen zu werden. Ihre geringe Zahl erlaubte es, auf die zeitaufwendige und komplizierte alphabetische Einordnung in den Lexikonteil wie in das Verzeichnis der lateinischen Ursprungswörter verzichten zu können, ohne ein nennenswertes Defizit zu hinterlassen.

Literaturliste

1. Dornseiff, Franz, Der deutsche Wortschatz nach Sachgruppen, Berlin 1959[5], 1970[7].
2. Duden, Das große Wörterbuch der Deutschen Sprache, 6 Bände, Mannheim, Wien, Zürich 1976[1].
3. Duden Bd. 5, Fremdwörterbuch (bearb. von Wolfgang Müller), Mannheim, Wien, Zürich 1982[4].
4. Duden Bd. 7, Herkunftswörterbuch (Etymologie) (bearb. v. Günther Drosdowski, Mannheim, Wien, Zürich, 1989[2].
5. Etymologisches Wörterbuch des Deutschen, erarbeitet von einem Autorenkollektiv des Zentralinstituts für Sprachwissenschaft unter der Leitung von W. Pfeifer, 3 Bde, Berlin (DDR) 1989.
6. Georges, Heinrich, Ausführliches Lateinisch-Deutsches Handwörterbuch, 2 Bde, ND der 8. Auflage 1913, Darmstadt 1983.
7. Hallig, Rudolf, und Wartburg, Walter von, Begriffssystem als Grundlage für die Lexikographie. Versuch eines Ordnungsschemas. Abhandl. d. Dt. Akad. d. Wiss. zu Berlin, Kl. für Sprachen, Literatur und Kunst, Heft 4, Berlin 1952.
8. Grimm, Jacob und Wilhelm, Deutsches Wörterbuch, 33 Bde, Leipzig 1854-1971, ND (DTV) München 1984.
9. Hemme, Adolf, Das lateinische Sprachmaterial im Wortschatz der dt., frz. und engl. Sprache, Leipzig 1904, ND Hildesheim, N. Y. 1979.
10. Hübner, Friedhelm, Langenscheidt Fremdwörterbuch, Berlin, München, Zürich, Wien, New York 1989[1].
11. Kluge, Friedrich, Etymologisches Wörterbuch der deutschen Sprache, bearbeitet von Mitzka, W., Berlin 1975[21].
12. Macdonald, A. M., Etymological English Dictionary, (New Edition) N. Y. 1961.
13. Machado, José Pedro, Dicionário etimológico da lingua Portuguesa, Lissabon 1967[2].
14. REW (Romanisches Etymologisches Wörterbuch) von W. Meyer-Lübke, Heidelberg 1935[3].
15. Schirmer, Adolf, Deutsche Wortkunde, 2. neubearbeitete Auflage, Berlin 1946.
16. Schulz, Hans, und Basler, Otto, Deutsches Fremdwörterbuch, Bd. 1 Straßburg 1913, Bd. 2 Berlin 1942, Bd. 3-7 Berlin 1977-88.
17. Sellner, Alfred, Latein im Alltag (VMA/Cura, Wien), Wiesbaden 1984.
18. Wahrig, Gerhard, Fremdwörter-Lexikon, bearbeitet von U. Herrmann, K. Rüme u. N. Raum, Neuausgabe 1983, Sonderausgabe München 1987.
19. Wasserzieher, Ernst, Woher?, Ableitendes Wörterbuch der deutschen Sprache, besorgt von W. Betz, Bonn 1966[17], (benutzt: Berlin 1925[6]).
20. Wittstock, Otto, und Kauczor, Johannes, Latein und Griechisch im deutschen Wortschatz, Berlin (DDR) 1982[3].

Sachgruppenkatalog

Hinweis:

Die Sachgruppen sind sowohl thematisch geordnet als auch - in der Regel - in aufsteigender Ziffernfolge aufgeführt. Folgende Abweichungen sind jedoch zu beachten:
Gruppe **13** entfällt.
Gruppe **84** - Charaktereigenschaften (B.2.b.) steht nach Nr. 22.
Gruppe **85** - Freizeit und Freizeitverhalten (B.3.a.4.) steht nach Nr. 33.
Gruppe **86** - Militärwesen (B.4.d.) steht nach Nr. 50.
Gruppe **87** - Freizeit- und Haushaltstechnik (B.3.b.8.) steht nach Nr. 44.
Gruppe **88** - Architektur und Baukunst (B.3.a.5.ee.) steht nach Nr. 37.

Themenbereich

Sachgruppenkennziffer

A. Universum

1. Himmel und Atmosphäre 01

2. Erde 02

3. Pflanzenwelt

a) allgemein 03
b) Wildpflanzen / exotische Gewächse 04
c) Nutzpflanzen 05

4. Tierwelt

a) Säugetiere 06
b) übrige Wirbeltiere 07
c) übrige Tierwelt 08
d) Tierkrankheiten 09

B. Mensch

1. Körperliches Wesen

a) Rasse, Geschlecht, Verwandtschaft 10
b) Körper und Organe 11
c) Bewegungen und Stellungen 12
d) Gesundheit / Krankheit 14
e) Leben allgemein, Alter 15

B. 1. f) menschliche Bedürfnisse

1. Schlaf 16
2. Ernährung 17
3. Sexualleben / Erotik 18
4. Kleidung 19
5. Schmuck 20
6. Hygiene / Kosmetik 21

2. Geist / Seele

a) Intellekt / Fähigkeit 22
b) Charaktereigenschaften 84
c) Wahrnehmung / Empfindung 23
d) Bewußtsein / Erinnerung / Einbildung 24
e) Denken 25
f) Gemütszustände / Empfindung / Gefühl 26

g) Absicht / Wollen / Handeln

1. Wunsch 27
2. Wille 28
3. Aktion, Handlung 29

h) Moral 30

3. Mensch als soziales Wesen

a) gesellschaftliches Leben im allgemeinen

1. allg. Erscheinungsformen (Ehe, Bildg., Erziehung) ... 31
2. Kommunikation u. Sprache 32
3. Gesellschaftliche Beziehungen 33
4. Freizeit, –verhalten (Sport, Unterhaltung, Spiel) 85

5. Kunst / Kunstgewerbe

aa) Literatur 34
bb) Drama / Theater / Schauspiel 35
cc) Plastik / Bildende Kunst 36
dd) Musik / Tanz 37
ee) Architektur / Baukunst 88

B. 3. b) Welt der Arbeit

1. Jagd, Forstwirtschaft 38
2. Landwirtschaft, Gartenbau 39
3. Beruf / Handwerk / Arbeit allgemein 40
4. Industrie / Industrietechnik 41
5. Handel / Finanzen / Geld 42
6. Eigentum / Besitz 43
7. Wohnung / Haushalt 44
8. Freizeit–, Haushaltstechnik (Foto, Optik, Geräte) 87
9. Transport / Verkehr / Reise 45
10. Kommunikation, –stechnik 46
11. Hof / Hofhaltung 47

4. Sozialer Aufbau

a) politische Einheiten 48
b) Kommunen 49
c) politische Ordnung / Staat 50
d) Militärwesen 86
e) Mythologie / Religion / Kirche 51

C. Mensch und Welt

1. a priori

a) Existenz 52

b) Eigenschaften / Zustände

1. Ausdehnung / Gestalt 53
2. physikalisch-chemische Eigenschaften 54
3. sinnlich wahrnehmbare Eigenschaften 55

c) Verhältnis / Ordnung / Wert / Maße u. Gewichte 56

d) Zahlen und Mengenbegriffe 57

e) Raum 58

f) Zeit 59

g) Kausalität 60

h) Bewegung / Wechsel / Veränderung 61

C. 2. Wissenschaft und Technik

a) Geowissenschaften

1. Geologie 62
2. Geophysik 63
3. Geographie 64
4. Meteorologie 65
5. Astronomie, Raumfahrt 66
6. Mineralogie 67

b) biologische Wisssenschaften

1. Botanik 68
2. Zoologie 69
3. Medizinwissenschaften 70

c) übrige Naturwissenschaften

1. Mathematik / Logik / EDV-Technik 71
2. Physik / Elektro / Atom 72
3. Chemie 73

d) Geisteswissenschaften

1. Theaterwissenschaften 74
2. Geschichte / Archäologie / Kulturgeschichte 75
3. Philologie / Sprachwissenschaft / Rhetorik 76
4. Philosophie / Theologie / Moral und Ethik 77
5. Pädagogik 78
6. Ästhetik 79
7. Wirtschafts- und Finanzwissenschaften 80
8. Soziologie / Politikwissenschaften / Ethnologie 81
9. Jura / Rechtswissenschaften / Kriminalistik 82

D. Partikelwörter 83

Für die Gruppen 13 bzw. 84 bis 88 beachten Sie bitte den Hinweis zu Beginn des Sachgruppenkatalogs.

Abkürzungsverzeichnis

Abl.	=	Ablativ
Adj.	=	Adjektiv
Adv.	=	Adverb
aengl	=	altenglisch
afränk	=	altfränkisch
afrikaans	=	mundartliche, südafrikanische Amtssprache
afrz	=	altfranzösisch
ägypt	=	ägyptisch
ahd	=	althochdeutsch
Akk.	=	Akkusativ
akust. t. t.	=	Fachausdruck der Akustik
allg.	=	allgemein
altd	=	altdeutsch
altisl	=	altisländisch
altl	=	altlateinisch
altröm.	=	altrömisch
am	=	amerikanisch(es Englisch)
amtl.	=	amtlich
amtsspr. t. t.	=	Fachausdruck der Amtssprache
anat. t. t.	=	anatomischer Fachausdruck
aport	=	altportugiesisch
aprov	=	altprovenzalisch
arab	=	arabisch
aram	=	aramäisch
archäol. t. t.	=	archäologischer Fachausdruck
archit. t. t.	=	architektonischer Fachausdruck
arithm. t. t.	=	arithmetischer Fachausdruck
asächs	=	altsächsisch
aspan	=	altspanisch
assyr	=	assyrisch
astrol. t. t.	=	astrologischer Fachausdruck
astron. t. t.	=	astronomischer Fachausdruck
b.	=	bei, beim
babyl	=	babylonisch
ballist. t. t.	=	ballistischer Fachausdruck
Bed.	=	Bedeutungen
bergmannspr. t. t.	=	Fachausdruck des Bergbaus
berlin.	=	berlinisch
bes.	=	besonders
best.	=	bestimmt(e/er/es)
bibliothekswiss. t. t.	=	Fachausdruck der Bibliothekswissenschaft
biol. t. t.	=	biologischer Fachausdruck
bot. t. t.	=	botanischer Fachausdruck
brit	=	britisch
buchw. t. t.	=	Fachausdruck aus dem Buchwesen
bulgar	=	bulgarisch

bzw.	=	beziehungsweise
chald	=	chaldäisch
chem.	=	chemisch(e/er/es)
chem. t. t.	=	chemischer Fachausdruck
d	=	deutsch
Dat.	=	Dativ
DDR	=	Wort, Bedeutung, die in der Ex-DDR üblich war
dimin.	=	diminutiv, Verkleinerungsform
dor	=	dorisch(es griechisch)
druckw. t. t.	=	Fachausdruck im Druckwesen
dt.	=	deutsch(e/er/es) (nicht als Sprachenangabe)
Dud.	=	Fremdwörterduden
eccl.	=	kirchlich (d. h. bei den Kirchenschriftstellern)
EDV	=	elektronische Datenverarbeitung
EDV - t. t.	=	Fachausdruck der EDV
elektrotechn. t. t.	=	elektrotechnischer Fachausdruck
engl	=	englisch
etc.	=	et cetera (usw.)
ethnol. t. t.	=	ethnologischer Fachausdruck
etr	=	etruskisch
etw.	=	etwas
ev.	=	evangelisch
f	=	Femininum
forstwirt. t. t.	=	forstwirtschaftlicher Fachausdruck
fot. t. t.	=	fotografischer Fachausdruck
Frankr.	=	Frankreich
französ.	=	französisierend
frz	=	französisch
gall	=	gallisch
gallolat	=	gallolateinisch
gallorom	=	galloromanisch
gaskogn	=	Dialekt / Mundart der Gaskogne
gastron. t. t.	=	gastronomischer Fachausdruck
GB	=	Großbritannien
gen. communis	=	ohne grammatisches Geschlecht
genealog. t. t.	=	genealogischer Fachausdruck
geogr. t. t.	=	geographischer Fachausdruck
geol. t. t.	=	geologischer Fachausdruck
geometr. t. t.	=	geometrischer Fachausdruck
geophys. t. t.	=	geophysikalischer Fachausdruck
gerichtl.	=	gerichtlich
germ	=	germanisch
Gerund.	=	Gerundium / Gerundivum
got	=	gotisch
gr	=	griechisch
gramm. t. t.	=	grammatischer Fachausdruck
hebr	=	hebräisch
hist. t. t.	=	historischer Fachausdruck
iber	=	iberisch

idg	=	indogermanisch
Imp.	=	Imperativ (Befehlsform)
it	=	italienisch
Ital.	=	Italien
jap	=	japanisch
jmd.	=	jemand
jur. t. t.	=	juristischer Fachausdruck
kath.rel. t. t.	=	katholischer religiöser Fachausdruck
kaufmannsspr. t. t.	=	kaufmannssprachlicher Fachausdruck
kelt	=	keltisch
kernphys. t. t.	=	kernphysikalischer Fachausdruck
Kfz	=	Kraftfahrzeug
kirchenl	=	kirchenlateinisch
klass.	=	klassisches Latein
komp.	=	Komparativ, Steigerungsform
Konj.	=	Konjunktiv
kopt	=	koptisch
kunsthist. t. t.	=	kunstgeschichtlicher Fachausdruck
künstl. t. t.	=	künstlerischer Fachausdruck
Kunstw.	=	Kunstwort
kybern. t. t.	=	kybernetischer Fachausdruck
l	=	lateinisch
ladin	=	ladinisch
landsch.	=	landschaftlich
landw. t. t.	=	landwirtschaftlicher Fachausdruck
latein.	=	lateinisch (in Texten, nicht Sprachkennz.!)
linguist. t. t.	=	linguistischer Fachausdruck
lit.wiss. t. t.	=	literaturwissenschaftlicher Fachausdruck
log. t. t.	=	logischer Fachausdruck
lombard	=	lombardisch
m	=	Maskulinum
MA	=	Mittelalter
marxist. t. t.	=	Fachausdruck der marxistischen Ideologie
math. t. t.	=	mathematischer Fachausdruck
med. t. t.	=	medizinischer Fachausdruck
meteor. t. t.	=	meteorologischer Fachausdruck
meton.	=	metonymisch
metr. t. t.	=	metrischer Fachausdruck
mfrz	=	mittelfranzösisch
mhd	=	mittelhochdeutsch
mil. t. t.	=	militärischer Fachausdruck
mittelalterl.	=	mittelalterlich
mlat	=	mittellateinisch
mnd	=	mittelniederdeutsch
mniederl	=	mittelniederländisch
mod. t. t.	=	Fachwort der Modewelt
mus. t. t.	=	musikalischer Fachausdruck
n	=	Neutrum
n. Chr.	=	nach Christi Geburt

neapol.	=	neapolitanischer Dialekt
Nf.	=	Nebenform
nhd	=	neuhochdeutsch
niederd	=	niederdeutsch
niederl	=	niederländisch
nlat	=	neulateinisch
nordamerik.	=	nordamerikanisch(er) (nur in Texten)
nordfrz	=	nordfranzösisch
o.	=	oder
öffentl.	=	öffentlich
okkultist. t. t.	=	okkultistischer Fachausdruck
opt. t. t.	=	optischer Fachausdruck
orth.	=	orthodox (in bezug auf die Religion)
österr	=	österreichisch
ostpr	=	ostpreußisch
ozeanograph. t. t.	=	ozeanographischer Fachausdruck
päd. t. t.	=	pädagogischer Fachausdruck
parapsych. t. t.	=	parapsychologischer Fachausdruck
Part.	=	Partizip
pers	=	persisch
Pf.	=	Perfekt
PFA	=	Partizip Futur Aktiv
pharmaz. t. t.	=	pharmazeutischer Fachausdruck
philat. t. t.	=	Fachausdruck der Briefmarkenkunde
philol. t. t.	=	philologischer Fachausdruck
philos. t. t.	=	philosophischer Fachausdruck
phys. t. t.	=	physikalischer Fachausdruck
physiol. t. t.	=	physiologischer Fachausdruck
Pl.	=	Plural
poet. t. t.	=	dichterischer Fachausdruck
polit.	=	politisch(e/er/es)
polit. t. t.	=	politischer Fachausdruck
poln	=	polnisch
polyn	=	polynesisch
port.	=	portugiesisch
postal. t. t.	=	postalischer Fachausdruck
PPA	=	Partizip Präsens Aktiv
PPf.	=	Partizip Perfekt (Aktiv)
PPfem.	=	Partizip Perfekt Femininum
PPP	=	Partizip Perfekt Passiv
Präp.	=	Präposition
praep. insep.	=	untrennbare Präposition
Präs.	=	Präsens
prov	=	provenzalisch
psych.	=	psychisch(e/er/es)
psych. t. t.	=	psychologischer Fachausdruck
rätorom	=	rätoromanisch
rel. t. t.	=	religiöser Fachausdruck
rhet. t. t.	=	rhetorischer Fachausdruck

röm.	=	römisch (nur in Texten, nicht Sprachkennzeichen!)
roman	=	romanisch
rumän	=	rumänisch
russ	=	russisch
Rw	=	Redewendung(en)
s.	=	siehe
s. a.	=	siehe auch
sanskr	=	sanskrit
sc.	=	scilicet: ergänze
scherzh.	=	scherzhaft
schott	=	schottisch
schweiz	=	schweizerisch
s. d.	=	siehe darunter
seemannsspr. t. t.	=	seemannssprachlicher Fachausdruck
semit	=	semitisch
serb	=	serbisch
serbokroat	=	serbokroatisch
slaw	=	slawisch
soziol. t. t.	=	soziologischer Fachausdruck
soz.psych. t. t.	=	sozialpsychologischer Fachausdruck
span	=	spanisch
spätahd	=	spätalthochdeutsch
spätgr	=	spätgriechisch
spätl	=	spätlateinisch
sport. t. t.	=	Fachausdruck aus der Welt des Sports
sprachl.	=	sprachlich(e/er/es)
sprachwiss. t. t.	=	sprachwissenschaftlicher Fachausdruck
s. S.	=	siehe Seite
staatl.	=	staatlich(e/er/es)
statist. t. t.	=	statistischer Fachausdruck
* (Stern)	=	erschlossene, nicht belegte Form
stilk. t. t.	=	stilkundlicher Fachausdruck
Subst.	=	Substantiv
südam	=	südamerikanisch(es Spanisch)
süddt	=	süddeutsch
südfrz	=	südfranzösisch
sumer	=	sumerisch
Superl.	=	Superlativ
techn.	=	technisch(e/er/es)
techn. t. t.	=	technischer Fachausdruck
theat. t. t.	=	theaterwissenschaftlicher Fachausdruck
theol. t. t.	=	theologischer Fachausdruck
t. t.	=	terminus technicus (Fachausdruck)
u.	=	und
übertr.	=	in übertragenem Sinne
ugs.	=	umgangssprachlich
ung	=	ungarisch
Uni	=	Universität
uns.	=	unsicher

v.	=	von, vom
v. Chr.	=	vor Christi Geburt
vgl.	=	vergleiche
völkerrechtl. t. t.	=	völkerrechtlicher Fachausdruck
voridg	=	vorindogermanisch
vork	=	vorkeltisch
vulgl.	=	vulgärlateinisch
Wahrig	=	Wahrig, Fremdwörterlexikon
waidm. t. t.	=	waidmännischer Fachausdruck
walis	=	walisisch
westgerm	=	westgermanisch
wirtsch. t. t.	=	wirtschaftlicher Fachausdruck
wirtsch.wiss. t. t.	=	wirtschaftswissenschaftlicher Fachausdruck
wiss.	=	wissenschaftlich
wörtl.	=	wörtlich
z. B.	=	zum Beispiel
zool. t. t.	=	zoologischer Fachausdruck

Lexikalischer Teil

A

0001	**à**	für, je, zu, zu je {56/83}	**ad**	zu, nach, hin; bis zu; bei, auf; hinsichtlich
0002	**a, A** = **ab, Ab**	ab..., ent..., weg... (Vorsilbe) {58/83}	**a, ab** o. **abs**	von...her, von... weg; von Seiten; un...
0003	**Abakus** (gr)>l	1. antikes Rechen- o. Spielbrett {71/75/85}; 2. Säulendeckplatte beim Kapitell {88}	**abacus**, ci m gr. $\check{\alpha}\beta\alpha\xi$	Tischplatte, Rechen-, Spielbrett, obere Platte auf dem Säulenkapitell
0004	**Abalienation**	1. Entfremdung {26/33}; 2. Ent-, Veräußerung (jur. t. t) {82/43}	**abalienatio**, onis f	Ent-, Veräußerung (jur. t. t.)
–	**abalienieren**	1. entfremden {26/33}; 2. veräußern {82/43}	**abalienare**	abspenstig machen, entfremden; abtreten, veräußern
0005	**Abbé** bzw. **Abate** aram>gr >l>it/frz	(1. Form): Titel eines Geistlichen in Frankreich; (2. Form): Titel der Weltgeistlichen in Italien oder Spanien {51}	**abbas**, atis m (Akk. abbatem) spätgr. $\check{\alpha}\beta\beta\alpha\varsigma$	der Abt Vater vgl. unten 0037b
0006	**Abbreviation** o. **-tur** l>mlat	Abkürzung in Hand-, Druck- und Notenschrift {32/37/57}	**abbreviatio**, onis f	Abkürzung, Umrechnung
–	**Abbreviator**	hoher päpstlicher Beamter, der Schriftstücke entwirft {51/32/40}	**abbreviator**, oris m	jmd., der aus einem Buch einen Auszug macht
–	**abbrevieren**	abkürzen (von Wörtern) {57/32}	**abbreviare**	abkürzen; reduzieren = schwächen
0007	**Abdikation**	Abdankung (veraltet) {50/33}	**abdicatio**, onis f	das Sich-lossagen von jmdm. o. etw.; das Enterben; die Niederlegung
–	**abdikativ**	1. Abdankung, Verzicht bedeutend {50/33}; 2. Gewährenlassen des Untergebenen {50/33/28}	**abdicativus**, a, um	verneinend, negativ
–	**Abdikativ**	Abspann bei Rundfunksendungen oder Filmen {59/85}	dto.	dto.

–	**abdizieren**	abdanken, Verzicht leisten (veraltet) {28/33/50}	**abdicare**	verwerfen; abdanken, ein Amt aufgeben, jmdn. verstoßen
0008a	**Abdomen**	1. Bauch, Unterleib {11/70} 2. Hinterleib der Gliederfüßler (biol. t. t.) {69}	**abdomen**, minis n	Unterleib, Wanst
–	**abdominal** o. **abdominell**	zum Unterleib gehörend {11/69/70}	dto.	dto.
0008b	**Abduktor**	Abziehmuskel (med. t. t.) {11/70}	**abducere**	wegführen, -schaffen; trennen, entfernen
0009	**Abecedarier** mlat	ABC-Schütze, Schulanfänger {31/78/59}	mlat. **abecedarii**, iorum n (Pl.)	ABC - Schützen
–	**Abecedarium** mlat	1. alphabet. Verzeichnis des Inhalts von alten dt. Rechtsbüchern {32/82}; 2. ABC–Fibel (veraltet) {31/75/78}; 3. = Abecedarius (1.) {34/37}	mlat. **abecedarium**, ii n	das ABC
–	**Abecedarius** mlat	1. Gedicht o. Hymnus, dessen Vers- o. Strophenanfänge dem ABC folgen {34/37}; 2. = Abecedarier {31/78/59}	mlat. **abecedarius**, a, um	zum ABC gehörig; (- psalmus: Psalm, dessen Verse nach dem ABC geordnet sind)
–	**abecedieren** mlat	Töne mit ihren Buchstabennamen singen (mus. t. t.) {37}	dto.	dto.
0010	**Abenteuer** l>vulgl >afrz>mhd	1. gefährliches Erlebnis, gewagtes Unternehmen {25/26/29}; 2. Liebesaffäre {18}	**advenire**	heran-, hin-, ankommen; sich ereignen
			vulgl. adventura	Ereignis, Geschehnis
			afrz. *aventure*	
			mhd *ab-* o. *aventiure*	
0011	**aberrant**	abirrend, von der normalen Form abweichend {53}	**aberrare**	sich verirren; abschweifen; sich (vom Original) entfernen
–	**Aberration**	1. optischer Abbildungsfehler {72}; 2. scheinbare Ortsveränderung eines Gestirns (astron. t. t.) {66}; 3. Abweichung eines Individuums von der Art (biol. t. t.) {69}	**aberratio**, onis f	Zerstreuung, das momentane Abkommen von etw. Beschwerlichem
–	**aberrieren**	von der normalen Form abweichen {53/56}	**aberrare**	s. oben

>>> abgezirkelt s. Zirkel

0012	**abhorreszieren** o. **abhorrieren**	verabscheuen, ablehnen; zurückschrecken {25/26/28}	**abhorrere** bzw. **abhorrescere**	vor etw. zurückschaudern, etw. verabscheuen; nicht zusagen einen Abscheu bekommen (eccl.)
0013	**Abitur(ium)** l>mlat >nlat	Abschluß-, Reifeprüfung {31/78}	**abire** (PFA. **abiturus**) bzw. **abitus**, us m	weg-, fort-, übergehen, verschwinden Fort-, Weggang, Abreise; Ausgang (Ort)
–	**Abiturient** l>mlat >nlat	jmd., der das Abitur gemacht hat {31/78}	dto.	dto.
0014	**Abjudikation**	(gerichtl.) Aberkennung (jur. t. t.) {43/82}	**abiudicare**	aberkennen, absprechen
–	**abjudizieren**	(gerichtl.) aberkennen, absprechen (jur. t. t.) {43/82}	dto.	dto.
0015	**Abjuration**	durch Eid bekräftigter Verzicht (veraltet - jur. t. t.) {82}	**abiuratio**, onis f	das Abschwören
–	**abjurieren**	abschwören, unter Eid entsagen {28/82}	**abiurare**	abschwören, eidlich ableugnen
0016	**abkapiteln** d;l>mlat	jmdn. schelten, abkanzeln, einen (öffentl.) Verweis erteilen {32/33}	**capitulum**, li n	kleiner Kopf, Kapitell; Abschnitt, Kapitel

>>> abkanzeln s. Kanzel/ kanzeln
>>> abkommandieren s. kommandieren
>>> abkapseln s. Kapsel

0017	**Ablation**	1. Abschmelzung von Eis und Schnee {65}; 2. Bodenabtragung durch Erosion (geol. t. t.) {62}; 3. operative Entfernung eines Organs (med. t. t.) {52/70}	**ablatio**, onis f (bzw. **auferre**, PPP. **ablatus**)	Wegnahme weg-, forttragen, entfernen; (durch Fluß, Wind, Wellen) zerstören
0018	**Ablativ**	Kasus in indogermanischen Sprachen, der Ausgangspunkt, Entfernung oder Trennung zum Ausdruck bringt (Woher-Fall - sprachwiss. t. t.) {76}	**ablativus**, vi m bzw. **auferre**	der Ablativ s. oben 0017
0019	**abnorm**	1. krankhaft vom Normalen abweichend {70}; 2. außer-, ungewöhnlich {25/55/56}	**abnormis**, e	von der Regel abweichend
–	**abnormal**	vom Üblichen, von der Norm abweichend; (geistig) nicht normal {25/56/70}	dto.	dto.
–	**Abnormität**	1. das Abweichen von der Regel {25/56}; 2. krankhaftes Verhalten; 3. Mißbildung (med. t. t) {70}	**abnormitas**, atis f	das Ungewöhnliche, Abweichung von der Regel

0020	**abominabel** l>frz	abscheulich, scheußlich, widerlich {26}	(spätl.) **abominabilis**, e bzw. **abominari**	verabscheuenswert, abscheulich verabscheuen, verwünschen
0021	**Abort** o. **Abortus**	1. Abbruch eines Raumfluges {66}; 2. Fehlgeburt {70}; 3. Nichtausbildung pflanzlicher Organe (bot. t. t.) {68}	**abortus**, us m (bzw. **abortum**, ti n)	das zu frühe Gebären, die Fehlgeburt
–	**abortieren**	1. fehlgebären (med. t. t.) {70}; 2. gewisse Organe nicht ausbilden (bot. t. t.) {68}	**abortare** (o. spätl., eccl. **abortire**)	zu früh gebären
–	**abortiv**	1. abgekürzt verlaufend (von Krankheiten) {59/70}; 2. abtreibend (med. t. t.) {70}; 3. unfertig ausgebildet (biol. t. t.) {68/69/70}	**abortivus**, a, um	zu früh geboren, abtreibend
–	**Abortivum**	(med. t. t.) 1. Mittel, das den Krankheitsverlauf abkürzt {59/70}; 2. Mittel zum Herbeiführen einer Fehlgeburt {70}	**abortivum**, vi n	die Früh-, Fehlgeburt; das Abtreibungsmittel

>>> abqualifizieren s. qualifizieren
>>> abradieren s. radieren
>>> abrasieren s. rasieren

0022	**Abrasio(n)**	1. Ausschabung der Gebärmutter (med. t. t.) {70}; 2. Abtragung der Küste durch die Brandung (geol. t. t.) {62}	**abrasio**, onis f (bzw. **abradere**)	das Abscheren (der Haare) abscheren, abkratzen, -schaben

>>> abreagieren s. reagieren
>>> Abreaktion s. Reaktion

0023	**Abrogation**	Gesetzesaufhebung durch ein neues Gesetz (jur. t. t.) {82}	**abrogatio**, onis f	Abschaffung (eines Gesetzes)
–	**abrogieren**	(veraltet) 1. abschaffen {25/52/82}; 2. zurücknehmen {50}	**abrogare**	(ein Gesetz) abschaffen; jmdm. ein Staatsamt abnehmen
0024	**abrupt**	1. plötzlich, unvermittelt eintretend {59}; 2. zusammenhanglos {56/58}	**abruptus**, a, um	jäh, steil, schroff, abschüssig
0025	**absent**	abwesend {52/58}	**abesse** (PPA. **absens**)	abwesend -, entfernt -, nicht da sein räumlich entfernt; (geistig) abwesend
–	**absentieren** l>frz	sich entfernen {58/61}	dto.	dto.
–	**Absentismus** l>nlat	Abwesenheit vom Grundbesitz bzw. vom Arbeitsplatz (soziol. t. t.) {58/40/81}	**absentia**, ae f	Abwesenheit

–	**Absenz**	1. Abwesenheit, Fortbleiben {58}; 2.Geistesabwesenheit, bes. bei epileptischen Anfällen (med. t. t.) {70}	dto.	dto.
–	**Absit**	das sei Ferne!, Gott bewahre! {27/32}	**abesse**	s. oben
0026	**absolut** l>(frz)	1. uneingeschränkt, vollkommen, äußerst {58/56}; 2. rein, beziehungslos {56}; 3. auf eine bestimmte Grundeinheit bezogen (math. t. t.) {71}	**absolutus**, a, um	vollkommen, vollständig; unabhängig, ohne Einschränkung
0027	**Absolution**	Los-, Freisprechung (bes. Sündenvergebung - rel. t. t.) {51}	**absolutio**, onis f	gerichtl. Freisprechung; Auslieferung; kirchliche Absolution
0028	**Absolutismus** l>frz	unumschränkte Gewalt des Monarchen {75/50/80}	**absolutus**	s. oben 0026
–	**Absolutist** l>frz	1. Anhänger des Absolutismus; 2. Herrscher mit unumschränkter Macht {75/50/80}	dto.	dto.
–	**absolutistisch** l>frz	1. den Absolutismus betreffend; 2. Merkmale des Absolutismus zeigend {75/50/80}	dto.	dto.
0029	**Absolutorium**	1. behördliche Befreiung von Ansprüchen (veraltet) {50}; 2. Reifeprüfung, -zeugnis (veraltet) 3. Hochschulbestätigung für Semesterbelegung (österr.) {31/78}	dto. bzw. **absolutorium**, ii n	dto. Befreiungsmittel
0030	**Absolvent**	jmd., der die vorgeschriebene Ausbildungszeit abgeschlossen hat {31/59}	**absolvere**	loslösen; entlassen; vollenden
–	**absolvieren**	1. die vorgeschriebene Ausbildungszeit ableisten {31/59}; 2. etw. aus-, durchführen {29}; 3. jmdm. Absolution erteilen (rel. t. t.) {51}	dto.	dto.
0031	**Absorbens**	der bei der Absorption aufnehmende Stoff (chem. t. t.) {73}	**absorbere**	verschlucken, -schlingen; aufsaugen
–	**Absorber**	1. absorbierender Stoff (chem. t. t.) {73}; 2. Vorrichtung zur Absorption von Gasen {72/73}; 3. Kühlschrank {87}	dto.	dto.
–	**absorbieren**	1. aufsaugen, in sich aufnehmen {53/73}; 2. (gänzlich) beanspruchen {28/43}	dto.	dto.
–	**Absorption**	das Aufsaugen, In-Sich-Aufnehmen von etw. {53/73}	dto. (bzw. **absorbitio** o. **absorptio**, onis, f)	dto. das Verschlingen

–	**absorptiv** l>nlat	zur Absorption fähig (chem. t. t.) {73}	dto.	dto.
–	**Absorptiv** l>nlat	bei der Absorption aufgenommener Stoff (chem. t. t.) {73}	dto.	dto.
0032	**abstinent** l>(engl)	enthaltsam {17/28}	**abstinens** (Gen. -ntis)	enthaltsam, uneigennützig
–	**Abstinenz**	Enthaltsamkeit {17/28}	**abstinentia**, ae f	Enthaltsamkeit, Uneigennützigkeit
–	**Abstinenzler**	jmd., der enthaltsam lebt {17/28}	**abstinens** (bzw. **abstinere**)	s. oben fernhalten; fasten; verschonen
0033	**abstrahieren**	1. gedanklich verallgemeinern {25}; 2. auf etw. verzichten {28}	**abstrahere**	wegziehen; entführen; fortreißen, -schleppen
–	**abstrakt**	1. rein begrifflich; 2. theoretisch, ohne unmittelbaren Realitätsbezug {25}	dto.	dto.
–	**Abstraktion**	1. Begriffsbildung, Begriff; 2. Verallgemeinerung {25}; 3. auf Einzelheiten verzichtende Darstellung {56/32}	**abstractio**, onis f	das Fortschleppen, Entführen; Abstraktion (philos. t. t.)
–	**abstraktiv**	1. abstraktionsfähig {22/25}; 2. durch Abstrahieren gebildet {25}	**abstrahere**	s. oben
–	**Abstraktum**	Substantiv, das Nichtdingliches bezeichnet; Begriffswort (sprachwiss. t. t.) {76}	dto.	dto.
0034	**abstrus**	1. absonderlich, töricht {25/26}; 2. schwer verständlich, verworren, ohne gedankliche Ordnung {25/56}	**abstrusus**, a, um	wohlverborgen, versteckt; verschlossen (vom Charakter)
0035	**absurd**	widersinnig, abwegig, sinnlos {25/56}	**absurdus**, a, um	unvernünftig, unpassend, sinnlos
–	**Absurdismus** l>nlat	moderne Theaterform mit antirealistischen Mitteln zu satirischen Zwecken (theat. t. t.) {35/74}	dto.	dto.
–	**Absurdist** l>nlat	Vertreter des Absurdismus (theat. t. t.) {35/74}	dto.	dto.
–	**absurdistisch** l>nlat	den Absurdismus betreffend (theat. t. t.) {35/74}	dto.	dto.
–	**Absurdität**	Widersinnig-, Sinnlosigkeit {25/56}	**absurditas**, atis f	Mißklang; Ungereimtheit
0036	**abszedieren**	eitern (med. t. t.) {70}	**abscedere**	fortgehen; wegfallen; sich ablagern, eitern (med.t. t.)
–	**Abszeß**	Eiterherd, -ansammlung (med. t. t.) {70}	**abscessus**, us m	Weg-, Fortgang; Eitergeschwulst
0037a	**Abszisse** l>nlat	(math. t. t.) 1. Horizontalachse im Koordinatensystem; 2. erste Koordinate eines Punktes {71}	**abscindere** (bzw. **abscissio**, onis f)	trennen; losreißen; abschneiden das Abreißen

0037b	**Abt** (aram) >(gr) >kirchenl	Stifts-, Klostervorsteher (rel. t. t.) {51}	kirchenl. **abbas**, atis m spätgr. ἄββας	Abt Vater
–	**Abtei** (aram) >(gr) >kirchenl	von einem Abt geleitetes Stift (rel. t. t.) {51}	kirchenl. **abbatia**, ae f	Abtei
–	**Äbtissin** (aram) >(gr) >kirchenl	Vorsteherin eines Frauenstifts (rel. t. t.) {51}	kirchenl. **abatissa**, ae f	Äbtissin

>>> Abtestat s. Testat
>>> abtestieren s. testieren
>>> abtrainieren s. trainieren

0038	**abundant**	häufig (vorkommend), reichlich, dicht {57}	**abundans** (Gen. -ntis)	überflutend, -mäßig; reich an etw.
–	**Abundanz**	1. Häufigkeit einer Art auf einer best. Fläche (biol. t. t.) {68/69}; 2. Zeichenüberfluß {71}; 3. Pleonasmus (selten - sprachwiss. t. t.) {76}; 4. (größere) Bevölkerungsdichte {64/57/81}	**abundantia**, ae f	das Überströmen; Überfluß, Übermaß
0039	**abusiv**	mißbräuchlich {25/82}	**abusivus**, a, um bzw. **abuti**	uneigentlich verschwenden, auf-, mißbrauchen
–	**Abusus**	übermäßiger Ge- o. Mißbrauch (z. B. von Arzneimitteln) {70}	**abusus**, us m bzw. spätl. **abusio**, onis f	der Ver-, Mißbrauch (eccl.); Verachtung, Verhöhnung
0040	**Accesoire** l>frz	modisches Zubehör zur Kleidung {19/21}	**accessio**, onis f	das Hinzukommen; Zusatz; Anhang, Zulage
0041	**Acetale** l;arab	chem. Verbindung aus Aldehyden und Alkohol (chem. t. t.) {73}	**acetum**, ti n	1. saurer Wein, Weinessig 2. beißender Witz, scharfer Spott
0042	**Acetat** l>nlat	Salz der Essigsäure (chem. t. t.) {73}	dto.	dto.
0043	**Aceton** l>nlat	Stoffwechselendprodukt und Lösungsmittel {69/73}	dto.	dto.
0044	**Acetyl** l;gr	Säurerest der Essigsäure (chem. t. t.) {73}	dto. + gr. ὕλη	dto. Stoff, Material, Bau-, Brennholz
–	**Acetylen** l;gr	gasförmiger brennbarer Kohlenwasserstoff (zum Schweißen verwendet) {41/73}	dto.	dto.
0045	**Acid** l>engl	Bezeichnung für LSD (Süchtigenjargon) {73/82}	**acidus**, a, um	scharf, giftig, sauer, unangenehm

–	**Acidität**	Säuregehalt einer Flüssigkeit (chem. t. t.) {73}	**aciditas**, atis f	Säure
0046	**Acryl** o. **Acrylglas** l;gr	(Kunstwort aus Acrolein + -yl) Kunststoff aus Polyacrylnitrit (chem. t. t.) {73}	**acer**, cris, cre + gr. ὕλη	scharf, beißend; energisch Stoff, Material, Bau-, Brennholz
0047	**Act** l>engl	1. best. Art von Urkunden {32/82}; 2. Willenserklärung, Verwaltungsordnung {50/28}; 3. vom Parlament verabschiedetes Gesetz (jur. t. t.) {50/81/82}	**actio**, onis f	Darstellung; Antrag, Amtshandlung; Gerichtsverhandlung
0048	**Acta** (Pl.)	1. Handlungen, Taten {29/75}; 2. Berichte, Protokoll {32/75/81}	**acta**, torum n (Pl.)	Protokolle, Tagesberichte; Taten, Handlungen
0049	**Action** l>engl	1. handlungsreicher Vorgang {29}; 2. Rechtsstreit, Klage (engl. jur. t. t.) {82}	**actio**, onis f	s. oben 0047
0050	**ad**	zu (z. B. zu = ad 1) {56/83}	**ad**	zu, hin, nach (vgl. oben 0001)
0051	**Adaptation** l>nlat	Anpassungsvermögen von Organen an die Umwelt (biol. t. t.) {69/70}	**adaptare**	gehörig anpassen
–	**Adapter** l>engl	Zwischenstecker bei Elektrogeräten {41/87}	dto.	dto.
–	**adaptieren**	1. anpassen (biol. t. t.) {68/69}; 2. bearbeiten (z. B. für einen Film {40/85}	dto.	dto.
–	**Adaption** l>nlat	1. = Adaptation {69}; 2. Umformung eines Textes in eine andere Gattungsform (stilk. t. t.); 3. angenäherte Übersetzung {76}	dto.	dto.
–	**adaptiv** l>nlat	auf Adaptation beruhend {69/70}	dto.	dto.
0052	**Adäquanz** l>nlat	Angemessenheit, Üblichkeit eines Verhaltens {33/77}	**adaequare**	erreichen, gleichmachen, -stellen, -kommen;
–	**adäquat**	angemessen, entsprechend, übereinstimmend {25/56}	dto.	dto.
–	**Adäquatheit**	Angemessenheit {25/56}	dto.	dto.
0053a	**Addend**	Zahl, die beim Addieren hinzugefügt wird {71/57}	**addere**	addieren (math. t. t.); hinzufügen, vermehren
–	**Addendum**	Zusatz, Nachtrag, Ergänzung, Beilage {56/57}	dto.	dto.
–	**addieren**	zusammenzählen, hinzufügen {71/57}	dto.	dto.

>>> Addiermaschine s. Maschine

0053b	**Additamentum**	Zugabe, Anhang, Ergänzung zu einem Buch {57/32}	**additamentum**, ti n	Zusatz, Anhang, Anhängsel

0053c	**Addition**	1. Zusammenzählung, Hinzufügung (math. t. t.) {57/71}; 2. Anlagerung von Atomen (chem. t. t.) {73}	**additio**, onis f	das Hinzufügen, Zusatz
–	**additional** l>nlat	zusätzlich, nachträglich {56/57}	dto.	dto.
–	**additiv**	1. durch Addition hinzukommend, auf ihr beruhend; 2. hinzufügend, aneinanderreihend {57/71}	dto. bzw. **additivus**, a, um	dto. hinzufügbar
–	**Additive** l>engl	chem. Zusätze (in Treibstoffen zur Eigenschaftsverbesserung) {45/73}	dto.	dto.
0054	**addizieren**	zuerkennen, zusprechen {28/43/82}	**addicere**	zusprechen, -erkennen; überlassen
0055	**Adduktor**	Muskel, der eine heranziehende Bewegung zur Körperachsenmitte hin bewirkt (med. t. t.) {11/70}	**adducere** bzw. **adductor**, oris m	heran-, an sich ziehen der Verkuppler
–	Adduktorenzerrung			
0056	**ade** l>frz	= adieu, lebe wohl, auf Wiedersehen (Abschiedsgruß) {32}	**ad** + **deus**, ei m **ad deum**	s. oben 0001 Gott zu Gott, Gott befohlen
0057	**Ademtion**	Wegnahme, Entziehung (veraltet) {82/43}	**ademptio**, onis f	das Wegnehmen, die Entziehung
0058	**Adept**	1. Schüler, Anhänger einer Lehre {31}; 2. in Geheimkünste Eingeweihter {51}	**adipisci**	erreichen, einholen, erlangen, erfassen
0059	**Adhärens**	1. Anhaftendes, Zubehör (veraltet) {57/87}; 2. Klebstoff (chem. t. t.) {73}	**adhaerere**	an etw. ankleben; angehängt sein an etw.
–	**adhärent**	1. anhaftend, -hängend {57}; 2. ange-, verwachsen {68/69}	dto.	dto.
–	**Adhärenz** l>mlat	Hingebung, Anhänglichkeit an etw., jmd. (veraltet) {26/33}	dto.	dto.
–	**adhärieren**	1. anhaften, -hängen {56/58}; 2. beipflichten (veraltet) {32}	dto.	dto.
–	**Adhäsion**	1. das Haften zweier Körper o. Stoffe aneinander (phys. t. t.) {72}; 2. Verkleben von Gewebe nach Operationen o. Entzündungen (med. t. t.) {70}; 3. Verwachsung in einer Pflanzenblüte (bot. t. t.) {68}	dto.	dto.
–	**adhäsiv** l>nlat	anhaftend, -klebend {54/56}	dto.	dto.
0060	**adhoc**	1. (eigens) zu diesem Zweck (gemacht, gebildet) {52/25}; 2. aus dem Augenblick heraus (entstanden) {52/59}	**ad hoc**	dazu, diesbezüglich (wörtl. „für dieses")

0061	**Adhorta- tion**	Ermahnung (veraltet) {32/33}	**adhortatio,** onis f	Aufmunterung, Mahnung
–	**adhortativ**	ermahnend (veraltet) {32/33}	**adhortativus,** a, um	zur Mahnung ge- eignet, mahnend
–	**Adhortativ**	Imperativ, der zu gemeinsa- mer Tat auffordert (sprach- wiss. t. t.) {76}	dto.	dto.
0062a	**adieu** l>frz	(Abschiedswort): lebt wohl {32}	**ad** + **deus** , ei m **ad deum**	s. oben 0001 s. oben 0056 zu Gott, Gott be- fohlen
0062b	**Ädikula**	1. kleiner antiker Tempel {51/75/88}; 2. altchristliche (Grab)kapelle {51/88}; 3. klei- ner Aufbau zur Aufnahme eines Standbildes {58}; 4. Um- rahmung von Fenstern, Ni- schen {88}	**aedicula,** ae f	kleiner Bau, klei- nes Zimmerchen; kleiner Tempel, Kapelle
0063	**Ädil**	altröm. Beamter für Polizei- u. Marktaufsicht {50/75}	**aedilis,** is m	Ädil
–	**Ädilität**	Amt, Würde eines Ädils {50/75}	**aedilitas,** atis f	Ädilität
0064	**adipös** l>nlat	fett(reich), verfettet {70}	**adipeus,** a, um	aus Fett bestehend
–	**Adipositas** l>nlat	Fettsucht, -leibigkeit (med. t. t.) {70}	dto. bzw. **adeps,** dipis mfn	dto. bzw. Schmalz, Fett- (sucht)
0065	**Adjektion**	Mehrgebot bei Versteigerun- gen {42/32/57}	**adiectio,** onis f	das Hinzufügen; Steigerung; Mehr- gebot (bei Verstei- gerungen)
–	**Adjektiv**	Eigenschafts-, Art-, Beiwort (sprachwiss. t. t.) {76}	**adiectivum,** vi n	Beiwort, Adjektiv (gramm. t. t.)
–	**Adjekti- vierung**	Verwendung eines Substan- tivs oder Adverbs als Adjektiv (sprachwiss. t. t.) {76}	dto.	dto.
–	**adjekti- visch**	eigenschaftswörtlich, als Ad- jektiv gebraucht (sprach- wiss. t. t.) {76}	dto. (bzw. **adiecti - vus,** a, um	dto. zum Beifügen dienlich)
0066	**adjudizie- ren**	zuerkennen, zusprechen (jur. t. t.) {28/43/82}	**adiudicare**	jmd. etw. (rich- terlich) zuerken- nen, zusprechen
0067	**adjungie- ren**	zuordnen, beifügen (math. t. t.) {56/71}	**adiungere**	anknüpfen, an-, beifügen, (geistig) zuwenden
–	**Adjunkt** (o. veraltet: **Adjoint**)	1. sprachl. Element, das mit einem anderen nicht gleich- zeitig auftreten kann (sprach- wiss. t. t.) {76}; 2. Gehilfe ei- nes Beamten (veraltet) {33/40/ 50}; 3. niederer Beamter (österr.) {40/50}	dto. bzw. **ad- iunctus,** a, um	dto. eng verbunden, in nahem Zusam- menhang stehend

–	**Adjunktion**	1. Hinzufügung, Beiordnung, Vereinigung {56/57}; 2. Verknüpfung zweier Aussagen durch „oder" (log. t. t.) {71}	**adiunctio**, onis f	das Anknüpfen, Hinzufügen, Anreihen
0068	**Adjustage** (l;l>mlat) >frz	1. Einrichten, -stellen einer Maschine; 2. Nacharbeiten eines Werkstückes; 3. Abteilung in Walz- und Hammerwerken {40/41}	**ad** + **iustus**, a, um mlat. iustare	zu, hin, nach, bei (s. oben 0001) regelmäßig, ordentlich, gehörig berichtigen, in die gehörige Ordnung bringen
–	**adjustieren** (l;l>mlat) >frz	1. in die entsprechende, richtige Stellung bringen {41/58}; 2. ausrüsten, in Uniform kleiden (österr.) {19/86}	dto.	dto.
–	**Adjustierung** l>(mlat) >frz	1. das Adjustieren {41}; 2. Uniform, Kleidung, Aufmachung (österr.) {19/86}	dto.	dto.
0069	**Adjutant** l>span>frz	den Kommandeuren militärischer Einheiten beigegebener Offizier {86}	**adiutare** (bzw. **adiutor**, oris m	beistehen, mit Eifer unterstützen, zu fördern suchen Gehilfe, Beistand, Handlanger)
–	**Adjutantur** l>nlat	Amt , Dienststelle eines Adjutanten {86}	dto.	dto.
0070	**Adlatus** l>nlat	(meist jüngerer) untergeordneter Gehilfe, Helfer, Beistand (veraltet) {33/40}	**afferre** (PPP. **ad-** o. **allatus**)	herbeibringen, -schaffen; bei etw. nützen, helfen
0071	**Administration**	1. Verwaltung(sbehörde); 2. Regierung (bes. in bezug auf die USA) {50}	**administratio**, onis f	Dienstleistung, Leitung, Verwaltung, Regierung
–	**administrativ**	1. zur Verwaltung gehörend; 2. behördlich; 3. bürokratisch (abwertend, DDR) {50}	**administrare** (**administrativus**, a, um	seinen Dienst tun, leiten, verwalten praktisch)
–	**Administrator**	Verwalter, Bevollmächtigter {50}	**administrator**, oris m	Verwalter, Leiter; Statthalter
–	**administrieren**	1. verwalten {50}; 2. bürokratisch anordnen, verfügen (abwertend, DDR) {28/50}	**administrare**	s. oben
0072	**admirabel**	bewundernswert (veraltet) {56/26}	**admirabilis**, e	bewundernswürdig, wunderbar
–	**Admiration**	Bewunderung (veraltet) {26/33}	**admiratio**, onis f	Be-, Verwunderung
0073a	**Admission**	1. Übertragung eines kath. geistlichen Amtes (trotz kanonischer Bedenken - rel. t. t.); 2. Aufnahme in eine Kongregation (rel. t. t.) {51}; 3. Dampfeinlaß in den Zylinder einer Dampfmaschine (techn. t. t.) {41/72}	**admissio**, onis f	das Zulassen; Zutritt, Audienz

0073b	**admonieren**	(veraltet) 1. erinnern, ermahnen {24/25/32}; 2. verwarnen, einen Verweis erteilen {25/32/31}	**admonere**	mahnen; erinnern; warnen; auffordern
0074	**abnominal** (l;l)>nlat	zum Substantiv (Nomen) hinzutretend, vom ihm syntaktisch abhängend (sprachwiss. t. t.) {76}	**ad** + **nomen**, minis n	zu, hin ... zu (s. oben 0001) Nomen (gramm. t. t.); Name, Benennung
0075	**adoleszent**	heranwachsend, in jugendlichem Alter stehend {15}	**adolescere**	heranwachsen, -reifen, erstarken
–	**Adoleszenz**	Jugendalter (nach der Pubertät) {15}	**adulescentia**, ae f	Jugend-, Jünglingsalter
0076	**adoptieren**	1. als Kind annehmen {82/33}; 2. etwas annehmen, nachahmend sich aneignen {25}	**adoptare**	ausersehen, annehmen zu etw.; jmdn. adoptieren
–	**Adoption**	1. das Adoptieren {82/33}; 2. Annahme, Genehmigung {28/25}	**adoptio**, onis f	Annahme an Kindesstatt, Adoption; das Einpfropfen
–	**Adoptiv...**	in Bezug auf die Adoption {33/82}	**adoptivus**, a, um	zur Adoption gehörig, Adoptiv...
0077	**adorabel**	anbetungs-, verehrungswürdig (veraltet) {26/33/56}	**adorabilis**, e	anbetungswert
–	**Adorant**	stehende o. kniende Figur, die mit erhobenen Händen Gott anbetet o. einen Heiligen verehrt {36/51}	**adorare**	jmdn. anflehen; seine Andacht verrichten; anbeten, verehren
–	**adorieren**	anbeten, verehren {33/51}	dto.	dto.
–	**Adoration**	1. Anbetung, Verehrung des Altarsakraments in der kath. Kirche; 2. Huldigung der Kardinäle gegenüber dem neugewählten Papst {51}	**adoratio**, onis f	Anbetung (einer Gottheit)
0078	**adrenal** l;l	die Nebenniere betreffend (med. t. t.) {70}	**ad** + **ren**, nis m	zu, hin, bezüglich (s. oben 0001) Niere; Lenden
–	**Adrenalin**	Hormon des Nebennierenmarks (med. t. t.) {70}	dto.	dto.
0079	**Adressant** (l;l>mlat) vulgl>frz	Absender (einer Postsendung) {46}	**ad** + **dirigere**	zu, hin, nach hinrichten, -lenken, ausrichten
			mlat. directiare	richten, lenken
			vulgl. addirectiare	ausrichten
			frz. *adresse*	(Bestimmungs)-richtung
			adresser	etw. an jmdn. richten, mit einer Anschrift versehen, einen Brief an jmdn. schicken

–	**Adressat** (l;l>mlat) >vulgl>frz	1. Empfänger (z.B. einer Postsendung) {46}; 2. der Bezogene (bei Wechselgeschäften - veraltet) {80/42}; 3. Schüler, Kursteilnehmer (im programmierten Unterricht) {31/78}	dto.	dto.
–	**Adresse** (l;l>mlat) >vulgl>frz	1. Anschrift {46}; 2. schriftliche Meinungsäußerung an die Regierung o. das Staatsoberhaupt {50/32}; 3. Nummer einer Speicherzelle (EDV- t. t.) {71}	dto.	dto.
–	**...adresse** (l;l>mlat) >vulgl>frz	Schreiben an eine Person des öffentlichen Lebens zu einem offiziellen Anlaß {50/32}	dto.	dto.
–	**adressieren** (l;l>mlat) >vulgl>frz	1. mit der Adresse versehen {46}; 2. eine Postsendung an jmdn. richten {46/32}; 3. jmdn. gezielt ansprechen {32}	dto.	dto.
0080	**adrett** (l;l)>frz	1. äußerlich ansprechend; 2. sauber, ordentlich, proper {55/26/33}; 3. gewandt, flink (veraltet) {22}	**ad** + **directus**, a, um	zu, hin, nach (s. oben 0001) gerade gerichtet
0081	**Adsorbens** o. **Adsorber** (l;l)>nlat >(engl)	Stoff, der gelöste Substanzen an sich bindet (chem. t. t.) {73}	**ad** + **sorbere**	zu, hin, nach (s. oben 0001) zu sich nehmen, schlucken; erdulden; schlürfen;
–	**adsorbieren** l>nlat	Gase oder gelöste Stoffe an einer Feststoffoberfläche anlagern (chem. t. t.) {73}	dto.	dto.
–	**Adsorption** l>nlat	Anlagerung von Gasen an einer Feststoffoberfläche (chem. t. t.) {73}	dto.	dto.
0082	**Adstringens**	Wunden zusammenziehendes, blutstillendes Mittel (med. t. t.) {53/70}	**a(d)stringere**	an-, zusammenziehen, -pressen; gerinnen, erstarren machen
–	**Adstringent**	Gesichtswasser, das die Zusammenziehung der Poren bewirkt {21/53}	dto.	dto.
–	**adstringieren**	zusammenziehend wirken (med. t. t.) {70/53/54}	dto.	dto.
0083	**adult**	erwachsen, geschlechtsreif (med. t. t.) {15/70}	**adultus**, a, um	erwachsen, erstarkt; entwickelt
0084	**Advantage** l>frz>engl	erster gewonnener Punkt nach dem Einstand beim Tennis {85}	**abante** (Adv. / Präp. b. Akk.)	vor etw. weg, vorweg

0085	**Advektion**	1. horizontale Luftmassenzufuhr (meteor. t. t.) {65}; 2. waagrechte Wassermassenbewegung in Ozeanen (geophys. t. t.) {63}	**advectio**, onis f (bzw. **advectus**, us m	das Heranführen, Transport das Herbeiführen, -holen)
–	**advektiv** l>nlat	durch Advektion herbeigeführt {65/63}	**advehere**	herbeiführen, -schaffen, -kommen
0086	**Advent**	Ankunft Christi; Zeit der vier Sonntage vor Weihnachten {51/59}	**adventus**, us m	Ankunft, Eintreffen, Anwesenheit; Anmarsch
–	**Adventismus** l>engl>am	Glaubenslehre der Adventisten (rel. t. t.) {51}	dto.	dto.
–	**Adventist** l>engl>am	Sektenmitglied, das an die baldige Wiederkehr Christi glaubt (rel. t. t.) {51}	dto.	dto.
–	**adventistisch** l>engl>am	die Lehre des Adventismus betreffend (rel. t. t.) {51}	dto.	dto.
0087	**Adverb(ium)**	Umstandswort (sprachwiss. t. t.) {76}	**adverbium**, ii n	Nebenwort, Adverb
–	**adverbial** o. **adverbiell**	als Umstandswort (gebraucht - sprachwiss. t. t.) {76}	**adverbialis**, e	als Adverb gebraucht, von ihm abgeleitet
0088a	**adversativ**	gegensätzlich, entgegengesetzt {76/56}	**adversativus**, a, um	zum Gegensatz gehörig
0088b	**Advertisement** l>engl	Inserat, Anzeige {32/27}	**advertere**	die Aufmerksamkeit auf etw. richten, - auf sich ziehen
0089	**Advokat**	Rechtsanwalt, -beistand {40/82}	**advocatus**, ti m	Freund, Sachverständiger, Rechtsanwalt
–	**Advokatur**	Rechtsanwaltschaft {82}	dto.	dto.
0090a	**Aero...** (gr)>l	(in Zusammensetzungen auftretend): Luft, Gas {72/73}	**aer**, ris m gr. *ἀήρ*	Atmosphäre, Luft; Witterung
>>>	Aeronavigation s. Navigation			
–	**Aeroplan** gr>l>(frz)	Flugzeug (veraltet) {45}	**aer** gr. *ἀεροπλᾶνος* frz. *planer*	s. oben in der Luft umherschwebend schweben
–	**Aerosol** (gr)>l;l	ein Gas (bes. Luft) mit feinverteilten festen oder flüssigen Stoffen {65/73}	**aer** + **sal**, lis n	s. oben Salz
0090b	**Affäre** l>frz	1. Angelegenheit; (unangenehmer) Vorfall {25/33}; 2. Streitsache {82}; 3. Liebschaft {18/33}	**facere** frz. *faire* *(avoir) à faire* *affaire*	tun, machen, handeln machen, tun zu tun (haben) Affäre

0091	**Affekt**	1. heftige seelische Erregung; 2. (nur Pl.) Leidenschaften {26}	**affectus**, us m	körperliche, geistige Verfassung; Gemütsstimmung; Leidenschaft; Verlangen
–	**Affektation**	affektiertes Benehmen, Äußerung, Handlung {26/29/32/84}	**affectatio**, onis f	eifriges Streben, Begierde; Ziererei; das Erkünstelte
–	**affektieren**	sich gekünstelt benehmen, zieren (veraltet) {26/84}	dto. bzw. **affectare**	dto. erfassen, ergreifen, erkünsteln, erheucheln
–	**affektiert**	geziert, gekünstelt, eingebildet {26/84}	dto. bzw. **affectate** (Adv.)	dto. maniriert
–	**Affektion**	1. Befall eines Organs mit Krankheitserregern (med. t. t.) {70}; 2. Wohlwollen, Neigung (veraltet) {26/33}	**affectio**, onis f	Zustand, Verfassung; Stimmung, Zärtlichkeit
–	**affektisch**	von Gefühl oder Erregung beeinflußt (in bezug auf die Sprache) {26/32/76}	**affectus**, a, um	ausgestattet; aufgelegt; erschöpft; ergriffen
–	**affektiv**	1. gefühlsbetont, durch Gefühlsäußerungen gekennzeichnet {26}; 2. auf einen Affekt bezogen (psych. t. t.) {70}	**affectivus**, a, um	ergreifend, rührend; einen Affekt (Willen) bezeichnend
–	**Affektivität**	1. Gesamtheit des menschlichen Gefühls- und Gemütslebens {26}; Gefühlsansprechbarkeit {26/32}	dto.	dto.
–	**affektuös** o. **-uos**	seine Ergriffenheit von etw. mit Gefühl zum Ausdruck bringend {26/32}	**affectuosus**, a, um	neigungs-, liebevoll, zärtlich
0092	**Affiliation** l>mlat	1. Verhältnis von Sprache zur Grundsprache {76}; 2. Adoption (veraltet - jur. t. t.) {82}; 3. Logenwechsel eines Logenmitglieds {33}; 4. Anschluß, Verbrüderung {33}	**affiliatio**, onis f (von: **ad** + **filius** / **filia**	Adoption zu, hin, bezüglich (s. oben 0001) Sohn / Tochter)
–	**affiliieren**	1. aufnehmen (in eine Freimaurerloge) {33}; 2. beigesellen (einer Tochtergesellschaft - wirtsch. t. t.) {80}	dto.	dto.
0093	**affin**	1. verwandt {10}; 2. durch eine affine Abbildung auseinander hervorgehend (math. t. t.) {71}; 3. reaktionsfähig (chem. t. t.) {73}	**affinis**, e	angrenzend; verwandt; vertraut; beteiligt
–	**affinieren**	1. reinigen, scheiden (von Edelmetallen) {41/73}; 2. Zukkerkristalle vom Sirup trennen {41/17}	dto.	dto.

–	**Affinierung** (o. **Affination, Affinage**)	Trennung von Gold und Silber aus ihren Legierungen mittels Schwefelsäure (chem. t. t.) {41/73}	dto.	dto.
–	**Affinität**	1. Wesensverwandtschaft von Begriffen und Vorstellungen (philos. t. t.) {77}; 2. Vereinigungsstreben von Atomgruppen (chem. t. t.) {73}; 3. affine Abbildung (math. t. t.) {71}; 4. Schwägerschaft (jur. t. t.) {10/82}; 5. Anziehungskraft, die Menschen aufeinander ausüben (soz.psych. t. t.) {26/70/81}; 6. Ähnlichkeit zwischen unverwandten Sprachen (sprachwiss. t. t.) {76}	**affinitas**, atis f	Verwandtschaft, Verschwägerung; Zusammenhang, enge Beziehung
0094	**Affirmation**	Bejahung, Zustimmung, Bekräftigung {25/28/32}	**affirmatio**, onis f	Versicherung, Beteuerung, Bejahung
–	**affirmativ**	bejahend, bestätigend {25/28/32}	**affirmativus**, a, um	bejahend, versichernd
–	**Affirmative**	bejahende Aussage, Bestätigung {25/28/32}	dto.	dto.
–	**affirmieren**	bejahen, bekräftigen {25/28/32}	**affirmare**	bekräftigen, bestätigen; behaupten, bejahen
0095a	**Affix**	an den Wortstamm tretendes Morphem (Prä- oder Suffix - sprachwiss. t. t.) {76}	**affixus**, a, um	fest angeheftet
0095b	**affizieren**	reizen, krankhaft verändern (med. t. t.) {70}	**afficere**	befallen; körperlich einwirken, schwächen; anregen
–	**affiziert**	1. befallen (von einer Krankheit - med. t. t.) {70/14}; 2. betroffen, erregt {26}	dto.	dto.
0096	**Affront** (l;l)>frz	herausfordernde Beleidigung {26/32}	**ad**	zu, hin, gegen (vgl. oben 0001)
			+ **frons**, ntis f	Stirn, Front, Vorderseite
0097	**Agenda** l>roman	1. Schreibtafel, Merk-, Notizbuch {24/32}; 2. Terminkalender {24/32/59}; 3. Aufstellung der Gesprächspunkte bei politischen Verhandlungen {32/50}	**agere** (PPP. **agens**)	tun, ausführen, verhandeln, besprechen;
			agenda (Gerund.)	was zu tun, zu machen , zu verhandeln ist
–	**Agende** l>mlat	(Buch für die) Gottesdienstordnung {51}	dto.	dto.
–	**Agenden** l>mlat	zu erledigende Aufgaben, Obliegenheiten (bes. österr.) {40}	dto.	dto.

–	**Agens**	1. treibende Kraft (philos. t. t.) {77/28}; 2. wirksamer Stoff, krankmachender Faktor (med. t. t.) {70}; 3. Träger eines durch das Verb ausgedrückten Verhaltens (sprachwiss. t. t.) {76}	**agere**	s. oben
–	**Agent**	1. Abgesandter eines Staates für besondere Aufträge ohne diplomatischen Schutz; 2. Spion in staatlichem Geheimauftrag {50}; 3. Handelsvertreter (veraltet; österr.) {42/40}; 4. Künstlervermittler {35/40}	dto.	dto.
–	**Agentur**	1. Büro zur Nachrichtenweitergabe {58/32}; 2. Geschäftsnebenstelle, Vertretung {42/58}; 3. Büro, das Künstlern Engagements vermittelt {35/58}	dto.	dto.
0098	**Agglomerat**	1. Ablagerung unverfestigter Gesteinsbruchstücke (geol. t. t.) ; 2. vulkanisches Auswurfprodukt (geol. t. t.) {62}; 3. feinkörniges Erz {02/62}; 4. Ansammlung, Produkt einer Anhäufung {57}	**agglomerare**	fest aneinanderschließen, -drängen, -scharen
–	**Agglomeration**	Anhäufung, Zusammenballung {57/58}	dto.	dto.
–	**agglomerieren**	zusammenballen {57/58}	dto.	dto.
0099	**Agglutination**	1. Verschmelzung (z. B. Artikel und Substantiv - sprachwiss. t. t.); 2. Ableitung und Beugung eines Wortes (sprachwiss. t. t.) {76}; 3. Verklumpung von Zellen als Folge der Wirkung von Antikörpern (med. t. t.) {70}	**agglutinatio**, onis f	das Ankleben; Anhänglichkeit, Ergebenheit
–	**agglutinieren**	1. zur Verklumpung bringen, eine Agglutination herbeiführen (med. t. t.) {70/54}; 2. Beugungsformen durch Anhängen von Affixen bilden (sprachwiss. t. t.) {76}	**agglutinare**	ankitten, -kleben, -heften
0100	**Aggregat**	1. zusammenwirkende Einzelmaschinen (elektrotechn. t. t.) {41/72}; 2. mehrgliedriger mathematischer Ausdruck (math. t. t.) {71}; 3. Zusammenwachsen von Mineralien (geol. t. t.) {62}	**aggregare**	(sich) zugesellen; hinzunehmen; zusammenhäufen

–	**Aggregation**	Vereinigung von Molekülen zu Molekülverbindungen (phys. t. t.) {72/73}	**aggregatio**, onis f	das Beigesellen, Zuzählen; Zusammenhäufen
–	**Aggregatzustand** l;d	Erscheinungsform eines Stoffes (fest, flüssig, gasförmig) {54/72/73}	**aggregare**	s. oben
–	**aggregieren**	anhäufen, beigesellen {57/72}	dto.	dto.
0101	**Aggression**	1. rechtswidriger Angriffskrieg {82/86}; 2. Angriffsverhalten bei Lebewesen (biol., psych. t. t.) {69/70}; 3. feindselig-aggressive Äußerung, Handlung {29/32/33}	**aggressio**, onis f	Anfall, Angriff
–	**aggressiv** l>nlat	angreifend, auf Angriff gerichtet {26/69/70/84}	dto.	dto.
–	**Aggressivität** l>nlat	1. bestimmte menschliche Haltung (psych. t. t.) {70/84}; 2. Angriffslust {26/69/70}; 3. aggressive Handlung {26/29}	dto.	dto.
–	**Aggressor**	rechtswidrig handelnder Angreifer {82/86}	**aggressor**, oris m	Angreifer, Räuber
0102	**agieren**	1. handeln, tätig sein {29}; 2. (als Schauspieler) auftreten, eine Rolle spielen {35/85}	**agere**	s. oben 0097
0103	**agil** l>frz	behend, flink, gewandt; geschäftig {29/84}	**agilis**, e	rasch, regsam, behend, geschäftig
–	**Agilität** l>frz	temperamentvolle Beweglichkeit, Lebendig-, Regsamkeit {26/84}	**agilitas**, atis f	Beweglichkeit, Raschheit, Schnelligkeit
0104	**Agitation** l>engl	1. aggressive Tätigkeit zur polit. Beeinflussung anderer; Hetze {50/28}; 2. polit. Aufklärungstätigkeit; Werbung für Parteien {50}	**agitatio**, onis f	das Inbewegungsetzen; Betreiben, Schwanken; Tätigkeit
–	**Agitator** l>engl	jmd., der Agitation betreibt {28/32/50}	**agitator**, oris m	Treiber, Wagenlenker
–	**agitatorisch** l>engl	1. (abwertend) aggressiv (für polit. Ziele) tätig; hetzerisch {28/29/32/50}; 2. politisch aufklärend {50/32}	**agitatorius**, a, um (bzw. **agitatus**, a, um	den Wagenlenker betreffend erregt, geweckt, lebhaft)
–	**agitieren** l>engl	1. aggressiv für polit. Ziele tätig sein, hetzen {28/29/32/50}; 2. politisch aufklären, werben {50/32}	**agitare**	hin- und hertreiben, lenken; bewegen; verhandeln
0105	**Agnat**	männlicher Blutsverwandter der männlichen Linie {10}	**agnatus**, ti m	nachgeborener Sohn, Verwandter väterlicherseits
–	**agnatisch**	im Verwandtschaftsverhältnis eines Agnaten stehend {10}	**agnatus**, a, um	blutsverwandt väterlicherseits

0106	**agnoszieren**	1. anerkennen {25}; 2. die Identität eines Toten feststellen (österr.) {82}	**agnoscere**	anerkennen, wahrnehmen; (wieder)erkennen
0107	**Agrar... Agri... Agro...**	Land..., landwirtschaftlich, in bezug auf die Landwirtschaft {39}	**ager,** gri m	Land, Feld, Grundbesitz; Gebiet
–	**Agrarier**	Großgrundbesitzer, Landwirt {39/43}	dto.	dto.
–	**agrarisch**	die Landwirtschaft betreffend {39}	**agrarius,** a, um	zu den Äckern, Feldern gehörig
0108	**Agreement** (l;l)>frz >engl	1. Zustimmung einer Regierung zur Ernennung eines diplomatischen Vertreters; 2. formlose Übereinkunft zwischen Staaten {28/50}; 3. (nur Pl.) Ausschmückung, rhythmische Veränderung einer Melodie (mus. t. t.) {37}	**ad** + **gratus,** a, um frz. *agréer*	zu, hin, bei (s. oben 0001) anmutig; angenehm, erwünscht, willkommen gefallen, genehmigen
–	**agreieren** l>frz	genehmigen, für gut befinden {25/28/50}	dto.	dto.
0109	**Aide-mémoire** l>frz;l>frz	knappe schriftliche Zusammenfassung eines Sachverhalts im diplomatischen Verkehr {32/50}	**adiutare** + **memoria,** ae f frz. *aide* + *mémoire*	mit Eifer unterstützen, zu fördern suchen; jmdm. beistehen Gedächtnis, Erinnerung, Nachricht Hilfe Gedächtnis
0110	**Air** (gr)>l>frz	1. Hauch, Fluidum {23/24}; 2. Aussehen, Haltung {23/25/84}; 3. liedartiges Instrumentalstück (mus. t. t.) {37}	**aer,** ris m gr. *ἀήρ*	Luft, Hauch vgl. oben 0090a
–	**Airbus** (gr)>l>frz;l	europäisches Passagierflugzeug mit großer Sitzkapazität {45}	dto. + **omnes,** omnia (omnibus	dto. alle für alle)
–	**Airport** (gr>l;l) >engl	Flughafen {45}	**aer** + **portus,** us m	s. oben Hafen, Seeinfahrt
0111	**Akelei** mlat	Zier- und Arzneipflanze (Hahnenfußgewächs) {04/70}	mlat. **aquile(g)ia**	 Akelei
0112	**Akklamation**	1. beistimmender Zuruf ohne Einzelabstimmung (bei Parlamentsbeschlüssen {32/50}; 2. Beifall, Applaus {32/33}; 3. liturgischer Grußwechsel zwischen Pfarrer und Gemeinde {51}	**acclamatio,** onis f	Zurufen, -schreien; Zuruf
–	**akklamieren**	(österr.) 1. jmdm. applaudieren; 2. jmdm. laut zustimmen {32/33}	**acclamare**	zurufen, -schreien, laut nennen

0113a	**Akklimatisation** l;gr>l>nlat	Anpassung eines Organismus an veränderte Umwelt-, bes. Klimabedingungen {65/68/69/70}	**ad** + **clima**, atis n gr. *κλίμα*	zu, hin, bezüglich (s. oben 0001) Neigung der Erde gegen die Pole zu; Klima; Gegend Gegend, Landstrich
–	**akklimatisieren** l;gr>l>nlat	1. sich an ein anderes Klima gewöhnen {65/68/69/70}; 2. sich eingewöhnen, anderen Verhältnissen anpassen {22/33}	dto.	dto.
0113b	**Akkolade** (l;l)>vulgl >frz	1. feierliche Umarmung bei einer Ordensverleihung {33/12}; 2. geschweifte Klammer, die Zeilen, Sätze o. Wörter zusammenfaßt {32/76}	**ad** + **collum**, li n frz. *accolade*	zu, hin, nach vgl. oben 0001 Hals Ritterschlag
0113c	**akkomodabel** l>frz	1. anpassungsfähig {22/25/33}; 2. zweckmäßig; 3. anwend-, einrichtbar {25}; 4. (gütlich) beilegbar {25/82}	**accomodatus**, a, um	angemessen, passend, geeignet, entsprechend
–	**Akkomodation** l>frz	Anpassung, Angleichung {56/33}	**accomodatio**, onis f	das (Sich-)Anpassen, Rücksichtnahme
–	**akkomodieren** l>frz	(sich) angleichen, anpassen; sich mit jmdm. über etw. einigen, sich vergleichen {56/33/25}	**accomodare**	anpassen, anfügen; verwenden; zukommen lassen
0113d	**Akkompagnist** (l;l;l)>mlat >frz	jmd., der einen Gesangsvortrag auf einem Instrument begleitet (mus. t. t.) {37}	**ad** + **cum** + **panis**, is m mlat. companio frz. *compagnon*	s. oben 0001 mit, zusammen (vgl. unten 1697) Brot Brotgenosse, Gefährte Geselle, Genosse

0114	**Akkord** l;l>vulgl >frz/gr>l >frz	1. Zusammenklang von mindestens drei verschiedenen Tönen (mus. t. t.) {37}; gütlicher Ausgleich zwischen gegensätzlichen Interessen {28/33/82}; 3. Einigung zwischen Schuldner und Gläubiger zur Konkursabwendung {42/80/82}; 4. Bezahlung nach Stückzahl, Stücklohn {40/41/57}	**ad** + **cor**, rdis n vulgl. adcordare* frz. *accorder* *accord* (Quereinfluß für 1.): + **chorda**, ae f (gr. *χορδή*) frz. *corde* *accorder* *accord*	s. oben 0001 Herz; Geist, Verstand; Gemüt in Übereinstimmung bringen; ein Abkommen treffen dto. Übereinstimmung; Abkommen, Vertrag Saite; Darm; Fessel Saite die Instrumente stimmen Akkord (1.)
–	**Akkordeon** (gr)>l >vulgl>frz	Handharmonika {37}	dto.	dto.
–	**Akkordeonist** (gr)>l >vulgl>frz	jmd., der berufsmäßig Akkordeon spielt {40/37}	dto.	dto.
0115	**akkreditieren** (l;l)>it>frz	1. beglaubigen (bes. die diplomatischen Vertreter eines Landes) {50}; 2. Kredit einräumen, verschaffen {42/80}	**ad** + **credere**	zu, hin, nach (s. oben 0001) glauben, überlassen, anvertrauen
–	**Akkreditierung** (l;l)>it>frz	Beglaubigung (z. B. als Botschaftsangehöriger, Journalist) {40/50}	dto.	dto.
0116	**Akkulturation** (l;l)>nlat	1. Übernahme fremder Kulturgüter (soziol. t. t.); 2. Sozialisation {81}; 3. Anpassung an ein fremdes Milieu {33/69}	**ad** + **cultura**, ae f	zu, hin, nach (s. oben 0001) Pflege, Verehrung; Landwirtschaft; Kultur
–	**akkulturieren** (l;l)>nlat	anpassen, angleichen {33/56}	dto.	dto.
0117	**Akkumulation**	Anhäufung, -sammlung, Speicherung {57}	**accumulatio**, onis f	Aufhäufung, das (Be)häufeln
–	**Akkumulator** (kurz: **Akku**)	1. Gerät zur Speicherung elektrischer in Form von chemischer Energie {41/72/73}; 2. Druckwasserbehälter der Hydraulikpresse {41/58}; 3. Speicherzelle einer Rechenanlage für Zwischenergebnisse (EDV - t. t.) {71}	**accumulator**, oris m	Anhäufer

–	**akkumulieren**	anhäufen; sammeln, speichern {57/72}	**accumulare**	hoch aufhäufen; mit etw. versehen, steigern
0118	**akkurat**	1. sorgfältig, genau, ordentlich {25/56}; 2. gerade, genau (ugs., süddt., österr.) {56}	**accuratus**, a, um	sorgfältig, genau, ausführlich
–	**Akkuratesse**	(französ. Bildung) Sorgfalt, Genauigkeit, Ordnungsliebe {84}	**accuratio**, onis f	Sorgfalt, sorgfältige Behandlung
0119	**Akkusativ**	vierter Fall, Wenfall (sprachwiss. t. t.) {76}	**accusativus**, vi m	Akkusativ, vierter Fall (gramm. t. t.)
>>>	Akkusativobjekt s. Objekt			
0120	**akquirieren**	1. erwerben, anschaffen {42/43}; 2. als Akquisiteur tätig sein {40/42}	**acquirere**	dazu erwerben, -gewinnen; verschaffen (mit Mühe)
–	**Akquisiteur** (o. **Akquisitor**)	(französ. Neubildung) 1. Kundenwerber, Werbevertreter (bes. im Buchhandel) {40/42}; 2. jmd., der andere dafür wirbt, daß sie Anzeigen in eine Zeitung setzen lassen; Anzeigenwerber {42}	dto. bzw. **acquisitor**, oris m	dto. der Erwerber
–	**Akquisition** l>(frz)	1. vorteilhafte oder schlechte Erwerbung {43}; 2. Kundenwerbung durch Vertreter {42}	dto. bzw. **acquisitio**, onis f	dto. Zufluß; (Eigentums)erwerbung; Erwerb, Gewinn
–	**akquisitorisch** l>nlat	die Kundenwerbung betreffend {42}	**acquirere**	s. oben
0121	**Akt**	1. Vorgang, Handlung {29}; 2. feierliche Handlung, Zeremoniell {33/51}; 3. Abschnitt, Aufzug eines Theaterstücks {35/59/74}; 4. künstlerische Darstellung des nackten menschlichen Körpers {36}; 5. Koitus {18}; 6. Akte {50/32}	**actus**, us m	Bewegung; Vor-, Darstellung; Aufzug, Akt; Abschnitt, Tätigkeit; Geschäftsgang; Handlung, Werk
–	**Akte**	(geordnete) Sammlung zusammengehöriger Schriftstücke {32/50/57}	**acta**, torum n (Pl.)	Verhandlungen; Register, Urkunden, Protokolle
–	**Aktei**	Aktensammlung {32/50/57}	dto.	dto.
–	**Akteur** l>frz	1. handelnde Person {29/33}; 2. Schauspieler {35/85}	**actor**, oris m	Darsteller, Schauspieler, Akteur; Vermittler
–	**Aktie** l>niederl	Anteilschein am Grundkapital einer Aktiengesellschaft {42/43/80}	**actio**, onis f	Bewegung, Tätigkeit; (Amts-, Ver-) handlung
–	**Aktion**	1. gemeinsames, gezieltes Vorgehen; 2. planvolle Unternehmung, Maßnahme {29/25}	**actio** (bzw. agere	s. oben s. oben 0097a)

–	**Aktionär** l>frz	Inhaber von Aktien {42/43/80}	**actio**	s. oben
–	**Aktionismus** l>frz	Bestreben, bestehende Zustände in der Gesellschaft durch gezielte Aktionen zu verändern {28/29/33}	dto.	dto.
–	**Aktionist** l>frz	Vertreter des Aktionismus {28/29/33}	dto.	dto.
–	**aktionistisch** l>frz	im Sinne des Aktionismus handelnd {28/29/33}	dto.	dto.
–	**Aktionsart** l;d	Geschehensart beim Verb (sprachwiss. t. t.) {76}	dto.	dto.
>>>	Aktionsradius s. Radius			
0122	**Aktiv** (l>russ)	1. Verhaltensrichtung des Verbs vom Subjekt her gesehen (sprachwiss. t. t.) {76}; 2. Gruppe, deren Mitglieder an der Erfüllung einer Aufgabe arbeiten (DDR) {40/33}	**agere**	s. oben 0097a
–	**aktiv**	tätig, handelnd {29}	dto. bzw. **activus**, a, um	dto. tätig, eine Tätigkeit bezeichnend, aktiv
–	**Aktiva**	Vermögenswerte eines Unternehmens {42/43/80}	**activus**	s. oben
–	**Aktive**	1. an Wettkämpfen teilnehmender Sportler {85}; 2. Karnevalsmitglied mit regelmäßiger Sitzungsteilnahme {59/85}; 3. Mitglied einer studentischen Verbindung {31/33}	dto.	dto.
–	**aktivieren**	1. zu größerer Aktivität veranlassen {29/28}; 2. in Tätigkeit setzen, in Gang bringen {29/61}; 3. etw. als Aktivposten in eine Bilanz aufnehmen (wirtsch. t. t.) {42/80}	dto.	dto.
–	**aktivisch**	das Aktiv betreffend, zum Aktiv gehörend (sprachwiss. t. t.) {76}	dto.	dto.
–	**Aktivismus** l>nlat	aktives Vorgehen, Tätigkeitsdrang {25/29/84}	dto.	dto.
–	**Aktivist**	1. zielbewußt und zielstrebig Handelnder {25/28/29}; 2. Ehrenbezeichnung für besondere Arbeits- und Gesellschaftsleistungen (DDR) {33/40/75}	dto.	dto.

–	**Aktivitas** l>nlat	Gesamtheit der zur aktiven Beteiligung in einer studentischen Verbindung Verpflichteten {31/33/57}	dto. bzw. **activitas**, atis f	dto. die aktive Bedeutung (gramm. t. t.)
–	**Aktivität**	1. Tätigkeitsdrang, Unternehmungsgeist {25/28/29}; 2. Maß für die Stärke einer radioaktiven Quelle (chem., phys. t. t.) {56/72/73}	dto.	dto.
–	**Aktrice** l>frz	Schauspielerin {35/40/74/85}	**actrix**, icis f	(Bühnen)darstellerin; Klägerin
0123	**aktualisieren** l>nlat	etw. auf den neuesten Stand bringen {32/59}	**actualis**, e (bzw. **agere**	wirklich, tatsächlich; tätig, wirksam s. oben 0097a)
–	**Aktualität** l>frz	1. Gegenwartsbezogenheit, unmittelbare Wirklichkeit; 2. Tagesereignisse, jüngste Geschehnisse {52/59}	dto.	dto.
–	**aktuell** l>frz	1. im augenblicklichen Interesse, zeitnah {25/59}; 2. eindeutig determiniert {25}; 3. tatsächlich vorhanden {52}	dto.	dto.
0124	**Akupressur** l;l	Verfahren, bei dem durch Druck mit den Fingerkuppen Schmerz behoben werden soll (med. t. t.) {70}	**acus**, us f + **pressura**, ae f	Nadel; Stift, Dorn das Drücken, Pressen; Drangsal
0125	**Akupunkteur** (l;l)>nlat	jmd., der eine Akupunktur durchführt (med. t. t.) {40/70}	**acus** + **punctura**, ae f	s. oben 0124 das Stechen; Stich
–	**akupunktieren** (l;l)>nlat	eine Akupunktur durchführen (med. t. t.) {70/29}	**acus** + **pungere**	s. oben 0124 stechen; verletzen; eindringen
–	**Akupunktur** (l;l)>nlat	Heilmethode, bei der durch Einstiche von Nadeln in bestimmte Hautstellen Organe geheilt bzw. Schmerzen beseitigt werden sollen (med. t. t.) {70}	dto. + **punctura**	dto. s. oben
0126	**akut**	1. brennend, dringlich, unmittelbar {59}; 2. unvermittelt auftretend, schnell und heftig verlaufend {59/70}	**acutus**, a, um	scharf, spitz; scharfsinnig; akut (med. t. t.)
–	**Akut**	Betonungszeichen für den steigenden (scharfen) Ton (sprachwiss. t. t.) {32/76}	dto.	dto.
0127	**Akzeleration**	1. Zeitunterschied zwischen Sonnen- und Sternentag {66/59}; 2. Beschleunigung verschiedener Prozesse {59}	**acceleratio**, onis f	Beschleunigung
–	**Akzelerator** l>nlat	Teilchenbeschleuniger (phys. t. t.) {72}	**accelerare**	beschleunigen, sich sputen, eilen

–	**akzelerieren**	beschleunigen, vorantreiben; fördern {29/33/59}	dto.	dto.
0128	**Akzent**	1. Betonung (z. B. einer Silbe); Schwerpunkt {76/56}; 2. Betonungszeichen {76}; 3. Tonfall, Aussprache {76/32}; 4. liturgischer Sprechgesang {51}	**accentus**, us m	Klang; Akzent, Betonung (gramm. t. t.); Zunahme
–	**Akzentuation** o. **Akzentuierung** l>mlat	Betonung (sprachwiss. t. t.) {76/32}	dto.	dto.
–	**akzentuell**	(mit französ. Endung): den Akzent betreffend {76}	dto.	dto.
–	**akzentuieren** l>mlat	1. beim Sprechen hervorheben {32/76}; 2. betonen, hervorheben {32/56}	dto. mlat. accentuare	dto. dazutönen
0129	**akzeptabel** l>frz	so beschaffen, daß man es annehmen, akzeptieren kann {25/56}	**acceptabilis**, e	annehmbar, wohlgefällig
–	**Akzeptabilität** l>frz	Annehmbarkeit {25/56}	dto.	dto.
–	**Akzeptant**	1. jmd., der zur Zahlung eines Akzeptwechsels verpflichtet ist {42/80}; 2. Empfänger, Aufnehmender {33/46}	**acceptare** (PPA. **acceptans**)	annehmen, empfangen; sich gefallen lassen
–	**Akzeptanz**	Anklang; positive Einstellung der Käufer zu einem neuen Produkt {42/80/25}	dto.	dto.
–	**Akzeptation**	Annahme (z. B. eines Wechsels); Anerkennung {42/80/25}	**acceptatio**, onis f	Annahme
–	**akzeptieren**	etw. annehmen, billigen, hinnehmen {25/28}	**acceptare**	s. oben
–	**Akzeptierung**	das Anerkennen, Einverstandensein mit etw. {25/28}	dto.	dto.
0130	**Akzession**	1. Zugang, Erwerb {43}; 2. Beitritt (eines Staates zu einem internationalen Abkommen) {50/33}	**accessio**, onis f	das Hinzu-, Herantreten; Annäherung, Eintritt; Anhang
–	**akzessorisch**	hinzutretend, nebensächlich, weniger wichtig {25/56}	dto.	dto.
0131	**Akzidens**	1. das Zufällige; das unselbständig Seiende (philos. t. t.) {77}; 2. Versetzungszeichen, das innerhalb eines Taktes zu den Noten hinzutritt (mus. t. t.) {37}	**accidens**, ntis n	das Zufällige, Unwesentliche; unwesentlicher Umstand; unglücklicher Zufall
–	**akzidentell** o. **akzidentiell** l>mlat>frz	1. zufällig, unwesentlich {25/56}; 2. nicht zum gewöhnlichen Krankheitsbild gehörend (med. t. t.) {70}	dto.	dto.

–	**Akzidenz**	Druckarbeit, die nicht zum Buch- oder Zeitschriftendruck gehört (Formulare, Prospekte etc.) {32/40/42/49}	dto.	dto.
–	**Akzise** l>frz	1. indirekte Verbrauchs- und Verkehrssteuer {42/80/50}; 2. Zoll (hist. t. t.) {42/50/75}	**accidere** (PPP. **accisus**) frz. *accise*	anschneiden; Verluste beibringen, schmälern, schwächen
0132	**Alarm** l>it;l>it	1. Warnung bei Gefahr {26/32/86}; 2. Zustand, Dauer der Gefahrenwarnung {52/59}; 3. Aufregung, Beunruhigung {26}	**ad** (it. *all'*) + **arma**, morum n (Pl.)	s. oben 0001 Waffe, Gerät; Kampf; Verteidigungsmittel
–	**alarmieren** (l>it;l>it) >(frz)	1. eine Person o. Institution zu Hilfe rufen {32/27}; 2. beunruhigen, warnen, in Unruhe versetzen {26/86}	dto. frz. *alarme*	dto.
0133	**Alaun**	Kalium-Aluminium-Sulfat (ein Mineral) {02/73}	**alumen**, minis n	bitteres Tonerdesalz; Alaun
–	**alaunisieren**	mit Alaun behandeln {73}	dto.	dto.
0134	**Alb** (kelt)>l	Gebirgslandschaft (vorwiegend in Süddeutschland) {64}	**albus**, a, um	weiß
–	**Albe**	weißes liturgisches Untergewand der kath. und anglikanischen Geistlichen {51/19}	**alba**, ae f	weißes Gewand
0135a	**Albinismus** l>span >nlat	erblich bedingtes Fehlen von Pigment bei Lebewesen (biol. t. t.) {68/69}	**albineus**, a, um bzw. **albus**, a, um	weiß, weißlich weiß; blaß, fahl
–	**Albino** l>span	(biol. t. t.) 1. Mensch oder Tier mit fehlender Farbstoffbildung {11/69}; 2. anomal weißes Blütenblatt {68}	dto.	dto.
–	**albinotisch** (o. **albinitisch**) l>span >nlat	(biol. t. t.) 1. ohne Körperpigment; 2. den Albinismus, Albinos betreffend {11/68/69}	dto.	dto.
0135b	**Albion** (kelt)>l	alter dichterischer Name für England {34/64}	**Albion**, onis f	Hochland; alter Name Britanniens
0136	**Album**	1. Buch mit stärkeren Seiten zum Aufkleben von Briefmarken, Postkarten etc. {57/85}; 2. Schallplatte(nhülle) {37/58/85}	**album**, bi n	weiße Farbe; weiße Tafel; amtliche öffentliche Listen (im Pl.)
–	**Albumin** l>nlat	einfacher, wasserlöslicher Eiweißkörper {69/73}	dto.	dto.
0137a	**Aleatorik**	Kompositionsrichtung, die dem Zufall breiten Raum gewährt {34/35/36/37}	**aleatorius**, a, um	zum Würfel-, Glücksspiel gehörig
–	**aleatorisch**	vom Zufall abhängig {25/28/59}	dto.	dto.

0137b	**alert** l>it>frz	munter, aufgeweckt, frisch {26/84}	**erectus**, a, um it. *erto* *erta* *esser all'erta* frz. *alerte*	aufrecht; mutvoll, ermuntert hoch, steil Höhe auf der Höhe, auf der Hut sein wachsam, munter
0138	**Alge**	niedere Wasserpflanze {04/68}	**alga**, ae f	Seegras, -tang; Seeküste
–	**Algologie** l;gr	Algenkunde {68}	dto. + gr. *λόγος*	dto. Wort; Kunde
–	Algologe, algologisch			
0139	**alias**	auch ... genannt, unter dem Decknamen ... bekannt {32/82}	**alias** (Adv.)	ein anderes Mal; sonst; übrigens
0140	**Alibi** l>(frz)	1. Nachweis der persönlichen Abwesenheit vom Tatort während eines Verbrechens (jur. t. t.) {82/59}; 2. Entschuldigung, Ausrede, Rechtfertigung {32/25}	**alibi** (Adv.)	anderswo, an einem anderen Ort; sonst noch
0141	**Alienation**	1. Entfremdung {26/33}; 2. Veräußerung, Verkauf {42/43}	**alienatio**, onis f	Entfremdung; Veräußerung; Bewußtlosigkeit
–	**alienieren**	1. entfremden {26/33}; 2. veräußern, verkaufen {42/43}	**alienare**	(sich) entfremden; abtreten, veräußern; abspenstig machen
0142a	**alimentär**	mit der Ernährung zusammenhängend, durch sie bedingt {17}	**alimentarius**, a, um	zur Nahrung -, zum Unterhalt gehörig
–	**Alimentation** l>mlat	finanzielle Leistung für den Lebensunterhalt (für Berufsbeamte); Unterhaltsgewährung {50/42/33}	**alimenta**, torum n (Pl.)	was zum Unterhalt gehört, die Alimente (jur. t. t.)
–	**Alimente**	Unterhaltsbeiträge (bes. für uneheliche Kinder) {17/33/82}	dto.	dto.
–	**alimentieren** l>mlat	Lebensunterhalt gewähren, unterstützen {17/33}	dto.	dto.
0142b	**aliquot**	ohne Rest teilend (math. t. t.) {71}	**aliquot**	einige, ein paar
–	**Aliquote**	1. Zahl, die eine andere ohne Rest teilt (math. t. t.) {71}; 2. (= Aliquotton) mitklingender Oberton (mus. t. t.) {37}	dto.	dto.
0143	**Allee** l>vulgl>frz	sich lang hinziehende, gerade, baumbegrenzte Straße {45}	**ambulare** vulgl. alare frz. *aller* *allée*	wandern, umhergehen, marschieren dto. gehen Baum(gang) s. unten 0150

–	**allez** l>vulgl>frz	vorwärts (bes. in der Verbindung allez-hopp) {32/61}	dto. frz. *aller*	dto. s. oben
0144	**allegretto** l>vulgl>it	mäßig schnell, mäßig lebhaft (mus. t. t.) {37/59}	**alacer**, cris, cre vulgl. alacrus it. *allegro allegretto*	aufgeregt, lebhaft, munter
–	**Allegretto** l>vulgl>it	mäßig schnelles Musikstück (mus. t. t.) {37/59}	dto.	dto.
–	**allegro** l>vulgl>it	lebhaft, schnell (mus. t. t.) {37/59}	dto.	dto.
–	**Allegro** l>vulgl>it	schnelles Musikstück (mus. t. t.) {37/59}	dto.	dto.
0145	**Allianz** l>frz	Bündnis, Verbindung, Vereinigung {50/86}	**alligare** afrz. *aleier* frz. *alliance*	festbinden, verpflichten, binden verbinden, vereinigen
0146	**Alligator** l>span >engl	krokodilartiges Kriechtier {07}	**lacerta**, ae f span. (*el*) *lagarto*	Eidechse; Fischart
0147	**alliieren** l>frz	verbünden {50/86}	**alligare** frz. *allié*	s. oben 0145 verbündet; Bundesgenosse
–	**Alliierte** l>frz	Verbündete (bes. die in den beiden Weltkriegen gegen das Deutsche Reich verbündeten Staaten) {50/86}	dto.	dto.
0148	**Alliteration** (l;l)>nlat	Stabreim, gleichlautender Anlaut der betonten Silben aufeinanderfolgender Wörter (sprachwiss. t. t.) {76}	**ad** + **littera**, ae f	zu, hin, nach (s. oben 0001) Buchstabe; (Pl.) Schrift, Wissenschaft
–	**alliterieren** (l;l)>nlat	den gleichen Anlaut haben (sprachwiss. t. t.) {76}	dto.	dto.
0149a	**Allokution**	(päpstliche) Ansprache {32/51}	**alloquium**, ii n bzw. **alloqui** (PPP. **adlocutus**)	Ansprache, Gespräch, Tröstung eine Ansprache halten; trösten
0149b	**Allongeperücke** l>frz	Herrenperücke mit langen Locken (17. und 18. Jh.) {20/75}	**longus**, a, um bzw. **longare** frz. *allonger*	lang lang machen; entfernt halten verlängern, ansetzen
0150	**Allüre** l>vulgl>frz	1. Gangart (des Pferdes), Fährte {61/69}; 2. (Pl.) Umgangsformen, (arrogantes) Auftreten {26/33/84}	**ambulare** vulgl. alare frz. *aller*	s. oben 0143
0151	**alluvial** l>nlat	angeschwemmt, angelagert (geol. t. t.) {62}	**alluvius**, a, um	angespült

–	**Alluvion**	neu angeschwemmtes Land an Gewässerufern (geol. t. t.) {62}	**alluvio**, onis f	das Anspülen; Anschwemmung
0152	**Alp** voridg>l	Bergweide {64/39}	**albus**, a, um	weiß
–	**Alpen** kelt>l	südmitteleuropäisches Gebirgsmassiv {64}	**Alpes**, pium f (Pl.)	Alpen
>>>	alphanumerisch s. numerisch			
–	**alpin** kelt>l	die Alpen, das Hochgebirge betreffend, dort vorkommend {64/65}	**Alpinus**, a, um	zu den Alpen gehörig, alpisch
–	**Alpinarium** kelt>l	Naturwildpark im Hochgebirge {68/69}	dto.	dto.
–	**Alpinismus** kelt>l>nlat Alpinist, Alpinistik	als Sport betriebenes Bergsteigen im Hochgebirge {61/85}	dto.	dto.
–	**Alpinum** kelt>l	Anlage mit Gebirgspflanzen (für wissenschaftliche Zwekke) {68}	dto.	dto.
0153	**Alt** l>it	tiefe Frauen- oder Knabenstimme, falsettierende Männerstimme {37}	**altus**, a, um	tief, hoch; laut, hell (von der Stimme)
0154	**Altan(e)** l>it	Söller, vom Boden gestützter balkonartiger Aufbau {88}	**altus**, a, um	hoch (gelegen)
0155	**Altar**	erhöhter Aufbau für religiöse Handlungen; heidnische (Brand)opferstätte {58/51}	**altar**, ris n	Aufsatz auf dem Opfertisch; Brandaltar
>>>	Altarsakrament s. Sakrament			
0156	**Alteration** l>mlat	1. Aufregung {26}; 2. krankhafte Verschlimmerung eines Zustandes (med. t. t.) {70}; 3. chromatische Tonveränderung innerhalb eines Akkords (mus. t. t.) {37}	**alter**, era, erum bzw. **alterare**	der eine - der andere; verschieden, verändert anders -, schlimmer machen
–	**alterieren** l>(frz)	1. sich aufregen, ärgern {26}; 2. etw. abändern {28/61}; 3. einen Akkordton verändern (mus. t. t.) {37}	dto.	dto.
0157a	**Alternation**	1. Wechsel, Abwechslung {61}; 2. Auftreten von Alternanten (z. B. verschiedenen Endungen für den Plural - sprachwiss. t. t.); 3. Wechsel zwischen einsilbiger Hebung und Senkung (sprachwiss. t. t.) {76}	**alternatio**, onis f	Abwechslung, Wechsel

–	**alternativ** l>frz	1. wahlweise {28/61}; 2. die Idee einer anderen Lebensweise vertretend {25/33/50}; 3. sich in Gegensatz zu etw. anderem ähnlichen befindend {25/56}	**alternare**	mit etw. abwechseln (lassen); bald dies, bald jenes erwägen, schwanken
–	**Alternative** l>frz	freie Entscheidung zwischen zwei Möglichkeiten {25/28}	dto.	dto.
–	**Alternative(r)**	Anhänger der alternativen (2.) Idee {25/33/50}	dto.	dto.
–	**alternieren**	abwechseln, einander ablösen {61}	dto.	dto.
0157b	**Altimeter** l;gr	Höhenmesser (meteor. t. t.) {65/72}	**altus**, a, um + gr. *μέτρον*	hoch, tief Maß; das Messen
0158	**Altist(in)** l>it	Sänger bzw. Sängerin mit Altstimme (mus. t. t.) {37}	**altus**	s. oben 0153

>>> altmodisch s. modisch

0159	**Alto...** l>nlat	mittlere Schicht der Atmosphäre (meteor. t. t.) {65}	**altus**	s. oben 0157b
–	**Altokumulus** (l;l)>nlat	Haufenwolke in mittlerer Höhe (meteor. t. t.) {65}	dto. + **cumulus**, li m	dto. Haufen, aufgetürmte Masse
–	**Altostratus** (l;l)>nlat	Schichtwolke in mittlerer Höhe (meteor. t. t.) {65}	dto. + **stratus**, us m	dto. Decke, Teppich, Matratze
0160	**Altruismus** l>nlat>frz	Selbstlosig-, Uneigennützigkeit {30/33/84}	**alter**, era, erum frz. *altruisme*	s. oben 0156
–	**Altruist** l>nlat>frz	selbstloser, uneigennütziger Mensch {30/33/84}	dto.	dto.
–	altruistisch			

0161	**Altus**	(mus. t. t.) 1. falsettierende Männerstimme; 2. Sänger mit Altstimme {37}	**altus**, a, um	s. oben 0153
0162	**Aluminium** l>nlat	chem. Grundstoff, Leichtmetall {02/73}	**alumen**, minis n	Alaun
–	**aluminieren** l>nlat	Metallteile mit Aluminium überziehen {41/73}	dto.	dto.

>>> Alu(minium)folie s. Folie

0163	**Alumnat** l>nlat	1. mit einer Schule verbundenes (kostenfreies) Schülerheim {31/58/44}; 2. Einrichtung zur Geistlichenausbildung (österr.); 3. kirchliche Erziehungsanstalt {31/51}	**alumnari**	jmdn. als Pflegling aufziehen; Tiere abrichten

–	**Alumne** o. **Alumnus**	Zögling eines Alumnats {31}	**alumnus**, ni m bzw. **alumna**, ae f	Zögling, Pflegling; Jünger
0164	**Alveole** l>nlat	Hohlraum in Zellen und Geweben; Lungenbläschen {70/69/58}	**alveolus**, li m	kleine Mulde, Wanne, Napf; Flußbett
–	**alveolar** l>nlat	mit der Zunge(nspitze) an den Alveolen gebildet (sprachwiss. t. t.) {76}	dto.	dto.
–	**Alveolar** l>nlat	Zahnlaut (Dental - sprachwiss. t. t.) {76}	dto.	dto.
–	**alveolär** l>nlat	(med. t. t.) 1. mit kleinen Fächern oder Hohlräumen versehen; 2. die Alveolen betreffend {58/69/70}	dto.	dto.
0165a	**amabile** l>it	liebenswürdig, lieblich, zärtlich (als Vortragsanweisung - mus. t. t.) {37}	**amabilis**, e	liebenswürdig; geeignet, Liebe zu erwecken
0165b	**Amanuensis**	Gehilfe, Schreiber, Sekretär (eines Gelehrten - veraltet) {33/40}	**amanuensis**, is m	Sklave, den man als Schreibgehilfen gebrauchte; Schreiber, Sekretär
0166	**Amarelle** l>roman	Sauerkirsche {05}	**amarus**, a, um	bitter, sauer, herb, scharf
0167	**Amateur** l>frz	1. jmd., der etw. aus Liebhaberei, nicht berufsmäßig betreibt {33/85}; 2. Sportvereinsmitglied, das seinen Sport ohne Entgelt betreibt {85}; 3. Nichtfachmann, Laie {22/40}	**amator**, oris m	Liebhaberei, Verehrer, Freund
0168	**Ambe** o. **Ambo** l>roman	1. Doppeltreffer im Lotto {33/85}; 2. Verbindung zweier Größen in der Kombinationsrechnung (math. t. t.) {71}	**amb** (Praep. insep.) bzw. **ambo**, ae, o	um ... herum, von zwei o. allen Seiten her beide
–	**ambi...**	zwei..., doppelt..., beid... {57}	dto.	dto.
0169	**ambidexter**	mit beiden Händen gleich geschickt {11/22/70}	**ambidexter**, tra, trum	auf beiden Händen rechts (= geschickt)
–	**Ambidextrie** l>nlat	Beidhändigkeit, gleich ausgebildete Geschicklichkeit beider Hände (med. t. t.) {11/22/70}	dto.	dto.
0170	**Ambiente** l>it o. **Ambiance** (l>frz >schweiz)	1. alles, was eine Gestalt umgibt (Licht, Luft etc. - künstl. t. t.) {35/36}; 2. spezifische Umwelt, Milieu in dem jmd. lebt; das Umgebende {58/69/33}; 3. besondere Atmosphäre, die eine Persönlichkeit umgibt, einem Raum sein besonderes Gepräge verleiht {26/58}	**ambire** (PPA. **ambiens**, Gen. -ntis)	herumgehen; etw. umgeben; sich an jmdn. wenden

0171	**Ambiguität**	1. Mehr-, Doppeldeutigkeit (von Wörtern, Symbolen etc.) {25/32/76}; 2. lexikalische oder syntaktische Mehrdeutigkeit {76/32}	**ambiguitas**, atis f	Zweideutigkeit, Doppelsinn
–	**ambigu** o. **-ue** o. **-uos** l>(frz)	mehrdeutig, doppelsinnig {32/25/76}	**ambiguus**, a, um	zweifelhaft; doppelsinnig, zweideutig
–	**Ambigu** l>frz	1. Gemisch entgegengesetzter Dinge {56}; 2. kaltes Abendessen {17}; 3. frz. Kartenspiel {85}	**ambiguum**, ui n	Zweifel, Ungewißheit; Zweideutigkeit
>>>	ambipolar s. polar			
>>>	Ambisexualität s. Sexualität			
0172	**Ambition** l>frz	höher gestecktes Ziel, das man zu erreichen sucht; ehrgeiziges Streben {25/28/33}	**ambitio**, onis f	Amtsbewerbung, Ehrgeiz; Selbstsucht
–	**ambitioniert** l>frz	ehrgeizig, strebsam {28/84}	dto.	dto.
–	**ambitiös** l>frz	ehrgeizig {28/84}	**ambitiosus**, a, um	ehrgeizig; eitel, bestechlich
–	**Ambitus**	vom höchsten bis zum tiefsten Ton gemessener Umfang einer Melodie (mus. t. t.) {37}	**ambitus**, us m	Krümmung, Umkreisung; Rand; Amtserschleichung
>>>	ambivalent, Ambivalenz s. valent, Valenz			
0173	**ambulant** l>frz	1. nicht fest ortsgebunden {58/61}; 2. medizinische Krankenhausbehandlung ohne feste Aufnahme {70}	**ambulare**	umhergehen, marschieren, herumlaufen
–	**Ambulanz** l>frz	1. bewegliches Feldlazarett (veraltet) {70/86}; 2. fahrbare ärztliche Behandlungsstelle {70/61}; 3. Rettungswagen {45/70}; 4. kleine Krankenstation {70}	dto.	dto.
–	**Ambulatorium**	1. Ambulanz (DDR) {70}; 2. Krankenstation mit mehreren Arztpraxen bzw. Fachabteilungen {70/58}	**ambulatorius**, a, um	was hin- und hergeht, - sich schieben läßt; beweglich
–	**ambulatorisch**	auf das Ambulatorium bezogen; ambulant {70}	dto.	dto.
–	**ambulieren**	spazierengehen; lustwandeln {61/85}	**ambulare**	s. oben
0174	**Amelioration** (l;l)>frz	Verbesserung (bes. des Akkerbodens) {39/56}	**ad** + **melioratio**, onis f	zu, hin, nach (s. oben 0001) Verbesserung

–	**ameliorieren** (l;l)>frz	(den Ackerboden) verbessern {39/56}	**ad** + **meliorare**	s. oben verbessern
0175a	**Amenz** o. **Amentia**	vorübergehende geistige Verwirrtheit, Benommenheit (med. t. t.) {70}	**amentia**, ae f	Verstandes-, Kopflosigkeit; Verrücktheit
0175b	**Amor**	römischer Liebesgott bzw. dessen figürliche Darstellung in der Kunst {51/36/18}	**amor**, oris m (bzw. **Amor**)	Liebe; Sehnsucht Liebesgott
–	**Amoretten**	(mit französisierender Endung) Figur eines nackten, geflügelten, Pfeil und Bogen tragenden Knaben {36/51}	**amores**, rum m (Pl.)	Liebesgötter, Amoretten
>>>	amoralisch, -ismus, -ist, -istisch, -ität s. unter moralisch etc.			
0176	**amortisabel** (l;l)>vulgl >frz	tilgbar {42/80}	**ad** + **mori** bzw. **mortuus**, a, um vulgl. admortire frz. *amortir*	s. oben 0001 (0174) sterben tot, gestorben abtöten abtöten, -schwächen, -tragen; amortisieren
–	**Amortisation** (l;l)>vulgl >frz	1. allmähliche Schuldtilgung nach einem langfristigen Plan {59/80}; 2. Deckung der Investitionskosten durch den höheren Ertrag {42/80}; 3. Genehmigungsvorbehalt für den Erwerb von Vermögenswerten (jur. t. t.) {28/43/43}; 4. Kraftloserklärung einer Urkunde {28/56/82}	dto.	dto.
–	**amortisieren** (l;l)>vulgl >frz	1. eine Schuld tilgen; 2. Investitionskosten durch den Ertrag decken; 3. Verschleiß in der Produktion abschreiben (DDR) {42/80}	dto.	dto.
0177	**Amouren** l>frz	Liebschaften, Liebesverhältnisse {18/26}	**amor**, oris m	Liebe; Geliebte(r); Sehnsucht
–	**amourös** l>frz	eine Liebschaft betreffend, Liebes...; verliebt {18/26}	dto.	dto.
0178	**Ampel** (gr)>l	1. Lichtzeichengeber zur Verkehrsregelung {45/23}; 2. ewige Lampe {51}; 3. Beleuchtungskörper {87}	**ampulla**, ae f gr. *ἀμφορεύς*	kleine Flasche (für Öl, Salben etc.); Redeschwulst zweihenkliger Krug, Eimer
0179	**Amphore** (gr)>l	zweihenkliges enghalsiges Gefäß (zur Aufbewahrung von Öl, Wein etc.) {44}	**amphora**, ae f gr. *ἀμφορεύς*	(Ton-, Glas-, Stein)gefäß, Krug

0180	**Amplifikation** (l>engl)	1. kunstvolle Ausweitung einer Aussage (rhet. t. t.) {57/76/79}; 2. Verstärkung elektrischer Impulse (z. B. bei HiFi-Anlagen) {87}	**amplificatio**, onis f	Vergrößerung, Vermehrung; Erweiterung der Vorstellung durch Steigerung des Ausdrucks (rhet. t. t.)
–	**Amplifier** l>engl	Verstärker einer HiFi-Anlage {87}	**amplificare** bzw. **amplificator**, oris m	erweitern, vergrößern; verstärken Vergrößerer, Vermehrer
–	**amplifizieren** (l>engl)	1. erweitern {57}; 2. ausführen {29}; 3. etw. unter verschiedenen Gesichtspunkten betrachten {25}; 4. elektronisch verstärken {72/87}	dto.	dto.
0181	**Amplitude**	größter Ausschlag einer Schwingung aus der Mittellage (math., phys. t. t.) {71/72}	**amplitudo**, dinis f	Größe, Weite, ansehnlicher Umfang
–	**Amplitudenmodulation** l;l	funktechnisches Übertragungsverfahren (phys. t. t.) {46/72/87}	dto. + **modulatio**, onis f	dto. Grundmaß; das Taktmäßige, Rhythmische
0182	**Ampulle** (gr)>l	1. kleiner, keimfreier Glasbehälter für Injektionslösungen (med. t. t.) {70/58}; 2. kleine Kanne für den liturgischen Gebrauch {51/58}	**ampulla**, ae f gr. *ἀμφορεύς*	kleine Flasche (für Öl, Salbe etc.) aus Glas, Ton, Leder (s. oben 0178)
0183	**Amputation**	operative Abtrennung eines Körperteils (med. t. t.) {70}	**amputatio**, onis f	das Abschneiden
–	**amputieren**	einen Körperteil operativ entfernen (med. t. t.) {70}	**amputare**	abschneiden, kappen; amputieren (med. t. t.)
0184a	**Amulett**	kleiner medaillonartiger Halsanhänger (als Glücksbringer getragen) {51/20}	**amuletum**, ti n	Amulett, Talisman
0184b	**amüsant** l>vulgl>frz	unterhaltsam, vergnüglich {26/33/84}	**mussari** vulgl. musus* frz. *museau* *muser* *amuser* *amusant*	brummen Maul, Schnauze Schnauze seine Zeit verlieren; vor sich hinsummen, gedankenlos sein Maulaffen feilhalten; foppen, belustigen
–	**Amüsement** l>vulgl>frz	unterhaltsamer Zeitvertreib, Vergnügen {26/33/85}	dto. frz. *amusement*	dto.

–	**amüsieren** l>vulgl>frz	unterhalten, die Zeit vertreiben, erheitern, Vergnügen bereiten {26/33/85}	dto. frz. *amuser*	dto.
0185	**anal** l>nlat	den After betreffend, zum After gehörend, afterwärts gelegen {11/70}	**anus**, ni m	After; Fußring, -schelle
–	Analverkehr			
>>>	Analerotik, -fissur, -fistel s. unter Erotik, Fistel, Fissur			
0186	**Analog-Digital-Konverter** (kurz: **AD-Wandler**) (gr)>l>frz; l;l	elektronische Schaltung zur Umwandlung analoger Eingangs- in digitale Ausgangssignale (HiFi-Technik) {87}	**analogia**, ae f gr. *αναλογία* + **digitalis**, e + **convertere**	die Proportion, Gleichmäßigkeit, -förmigkeit zum Finger gehörig umkehren, -drehen, -wandeln
>>>	anational s. national			
0187	**andante** l>vulgl>it	ruhig, mäßig langsam, gemessen (mus. t. t.) {37/59}	**ambire** vulgl. ambitare it. *andare* *andante*	herumgehen; umgeben; bittend angehen gehen gehend
–	**Andante** l>vulgl>it	ruhiges, mäßig langsames, gemessenes Musikstück (mus. t. t.) {37/59}	dto.	dto.
–	**andantino** l>vulgl>it	etwas schneller als andante (mus. t. t.) {37/59}	dto.	dto.
–	**Andantino** l>vulgl>it	kleines kurzes Musikstück im Andante- o. Andantinotempo (mus. t. t.) {37/59}	dto.	dto.
0188	**Angina** (gr)>l	Entzündung des Rachenraumes, der Mandeln (Gefühl der Halsenge) {14/70}	**angina**, ae f gr.*ἀγχόνη*	(Hals)bräune; (=angor): Beklemmung das Erwürgen, Erdrosseln
–	**anginös** (gr)>l>nlat	auf Angina beruhend, anginaartig {14/70}	dto.	dto.
0189	**angular**	zu einem Winkel gehörend, Winkel... (geometr. t. t.) {71}	**angularis**, e	winklig, eckig
0190	**animal**	1. eine aktive Lebensäußerung betreffend, auf (Sinnes)reize reagierend {23/69}; 2. zu willkürlichen Bewegungen fähig {28/61/69}; 3. = animalisch {69}	**animalis**, e	Leben enthaltend; beseelt, lebendig

–	**animalisch**	1. tierisch, den Tieren eigentümlich {69}; 2. triebhaft {69/18}; 3. urwüchsig-kreatürlich {69/55}	dto. bzw. **animal(is)**, lis n	dto. das lebende Wesen, Tier
–	**Animalismus** l>nlat	religiöse Verehrung von Tieren {51}	dto.	dto.
–	**Animalität**	tierisches Wesen {69/70/84}	**animalitas**, atis f	Tierheit
0191	**Animateur** l>frz	jmd., der die Freizeit einer Reisegesellschaft abwechslungsreich gestaltet {45/85}	**animator**, oris m	Beleber, Beseeler
–	**Animation** l>engl	filmtechnisches Verfahren, unbelebten Objekten im Trickfilm Bewegung zu verleihen {40/61/87}	**animatio**, onis f	das Beleben, Beseelen; Aufregung
–	**animativ** l>engl	belebend, beseelend, anregend {26}	**animare**	beleben, beseelen; erquicken; mit Temperament versehen
			bzw. **animatus**, a, um	beseelt; frisch erhalten; mutig
–	**Animator**	Trickfilmzeichner {36/40/85}	**animator**	s. oben
–	**Animierdame** l;l	in Bars o. ä. angestellte Frau mit erotischem Flair, die die Gäste zum Trinken anregen soll {18/33/40}	**animare** + **domina**, ae f	s. oben (Haus)herrin
–	Animierlokal, Animiermädchen			
–	**animieren**	1. anregen, ermuntern, ermutigen {26}; 2. anreizen, in Stimmung versetzen {26/28}; 3. Bewegungsablaufphasen von Zeichnungen so fotografieren, daß sich das Objekt zu bewegen scheint {61/72/87}	**animare**	s. oben
–	**Animierung**	Ermunterung zu etw. {26/28}	dto.	dto.
–	**Anim(a-t)ismus** l>nlat	1. Glaube an anthropomorphe Geister, Mächte {51}; 2. Lehre von der unsterblichen Seele (philos., med. t. t.) {77/70}; 3. best. Theorie innerhalb des Okkultismus {51}; 4. Anschauung, die die Seele als Lebensprinzip betrachtet (philos. t. t.) {77}	**anima**, ae f	Luft; Atem; Seele; Geister; physisches Leben, beseeltes Wesen
–	Animist, animistisch			
0192	**Animosität**	1. feindselige Einstellung o. Äußerung {32/33}; 2. Aufgeregt-, Gereiztheit {26}; 3. Leidenschaftlichkeit {26/84}	**animositas**, atis f	Mut; Leidenschaftlichkeit; Gereiztheit, Heftigkeit (im Zorn)

–	**animos**	1. feindselig {26/33}; 2. aufgeregt, gereizt (veraltet) {26}	**animosus**, a, um	mutig; ungestüm, hitzig, leidenschaftlich
0193	**Animus**	1. Seelenbild des Mannes im Unbewußten der Frau (psych. t. t.) {70/77}; 2. Ahnung {25/24}	**animus**, mi m	Geist, Herz, Mut, Seele
0194	**Anker** (gr)>l	Gerät zum Festlegen von Schiffen {45}	**ancora**, ae f gr. ἄγκυρα	Anker; Klammer
0195	**Annalen**	Jahrbücher, chronologisch geordnete Aufzeichnungen von Ereignissen {34/75/59}	**annales**, lium m (Pl.)	Jahrbücher, Annalen; geschichtliche Darstellung
–	**Annalist**	Verfasser von Annalen {40/34}	dto.	dto.
–	**Annalistik**	Geschichtsschreibung in Form von Annalen {34/75}	dto.	dto.
0196	**Annaten** l>mlat	Abgabe an den Papst für die Verleihung eines Kirchenamtes (im MA) {42/51/75}	**annarius**, a, um	das Jahr betreffend, Jahres...
0197	**annektieren** l>frz	etw. gewaltsam und widerrechtlich in seinen Besitz bringen {28/43/50/86}	**annectere**	anfügen, -knüpfen; verbinden; vereinigen
–	**Annex**	1. Anhängsel, Zubehör {57/56}; 2. (=Adnex) Anhang(sgebilde) von Organen; Eierstöcke und Eileiter (med. t. t.) {70}	**annexus**, us m	soziale Verbindung, Verband
–	**Annexion** l>frz	gewaltsame, widerrechtliche Aneignung fremden Staatsgebietes {28/43/50/86}	**annexio**, onis f	Verknüpfung
–	**Annexionismus** l>frz>nlat	Bestrebung zur gewaltsamen Aneignung fremden Staatsgebietes {28/43/50/86}	dto.	dto.
–	Annexionist, annexionistisch			
0198	**Anniversar(ium)**	Jahrestag zur Erinnerung an ein Ereignis {24/59}	**anniversarius**, a, um	(all)jährlich wiederkehrend
0199	**Anno**	im Jahre {59}	**annus**, ni m	Jahr
0200	**Annonce** l>frz	1. Zeitungsanzeige, Inserat {32}; 2. Ankündigung von etw. {59/32/28}	**annuntiare** frz. *annoncer*	an-, verkündigen, berichten
–	**Annoncenexpedition** l>frz;l	Anzeigenvermittlung {32/40}	dto. + **expeditio**, onis f	dto. Abfertigung, Erledigung; Feldzug
–	**annoncieren** l>frz	1. ein Inserat aufgeben; 2. etw. durch Annonce anzeigen; 3. jmd. o. etw. schriftlich ankündigen {28/32}	**annuntiare**	s. oben
0201	**Annotation**	Auf-, Einzeichnung, Vermerk (veraltet, DDR) {32}	**annotatio**, onis f	schriftliche Aufzeichnung, Anmerkung
0202	**Annuität** l>mlat	Jahreszahlung an Zinsen und Tilgungsraten bei der Rückzahlung einer Schuld {42/59/80}	**annus**, ni m	Jahr; Kreislauf

0203	**annullieren**	etw. (amtl.) für ungültig erklären {28/50/56}	**annullare**	zunichte machen
–	**Annullierung**	(amtl.) Ungültig-, Nichtigkeitserklärung {28/50/56}	dto. bzw. **annullatio**, onis f	dto. Zunichtemachung
0204	**anormal** (gr>l;l) >mlat	nicht normal, von der Regel abweichend, ungewöhnlich {25/56}	**anomalus**, a, um (o. -os, -on) *ἀνομαλίζειν* gemischt mit: + **normalis**, e	unregelmäßig, anomal (gramm. t. t.) ausgleichen nach dem Winkelmaß gemacht, winkelgerecht
>>>	anpfeifen s. pfeifen			
0205	**Ante**	pfeilerartige Stirn einer frei endenden Mauer {88}	**antae**, tarum f (Pl.)	viereckiger Pfeiler an Türen und Tempelecken; Pilaster
0206	**antedatieren** (l;l)>nlat/ frz	1. (ein Schreiben) auf ein zukünftiges Datum ausstellen (veraltet) = vordatieren; 2. zurückdatieren (vergangenes Datum) {59/32}	**ante** (Präp.) + **dare** **datum** frz. *dater*	vor geben, bestimmen; ausfertigen, schreiben ausgefertigt mit Zeitangabe versehen
0207	**Antenne** l>it	1. Sende- und/oder Empfangsvorrichtung {46/87}; 2. Fühler der Gliedertiere (biol. t. t.) {69}	**antemna**, ae f it. *antenna*	Segelstange, Rahe
0208	**Antependium** l>mlat	Verkleidung des Altarunterbaus {51/88}	**antependulus**, a, um	vorhängend
0209	**anteponierend**	verfrüht auftretend (med. t. t.) {70/59}	**anteponere**	vor etw. legen, setzen; vorziehen
0210	**Antezedentien**	1. Gründe, Ursachen; Vorausgegangenes {59/60}; 2. Vorleben, frühere Lebensumstände (veraltet) {59/15}	**antecedens**, ntis n	voraus-, vorhergehend; vorhergehende, bewirkende Ursache
–	**antezedieren**	vorher-, vorausgehen (veraltet) {59}	**antecedere**	vorangehen, vorauseilen; übertreffen
>>>	antiautoritär s. autoritär			
>>>	Anti-Baby-Pille s. Pille			
0211	**antichambrieren** (l;l)>it>frz	sich durch dauernde Bemühung (=Warten im Vorzimmer) Gunst erlangen wollen; katzbuckeln, liebedienern {33/28}	**ante** + **camera**, ae f it. *anticamera* frz. *antichambre*	vor Gewölbe, Decke, Zimmerwölbung Vorzimmer

–	**Antichambre** (l;l)>it>frz	Vorzimmer (veraltet) {58}	dto.	dto.
0212	**Antidepressivum** gr;l	Arzneimittel gegen Depressionen (med. t. t.) {70}	gr. ἀντί + **deprimere** (PPP. **depressus**)	gegen herab-, nieder-, unterdrücken; versenken;
>>>	Antifaktor s. Faktor			
>>>	Antifaschismus s. Faschismus			
0213	**Antifebrile** gr;l	fiebersenkendes Mittel (med. t. t.) {70}	gr. ἀντί + **febris**, is f	gegen Fieber
0214	**antik** l>frz	1. dem klassischen Altertum zuzurechnen, auf die Antike zurückgehend {59/75}; 2. in altertümlichem Stil hergestellt {36/40}	**antiquus**, a, um	alt; früher; ehrwürdig
–	**Antike** l>frz	1. das klassische Altertum, seine Kultur betreffend {59/33}; 2. antikes Kunstwerk {34/35/36/37}	**antiqua**, uorum n (Pl.)	das Alte, Altertum, Vorzeit
–	**antikisch** l>frz	dem Vorbild antiker Kunst nachstrebend {34/35/36/37}	**antiquus**	s. oben
–	**antikisieren** l>frz	nach Art antiker Formen gestalten {34/35/36/37}	dto.	dto.
0215	**Antikonzeption**	Empfängnisverhütung (med. t. t.) {70}	gr. ἀντί + **conceptio**, onis f	gegen Zusammen-, Abfassung; Empfängnis s. unten 1884
–	antikonzeptionell, Antikonzeptivum			
>>>	Antimilitarismus s. Militarismus			
0216	**Antiqua**	heutige, allgemein übliche lateinische Buchschrift {32}	**antiquus**	s. oben 0214
–	**Antiquar**	Händler für gebrauchte Bücher, Noten etc. {40/42/32}	**antiquarius**, ii m	Kenner der klass. (alt)röm. Sprache und Literatur; Altertümler
–	**Antiquariat** l>nlat	Handel, Handlung für gebrauchte Bücher {32/42}	dto.	dto.
–	**antiquarisch**	gebraucht, alt {59/56/55}	**antiquarius**, a, um	zum Altertum gehörig
–	**antiquieren** l>nlat	1. veralten {59}; 2. für veraltet erklären {59/32}	**antiquare**	verwerfen, (einen Vorschlag) nicht annehmen; verjähren lassen
–	**antiquiert** l>nlat	veraltet, altmodisch, überholt {59/25}	dto.	dto.

–	**Antiquiertheit** l>nlat	1. das Festhalten an überholten Vorstellungen oder Dingen {25/59}; 2. altmodisches Gebaren {32/59}	dto.	dto.
–	**Antiquität**	altertümlicher (Kunst)gegenstand {34/35/36/37/88}	**antiquitates**, tium f (Pl.)	Antiquitäten, alte Sagen, Geschichte
>>>	Antiserum s. Serum			
0217	**Antistes**	1. antiker Priestertitel {51/75}; 2. Ehrentitel für kath. Priester und Äbte {51/33}	**antistes**, titis m	Vorsteher, Aufseher, Oberpriester
0218	**Antitranspirant** gr;(l;l) >vulgl>frz	schweißhemmendes Deodorant {21}	gr. *ἀντί* + **trans** + **spirare** vulgl. transpirare	gegen hindurch, -über blasen, wehen, hauchen, atmen durchhauchen, -atmen, ausduften
0219	**Antitrinitarier** gr;l	Gegner der Lehre von der göttlichen Dreifaltigkeit {51}	gr. *ἀντί* + **trinitas**, atis f	gegen Dreieinig-, -faltigkeit
0220	**Antizipation**	1. Vorwegnahme (z. B. von zukünftigem Geschehen) {59/24}; 2. Bildung einer philosophischen Vorstellung vor der Erfahrung {77}; 3. Vorgriff des Staates auf später fällige Einnahmen {42/50/59/80}; 4. Zinszahlung vor dem Fälligkeitstermin {42/59/80}; 5. Erteilung einer Anwartschaft auf ein Kirchenamt (rel. t. t.) {51}; 6. früheres Erreichen einer Entwicklungsstufe (biol. t. t.) {59/68/69}	**anticipatio**, onis f	vorgefaßte Meinung, Vorbegriff
–	**antizipativ** o. **antizipatorisch**	etwas vorwegnehmend {25/59}	**anticipare**	vorher nehmen; zuvorkommen, übertreffen
–	**antizipieren**	1. etwas (gedanklich) vorwegnehmen {25/59}; 2. vor dem Fälligkeitstermin zahlen {42/80/59}	dto.	dto.
0221	**Anus**	After {11/70}	**anus**, ni m	After; Fußring, -schelle
0222	**anvisieren** d;l>frz	1. ins Visier-, als Zielpunkt nehmen {23/25}; 2. etwas ins Auge fassen, anstreben {28}	**visus**, us m afrz. *vis* frz. *visière*	Anblick, Erscheinung, Gesicht Gesicht Helmgitter, Visier
0223	**anzeps**	lang oder kurz (in bezug auf die Schlußsilbe im antiken Vers) {76/59}	**anceps** (Gen. -cipitis)	doppelseitig; ungewiß; schwankend

0224	**Apanage** (l;l)>mlat >frz	Unterhalt für Angehörige regierender Fürsten und Könige {80/47}	**ad** + **panis**, is f mlat. appanare appanagium frz. *apanage*	zu, hin, nach (s. oben 0001) Brot ausstatten Ausstattung Leibgedinge, Erbteil
0225	**apart** (l;l)>mlat >frz	1. anziehend schön, ungewöhnlich ansprechend {26/55/84}; 2. gesondert, getrennt (veraltet) {56/58}	**ad** + **pars**, rtis f mlat. ad partem frz. *a part*	zu, hin, nach (s. oben 0001) Teil, Stück, Portion besonders, gesondert beiseite, abgesondert; besonders, eigenartig
–	**Apartheid** l>frz >niederl >afrikaans	Rassentrennungspolitik in Südafrika {33/50}	dto.	dto.
–	**Apartment** (l;l)>l>it >frz>engl >am	Kleinwohnung in einem (komfortabelen) Mietshaus {44/58}	**a** + **pars** **a parte** it. *appartare* *appartamento* frz. *appartement* engl. *apartment*	von, von ... her (s. oben 0002) s. oben zur Seite, abgetrennt trennen, absondern größere abgeteilte abgeschlossene Wohnung
0226	**Aperitif** l>mlat>frz	appetitanregendes alkoholisches Getränk, das vor dem Essen getrunken wird {17}	**aperire** mlat. aperitivus frz. *apéritif*	öffnen, aufdecken, zugänglich machen öffnend dto.
0227	**Apertur**	Maß für optische Leistung und Bildhelligkeit, Detailschärfeleistung (in der Fotografie) {56/87}	**apertura**, ae f	Öffnung, Eröffnung, Luke
0228	**Apex**	1. ferner Zielpunkt der Flugbahn eines Himmelskörpers (astron. t. t.) {66/61}; 2. Zeichen zur Kennzeichnung betonter Vokale oder Silben (sprachwiss. t. t.) {76}	**apex**, picis m	Spitze, Gipfel, Kuppe; vokalisches Längezeichen (gramm. t. t.)

–	**apikal**	1. an der Spitze gelegen, nach oben gerichtet {58}; 2. mit der Zungenspitze artikuliert (sprachwiss. t. t.) {76}; 3. am äußersten (spitzen) Organende gelegen (med. t. t.) {58/70}	dto.	dto.
0229	**Aposteriori** l;l	Erfahrungssatz, Inbegriff der Erkenntnisse (philos. t. t.) {25/77}	**a** + **posterior**, ius (Komp.) **a posteriori**	von, von ... her (s. oben 0002) der, die, das Spätere vom Späteren her
–	**aposteriorisch** l;l	erfahrungsgemäß {25/77}	dto.	dto.
0230	**Apparat**	1. zusammengesetztes technisches Gerät {40/41/72/87}; 2. Gesamtheit der für eine wissenschaftliche Arbeit notwendigen Hilfsmittel {25/57}; 3. Gesamtheit der zu einer Institution gehörenden Menschen und Einrichtungen {40/57}; 4. kritischer Apparat (philol. t. t.) {76}; 5. Gegenstand o. Person, die durch Größe o. Besonderheit Aufsehen erregt {23/26}; 6. Gesamtheit funktionell zusammengehörender Organe (med. t. t.) {56/57/70}	**apparatus**, us m	Zubereitung; Einrichtung; Apparat, Gerät, Ausstattung
–	**apparativ** l>nlat	1. einen Apparat betreffend {41/72/87}; 2. mit Apparaten arbeitend {40/41/70}; 3. mit Apparaten feststellbar {40/41/25}	**apparatus**, a, um	wohl versehen, - gerüstet, - ausgestattet
–	**Apparatschik** l>russ	Funktionär in Partei und Verwaltung (meist in Osteuropa) {50/40}	**apparator**, oris m	Zurüster, Diener
–	**Apparatur** l>nlat	Gesamtanlage zusammengehörender Apparate und Instrumente {56/72/87}	**apparatus**, us m	s. oben
0231	**Appartement** (l;l)>l>it >frz	1. komfortabele Kleinwohnung; 2. Zimmerflucht, zusammenhängende größere Zimmer im Luxushotel {44/58}	**a** + **pars**, rtis f **a parte** it. *appartare* *appartamento* frz. *appartement*	von, von ... weg (s. oben 0002) Teil, Stück, Portion zur Seite trennen, absondern größere abgeteilte, abgeschlossene Wohnung (vgl. oben 0225)

0232	**Appeasement** (l;l)>frz >engl	Haltung der Nachgiebigkeit, Beschwichtigungspolitik {50/28}	**ad** + **pax**, acis f afrz. *apeser* engl. *appease*	zu, hin, bezüglich (s. oben 0001) Frieden befrieden
>>>	Appeal s. Appell (4.)			
0233	**Appell** l>frz	1. Aufruf, Mahnruf {25/32}; 2. Antreten zur Befehlsausgabe (mil. t. t.) {86}; 3. Gehorsam des (Jagd)hundes {28/38}; 4. (=Appeal) Anziehungskraft, Ausstrahlung, Aussehen; Anreiz {23/26/18}	**appellare**	appellieren; ansprechen; mahnen; um Hilfe ansprechen, auffordern
–	**Appellation**	Berufung (jur. t. t.) {82}	**appellatio**, onis f	Anrede, Ansprache; Berufung (jur. t. t.)
–	**appellieren**	1. sich mahnend an jmdn. o. etw. wenden {32/25}; 2. Berufung einlegen (veraltet - jur. t. t.) {82}	**appellare**	s. oben
0234	**Appendix**	1. Anhängsel {57/58}; 2. Luftfüllstutzen eines Ballons {45/72/87}; 3. Anhang eines Buches {57/32}; 4. Wurmfortsatz des Blinddarms (med. t. t.) {11/70}	**appendix**, icis f	Anhang, Anhängsel; Zugabe
–	**Appendizitis** l>nlat	Blinddarmentzündung (med. t. t.) {14/70}	dto.	dto.
–	appendizitisch			
–	**Appendektomie** l;gr	Blinddarmoperation, -entfernung (med. t. t.) {52/70}	dto. + gr. ἐκτομή	dto. Entfernung; das Herausschneiden
0235	**Apperzeption** (l;l)>nlat	bewußtes Erfassen von Erlebnis-, Wahrnehmungs- und Denkinhalten (psych. t. t.) {70}	**ad** + **perceptio**, onis f	zu, hin, nach (s. oben 0001) geistiges Erfassen; Begreifen; Erkenntnis
–	**apperzipieren** (l;l)>nlat	Erlebnisse und Wahrnehmungen bewußt erfassen (psych. t. t.) {70}	**ad** + **percipere**	s. oben begreifen empfangen; wahrnehmen,
0236	**Appetenz**	(biol. t. t.) 1. ungerichtete, suchende Aktivität {69/29}; 2. Begehren, Sexualverlangen {69/70/18}	**appetentia**, ae f	das Begehren, Trachten, Verlangen nach etwas
–	**Appetenzverhalten** l;d	Verhalten bei Tieren zur Auffindung der triebbefriedigenden Reizsituation (biol. t. t.) {69}	dto.	dto.

–	**Appetit**	Wunsch, etwas Bestimmtes zu essen, zu trinken, zu tun {27/17/18}	**appetitus**, us m	Begehren, Verlangen, Trachten; Trieb
–	**appetitlich**	1. appetitanregend {17/26}; 2. hygienisch einwandfrei, sauber {21/17}; 3. adrett und frisch anzusehen {55/18}	dto.	dto.
–	Appetitzügler			
–	**Appetizer** l>engl	appetitanregendes Mittel {70/17}	dto.	dto.
0237	**applaudieren**	Beifall klatschen, -spenden {23/26/32/33/85}	**applaudere**	etw. an etw. anschlagen; Beifall klatschen; applaudieren
–	**Applaus**	Beifall(sruf), Klatschen, Zustimmung {23/26/32/33/85}	**applausus**, us m	das Anschlagen; Beifallklatschen; Applaus
0238	**Applikation**	1. Anwendung {29/25}; 2. Bewerbung, Fleiß {25/40}; 3. Verordnung, Anwendung von Medikamenten {70}; 4. aufgenähte Verzierung an Geweben {19/20}; 5. haftendes Symbol auf Wandtafeln {32}	**applicatio**, onis f	das Sich-Anschließen an etw. o. jmd.; Zuneigung
–	**applizieren**	1. anwenden {25/29}; 2. verabreichen, dem Körper zuführen (med. t. t.) {70}; 3. (Farben) auftragen {29/36/40}; 4. (Stoffmuster) aufnähen {19/29/40}	**applicare**	an-, hinzufügen; anwenden; annähern
0239	**apport!** l>frz	bring (es) her! (Befehl an den Hund) {38/28}	**apportare**	herbeibringen, -tragen, -schaffen
–	**Apport** l>frz	1. Sacheinlage bei der Kapitalgesellschaftsgründung (veraltet) {42/80}; 2. Herbeischaffen des erlegten Wildes durch den Hund {38/61}; 3. Telekinese durch Geister o. ein Medium {24/51}	dto.	dto.
–	**apportieren** l>frz	Gegenstände, erlegtes Wild herbeibringen (vom Hund) {38/61}	dto.	dto.
0240	**Apposition**	1. substantivisches Attribut (sprachwiss. t. t.) {76}; 2. Anlagerung von Substanzen (biol. t. t.) {68/69/73}	**appositio**, onis f	das Ansetzen, Auflegen; Zusatz
–	**appositional** o. **appositionell** l>nlat	die Apposition betreffend, wie eine Apposition gebraucht (sprachwiss. t. t.) {76}	dto.	dto.

0241	**appretieren** l>gallorom >frz	Textilien durch entsprechendes Bearbeiten mehr Glanz, Festigkeit, besseres Aussehen geben {40/19}	**apparare** frz. *prêt* *apprêter*	zubereiten, zurüsten, in Bereitschaft setzen bereit, fertig s. links
–	**Appretur** l>gallorom >frz	Glanz, Festigkeit eines Gewebes; das Appretieren {40/54/55/19}	dto.	dto.
0242	**Approbation**	1. staatl. Zulassung als Arzt o. Apotheker {28/50/70}; 2. Genehmigung, Bestätigung durch die zuständige Autorität (kath. rel. t. t.) {28/51}	**approbatio**, onis f	Zustimmung, Genehmigung, Billigung
–	**approbieren**	bestätigen, genehmigen {50/28}	**approbare**	zustimmen, billigen, genehmigen
–	**approbiert**	zur Berufsausübung als Mediziner staatlich zugelassen {70/40}	**approbatus**, a, um	gebilligt, anerkannt
0243	**Appropriation**	Zu-, Aneignung, Besitzergreifung {43}	**appropriatio**, onis f	Zueigenmachung
–	**appropriieren**	in Besitz nehmen {43}	**appropriare**	zueigen machen
0244	**Approximation**	1. Näherungswert einer unbekannten Größe (math. t. t.) {71}; 2. Annäherung {61/56}	**approximare**	herankommen, sich nähern
–	**approximativ**	angenähert, ungefähr {56/71}	dto.	dto.
–	**Approximativ**	Adjektive, die eine Näherung ausdrücken (z. B. rötlich zu rot - sprachwiss. t. t.) {56/76}	dto.	dto.
0245	**Aprikose** l>vulgl >spätgr >arab >span>frz >niederl	1. Fruchtsorte {05/17}; 2. Aprikosenbaum {05}; 3. Gartenzierstrauch aus Japan {04}	**praecoquus**, a, um vulgl. persica praecocia spätgr. *πραικόκκιον* arab. *al-barquq* span. *albaricoque* frz. *abricot* niederl. *abrikoos*	vorzeitig Früchte tragend frühreifer Pfirsich
–	**apricot** l>vulgl >spätgr >arab >span>frz >niederl	aprikosenfarben {55}	dto.	dto.
0246	**April**	4. Monat im Jahr, Ostermond; Wandelmonat {59}	**Aprilis**, e	erschließend; Monat des Aufblühens, April vgl. 0226 aperire

0247a	**Apriori** (l;l)>l	Vernunftsatz; durch logisches Schließen gewonnene Erkenntnisse (philos. t. t.) {25/77}	**a** **prior**, ius (Komp.) **a priori**	von, von ... her der, (die), das Frühere vom Früheren her
–	**apriorisch** (l;l)>l	aus Vernunftgründen erschlossen, allein durch Denken gewonnen (philos. t. t.) {25/77}	dto.	dto.
–	**Apriorismus** (l;l)>nlat	(philos. t. t.) 1. Erkenntnis a priori {25/77}; 2. philos. Lehre, die eine von der Erfahrung unabhängige Erkenntnis annimmt {77}	dto.	dto.
–	Apriorist, aprioristisch			
0247b	**apropos** l>afrz>frz; l>afrz>frz	übrigens, nebenbei (bemerkt) {56}	**ad** + **proponere** (PPP. **propositus**) afrz. *à* + *poser* frz. *proposer* *propos*	zu, hin, nach aufstellen, vortragen, vorschlagen zu setzen, stellen, legen vorschlagen, vorbringen, sich vornehmen Vorsatz, Entschluß; Anlaß, Gesprächsgegenstand
0248	**Aqua**	(Aufschrift auf der Toilettenspülung): Wasser {21/44}	**aqua**, ae f	Wasser
–	**Aquädukt** l;l	steinernes Bauwerk mit Wasserrinne zur Vesorgung der (Stadt)bevölkerung {17/49/88}	**aqua** + **ductus**, us, m	s. oben Zug, durchlaufende Verbindung; (Wasser)leitung (archit. t. t.)
–	**Aquakultur** l;l	1. systematische Bewirtschaftung des Meeres {39/40}; 2. Verfahren zur Intensivfischzucht {39/69}	**aqua** + **cultura**, ae f	s. oben Pflege, An-, Bebauung, Kultur
–	**Aquamarin** l;l	meerblauer Edelstein {20/02}	**aqua marina**	Meerwasser (gelehrte Bildung)
–	**Aquanaut** l;(gr)>l	Forscher in einer Unterwasserstation {40/62/63/64/69}	**aqua** + **nauta**, ae m gr. *ναύτης*	s. oben Seemann, Schiffer, Matrose Seemann
–	Aquanautik			
–	**Aquaplaning** l;(gr)>engl	Wasserglätte; Rutschen der Autoreifen auf regennasser Straße {45/61/72}	**aqua** + gr. *πλανάειν* *πλάνη*	s. oben irreführen, täuschen Irrfahrt

–	**Aquarell** l>it>frz	mit Wasserfarben gemaltes Bild {36}	**aqua** bzw. **aquarius**, a, um it. *acquerello* frz. *aquarelle*	s. oben zum Wasser gehörig
–	aquarellieren, Aquarellist			
–	**Aquarianer** l>nlat	Aquarienliebhaber {68/69/85}	**aquarius**, ii m	Aufseher der Brunnen u. Wasserkünste; Röhrenmeister
–	**Aquaristik** l>nlat	Halten von Wassertieren und -pflanzen (als Hobby, aus wissenschaftlichem Interesse) {68/69/85}	**aquarium**, ii n	Wasserbehälter, -krug, Zisterne
–	Aquarist, aquaristisch			
–	**Aquarium**	1. Behälter zur Pflege, Zucht u. Beobachtung von Wassertieren {69/58}; 2. Abteilung in zoologischen Gärten für Wassertiere {69}	dto.	dto.
–	**aquatisch**	1. dem Wasser angehörend, im Wasser lebend {68/69}; 2. wässrig {54}	**aquaticus**, a, um	im Wasser lebend, -vorkommend; wässrig, feucht
0249	**Äquator**	1. größter Breitenkreis, der die Erde in Nord- und Südhalbkugel trennt {64}; 2. Kreis auf einer Kugel, dessen Ebene senkrecht auf einem vorgegebenen Kugeldurchmesser steht (math. t. t.) {71}	**aequator**, oris m	der Gleichmacher, Eicher
–	**äquatorial**	1. den Äquator betreffend; 2. unter dem Äquator befindlich {64}	dto.	dto.
0250	**Aquavit** (l;l)>nlat	vorwiegend mit Kümmel gewürzter Branntwein {17}	**aqua** + **vita**, ae f	s. oben 0248 Leben
0251	**äquidistant**	gleich weit voneinander entfernt, gleiche Abstände aufweisend {58/71}	**aequidistans** (Gen. -ntis)	gleich weit voneinander entfernt, parallel
–	**Äquidistanz**	gleich großer Abstand {58/71}	dto.	dto.
0252	**äquilibrieren**	ins Gleichgewicht bringen {12/56/61}	**aequilibris**, e	im Gleichgewicht, horizontal
–	**Äquilibrium**	Gleichgewicht {12/56}	dto.	dto.
–	**Äquilibrismus** l>nlat	scholastische Lehre vom Einfluß des Gleichgewichts der Motive auf die freie Willensentscheidung (philos. t. t.) {77/28}	dto.	dto.
–	**Äquilibrist** l>frz	Gleichgewichtsartist, Seiltänzer {12/85}	dto.	dto.

–	**Äquilibristik** l>frz	Kunst des Gleichgewichthaltens {12/85}	dto.	dto.
–	äquilibristisch			
0253	**Äquinoktium**	Tagundnachtgleiche {66/59/02}	**aequinoctium**, ii n	Tagundnachtgleiche
–	**äquinoktial**	1. das Äquinoktium betreffend {66/59/02}; 2. tropisch, Tropen... {64}	dto.	dto.
0254	**Äquität**	das jmdm. zustehende Recht, Gerechtigkeit (veraltet) {82}	**aequitas**, atis f	Rechtsgleichheit , Billigkeitsprinzip, Gerechtigkeit
0255	**äquivalent** (l;l)>nlat	gleichwertig, dem Verglichenen entsprechend {56/71}	**aequus**, a, um + **valens** (Gen. -ntis)	gleich, eben, billig, gerecht kräftig, stark, mächtig
–	**Äquivalent** (l;l)>nlat	gleichwertiger Ersatz, Gegenwert {56/71}	dto.	dto.
–	**Äquivalenz** (l;l)>nlat	Gleichwertigkeit {56/71}	**aequus** + **valentia**, ae f	s. oben Stärke, Körperkraft, Vermögen, Fähigkeit
>>>	Äquivalenzprinzip s. Prinzip			
0256	**äquivok**	1. verschieden deutbar, doppelsinnig; 2. zwei-, mehrdeutig {25/32}	**aequivocus**, a, um	doppelsinnig, mehrdeutig
–	**Äquivokation**	1. Dopppelsinig-, Mehrdeutigkeit {25/32}; 2. Wortgleichheit bei Sachverschiedenheiten {76}	**aequivocatio**, onis f	Doppelsinn
0257	**Ar** l>frz	Flächenmaß von 100 qm {56}	**area**, ae f frz. *are*	(Grund)fläche, freier Platz; Ebene; Flächeninhalt
0258	**Ära**	1. längerer, durch etw. Bestimmtes geprägter Zeitabschnitt {59}; 2. Erdzeitalter (geol. t. t.) {62/59}	**aera**, ae f	Zeitabschnitt, Epoche
0259	**Ärar**	1. Staatsschatz, -vermögen {42/80/50}; 2. Staatsarchiv {32/49/50}; 3. Fiskus (österr.) {42/50/80}	**aerarium**, ii n	Schatzkammer, Staatskasse, -vermögen
–	**ärarisch**	zum Ärar gehörend, staatlich {50/42/80}	**aerarius**, a, um	zum Erz gehörend
0260	**Arbiter**	Schiedsrichter (veraltet) {32/33/85}	**arbiter**, tri m	Zeuge, Beobachter; Schiedsrichter
–	**arbiträr**	1. als sprachl. Zeichen willkürlich geschaffen (sprachwiss. t. t.) {76}; 2. willkürlich, nach Ermessen{25/28}	**arbitrarius**, a, um	schiedsrichterlich; nach Gutdünken, willkürlich

–	**arbitrieren**	1. schätzen (veraltet) {25/56}; 2. eine Schiedsgerichtsvereinbarung vollziehen (im Handelsrecht) {82/42/80}	**arbitrari**	beobachten; als Schiedsrichter entscheiden; glauben, meinen
–	**Arbitrium**	Schiedsspruch, Gutachten {82/25/32}	**arbitrium**, ii n	Schiedsspruch; freie Entscheidung, Wille
0261	**Arboretum**	Baumgarten, zu Studienzwecken angelegte Pflanzensammlung (bot. t. t.) {03/68}	**arbor**, oris f bzw. **arboretum**, ti n (Nf. von arbustum)	Baum Baumpflanzung
0262a	**Arche**	1. Schiff Noahs {45/51}; 2. Geldkasten (mhd. - veraltet) {58/42}	**arca**, ae f	Kiste, Lade; (Geld)kasten; Arche (Noahs)
0262b	**Architrav** (gr;l)>frz >(engl)	die Säulen verbindender Tragbalken in der antiken Baukunst {75/88}	gr. *ἀρχεύειν* bzw. *ἀρχι...* + **trab(e)s**, bis f frz. / engl. *architrave*	Führer sein, herrschen Haupt... Balken
0263	**Areal** l>nlat	1. Bodenfläche {58/64}; 2. Verbreitungsgebiet einer Tier- oder Pflanzenart {64/68/69}	**area**, ae f	freier Platz, Fläche; Gartenbeet; Rennbahn
–	**areal** l>nlat	Verbreitungsgebiete betreffend {68/69/58}	dto.	dto.

>>> Areallinguistik s. Linguistik

0264	**Arena**	1. größerer Platz zum Austragen von Wettkämpfen (im Stadion) {58/85}; 2. Sommerbühne (österr.) {58/35}	**arena**, ae f o. **harena**, ae f	Sand(fläche); Kampfplatz im Amphitheater; Tummelplatz
0265	**Argentum**	Silber {02/73}	**argentum**, ti n	Silber, -geschirr, -geld
0266	**Argument(um)**	1. Beweis, Bekräftigung einer Aussage {25/32}; 2. verbabhängig zu besetzende Leerstelle im Satz (sprachwiss. t. t.) {76}; 3. unabhängige Veränderliche einer Funktion (math. t. t.) {71}; 4. deutsche Inhaltsangabe u. Personenpräsentierung bei latein. Aufführungen des Mitttelalters {32/35/74/75}; 5. auf den darauffolgenden Handlungssinn vorbereitende allegorische Pantomime (Barock) {32/37/74/75}	**argumentum**, ti n	Darstellung, Erzählung; Inhalt, Gegenstand; Beweis(mittel)

–	**Argumentation**	Beweisführung, Begründung {25/32}	**argumentatio**, onis f	Beweisführung
–	**argumentativ** l>engl	1. (= argumentatorisch) die vorgebrachten Argumente (1.) betreffend; 2. mit Hilfe von Argumenten (geführt) {32/25}	**argumentativus**, a, um engl. *argumentative*	darlegend
–	**argumentieren**	Argumente (1.) vorbringen, beweisen, begründen {32/25}	**argumentari**	Beweise, Gründe anführen
0267a	**arid**	trocken, dürr, wüstenhaft (vom Boden, Klima) {62/65}	**aridus**, a, um	trocken, dürr; dürftig
–	**Aridität**	Trockenheit (in bezug auf das Klima - meteor. t. t.) {65}	**ariditas**, atis f	Trockenheit, Dürre
0267b	**Arie** (gr)>l>(frz) >it	Sologesangsstück mit Instrumentalbegleitung (bes. in Opern, Oratorien - mus. t. t.) {37}	**aer**, ris m gr. *ἀήρ* frz. *air* it. *arietta*	Luft; Lied, Melodie kleines Lied
0267c	**Arkade** l>it>frz	Bogen auf zwei Säulen o. Pfeilern; Bogengang {58/88}	**arcus**, us m it. *arco* *arcata* frz. *arcade*	Bogen, bogenförmige Krümmung Arkade
0268	**Arkanum**	1. Geheimnis {25/32/33}; 2. Geheim-, Wundermittel {70}	**arcanum**, ni n	das Geheimnisvolle, Geheimnis
0269	**Arkus** o. **Arcus**	Bogenmaß eines Winkels (math. t. t.) {71}	**arcus**	s. oben 0267c
0270	**Armada** l>span	mächtige Kriegsflotte (nach der Flotte Philipp des II. benannt) {57/75/86}	**arma**, morum n (Pl.)	Waffe, Kriegs-, Heeresmacht
0271	**Armatur**	1. Ausrüstung von bzw. Bedienungs- u. Meßgeräte an technischen Anlagen {41/72/87}; 2. Drossel-, Absperrvorrichtung; Wasserhahn {41/72/87}; 4. militärische Ausrüstung (veraltet) {86}	**armatura**, ae f	Takelage; Waffengattung; Bewaffnung
–	**Armaturenbrett** l;d	Leiste für Schalt- und Bedienungselemente {41/45/72}	dto.	dto.
0272	**Armbrust** (l;gr>l)>l >mlat	mittelalterliche Schußwaffe (für Pfeile) {75/86}	**arcus**, us m + **ballista**, ae f gr. *βάλλειν* **arcuballista**, ae f mlat. arbalista	Bogen Wurfmaschine werfen mit einem Bogen versehene Wurfmaschine
0273	**armieren** l>frz	1. mit Waffen ausrüsten (mil. t. t. - veraltet) {86}; 2. mit Armaturen versehen {29/41/72/87}; 3. mit einer Auflage o. Umkleidung versehen (archit. t. t.) {88}	**armare**	(aus)rüsten, bewaffnen

–	**Armierung** l>frz	1. Waffenausrüstung einer militärischen Anlage, eines Kriegsschiffes {86/45}; 2. Stahleinlagen für Beton {41}	dto.	dto.
–	**Armee** l>frz	1. Gesamtheit aller Streitkräfte eines Landes, Heer; 2. großer Truppenverband, Heereseinheit {57/86}	dto. bzw. **arma** frz. *armée* *armer*	dto. s. oben 0270 bewaffnete Truppe bewaffnen, ausrüsten
–	**Armeekorps** l>frz;l>frz	Verband von mehreren Divisionen {57/86}	dto. + **corpus**, poris n	dto. Körper, Verband; Gesamtmasse
0274	**Arrest** (l;l)>mlat >(frz)	1. Beschlagnahme von Sachen (jur. t. t.); 2. Haft von Personen (jur. t. t.); 3. leichte Freiheitsstrafe (jur. t. t.) {82}; 4. Ort der Haft (jur. t. t.) {82/58}; 5. Nachsitzen in der Schule (veraltet) {31/59}	**ad** + **restare** mlat. arrestare arrestum frz. *arrêter*	zu, hin, nach (s. oben 0001) zurück-, übrig bleiben, Widerstand leisten dableiben (machen) Verhaftung
–	**Arrestant** (l;l)>mlat	Häftling {82}	dto.	dto.
–	**Arrestation** (l;l)>mlat >frz	Festnahme (veraltet) {82}	dto.	dto.
–	**arrestieren** (l;l)>mlat >frz	verhaften, einsperren {82/58}	dto.	dto.
–	**arretieren** (l;l)>mlat >frz	1. verhaften, festnehmen {82}; 2. bewegliche Teile bei Nichtbenutzung eines Gerätes sperren {41/61/87}	dto.	dto.
–	**Arretierung** (l;l)>mlat >frz	1. Festnahme, Inhaftierung {82}; 2. Sperrvorrichtung für bewegliche Teile an Geräten (z. B. Meßgeräte) {41/61/87}	dto.	dto.
0275	**Arrival** (l;l)>vulgl >frz>engl	Ankunft (Hinweis auf Flughäfen) {45/32}	**ad** + **ripa**, ae f vulgl. arripare frz. *arriver* engl. *arrive*	zu, hin nach (s. oben 0001) Küste, Ufer das Ufer erreichen ankommen, ein Ziel erreichen
–	**arrivieren** (l;l)>vulgl >frz	vorwärts-, emporkommen; beruflich o. gesellschaftlich Erfolg haben {33/40}	dto.	dto.
–	**arriviert** (l;l)>vulgl >frz	beruflich, gesellschaftlich aufgestiegen; zu Erfolg, Ansehen, Anerkennung gelangt {33/40}	dto.	dto.

0276	**arrogant** l>(frz)	anmaßend, dünkelhaft {26/84}	**arogans** (Gen. -ntis)	anmaßend, dünkelhaft, rücksichtslos
–	**Arroganz** l>(frz)	anmaßendes Benehmen, Überheblichkeit {26/84}	**arrogantia,** ae f	Anmaßung,dünkelhaftes, eitles Benehmen
0277	**arrondieren** (l;l)>vulgl >frz	1. abrunden, zusammenlegen (von Grundbesitz) {57/43}; 2. Kanten abrunden (z. B. von Leisten) {40}	**ad** + **rotundare**	zu, hin, nach (s. oben 0001) rund machen, abrunden
–	**Arrondierung** (l;l)>vulgl >frz	Abrundung, Zusammenlegung von Gebieten, Grundbesitz {43/57}	dto.	dto.
–	**Arrondissement** (l;l)>vulgl >frz	1. Verwaltungsbezirk in Frankreich; 2. Stadtbezirk in großen frz. Städten {48}	**ad** + **rotunditas,** atis f	s. oben runde Gestalt, Abrundung
0278	**Artdirector** l>engl; l>engl	künstlerischer Leiter (des Layouts in einer Werbeagentur) {40/36}	**ars,** rtis f + **director,** oris m	Kunst Lenker, Leiter
0279	**artefakt** l;l	künstlich hervorgerufen (z. B. von Verletzungen zum Täuschungszweck) {82/70}	**ars,** rtis f + **facere** (PPP. **factum**)	Kunst tun, machen, handeln, schaffen
–	**Artefakt** l;l	1. Kunsterzeugnis {40}; 2. Werkzeug aus vorgeschichtlicher Zeit (archäol. t. t.) {75}; 3. künstlich hervorgerufene körperliche Veränderung (meist mit Täuschungsabsicht) {82/70}	dto.	dto.
–	**arte-** o. **artifiziell** l>frz	1. künstlich {41/56}; 2. gekünstelt {26}	**arteficialis,** e	kunstmäßig, kunstgerecht
0280	**Arterie** (gr)>l	Schlagader (vom Herzen zum Körper) {11/70}	**arteria,** ae f gr. *ἀρτηρία*	Luftröhre; Schlag-, Pulsader
0281a	**Artikel**	1. Geschlechtswort (sprachwiss. t. t.) {76}; 2. Abschnitt eines Vertrages, Gesetzes etc. {82/57}; 3. Handelsgegenstand, Ware {42}; 4. (Zeitungs)aufsatz, Abhandlung {32}; 5. Darstellung eines Wortes in einem Lexikon {32}; 6. Glaubenssatz einer Religion {51}	**articulus,** li m	verbindendes Gelenk, Knöchel; Abteilung; Absatz, Abschnitt
–	**artikular**	zum Gelenk gehörend (med. t. t.) {70}	**articularius,** a, um bzw. **articularis,** e	zum Gelenk gehörig, die Gelenke betreffend
–	**Artikulaten**	Gliedertiere (biol. t. t.) {06/07/69}	**articulatus,** a, um	mit Gliedern, mit Gelenken versehen; artikuliert

–	**Artikulation** o. **Artikulierung**	1. deutliche Gliederung des Gesprochenen {32/56/76}; 2. Lautbildung (sprachwiss. t. t.) {76}; 3. das Artikulieren von Gefühlen und Gedanken {25/26/32}; 4. Abfolge der Bißbewegungen (med. t. t.) {12/70}; 5. das Binden o. Trennen der Töne (mus. t. t.) {37}; 6. Gelenk (med. t. t.) {70}	**articulatio**, onis f	das Ansetzen neuer Knoten (von Bäumen beim Pfropfen); gegliederter Vortrag; Artikel
–	**artikulatorisch**	die Artikulation betreffend {76/32}	**articulatus**, a, um	artikuliert, gegliedert, deutlich, verständlich (s. oben)
–	**artikulieren**	1. Laute deutlich aussprechen {32/76}; 2. Gefühle u. Gedanken formulieren {25/26/32}	**articulare**	artikulieren, deutlich aussprechen
0281b	**Artillerie** (l/l)>vulgl >afrz>frz	Gesamtheit der Geschütze, des schweren Kriegsmaterials; mit Geschützen ausgerüstete Truppe {57/86}	**aptare** vulgl. apticulare* afrz. *atilier* mit Quereinfluß von: **ars**, rtis f afrz. *art* *artill(i)er* frz. *artillerie*	anpassen; instand setzen, rüsten schmücken; ausrüsten, bewaffnen Kunst(fertigkeit) Geschicklichkeit mit Kriegsgerät bestücken, ausrüsten
–	**Artillerist** (l/l)>vulgl >afrz>frz	Soldat der Artillerie {86}	dto.	dto.
0282	**Artist** l>mlat>frz	1. Zirkus-, Varietékünstler {40/85}; 2. jmd., der seine Darstellungsformen souverän beherrscht {22/32}	**ars**, rtis f mlat. artista	Kunst, Geschicklichkeit; Wissenschaft Künstler
–	**Artistenfakultät** (l;l)>mlat >(frz)	Fakultät der artes liberales (freien Künste, Wissenschaften) an mittelalterlichen Universitäten {75/31}	dto. + **facultas**, atis f	dto. Befähigung, Talent, Geschicklichkeit
–	**Artistik** l>mlat >(frz)	1. Zirkuskunst {85}; 2. außerordentliche körperliche Geschicklichkeit {22/61/12}	**ars**	s. oben
–	artistisch			

0283	**As** l>frz	1. höchste Spielkarte; 2. die Eins auf Würfeln {56/85}; 3. hervorragender Spitzenkönner, bes. im Sport {22/85}; 4. direkter Punkt nach einem Aufschlag beim Tennis; 5. direkt eingelochter Ball beim Golf {85};	**as**, assis m	Gewichts-, Flächen-, Längenmaß; römische Münzeinheit
	(l)	6. altrömische Gewichts- und Münzeinheit {56/75}		
>>>	asexual, asexuell, Asexualität s. sexuell, Sexualität			
0284	**Asomnie** l;l	Schlaflosigkeit, -störung {16/70}	**a**	von ... weg, kein, un... vgl. oben 0002
			+ **somnus**, ni m	Schlaf, Schlummer; Traum
0285	**asozial** l;l	1. gesellschaftsschädigend; 2. gemeinschaftsfremd, -unfähig {33/81}	**a**	vgl. oben 0002, 0284
			+ **socialis**, e	die Gesellschaft betreffend, gesellschaftlich, gesellig
–	**Asozialität** l;l	gemeinschaftsfeindliches Verhalten {33/81}	**a**	s. oben
			+ **socialitas**, atis f	Geselligkeit
0286	**Aspekt**	1. Blickwinkel, Betrachtungsweise; Aussehen {25/53}; 2. Planetenkonstellation (astron., astrol. t. t.) {66/51}	**aspectus**, us m	Anblick, Ansicht, Aussehen
–	aspektisch			
0287	**aspergieren**	mit Weihwasser besprengen (veraltet) {12/51}	**aspergere**	hin-, bestreuen; hin-, bespritzen
–	**Aspergill**	Weihwasserwedel {51}	**aspergillum**, li n	Gefäß und Wedel zum (Be)sprengen
>>>	aspermatisch, Aspermatismus s. spermatisch, Spermatismus			
0288	**Aspersion**	das Besprengen mit Weihwasser {51}	**aspersio**, onis f	das Hinzu-, Ausspritzen; Hinstreuen
–	**Aspersorium**	Weihwaserbehälter {51/58}	**aspergere**	s. oben 0287
0289	**Aspirant** l>frz	1. Bewerber, (Beamten)anwärter; 2. wiss. Nachwuchskraft an der Universität (DDR) {31/40/50}; 3. Kandidat eines kath. Ordens während der Probezeit {51}	**aspirare**	hinhauchen; einen Laut aspirieren (gramm. t. t.); unterstützen; sich einer Person, Sache nähern
–	**Aspirantur** l>frz	besonderer wiss. Ausbildungsgang (DDR) {31/40}	dto.	dto.

–	**Aspirata**	behauchter Verschlußlaut (sprachwiss. t. t.) {76}	dto.	dto.
–	**Aspiration**	1. Bestrebung, Hoffnung, ehrgeiziger Plan {25/27/28}; 2. Verschlußlautaussprache mit Behauchung (sprachwiss. t. t.) {76}; 3. Eindringen von Fremdkörpern in Luftröhre o. Lunge (med. t. t.) {70}; 4. Ansaugen von Luft, Gasen, Flüssigkeiten beim Einatmen {69/70}	**aspiratio**, onis f	das Anhauchen; göttliche Eingebung; Gunst; Aspiration (gramm. t. t.)
–	**Aspirator** l>nlat	Luft-, Gasansauger {41/70/87}	**aspirare**	s. oben
–	**aspiratorisch** l>nlat	mit Behauchung gesprochen (sprachwiss. t. t.) {76}	dto.	dto.
–	**aspirieren** l>(frz)	1. nach etw. streben, sich um etw. bewerben (veraltet) {25/28/40}; 2. einen Verschlußlaut behaucht aussprechen (sprachwiss. t. t.) {76}; 3. ansaugen (von Gasen, Flüssigkeiten etc.) {41/70/72/87}	dto.	dto.
>>>	Aspisviper s. Viper			
0290a	**Assekurant** (l;l)>vulgl >it	Versicherer, Versicherungsträger {33/80/82}	**ad** + **securus**, a, um	s. oben 0001 unbesorgt, furchtlos, sicher, gefahrlos
–	**Assekuranz** (l;l)>vulgl >it	Versicherung {33/80/82}	dto.	dto.
–	**Assekurat** (l;l)>vulgl >it	Versicherter, Versicherungsnehmer {33/80/82}	dto.	dto.
–	**assekurieren** (l;l)>vulgl >it	versichern {33/80/82}	dto.	dto.
0290b	**Assel**	kleines Krebstier {08}	**asellus**, li m	Eselchen
0291	**Assemble** l>vulgl>frz	Versammlung {33/50}	**assimulare** o. **assimilare** vulgl. assimulare * frz. *assembler*	ähnlich machen, vergleichen; nachmachen, vorgeben versammeln zusammenfügen; versammeln
–	**Assembleeschnitt** l>vulgl >frz;d	nahtloser, nicht sichtbarer Übergang; unsichtbares Aneinanderfügen von Videoaufzeichnungen {87}	dto.	dto.

–	**Assembler** l>vugl>frz >engl	1. maschinenorientierte Programmiersprache; 2. Computersprachenübersetzungsprogramm {32/46/71}	dto.	dto.
–	**Assembling** l>vulgl>frz >engl	Vereinigung, Zusammenschluß von Industriebetrieben {42/80}	dto.	dto.
0292	**assentieren**	1. zustimmen {25/28}; 2. auf Militärdiensttauglichkeit hin untersuchen (österr.) {70/86}	**assentire**	beistimmen, beipflichten; seine Zustimmung geben
–	**Assentierung**	Musterung (österr. - veraltet) {70/86}	dto.	dto.
0293	**asserieren**	behaupten, versichern (philos. t. t.) {77}	**asserere**	an sich nehmen; als Eigentum erklären; geltend machen, behaupten
–	**Assertion**	Behauptung, Feststellung, Versicherung (philos. t. t.) {77}	**assertio**, onis f	Behauptung; das Einverleiben
–	**assertorisch**	behauptend, versichernd (philos. t. t.) {77}	**assertorius**, a, um	zur Freisprechung (von Sklaven) gehörig
0294	**asservieren**	aufbewahren {29/58/82}	**asservare**	in Verwahrung nehmen, aufbewahren, bewachen
–	**Asservat**	amtlich aufbewahrter Beweisgegenstand für eine Gerichtsverhandlung {82}	dto.	dto.
–	**Asservatenkammer** l;l	Aufbewahrungsraum für Asservate bei der Polizei {58/82}	dto. + **camera**, ae f	dto. Gewölbe, gewölbte Decke
–	**Asservatenkonto** l;l>spätl >frz>it	Bankkonto, das bestimmten Zwecken vorbehalten ist {42/80}	dto. + **computare** spätl. **computus** frz. *compte* it. *conto*	dto. zusammen-, berechnen Berechnung
0295	**Assessor**	Beamtenanwärter nach der zweiten Staatsprüfung {40/50}	**assessor**, oris m	Beisitzer, Gehilfe im Amt
–	assessoral, assessorisch			
0296	**assibilieren** l>nlat	einem Verschlußlaut ein „S" oder „Sch" folgen lassen (sprachwiss. t. t.) {76}	**assibilare**	zu o. gegen etw. zischeln, säuseln

–	**Assibilation** o. **Assibilierung** l>nlat	Aussprache eines Verschlußlautes in Verbindung mit einem Zischlaut; Verwandlung eines Verschlußlautes in einen Zischlaut (sprachwiss. t. t.) {76}	dto.	dto.
0297	**Assimilation** o. **Assimilierung**	1. Angleichung, Anpassung {56/33}; 2. Umwandlung von Nährstoffen in körpereigene Stoffe (biol. t. t.) {69/70}; Bildung von Kohlehydraten aus Luftkohlensäure {73/68}	**assimilatio**, onis f	Ähnlichmachung, das Invergleichbringen
–	**assimilatorisch** l>nlat	die Assimilation betreffend, durch sie gewonnen {56/68/69/73}	**assimilare** o. **asimulare**	ähnlich machen, vergleichen, vorgeben
–	**assimilieren**	angleichen, anpassen {33/56/69/73}	dto.	dto.
0298	**Assistent**	1. jmd., der einen anderen unterstützt, ihm hilft {33}; 2. wiss. Fachkraft, Rang der Universitätslaufbahnordnung {40/31/33}	**assistere**	sich hinstellen, dabeistehen; unterstützen
–	**Assistenz** l>nlat	Beistand, Hilfe {33/40}	dto.	dto.
>>>	Assistenzprofessor s. Professor			
–	**assistieren**	jmdm. nach dessen Anweisungen helfen, zur Hand gehen {32/33/40}	dto.	dto.
0299	**Assonanz** l>nlat	Gleichklang zwischen Wörtern am Versende (sprachwiss. t. t.) {32/76}	**assonare**	bei etw. tönen, ertönen lassen, anstimmen
0300	**Assoziation** l>frz	1. Vereinigung, Zusammenschluß {33/80}; 2. Vorstellungsverknüpfung (psych. t. t.) {70/24/25}	**associare**	beigesellen; vereinigen, verbinden
–	assoziativ			
–	**assoziieren** l>frz	1. eine gedankliche Vorstellung mit etw. verknüpfen (psych. t. t.) {70/24/25}; 2. sich genossenschaftlich vereinigen, zusammenschließen {33/80}	dto.	dto.
–	**Assoziierung** l>frz	1. vertraglicher Zusammenschluß zur Verfolgung gemeinsamer wirtschaftlicher Interessen {33/80}; 2. = Assoziation (2.) {70/24/25}	dto.	dto.
0301	**Ästimation** l>frz	Achtung, Anerkennung, Wertschätzung {25/33}	**aestimatio**, onis f	Würdigung, Anerkennung, (Wert)schätzung

–	**ästimieren** l>frz	1. jmdn,. als Persönlichkeit schätzen; 2. jmds. Leistung würdigen {25/33}	**aestimare**	abschätzen, würdigen; halten für
0302	**Astronaut** (gr>l;gr>l) >frz	Weltraumfahrer {66}	**aster**, eris m gr. *ἀστήρ* + **nauta**, ae m gr. *ναύτης* frz. *astronautique*	Stern Seemann, -fahrer, Matrose, Schiffer
0303	**Ästuar(ium)**	trichterförmige Flußmündung {64}	**aestuarium**, ii n	Niederung, Flußmündung, Strömung
0304	**aszendent**	1. aufsteigend (z. B. von Gasen - geol. t. t.) {61/62}; 2. den Aufbau kleinerer Einheiten zu kompexeren Ganzen betreffend {71/57}	**ascendere**	emporsteigen, erklimmen, sich aufschwingen
–	**Aszendent**	1. Vorfahr, Verwandter in aufsteigender Linie {10}; 2. Gestirn im Aufgang; Anfangspunkt (astron. t. t.) {66}; 3. das im Augenblick der Geburt über den Osthorizont tretende Tierkreiszeichen (astrol. t. t.) {51/59/66}	dto. bzw. **ascendentes**, tium m (Pl.)	dto. Verwandte in aufsteigender Linie
–	**Aszendenz**	1. Verwandschaft in aufsteigender Linie {10}; 2. Aufgang eines Gestirns (astron., astrol. t. t.) {66/51}	dto.	dto.
–	**aszendieren**	1. aufsteigen (von Gestirnen - astron., astrol. t. t.) {66/51}; 2. befördert werden (veraltet) {33/40}	dto.	dto.
0305	**Atavismus** l>nlat	Wiederauftreten entwicklungsgeschichtlich überholter körperlicher o. geistiger Merkmale (biol. t. t.) {68/69}	**atavus**, vi m	Großvater des Urgroßvaters; Urahn; Vorfahr
–	**atavistisch** l>nlat	1. den Atavismus betreffend (biol. t. t.) {68/69}; 2. einem früheren, primitiven Menschheitsstadium entsprechend {69/70}	dto.	dto.
0306	**Atelier** l>spätl >afrz>frz	entsprechend eingerichteter Arbeitsraum (z. B. für Fotografen); Werkstatt {58/40}	**assula**, ae f spätl. astela afrz. *astele* *astelier* frz. *atelier*	Span, Splitter Holzspanhaufen, Zimmermannswerkstatt Werkstatt

>>> Atlantikcharta, -pakt s. Charta, Pakt
>>> Atomreaktor, -volumen s. Reaktor, Volumen

0307	**Atrium**	1. offener Hauptraum des altröm. Hauses {44/58/75/88}; 2. Säulenvorhalle altchristlicher u. romanischer Kirchen {51/58/88}; 3. Herzvorkammer (med. t. t.) {70}; 4. Innenhof eines Hauses {44/58}	**atrium**, ii n	Hauptraum des römischen Hauses, Atrium
0308	**Atrozität**	Grausam-, Abscheulichkeit {26}	**atrocitas**, atis f	Abscheulich-, Scheußlichkeit, Brutalität
0309	**Attentat** l>frz	Anschlag auf o. Mordversuch an einem (politischen) Gegner {50/82/29}	**attentare** o. **attemptare** (PPP. **attentus**)	versuchen; jmdm. beizukommen suchen (durch Bestechung); feindlich angreifen
–	**Attentäter** l>frz	jmd., der ein Attentat verübt {50/82}	dto.	dto.
0310	**Attest**	1. ärztliche Bescheinigung über einen Krankheitsfall {70/32}; 2. Gutachten, Zeugnis (veraltet) {31/32}	**attestari**	bezeugen, beweisen, bestätigen
–	**Attestation**	(DDR) 1. Erteilung der Lehrbefähigung {31/50}; 2. Titelverleihung, Bescheinigung einer Qualifikationsstufe ohne Prüfungsnachweis {31/33/50}; 3. schriftliche Fähigkeitsbeurteilung von NVA-Soldaten {31/32/86}	**attestatio**, onis f	Bezeugung, Bescheinigung
–	**attestieren**	1. bescheinigen, schriftlich bezeugen {32}; 2. jmdm. eine Attestation erteilen (DDR) {31/33/86}	**attestari**	s. oben
–	**Attestierung**	das Bescheinigen {32/40}	dto.	dto.
0311	**Attitüde** l>it>frz (l/l>vulgl >it>frz >engl>am)	1. Einstellung, innere Haltung, Pose {84}; 2. durch Erfahrung erworbene Bereitschaft, sich in bestimmter Weise zu verhalten {25/26}	1.: **aptitudo**, dinis f 2.: gemischt mit: **actitare** vulgl. actitudo* it. *attitudine* frz. *attitude*	Brauchbarkeit gewöhnlich betreiben natürliche Anlage, Befähigung; Stellung, Haltung Stellung, Haltung
0312	**Attraktion** l>frz>engl	1. Anziehung(skraft) {26}; 2. Glanznummer, Zugstück {25/26/85}; 3. Angleichung im Bereich von Lautung, Bedeutung, Form, Syntax (sprachwiss. t. t.) {76}	**attractio**, onis f	das Ansichziehen; Assimilation (sprachwiss. t. t.)

–	**attraktiv**	begehrenswert, anziehend wirkend, reizausübend {26/55/18}	**attractivus**, a, um	zum An(sich)ziehen dienlich
–	**Attraktivität** l>nlat	Anziehungskraft, die jmd. o. etw. besitzt {18/26}	dto.	dto.
0313	**Attribut(ivum)**	1. Eigenschaft, Merkmal {54/55}; 2. einem Substantiv, Adjektiv o. Adverb beigefügte Bestimmung (sprachwiss. t. t.) {76}; 3. Kennzeichen einer Person (z. B. auf Abbildungen) {55}	**attribuere** bzw. **attributum**, ti n	zuteilen, -weisen; als Attribut beigefügt werden (gramm. t. t.) das aus dem Staatsschatz angewiesene Geld
–	**attributiv** l>nlat	als Beifügung, beifügend (sprachwiss. t. t.) {76}	dto.	dto.
0314	**Audienz**	feierlicher Empfang bei einer Unterredung mit einer hochgestellten Persönlichkeit {47/33/50}	**audientia**, ae f	das Anhören, Aufmerksamkeit
0315	**Audimax**	(kurz für Auditorium maximum) größter Hörsaal einer Hochschule {31/58}	**auditorium**, ii n + **maximus**, a, um	Verhör; Hörsaal, Zuhörerschaft der (die, das) größte
0316	**Audio-Technik** l;gr	technische Verfahren für Aufnahme, Wiedergabe, Empfang und Übertragung von Tonsignalen {46/87}	**audire** + gr. τέχνη	hören, anhören; gehorchen Kunst(fertigkeit)
>>>	Audio-Video-Technik s. Video-Technik			
–	**Audiovision** (l;l)>nlat	1. Technik der Aufnahme, Speicherung und Wiedergabe von Ton und Bild {46/87}; 2. Information durch Ton und Bild {32/87}	**audire** + **videre**	s. oben sehen
–	**audiovisuell** l;l	zugleich hör- und sichtbar {55/87}	**audire** +**visualis**, e	s. oben zum Sehen gehörig
–	**auditiv** l>nlat	1. das Gehör betreffend (med. t. t.) {70}; 2. fähig zur Analyse und Wahrnehmung von Sprachlauten (med. t. t.); 3. vorwiegend mit Gehörsinn begabt (psych. t. t.) {70/22}	**audire**	s. oben
–	**Auditor**	1. Vernehmungsrichter an kirchlichen Gerichten {51/82}; 2. Beamter der römischen Kurie {40/51}; 3. Richter an Militärgerichten (österr., schweiz.) {82/86}	**auditor**, oris m	Zuhörer; Vernehmungsrichter; Schüler
–	**Auditorium**	1. Hörsaal einer Hochschule {31/58}; 2. Zuhörerschaft {32/33}	**auditorium**, ii n	Hörsaal; Zuhörerschaft; Verhör

\>>> aufoktroyieren s. oktroyieren

0317	**Augmentation**	(mus. t. t.) 1. Wertverlängerung einer Note; 2. Wiederaufnahme eines Kompositionsthemas in größeren rhythmischen Werten {37}	**augmentatio**, onis f	Vermehrung
0318a	**Augur**	1. Priester- und Vogelschauer im antiken Rom (hist. rel. t. t.) {51/75}	**augur**, ris m	Vogeldeuter, Weissager, Seher
–	**Augurenlächeln** l;d	vielsagend-spöttisches Lächeln des Wissens und Einverständnisses unter Eingeweihten {25/32}	dto.	dto.
0318b	**August**	achter Monat im Kalenderjahr; Männername {59/32}	**Augustus** (sc. mensis)	(= der Erhabene) Monat August, benannt nach dem Beinamen des römischen Kaisers Octavian
0319a	**Auktion**	Versteigerung {42/80}	**auctio**, onis f	Versteigerung, Vermehrung
–	**Auktionator**	Versteigerer {40/42/80}	**auctionator**, oris m	Versteigerer
–	**auktionieren**	versteigern {42/80}	**auctionari**	eine Auktion veranstalten, ver-, ersteigern
0319b	**Aula** (gr)>l	Festsaal in (Hoch)schulen {58/31}	**aula**, ae f gr. αὐλή	Viehhof; Halle im altröm. Haus; Palast, Residenz
0320	**Aura**	1. Hauch, Wirkungskraft {24/26}; 2. Vorstufe eines epileptischen Anfalls (med. t. t.) {70}; 3. Ausstrahlung einer Person (okkultist. t. t.) {24/51}	**aura**, ae f	Hauch; Schimmer; Dunst
0321	**aural**	zu den Ohren gehörend, die Ohren betreffend {11/70}	**auris**, is f	Ohr
0322	**Aureole**	1. Heiligenschein (um die ganze Gestalt {51}; 2. Grubengaswarnlicht bei der Bergmannslampe (bergmannsspr. t. t.) {23/40/41}; 3. Sonnen- o. Mondhof {65/66}; 4. Leuchterscheinung eines Lichtbogens (elektrotechn. t. t.) {72}	**aureolus**, a, um	golden, vergoldet; goldfarbig (glänzend); vortrefflich
–	**Aureus**	altröm. Goldmünze {56/75}	**aureus**, ei m	Golddenar (Münze)
0323	**Aurikel** l>nlat	Primelgewächs mit Doldenblüte {04}	**auriculum**, li n	Öhrchen, Ohrläppchen
–	**aurikular** o. **-lär**	(med. t. t.) 1. zu den Ohren gehörend {11/70}; 2. ohrförmig gebogen {70/55}	**auricularis**, e	zu den Ohren gehörig

0325	**Aurora**	1. Morgenröte {65}; 2. Tagfalter der Weißlingfamilie (zoolog. t. t.) {69}	**Aurora**, ae f	(Göttin der) Morgenröte, Orient
0326	**Aurum**	Gold {02/73}	**aurum**, ri n	Gold, goldenes Gerät

\>>> aus... s. ggf. unter d. lateinischen Rest des Wortes

0327a	**Auskultant**	1. Beisitzer ohne Stimmrecht (veraltet) {40/32}; 2. Richteramtsanwärter (österr.) {82/40}	**auscultare**	aufmerksam zuhören; gehorchen
–	**Auskultation**	das Abhören der Herztöne u. Atemgeräusche (med. t. t.) {70}	**auscultatio**, onis f	das Horchen; das Gehorchen
–	**Auskultator**	Gerichtsreferendar (veraltet) {82/40}	**auscultator**, oris m	Zuhörer; jmd., der gehorcht
–	**auskultatorisch** l>nlat	durch Abhorchen feststellend, feststellbar (med. t. t.) {70}	**auscultare**	s. oben
–	**auskultieren**	Körpergeräusche abhorchen (med. t. t.) {70}	dto.	dto.
0327b	**ausmerzen**	ausrotten, von Grund auf beseitigen {52/82}	**Martius**, a, um (sc. mensis) nhd. *ausmerzen*	kriegerisch, dem Mars geweiht Monat März das Aussondern der zur Zucht untauglichen Schafe
0328a	**Auspizium**	1. Vorbedeutung {24/25/51}; 2. Aussichten (für ein Vorhaben) {25}	**auspicium**, ii n	Vogelschau; Vorzeichen, Vorbedeutung
0328b	**ausstaffieren** d;l>frz >niederl	jmdn., etw. mit (notwendigen) Gebrauchsgegenständen, mit Zubehör ausrüsten, ausstatten {29/40/44}	uns.: **stup(p)a**, ae f it. *stoffa* / *stoffo* afrz. *estoffe* frz. *étoffe* *étoffer*	 Werg Zeug (zum Ausstopfen), Stoff ausstaffieren
0329	**austral**	auf der Südhalbkugel befindlich (veraltet) {64}	**australis**, e	südlich
0330	**Australien** l>(engl)	der fünfte Kontinent (auf der Südhalbkugel gelegen) {64}	**australia**, iorum n (Pl.)	südliche Punkte, - Gegenden
0331	**authentifizieren** (gr)>l;l	beglaubigen, die Echtheit bezeugen {25/82}	**authenticus**, a, um gr. *αὐθεντικός* + **facere**	zuverlässig, verbürgt tun, machen

\>>> Autobus s. Automobil bzw. Omnibus
\>>> Autodetermination u. -determinismus s. Determination u. Determinismus
\>>> Autoinfektion s. Infektion

0332	**Automobil** gr;l	Kraftfahrzeug, -wagen {45}	gr. *αὐτός* + **mobilis**, e	selbst beweglich, lenkbar, schnell

–	**automobil** gr;l	das Auto betreffend {45}	dto.	dto.
–	**Automobilismus** (gr;l)>nlat	Kraftfahrzeugwesen {45}	dto.	dto.
–	Automobilist, automobilistisch			
>>>	Automobil... s. ggf unter dem Rest des Wortes			
0333	**Autor**	Verfasser eines Werkes der Literatur, Wissenschaft, Kunst; Schriftsteller {40/32/34}	**auctor**, oris m	Urheber; Schriftsteller, Künstler, Autor
>>>	Autorenkollektiv, -korrektur s. Kollektiv, Korrektur			
0334	**Autoreverse** gr;l>engl	(Vorrichtung zur) Änderung der Bandlaufrichtung ohne Drehung des Tonträgers (bei Tonbandgeräten, Cassettenrecordern) {61/87}	gr. *αὐτός* + **revertere** o. **reversare**	selbst wieder umkehren, zurückwenden, -kehren
0335	**autorisieren** l>mlat	1. jmdn. bevollmächtigen, (als Einzigen) ermächtigen {25/28/82}; 2. etw. genehmigen {25/28}	**auctoritas**, atis f	Ermächtigung, Vollmacht; Ansehen, Einfluß; Beglaubigung
			mlat. auctorizare	sich verbürgen, Vollmacht geben
–	**Autorisierung** o. **Autorisation** l>mlat >nlat	Ermächtigung, Vollmacht, Bevollmächtigung {25/28/82}	dto.	dto.
–	**Autorität**	Einfluß einer Person o. Institution, Ansehen {25/33}	**auctoritas**	s. oben
–	**autoritär** l>frz	1. totalitär, diktatorisch {25/28/50}; 2. unbedingten Gehorsam fordernd {28/33}; 3. auf Autorität beruhend, mit Autorität herrschend {50/33}	dto.	dto.
–	**autoritativ** l>nlat	auf Autorität, Ansehen beruhend; maßgebend, entscheidend {25/28/33}	dto.	dto.
>>>	Autosensibilisierung s. Sensibilisierung			
0336	**Autosuggestion** gr;l	Fähigkeit der Selbstbeeinflussung ohne äußeren Anlaß {22/24/25/70}	gr. *αὐτός* + **suggestio**, onis f	selbst Hinzufügung, Erinnerung, Eingebung, Vorstellung
–	**autosuggestiv** gr;l	sich selbst beeinflussend {22/24/25/70}	dto.	dto.

0337	**auxiliar**	helfend, zur Hilfe dienend {33}	**auxiliarius**, a, um bzw. **auxiliaris**, e	zur Hilfeleistung dienlich, Hilfe leistend, helfend
–	**Auxiliarverb** l;l	Hilfsverb (sprachwiss. t. t.) {76}	dto. + **verbum**, bi n	dto. Wort; Verb (gramm. t. t.)
0338	**avancieren** l>vulgl>frz	in eine höhere Position aufrücken {33/40}	**abante** vulgl. abantiare frz. *avancer*	vor etw. weg; vorweg vorwärtsbringen aufrücken, befördert werden
–	**Avance** l>vulgl>frz	1. Vorsprung, Gewinn {33/56}; 2. Geldvorschuß {42/80}; 3. Beschleunigung (an Uhrwerken) {59/61/87}	dto.	dto.
–	**Avantage** l>frz	Vorteil, Gewinn {33/42/80}	dto.	dto.
–	**Avantgarde** l>frz; frz	1. Vorkämpfer einer Idee {25/33}; 2. Vorhut einer Armee {86}	dto.	dto.
–	**Avantgardist** l>frz;frz >nlat	Vorkämpfer, Neuerer {25/33}	dto.	dto.
–	**avantgardistisch** l>frz;frz	vorkämpferisch {25/33}	dto.	dto.
–	**avanti** l>it	vorwärts! {61/32/28}	**abante**	s. oben
0339	**Ave** o. **Ave-Maria**	1. Bezeichnung eines kath. Mariengebets; 2. Ave-Maria-Läuten; Angelusläuten {51}	**ave**	sei gegrüßt; wohl dir; lebe wohl
0340	**Aventurin** l>vulgl >roman	gelbgoldener o. roter Quarz mit metallisch glänzenden Einlagerungen {02/20}	**advenire** vulgl. adventura	sich nähern, heran-, ankommen, sich ereignen Ereignis, (zufälliges) Geschehnis vgl. oben 0010
0341	**Avenue** l>frz	1. städtische, baumbestandene Prachtstraße {45}; 2. Zugang, Anfahrt (veraltet) {45/58}	**advenire**	s. oben
0342	**avernalisch**	höllisch, qualvoll {26}	**Avernus**, ni m	(Eingang zur) Unterwelt
0343	**Aversion** l>frz	Abneigung, Widerwille {26/28}	**aversio**, onis f	das Abwenden; Ungehorsam; Abscheu, Widerwille
0344	**Aviarium**	großes Vogelhaus (in Zoos) {58/69}	**aviarium**, ii n	Vogelhaus, Vogelhecke
0345	**avisieren** l>it/frz	1. ankündigen {32/28}; 2. benachrichtigen (veraltet) {32}	**visus**, us m frz. *avis* *aviser* it. *avvisare*	Ansicht, Gesicht Ansicht benachrichtigen

–	**Avis** l>frz	1. Ankündigung (einer Sendung an den Empfänger) {32/28}; 2. Mitteilung eines Wechselausstellers {42/80}	dto.	dto.
0346	**axial** l>nlat	1. in Achsenrichtung verlaufend, (längs)achsig {58}; 2. zum zweiten Halswirbel gehörend (med. t. t.) {70}	**axis**, is m	(Wagen)achse; Scharnier
0347	**axillar** l>nlat	1. zur Achselhöhle gehörend, in ihr gelegen {11/70}; 2. achselständiger Blattansatz (bot. t. t.) {68}	**axilla**, ae f	Achselhöhle

>>> Az... s. unter Ac...

B

0348	**Bacchanal** (gr)>l	1. altrömisches Fest zu Ehren des griech. - röm. Weingottes Bacchus {33/51/75}; 2. ausschweifendes Trinkgelage {33/17}	**Bacchanal,** lis n gr. *Βάκχος*	(Ort der) Bacchusfeier; Weinfest
–	**Bacchant** (gr)>l	1. Trinkbruder, trunkener Schwärmer {33}; 2. fahrender Schüler im Mittelalter (hist. t. t.) {31/75}	**bacchari** (PPA. **bacchans**)	das Bacchusfest feiern; schwärmen, lärmen; umherschweifen
–	**bacchantisch** (gr)>l	ausgelassen, trunken, überschäumend {26/33}	dto.	dto.
>>>	Bacillus s. Bazillus			
0349	**Bagatelle** l>it>frz	1. unbedeutende Kleinigkeit {25/56}; 2. kurzes Instrumentalstück (mus. t. t.) {37}	uns.: **baca,** ae f frz. (it.) *bagatelle(a)*	Baumfrucht, Olive; Beere, Perle
–	**bagatellisieren** l>it>frz	als Bagatelle (unbedeutend) hinstellen, verniedlichen, verharmlosen {25/56}	dto.	dto.
–	**Bagatelldelikt** l>it>frz;l	geringfügiges Delikt {56/82}	dto. + **delictum,** ti n	dto. Fehler, Versehen, Vergehen, Übertretung
0350	**Baguette** l>it>frz	1. besondere Art des Edelsteinschliffs {40}; 2. frz. Stangenweißbrot {17}	**baculum,** li n it. *bacchetta* frz. *baguette*	Stock dünner Stab; Weißbrot
0351	**Bai** mlat >span>frz >niederl	Meeresbucht {64}	spätl. **baia,** ae f span. *bahía* frz. *baie*	Hafen, Flußmündung
0352	**Baiser** l>frz	feines porös-sprödes weißes Schaumgebäck {17}	**basium,** ii n	zärtlicher Kuß
0353	**Baisse** spätl >vulgl>frz	starkes Fallen der Börsenkurse oder Preise {42/80}	spätl. **bassus,** a, um vulgl. bassiare frz. *baisse*	dick (mlat. Bedeutung: niedrig), senken, niedrig machen Senkung, Abstieg

0354	**Bajazzo** l>it	Possenreißer (des it. Theaters) {35}	**palea**, ae f it. *paglia* *pagliaccio*	Stroh Strohsack; Hanswurst
0355	**Bakterizid** gr>l;l	keimtötendes Mittel (med. t. t.) {70}	**bacterium**, ii n gr. βακτήριον + **caedere**	das Stöckcken, Stäbchen hauen, schlagen, töten
–	**bakterizid**	keimtötend (med. t. t.) {70}	dto.	dto.
0356a	**Balance** l>vulgl>frz	Gleichgewicht {12/56}	**bilanx** (Gen. bilancis) (= bis + lanx) vulgl. bilancia frz. *balance*	zwei Waagschalen habend
–	**Balanceakt** l>vulgl >frz;l	Vorführung eines Seilkünstlers im Zirkus oder Varieté {12/85}	dto. + **actus**, us m	dto. Bewegung; Handlung, Tat (s. auch 0121)
–	**balancieren** l>vulgl>frz	das Gleichgewicht halten, sich im Gleichgewicht fortbewegen {12/61}	dto. (frz. *balancer*)	dto.
0356b	**Baldrian** l>mlat>frz	1. Heilpflanze {04}; 2. Beruhigungsmittel {70}	uns.: **valere** mlat. valeriana frz. *valériane*	 gesund, stark sein Gesundheitskraut
0357a	**Balliste** (gr)>l	antikes Wurfgeschütz (hist. t. t.) {75/86}	**ballista**, ae f gr. βάλλειν	Schleuder-, Wurfmaschine; Wurfgeschoß werfen
0357b	**Bankrott** germ>it;l >it	finanzieller Zusammenbruch, Zahlungsunfähigkeit {42/80}	it. *banca* o. *banco* + **rumpere** (PPP. **ruptus**) it. *rotta* *banca rotta*	Bank zerbrechen, zerreißen; vernichten
–	bankrott, Bankrotteur			
>>>	Bannmeile s. Meile			
0357c	**Baracke** l>it>(frz/ span)	Bretterhütte, -bude {58}	uns.: **vara**, ae f it. *baracca* frz. *baraque* span. *barraca*	 Quer-, Gabelholz Bretterbude Lehmhütte
0358	**Barbe**	1. Karpfenfisch {07}; Spitzenband an Frauenhauben (hist. t. t.) {20/75}	**barbus**, bi m	Flußbarbe (Fischart)

0359	**Barbier** l>mlat >roman	Friseur (veraltet) {21/40}	**barba**, ae f mlat. barbarius frz. / it. *barbier(e)*	Bart Bartscherer
–	**barbieren** l>mlat >roman	den Bart pflegen; rasieren (veraltet) {21}	dto.	dto.
0360	**Barde** (kelt)>l>frz	(kelt.) Sänger und Dichter {37/75}	**bardus**, di m kelt. *bardo* frz. *barde*	Barde; Dichter und Sänger
0361	**Barditus** oder **Barritus**	Schlachtgebrüll, Kriegsgeschrei der Germanen vor dem Kampf {23/32/75/86}	**barritus**, us m	Schlachtgeschrei, -gesang der Barbaren; 2. das Trompeten der Elefanten
0362	**Barett** gall>l >mlat	flache, schirmlose Kopfbedekkung (meist zur Uniform oder Amtstracht) {19/86}	**birrus**, ri m mlat. barettum	Mantelkragen; kurzer Mantel mit Kapuze s. auch 400
0363a	**Bark(e)** kopt>gr>l >prov>frz >(-e = engl) >niederl	1. kleines Segelschiff mit drei Masten; 2. (Barke) mastloses Fischerboot, Nachen {45}	**barca**, ae f kopt. *bari* gr. *βάρις*	die Barke Nachen, Floß
–	**Barkasse** kopt>gr>l >it>span >niederl	1. größtes Beiboot auf Kriegsschiffen {45/86}; 2. größeres Motorboot {45}	dto. it. *barcaccia* span. *barcaza* niederl. *barkas*	dto. großes flaches Boot

>>> Barmixer s. Mixer (1.)

0363b	**Baron** (germ) >spätl >mlat>frz	Edelmann; Freiherr (Adelstitel) {33/47}	**baro**, onis m mlat. baro	Mietsoldat, Mann Mann, Lehensträger
–	Baronin, Baronesse (o. Baroneß)			
0363c	**Barre** l>vulgl>it >afrz>frz	Querstange (z. B. bei Hindernissen im Reitsport) {61/85}	uns.: **vara** vulgl. barra* it. *barra* afrz. *barre* frz. *barre*	 s. oben 0357c Querholz, Riegel Querholz Stange, Stab
–	**Barrel** l>vulgl>frz >engl	englisches Hohlmaß (meist 158,7 l); Faß, Tonne {56/58}	dto. frz. *barrique* engl. *barrel*	dto. Faß
–	**Barriere** l>vulgl >afrz>frz	Schranke, Hinweis {58/28}	dto. afrz. *barriere* frz. *barrière*	dto.

–	**Barrikade** l>vulgl>it >frz	spontan errichtete Straßensperre {58/28/45}	dto. it. *barra* *barricata* frz. *barricade*	dto.
>>>	Basaltemperatur s. Temperatur			
0364	**Bass** (o. **Basso**) l>spätl>it	1. tiefe Männersingstimme; 2. Gesamtheit der Baßstimmen im Chor; 3. Baßpartie in einem Musikstück {37}	**Bassus** spätl. **bassus**, a, um it. *basso*	der "Dicke", Beiname römischer Geschlechter dick; (niedrig = mlat. Bedeutung) tief
–	**Basset** l>spätl>frz	niedrige Jagdhunderasse mit langen Ohren {06/38}	dto. frz. *bas*	dto. niedrig, tief, gering
–	**Bassist** l>it>nlat	1. Sänger mit Baßstimme; 2. Kontrabaßspieler oder Baßgitarrespieler {37}	dto.	dto.
0365	**Bassin** (gall)/spätl >spätl >vulgl>frz	künstlich angelegtes Wasserbecken {88}	spätl./gall. **bacca** spätl.**bacchinon**, ni n vulgl. **baccinum*** afrz. *bacin* frz. *bassin*	Wassergefäß Holzschale Becken vgl. 0372
0366	**Bataillon** (gall)>l >vulgl>it >frz	Truppenverband aus mehreren Kompanien {57/86}	**battualia**, iorum n (Pl.) vulgl. battalia it. *battaglia* frz. *bataille* it. *bataglione* frz. *bataillon*	Fechtübungen der Soldaten oder Gladiatoren mit Stöken (Schlacht)haufen
–	**Bataille** gall>l >vulgl>it >frz	Schlacht, Kampf (veraltet) {29/86}	dto.	dto.
0367	**Batist** (gall)>l >vulgl>frz	feines (Baumwoll)gewebe {19}	**battuere** vulgl. battere frz. *battre* *batiste*	schlagen, klopfen, stoßen, stampfen schlagen
–	**Batterie** (gall)>l >vulgl>frz	1. militärische Grundeinheit bei der Artillerie {57/86}; 2. Stromquelle {72/87}; 3. Gruppe von gleichartigen technischen Vorrichtungen {72/57}; 4. Mischregulator für Warm- und Kaltwasser {44/56/87}	dto. frz. *batterie*	dto.

0368	**Bazille** o. **Bazillus**	Gattung stäbchenförmiger krankheitsauslösender Bakterien {70}	**bacillum,** li n (Nf. bacillus)	Stab, Stäbchen, Stöckchen
–	**bazillär** l>nlat	Bazillen betreffend, durch sie verursacht {70}	dto.	dto.
0369	**Beatifikation** l>nlat	Seligsprechung {51}	**beatificatio,** onis f	Beglückung
–	**beatifizieren** l>nlat	seligsprechen {51}	**beatificare**	beglücken
0370	**Beau** l>frz	besonders gut aussehender, eitler Mann; Stutzer {23/26}	**bellus,** a, um frz. *beau*	schön, hübsch, angenehm
–	**Beauty** l>vulgl >frz>engl	schöne Frau, Schönheit {23/26}	dto. vulgl. bellitas* frz. *beauté*	dto.
0371	**Becher** gr>(spätl) >vulgl >mlat	Trinkgefäß {44}	uns.: spätl. **bacarium,** ii n vulgl. bicarius* mlat. **bicarium** o. **-ius** gr. *βίκος*	Weinkrug mit Henkel Becher Becher, Kelch, Hohlmaß (Wein-, Wasser-) Krug, Becher
0372	**Becken** (gall)/spätl >spätl >vulgl>ahd (gr>l)	1. Waschgefäß; Wasserbehälter {44}; 2. Musikinstrument aus zwei tellerförmigen Metallscheiben {37}; 3. weites Tal (geogr. t. t.) {64/02}; 4. schalenförmig vertiefte Hüftknochen {11}	gall./spätl. **bacca** spätl.**bacchinon,** ni n vulgl. baccinum* ahd. *beckin* 4.: **pelvis,** is f gr. *πελλίς*	Wassergefäß Becken; Holzschale vgl. Nr. 0365 Becken, Schüssel
0373a	**Beefsteak** l>afrz>frz >engl;altisl >engl	kurzgebratenes Rindslendenstück {17}	**bos,** bovis mf afrz. *boef* frz. *bœef* engl. *beef*	das Rind
0373b	**Beffchen** mlat>mnd	Halsbinde vorn am Halsausschnitt von (geistlichen) Amtstrachten {51/19}	mlat. **biffa** mnd. *beffe*	Überwurf, Mantel Chorhut und -rock des Priesters
0374	**Bekassine** (gall)>vulgl >prov>frz	in Sümpfen lebender, langschnabeliger Schnepfenvogel {07}	**beccus,** ci m frz. *bec* frz. *bécassine*	Schnabel Sumpfschnepfe
0375	**Belami** (l;l)>frz	Frauenliebling (nach einer Titelgestalt von Maupassant) {26/31/33/34}	**bellus,** a, um + **amicus,** ci m	hübsch, gut, köstlich,angenehm Freund
0376	**belcantieren** (l;l)>it	im Belcanto-Stil singen (mus. t. t.) {37}	**bellus,** a, um + **cantare**	s. oben singen

–	**Belcanto** (l;l)>it	italienischer virtuoser Gesangsstil (mus. t. t.) {37}	**bellus**, a, um + **cantus**, us m	s. oben Gesang, Lied
–	Belcantist			
0377	**Belletrist** (l;l)>frz	Unterhaltungsschriftsteller {40/34}	**bellus**, a, um + **litterae**, arum f (Pl.) frz. *belle* + *lettre*	s. oben Wissenschaft, Literatur schön Literatur
–	**Belletristik** (l;l)>frz	schöngeistige Literatur {34}	dto.	dto.
–	belletristisch			
>>>	Bellevue s. Belvedere			
0378	**Bellizist** l>mlat	Anhänger und Befürworter des Krieges; Kriegstreiber {25/30/86}	**bellicus**, a, um	zum Krieg gehörig, Kriegs... ; aus dem Krieg ein Geschäft machend
0379	**Belvedere** o. **Bellevue** (l;l)>it/frz	1. Aussichtspunkt (veraltet) {23/64} ; 2. Name von Schlössern oder Gaststätten mit schöner Aussicht {23/64/88}	**bellus**, a, um + **videre**	hübsch, angenehm, gut sehen
0380	**benedeien** l>kirchenl	segnen, lobpreisen {51}	**benedicere**	jmd. loben, lobpreisen, segnen
–	**Benediktion** l>kirchenl	Segen, Segnung, katholische Weihe {51}	**benedictio**, onis f	das Lobpreisen, der Segen
–	**benedizieren** l>kirchenl	segnen, weihen {51}	**benedicere**	s. oben
0381	**Benefiz**	1. Lehen (veraltet) {33/43/75}; 2. Wohltat (veraltet) {25/26/33}; 3. Vorstellung zugunsten eines wohltätigen Zweckes {33/85}	**beneficium**, ii n	Freundschaftsdienst, Verdienst, Hilfe; Vorrecht
–	**Benefizium**	1. Wohltat, Begünstigung (veraltet) {25/26/33}; 2. mittelalterliches Lehen {33/43/75}; 3. mit einer Pfründe verbundenes Kirchenamt {51/43}	dto.	dto.
–	**Benefiziar** o. **-iat**	Inhaber eines kirchlichen Benefiziums {51/43}	dto.	dto.
–	**Benefiziant**	von einem Benefiz begünstigter Künstler {33/40}	dto.	dto.
0382	**Benignität**	1. Gutartigkeit einer Krankheit (med. t.t.) {70}; 2. Güte, Milde, Gutherzigkeit (veraltet) {26/84}	**benignitas**, atis f	Güte, Gutmütigkeit, Milde, Gefälligkeit
0383	**Berberitze** mlat	Zierstrauch der Gattung Sanddorn {04}	mlat. **berberis**	Berberitze

>>> Béret (Baskenmütze) s. Barrett 0362

0384	**Besan** l>(mlat)>it >(span) >niederl	1. Segel am hintersten Mast; 2. hinterster Mast {45}	**medius**, a, um mlat. medianum it. *mezzano* *mezzana* (span. *mesana*) niederl. *bezaan*	in der Mitte befindlich, der (die, das) mittlere Besansegel mittel, in der Mitte befindlich Hintersegel Hintermast
0385a	**bestialisch**	1. fürchterlich, unerträglich; 2. unmenschlich, teuflisch {26/84}	**bestialis**, e	tierisch, wild wie Tiere
–	**Bestialität** l>(nlat)	1. Unmenschlichkeit, grausames Verhalten {25/26/30/84}; 2. grausame Handlung {29/30}	dto.	dto.
–	**Bestiarium**	Titel mittelalterlicher Tierbücher {32/75}	**bestiarius**, a, um	die Tiere betreffend
–	**Bestie**	sich wild, brutal und roh gebärdendes Tier {69/26}	**bestia**, ae f	vernunftloses, wildes Tier; Bestie
0385b	**Bete** (kelt)>l	rote Rübe {05/17}	**beta**, ae f	Bete, Mangold
0386	**Beton** (kelt)>l>frz	fest bindender Baustoff aus Zement, Wasser und Zuschlagstoffen (Kies o. ä.) {02/41}	**bitumen**, minis n afrz. *betun* frz. *béton*	Erdharz, -pech; Bergteer Erdpech, Mörtel, Schlamm vgl. oben 0464
–	**Beton...** (kelt)>l>frz	abwertend für Unbeweglichkeit, starre Haltung (z. B. -köpfe, -fraktion) bzw. Unpersönlich-, Häßlichkeit (z. B. -burg, -klotz, -wüste) {25/26}	dto.	dto.
–	**betonieren** (kelt)>l>frz	mit einem Betonbelag versehen {41}	dto.	dto.
0387	**Bezirk** (gr)>l	Verwaltungsgebiet, Umkreis {48}	**circus**, ci m (gr. *κίρκος*)	Kreis(linie, -bahn)
0388	**bi...**	1. doppelt, zweifach, beiderseits {56/57}; 2. kurz für: bisexuell (Jargon) {18}	**bis** (Adv.)	zweimal; auf zweierlei, doppelte Weise
0389a	**Biennale** l>it	alle zwei Jahre stattfindende Austellung, Schau (bes. in der bildenden Kunst, im Film) {33/36/59/85}	**biennalis**, e	zweijährig
–	**biennal**	1. von zweijähriger Dauer; 2. alle zwei Jahre stattfindend {59}	dto.	dto.
–	**Biennium**	Zeitraum von zwei Jahren {59}	**biennium**, ii n	Zeitraum von zwei Jahren

0389	**Bier** l>vulgl	aus (Gerste,) Hopfen und Malz gebrautes alkoholisches Getränk {17}	uns.: **bibere** vulgl. biber	 trinken Trank
0390a	**Bifokalglas** (l;l)>nlat;d	Zweischärfenbrille {23/87}	**bi s** + **focus**, ci m	s. oben 0388 Feuer-, Brandstätte
0390b	**Bigamie** (l;gr) >kirchenl >mlat	Doppelehe {33/18}	**bi s** + gr. γαμεῖν kirchenl. **bigamus**, a, um mlat. bigamia	s. oben 0388 heiraten zweifach verheiratet
>>>	bikonkav s. konkav			
>>>	bikonvex s. konvex			
>>>	bilabial, Bilabial s. labial, Labial			
0391	**Bilanz** l>vulgl>it	1. Gegenüberstellung von Vermögen, Kapital und Schulden {42/43/80}; 2. Ergebnis, Fazit, abschließender Überblick {25}	**bilanx** (Gen. bilancis) (**lanx**, ncis f vulgl. bilancia it. *bilancia* it. *bilanciare*	zwei Waagschalen habend die Waagschale) Waage abschätzen, abwägen, im Gleichgewicht halten
–	**bilanzieren** l>vulgl>it	1. sich ausgleichen, sich aufheben {56/57}; 2. eine Bilanz abschließen {42/80}	dto.	dto.
–	**Bilanzierung** l>vulgl>it	Kontoausgleich; Bilanzaufstellung {42/80}	dto.	dto.
0392	**bilateral** (l;l)>nlat	zweiseitig; zwei Partner betreffend; von zwei Seiten ausgehend {33/58}	**bi s** + **lateralis**, e	s. oben 0388 an der Seite befindlich, die Seite betreffend, Seiten...
0393	**bilingual** (l;l)>nlat	1. zwei Sprachen sprechend, zweisprachig {22/32}; 2. auf zwei Sprachen bezogen {32}	**bilinguis**, e (**bis** + **lingua**, ae f	zwei Sprachen redend; doppelzüngig s. oben 0388 Sprache)
–	**Bilingu(al)ismus** (o. **Bilinguität**) l>nlat	Zweisprachigkeit {22/32}	dto.	dto.
–	**Bilingue** l>nlat	zweischriftige oder -sprachige In- o. Handschrift {32}	dto.	dto.
–	**bilinguisch** l>nlat	in zwei Sprachen, zweisprachig {32}	dto.	dto.

0394	**Bilis**	Galle, Gallensekret (med. t. t.) {70}	**bilis**, is f	Galle; Verdruß, Melancholie, Raserei
–	**biliös**	gallig, gallehaltig (med. t. t.) {70}	**biliosus**, a, um	voll Galle, gallig, gallsüchtig
0395a	**Billet** l>mlat >afrz>frz	1. Eintrittskarte, Fahrkarte {33/45/85}; 2. Zettel, Briefchen (veraltet) {32}	**bulla**, ae f	Wasserblase, Bukkel, Knopf; Siegelkapsel
			afrz. *bulette*	Begaubigungsschein
			frz. *billet*	Schein
0395b	**Bims(stein)**	schaumartiges vulkanisches Gestein {62}	**pumex**, micis m	Bimsstein, Schaumstein
–	**bimsen**	1. mit Bimsstein glätten, reiben {54/55/29}; 2. schleifen, putzen; scharf exerzieren {33/86}; 3. prügeln (ugs.) {29/33}	dto.	dto.
0396	**binar**, **binär**, **binarisch**	aus zwei Einheiten, Teilen bestehend (bes. für EDV) {71/57}	**binarius**, a, um	zwei enthaltend
0397	**Binokel** (l;l)>frz	1. Brille, Fernrohr (veraltet) {23/87}; 2. Mikroskop für beide Augen {23/72/87}	**bini**, ae, a + **oculus**, li m	je zwei; beide das Auge
–	**binokular** (l;l)>nlat	1. beidäugig; 2. für beide Augen {23/72/87}	**bini**, ae, a + **ocularis**, e	s. oben zu den Augen gehörig
–	**Binokular** l>nlat	Lupe oder Fernglas (für zwei Augen eingerichtet) {23/72/87}	dto.	dto.
0398	**Binom** l;gr	jede Summe aus zwei Gliedern (math. t. t.) {71}	**bi s** + gr. *νόμος*	s. oben Regel, Gesetz; Grundsatz
–	**binomisch** l;gr	zweigliedrig {71/57}	dto.	dto.

>>> Biolumineszenz s. Lumineszenz
>>> Biomotor s. Motor
>>> Bipolarität, bipolar s. Polarität, polar

0399	**Bireme**	antikes Kriegsschiff, Zweiruderer (hist. t. t.) {45/75/86}	**biremis**, is f	zweirudrige Galeere
0400	**Birett** l>mlat	viereckige Kopfbedeckung kath. Geistlicher {51/19}	**birrus**, ri m	Mantelkragen; kurzer Mantel mit Kapuze
			mlat. barretum	
				s. auch 0362
0401	**Birne** l>vulgl	1. Fruchtsorte {05}; 2. Kopf (ugs., scherzhaft) {11}	**pirum**, ri n vulgl. pira	Birne

0402	**bis / bi...**	1. zu wiederholen, noch einmal (Anweisung in der Notenschrift - mus. t. t.) {37}; 2. Aufforderung zur Wiederholung in einer musikalischen Aufführung {37}; 3. doppelt, zweifach {57}	**bis** (Adv.)	zweimal; auf zweierlei, auf doppelte Weise
0403	**Bisexualität** (l;l)>(nlat)	1. Doppelgeschlechtlichkeit (biol. t. t.) {68/69}; 2. psychische Merkmale des anderen Geschlechts annehmend (psych. t. t.); 3. Nebeneinanderbestehen von hetero- und homosexuellen Neigungen (med. t. t.) {18/70}	**bi s** + **sexualis**, e (bzw. **sexus**, us m	s. oben zum Geschlecht gehörig Geschlecht)
–	**bisexuell** (l;l)>(nlat)	1. doppelgeschlechtig {68/69}; 2. homo- und heterosexuelles Verlangen gleichzeitig besitzend {18/69/70}	dto.	dto.
0404	**Biskotte** (l;l)>it	längliches Biskuit, Löffelbiskuit (österr.) {17}	**bi s** + **coquere** (PPP. **coctum**)	s. oben kochen, braten, backen
–	**Biskuit** l>frz	1. Feingebäck aus Mehl, Eiern, Zucker {17}; 2. Biskuitporzellan (gelbliches, unglasiertes Weichporzellan) {44}	dto.	dto.
0405	**Bison** (germ)>l	(nordamerikanischer) Büffel, Auerochse {06}	**bison**, ntis m	Buckel-, Auerochse
>>>	bistabil s. unter stabil			
0406	**Bitumen** gall>l	teerartige Masse zur Abdichtung und Isolierung (Destillationsrückstand des Erdöls) {41/73}	**bitumen**, minis n	Erdharz, -pech, Bergteer s. auch 0386
–	**bitumig** gall>l	Bitumen enthaltend, ähnlich {54/73}	dto. (bzw. **bitumineus**, a, um	dto. aus Erdharz bestehend)
–	**bituminieren** gall>l	mit Bitumen behandeln oder versehen {41/73}	**bituminare**	aus-, verpichen (mit Pech überziehen)
–	**bituminös** gall>l	Bitumen enthaltend {54/73}	**bituminosus**, a, um	erdharzhaltig
0407	**Bizeps**	zweiköpfiger Oberarmmuskel {11}	**biceps** (Gen. bicipitis)	zweiköpfig, doppelköpfig
0408	**Bizone** l;gr	Bezeichnung für den Zusammenschluß der am. und brit. Besatzungszone in Deutschland nach 1947 {50/75}	**bi s** + gr. ζώνη	s. oben Gürtel, Taille
–	**bizonal** l;gr	die Bizone betreffend {50/75}	dto.	dto.

0409a	**bland**	1. mild, reizlos {26}; 2. ruhig verlaufend {26/59}; 3. nicht auf Ansteckung beruhend (med. t. t.) {70}	**blandus**, a, um	schmeichelnd, freundlich, liebkosend, verführerisch
0409b	**blümerant** l>frz	übel, schwindlig {14}	**mori** frz. *mourir* *mourant* *bleu mourant*	sterben sterbend, schwach blaßblau
0410	**Boa**	1. südam. Riesenschlange {07}; 2. schlangenförmiger modischer Halsschmuck aus Pelz oder Federn (für Frauen) {19/20}	**boa, bora** o. **boba**, ae f	Wasserschlange; Masern; Weinschlange
0411	**Boheme** mlat>frz	unkonventionelles, ungebundenes, außerbürgerliches Künstlerleben, Künstlermilieu {33}	mlat. **bohemus** frz. *bohème*	der Böhme, Zigeuner
–	**Bohemien** mlat>frz	Angehöriger der Boheme; unkonventionelle, leichtlebige Künstlernatur {33}	dto.	dto.
0412	**Boiler** l>frz>engl	Gerät zur Bereitung und Speicherung von heißem Wasser {44/87}	**bulla**, ae f bzw. **bullire** afrz. *boillir* frz. *bouillir* engl. *boil/ boiler*	Wasserblase; Buckel, Knopf aufwallen, sprudeln, Blasen werfen
0413	**Bola** (gr)>l >span	südam. Wurf- und Fanggerät {38}	**bolus**, li m (bzw. **bulla** (gr. *βόλος*)	der Wurf (des Netzes beim Fischen); der Fang; der Profit, Reibach s. oben 0412)
0414	**Bolero** l>span	1. rhythmischer span. Tanz mit Kastagnettenbegleitung {37}; 2. kurzes offenes Herrenjäckchen der span. Nationaltracht; 3. kurzes modisches Damenjäckchen; 4. rund aufgeschlagener Hut zum span. Jäckchen {19}	**bulla**, ae f span. *bola*	s. oben 0412 Kugel
0415	**Boletus** (gr)>l	Pilz aus der Gattung der Dickröhrlinge (Schwammpilz, z. B. Steinpilz) {03}	**boletus**, ti m (gr. *βωλίτης*)	Champignon

0416	**Bon** l>frz	1. Gutschein für Speisen oder Getränke; 2. Kassenzettel {42/80}	**bonus,** a, um bzw. Subst. **bonum,** ni n frz. *bon*	gut, schön, tüchtig, gesund, nützlich das Gute; Vorteil, Belohnung gut; Zahlungsverpflichtung
0417	**Bonbon** l>frz	1. geformtes Stück Zuckerware mit aromatischen Zusätzen {17}; 2. (rundes) Parteiabzeichen (scherzhaft) {33/50}	**bonus** frz. *bon*	s. oben 0416 dto.
–	**Bonbonniere** l>frz	Behälter (aus Kristall o. ä.), hübsch aufgemachte Packung mit Pralinen o. ä. {17/58}	dto. frz. *bonbonnière*	dto.
–	**bongen** (o. **bonieren**) l>frz	an der Registerkasse einen Bon tippen; verbuchen, registrieren („gebongt") {25/29/42}	dto.	dto.
0418	**Bonifikation** (l;l)>nlat	1. Vergütung für schadhafte Teile einer Ware {42}; 2. Gutschrift am Jahresende {42/80}; 3. Zeitgutschrift im Radsport {59/85}	**bonus**, a, um + **facere**	s. oben 0416 tun, machen, handeln
–	**bonifizieren** (l;l)>nlat	1. vergüten; 2. gutschreiben {42/56/80}	dto.	dto.
0419	**Bonität**	1. guter Ruf einer Person oder Firma im Hinblick auf Zahlungsfähig- und -willigkeit {33/42/80}; 2. Güte eines Bodens (landw. t. t.) {39/62}	**bonitas,** atis f	gute Beschaffenheit, Güte; Redlichkeit
–	**bonitieren** l>nlat	abschätzen, einstufen (von Böden, Waren) {56/42/80}	dto.	dto.
–	Bonitierung o. Bonitur			
0420	**Bonmot** (l;l)>frz	treffender, geistreich-witziger Ausspruch {32/26}	**bonus**, a, um + **muttire** (**muttum** frz. *bon* + *mot*	gut (s. oben 0416) mucksen, halblaut reden Muckser) gut Wort
0421	**Bonne** l>frz	Kindermädchen, Erzieherin {31/40}	**bonus**, a, um (**bona**	s. oben 0416 die Gute)
0422	**Bonnet** mlat>frz	1. Damenhaube im 18. Jh. {19/75}; 2. Segeltuchstreifen, Beisegel (seemannspr. t. t.) {45}	mlat. **abonnis** frz. *bonnet*	eine Art Mütze (im 7. Jh.)
0423	**Bonus** l>engl	1. Sondervergütung (bei Aktiengesellschaften) {42/80}; 2. Vorteil {25/56}	**bonus**	s. oben 0416
0424	**Bonvivant** (l;l)>frz	Lebemann {33}	**bonus** + **vivere**	s. oben 0416 leben

0425	**Börse** (gr)>l >spätl>frz >niederl	1. Geldbeutel {43/44}; 2. Markt für Wertpapiere {42/80}	**byrsa**, ae f (spätl. **bursa**, ae f) gr. *βύρσα* frz. *bourse* niederl. *(geld)beurs*	Fell, Ledersack
–	**Börsianer** (gr)>l> spätl>frz >niederl >nlat	Börsenspekulant {42/40/80}	dto.	dto.
0426	**Bottich** (gr)>l >mlat/ >vulgl/ mlat>span/ it	größeres, wannenartiges Gefäß (aus Holz) {44}	uns.: **apotheca**, ae f gr. *ἀποθήκη* mlat. potecha, ae f + vulgl. **buttis** mlat. butica it. *botte*	 Abstellraum, Magazin, Lagerhaus, Vorrat Abstellraum, Vorratslager Faß
0427	**Botulismus** l>nlat	bakterielle Lebensmittelvergiftung (bes. Wurst-, Fleisch-, Konservenvergiftung - med. t. t.) {70}	**botulus**, li m	Darm, Eingeweide; Wurst
0428	**Bouclé** l>frz	1. Garn mit Knoten u. Schlingen; 2. Noppengewebe; 3. Haargarnteppich mit nicht aufgeschnittenen Schlingen {44/19}	**bucca**, ae f bzw. **buccula**, ae f frz. *boucle* *boucler*	aufgeblasene o. (Paus)backe, Bissen Backenstücke am Helm; Bäckchen Ring, Schleife ringeln
0429	**Bouillon** l>frz	1. Kraft-, Fleischbrühe {17}; 2. bakteriologisches Nährsubstrat {70}	**bulla**, ae f bzw. **bullire**	s. oben 0412
–	**bouillonieren** l>frz	raffen, reihen (veraltet) {19/29/40}	dto.	dto.
–	**Boule** l>frz	französisches Kugelspiel {85}	dto.	dto.
>>>	Boulette s. Bulette			
–	**Bowling** l>engl	1. engl. Kugelspiel auf glattem Rasen; 2. am. Kegelspiel mit 10 Kegeln (Pins) {85}	dto.	dto.
0430	**Box** (gr)>l >vulgl >engl	1. abgeteilter Raum, Behälter {58}; 2. Rollfilmkamera in Kastenform {87}; 3. kastenförmiger Behälter oder Gegenstand {44/58}; 4. Pferdestand {58/85}	**pyxis**, idis f gr. *πυξίς* vulgl. buxis	Büchse, Büchschen

>>> Boxermotor s. Motor

0431	**brachial** (gr)>l	1. zum Oberarm gehörend (med. t. t.) {11/70}; 2. mit roher Körperkraft {29/55}	**brac(c)hialis**, e gr. *βραχίων*	zum Arm gehörig, Arm...
–	**Brachialgewalt** (gr)>l;d	rohe körperliche Gewalt als Mittel zur Durchsetzung von Zielen {28/29/55}	dto.	dto.
0432	**Brakteat**	1. Goldblechabdruck einer griech. Münze (4.-2. Jh. v. Chr.) {56/75}; 2. einseitig geprägte Schmuckscheibe der Völkerwanderungszeit o. mittelalterliche Münze {75/56/20}	**bractea** bzw. **brattea**, ae f	dünnes Metallblech, -blatt, Goldblättchen; Furnier (aus Holz)
0433	**Branche** l>gallorom >frz	Wirtschafts-, Geschäftszweig {40/41/42/80}	**branca**, ae f frz. *branche*	Pfote, Pranke Ast; Zweig
0434	**Bratsche** (gr)>l>it	Streichinstrument (eine Quinte tiefer gestimmt als eine Violine) {37}	**bracchium**, ii, n gr. *βραχίων* it. *viola da bracchio*	Arm, Unterarm, Schenkel Arm-, Bratschgeige
0435	**brav** (gr)>l> vulgl>it >frz	wacker, tüchtig, ordentlich, artig {25/26/84}	**barbarus**, a, um gr. *βάρβαρος* vulgl. brabus* it. *bravo* frz. *brave*	fremd, ausländisch; ungesittet, unkultiviert unbändig, wild, wacker s. links
–	**bravissimo** (gr)>l> vulgl>it	sehr gut (Anerkennungszuruf) {26/32/85}	dto.	dto.
–	**bravo** (gr)>l >vulgl>it	gut, vortrefflich (Beifallsruf) {26/32/85}	dto.	dto.
–	**Bravo** (gr)>l> vulgl>it	Beifallsruf {26/32/85}	dto.	dto.
–	**Bravour** (gr)>l >vulgl>it >frz	gekonnte Art und Weise, etwas zu bewältigen {22/25}	dto.	dto.
–	bravourös, Bravourleistung, Bravourstück			
0436	**Breve**	päpstlicher Erlaß in einfacherer Form {28/51}	**brevis**, e	kurz, klein; kurz gefaßt
–	**Brevet** l>frz	1. kurzer Gnadenbrief des frz. Königs (mit Verleihung eines Titels o. ä. - hist. t. t.) {33/75}; 2. Schutz-, Verleihungs-, Ernennungsurkunde {32/33}	dto.	dto.

–	brevetieren			
–	**Breviar(ium)**	1. kurze Übersicht, Auszug aus einer Schrift (veraltet) {32/57}; 2. Brevier (s. u.) {32/51/57}	**breviarium**, ii n	kurzes Verzeichnis, Auszug aus einer Schrift, Übersicht
–	**Brevier**	1. kath. Gebetbuch mit Stundengebeten; 2. tägliches kirchliches Stundengebet {51}; 3. Sammlung wichtiger Stellen aus den Werken eines Dichters {34/57}	dto.	dto.
–	**Brevität**	Kürze, Knappheit (selten) {59/57}	**brevitas**, atis f	Kürze; kurze und bündige Darstellung
0437	**Brezel** (gr)>l>mlat >it	(ineinander verschlungene) Gebäckform {17}	**bracchium**, ii n bzw. **brachiolum**, li n gr. *βραχίων* mlat. bracellum it. *bracciatello* (dimin.)	Unterarm kleiner Arm kleiner Arm Brezel
0438	**Brief** l>vulgl	schriftliche Mitteilung an jmdn. {32}	**brevis**, e vulgl. breve (scriptum)	s. oben 0436 kurzes Schreiben, Urkunde
–	brieflich			
–	zahlreiche Zusammensetzungen: Brieftaube, Briefkasten etc.			
0439	**Brimborium** l>frz	unverhältnismäßiges Aufheben, unnötiger Aufwand (abwertend) {25/56}	**breviarium** mfrz. *breborion* frz. *brimborion*	s. oben 0436 gemurmeltes Gebet, Zauberformel
0440a	**Brisanz** gall>vulgl >frz	Hoch-Aktualität, etwas mit Zündstoff Versehenes (z. B. eine Diskussion) {26/32/59}	vulgl. **brisare*** frz. *briser* Part. *brisant*	zerquetschen zerbrechen, zertrümmern Zündstoff enthaltend, hochaktuell
–	**brisant** gall>vulgl >frz	hochexplosiv; Zündstoff für eine Diskussion enthaltend; äußerst aktuell {26/32/59}	dto.	dto.
0440b	**Brokat** l>gallorom >it	mit Gold- o. Silberfäden durchwirktes Seidengewebe {19/20}	**brocchus**, a, um gallorom. *brocca** it. *broccare* *broccato*	mit hervorstehenden Zähnen Dorn, Spitze (hervorstechend machen), durchwirken

–	**Brosche** l>gallorom >frz	Anstecknadel {20}	dto. frz. *broche*	dto. Spieß, Nadel
–	**broschieren** l>gallorom >frz	durch Rückstich heften, in Papier binden {32/40}	dto. frz. *brocher*	dto. durchstechen; aufspießen
–	**broschiert** l>gallorom >frz	geheftet, gebunden {32/40/55}	dto.	dto.
–	**Broschüre** l>gallorom >frz	broschiertes Schriftstück (geringen Umfangs) {32/40/57}	dto. frz. *brochure*	dto.
0441a	**Brumaire** l>frz	„Nebelmonat" im frz. Revolutionskalender von 1789 (22.10.-20.11 - hist. t. t.) {59/75}	**bruma**, ae f	Winter, (-sonnenwende, -zeit, -kälte)
0441b	**brüsk** l>mlat>it >frz	schroff, barsch, rücksichtslos {26/33}	uns.: **bruscum**, ci n bzw. **ruscum**, ci n mlat. bruscus it. *brusco* frz. *brusque*	Schwamm am Ahornbaum Mäusedorn Mäusedorn knorrig; rauh, unfreundlich, herb rauh, barsch
–	**brüskieren** l>mlat>it >frz	rücksichtslos behandeln {26/33}	dto.	dto.
0442	**brutal** l>spätl	roh, gefühl-, rücksichtslos, auf gewaltsame Art {26/29/33/84}	**brutus**, a, um spätl. **brutalis**, e	gefühllos, unvernünftig, roh tierisch, unvernünftig
–	**brutalisieren** l>nlat	brutal, gewalttätig machen, verrohen {26/29/33}	dto.	dto.
–	**Brutalität** l>mlat	1. brutales Verhalten {26/84}; 2. brutale Tat, Gewalttätigkeit {26/29/33}	dto. mlat. brutalitas	dto.
–	**brutto** (bzw. **Brutto**...) l>vulgl>it	1. mit Verpackung; 2. ohne Abzug (der Steuern); roh, insgesamt gerechnet {42/57}	**brutus**, a, um vulgl. bruttus it. *brutto*	s. oben
–	**Bruttosozialprodukt** l>vulgl>it; l;l	Wert aller Waren und Dienstleistungen in einem Staat binnen eines Jahres {50/80/59}	dto. + **socialis**, e + **producere**	dto. die Gesellschaft betreffend, gesellschaftlich hervorbringen, erzeugen
–	**Bruttoregistertonne** l>vulgl>it; l>mlat; (kelt)>mlat	Einheit zur Berechnung des Rauminhalts eines Schiffes (Abk. BRT) {56/58}	dto. + **regerere** mlat. registrum + mlat. **tunna**	dto. zurückbringen; eintragen, einschreiben Verzeichnis Faß

0443	**Buchsbaum** (gr)>l	strauch- oder baumartige Zierpflanze {04}	**buxus**, xi f bzw. **buxum**, xi n gr. *πυξίς*	Buchsbaum, -holz; Flöte, Schreibtafel
0444	**Büchse** (gr)>l >vulgl	1. zylindrisches Gefäß zur Aufbewahrung {44}; 2. Handfeuerwaffe, Gewehr {38/86}	**pyxis**, idis f gr. *πυξίς* vulgl. buxis	Büchse, Dose aus Buchsbaumholz vgl. oben 0430
–	**Buchse** (gr)>l >vulgl	Holzzylinder zur Aufnahme eines Zapfens; Steckdose {87}	dto.	dto.
0445	**Buckel** l>afrz>frz	1. halbrunder Metallbeschlag in der Mitte des Schildes (veraltet) {75/86}; 2. halbrunde Erhöhung; Wirbelsäulenverkrümmung {11/70}	**buccula**, ae f afrz. *boucle*	Bäckchen, Backenstück am Helm s. oben 0428
–	**buckeln** l>afrz>frz	1. Metall treiben {40}; 2. einen Buckel machen {12}; 3. auf dem Buckel (=Rücken) tragen {12/40}; 4. sich untertänig verhalten {33}	dto.	dto.
–	bucklig			
0447	**Buddel** (gr)>spätl >vulgl>frz	(niederd.) Flasche (z. B. mit Rum) {44/58}	spätl. **but(t)icula**, ae f vulgl. buttis gr. *βυτίνη* frz. *bouteille*	Fäßchen Faß Flasche
0448	**Budget** (gall)>l> afrz>frz >engl	Haushaltsplan, Voranschlag von öffentlichen Einnahmen und Ausgaben {50/42/80}	**bulga**, ae f afrz. *bougette* frz. *bouge* engl. *budget*	lederner (Geld)-Sack Balg, Lederbeutel Ledersack Haushaltsplan
0449	**Büffel** l>it>frz	wildlebendes Rind {06}	**bubalus**, li m (Nbf. bufalus) it. *bufalo* frz. *buffle*	Gazelle; Büffelochse, Büffel
0450	**Buffa** l>mlat>it	Posse {35/74}	**bufo**, onis m mlat. bufo it. *buffone*	Kröte Hanswurst, Possenreißer
–	**Buffo** l>mlat>it	Sänger komischer Rollen {37}	dto.	dto.
–	buffonesk			
0451	**bugsieren** l>port >niederl	1. (ein Schiff) ins Schlepptau nehmen, lenken {45}; 2. jmdn. mühevoll irgendwohin bringen, lotsen {28/61}	**pulsare** port. *puxar* niederl. *boegseren*	stoßen, forttreiben ziehen, schleppen

–	**Bugsierer** l>port >niederl	kleiner Schleppdampfer {45}	dto.	dto.
0452	**Boulette o. Bulette** l>frz	flacher, gebratener Hackfleischkloß {17}	**bulla**, ae f frz. *bouillir*	Wasserblase, Bukkel, Knopf; (goldene) Kapsel s. oben 0412, 0429
–	**Bulle**	1. mittelalterliche Urkunde mit Metallsiegel {50/75}; 2. feierlicher päpstlicher Erlaß {51}	**bulla**	s. oben
–	**Bulletin** l>frz	1. amtl. Bekanntmachung, Tagesbericht {50/32}; 2. Krankenbericht {32/70}; 3. Titel von Sitzungsberichten und wissenschaftlichen Zeitschriften {32/40}	dto. (afrz. *bulle*) frz. *bulletin*	dto. Bericht
0454	**bunt** l>niederl	zwei- oder mehrfarbig {55}	**punctum**, ti n niederl. *bont*	das Gestochene, Stich; Punkt, Tüpfel bunt
0455	**burlesk** l>it>frz	possenhaft {26}	**burra**, ae f Pl. **burrae**, arum it. *burla* *burlesco* frz. *burlesque*	zottiges Gewand läppisches Zeug, Possen
–	**Burleske** l>it>frz	1. derb-spaßhaftes Musikstück {37}; 2. Schwank, Posse {35}	dto.	dto.
–	**Büro** l>vulgl>frz	1. Arbeitsraum für Verwaltungs- und schriftliche Arbeiten {40/58}; 2. zur Dienststelle gehörende Mitarbeiter {40/57}	**burra**, ae f vulgl. bura afrz. *bure* o. *burel* frz. *bureau*	zottiges Gewand, Wolle grober Wollstoff grober Wollstoff, Schreibtischbezug
0456	**Bursche** (gr)>spätl/mlat	1. Mitglied einer Vereinigung von Studenten oder Handwerkern {33/31}; 2. (ugs.) junger Mann; Kerl {15/33}	spätl./mlat. **bursa**, ae f gr. *βύρσα*	 Ledersack, Beutel s. oben 0425
–	**Burschenschaft** (gr)>spätl/mlat	Studentenschaftsvereinigung {33/31}	dto.	dto.
–	**burschikos** (gr)>spätl/mlat	burschenschaftlich ungezwungen, formlos, flott {33/26/84}		

\>>> Bus s. Autobus

0457a	**Bussard** l>afrz>frz	Tagraubvogelart {07}	**buteo**, onis m afrz. *bu(i)son* frz. *busard*	eine Falkenart; Bussard

0457b	**Büste** l>it>frz	Standbild; steinernes Brustbild {36}	**bustum**, ti n	Leichenbrandstätte, Grabhügel, Grabmal
			it. *busto*	Brustbild des Toten auf dem Grabhügel
			frz. *buste*	
0458	**Butler** vulgl>frz >engl	ranghöchster Diener in vornehmen englischen Häusern {40/33}	vulgl. **buttis** butticula butticularius frz. *butuiller*	Faß Flasche Kellner Butler
0459	**Bütte** (gr)>vulgl/ mlat	offenes Daubengefäß, Wanne (z. B. bei der Papierproduktion) {40/41}	vulgl. **buttis** gr. *βυτίνη* mlat. butina	Faß s. oben 0426 / 0447 Flasche, Gefäß

C

0460	**Caballero** l>span	1. spanischer Edelmann, Ritter (hist. t. t.) {33/75}; 2. Herr (span. Titel) {33}	**caballus,** li m bzw. **caballarius,** ii m	Pferd, (Acker-) Gaul, Klepper Pferdewärter, -knecht
0461	**Caddie** l>aprov >gaskogn >frz>engl >(schott)	1. Junge, der dem Golfspieler die Schläger trägt {33/85}; 2. zweirädriger Wagen zum Golfschlägertransport {45/85}; 3. Einkaufswagen {42/45}	**capitellum,** li m aprov. *capdel* gaskogn. *capdet* frz. *cadet* engl. *cadet*	kleines Köpfchen; Säulenkapitell kleines Haupt, Hauptmann dto. Zöglinge einer Offiziersanwärterschule
0462	**Cadre** l>it>frz	Kennzeichnung bestimmter Billardpartien {85}	**quadra,** ae f o. **quadrum,** ri n it. *quadro* frz. *cadre*	Viereck, Quadrat Viereck; Kader Rahmen, Einfassung
0463	**Caeremoniale**	Buch der kath. Kirche mit An-weisungen für das gottesdienstliche Zeremoniell {32/51}	**caerimonialis,** e	zur Gottesverehrung gehörig
0464	**Calculus**	1. Rechenstein für den Abakus {57/71/75}; 2. Konkrement (z. B. Nierensteine - med. t. t.) {70}	**calculus,** li m	Stein, Urinstein (in der Blase); Rechenstein auf dem Rechenbrett
0465	**Calor**	Wärme, Hitze (als Entzündungssymptom - med. t. t.) {55/70}	**calor,** oris m	Wärme, Hitze, Eifer
0466	**Calvities**	Glatzköpfigkeit (med. t. t.) {70}	**calvities,** ei f	Kahlköpfigkeit
0467	**Camp** l>it>frz >engl	Zelt-, Ferien-, Gefangenenlager {33/58/82/85}	**campus,** pi m	Fläche, Feld, Boden; Tummelplatz
–	**campen** l>it>frz > engl	im Zelt oder Wohnwagen leben (in den Ferien, am Wochenende) {44/85}	dto.	dto.
–	**Camper** l>it>frz> engl	jmd., der im Zelt oder Wohnwagen lebt {33/44/85}	dto.	dto.
–	**Campesino** l>span	Landarbeiter, Bauer (in Spanien, Lateinamerika) {39/40}	dto.	dto.

>>> campieren s. kampieren

–	**Camping** l>it>frz >engl	das Leben im Freien (im Zelt oder Wohnwagen) {33/44/85}	dto.	dto.
–	**Campo** l>span/port	1. brasilianische Grassavanne {64}; 2. Rinderhaut aus Eigenschlachtungen südam. Viehzüchter {39}	dto.	dto.
–	**Campus** l>engl/am	Gesamtanlage einer Hochschule, Universitätsgelände {58/31}	dto.	dto.
0468	**Canasta** (gr)>l> span	Kartenspiel (aus Uruguay stammend) {85}	**canistrum**, ri n bzw. spätl. **canistellum**, li n (gr. *κάναστρον)* span. *canasta*	Brot-, Frucht-, Blumenkorb Körbchen Korb
0469	**Can-Can** l>mfrz>frz	schneller Bühnentanz mit Hochwerfen der Beine (in Varietes, Nachtlokalen) {18/37/85}	**quamquam** mfrz. *quanquan* frz. *cancan*	obwohl Schulddisputation, feierliche Rede Lärm, üble Nachrede, Klatscherei (Schrei von Enten, Papageien); vulgärer Tanzstil
0470	**Candela**	Einheit der Lichtstärke (phys. t. t.) {72}	**candela**, ae f	Kerze, Wachs-, Talglicht
0471	**Candida**	1. Antiquadruckschrift {32}; 2. krankheitserregender Sproßpilz auf Haut und Schleimhaut (med. t. t.) {70}	**candidus**, a, um bzw. **candida**, ae f	weiß, glänzend, hell Kandidatengewand, Anwartschaft
0472	**Cañon** (gr)>l >span	enges, tief eingeschnittenes, steilwandiges Tal (bes. in Nordamerika) {02}	**canna**, ae f gr. *κάννα* span. *cañon*	kleines Rohr, Schilf
0473	**cantabile** l>it	gesangartig, ausdrucksvoll (mus. t. t.) {37}	**cantabilis**, e	besingens-, preisenswert
–	**cantando** l>it	singend (mus. t. t.) {37}	**cantare**	ertönen, klingen; singen, dichten
>>>	Cantate s. Kantate			
–	**Cantica**	1. gesungene Teile der altrömischen Komödie {37/35/75}; 2. biblische Gesänge und Gebete nach den Psalmen {51/37}	**canticum**, ci n	Gesang, Lied, Rezitation
–	**Canto** l>it	Gesang {37}	dto.	dto.

–	**Cantus**	Gesang, Melodie (mus. t. t.)	**cantus,**	Gesang, Melodie,
		{37}	us m	Ton
0474	**Cape**	ärmelloser Umhang (mit Ka-	**cappa,**	eine Art Kopfbe-
	l>roman	puze) {19}	ae f	deckung; Mantel
	>engl			mit Kapuze
			afrz. *capa*	
0475	**capito?**	verstanden? {22/32}	**capere**	nehmen, er-, be-
	l>it			greifen, verstehen
				vgl. unten 1623
0476	**Capriccio**	scherzhaftes, launiges Mu-	**caput,**	Kopf; Spitze; Ka-
	l>vulgl>it;	sikstück (mus. t. t.) {37}	pitis n	pitel, Hauptab-
	it			schnitt
			vulgl. capum	dto.
			it. *capo*	dto.
			+ *riccio*	Igelkopf
			it. *caporiccio*	Wunsch, Wille;
				Igelkopf
			capriccio	Laune, Grille,
				Einfall
–	**capriccioso**	eigenwillig, launen-, scherz-	dto.	dto.
	l>vulgl>it	haft, kapriziös (mus. t. t.) {37}		
–	**Caput**	1. Hauptstück, Kapitel eines	**caput**	s. oben
		Buches {32}; 2. Kopf; 3. Ge-		
		lenk- oder Muskelkopf {11/70}		
0478	**Carbo**	Kohle {02}	**carbo,**	Kohle; bösartiges
			onis m	Geschwür
0479	**Caritas**	Verband der kath. Kirche,	**caritas,**	Teuerung; Hoch-
		Hilfsorganisation {51/33}	atis f	achtung, Liebe
>>>	caritativ s. karitativ			
0480	**Carmen**	Fest-, Gelegenheitsgedicht	**carmen,**	Gesang, Lied,
		{34}	minis n	lyrisches Gedicht
0481	**Cäsar**	ehrender Beiname für einen	**Caesar,**	römischer Staats-
		römischen Kaiser, Herrscher	aris	mann (100-44 v.
		{25/33/75}		Chr.); Ehrentitel
				für den Prinzeps
–	**cäsarisch**	kaiserlich, selbstherrlich {28/	**Caesarius,**	kaiserlich
		33}	a, um	
–	**Cäsaris-**	unbeschränkte, (despotische)	dto.	dto.
	mus	Herrschergewalt {28/50}		
	l>nlat			
0482	**Cash**	Bargeld, Barzahlung {42}	**capsa,**	Behältnis, Kapsel,
	l>it>frz		ae f	Kasten
	>engl		it. *cassa* /	Geldaufbewah-
			frz. *casse*	rungsbehälter,
				Zahlungsschalter
			frz. *châsse*	Reliquienkästchen
				vgl. 0507, 1393,
				1662a und b
0483	**Cäsium**	chem. Grundstoff; radioakti-	**caesius,**	blau-, bläulich-
		ves Metall mit einer Halb-	a, um	grau
		wertzeit von 30 Jahren {02/73}		

0484	**Cassis** l>frz	französischer Likör (oder Branntwein) aus Johannisbeeren {17}	**cassis**, is m	Jägergarn, Netz; Falle; Spinne(ngewebe)
0485	**Castle** l>engl	engl. Bezeichnung für: Schloß, Burg {88}	**castellum**, li n	Zitadelle, Festung, Bollwerk
>>>	Cäsur s. Zäsur			
>>>	Casus s. Kasus			
0486	**catchen** l>vulgl> afrz>am	von Berufsringern ausgeübte Art des Freistilringens {40/85}	**captare** vulgl. capitare* afrz. *chacier* frz. *cachier* engl. *catch*	schnappen, fassen, Jagd machen, verlangen schnappen, greifen fassen, fangen
–	Catcher			
0487	**Catenaccio** l>it	Verteidigungstechnik im Fußballspiel, bei dem die gesamte Mannschaft eine Kette um den eigenen Strafraum bildet („mauert") {85}	**catena**, ae f	Fessel, Kette
0488	**Cauda**	1. Schwanz; Endstück eines Organs oder Körperteils (med. t. t.) {70}; 2. Schleppe an liturgischen Gewändern hoher Geistlicher (rel. t. t.) {19/51}; 3. nach oben oder unten gerichteter Notenhals oder Ligatur (mus. t. t.) {37}	**cauda**, ae f	Schwanz, Rute Schweif, Glied
0489	**Causa**	Grund, Ursache, Rechtsgrund {82/60}	**causa**, ae f	Grund, Ursache, Sachverhalt
0490	**Cavum**	Hohlraum {58/70}	**cavus**, vi m o. **cavum**, vi n	Höhlung, Vertiefung
0491	**Ceilometer** l>frz>engl; gr	Wolkenhöhenmesser (meteor. t. t.) {65}	**caelum**, li n + gr. *μέτρον*	Himmel, Wetter, Klima das Maß
0492a	**Cella**	1. Hauptraum im antiken Tempel {58/51/75}; 2. kleines Kloster der orthodoxen Kirche; 3. Mönchszelle (veraltet) {51/58}; 4. kleinste Einheit eines Organismus, Zelle (med. t. t.) {70}	**cella**, ae f	Kapelle, Kammer, Kabinett; Stübchen
–	**Cellera-r(ius)**	Wirtschaftsverwalter eines Klosters {40/42/51}	**cellerarius**, ii m	Kellermeister
–	**Cellophan** l;gr	(Warenzeichen) durchsichtige (Verpackungs)folie {41/44}	**cella**	s. oben

0492b	**Cembalo** (gr)>l>mlat >it	klavierähnliches Tasteninstrument {37}	**cymbalum**, li n gr. *κύμβαλον* mlat. clavicymbalum it. *clavicembalo*	Zimbel, Schallbecken
0493	**Cent** l>frz>engl	Untereinheit verschiedener Währungen (1/100 der jeweiligen Währung - z. B. USA, Niederlande) {42/56/57}	**centum**, ti n	hundert
–	**Centavo** l>port >span	Untereinheit verschiedener Währungsen in Südamerika (Argentinien, Brasilien) {42/56/57}	dto.	dto.
–	**Centesimo** l>it	dto. Italien, Somalia {42/56/57}	dto.	dto.
–	**Centésimo** l>span	dto. Panama, Chile {42/56/57}	dto.	dto.
–	**Centime** l>frz	dto. Frankreich, Schweiz {42/56/57}	dto.	dto.
–	**Céntimo** l>span	dto. Spanien, Costa Rica {42/56/57}	dto.	dto.
0494	**Center** (gr)>l>frz >am	Mittelpunkt für bestimmte Tätigkeiten (z. B. Einkauf) {58}	**centrum**, ri n gr. *κέντρον*	Mittelpunkt des Kreises, Zentrum; Kern
>>>	Cerealie s. Zerealie			
0495	**Cerebellum**	Kleinhirn (med. t. t.) {70/11}	**cerebellum**, li n	kleines Gehirn
–	**Cerebrum**	Großhirn, Gehirn (med. t. t.) {11/70}	**cerebrum**, ri n	Gehirn, Verstand, Sinn
>>>	cerebr... s. unter zerebr...			
0496	**Cereus**	Säulenkaktus {04}	**cereus**, ei m	Wachskerze, Fakkel
0497	**Chaiselongue** (gr)>l>frz; l>frz	gepolsterte Liege mit Kopf-, aber ohne Rückenlehne {44}	**cathedra**, ae f gr. *καθέδρα* + **longus**, a, um	Stuhl, Sessel lang
0498	**Champagne** l>frz	Landschaft in Nordfrankreich, berühmtes Weinanbaugebiet {02/64}	**campania**, iorum n (Pl.)	flaches Land, Blachfeld
–	**champagner** l>frz	zart-gelblich {54/55}	dto.	dto.
–	**Champagner** l>frz	Schaumwein aus der Champagne {17}	dto.	dto.

–	**Cham- pignon** l>vulgl>frz	eßbarer, anbaubarer Speise- pilz {17}	dto. vulgl. campa- niolus* afrz. *champegnuel*	dto. der auf dem Feld Wachsende
0499	**Champion** l>gallorom >frz>engl	1. Meister in einer Sportart {56/85}; 2. Aufsatz auf dem Rauchfang (österr. - veraltet) {44/88}	**campus**, pi m gallorom. *campio* afrz. *champion*	Schlachtfeld, Kampfplatz Kämpfer
–	**Cham- pionat** l>gallorom >frz	Meisterschaft in einer Sport- art {56/85}	dto.	dto.
0500	**Chance** l>vulgl>frz	1. Glückswurf, -fall {26/52}; 2. günstige Gelegenheit {26/59}; 3. (gute) Aussicht {26/40}	**cadere** vulgl. cadentia* afrz. *cheance*	fallen, sinken; eintreten, sich er- eignen Fall
0501	**Change** l>frz/engl	Tausch, Wechsel (von Geld) {42/80}	**cambire** spätl. cambiare frz. *changer* engl. *change*	wechseln, tau- schen
–	**Changer** l>engl	automatischer Schallplatten- wechsler {87}	dto.	dto.
–	**changieren** l>frz	1. wechseln, tauschen, ver- ändern (veraltet) {61}; 2. ver- schiedenartig schillern (von Stoffen) {19/54/55}; 3. vom Rechts- zum Linksgalopp übergehen (beim Reiten) {61/ 85}; 4. die Fährte wechseln {38/61}	dto.	dto.
0502	**Chanson** l>frz	1. episches o. lyrisches Lied in der früheren frz. Dich- tung; 2. Liebes- oder Trinklied (15.-17. Jh.); 3. witzig-freches, geistreiches rezitativisches Lied mit zeitkritischem In- halt {34/37}	**cantio**, onis f	das Singen; Gesang; Geleier; Arie
–	**Chanso- nette** l>frz	1. kleines Lied komischen oder frivolen Inhalts {34/37}; 2. Chansonsängerin {37/40}	dto.	dto.
–	**Chanson- nier** l>frz	1. frz. Liederdichter des 12.- 14. Jh.s {37/34}; 2. Lieder- sammlung mit prov. Trouba- dourliedern {37/57}; 3. Chan- sonsänger o. -dichter {37/34}	dto.	dto.
0503	**Chapeau** l>vulgl>frz	Hut (veraltet, scherzhaft) {19}	**cappa**, ae f	eine Art Kopfbe- deckung vgl. oben 0474

>>> Charakterkomödie s. Komödie
>>> Charaktertragödie s. Tragödie

0504	**Charge** l>vulgl>frz	1. Amt, Würde, Rang {33/50}; 2. Dienstgrad; Vorgesetzter (mil. t. t.) {86}; 3. Vorsitzender einer studentischen Verbindung {33/31}; 4. Ladung, Beschickung (techn. t. t.) {40/41}; 5. Nebenrolle mit einseitig gezeichnetem Charakter (theat. t. t.) {35/74}; 6. Serie (z. B. von Arzneimitteln {56/70}	**carrus**, us m vulgl. carricare frz. *charger* *charge*	Wagen beladen beladen Last; Bürde eines Amtes
–	**chargieren** l>vulgl>frz	1. in der studentischen Festtracht erscheinen {33/19}; 2. einen Reaktor mit Brennstoff beschicken {41/72}; 3. eine Nebenrolle spielen (theat. t. t.) {35/74}	dto.	dto.
–	**Chargierter** l>vulgl>frz	einer der drei Vorsitzenden einer studentischen Verbindung {31/33}	dto.	dto.
0505	**Charité** l>frz	Krankenhaus, Pflegeanstalt {49/58/70}	**caritas**, atis f	Liebe, Hochachtung, Nächstenliebe vgl. oben 0479
0506a	**charmant** l>spätl>frz	anmutig, liebenswürdig, bezaubernd {26/84}	**carmen**, minis n spätl. **carminare**	Gesang, Lied, Gedicht, Zauberspruch bezaubern
–	**Charme** l>frz	liebenswürdig-gewinnende Wesensart; Anmut, Liebreiz {26/84}	**carmen**	s. oben
–	**Charmeur** l>frz	Mann, der Frauen gegenüber besonders liebenswürdig ist {26/33/84}	dto.	dto.
0506b	**Charter** (gr)>l>afrz >engl	Urkunde, Freibrief; Frachtvertrag {32/42/45}	**chartula**, ae f gr. *χάρτης* afrz. *chartre* engl. *charter*	kleine Schrift, Briefchen Frachtvertrag
–	**chartern** (gr)>l>afrz >engl	ein Schiff o. Flugzeug mieten {42/45}	dto.	dto.
–	Chartermaschine, Charterflugzeug			
0507	**Chassis** l>frz	1. Fahrgestell von Kraftfahrzeugen {45}; 2. Montagerahmen elektronischer Apparate (techn. t. t.) {41/72/87}	**capsa**, ae f frz. *châsse* *châssis*	Kapsel, Behältnis, Kasten Kästchen, Einfassung Einfassung, Rahmen

0508	**Chateau** l>frz	Schloß, Herrenhaus, Land-, Weingut {44/39/88}	**castellum**, li n	Festung, Fort, Zitadelle
0509	**Chauffeur** l>vulgl>frz	berufsmäßiger Personentransport-Kraftfahrer {40/45}	**calefacere** vulgl. calefare* frz. *chauffer* *chauffeur*	warm machen, heizen, erhitzen Heizer
–	**chauffieren** l>vulgl>frz	1. ein Kraftfahrzeug lenken {25/45/61}; 2. jmdn. berufsmäßig im Auto transportieren {45/61/40}	dto.	dto.
0510	**Chaussee** l>gallorom >frz	befestigte, ausgebaute Landstraße {45/58}	**calceare** o. **calciare** gallorom. *calciare* *via calciata*	mit Schuhen versehen, beschuhen mit den Füßen stampfen Straße mit festgestampften Steinen
0511	**Chef** l>gallorom >frz	1. Leiter, Vorgesetzter, Geschäftsinhaber {33/40/42}; 2. Anführer {33}	**caput**, pitis n gallorom. *capum** frz. *chef*	Kopf, Haupt; das Oberste
>>>	Chef... s. ggf. unter dem Rest des Wortes			
0512a	**Chemisette** l>frz	1. gestärkte Hemdbrust an Frack- und Smoking-Hemden; 2. heller Einsatz an Damenkeidern {19}	**camisia**, ae f frz. *chemisette*	Hemd; leinerner auf dem Körper getragener Überwurf Vorhemdchen
0512b	**Cherub(im)** (hebr) >kirchenl	(biblischer) Engel mit Flügeln und Tierfüßen; himmlischer Wächter (rel. t. t.) {51}	kirchenl. **cherubin** hebr. *cherub*	eine höhere Engelgattung
0513	**Chevalier** l>frz	frz. Adelstitel; Ritter {33}	**caballus**, li m **caballarius**, ii m frz. *cheval*	Pferd, Gaul Pferdeknecht Pferd vgl. oben 0460
0514	**Chief** l>gallorom >frz>engl	Haupt, Oberhaupt; Polizeichef eines Distrikts in den USA {33/50}	**caput**	s. oben 0511
0515a	**Chloroform** gr;l	süßlich riechendes, farbloses Betäubungs- und Lösungsmittel {73/70}	gr. *χλωρός* + **formica**, ae f	gelblichgrün Ameise
–	**chloroformieren** gr;l	mit Chloroform betäuben {70}	dto.	dto.
0515b	**Chose** l>frz	(peinliche) Sache, Angelegenheit {33}	**causa**, ae f frz. *chose*	Grund; Sache Ding, Sache

0517	**Cicerone** l>it	sehr viel redender Fremdenführer {45/32}	**Cicero**, onis	berühmter röm. Redner, Schriftsteller, Staatsmann (106-43 v. Chr.)
–	**Ciceronianismus** l>nlat	Bewegung in Stilkunst und Rhetorik, die sich den Stil Ciceros zum Vorbild nimmt {76/79}	dto.	dto.
–	Ciceronianer			
–	**ciceronianisch** l>nlat	1. nach Art des Redners Cicero; 2. mustergültig, stilistisch vollkommen; 3. den Ciceronianer / Ciceronianismus betreffend {76/79}	dto.	dto.
0518	**Cipollata** (gr)>l>it	1. ein Gericht aus Bratwürstchen, Zwiebeln, Maronen, Karotten und Speck; 2. kleines, weißwurstähnliches Würstchen {17}	**cepa**, ae f it. *cipolla*	Zwiebel
>>>	Circus s. Zirkus			
0519	**citissime**	sehr eilig {61/59}	**citus**, a, um Adv. Superl. **citissime**	schnell, rasch
–	**cito**	eilig, schnell {59/61}	dto.	dto.
0520	**City** l>frz>engl	Geschäftsviertel einer Großstadt, Innenstadt {48/58}	**civitas**, atis f	Bürgerrecht, Gemeinde; Staat, Stadt
0521	**Claim** l>frz>engl	1. Anrecht, (Rechts)anspruch (jur. t. t.) {82}; 2. Anteil (z. B. an einem Goldgräberunternehmen); Goldmine, Landstück {43}; 3. Behauptung, die von der Werbung aufgestellt wird {32/42/80}	**clamare** frz. *claimer*	(aus)rufen, laut verkünden, bezeugen
>>>	Clausula s. Klausel			
0522	**Clavicula**	Schlüsselbein (med. t. t.) {11/70}	**clavicula**, ae f	Schlüsselchen; Zapfen; schwache Ranke
–	**Clavis** (gr)>l	1. Orgeltaste (mus. t. t.); 2. Notenschlüssel (mus. t. t.) {37}; 3. lexikographisches Werk zur Erklärung alter Schriften o. der Bibel (veraltet) {32/34/51}	**clavis**, is f	Schlüssel, Riegel

–	**Clavus**	1. Purpur- oder Goldstreifen am Gewand altröm. Würdenträger (hist. t. t.) {19/75}; 2. Hornzellenwucherung der Haut, Hühnerauge (med. t. t.) {70}	**clavus**, vi m	Nagel; Gewandstreifen; Hühnerauge
–	**Clou** l>frz	Höhepunkt, Kernpunkt von etwas {25/56}	dto. frz. *clou*	dto.
0523	**Clown** l>frz>engl	Spaßmacher (im Zirkus, im Varieté) {40/85}	**colonus**, ni m frz. *colon* engl. *clown*	Landwirt, Bauer, Ansiedler Bauerntölpel (im alten engl. Theater)
–	**Clownerie** l>frz>engl	Spaßmacherei, spaßige Geste {32/26/85}	dto.	dto.
–	**clownesk** l>frz>engl	nach Art eines Clowns {33/26}	dto.	dto.
0524	**Code** l>frz>engl	1. Zeichensystem als Kommunikationsgrundlage {32}; 2. Schlüssel zu Geheimschriften, Telegrafenschlüssel {32/46}	**codex**, dicis f	Buch, Schrift, Urkunde, Verzeichnis
>>>	Codex, codieren s. Kodex, kodieren			
0525	**Cœur** l>frz	durch ein rotes Herz gekennzeichnete Spielkarte {85}	**cor**, rdis n	Herz, Seele, Gemüt, Mut
>>>	Coitus s. Koitus			
0526	**College** l>frz>engl	1. private höhere Schule mit Internat in England; 2. einer Universität angegliederte Lehranstalt mit Wohngemeinschaft von Dozenten und Studenten {31/33/44}; 3. Eingangsstufe der Universität in den USA {31}	**collegium**, ii n	Amtsgenossen-, -gemeinschaft, Kollegium; Verein, Innung
–	**Collège** l>frz	höhere Schule in Frankreich, Belgien u. der frz. Schweiz {31}	dto.	dto.
–	**Collegemappe** l>frz>engl; l	kleine, schmale Aktentasche (mit Reißverschluß) {31/40/44}	dto. + **mappa**, ae f	dto. Vortuch, Serviette; Signaltuch
>>>	Collier s. Kollier			
>>>	Colloquium s. Kolloquium			
0527	**Collum**	(med. t. t.) 1. Hals; 2. sich verjüngendes Organteil {70/11}	**collum**, li n	Hals

0528	**Colonel** l>it>frz >engl	Dienstgrad eines Stabsoffiziers im Range eines Obersten {33/86}	**columna,** ae f it. *colonna* *colonello* frz. *coronel*	Säule, Pfeiler Kolonnenführer
0529	**Colonia**	1. röm. Ansiedlung außerhalb des röm. Staatsgebiets (hist. t. t.) {33/44/75}; 2. Ansiedlung (z. B. in Südamerika) {33/44/48}	**colonia,** ae f	Ansiedlung, Tochterstadt, Kolonie
0530	**Colorbild** l;d	1. Fernsehbild in Farbe; 2. Farbfoto {23/87}	**color,** oris m	Farbe; Teint
0531	**Combo** l>engl>am	kurz aus am. combination: kleines Jazz- oder Tanzmusikensemble (mus. t. t.) {37}	**combinatio,** onis f	Vereinigung
0532	**Comes**	1. hoher kaiserlicher Beamter im antiken Rom (hist. t. t.); 2. Vertreter des Königs in Verwaltungsangelgenhei-ten im Mittelalter (hist. t. t.) {75/50}; 3. Wiederholung des Fugenthemas in der zweiten Stimme (mus. t. t.) {37}	**comes,** mitis mf	Begleiter; Gefolgsmann
0533	**Commonwealth** l>engl;engl	Staatenbund, (britische) Völkergemeinschaft {50}	**communis,** e	gemeinsam, gemeinschaftlich, öffentlich
>>>	Communiqué s. Kommuniqué			
0534	**comodo** l>it	gemächlich, behaglich, ruhig (mus. t. t.) {37}	**commodus,** a, um	angemessen, bequem, gefällig
0535	**Computer** l>engl	programmgesteuerte elektronische Rechenanlage {41/71/87}	**computare** bzw. **computator,** oris m	zusammen-, aus-, berechnen Berechner
–	**computerisieren** l>engl	1. Informationen für einen Computer lesbar machen; 2. Informationen in einem Computer speichern {32/71}	dto.	dto.
>>>	Computer... s. unter dem Rest des Wortes			
0536	**Comte** l>frz	Graf (in Frankreich) {33}	**comes**	s. oben 0532
–	**Comtesse** (o. **Komteß**) l>(vulgl) >frz	unverheiratete Tochter eines Grafen {10/33}	dto. bzw. vulgl. comitissa*	dto. Gräfin
0537	**Concentus**	melodischer Gesang in der Liturgie {51/37}	**concentus,** us m	harmonische Musik, Gesang, Harmonie

0538	**Concertante** l>it/frz	Konzert für mehrere Soloinstrumente o. Instrumentengruppen {37/57}	**concertare**	wetteifern, streiten, kämpfen
–	**Concertino** l>it	1. kleines Konzert {37}; 2. Gruppe von Instrumentalsolisten im concerto grosso {37/57}	dto.	dto.
0539	**Concierge** l>vulgl>frz	Hausmeister, Portier {40/44}	**conservitium**, ii n vulgl. conserviens frz. *concierge*	Mitknechtschaft mitdienend Türhüter
–	**Conciergerie** l>vulgl>frz	Pariser Untersuchungsgefängnis in der Französischen Revolution (hist. t. t.) {75/50/82}	dto.	dto.
0540	**concitato** l>it	erregt, aufgeregt (mus. t. t.) {37}	**concitatus**, a, um	aufgeregt, hastig, erregt, heftig
0541	**confer**	vergleiche! (Hinweis in Büchern - Abk. cf., cfr., conf.) {32/56}	**conferre**	zusammenbringen, vereinigen, vergleichen; Meinungen austauschen, sich besprechen
–	**Conférence** l>mlat>frz	Ansage eines Conférenciers {32/85}	dto. mlat. conferentia	dto. Besprechung, Sitzung, Tagung
–	**Conférencier** l>mlat>frz	witzig-unterhaltender Ansager im Kabarett oder Varieté {32/33/40/85}	dto.	dto.

>>> conferieren, Conferenz s. konferieren, Konferenz

0543	**Confessio**	1. Sünden-, Glaubensbekenntnis {51/77}; 2. Bekenntnisschrift der Reformationszeit {32/51}; 3. Vorraum eines Märtyrergrabes {51/58}	**confessio**, onis f	Zu-, Ein-, Geständnis; Bekenntnis
0544	**Connaisseur** l>frz	1. Kenner, Sachverständiger {40/22}; 2. Feinschmecker {17/33}	**cognoscere** frz. *connaître*	kennen lernen, kennen, erkennen
0545	**Conseil** l>frz	Rat(sversammlung) in Frankreich {50}	**consilium**, ii n frz. *conseil*	Rat, Beratung, Versammlung, Beschluß
0546	**Consensus**	Zustimmung {32/28}	**consensus**, us m	Einstimmig-, Einhelligkeit, Übereinstimmung,
0547	**Consolatio**	Trostschrift, -gedicht (Gattung in der altröm. Literatur) {34/75}	**consolatio**, onis f	Trost(rede), Ermutigung

>>> Constable s. Konstabler

0548	**Constituante** (o. **Konstituante**) l>frz	grundlegende verfassungsgebende Nationalversammlung (besonders in der Französischen Revolution - hist. t. t.) {75/50}	**constituere**	aufstellen, festsetzen, beschließen
0549	**Container** l>frz>engl	1. Großbehälter in standardisierter Größe {41/58}; 2. Schachtel, Karton zum Bücherversand {42/58}	**continere**	zusammen-, eingeschlossen-, enthalten
–	containerisieren, Containerschiff			
>>>	Containerterminal s. Terminal			
–	**Containment** l>frz>engl/am	Schutzhülle für Atomreaktoren {72/58/88}	dto.	dto.
0550	**Conte** l>it/frz	1. hoher italienischer Adelstitel {33}; 2. Erzählform in der frz. Literatur {34}	**comes**, mitis mf	Begleiter, Gefolgsmann vgl. oben 0536
–	**Contessa** l>vulgl>it	hoher italienischer weiblicher Adelstitel {33}	dto. vulgl. comitissa*	dto. Gräfin vgl. oben 0536
0551	**Contenance** l>vulgl>frz	Fassung, Haltung (in schwieriger Lage); Gelassenheit {26/84}	**continentia**, ae f	Enthaltsamkeit, Selbstbeherrschung, Mäßigung,
0552	**Contest** l>frz>engl	Wettbewerb (im Bereich der Unterhaltungsmusik) {33/37/85}	**contestari**	zum Zeugen anrufen; einen Prozeß in Gang bringen
>>>	contra s. Kontra			
0553a	**Conus** (gr)>l	1. Koniferenzapfen {04}; 2. kegelförmige Organschwellung (med. t. t.) {70}; 3. Gattung aus der Familie der Kegelschnecken (zool. t. t.) {69}; 4. kegelförmige Anordnung von Lautsprechermembranen (techn. t. t.) {87}	**conus**, ni m (gr. κῶνος)	Kegel; Zypressenzapfen; Sonnenuhrart
0553b	**Copyright** l>mlat >engl;engl	Vervielfältigungsrecht, Verlagsrecht {32/82/57}	**copia**, ae f mlat. copia engl. *copy*	Fülle, Vorrat, Menge (den Bestand vermehrende) Abschrift
0554	**Cor**	Herz (med. t. t.) {70/11}	**cor**, rdis n	Herz

0555	**Corner** l>frz>engl	1. Ringecke (beim Boxen) {58/85}; 2. planmäßig herbeigeführter Börsenkursanstieg {28/80}; 3. Ecke, Eckball (österr. - sonst veraltet) {33/85}	**cornu,** us n afrz. *corniere*	Horn; Spitze, Ende, Ecke; (Heeres)-flügel
–	**Cornichon** l>frz	kleine (gebogene) Essig-, Gewürzgurke {17}	dto. frz. *corne*	dto.
0556	**Coroner** (gr)>l>frz >engl	Untersuchungsrichter o. Beamter in England, den USA (zur Untersuchung verdächtiger Todesfälle) {40/50/82}	**corona,** ae f gr. *κορώνη*	Kranz; Zuhörer; Versammlung
>>>	Corps s. Korps			
0557	**Corpus**	1. Hauptteil eines Organs, Körperteils (med. t. t.) {11/70}; 2. Sammelbegriff für die Werke eines Autors {34/57}; 3. zentraler Vegetationsstrang einer Pflanze (bot. t. t.) {68}	**corpus,** poris n	Körper, Komplex, Verband; Gesamtmasse
0558	**Cortes** l>kirchenl >it>span/ port	Volksvertretung in Spanien, Portugal {50}	**cors,** rtis f kirchenl. cortina it. *corte* *cortigiano* span. *corte* *cortes* (Pl.)	Gefolge, Leibwache; Einzäunung, Hofraum Vorhang Hof, Fürstenhof Höfling
0559	**Couch** l>frz>engl	breites Liegesofa mit niedriger Rückenlehne {44}	**collocare** afrz. *coucher* *couche* engl. *couch*	auf-, hinsetzen; sich lagern, sich setzen hinlegen, lagern Lager
0560	**Couleur** l>frz	1. bestimmte geistig-weltanschauliche Prägung {25/77}; 2. Trumpf beim Kartenspiel {56/85}; 3. Band und Mütze einer studentischen Verbindung {19/20/33/31}	**color,** oris m	Farbe, Teint; Schönheit; Kolorit
0561	**Countdown** l>frz>engl; engl	1. bis zum Startzeitpunkt herunterzählende Ansage {59/32}; 2. letzte technische Vorbereitungen vor einem Unternehmen (z. B. Raketenstart) {72/59/86}	**computare** frz. *compter* engl. *count*	zusamen-, aus-, berechnen
0562a	**County** l>frz>engl/ am	Gerichts- und Verwaltungsbezirk in England, den USA {48}	**comes,** mitis mf frz. *comte* *comté*	Begleiter Grafenstand; Grafschaft

0562b	**Coupé** (gr)>l >gallorom >frz	1. zweisitziger Sportwagen {45}; 2. Eisenbahnabteil {58/45}; 3. geschlossene zweisitzige Kutsche (veraltet) {45/75}	**cup(p)a,** ae f gr. κύπη gallorom. *cuppum** *cuppare** afrz. *coper* frz. *couper* *coupé*	Tonne, Küfe; Grabgewölbe Kopf die Spitze abschlagen abschneiden
–	**Coupon** (gr)>l >gallorom >frz	1. Abschnitt (auf Wertpapieren) {80}; 2. Stoffrest {19/57}	dto. frz. *coupon*	dto.
0563	**Couplet** l>frz	1. Strophe in Liedern mit wiederkehrendem Refrain; 2. kleines, satirisch-aktuelles Lied {34/37}	**copula,** ae f	Strick, Seil, Verknüpfung(smittel)
0564	**Courage** l>frz	Beherztheit, Schneid, Mut {26/84}	**cor,** rdis n frz. *cœur* *courage*	Herz
–	**couragiert** l>frz	beherzt {26/84}	dto.	dto.
0565	**Court** l>vulgl >afrz>engl	Spielfeld des Tennisplatzes {58/85}	**cohors,** rtis f vulgl. cortis afrz. *cort*	Hofraum, Gehege, Viehhof Hof
0566	**Cousin(e)** l>vulgl>frz	Vetter bzw. Base {10}	**consobrinus,** ni m bzw. **consobrina,** ae f vulgl. cosinus*	Geschwisterkind; Vetter Base; Muhme

>>> Couvert s. Kuvert

0567a	**Couture** l>afrz>frz	(meist Haute Couture) Schneiderkunst für elegante Mode {19/20/40/79}	**cultura,** ae f afrz. *couture*	Anbau, Kultur; Landwirtschaft; Kleiderputz
–	**Couturier** l>afrz>frz	(meist Haute Couturier) Modeschöpfer {19/20/40}	dto.	dto.

>>> Création s. Kreation

0567b	**Creme** l/gr>l>frz	1. Sahne; 2. schaumige Süßspeise {17}; 3. Salbe {21/70}; 4. gesellschaftliche Oberschicht {33}	**crama**, ae f o. **cramum**, mi n gemischt mit: **chrisma**, ae f gr. *χρῖσμα* afrz. *craime* o. *cresme* frz. *chrême* *crème*	Sahne, Creme Salbe; Salbung, Ölung Salböl
0568	**crescendo** l>it	allmählich lauter werdend, im Ton anschwellend (mus. t. t.) {37/55}	**crescere**	wachsen, anschwellen, sich steigern, zunehmen
–	**Crescendo** l>it	allmähliches Anwachsen der Tonstärke (mus. t. t.) {37/55}	dto.	dto.
–	**Crew** l>afrz>engl	Mannschaft, Besatzung (z. B. von Flugzeugen) {33/45/40}	dto. afrz. *croître* *creue* engl. *crew*	dto. wachsen Wachstum
0570	**Croissant** l>vulgl/roman>frz	Hefe oder Blätterteighörnchen {17}	uns.: **crusta**, ae f vulgl. cruscire* afrz. *croissir*	 Rinde knirschen
0571	**Cross** l>afrz>engl	diagonal über den Platz geschlagener Ball (beim Tennis) {61/85}	**crux**, ucis f frz. *croix*	Kreuz, Marter-, Querholz
–	**Cross-Country** l>afrz>engl; l>spätl/vulgl>engl	Querfeldeinlauf über wechselnde Bodenverhältnisse {61/85}	dto. + **contra** spätl./vulgl. contrata afrz. *contrée* engl. *country*	dto. gegenüber; das Entgegengesetzte Land, ländliche Gegend ländliche Gegend
–	**Crux**	schwierige Situation; belastende, komplizierte Aufgabe; unlösbare Frage {25/26}	**crux**	s. oben
0572	**Cubiculum**	(hist. t. t.) 1. Schlafraum im altröm. Haus {44/58/75}; 2. Grabkammer in Katakomben {58/15}	**cubiculum**, li n	Schlaf-, Ruhegemach; Schlafstätte der Toten; Loge
0573	**Culotte** (gr)>l>frz	im 17. u. 18. Jh. von der frz. Aristokratie getragene Kniehose (hist. t. t.) {19/75}	**culleus**, ei m gr. *κολεός* frz. *culotte*	lederner Sack; Schlauch
0574	**Culpa**	Schuld, Verschulden, Fahrlässigkeit {25/82}	**culpa**, ae f	Schuld, Verschulden
0575	**Cup** l>roman>engl	1. Pokal, Ehrenpreis {56/85}; 2. Körbchen beim Büstenhalter {19}	**cupa**, ae f	Küpe, Kufe; Tonne; Grabgewölbe

0576	**Cuprum** l>vulgl	Kupfer {02/73}	**cyprum**, ri n vulgl. cuprum	Kupfer
0577	**currentis**	(des) laufenden (Jahres, Monats) - (veraltet) {59}	**currere**	laufen, eilen; schnell verlaufen
0578	**curricular** l>nlat	die Lehr- und Lernablauftheorie o. den Lehrplan betreffend) {78}	**curriculum**, li n	Wettlauf; Laufbahn; Rennwagen; Umlauf
–	**Curriculum** l>engl	1. Theorie des Lehr- und Lernablaufs {78}; 2. Lehrplan, Lernprogramm {78/59}	dto.	dto.
0579	**Cuvée** l>frz	Verschnitt (Mischung) verschiedener Weine {17}	**cupa**, ae f frz. *cuve* *cuvier*	Kufe Zuber

D

0580	**Dakapo** l>it	Wiederholung (mus. t. t.) {37}	**de** + **caput**, pitis n	von, von...her Kopf, Ursprung, Ausgangspunkt
0581	**Dame** l>frz	1. höfliche Bezeichnung für „Frau"; 2. elegante, vornehme Frau {32/33}; 3. ein altes Brettspiel; 4. die Königin im Schachspiel; 5. Doppelstein im Damespiel; 6. Spielkarte {85}; 7. englischer Adelstitel (für Frauen) {33}	**domina,** ae f	(Haus)herrin, Wirtin, Hausfrau
0582	**Damhirsch** (kelt)>l;d	Wildart {06}	**dama** o. **damma**, ae f	Rehwild, Gemse, Geiß
0583	**damnatur**	lateinische (historische) Zensurformel (Druckverbot) {28/32/75}	**damnare**	büßen, verdammen, verurteilen
–	**Damnum**	Abzug vom Nennwert eines Darlehens als Vergütung für dessen Gewährung (wirtsch. t. t.) {80}	**damnum,** ni n	Einbuße, Verlust, Schaden, Nachteil
0584	**Datei**	nach Kriterien geordneter Bestand an Belegen und Dokumenten {32/57}	**dare** (PPP. **datus**)	geben; mitteilen, nennen
–	**Daten**	1. Plural von Datum {59}; 2. Angaben, Tatsachen, Informationen {32}; 3. kodierte Informationen, Ziffern, Buchstaben {32/46}	dto.	dto.
–	**datieren** l>frz	1. etwas mit einem Datum versehen; 2. aus einer bestimmten Zeit stammen {59}	dto.	dto.
–	**Dativ**	Wemfall, 3. Fall (sprachwiss. t. t.) {76}	**dativus,** vi m	Dativ
–	dativisch			

>>> Dativobjekt s. Objekt

–	**dato**	heute {59}	**dare**	s.oben
–	**datum**	gegeben, geschrieben {32}	**datus**, a, um (PPP. von dare)	gegeben, ausgefertigt
–	**Datum**	1. Zeitangabe; 2. Zeitpunkt {59}	dto.	dto.

0585a	**Daube** (gr)>l>mlat >frz	gebogenes Seitenbrett eines Fasses {40/44/58}	**doga**, ae f gr. *δοχή* mlat. duga o. doga frz. *douve*	Gefäß; Faß
0585b	**dauern** l>frz	einen Zeitraum währen, bestehen, bleiben {59}	**durare** frz. *durer*	fortdauern, existieren, sich halten; hart machen
–	**dauernd** l>frz	beständig, fortwährend {59}	dto.	dto.
–	dauerhaft, Dauer			
0586	**de...**	Partikel von Verben und substantivierten Verben, Adjektiven: ent..., nicht..., von ... weg, ab... {83}	**de**	ab..., weg..., fort..., nieder..., (von)...herab, ent...
>>>	de... s. ggf. unter dem Rest des Wortes			
0587	**Debakel** l>frz;l>frz	Zusammenbruch, Niederlage; unglücklicher Ausgang {33/52/85/86}	**de** + **baculum**, li n frz. *bâcler* frz. *debâcler* *debâcle*	s. oben 0586 Stab, Stock, Riegel mit einem Stück Holz versperren aufbrechen (des Eises) Auflösung, Zusammenbruch
0588	**Debatte** l>vulgl>frz	Erörterung, Aussprache, Diskussion {32}	**battuere** vulgl. battere (gallorom. *debattere*) frz. *débattre*	schlagen, klopfen, stampfen; sich schlagen (den Gegner mit Worten) schlagen
–	**debattieren** l>vulgl>frz	erörtern, eine Debatte führen {32}	dto.	dto.
0588	**Debellation**	Kriegsbeendigung durch völlige Vernichtung des Feindes (völkerrechtl. t. t.) {50/59/86}	**debellatio**, onis f	Besiegung, Überwindung
0590	**Debet**	linke (Soll)seite des Kontos {42/80}	**debere**	müssen; schuldig sein; verdanken
0591	**debil**	leicht schwachsinnig (med. t. t.) {70}	**debilis**, e	schwächlich, gebrechlich, verkrüppelt
–	**Debilität**	leichtester Grad von Schwachsinn (med. t. t.) {70}	**debilitas**, atis f	Gebrechlichkeit, Verkrüppelung, Schwäche
0592	**Debitor**	Schuldner, (der Waren auf Kredit bezogen hat) {42/80}	**debitor**, oris m	Schuldner
–	**debitieren**	eine Person oder ein Konto belasten {42/80}	**debere**	s. oben 0590

0593	**Decoder** (l;l)>frz >engl	Datenentschlüßler in einem Computer oder bei der Nachrichtenübertragung {46/32}	**de** + **codex**, dicis m	s. oben 0586 Buch, Schrift; Verzeichnis vgl. oben 0524
–	decodieren, Decodierung			
0594	**decouragieren** (l;l)>frz	entmutigen {25/26}	**de** + **cor**, rdis n	s. oben 0586 Herz vgl.. oben 0564
–	**decouragiert** (l;l)>frz	mutlos, verzagt {25/26/84}	dto.	dto.
0595	**decrescendo** l>it	im Ton geringer, leiser werdend (mus. t. t.) {37/55}	**decrescere**	abnehmen, kleiner werden, entschwinden
–	**Decrescendo** l>it	das Abnehmen der Tonstärke (mus. t. t.) {37/55}	dto.	dto.
0596	**Dedikation**	1. Widmung; 2. Schenkung {32/28/43}	**dedicatio**, onis f	Weihung, Einweihung
0597a	**deditieren**	eine Schuld tilgen {42/80}	**dedere**	ausliefern, preisgeben, opfern, überantworten
0597b	**dedizieren**	jmd. etw. zueignen, für ihn bestimmen {28/43}	**dedicare**	erklären; widmen, weihen
0598	**deduzieren**	das Besondere, den Einzelfall aus dem Allgemeinen ableiten {25/71/77}	**deducere**	herabführen, -ziehen; ableiten; verführen
–	**Deduktion**	logische Ableitung von Aussagen aus anderen Aussagen mittels logischer Schlußregeln (kybern. t. t.) {25/71}	**deductio**, onis f	das Abführen; die Übersiedlung; das Ableiten
–	**deduktiv**	den Einzelfall aus dem Allgemeinen ableitend {25/71}	**deductivus**, a, um	abgeleitet
0599	**deeskalieren** l;l>frz >engl	die eingesetzten (militärischen) Mittel stufenweise verringern oder abschwächen {61/86}	**de** + **scalae**, arum f (Pl.) frz. *escalader*	s. oben 0586 Stiege, Leiter, Treppe mit Hilfe von Leitern ersteigen, -stürmen
			escalade	Erstürmung einer Mauer
			engl.*escalation*	allmähliche Steigerung, Verschärfung
–	**Deeskalation** l;l>frz >engl	stufenweise Verringerung oder Abschwächung eingesetzter (militärischer) Mittel {61/86}	dto.	dto. vgl. unten 0924
0600	**Defäkation**	1. Reinigung, Klärung (von Flüssigkeiten) {73}; 2. Stuhlentleerung (med. t. t.) {70}	**defaecatio**, onis f	Reinigung

–	**defäkieren**	Kot ausscheiden (med. t. t.) {70}	**defaecare**	reinigen, waschen; erheitern
0601	**Defatigation**	Ermüdung, Überanstrengung (med. t. t.) {16/70}	**defatigatio**, onis f	Erschöpfung, Ermüdung
0602	**Defätismus** (l;l)/l>vulgl >frz >nlat	Mutlosig-, Hoffnungslosigkeit, Resignation; Schwarzseherei {25/26/84}	**dis** + **facere** bzw. **deficere** vulgl. disfacere* frz. *défaire* *défaite* *défaitisme*	s. unten 0757 tun, machen, handeln abnehmen, fehlen, mangeln
–	**Defätist** l>vulgl>frz	Schwarzseher, Pessimist {25/26/84}	dto.	dto.
–	**defätistisch** l>vulgl>frz	resignierend, pessimistisch, ohne Hoffnung {25/26/84}	dto.	dto.
0603	**defekt**	schad-, fehlerhaft, nicht in Ordnung {54/56}	**defectus**, a, um	mangelhaft, geschwächt, erschöpft
–	**Defekt**	1. Schaden, Fehler {54/56}; 2. überzählige Drucktypen im Setzereimagazin {41/32}	**defectus**, us m	Abfall; Mangel; Entkräftung
–	**defektiv**	mangel-, fehlerhaft, unvollständig {54/56/57}	**defectivus**, a, um	ausbleibend (med. t. t.); mangelhaft, unvollständig
–	**Defektivität** l>nlat	Fehler-, Mangelhaftigkeit {40/41/54/56}	dto.	dto.
–	**Defektivum**	nicht in allen möglichen Formen auftretendes Wort (sprachwiss. t. t.) {76}	**defectivum** (sc. verbum)	Wörter, denen einzelne Formen fehlen (gramm. t. t.)

>>> Defektexemplar, Defektmutation s. Exemplar, Mutation

0604	**Defemination** (l;l)>nlat	(med. t. t.) 1. Umwandlung der Frau zum männlichen Geschlecht hin (veraltet); 2. Frigidität {18/70}	**de** + **femina**, ae f	s. oben 0586 Frau
0605	**defensiv** l>mlat	1. verteidigend, abwehrend {25/86}; 2. auf Sicherheit bedacht {25/33}	**defendere** mlat. defensivus	abwehren, abhalten, verteidigen
–	**Defensive** l>mlat	Verteidigung, Abwehr {25/86}	dto.	dto.

>>> Defensivallianz s. Allianz

0606	**defibrinieren** (l;l)>nlat	Blut durch Entfernung des Fibrins ungerinnbar machen (med. t. t.) {70}	**de** + **fibra**, ae f	s. oben 0586 Faser (an Wurzeln o. Eingeweiden)
0607	**deficiendo** l>it	Tonstärke und Tempo zurücknehmen (mus. t. t.) {37}	**deficere**	abnehmen, aufhören; schwinden

0608	**Defilee** (l;l)>frz	1. Enge, Engpaß (veraltet - geogr. t. t.) {64}; 2. parademäßiger Vorbeimarsch {61/86}	**de** + **filum**, li n frz. *fil*	s. oben 0586 Faden; Manier; äußere Form
–	**defilieren** (l;l)>frz	parademäßig an jmdm. vorüberziehen {61/86}	dto. frz. *défiler*	dto.
0609	**definieren**	1. den Inhalt eines Begriffes feststellen; 2. von jmdm., etw. seine Bestimmung, Prägung erfahren {32/77/71}	**definire**	ab-, begrenzen; näher bestimmen, bezeichnen
–	**definit**	bestimmt {76/71}	**definitus**, a, um	abgegrenzt, bestimmt, speziell
–	**Definition**	1. genaue Begriffsbestimmung {76/77/71}; 2. als unfehlbar geltende Entscheidung des Papstes, eines Konzils (rel. t. t.) {51/77}	**definitio**, onis f	Abgrenzung; Begriffsbestimmung, Definition
–	**definitiv**	(in bezug auf eine Entscheidung) endgültig {25/28/52/59}	**definitivus**, a, um	begriffsbestimmend, erläuternd; bestimmt
–	**Definitivum**	endgültiger Zustand {25/52/59}	dto.	dto.
–	**Definitor**	1. Verwaltungsbeamter der kath. Kirche; 2. Rat, gewählter Leiter des Generalkapitels (rel. t. t.) {51}	**definitor**, oris m	(Begriffs)bestimmer
–	**definitorisch**	1. die Definition betreffend, durch sie festgelegt {25/32}	dto.	dto.
0610	**Defixion** l>nlat	Versuch, einen Feind zu vernichten, indem man dessen Bild o. ä. mit Nägeln durchbohrt (ethnol. t. t.) {51/81}	**defigere** (PPP. **defixus**)	hineinschlagen, -stoßen, -stechen
0611	**Defizient**	1. Dienstunfähiger (veraltet) {14/40}; 2. durch Alter oder Krankheit geschwächter Geistlicher (bes. süddt., österr.) {14/51}	**deficere**	abnehmen, aufhören, mangeln, erschöpft sein; nicht ausreichen, zu kurz sein
–	**defizient**	unvollständig {56/57}	dto.	dto.
–	**Defizit** l>frz	1. Fehlbetrag {42/80/57}; 2. Mangel {52/57}	dto.	dto.
–	**defizitär** l>frz	mit einem Defizit belastet, zu einem Defizit führend {42/80/57}	dto.	dto.
0612	**Deflation** l>nlat	1. Verminderung des Geldumlaufs, um den Preis zu senken {80/50}; 2. Ausblasen und Abtragen von lockerem Gestein durch den Wind (geol. t. t.) {62}	**deflare**	ab-, wegblasen; herausschwatzen
–	**deflationieren** l>nlat	den Geldumlauf herabsetzen {80/50}	dto.	dto.
–	deflationär, deflationistisch, deflatorisch			

0613	**Deflektor** l>nlat	1. Saug-, Rauchklappe, Schornsteinaufsatz {44/88}; 2. Vorrichtung in Teilchenbeschleunigern zur Ablenkung geladener Teilchen aus ihrer Bahn (kernphys. t. t.) {72}	**deflectere**	beugen, ablenken, -biegen; umwandeln
–	**Deflexion**	Ablenkung (von Lichtstrahlen - veraltet) {72}	**deflexio**, onis f	Ablenkung, -biegung
0614	**Defloration**	Entjungferung (med. t. t.) {18/70}	**defloratio**, onis f	das Abpflücken der Blüten; Entjungferung, Schändung
–	**deflorieren**	entjungfern (med. t. t.) {18/70}	**deflorare**	Blüten abpflükken; exzerpieren; jmdn. des Ansehens berauben
0615	**deform**	entstellt, verunstaltet {53/26/70}	**deformis**, e	mißgestaltet, entstellt; entehrt
–	**Deformation**	1. Formveränderung, Verformung {53}; 2. Verunstaltung, Mißbildung (bes. bei Organen - med. t. t.) {53/70}	**deformatio**, onis f	Abbildung, Gestaltung, anschauliche Schilderung
–	**deformieren**	1. verformen {53}; 2. (den Körper) verunstalten, entstellen {53/70}	**deformare**	darstellen, verunstalten, entstellen
–	Deformierung			
–	**Deformität**	1. Mißbildung (von Organen o. Körperteilen) {53/70}; 2. Zustand der Mißbildung {70}	**deformitas**, atis f	Mißgestalt, Entstellung; Greuel, Schmach
0616	**Defraudation**	Betrug, Unterschlagung, Hinterziehung (von Zollabgaben {42/50/82}	**defraudatio**, onis f	Übervorteilung, Entziehung
–	**defraudieren**	betrügen, unterschlagen, hinterziehen {42/50/82}	**defraudare**	betrügen, übervorteilen
0617	**Degeneration** l>nlat	1. Verfall von Zellen, Geweben, Organen (med., biol. t. t.) {69/70}; 2. Entartung, körperlicher o. geistiger Verfall; Abstieg {70}	**degenerare**	aus-, entarten; entartet sein
–	**degenerativ** l>nlat	mit Degeneration zusammenhängend (med. t. t.) {69/70}	dto.	dto.
–	**degenerieren**	1. verfallen, verkümmern (biol. t. t.) {69}; 2. vom Üblichen abweichen, entarten; körperlich o. geistig verfallen (med. t. t.) {70}	dto.	dto.
0618	**Degout** (l;l)>frz	Ekel, Widerwille, Abneigung {26/28}	uns.: **de** + **gustus**, us m frz. *dégoût*	 s. oben 0586 Genuß, Geschmack, Probe

–	**degoutant** (l;l)>frz	ekelhaft, abstoßend {26/28/84}	dto. frz. *dégoûtant*	dto.
–	**degoutieren** (l;l)>frz	anekeln, anwidern {26/28}	uns.: **de** + **gustare** frz. *dégoûter*	 s. oben 0586 genießen, kosten
0619	**Degradation** (l;l)>mlat	Zurückversetzen in eine niedere Position {33/40/86}	**de** + **gradus**, us m mlat. degradare	s. oben 0586 Schritt, Stufe, Rang in Stand und Geltung herabsetzen
–	**degradieren** (l;l)>mlat	1. in eine niedere Position zurückversetzen {33/40/86}; 2. Energie in Wärme umwandeln (phys. t. t.) {72}; 3. einen Boden verschlechtern {62/39}	dto.	dto.
–	**Degradierung** (l;l)>mlat	1. das Degradieren {33/40/86}; 2. Bodenverschlechterung {62/39}	dto.	dto.
0620	**Degression**	1. Verminderung der Stückkosten mit steigender Auflage {42/80/57}; 2. Verminderung des jährlichen Abschreibungsbetrages {42/80}	**degredi** (PPP. **degressus**)	herabsteigen, -ziehen; weggehen
–	**degressiv** l>nlat	abfallend, sich stufenweise vermindernd {57}	dto.	dto.
0621	**Dehumanisation** (l;l)>nlat	Entmenschlichung, Herabwürdigung {25/30/77}	**de** + **humanus**, a, um	s. oben 0586 menschlich, gebildet, freundlich
0622	**deifizieren**	zum Gott machen, vergotten {51}	**deificare**	vergöttern
–	**Deifikation** l>nlat	Vergottung eines Menschen oder Dinges {51}	dto.	dto.
0623	**Deismus** l>nlat	Gottesauffassung der Aufklärung (17. u. 18. Jh.) {51/75}	**deus**, ei m	Gott
–	Deist, deistisch			
0624	**Dejeuner** (l;l)>vulgl >frz	1. Frühstück (veraltet); 2. kleines Mittagessen {17}; 3. Frühstücksgedeck für zwei Personen {17/44}	**dis** + **ieiunare** vulgl. disieiunare*	zer..., ver..., auseinander...; nicht fasten frühstücken
–	**dejeunieren** (l;l)>vulgl >frz	frühstücken (veraltet) {17}	dto.	dto.
0625	**Dekadenz** l>mlat>frz	Verfall, Entartung, sittlich-kultureller Niedergang {25/30/33/77}	**decidere** mlat. decadentia frz. *décadence*	herunter-, niederfallen, (ver)sinken
–	**dekadent** l>mlat>frz	verfallen, entartet {25/30/33/77}	dto.	dto.

0626	**Dekan**	1. (= Dechant) höherer kath. Geistlicher; 2. ev. Vorsteher eines Kirchenkreises, Superintendent {51}; Vorsteher einer Fakultät {31/33/40}	**decanus**, ni m	der Vorgesetzte von 10 Mann; oberster Leichenträger
–	**Dekanat** l>mlat	1. (= Dechanei) Amtsbezirk eines Dekans {51/58}; 2. Fakultätsverwaltung {31}; 3. Unterteilung des Tierkreises in Abschnitte von je zehn Grad (astrol. t. t.) {51}	dto. mlat. decanatus	dto.
>>>	dekartellisieren s. Kartell			
0627	**Deklamation**	1. ausdrucks- und wirkungsvolles Vortragen (z. B. von Gedichten) {26/32/85}; 2. Hervorhebung des Ausdrucksgehalts eines vertonten Textes (mus. t. t.) {37/34}	**declamatio**, onis f	das laute Eifern, Poltern; kunstvoller Vortrag
–	**Deklamator**	Vortragskünstler {32/35/40}	**declamator**, oris m	Redekünstler, Schulredner
–	**Deklamatorik** l>nlat	Vortragskunst {32/35}	dto.	dto.
–	**deklamatorisch**	1. ausdrucksvoll im Vortrag {32/26}; 2. beim Gesang auf Wortverständlichkeit Wert legend {37/32}	**declamatorius**, a, um	schulrednerisch, deklamatorisch
–	**deklamieren**	1. kunstgerecht vortragen {32/35}; 2. ein Verhältnis zwischen Betonung von Musik und Text im Lied herstellen {37/32}	**declamare**	eifern, poltern; laut vortragen, deklamieren
0628	**Deklaration**	1. Erklärung (die etw. Grundlegendes enthält) {32/25}; 2. Meldung gegenüber den Zollbehörden über Einzelheiten eines Geschäfts {42/50/80}; 3. Inhalts- oder Wertangabe {32/56/57}	**declaratio**, onis f	Kundgebung, Offenbarung; Erklärung (eines Begriffes)
–	**deklarativ**	in Form einer Erklärung {32}	**declarativus**, a, um	erklärend
–	**deklarieren**	1. eine Deklaration (2.) abgeben {32/42/50/80}; 2. als etwas bezeichnen {32}	**declarare**	deutlich kundgeben, öffentlich erklären, verkündigen
–	**deklariert**	offenkundig, ausgesprochen {32/25}	dto.	dto.
0629	**deklassieren** (l;l)>frz	1. einen Gegner hoch besiegen (sport. t. t.) {56/85}; 2. in eine niedrigere soziale Klasse absteigen {33}	**de** + **classis**, is f	s. oben 0586 Volks-, Klasse; Abteilung

0630	**deklinabel** o. **deklinierbar**	beugbar (von Wörtern - sprachwiss. t. t.) {76}	**declinabilis**, e	deklinierbar
–	**Deklination**	1. Formenabwandlung (Beugung) bei Wörtern (sprachwiss. t. t.) {76}; 2. Winkelabstand eines Gestirns vom Himmelsäquator (astron. t. t.) {66}; 3. Abweichung der Richtung der Kompaßmagnetnadel (geophys. t. t.) {63}	**declinatio**, onis f	Biegung, Abweichung; Deklination (gramm. t. t.)
–	**deklinieren**	(verschiedene Wortarten) beugen, Formen abwandeln (sprachwiss. t. t.) {76}	**declinare**	ablenken, -weichen, -biegen; beugen (gramm. t. t.)
0631	**dekodieren** (l;l)>frz	eine Nachricht entschlüsseln {25/32/46}	**de** + **codex**, dicis m	s. oben 0586 Buch, Schrift, Verzeichnis s. oben 0524, 0593
–	Dekodierung			
0632	**Dekolleté** o. **Décolleté** (l;l)>frz	tiefer Ausschnitt an Damenkleidern, der Schultern, Brust o. Rücken freiläßt {18/19}	**de** + **collum**, li n frz. *collet* *décolleté*	s. oben 0586 Hals Halskragen
–	**dekolletieren** (l;l)>frz	sich bloßstellen (ugs.) {25/26/30/33}	dto. + *décolleter*	dto. Hals, Nacken entblößen
–	**dekolletiert** (l;l)>frz	tief ausgeschnitten {18/19/55}	dto.	dto.
0633	**Dekolonisation** (l;l)>nlat	Entlassung einer Kolonie aus der Abhängigkeit vom Mutterland {50}	**de** + **colonia**, ae f	s. oben 0586 Tochterstadt, Ansiedlung, Kolonie
0634	**decolorieren** (l;l)>frz	entfärben, ausbleichen {54/55}	**de** + **colorare**	s. oben 0586 färben, bräunen, beschönigen
0635	**dekomponieren** (l;l)>nlat	zerlegen, auflösen (in die Grundbestandteile) {54/73}	**de** + **componere**	s. oben 0586 zusammenlegen, -setzen, -stellen
–	**Dekomposition** (l;l)>nlat	1. Auflösung {73/52}; 2. Nachlassen einer Organfunktion (med. t. t.); 3. Organschwund (med. t. t.) {70}	**de** + **compositio**, onis f	s. oben 0586 Zusammenstellung, -setzung, Anordnung
–	**dekompositorisch** (l;l)>nlat	(geistig) zersetzend, zerstörend {70/52}	**decompositus**, a, um	von einem zusammengesetzten Wort abgeleitet
–	**Dekompositum**	Neu- oder Weiterbildung aus einer Zusammensetzung oder Ableitung (sprachwiss. t. t.) {76}	dto.	dto.

0636	**Dekompression** l;l	1. Druckabfall in einem technischen System {41/72}; 2. Druckentlastung des Organismus nach längerem Aufenthalt in Überdruckräumen o. unter Wasser {70}	**de** + **compressio**, onis f	s. oben 0586 das Zusammendrücken, -pressen, -drängen; Beischlaf
–	**Dekompressionskammer** l;l;l	geschlossener Raum zur Druckanpassung des Organismus nach Tauchgängen {41/58/72/87}	dto. + **camera**, ae f	dto. gewölbte Decke, Gewölbe
–	**dekomprimieren** l;l	den Druck von etw. verringern {72}	**de** + **comprimere**	s. oben 0586 zusammenpressen, -drücken, -drängen
0637	**Dekontamination** (l;l)>nlat	1. Entgiftung; Entfernung radioaktiver Spaltprodukte; 2. Entgiftungsmaßnahmen, so daß verseuchungsfreier Kontakt möglich ist {41/70/72/73}	**de** + **contaminare**	s. oben 0586 in Berührung bringen; verderben, besudeln, beflecken
–	Dekontaminierung			
>>>	dekonzentrieren s. konzentrieren			
0638	**Dekor** l>frz	1. farbige Verzierung, Ausschmückung, Vergoldung {20/55}; 2. Ausstattung, Dekoration {20}	**decor**, oris m bzw. **decus**, coris frz. *décor*	Angemessenheit, Anstand; Anmut; stattliches Aussehen Zierde, Zierat, Glanz
–	**Dekoration** l>frz	1. Schmuck, Ausschmückung {20}; 2. Bühnenausstattung, Bild, Kulisse {35/36}; 3. Ordensverleihung, Dekorierung {33}; 4. Orden, Ehrenzeichen {33/56}	**decorare** spätl. **decoratio** frz. *décorer*	zieren, schmücken, verherrlichen Ausschmückung
–	**dekorieren** l>frz	1. ausschmücken, künstlerisch ausgestalten {36/20}; 2. jmdm. einen Orden verleihen {33/56}	dto.	dto.
–	**Dekorierung** l>frz	1. das Ausschmücken eines Raumes {20/36/58}; 2. Orden; Ordensverleihung {33/56}	dto.	dto.
–	**Dekorateur** l>frz	Raumausstatter (für Schaufenster, Innenräume) {40/44/58}	dto. frz. *décorateur*	dto.
–	**dekorativ** l>frz	1. schmückend, wirkungsvoll {20/26}; 2. die Theater-, Filmdekoration betreffend {33/35}	dto. frz. *décoratif*	dto.
0639	**Dekret**	Beschluß, Verordnung, behördliche o. richterliche Verfügung {28/50/82}	**decretum**, ti n	Entscheidung, Beschluß, Bescheid, Dekret

–	**Dekretale** l>nlat	päpstliche Entscheidung in kirchlichen Einzelfragen {28/51}	**decretalis**, e	ein Dekret enthaltend, durch ein Dekret bewilligt
–	**Dekret(a-l)ist** l>mlat	mittelalterlicher Lehrer des kath. Kirchenrechts (hist. t. t.) {31/51/75}	dto.	dto.
–	**dekretieren** l>mlat	ver-, anordnen {28/50/51}	**decernere** mlat. decretare	entscheiden, bestimmen, beschließen
0640	**Delation**	(veraltet) 1. verleumderische Anzeige {82}; 2. Übertragung, Anfall einer Erbschaft {82/43}; 3. Verpflichtung zur Eidesleistung {82}	**delatio**, onis f	Angabe, Denunziation
–	**delatorisch**	verleumderisch (veraltet) {82}	**delatorius**, a, um	zum Angeber gehörig
0641	**Deleatur**	Tilgungszeichen {28/32/40}	**delere** (**deleatur**	(Geschriebenes) tilgen, auslöschen zerstören, vernichten; man möge tilgen, es möge getilgt werden)
–	**deleatur**	Korrekturanweisung, daß etw. gestrichen werden soll {28/32/40}	dto.	dto.
0642	**Delegat**	Papstbevollmächtigter ohne diplomatische Rechte {51}	**delegare**	beauftragen, zuweisen; übertragen
–	**Delegation**	1. Abordnung von Bevollmächtigten zu (politischen) Tagungen, Konferenzen etc. {50}; 2. (= Delegierung) Übertragung von Zuständigkeiten, Leistungen, Befugnissen {28/50}	**delegatio**, onis f	Anweisung (zur Bezahlung); Steuererhebung
–	**delegieren**	1. jmdn. abordnen; 2. Zuständigkeiten, Leistungen, Befugnisse übertragen {28/50}	**delegare**	s.oben
–	**Delegierter**	Mitglied einer Delegation {50}	dto.	dto.
>>>	Delegierung s. oben Delegation (2.)			
0643	**delektieren**	ergötzen, sich gütlich tun {26/17}	**delectare**	sich ergötzen, vergnügen, Gefallen finden
0644	**Delibera-tion**	Beratschlagung, Überlegung {25/32}	**deliberatio**, onis f	reifliche Überlegung, Beratung
–	**delibe-rieren**	überlegen, beratschlagen {25/32}	**deliberare**	reiflich überlegen, um Rat fragen

0645	**delikat** l>frz	1. auserlesen, fein; lecker, wohlschmeckend {17}; 2. zart(fühlend), zurückhaltend, behutsam {84}; 3. wählerisch, anspruchsvoll {26}; 4. Diskretion erfordernd, mit Takt zu behandeln {25/33}	**delicatus**, a, um	fein, luxuriös, wählerisch, verwöhnt
–	**Delikatesse** l>frz	1. Leckerbissen, Feinkost {17}; 2. Zartgefühl {26/84}	dto. frz. *délicatesse*	dto.
0646	**Delikt**	Vergehen, Straftat {82}	**delictum**, ti n	Fehler, Vergehen, Übertretung
0647a	**delineavit**	Angabe des Künstlers auf Kupferstichen {32/36}	**delineare** **delineavit**	Abrisse darstellen, skizzieren hat (es) gezeichnet
0647b	**delinquent**	straffällig, verbrecherisch {82}	**delinquere**	sich vergehen, einen Fehler machen
–	**Delinquent**	jmd., der gegen gültige Rechtsnormen verstoßen hat; Übeltäter {82}	dto. bzw. **delinquentes**, tium m (Pl.)	dto. Delinquenten, Verbrecher
–	**Delinquenz**	Straffälligkeit {82}	**delinquentia**, ae f	Vergehen, Verbrechen
0648	**Delir(ium)**	Bewußtseinstrübung, Verwirrtheit (mit Sinnestäuschungen, Wahnideen - med. t. t.) {14/70}	**delirium**, ii n	Delirium, das Irresein (med. t. t.)
–	**delirieren**	irre sein, irre reden (med. t. t.) {14/70}	**delirare** (PPA. **delirans**)	irre, verrückt sein, - reden; faseln
–	**delirant**	das Delirium betreffend, in der Art des Deliriums (med. t. t.) {70}	dto.	dto.
–	**deliriös** l>nlat	mit Delirien verbunden (med. t. t.) {70}	**delirus**, a, um	schwachsinnig, irre, wahnwitzig
0649	**deliziös** l>frz	sehr schmackhaft {17/55}	**deliciosus**, a, um frz. *delicieux*	weichlich, verwöhnt
–	**Delizius** o. **Delicious** l>frz	(= Golden Delicious) Apfelsorte {05/17}	dto.	dto.
0650	**Dematerialisation** (l;l)>nlat	Auflösung eines körperhaften Gegenstandes bis zur Unsichtbarkeit (parapsych. t. t.) {51/52/72}	**de** + **materia**, ae f	s. oben 0586 Stoff, Materie, Holz
0651	**Dementi** l>frz	offizielle Berichtigung, Widerruf einer Behauptung oder Nachricht {32/50}	**mentiri** frz. *mentir* frz. *dé* (*=dis*) *démentir* *démenti*	lügen, falsch vorgeben, vorspiegeln lügen (verstärkender Partikel) ableugnen

–	**dementieren** l>frz	eine Nachricht berichtigen, widerrufen {32/50}	dto.	dto.
0652	**Demenz**	erworbener Schwachsinn, organische Hirnschädigung (med. t. t.) {70}	**dementia**, ae f	Wahnsinn, Verrücktheit
>>>	demilitarisieren s. entmilitarisieren			
0653	**Demission** l>frz	Rücktritt oder Entlassung eines Ministers oder der Regierung {40/50}	**demissio**, onis f	das Herab(hängen)lassen; das Gebeugtsein
–	**demissionieren** l>frz	1. von einem Amt zurücktreten, seine Entlassung einreichen {50/40}; 2. kündigen (schweiz.); 3. entlassen (veraltet) {40}	**demittere** (PPP. **demissus**)	herabschicken, -fallen lassen, -steigen
>>>	Demo s. Demonstration			
0654	**Demobilisation** (l;l)>frz	1. Rückführung des Kriegsheeres auf die Friedensstärke {57/86}; 2. Umstellung der Industrie von Kriegs- auf Friedensproduktion {41/86}	**de** + **mobilis**, e	s. oben 0586 beweglich, biegsam, schnell
–	**demobilisieren** (l;l)>frz	1. aus dem Kriegszustand in Friedensverhältnisse überführen {50}; 2. die Kriegswirtschaft abbauen {41/50}; 3. jmdn. aus dem Kriegsdienst entlassen (veraltet) {50}	dto.	dto.
–	Demobilisierung			
0655	**Demodulation** (l;l)>nlat	technisches Verfahren bei der Rundfunkübertragung (phys., techn. t. t.) {72/87}	**de** + **modulatio**, onis f	s. oben 0586 Maß, Grundmaß; das Taktmäßige, Rhythmus
–	**Demodulator** (l;l)>nlat	elektronisches Bauteil zur Demodulation; Gleichrichter (phys. , techn. t. t.) {72/87}	**de** + **modulator**, oris m	s. oben 0586 jmd., der bei etw. den gehörigen Rhythmus beachtet
–	**demodulieren** (l;l)>nlat	eine Demodulation vornehmen, gleichrichten (phys., techn. t. t.) {72/87}	**de** + **modulari**	s. oben 0586 (ab)messen, regeln; taktmäßig spielen
0656	**demolieren** l>frz	gewaltsam abreißen, zerstören, beschädigen {29/52}	**demoliri**	herabwälzen, niederreißen, zerstören
–	**Demolition** l>frz	Zerstörung einer Festung (veraltet) {52/75/86}	**demolitio**, onis f	das Niederreißen, Schleifen

0657	**Demonstration** l>(engl)	1. Massenprotest, -kundgebung {28/33/57}; 2. sichtbarer Ausdruck einer bestimmten Absicht, nachdrückliche Bekundung {28/32}; 3. wiss. Vorführung {32/25/23}	**demostratio,** onis f	das Zeigen, Hinweisen; Veranschaulichung, Beweis
–	**Demonstrant**	Teilnehmer an einer Demonstration (1.) {28/33}	**demonstrare** (PPA. **demonstrans**)	hinweisen, zeigen; angeben, bezeichnen
–	**demonstrativ**	1. in auffallender, provozierender Weise {23/26/28}; 2. anschaulich, verdeutlichend, aufschlußreich {25/32}; 3. hinweisend (sprachwiss. t. t.) {76}	**demonstrativus,** a, um	hinweisend (gramm. t. t.); zeigend; verherrlichend
–	**Demonstrativ(um)** o.-**pronomen**	hinweisendes Fürwort (sprachwiss. t. t.) {76}	**pronomina demonstrativa**	hinweisende Fürwörter
–	**Demonstrator**	Beweisführer, Vorführer {25/32}	**demonstrator,** oris m	Zeiger, Darleger, Angeber
–	**demonstrieren**	1. an einer Demonstration (1.) teilnehmen {28/33}; 2. öffentlich zu erkennen geben {25/28/33}; 3. in anschaulicher Form darlegen, vorführen {25/32}	**demonstrare**	s. oben
0658	**demontieren** (l;l)>vulgl >frz	abbauen, abbrechen {29/52}	**de** + **mons,** ntis m vulgl. montare* frz. *monter*	s. oben 0586 Berg den Berg be-, aufwärts steigen aufwärts steigen, ausrüsten, aufstellen
–	**demontabel** (l;l)>vulgl >frz	zerlegbar, zum Wiederabbau geeignet {41/54}	dto.	dto.
–	**Demontage** l>frz	Abbau, Abbruch {41/52}	dto.	dto.
0659	**demoralisieren** (l;l)>frz	1. jmds. Moral untergraben {28/30}; 2. jmds. Kampfgeist untergraben, entmutigen {28/25}	**de** + **moralis,** e	s. oben 0586 die Sitten betreffend, moralisch, ethisch
–	**Demoralisation** (l;l)>frz	1. das Demoralisieren; 2. das Demoralisiertsein {25/28/30}	dto.	dto.
0660	**demotivieren** l;l>mlat >nlat	jmds. Interesse an etw. schwächen; bewirken, daß die Motivation nachläßt {28/26}	**de** + **motivus,** a, um mlat. motivum	s. oben 0586 beweglich, bewegend, anreizend, antreibend Beweggrund, Antrieb

–	**Demotivation** l;l>mlat >nlat	1. das Demotivieren; 2. das Demotiviertsein {28/26}	dto.	dto.
0661	**Denar**	altröm. o. fränkische Münze {56/75}	**denarius**, ii m	römische Silbermünze
0662	**Denaturalisation** (l;l)>nlat	Entlassung aus der bisherigen Staatsangehörigkeit {50/33}	**de** + **naturalis**, e	s. oben 0586 zur Geburt gehörig; leiblich, natürlich
–	**denaturalisieren** (l;l)>nlat	ausbürgern {50/33}	dto.	dto.
–	**denaturieren** (l;l)>mlat	1. Stoffe durch Zusätze verändern {73}; 2. vergällen, ungenießbar machen {73/17}	**de** + **natura**, ae f	s. oben 0586 natürliche Beschaffenheit, Eigenschaft, Charakter

>>> denazifizieren s. entnazifizieren

0663	**denobilitieren** (l;l)>nlat	jmdm. das Adelsprädikat entziehen {28/33/50}	**de** + **nobilitare**	s. oben 0586 bekannt -, berühmt machen, zu Ansehen verhelfen
–	**Denobilitation** (l;l)>nlat	Entzug des Adelsprädikats {28/33/50}	**de** + **nobilitas**, atis f	s. oben 0586 Adel
0664	**Denomination** (l>engl)	1. Er-, Benennung {32/33}; 2. Ankündigung, Anzeige {32}; 3. Herabsetzung des Nennbetrages einer Aktie {80}; 4. christliche Religionsgemeinschaft {33/51}	**denominatio**, onis f	Benennung, Angabe; Metonymie
–	**Denominativ(um)**	Ableitung von einem Substantiv oder Adjektiv (sprachwiss. t. t.) {76}	**denominativus**, a, um	durch Ableitung gebildet
–	**denominieren**	er-, benennen {32/33}	**denominare**	benennen
0665	**Dens**	Zahn (med. t. t.) {11/70}	**dens**, ntis m	Zahn
–	**dental** l>nlat	1. die Zähne betreffend, zu ihnen gehörend (med. t. t.) {11/70}; mit Hilfe der Zähne gebildet (sprachwiss. t. t.) {76}	dto.	dto.
–	**Dental** l>nlat	Zahnlaut (sprachwiss. t. t.) {76}	dto.	dto.
–	**Dentalisierung** l>nlat	Verwandlung in einen Dentallaut (sprachwiss. t. t.) {76}	dto.	dto.
–	**Dentifikation** (l;l)>nlat	Zahnbildung (med. t. t.) {70}	dto. + **facere**	dto. tun, machen, handeln

–	**Dentist** l>nlat	frühere Bezeichnung für einen Zahnarzt ohne Hochschulausbildung {40/70}	dto.	dto.
0666	**Densität**	(phys. t. t.) 1. Dichte, Dichtigkeit {54/72}; 2. Maß für den Schwärzegrad fotografischer Schichten {56/87}	**densitas,** atis f	Dichte, Dichtheit; Häufigkeit
>>>	Denuklearisierung s. Nuklearisierung			
0667	**Denunziant**	jmd., der andere verleumdet, anzeigt, denunziert {82/30}	**denuntiare**	ankündigen, anzeigen, androhen
–	**Denunziat**	der Angezeigte, Beklagte, Beschuldigte (veraltet) {82}	dto.	dto.
–	**Denunziation**	Anzeige durch einen Denuntianten {82}	**denuntiatio,** onis f	Ankündigung, Anzeige, Androhung
–	**denunziatorisch** l>nlat	1. denunzierend, einer Denuntiation gleichkommend {82/25}; 2. etw. brandmarkend, öffentlich verurteilend {25/32/33/82}	**denuntiare**	s. oben
–	**denunzieren** (l>engl)	1. jmdn. aus niederen Beweggründen anzeigen {82/30/32}; 2. etw. brandmarken, öffentlich verurteilen {25/32/33/82}	dto.	dto.
0668	**Deo(dorant)** (l;l)>engl	Mittel zur Beseitigung von Körpergeruch, geruchtilgendes Mittel {21}	**de** + **odorare**	s. oben 0586 (wohl)riechend machen
–	**deodori(si)eren** o. **desodori(si)eren** l>engl	schlechten, unangenehmen Körpergeruch beseitigen, überdecken {21}	dto.	dto.
0669	**Departement** l>frz	1. Verwaltungsbezirk in Frankreich {48}; 2. Ministerium (schweiz.) {50}; 3. Abteilung, Geschäftsbereich {42/50/57/80}	**dispertire** (bzw. **departire**	ein Ganzes zer-, ver-, einteilen zerteilen)
–	**Department** l>frz>engl	1. Fachbereich an der Universität (USA, GB) {31}; 2. Abteilung der Polizei {49/50}	dto.	dto.
–	**Departure** l>frz>engl	1. Abflugstelle auf Flughäfen {45/58}; 2. Abflugzeit {45/59}	dto.	dto.
0670	**Dependenz**	Abhängigkeit (philos., sprachwiss. t. t.) {56/76/77}	**dependere**	(her)abhängen, abhängig sein
–	**Dependenzgrammatik** l;gr	Abhängigkeitsgrammatik, linguistische Forschungsrichtung (sprachwiss. t. t.) {76}	dto.	dto.

–	**dependentiell** l>nlat	(sprachwiss. t. t.) 1. auf die Dependenzgrammatik bezüglich; 2. nach der Methode der Dependenzgrammatik vorgehend {76}	dto.	dto.
0671	**Depersonalisation** (l;l)>nlat	Verlust des Persönlichkeitsgefühls (bei geistig-seelischen Störungen) {70}	**de** + **persona**, ae f	s. oben 0586 Maske; Charakter, Persönlichkeit, Individualität
0672	**Depesche** l>spätl>frz	Telegramm, Funknachricht {46}	**pedica**, ae f spätl. **impedicare** frz. *dé* + *empêcher* *dépêcher*	Fußschlinge, -fessel (Fußschlingen legen), verstrikken, fangen s. oben 0651 verhindern beschleunigen
–	**depeschieren** l>spätl>frz	ein Telegramm schicken (veraltet) {46}	dto.	dto.
0673	**depigmentieren** (l;l)>nlat	(Haut)farbstoff entfernen (med. t. t.) {11/70}	**de** + **pigmentum**, ti n	s. oben 0586 Farbe, Farbstoff
–	**Depigmentierung** (l;l)>nlat	Entfernung oder Verlust des (Haut)farbstoffes (med. t. t.) {11/70}	dto.	dto.
0674a	**Depilation** l>nlat	Enthaarung (med. t. t.) {11/70}	**depilare**	enthaaren, rupfen
–	**Depilatorium** l>nlat	Enthaarungsmittel (med. t. t.) {70/73}	dto.	dto.
–	**depilieren** l>nlat	enthaaren (med. t. t.) {70}	dto.	dto.
0674b	**deplaziert** o. **deplaciert** l;(gr)>l >vulgl>afrz >frz	fehl am Platz, unangebracht {25/26/33}	**de** + **platea**, ae f gr. πλατεῖα (sc. ὁδός) afrz. place frz. placer	s. oben 0586 freier Platz; Gasse; Straße in der Stadt, breite Straße
0675	**deponieren** l>(frz)	nieder-, hinterlegen, in Verwahrung geben {28/29/33/42/43}	**deponere**	niedersetzen, -legen; in Verwahrung geben, unterbringen
–	**Deponens**	lateinisches Verb mit passivischen Formen in aktivischer Bedeutung (sprachwiss. t. t.) {76}	**deponens**, ntis n	Deponens (gramm. t. t.)
–	**Deponat**	etw., das jmd. deponiert hat {33/42/43}	**deponere**	s. oben

–	**Deponent**	jmd., der etw. in Verwahrung gibt {27/33/43/58}	dto.	dto.
–	**Deponie** l>frz	Müllabladeplatz {41/49/58}	dto.	dto.
–	**Deponierung** l>(frz)	Speicherung, Lagerung {33/41/52/58}	dto.	dto.
0676	**Depopulation**	Entvölkerung (veraltet) {64}	**depopulatio**, onis f	Verheerung, Verwüstung, Ausplünderung
0677	**Deportation**	Zwangsverschickung, Verschleppung, Verbannung {50/61}	**deportatio**, onis f	das Wegtragen; lebenslängliche Verbannung, Deportation
–	**deportieren**	zwangsverschicken, verschleppen, verbannen {50/61}	**deportare**	forttragen, -schaffen; verbannen, deportieren
0678	**Depositum** (Pl. **Depositen**)	1. Hinterlegungsgut, Gegenstand {43}; 2. nicht kontomäßig verbuchte Gelder (Spar-, Korrentkonten) {42/80}	**deponere** (PPP. **depositus**)	s. oben 0675
–	Depositenbank			
–	**Deposition**	1. Hinterlegung {27/43}; 2. Absetzung eines kath. Geistlichen (rel. t. t.) {51}; 3. Aufnahme eines Studenten in die akademische Gemeinschaft (im 18. Jh.) {31/33/75}	**depositio**, onis f	das Niederlegen; Amtsenthebung, Absetzung
–	**Depositar** o. **-är** l>(frz)	Verwahrer von Wertgegenständen, -papieren {40/42/80}	**depositarius**, ii m	jmd., bei dem etw. niedergelegt wird; jmd., der etw. zur Verwahrung gibt
–	**Depositorium**	Aufbewahrungsort, Hinterlegungsstelle {58}	**depositorium**, ii n	Aufbewahrungsort
–	**Depot** l>frz	1. Aufbewahrungsort (für Wertsachen) {58}; 2. aufbewahrte Gegenstände {43}; 3. Ablagerung (med. t. t.) {70}; 4. Fahrzeugpark {45/58}	**deponere** frz. *dépôt*	s. oben
0679	**Depression**	1. Niedergeschlagenheit, traurige Stimmung {26/70}; 2. Einsenkung, Vertiefung (med. t. t.) {70}; 3. Niedergangsphase im Konjunkturverlauf (wirtsch. t. t.) {80}; 4. Landsenke, Festlandsgebiet unter der Meeresoberfläche (geogr. t. t.) {64}; 5. Tiefdruckgebiet (meteor. t. t.) {65}; 6. negative Höhe eines unter dem Horizont stehenden Gestirns (astron. t. t.) {66}	**depressio**, onis f	das Niederdrükken, Einsenken

–	**depressiv** l>(frz)	1. traurig, niedergeschlagen, gedrückt {26/70}; 2. durch einen Konjunkturrückgang bestimmt (wirtsch. t. t.) {80}	**depressus**, a, um	gesenkt, niedrig; gedrückt, gedämpft
–	**Depressivität** l>(frz)	Zustand der Niedergeschlagenheit {26/70}	dto.	dto.
–	**deprimieren** l>frz	niederdrücken, entmutigen {26/70}	**deprimere** (PPP. **depressus**)	niederdrücken, versenken; unterdrücken
–	**deprimiert** l>frz	entmutigt, niedergeschlagen, gedrückt, schwermütig {26/70}	dto.	dto.
0680	**deputieren** l>frz	einen Bevollmächtigten abordnen {28/50}	**deputare**	genau abschätzen; jmdm. etw. bestimmen, hingeben
–	**Deputat**	1. zum Lohn gehörende Sachleistungen {42/80}; 2. Anzahl der Pflichtstunden einer Lehrkraft {31/40/59}	dto.	dto.
–	**Deputation**	Abordnung, die einer politischen Körperschaft Forderungen überbringt {28/33/50}	dto.	dto.
–	**Deputierte** l>frz	1. Mitglied einer Deputation {50/33}; 2. Abgeordnete (z. B. in Frankreich) {50/40}	dto.	dto.

\>>> Dequalifizierung s. Qualifizierung

0681	**Derivat**	1. abgeleitetes Wort (sprachwiss. t. t.) {76}; 2. Organ, das sich auf ein entwicklungsgeschichtlich älteres Organ zurückführen läßt (biol. t. t.) {69/70}; 3. chemische Verbindung (chem. t. t.) {73}	**derivare**	ableiten; wegleiten
–	**Derivation**	1. Bildung neuer Wörter aus einem Ursprungswort, Ableitung (sprachwiss. t. t.) {76}; 2. seitliches Abweichen eines Geschosses von der Visierlinie {61/86}	**derivatio**, onis f	Ableitung; Verwechslung
–	derivieren			
0682	**derogieren**	außer Kraft setzen; schmälern, beeinträchtigen {33/50/56/57}	**derogare**	(teilweise) abschaffen, aufheben
–	**Derogation**	Teilaufhebung, Außerkraftsetzung (eines Gesetzes) {50/82}	**derogatio**, onis f	teilweise Aufhebung, Beschränkung (eines Gesetzes)

0683	**desavouieren** (l>afrz; l>afrz)>frz	1. im Stich lassen, bloßstellen {25/26/33}; 2. nicht anerkennen, verleugnen {25/28/32}	**dis** + **advocare** afrz. *des* + *avoer* frz. *desavouer*	s. oben 0602 herbeirufen nicht anerkennen
–	**Desavouierung** (l>afrz; l>afrz)>frz	Bloßstellung, Brüskierung {25/26/33}	dto.	dto.
0684	**Desensibilisierung** o. **-sation** (l;l)>nlat	1. Lichtempfindlichkeitsverringerung von belichteten fotografischen Schichten (fot. t. t.) {56/87}; 2. Schwächung o. Aufhebung allergischer Reaktionen (med. t. t.) {70}	**de** + **sensibilis**, e	s. oben 0586 empfindbar, sinnlich; mit Empfindung ausgestattet
–	**desensibilisieren** (l;l)>nlat	1. unempfindlich machen (med. t. t.) {70}; 2. Filme weniger lichtempfindlich machen (fot. t. t.) {56/87}	dto.	dto.
0685	**Deserteur** l>frz	Fahnenflüchtiger, Überläufer {50/86}	**desertor**, oris m	Ausreißer, Deserteur; Flüchtling
–	**desertieren** l>frz	fahnenflüchtig werden, zur Gegenseite überlaufen {50/86}	**deserere**	verlassen, im Stich lasssen; desertieren
–	**Desertion** l>frz	Fahnenflucht {50/86}	**desertio**, onis f	Desertion, Fahnenflucht
0686	**desiderabel**	wünschenswert {25/27}	**desiderabilis**, e	wünschenswert, unvergeßlich
0687	**desiderat**	eine Lücke füllend, einem Mangel abhelfend; dringend nötig {25/27/57}	**desideratus**, a, um	erwünscht, ersehnt, willkommen
–	**Desiderat(um)**	1. zur Anschaffung in eine Bibliothek vorgeschlagenes Buch {25/27/32}; 2. etw., das nötig gebraucht wird; Erwünschtes {25/27}	**desiderare**	verlangen, wünschen, vermissen
–	**Desiderativum**	Verb, das einen Wunsch ausdrückt (sprachwiss. t. t.) {27/76}	**desiderativus**, a, um	einen Wunsch, ein Verlangen anzeigend
–	**Desiderium**	1. Wunsch, Forderung, Verlangen '{27}; 2. zur Anschaffung in Bibliotheken vorgeschlagenes Buch {27/32}	**desiderium**, ii n	Verlangen, Wunsch, Sehnsucht; Bitte
0688	**Design** l>frz>engl	1. zeichnerischer Entwurf, Skizze, Modell; 2. nach einem Design entstandene Form von etw. {36/40/41}	**designare**	bezeichnen, darstellen; anordnen; nachbilden
–	**Designation**	1. Bestimmung, Bezeichnung {32/28}; 2. vorläufige Ernennung {33/50/59}	**designatio**, onis f	Bezeichnung, Abgrenzung, Ernennung; Anordnung
–	**designatus**	im voraus ernannt, vorgesehen {33/50/59}	**designatus**, a, um	designiert, erklärt, bestimmt

–	**Designer** l>frz>engl	Formgestalter für Ge- und Verbrauchsgüter {40/41}	**designare**	s. oben
–	**designieren**	bestimmen, bezeichnen; für ein (noch nicht besetztes) Amt vorsehen {33/50/59}	dto.	dto. vgl. unten 0701
0689	**Desillusion** (l;l)>frz	1. Enttäuschung, Ernüchterung; 2. Erfahrung, die eine Hoffnung zerstört {25/26}	**dis** (praep. insep.) + **illusio**, onis f	auseinander..., zer..., ver...; ent... Verspottung, Ironie; Täuschung
–	**desillusionieren** (l;l)>frz	enttäuschen, ernüchtern {25/26}	**dis** + **illudere**	s.oben verspotten, verhöhnen, täuschen
–	**Desillusionismus** (l;l)>frz >nlat	Hang zu schonungslos nüchterner Betrachtung der Wirklichkeit {25/84}	dto.	dto.
0690	**Desinfektion** o. **Desinfizierung** (l;l)>nlat	(med. t. t.) 1. Abtötung von Krankheitserregern; 2. Zustand nach einer Desinfektion {70/73}	**dis** + **infectio**, onis f	s. oben 0689 das Färben, Schändung
–	**Desinfektor** (l;l)>nlat	(med. t. t.) 1. Fachmann für Desinfektion {40/70}; 2. Gerät zur Desinfizierung von Kleidungsstücken {70/73}	**dis** + **infector**, oris m	s. oben 0689 Färber
–	**Desinfiziens** (l;l)>nlat	keimtötendes Mittel (med. t. t.) {70/73}	**dis** + **inficere**	s. oben 0689 färben; benetzen; vergiften; anstekken
–	**desinfizieren** (l;l)>nlat	Krankheitserreger abtöten (med. t. t.) {70}	dto.	dto.
0691	**Desinformation** (l;l)>nlat	bewußt falsche, zur Täuschung verbreitete Information {25/28/32}	**dis** + **informatio**, onis f	s. oben 0689 Unterweisung, Erläuterung
–	desinformieren			
0692	**Desintegration** o. **Desintegrierung** (l;l)>nlat	1. Spaltung, Auflösung; 2. Zustand nach der Auflösung {33/50/52/53}	**dis** + **integratio**, onis f	s. oben 0689 Wiederherstellung, Erneuerung
–	**desintegrierend** (l;l)>nlat	nicht unbedingt notwendig, unwesentlich {25/56}	**dis** + **integrare**	s. oben 0689 wiederherstellen, erneuern
0693	**Desinteresse(ment)** (l;l)>frz	inneres Unbeteiligtsein, Gleichgültigkeit {25/26}	**dis** + **interesse**	s. oben 0689 dazwischen -, gegenwärtig sein; Anteil nehmen
–	**desinteressiert** (l;l)>frz	an etw. nicht interessiert, gleichgültig {25/26}	dto.	dto.

0694	**desistieren**	von etw. abstehen (Abstand nehmen - veraltet) {25/28}	**desistere**	abstehen, ablassen, aufhören
0695	**deskribieren**	beschreiben {32}	**describere**	ab-, auf-, beschreiben
–	**Deskription**	Beschreibung {32}	**descriptio,** onis f	Kopie, Beschreibung, Definition
–	**deskriptiv**	beschreibend {32}	**descriptivus,** a, um	beschreibend, schildernd
>>>	Desodorant s. Deodorant			
0696	**desolat**	1. trostlos, traurig {26/56}; 2. vereinsamt {26/33}	**desolare** (PPP. **desolatus**)	einsam lassen, verlassen verödet, vereinsamt
0697	**Desorption** l>nlat	das Entweichen adsorbierter Gase (chem t. t.) {61/73}	**desorbere**	hinab-, verschlingen
0698	**despektieren**	jmdn. geringschätzen, verachten {25/26/33}	**despicere** bzw. **despectare**	herabsehen, verachten, verschmähen
–	**despektierlich**	gering-, abschätzig, abfällig {25/26/33}	dto.	dto.
0699	**Desperado** l>span >engl	ein zu jeder Verzweiflungstat Entschlossener; politischer Abenteurer {33/50/82}	**desperare**	verzweifeln, etw. aufgeben, keine Hoffnung haben
–	**desperat**	verzweifelt, hoffnungslos {25/26}	**desperatus,** a, um	verzweifelt, hoffnungslos
–	**Desperation**	Verzweiflung {25/26}	**desperatio,** onis f	Hoffnungslosigkeit, Verzweiflung
0700	**Dessert** (l;l)>frz	Nachtisch, Nachspeise {17}	**dis** **+ servire** frz. *désservir* *dessert*	s. oben 0689 dienen, bedienen die Speisen abtragen
0701	**Dessin** l>it>frz	1. Plan, Zeichnung, Webmuster {19/32/40}; 2. Weg des gestoßenen Balles beim Billard {61/85}	**designare** it. *disegnare* afrz. *dessein* frz. *dessiner*	bezeichnen, nachbilden zeichnen
–	**dessinieren** l>it>frz	Muster entwerfen, zeichnen {19/29/40}	dto.	dto.
0702	**Dessous** l>frz	Damenunterwäsche {18/19}	**de** **+ subter** frz. *dessous*	s. oben 0586 unten, unterhalb, von unten unterhalb; Unter-, Kehrseite
0703	**Destillation**	1. Reinigung durch Verdampfung und anschließende Wiederverflüssigung {73}; 2. Branntweinbrennerei {40/17}; 3. kleine Schankwirtschaft {33/40/17}	**destillatio,** onis f	das Herabträufeln; Abfluß

–	**Destillat**	Produkt einer Destillation {73/17}	**destillare**	herabträufeln; triefen von etw.
–	**Destillateur** l>frz	1. Branntweinbrenner; 2. Gastwirt, der Branntwein ausschenkt {40/17}	dto.	dto.
–	**destillativ** l>nlat	durch Destillation bewirkt, gewonnen {73/17}	dto.	dto.
–	**Destille** l>nlat	1. kleinere Gastwirtschaft mit Branntweinausschank; Kneipe (ugs.) {17/33/40/58}; 2. Branntweinbrennerei {17/40}	dto.	dto.
–	**destillieren**	eine Destillation durchführen {17/73}	dto.	dto.
0704	**Destination**	Bestimmung, Endzweck {25/28}	**destinatio**, onis f	Bestimmung, Festsetzung, Beharrlichkeit
0705	**destituieren**	absetzen (veraltet) {50/86}	**destituere**	wohin treten lassen; absetzen; verlassen
–	**Destitution**	Absetzung, Amtsenthebung (veraltet) {50/86}	**destitutio**, onis f	das im-Stich-, verlassen
0706	**destruieren**	zerstören {52/29}	**destruere**	zerstören, vernichten
–	**Destruktion**	1. Zerstörung {52}; 2. Abtragung der Erdoberfläche durch Verwitterung (geol. t. t.) {62}	**destructio**, onis f	das Niederreißen
–	**destruktiv**	1. zersetzend, zerstörend {52}; 2. bösartig, zu Gewebezerfall führend (med. t. t.) {70}	**destructivus**, a, um	zerstörend
0707	**deszendieren**	absteigen, absinken {61}	**descendere**	herabsteigen, -fallen, -sinken
–	**deszendent**	nach unten sinkend {54/61}	dto.	dto.
–	**Deszendent**	1. Nachkomme, Abkömmling {10}; 2. Gestirn im Untergang, Untergangspunkt (astron. t. t.) {66}; 3. der im Augenblick der Geburt am Westhorizont absteigende Punkt (astrol. t. t.) {51/66}	**descendentes**, tium m (Pl.)	Anverwandte in absteigender Linie
–	**Deszendenz**	1. Verwandtschaft in absteigender Linie {10}; 2. Untergang eines Gestirns (astron. t. t.) {66}	dto.	dto.
0708	**Detail** (l;l)>frz	Einzelheit, -teil, -ding {56/57/25}	**dis** + **taliare** frz. *détailler*	s. oben 0689 spalten, schneiden abteilen, in Einzelteile zerlegen
–	**Detailhandel** (l;l)>frz;d	Klein-, Einzelhandel (veraltet) {42}	dto.	dto.

–	**detaillieren** (l;l)>frz	1. etw. im einzelnen darlegen {32}; 2. eine Ware in kleinen Mengen verkaufen {42}	dto.	dto.
–	**detailliert** (l;l)>frz	in allen Einzelheiten, genau {56/57/25}	dto.	dto.
–	**Detaillist** (l;l)>frz	Einzelhandelsunternehmer {40/42}	dto.	dto.
0709	**Detektei**	Ermittlungs-, Detektivbüro {40/82}	**detegere** (PPP. **detectus**)	aufdecken, enthüllen, ans Licht bringen
–	**Detektiv** l>engl	1. privater, lizensierter Ermittler {40/82}; 2. Geheimpolizist, Ermittlungsbeamter (in Zivil) {40/49/50/82}	dto.	dto.
–	detektivisch			
>>>	Detektivkamera, Detektivroman s. Kamera, Roman			
0710	**Detektor**	1. Hochfrequenzgleichrichter, Demodulator (techn. t. t.) {72/87}; 2. Gerät zur Auffindung von Wasseradern (z. B. Wünschelrute) {72/51}	**detector**, oris m	Offenbarer
0711	**Détente** l>frz	Entspannung zwischen Staaten {50}	**detendere**	abspannen, abbrechen
0712	**Determinante**	1. Rechenausdruck in der Algebra (math. t. t.) {71}; 2. unbestimmbarer Faktor der Keimentwicklung (biol. t. t.) {68/69}	**determinare**	ab-, begrenzen; festsetzen, bestimmen
–	**Determination**	1. Begriffsbestimmung durch einen nächstuntergeordneten, engeren Begriff (philos. t. t.) {77}; 2. Festgelegtsein eines Keimteils bei der Organausbildung (biol. t. t.) {68/69}; 3. Bestimmung, Zuordnung {25/56}; 4. Bedingtsein psychischer Phänomene (psych. t. t.) {70}	**determinatio**, onis f	Abgrenzung, Grenze
–	**determinativ** l>nlat	1. bestimmend, begrenzend, festlegend; 2. entschieden, entschlossen {25/28}	**determinare**	s. oben
–	**Determinativ(um)** l>nlat	1. Zeichen in der ägyptisch-sumerischen Bilderschrift {32/75}; 2. besondere Art des Demonstrativpronomens (sprachwiss. t. t.) {76}	dto.	dto.
–	**determinieren**	1. be-, abgrenzen; 2. bestimmen; entscheiden {25/28}	dto.	dto.

–	**Determiniertheit** l>nlat;d	Bestimmtheit, Abhängigkeit des Willens von inneren oder äußeren Ursachen (philos. t. t.) {77/28}	dto.	dto.
–	**Determinismus** l>nlat	(philos. t. t.) 1. Lehre von der kausalen Vorbestimmtheit allen Geschehens {77}; 2. Bestimmung des Willens durch innere oder äußere Ursachen {28/77}	dto.	dto.
–	Determinist, deterministisch			
–	**Determinologisierung** (l;l)>nlat; gr	Übergang des Fachworts in die Gemeinsprache (sprachwiss. t. t.) {76}	**de** + **terminus**, ni m + gr. *λόγος*	s. oben 0589 Grenze, Grenzstein, -linie Wort, Kunde
0713	**detestabel** l>frz	verabscheuenswürdig {26/33}	**detestabilis**, e	verabscheuenswert, abscheulich
–	**detestieren** l>frz	verabscheuen, verwünschen {26/32}	**detestari**	verfluchen, -wünschen, -abscheuen
0714	**detonieren** l>frz (gr>l>frz)	1. knallen, explodieren {55/61/72/86}; 2. unrein singen, spielen (mus. t. t.) {37}	1.: **detonare** frz. *détoner* 2.: **tonus**, ni m gr. *τόνος* frz. *détonner*	herab-, losdonnern; losbrechen Ton; Akzent
–	**Detonation** l>frz (gr>l>frz)	1. (Gas)explosion mit starker Gasentwicklung {55/72/73/86}; 2. das unreine Singen, Spielen (mus. t. t.) {37}	dto. (1.) dto. (2.)	dto.
0715	**Detritus**	1. zerriebenes Gesteinsmaterial, Schutt (geol. t. t.) {62}; 2. Schwebe- und Sinkstoffe in Gewässern (biol. t. t.) {68/69}; 3. Überrest zerfallener Zellen (med. t. t.) {70}	**deterere** (PPP. **detritus**)	abreiben, -scheuern, -nutzen; schwinden
0716	**Devaluation** (l;l)>engl o. **Devalvation** (l;l)>nlat	Abwertung einer Währung {80/56}	**de** + **valere**	s. oben 0589 stark -, gesund sein; (viel) gelten, wert sein
–	devalvatorisch, devalvieren			
0717	**devestieren**	die Priesterwürde o. ein Lehen entziehen (hist. t. t.) {50/75/51}	**devestire**	entkleiden
–	**Devestitur** l>nlat	Entziehung von Priesterwürde o. Lehen im Mittelalter (hist. t. t.) {50/51/75}	dto.	dto.
0718	**Deviation** l>nlat	Abweichung {25/50/56/61}	**deviare**	vom Weg abweichen, abirren

–	**deviieren**	von der (Partei)linie abweichen {50/25}	dto.	dto.
0719	**Devise** l>vulgl>frz	1. Wahl-, Leitspruch {25/32}; 2. ausländisches Zahlungsmittel {50/80/56}	**dividere** vulgl. devisare* frz. *deviser*	teilen einteilen
0720	**devital** (l;l)>nlat	leblos, abgestorben {68/69/70}	**de** + **vitalis**, e	s. oben 0589 zum Leben gehörig, Lebens...
0721	**devolvieren**	zufallen, übergehen an jmdn. (veraltet - jur. t. t.) {43/82}	**devolvere**	herabrollen, -fallen, -stürzen
0722	**devot**	1. sich übertrieben ergeben verhaltend {25/26/33/84}; 2. andächtig ergeben {51}	**devotus**, a, um	verwünscht; sehr ergeben; fromm, andächtig
–	**Devotion**	1. Andacht (rel. t. t.) {51}; 2. Unterwürfigkeit {25/26/33/84}	**devotio**, onis f	Aufopferung; Andacht; Ergebenheit
–	**devotional** l>nlat	ehrfurchtsvoll {26/33}	**devotus**	s. oben
–	**Devotionalien** l>nlat	der Andacht dienende Gegenstände (rel. t. t.) {51}	dto.	dto.
0723	**Dextrose**	(Kunstw.) Traubenzucker {17/73}	**dexter**, tra, trum	rechts
0724	**Dezember**	12. Monat im Jahr; 10. Monat des röm. Kalenders {59}	**December**, bris, bre	zur Zehn gehörig; Dezember
0725	**Dezennium**	Jahrzehnt, Zeitraum von zehn Jahren {59}	**decennium**, ii n	Zeitraum von zehn Jahren
0726	**dezent**	1. vornehm-zurückhaltend, feinfühlig {26}; 2. unaufdringlich, nicht auffallend {26/55}	**decens** (Gen. –ntis)	schicklich, anständig, geziemend, anmutig
0727a	**dezentral** (l;gr>l) >nlat	vom Mittelpunkt entfernt {58}	**de** + **centrum**, ri n gr. *κέντρον*	s. oben 0589 Mittelpunkt des Kreises, Zentrum
–	**Dezentralisation** o. **Dezentralisierung** (l;gr>l) >nlat	1. Verteilung von Funktionen und Aufgaben auf verschiedene Stellen {50/33}; 2. Zustand, nach dem sich etw. nach dem Dezentralisieren befindet {33/52/58}	**de** + **centralis**, e	s. oben 0589 in der Mitte befindlich
–	**dezentralisieren** (l;gr>l) >nlat	eine Dezentralisation vornehmen {50/58/29}	dto.	dto.
0727b	**Dezenz**	1. vornehme Zurückhaltung, Unaufdringlichkeit {26/84}; 2. unauffällige Eleganz {26/19}	**decentia**, ae f	Anstand, Schicklichkeit
0728	**Dezernat**	Geschäftsbereich eines Dezernenten, Sachbearbeiters {40}	**decernere** (**decernat**	bestimmen, entscheiden, beschließen, er soll entscheiden)

–	**Dezernent**	Sachbearbeiter mit Entscheidungsbefugnis, Dezernatsleiter {40/33}	dto.	dto.
0729	**Dezibel** l>(frz)	zehnter Teil eines Bel; physikalische Meßeinheit (z. B. für Spannungsverhältnisse - Abk. db) {72/56}	**decimus,** a, um frz. *déci*	der, die, das zehnte Zehntel
0730	**dezidieren**	entscheiden {25/28}	**decidere**	abschneiden; zum Abschluß bringen, ohne weiteres entscheiden
–	**dezidiert**	entschieden, bestimmt, energisch {25/28}	dto.	dto.
0731	**Dezi...**	der zehnte Teil von etw. {57}	**decimus**	s. oben 0729
>>>	Dezi... s. ggf. unter dem Rest des Wortes			
0732	**dezimieren**	Verluste beibringen; in seinem Bestand vermindern {50/52/57/86}	**decimare**	dezimieren, vermindern
0733a	**diagonal** (gr;gr)>l	schräg {58/71}	**diagonalis,** e gr. *διά* + *γωνία*	diagonal durch Ecke, Winkel
–	**Diagonale** (gr;gr)>l	1. Schräge {58/71}; 2. zwei nicht benachbarte Ecken eines Vielecks verbindende Gerade (math. t. t.) {71}	**diagonalis,** is f gr. *διά* + *γωνία*	Diagonallinie
0733b	**Diarium**	stärkeres Heft, Buch für Eintragungen {32/44}	**diarium,** ii n	tägliche Ration der Soldaten; Tagebuch
0734	**Diäten** l>mlat>frz	1. Abgeordnetenbezüge in Form von Tagegeld; Aufwandsentschädigungen {50/80/40}; 2. Einkommen außerplanmäßiger Hochschuldozenten {31/40/80}	**dies,** ei mf mlat. di(a)eta frz. *diète*	Tag; Termin festgesetzter Tag, Termin, Versammlung tagende Versammlung
0735	**dichten**	(als Schriftsteller) Worte kunstvoll zusammenstellen, reimen {34/32/40}	**dictare**	verfassen, verfertigen, diktieren
–	Dichter, dichterisch, Dichterling, Dichtung, (Gedicht)			
0736	**diffamieren**	jmdn. in seinem Ansehen herabsetzen, verunglimpfen, in Verruf bringen {32/33/82}	**diffamare**	verunglimpfen, verleumden
–	**Diffamierung** o. **Diffamation**	Verleumdung, Verbreitung übler Nachrede {32/33/82}	dto. bzw. **diffamatio,** onis f	dto. Ausbreitung, Bekanntmachung
–	**diffamatorisch**	ehrenrührig, verleumderisch {33/82}	dto.	dto.

–	**Diffamie** l>frz	1. verleumderische Bosheit {26/82/84}; 2. Beschimpfung, verleumderische Äußerung {32/82}	dto.	dto.
0737	**Differenz**	1. (Gewichts-, Preis)unterschied {56}; 2. Ergebnis einer Subtraktion (math. t. t.) {71}; 3. (meist Pl.) Meinungsverschiedenheit, Unstimmigkeit, Zwist {32/33}	**differentia**, ae f	Unterschied, Verschiedenheit
–	**different**	verschieden, ungleich {56}	dto.	dto.
–	**differential** o. **-tiell** l>nlat	einen Unterschied begründend, darstellend {56}	dto.	dto.
–	**Differential** l>nlat	1. Zuwachs einer Funktion (math. t. t.) {71}; 2. Kurzform von Differentialgetriebe {41/45/72}	dto.	dto.
>>>	Differential... s. ggf. unter dem Rest des Wortes			
–	**Differentiation** l>nlat	1. Abtrennung von Mineralien während der Gesteinswerdung (geol. t. t.) {62}; 2. Anwendung der Differentialrechnung (math. t. t.) {71}	dto.	dto.
>>>	Differenzenquotient s. Quotient			
–	**Differenzierbarkeit** l>nlat	Eignung einer Funktion zur Differentiation (math. t. t.) {71}	dto.	dto.
–	**differenzieren** l>nlat	1. trennen, unterscheiden; 2. sich aufgliedern, Konturen gewinnen {23/25}; 3. eine Funktion nach den Regeln der Differentialrechnung behandeln (math. t. t.) {71}; 4. ein mikroskopisches Präparat entfärben {68/69/55}	dto.	dto.
–	**differenziert** l>nlat	aufgegliedert, vielschichtig, in die Einzelheiten gehend {25/56}	dto.	dto.
–	**Differenzierung** l>nlat	1. Unterscheidung, Aufgliederung, Abstufung {23/25}; 2. Bildung verschiedener Gewebe aus gleichen Zellen (biol. t. t.); 3. Aufspaltung systematischer Gruppen im Verlauf der Stammesgeschichte (biol. t. t.) {68/69}; 4. unterschiedliche Veranlagung von Agrarerzeugnissen (DDR) {39/56}	dto.	dto.

–	**differieren**	verschieden sein, voneinander abweichen {56}	**differre**	verbreiten; sich unterscheiden, verschieden sein
0738	**diffizil** l>frz	schwierig, schwer zu bewältigen {25/56}	**difficilis**, e	schwierig, schwer zu behandeln
0739	**Diffraktion** l>nlat	Beugung von (Licht)wellen (phys. t. t.) {72}	**diffringere** (PPP. **diffractus**)	zerbrechen, -schlagen
0740	**diffundieren**	1. eindringen, verschmelzen (chem. t. t.) {73}; 2. zerstreuen (von Strahlen - phys. t. t.) {72}	**diffundere**	ausgießen, -breiten, zerstreuen
–	**diffus**	1. zerstreut, ohne Abgrenzung (chem., phys. t. t.) {72/73}; 2. unklar, verschwommen {23/25/54/55}	**diffusus**, a, um	ausgedehnt, ausgebreitet, weit
–	**Diffusion**	1. Ausgleich von Konzentrationsunterschieden (chem. t. t.) {73}; 2. Lichtstreuung (phys. t. t.) {72}	**diffusio**, onis f	das Auseinanderfließen, sich Ausbreiten; Ausdehnung
0741	**Digest** l>engl	1. Zeitschrift, die Auszüge aus Artikeln oder Büchern bringt; 2. Auszug (aus einem Buch, Bericht) {32/57}	**digesta**, torum n (Pl.)	Titel juristischer Schriften; die Bibel; nach Paragraphen geordnete Schrift
–	**Digesten**	Gesetzessammlung des Justinian (hist. t. t.) {82/75/57}	dto.	dto.
0742	**Digit** l>engl	Ziffer, Stelle (in der Anzeige eines elektronischen Geräts - techn. t. t.) {32/72/87}	**digitus**, ti m	Finger
–	**digital**	1. mit dem Finger (med. t. t.) {70};	**digitalis**, e	zum Finger gehörig, fingerdick
	(l>engl)	2. Daten und Informationen in Ziffern darstellend (techn. t. t.) {32/71/72/87}		

>>> Digital-Analog-Konverter s. Konverter

–	**Digitalis**	1. Fingerhut {04}; 2. starkes Herzmittel aus Fingerhutblättern (med. t. t.) {70}	dto.	dto.
–	**digitalisieren** l>engl	1. Daten in Ziffern darstellen (EDV - t. t.) {32/71}; 2. ein Analog- in ein Digitalsignal umsetzen (techn. t. t.) {72/87}	dto.	dto.
0743	**Dignität**	1. Wert, hoher Rang, Würde {33}; 2. Amtswürde eines kath. Geistlichen {51}	**dignitas**, atis f	Würde, Ansehen, Ehre; Ehrenstelle
0744	**Digression**	1. Abweichung, Abschweifung {25/32/61}; 2. Winkel zwischen Meridian und Vertikalkreis (astron. t. t.) {66}	**digressio**, onis f	das Weggehen, Abschweifung; Episode

0745	**dijudizieren**	entscheiden, urteilen (jur. t. t.) {25/28/82}	**diiudicare**	ein Urteil fällen, entscheiden; unterscheiden
0746	**diktando**	diktierend, beim Diktieren {32}	**dictare**	diktieren; anfertigen, vorschreiben
–	**Diktant**	jmd., der diktiert {32}	dto.	dto.
–	**Diktaphon** l;gr	Diktiergerät {32/40/87}	dto. + gr. *φωνή*	dto. Ton, Stimme, Klang
–	**Diktat**	1. das Diktieren; 2. das Diktierte {32}; 3. Nachschrift, schulische Rechtschreibung {31/32}; 4. etw., das jmdm. auferlegt, vorgeschrieben worden ist {28/33}	dto.	dto.
–	**Diktator**	1. unumschränkter Machthaber; Gewaltherrscher {50}; 2. herrischer, despotischer Mensch {25/26/84}; 3. altröm. Beamter mit alleiniger Staatsgewalt (hist. t. t.) {50/75}	**dictator**, oris m	Befehlshaber, Diktator
–	**diktatorial**	1. gebieterisch, autoritär {28/33}; 2. absolut, unumschränkt {33/56}	dto.	dto.
–	**diktatorisch**	1. unumschränkt, einem Gewaltherrscher unterworfen {50/33}; 2. gebieterisch, keinen Widerspruch duldend {28/33}	**dictatorius**, a, um	zum Diktator gehörig, diktatorisch
–	**Diktatur**	1. auf unbeschränkte Vollmacht gegründete Herrschaft; 2. autoritär, diktatorisch regiertes Staatswesen; 3. autoritäre Führung, Willkürherrschaft {50/28}	**dictatura**, ae f	Amt des Diktators; Diktatur
–	**diktieren**	1. jmdm. etwas Wort für Wort sagen {32}; 2. zwingend vorschreiben, festsetzen; auferlegen {25/28/33}	**dictare**	s. oben
–	**Diktiergerät** l;d	Tonbandgerät zur Aufnahme und Wiedergabe eines gesprochenen Textes {32/40/87}	dto.	dto.
–	**Diktion**	mündliche oder schriftliche Ausdrucksweise; Stil {32/34}	**dictio**, onis f	Vortrag, Spruch, Ausdrucksweise
–	**Diktionär** l>mlat>frz	Wörterbuch (veraltet) {34}	dto. mlat. dictionarium frz. *dictionaire*	dto.
–	**Diktum**	Ausspruch {32}	**dictum**, ti n	Äußerung, Wort, Ausspruch

0747	**Dilatation** l>nlat	1. Ausdehnung, Volumenänderung (phys. t. t.) {53/72}; 2. Erweiterungswachstum des Baumstammes (bot. t. t.) {68/53}; 3. krankhafte Erweiterung von Hohlorganen (med. t. t.) {70/53}	**dilatatio,** onis f	Ausdehnung, Erweiterung
–	**Dilatationsfuge** l>nlat;d	Dehnungsfuge in Brücken zur Verhinderung von Spannungen beim Temperaturwechsel {58/88}	dto.	dto.
0748	**Dilation**	Aufschub, Aufschubfrist (jur. t. t.) {82/59}	**dilatio,** onis f	Aufschub, Verzögerung
–	**dilatorisch**	aufschiebend, verzögernd {82/59}	**dilatorius,** a, um	aufschiebend, verzögernd
0749	**Dilettant** l>it	1. Laie mit fachmännischem Ehrgeiz; Stümper (abwertend) {25/22}; 2. Kunstliebhaber (veraltet) {25/26}	**delectare** it. *dilettare*	Vergnügen bereiten, Gefallen finden, interessieren
–	**dilettantisch** l>it	unfachmännisch, laien-, stümperhaft, unzulänglich {25/22}	dto.	dto.
–	**dilettieren** l>it	sich als Dilettant betätigen, sich versuchen {22/25/29}	dto.	dto.
0750	**Diligenz**	Sorgfalt, Fleiß (veraltet) {25/84}	**diligentia,** ae f	Forschung, Umsicht, Gründlichkeit
0751	**Diluvium**	Erdzeitalterbezeichnung (Pleistozän - geol. t. t.) {62/59}	**diluvium,** ii n	Überschwemmung, Wasserflut
–	diluvial			
0752	**Dime** l>frz>engl	Silbermünze der USA (10 Cents) {56}	**decima** (pars) frz. *disme*	der zehnte (Teil)
0753	**Dimension**	Ausdehnung, Ausmaß, Abmessung {53}	**dimensio,** onis f	Vermessung, Ausdehnung, Dimension
–	**dimensional** l>nlat	die Ausdehnung betreffend {53}	dto.	dto.
–	**dimensionieren** l>nlat	die Maße eines Gegenstandes festlegen {53/25/28}	dto.	dto.
0754	**diminuieren**	verkleinern, verrringern, vermindern {53/57}	**diminuere**	in kleine Teile zersplittern, zerschmettern
–	**Diminution**	1. Verkleinerung, Verringerung {57/53}; 2. Beschleunigung durch kürzere Notenwerte (mus. t. t.) {37}	**deminutio,** onis f	das Verringern, Vermindern, Verkleinerung
–	**diminutiv**	verkleinernd (in bezug auf den Inhalt eines Wortes - sprachwiss. t. t.) {76}	**deminutivus,** a, um	vermindernd

–	**Diminutiv(um)**	Verkleinerungs-, Koseform eines Substantivs, einer Person (sprachwiss. t. t.) {76}	**deminutivum,** vi n	Diminutiv
0755	**dimittieren**	entlassen, verabschieden (veraltet) {32/40/59}	**dimittere**	entsenden, entlassen, aufgeben
0756	**Dinar** l>mgr >arab	Währungseinheit (z. B. in Jugoslawien, Iran) {56}	**denarius,** ii m	röm. Silbermünze
0757	**Din(n)er** (l;l)>vulgl >frz>(engl)	1. festliches Mittag- oder Abendessen; 2. Hauptmahlzeit des Tages am Abend {17/59}	**dis**	auseinander..., zer..., ver...
			+ ieiunius, a, um	nüchtern, mit leerem Magen, hungrig
			vulgl. disieiunare*	zu fasten aufhören
			afrz. *disner* frz. *dîner* engl. *dinner*	Abendmahlzeit
–	**dinieren** (l;l)>vulgl >frz	festlich speisen {17/33}	**dis**	s. oben
			+ ieiunare	fasten, hungern
0758	**direkt**	1. unmittelbar, ohne Umweg oder Verzögerung {58/59}; 2. geradezu, ausgesprochen, regelrecht {56}	**directus,** a, um	gerade, geradezu, unbedingt, direkt
–	Direktheit			
–	**Direktion**	1. (Geschäfts)leitung, Vorstand {33/40}; 2. Richtung (veraltet) {58}	**directio,** onis f	gerade Linie, Aufrichtigkeit, Gerechtigkeit
–	**Direktive** l>nlat	Weisung, Verhaltensregel {25/28/32/33}	**dirigere**	gerade richten, - machen; aufstellen, lenken
–	**direktiv** l>nlat	Verhaltensmaßregeln gebend {28/32/33}	dto.	dto.

>>> Direktkandidat, Direktmandat s. Kandidat, Mandat

–	**Direktor(in)**	1. Leiter (z. B. einer Schule) {31/33/40}; 2. Vorsteher eines Unternehmens, einer Behörde {33/40/49}; 3. Element einer Dipolantenne {46/87}	**director,** oris m	Lenker, Leiter
–	**Direktorat** l>nlat	1. Leitung {25/33}; 2. Dienstzimmer eines Direktors {58}; 3. Amt eines Direktors {40/33}	dto.	dto.
–	**direktorial** l>nlat	1. einem Direktor zustehend; ihm entsprechend {33/40}; 2. von einem Direktor veranlaßt {28/40}	dto.	dto.

–	**Direktorium**	1. Vorstand, Geschäftsleitung, leitende Behörde {31/33/40/50}; 2. französischer Kunststil {34/35/36/79}	dto. (bzw. **directorium**, ii n	dto. bz der vorgeschriebene Reiseweg)
–	**Direktrice** l>frz	leitende Angestellte (bes. in der Bekleidungsindustrie) {33/40/41}	**dirigere**	s. oben
–	**Direx**	Direktor (Schülersprache) {31/33/40}	**director**	s. oben
–	**Dirigat**	1. Orchesterleitung, Dirigentschaft {33/37/40}; 2. Tätigkeit, Auftreten eines Dirigenten {37/40}	**dirigere**	s. oben
–	**Dirigent**	Leiter eines Orchesters, Chors, einer musikalischen Aufführung {33/37/40}	dto.	dto.
–	**dirigieren**	1. einen Chor, ein Orchester, eine Aufführung leiten {33/37}; 2. Anweisungen geben, in welche Richtung sich etw. entwickeln, etw. bewegt werden soll {28/25/61}	dto.	dto.
–	**Dirigismus** l>nlat	staatliche Lenkung der Wirtschaft {80}	dto.	dto.
–	**dirigistisch** l>nlat	1. den Dirigismus betreffend {80}; 2. reglementierend, einengend, Vorschriften machend {28/33}	dto.	dto.
0759	**Discount** l;l>frz >engl	Selbstbedienungseinkauf verbilligter Waren {42/80}	**dis** + **computare** frz. *compte*	s. oben 0757 s. oben 0535
–	**Discounter** l;l>frz >engl	Billigwarengeschäft {42/80}	dto.	dto.
0760	**Disharmonie** l;gr>l	1. Mißklang (mus. t. t.) {37}; 2. Uneinig-, Unstimmigkeit, Mißton {25/32/33}	**dis** + **harmonia**, ae f gr. *ἁρμονία*	s. oben 0757 Harmonie, Einklang Übereinstimmung
–	**disharmonieren** l;gr>l	nicht zusammenstimmen, uneinig sein {25/32/33}	dto.	dto.
–	**disharmonisch** l;gr>l	1. einen Mißklang bildend (mus. t. t.) {37}; 2. eine Unstimmigkeit aufweisend, uneinig {25/32/33}; 3. unterschiedlich verformt (geol. t. t.) {62/53}	**dis** + **harmonicus**, a, um gr. *ἁρμονικός*	s. oben 0757 im Einklang stehend harmonisch
0761	**disjunkt**	getrennt, geschieden {58/56}	**disiunctus**, a, um	getrennt, entfernt; ausschließend

–	**Disjunktion**	1. Trennung, Sonderung {56/58}; 2. Verknüpfung zweier Aussagen durch „entweder - oder" (log. t. t.) {71/77}; 3. Trennung geographischer Verbreitungsgebiete (biol. t. t.); 4. Trennungsvorgang bei Chromosomen (biol. t. t.) {68/69}	**disiunctio**, onis f	Trennung, Abweichung; Ausschließung
–	**disjunktiv**	1. einander ausschließend {56/71}; 2. eine Wahlmöglichkeit zwischen mehreren sprachlichen Formen aufweisend (sprachwiss. t. t.) {76}	**disiunctivus**, a, um	einen Gegensatz enthaltend, einander entgegengesetzt
0762	**Diskant** (l;l)>mlat	1. oberste Stimme; Gegenstimme (mus. t. t.); 2. obere Hälfte der Tastenreihe beim Klavier (mus. t. t.) {37}; 3. sehr helle, schrille Stimmlage beim Sprechen {23/32}	**dis** + **cantus**, us m mlat. discantus	s. oben 0757 Gesang abweichende Gegenstimme
0763	**Diskont(o)** (l;l)>it	1. Abzug von einer zu bezahlenden Rechnungssumme {42/80}; 2. -satz: Zinsfuß für die Diskontberechnung {80}	**dis** + **computare**	s. oben 0757 zusammen-, berechnen vgl. oben 0535, 0759
–	**Diskonten** (l;l)>it	inländische Wechsel {80}	dto.	dto.
–	**diskontieren** (l;l)>it	eine später fällige Forderung unter Abzug von Zinsen ankaufen {80}	dto.	dto.

>>> Diskontinuität, diskontinuierlich s. Kontinuität, kontinuierlich

0764	**Diskredit** (l;l)>it>frz	übler Ruf {25/33}	**dis** + **creditum**, ti n	s. oben 0757 das Anvertraute; Darlehen
–	**diskreditieren** (l;l)>it>frz	dem Ruf, Ansehen von jmdm. schaden {25/33}	**dis** + **creditare** bzw. **credere**	s. oben 0757 fest glauben anvertrauen, glauben
0765	**diskrepant**	(voneinander) abweichend, zwiespältig {25/56}	**discrepare**	nicht übereinstimmen, abweichen
–	**Diskrepanz**	Widersprüchlichkeit, Mißverhältnis zwischen zwei Sachen {25/56}	dto.	dto.
0766	**diskret** l>mlat>frz	1. vertraulich, unauffällig behandelt {25/33}; 2. takt-, rücksichtsvoll {25/26/33/84}; 3. abgegrenzt, abgetrennt {56/58}; 4. in einzelne Punkte zerfallend, vereinzelt {56/57}	**discretim** bzw. **discrete** (Adv.)	abgesondert, getrennt

–	**Diskretion** l>frz	1. Rücksichtnahme, taktvolle Zurückhaltung {25/26/33}; 2. Vertraulichkeit, Verschwiegenheit {25/32/33}	**discretio**, onis f	Absonderung, Trennung, Unterscheidung
0767	**diskriminieren**	1. durch Verleumdungen jmds. Ansehen herabsetzen {25/32/33}; 2. benachteiligen, zurücksetzen {33}; 3. (sprachliche Einheiten) gegeneinander abgrenzen (sprachwiss. t. t.) {56/76}	**discriminare**	trennen, absondern, unterscheiden
–	Diskriminierung			
0768	**Diskurs**	1. Abhandlung über ein wissenschaftliches Thema {32/22}; 2. Gedankenaustausch, Unterhaltung {32}; 3. heftiger Wortwechsel {32/26}; 4. sprachliche Äußerung (sprachwiss. t. t.) {76}	**discursus**, us m	das Auseinanderlaufen, das Umherrennen; Streifzug
–	**diskursiv** l>mlat	von einer Vorstellung zur anderen mit logischer Notwendigkeit fortschreitend (philos. t. t.) {77}	**discurrere**	auseinanderlaufen, zerstreuen, mitteilen
0769	**Diskussion**	Erörterung, Aussprache, Meinungsaustausch {32}	**discussio**, onis f	Untersuchung, Prüfung; Revision
–	**diskutabel** l>frz	erwägenswert, Akzeptierung möglich, strittig {25/32}	**discutere** frz. *discutable*	zerspalten; untersuchen, erörtern, diskutieren
–	**Diskutant** l>nlat	Teilnehmer an einer Diskussion {32/33}	**discutere**	s. oben
–	**diskutieren**	1. etw. eingehend erörtern, besprechen; 2. Meinungen austauschen {32}	dto.	dto.
0770	**disloyal** l;l>frz	gegen die Regierung eingestellt {50/25}	**dis** + **legalis**, e	s. oben 0757 gesetzlich, die Gesetze betreffend
0771	**dislozieren** (l;l)>nlat	1. Truppen räumlich verteilen (veraltet) {58/86}; 2. umziehen (schweiz.) {61/44}	**dis** + **locare**	s. oben 0757 stellen, setzen, legen; einquartieren
0772	**disparat**	ungleichartig, unvereinbar, sich widersprechend {25/56}	**dispar** (Gen. disparis)	ungleich, unähnlich, verschieden
–	**Disparität** l>nlat	Ungleichheit, Verschiedenheit {25/56}	dto.	dto.

0773	**Dispatcher** (l;l)>it >engl	1. die Produktion überwachender Angestellter {40/41}; 2. jmd., der die zentrale Lenkung, Kontrolle und Planerfüllung überwacht (DDR - hist. t. t.) {40/41/75}	**dis** + **pangere** (PPP. **pactus**) it. *dispacciare*	s. oben 0757 befestigen, verfertigen, unternehmen, verabreden
0774	**Dispens** l>mlat	1. Aufhebung einer Verpflichtung, Befreiung {25/33/82}; 2. Ausnahmebewilligung (bes. kirchlich) {28/51}	**dispensare**	abwägen, zuteilen, regulieren
–	**dispensabel** l>nlat	verzeihlich (veraltet) {25/33}	dto.	dto.
–	**dispensieren** l>(mlat)	1. jmdn. von etw. befreien, beurlauben {25/33}; 2. Arzneien bereiten und abgeben {40/70}	dto.	dto.
–	Dispensierung			
0775	**dispers**	zerstreut, feinverteilt {54}	**dispergere** (Adv. **dispersim**)	zerstreuen, ausbreiten, verteilen
–	**Dispersion**	1. feinste Verteilung eines Stoffes in einem anderen {54/73}; 2. Abhängigkeit der Fortpflanzungsgeschwindigkeit von der Wellenlänge (phys. t. t.); 3. Zerlegung von weißem Licht in ein Spektrum (phys. t. t.) {72}; 4. Streuung der Einzelwerte (statist. t. t.) {71}	**dispersio**, onis f	Zerstreuung; Zerstörung
>>>	Dispo s. unter Disposition (1.)			
0776	**Disponent**	1. bevollmächtigter kaufmännischer Angestellter {40/42}; 2. künstlerischer Vorstand, der einen Theatervorstellungs- und -probenplan verwaltet {40/33/35}	**disponere**	aufstellen, verteilen, ordnen, anordnen
–	**disponibel** l>nlat	verfügbar {25/56}	dto.	dto.
–	Disponibilität			
–	**disponieren**	1. planen, kalkulieren; 2. ordnen, einteilen (veraltet) {25/56}	dto.	dto.
–	**disponiert**	1. aufgelegt {26}; 2. empfänglich (für Krankheiten) {70}; 3. aus einer Anzahl von Orgelregistern kombiniert (mus. t. t.) {37}	dto.	dto.

–	**Disposition**	1. Anordnung, Gliederung, Planung; Terminkalender von Künstlern {25/56/58/59}; 2. Verfügung über die Verwendung einer Sache {28}; 3. Anlage zu einer Eigenschaft, einem typischen Verhalten (psych. t. t.); 4. Anfälligkeit für Krankheiten (med. t. t.) {70}; 5. Anzahl und Art der Orgelregister (mus. t. t.) {37/57}	**dispositio**, onis f	Aufstellung, Anordnung, Einrichtung, Verteilung
–	**dispositionsfähig** l;d	geschäftsfähig {82/42}	dto.	dto.
–	**Dispositionskredit** l;l	Überziehungskredit {80}	dto. + **creditum**, ti n	dto. das Anvertraute; Darlehen
–	**dispositiv** l>nlat	anordnend, verfügend {25/28/33}	**disponere** (bzw. **dispositus**, a, um	s. oben wohl-, angeordnet, festgesetzt)
0777	**Disproportion** (l;l)>nlat	Mißverhältnis {56}	**dis** + **proportio**, onis f	s. oben 0757 Proportion, Verhältnis, Ebenmaß
–	**Disproportionalität** (l;l)>nlat	Mißverhältnis (bes. in der Konjunkturtheorie - wirtsch. t. t.) {56/80}	**dis** + **proportionalitas**, atis f	s. oben 0757 Verhältnismäßigkeit, Ebenmaß
–	**disproportioniert** (l;l)>nlat	schlecht proportioniert, ungleich {56}	**dis** + **proportionatus**, a, um	s. oben 0757 nach dem Ebenmaß eingerichtet
0778	**Disput**	Streitgespräch, Wortwechsel {32/33}	**disputare** frz. *dispute*	genau überlegen, Gründe und Gegengründe abwägen
–	**disputabel**	strittig {32/56}	**disputabilis**, e	worüber sich sprechen läßt
–	**Disputant**	jmd., der an einem Disput teilnimmt {32/33}	**disputare**	s. oben
–	**Disputation**	(wissenschaftliches) Streitgespräch {25/32/40}	**disputatio**, onis f	Berechnung; Untersuchung, Erörterung
	disputieren	ein (wissenschaftliches) Streitgespräch führen, seine Meinung vertreten {25/32/40}	**disputare**	s. oben

0779	**Disqualifikation** o. **Disqualifizierung** l;(l;l)>mlat >engl	1. Ausschluß von einem (sportlichen) Wettbewerb wegen Regelverstoßes (28/85); 2. Untauglichkeit (22/25/56)	**dis** + **qualis**, e + **facere** mlat. qualificare qualificatio	s. oben 0757 (irgend)wie beschaffen tun, machen (zu) näher bestimmen, mit einer bestimmten Eigenschaft versehen Verfahrensweise, Art
–	**disqualifizieren** l;(l;l)>mlat >engl	1. jmdn. wegen Regelverstoßes vom Wettkampf ausschließen (28/85); 2. für untauglich erklären (32/25/22/56)	dto.	dto.
>>>	Diss s. Dissertation			
0780	**Dissens**	Meinungsverschiedenheit (bei Vertragsabschluß) (32/80/82)	**dissensus**, us m	Nichtübereinstimmung, Meinungsverschiedenheit
–	**dissentieren**	abweichender Meinung sein (25/32/33)	**dissentire**	nicht übereinstimmen, in der Meinung abweichen
0781	**Dissertant**	jmd., der an einer Dissertation schreibt (31/32)	**dissertare**	auseinandersetzen, erörtern
–	**Dissertation**	schriftliche wissenschaftliche Abhandlung zur Erlangung des Doktorgrades (32/31)	**dissertatio**, onis f	Erörterung, Vortrag
–	**dissertieren**	eine Dissertation schreiben (32/31)	**dissertare**	s. oben
0782	**dissident** l>engl	andersdenkend, von der herrschenden Meinung abweichend (25/50)	**dissidere**	entfernt sein, anders denken, uneins sein
–	**Dissident**	1. Konfessionsloser (51/77); 2. Andersdenkender, von der offiziellen politischen Meinung Abweichender (25/50)	dto.	dto.
0783	**Dissimilation**	1. Lautänderung innerhalb eines Wortes (sprachwiss. t. t.) (76); 2. Abbau von Körpersubstanz unter Energiegewinnung (biol. t. t.) (69/73); 3. Wiedergewinnung einer eigenen Volks- oder Gruppeneigenart (soziol. t. t.) (81)	**dissimilis**, e bzw. **dissimulatio**, onis f	unähnlich, ungleichartig das Unkenntlichmachen, Verstellen
–	**dissimilieren**	1. gleiche Laute innerhalb eines Wortes durch Wandel unähnlich machen (sprachwiss. t. t.) (76); 2. organische Verbindungen zur Energiegewinnung beim Stoffwechsel zerlegen (biol. t. t.) (69/73)	**dissimilis** bzw. **dissimulare**	s. oben verbergen, verheimlichen, verleugnen

–	**Dissimulation**	bewußte Verheimlichung von Krankheitssymptomen (med. t. t.) {28/70}	**dissimulatio**	s. oben
–	**dissimulieren**	verbergen, verheimlichen (von Krankheiten - med. t. t.) {28/70}	**dissimulare**	s. oben
0784	**dissonant**	1. nach Auflösung strebend, mißtönend (mus. t. t.) {37}; 2. unstimmig, unschön {26/56}	**dissonare** (PPA. **dissonans**)	verworren tönen; nicht übereinstimmen, abweichen
–	**Dissonanz**	Mißklang, Disharmonie (mus. t. t.) {37}	**dissonantia**, ae f	Dissonanz, Disharmonie
–	**dissonieren**	1. mißtönend, nicht harmonisch (zusammen) klingen (mus. t. t.) {37}; 2. nicht übereinstimmen {56}	**dissonare**	s. oben
0785	**Dissoziation**	1. krankhafte Geistesentwicklungsform (psych. t. t.); 2. Störung der Muskelbewegungskoordination (med. t. t.) {70}; 3. Molekülzerfall (chem. t. t.) {73}	**dissociatio**, onis f	Trennung, Antipathie
–	**dissoziativ** l>nlat	die Dissoziation betreffend, durch sie bewirkt {70/73}	**dissociare**	vereinzeln, trennen, auflösen
–	**dissoziieren**	1. trennen, auflösen {52/58}; 2. in Ionen oder Atome aufspalten, zerfallen (chem. t. t.) {73}	dto.	dto.
0786	**Distanz**	1. Abstand, Entfernung; 2. zurückzulegende Strecke {58}; 3. Gesamtzeit der Runden beim Boxsport {59/85}; 4. Reserviertheit, abwartende Zurückhaltung {26/84}	**distantia**, ae f	das Auseinandersetzen; Abstand
–	**distanzieren** l>frz	1. jmdn. im Wettkampf hinter sich lassen {56/58/85}; 2. von etw. oder jmdm. abrücken; jmds. Verhalten nicht billigen {25/33}	dto. frz. *distancer*	dto.
–	**distanziert** l>frz	Zurückhaltung wahrend, auf Abstand bedacht {26/25/33/84}	dto.	dto.
0787	**distinguieren**	unterscheiden, in besonderer Weise abheben {56/26}	**distinguere**	unterscheiden; absondern, -trennen
–	**distinguiert**	vornehm; sich durch gepflegtes Auftreten abheben {26/33/84}	dto.	dto.
–	**distinkt**	klar und deutlich (abgegrenzt) {23/25/53/56}	**distinctus**, a, um	gehörig unterschieden; deutlich und bestimmt
–	**Distinktion** l>frz	1. Auszeichnung, (hoher) Rang; 2. Rangabzeichen (österr.) {33/86}; 3. Unterscheidung {23/25}	**distinctio**, onis f	Unterschied; Unterscheidung; Zierde, Schmuck
–	**distinktiv** l>frz	unterscheidend (sprachwiss. t. t.) {76}	**distinctive** (Adv.)	unterscheidend

0788	**Distorsion**	1. Gelenkverstauchung (med. t. t.) {70}; 2. Bildverzerrung, -zeichnung (opt. t. t.) {72/87}	**distorsio**, onis f	Verdrehung
0789	**distrahieren**	1. auseinanderziehen, trennen; 2. zerstreuen {29/53/58}	**distrahere**	auseinanderziehen, trennen
–	**Distraktion**	1. Zerstreuung (veraltet) {58}; 2. Zerrung der Erdkruste durch tektonische Kräfte (geol. t. t.) {62}; 3. das Auseinanderziehen von Knochenbruchenden (med. t. t.) {70}	**distractio**, onis f	das Auseinanderziehen; Zerstückelung; Absonderung
–	**Distraktor** l>engl	angebotene Möglichkeit bei Ankreuztests (Multiple-choice-Verfahren) {25/31}	**distractor**, oris m	Herumzerrer; Ausverkäufer
0790	**distribuieren**	ver-, austeilen {29/33/42/58}	**distribuere**	ver-, austeilen, verbreiten
–	**Distribution** l>(engl)	1. Verteilung, Vertrieb {42}; 2. verallgemeinerte Funktion (math. t. t.) {71}	**distributio**, onis f	Verteilung, (logische) Einteilung
–	distributional oder -nell			
–	**distributiv**	1. eine sich wiederholende Verteilung angebend (sprachwiss. t. t.) {76}; 2. in bestimmten Umgebungen vorkommend {52/58}; 3. nach dem Distributivgesetz verknüpft (math. t. t.) {71}	**distributivus**, a, um	verteilend, distributiv
–	**Distributivum**	Verteilungszahlwort (im Deutschen durch „je" wiedergegeben - sprachwiss. t. t.) {76}	dto.	dto.
0791	**Distrikt** l>(frz>engl >am)	Bezirk, abgeschlossener Bereich {48/58}	**districtus**, us m	Umgebung der Stadt, Territorium
0792	**Disziplin**	1. Unterordnung, bewußte Einordnung {25/31/33}; 2. Teilbereich, Unterabteilung (beim Sport, in der Wissenschaft) {56/85}	**disciplina**, ae f	Lehre, Unterricht; Ordnung
–	**disziplinär** l>mlat	die Disziplin betreffend {56/85}	dto.	dto.
–	**disziplinarisch** l>mlat	1. der Dienstordnung gemäß {25/33/40/50}; 2. streng {25/26/33}	dto.	dto.
–	**disziplinieren** l>mlat	1. zur bewußten Einordnung erziehen {31/33}; 2. maßregeln {25/32/33}	dto.	dto.
–	**diszipliniert** l>mlat	1. an bewußte Einordnung gewöhnt {25/31/33}; 2. zurückhaltend; beherrscht; korrekt {25/26/33/84}	**disciplinatus**, a, um	geschult, gut gewöhnt
–	Disziplinierung, disziplinlos			

0793	**dito** l>it>frz	dasselbe, ebenso (in bezug auf ein vorher genanntes) {56}	**dicere** it. *dire* *detto*	sagen das Besagte
0794	**Diva** l>it	1. Titel der röm. Kaiserinnen nach ihrem Tode (hist. t. t.) {33/51/75}; 2. von Publikumsbegeisterung und Erfolg verwöhnte Künstlerin {35/37}; 3. durch Empfindlichkeit oder Exzentrik auffallende Person {33/84}	**divus**, a, um	göttlich, von göttlicher Natur
0795	**Diverbia**	gesprochene Teile der altröm. Komödie {35/74/75}	**diverbium**, ii n	Wechselgespräch auf der Bühne, Dialog
0796	**divergent** (l;l)>nlat	1. entgegengesetzt, unterschiedlich {56}; 2. nicht einem endlichen Grenzwert zustrebend (math. t. t.) {71}	**dis** + **vergere**	s. oben 0757 sich neigen, gelegen sein, sich nähern
–	**Divergenz** l>nlat	Auseinandergehen, -streben {56/58/61}	dto.	dto.
–	**divergieren** l>nlat	auseinandergehen, in entgegengesetzter Richtung verlaufend {56/58/61}	dto.	dto.
–	divergierend			
0797	**divers(er/e/es)**	einige, mehrere (verschiedene) {56/57}	**diversus**, a, um	nach zwei Seiten hingewendet; verschieden
–	**Diverses**	einiges, verschiedenes {56/57}	dto.	dto.
–	**Diversifikation** o. **Diversifizierung** (l;l)>nlat ((l;l)>engl)	1. Veränderung, Abwechslung, Vielfalt {56/61} 2. Produktpalettenänderung zur Unternehmenssicherung (wirtsch. t. t.) {61/80}	**diversus** + **facere**	s. oben tun, machen, handeln
–	**diversifizieren** l>engl	ein Unternehmen auf neue Produktions- bzw. Produktbereiche umstellen {41/61/80}	dto.	dto.
0798	**Diversion** (l>russ)	1. Angriff von der Seite, Ablenkung (86); 2. Störmanöver gegen den Staat mit den Mitteln der Sabotage (DDR) {50/82}	**diversio**, onis f	Ablenkung, Abschweifung
–	**Diversant** l>russ	jmd., der Sabotage betreibt (DDR) {50/82}	dto.	dto.
0799	**Divertimento** l>it o. **Divertissement** l>frz	(mus. t. t.) 1. lose Folge von Instrumentalsätzen; 2. frei gearbeitete Episode in einer Fuge; 3. Tanzeinlage in Opern; 4. Potpourri; 5. musikalisches Zwischenspiel {37}	**divertere**	auseinandergehen, sich trennen; verschieden sein

0800	**dividieren**	teilen (math. t. t.) {71}	**dividere**	trennen, teilen, spalten
–	**Dividend**	Zahl, die geteilt werden soll (math. t. t.) {71}	dto.	dto.
–	**Dividende** l>frz	jährlich auf eine Aktie entfallender Gewinnanteil (wirtsch. t. t.) {80}	dto. Gerund. **dividendum**	dto. das zu Teilende
0801	**Divination**	Ahnung, Voraussage von Zukunftsereignissen, Wahrsagekunst {24/51}	**divinatio**, onis f	Weissagekunst, Ahnung, Eingebung
–	**divinatorisch** l>nlat	vorahnend, seherisch {24/51}	**divinus**, a, um	göttlich; weissagerisch, prophetisch
–	**Divinität**	Göttlichkeit, göttliches Wesen {51}	**divinitas**, atis f	Göttlichkeit, göttliche Natur
0802	**Divis**	1. Teilungszeichen (veraltet) {32}; 2. Bindestrich (druckw. t. t.) {32/40}	**divisus**, a, um	getrennt
–	**Division** (l>frz)	1. Teilung (math. t. t.) {71}; 2. militärische Einheit {57/86} 3. Bezeichnung für Sportleistungsklassen {56/85}	**divisio**, onis f	Teilung; Ein-, Aus-, Verteilung
–	**Divisionär** l>frz	1. Befehlshaber einer Division (bes. schweiz.) {33/86}; 2. Mannschaft innerhalb einer bestimmten sportlichen Leistungsklasse {56/85}	dto.	dto.
–	**Divisor**	Zahl, durch die eine andere geteilt wird (math. t. t.) {71}	**divisor**, oris m	Ab-, Verteiler, Divisor (arithm. t. t.)
0803	**Divus**	Titel röm. Kaiser (hist. t. t.) {75/33}	**divus**, vi m	göttlich, von göttlicher Natur vgl. oben 0794
0804	**Doge** l>it	(Titel des) Staatsoberhaupt(s) in Venedig und Genua (hist. t. t.) {75/33}	**dux**, ucis m	(An)führer, Leiter; Feldherr
0805	**Doktor** l>mlat	1. höchster akademischer Grad; 2. jmd. mit Doktortitel {33}; 3. Arzt (ugs.) {40/70}	**doctor**, oris m	Lehrer, Lehrmeister
–	**Doktorand** l>mlat	jmd., der den Doktortitel erwerben will {27/31/33}	dto.	dto.
–	**Doktorat** l>mlat	1. Doktorprüfung {31}; 2. Doktorgrad {33}	dto.	dto.
–	doktorieren, herumdoktorn			
0806	**Doktrin**	Grundsatz, programmatische Festlegung {25/28/50/81}	**doctrina**, ae f	Unterricht, Lehre, Wissenschaft
–	**doktrinär** l>frz	1. in der Art einer Doktrin; auf ihr beruhend; 2. unduldsam eine Theorie verfechtend {25/26/50/81}	dto.	dto.
–	**Doktrinär** l>frz	Verfechter, Vertreter einer Doktrin {25/33/50/81}	dto.	dto.

0807	**Dokument**	1. Urkunde, Schriftstück {32}; 2. Beweis(stück) {25/82/50}; 3. Parteidokument (DDR) {33/50}	**documentum**, ti n	Beweis, Beispiel, Lehre, Warnung
–	**Dokumentalist** o. **Dokumentar** l>nlat	Fachmann, der in einem Dokumentationszentrum tätig ist {32/40}	dto.	dto.
–	**Dokumentalistik** l>nlat	fachwissenschaftliche Disziplin der Sammlung und Speicherung von Informationen {32/40/57}	dto.	dto.
–	**dokumentarisch** o. **dokumentar...** l>nlat	1. amtlich, urkundlich {32}; 2. den Tatsachen möglichst genau entsprechend {32/52}	dto.	dto.
–	**Dokumentarist** o. **Dokumentator** l>nlat	Autor von Dokumentarberichten, -filmen, -spielen, -literatur {32/34/40}	dto.	dto.
–	**Dokumentation** l>nlat	1. Zusammenstellung, Nutzbarmachung von Dokumenten {32/57}; 2. Sendung aus dokumentarischen Texten {32/33/85}; 3. anschaulicher Beweis {25/23/82}	**documentatio**, onis f	Vorstellung, Warnung
–	**dokumentieren** l>nlat	1. zeigen {32}; 2. (durch Dokumente) beweisen {25/82}	**documentare**	vorstellen, warnen
0808	**Dolcefarniente** (l;l;l)>it	süßes Nichtstun {59/85}	**dulcis**, e + **facere** + **nihil**	süß, lieblich tun, machen nichts
0809	**doloroso** l>it	klagend, betrübt, trauervoll, schmerzlich (mus. t. t.) {26/37}	**dolorosus**, a, um	schmerzhaft
0810	**Dolus**	Arglist, böser Vorsatz (jur. t. t.) {28/82}	**dolus**, li m	Betrug, Arglist, Täuschung
0811	**Dom** l>it>frz (l>port)	1. Bischofs-, Stiftskirche mit ausgedehntem Chor {51/88}; 2. portugiesischer Titel {33}	**domus**, us f (sc. ecclesiae	Haus der Christengemeinde)
0812	**Domäne** l>frz	1. Staatsgut, -besitz {39/43/50}; 2. Arbeits-, Wissensgebiet, auf dem jmd. sehr gut Bescheid weiß {22/25/40}	**dominium**, ii n frz. *domaine*	Herrschaft, Besitz, Eigentum, Machtgebiet
0813	**Domestik** l>frz	1. Dienstbote (veraltet) {44/40/33}; 2. Radrennfahrer, der den besten Fahrer seines Teams unterstützt {33/85}	**domesticus**, a, um	zum Haus -, zur Familie gehörig, Haus...
–	**Domestikation** l>frz	Zähmung und Züchtung von Haustieren, Kulturpflanzen {39/40}	dto. bzw. **domesticatio**, onis f	dto. Eigentümlichkeit, Eigentum

–	**domestizieren** l>frz	1. Haustiere und Kulturpflanzen aus Wildformen züchten {39/40}; 2. zähmen, heimisch machen {25/39/52/69}	**domesticus**	s. oben
0814	**Domina**	1. Stiftsvorsteherin {33/51}; 2. Prostiuierte, die sadistische Handlungen an einem Masochisten vornimmt {18}	**domina**, ae f	Hausherrin, -frau, Wirtin, Gastgeberin vgl. oben 0581
–	**dominant**	1. vorherrschend, überdekkend (von Erbfaktoren - biol. t. t.) {68/69}; 2. beherrschend, bestimmend {28/33}; 3. = dominierend {18/33}	**dominari** (PPA. **dominans**)	herrschen, tyrannisieren herrschend
–	**Dominante** (l>it)	1. vorherrschendes Merkmal (biol. t. t.) {68/69}; 2. fünfte Stufe der diatonischen Tonleiter (mus. t. t.); 3. (= Dominantakkord): Dreiklang auf der fünften Stufe (mus. t. t.) {37}	dto.	dto.
–	**Dominanz** l>nlat	1. Eigenschaft von Erbfaktoren, sich gegenüber schwächeren sichtbar durchzusetzen (biol. t. t.) {68/69}; 2. Überlegenheit; das Beherrschen {28/33}	dto.	dto.
–	**Dominat**	absolutes Kaisertum in Rom seit Diocletian (hist. t. t.) {75}	**dominatus**, us m	Allein-, Willkür-, Oberherrschaft
–	**Domination**	das Dominieren; Vormachtstellung, Beherrschung {33}	**dominatio**, onis f	Despotie, Allein-, Gewaltherrschaft
–	**dominieren**	1. bestimmen, herrschen, vorherrschen; 2. jmdn. oder etw. beherrschen {28/33}	**dominari**	s. oben
–	**dominierend**	1. an Stärke, Gewichtigkeit andere überragend {33}; 2. sadistische Handlungen an einem Masochisten vornehmend {18}	dto.	dto.
0815	**Dominion** l>frz>engl	Bezeichnung für ein der Verwaltung nach selbständiges Land des Britischen Empire {50}	**dominium** frz. *domaine*	s. oben 0812
–	**Dominium**	Herrschaft, Herrschaftsgebiet (veraltet) {50/58}	dto.	dto.
0816	**Domino** l>it>frz	1. Maskenmantel mit Kapuze und weiten Ärmeln (im Karneval) {19/33}; 2. Träger eines solchen Kostüms {33}; 3. Dominostein (österr.) {17}; 4. Anlegespiel mit rechteckigen Steinen {85}	**dominus**, ni m it. *domino*	Herr, Hausherr, Gebieter
–	**Dominus**	Herr, Gebieter {33}	**dominus**	s. oben

0817	**Domizil**	1. Wohnsitz, Wohnhaus {44}; 2. Zahlungsort (von Wechseln {80}; 3. einem bestimmten Planeten zugeordnetes Tierkreiszeichen (astrol. t. t.) {51/66}	**domicilium**, ii n	Wohnung, Wohnsitz, Residenz, Palast
0818	**Domkapitel** l;l	Gemeinschaft von Geistlichen {51/33}	**domus** + **capitulum**, li n	s. oben 0811 kleiner Kopf; Hauptinhalt
–	**Domkapitular** l;l	Mitglied des Domkapitels {51/33}	dto.	dto.
0819	**Dompteur** l>frz	Tierbändiger {40/85}	**domitare** frz. *dompter*	bezähmen, bändigen, überwinden
–	**Dompteuse** l>frz	Tierbändigerin {40/85}	dto.	dto.
0820	**Don** bzw. **Doña/ Donna** l>it/span	1. höfliche Anrede (nur vor Vornamen gebraucht) {32}; 2. Titel italienischer Adelsfamilien {33}	**dominus** bzw. **domina**	s. oben 0816 s. oben 0814
0821	**Donation**	Schenkung (jur. t. t.) {43/82}	**donatio**, onis f	Schenkung, Geschenk
0822a	**Donja** bzw. **Donna** l>it/span	weibliche Person, (z. B. Dienstmädchen); Hausangestellte (abwertend) {33/40}	**domina**	s. oben 0814
0822b	**Doppel** l>frz>engl	1. Zweitschrift, Kopie {32/56}; 2. Spiel für vier Spieler beim Tennis (sport. t. t.) {57/85}	**duplus**, a, um frz. *double* engl. *doubles*	zweifach, doppelt vgl. unten 0825
–	Doppeldecker, Doppelgänger, doppeln bzw. verdoppeln, Doppelpunkt			
–	**doppelt** l>frz	zweifach, zweimal {57}	dto. frz. *double*	dto.
0823	**dorsal** l>mlat	1. zum Rücken gehörend (med. t. t.); 2. am Rücken, rückseitig (med. t. t.) {70/11}; 3. mit dem Zungenrücken gebildet (sprachwiss. t. t.) {76}	**dorsualis**, e	auf dem Rücken befindlich
–	**Dorsal** l>mlat	mit dem Zungenrücken gebildeter Laut (sprachwiss. t. t.) {76}	dto.	dto.
–	**Dorsale** l>mlat	Rückwand des Chorgestühls {51}	dto. bzw. **dorsum**, si n	dto. Rücken
–	**Dossier** l>vulgl>frz	Akte, die alle Schriftstücke zu einem Vorgang umfaßt {32/50/57/82}	**dorsum** frz. *dossier*	s. oben Rückenlehne; Aktenbündel
0824	**Dotation** l>mlat	1. Ausstattung mit Vermögenswerten {43}; 2. Mitgift {43/33}	**dotare**	aussteuern, ausstatten

–	**dotieren** l>(frz)	1. für etw. eine bestimmte Geldsumme ansetzen, geben {42/43/85}; 2. Fremdatome in Halbleitermaterial einbauen (phys. t. t.) {72}	dto.	dto.
–	**Dotierung** l>(frz)	1. das Dotieren {42/43/85}; 2. Entgelt, Gehalt {40/42}	dto.	dto.
0825	**doubeln** l>frz	einen Filmschauspieler bei riskanten Einstellungen durch einen Stuntman ersetzen {40/56/85}	**duplus**, a, um bzw. **duplare**	**zweifach, doppelt, noch einmal soviel** **verdoppeln**
–	**Double** l>frz	1. Ersatzmann, Stuntman beim Film für gefährliche Aufnahmen {40/56/85}; 2. Doppelgänger {23}; 3. Variationen des Satzes der Suite (mus. t. t.) {37}; 4. dickes Doppelgewebe für Wintermäntel {19}; 5. Gewinn von Meisterschaft und Pokalwettbewerb durch dieselbe Mannschaft in einem Jahr (sport. t. t.) {59/85}	dto. frz. *double*	dto.
>>>	Doublé, doublieren, Doublette, Doublone s. unter Dub...			
0826	**dozieren**	1. an einer Hochschule lehren {31/40}; 2. in belehrendem Ton reden {32/26}	**docere**	(be)lehren, unterrichten, zeigen, nachweisen
–	**Dozent**	Lehrbeauftragter an einer (Hoch)schule {31/40}	dto.	dto.
–	**Dozentur** l>nlat	1. akademischer Lehrauftrag; 2. Stelle für einen Dozenten {31/40}	dto.	dto.
0827	**Drache** (gr)>l	Fabeltier, Lindwurm {07/24/51}	**draco**, onis m gr. *δράκων*	Drache; unschädliche Seeschlange; Fischart
–	**Drachen** (gr)>l	1. Kinderspielzeug, Fluggerät aus Papier {85}; 2. zänkische (alte) Frau {26/33}	dto.	dto.
–	**Dragoner** (gr)>l>frz	1. Kavallerist auf leichterem Pferd (hist. t. t.) {75/86}; 2. stämmige energische Frau (ugs.) {26/33}; 3. Rückenspange am Rock oder Mantel (österr.) {19}	dto. frz. *dragon*	dto. Handfeuerwaffe
0828	**Drapé** l>vulgl>frz	Herrenanzugstoff aus Kammgarn {19}	**drappus**, pi m	Tuch, Lappen
–	**drapieren** l>vulgl>frz	1. kunstvoll in Falten legen {19}; 2. mit kunstvoll gefaltetem Stoff behängen, schmükken {19/20}	dto.	dto.

0829	**Dress** l>vulgl>frz >engl	besondere Kleidung (z. B. für Sport) {19/85}	**dirigere** vulgl. directiare* frz. *dresser* engl. *(to) dress*	gerade machen, ausrichten, zielen richten, lenken aufrichten; aufmachen; abrichten
-	**Dresseur** l>vulgl>frz	jmd., der Tiere abrichtet {40/85}	dto. frz. *dresseur*	dto.
-	**dressieren** l>vulgl>frz	1. Tiere abrichten {28/38/40/85}; 2. jmdn. zu einer bestimmten Verhaltensweise bringen (abwertend) {28/33}; 3. Speisen kunstvoll anrichten {17}; 4. Hüte unter Dampf in der Hutpresse formen {19/41}; 5. Schappeseide kämmen {19}; 6. nachwalzen {41}; 7. drängeln (ugs.) {61}	**dirigere**	s. oben
-	**Dressing** l>vulgl>frz >engl	1. Soße oder Zutat für bestimmte Gerichte (z. B. Salate); 2. Kräutermischung für Bratenfüllungen {17}	dto.	dto.
-	**Dressman** l>vulgl>frz >engl;engl	jmd., der auf Modenschauen Herrenkleidung vorführt {40/19}; 2. männliches Fotomodell {40/33}; 3. junger Mann, der sich homosexuell prostituiert (verhüllend) {33/18}	dto.	dto.
-	**Dressur** l>vugl>frz >nlat	1. das Abrichten von Tieren {28/38/85/40}; 2. Kunststück des dressierten Tieres {33/85}	dto.	dto.
0830	**Dromedar** (gr)>l>frz	einhöckriges Kamel Nordafrikas und Arabiens {06}	**dromedarius**, ii m gr. δρόμος afrz. *dromedaire*	Dromedar, Rennkamel
0831	**Druide** kelt>l	heidnischer (keltischer) Priester {51/75}	**druidae**, arum bzw. **druides**, dum m	die Druiden; Priesterkaste der Gallier
0832	**dual**	eine Zweiheit bildend {57}	**dualis**, e	von zweien, zwei enthaltend
-	**Dual**(is)	1. eigene sprachliche Form für zwei Dinge (z. B. in slawischen Sprachen - sprachwiss. t. t.) {76}; 2. unbeabsichtigte Teilnebenlösung eines Schachproblems {25/85}	dto.	dto.
-	**dualisieren** l>nlat	verzweifachen, verdoppeln {57}	dto.	dto.

–	**Dualismus** l>nlat	1. Zweiheit {57}; 2. Gegensätzlichkeit, Polarität zweier Faktoren {71/72/56}; 3. philosophisch-religiöse Lehre {51/77}; 4. Rivalität zweier Staaten zwischen zwei Parteien {50}	dto.	dto.
–	**Dualist** l>nlat	Vertreter des Dualismus {25/51/77}	dto.	dto.
–	**dualistisch** l>nlat	1. den Dualismus betreffend {s. oben}; 2. zwiespältig, gegensätzlich {56}; 3. eine Teilnebenlösung aufweisend (beim Schach) {25/85}	dto.	dto.
–	**Dualität**	1. Zweiheit, Doppelheit (57}; 2. Eigenschaft zweier geometrischer Gebilde {71}	**dualitas**, atis f	Zweizahl, Zweiheit; Zweifaltigkeit
0833	**dubios** o. **dubiös** l>(frz)	fragwürdig, zweifelhaft {25}	**dubiosus**, a, um	zweifelhaft
–	**Dubiosen** o. **Dubiosa**	zweifelhafte Forderungen (wirtsch. t. t.) {80}	dto.	dto.
–	**Dubitatio**	die Darstellung einleitende zweifelnde Frage (rhet. t. t.) {76/32}	**dubitatio**, onis f	Zweifel, Ungewißheit
–	**dubitativ**	zweifelhaft, Zweifel ausdrükkend {32/76}	**dubitativus**, a, um	zweifelhaft, einen Zweifel anzeigend
–	**Dubitativ**	Konjunktiv mit dubitativer Bedeutung (sprachwiss. t. t.) {76}	dto.	dto.
–	**Dubium**	Zweifelsfall {25}	**dubium**, ii n	Zweifel, Gefahr
0834	**Dublee** o. **Doublé** l>frz	1. Metall mit Edelmetallüberzug {20/41/73}; 2. Stoß beim Billardspiel {61/85}	**duplus**, a, um bzw. **duplum**, li n	zweifach, doppelt, noch einmal soviel das Doppelte
–	**Dublette** l>frz	1. doppelt Vorhandenes; Doppelstück {57}; 2. Doppelschuß, -treffer (bei der Jagd) {38}; 3. Edelstein aus zwei verkitteten Teilen {20}	dto.	dto.
–	**dublieren** l>frz	1. Metall mit einem dünnen Überzug aus Edelmetall (bes. aus Gold) versehen {20/41/73}; 2. zusammendrehen, doppeln {57}; 3. abschmieren, abfärben {41/54}; 4. die Gemälderückseite (mit Holz) verstärken (künstl. t. t.) {36}	**duplicare**	doppelt machen; verdoppeln; in zwei Teile spalten
–	**Dublone** l>span>frz	frühere spanische Goldmünze {56/75}	**duplus**	s. oben
0835	**Duc** l>frz	höchste Rangstufe des Adels in Frankreich {33}	**dux**, ucis mf	Führer, Feldherr, Leiter
–	**Duca** l>it	italienischer Adelstitel {33}	dto.	dto.

0836	**Ductus**	Gang, Kanal, Ausführungsgang von Drüsen (med. t. t.) {70}	**ductus**, us m	Zug, durchlaufende Verbindung; (Wasser)leitung
0837	**due** l>it	zwei (mus. t. t.) {37}	**duo**, ae, o	zwei
0838	**Duell** altl>l>frz	Zweikampf {33/86}	**bellum** altl. **duellum** gemischt mit: **duo**, ae, o	Krieg zwei
–	**Duellant** altl>l>frz	jmd., der sich mit einem anderen duelliert {33/86}	dto.	dto.
–	**duellieren** altl>l>mlat >frz	einen Zweikampf austragen {29/33/86}	dto. mlat. duellare	dto.
0839	**Duett** l>it	(mus. t. t.) 1. Komposition für zwei Singstimmen; 2. zweistimmiger musikalischer Vortrag {37}	**duo**, ae, o	zwei
0840	**Dukaten** l>mlat>it	frühere Goldmünze {56/75}	**dux** it. *duca* *ducato*	s. oben 0835 Herzog Münze mit dem Bildnis eines Herzogs
0841	**Duke** l>frz>engl	höchste Rangstufe des Adels in England {33}	**dux**	s. oben 0835
0842	**Duktus**	1. Schriftzug, Linienführung der Schriftzeichen {32}; 2. charakteristische Art der (künstlerischen) Formgebung {23/36/53/79}	**ductus**	s. oben 0836
0843	**Duo** l>it	1. Komposition für zwei ungleiche Klangquellen (mus. t. t.); 2. zwei gemeinsam musizierende Solisten (mus. t. t.) {37}; 3. zwei Personen, die eine (strafbare) Handlung gemeinsam aufführen {82}	**duo**, ae, o	zwei

>>> Duodenalulkus s. Ulkus

0844	**Duodezfürstentum** l;d	sehr kleines, unbedeutendes Fürstentum (ironisch) {48}	**duodecimus**, a, um	der zwölfte
–	**duodezimal** l>nlat	auf das Duodezimalsystem bezogen {57/71}	dto.	dto.
–	**Duodezimalsystem** l>nlat;gr	Zahlensystem, bei dem die Einheiten nach 12er-Potenzen fortschreiten (math. t. t.) {57/71}	dto.	dto.
0845	**duplieren**	verdoppeln {57}	**duplicare**	s. oben 0834
–	**Duplikat**	Zweitschrift, -ausfertigung, Abschrift {32/57}	dto.	dto.

–	**Duplikation**	Verdopplung {57}	**duplicatio**, onis f	Verdopplung, Multiplikation
–	**duplizieren**	verdoppeln {57}	**duplicare**	s. oben 0834
–	**Duplizität**	1. Doppelheit, doppeltes Vorkommen {57}; 2. Zweideutigkeit (veraltet) {25}	**duplicitas**, atis f	doppelte Anzahl; Doppelzüngigkeit
0846	**Dur**	„harte" Tonart mit großer Terz (mus. t. t.) {37}	**durus**, a, um	hart, schwerfällig, derb, schroff
–	**Durumweizen** l;d	Hartweizen {05/17}	dto.	dto.
0847a	**durativ** l>nlat	verlaufend, dauernd {59}	**durare**	hart machen, verhärten; aus-, andauern
0847b	**Dusche** l>it>frz	Brause, Brausebad {21/44}	**ductio**, onis f	das Ziehen, Abführen; Wasserleitung, Ableitung
			it. *doccione*	Wasserleitungsröhre
			doccia	Wasserrinne, Gießbad
			frz. *douche*	Gieß-, Brausebad
–	**duschen** l>it>frz	ein Brausebad nehmen {21}	dto. frz. *doucher*	dto.
0848	**Dutzend** l>frz	zwölf {57}	**duodecim** frz. *douze*	zwölf
0849	**Dux**	meist einstimmiges Fugenthema (mus. t. t.) {37}	**dux**	s. oben 0835
0850	**Dysfunktion** gr;l	gestörte Tätigkeit eines Organs (med. t. t.) {70}	gr. *δύς* + **functio**, onis f	(negative Vorsilbe) Verrichtung; Geltung

E

0851	**Eagle** l>frz>engl	1. US-Goldmünze mit geprägtem Adler {55/56}; 2. das Treffen des Loches beim Golf mit zwei Schlägen weniger als vorgesehen {85}	**aquila,** ae f frz. *aigle*	Adler
0852a	**echauffieren** l>vulgl>frz	sich erhitzen, sich aufregen {26}	**excalfacere** vulgl. excalefare* frz. *(s) 'echauffer*	erwärmen, erhitzen
–	**echauffiert** l>vulgl>frz	erhitzt, aufgeregt {26}	dto.	dto.
0852b	**Eclair** l>frz	mit Creme gefülltes u. Zucker o. schokolade überzogenes längliches Gebäckstück {17}	**exclarare** frz. *éclairer* *éclair*	beleuchten, erhellen Blitz
0853	**edieren**	Bücher herausgeben, veröffentlichen {32/40}	**edere**	herausgeben, veröffentlichen
–	**Edition**	1. (Neuher)ausgabe von Büchern, klassischen Werken; 2. Verlag {32/40}; 3. Herausgabe von Musikalien {32/37}	**editio,** onis f	Geburt; Herausgabe; Veranstaltung
–	**Editor**	Herausgeber eines Buches {32/40}	**editor,** oris m	Erzeuger, Veranstalter
–	**Editorial** l>engl	1. Vorwort o. Leitartikel des Herausgebers o. Chefredakteurs einer Zeitschrift o. Zeitung; 2. Redaktionsverzeichnis, Verlagsimpressum {32/40}	dto.	dto.
–	**editorisch** l>engl	1. die Herausgabe eines Buches betreffend; 2. verlegerisch {32/40}	dto.	dto.
0854	**Edikt**	1. amtlicher Erlaß von Kaisern und Königen {50/47/28}; 2. (amtliche) Anordnung, Vorschrift (österr.) {50/28}	**edictum,** ti n	Befehl, Proklamation, Verordnung
0855	**Edukation**	Erziehung {31}	**educatio,** onis f	Erziehung; Aufzucht
0856	**Effekt**	1. Wirkung, Erfolg {25/33}; 2. auf Wirkung abzielendes Ausdrucks-, Gestaltungsmittel {23/32}; 3. Ergebnis, sich ergebender Nutzen {25/56}	**effectus,** us m	Durchführung; Wirkung, Erfolg

–	**Effekten** l>frz	Wertpapiere, die an der Börse gehandelt werden {80}	dto.	dto.
–	Effektenbörse, Effektenhandel			
–	**effektiv**	1. tatsächlich, wirklich {52}; 2. wirkungsvoll {25}; 3. überhaupt, ganz und gar (ugs.); 4. lohnend {56}	**effectivus**, a, um	schaffend, bewirkend, ausübend
–	**Effektivität** l>nlat	Wirksamkeit, Durchschlagskraft, Leistungsfähigkeit {25/22/56}	dto.	dto.
–	**Effektor**	(biol. t. t.) 1. zum Organ führende Nervenreizleitung; 2. Organ, das auf einen Nervenreiz reagiert; 3. Stoff, der eine Enzymreaktion auslöst {68/69}	**effector**, oris m	Hersteller, Urheber, Schöpfer
0857	**Effemination**	(med. t. t.) 1. das Vorhandensein weiblicher Eigenschaften beim Mann; 2. höchster Grad entgegengesetzter Geschlechtsempfindung beim Mann {70/18}	**effeminatio**, onis f	Verweiblichung, Verweichlichung
–	**effeminiert**	1. verweichlicht {26/84}; 2. weiblich in Empfindungen und Verhalten (vom Mann gesagt - med. t. t.) {70/18}	**effeminatus**, a, um	weibisch, weichlich
0858	**Effet** l>frz	Drall eines Balles, einer Kugel {61/85}	**effectivus**	s. oben 0856
–	**effetuoso** l>it	effektvoll, mit Wirkung (mus. t. t.) {37}	**effectuosus**, a, um	wirksam
0859	**effizient**	besonders wirtschaftlich, leistungsfähig; Wirksamkeit habend {25/22/56/80}	**efficiens** (Gen. –ntis)	bewirkend
–	**Effizienz**	1. Wirksamkeit {25/56}; 2. Wirtschaftlich-, Leistungsfähigkeit {25/22/80}	**efficientia**, ae f	Wirksamkeit
–	**effizieren**	hervorrufen, bewirken {25}	**efficere**	hervorrufen, bewirken, veranlassen; vollenden
–	**effiziert**	bewirkt {25}	dto.	dto.
0860	**Effusion**	das Ausfließen von Lava (geol. t. t.) {62}	**effusio**, onis f	das Ausgießen, Erguß; das Herausströmen
0861	**egal** l>frz	1. gleich, -artig, -mäßig {53/56}; 2. gleichgültig, einerlei (ugs.) {56/26}; 3. (landsch.) immer (wieder, noch) {59}	**aequalis**, e frz. *égal*	gleich, gleich beschaffen, -förmig, entsprechend
–	**egalisieren** l>frz	1. etw. Ungleichmäßiges ausgleichen, gleichmachen {56}; 2. den Vorsprung des Gegners aufholen, einen Rekord einstellen (sport. t. t.) {59/85}	dto.	dto.

–	**egalitär** l>frz	auf politische, bürgerliche o. soziale Gleichheit gerichtet {25/33/50/81}	dto.	dto.
–	**Egalitarismus** l>frz>nlat	Lehre, die die vollkommene Gleichheit in der menschlichen Gesellschaft propagiert {33/77/81}	dto.	dto.
–	**Egalität** l>frz	Gleichheit {56/33}	**aequalitas**, atis f	Gleichmäßigkeit, Gleichheit
–	**Égalité**	Gleichheit (eines der drei Schlagwörter der Französischen Revolution - hist. t. t.) {33/75}	dto.	dto.
0862	**Ego**	das Ich (philos. t. t.) {77}	**ego**	ich
–	**Egoismus** l>frz	1. Selbstsucht, Eigenliebe, Eigennutz {84}; 2. (Pl.) selbstsüchtige Handlungen {25/26/29/33}	dto. frz. *égoïsme*	dto.
–	**Egoist** l>frz	jmd., der seine persönlichen Interessen vorbehaltlos in den Vordergrund stellt {33/84}	dto. frz. *égoïste*	dto.
–	**egoistisch**	ichsüchtig {84}	dto.	dto.
–	**Egotrip** l;engl	jmds. augenblicklich nur auf die eigene Person gerichtetes Denken und Verhalten {25/29/84}	dto.	dto.
–	**Egozentrik** (l;gr>l) >nlat	Einstellung, die die eigene Person als Zentrum allen Geschehens betrachtet {33/84}	dto. + **centrum**, ri n gr. *κέντρον*	dto. Mittelpunkt, Zentrum, Kern
–	Egozentriker, egozentrisch			
0863	**egressiv**	1. das Ende eines Vorgangs, Zustandes ausdrückend {59}; 2. den Luftstrom bei der Artikulation nach außen richtend (sprachwiss. t. t.) {76}	**egredi** (PPP. **egressus**)	herausgehen, -fallen; vorrücken; landen
0864a	**eichen** l>gallorom >afränk	das gesetzliche Maß geben, prüfen {25/42/56/57}	**(ex)aequare** (sc. misuras) afränk. *ikon**	(die Maße) ausgleichen
0864b	**Eimer** (gr)>l	Holz-, Plastik- o. Metallkübel mit Henkel {44}	**amphora**, ae f gr. *ἄμφορα*	Krug
>>>	ein... s. ggf. unter dem Rest des Wortes			
0864c	**Ejakulat**	bei der Ejakulation ausgespritzte Samenflüssigkeit (med. t. t.) {11/18/70}	**eiaculare** o. **eiaculari** (PPP. **eiaculatus**)	herauswerfen, -stürzen; hervorschleudern, hervorschießen lassen

–	**Ejakulation** l>nlat	Ausspritzung der Samenflüssigkeit beim Orgasmus; Samenerguß (med. t. t.) {18/70}	dto.	dto.
–	**ejakulieren**	Samenflüssigkeit ausspritzen (med. t. t.) {18/70}	dto.	dto.
0865	**Ejektion**	1. explosionsartiges Ausschleudern von Materie aus einem Vulkan (geol. t. t.) {62}; 2. Vertreibung, Hinauswurf (veraltet) {28/29/33/61}	**eiectio**, onis f	das Herauswerfen; Vertreibung, Verbannung
–	**Ejektiv(laut)** l>nlat; (d)	Verschlußlaut (sprachwiss. t. t.) {76}	**eicere**	herauswerfen, -stoßen
–	**Ejektor** l>nlat	1. automatisch arbeitender Patronenauswerfer bei Jagdgewehren {38}; 2. Strahlpumpe mit Absaugvorrichtung {41}	**eiectare**	herauswerfen, -speien
–	**ejizieren**	1. Materie ausschleudern (phys. t. t.) {72/62}; 2. jmdn. aus dem Besitz hinauswerfen, vertreiben (veraltet) {28/33/43/61}	**eicere**	s. oben
0866	**Elaborat**	1. flüchtig zusammengeschriebene Arbeit, Machwerk (abwertend) {32/56}; 2. schriftliche Arbeit, Ausarbeitung (selten) {32/40}	**elaborare**	sich abmühen, -anstrengen; ausarbeiten
–	**elaboriert**	differenziert ausgebildet {54/68/69}	**elaboratus**, a, um	herausgeputzt; sorgfältig ausgearbeitet
0867	**Elan** l>frz	innerer Schwung, Spannkraft, Begeisterung {26/28/84}	**lanceare** frz. *élancer* *élan*	die Lanze schwingen schwingen Schwung
0868	**Elativ**	absoluter Superlativ (sprachwiss. t. t.) {76}	**elatus**, a, um	hoch, erhaben, pathetisch
0869	**Elch** (germ)>l	Hirschtier mit schaufelförmigem Geweih {06}	**alces**, cis mf	Elch, Elentier
0870	**Eldorado** l>span	Traum-, Wunschland, Paradies; Goldland; Tummelplatz {24/58}	**deaurare** (PPP. **deauratum**) span. *dorado* *el dorado pais*	vergolden das vergoldete Land
0871	**Elefant** (ägypt)>(gr)>l	größtes landlebendes Säugetier {06}	**elephantus**, ti m o. **elephas** o. **elephans**, ntis m gr. ἐλέφας	Elefant; Elfenbein

0872	**elegant** l>frz	1. durch Vornehmheit oder Geschmack auffallend; 2. gewandt, harmonisch ausgeführt {25/26/55}; 3. zur Erfüllung höchster Ansprüche geeignet {25/56}	**elegans** (Gen. –ntis)	wählerisch, geschmackvoll, nobel, gebildet
–	**Elegant** l>frz	auffällig modisch gekleideter Mann (meist abwertend) {55/33}	dto.	dto.
–	**Eleganz** l>frz	1. geschmackvolle Vornehmheit {25/55/84}; 2. könnerhafte Gewandtheit {25/22}	**elegantia**, ae f	Geschmack, Anstand; Feinheit, Gewähltheit
0873	**Elektion**	Auswahl, Wahl {25/28/50}	**electio**, onis f	Auswahl, Wahl
–	**elektiv**	auswählend {25/28}	**electivus**, a, um	zur Wahl geeignet, die Wahl lassend
–	**Elektor**	1. Wähler, Wahlherr; 2. (Aus)wählender {28/50}	**elector**, oris m	Auswähler
–	**Elektorat** l>nlat	1. Kurfürstentum {50}; 2. Kurfürstenwürde {50/33}	dto.	dto.
0874	**Element**	1. Grundbestandteil, Komponente; typisches Merkmal, Wesenszug {25/56/55}; 2. Kraft, Faktor; 3. Grundbegriffe, Gesetze {25}; 4. (idealer) Lebens-, Entfaltungsraum {25/56/58}; 5. Naturgewalt, -kraft {02}; 6. mit chemischen Mitteln nicht weiter zerlegbarer Stoff {73}; 7. Stromquelle, in der chemische in elektrische Energie umgewandelt wird (elektrotechn. t. t.) {72}; 8. Person einer für schädlich angesehenen sozialen o. politischen Gruppe {33}; 9. Bauteil, Einzelteil {40/41/57}	**elementum**, ti n	Grund-, Urstoff, Element; Anfangsgründe
–	**elementar**	1. grundlegend, wesentlich; 2. geläufig, einfach, primitiv; 3. naturhaft ungebändigt, ungestüm {25/56}; 4. als reines Element vorhanden (chem. t. t.) {73}	**elementarius**, a, um	zu den Anfangsgründen gehörig

>>> Elementar... s. ggf. unter dem Rest des Wortes

0875	**Elevation**	1. Erhöhung, Erhebung {61/58}; 2. Höhe eines Gestirns über dem Horizont (astron. t. t.) {66}; 3. das Emporheben von Hostie und Kelch (rel. t. t.) {51}; 4. Anhebung eines Gegenstandes durch ein Medium (= Telekinese - parapsych. t. t.) {51/61/70/72}	**elevatio**, onis f	das Aufheben, Hebung; Verhöhnung
–	**Elevator** l>nlat	Einrichtung zur Güterbeförderung (z. B. Schotter) {41/61}	**elevator**, oris m	Beschützer
–	**Eleve** l>vulgl>frz	Anfänger in der praktischen Ausbildungszeit, Ballettschüler, Landpraktikant {31/37/39}	**elevare** vulgl. exlevare* frz. *élever* *élève*	emporheben; wegnehmen; mildern emporheben Schüler
0876	**elidieren**	1. einen unbetonten Vokal ausstoßen, -lassen (z. B. am Wortende) (sprachwiss. t. t.) {76}; 2. etw. ausstreichen, tilgen {52/32}	**elidere**	herausschlagen, -stoßen; synkopieren (gramm. t. t.)
–	**Elision**	Ausstoßung eines Vokals (sprachwiss. t. t.) {76}	**elisio**, onis f	das Herausstoßen, Auspressen; Elision (gramm. t. t.)
0877	**Elimination**	1. Ausschaltung, Beseitigung, Entfernung {52}; 2. rechnerische Beseitigung einer unbekannten Größe (math. t. t.) {71}; 3. Verlust von Erbmerkmalen im Laufe der stammesgeschichtlichen Entwicklung (biol. t. t.) {68/69}	**eliminare**	aus dem Haus treiben, entfernen
–	**eliminieren**	1. herauslösen, beseitigen {52}; 2. etw. herauslösen, um es isoliert zu behandeln {32/58}	dto.	dto.
0878	**elitär** l>vugl>frz	1. einer Elite angehörend, auserlesen {56/33}; 2. dünkelhaft eingebildet {25/26/84}	**eligere** vulgl. exlegere* frz. *élire* *élite*	herauslesen, -ziehen; auswählen
	Elite	1. Auslese der Besten {56}; 2. Führungsschicht {33}; 3. Schreibmaschinenschriftgröße {32/58}	dto.	dto.
0879	**Elogium** (gr)>l	1. Inschrift auf Grabsteinen (in d. röm Antike) {32/75}; 2. Lobrede {32/33}	**elogium**, ii n gr. *ἐλεγεῖα*	Ausspruch, Inschrift; letztwillige Verfügung Gedicht, Inschrift
0880	**eloquent**	beredsam, beredt {22/32}	**eloquens** (Gen. –ntis)	redend, beredt
–	**Eloquenz**	Beredsamkeit {22/32}	**eloquentia**, ae f	Beredsamkeit

0881	**Elukubration** l>nlat	wissenschaftliche, bei Lampenlicht geschaffene Arbeit (veraltet) {32/40}	**elucubrare**	bei(m) Licht (der Studierlampe aus)arbeiten
0882	**Emanation**	1. das Hervorgehen aller Dinge aus dem göttlichen Einen (philos. t. t.) {77}; 2. Ausstrahlung psychischer Energie (psych. t. t.) {70}; 3. chemische Bezeichnung für Radon (veraltet - chem. t. t.) {73}	**emanatio**, onis f	das Ausfließen, Ausfluß
–	**emanieren**	ausströmen; radiokative Strahlen aussenden {72/61}	**emanare**	herausfließen; entspringen, zutage treten
0883	**Emanze**	Frau, die sich emanzipiert gibt und für die Emanzipation (2.) einsetzt (iron.) {33}	**emancipatio**, onis f	Entlassung eines Sohnes aus der väterlichen Gewalt; Freilassung; Abtretung
–	**Emanzipation**	1. Befreiung aus dem Zustand der Abhängigkeit, Verselbständigung; 2. recht- und gesellschaftliche Gleichstellung von Mann und Frau {33}	dto.	dto.
–	**emanzipativ**	die Emanzipation betreffend {33}	dto.	dto.
–	**emanzipatorisch** l>nlat	auf Emanzipation gerichtet {33}	dto.	dto.
–	**emanzipieren**	sich o. jmdn. aus einer Abhängigkeit lösen, selbständig machen {33}	**emancipare**	aus der väterlichen Gewalt entlassen, für selbständig erklären
–	**emanzipiert**	1. Gleichberechtigung anstrebend, selbständig, frei, unabhängig {33}; 2. betont vorurteilsfrei, männlich wirkend (in bezug auf Frauen - veraltet, abwertend) {25/33/55}	dto.	dto.
0884	**Embargo** vulgl >gallorom >span	1. Beschlagnahme fremden Eigentums durch einen Staat {43/50}; 2. staatliches Waren- und Kapitalausfuhrverbot {42/80/50}	vulgl. **imbarricare*** span. *embargar*	versperren, in Sperrschranken legen in Beschlag nehmen, behindern
0885	**Emendation**	Verbesserung, Berichtigung {56/32/25}	**emendatio**, onis f	Verbesserung, Vervollkommnung
–	**emendieren**	verbessern, berichtigen {56/32/25}	**emendare**	von Fehlern befreien, berichtigen, bessern
0886	**Emerit**	im Alter dienstunfähig gewordener kath. Geistlicher {51/59}	**emere** (PPP. **emeritus**)	ver-, ausdienen alt -, unbrauchbar geworden, ausgedient

–	**emeri-tieren** l>nlat	jmdn. in den Ruhestand versetzen {59/33}	dto.	dto.
–	**emeritiert** l>nlat	in den Ruhestand versetzt {59/33}	dto.	dto.
–	**Emeri-tierung** l>nlat	Entbindung eines Hochschullehrers von der Vorlesungsverpflichtung {31/59/33}	dto.	dto.
–	**emeritus**	von seiner Lehrtätigkeit entbunden {31/59/33}	dto.	dto.
–	**Emeritus**	Hochschullehrer im Ruhestand {31/33/59}	dto.	dto.
0887	**Emigrant**	Auswanderer {33/50}	**emigrare**	ausziehen, auswandern
–	**Emigration**	1. Auswanderung {33/50}; 2. Austritt von Blutkörperchen durch die Gefäßwand (med. t. t.) {70}	**emigratio**, onis f	das Aus-, Wegziehen
–	**emigrieren**	auswandern {50/33}	**emigrare**	s. oben
0888	**eminent** l>frz	außerordentlich, äußerst groß {56/57}	**eminens** (Gen. –ntis)	hervorragend, ausgezeichnet
–	**Eminenz**	1. Hoheit (Kardinalstitel) {51}; 2. (graue -): wichtige Person im Hintergrund {33}	**eminentia**, ae f	das Hervorragende; Erhöhung, Vorzug
0889	**Emissär** l>frz	Abgesandter mit einem bestimmten Auftrag {32/33}	**emissarius**, ii m	Sendbote; Späher, Spion
–	**Emission** l>(frz)	1. Ausgabe von Wertpapieren {80}; 2. Aussendung von elektromagnetischen Teilchen oder Wellen (phys. t. t.) {72}; 3. Entleerung (med. t. t.) {70}; 4. Luftverunreinigung {41/65/73}; 5. Rundfunksendung (schweiz.) {46}	**emissio**, onis f	das Ausströmen lassen, Entsenden, Entlassen

>>> Emissionskataster, Emissionsspektrum s. Kataster, Spektrum

–	**Emittent**	1. jmd., der Wertpapiere ausstellt und ausgibt {80}; 2. Luftverschmutzer {41/73/65}	**emittere**	herauslaufen -, ausströmen lassen; aussenden, entlassen
–	**emittieren** l>(frz)	1. ausgeben, in Umlauf setzen (von Wertpapieren) {80}; 2. aussenden (von Elektronen - phys. t. t.) {72}; 3. Luftverunreinigungen verursachen {41/73/65}	dto.	dto.
0890	**Emotion**	Gemütsbewegung, seelische Erregung, Gefühlszustand {26}	**emotio**, onis f bzw. **emovere**	das Fortbewegen wegschaffen; emporwühlen, erschüttern

–	**emotional** o. **emotionell** l>nlat	mit Emotionen verbunden; gefühlsmäßig, einer inneren Erregung folgend {26}	dto.	dto.
–	**Emotionale** l>nlat	das Gefühlsmäßige {26}	dto.	dto.
–	**emotionalisieren** l>nlat	Emotionen wecken, - einbauen {26}	dto.	dto.
–	**Emotionalität** l>nlat	inneres, gefühlsmäßiges Beteiligtsein an etw. {26}	dto.	dto.
0891	**Empire** l>frz (l>frz >engl)	1. französisches Kaiserreich unter Napoleon I. {75/50}; 2. Stilepoche zur Zeit Napoleons {36/88}; 3. das britische Weltreich {50}	**imperium**, ii n	Befehl, Macht, Herrschaft
0892	**Emulation** l>engl	1. Wetteifer {25/33}; 2. Eifersucht, Neid {26}	**aemulatio**, onis f	Wettteifer; Eifersucht, Mißgunst
0893	**Emulgator** l>nlat	Mittel zur Erleichterung der Emulsionsbildung {73/17}	**emulgere**	aus-, abmelken
–	**emulgieren**	1. eine Emulsion herstellen; 2. einen unlöslichen Stoff in einer Flüssigkeit verteilen {73/40/41/17}	dto.	dto.
–	**Emulsion** l>nlat	1. kolloide Verteilung zweier nicht miteinander mischbarer Flüssigkeiten {73}; 2. lichtempfindliche Schicht auf Filmen {54/72}	dto.	dto.
0894	**Encoder** (l;l)>frz >engl	Einrichtung zur Datenverschlüsselung (z. B. in einem Computer) {32/46}	**in** + **codex**, dicis n	in, in ... hinein, nach, an, auf Buch, Schrift, Verzeichnis
–	**Encoding** l>engl	Verschlüsselung einer Nachricht (techn. t. t.) {32/46}	dto.	dto.
>>>	encodieren, Encodierung s. enkodieren, Enkodierung			
0895	**encouragieren** (l;l)>frz	ermutigen, anfeuern {32/26}	**in** + **cor**, rdis frz. *cœur*	s. oben 0894 Herz
0896	**enervieren**	1. jmdm. auf die Nerven gehen {26/33}; 2. Nervenverbindungen ausschalten (med. t. t.) {70}	**enervare**	vgl. oben 0564 die Nerven herausnehmen; entkräften, lähmen

–	**Enervierung** o. **Enervation**	1. Überbeanspruchung der Nerven, Belastung der seelischen Kräfte {26/70}; 2. Ausschaltung der Nervenverbindung zu einem Organ (med. t. t.) {70}	dto.	dto.
0897	**Enklave** (l;l)>vulgl >frz	vom eigenen Staatsgebiet umschlossener Teil eines fremden Staatsgebiets {58/50}	**in** + **clavis**, is f	s. oben 0894 Schlüssel
			vulgl. inclavare*	
			frz. *enclaver*	(mit einem Schlüssel) einschließen vgl. unten 0969
0898	**enkodieren** (l;l)>frz	eine Nachricht mit Hilfe eines Kodes verschlüsseln {32/46}	**in** + **codex**	s. oben 0894
–	Enkodierung			
0899	**enorm** l>frz	von außergewöhnlich großem Ausmaß; außerordentlich, erstaunlich {56/53}	**enormis**, e	unregelmäßig; **übermäßig groß**, ungeheuer
–	**Enormität** l>frz	erstaunliche Größe {56/53}	**enormitas**, atis f	Unregelmäßigkeit; ungeheure Größe
0900	**Enquete** l>vulgl>frz	1. amtliche Untersuchung, Erhebung {32/50}; 2. Arbeitstagung (österr.) {32/40}	**inquirere**	nach etw. suchen, etw. prüfen; erkunden, ausfragen
			vulgl. inquaesitus*	
			frz. *enquête*	Zeugenverhör, Untersuchung, Befragung
>>>	Enquetekommision s. Kommission			
0901	**Ensemble** l>frz	1. Künstlergruppe {35/37/57}; 2. Szene mit mehreren Solostimmen {37/57}; 3. Kleid mit passender Jacke oder Mantel {19}; 4. künstlerische Gruppierung städtischer Bauten {88}	**insimul** (Adv.)	zugleich, zusammen
			frz. *ensemble*	miteinander, zusammen;
			(Subst.)	Gesamtheit, Einheit, Übereinstimmung
0902	**Entente** l>frz	Einverständnis, Bündnis {50/25}	**intendere**	hinwenden, seine Aufmerksamkeit auf etw. richten, beabsichtigen
			frz. *entendre*	aufmerken, beabsichtigen, meinen
			entente	Verständigung, Aufmerksamkeit, Absicht

>>>	entlarven s. Larve 2007			
0903	**entmilitarisieren** d;l	aus einem Gebiet die Truppen abziehen, militärische Anlagen abbauen {86}	**militaris**, e	die Soldaten -, den Kriegsdienst betreffend, soldatisch
–	Entmilitarisierung			
0904a	**entnazifizieren** d;(l;l;l) >nlat	1. Maßnahmen zur Ausschaltung nationalsozialistischer Einflüsse aus dem öffentlichen Leben durchführen; 2. einen ehemaligen Nationalsozialisten politisch überprüfen u. ihn durch Sühnemaßnahmen entlasten (hist. t. t.) {50/75}	**natio**, onis f + **socialis**, e + **facere**	Nation, Volk; Gattung, Rasse die Gesellschaft betreffend, gesellschaftlich tun, machen, handeln
0904b	**entern** l>span >niederl	1. ein feindliches Schiff erklettern und im Kampf aufbringen {45/61/86}; 2. in die Takelung eines Schiffes klettern (seemannsspr. t. t.) {45/61}	**intrare** span. *entrar* niederl. *enteren*	hineingehen, betreten hineingehen, -bringen; überfallen, einnehmen
0905	**Entrecote** (l;l)>frz	Rippenstück beim Rind {17}	**inter** + **costa**, ae f	zwischen, unter Rippe
0906	**Entree** l>frz	1. Eintrittsgeld {33/42/85}; 2. Eintritt, Eingang; 3. Vorzimmer {58}; 4. Vorspeise o. Zwischengericht {17}; 5. Eröffnungsmusik, Eintrittslied (mus. t. t.) {37/59}	**intrare** frz. *entrer*	hineingehen, -treten
0907	**Entreprise** (l;l)>vulgl >frz o. **Enterprise** (l;l)>vulgl >engl	Unternehmung {25/28/29}	**inter** + **prehendere** vulgl. imprehendere* frz. *entreprendre* *entreprise*	zwischen, unter (an)fassen, ergreifen, nehmen unternehmen
0908	**Enumeration**	Aufzählung {57}	**enumeratio**, onis f	Aufzählung, Wiederholung
–	**enumerativ**	aufzählend {57}	**enumerare**	ausrechnen, aufzählen, anführen
–	**enumerieren**	aufzählen {57}	dto.	dto.
0909a	**Enunziation**	Aussage, Erklärung; Satz {32}	**enuntiatio**, onis f	Mitteilung, Aussprache; Aussage
0909b	**Enzian**	Gebirgspflanze (auch als Gewürz für Schnaps verwendet) {04/17}	**gentiana**, ae f	Enzian
0910	**Epaulett(e)** l>frz	Achsel-, Schulterstück auf Uniformen {19/86}	**spatula**, ae f frz. *épaule*	kleiner Rührlöffel; Schulter, -blatt

0911	**Epilation** (l;l)>nlat	Entfernung von Körperhaaren (med. t. t.) {70/21}	**ex** + **pilus**, li m	aus ... heraus, herab, fort, weg..., von ...weg Haar, Haarwuchs am Körper
–	**epilieren** l>nlat	Körperhaare entfernen (med. t. t.) {70/21}	dto.	dto.
0912	**Epistel** (gr)>l	1. Apostelbrief im Neuen Testament; 2. vorgeschriebene gottesdienstliche Lesung {51/32}; 3. kunstvoller, längerer Brief (ugs.) {32/34}; 4. Strafpredigt {32/30}	**epistula**, ae f gr. *ἐπιστολή*	Brief, Sendschreiben
–	**Epistolar(ium)** (gr)>l	1. liturgisches Buch mit gottesdienstlichen Episteln {51/32}; 2. Sammlung von Briefen bekannter Persönlichkeiten {32/34/57}	dto.	dto.
0913	**Equalizer** l>engl	elektronischer Entzerrer-Ausgleicher zur Regelung des Klangbildes bzw. Frequenzgangs von HiFi-Anlagen {87}	**aequalis**, e	gleich, eben, entsprechend
0914	**Equestrik** l>nlat	Reitkunst (besonders im Zirkus) {38/85}	**equester**, tris, tre	zum Pferd -, Reiter o. zur Reiterei gehörig
–	**Equiden** l>nlat	pferdeartige Tiere (biol. t. t.) {69/06}	**equus**, ui m	Pferd
0915	**erektil** o. **erigibel** l>nlat	schwell-, erektionsfähig (med. t. t.) {70}	**erectus**, a, um	aufgerichtet; gespannt, munter; hoch
–	**Erektion**	Versteifung und Aufrichtung von mit Schwellkörpern versehenen Organen (med. t. t.) {70}	**erectio**, onis f	Aufrichtung, Aufstellung
0916a	**ergo**	also, folglich {25}	**ergo**	wegen, also, deshalb
0916b	**erigieren**	(med. t. t.) 1. sich aufrichten, versteifen; 2. eine Erektion haben {70}	**erigere**	aufrichten, sich erheben; ermutigen
0917	**Erker** l>mlat >nordfrz	Vorbau {58/88}	**arcus**, us m mlat. arcuarium* nordfrz. *arquière*	Bogen, -wölbung, Triumphbogen bogenförmige Ausbuchtung Schützenstand, Schießscharte
0918	**erodieren**	auswaschen und zerstören (geol. t. t.) {62}	**erodere**	ab-, weg-, ausnagen, angreifen
–	**Erosion**	Zerstörung, Beschädigung, Fehler (z. B. der Erdoberfläche durch Natureinflüsse; des Zahnschmelzes) {52/62/70/72}	**erosio**, onis f	das Zerfressenwerden, der Krebs

–	**erosiv** l>nlat	die Erosion betreffend, durch sie entstanden (geol. t. t.) {62}	**erodere**	s. oben
0919	**erratisch**	vom Ursprungsort weit entfernt {58}	**erraticus**, a, um	umherirrend, -schweifend
–	**Erratum**	Druckfehler {32/25}	**erratum**, ti n	Irrtum, Fehler
0920	**eruieren**	1. durch Überlegungen feststellen, erforschen; 2. jmdn., etw. herausfinden, ermitteln {25/29/40}	**eruere**	herausgraben, -wühlen; erforschen, ermitteln
–	Eruierung			
0921	**eruptieren**	ausbrechen (z. B. von Lava, Asche - geol. t. t.) {62}	**erumpere** (PPP. **eruptus**)	hervor-, herausbrechen, -stürzen
–	**Eruption**	1. vulkanischer Ausbruch (geol. t. t.) {62}; 2. Gasausbruch auf der Sonne (astron. t. t.) {66}; 3. Hautausschlag(ausbruch) (med. t. t.) {70}	**eruptio**, onis f	das Heraus-, Hervorbrechen, -stürzen
–	**eruptiv** l>nlat	1. durch Eruption entstanden (geol. t. t.) {62}; 2. aus der Haut hervortretend (med. t. t.) {70}	**erumpere**	s. oben
0922	**Esel**	1. Grautier; Lasttier {06}; 2. dummer Mensch (ugs.) {25/33}	**asellus**, li m bzw. **asinus**, ni m	Eselchen Esel
–	Eselei, Eselsbrücke, Eselsohr			
0923	**Eskadron** (l;l)>vulgl >it>frz	Schwadron, kleinste Trupppeneinheit der Kavallerie (mil. t. t.) {57/86}	**ex** + **quadrare** vulgl. exquadrare* it. *squadra* *squadrone* frz. *escadre* *escadron*	aus ... heraus, von ... weg viereckig machen, - sein viereckig machen Viereck Schwadron Viereck Schwadron
0924	**eskaladieren** l>frz >(engl)	1. eine Festung mit Sturmleitern erstürmen (hist. t. t.) {29/75/86}; 2. eine Hinderniswand überwinden {29/86}	**scalae**, arum f (Pl.) frz. *escalader*	Leiter, Treppe, Gerüst eine Festung mit Leitern erstürmen
–	**Eskaladierwand** l>frz;d	Hinderniswand für Kletterübungen {85/86}	dto.	dto.
–	**Eskalation** l>frz>engl	allmähliche Verschärfung, Steigerung (beim Einsatz militärischer o. politischer Mittel) {50/59/86}	dto. engl. *escalate*	dto.
–	**eskalieren** l>frz>engl	1. (sich) stufenweise steigern, verschärfen; 2. sich ausweiten, rigoroser werden {25/33/50/59/86}	dto.	dto.

–	Eskalierung			
0925	**Eskapade** (l;l)>vulgl >frz>it>frz	1. falscher Sprung eines Schulpferdes {61/85}; 2. mutwilliger Streich, eigenwillige Unternehmung, Seitensprung {25/28/18}	**ex** + **cappa**, ae f vulgl. excappare* frz. *échapper* it. *scappare* frz. *escapade*	s. oben 0923 Kopfbedeckung (Ordensmütze) sich davonmachen, die Ordensmütze wegwerfen
0926	**Eskorte** (l;l)>vulgl >it>frz	Geleit, Schutz(wache), Gefolge {33/47/86}	**ex** + **corrigere** vulgl. excorrigere* it. *scorgere* *scorta* frz. *escorte*	s. oben 0911, 0923 berichtigen, verbessern; zurechtweisen ausrichten, beaufsichtigen Geleit
–	**eskortieren** (l;l)>vulgl >it>frz	als Schutzwache begleiten, geleiten {33/47/86}	dto. frz. *escorter*	dto.
0927	**Esperanto** l>nlat	übernationale, künstliche Weltsprache des Polen Zamenhof (Pseudonym: Dr. Esperanto - der Hoffende) {32}	**sperare**	hoffen
–	Esperantist, Esperantologe, Esperantologie			
0928	**Esplanade** l>it>frz	großer freier (Vor)platz {58}	**explanare** it. *spianare* *spianata* frz. *esplanade*	ebnen; ausbreiten; erklären ebnen geebneter Platz großer freier (Vor)platz
0929	**espressivo** l>it	ausdrucksvoll (mus. t. t.) {26/37}	**expressus**, a, um	ausdrucksvoll; anschaulich; deutlich ausgedrückt
–	**Espressivo** l>it	ausdrucksvolle Gestaltung in der Musik {26/37}	dto.	dto.
–	**Espresso** l>it	in einer Spezialmaschine zubereiteter sehr starker o. dunkel gerösteter Kaffee {17}	dto.	dto.
0930	**Esprit** l>frz	geistreiche Art (fein, witzig-einfallsreich) {25/26}	**spiritus**, us m	Leben; Luft; Geist; Begeisterung
0931	**Essay** l>frz>engl	wissenschaftliche o. literarische Abhandlung in knapper anspruchsvoller Form {34/32}	**exigere** bzw. **exagium**, ii n frz. *essai*	abmessen, wägen, untersuchen das (Er)wägen; Gewicht; Versuch (spätl.) Versuch; Abhandlung

–	**Essayist** l>frz>engl	Verfasser von Essays {32/34/ 40}	dto.	dto.
–	**Essayistik** l>frz>engl	Kunstform des Essays {32/34}	dto.	dto.
–	**essayi-stisch** l>frz>engl	das Essay betreffend, in der Art eines Essays {32/34}	dto.	dto.
0932	**Essential** l>engl	das Wesentliche; Hauptpunkte {25/56}	**essentialiter** (Adv.)	wesentlich
–	**Essentia-lien** l>engl	Hauptpunkte bei einem Rechtsgeschäft {82/56}	dto.	dto.
–	**essentiell** l>frz o. **essential** l>engl	1. wesentlich, hauptsächlich {25/56}; 2. wesensmäßig (philos. t. t.) {77}; 3. lebensnotwendig (biol. t. t.) {68/69}; 4. selbständig (von Krankheitserscheinungen - med. t. t.) {70}	dto.	dto.
0933	**Essenz**	1. wesentlicher Teil, Kernstück {25/56}; 2. konzentrierter Duft- oder Geschmacksstoff {17/21}; 3. stark eingekochte Brühe zur Verbesserung von Speisen {17}; 4. Wesen, Wesenheit einer Sache (philos. t. t.) {77}	**essentia**, ae f	das Wesen einer Sache
0934	**Essig** l>vulgl>got >aengl	saures Weinprodukt {17/21}	**acetum**, ti n vulgl. atecum* got. *akeit* *aengl. eced* mhd. *ezzich*	Essig
>>>	Establishment s. 0936			
0935	**Estrich** (gr)>vulgl >mlat	(Stein)fußboden {44/88}	vulgl. **astracum** bzw. **astricum*** gr. *ὄστρακον* mlat. astracus o. astricus	Pflaster Tonziegel, Scherbe Pflaster
0936	**Establish-ment** l>engl	1. Oberschicht einflußreicher Personen; 2. etablierte bürgerliche Gesellschaft {33}	**stabilire** frz. *(s') établir*	befestigen, aufrecht erhalten
–	**etablieren** l>frz	1. einrichten, gründen {52}; 2. sich niederlassen, sich selbständig machen {42/80}; 3. sich eingewöhnen, sich häuslich einrichten {44}; 4. sich (in der Gesellschaft) breitmachen {33}	dto.	dto.

–	**Etablissement** l>frz	1. Unternehmen, Geschäft, Betrieb {40/41/42}; 2. kleineres, gepflegtes Restaurant {33/40/17}; 3. Vergnügungsstätte, zweifelhaftes Nachtlokal {33/18}; 4. Bordell, Puff {18}	dto.	dto.
0937	**Etage** l>vulgl>frz	Stockwerk, (Ober)geschoß {44/58}	**status**, us m vulgl. staticum* frz. *étage*	Zustand, Stellung, Standort Standort Aufenthalt, (Zu)stand, Rang
–	**Etagere** l>frz	1. Bücher- oder Geschirrgestell {44}; 2. aufhängbare Kosmetiktasche mit Fächern {21/58}	dto.	dto.
0938	**Etat** l>frz	1. (Staats)haushaltsplan {50/80}; 2. zur Verfügung stehende Geldmittel {80/57}	**status** frz. *état*	s. oben 0937
0939	**eternisieren** l>frz	verewigen; in die Länge ziehen {24/59}	**aeternare**	ewig machen, verewigen
–	**Eternit** l>nlat	(Warenzeichen:) wasserundurchlässiges, feuerfestes Material {02/41/73}	dto. bzw. **aeternitas**, atis f	dto. Unvergänglichkeit, Ewigkeit
0940	**Etüde** l>frz	Übungs-, Vortrags-, Konzertstück, das spezielle Schwierigkeiten enthält (mus. t. t.) {31/37}	**studium**, ii n frz. *étude*	eifriges Streben, intensive (Lieblings)beeschäftigung, Trieb Studium, Untersuchung
–	**Etui** l>vulgl>(it) >frz	schützendes Behältnis für empfindliche Gegenstände, Futeral {21/44/58}	dto. vulgl. studiare* it. *studiare* afrz. *estuiier* o. *estoiier* *estui* frz. *étui*	dto. etw. sorgfältig betreiben, Eifer auf etw. verwenden sorgfältig aufbewahren in eine Hülle stekken, bewahren, aufheben
>>>	Euro... s. ggf. unter dem Rest des Wortes			
0941	**evakuieren**	1. wegen einer drohenden Gefahr vorübergehend aussiedeln, wegbringen {29/61}; 2. ein Vakuum herstellen, luftleer machen (techn. t. t.) {72}; 3. aus-, entleeren (veraltet) {57/61}	**evacuare**	auslehren, abführen; entledigen

–	**Evakuierung** o. **Evakuation**	1. Gebietsräumung; 2. Aussiedlung von Bewohnern {29/61}; 3. Herstellung eines Vakuums (techn. t. t.) {72}	**evacuatio**, onis f	Ausleerung, Entkräftung
0942	**Evaluation** l>frz>engl	1. Bewertung, Bestimmung des Wertes {56}; 2. Beurteilung (von Lehrplänen und Unterrichtsprogrammen {25/31/78}	**evalescere** (Pf. **evalui**) frz. *évaluer*	stark werden; vermögen, wert-, imstande sein
–	**evaluativ** l>frz>engl	wertend {56/25}	dto.	dto.
–	**evaluieren** l>frz>engl	1. bewerten {56/25}; 2. Lehrpläne beurteilen {25/31/78}	dto.	dto.
–	**Evaluierung** l>frz>engl	Auswertung {25}	dto.	dto.
–	**Evalvation** l>frz	Schätzung, Wertbestimmung {56/25}	dto.	dto.
–	**evalvieren** l>frz	abschätzen {25}	dto.	dto.
0943	**Evaporation**	Verdampfung, Verdunstung, Ausdünstung (von Wasser) {72/65}	**evaporatio**, onis f	Ausdünstung, Ausdampfung
–	**Evaporator** l>nlat	Gerät zur Süßwassergewinnung aus Meerwasser {72/87}	**evaporare**	ausdampfen, -dünsten
–	**evaporieren**	1. verdunsten {72/65}; 2. Wasser zur Eindickung einer Flüssigkeit verdampfen lassen (z. B. Milch) {72/17}	dto.	dto.
–	**Evaporimeter** l;gr	Verdunstungsmesser (phys., meteor. t. t.) {72/65}	dto. + gr. *μέτρον*	dto. Maß, Maßstab
0944	**Eventualität** l>mlat	Möglichkeit, möglicher Fall, Zufälligkeit {25/52}	**evenire** (bzw. **eventus**, us m frz. *éventualité*	ablaufen, sich ereignen, eintreten, widerfahren Vorfall, Ereignis; Ergebnis)
–	**eventualiter** l>mlat	vielleicht, unter Umständen {25}	dto.	dto.
–	**eventuell** o. **eventual** l>mlat>frz	1. möglicherweise eintretend; 2. gegebenenfalls, unter Umständen, vielleicht {25}	dto.	dto.
0945	**Evertebraten** (l;l)>nlat	wirbellose Tiere (biol. t. t.) {08/69}	**ex** + **vertebra**, ae f	aus ... heraus, von ... weg Rückenwirbel; Gelenk
0946	**evident**	offenkundig, klar ersichtlich; überzeugend {25}	**evidens** (Gen. –ntis)	sichtbar, einleuchtend, offenbar, erwiesen

–	**Evidenz**	Deutlichkeit; vollständige Gewißheit; einleuchtende Erkenntnis {25}	**evidentia**, ae f	Ersichtlichkeit, Klarheit
0947	**Evokation**	1. Vorstellungserweckung bei der Betrachtung eines Kunstwerks {24/25/26}; 2. königliches (o. päpstliches) Recht, einen Fall direkt vor den Hofgerichtshof zu bringen (hist. jur. t. t.) {82/75}; 3. Vorladung des Beklagten vor Gericht {28/82}; 4. Herausrufung der Götter (altröm. Kriegsbrauch - hist. t. t.) {51/75/86}	**evocatio**, onis f	Aufruf, Aufgebot (mil. t. t.); Vorladung eines Schuldners; Aufforderung an einen Gott, die belagerte Stadt zu verlassen
–	**evokativ**	bestimmte Vorstellungen enthaltend {24/25}	**evocativus**, a, um	zum (Kriegs)aufgebot gehörig
–	**evokatorisch**	bestimmte Vorstellung erweckend {24/25/26}	**evocatorius**, a, um	auffordernd, herbeirufend vgl. unten 0949
0948	**Evolution**	1. allmählich fortschreitende Entwicklung {59/61}; 2. stammesgeschichtliche Entwicklung (biol. t. t.) {68/69}	**evolutio**, onis f	das Aufschlagen, Lesen
–	**evolutionär** l>nlat	1. auf Evolution beruhend; 2. sich allmählich und stufenweise entwickelnd {59/61/68/69/}	**evolvere**	hinauswickeln; verdrängen; entwickeln, darstellen
–	**Evolutionismus** l>nlat	naturphilosophische Richtung des 19. Jh.s (philos. t. t.) {77}	dto.	dto.
–	Evolutionist, evolutionistisch			
–	**evolvieren** l>nlat	entwickeln, entfalten; entwickelnd darstellen {32/25}	dto.	dto.
0949	**evozieren**	1. durch Evokation (1.) hervorrufen {24/25/26}; 2. (einen Beklagten) vorladen {28/82}	**evocare**	heraus-, hervorrufen; auffordern; vorladen
0950	**ex**	1. Aufforderung, auszutrinken {27/32}; 2. vorbei, aus, zu Ende (ugs.) {52/59}; 3. tot (salopp) {15/32}; 4. (als Vorsilbe) ehemalig {59}	**ex**	s. oben 0911 in Zusammensetzungen: aus, heraus, weg, ab, herab, empor
0951	**exakt**	1. genau (und sorgfältig) {25}; 2. pünktlich {59}	**exactus**, a, um	genau, pünktlich, vollkommen
–	**Exaktheit** l;d	Genauigkeit, Sorgfältigkeit {25/84}	dto.	dto.
0952	**exaltieren** l>frz	1. sich überschwenglich benehmen; 2. sich hysterisch erregen {26}	**exaltare** frz. *exalter*	erhöhen, stufenartig aushöhlen erheben, erregen
–	**exaltiert** l>frz	1. aufgeregt {26}; 2. überspannt {84}	dto.	dto.
–	**Exaltation** l>frz	Zustand, Vorgang des Exaltiertseins {25/26/84}	**exaltatio**, onis f	Erhöhung

0953	**Examen**	Prüfung (besonders als Studienabschluß) {31}	**examen**, minis n	Untersuchung, Prüfung; Zünglein an der Waage
–	**Examinand**	Prüfling {31}	**examinare**	abwägen; untersuchen, prüfen
–	**Examinator**	Prüfer {31/40}	**examinator**, oris m	Prüfer, Abwäger
–	**Examinatorium**	1. Prüfungskommission {31/40}; 2. Vorbereitung auf eine Prüfung (veraltet) {31/59}	**examinatorius**, a, um	eine Untersuchung betreffend
–	**examinieren**	1. im Rahmen eines Examens prüfen {31}; 2. prüfend ausfragen {25/32}	**examinare**	s. oben
0954	**Exchange** (l;l)>vulgl >frz>engl	(wirtsch. t. t.) 1. Tausch, Kurs (im Börsengeschäft); 2. Börsenkurs; 3. Börse {80}	**ex** + **cambi(a)re** vulgl. excambiare* afrz. *eschangier* frz. *échanger*	s. oben 911 wechseln, tauschen
0955	**exekutieren** l>nlat	1. an jmdm. ein Urteil vollziehen; hinrichten; 2. jmdn. bestrafen (veraltet) {82} ; 3. pfänden (österr.) {43/82}	**exsequi** (PPP. **exsecutus**)	verfolgen; vollstrecken, strafen; erörtern
–	**Exekutant**	jmd., der etw. ausübt, durchführt {29/82}	dto.	dto.
–	**Exekution**	1. Hinrichtung; 2. Strafvollziehung {82}; 3. Durchführung einer besonderen Aktion {29}; 4. Pfändung (österr.) {43/82}	**exsecutio**, onis f	Vollstreckung, Verfolgung, Ahndung

>>> Exekutionskommando s. Kommando

–	**exekutiv** l>nlat	ausführend {29/50/49}	**exsequi**	s. oben
–	**Exekutive** l>nlat	1. vollziehende, vollstreckende Gewalt im Staat {50}; 2. Exekutivorgane (bes. Polizei) {49}	dto.	dto.
–	**Exekutor**	1. Vollstrecker (einer Strafe); 2. Gerichtsvollzieher (österr.) {82}	**exsecutor**, oris m	Vollstrecker; Eintreiber
–	**exekutorisch**	durch Zwangsvollstreckung erfolgend (selten) {82/43}	**exsecutorius**, a, um	vollziehend
0956	**Exempel**	1. (abschreckendes) Beispiel, Lehre {25/31/32}; 2. kleine Erzählung mit sittlicher oder religiöser Nutzanwendung {30/32/51}	**exemplum**, li n	Beispiel; Muster; Kopie; Warnung
–	**Exemplar**	Einzelstück oder -wesen (durch besondere Eigenschaften auffallend) {33/55/56/57}	**exemplar**, ris n	Ebenbild, Abbild; Modell, Vorbild

–	**exemplarisch**	1. beispielhaft, musterhaft {56/25}; 2. warnend, abschreckend; hart und unbarmherzig {25/26}	**exemplaris**, e	als Abschrift dienend; musterhaft
–	**Exemplifikation** l>mlat	Erläuterung durch Beispiele {25/32}	**exemplum** + **facere**	s. oben tun, machen, handeln
–	**exemplifikatorisch** l>nlat	zum Zwecke der Erläuterung an Beispielen {25/32}	dto.	dto.
–	**exemplifizieren** l>mlat	an Beispielen erläutern {25/32}	dto.	dto.
0957	**exemt**	von bestimmten Pflichten, Lasten befreit, ausgenommen {25/33}	**eximere**	heraus-, wegnehmen; entbinden
–	**Exemtion**	Befreiung von Lasten o. Pflichten, Ausnahme {25/33}	**exemptio**, onis f	das (Her)ausnehmen, Zurückhalten
0958	**exerzieren**	1. militärische Übungen machen {86}; 2. etw. (wiederholt) einüben {31}	**exercere**	beschäftigen, ausbilden, üben
–	**Exerzitien**	geistliche Übungen des Katholiken (rel. t. t.) {51}	**exercitium**, ii n	Beschäftigung, Handhabung, Übung
–	**Exerzitium**	Übungsstück, Hausarbeit (veraltet) {31}	dto.	dto.
0959	**Exhalation**	1. Ausdünstung, Ausatmung (med. t. t.) {70}; 2. Ausströmen vulkanischer Dämpfe (geol. t. t.) {62}	**exhalatio**, onis f	das Aushauchen, Ausdünstung
–	**exhalieren**	1. ausatmen, ausdünsten (med. t. t.) {70}; 2. vulkanische Gase ausströmen lassen (geol. t. t.) {62}	**exhalare**	aushauchen, -dünsten; verscheiden
0960	**Exheredation**	Enterbung (veraltet) {43/82}	**exheredatio**, onis f	Enterbung
–	**exheredieren**	enterben {82/43}	**exheredare**	enterben
0961	**exhibieren** o. **exhibitionieren**	(exhibitionistisch) zur Schau stellen; vorzeigend darbieten {29/18}	**exhibere**	aushändigen; zeigen, erkennen lassen
–	**Exhibition**	Zurschaustellung; bes. das Entblößen der Geschlechtsteile in der Öffentlichkeit {18/29/70}	**exhibitio**, onis f	Stellung; Vorzeigung, Unterhalt(ung)
–	**Exhibitionismus** l>nlat	Zurschaustellung der Geschlechtsteile zum Zwecke sexueller Befriedigung {18/29/70}	dto.	dto.
–	Exhibitionist, exhibitionistisch			

0962	**exhumieren** (l;l)>mlat	eine bestattete Leiche für eine gerichtsmedizinische Untersuchung wieder ausgraben {82/70}	**ex** + **humus**, mi f	s. oben 0911 Erde, Erdboden
–	**Exhumierung** o. **Exhumation** l>mlat	Wiederausgrabung einer Leiche {82/70}	dto.	dto.
0963	**Exiguität**	Geringfügigkeit (veraltet) {56/25}	**exiguitas**, atis f	Knapp-, Kleinheit, Dürftigkeit
0964	**Exil**	1. Verbannung {50}; 2. Verbannngsort {58}	**ex(s)ilium**, ii n	Verbannung, -sort
–	**exilieren**	verbannen, ins Exil schicken {50/28}	**exiliari**	verbannt sein, in der Verbannung leben
–	**exilisch**	1. während des Exils geschehen {59/52}; 2. von der Exilzeit geprägt {25/59}	dto.	dto.
>>>	Exilliteratur, Exilregierung s. Literatur, Regierung			
0965	**eximieren**	von einer Verbindlichkeit befreien {25/33/28}	**eximere**	s. oben 0957
0966	**existent**	wirklich, vorhanden {52}	**ex(s)istere**	hervortreten, sich zeigen, vorhanden sein, auftreten
–	**Existentia**	Vorhandensein, Dasein {52}	**ex(s)istentia**, ae f	das Bestehen, Dasein, Existenz
–	**existential** l>nlat	die Existenz -, das Dasein betreffend (philos. t. t.) {77/52}	**exsistere**	s. oben
–	**Existential** l>nlat	Seinscharakter des menschlichen Daseins (philos. t. t.) {77/52}	dto.	dto.
–	**Existentialismus** l>nlat	(auf Sartre zurückgehende) Form der Existenzphilosophie (philos. t. t.) {77}	dto.	dto.
–	Existentialist, existentialistisch			
–	**existentiell** l>frz	auf das unmittelbare Dasein bezogen, daseinsmäßig {77/52}	dto.	dto.
–	**Existenz**	1. Dasein, Leben; 2. Vorhandensein, Wirklichkeit {52}; 3. materielle Lebensgrundlage, Auskommen, Unterhalt {15}; 4. Mensch (meist abwertend) {52/33}	**ex(s)istentia**	s. oben
>>>	Existenzminimum s. Minimum			
0967a	**exit** (o. **exeunt**)	geht ab (o. gehen ab - bei Abgängen von der Bühne) {35/61}	**exire**	heraus-, weggehen

0967b	**Exitus**	1. Tod, tödlicher Ausgang einer Krankheit, eines Unfalls (med. t. t.) {70/15}; 2. Ausgang (med., anat. t. t.) {70}	**exitus**, us m	Ausgang, Ende, Lebensende; Resultat
0968	**Exklamation**	Ausruf {32}	**exclamatio**, onis f	Ausruf, Aufschrei
–	**exklamieren**	ausrufen {32}	**exclamare**	aufschreien, laut ausrufen
–	**exklamatorisch** l>nlat	ausrufend, marktschreierisch {32/26}	dto.	dto.
0969	**Exklave** (l;l)>vulgl >frz	1. von fremdem Staatsgebiet eingeschlossener Teil eines eigenen Staatsgebiets {58/50}; 2. gelegentliches Auftreten einer Art außerhalb ihres Verbreitungsgebietes (biol. t. t.) {68/69}	**ex** + **clavis**, is f	s. oben 0911 Schlüssel
0970	**exkludieren**	ausschließen {25/33/58}	**excludere**	ausschließen, abweisen, trennen
–	**Exklusion**	Ausschließung {25/33/58}	**exclusio**, onis f	Ausschließung, Abweisung
–	**exklusiv** l>mlat >engl	1. sich gesellschaftlich abhebend, hochrangig {33}; 2. höchsten Ansprüchen genügend, vorzüglich, anspruchsvoll {25/56}; 3. ausschließlich einem bestimmten Personenkreis o. Zweck vorbehalten {33/25}	**excludere** mlat. exclusivus	s. oben
–	**exklusive** l>mlat	ohne, ausschließlich {57}	dto.	dto.
–	**Exklusivität** l>mlat >engl	exklusiver Charakter, exklusive Beschaffenheit {56/33}	dto.	dto.
0971	**Exkommunikation**	Ausschluß aus der kath. Kirche, Kirchenbann (rel. t. t.) {51}	**excommunicatio**, onis f	Kirchenbann
–	**exkommunizieren**	aus der kath. Kirchengemeinschaft ausschließen (rel. t. t.) {51}	**excommunicare**	mit dem Kirchenbann belegen
0972	**Exkrement**	Ausscheidung (med. t. t.) {70}	**excrementum**, ti n	Ausscheidung, Abgang,Auswurf
–	**Exkret**	Stoffwechsel-, Ausscheidungsprodukt (med. t. t.) {70}	**excernere** (PPP. **excretum**)	ausscheiden, absondern
–	**Exkretion** l>nlat	Ausscheidung unverwertbarer Stoffwechselprodukte (med. t. t.) {70}	dto.	dto.
–	**exkretorisch** l>nlat	ausscheidend, absondernd (med. t. t.) {70}	dto.	dto.

0973	**Exkulpation** (l;l)>mlat >(nlat)	Rechtfertigung, Entschuldigung, Schuldbefreiung (jur. t. t.) {32/82}	**ex** + **culpa**, ae f	s. oben 0911 Schuld, Vergehen
–	**exkulpieren** (l;l)>mlat >(nlat)	rechtfertigen, entschuldigen, von einer Schuld befreien (jur. t. t.) {32/82}	dto.	dto.
0974	**Exkurs**	1. Erörterung eines Randproblems in einer wissenschaftlichen Abhandlung {32/40/56}; 2. vorübergehende Abschweifung vom Hauptthema {32/59}	**excursus**, us m	das Herauslaufen; Ausflug; Streifzug, Abschweifung
–	**Exkursion** l>frz	wissenschaftlich vorbereitete Lehr- oder Studienfahrt {31/40/45}	**excursio**, onis f	das Hervorlaufen; Streifzug, Ausflug, Abstecher
0975	**Exmatrikel** (l;l)>nlat	Bescheinigung über das Verlassen einer Hochschule {31/59}	**ex** + **matricula**, ae f	s. oben 0911 öffentliches Verzeichnis, Stammrolle
–	**Exmatrikulation** l>nlat	Streichung aus dem Namensverzeichnis einer Hochschule {31}	dto.	dto.
–	exmatrikulieren			
0976	**Exmission** (l;l)>nlat	gerichtliche Ausweisung aus einer Wohnung {82/44}	**ex** + **missio**, onis f	s. oben 0911 das Gehen lassen, Absenden; Abschied
–	**exmittieren** (l;l)>nlat	zwangsweise aus einer Wohnung, von einem Grundstück weisen {82/44/43}	**ex** + **mittere**	s. oben 0911 schicken, senden, laufen lassen
–	**Exmittierung** l>nlat	Ausweisung aus einer Wohnung (44/82)	**ex** + **missio**	s. oben
0977	**Exoneration**	Entlastung (veraltet) {25/33/57}	**exoneratio**, onis f	Entledigung, Befreiung
–	**exonerieren**	entlasten (veraltet) {25/33/57}	**exonerare**	entlasten, ausladen, erleichtern
0978	**exorbitant**	außergewöhnlich; übertrieben; gewaltig {25/53/57}	**exorbitare**	aus dem Gleis, seitwärts springen; vom rechten Wege abführen
–	**Exorbitanz** l>nlat	Übermaß, Übertreibung {25/53/57}	dto.	dto.
0979	**Exordium**	(kunstgerechte) Einleitung einer Rede (rhet. t. t.) {32/76}	**exordium**, ii n	Beginn, Anfang (einer Rede)
0980	**Expander** l>engl	Trainingsgerät zur Kräftigung der Arm- und Oberkörpermuskulatur (sport. t. t.) {85}	**expandere**	ausbreiten, -spannen, sich ausdehnen
–	**expandieren**	(sich) ausdehnen {50/53/80}	dto.	dto.

–	**expansibel** l>frz	ausdehnbar {53/80}	dto.	dto.
–	**Expansion** l>frz	das Expandieren, räumliche Ausdehnung (verbunden mit mehr Einfluß und Macht) {50/53/80/86}	**expansio,** onis f	Ausdehnung, -spannung, -strekkung
–	**Expansionist** l>frz	jmd., der bei seinem wirtschaftlich-materiellen Wachstum andere Dinge (soziale Lebensgrundlagen) unberücksichtigt läßt {30/41/50/80}	dto.	dto.
–	**Expansionspolitik** l>frz;gr	1. auf Erweiterung des Machtbereichs gerichtete Politik {50}; 2. auf Umsatzsteigerung ausgerichtete Unternehmenspolitik {41/80}	dto. + gr. *πολιτική*	dto.
–	**expansiv** l>frz	sich ausdehnend, auf Erweiterung bedacht, starke Expansion aufweisend {41/50/53/80/86}	**expandere**	s. oben
0981	**Expatriation** (l;l)>mlat	Ausbürgerung, Verbannung {50/33}	**ex** + **patria,** ae f	s. oben 0911 Heimat, Vaterland
–	**expatriieren** (l;l)>mlat	ausbürgern, verbannen {33/50}	dto.	dto.
–	Expatriierung			
0982	**Expedient**	1. Abfertigungsbeauftragter in der Versandtabteilung einer Firma {40/42/45}; 2. Reisebürokaufmann {40/45}	**expedire**	befreien; verfertigen; zurechtmachen, instand setzen
–	**expedieren**	absenden, abfertigen, befördern {61/42/45}	dto.	dto.
–	**Expedition**	1. Forschungsreise {31/40/45}; 2. Personen, die eine Expedition (1.) unternehmen {33/45}; 2. Kriegszug, militärisches Unternehmen {86}; 4. Gruppe zusammengehöriger Personen zur ,Wahrnehmung bestimmter Aufgaben {33/57}; 5. Versandabteilung {42/45}; 6. das Expedieren {42/45}; 7. Anzeigenabteilung {40/32/41/42}	**expeditio,** onis f	Abfertigung; Feldzug; Einrichtung
0983	**Expektorans** o. **Expektorantium**	schleimlösendes Mittel, Hustenmittel (med. t. t.) {70}	**expectorare**	aus der Brust scheuchen, reißen
0984	**expensiv** l>nlat	kostspielig {42/56}	**expendere**	erwägen; ausgeben, bezahlen

0985	**Experiment**	1. unsicheres Unternehmen, Wagnis {25/26/29}; 2. wissenschaftlicher Versuch {25/40}	**experimentum**, ti n	Beweis, Versuch, Probe; Erfahrung
–	**experimental** o. **experimentell** l>nlat	auf Experimenten beruhend {25/40}	dto.	dto.
–	**Experimentator** l>nlat	jmd., der Experimente macht oder vorführt {40/25}	dto.	dto.
–	**experimentieren** l>mlat>frz	Experimente anstellen {25/40}	dto. mlat. experimentare frz. *expérimenter*	dto.
0986	**expert** l>frz	erfahren, sachverständig (veraltet) {22/25}	**expertus**, a, um	erprobt, bewährt
–	**Experte** l>frz	Sachverständiger, Kenner {22/25}	dto.	dto.
–	**Expertise** l>frz	Untersuchung, Gutachten (durch einen Sachverständigen) {25/22/32}	**experiri**	versuchen, untersuchen, prüfen
–	expertisieren			
0987	**explicit**	„es ist zu Ende" (meist am Ende von Handschriften und Frühdrucken {32/58/75}	**explicare**	auseinanderfalten, abrollen; ausbreiten
			(**explicit liber**	das Buch ist zu Ende)
–	**Explicit**	Schlußworte einer mittelalterlichen Handschrift {32/58/75}	dto.	dto.
–	**Explikation**	Darlegung, Erklärung, Erläuterung {32/25}	**explicatio**, onis f	Entwicklung, Erörterung, Darlegung
–	**explizieren**	darlegen, erlären, erläutern {32/25}	**explicare**	s. oben
–	**explizit** (o. **explicite**)	1. ausdrücklich, deutlich; 2. ausführlich und differenziert dargestellt {32/25}	**explicatus**, a, um (explicitus, a, um	geordnet; deutlich, klar noch ausführbar)
–	**explizite**	in aller Deutlichkeit {32/25}	dto.	dto.
0988	**explodieren**	1. auseinanderplatzen, bersten {58/53/72}; 2. einen heftigen Gefühlsausbruch zeigen {26}	**explodere**	hinaus-, forttreiben, auszischen; mißbilligen
0989	**Explorand**	jmd., der ausgeforscht wird {25/70}	**explorare**	ausspähen, untersuchen, erkunden, erforschen
–	**Exploration**	Untersuchung, Befragung, Nachforschung {32/25/70}	**exploratio**, onis f	Spionage; Untersuchung, Erforschung

–	**Explorator**	jmd., der ausforscht {25/70}	**explorator**, oris m	Kundschafter, Erforscher; Spion; Untersucher
–	**exploratorisch**	(aus)forschend, prüfend {25/70}	**exploratorius**, a, um	zum Aufklären gehörig, dienlich
–	**explorieren**	1. erforschen, untersuchen, erkunden {25}; 2. Personen befragen, ausforschen; Verhältnisse erkunden (psych., med. t. t.) {70}	**explorare**	s. oben
0990	**explosibel** l>nlat	1. explosionsfähig, -gefährlich {54}; 2. zu psychopathischen Kurzschlußreaktionen neigend (med., psych. t. t.) {70}	**explodere**	s. oben 0988
–	**Explosibilität** l>nlat	Fähigkeit, zu explodieren (1.) {54}	dto.	dto.
–	**Explosion**	1. Zerplatzen oder Zerbersten eines Körpers mit einem heftigen Knall {53/58/72}; 2. heftiger Gefühls-, Zornesausbruch {26}	**explosio**, onis f	das Auspochen, Auszischen, Auspfeifen
–	**explosiv** l>nlat	1. leicht explodierend (1.); 2. explosionsartig {54}; 3. zu Gefühlausbrüchen neigend; 4. sehr temperamentvoll, heftig {26/84}	dto.	dto.
–	**Explosivität** l>nlat	explosive Beschaffenheit, Art und Weise {54}	dto.	dto.
0991	**Exponat** l>russ	Ausstellungs-, Museumsstück {33/34/36}	**exponere**	auf-, ausstellen, darstellen; preisgeben
–	**Exponent**	1. herausgehobener Vertreter einer Richtung, Partei o. ä. {25/33/50}; 2. Hochzahl in der Wurzel- und Potenzrechnung (math. t. t.) {71}	dto.	dto.
–	**exponentiell**	gemäß einer (speziellen) Exponentialfunktion verlaufend; (sich) stark steigernd o. fallend (math. t. t.) {71}	dto.	dto.
–	**exponieren**	1. darstellen, zur Schau stellen {23/25/33}; 2. belichten (veraltet - fot. t. t.) {87}; 3. sich -: die Aufmerksamkeit auf sich lenken {25/28/33}	dto.	dto.
–	**exponiert**	herausgehoben (dadurch Gefährdungen o. Angriffen ausgesetzt) {33}	dto.	dto.

0992	**Export** l>engl	1. Ausfuhr, Warenabsatz im Ausland; 2. das ausgeführte Produkt {42/80}; 3. Kurzform von Exportbier {17}	**exportare**	heraus-, forttragen, -schaffen; ausführen
–	**Exporteur** l>(frz) >engl	jmd., ein Unternehmen, das Exportgeschäfte betreibt {40/42/80}	dto.	dto.
–	**exportieren** l>engl	Waren ins Ausland ausführen {42/80}	dto.	dto.
0993	**Exposé** l>frz	1. Denkschrift, Bericht, zusammenfassende Übersicht {32/57}; 2. Entwurf, Plan, Handlungsskizze (Filmdrehbuch) {25/32/33/85}	**exponere** frz. *exposer*	s. oben 0991
–	**Exposition**	1. Darlegung, Erörterung {32}; 2. einführender Teil des Dramas {35/59}; 3. erster Teil des Sonatensatzes (mus. t. t.); 4. Kopfteil bei der Fuge (mus. t. t.) {37}; 5. Ausstellung, Schau {33/85}; 6. mittelalterlicher Kirchenbrauch, das Allerheiligste zur Anbetung zu zeigen {51/75}; 7. Lage eines bewachsenen Berghanges in bezug auf die Einfallsrichtung der Sonnenstrahlen (biol. t. t.) {68/69/64}; 8. Grad der Gefährdung eines Organismus gegenüber Krankheiten (med. t. t.) {70}	**expositio,** onis f	Ausleerung, Aussetzung; Darlegung, Schilderung, Erklärung
–	**expositorisch** l>engl	erklärend, darlegend {25/32}	**exponere**	s. oben 0991
–	**Expositur** l>nlat	1. abgegrenzter Seelsorgebezirk einer Pfarrei {51/58}; 2. auswärtige Zweigstelle, Filiale (eines Geschäftes) {58/42}	dto.	dto.
0994	**expreß**	1. eilig, Eil... {59}; 2. eigens, ausdrücklich, zum Trotz (landsch.) {28}	**expressus,** a, um	deutlich artikuliert; ausgedrückt, ausgeprägt
–	**Expreß** l>engl	Schnellzug {45}	dto.	dto.
–	**Expression**	1. besonderes Register beim Harmonium (mus. t. t.) {37}; 2. das Herauspressen (med. t. t.) {70}; 3. Ausdruck {26/32}	**expressio,** onis f	das Auspressen, -drücken; Anschaulichkeit
–	**Expressionismus** l>nlat	1. Kunstrichtung des frühen 20. Jh.s {36}; 2. musikalischer Ausdrucksstil um 1920 {37}	dto.	dto.
–	**Expressionist** l>nlat	1. Vertreter des Expressionismus; 2. den Expressionismus betreffend {36/37}	dto.	dto.

–	**expressiv** l>nlat	ausdrucksstark, -betont, mit Ausdruck {26}	**expressus**	s. oben
–	**Expressivität** l>nlat	1. Fülle des Ausdrucks, Ausdrucksfähigkeit {22/32}; 2. Ausprägungsgrad einer Erbanlage im Erscheinungsbild (biol. t. t.) {68/69}	dto.	dto.
0995	**Expropriateur** (l;l)>frz	Enteigner, Ausbeuter (marxist. t. t.) {43/77/81}	**ex proprius**, a, um	s. oben 0911 eigen, eigentümlich, ausschließlich
–	**Expropriation** (l;l)>frz	Enteignung (marxist. t. t.) {43/77/81}	dto.	dto.
–	**expropriieren** (l;l)>frz	enteignen (marxist. t. t.) {43/77/81}	dto.	dto.
0996	**exquisit** l>nlat	ausgesucht, erlesen, vorzüglich {56}	**exquirere**	aufsuchen, erforschen; auswählen; erflehen
0997a	**Ex(s)ekration**	1. Entweihung {51}; 2. feierliche Verwünschung, Fluch (kath. rel. t. t.) {51/32}	**exsecratio**, onis f	verwünschender Schwur; Verwünschung, das Fluchen
–	**ex(s)ekrieren**	1. entweihen {51}; 2. verwünschen, verfluchen (kath. rel. t. t.) {51/32}	**exsecrari**	verwünschen, verfluchen
0997b	**Exsequatur**	1. er übe (sein Amt) aus, er vollziehe (das Urteil) {28/82}; 2. Beglaubigung eines auswärtigen Konsuls {50/32}; 3. Vollstreckungsbefehl für ein ausländisches Gerichtsurteil {82/28/50}	**exsequi**	nach-, verfolgen; ausführen, vollstrecken
0998	**Exsikkans** (o. **Desikkant**) l>nlat	austrocknendes, Flüssigkeit absorbierendes Mittel (z. B. beim Transport elektronischer Geräte beigepackt) {54/73/45}	**exsiccare**	austrocknen, austrinken
0999	**Exspiration**	Ausatmung (med. t. t.) {70}	**exspiratio**, onis f	Ausdünstung
–	**exspiratorisch** l>nlat	auf Exspiration beruhend, mit ihr zusammenhängend (med. t. t.) {70}	**exspirare**	herausblasen, aushauchen
–	**exspirieren**	ausatmen (med. t. t.) {70}	dto.	dto.
1000	**Extemporale**	unvorbereitet anzufertigende Klassenarbeit (bes. in den alten Sprachen) {31/59}	**extemporalis**, e	unvorbereitet, aus dem Stehgreif
–	**extemporieren** l>nlat	1. eine improvisierte Einlage (auf der Bühne) geben {35/59}; 2. aus dem Stehgreif reden, musizieren etc. {32/37/59}	dto.	dto.

1001	**extendieren**	ausdehnen, -weiten, erweitern (veraltet) {53}	**extendere**	ausdehnen, -breiten, -strecken
–	**extensibel** l>nlat	ausdehnbar (veraltet) {53}	dto.	dto
–	**Extension**	1. Ausdehnung, Streckung {53}; 2. Umfang eines Begriffs {25/76}	**extensio**, onis f	Ausdehnung, -streckung
–	**extensional**	1. auf die Extension (2.) bezogen {25/76}; 2. umfangsgleich (besonders in der Mengenlehre {58/57/71}	dto.	dto.
–	**Extens(iv)ität** l>nlat	Ausdehnung, Umfang {53}	**extensivus**, a, um	ausdehnend, verlängernd
–	**extensiv**	1. auf großen Flächen mit relativ geringem Aufwand betrieben (bei der Bodennutzung - landw. t. t.) {39}; 2. ausdehnend, erweiternd (von der Auslegung eines Gesetzes - jur. t. t.) {82}; 2. umfassend, ausgedehnt, in die Breite gehend {53};	dto.	dto.
–	**extensivieren**	ausdehnen, in die Breite gehen, wirken lassen {53}	dto.	dto.
1002	**Exterieur** l>frz	1. Äußeres; Außenseite; Erscheinung {23/53}; 2. Körperform eines Tieres {69/53}	**exter(us)**, a, um	außen befindlich, auswärtig, äußerlich
1003	**Extermination**	(veraltet) 1. Vertreibung, Landesverweisung {50/28/61}; 2. Zerstörung {52}	**exterminatio**, onis f	Verstörung; Vertreibung, Verjagung
–	**exterminieren**	ausrotten, vertreiben (veraltet) {52/61/50/28}	**exterminare**	verbannen, vertreiben; entstellen
1004	**extern**	1. auswärtig, fremd; draußen befindlich {50/58}; 2. nicht im Internat wohnend {31/44}	**externus**, a, um	äußerlich; fremd, ausländisch
–	**Externa**	1. äußere Dinge, Angelegenheiten {50/40}; 2. äußerlich anzuwendende Arzneimittel (med. t. t.) {70}	**externa**, norum n (Pl.)	auswärtige Dinge; Fremdes
–	**externalisieren**	etw. nach außen verlagern (z. B. Ängste - psych. t. t.) {70}	**externus**	s. oben
–	Externalisation, Externe			
–	**Externat**	Lehranstalt, deren Schüler außerhalb der Schule wohnen {31}	dto.	dto.
1005	**exterritorial** (l;l)>nlat	außerhalb der Landeshoheit stehend {50/58}	**ex** + **territorialis**, e	s. oben 0911 zum Gebiet gehörig
–	**exterritorialisieren** (l;l)>nlat	jmdm. Exterritorialität gewähren {50/28}	dto.	dto.

–	**Exterritorialität** (l;l)>nlat	1. Unabhängigkeit ausländischer Personen von der Gerichtsbarkeit des Aufenthaltslandes; 2. Unantastbarkeit von Diplomaten im Gastland {50/82}	dto.	dto.
1006	**Extinktion**	1. Auslöschung, Tilgung (veraltet) {52}; 2. Schwächung einer Wellenbewegung beim Durchgang durch ein Medium (phys., astron., meteor. t. t.) {72/66/65}	**exstinctio**, onis f	das Auslöschen; Vernichtung
1007	**extra**	1. besonders, für sich, getrennt {56/58}; 2. zusätzlich, dazu {57}; 3. ausdrücklich; 4. absichtlich; 5. zu einem bestimmten Zweck {25/28}; 6. besonders, ausgesucht {56}	**extra**	außerhalb, äußerlich; außer(dem); darüber ... hinaus; ausgenommen, ohne, frei von
–	**Extras**	Zubehörteile, die über die übliche Ausstattung hinausgehen {42/57/87}	dto.	dto.
1008	**extrahieren**	1. (einen Zahn) herausziehen (med. t. t.) {70}; 2. eine Substanz mittels Lösungsmittel herauslösen (chem. t. t.) {73}; 3. eine Vollstreckungsmaßregel erwirken (veraltet - jur. t. t.) {82}	**extrahere** (PPP. **extractus**)	herausziehen, -reißen; hinhalten
–	**Extrakt**	1. Auszug aus tierischen oder pflanzlichen Stoffen {73/70}; 2. konzentrierte Zusammenfassung der wesentlichen Punkte {57/32/25}	dto.	dto.
–	**Extraktion** l>nlat	1. Herauslösung einer Substanz mittels Lösungsmittel (chem. t. t.) {73}; 2. das Ziehen eines Zahnes (med. t. t.) {70}	dto.	dto.
–	**extraktiv** l>nlat	ausziehend, auslaugend; löslich ausziehbar {73}	dto.	dto.
1009	**extraordinär** l>frz	außergewöhnlich, außerordentlich {25/56}	**extraordinarius**, a, um	außerordentlich, außergewöhnlich, auserlesen
1010	**Extrapolation** (l;l)>nlat	näherungsweise Bestimmung von Funktionswerten außerhalb eines Intervalls (math. t. t.) {71}	**extra** + **interpolatio**, onis f	s. oben 1007 Veränderung, Umgestaltung, Täuschung
–	**extrapolieren** (l;l)>nlat	auf das Verhalten einer Funktion schließen (math. t. t.) {25/71}	**extra** + **interpolare**	s. oben 1007 zurichten; entstellen, verfälschen, nachmachen
1011	**Extraterrestrik** (l;l)>nlat	Fachgebiet der Physik für Vorgänge außerhalb der Erdatmosphäre {63/72}	**extra** + **terra**, ae f	s. oben 1007 Erde, Land

–	**extraterrestrisch** (l;l)>nlat	außerhalb der Erde gelegen {58/66/72}	dto.	dto.
1012	**Extratour** l;gr>l>frz	eigensinniges Verhalten innerhalb einer Gruppe (ugs.) {25/26/33}	**extra** + **tornus**, ni m gr. τορνός	s. oben 1007 Dreheisen
1013	**extravagant** (l;l)>mlat >frz	1. einen ausgefallenen Geschmack habend {26/33/84}; 2. auffallend {23}; 3. überspannt, verstiegen, übertrieben {25/26}	**extra** + **vagari** mlat. extravagari	s. oben 1007 umherschweifen, -ziehen ausschweifen
–	**Extravaganz** (l;l)>mlat >frz	1. ausgefallenes, aus dem üblichen Rahmen fallendes Tun, Verhalten {26/33/84}; 2. Ausgefallenheit {25/26}; 3. Überspanntheit, Verstiegenheit {25/84}	dto.	dto.
1014	**Extraversion** (l;l)>nlat	seelische Interessenkonzentration auf äußere Objekte (psych. t. t.) {25/70}	**extra** + **vertere**	s. oben 1007 wenden, richten, lenken
–	**extra-** o. **extrovertiert** (l;l)>nlat	nach außen gerichtet, für äußere Einflüsse leicht empfänglich (psych. t. t.) {70}	dto.	dto.
1015	**extrem**	1. äußerst, ungewöhnlich {56/25}; 2. radikal {25}	**extremus**, a, um	der äußerste, letzte, entfernteste
–	**Extrem**	1. höchster Grad, äußerster Standpunkt {25/56}; 2. Übertreibung {25}	dto.	dto.
–	**extremisieren** l>nlat	zu einer extremen Haltung bringen, ins Extrem treiben {25/28}	dto.	dto.
–	**Extremisierung**	Neigung, die Gedanken und Taten bis zum äußersten zu treiben {25/28/84}	dto.	dto.
–	**Extremismus** l>nlat	extreme, radikale politische Haltung, Richtung {25/50}	dto.	dto.
–	**Extremist** l>nlat	radikal eingestellter Mensch {50/25}	dto.	dto.
–	extremistisch			
–	**Extremität**	1. Gliedmaße (med. t. t.) {11/70}; 2. äußerstes Ende {58}; 3. das Extremsein {25/84}	**extremitas**, atis f	äußerste Grenze; Ende; Extreme; Extremitäten (1.)
–	**extremo**	am Ende des Kapitels (in Stellenangaben) {58/32}	**extremus**	s. oben
–	**Extremum** o. **Extremwert** l;(d)	1. höchster oder tiefster Wert einer Funktion oder Kurve (math. t. t.) {71}; 2. größter oder kleinster Wert einer Meßreihe (phys. t. t.) {72}	dto.	dto.

1016	**extrinsisch** l>frz>engl	von außen her angeregt, nicht aus eigenem inneren Anlaß erfolgend {25/78}	**extrinsecus** (Adv.)	von außen, außerhalb, äußerlich
>>>	extrovertiert s. extravertiert			
1017	**Exulant**	Verbannter, Vertriebener (veraltet) {50/58}	**exsul**, lis mf	der (die) Vertriebene, Verbannte
1018	**exzellent** l>frz	hervorragend, ausgezeichnet, vortrefflich {25/56}	**excellens** (Gen. –ntis)	hervor-, emporragend, ausgezeichnet, vortrefflich
–	**Exzellenz** l>frz	1. Anrede im diplomatischen Verkehr {32/33/50}; 2. Titel der Minister oder hoher Beamter (hist. t. t.) {75/50}	**excellentia**, ae f	Vortrefflich-, Vorzüglichkeit; das Höherstehen, Hervorragen
–	**exzellieren**	hervorragen, glänzen {33/56}	**excellere**	empor-, hervorragen, sich auszeichnen
1019	**Exzeption**	(veraltet) 1. Ausnahme {56/25}; 2. juristische Einrede (jur. t. t.) {82}	**exceptio**, onis f	Ausnahme, Klausel, Einschränkung, gerichtliche Einwendung
–	**exzeptionell** l>frz	ausnahmsweise eintretend, außergewöhnlich {56/25}	dto.	dto.
1020	**exzerpieren**	einen Auszug anfertigen {32/57}	**excerpere**	herausheben, auswählen, einen Auszug machen
–	**Exzerpt**	schriftlicher Auszug aus einem Werk {32/57}	**excerptum**, ti n	Auszug, Exzerpt
–	**Exzerption**	1. das Exzerpieren; 2. das Exzerpierte (selten) {57/32}	**excerptio**, onis f	Exzerpt
–	Exzerptor			
1021	**Exzeß**	Ausschreitung; Ausschweifung; Maßlosigkeit {25/26/33}	**excessus**, us m	das Herausgehen; Abschweifung; Verzückung
–	**exzessiv** l>nlat	außerordentlich, das Maß überschreitend; ausschweifend {25/26/33/56}	dto.	dto.
1022	**exzipieren**	ausnehmen, als Ausnahme hinstellen (veraltet) {25/56}	**excipere**	herausnehmen, -ziehen; aufnehmen

F

1023	**Fabel**	Erzählung, Sage {32/34}	**fabula,** ae f	Erzählung, Sage, Märchen
–	**fabelhaft** l;d	unglaublich, phantastisch, hervorragend {24/25/56}	dto.	dto.
–	**fabeln** o. **fabulieren**	Geschichten ersinnen und erzählen (auch abwertend) {25/24/32}	**fabulari**	sprechen, schwatzen, plaudern, reden
1024	**Fabrik** l>frz	1. gewerblicher, mit Maschinen ausgerüsteter Produktionsbetrieb {41}; 2. Gebäudekomplex, in dem ein Industriebetrieb untergebracht ist {41/58}; 3. Belegschaft eines Industriebetriebes {40/41}	**fabrica,** ae f	Kunst, Gebäude, Beschäftigung; Werkstätte
–	**Fabrikant** l>frz	1. Fabrikbesitzer {43/41}; 2. Hersteller einer Ware {41}	**fabricare**	ver-, anfertigen, bauen
–	**Fabrikat** l>nlat	1. fabrikmäßig hergestelltes Industrieerzeugnis; 2. bestimmte Ausführung einer Marke {41}	dto.	dto.
–	**Fabrikation** l>frz	Herstellung von Gütern in einer Fabrik {41}	**fabricatio,** onis f	Verfertigung, Kunst, Fabrikat
–	**fabrikatorisch**	herstellungsmäßig {41}	**fabricatorius,** a, um	schaffend
–	**fabrizieren**	1. etw. zusammenbasteln (ugs., scherzhaft, abwertend) {40/25}; 2. etw. anstellen, anrichten {25/26/29}; 3. serienmäßig in einer Fabrik herstellen (veraltet) {41/75}	**fabricare**	s. oben
1025	**Fabulant**	1. Erfinder, Erzähler von phantastischen Geschichten {24/25/32/40}; 2. Schwätzer, Schwindler {32/26}	**fabulari**	s. oben 1023
–	**Fabulist** l>nlat	Fabeldichter (veraltet) {24/34/40}	dto.	dto.
–	**fabulös** l>frz	1. märchenhaft (ugs., scherzhaft) {24/25/26}; 2. unwirklich, unwahrscheinlich {24/25}	**fabulosus,** a, um	fabelhaft, wunderbar, unglaublich

1026	**Facette** l>frz	1. kleine, eckige Fläche (Edelsteinschliff) {40/20}; 2. abgeschrägte Kante an Klischees (druckw. t. t.) {41/32}; 3. Verblendteil beim Zahnersatz {70}	**facies**, ei f vulgl. facia* frz. *face*	Gestalt, Angesicht (Vorder)seite, Außenfläche
–	**Facettenauge** l>frz;d	aus Einzelaugen zusammengesetztes Sehorgan von Insekten (biol. t. t.) {69}	dto.	dto.
–	**facettieren** l>frz	mit Facetten versehen {40}	dto.	dto.
1027	**fächeln** l>mlat	(kühlende) Luft zuwehen {12/61}	**focus**, ci m mlat. focare	Herd, Feuerstätte entflammen, anbrennen
–	**fachen** l>mlat	(modern nur: anfachen, entfachen) ein Feuer anmachen, verstärken (durch vermehrte Luftzufuhr) {44}	dto.	dto.
–	**Fächer** l>mlat	1. Wedel (zur Luftbewegung) {20/44}; 2. Blasebalg, Feuerwedel (veraltet) {44}	**focus** mlat. focarius nhd. *focher*	s. oben Heizer, Küchenjunge Blasebalg, Feuerwedel
–	**fächern** l>mlat	den Fächer bewegen {12/61}	dto.	dto.
–	**Fächerung** l>mlat	Aufgliederung, Entfaltung {25/56}	dto.	dto.
1028a	**Fackel** l>vulgl	brennender Holzspan, Leuchte {44}	**facula**, ae f vulgl. facla*	Fackel, Leuchte, Span
–	**fackeln** l>vulgl	unstet brennen wie eine Fackel (Wendung: nicht lange fackeln) {23/29/59}	dto.	dto.
1028b	**fad(e)** l>gallorom >frz	geschmacklos; läppisch {23/17/56}	**fatuus**, a, um gallorom. *fatidus** frz. *fade*	albern, einfältig; fade, geschmacklos
1028c	**Fagott** l>it	tiefstes Holzblasinstrument {37}	uns.: **fagus**, gi f it. *fagotto*	 Buche hölzernes Blasinstrument, Fagott (aus Buchenholz?)
1029	**Faible** l>gallorom >frz	Vorliebe, Neigung (die zur Schwäche wird) {26/85}	**flebilis**, e frz. *faible* *faible* (Subst.)	beweinenswert, kläglich, weinend, klagend schwach schwache, verwundbare Stelle
1030	**fäkal** l>nlat	kotig (med. t. t.) {70}	**faex**, ecis f	Bodensatz, Hefe; Niederschlag
–	**Fäkalien** l>nlat	ausgeschiedener Kot oder Harn (med. t. t.) {70}	dto.	dto.

1031	**Faksimile** (l;l)>engl	originalgetreuer Nachdruck, Reproduktion {40/32/56}	**facere** Imp. **fac** + **similis**, e	tun, machen mach ähnlich
–	**faksimilieren** (l;l)>engl	eine Vorlage getreu nachbilden {40/32/56}	dto.	dto.
>>>	Fakt s. Faktum			
1032	**Faktion**	militante Gruppe, Flügel innerhalb einer Partei {50/33}	**factio**, onis f	Partei, -anhang, -umtriebe
–	**faktiös** l>frz	vom Parteigeist beseelt; aufrührerisch, aufwiegelnd {26/28/50}	**factiosus**, a, um	boshaft, herrschsüchtig, parteiisch
1033	**faktisch**	1. tatsächlich, wirklich, auf Tatsachen gegründet {25/52}; 2. praktisch, quasi (ugs. - österr.) {56}	**factum**, ti n	Tat, Handlung, Verfahren
–	**Faktizität**	Tatsächlichkeit, Gegebenheit, feststellbare Wirklichkeit {25/52}	dto. bzw. **facticius**, a, um	dto. durch Kunst-, nachgemacht
–	**Faktor**	1. wichtiger Umstand, Gesichtspunkt {25}; 2. technischer Leiter einer Buchdrukkerei {40}; 3. Vervielfältigungszahl (math. t. t.) {57/71}	**factor**, oris m	Verfertiger, Urheber; Ölmacher
–	**Faktorei** l>mlat	größere Handelsniederlassung in Übersee {42/80}	dto.	dto.
–	**faktoriell** l>(nlat)	nach Faktoren aufgeschlüsselt, in Faktoren zerlegt (math. t. t.) {71}	dto.	dto.
–	**Faktotum** l;l	jmd., der im Haushalt oder Betrieb „Mädchen für alles" ist {33/44/40}	**facere** Imp. **fac** + **totus**, a, um	tun, machen mach ganz, völlig, alles
–	**Faktum**	(nachweisbare) Tatsache, Ereignis {50/52}	**factum**	s. oben
–	**Faktur** l>it (l>frz)	1. Warenrechnung, Lieferschein {42/80}; 2. handwerkliche Arbeit; kunstgerechter Aufbau (einer Komposition) {40/34/36/37}	**factura**, ae f	Bearbeitung; Geschöpf; Bau
–	**fakturieren** l>it	Fakturen ausschreiben, Waren berechnen {42/80}	dto.	dto.
–	Fakturist			
1034a	**Fakultas**	Lehrbefähigung {22/31/40}	**facultas**, atis f	Vermögen, Befähigung, Talent; Fähigkeit

–	**Fakultät** l>(mlat)	1. Abteilung einer Hochschule bzw. der dazugehörenden Mitarbeiter und Studenten {31/33/40}; 2. Lehrbefähigung {31/22/40}; 3. übertragene kirchliche Rechte (rel. t. t.) {51}; 4. Produkt mit in bestimmter Weise gegliederten Faktoren (math. t. t.) {71}	dto. mlat. facultas	dto. Wissens-, Forschungsgebiet
–	**fakultativ** l>nlat	freigestellt, nach eigenem Ermessen {28}	dto. frz. *fakultatif*	dto.
1034b	**Falke** l>spätl	Raubvogelart {07}	**falx**, lcis f spätl. **falco**, onis mf	Sichel, Sense Falke
1035	**falsch**	unrichtig, unwahr, irrig, verlogen {25/56}	**falsus**, a, um	unrichtig, unwahr, falsch
–	Falschheit, fälschlich, fälschen, Fälscher, Fälschung			
–	**Falsett** l>it	Kopfstimme bei Männern (mus. t. t.) {37}	dto. it. *falsetto*	dto. (falsche) Singstimme
–	falsettieren, Falsettist			
1036	**Falsifikat**	Fälschung, gefälschter Gegenstand {56/25}	**falsificatus**, a, um	verfälscht
–	**Falsifikation** l>mlat	1. Widerlegung einer wissenschaftlichen Aussage {32/25}; 2. Fälschung (veraltet) {56/25}	dto.	dto.
–	**falsifizieren** l>mlat	1. eine Hypothese widerlegen {25/32}; 2. (ver)fälschen (veraltet) {25/56}	dto.	dto.
1037	**familiär**	1. die Familie betreffend {10/31}; 2. ungezwungen, vertraulich {25/32/33}	**familiaris**, e	zur Familie gehörig; vertraut, freundschaftlich
–	**Familiarität**	Vertraulichkeit, familiäres Verhalten {32/33/31}	**familiaritas**, atis f	vertrauter Umgang, Vertraulichkeit
–	**Familie**	1. Gemeinschaft von Eheleuten und Kindern {33/31}; 2. Gruppe der nächsten Verwandten {10/31/33}; 3. systematische Kategorie zur Zusammenfassung von Gattungen (biol. t. t.) {68/69}	**familia**, ae f	Familie, Hausgenossen-, Dienerschaft; Hausstand
1038	**famos**	1. beeindruckend, großartig, ausgezeichnet {25/26/56}; 2. berüchtigt, verrufen (veraltet) {25/33}	**famosus**, a, um	viel von sich Reden machend; berüchtigt, verrufen
1039	**Famulus**	(veraltet) 1. Medizinstudent im Krankenhauspraktikum {31/40/70}; 2. Student, der einem Hochschullehrer assistiert {31/33/40}	**famulus**, li m	Diener

–	**famulieren**	als Famulus tätig sein {33/40}	**famulari**	Diener sein
1040	**Fan** l>engl>am	jmd., der sich für etw. begeistert {26/33}	**fanaticus**, a, um	schwärmerisch, begeistert, fanatisch
–	**Fanatiker** l>(frz)	jmd., der sich für eine Idee begeistert einsetzt; Eiferer, dogmatischer Verfechter {25/26/33}	dto.	dto.
–	**fanatisch** l>(frz)	sich mit Verbortheit, blindem Eifer für etw. einsetzend {25/26/28/33}	dto.	dto.
–	**fanatisieren** l>frz	jmdn. aufhetzen, fanatisch machen {26/28/32}	dto.	dto.
–	**Fanatismus** l>frz	rigoroses, kompromißloses Eintreten für eine Idee {25/26/28/33}	dto.	dto.
1041	**Farce** l>vulgl>frz	1. derb-komisches Lustspiel {35}; 2. abgeschmacktes Getue, billiger Scherz {25/26}; 3. Füllung für Fleisch oder Fisch (gastron. t. t.) {17}	**farcire** vulgl. farsa* frz. *farce*	voll-, hineinstopfen, mästen
1042	**Farm** l>frz>engl	1. größerer landwirtschaftlicher Betrieb; 2. Landwirtschaftsbetrieb mit Geflügel- oder Pelztierzucht {39}	**firmare** vulgl. firma afrz. *ferme*	festmachen, stärken, sichern fester Lohn, Bezahlung
–	Farmer			
1043	**faschieren** l>frz	durch den Fleischwolf drehen (österr.) {17}	uns.: **farcire** frz. *farcir*	s. oben 1041
–	**Faschiertes** l>frz	Hackfleisch (österr.) {17}	dto.	dto.
1044	**Faschine** l>it>frz	Reisiggeflecht für (Ufer)befestigungsbauten {40/64/88}	**fascina**, ae f	das Rutenbündel, die Faschine
1045	**Faschismus** l>it	1. Mussolinis totalitäres Herrschaftssystem in Italien 1922-45 (hist. t. t.) {75/50}; 2. nach dem Führerprinzip organisierte rechtsradikale Herrschaftsform {50}	**fascis**, is m	Bund, Bündel; Rutenbündel
–	**Faschisierung** l>it	Eindringen faschistischer Tendenzen (in eine Staatsform) {50}	dto.	dto.
–	Faschist, faschistisch			
–	**faschistoid** l;gr	dem Faschismus ähnliche Züge zeigend {50}	dto. + gr. *εἶδος*	dto. Aussehen, äußere Gestalt, Beschaffenheit

1046	**Fashion** l>frz>engl	1. Mode {19/20}; 2. Vornehmheit, gepflegter Lebensstil {15/25/33}	**factio**, onis f afrz. *fachon*	das Machen, Tun; Parteianhang
–	**fashionabel** o. **fashionable** l>frz>engl	modisch, elegant, vornehm {19/20/33}	dto.	dto.
1047	**Fassade** l>vulgl>it >frz	1. Vorder-, Stirnseite (eines Gebäudes) {88}; 2. äußerer Schein {23/25}	**facies**, ei f it. *faccia* *facciata* frz. *façade*	äußere Beschaffenheit, Aussehen, Anblick Gesicht Vorderseite Fassade
1048	**Fasson** l>frz	bestimmte Art und Weise (des Zuschnittes, Sitzes etc.); Form, Muster {23/21/19}	**factio** frz. *façon*	s. oben 1046
–	**fassonieren** l>frz	1. in Form bringen, formen {40/19}; 2. die Haare im Fassonschnitt schneiden (österr.) {21}	dto.	dto.
–	**Fassonschnitt** l>frz;d	Herrenhaarschnitt {21}	dto.	dto.
1049	**Faszikel** l>nlat	1. Aktenbündel, Heft {32/57}; 2. kleines Bündel von Muskel- oder Nervenfasern (med. t. t.) {70}	**fasciculus**, li m	kleines Bündel, Paket
1050	**Faszination**	fesselnde Wirkung {25/26}	**fascinatio**, onis f	Beschreiung, Behexung
–	**faszinieren**	eine fesselnde Wirkung auf jmdn. ausüben {25/26}	**fascinare**	beschreien, behexen
–	**Faszinosum**	etw. auf geheimnisvolle Weise Fesselndes, Anziehendes {25/26}	**fascinosus**, a, um (bzw. fascinare	jmd., der eine große Rute hat s. oben)
1051a	**fatal**	1. sehr unangenehm, peinlich; mißlich; 2. verhängnisvoll, folgenschwer {25/26/33}	**fatalis**, e	vom Schicksal bestimmt, verhängnisvoll
–	**Fatalismus** l>nlat	völlige Ergebenheit in die als unabänderlich hingenommene Macht des Schicksals {25/28/33/84}	dto.	dto.
–	**Fatalist** l>nlat	Schicksalsgläubiger {25/28/33}	dto.	dto.
–	fatalistisch			
–	**Fatalität** l>mlat	Verhängnis, Mißgeschick, peinliche Lage {25/33}	**fatalitas**, atis f	Bestimmung durch das Verhängnis
–	**Fatum**	Schicksal, Geschick, Verhängnis {25/33/59}	**fatum**, ti n	Götterspruch, Weissagung; Lebensschicksal, Verhängnis

1051b	**Fatzke** l>nhd	eitler, arroganter Mann (berlinisch, ugs.) {26/33/84}	**facetia**, ae f nhd. *Fatz* *fatzen*	Scherz, Witz; Spötterei Witz, Spötterei verspotten, necken
1052a	**Faun**	geiler, lüsterner Mensch {18/26/84}	**Faunus**, ni m	röm. Feld- und Waldgott
–	**Fauna**	Tierwelt eines bestimmten Gebietes {69/64}	**Fauna**, ae f	röm. Fruchtbarkeitsgöttin
–	**faunisch**	lüstern, geil {18/84}	**Faunus**	s. oben
–	**Faunist** l>nlat	Zoologe {40/69}	**Fauna**	s. oben
–	**Faunistik** l>nlat	Teilbereich der Zoologie (Erforschung der Tierwelt eines Gebietes) {69/64}	dto.	dto.
–	faunistisch			
1052b	**Fauxpas** l>frz;l>frz	Taktlosigkeit, gesellschaftlicher Verstoß {32/33}	**falsus**, a, um frz. *faux* + **passus**, us m frz. *pas*	falsch vgl. oben 1035 Schritt
1053a	**favorisieren** l>it>frz	1. begünstigen, bevorzugen {25/28/33}; 2. als voraussichtlichen Sieger nennen {32/33/85}	**favere** it. *favorire* frz. *favoriser*	gewogen sein, begünstigen, unterstützen
–	**Favorit** l>it>frz >engl	1. jmd., der bevorzugt wird {25/28/33}; 2. Günstling, Geliebter (veraltet) {33/18}; 3. jmd., der die größten Siegesaussichten hat {33/85}	**favor**, oris m it. *favorito*	Gunst, Begünstigung, Vorliebe Günstling
1053b	**Fax** l>engl	Funkfernschreiben {46}	**facere** Imp. **fac** + **similis**, e	tun, machen mach ähnlich vgl. oben 1031
–	**faxen** l>engl	ein Funkfernschreiben absenden {46}	dto.	dto.
1054	**Fazit**	1. Schlußsumme einer Rechnung {57/42}; 2. Ergebnis, Schlußfolgerung {25}	**facere** (**facit**	tun, machen es macht)
1055	**Feature** l>frz>engl	1. Dokumentarbericht aus Reportagen, Kommentaren und Dialogen; 2. Text- oder Bildbericht zu einem besonderen Anlaß {32/40/85}; 3. Hauptfilm einer Filmvorstellung {33/85}	**factura**, ae f afrz. *faiture* engl. *feature*	das Machen; Bearbeitung
1056	**febril** l>nlat	fieberhaft, fiebrig (med. t. t.) {70}	**febris**, is f	Fieber
–	**Febris**	Fieber (med. t. t.) {70}	dto.	dto.
1057	**fecit**	Aufschrift auf Kunstwerken hinter dem Namen des Künstlers {32/36}	**facere** (**fecit**	tun, machen hat es gemacht)

1058	**Fee** l>spätl/ vulgl>afrz >frz	Märchengestalt, Zauberin {24/25/34}	**fatum** spätl./vulgl. fata* afrz. *fee* frz. *fée*	s. oben 1051a
1059	**fehlen** l>frz	1. verfehlen {12/61}; 2. sich irren, einen Fehler begehen; fehlschlagen {25}; 3. mangeln {57}	**fallere** afrz. *faillir*	täuschen, betrügen, ausgleiten lassen
–	fehl			
–	**Fehler** (o. **Fehl**) l>frz	1. Versehen, Irrtum {25}; 2. bleibender Mangel {25/56/59}	dto. afrz. *faille*	dto.
–	**fehlbar** l>frz	schuldig (schweiz.) {25/82}	dto.	dto.
–	Verfehlung, verfehlen, unfehlbar, Unfehlbarkeit			
1060	**Feier** l>spätl	Festtag; Veranstaltung {33/59}	**feriae**, arum f (Pl.)	Ferien-, Feier-, Ruhetage, freie Zeit
			spätl. **feria**	Fest-, Feiertag; Fest
–	feierlich, feiern, Feiertag, Feierabend			
1061	**Feige** l>vulgl	tropische Südfrucht {04}	**ficus**, ci / cus f vulgl. fica*	Feige(nbaum)
–	Feigenblatt			
1062	**fein** l>gallorom >frz	zart, nicht grob, erlesen {55/56}	**finis**, is m gallorom. *finus* frz. *fin*	Grenze, Ende; das Äußerste, Beste
–	Feinheit, verfeinern			
1063	**Fekundation** l>nlat	Befruchtung (biol., med. t. t.) {68/69/70}	**fecundus**, a, um	fruchtbar, ergiebig, voll
1064	**Fell** (gr)>l	Pelz, (behaarte) Haut {11/19/69}	**pellis**, is f gr. πέλλα	Fell, Pelz, Haut
1065	**feminin**	1. für die Frau charakteristisch, weiblich {70/18}; 2. (als Mann) weibisch {70/26}; 3. mit weiblichem Geschlecht (sprachwiss. t. t.) {76}	**femininus**, a, um	weiblich; mit weiblichem Geschlecht (gramm. t. t.)
–	**feminieren**	verweiblichen (infolge Eingriffs in den Hormonhaushalt - med., biol. t. t.) {69/70}	dto.	dto.

–	**Femininum**	weibliches Geschlecht eines Substantives (sprachwiss. t. t.) {76}	dto.	dto.
–	**feminisieren**	(eine männliche Person) verweiblichen {70/18}		
–	Feminisierung, Feminisation			
–	**Feminismus** l>nlat	die eine Veränderung der tradierten Rollenverteilung anstrebende Frauenbewegung {50/33}; 2. Ausbildung weiblicher Geschlechtsmerkmale beim Mann (med., biol. t. t.) {69/70}	dto.	dto.
–	Feminist(in), feministisch			
1066	**Fenchel**	1. Gemüseart; 2. Gewürz- und Heilpflanze, Doldengewächs {05}	**feniculum**, li n	Fenchel
1067	**Fenster**	Maueröffnung (meist verglast), Öffnung {58/88}	**fenestra**, ae f	Öffnung, Luke, Fenster
–	**fensterln**	bei der Geliebten nachts durchs Fenster einsteigen {18/29}	dto.	dto.
1068	**Fenz** l>frz>engl	Zaun, Einfriedung (deutsch-amerikanisch) {39/58}	**finis** is m	s. oben 1062
–	**fenzen** l>frz>engl	einfrieden {39/58}	dto.	dto.
1069	**Ferien**	mehrere Tage dauernde Arbeitspause, Urlaub {40/59}	**feriae**, arum f	s. oben 1060
1070	**Ferment**	Enzym (veraltet - biol. t. t.) {69/70}	**fermentum**, ti n	Gärung, Gärstoff; Dünger; Ferment
–	**Fermentation** l>nlat	1. chemische Umwandlung von Stoffen durch Bakterien und Enzyme (chem. t. t.) {73}; 2. Verfahren zur Aromaentwicklung in Lebensmitteln {73/17}	**fermentare**	gären, in Gärung geraten
–	**fermentativ** l>nlat	durch Fermente hervorgerufen {73}	dto.	dto.
–	**fermentieren**	durch Fermentation (2.) veredeln {73}	dto.	dto.
1071	**feroce** l>it	wild, ungestüm, stürmisch (mus. t. t.) {26/37}	**ferox** (Gen. –ocis)	mutig, unbändig, wild, übermütig
1072	**Ferrit** l>nlat	1. reine Eisenkristalle {02}; 2. magnetisierbarer Werkstoff für Tonköpfe o.ä. {41/72/87}	**ferrum**, ri n	Eisen; eisernes Werkzeug

>>> Ferritantenne s. Antenne

–	**Ferro**	Eisen..., eisenhaltig {02}	dto.	dto.
–	**Ferrum**	Eisen {73/02}	dto.	dto.

1073a	**fertil**	fruchtbar (med., biol. t. t.) {68/69/70}	**fertilis,** e	fruchtbar, ertragreich, ergiebig
–	**Fertilität**	Fruchtbarkeit (med., biol. t. t.) {68/69/70}	**fertilitas,** atis f	Fruchtbarkeit, Ergiebigkeit
1073b	**fesch** l>frz>engl	schick, schneidig, flott, elegant {19/33/55}	**factio,** onis f frz. *façon* engl. *fashion* *fashionable*	das Machen; das Recht o. die Eigenart, etw. zu machen Form, Muster; (Zu)schnitt Aufmachung, Erscheinung modisch, elegant vgl. oben 1046
1074	**Fest**	Feier, Veranstaltung {33}	**festum,** ti n	Fest(tag), Festlichkeit, Festmahl
–	festlich			
–	**Festival** l>frz>engl	1. wiederkehrende kulturelle Großveranstaltung; 2. Weltfestspiele der Jugend (DDR) {33/59}	**festivum,** vi n afrz. *festival*	Festlichkeit, Fest
–	**Festivität**	Festlichkeit (ugs.) {33}	dto.	dto.
–	**festivo** l>it	festlich, feierlich (mus. t. t.) {37}	**festivus,** a, um	niedlich, heiter, gemütlich, lustig
1075	**fetal** o. **fötal**	zum Fetus gehörend, den Fetus betreffend (med. t. t.) {70}	**fetus,** us m (bzw. **fetalia,** ium n	das Zeugen, Gebären; Sprößling; Ertrag Geburtsfest)
1076	**Fete** l>vulgl>frz	Fest, Party, ausgelassene Feier {33}	**festum,** ti n vulgl. festa* frz. *fête*	s. oben 1074
1077	**Fetisch** l>port>frz	Gegenstand, dem helfende oder schützende Zauberkraft zugeschrieben wird; Amulett, Talisman {51/81}	**facticius,** a, um port. *feitiço* frz. *fétiche*	nachgemacht, künstlich
–	**fetischisieren** l>port>frz	etw. zum Fetisch, Abgott machen {51/81}	dto.	dto.
–	**Fetischismus** l>port>frz	1. Fetischverehrung (in primitiven Religionen) {51/81}; 2. gegenstandsbezogene sexuelle Perversion (psych. t. t.) {70/18}	dto.	dto.
–	**Fetischist** l>port>frz	1. Fetischverehrer (ethnol. t. t.) {51/81}; 2. Person mit krankhaften, sexuell-fetischistischen Neigungen (psych. t. t.) {70/18}	dto.	dto.
–	fetischistisch			

1078	**Fetus** o. **Fötus**	(menschliche) Leibesfrucht vom dritten Schwangerschaftsmonat an (med., biol. t. t.) {69/70}	**fetus**, us m	s. oben 1075
1079a	**Feuilleton** l>vulgl>frz	1. kultureller literarischer Teil o. Beitrag in einer Zeitung o. TV-Sendung {32/34/40/85}; 2. populärwissenschaftlicher Aufsatz (österr.) {32/40}	**folium**, ii n vulgl. folia* frz. *feuille* *feuilleton*	Blatt Blatt, Bogen, Zeitung
–	**feuilletonisieren** l>vulgl>frz	einen Zeitungsbeitrag feuilletonistisch gestalten {32/40}	dto.	dto.
–	**Feuilletonismus** l>vulgl>frz >nlat	in der literarischen Form des Feuilletons ausgeprägte Sprach- und Stilhaltung (oft abwertend) {34/32}	dto.	dto.
–	Feuilletonist, Feuilletonistik, feuilletonistisch			
1079b	**Fez** l>vulgl>frz	Ulk, Spaß; Unruhe, Wirbel (berlinisch, ugs.) {26/33}	**festus**, a, um vulgl. festa* frz. *fête* (Pl. *fêtes*)	feierlich Fest
1080	**Fibel** (o. **Fibula**)	Metallspange, -nadel zum Zusammenstecken der Kleidungsstücke (hist. t. t.) {75/19/20}	**fibula**, ae f	Klammer, Bolzen, Spange, Nadel
1081	**Fiber**	1. (Muskel)faser {11/70}; 2. künstlich hergestellter Faserstoff (Fiberglas) {73/54}	**fibra**, ae f	Faser; Eingeweide (Pl.)
–	**Fibrin**	bei der Blutgerinnung entstehender (faseriger) Eiweißstoff (med. t. t.) {70}	dto.	dto.
–	**Fibrinogen** l>nlat;gr	im Blut enthaltener, löslicher Eiweißstoff (med. t. t.) {70}	dto. + gr. *γένος*	dto. Abstammung, Herkunft
1082	**Fiche** l>vulgl >frz/(engl)	1. Spielmarke {56/85}; 2. Pflock zum Lagerabstecken (veraltet) {44/40}; 3. Karte, auf der verkleinert Daten gespeichert sind (Mikrofiche) {46/32}	**figere** vulgl. figicare* frz. *ficher*	anheften, -schlagen, aufhängen, einschlagen
1083	**Fideikommiß**	unveräußerliches, unteilbares Vermögen einer Familie (jur. t. t.) {82/43}	**fideicommissum**, si n	bestimmte testamentarische Verfügung; Fideikommiß
1084	**fidel**	lustig, heiter, gut gelaunt, vergnügt {26}	**fidelis**, e	zuverlässig, treu, tüchtig
1085	**Fides**	Treueverhältnis zwischen Herr (Patron) und Gefolgsmann (Klient) im alten Rom (hist. t. t.) {75/33}	**fides**, ei f	Vertrauen, Glaube, Treue, Zuverlässigkeit
1086a	**Fidibus**	Holzspan, Papierstreifen zum Pfeifeanzünden {44}	**fides** (2), ei f	Darmsaite, Saitenspiel, Leier

1086b	**Fiduz**	Vertrauen; Mut; Lust {26/33}	**fiducia**, ae f	Vertrauen, Zuversicht, Selbstvertrauen
1087	**Fieber**	erhöhte Körpertemperatur {14/70}	**febris**, is f	Fieber vgl. oben 1056
–	fiebern, fiebrig, fieberhaft			
1088	**Fiesta** l>span	spanisches (Volks)fest {33}	**festum**	s. oben 1074
1089	**Figur**	1. Körperform, Gestalt, äußere Erscheinung {53}; 2. (künstlerische) Darstellung eines Körpers {36}; 3. Spielstein (beim Schach) {85}; 4. Umrißzeichnung, geometrisches Gebilde {71}; 5. Abbildung zu einem Text {32}; 6. Persönlichkeit, Person; 7. Mensch, Typ (ugs.) {25/84}; 8. handelnde Person in einem Dichtwerk {34}; 9. tänzerische Bewegungsfolge {12/37}; 10. Tonfolge (mus. t. t.) {37}; 11. sprachliche Form, Stilmittel {76}	**figura**, ae f	Bild, Gestalt, Figur, Erscheinung; Redefigur (rhet. t. t.)
–	**figural** l>nlat	mit Figuren versehen {36}	**figuraliter** (Adv.)	bildlich; vorbildlich, typisch
–	**Figuration** (o. **Figurierung**)	1. Auflösung einer Melodie in Notengruppe (mus. t. t.) {37/57}; 2. figürliche Darstellung {36}; 3. Formgebilde {53}	**figuratio**, onis f	Bildung, Gestaltung, das Äußere; Vorstellung
–	**figurieren**	1. in Erscheinung treten, auftreten als ... {25/33}; 2. einen Akkord mit einer Figuration versehen (mus. t. t.) {37}	**figurare**	bilden, gestalten, (sich) vorstellen
–	**figürlich** l;d	1. in bezug auf die Figur {53}; 2. eine Figur darstellend {36}; 3. in übertragenem Sinne gebraucht (veraltend) {25/32}	**figura**	s. oben
1090	**Fiktion**	1. nur in der Vorstellung Existierendes; Erdachtes {24}; 2. bewußt falsche Annahme als Problemlösungsmittel (philos. t. t.) {77}	**fictio**, onis f	Gestaltung; Verstellung; erdichtete Annahme
–	**fiktional** l>nlat	auf einer Fiktion beruhend {24}	dto.	dto.
–	**fiktionalisieren** l>nlat	als Fiktion darstellen {24}	dto.	dto.
–	**Fiktionalismus** l>nlat	philosopohische Theorie der Fiktionen (philos. t. t.) {77}	dto.	dto.

–	**fiktiv** l>nlat	1. eingebildet, erdichtet; 2. angenommen, auf einer Fiktion beruhend {24}	dto.	dto.
1091	**Filaria** l>nlat	Fadenwurm (Krankheitserreger - biol. t. t.) {69/70}	**filum**, li n	Faden; Form; Lebensfaden
–	**Filet** l>frz	1. netzartig gewirkter Stoff {19}; 2. Lendenstück von Schlachtvieh und Wild; 3. Geflügelbrustfleisch; 4. entgrätetes Rückenstück bei Fischen {17}	dto. frz. *fil*	dto.
–	**filetieren** l>frz	aus Fleisch Filetstücke herauslösen {17}	dto.	dto.
–	**filieren** l>frz	1. eine Filetarbeit anfertigen {19}; 2. Karten beim Spielen unterschlagen {85}	dto.	dto.
1092	**Filiale** l>mlat>frz	Zweiggeschäft eines Unternehmens {41/42/80}	**filialis**, e	kindlich; im Abhängigkeitsverhältnis eines Kindes stehend
			mlat. filiale	abhängige Tochterklöster
			nlat. filiale	Tochterkirche
>>>	Filial... s. unter dem Rest des Wortes			
–	**Filiation** l>nlat	1. Verhältnis von Mutter- und Tochterkloster im Ordenswesen des Mittelalters (hist., rel. t. t.) {75/51}; 2. Abstammung einer Person von einer anderen (genealog. t. t.) {10}; 3. legitime Abstammung eines Kindes (jur. t. t.) {10/82}; 4. Gliederung des Staatshaushaltsplanes {50/80}	**filiatio**, onis f	die Abstammung des Sohnes
1093	**Filigran** **(-arbeit)** (l;l)>it	Schmiedearbeit aus Gold- o. Silberdraht; sehr genaue, präzise Arbeit {20/55/56}	**filum** + **granum**, ni n	s. oben 1091 Korn, Körnchen, Kern
–	**filigran** (l;l)>it	aus Filigran bestehend; sehr fein, feingliedrig {20/55}	dto.	dto.
1094	**Filius**	Sohn (scherzhaft) {10}	**filius**, ii m	Sohn
1096	**final**	1. das Ende, den Schluß bildend {59/58}; 2. Absicht oder Zweck angebend {25/32}	**finalis**, e	die Grenzen betreffend, am Ende befindlich
–	**Finale** l>it>(frz)	1. glanzvoller Abschluß; Ende, Schlußteil {33/59/58}; 2. Endkampf, -runde, -spiel, -spurt {59/85}; 3. letzter Satz eines Instrumentalwerkes {37}; 4. Schlußszene eines musikalischen Bühnenwerkes {35/37/59}	dto. (frz. *final*)	dto.

–	**Finalist** l>it>frz	1. Teilnehmer an einem Finale (2.) {59/85} ; 2. garantieverpflichteter Handelsbetrieb (DDR) {42/75/80}	dto.	dto.
–	**Finalität**	Bestimmung eines Geschehens, einer Handlung durch Zwecke {25}	**finalitas**, atis f	das Am-Ende-Sein
–	**Finalsatz** l;d	Absichts-, Zwecksatz (sprachwiss. t. t.) {76}	**finalis**	s. oben
1097	**Finanz** l>mlat>frz	1. Geldwesen {80}; 2. Gesamtheit der Geld- und Bankfachleute {80/57}	**finire**	einschließen, endigen, enden, begrenzen
			mlat. finare	endigen, zum Ende kommen
			finantia	etw., das zu Ende kommt, zu Termin steht
			frz. *finances*	Zahlungen, Geldmittel
–	**Finanzen** l>mlat>frz	1. Geldwesen {42/80}; 2. Einkünfte, Vermögen(sverhältnisse) {80/43}	dto.	dto.
–	**finanziell** l>mlat>frz	geldlich, wirtschaftlich {42/80}	dto.	dto.
–	**Finanzier** (o. **Financier**) l>mlat>frz	jmd., der als Geldgeber auftritt {33/42/80}	dto.	dto.
–	**finanzieren** l>mlat>frz	1. Geldmittel bereitstellen; 2. mit Hilfe eines Kredits kaufen, bezahlen; 3. einen Kredit aufnehmen {42/80}	dto.	dto.
1098	**Finesse** l>frz	1. Kunstgriff, Trick; 2. Schlauheit, Durchtriebenheit {22/25}; 3. Besonderheit, Feinheit in der Beschaffenheit {55}; 4. reiches Bukett an Weinen {17}	**finis**, is m	s. oben 1062
			frz. *fin*	fein, durchtrieben
1099	**fingieren**	1. erdichten {24}; 2. vortäuschen, unterstellen {24/25/82}	**fingere**	bilden, erdichten, vorgeben, erlügen
1100	**Finis**	Schlußvermerk in Druckwerken (veraltet) {32/58}	**finis**	s. oben 1062
–	**Finish** l>frz>engl	1. letzter Arbeitsgang, Schliff, Vollendung {40/59}; 2. Endkampf, Endspurt, Schlußphase (sport. t. t.) {59/85}	dto.	dto.
–	**finit**	bestimmt (z. B. vom Verb gesagt - sprachwiss. t. t.) {76}	**finire**	begrenzen, bestimmen, beenden vgl. oben 1097
1101	**Finte** l>spätl>it	1. Vorwand, Lüge, Ausflucht {25/24}; 2. Scheinhieb, -stoß beim Boxen, Fechten (sport. t. t.) {12/85}	**fingere**	s. oben 1099
			spätl. fincta	
			it. *finta*	List

–	**fintieren** l>it	eine Finte (2.) ausführen {12/85}	dto.	dto.
1102	**firm**	sicher, sattelfest, kundig (sein) {22/25}	**firmus**, a, um	fest, stark, zuverlässig, sicher
–	**Firma** l>it	kaufmännischer Betrieb, gewerbliches Unternehmen {42/41/40}	dto. it. *firma*	dto. rechtsgültige Vertragsunterschrift
–	**Firmament**	sichtbarer Himmel, Himmelsgewölbe {01}	**firmamentum**, ti n	Himmel, Firmament; Stütze
–	**firmen**	jmdm. die Firmung (kath. Sakrament) erteilen (rel. t. t.) {51}	**firmare**	stärken, sichern; ermuntern
–	Firmling			
–	**firmieren** l>it	unter einem bestimmten Namen bestehen, einen bestimmten Namen führen {25/32}	dto.	dto.
–	**Firmung**	vom Bischof vollzogenes kath. Sakrament zur Kräftigung des Glaubens (rel. t. t.) {51}	dto.	dto.
1103	**fiskalisch**	1. den Fiskus betreffend {80/50}; 2. Rechtsverhältnisse des Staates betreffend {50/82}	**fiscalis**, e	den Fiskus betreffend, ihm zustehend
–	**Fiskus**	Staatskasse {80/50}	**fiscus**, ci m	(kaiserliche Staats-, Privat)-kasse
1104	**Fistel**	1. röhrenförmiger Kanal vom Organ zur Körperoberfläche (med. t. t.) {11/70}; 2. Fistel-, Kopfstimme (ohne Brustresonanz) {37}	**fistula**, ae f	Röhre, Rohrstengel; Hirtenflöte
1105	**fix**	1. fest(stehend) {56}; 2. geschickt, gewandt; pfiffig, schnell (ugs.) {22/25}	**fixus**, a, um	fest, bleibend
–	**Fixe**	Drogenspritze (Jargon) {82/44}	dto.	dto.
–	**fixen** l>frz>engl	1. ein Spekulationsgeschäft an der Börse vornehmen {80}; 2. dem Körper Rauschgift zuführen {82/17}	dto.	dto.
–	**Fixer** l>frz>engl	1. Börsenspekulant {80}; 2. jmd., der harte Drogen spritzt {82/17}	dto.	dto.
–	Fixstern			

–	**fixieren** l>(frz)	1. schriftlich festhalten; 2. formulieren, verbindlich bestimmen {28/32}; 3. befestigen, festmachen {29/58}; 4. beim Gewichtheben das Gewicht hochgedrückt halten (sport. t. t.); 5. den Gegner beim Ringen festhalten (sport. t. t.) {12/85}; 6. sich emotional an jmdn. binden (psych. t. t.) {18/70}; 7. die Augen fest auf ein Objekt richten; jmdn. unverwandt anstarren {23}; 8. fotografisches Material lichtbeständig machen {87}; 9. Kreide- oder Kohlezeichnungen unverwischbar machen {36}; 10. organische Stoffe für die Mikroskopuntersuchung haltbar machen {73/68/69}	dto. bzw. **figere** (PPP. **fixus**)	dto. anheften, -schlagen, -schmieden; einschlagen; mit Blicken fixieren
–	**Fixierung** l>(frz)	1. das Steckenbleiben in einer nicht altersgemäßen Entwicklungsphase (psych. t. t.) {70}; 2. das Fixieren {s. oben}	dto.	dto.
–	**Fixing** l>(frz) >engl	das dreimal täglich erfolgende Feststellen der Devisenkurse (wirtsch. t. t.) {80}	dto.	dto.
>>>	Fixpunkt s. Punkt			
–	**Fixum**	festes Gehalt, Einkommen {40/43/42}	dto.	dto.
1106	**Flagellat**	Einzeller, Geißeltierchen (biol. t. t.) {08/69}	**flagellare**	geißeln, peitschen, schlagen
1107	**flagrant** l>frz	deutlich und offenkundig, ins Auge fallend {23/55}	**flagrare**	flackern, brennen, glühen, lodern
1108	**Flair** l>frz	1. angenehme persönliche Note, Atmosphäre, Fluidum {26/33}; 2. feiner Instinkt, Gespür (bes. schweiz.) {22/24}	**flagrare** o. **fragrare** o. **fraglare** frz. *flairer*	stark riechen, duften wittern
1109	**Flakon** germ>spätl >gallorom >frz	Fläschchen (zum Aufbewahren von Parfum) {21/58/44}	spätl. **flasco**, onis m afrz. *flascon** frz. *flacon*	Weinkrug
1110	**Flambee** l>frz	flambierte Speise {17}	**flammare**	(ent)flammen, brennen, zünden
–	**flambieren** l>frz	1. Speisen mit Alkohol übergießen und brennend auftragen {17}; 2. absengen, entflammen (veraltet) {44/29}	dto.	dto.

–	**Flamingo** l>span	langbeiniger Stelzvogel mit rosa- oder rotgeflammtem Gefieder {07}	uns.: **flamma**, ae f span. *flamenco*	lodernde Flamme, helles Feuer Flamingo (mit geflammtem Gefieder)
–	**Flamme**	loderndes Feuer {02}	**flamma**	s. oben
–	flammen, geflammt			
1111	**Flaum**	1. weiche Bauchfeder der Vögel {69}; 2. erster Bartwuchs {11}; 3. Wollhaar an Pflanzen und Früchten {68}	**pluma**, ae f	Flaumfeder
–	flaumig, flaumweich			
1112	**Flegel** l>kirchenl	ungehobelter Mensch, Lümmel {25/26/84}	**flagellum**, li n	Geißel, Peitsche; Dreschflegel
–	Flegelei, flegelhaft, flegeln			
1113	**flektieren**	ein Wort deklinieren oder konjugieren (sprachwiss. t. t.) {76}	**flectere**	biegen, beugen, verändern; flektieren (gramm. t. t.)
1114	**Fleur** l>frz	das Beste von etwas; Zierde, Glanz {56/25}	**flos**, oris m frz. *fleur*	Blume, Blüte; Bestzustand; Zierde
–	**Fleurist** l>frz	Blumenfreund, -kenner (veraltet) {33/40/68/85}	dto.	dto.
1115a	**flexibel**	1. biegsam, elastisch {54}; 2. beweglich, anpassungsfähig, geschmeidig {54/33}; 3. beugbar (sprachwiss. t. t.) {76}	**flexibilis**, e	biegsam, geschmeidig, elastisch
–	**Flexibilität**	1. Biegsamkeit {54}; 2. menschliche Anpassungsfähigkeit (psych. t. t.) {33/70}	**flexibilitas**, atis f	Biegsamkeit
–	flexibilisieren, Flexibilisierung			
–	**Flexion**	1. Deklination o. Konjugation eines Wortes (sprachwiss. t. t.) {76}; 2. Beugung, Abknikkung {54/55/58}; 3. (= Flexur) bruchlose Verbiegung von Gesteinsschichten (geol. t. t.) {62}	**flexio**, onis f	Biegung, Krümmung
–	**Flexiv**	(= Flexionsmorphem) kleinste Bedeutungstragende Gestalteinheit in der Sprache (sprachwiss. t. t.) {76}	**flectere**	s. oben 1113
–	**flexivisch** l>nlat	die Flexion (1.) betreffend (sprachwiss. t. t.) {76}	dto.	dto.

1115b	**flimmern**	unruhig glitzern, glänzen; schwankende Lichtreflexe abgeben {23/55}	**flamma**	s. oben 1110
1116a	**Flocke** l/germ	1. Schnee-, Blütenflocke {65/03}; 2. Funke {72}; 3. Wollflokke {19}	**floccus**, ci m (gemischt mit einem germ. Urwort)	Wollfaser
–	flocken, flockig			
1116b	**Flor**	1. Blumen-, Blütenpracht, -fülle {04/26/57}; 2. Fülle von Blüten (einer Pflanze) {68/57}; 3. Wohlstand, Gedeihen {43};	1.-3.: **flos**, oris m	s. oben 1114
	(l>prov>frz >niederl)	4. feines, zartes, durchsichtiges Gewebe {19}; 5. Trauerflor, schwarzes Band {26/33}; 6. aufrechtstehende Faserenden bei Samt, Plüsch, Teppichen {19}	4.-6.: **villosus**, a, um afrz. *velou(r)s*	haarig, zottig Samt
–	Trauerflor, umflort			
–	**Flora**	1. Pflanzenwelt eines bestimmten Gebietes {68/64/03}; 2. Bestimmungsbuch für Pflanzen {32/68}; 3. Gesamtheit der Bakterien in einem Körperorgan {70/11}	**Flora**, ae f	Göttin der Blumen und Blüten, Frühlingsgöttin
–	**floral**	1. mit Blumen, geblümt {03/20}; 2. Blüten betreffend, darstellend {36/55/68}	**Floralis**, e	die Flora betreffend; Blumenfest
–	**Floreszenz** l>nlat	1. Blütezeit {03/33/59}; 2. Blütenstand {03/68}	**florescere**	er-, aufblühen
–	**Florett** l>it>frz	Stoßwaffe beim Fechten (sport. t. t.) {85}	**flos** it. *fioretto* frz. *fleuret*	s. oben
–	**florettieren** l>it>frz	mit dem Florett fechten (sport. t. t.) {12/29/85}	dto.	dto.
–	**florieren**	sich (geschäftlich) günstig entwickeln, gedeihen {42/80}	**florere**	blühen, in glänzenden Verhältnissen stehen; sich hervortun
–	**Florilegium** l>mlat	ausgewählte Sammlung von Gedichten, Prosastücken, Redewendungen (bes. aus den Werken antiker Autoren) {34/57}	**florilegus**, a, um	Blumen sammelnd
–	**Florist** l>nlat	1. Kenner und Erforscher der Flora {68/40}; 2. Blumenbinder {40/20}	**flos**	s. oben
–	**Floristik** l>nlat	Zweig der Pflanzengeographie {64/68}	dto.	dto.
–	**floristisch** l>nlat	die Flora oder die Floristik betreffend {64/68}	dto.	dto.

–	**floruit**	... hatte seine Hauptschaffenszeit um ... (mit Angabe von Name und Lebenszeit) {32/40/59}	**florere**	s. oben
–	**Floskel**	nichtssagende Redensart, formelhafte Redewendung {32}	**flosculus**, li m	Blütchen, Zierde, Sentenz
1116c	**Flöte** l>(vulgl) >aprov >afrz	1. Blasinstrument {37}; 2. Aufeinanderfolge mehrerer Karten einer Spielfarbe (beim Skat - ugs.) {57/85}	uns.: **flare** vulgl. flatuare* aprov. *flauta* afrz. *flaüte* *flaüter* (frz. *flûte)*	blasen auf einem Blasinstrument blasen
–	flöten, Flötist			
1117	**fluid**	flüssig, fließend (chem. t. t.) {73/54}	**fluidus**, a, um	fließend, flüssig; wallend
–	**Fluid**	1. flüssiges Mittel, Flüssigkeit (chem. t. t.) {54/73}; 2. Getriebeflüssigkeit {72/45}	dto.	dto.
–	**Fluidum**	besondere von einer Person oder Sache ausgehende Wirkung {26/84}	dto.	dto.
1118	**Fluktuation**	1. Schwankung, Wechsel {61}; 2. Flüssigkeitsansammlung unter der Haut (med. t. t.) {70}	**fluctuatio**, onis f	das Schwanken, Unstetigkeit, unruhige Bewegung
–	**fluktuieren**	1. schnell wechseln, schwanken; 2. hin und her schwappen {61}	**fluctuare**	Wellen schlagen, wogen; schwanken, unschlüssig sein
1119	**Fluor**	1. chemischer Grundstoff {73/02}; 2. Ausfluß aus der Scheide oder Gebärmutter (med. t. t.) {70}	**fluor**, ris m	das Fließen, Flüssigkeit; Naß; Bauchfluß
–	**Fluoreszenz** l(;l)	Eigenschaft bestimmter Stoffe, bei Bestrahlung durch Licht selbst zu leuchten {54/55/73}	dto. (+ **-escere**	dto. Partikel-Suffix des Wachsens)
–	**fluoreszieren** l(;l)	bei Bestrahlung aufleuchten {54/55/73}	dto.	dto.
–	**Fluorid**	Salz der Flußsäure (chem. t. t.) {73}	dto.	dto.
1120	**föderieren**	sich verbünden {50/33}	**foederare**	ein Bündnis stiften, verbünden
–	**föderal** o. **föderativ** l>frz	bundesmäßig {50/48}	dto.	dto.
–	**föderalisieren** l>frz	die Form einer Föderation geben {50}	dto.	dto.

–	**Föderalismus** l>frz	Prinzip der Errichtung einer bundesstaatlichen Ordnung {50}	dto. frz. *fédéralisme*	dto.
–	Föderalist, föderalistisch			
–	**Föderat** l>frz	Bündnispartner {50}	**foederatus**, a, um bzw. **foederati**, torum n (Pl.)	verbündet, alliiert die Verbündeten
–	**Föderation**	1. Verband {33}; 2. Verbindung, Bündnis (von Staaten) {50}	**foederatio**, onis f	Verbindung, Vereinigung
–	**Föderierte**	verbündeter Staat, verbündete Macht {50}	**foederare**	s. oben
1121	**Föhn** l>vulgl	trockener (Alpen)fallwind {01/65}	**favonius**, ii m	lauer Westwind, Frühlingswind
1122	**Fokus**	1. Brennpunkt (phys. t. t.) {72}; 2. Streuherd einer Infektion (med. t. t.) {70}	**focus**, ci m	Feuerstätte, Herd; Besitztum
–	**fokussieren**	1. optische Linsen ausrichten (opt. t. t.); 2. Lichtstrahlen in einem Punkt vereinigen; 3. Strahlen durch elektrische u. magnetische Felder sammeln {72}	dto.	dto.
1123	**Foliant** l>nlat	1. Buch im Folioformat; 2. großes, unhandliches (altes) Buch (ugs.) {32/58}	**folium**, ii n (**foliatus**, a, um	Blatt, Nardenblattt aus Blättern bestehend)
–	**Folie** l>vulgl	1. Verpackungsmaterial aus Metall oder Kunststoff {41/42/44}; 2. dünne Farbschicht (druckw. t. t.) {40/32}; 3. Hintergrund, von dem sich etw. abhebt {58/55}	dto.	dto.
–	**foliieren** l>nlat	1. Blätter eines Druckbogens numerieren {32/40/57}; 2. etwas mit Folie unterlegen {41/42/44}	dto.	dto.
–	**Folio**	1. Buchformat in der Größe eines halben Bogens (>35 cm) {40/32/58}; 2. Doppelseite eines Geschäftsbuches {42/32}	dto.	dto.
1124	**Follikel**	(biol., med. t. t.) 1. Drüsenbläschen, kleiner Schlauch; 2. Zellhülle des gereiften Eis im Eierstock {69/70}	**folliculus**, li m	kleiner lederner Sack; Hülle, Haut
–	Follikelsprung			
–	**follikulär** l>nlat	(biol., med. t. t.) 1. schlauchartig; 2. den Follikel betreffend, von ihm ausgehend {69/70}	dto.	dto.

1125	**Folter** l>mlat	gewaltsame gerichtliche Untersuchungsmethode, seelische o. körperliche Qual {26/33/82}	**pullus**, li m mlat. poledrus, ri m	das Juge, junges Tier; Hühnchen Fohlen; Foltergerät in Gestalt eines Fohlens
–	foltern, Folterung			
1126	**Fond** l>frz	1. Rücksitz im Auto {45/58}; 2. Hintergrund (z. B. eines Gemäldes) {58/36}; 3. Stoffgrund, von dem sich ein Muster abhebt {55/19}; 4. Grundlage, Hauptsache {25/56}; 5. beim Braten oder Dünsten zurückgebliebener Fleischsaft (gastron. t. t.) {17}	**fundus**, di m frz. *fond*	Grund, Boden Landstück
–	**Fonds** l>frz	1. Geld für bestimmte Zwecke {42/80}; 2. Gesamtheit der Mittel eines Kombinats (DDR) {42/41/75}; 3. Schuldverschreibungen öffentlicher Körperschaften (wirtsch. t. t.) {80/50/49}	dto. frz. *fonds*	dto.
1127	**Fondue** l>frz	1. schweizerisches Gericht aus geschmolzenem Käse, Wein und Gewürzen; 2. Fleischgericht {17}	**fundere**	gießen, fließen lassen, schmelzen
1128	**Fontäne** l>vulgl>frz	aufsteigender (Wasser)strahl (eines Springbrunnens) {61/02}	**fons**, ntis m vulgl. fontana frz. *fontaine*	Quelle; Ursprung
–	**Fontanelle** l>mlat>frz	Knochenlücke am Schädel von Neugeborenen (med. t. t.) {70/11}	dto.	dto.
1129	**forcieren** l>vulgl>frz	etw. mit Nachdruck vorantreiben, beschleunigen, steigern {28/59/29}	**fortis**, e vulgl. fortia* fortiare* frz. *forcer*	stark, kräftig, tüchtig, fest Kraft, Macht zwingen
–	**forciert** l>vulgl>frz	gewaltsam, er-, gezwungen, unnatürlich {28/25}	dto.	dto.
1130	**forensisch**	1. zur wortgewandten Rede gehörend, rhetorisch (veraltet) {32}; die Gerichtsverhandlung betreffend, gerichtlich {82}	**forensis**, e	zum Markte gehörig; gerichtlich
1131	**Forke**	Heu-, Mistgabel {39}	**furca**, ae f	zweizinkige Gabel
1132	**Form**	1. äußere Gestalt, Umriß {53}; 2. Muster, Modell {40/53/56}; 3. Art und Weise, seelische o. körperliche Verfassung {14/26/70}	**forma**, ae f	Form, Gestalt, Umriß, Figur

–	**formal**	1. die äußere Form betreffend {53}; 2. nur der Form nach vorhanden {25/52/56}	**formalis**, e	formal, formell, äußerlich; förmlich
–	**Formalie**	Formalität, Förmlich-, Äußerlichkeit {25/56/50}	dto.	dto.
–	**formalisieren** l>nlat	1. in bestimmte (strenge) Formen bringen, sich an gegebene Formen halten {25/33}; 2. ein (wissenschaftliches) Problem mit Hilfe von Formeln allgemein formulieren und darstellen {32/25}; 3. zur verbindlichen Form machen {25/53}	dto.	dto.
–	**Formalismus** l>nlat	1. Bevorzugung der Form vor dem Inhalt {56/25}; 2. etw. mechanisch ausgeführtes {25/29}; 3. subjektivistische Kunstauffassung (DDR) {36/25}; 4. Auffassung der Mathematik als Wissenschaft von rein formalen Strukturen (math. t. t.) {71}	dto.	dto.
–	Formalist, formalistisch			
–	**Formalität** l>mlat	1. Förmlichkeit, Äußerlichkeit, Formsache {25/56}; 2. (amtliche) Vorschrift {50/28}	dto.	dto.
–	**formaliter**	der äußeren Form nach {25/56}	**formaliter** (Adv.)	s. oben formalis
>>>	formaljuristisch s. unter juristisch			
–	**Format**	1. Größenverhältnis eines Gegenstandes nach Länge und Breite (bes. Papierbogen) {56/58}; 2. außergewöhnlicher Rang, Niveau {22/33}; 3. Rahmen in der Drucktechnik (druckw. t. t.) {32/40}; 4. Datenstruktur (EDV- t. t.) {71}	**formare**	gestalten, bilden, einrichten, formen
–	**formatieren**	Datenstrukturen vorher fest zuordnen (EDV- t. t.) {71}	dto.	dto.
–	**Formation** l>(frz)	1. bestimmte Anordnung, Aufstellung, Verteilung {56/57}; 2. (für einen militärischen Zweck gebildete) Gruppe, Verband {57/86}; 3. soziales, ökonomisches Gebilde {81/80}; 4. Pflanzengesellschaft {68}; 5. Zeitabschnitt der Erdgeschichte (geol. t. t.) {62/59}	**formatio**, onis f	Gestaltung, Bildung

–	**formativ** l>nlat	die Gestaltung betreffend, gestaltend {25/53}	**formare**	s. oben
–	**Formel**	1. feststehender Ausdruck, Wendung {32}; 2. Buchstaben-Zahlenfolge (math., phys., chem. t. t.) {71/72/73}; 3. kurzgefaßter Satz zur Zusammenhangherstellung {25/32/57}; 4. Merkmale eines Rennwagens (sport. t. t.) {45/85}	**formula**, ae f	Gestalt, Form; Formel; Norm; Formular
–	**formell** l>frz	1. dem Gesetz nach, offiziell {50/82}; 2. den Höflichkeitsregeln entsprechend {33}; 3. aufgrund festgelegter Ordnung, aber ohne Wert {56/33}; 4. auf Distanz haltend {58/33}	**formalis**	s. oben
–	**formen**	modellieren, gestalten, bilden {36/29}	**formare**	s. oben
1133a	**formidabel** l>frz	1. außergewöhnlich, erstaunlich; großartig {56/26}; 2. furchtbar (veraltet) {26}	**formidabilis**, e	grausig, fürchterlich
1133b	**formieren** l>(frz)	1. bilden, gestalten {36/29}; 2. sich zusammenschließen {33}; 3. in einer bestimmten Reihenfolge aufstellen, ordnen {29/56/58}	**formare**	s. oben 1132
–	...förmig			
–	**förmlich** l;d	gezwungen, steif {33}	**formalis**	s. oben 1132
–	**formlos** l;d	ungezwungen; gestaltlos {33/53}	dto.	dto.
–	**Formular**	(amtlicher) Vordruck, Formblatt, Muster {50/32}	**formula**	s. oben 1132
–	**formulieren** l>frz	in eine sprachliche Form bringen, ausdrücken; aussprechen, abfassen {32}	dto.	dto.
1134	**forsch** l>vulgl>frz	draufgängerisch, schneidig {25/26/84}	**fortis**, e	stark, kräftig, tüchtig, fest vgl. oben 1129
			vulgl. fortia* frz. *force*	
–	**Fort** l>frz	abgeschlossenes, räumlich begrenztes Festungswerk {58/86/88}	dto. frz. *fort*	dto. stark, fest; kleine Festung
–	**forte** l>it	laut, stark, kräftig (mus. t. t.) {37/55}	dto.	dto.
–	**Forte** l>it	große Lautstärke, Klangfülle (mus. t. t.) {37/55}	dto.	dto.
–	**Fortifikation**	Befestigung, Befestigungskunst (veraltet) {86/88}	**fortificatio**, onis f	das Starkmachen, Stärken

–	**fortifi-zieren** l>(nlat)	befestigen (veraltet) {86/88}	**fortificare**	stark machen, stärken
–	**fortissimo** l>it	sehr laut, äußerst stark und kräftig (mus. t. t.) {37/55}	**fortis** (Superl. **fortissimus**, a, um)	s. oben
–	**Fortisimo** l>it	mit sehr großer Lautstärke, Klangfülle (mus. t. t.) {37/55}	dto.	dto.
1135	**Fortuna**	1. Erfolg, Glück {33/25}; 2. Vereinsname {85}	**fortuna**, ae f	Schicksal, Glück, Geschick
–	**Fortune** o. **Fortüne** l>frz	Glück, Erfolg {25/33}	dto.	dto.
1136	**Forum**	1. Markt- und Versammlungsplatz in römischen Städten der Antike (hist. t. t.) {75/58}; 2. öffentliche Diskussion, Aussprache {32}; 3. geeigneter Ort für etwas, Plattform {58}; 4. für eine sachverständige Erörterung geeigneter Personenkreis {33/32}	**forum**, ri n	Markt-, Handels-, Versammlungsplatz
1137a	**fossil**	1. vorweltlich, urzeitlich; als Versteinerung erhalten {62/59}; 2. in früheren Zeiten entstanden {59}	**fossilis**, e	ausgegraben
–	**Fossil**	als Versteinerung erhaltener Überrest urzeitlicher Pflanzen oder Tiere {59/62/68/69}	dto.	dto.

>>> Foto... s. ggf. unter dem Rest des Wortes
>>> Fötus s. unter Fetus

1137b	**Foyer** l>vulgl>frz	Wandelhalle, Wandelgang (im Theater) {58/35}	**focus**, ci m vulgl. focarium frz. *foyer*	Herd, Feuerstätte Herd, Wärmeraum
1138	**fragil**	zerbrechlich, zart {55}	**fragilis**, e	zerbrechlich, schwach
–	**Fragilität**	Zartheit, Zerbrechlichkeit {55}	**fragilitas**, atis f	Zerbrechlichkeit, Hinfälligkeit
1139	**Fragment**	1. Bruchstück, Überrest {57/59}; 2. unvollständiges (literarisches) Werk {34/57}; 3. Knochenbruchstück (med. t. t.) {70/57}	**fragmentum**, ti n	Bruchstück, Splitter, Trümmer

–	**fragmentarisch** o. **fragmentär** l>(nlat)	bruchstückhaft, unvollendet {56/57}	dto.	dto.
–	**Fragmentation** l>nlat	(bot. t. t.) 1. direkte Kernteilung; 2. ungeschlechtliche Pflanzenvermehrung {68}	dto.	dto.
–	**fragmentieren** l>nlat	in Bruchstücke zerlegen (veraltet) {57}	dto.	dto.
1140	**Fraktion** l>frz	1. Zusammenschluß von Abgeordneten im Parlament {50/33}; 2. Zusammenschluß einer Sondergruppe innerhalb einer Organisation {33}; 3. separat gelegener Ortsteil (österr.) {58}; 4. Teil eines Substanzgemisches bei einem Trennverfahren (chem. t. t.) {73}	**fractio**, onis f	das Brechen, Zerbrechen
–	**fraktionell** l>frz	eine Fraktion betreffend oder bildend {50/33}	dto.	dto.
–	Fraktionschef, Fraktionszwang			
–	**Fraktur**	1. Knochenbruch (med. t. t.) {14/70}; 2. Schreib- oder Druckschriftart {32}	**fractura**, ae f	das Zerbrechen; Bruch
1141	**frank** (germ) >spätl/mlat	frei, offen {32/33}	spätl./mlat. **francus**, a, um	fränkisch; frei
–	**frankieren** (germ) >spätl/mlat >it	Postsendungen freimachen {46/42}	dto. it. *(porto) franco* *francare*	dto. Beförderung frei freimachen
–	**Frankatur** (germ) >spätl/mlat >it	1. das Freimachen einer Postsendung {46/42}; 2. die zur Frankatur bestimmten Briefmarken {46/56}	dto.	dto.
1142	**Franse** l>vulgl>frz	1. Fadenbündel als Randbesatz von Decken, Teppichen o. ä. {44}; 2. loser Gewebefaden {19}	**fimbria**, ae f vulgl. frimbia* frz. *frange*	Faden, Troddel, Franse, Haargekräusel
1143	**Frater**	1. (Kloster)bruder vor der Priesterweihe; 2. Laienbruder eines Mönchsordens {51}	**frater**, tris m	Bruder
–	**Fraternisation** l>frz	Verbrüderung {33}	**fraternare** o. **fraterculare**	als Brüder zusammen heranwachsen

–	**fraterni-sieren** l>frz	sich verbrüdern, vertraut werden {33}	dto.	dto.
–	**Fraternität**	1. Brüderlichkeit; 2. Verbrüderung {33}; 3. (kirchliche) Bruderschaft {51}	**fraternitas,** atis f	Brüderlichkeit, Brüderschaft
–	**Fraternité** l>frz	Brüderlichkeit (Schlagwort der Französischen Revolution - hist. t. t.) {33/75}	dto.	dto.
1144	**frequent**	häufig, zahlreich (veraltet) {57}; 2. beschleunigt (vom Puls - med. t. t.) {59/70}; 3. häufig vorkommend, häufig gebraucht (sprachwiss. t. t.) {76}	**frequens** (Gen. –ntis)	häufig, zahlreich, voll
–	**frequen-tieren**	zahlreich besuchen, aufsuchen; stark in Anspruch nehmen {57/33}	**frequentare**	zahlreich versammeln; wiederholen, häufig besuchen
–	**Frequen-tant**	regelmäßiger Besucher (veraltet) {33/59}	dto.	dto.
–	**Frequen-tation**	häufiges Besuchen (veraltet) {33/59}	**frequentatio,** onis f	Häufung, häufiger Gebrauch
–	**Frequen-tativum**	Verb mit andauernder oder wiederholender Aktionsart (sprachwiss. t. t.) {76}	**frequenta-tivus,** a, um	ein häufiges tun anzeigend
–	**Frequenz**	1. Höhe der Besucherzahl; Zustrom, Verkehrsdichte {33/57/45}; 2. Schwingungs-, Periodenzahl von Wellen pro Sekunde (phys. t. t.) {72}; 3. Anzahl der Atemzüge, Pulsschläge pro Minute (med. t. t.) {57/59/70}	**frequentia,** ae f	zahlreiche Versammlung, große Anzahl, Menge; Häufigkeit

>>> Frequenzmodulation, -modulator s. Modulation, Modulator

1145	**Frettchen** l>vulgl>frz >niederl	halbzahme, zur Kaninchenjagd dressierte Iltisart {06/38}	**furo,** onis m vulgl. furiturus* frz. *furet* niederl. *fret*	Iltis, Frettchen
–	frettieren			

1146	**Fries** l>mlat>frz	1. ornamental ausgestalteter Gesims- oder Wandstreifen {88}; 2. krauses Wollzeug, Gewebe {19}	**Phrygius**, a, um	phrygisch
			Phrygiae (vestes)	golddurchwirkte phrygische Kleiderstoffe
			mlat. frigium, phrygium; frisium	Stickerei, Franse
			frz. *frise*	krauses Wollzeug; Stickerei
1147	**frigid(e)**	1. in bezug auf sexuelle Erregbarkeit ohne Empfindung (von Frauen - med. t. t.) {18/70}; 2. kühl, nüchtern (veraltend) {26/84}	**frigidus**, a, um	kalt, kühl, fade, schlaff
–	**Frigidarium**	1. Abkühlungsraum in altrömischen Bädern {58/75/88}; 2. kaltes Gewächshaus {39/58/68}	**frigidarium**, ii n	Kühlzimmer im Bad; kühler Ort; Kühlschrank, Speisekammer
–	**Frigidität**	Empfindungslosigkeit der Frau (beim Geschlechtsverkehr - med. t. t.) {18/70}	**frigiditas**, atis f	Kälte
1148	**Frikadelle** l>vulgl>it	gebratener Kloß aus Hackfleisch {17}	**frigere**	rösten, dörren
			uns. gallorom. *frigicare**	
			it. *frittadella*	Gebratenes
–	**Frikassee** (l;spätl >vulgl>frz) >frz	Ragout aus weißem Geflügel o. ä. {17}	**frigere**	s. oben
			+ (spätl.) **cassare**	zerstoßen, zunichte machen
			frz. *casser*	zerbrechen, vernichten; zerkleinern
			fricassée	
–	frikassieren			
1149	**Friktion**	1. Reibung {61}; 2. Einreibung {21}; 3. besondere Form der Massage {21/14}; 4. Widerstand, der ein Einpendeln von Angebot und Nachfrage verhindert (wirtsch. t. t.) {80}	**frictio**, onis f	das Reiben, Frottieren
1150	**fritieren** l>frz	Speisen oder Gebäck in heißem Fett schwimmend garen (gastron. t. t.) {17}	**frigere**	s. oben 1148
			frz. *frire*	braten, backen
–	**Friteuse** l>frz	elektrisches Gerät zum Fritieren von Speisen {17/87}	dto.	dto.
–	**Fritte** l>frz	1. Zwischenprodukt bei der Glasfabrikation {41}; 2. Kurzbezeichnung für Pommes frites {17}	dto.	dto.

–	**Frittenbude** l>frz;d	Schnellimbiß {17/42}	dto.	dto.
–	**Fritüre** l>frz	1. heißes Fett oder Ölbad zum Ausbacken von Speisen; 2. fritierte Speise {17}; 3. Friteuse {17/87}	dto.	dto.
1151	**frivol** l>frz	1. leichtfertig, bedenkenlos {25/26/84}; 2. schamlos, frech {26/18/84}; 3. eitel, nichtig (veraltet) {26}	**frivolus**, a, um	zerbrechlich; bedeutungslos, armselig, nichtig
–	**Frivolität** l>frz	1. Bedenkenlosig-, Leichtfertigkeit {25/26/84}; 2. Schamlosig-, Schlüpfrigkeit {18/26/84}	**frivolum**, li n	wertlose Kleinigkeit, Bagatelle
1152	**Fromage** l>vulgl>frz	frz. Bezeichnung für Käse {17}	**forma**, ae f afrz. *fourme* frz. *forme* südfrz. *furmo* frz. *fromage*	s. oben 1132 Käse
1153	**Fronde** l>vulgl>frz	1. (Aufstand einer) Oppositionspartei des frz. Hochadels im 17. Jh. gegen das absolutistische Königtum (hist. t. t.) {33/50/75}; 2. scharfe politische Opposition innerhalb einer politischen Partei {50}	**funda**, ae f vulgl. fundula* frz. *fronde* *fronder*	Schleuder, -riemen, -kugel schleudern, angreifen, sich auflehnen
–	**Frondeur** l>vulgl>frz	scharfer politischer Opponent {50/25}	dto.	dto.
–	**frondieren** l>vulgl>frz	1. als Frondeur tätig sein {50/25}; 2. sich heftig gegen etw. auflehnen, sich widersetzen {28/25}	dto.	dto.
1154	**Front** l>frz	1. Vorder-, Stirnseite {58}; 2. vordere Reihe der angetretenen Truppe; 3. Gefechtslinie, Kampfgebiet {58/86}; 4. geschlossene Einheit, Block {33/58}; 5. Trennungslinie, gegensätzliche Einstellung {25}; 6. Luftmassengrenze (meteor. t. t.) {65}	**frons**, ntis f	Stirn, Außenseite, Fassade, Front, Vorderseite
–	**frontal** l>nlat	1. an der Vorderseite befindlich, von vorn (kommend); 2. unmittelbar nach vorn gerichtet {58}	**frontalia**, iorum n (Pl.)	die vorderen Partien, Vorderseite
–	**Frontalität** l>nlat	frontale Darstellung des menschlichen Körpers in der archaischen Kunst {36/75/79}	dto.	dto.

–	**Frontispiz** (l;l)>mlat >frz	1. Giebeldreieck über einem Gebäudevorsprung (archit. t. t.) {88}; 2. Verzierung eines Buchtitelblattes (druckw. t. t.) {32/40}	**frons** + **spicere** mlat. frontispicium frz. *frontispice*	s. oben sehen, schauen, betrachten Stirnseite (eines Gebäudes); Titelblatt
1155	**Frucht**	1. Baum-, Feldfrucht; Obst {05/17}; 2. Nutzen, Ertrag {25/56}	**fructus**, us m	Nutzen, Ertrag, Frucht
–	**Fructose** (o. **Fruktose**) l>nlat	Fruchtzucker {17}	dto.	dto.
–	Früchtchen, fruchtbar, fruchtig, fruchten			
–	**frugal** l>frz	1. einfach, mäßig; 2. vorzüglich, reichlich {57/26}	**frugalis**, e	zu den Früchten gehörig; brav, bieder
–	**Frugalität** l>frz	Genügsamkeit, Einfachheit (von Speisen) {57/17}	**frugalitas**, atis f	Vorrat an Früchten; Enthaltsamkeit
1156	**Frust**	1. das Frustriertsein, Frustration; 2. frustrierendes Erlebnis {24/25/26/70}	**frustratio**, onis f	Täuschung, Irrtum; absichtliche Verzögerung, Hinhalten
–	**Frustration**	Enttäuschung durch erzwungenen Verzicht oder Versagung von Befriedigung (psych. t. t.) {24/25/26/70}	dto.	dto.
–	**frustrieren**	1. die Erwartung von jmdm. enttäuschen {25/26}; 2. vereiteln, täuschen (veraltet) {25/28}	**frustrare**	täuschen, betrügen, vergeblich hinhalten
1157	**Fuge** l>it	mehrstimmiges Tonstück, bei dem das Thema durch alle Stimmen geführt wird (mus. t. t.) {37}	**fuga**, ae f it. *fuga*	Flucht, das Fliehen; schneller Lauf Wechselgesang, Kanon
–	**fugal** l>it>nlat	fugenartig (mus. t. t.) {37}	dto.	dto.
–	**fugato** l>it	frei nach der Fuge komponiert (mus. t. t.) {37}	dto.	dto.
–	**Fugato** l>it	Fugenthema ohne Einhaltung der Gesetzmäßigkeiten einer Fuge (mus. t. t.) {37}	dto.	dto.
–	**fugieren** l>it	ein Thema nach Fugenart durchführen (mus. t. t.) {37}	dto. (bzw. **fugare**	dto. s. unten 3788)
1158	**fulminant**	glänzend, großartig, ausgezeichnet, auffallend {25/56}	**fulminare** (PPA. **fulminans**)	blitzen, donnern; niederschmettern

1159	**Fundament**	1. Unterbau, Sockel (archit. t. t.) {88}; 2. Eisenplatte einer Buchdruckerschnellpresse (druckw. t. t.) {40/32}; 3. Grund, Grundlage {25/56/60}; 4. Grundbegriff, Grundlehre (philos. t. t.) {77}	**fundamentum,** ti n	Grund, Grundlage
–	**fundamental**	grundlegend, schwerwiegend {56/25}	**fundamentalis,** e	zum Grund gehörig, Grund...
–	**Fundamentalismus** l>(engl) >(am)	1. streng orthodoxe Denkungsart (bes. auf religiösem Gebiet) {25/51}; 2. streng bibelgläubige protestantische Richtung in den USA {51}	dto.	dto.
–	Fundamentalist, fundamentalistisch			
–	**fundamentieren** l>nlat	ein Fundament (1.) legen; gründen {40/52/88}	**fundamentum**	s. oben
–	**Fundi** l>(engl) >(am)	Kurzwort für Fundamentalist; bes. Anhänger einer radikal-ökologischen Politik {25/50}	dto.	dto.
1160	**fundieren**	1. etw. mit den nötigen Mitteln versehen; 2. (be)gründen, untermauern {25}	**fundare**	mit einem Boden versehen; (be)gründen; befestigen
–	**Fundus**	1. Grund und Boden, Grundstück {58/43}; 2. Grundlage, Unterbau, Bestand, Mittel {25/56}; 3. Gesamtheit der Ausstattungsmittel in Theater und Film {33/35/40/85}; 4. Grund, Boden eines Hohlorgans (med. t. t.) {58/70}	**fundus,** di m	Grund, Boden, Landstück, -gut
1161	**funebr(al)e** l>it/frz	traurig, ernst (mus. t. t.) {26/37}	**funebris,** e	das Leichenbegängnis betreffend, Leichen...
1162	**fungieren**	eine bestimmte Funktion ausüben, zu etw. da sein, eine Aufgabe haben {50/25/40}	**fungi**	etw. verrichten, vollziehen, vollbringen; vollenden
1163	**fungizid** (l;l)>nlat	pilztötend (von chem. Mitteln - med. t. t.) {68/70/73}	**fungus,** gi m + **caedere**	Erdschwamm, Pilz, Morchel schlagen, fällen, töten
–	**Fungizid** (l;l)>nlat	Pilzgift (Pflanzenschutzmittel - chem. t. t.) {68/73}	dto.	dto.

>>> Funkkolleg s. unter Kolleg

1164	**Funktion**	1. Tätigkeit {29/40}; 2. Amt, Stellung {33/40/50}; 3. klar umrissene Aufgabe, Rolle {25/40}; 4. veränderliche mathematische Größe (math. t. t.) {71}; 5. harmonische Beziehung (mus. t. t.) {37}	**functio**, onis f	Verrichtung, Amtsobliegenheit; Geltung
-	**funktional** l>nlat	die Funktion betreffend, auf sie bezogen; der Funktion entsprechend; auf das Funktionieren ausgerichtet {29/50/25/71}	dto.	dto.
-	**funktionalisieren** l>nlat	den Gesichtspunkt der Funktion entsprechend gestalten {25/40}	dto.	dto.
-	**Funktionalismus** l>nlat	1. ausschließliche Berücksichtigung des Gebrauchszweckes bei der Gebäudegestaltung (archit. t. t.) {88}; 2. bestimmte philosophische Lehre {77}; 3. Richtung in der Psychologie {70}	dto.	dto.
-	Funktionalist, funktionalistisch			
-	**Funktionär** l>frz	offizieller Beauftragter eines wirtschaftlichen, sozialen oder politischen Verbandes, einer Sportorganisation {33/50/85}	dto.	dto.
-	**funktionell** l>frz	1. auf Leistung bezogen; 2. wirksam; die Aufgabe, Rolle erfüllend {25/40/56}; 3. die Beziehung eines Tones hinsichtlich der drei Hauptakkorde betreffend (mus. t. t.) {37}; 4. die Leistungsfähigkeit eines Organs betreffend (med. t. t.) {70}	dto.	dto.
-	**funktionieren** l>frz	in ordnungsgemäßem Betrieb sein; reibungslos ablaufen; vorschriftsmäßig erfolgen {25/40/29}	dto.	dto.
1165	**Furie**	1. altröm. Rachegöttin {51/75}; 2. eine in Wut geratene Frau {26/33/84}	**Furia**, ae f bzw. **furia**, ae f	Furie Wut, Raserei
-	**furios**	1. wütend, hitzig {26/84}; 2. mitreißend, glänzend {22/26}	**furiosus**, a, um	voller Wut, wütend, rasend
-	**furioso** l>it	wild, stürmisch, leidenschaftlich (mus. t. t.) {26/37}	dto.	dto.
-	**Furioso** l>it	Musikstück von wild-leidenschaftlichem Charakter (mus. t. t.) {26/37}	dto.	dto.

–	**Furor**	Wut, Raserei {14/26}	**furor**, oris m	Wut, Raserei; Tobsucht
–	**Furore** l>it	1. rasender Beifall; Leidenschaftlichkeit; Aufsehen (erregen); 2. - machen: Beifall (erringen) {26/33/85}	dto.	dto.
1166a	**Furunkel**	eitrige Entzündung eines Haarbalges; Eitergeschwür (med. t. t.) {14/70}	**furunculus**, li m	elender Dieb, Spitzbube; der Blutschwären (med. t. t.)
–	**Furunkulose** l>nlat	ausgedehnte Furunkelbildung (med. t. t.) {14/70}	dto.	dto.
1166b	**Fusel** l>(mlat)	minderwertiger Trinkalkohol {17}	uns.: **fusilis**, e mlat. fusile	geschmolzen, fließend, flüssig etw. Flüssiges
1167	**füsilieren** l>vulgl>frz	standrechtlich erschießen {15/82/86}	**focus**, ci m vulgl. petrafocilis* frz. *fusil* *fusillier*	Herd, Brandstätte Feuerstein Flinte
–	**Füsilier** l>vulgl>frz	Schütze der leichten Infanterie {86}	dto.	dto.
1168	**Fusion**	1. Vereinigung, Verschmelzung (von Unternehmen) {57/41/42/80}; 2. Vereinigung der Bilder des rechten und des linken Auges zu einem einzigen Bild (opt., med. t. t.) {70/72}; 3. Verschmelzung von Atomkernen (phys. t. t.) {72}	**fusio**, onis f	Ausguß, Ausfluß; das Gießen, Schmelzen
–	**fusionieren** l>nlat	verschmelzen (von Unternehmen) {57/41/42/80}	dto.	dto.
>>>	Fusionsreaktor s. Reaktor			
1169	**Futur(um)**	(sprachwiss. t. t.) 1. Zeitform, mit der ein zukünftiges Geschehen charakterisiert wird; 2. Verbform des Futurs {76/59}	**futurum**, ri n	Zukunft
–	**futurisch**	das Futur betreffend; im Futur auftretend (sprachwiss. t. t.) {76/59}	**futurus**, a, um	(zu)künftig
–	**Futurismus** l>nlat	von Italien ausgehende künstlerische und politische Bewegung des frühen 20. Jh.s {50/79}	dto.	dto.
–	Futurist, Futuristik, futuristisch, Futurologe, futurologisch			
–	**Futurologie** l;gr	moderne Wissenschaft, die sich mit zukünftigen Entwicklungen befaßt {81/59}	dto. + gr. *λόγος*	dto. Wort, Kunde

G

1170a	**Gallapfel** l>frz	Auswuchs, Mißbildung an Pflanzen {03/68}	**galla**, ae f	Gallapfel, kugelartiger Auswuchs
–	Gallwespe			
1170b	**Gallert** l>mlat	steife, durchsichtige, gelatineartige Masse {17/55}	**gelare** mlat. gelatria	gefrieren machen, verdichten, eindicken
1171	**Gallizismus** l>nlat	Übertragung einer im Französischen charakteristischen sprachlichen Erscheinung auf eine andere Sprache (sprachwiss. t. t.) {76}	**Gallicus**, a, um	gallisch
–	**Gallomane** l;gr	jmd., der alles Französische bewundert, nachahmt {26/33}	**Gallus**, li m + gr. *μανία*	der Gallier Wut; Begeisterung
–	Gallomanie			
1172	**Gambe** (gr)>l>it	Knie-, Beingeige (mus. t. t.) {37}	**gamba**, ae f gr. *καμπή* it. *gamba* *viola da gamba*	Fesselgelenk beim Pferd Biegung, Krümmung; Gelenk Bein, Schenkel
–	**Gambit** (gr)>l>it >span	Eröffnung einer Schachpartie mit Bauernopfer zur Erlangung eines Stellungsvorteils {85}	dto. it. *gambetto* span. *gambito*	dto. das Beinstellen
1173	**Gardine** l>vulgl>frz >niederl	(durchsichtiger) Fenstervorhang {44}	**co(ho)rs**, rtis f kirchenl. **cortina**, ae f frz. *courtine*	Hofraum, Gehege, Viehhof Vorhang Bettvorhang
1174	**Gaudi(um)**	etw., das belustigt, woran man seinen Spaß hat {26/33}	**gaudium**, ii n	Freude, Vergnügen, Genuß
1175	**Gel** l>it>frz	1. gallertartiger Niederschlag aus kolloider Lösung (chem. t. t.) {73}; 2. Produkt der Kosmetikindustrie {21/41}	**gelare** (PPP. **gelatus**)	s. oben 1170 gefroren, erstarrt
–	**Gelati** l>it	Eis(sorten) {17}	dto.	dto.
–	**Gelatine** l>it>frz	Knochenleim zum Eindicken von Speisen {17}	dto.	dto.

–	**gelatinieren** l>it>frz	1. zu Gelatine erstarren; 2. eine feinzerteilte Lösung in Gelatine verwandeln {17/55/73}	dto.	dto.
–	**gelatinös** l>it>frz	gelatineartig {17/55}	dto.	dto.
–	**Gelee** l>vulgl>frz	1. gallertartige Masse {73}; 2. süßer Brotaufstrich aus eingedicktem Fruchtsaft {17}	dto. vulgl. gelata* frz. *gelée*	dto.
–	**gelieren** l>vulgl>frz	zu Gelee werden {17/55}	dto.	dto.
1176	**Gemination**	1. Konsonantenverdopplung (sprachwiss. t. t.); 2. Wiederholung des gleichen Wortes im Satz (rhet. t. t.) {76}	**geminatio**, onis f	Verdopplung
–	**geminieren**	einen Konsonanten, ein Wort verdoppeln {76}	**geminare**	wiederholen, verdoppeln
–	**Gemini** l>am	amerikanische Raumkapsel der 60iger Jahre für zwei Astronauten {66/45}	**Gemini**, norum mf (Pl.)	Zwillinge (Sternbild)
>>>	Gemisch s. mischen			
1177a	**Gemme** l>(it)	1. Edelstein mit eingeschnittenen Figuren {20}; 2. Brutkörper niederer Pflanzen (bot. t. t.) {68}	**gemma**, ae f	Knospe am Weinstock; Juwel, Schmuck; Siegelring
1177b	**Gemse** ?>spätl	mitteleuropäische Bergantilopenart {06}	spätl. **camox**, ocis mf	Gemse
1177c	**Gendarm** (l>frz;l>frz) >frz	1. Polizeisoldat; 2. bewaffneter Reiter (veraltet) {86}	**gens**, ntis f frz. *gens* + **arma**, morum n (Pl.) frz. *armes* *gens d'armes* *gendarme*	Stamm, Volk Leute, Volk Waffen bewaffnete Männer
–	**Gendarmerie** (l>frz;l>frz) >frz	Einheit der staatlichen Polizei in Landbezirken (in Frankreich, der Schweiz) {49/50}	dto. frz. *gendarmerie*	dto.
1178	**General** l >(kirchenl) >(frz)	1. höchster Offiziersdienstgrad {33/86}; 2. oberster Vorsteher eines kath. geistlichen Ordens, einer Kongregation, der Heilsarmee {51/33}	**generalis**, e (kirchenl. generalis abbas)	Geschlechts...; zur Gattung gehörig, allgemein
–	**General...** l>(frz)	grundlegend, völlig, allgemein; oberster, erster {25/56}	dto.	dto.
>>>	General... s. ggf. unter dem Rest des Wortes			
–	**Generalat** l>nlat	1. Generalswürde {33/86}; 2. Amt(ssitz) eines kath. Ordensgenerals {51/58}	dto.	dto.

–	**Generalisation** (o. **Generalisierung**) l>nlat	1. Gewinnung der allgemeinen Regel durch Induktion aus Einzelfällen (philos. t. t.) {77}; 2. Vereinfachung bei der Landkartenverkleinerung (geogr. t. t.) {56/64}; 3. Verallgemeinerung {25/56}; 4. Fähigkeit einer bestimmten Reizreaktion (psych. t. t.) {70}	dto.	dto.
–	**generalisieren** l>nlat	verallgemeinern, aus Einzelfällen das Allgemeine (Regel, Satz, Gesetz) gewinnen {25/56/77}	dto.	dto.
–	**generalisiert** l>nlat	über den ganzen Körper verbreitet (med. t. t.) {70}	dto.	dto.
–	**Generalissimus** l>it	oberster Befehlshaber {86}	dto.	dto.
–	**Generalist** l>nlat	jmd., der in seinen Interessen nicht auf ein bestimmtes Gebiet festgelegt ist {25/22}	dto.	dto.
–	**Generalität** l>(frz)	1. Gesamtheit der Generäle {57/86}; 2. Allgemeinheit (veraltet) {25/33}	**generalitas**, atis f	Allgemeinheit
–	**generaliter**	im allgemeinen, allgemein betrachtet {25}	**generaliter** (Adv.)	(im) allgemein(en), überhaupt
–	**Generalstaaten** l>nlat;l	1. das niederl. Parlament {50}; 2. sieben niederl. Provinzen und ihre Abgeordnetenversammlung zwischen 1593 und 1795 (hist. t. t.) {75/50}	**generalis** + **status**, us m	s. oben Zustand, Lage, Stellung, Stand
–	**Generalstab** l>nlat;d	zentrales militärisches Kommandogremium {86}	**generalis**	s. oben
–	Generalstäbler, Generalstände			
1179	**Generation**	1. einzelne Glieder der Geschlechterfolge {10}; 2. zu einem Fortpflanzungsprozeß gehörende Individuen {68/69/70}; 3. die Lebenszeit eines Menschen umfassender Zeitraum {59}; 4. alle innerhalb eines kleineren Zeitraums geborenen Menschen (in bezug auf Ansichten zu Kultur, Moral, Weltanschauung) {15/33/59}; 5. Gesamtheit der durch einen bestimmten Ausrüstungsstand gekennzeichneten Geräte {41/46/57/72/87}	**generatio**, onis f	Zeugung, Zeugungsfähigkeit; Generation

–	**generativ** l>nlat	die geschlechtliche Fortpflanzung betreffend (biol. t. t.) {68/69/70}	**generare**	(er)zeugen, hervorbringen, schaffen, machen
–	**Generativität** l>nlat	Fortpflanzungs-, Zeugungskraft {68/69/70}	dto.	dto.
–	**Generator**	1. Gerät zur Stromerzeugung; 2. Schachtofen zur Gaserzeugung {41/72}	**generator**, oris m	Erzeuger, Erschaffer
–	**generell**	allgemein, allgemeingültig, im allgemeinen {25/56}	**generalis**	s. oben
–	**generieren**	1. erzeugen, produzieren {40/41}; 2. sprachliche Äußerungen in Übereinstimmung mit einem grammatischen Regelsystem bilden (sprachwiss. t. t.) {76}	**generare**	s. oben
–	Generierung			
–	**generös** l>frz	1. großzügig, nicht kleinlich im Geben; 2. edel, großmütig denkend und handelnd {25/26/84}	**generosus**, a, um	edel, hochherzig; fruchtbar
–	**Generosität** l>frz	1. Freigiebigkeit; 2. Großmut {25/26/84}	**generositas**, atis f	edle Art, - Abkunft, Hochherzigkeit
–	**Genetiv(us)** o. **Genitiv(us)**	(sprachwiss. t. t.) 1. zweiter Fall, Wesfall; 2. Wort, das im Genetiv steht {76}	**genetivus**, vi m	Zeugefall, Genetiv
–	genetivisch			
1180	**Genever** l>frz	niederl. Wacholderschnaps {17}	**iuniperus**, ri f	Wacholderstrauch
1181	**genial**	1. hervorragend begabt {22}; 2. großartig, vollendet {25/56}	**genialis**, e	hochzeitlich; erfreulich, angenehm; gedeihlich
–	**genialisch**	nach Art eines Genies, genieähnlich {22}	dto.	dto.
–	**Genialität**	schöpferische Veranlagung des Genies {22}	**genialitas**, atis f	Ergötzlichkeit, Fröhlichkeit
–	**Genie** l>frz	1. überragende schöpferische Geisteskraft; 2. hervorragend begabter Mensch {22}	**genius**, ii m	Gönner, Gastgeber; Schutzgeist
1182	**genital(isch)**	zu den Geschlechtsorganen gehörend, sie betreffend (med. t. t.) {70/11}	**genitalis**, e	zur Zeugung gehörig, zeugend, fruchtbar
–	**Genitale**	Geschlechtsorgan (med. t. t.) {70/11}	**genitale**, lis n	Schamglied, -teile
–	**Genitalität** l>(nlat)	beginnende Stufe der Sexualität (psych. t. t.) {59/70}	dto.	dto.

>>> Genitiv s. Genetiv

1184	**Genozid** (gr)>l;l	Mord an nationalen, rassischen oder religiösen Gruppen {82/50/30}	**genus**, neris n (gr. *γένος* + **caedere**	Art, Gattung, Abstammung, Rasse Art, Gattung, Geschlecht) töten, fällen, schlagen
1185	**Genre** (gr)>l>frz	Gattung, Wesen, Art {25/56}	**genus**, neris n	s. oben 1184
–	**genrehaft** (gr)>l>frz;d	Bild im Stil der Genremalerei {36}	dto.	dto.
–	**Genre-malerei** (gr)>l>frz;d	Malerei, die Zustände aus dem täglichen Leben einer Berufsgruppe oder sozialen Klasse darstellt {36/33}	dto.	dto.
1186	**gentil** l>frz	fein, nett, wohlerzogen (veraltet) {25/26/31/84}	**gentilis**, e	aus demselben Geschlecht, heimatlich, national
–	**gentilizisch**	nach dem Geschlecht (hist. t. t.) {10/75}	**gentilicius**, a, um	zum Geschlecht gehörig, national
–	**Gentleman** l>frz>engl; engl	Mann von feiner Lebensart und Charakter {33/84}	**gentilis** frz. *gentil* engl. *gentle*	s. oben
–	gentlemanlike			
–	**Gentry** l>frz>engl	niederer englischer Adel {50/33}	dto.	dto.
1187	**genuin**	1. echt, naturgemäß, unverfälscht {25/56}; 2. angeboren, erblich (med., psych. t. t.) {70}	**genuinus**, a, um	angeboren, angestammt, echt, natürlich
1188	**Genus** (gr)>l	1. Art, Gattung {56/10}; 2. grammatisches Geschlecht (sprachwiss. t. t.) {76}	**genus**, neris n gr. *γένος*	s. oben 1184
>>>	geostationär	s. stationär		
1189	**Gepard** (l;l)>mlat >it>frz	sehr schnelle Raubkatzenart {06}	**cattus**, ti m bzw. **catta**, ae f + **pardus**, di m it. *gatto-pardo* frz. *guépard*	Kater Katze Panther
1190	**gerieren**	(sich) benehmen, auftreten als {25/33}	**gerere**	sich benehmen, verhalten, betragen
1191	**Gerundium**	gebeugter Infinitiv des lateinischen Verbs (sprachwiss. t. t.) {76}	**gerundium**, ii n	das Gerundium (gramm. t. t.)
–	**Gerundiv(um)**	Partizip Passiv des Futurs, das die Notwendigkeit eines Verhaltens ausdrückt (sprachwiss. t. t.) {76}	dto.	dto.

–	**gerundivisch**	das Gerundiv betreffend (sprachwiss. t. t.) {76}	dto.	dto.
1192a	**Geschwader** l>vulgl>it	(mil. t. t.) 1. größere Formation von Schiffen o. Flugzeugen {45/57/86}; 2. Reiterabteilung (veraltet) {57/86}	**quadrus**, a, um	viereckig
			vulgl. exquadrare*	im Viereck aufstellen
			it. *squadrare*	viereckig machen, im Viereck aufstellen
			squadra	Viereck; Reitertruppe, Abteilung, Mannschaft
1192b	**Gestagen** l;gr>l	weibliches Keimdrüsenhormon zur Vorbereitung und Erhaltung der Schwangerschaft (med. t. t.) {70}	**gestare**	tragen, bei sich führen
			+ **genus**	s. oben 1184
			gr. *γένος*	Art, Gattung
1193	**Geste**	Gebärde, begleitende körperliche Ausdrucksbewegung {12/32}	**gestus**, us m	Bewegung der Hände, des Körpers; Gebärdenspiel
–	**Gestik** l>nlat	Gesamtheit der Gesten als Ausdruck der Psyche {12/32/70}	dto.	dto.
–	**Gestikulation**	Gebärdenspiel, -sprache {12/32}	**gesticulatio**, onis f	pantomimische Bewegung, Pantomime
–	**gestikulieren**	Gebärden machen {12/32}	**gesticulari**	Gebärden machen
–	**Gestion**	Führung, Verwaltung {33/40/50}	**gestio**, onis f	Verhalten, (Aus)führung
–	**gestisch**	die Gestik betreffend {12/32}	**gestus**	s. oben
1194	**Gin** l>frz >niederl >engl	Wacholderbranntwein {17}	**iuniperus**	s. oben 1180
1195	**Ginger-ale** (gr)>l >engl;engl	alkoholfreies Erfrischungsgetränk mit Ingwergeschmack {17}	**zingiber**, eris n gr. *ζιγγίβερις*	Ingwer
1196	**Gingivitis** l>nlat	Zahnfleischentzündung (med. t. t.) {70}	**gingiva**, ae f	Zahnfleisch
1197	**Ginster**	Strauchart {04}	**genista**, ae f	Ginster
1198	**Glace** l>vulgl>frz	1. aus Zucker hergestellte Glasur; 2. Gelee aus Fleischsaft; 3. (schweiz.) Speiseeis, Gefrorenes {17}	**glacies**, iei f	Eis, Härte
–	**Glacé** l>vulgl>frz	1. glänzendes Gewebe aus Naturseide oder Reyon; 2. Glacéleder = feines, glänzendes Ziegen- oder Lammleder {19}	dto.	dto.
			frz. *glacer*	vereisen, erstarren machen, mit einer glänzenden Schicht überziehen
			glacé	Glanz

–	**glacieren** l>vulgl>frz	1. zum Gefrieren bringen (veraltet) {54}; 2. mit geleeartigem Fleischsaft überziehen {17}	**glaciare** frz. *glacer*	zu Eis machen, gerinnen (lassen)
1199	**Gladiator**	Schwertkämpfer im alten Rom (hist. t. t.) {75/85/86}	**gladiator**, oris m	Fechter, Gladiator
–	**Gladiole**	Gartenpflanze mit schwertförmigen Blättern {04}	**gladiolus**, ii m	kleines Schwert; schwertförmiges Blatt
1200	**Glans**	Eichel; vorderer verdickter Teil des Penis bzw. der Klitoris (med. t. t.) {70/11}	**glans**, ndis f	Dattel, Eichel, Ekker; die Eichel (med. t. t.)
1201	**glazial**	1. eiszeitlich {59/62/65}; 2. Eis, Gletscher betreffend {65}	**glacies**	s. oben 1198
–	**Glazial**	Eiszeit {59/65}	dto.	dto.
>>>	Glazial... s. unter dem Rest des Wortes			
–	**Glaziologie** l;gr	Wissenschaft von der Entstehung und Wirkung des Eises und der Gletscher {62/65}	dto. + *λόγος*	dto. Wort, Kunde
–	Glaziologe, glaziologisch			
–	**Gletscher** l>vulgl>frz	sich langsam talwärts bewegender Eiskörper in Hochgebirgen und Polargebieten {64}	**glacies** vulgl. glacia glaciarium* frz. *glacier*	s. oben 1198 Eis Eis, Gletscher
1202	**Global** l>nlat	1. auf die gesamte Erdoberfläche bezüglich; Erd...; weltumspannend {58/64/02}; 2. umfassend, gesamt {57}; 3. allgemein, ungefähr {56/25}	**globus**, bi m	Kugel, Ball(en), Klumpen
–	**Globetrotter** l>engl;engl	Weltenbummler {33/45}	dto.	dto.
–	**Globin** l>nlat	Eiweißbestandteil des roten Blutfarbstoffs (med. t. t.) {70}	dto.	dto.
–	**Globulin** l>nlat	Eiweißkörper des tierischen o. pflanzlichen Organismus (biol., med. t. t.) {68/69/70}	dto.	dto.
–	**Globus**	Kugel mit dem Abbild der Erdoberfläche (o. der scheinbaren Himmelskugel) {64/66}	dto.	dto.
1203	**Gloria**	1. Ruhm, Herrlichkeit (iron.) {25/33}; 2. Lobgesang in der christlichen Liturgie {51/37}	**gloria**, ae f	Ruhm, Ruhmestat; Ruhmsucht
–	**Glorie**	1. Ruhm, Herrlichkeit (Gottes) {51}; 2. Lichtkreis, Heiligenschein {51/23/24}	dto.	dto.
–	Glorienschein			
–	**Glorifikation**	Verherrlichung {25/32/33}	**glorificatio**, onis f	Verherrlichung

–	**glorifizieren**	verherrlichen {25/32/33}	**glorificare**	verherrlichen
–	Glorifizierung			
–	**Gloriole**	Heiligenschein {24/51}	**gloriola**, ae f	ein bißchen Ruhm
–	**glorios** (o. **glorreich**)	1. glorreich, ruhm-, glanzvoll {25/33}; 2. großsprecherisch, prahlerisch (veraltet) {26/84}	**gloriosus**, a, um	ruhmvoll, rühmlich; prahlerisch, aufgeblasen
1204	**Glutamat** l;gr	Salz der Glutaminsäure; häufig verwendetes Gewürz in China-Restaurants {17/73}	**gluten**, tinis n + gr. *μάττειν*	Leim; Band, Verbindung kneten
–	**Glutaminsäure** l;gr;d	Aminosäure in der Hirnsubstanz (med. t. t.) {70}	dto.	dto.
1205	**Gout** l>frz	Geschmack, Wohlgefallen {26/17}	**gustus**, us m	das Kosten, Genießen; Geschmack
–	**goutieren** (o. **gustieren**) l>frz	Geschmack an etw. finden, gutheißen {26/33}	**gustare**	kosten, genießen, zu sich nehmen
1206	**Gouvernante** l>frz	(altjüngferliche, bevormundende, belehrende) Erzieherin, Hauslehrerin {31}	**gubernare**	lenken, steuern, leiten, regieren
–	gouvernantenhaft			
–	**Gouverneur** l>frz >(engl)	1. Statthalter einer Kolonie; 2. Befehlshaber einer Festung {33/86}; 3. oberster Beamter eines US-Bundesstaates {50}	**gubernator**, oris m	Steuermann; Lenker, Leiter
–	**Gouvernement** l>frz	1. Regierung, Verwaltung {50}; 2. Verwaltungsbezirk {48}	**gubernare**	s. oben
1207	**Grad**	Stufe, Rang (z. B. einer Skala) {56/65}	**gradus**, us m	Schritt, Stufe, Rang, Reihenfolge
–	**Gradation**	1. Steigerung, stufenweise Erhöhung; Abstufung {56/57}; 2. Aneinanderreihung steigender o. abschwächender Ausdrucksmittel (sprachwiss. t. t.) {76}	**gradatio**, onis f	Stufenerhöhung; Steigerung
–	**Gradient**	1. Steigerungsmaß einer Funktion (math. t. t.) {71}; 2. Druckgefälle auf einer bestimmten Strecke (meteor. t. t.) {65}	**gradi**	schreiten, Schritte machen
–	**graduell** l>mlat>frz	grad-, stufenweise, allmählich {56/59}	dto. mlat. gradualis frz. *graduel*	dto.
–	**graduieren** l>mlat	1. mit Graden versehen {56}; 2. einen akademischen Grad verleihen, erwerben {31/33}	**gradi** mlat. gradualis	s. oben

–	**graduiert** l>mlat	mit einem akademischen Titel oder dem Abschlußzeugnis einer Fachhochschule versehen {31/33}	dto.	dto.
–	Graduierte,	Graduierung		
1208a	**Grain** l>frz>engl	1. Korn, Getreide {17}; 2. älteres Gewicht für Edelmetall, Schmuck {20/56}; 3. Ripsgewebe für Kleider {19}	**granum**, ni n	Korn, Körnchen; Kern
1208b	**Gral** l>mlat/ vulgl>frz	1. heiliges, wundertätiges Ding; heiliger Stein {51}; 2. lärmende Turnierfeste der Bürger im späten Mittelalter (hist. t. t.) {33/75/86}	uns.: **gradus**, us m mlat. gradalis oder: **cratis**, is f vulgl. (vas) cratalis* afrz. *graal*	 Schritt, Stufe Stufenkelch Flechtwerk, Geflochtenes Schüssel, Topf (aus Flechtwerk) heiliges (christliches), als Kelch gedachtes Gefäß
–	grölen			
1209	**Granat** l>mlat	Mineral, das in verschiedenen Farben vorkommt (oft dunkelroter Halbedelstein) {02/20}	**granatus**, a, um	mit Kernen -, mit Körnern versehen, gekörnt
–	**Granatapfel** l;d	apfelähnliche Beerenfrucht des Granatbaum {05/17}	**granatum**, ti n	Granatapfel
–	**Granate** l>it	1. mit Sprengstoff gefülltes, explodierendes Geschoß {86}; 2. eine Art warme Pastete (gastron. t. t.) {17}	dto. it. *granata*	dto. Granate
1210	**Grand** l>frz	höchstes Spiel beim Skat {56/85}	**grandis**, e	bedeutend; großartig, erhaben
–	**Grande** l>span	Titel des höchsten Adels in Spanien {33}	dto.	dto.
–	**Grandezza** l>span	feierlich-hoheitsvolle Art und Weise, in der jmd. etw. ausführt {22/29/25}	dto.	dto.
–	**grandios** l>it	großartig, überwältigend, erhaben {26/56}	dto. it. *grandioso*	dto.
–	**Grandiosität** l>it	Großartigkeit, überwältigende Pracht {26/56}	dto.	dto.
–	**grandioso** l>it	großartig, erhaben (mus. t. t.) {37}	dto. it. *grandioso*	dto.

–	**Grand-seigneur** l;l>frz	vornehmer, weltgewandter Mann {33}	dto. + **senior**, is m frz. *seigneur*	dto. der reife, erfahrene Mann (45-60 Jahre)
1211	**Granit** l>it	sehr harte Gesteinsart {02/62}	**granum**, ni n mlat. granitum (marmor) it. *granito*	Korn, Körnchen, Kern s. oben 1208
–	**graniten** l>it	1. den Granit betreffend (=granitisch) {02/62}; 2. hart wie Granit {54/55}	dto.	dto.
–	**granulär** o. **granulös** l>nlat	körnig, gekörnt {54}	dto.	dto.
–	**Granulat** l>nlat	in Körner zerkleinerte Substanz; Winterstreugut {02/45}	**granulum**, li n	das Körnchen
–	**Granulation** l>nlat	(Herstellung und Bildung einer) körnige(n) (Oberflächen)-struktur {41/73/54}	dto.	dto.
–	**granulieren** l>nlat	1. (an der Oberfläche) körnig machen, in gekörnte Form bringen {41/73/54}; 2. Körnchen, Granulationsgewebe bilden (med. t. t.) {70}	dto.	dto.
–	**granuliert** l>nlat	körnig zusammengeschrumpft (z. B. die Niere - med. t. t.) {70}	dto.	dto.
–	Granulierung			
–	**Granulum**	1. Arzneikügelchen (med. t. t.) {70}; 2. Teilchen der mikroskopischen Kornstruktur der lebenden Zelle (med., biol. t. t.) {69/70}; 3. Gewebeknötchen (med. t. t.) {70}	dto.	dto.
1212a	**Grapefruit** engl;l>engl	Zitrusfrucht, Pampelmuse {05/17}	engl. grape **fructus**, us m engl. *fruit*	Traube Frucht
1212b	**grassieren**	um sich greifen, wüten, sich ausbreiten (z. B. Seuchen) {14/70/58}	**grassari**	tüchtig losschreiten; wüten, umhertoben
1213	**Gratifikation**	zusätzliches Entgelt zu besonderen Anlässen {40/42/56}	**gratificatio**, onis f	Willfährigkeit, Gefälligkeit
–	**gratifizieren**	vergüten (veraltet) {40/42/56}	**gratificari**	sich gefällig zeigen; aufopfern
1214	**gratis**	unentgeltlich, frei, unberechnet {42/56}	**gratis** (Adv.)	umsonst

1215	**Gratulant**	Glückwünschender {27/32}	**gratulari** (PPA. **gratulans**)	Glück wünschen, Freude bekunden Glück wünschend
–	**Gratulation**	1. das Gratulieren; 2. Glückwunsch {27/32}	**gratulatio**, onis f	Freuden-, Dankesbezeigung; Glückwunsch
–	**Gratulationscour** l;l>frz	Glückwunschzeremoniell zu Ehren einer hochgestellten Persönlichkeit {27/32/33}	dto. + **cursus**, us m frz. *cours*	dto. Lauf, Fahrt, Umlauf
–	**gratulieren**	beglückwünschen, Glück wünschen {27/32}	**gratulari**	s. oben
1216	**Gravamen**	Beschwerde (bes. gegen die Kirche im 15. und 16. Jh. - hist. t. t.) {51/75/27}	**gravamen**, minis n	Beschwerlichkeit, drückende Last
1217	**Gravidität**	Schwangerschaft (med. t. t.) {70}	**graviditas**, atis f	Schwangerschaft
1218	**gravieren**	beschweren, belasten (veraltet) {33/56/57}	**gravare**	beschweren, belasten, verschlimmern
–	**gravierend**	ins Gewicht fallend, schwerwiegend, sich nachteilig auswirken könnend {56/25/33}	dto.	dto.
–	**Gravis**	Betonungszeichen für den „schweren", fallenden Ton (sprachwiss. t. t.) {76}	**gravis**, e	schwer, gewichtig, bedeutend
–	**Gravitation** l>nlat	Schwerkraft, Anziehungskraft (zwischen Himmelskörpern, Gegenständen - astron., phys. t. t.) {63/66/72}	**gravitas**, atis f	Schwere; Wucht; Bedeutung
>>>	Gravitations... s. ggf. unter dem Rest des Wortes			
–	**gravitätisch**	ernst, würdevoll, gemessen {26/33}	dto.	dto.
–	**gravitieren** l>nlat	1. infolge der Schwerkraft auf einen Punkt hinstreben {61/63/66}; 2. sich zu etw. hingezogen fühlen {26/33}	dto.	dto.
1219	**Grazie**	1. Anmut, Liebreiz {11/26/84}; 2. eine der drei (altröm.) Göttinnen der Anmut u. Schönheit {51}	**gratia**, ae f bzw. **Gratia**, ae f	Gunst, Ansehen, Annehmlichkeit; Freundschaft Göttin der Anmut
–	**grazil**	fein gebildet, zartgliedrig, zierlich {11/55}	**gracilis**, e	schlank, schmal, mager
–	**Grazilität**	Zartgliedrig-, Zierlichkeit {11/55}	**gracilitas**, atis f	Schlankheit, Magerkeit; Schlichtheit
–	**graziös** l>frz	anmutig, mit Grazie {11/55}	**gratiosus**, a, um frz. *gracieux*	lieblich, gefällig; begünstigt, angenehm

–	**gracioso** l>it	anmutig, mit Grazie (mus. t. t.) {37}	dto.	dto.
1220	**Gremium**	1. Gemeinschaft; beratende, beschlußfassende Körperschaft; Ausschuß {33/50}; 2. Berufsvereinigung (österr.) {40/33}	**gremium**, ii n	Schoß; Armvoll, Bündel (spätl.)
1221	**Grenadier** l>it>frz	1. Soldat der Infanterie {86}; 2. unterster Dienstgrad eines Teils der Infanterie {33/86}	**granatum**, ti n it. *granata* frz. *grenade* *grenadier*	Granatapfel Granatapfel; Granate Handgranatenwerfer vgl. oben 1209
–	**Grenadille** l>frz>span	eßbare Frucht verschiedener Arten der Passionsblume {04/17}	dto.	dto.
–	**Grenadine** l>it>frz	1. Saft aus Granatäpfeln {17}; 2. hart gedrehter Naturseidenzwirn {19}	dto.	dto.
1222	**Grill** l>frz>engl	Bratrost {44/87}	**cratis**, is f **craticula**, ae f frz. *gril* engl. *grill*	Flechtwerk; Hürde; Rost kleiner Rost, kleine Flechte
1223a	**Grille**	1. Heuschrecke, -pferd; Grashüpfer {08}; 2. wunderlicher Einfall, Laune {25/26}	**grillus**, li m o. **gryllus**, li m	Grashüpfer, Heupferd, Heimchen
1223b	**Grillette** o. **Grillade** l>frz	gegrilltes Stück Fleisch (1. Form DDR) {17}	**cratis** / **craticula** frz. *griller* *grillade*	s. oben 1222 grillen, rösten
–	**grill(ier)en** l>frz>engl	auf dem Grill braten {17/44}	dto.	dto.
1224	**Gros** l>frz >(niederl)	1. überwiegender Teil einer Personengruppe {33/57}; 2. zwölf Dutzend = 144 Stück {57}	**grossus**, a, um spätl. **grossus**, si m frz. *gros* bzw. *grosse* (2.)	dick dicker Teil, Hauptmasse
–	**Grossist** l>frz	Großhändler (wirtsch. t. t.) {42/80}	dto.	dto.
–	**Grossohandel** l>it;d	Großhandel (veraltet - wirtsch. t. t.) {42/80}	dto.	dto.
–	**Groschen** l>mlat	Zehnpfennigstück (ugs.) {56}	dto. mlat. (denarius) grossus	dto. Dickpfennig

>>> Groß... s. ggf. unter dem Rest des Wortes

1225	**grotesk** (gr)>l >vulgl>it >frz	1. wunderlich, verzerrt, seltsam; 2. absurd, lächerlich {26/25}	**crypta,** ae f gr. *κρύπτη* vulgl. crupta* it. *grotta* it. *grottesco* frz. *grotesque*	Kreuzgang, Gruft, Grotte, unterirdisches Gewölbe
–	**Groteske** (gr)>l >vulgl>it >frz	1. phantastisch geformtes Tier- und Pflanzenornament der Antike und Renaissance {36/88}; 2. derbkomische, überspannte Erzählung {34/32}; 3. ins Verzerrte gesteigerter Ausdruckstanz {37}	dto.	dto.
–	**Grotte** (gr)>l >vulgl>it	malerische, oft künstlich angelegte Felsenhöhle {58/62/88}	dto. it. *grotta*	dto.
–	**Gruft** (gr)>l	unterirdischer Raum, Grabkammer {15/58/88}	dto.	dto.
–	**Grufti** (gr)>l	(ugs.) 1. im Teenager-Jargon Personen über 25 Jahre (die dem Grab näher sind als sie selbst) {32/15/33}; 2. Anhänger von pseudoreligiösen modernen Satanskulten {33/51}	dto.	dto.
1226	**Gugelhupf** l>mlat;d	Napf-, Topfkuchen (dessen oberer Teil sich wie eine Kapuze hebt - süddt.) {17}	**cucullus,** li m mlat. cuculla	Kopfhülle, Kapuze Kapuze
1227	**Gully** l>frz>engl	in die Fahrbahndecke eingelassener Schacht für Straßenabwässer; Schlammfang, Senkloch {58/45}	**gula,** ae f afrz. *goulet* engl. *gullet* *gully*	Schlund, Kehle, Gurgel; Speiseröhre Schlund
1228	**Gurgel**	Kehle, Luftröhre {11}	**gurgulio,** onis m	Gurgel, Luftröhre
–	**gurgeln**	die Kehle mit Wasser o. ä. ausspülen {21}	dto.	dto.
1229	**Gusto** l>it	Geschmack, Neigung {26/28}	**gustus,** us m	das Kosten, Geschmack; Probe, Vorspeise
1230	**guttural** l>nlat	die Kehle betreffend, Kehl... (sprachwiss. t. t.) {76}	**guttur,** uris n	Gurgel, Kehle; Kropf
–	**Guttura-l(is)** l>nlat	Gaumen-, Kehllaut (sprachwiss. t. t.) {76}	dto.	dto.

H

1231	**Habeaskorpusakte** l;l;l	englisches Gesetz von 1679 zum Schutz der persönlichen (körperlichen) Freiheit vor willkürlichen Verhaftungen (Habeas Corpus = Anfangsworte des mittelalterlichen Haftbefehls - hist. t. t.) {82/75}	**habere** (**habeas** + **corpus**, poris n + **acta**, torum n (Pl.)	haben, halten, führen du habest) Körper s. oben 0121
1232	**habilitieren** l>mlat	die Lehrberechtigung an einer Hochschule oder Universität erwerben, erteilen {28/31/40}	**habilis**, e mlat. habilitare	geschickt, tüchtig, fähig, geeignet geschickt, fähig machen
–	**Habilitand** l>mlat	jmd., der zur Habilitation zugelassen ist {31/40}	dto.	dto.
–	**Habilitation** l>mlat	Erwerb der Lehrberechtigung an Universitäten {31/40}	dto.	dto.
–	**habilitatus** l>mlat	(Abk. habil.) mit Lehrberechtigung (an der Uni) {31/40}	dto.	dto.
1233	**Habit** l>frz (l>frz >engl)	1. Kleidung, die einer beruflichen Stellung, Gelegenheit, Umgebung entspricht {19/33/40/59}; 2. Gewohnheit, Erlerntes, Anerzogenes (psych. t. t.) {70}	**habitus**, us m	äußere Erscheinung, Haltung, Gestalt, Zustand
–	**Habitat** (l>engl)	1. Standort des Vorkommens eines Tieres, einer Pflanze {58/68/69}; 2. Wohnplatz von Urmenschen {69/75/81}; 3. Wohnstätte, -raum {44/58}; 4. kapselförmige Unterwasserstation für Aquanauten {63/58}	**habitare** (PPP. **habitatus**)	bewohnen, sich aufhalten, - befinden
–	**habitualisieren** l>mlat >nlat	zur Gewohnheit werden, machen {25/59}	**habituari**	mit etwas behaftet sein
–	Habitualisierung			
–	**Habituation** l>nlat	1. Gewöhnung (med., psych. t. t.) {70}; 2. physische oder psychische Gewöhnung an Drogen {70/82}	dto.	dto.

–	**habituell** l>frz	1. gewohnheitsmäßig, ständig {25/59/84}; 2. verhaltenseigen, zum Charakter gehörend (psych. t. t.) {70/84}	dto.	dto.
–	**Habitus**	1. Erscheinung, Haltung {23/53}; 2. Aussehen, Erscheinungsbild (eines Menschen) (med. t. t.) {53/70}; 3. erworbene sittliche Haltung {30/84}	**habitus**	s. oben
1234a	**Hallimasch**	eßbare Blätterpilzart {04/17}	uns.: **armillaria**, ae f	Hallimasch
1234b	**Halluzination**	Sinnestäuschung, Trugwahrnehmung {24}	**(h)alucinatio**, onis f	gedankenloses Reden, Faselei, Träumerei
–	**halluzinieren**	1. einer Sinnestäuschung unterliegen; 2. Nichtexistierendes sich als existierend vorstellen {24}	**(h)alucinari**	gedankenlos reden, handeln; faseln, träumen
–	**Halluzinant**	jmd., der an Halluzinationen leidet {24/70}	dto.	dto.
–	**halluzinativ** o. **halluzinatorisch** l>nlat	auf Halluzinationen beruhend, in Form einer Halluzination {24}	**(h)alucinator**, oris m	Träumer, Faseler
–	**halluzinogen** l;gr	Halluzinationen hervorrufend {24/70}	**(h)alucinari**	s. oben
–	**Halluzinogen** l;gr	Medikament oder Droge, die halluzinationsartige Erscheinungen hervorruft (med. t. t.) {24/70}	dto.	dto.
1235	**Halo** (gr)>l	1. Hof um eine Lichtquelle (durch Reflexion, Beugung o. Brechung) {65/72}; 2. Ring um die Augen (med. t. t.); 3. Warzenhof (med. t. t.) {70}	**halos**, o m gr. *ἅλως*	Hof um Sonne oder Mond Tenne

>>> Hämagglutination s. Agglutination

1236	**Hämoglobin** gr;l	Farbstoff der roten Blutkörperchen {70}	gr. *αἷμα* + **globus**, bi m	Blut s. oben 1202
–	**Hämoglobinogen** gr;l;gr	Hämoglobin bildend, aus Hämoglobin entstanden (med. t. t.) {70}	dto. + gr. *γένος*	dto. Art, Stamm, Geschlecht

>>> Handkommunion s. Kommunion
>>> Hängepartie s. Partie

1237	**Häsitation**	das Zögern, Zaudern {25/28}	**haesitatio**, onis f	Unentschlossenheit, Zweifel, Stottern
–	**häsitieren**	zögern, zaudern {25/28}	**haesitare**	stecken, hängen bleiben; stocken, aufhören
1238	**Hausse** l>vulgl>frz	1. allgemeiner Aufschwung (in der Wirtschaft); 2. Steigen der Börsenkurse (wirtsch. t. t.) {80}; 3. Griff am unteren Bogenende bei Streichinstrumenten, Frosch (mus. t. t.) {37}	**altus**, a, um vulgl. altiare* frz. *hausser*	hoch, tief emporheben, erhöhen
>>>	Haute Couture s. unter Couture			
1239	**Haute volee** l>frz;l>frz	gesellschaftliche Oberschicht; feine, bessere Gesellschaft (oft ironisch) {33}	**altus**, a, um + **volare** frz. *haut* + *volée*	hoch, tief fliegen hoch Rang; Flug
1240	**Hautgout** l>frz;l>frz	1. eigentümlich scharfer, würziger Geschmack von Wildfleisch nach dem Abhängen {17}; 2. Anrüchigkeit {25/33}	**altus**, a, um + **gustus**, us m frz. *haut* + *gout*	hoch, tief das Genießen, Kosten; Vorspeise; Geschmack
1241	**Hazienda** l>span	Landgut, Farm in Süd- und Mittelamerika {39/43}	**facere** facienda span. *hacienda*	tun, machen Geschäft
–	**Haziendero** l>span	Besitzer einer Hazienda {39/43}	dto.	dto.
>>>	h.c. s. RW - Liste honoris causa			
1242	**Helvetika**	Werke über die Schweiz {34/64}	**Helvetii**, iorum m (Pl.)	die Helvetier (gallischer Volksstamm)
–	**helvetisch**	schweizerisch {48/64}	**Helveticus**, a, um	helvetisch
–	**Helvetismus** l>nlat	ein nur im Schwyzerdütschen übliches Wort oder Ausdrucksweise {32}	dto.	dto.
1243	**Herbalist**	Spezialist der Kräuterheilkunde {40/6870}	**herba**, ae f	Pflanze, Kraut, Halm
–	**Herbarium**	systematische Sammlung getrockneter Pflanzen(teile) (bot. t. t.) {68/57}	**herbarium**, ii n	Pflanzen-, Kräuterbuch
–	**herbikol** (l;l)>nlat	kräuterbewohnend (von Tieren, die auf grünen Pflanzen leben - zool. t. t.) {68/69}	**herba**, ae f + **colere**	s. oben pflegen, verehren; bewohnen, hausen

–	**herbivor** (l;l)>nlat	kräuterfressend (von vegetarisch lebenden Tieren - zool. t. t.) {69}	dto. + **vorax** (Gen. –acis)	dto. verschlingend, fressend; gefräßig
–	**Herbivore** (l;l)>nlat	Pflanzenfresser, Vegetarier (zool. t. t.) {69}	dto.	dto.
–	**herbizid** l>nlat	pflanzentötend {68/73}	**herba** + **caedere**	s. oben schlagen, fällen, töten
–	**Herbizid** l>nlat	chem. Mittel zur Abtötung von Pflanzen {73/68}	dto.	dto.

>>> Herzinfarkt, Herzinsuffizienz s. Infarkt, Insuffizienz
>>> hetero..., hexa... s. jeweils unter dem lateinischen Rest des Wortes

1244	**Hiatus**	1. Öffnung, Spalt in Knochen oder Muskeln {70/58}; 2. das Aufeinanderfolgen zweier Vokale in der Fuge zwischen zwei Wörtern o. Silben im Wortinnern (sprachwiss. t. t.) {76}; 3. zeitliche Lücke bei der Sedimentation eines Gesteins (geol. t. t.) {59/62}	**hiatus**, ti m	Öffnung, Kluft, Schlund; Hiatus (gramm. t. t.)
1245	**hibernal** o. **hiemal**	winterlich; den Winter, die Wintermonate betreffend {59}	**hibernalis**, e bzw. **hiemalis**, e	winterlich winterlich, Winter...
1246a	**Hilarität**	Heiterkeit, Fröhlichkeit {26/33}	**hilaritas**, atis f	Fröhlichkeit, Heiterkeit, Frohsinn
1246b	**hinauskomplimentieren** d;l>span >frz	jmdn. mit höflichen, schönen Worten und Gesten hinauswerfen {33/61/32}	**complere** aspan. *complir* *complimiento* span. *cumplir* frz. *compliment*	anfüllen Fülle, Überfluß; Übertreibung an-, auf-, erfüllen vgl. auch 1767
1247	**Historie** (gr)>l	1. (Welt)geschichte; 2. Geschichtswissenschaft {75}; 3. (erdichtete) Erzählung, Bericht {34}	**historia**, ae f gr. *ἱστορία*	Kunde, Kenntnis; Geschichte, Geschichtsforschung Kunde, Wissenschaft; Geschichte
–	**Historik** (gr)>l	1. Geschichtswissenschaft; 2. Lehre von der historischen Methode der Geschichtswissenschaft {75}	**historicus**, a, um	geschichtlich
–	**Historiker** (gr)>l	Geschichtsforscher, -kenner, -wissenschaftler {75/40}	dto.	dto.
–	**historisch** (gr)>l	1. geschichtlich, überliefert {59/75}; 2. der Vergangenheit angehörend {59}	dto.	dto.

–	**histori-sieren** (gr)>l>nlat	in geschichtlicher Weise darstellen, ein historisches Aussehen geben {32/75}	dto.	dto.
–	**Historismus** (gr)>l>nlat	1. bestimmte Form der Geschichtsbetrachtung {34/75}; 2. Überbewertung des Geschichtlichen {25/56/75}	**historia**	s. oben
–	Historist, historistisch			
–	**Historizität** (gr)>l>nlat	Geschichtlichkeit, Geschichtsbewußtsein {25/75}	**historicus**	s. oben
>>>	hochfrequent, Hochfrequenz (Abk. HF) s. frequent, Frequenz			
1248	**hochstilisieren** d;l	einer Sache unangemessene Wichtigkeit verleihen {25}	**stilus**, li m	Stiel, Griffel; das Schreiben, die Darstellung
>>>	holo... s. unter dem Rest des Wortes			
>>>	Hometrainer s. unter Trainer			
1249	**Hominid(e)** l>nlat	Vertreter der Familie der Menschenartigen (zool. t. t.) {69}	**homo**, minis m	Mensch, Mann
–	**Hommage** l>frz	Huldigung, Ehrerbietung {25/33/35/36/37}	dto.	dto.
–	**Homo**	Frühform des Menschen; der Mensch selbst als Angehöriger einer Gattung der Hominiden (biol. t. t.) {69/10}	dto.	dto.
>>>	homo... s. unter dem Rest des Wortes (gr. *ὁμοῖος* = ähnlich, gleichartig)			
1250	**Homunkulus**	künstlich in der Retorte erzeugter Mensch (med. t. t.) {70}	**homunculus**, li m	Menschlein; Männlein; schwaches Geschöpf
1251	**Honneur** l>frz	1. Ehrenbezeigung, Ehre {25/33}; 2. Gäste willkommen heißen (= die Honneurs machen); 3. das Umwerfen der mittleren Kegelreihe beim Kegeln {61/85}; 4. die höchsten Karten bei Whist und Bridge {56/85}	**honor**, ris m	Ehre, Ehrenbezeigung, Ehrenamt
–	**honorabel**	ehrenvoll, ehrbar (veraltet) {25/33}	**honorabilis**, e	ehrenvoll, -haft; angesehen
–	**Honorar**	Vergütung für frei- oder nebenberufliche (wissenschaftliche, künstlerische) Tätigkeit {40/42/56}	**honorarium**, ii n	Ehrengeschenk, Honorar
>>>	Honorarprofessor s. unter Professor			

–	**Honoratioren**	1. Personen, die unentgeltlich Verwaltungsaufgaben übernehmen und aufgrund ihres sozialen Status Einfluß ausüben; 2. angesehener Bürger (besonders in kleineren Orten) {33/56}	**honoratus**, a, um (Komp. **honoratiores**	geehrt, angesehen, ehrwürdig; hochgestellt die mehr Geehrten)
–	**honorieren**	1. ein Honorar zahlen {40/42/56}; 2. anerkennen, würdigen {25/33}; 3. einen Wechsel annehmen, bezahlen {42/80}	**honorare**	ehren; belohnen; verherrlichen
–	**honorig**	ehrenhaft, freigebig {25/26/84}	**honor**	s. oben
–	**Honorität**	1. Ehrenhaftigkeit {33/84}; 2. Ehrenperson {33}	dto.	dto.
1252	**Hora**	Gebetsstunde, kirchliches Gebet {51/59}	**hora**, ae f	Zeit; Stunde
–	**Horarium**	Stundenbuch, Gebetbuch für Laien {32/51}	**horarium**, ii n	Uhr
1253	**Hordeolum** l>nlat	Gerstenkorn; Drüsenabszeß am Augenlid (med. t. t.) {70}	**hordeolus**, li n	Gerstenkorn (im Auge)
>>>	horizontal... s. unter dem Rest des Wortes			
1254	**horrend**	1. jedes normale Maß überschreitend {56/57}; 2. Entsetzen erregend (veraltet) {26}	**horrendus**, a, um	haarsträubend, schrecklich, schaudervoll
–	**horribel**	1. grauenerregend, grausig, furchtbar (veraltet); 2. = horrend {26}	**horribilis**, e	haarsträubend, entsetzlich, schrecklich
–	**Horribilität**	Schrecklichkeit, Furchtbarkeit (veraltet) {26}	dto.	dto.
–	**Horror**	schreckerfüllter Schauder; Abscheu; Widerwille {26}	**horror**, oris m	Schauder, Grausen, Entsetzen
–	Horrorfilm, Horrorliteratur, Horrortrip			
1255	**Hortikultur** l;l	Gartenbau {39}	**hortus**, ti m + **cultura**, ae f	Garten; Gemüse Pflege; Anbau; Verehrung
1256	**Hospital**	(süddt., österr., schweiz.: Spital) 1. (kleineres) Krankenhaus {70/49}; 2. Armenhaus, Altersheim (veraltet) {33/49}	**hospitalis**, e bzw. **hospitalia**, ium n (Pl.)	gastfreundlich, gastlich Gastzimmer
–	**hospitalisieren**	in ein Krankenhaus oder Pflegeheim einliefern {14/33/70}	dto.	dto.
–	Hospitalisierung			
–	**Hospitalität**	Gastfreundschaft (veraltet) {33}	**hospitalitas**, atis f	Gast(freund)lichkeit; Wanderschaft

–	**Hospitant**	1. Gasthörer an Hochschulen, Universitäten {31}; 2. Abgeordneter, der als Gast Mitglied einer parlamentarischen Fraktion ist {50}; 3. Praktikant oder Referendar, der einen Unterrichtsbesuch macht {31/40/78}	**hospitari**	als Gast einkehren, verweilen, zeitweilig sich aufhalten
–	**Hospitanz**	Gastmitgliedschaft in einer parlamentarischen Fraktion {50}	dto.	dto.
–	**Hospitation**	Teilnahme am Unterricht als Teil der praktischen pädagogischen Ausbildung {31/40/78}	dto.	dto.
–	**hospitieren**	als Gast zuhören oder teilnehmen {31}	dto.	dto.
–	**Hospiz**	1. großstädtisches Gasthaus (mit christlicher Hausordnung) {33/51}; 2. (von Mönchen eingerichtete) Reiseunterkunft im Mittelalter {33/45/75}	**hospitium**, ii n	Gastfreundschaft, Bewirtung, Herberge; Quartier
–	**Hosteß** l>frz>engl	1. junge weibliche Person zur Betreuung (auf Messen, für Fluggäste) {33}; 2. Prostituierte, die ihre Dienste über Zeitungsannoncen anbietet {18}	**hospes**, pitis m afrz. *(h)oste* frz. *hôte* afrz. *(h)ostesse* frz. *hôtess* engl. *hostess*	Fremdling; Gastfreund Gastgeber; Gast Gastgeberin
1257	**Hostie**	beim Abendmahl bzw. der Kommunion gereichte geweihte Oblate (rel. t. t.) {51}	**hostia**, ae f	Schlachtopfer, Opfertier; Opfer
1258	**hostil**	feindlich {25/33/86}	**hostilis**, e	feindlich, -selig
–	**Hostilität**	Feindseligkeit {25/33/86}	**hostilitas**, atis f	Feindseligkeit, Unbill
1259	**Hotel** l>frz	Beherbergungs- und Verpflegungsbetrieb {33/40/45}	**hospitalia** afrz. *(h)ostel* frz. *hôtel*	s. oben 1256
–	**Hotelier** l>frz	Hotelbesitzer {40/43/45}	dto.	dto.
–	**Hotellerie** l>frz	Gast-, Hotelgewerbe {40/45}	dto.	dto.
1260	**human**	1. die Menschenwürde achtend, menschenwürdig; 2. ohne Härte, nachsichtig {25/30/84}; 3. zum Menschen gehörend, ihn betreffend {15/25}	**humanus**, a, um	menschlich; freundlich; gebildet

>>> human... s. unter dem Rest des Wortes

–	**Humaniora**	das griechisch-römische Altertum als Grundlage der Bildung, als Lehr- und Prüfungsfächer {31/78}	dto. (Komp. **humanior**)	dto.
–	**humanisieren** l>nlat	humaner, menschenwürdiger, menschlicher gestalten (z. B. Arbeitsbedingungen) {25/40/33}	dto. (**humanare**	dto. zum Menschen machen, verkörpern)
–	Humanisierung			
–	**Humanismus** l>nlat	1. auf das Bildungsideal der griech.-röm. Antike gegründetes Denken und Handeln; Streben nach einer echten Menschlichkeit {30/31/75/84}; 2. literarisch-philologische Wiederbelebung der Antike vom 13-16. Jh. {34/75}	dto.	dto.
–	**Humanist** l>nlat	1. jmd., der die Ideale des Humanismus vertritt {30/33/84}; 2. jmd., der über eine humanistische Schulbildung verfügt; Kenner der alten Sprachen {22/31/34/75}; 3. Vertreter des Humanismus (2.) {34/75}	dto.	dto.
–	**humanistisch** l>nlat	1. im Sinne des Humanismus handelnd {30/33/84}; 2. am klassischen Altertum orientiert {25/75}; 3. altsprachlich gebildet {22/31/34/75}	dto.	dto.
–	**humanitär** l>nlat	menschenfreundlich, wohltätig {30/33/84}	dto.	dto.
–	**Humanitarismus** l>nlat	menschenfreundliche Gesinnung, Denkhaltung {30/33/84}	dto.	dto.
–	**Humanitas**	vollkommene Menschlichkeit {30/33/84}	**humanitas**, atis f	Menschlichkeit, menschliche Würde; höhere Bildung
–	**Humanitätsapostel** l;gr	jmd., der mit rigorosem Engagement humanitäre Ideen und Inhalte durchzusetzen versucht (iron.) {26/30/33}	dto. + gr. *ἀπόστολος*	dto. Gesandter, Bote
1261	**humid(e)**	feucht, naß {54/65}	**humidus**, a, um	feucht, naß
–	**Humidität** l>nlat	Feuchtigkeit {54/65}	dto.	dto.
1262	**Humifikation** l>nlat	Vermoderung, Humusbildung (geol. t. t.) {62}	**humificare**	befeuchten, benetzen

–	**humifizieren** l>nlat	zu Humus umwandeln, vermodern (geol. t. t.) {62}	dto.	dto.
–	Humifizierung, Huminsäure			
1263	**Humor** l>frz>engl	1. Fähigkeit, über Probleme des Alltags gelassen hinwegzugehen {22/84}; 2. sprachliche, künstlerische o. ä. Äußerung einer von Humor bestimmten Geisteshaltung {25/32/34/35}; 3. Körperflüssigkeit (med. t. t.) {70}	**humor**, oris m engl. *humour*	Flüssigkeit, Feuchtigkeit; Pflanzensaft
–	**humoral** l>nlat	den Humor (2., 3.) betreffend, auf ihn bezüglich {32/34/35/70}	dto.	dto.
–	Humoreske			
–	**humorig** l>nlat	launig, mit Humor {26}	dto.	dto.
–	**Humorist** l>frz>engl	1. Schriftsteller, Künstler humoristischer Werke {34/40}; 2. Vortragskünstler, der witzige Sketche darbietet {35/40/85}	dto.	dto.
–	**humoristisch** l>nlat	den Humor (1.) betreffend; scherzhaft, launig, heiter {26/40/84/85}	dto.	dto.
1264	**humos** l>nlat	reich an Humus (geol. t. t.) {39/56/62}	**humus**, mi f	Erde, Erdboden, Erdreich
–	**Humus**	fruchtbarer Bodenbestandteil (geol. t. t.) {39/62}	dto.	dto.
1265	**Husar** l>mlat>it >serbokroat>ung	Angehöriger der leichten Reiterei in ungarischer Nationaltracht {19/75/86}	**cursus**, us m mlat. cursarius it. *corsaro* sebokroat. *kursar* ung. *huszár*	Lauf, Fahrt, Ritt Seeräuber Straßenräuber
1266	**hybrid** (gr)>l	gemischt, aus Verschiedenem zusammengesetzt; durch Kreuzung entstanden (biol. t. t.) {68/69/56}	**hibrida**, ae f gr. ὕβρις	Mischling, Bastard Hochmut, Gewalttätigkeit
–	**Hybride** (gr)>l	Bastard (aus einer verschiedenartigen Parentalgeneration hervorgegangen - biol. t. t.) {68/69}	dto.	dto.
–	**hybridisch** (gr)>l	sich auf Mischung, Kreuzung beziehend; sie betreffend (biol. t. t.) {68/69}	dto.	dto.

–	**Hybridisierung** (gr)>l	1. Hybridzüchtung; Kreuzung von durch Inzucht geprägten Individuen (biol. t. t.) {68/69}; 2. bei der chemischen Bindung eintretender Vorgang (chem. t. t.) {73}	dto.	dto.

>>> Hydro... s. unter dem Rest des Wortes
>>> Hyper..., Hypo... s. ggf. unter dem Rest des Wortes

1267	**Hypokausten(heizung)** (gr)>l;d	antike Bodenheizanlage, Fußbodenheizung (hist., archit. t. t.) {44/75/87/88}	**hypocaustum**, ti n gr. *ὑπόκαυστον*	Gewölbe unter dem Zimmer oder Bad, durch das erwärmte Luft geleitet wurde

I

1268	**ibidem**	ebenda, ebendort {58/32/83}	**ibidem**	ebenda, -bei, -rin
1269a	**ideal** (gr)>l	1. mustergültig, vorbildlich, vollkommen {56/25}; 2. nur in der Vorstellung existierend {24/25}	**idealis**, e gr. *ἰδέα*	in der Idee stehend, ideal
–	**Ideal** (gr)>l	Sinnbild der Vollkommenheit, Leitbild, Wunschbild {25/27/56}	dto.	dto.
–	**idealisieren** (gr)>l>frz	die Wirklichkeit verklären, etw. zum Ideal erheben {24/25/32}	dto. frz. *idéaliser*	dto.
–	Idealismus, Idealist, idealistisch; ideell			
>>>	Idee s. griech. Liste			
1269b	**idem**	derselbe, dasselbe {56/83}	**idem, eadem, idem**	der-, die-, dasselbe; zugleich, ebenfalls
1270	**Iden**	13. oder 15. Tag des Monats im altrömischen Kalender (15. im März, Mai, Juli, Oktober) {59/75}	**Idus**, uum f (Pl.)	15. o. 13. Tag des Monats, Monatsmitte
1271	**Identifikation** (spätl;l) >nlat	1. das Identifizieren {23/25/82}; 2. emotionales Sichgleichsetzen mit einer anderen Person oder Gruppe {26/70}	spätl. **identitas**, atis f + **facere**	Wesenseinheit, Identität tun, machen, handeln
–	**identifizieren** (spätl;l) >nlat	1. genaues wiedererkennen; die Echtheit von etwas feststellen {23/25/56}; 2. gleichsetzen {56/25}; 3. aus innerer Überzeugung ganz mit jmdm. übereinstimmen {25}; 4. sich emotional gleichsetzen mit jmdm. {26/70}	dto.	dto.
–	**Identifizierung** (spätl;l) >nlat	das Identifizieren {23/25/82}	dto.	dto.
–	**identisch** spätl>nlat	völlig gleich; wesensgleich; gleichbedeutend {25/56}	spätl. **identitas**	s. oben

–	**Identität** spätl>nlat	1. vollkommene Gleichheit, Übereinstimmung; Individuelles, Unverwechselbares {56/25}; 2. die als „selbst" erlebte innere Einheit der Person (psych. t. t.) {70/77}	dto.	dto.
–	Identitätsausweis			
1272	**Ignition** l>engl	Zündung eines Raketentriebwerks nach Ablauf des Count-downs (techn. t. t.) {72/66}	**ignire**	heiß machen, erhitzen, anzünden
1273	**ignorant**	von Unwissenheit, Kenntnislosigkeit zeugend (abwertend) {25/56}	**ignorare**	nicht kennen, nicht wissen (wollen)
–	**Ignorant**	unwissender Mensch, Dummkopf (abwertend) {25/56/33}	dto.	dto.
–	**Ignoranz**	Unwissenheit, Dummheit (abwertend) {25/33/56}	**ignorantia**, ae f	Unerfahrenheit, Unkenntnis
–	**ignorieren**	nicht wissen wollen; absichtlich übersehen, nicht beachten {25/23/28}	**ignorare**	s. oben
1274	**Iktus**	1. Betonung der Hebung im Vers, Versakzent (sprachwiss. t. t.) {76}; 2. unerwartet auftretendes Krankheitszeichen (med. t. t.) {25/70}; 3. Stoß, stoßförmige Erschütterung (med. t. t.) {12/70}	**ictus**, us m	Schlag, Stoß, Hieb, Schuß
1275	**in...**, **In...** bzw. **ir...**, **Ir...**	Vorsilbe: un..., nicht, ohne {56/83}	**in** (Praeverbium)	Verneinungswort: un...
1276	**illegal** (l;l)>mlat	gesetzwidrig, ungesetzlich, ohne behördliche Genehmigung {82/50}	**in** + **legalis**, e	s. oben 1275 die Gesetze betreffend; gesetzlich, den Gesetzen gemäß
–	**Illegalität** (l;l)>mlat	1. Ungesetzlich-, Gesetzwidrigkeit {50/82}; 2. illegaler Zustand, illegale Lebensweise {82/33}; 3. einzelne illegale Handlung {82/29}	dto.	dto.
–	**illegitim**	1. unrechtmäßig, im Widerspruch zur Rechtsordnung {82}; 2. unehelich {15/82}	**illegitimus**, a, um	ungesetzlich, unerlaubt, gesetzwidrig
–	**Illegitimität** (l;l)>nlat	unrechtmäßiges Verhalten {82/25}	dto.	dto.
1277	**illiberal**	engherzig, unduldsam {26/84}	**illiberalis**, e	unedel, gemein, unanständig
–	**Illiberalität**	Engherzig-, Unduldsamkeit {26/84}	**illiberalitas**, atis f	Ungefälligkeit, Knickrigkeit

1278	**illimitiert**	unbegrenzt, unbeschränkt {56/57}	**illimitatus**, a, um	unabgegrenzt; unwegsam
1279a	**illiquid** (l;l)>nlat	zahlungsunfähig {42/80}	**in** + **liquidus**, a, um	s. oben 1275 flüssig, fließend, klar, ganz gewiß
–	**Illiquidität** (l;l)>nlat	Zahlungsunfähigkeit, Mangel an Geldmitteln {42/80}	**in** + **liquiditas**, atis f	s. oben 1275 Flüssigkeit
1279b	**illiterat**	ungelehrt, nicht wissenschaftlich gebildet {25/31}	**illiteratus**, a, um	ungelehrt, ungebildet, unwissenschaftlich
–	**Illiterat**	Ungelehrter, nicht wissenschaftlich Gebildeter {25/31}	dto.	dto.
1280	**illoyal** (l;l)>frz	1. den Staat, eine Instanz nicht respektierend {25/50}; 2. vertragsbrüchig, gegen Treu und Glauben {82/25}; 3. einem Partner übelgesinnt {26/84}	**in** + **legalis**, e frz. *loyal*	s. oben 1275 s. oben 1276
–	**Illoyalität** l>frz	illoyales Verhalten {25/26/82/84}	dto.	dto.
1281	**Illumination** l>(frz)	1. farbige Festbeleuchtung (vor allem im Freien) {23/33}; 2. göttliche Erleuchtung des menschlichen Geistes {25/22/51}; 3. das Ausmalen von Kodizes, Handschriften, Drucken mit Lasurfarben {32/36}	**illuminatio**, onis f	Erleuchtung
–	**Illuminator** l>mlat o. **Illuminist** l>nlat	1. Hersteller von Malereien in Handschriften und Büchern des Mittelalters {36/40/75}; 2. Gerät zur Gewinnung einfarbigen Lichts (phys. t. t.) {72}	**illuminator**, oris m	Erleuchter
–	**illuminieren** l>(frz)	1. festlich erleuchten {23/33}; 2. Handschriften ausmalen; Buchmalereien herstellen {36/40}; 3. erhellen {23/25}	**illuminare**	erleuchten, erhellen, Glanz verleihen
–	**illuminiert** l>(frz)	alkoholisiert (scherzhaft, veraltend) {14}	dto.	dto.
1282	**Illusion** l>frz	1. Wunschvorstellung {24/25/27}; 2. falsche Deutung von tatsächlichen Sinneswahrnehmungen {24}; 3. Täuschung durch die Wirkung eines Kunstwerkes {24/36}	**illusio**, onis f	Verspottung, Ironie; Täuschung, eitele Vorstellung
–	**illusionär** o. **illusionistisch** l>nlat	1. auf Illusionen beruhend {24}; 2. durch künstlerische Darstellung Scheinwirkungen erzeugend (künstl. t. t.) {36/24}	dto.	dto.

–	**illusionieren** l>frz	in jmdm. eine Illusion erwekken; jmdm. etw. vormachen, vorgaukeln; jmdn. täuschen {24/27/28}	dto.	dto.
–	**Illusionismus** l>nlat	1. die die Objektivität der Wahrheit, Schönheit, Sittlichkeit als Schein erklärende philosophische Anschauung; 2. Lehre von der scheinbaren Existenz der Welt in der brahmanischen Philosophie {77}; 3. illusionistische (Bild)wirkung {36/24}	dto.	dto.
–	**Illusionist** l>nlat	1. Schwärmer, Träumer {24}; 2. Zauberkünstler {33/40/85}	dto.	dto.
–	**illusorisch** l>frz	1. nur in der Illusion bestehend, trügerisch {24}; 2. vergeblich, sich erübrigend {24/25}	**illusorius**, a, um	zum Verspotten geeignet, verspottend
1283	**illuster** l>frz	glanzvoll, vornehm, erlaucht {25/33}	**illustris**, e	erleuchtet, hell; einleuchtend, angesehen
–	**Illustration**	1. Bebilderung, erläuternde Bildbeigabe {36/25}; 2. Veranschaulichung, Erläuterung {25}	**illustratio**, onis f	Anschaulichkeit, anschauliche Darstellung; Erscheinung
–	**illustrativ** l>nlat	veranschaulichend, erläuternd {25}	**illustris**	s. oben
–	**Illustrator**	Künstler, der ein Buch mit Bildern ausgestaltet {36/32/40}	**illustrator**, oris m	Verherrlicher, Erleuchter
–	**illustrieren**	1. ein Buch bebildern {32/36}; 2. veranschaulichen, erläutern {25}	**illustrare**	erleuchten; erläutern; verschönern; verherrlichen
–	**Illustrierte**	periodisch erscheinende Zeitschrift mit Bildberichten {32/59}	dto.	dto.
1284	**Image** l>frz>engl	(positives) Bild, das sich jmd. von jmd. anderem macht; Persönlichkeits- oder Charakterbild {25/84}	**imago**, inis f	Bild, Ab-, Ahnenbild; Vorstellung
–	**imaginabel** l>frz>engl	vorstellbar, erdenkbar (philos. t. t.) {24/77}	**imaginabilis**, e	in der Einbildung bestehend
–	**imaginal** l>frz>engl	das fertig ausgebildete Insekt betreffend (biol. t. t.) {69}	**imaginalis**, e	bildlich
–	**Imaginalstadium** l>frz>engl; gr>l	Stadium der Insekten nach Abschluß der Metamorphose (biol. t. t.) {69}	dto. + **stadium**, ii n gr. *στάδιον*	dto. Renn-, Laufbahn
–	**imaginär** l>frz	nur in der Vorstellung vorhanden, nicht wirklich, nicht real {24}	**imaginarius**, a, um	zum Bilde gehörig; nur dem Scheine nach bestehend, Schein...

–	**Imagination** l>frz	Phantasie, Einbildungskraft, bildhaft anschauliches Denken {24/25}	**imaginatio**, onis f	Einbildung, Vorstellung
–	**imaginativ** l>nlat	die Imagination betreffend, auf ihr beruhend {24/25}	**imaginare**	als -, im Bild wiedergeben, abbilden
–	**imaginieren**	sich vorstellen; bildlich, anschaulich machen; ersinnen {24/25}	dto. bzw. **imaginari**	dto. sich vorstellen, träumen
–	**Imago**	1. im Unterbewußtsein existierendes Bild einer anderen Person (psych. t. t.) {24/70}; 2. das fertig ausgebildete, geschlechtsreife Insekt (biol. t. t.) {69}; 3. wächserne Totenmaske der Vorfahren (im alten Rom) {75/51/36}	**imago**, ginis n	Bildnis; Ahnenbild; Trugbild
1285	**imbezil(l)**	mittelgradig schwachsinnig (med. t. t.) {25/70}	**imbecillus**, a, um	schwach, kraftlos; ohnmächtig
–	**Imbezillität**	mittelgradiger Schwachsinn (med. t. t.) {25/70}	**imbecillitas**, atis f	Schwäche, Gebrechlichkeit; Haltlosigkeit; Ohnmacht
1286	**Imitat(ion)**	1. Nachahmung; (minderwertige) Nachbildung (z. B. eines wertvollen Kunstgegenstandes) {36/56}; 2. Wiederholung eines musikalischen Themas in anderer Tonlage (mus. t. t.) {37}	**imitatio**, onis f	Nachahmung, -äffung; Kopie
–	**imitativ**	auf Imitation beruhend, nachahmend {36/56}	**imitativus**, a, um	zur Darstellung durch Nachahmung geeignet
–	**Imitativ**	Verb des Nachahmens (z. B. büffeln - sprachwiss. t. t.) {76}	dto.	dto.
–	**Imitator**	Nachahmer {40/56/85}	**imitator**, oris m	Nachahmer, -äffer
–	**imitatorisch**	nachahmend {25/56}	**imitatorius**, a, um	zur Nachahmung dienlich, aus ihr hervorgegangen
–	**imitieren**	1. nachahmen, nachbilden {25/56}; 2. ein musikalisches Thema wiederholen (mus. t. t.) {37}	**imitare** bzw. **imitari**	nachahmen nachahmen, darstellen, ähnlich sein
–	**imitiert**	nachgeahmt, künstlich, unecht {25/56}	dto.	dto.
1287	**immanent**	1. innewohnend, in etw. enthalten {52/57}; 2. den Bereich des menschlichen Bewußtseins nicht überschreitend {25/77}	**immanere**	bei etw. bleiben; anhaften

–	**Immanenz** l>nlat	1. das, was innerhalb einer Grenze bleibt {58}; 2. Einschränkung des Erkennens auf das Bewußtsein oder auf Erfahrung {25/77}	dto.	dto.
–	**immanieren**	innewohnen, enthalten sein {58}	dto.	dto.
1288	**Immaterialgüterrecht** (l;l)>nlat;d	Recht auf freie Verfügung über eigene geistige Produkte (z. B. Patente, Copyright - jur. t. t.) {82}	**in** + **materialis**, e	s. oben 1275 zur Materie gehörig, materiell
–	**Immaterialismus** (l;l)>nlat	Lehre, die die Materie als selbständige Substanz leugnet (philos. t. t.) {77}	dto.	dto.
–	**Immaterialität** (l;l)>nlat	unkörperliche Beschaffenheit, stoffloses Dasein {52/54}	dto.	dto.
–	**immateriell** (l;l)>frz	unstofflich, unkörperlich {52/54}	dto.	dto.
1289	**Immatrikulation** (l;l)>nlat	Einschreibung in die Liste der Studierenden, Aufnahme an einer Hochschule {31}	**in** + **matricula**, ae f	s. oben 1275 öffentliches Verzeichnis, Matrikel
–	**immatrikulieren** (l;l)>nlat	1. in die Matrikel einer Hochschule aufnehmen; 2. seine Anmeldung bei der Universität abgeben {31}; 3. (ein Motorfahrzeug) anmelden (schweiz.) {45/49}	dto.	dto.
1290	**immediat**	unmittelbar (dem Staatsoberhaupt unterstehend) {50/33}	**immediatus**, a, um	unvermittelt
–	**immediatisieren** l>nlat	reichsunmittelbar, frei machen (in bezug auf Fürsten und Städte bis 1806 - hist. t. t.) {33/50/75}	dto.	dto.
1291	**immens**	in Staunen erregender Weise groß; unermeßlich {57}	**immensus**, a, um	unermeßlich, unmäßig groß
–	**Immensität**	Unermeßlichkeit (veraltet) {25/26/57}	**immensitas**, atis f	Unermeßlichkeit, unermeßliche Größe
–	**immensurabel**	unmeßbar {57}	**immensurabilis**, e	unermeßlich
–	**Immensurabilität** l>nlat	Unmeßbarkeit {57}	dto.	dto.
1292	**Immigrant**	Einwanderer (aus einem anderen Staat) {3350/61}	**immigrare** (PPA. **immigrans**)	(hin)einziehen, einwandern
–	**Immigration** l>nlat	1. Einwanderung {33/50/61}; 2. Ausbildung einer neuen Zellschicht (biol. t. t.) {68/69/70}	dto.	dto.
–	**immigrieren**	einwandern {33/50/61}	dto.	dto.

1293	**imminent**	drohend, nahe bevorstehend (med. t. t.) {59/70}	**imminere**	über etw. hinüberragen; drohen, nahe bevorstehen
1294	**Immission**	1. Einwirkung von Luftverunreinigungen auf Menschen, Tiere, Pflanzen {68/69/70/73}; 2. Einsetzung in eine Position (Amt, Besitzstand) {33/40/43}; 3. kurz für: Immissionskonzentration (= Stärke der Luftverunreinigungen) {65}	**immissio**, onis f	das Hineinlassen, Wachsenlassen; Anstiften
–	Immissionskonzentration, Immissionsschutz			
1295	**immobil**	1. unbeweglich {54}; 2. nicht kriegsbereit {86}	**immobilis**, e	unbeweglich; unerschütterlich, unveränderlich
–	**Immobilien**	unbewegliches Vermögen, Gebäude, Grundstücke {43}	dto.	dto.
–	**immobilisieren** l>nlat	durch einen Verband oder Schienen ruhigstellen (z. B. Glieder, Gelenke - med. t. t.) {12/70}	dto.	dto.
–	**Immobilismus** l>nlat	Unbeweglichkeit als geistige Haltung {25/84}	dto.	dto.
–	**Immobilität**	Unbeweglichkeit; Zustand fehlender Kriegsausrüstung und -bereitschaft (von Truppen) {86}	**immobilitas**, atis f	Unbeweglichkeit, Unveränderlichkeit
>>>	immoralisch s. in (1275) bzw. moralisch			
1296	**Immortalität**	Unsterblichkeit {15/70}	**immortalitas**, atis f	Unsterblichkeit, Ewigkeit; Seligkeit
1297	**immun**	1. für Krankheiten unempfänglich, gegen Ansteckung gefeit (med. t. t.) {14/70}; 2. unter Immunität stehend (z. B. Diplomaten) {50/82}; 3. unempfindlich, nicht zu beeindrucken {25/33/84}	**immunis**, e	abgaben-, dienstfrei; unberührt, frei
–	**immunisieren** l>nlat	gegen Bakterien immun machen (med. t. t.) {70}	dto.	dto.
–	Immunisierung			
–	**Immunität**	1. Unempfindlichkeit gegenüber Krankheitserregern (med. t. t.) {14/70}; 2. Schutz der Abgeordneten vor Strafverfolgung (auch für Diplomaten im Gastland) {50/82}	**immunitas**, atis f	das Freisein von etw.; Abgabenfreiheit; Privilegien

–	**Immunologie** l;gr	Immunitätskunde (biol. t. t.) {68/69}	**immunis**, e + gr. *λόγος*	s. oben Wort, Kunde, Kenntnis
–	**Immunsuppression** l;l	Unterdrückung einer Abwehrreaktion des Körpers (z. B. nach einer Organtransplantation - med. t. t.) {70}	**immunis**, e + **suppressio**, onis f	s. oben Nieder-, Unterdrückung, Zurückhaltung
–	**immunsuppressiv** l;l	eine immunologische Reaktion unterdrückend (med. t. t.) {70}	dto.	dto.
1298	**impair** l>frz	ungerade (in bezug auf Zahlen beim Roulett) {57/85}	**impar** (Gen. –ris)	ungleich, ungerade, verschieden
–	**Imparität**	Ungleichheit (veraltet) {25/33/56}	**imparitas**, atis f	Ungleichheit
1299	**Impeachment** l>afrz>engl	Verfahren zur Enthebung des US-Präsidenten von seinem Amt wegen Amtsmißbrauch {50/82}	**impedicare** afrz. *empescher* engl. *impeach*	verstricken, fangen hindern hindern, aufhalten
1300	**Impedanz** l>nlat	elektrischer Scheinwiderstand, Wechselstromwiderstand eines Stromkreises (phys. t. t.) {72}	**impedire**	verwickeln, verstricken; verhindern, abhalten
1301	**imperativ**	befehlend, bindend, zwingend {28}	**imperativus**, a, um	befehlend; anbefohlen
–	**Imperativ**	1. Befehlsform (sprachwiss. t. t.) {76}; 2. Pflichtgebot (philos. t. t.) {30/77}	dto.	dto.
–	imperativisch			
–	**Imperator**	Titel des Oberfeldherren oder Kaisers im antiken Rom {33/50/75/86}	**imperator**, oris m	Befehlshaber, Feldherr, Herrscher, Gebieter
–	**imperatorisch**	1. den Imperator betreffend {33/50/75/86}; 2. in der Art eines Imperators, gebieterisch {28/33/75}	**imperatorius**, a, um	feldherrlich, kaiserlich
1302	**Imperfekt(um)**	1. Vergangenheitsstufe, Zeitform der (unvollendeten) Vergangenheit; 2. Verbform des Imperfekts (sprachwiss. t. t.) {59/76}	**imperfectus**, a, um	unvollendet, unvollständig, unvollkommen
–	imperfektisch			
1303	**imperforabel** (l;l)>nlat	nicht durchbohrbar {54}	**in** + **perforare**	s. oben durchbohren, -löchern
1304	**imperial**	das Imperium betreffend, kaiserlich {33/47/50}	**imperialis**, e	kaiserlich, Kaiser...
–	**Imperialismus**	Bestrebung einer Großmacht, ihren Machtbereich ständig auszudehnen {50/57/86}	dto.	dto.

–	Imperialist, imperialistisch			
–	**Imperium**	1. (röm.) Kaiserreich, Weltreich, Weltmacht {50/75}; 2. sehr großer Herrschafts-, Macht- und Einflußbereich {50/57}	**imperium**, ii n	Befehl, Macht; Regierung, Reich
1305	**impermeabel** (l;l)>nlat	undurchlässig, undurchdringlich (med. t. t.) {54/70}	**in** + **permeabilis**, e	s. oben 1275 durchlässig, gangbar
–	**Impermeabilität** (l;l)>nlat	Undurchlässig-, Undurchdringlichkeit (med. t. t.) {54/70}	dto.	dto.
1306	**Impersonale**	unpersönliches Verb, das nur in der dritten Person Singular vorkommt (sprachwiss. t. t.) {76}	**impersonalis**, e	unpersönlich
1307	**impertinent**	in herausfordernder Weise ungehörig, frech, unverschämt {25/26/84}	**impertinens** (Gen.–ntis)	nicht dazu gehörig
–	**Impertinenz** l>mlat	1. dreiste Ungehörigkeit, Frechheit, Unverschämtheit {26/84}; 2. impertinente Äußerung, Handlung {26/29/32}	dto.	dto.
1308	**impetuoso** l>it	stürmisch, ungestüm, heftig (mus. t. t.) {26/37}	**impetuosus**, a, um	ungestüm, heftig
–	**Impetus**	1. (innerer) Antrieb; Anstoß, Impuls {25/28}; 2. Schwung(kraft), Ungestüm {25/26}	**impetus**, us m	Anlauf; Gewalt, Ungestüm; das Vorwärtsdrängen
1309	**impfen** gr>(l;l) >vulgl	1. ein Pfropfreis einsetzen, veredeln {39/68}; 2. Krankheitserreger in abgeschwächter Form zur Immunisierung in den Körper übertragen (med. t. t.) {70}; 3. eine Wolke mit Silberjodid zum Abregnen bringen (meteor. t. t.) {65}	**in** + **putare** gr. ἐμφυτεύειν vulgl. imputare* o. imp(od)are*	s. oben 1275 beschneiden; reinigen; meinen, glauben veredeln
–	Impfling, Impfung			
1310	**Impietät**	Mangel an Pietät, Gott-, Lieblosigkeit {26/33/51/84}	**impietas**, atis f	Pflichtvergessenheit, Lieblosigkeit; Gott-, Ruchlosigkeit
1311	**Implantat** (l;l)>nlat	dem Körper eingepflanztes Gewebestück (med. t. t.) {70}	**in** + **plantare**	s. oben 1275 (be)pflanzen, versetzen
–	**Implantation** (l;l)>nlat	1. Einpflanzung von Organen, Gewebe oder Substanzen in den Körper (med. t. t.) {70}; 2. Einnistung der befruchteten Eizelle in die Gebärmutterschleimhaut (biol., med. t. t.) {69/70}	**in** + **plantatio**, onis f	s. oben 1275 das (Ver)pflanzen

–	**implantieren** (l;l)>nlat	eine Implantation vornehmen (med. t. t.) {70}	dto.	dto.
1312	**Implement**	Ergänzung; Erfüllung eines Vertrages (veraltet) {57/82}	**implementum**, ti n	das Eingenommensein
1313	**Implikat**	etw., das in etw. anderes einbezogen ist {25/56}	**implicatus**, a, um	verwickelt, verworren
–	**Implikation**	1. Einbeziehung einer Sache in eine andere {25/56}; 2. Bezeichnung für die logische „wenn-dann-Beziehung" (philos., sprachwiss. t. t.) {77/76}	**implicatio**, onis f	Verflechtung; Verwicklung, Verwirrung
–	**implizieren**	1. einbeziehen, einschließen, enthalten {56/57}; 2. zur Folge haben, mit sich bringen {25/77}	**implicare**	hineinwickeln; verwickeln, verwirren; umwinden
–	**implizit**	1. nicht ausdrücklich, nicht deutlich, nur mitenthalten, mitgemeint {25/32/56}; 2. als Anlage vorhanden (med. t. t.) {70}	**implicitus**, a, um	verwickelt
–	**implizite** o. **implicite**	mit inbegriffen, einschließlich; ohne ausdrückliche Erwähnung {25/32/56}	**implicite** (Adv.)	verwickelt, verworren
1314	**implodieren** (l;l)>nlat	durch eine Implosion zertrümmert werden (z. B. TV-Bildröhren) {52/72/87}	**in** + **plaudere** (**plodere**)	s. oben 1275 klatschen, schlagen; zusammenschlagen
–	**Implosion** (l;l)>nlat	schlagartige Zertrümmerung eines (luftleeren) Gefäßes durch äußeren Überdruck {52/72/87}	dto.	dto.
1315	**imponderabel** (l;l)>nlat	unwägbar (veraltet) {25}	**in** + **ponderabilis**, e	s. oben 1275 wägbar
–	**Imponderabilien** (l;l)>nlat	Unwägbarkeiten; Gefühls- und Stimmungswerte {25/26}	dto.	dto.
–	**Imponderabilität** l>nlat	Unwägbarkeit {25}	dto.	dto.
1316	**imponieren** l>(frz)	1. Achtung einflößen, (großen) Eindruck machen; 2. sich geltend machen (veraltet) {25/26/33}	**imponere**	hineinlegen, -setzen, -stellen
–	Imponiergehabe			
1317	**Import** l>frz>engl	Einfuhr {42/80}	**importare**	hineinführen, -bringen; einführen; verursachen
–	**important** l>frz	wichtig, bedeutend (veraltet) {25/56}	dto.	dto.

–	**Importanz** l>frz	Wichtigkeit, Bedeutung (veraltet) {25/56}	dto.	dto.
–	**Importe** l>frz>engl	1. Einfuhrware {42/80}; 2. Zigarre, die im Ausland hergestellt worden ist {17/42}	dto.	dto.
–	**Importeur** l>frz	Kaufmann, der Waren aus dem Ausland einführt {40/42/80}	dto.	dto.
–	**importieren** l>(frz) >(engl)	Waren aus dem Ausland einführen {42/80}	dto.	dto.
1318	**imposant** l>frz	eindrucksvoll, großartig, überwältigend {26/56}	**imponere** frz. *imposer*	s. oben 1316 eine Bürde auferlegen, Respekt einflößen
1319	**impossibel**	unmöglich (veraltet) {25}	**impossibilis**, e	unmöglich; unvermögend
–	**Impossibilität**	Unmöglichkeit (veraltet) {25}	**impossibilitas**, atis f	Unmöglichkeit
1320	**impotent**	1. unfähig zum Geschlechtsverkehr (vom Mann - med. t. t.); 2. zeugungsunfähig (med. t. t.) {18/70}; 3. nicht schöpferisch, leistungsschwach, unfähig {22/25/40}	**impotens** (Gen. –ntis)	zügellos; ohnmächtig, schwach
–	**Impotenz**	1. Unfähigkeit des Mannes zum Geschlechtsverkehr; 2. Zeugungsunfähigkeit, Unfruchtbarkeit {70}; 3. Unvermögen, Schwäche {25/22}	**impotentia**, ae f	Unvermögen, Ohnmacht; Zügellosigkeit
1321a	**Imprägnation** l>vulgl	1. feine Verteilung von Erdöl oder Erz in Gesteinsporen (geol. t. t.) {62}; 2. Befruchtung, Eindringen der Samenfäden in das reife Ei (med. t. t.) {70}	**impraegnare**	schwängern
–	**imprägnieren**	1. feste Stoffe mit Flüssigkeiten zum Schutz vor Wasser, Zerfall u. a. durchtränken {40/73}; 2. einem Wein Kohlensäure zusetzen {73/17}	dto.	dto.
1321b	**impraktikabel** l;gr>mlat	(selten) 1. unausführ-, unanwendbar; 2. unzweckmäßig {25}	**in** + gr. *πρᾶξις*	s. oben 1275 Tat, Handlung; Beschäftigung
1322	**Impressario** (l;l)>vulgl >it	Theater-, Konzertagent, der für einen Künstler die Verträge abschließt {40/37}	**in** + **prehendere** vulgl. imprehendere* it. *impresa*	s. oben 1275 an-, ergreifen, anfassen unternehmen Unternehmen

1323	**Impression** l>frz	1. Sinneseindruck, Empfindung, Wahrnehmung {23/24}; 2. Vertiefung an Organen (med., anat. t. t.); 3. durch Druck verursachte Körpereindellung (med. t. t.) {58/70}	**impressio**, onis f	das Eindrücken; Abdruck; Angriff
–	**Impressionismus** l>frz	Stilrichtung in der (französischen) Malerei, Literatur, Musik (1860-70 bzw. 1890-1920) {34/36/37/79}	dto. frz. *impressionisme*	dto.
–	Impressionist, impressionistisch			
–	**Impressum**	Angabe über Verleger, Drukker, Redakteure u. a. in Zeitungen, Zeitschriften, Büchern {32/40}	**imprimere** (PPP. **impressus**)	ein-, an-, aufdrükken; einprägen
–	**Imprimatur**	1. Druckerlaubnis {28/32}; 2. bischöfliche Druckerlaubnis für religiöse Schriften {51/28/32}	dto. (**imprimatur**	es werde gedruckt)
–	**Imprimé** l>frz	1. bedrucktes Seidengewebe mit ausdrucksvollem Muster {19}; 2. Drucksache {32}	dto.	dto.
–	**imprimieren** l>nlat	das Imprimatur erteilen {28/51/32}	dto.	dto.
1324	**Improvisateur** (l;l)>frz	jmd., der am Klavier (zur Unterhaltung) improvisiert {37/85}	**in** + **providere** (**improvisus**, a, um	s. oben 1275 in der Ferne sehen; vorhersehen; Vorsorge treffen unvorhergesehen, unvermutet)
–	**Improvisation** (l;l)>it	1. das Improvisieren, Kunst des Improvisierens {22/59}; 2. ohne Vorbereitung aus dem Stehgreif Dargebotenes; Stehgreifschöpfung {35/37/59}	dto.	dto.
–	**Improvisator** (l;l)>it	Stehgreifkünstler {35/37/40/59/85}	dto.	dto.
–	improvisatorisch			
–	**improvisieren** (l;l)>it	1. etw. ohne Vorbereitung, aus dem Stehgreif tun; mit einfachen Mitteln herstellen {40/25/59/29}; 2. Improvisationen spielen {35/37}; 3. seinem Bühnentext frei Erfundenes hinzufügen {24/25/35}	dto.	dto.

1325	**Impuls**	1. Anstoß, Anregung {25/61}; 2. Antrieb, innere Regung {25/26}; 3. Nervenerregung (med. t. t.) {70}; 4. kurzer Strom-, Spannungsstoß {59/72}; 5. Produkt aus Dauer u. Kraft eines Stoßes (phys. t. t.); 6. Produkt aus Masse u. Geschwindigkeit eines Körpers (phys. t. t.) {72}	**impulsus**, us m	Fortbewegung, Stoß, Antrieb, Anregung
–	**impulsiv** l>mlat>frz	aus einem plötzlichen Impuls heraus handelnd, einer Eingebung sogleich folgend, spontan {25/26/29}	dto. mlat. impulsivus frz. *impulsif*	dto.
–	Impulsivität			
1326	**inadäquat** (l;l)>nlat	nicht passend, nicht entsprechend, unangemessen {25/56}	**in** + **adaequare**	s. oben 1275 gleichstellen,-machen, -kommen
–	**Inadäquatheit** (l;l)>nlat	Unangemessenheit, etw. Unangemessenes {25/56}	dto.	dto.
1327	**inakkurat** (l;l)>nlat	ungenau, unsorgfältig {25/56}	**in** + **accuratus**, a, um	s. oben 1275 sorgfältig, genau
1328	**inaktiv** (l;l)>nlat	1. untätig, sich passiv verhaltend {25/26}; 2. außer Dienst, im Ruhestand, ohne Amt {33/40/59}; 3. chemisch unwirksam {73}; 4. vorübergehend keine Krankheitssymptome zeigend (med. t. t.) {59/70}	**in** + **activus**, a, um	s. oben 1275 eine Tätigkeit bezeichnend, aktiv
–	**Inaktive** (l;l)>nlat	von offiziellen Veranstaltungen befreites älteres Mitglied einer studentischen Verbindung {31/33}	dto.	dto.
–	**inaktivieren** (l;l)>nlat	1. von seinen Amtspflichten entbinden, in den Ruhestand versetzen {33/40}; 2. einem Stoff seine spezifische Wirksamkeit nehmen (med. t. t.) {70/73}	dto.	dto.
–	**Inaktivität** (l;l)>nlat	1. Untätigkeit, passives Verhalten {25/26}; 2. chem. Unwirksamkeit (chem. t. t.) {73}; 3. Ruhen eines krankhaften Prozesses (med. t. t.) {59/70}	dto.	dto.
1329	**inaktuell** (l;l)>nlat	nicht im augenblicklichen Interesse liegend, nicht zeitgemäß {25/33/59}	**in** + **actualis**, e	s. oben 1275 praktisch, wirksam, tätig
1330	**inakzeptabel** (l;l)>nlat	unannehmbar {25/28}	**in** + **acceptabilis**, e	s. oben 1275 annehmbar, wohlgefällig

–	**Inakzeptabilität** (l;l)>nlat	Unannehmbarkeit {25/28}	dto.	dto.
1331	**inapparent** (l;l)>engl	nicht sichtbar, nicht wahrnehmbar (von Krankheiten - med. t. t.) {23/70}	**in** + **apparere**	s. oben 1275 erscheinen, sich zeigen, sichtbar werden
1332	**inappellabel** (l;l)>nlat	durch Berufung nicht anfechtbar (jur. t. t.) {82}	**in** + **appellare**	s. oben 1275 anreden, -sprechen; appellieren
1333	**inartikuliert** l>nlat	nicht artikuliert, ohne deutliche Gliederung gesprochen {32/23}	**inarticulatus**, a, um	unartikuliert
1334	**Inauguraldissertation** (l;l)>nlat	wissenschaftliche Arbeit zur Erlangung der Doktorwürde {31/40}	**inaugurare** + **dissertatio**, onis f	die Weissagevögel befragen; weihen, einsetzen Erörterung
–	**Inauguration**	feierliche Einsetzung in ein akademisches Amt, eine akademische Würde {31/33/40}	**inauguratio**, onis f	Anfang
–	**inaugurieren**	1. feierlich in ein akademisches Amt einsetzen {31/33/40}; 2. einführen, einleiten, schaffen, ins Leben rufen {29/59/40}; 3. einweihen (österr., selten) {33}	**inaugurare**	s. oben
1335	**incipit**	„es beginnt" (am Anfang von Handschriften und Frühdrucken) {32/58/75}	**incipere**	anfangen, beginnen
1336	**incorporated** l>engl>am	(Abk. Inc.) engl.-am. Bezeichnung für eingetragen (von Vereinen, Körperschaften, Aktiengesellschaften) {80/33}	**incorporare**	verkörpern; einverleiben, einfügen
1337	**indefinibel**	nicht begrifflich abgrenzbar, unerklärbar, nicht definierbar {25/56}	**indefinibilis**, e	unbegrenzt
–	**indefinit**	unbestimmt {25/56}	**indefinitus**, a, um	unbestimmt
>>>	Indefinitpronomen s. unter Pronomen			
1338	**indeklinabel**	nicht beugbar (sprachwiss. t. t.) {76}	**indeclinabilis**, e	unbeugsam, unveränderlich; nicht deklinierbar (gramm. t. t.)
–	Indeklinabile			
1339	**indemnisieren** (l;l)>frz	entschädigen, vergüten (veraltet); Indemnität erteilen (jur. t. t.) {42/82}	**in** + **damnare**	s. oben 1275 verurteilen, verdammen; büßen

–	**Indemnität** l>frz	1. nachträgliche Billigung eines zuvor als verfassungswidrig abgelehnten Regierungsaktes {28/50}; 2. Straflosigkeit der Abgeordneten für alle im Parlament getätigten Äußerungen {50/82}	**indemnitas**, atis f	Schadloshaltung
1340	**Independenz** (l;l)>nlat	Unabhängigkeit (veraltet) {33}	**in** + **dependere**	s. oben 1275 ab-, herabhängen, abhängig sein
1341	**indeterminabel**	unbestimmt, unbestimmbar {25/56}	**indeterminabilis**, e	unbestimmbar
–	**Indetermination** l>nlat	1. Unbestimmtheit (philos. t. t.) {77}; 2. Unentschlossenheit (veraltet) {25/28}	**indeterminatus**, a, um	unbegrenzt, unbestimmt
–	**indeterminiert**	unbestimmt, nicht festgelegt (abgegrenzt), frei (philos. t. t.) {77}	dto.	dto.
–	**Indeterminismus** l>nlat	Lehre von der Nichtbestimmbarkeit der Ursache bei physischen Vorgängen oder von Handlungsmotiven (philos. t. t.) {77}	dto.	dto.
1342	**Index**	1. alphabetisches (Stichwort)-verzeichnis (von Namen, Sachen o. ä.) {32}; 2. auf dem - stehen: verboten sein {28/82}; 3. Liste der vom Papst verbotenen Bücher {25/28/32/51}; 4. statistischer Meßwert in der Wirtschaft {80}; 5. Buchstabe o. Zahl zur Kennzeichnung, Unterscheidung gleichartiger Größen {25/56/57}; 6. hochgestellte Zahl (zu Unterscheidungszwecken) {23/71}; 7. Zeigefinger (med. t. t.) {11/70}	**index**, dicis mfn	Verräter; Anzeiger; Register, Verzeichnis
–	**indexieren** l>nlat	1. Speicheradressen ermitteln (EDV - t. t.) {71}; 2. einen Index, eine Liste von Gegenständen, Hinweisen anlegen {32/40}	dto.	dto.
–	**Indexierung** l>nlat	1. das Indexieren {32/40/71}; 2. Dynamisierung eines Betrages durch Knüpfung an eine Indexklausel (wirtsch. t. t.) {80}	dto.	dto.
–	**Indexklausel** l>nlat;l	Wertsicherungsklausel, nach der die Höhe einer Schuld vom Preisindex der Lebenshaltung abhängt (wirtsch. t. t.) {80}	dto. + **clausula**, ae f	dto. Schluß, Ende; Schluß-, Gesetzesformel (jur. t. t.)

>>> Indexregister s. Register

1343	**indifferent**	unbestimmt, gleichgültig; teilnahmslos; unentschieden {25/26/56}	**indifferens** (Gen. –ntis)	keinen Unterschied habend, gleichgültig, indifferent
–	**Indifferenz**	1. Gleichgültigkeit, Uninteressiertheit {25/26}; 2. Neutralität (von chem. Stoffen in Arzneimitteln - chem., med. t. t.) {73/70}	**indifferentia**, ae f	das Nicht-Verschiedensein, die Gleichheit
1344	**Indignation**	Unwille, Entrüstung {25/26}	**indignatio**, onis f	Unwille, Unmut, Entrüstung
–	**indignieren**	Unwillen, Entrüstung hervorrufen {25/26}	**indignari**	für empörend halten, entrüstet sein, sich entrüsten
–	**indigniert**	unwillig, entrüstet {25/26}	dto.	dto.
–	**Indignität**	1. Unwürdigkeit (veraltet) {25/33}; 2. Erbunwürdigkeit (jur. t. t.) {82}	**indignitas**, atis f	Unwürdig-, Untüchtigkeit; das Empörende; Entrüstung
1345	**Indikation**	(med. t. t.) 1. Veranlassung, ein bestimmtes Medikament zu verabreichen; 2. Umstände in bezug auf einen Schwangerschaftsabbruch {70}	**indicatio**, onis f	Anzeige des Preises, Taxe; Ansatz
–	Indikationslösung, Indikationsmodell			
1346	**Indikativ** (l>frz)	1. Wirklichkeitsform des Verbs (sprachwiss. t. t.) {76} 2. Erkennungsmelodie (für Radio- o. TV-Sendungen) {33/37/46/85}	**indicativus**, a, um	zum Aussagen, zum Anzeigen geeignet
–	indikativisch			
1347	**Indikator** l>nlat	1. als Hinweis dienender Umstand, Merkmal {25/55}; 2. Liste ausleihbarer Bibliotheksbestände (veraltet) {32/57}; 3. Gerät zum Aufzeichnen des Arbeitsverbrauchs einer Maschine {32/41}; 4. Stoff, der das Ende einer chemischen Reaktion anzeigt (chem. t. t.) {73}	**indicare**	anzeigen, entdekken, offenbaren, verraten
1348	**indirekt** (l;l)>mlat	1. nicht persönlich; über einen Umweg {32/33}; 2. nicht unmittelbar, nicht auf direktem Weg {25/58/23}	**in** + **directus**, a, um	s. oben 1275 gerade gerichtet, in gerader Linie; unbedingt, direkt
1349	**indiskret** l>mlat	ohne Takt, ohne die gebotene Zurückhaltung (in bezug auf die Privatsphäre eines anderen) {26/33/84}	**indiscretus**, a, um	ungetrennt, unzertrennlich, ohne Unterschied

–	**Indiskretion** l>mlat>frz	1. Mangel an Verschwiegenheit, Vertrauensbruch; 2. Taktlosigkeit {26/33/84}	**indiscretio**, onis f	Rücksichtslosigkeit, Unbilligkeit
1350	**indiskutabel** l>frz	nicht der Erörterung wert {25/32/56}	**indiscussus**, a, um frz. *indiscutable*	unerörtert
1351	**indispensabel** l>nlat	unerläßlich (veraltet) {25/56}	**indispensatus**, a, um	unverteilt, ungeregelt; übermäßig
1352	**indisponibel** (l;l)>nlat	1. nicht verfügbar, nicht festgelegt {25/52}; 2. unveräußerlich (selten) {42/43}	**in** + **disponere**	s. oben 1275 ver-, einteilen, regulieren, ordnen
–	**indisponiert** (l;l)>nlat	unpäßlich; nicht zu etw. aufgelegt; in schlechter Verfassung {14/26/70}	dto.	dto.
–	Indisponiertheit			
–	**Indisposition** (l;l)>nlat	Unpäßlichkeit, schlechte körperlich-seelische Verfassung {14/70}	**in** + **dispositio**, onis f	s. oben 1275 Anordnung, Einrichtung, Verteilung
1353	**indiszipliniert**	Mangel an Ordnung und Zucht habend, keine Disziplin haltend {25/33/84}	**indisciplinatus**, a, um	zuchtlos, liederlich
1354	**Individuum**	1. der Mensch als Einzelwesen {15}; 2. Mensch von zweifelhaftem Charakter (abwertend) {84}; 3. Pflanze, Tier als Einzelexemplar (biol. t. t.) {68/69}; 4. kleinstes chemisches Teilchen jeglicher Art (chem. t. t.) {73}	**individuus**, a, um (bzw. **individuum**, ui n	ungeteilt, unzertrennt, unzertrennlich; unteilbar Atom)
–	**Individual...** l>nlat	in bezug auf den einzelnen Menschen, die einzelne Art {15/68/69}	dto.	dto.
–	**individualisieren** l>mlat>frz	die Individualität eines Gegenstandes bestimmen; das Besondere, Eigentümliche hervorheben {25/32/56}	dto.	dto.
–	Individualisierung o. Individualisation			
–	**Individualismus** l>mlat >nlat	1. Anschauung, die dem Individuum und seinen Bedürfnissen den Vorrang vor der Gemeinschaft einräumt; 2. Hervorhebung bestimmter persönlicher Merkmale, Interessen {25/33}	dto.	dto.
–	**Individualist** l>mlat >nlat	1. Vertreter des Individualismus; 2. jmd., der einen ganz persönlichen Lebensstil entwickelt hat {25/33}	dto.	dto.

–	individualistisch			
–	**Individualität** l>mlat>frz	1. persönliche Eigenart; Eigen-, Einzigartigkeit; 2. Persönlichkeit {25/33}	dto.	dto.
–	**Individuation** l>nlat	Prozeß der Selbstwerdung des Menschen {77/25}	dto.	dto.
–	**individuell** l>mlat>frz	1. auf den einzelnen Menschen, seine Verhältnisse zugeschnitten; 2. je nach persönlicher Eigenart verschieden {25/33}; 3. einem einzelnen gehörend, nicht gemeinschaftlich genutzt {43}; 4. als Persönlichkeit zu respektieren; als Einzelpersönlichkeit hervortretend {33}	dto.	dto.
–	**individuieren** l>mlat>frz	eine individuelle, akzentuierte Persönlichkeitsstruktur gewinnen {25/33}	dto.	dto.
–	Individuierung			
1355	**Indiz(ium)**	1. Hinweis, Anzeichen {23/25}; 2. Verdachtsmoment; Umstand, der auf einen bestimmten Sachverhalt schließen läßt (jur. t. t.) {25/82}	**indicium**, ii n	Anzeige, Aussage; Beweis, Merkmal
–	**indizieren**	1. anzeigen, auf etw. hinweisen {32}; 2. etw. als angezeigt erscheinen lassen (med. t. t.) {70}; 3. auf den Index (2.) setzen {28/32/82}; 4. = indexieren; 5. mit einer hochgestellten Zahl versehen {32/40/71}	**indicare**	anzeigen, offenbaren; verraten, aussagen
–	**indiziert**	1. angezeigt, ratsam {25}; 2. ein bestimmtes Heilverfahren nahelegend (med. t. t.) {70}	dto.	dto.
–	Indizierung			
1356	**Indoktrination** l;l	psych. Mittel nutzende Beeinflussung im Hinblick auf die Meinungsbildung {25/28/32}	**in** + **doctrina**, ae f	s. oben 1275 Lehre, Belehrung, Unterricht; Wissenschaft
–	**indoktrinativ**	auf indoktrinierende Weise {25/28/32}	dto.	dto.
–	**indoktrinieren**	in eine bestimmte Richtung drängen, beeinflussen {25/28/32}	dto.	dto.
–	**Indoktrinierung**	das Indoktrinieren bzw. Indoktriniertwerden {25/28/32}	dto.	dto.

1357	**indolent**	1. geistig träge und gleichgültig; keine Gemütsbewegung erkennen lassend {26/70}; 2. schmerzunempfindlich {11/70}; 3. schmerzfrei; keine Schmerzen verursachend (med. t. t.) {70}	**indolens** (Gen. –ntis)	unempfindlich gegen Schmerz
–	Indolenz			
1358	**Induktion**	1. wissenschaftliche Methode, vom Einzelfall auf das Allgemeine, Gesetzmäßige zu schließen {25/40}; 2. Erzeugung elektrischer Ströme und Spannungen in elektrischen Leitern (phys. t. t.) {72}; 3. von einem Keimteil auf den anderen ausgehende Wirkung (biol. t. t.) {68/69}	**inductio,** onis f	das Einführen; Vorsatz; Verleitung; Induktion
>>>	Induktionsapparat s. Apparat bzw. Induktion (o.Induktor)			
–	**induktiv**	1. vom Einzelnen zum Allgemeinen hinführend {25/56}; 2. durch Induktion (2.) wirkend, entstehend (phys. t. t.) {72}	**inductivus,** a, um	zur Annahme (Voraussetzung) geeignet
–	**Induktivität** l>nlat	Verhältnis zwischen induzierter Spannung und Änderung der Stromstärke pro Zeiteinheit (phys. t. t.) {72}	dto.	dto.
–	**Induktor** l>nlat	Transformator zur Erzeugung hoher Spannungen (phys. t. t.) {41/72}	**inductor,** oris m	Durchprügler; Leithund; Einführer in die Schriften; Betrüger
1359	**indulgent**	nachsichtig {26/28/84}	**indulgens** (Gen. –ntis)	nachsichtig, gnädig, gütig
–	**Indulgenz**	1. Nachsicht {26/28/84}; 2. Straferlaß (jur. t. t.) {82}; 3. Ablaß, Nachlaß der zeitlichen Sündenstrafen (rel. t. t.) {51}	**indulgentia,** ae f	Nachsicht, Güte, Gnade; Straferlaß
1360	**industrialisieren** l>frz	1. mit Industrie versehen, Industrie ansiedeln {41/80/64}; 2. industrielle Herstellungsmethoden einführen {41}	**industria,** ae f	Tätigkeit, Fleiß, Eifer
–	**Industrialisierung** l>frz	Errichtung von mit Maschinen arbeitenden Betrieben {41}	dto.	dto.
–	**Industrie** l>frz	1. Produktion mittels Lohnarbeit, Maschinen, Kapital {41/80}; 2. Gesamtheit der Betriebe der Konsum- und Produktionsgüterherstellung {41/57}	dto.	dto.

–	**industriell** l>frz	1. die Industrie betreffend; 2. mit Hilfe der Industrie hergestellt {41}	**industrius**, a, um frz. *industriel*	beharrlich, tätig, betriebsam
–	**Industrieller** l>frz	Unternehmer, Eigentümer eines Industriebetriebes {40/41/43}	dto. bzw. **industria**	dto. s. oben
1361	**induzieren**	1. vom Einzelfall auf das Allgemeine schließen {25/40}; 2. elektrische Ströme, Spannungen erzeugen (phys. t. t.) {72}; 3. bewirken {25/28}	**inducere**	hineinführen; aufführen; veranlassen; verführen
1362	**ineffektiv** l>nlat	unwirksam {25/54}	**ineffectus**, a, um	unausgeführt, unvollendet
–	**ineffizient** (l;l)>nlat	nicht wirksam, ohne Wirkung {25/54/56}	**in** + **efficere** bzw. PPA. **efficiens** (Gen. –ntis)	s. oben 1275 bewirken, verursachen, hervorbringen bewirkend
–	**Ineffizienz** (l;l)>nlat	Unwirksamkeit, Wirkungslosigkeit {25/54/56}	dto.	dto.
1363	**inessentiell** (l;l)>nlat	nicht wesensmäßig, unwesentlich (philos. t. t.) {56/77}	**in** + **essentialiter** (Adv.)	s. oben 1275 wesentlich
1364	**inexistent** l;l	nicht vorhanden, nicht bestehend {52}	**in** + **exsistere**	s. oben 1275 hervortreten; vorhanden sein
–	**Inexistenz**	1. Nichtvorhandensein {52}; 2. das Enthaltensein in etw. (philos. t. t.) {77}	dto. bzw. **inexsistens** (Gen. –ntis)	dto. darin existierend
1365	**infam**	1. bösartig; auf durchtriebene, schändliche Weise schadend {30/33/84}; 2. in beeinträchtigender Weise stark (ugs.) {56}; 3. in schädigend hohem Maße {56/57}	**infamis**, e	berüchtigt, verrufen, schmachvoll, schimpflich
–	**Infamie**	1. Niedertracht {30/33/84}; 2. infame Äußerung, Handlung {29/32/33}; 3. Verlust der kirchlichen Ehrenhaftigkeit (kath. rel. t. t.) {51}	**infamia**, ae f	übler Ruf, Schimpf, Schmach
–	**infamieren**	verleumden, für ehrlos erklären (veraltet) {32/33}	dto.	dto.
1366	**Infant** l>span	Titel spanischer und portugiesischer Prinzen (hist. t. t.) {75/33}	**infans**, ntis mf	kleines Kind; Kind im Mutterleib
–	**Infanterie** l>it>(frz)	Kampftruppen für den Nahkampf; Fußsoldaten {86}	dto. it. *infante* *infanteria*	dto. Fußsoldat; Knabe, Edelknabe
–	Infanterist, infanteristisch			

–	**infantil**	geistig oder körperlich zurückgeblieben, kindisch, unterentwickelt (kindlich) {14/15/70}	**infantilis**, e	kindlich, Kindern gehörig, noch klein
–	**infantilisieren**	geistig unselbständig, zum Kind machen; bevormunden {25/28/33}	dto.	dto.
–	**Infantilisierung**	1. das Infantilisieren {25/28/33}; 2. das Infantilwerden {14/25/70}	dto.	dto.
–	**Infantilismus** l>nlat	(psych., med. t. t.) 1. körperliches oder geistiges Stehenbleiben auf kindlicher Entwicklungsstufe; 2. Äußerung des Infantilismus {15/32/70}	dto.	dto.
–	Infantilist			
–	**Infantilität** l>nlat	1. kindisches Wesen, Unreife; 2. Kindlichkeit, kindliches Wesen {15/70}	dto.	dto.
–	**Infantizid** (l;l)>nlat	Kindesmord {82}	dto + **caedere**	dto. niederhauen, töten, schlagen
–	infantizid			
1367	**Infarkt** l>nlat	Absterben eines Gewebestükkes infolge fehlender Blutversorgung (bes. in den Herzkranzgefäßen - med. t. t.) {70}	**infarcire**	hinein-, vollstopfen, -füllen
1368	**Infekt**	Infektion(skrankheit) (med. t. t.) {70}	**inficere** (PPP. **infectus**, a, um	färben; vergiften, anstecken
–	**Infektion**	(med. t. t.) 1. Ansteckung (durch Krankheitserreger); 2. Infektionskrankheit, Entzündung {70}; 3. Infektionsabteilung in Krankenhäusern {70/58}	**infectio**, onis f	das Färben; Schändung
–	**infektiös** l>frz	ansteckend, auf Ansteckung beruhend (med. t. t.) {70}	**inficere**	s. oben
–	**Infektiosität** l>nlat	Ansteckungsfähigkeit (eines Krankheitserregers - med. t. t.) {70}	dto.	dto.
1369	**inferior**	1. jmdm. unterlegen; 2. untergeordnet {33/40}; 3. äußerst mittelmäßig (österr.) {56}; 4. minderwertig, gering {56/57}	**inferior**, ius (Komp.)	der untere; unbedeutender, geringer, unterliegend
–	**Inferiorität** l>nlat	1. untergeordnete Stellung {33/40}; 2. Unterlegenheit {33}; 3. Minderwertigkeit {56}	dto.	dto.
–	**infernal(isch)**	1. höllisch, teuflisch {26/51}; 2. schrecklich, unerträglich {26}	**infernalis**, e	unterirdisch

–	**Infernalität** l>nlat	höllisches Wesen, teuflische Verruchtheit (veraltet) {26/51}	dto.	dto.
–	**Inferno** l>it	1. Unterwelt, Hölle {51/58}; 2. schreckliches, unheilvolles Geschehen {29/52}; 3. Ort eines unheilvollen Geschehens {58/26}; 4. Zustand entsetzlicher Qualen {26/52}	**infernus**, ni m bzw. **infernum**, ni n bzw. **inferna**, norum n (Pl.)	Unterwelt, Hölle
1370	**infertil**	(med. t. t.) 1. unfruchtbar; 2. unfähig, eine Schwangerschaft auszutragen {70}	**infertilis**, e	unergiebig, unfruchtbar
–	**Infertilität**	Unfruchtbarkeit (med. t. t.) {70}	**infertilitas**, atis f	Unfruchtbarkeit
1371	**Infiltrant** o. **Infiltrator** l;germ>l >mlat	jmd., der sich zum Zwecke des Infiltrierens (3.) in einem Land aufhält {50/28/81}	**in** + **filtrum**, ri n mlat. filtrum filtrare	in, hinein Lumpenwerk, Lumpen Durchseihgerät aus Filz filtrieren
–	**Infiltrat** l;germ>l >mlat	in normales Gewebe eingelagerte, krankheitserregende Zellen, Gewebe, Flüssigkeiten (med. t. t.) {70}	dto.	dto.
–	**Infiltration** l;germ>l >mlat	1. das Eindringen, -sickern, -strömen {61/58}; 2. ideologische Unterwanderung {50/81/28}	dto.	dto.
–	**infiltrativ** l;germ>l >mlat>(frz)	1. sich in der Art einer Infiltration (1.) ausbreitend {61}; 2. auf eine Infiltration (2.) abzielend , in der Art einer Infiltration wirkend {81/50/28}	dto.	dto.
–	**infiltrieren** l;germ>l >mlat>(frz)	1. eindringen, einsickern {61/58}; 2. einflößen {29/40/61}; 3. ein fremdes Staatsgebiet ideologisch unterwandern {28/50/81/28}	dto. frz. *filtrer*	dto. filtrieren vgl. oben 1095
–	Infiltrierung			
1372	**infinit**	unbestimmt (sprachwiss. t. t.) {76}	**infinitus**, a, um	unbegrenzt, -endlich; unbestimmt; abstrakt (gramm., rhet. t. t.)
–	**infinitesimal** l>nlat	zum Grenzwert hin unendlich klein werdend (math. t. t.) {71}	dto.	dto.
–	Infinitesimalrechnung			
–	**Infinitiv**	Grundform; nicht näher bestimmte Verbform (sprachwiss. t. t.) {76}	**infinitivus**, a, um	unbestimmt (gramm. t. t.)

>>>	Infinitiv... s. ggf. unter dem Rest des Wortes			
1373	**Infirmität**	Gebrechlichkeit (med. t. t.) {70}	**infirmitas**, atis f	Schwäche, Krankheit, Ohnmacht
1374	**infizieren**	(med. t. t.) 1. eine Krankheit übertragen; anstecken; 2. sich anstecken {70}	**inficere**	benetzen, färben; vergiften, anstekken vgl. oben 1368
1375	**inflammabel** l>mlat	entzündbar {54}	**inflammare**	anzünden, -brennen; reizen
–	**Inflammabilität** l>mlat	Entzünd-, Brennbarkeit {54}	dto.	dto.
1376	**inflati(oni)eren** l>nlat	die Geldentwertung vorantreiben, durch eine Inflation entwerten (wirtsch. t. t.) {80}	**inflare** (PPP. **inflatus**)	hineinblasen; aufblähen, aufschwellen
–	**Inflation**	1. Geldentwertung, wesentliche Erhöhung des Preisniveaus (wirtsch. t. t.) {80}; 2. Inflationszeit {80/59}	**inflatio**, onis f	das Sich-Aufblasen; Aufschwellen; Blähung
–	**inflationär**	die Geldentwertung vorantreibend (wirtsch. t. t.) {80}	dto.	dto.
–	Inflationierung			
–	**Inflationismus** l>nlat	Beeinflussung der Wirtschaft durch Vermehrung des Geldumlaufs (wirtsch. t. t.) {80}	dto.	dto.
–	**inflationistisch** l>nlat	(wirtsch. t. t.) 1. den Inflationismus betreffend; 2. = inflationär {80}	dto.	dto.
–	**inflatorisch** l>nlat	(wirtsch. t. t.) 1. = inflationär; 2. eine Inflation darstellend {80}	dto.	dto.
1377	**inflexibel**	1. unbiegsam, unelastisch (selten) {54}; 2. nicht beugbar (sprachwiss. t. t.) {76}; 3. nicht anpassungsfähig {25/33}	**inflexibilis**, e	unbeugsam
–	**Inflexibilität** l>nlat	1. Unbiegsamkeit {54}; 2. starre Geisteshaltung (selten) {25/33}	dto.	dto.
1378	**Influenz** l>mlat	Beeinflussung eines elektrisch ungeladenen Körpers durch die Annäherung eines geladenen (phys. t. t.) {72}	**influere**	hineinfließen, -kommen, -strömen; eindringen
–	**Influenza** l>mlat>it	Grippe (med. t. t.) {70}	dto.	dto.
1379	**Info**	(Kurzform von Information): über ein aktuelles Problem informierendes Flugblatt oder Text {32/59}	**informatio**, onis f	Bildung, Unterricht, Erläuterung, Darlegung

–	**Informant**	jmd., der geheime Informationen liefert; Gewährsmann {32/82}	**informare**	gestalten, bilden; darstellen, schildern
–	**Informatik** l>nlat	Wissenschaft von den elektronischen Datenverarbeitungsanlagen {71}	dto.	dto.
–	Informatiker			
–	**Information**	1. Nachricht; Auskunft; Belehrung, Aufklärung; 2. Informationsstand {25/32}; 3. Mitteilung als physikalische Signalfolge (kybern. t. t.) {71/72}	**informatio**	s. oben
–	**informativ** l>nlat	belehrend; Einblicke bietend; aufschlußreich {32/25}	**informare**	s. oben
–	**Informator**	jmd., der andere informiert {32}	**informator**, oris m	Bildner
–	**informatorisch** l>nlat	dem Zweck der Information dienend; einen allgemeinen Überblick verschaffend {25/32}	dto.	dto.
–	**informell** l>frz	1. informatorisch (selten) {32}; 2. in der Absicht, sich zu informieren (selten) {32/28}; 3. ohne Auftrag, ohne Formalitäten; nicht offiziell {50/33}	**informare**	s. oben
–	**informieren**	1. Nachricht, Auskunft geben, in Kenntnis setzen; belehren; 2. sich - : Auskünfte einziehen, sich unterrichten {25/32}	dto.	dto.
–	Informierung			
1380	**Infrarot** l;d	unsichtbare Wärmestrahlen zwischen dem roten Licht und den kürzesten Radiowellen (phys. t. t.) {72}	**infra**	unter, unterhalb, darunter, weiter unten
–	**Infraschall** l;d	(für den Menschen nicht hörbarer) Schall mit einer Frequenz kleiner als 20 Hertz (phys. t. t.) {72}	dto.	dto.
–	**Infrastruktur** l;l	1. wirtschaftlicher und organisatorischer Unterbau einer hochentwickelten Wirtschaft {42/80}; 2. militärische Anlagen {86}	dto. + **structura**, ae f	dto. Ordnung, Bau(werk), ordentliche Zusammenfügung
–	infrastrukturell			
1381	**infundieren**	größere Flüssigkeitsmengen in den Körper einführen (med. t. t.) {70}	**infundere**	hineingießen,-fließen lassen, einströmen

–	**Infusion**	Einführung größerer Flüssigkeitsmengen in den Organismus (besonders über Blutwege - med. t. t.) {70}	**infusio**, onis f	das Hineingießen, -fließen; Einspritzen
1382	**Ingenieur** l>frz	auf einer Hoch- oder Fachschule ausgebildeter Techniker {40}	**ingenium**, ii n frz. *ingénieur*	angeborene Beschaffenheit, Charakter; Verstand, Begabung; Erfindungsgeist
–	**ingeniös** l>frz	erfinderisch, kunstvoll erdacht; scharfsinnig, geistreich {22/25}	**ingeniosus**, a, um	geschickt; geistreich, erfinderisch, begabt
–	**Ingeniosität** l>frz	1. Erfindungsgabe, Scharfsinn; 2. von Ingenium zeugende Beschaffenheit {25/22}	**ingeniositas**, atis f	Reichtum an Begabung
–	**Ingenium**	natürliche Begabung, Erfindungskraft, Genie {22}	**ingenium**	s. oben
–	**Ingenuität**	1. Stand eines Freigeborenen, Freiheit (hist. t. t.) {75/33}; 2. Freimut, Offenheit, Natürlichkeit im Benehmen (veraltet) {33/84}	**ingenuitas**, atis f	Stand eines Freigeborenen, edle Abstammung; Aufrichtig-, Freimütigkeit
1383	**Ingrediens** o. **Ingredienz**	1. Zutat (pharmaz., gastron. t. t.) {70/17}; 2. Bestandteil {17/56}	**ingredi**	hineingehen, betreten; anfangen
–	**ingressiv** l>nlat	einen Beginn ausdrückend (sprachwiss. t. t.) {59/76}	dto.	dto.
–	**Ingressivum** l>nlat	Verb mit ingressiver Aktionsart (sprachwiss. t. t.) {59/76}	dto.	dto.
1384	**Inhalation**	Einatmung von Heilmitteln (z. B. Dämpfe - med. t. t.) {70}	**inhalatio**, onis f	das Anhauchen, Hauch
–	**Inhalator** l>nlat	Inhalationsgerät (med. t. t.) {70/87}	**inhalare**	anhauchen, zuhauchen, duften
–	**Inhalatorium** l>nlat	mit Inhalationsgeräten ausgestatteter Raum {70/58}	dto.	dto.
–	**Inhaler** l>engl	Inhalationsgerät o. -fläschchen {70/87}	dto.	dto.
–	**inhalieren**	1. eine Inhalation vornehmen {70}; 2. Zigaretten über die Lunge rauchen (ugs.) {17}	dto.	dto.
1385	**inhärent**	an etw. haftend, ihm innewohnend (philos. t. t.) {77}	**inhaerere** (PPA. **inhaerens**)	in, an etw. hängen, kleben, angewachsen sein
–	**Inhärenz** l>mlat	die Verknüpfung von Eigenschaften mit den Dingen, zu denen sie gehören (philos. t. t.) {77}	dto.	dto.

1386	**inhomogen** l;gr;gr	nicht gleich(artig) {54/56}	**in** + gr. ὁμός + gr. γένος	s. oben 1275 gemeinsam, gleich, ähnlich Art, Geschlecht
–	Inhomogenität			
1387	**inhuman**	nicht menschenwürdig, unmenschlich {30/33/84}	**inhumanus**, a, um	unmenschlich, roh, gefühllos, grausam
–	**Inhumanität**	Nichtachtung der Menschenwürde, Unmenschlichkeit {30/33/84}	**inhumanitas**, atis f	Unmenschlich-, Grausam-, Rücksichtslosigkeit
1388	**initial** (...)	anfänglich, beginnend, Anfangs... {58/59}	**initialis**, e	anfänglich, ursprünglich, am Anfang stehend
–	**Initiale**	Anfangsbuchstabe (z. B. eines Namens - verziert in alten Handschriften und Büchern) {32/75}	dto.	dto.
–	**Initiand**	jmd., der in etw. eingeweiht werden soll; Anwärter für eine Initiation {33/51/81}	**initiare**	anfangen, einführen, einweihen
–	**Initiant**	1. jmd., der die Initiative ergreift {25/28/29}; 2. jmd., der das Initiativrecht hat oder ausübt (schweiz.) {50/82}	dto.	dto.
–	**Initiation**	durch Bräuche geregelte Aufnahme eines Neulings in eine Gemeinschaft, einen Geheimbund oder den Kreis der Erwachsenen bei Naturvölkern {33/51/81}	**initiatio**, onis f	feierliche Begehung (eines Geheimgottesdienstes)
>>>	Initiationsritus s. Ritus			
–	**initiativ** l>frz	1. Anregungen gebend, erste Schritte unternehmend {25/29}; 2. Unternehmungsgeist besitzend {25/22/29}	**initiare**	s. oben
–	**Initiative** l>frz	1. erster, tätiger Anstoß zu einer Handlung {29/28}; 2. Entschlußkraft, Unternehmungsgeist {25/28/84}; 3. Recht zur Einbringung einer Gesetzesvorlage im Parlament {50}; 4. Volksbegehren (schweiz.) {28/50}	dto.	dto.
–	**Initiator**	jmd., der etw. veranlaßt, für etw. verantwortlich ist; Urheber, Anreger {28/25/29}	**initiator**, oris m	Beginner, Einweiher
–	**initiatorisch** l>nlat	einleitend; veranlassend, anstiftend {25/28/29}	dto.	dto.

–	**Initien**	Anfänge, Anfangsgründe {59}	**initium**, ii n bzw. **initia**, iorum n (Pl.)	Eingang, Anfang Anfangsgründe
–	**initiieren**	1. den Anstoß geben; 2. die Initiative (1.) ergreifen {28/29}; 3. jmdn. in ein Amt einführen, einweisen {33/40/50}	**initiare**	s. oben
–	Initiierung			
–	**Initio**	am Anfang (des Kapitels) {58/32}	**initium**	s. oben
1389	**Injektion**	1. Einspritzung von Flüssigkeiten in den Körper zu medizinischen Zwecken (med. t. t.); 2. Sichtbarwerdung kleinster Blutgefäße im Auge bei Entzündungen (med. t. t.) {70}; 3. Einspritzung von Verfestigungsmitteln in unfesten Bauuntergrund (archit. t. t.) {41/88}; 4. das Eindringen magmatischer Schmelze in Fugen und Spalten (geol. t. t.) {62}; 5. das Einbringen von Ladungsträgern in einen Halbleiterbereich (phys. t. t.) {41/72}	**iniectio**, onis f	das Hineinwerfen; Einspritzung, Einflößung (med. t. t.)
–	**Injektor** l>nlat	1. Preßluftzubringer in Saugpumpen; 2. Dampfstrahlpumpe zur Speisung von Dampfkesseln {41}	**inicere**	hineinwerfen, -legen; einflößen
–	**injizieren**	einspritzen (med. t. t.) {70}	dto.	dto.
1390	**Injuriant**	Ehrabschneider; jmd., der einen anderen beleidigt {32/33/82}	**iniuriare** (PPA. **iniurians**)	gewalttätig behandeln
–	**Injurie**	Unrecht, Beleidigung durch Worte oder Taten {26/32/82}	**iniuria**, ae f	Unrecht, Ungerechtigkeit, Beleidigung
–	**injuriieren**	beleidigen, die Ehre abschneiden (veraltet) {26/32/82}	**iniuriare**	s. oben
–	**injuriös**	beleidigend, ehrenrührig (veraltet) {26/82}	**iniuriosus**, a, um	unrechtmäßig, ungerecht, frevelhaft
1391	**Inkantation**	Bezauberung, Beschwörung (durch ein Zauberlied - ethnol. t. t.) {51/81}	**incantatio**, onis f	Zauberei, Zauberformel
1392	**Inkarnation**	1. Fleisch-, Menschwerdung eines göttlichen Wesens {51/52}; 2. Verkörperung {25/52}	**incarnatio**, onis f	Mensch-, Fleischwerdung (Christi)
–	**inkarnieren**	sich -: sich verkörpern {25/52}	**incarnare**	zu Fleisch machen, - werden
–	inkarniert			

1393	**Inkasso** (l;l)>it	Beitreibung, Einziehung fälliger Forderungen (wirtsch. t. t.) {42/80}	**in** + **capsa**, ae f it. *cassa*	s. oben 1275 Behältnis, Kasten Behältnis, Geldaufbewahrungsort; Zahlungsschalter
1394	**Inklination**	1. Neigung, Hang {25}; 2. Neigung einer freihängenden Magnetnadel (geophys. t. t.) {63}; 3. Neigung zweier Ebenen gegeneinander (math. t. t.) {58/71}; 4. Winkel, den eine Planetenbahn mit der Ekliptik bildet (astron. t. t.) {66}	**inclinatio**, onis f	Neigung, Biegung, Krümmung; Zuneigung
1395	**Inklusion**	Einschließung, -schluß (selten) {58}	**inclusio**, onis f	Einschließung, Versperrung; rhetorische Figur
-	**inklusive** l>mlat	einschließlich, inbegriffen {56/57}	**includere**	einfügen, -schließen, verstopfen
1396	**inkognito** l>it	unter fremden Namen (auftretend, lebend) {32/33}	**incognitus**, a, um	unbekannt, ununtersucht
-	**Inkognito** l>it	Verheimlichung der Identität einer Person, das Auftreten unter fremdem Namen {32/33}	dto.	dto.
1397	**inkohärent**	unzusammenhängend {25/56/58}	**incohaerens** (Gen. -ntis)	unzusammenhängend
-	**Inkohärenz** l>nlat	mangelnder Zusammenhang {25/56/58}	dto.	dto.
1398a	**inkommensurabel**	nicht meßbar, nicht vergleichbar {56/72/25}	**incommensurabilis**, e	unmeßbar
-	**Inkommensurabilität** l>mlat	Unvergleichbarkeit von Stoffen mit Meßwerten (phys. t. t.) {25/56/72}	dto.	dto.
1398b	**inkommodieren**	belästigen, bemühen {25/33}	**incommodare**	beschwerlich, unbequem sein; beeinträchtigen, lästig fallen
1399	**inkomparabel**	1. unvergleichbar (veraltet) {56/25}; 2. nicht steigerungsfähig (von Adjektiven - veraltet - sprachwiss. t. t.) {76}	**incomparabilis**, e	unvergleichbar, unvergleichlich

1400	**inkompatibel** (l;l;l)>mlat >frz	1. unverträglich (in bezug auf Medikamente - med. t. t.) {70}; 2. unvereinbar (von mehreren Ämtern in einer Person - jur. t. t.) {40/82}; 3. syntaktisch-semantisch oder lexikalisch nicht vereinbar, nicht verträglich (sprachwiss. t. t.) {76}; 4. nicht zusammenpassend, nicht anschließbar {46/71/72/87}	**in** + **cum** + **patibilis**, e frz. *compatible*	s. oben 1275 zusammen, mit, gemeinsam erträglich, leidlich; empfindsam, leidend
–	**Inkompatibilität** (l;l;l)>mlat >(frz)	1. Unverträglichkeit (verschiedener Medikamente - med. t. t.) {70}; 2. Unvereinbarkeit (rel., jur. t. t.) {51/82}; 3. nicht mögliche syntaktisch-semantische Verknüpfung (sprachwiss. t. t.) {76}; 4. Unmöglichkeit der Herstellung einer Verbindung zwischen zwei elektronischen Geräten {72/45}	dto.	dto.
1401	**inkompetent**	1. nicht zuständig, nicht befugt {25/33/40/50}; 2. nicht maßgebend, nicht urteilsfähig, ohne den nötigen Sachverstand {25/22}; 3. tektonisch verformbar (geol. t. t.) {62/54}	**incompetens** (Gen. –ntis)	unzustimmend, unpassend
–	**Inkompetenz** l>nlat	1. das Nichtzuständigsein, die Nichtbefugnis {25/33/40/50}; 2. Unfähigkeit, Unvermögen {25/22}	dto.	dto.
1402	**inkomplett** l>frz	unvollständig {57}	**incompletus**, a, um	unvollständig
1403	**inkongruent**	nicht übereinstimmend, nicht passend, nicht dekkungsgleich {56/58/71}	**incongruens** (Gen. –ntis)	inkonsequent, ungereimt
–	**Inkongruenz**	Nichtübereinstimmung, Nichtdeckung {56/58/71}	**incongruentia**, ae f	Unangemessen-, Ungereimtheit
1404	**inkonsequent**	nicht folgerichtig, widersprüchlich {25/28}	**inconsequens** (Gen. –ntis)	nicht folgerichtig, folgewidrig
–	**Inkonsequenz**	mangelnde Folgerichtig-, Widersprüchlichkeit {25/28}	**inconsequentia**, ae f	die Nichtfolge, Inkonsequenz
1405	**inkonsistent** (l;l)>nlat	1. keinen Bestand habend {52}; 2. widersprüchlich, unzusammenhängend in der Gedankenführung {25}	**in** + **consistere**	s. oben 1275 sich hinstellen, stehen bleiben; auf etw. beruhen
–	**Inkonsistenz** (l;l)>nlat	1. Unbeständigkeit {52/56/61}; 2. Widersprüchlichkeit {25/84}	dto.	dto.
1406	**inkonstant**	nicht feststehend, unbeständig {52/61/84}	**inconstans** (Gen. –ntis)	unbeständig, inkonsequent, veränderlich

–	**Inkonstanz**	Unbeständigkeit {52/61/84}	**inconstantia**, ae f	Unbeständigkeit, Inkonsequenz, Veränderlichkeit
1407	**Inkontinenz**	Unvermögen, Harn oder Stuhl willkürlich zurückzuhalten (med. t. t.) {14/70}	**incontinentia**, ae f	Ungenügsamkeit, Eigennutz
1408	**inkonvertibel**	1. unbekehrbar, unwandelbar (veraltet) {25/61}; 2. nicht austauschbar (in bezug auf Währungen - wirtsch. t. t.) {80}	**inconvertibilis**, e	unveränderlich, unbekehrbar
1409	**inkonziliant**	nicht umgänglich, unverbindlich {33/84}	**inconciliare** (PPA. **inconcilians**)	durch Intrigen verführen; betrügerisch an sich bringen
1410	**inkonzinn**	1. unangemessen, nicht gefällig (veraltet) {25/33/56}; 2. ungleichmäßig, unharmonisch im Satzbau (rhet. t. t.) {76}	**inconcinnus**, a, um	ungefügig, ungereimt, ungeschickt
–	**Inkonzinnität**	1. Unangemessenheit, mangelnde Gefälligkeit {25/33/56}; 2. Unebenmäßigkeit im Satzbau (rhet. t. t.) {76}	**inconcinnitas**, atis f	Mangel an Harmonie
1411	**Inkoordination** (l;l)>nlat	das Fehlen des Zusammenwirkens bei Bewegungsmuskeln (med. t. t.) {70}	**in** + (spätl.) **coordinatio**, onis f	s. oben 1275 Zuordnung
–	**inkoordiniert** (l;l>mlat) >nlat	nicht aufeinander abgestimmt (med. t. t.) {70}	**in** + **coordinatio** + mlat. coordinare	s. oben 1275 s. oben beiordnen; in ein Gefüge einbauen; aufeinander abstimmen
1412	**inkorporal** l;l	im Körper befindlich (med. t. t.) {70}	**in** + **corporalis**, e	s. oben 1275 zum Körper gehörig, körperlich, Körper...
–	**Inkorporation**	1. Einverleibung {33/56/58}; 2. Eingemeindung, Einverleibung eines Staates (jur. t. t.) {50/48/82}; 3. Aufnahme in eine Körperschaft {33}; 4. Angliederung {33/56}	**incorporatio**, onis f	Verkörperung, Fleischwerdung; Einverleibung
–	**inkorporieren**	1. einverleiben {33/56/58}; 2. eingemeinden, einen Staat in einen anderen eingliedern {50/48/82}; 3. in eine studentische Verbindung, Körperschaft aufnehmen {33}; 4. eingliedern, eine Inkorporation durchführen {33/56}	**incorporare**	verkörpern; einverleiben, einfügen
–	Inkorporierung			

1413	**inkorrekt**	1. ungenau, unrichtig, fehlerhaft {25/56}; 2. unangemessen, unordentlich {25/33/84}	**incorrectus**, a, um	unverbessert
–	**Inkorrektheit**	1. inkorrekte Art, Fehlerhaftigkeit {25/56}; 2. Unangemessenheit {25/33}; 3. Fehler, einzelne Unrichtigkeit in einer Äußerung {25/32}; 4. Beispiel, Fall inkorrekten Verhaltens {25/33}	dto.	dto.
1414	**inkriminieren** (l;l)>mlat	jmdn. (eines Verbrechens) beschuldigen, anschuldigen (jur. t. t.) {32/82}	**in** + **criminari**	s. oben 1275 an-, beschuldigen, verleumden
–	**inkriminiert** (l;l)>mlat	(als Vergehen) zur Last gelegt, zum Gegenstand einer Strafanzeige gemacht {82}	dto.	dto.
1415	**Inkubant**	jmd., der sich einer Inkubation (5.) unterzieht {51/75}	**incubare** (PPA. **incubans**)	brüten; auf etw. liegen; sich niederlegen
–	**Inkubation**	1. Bebrütung von Vogeleiern (zool. t. t.) {69}; 2. das Sichfestsetzen von Krankheitserregern im Körper (med. t. t.); 3. Aufzucht von Frühgeburten im Brutkasten (med. t. t.) {70}; 4. (= Inkubationszeit) Zeit von der Ansteckung bis zum Ausbruch der Krankheit (med. t. t.) {59/70}; 5. Tempelschlaf in der Antike (hist. t. t.) {51/75}	**incubatio**, onis f	das Brüten; der unrechtmäßige Besitz
–	**Inkubator**	(med. t. t.) 1. Brutkasten für Frühgeburten; 2. Behälter mit Bakterienkulturen {70/58}	**incubator**, oris m	Tempelschläfer; unrechtmäßiger Besitzer
–	**Inkubus**	1. nächtlicher Dämon im altröm. Volksglauben {75/51}; 2. Teufel, der mit einer Hexe geschlechlich verkehrt {18/51}; 3. Alpdrücken, Angstzustände im Schlaf (med. t. t.) {16/70}	**incubus**, bi m	Alpdrücken
1416	**inkulant** l;l>frz	ungefällig (im Geschäftsyerkehr - wirtsch. t. t.) {33/42/80}	**in** + **colare** frz. *couler* *coulant*	s. oben 1275 durchseihen, reinigen, läutern durchseihen, fließen fließend; gewandt, gefällig
–	**Inkulanz** l;l>frz	Ungefälligkeit {33/42/80}	dto.	dto.
1417	**Inkulturation** l;l	Eindringen einer Kultur in eine andere {33/81}	**in** + **cultura**, ae f	s. oben 1275 Pflege, Anbau, Landwirtschaft; Kultus

1418	**Inkunabel**	Wiegen-, Frühdruck aus der Zeit vor 1500 {32/40/75}	**incunabula**, lorum n (Pl.)	Windeln, Wickelbänder
–	Inkunablist			
1419	**inkurabel**	unheilbar (med. t. t.) {70}	**incurabilis**, e	unheilbar
1420	**innervieren** (l;l)>nlat	1. mit Nerven(reizen) versehen (med. t. t.) {70}; 2. anregen {26}	**in** + **nervus**, vi m	s. oben 1275 Sehne, Flechse, Nerv, Lebenskraft
1421	**innocente** l>it	anspruchslos; ursprünglich (mus. t. t.) {37}	**innocens** (Gen. –ntis)	unschädlich, unschuldig, harmlos
1422	**Innovation** l>nlat	Einführung von etw. Neuem; Erneuerung {33/40/61}	**innovatio**, onis f	Erneuerung, Veränderung
–	**innovativ** l>nlat	Innovationen schaffend, beinhaltend {33/40/61}	**innovare**	erneuern, verändern
–	**innovatorisch** l>nlat	Innovationen zum Ziel habend {33/40/61}	dto.	dto.
–	**innovieren** l>nlat	erneuern, Neuerungen einführen {33/40/61}	dto.	dto.
1423	**inoffiziell** l;l	1. nicht in amtlichem Auftrag, außerdienstlich {33/40/49/50}; 2. einer amtlichen Stelle nicht bekannt; nicht anerkannt, bestätigt {33/49/50}; 3. nicht in offiziellem Rahmen, nicht förmlich, feierlich {32/33}	**in** + **officialis**, e	s. oben 1275 zum Amt, Dienst oder zur Pflicht gehörig
1424	**inoperabel** (l;l)>nlat	nicht operierbar, durch Operation nicht heilbar (med. t. t.) {70}	**in** + **operari**	s. oben 1275 arbeiten, beschäftigt-, tätig sein
1425	**inopportun**	nicht angebracht, zweckmäßig; unpassend {25/26/33}	**inopportunus**, a, um	ungelegen
–	**Inopportunität**	Unzweckmäßig-, Ungünstigkeit; das Unangebrachtsein {25}	**inopportunitas**, atis f	ungelegene, ungünstige Zeit
1426	**inquirieren**	nachforschen, (gerichtlich) untersuchen, verhören {82/32}	**inquirere** (PPP. **inquisitum**)	untersuchen, nachforschen, ausfragen
–	**Inquisit**	Angeklagter (veraltet) {82}	dto.	dto.
–	**Inquisition**	1. Untersuchung der kath. Kirche und die daraufhin durchgeführte staatliche Verfolgung der Ketzer, Hexen etc.; 2. Inquisitionsprozeß {51/82}	**inquisitio**, onis f	das Auf-, Zusammensuchen; Untersuchung, gerichtliches Verfahren
–	**Inquisitor**	1. jmd., der ein Inquisitionsverfahren leitet, anstrengt {51/82}; 2. (strenger) Untersuchungsrichter {82}	**inquisitor**, oris m	Häscher, Spion; Untersucher, Kläger
–	**inquisitorisch** l>nlat	nach Art eines Inquisitors peinlich ausfragend {32/33}	**inquirere**	s. oben

1427	**insan**	geistig krank (med. t. t.) {70}	**insanus**, a, um	vernunftlos, wütend, wahnsinnig
–	**Insania**	Wahnsinn (med. t. t.) {70}	**insania**, ae f	Vernunftlosigkeit, Tollheit; Unsinn
1428	**insatiabel**	unersättlich (veraltet) {57/17}	**insatiabilis**, e	unersättlich, unerschöpflich
1429	**Insekt**	Kerbtier {08/69}	**insecta**, torum n (Pl.)	Kerbtiere, Insekten
–	**Insektarium** l>nlat	der Aufzucht und dem Studium von Insekten dienende Anlage {08/69/58}	dto.	dto.
–	**insektivor** (l;l)>nlat	insektenfressend (biol. t. t.) {68/69}	dto. + **vorare**	dto. verschlingen, fressen
–	Insektivoren			
–	**insektizid** (l;l)>nlat	insektenvernichtend (in bezug auf chemische Mittel) {69/73}	dto. + **caedere**	dto. töten, vernichten
–	**Insektizid** (l;l)>nlat	Insektenvernichtungsmittel {73/69}	dto.	dto.
–	**Insektologe** l;gr	Insektenforscher, -kundler {40/69}	dto. + gr. *λόγος*	dto. Wort, Kunde
1430	**Insel**	wasserumschlossenes Landstück {02/64}	**insula**, ae f	Insel
1431	**Insemination** l>nlat	(med., biol. t. t.) 1. künstliche Befruchtung; 2. das Eindringen der Samenfäden in das reife Ei {69/70}	**inseminare**	einpflanzen; befruchten, zeugen
–	**Inseminator** l>nlat	jmd., der Methoden der künstlichen Befruchtung entwickelt {40/69/70}	dto.	dto.
–	**inseminieren** l>nlat	eine künstliche Befruchtung durchführen (med., biol. t. t.) {69/70}	dto.	dto.
1432	**insensibel**	unempfindlich gegenüber Schmerzen, Außenreizen (med. t. t.) {11/70}	**insensibilis**, e	unempfindbar; gefühllos; unbegreiflich
–	**Insensibilität**	Unempfindlichkeit {70/11}	**insensibilitas**, atis f	Empfindungs-, Gefühllosigkeit
1433	**Inserat** l>nlat	Anzeige (z. B. in einer Zeitung) {32/42/40/27}	**inserere**	hineinfügen, einschalten, einreihen, hineinbringen
–	**Inserent**	jmd., der ein Inserat aufgibt {32/40/27}	dto.	dto.
–	**inserieren**	1. eine Zeitungsanzeige aufgeben; 2. durch eine Anzeige anbieten, suchen, vermitteln {32/40/27}	dto.	dto.

–	**Insert** l>engl	1. Inserat mit beigefügter Anforderungskarte für Informationen oder Bestellungen {32/42}; 2. in Kunststoff eingelassenes Verstärkungselement {40/41/54}; 3. graphische Darstellung, Schautafel als Einschub zwischen zwei Programmbestandteilen {32/85}	dto.	dto.
–	**Insertschnitt** l>engl;d	das Einfügen einer Aufnahme auf ein bespieltes Videoband ohne Störzonen o. -phasen (techn. t. t.) {87}	dto.	dto.
–	**Insertion** l>engl	1. das Aufgeben einer Anzeige {27/32}; 2. das Einfügen sprachlicher Einheiten in einen vorgegebenen Satz (sprachwiss. t. t.) {76}; 3. Einfügung einer vollständigen Urkunde in eine neue, andere als Form der Bestätigung {32/82}; 4. Ansatz, Ansatzstelle (med., biol. t. t.) {69/70}	**insertio**, onis f	Einfügung; das Einpfropfen
1434	**Insignien**	Zeichen staatlicher oder ständischer Macht und Würde {50/33/75}	**insigne**, nis n (Pl. **insignia**	Kenn-, Abzeichen, Zierde, Auszeichnung Insignien)
1435	**insistieren**	auf etw. bestehen, beharren, dringen {28}	**insistere**	innehalten, sich hinstellen bedrängen
–	**insistent**	auf etw. bestehend, dringend (selten) {28}	dto.	dto.
–	**Insistenz**	Beharrlichkeit, Hartnäckigkeit {28/84}	dto.	dto.
1436	**inskribieren**	(österr.) 1. sich an einer Universität einschreiben; 2. ein Studienfach, eine Vorlesung belegen {31}	**inscribere**	eine Inschrift auf etw. setzen; in o. auf etw. schreiben; zuschreiben
–	**Inskription**	1. Einschreibung an einer Universität; 2. Anmeldung zur Teilnahme an einem Seminar o. ä. {31}	**inscriptio**, onis f	Auf-, In-, Überschrift
1437	**insolent**	anmaßend, unverschämt {26/33/84}	**insolens** (Gen. –ntis)	ungewöhnlich, übertrieben; unverschämt, keck
–	**Insolenz**	Anmaßung, Unverschämtheit {26/33/84}	**insolentia**, ae f	Übertreibung, Unverschämtheit; das Ungewöhnliche
1438	**insolvent** (l;l)>nlat	zahlungsunfähig (wirtsch. t. t.) {80}	**in** + **solvere**	s. oben 1275 auflösen; abtragen; bezahlen

–	**Insolvenz** (l;l)>nlat	Zahlungsunfähigkeit (wirtsch. t. t.) {80}	dto.	dto.
1439	**Insomnie**	Schlaflosigkeit (med. t. t.) {16/70}	**insomnia**, ae f	Schlaflosigkeit
1440	**Inspekteur** l>frz	1. Leiter einer Aufsichtsbehörde {40/49}; 2. Dienststelle der ranghöchsten aufsichtsführenden Offiziere der Bundeswehr {40/86}	**inspector**, oris m	Betrachter, Besichtiger; Untersucher
–	**Inspektion**	1. Prüfung, Kontrolle {25/56/40}; 2. Prüfungs- o. Aufsichtsbehörde {40/49}; 3. regelmäßige Untersuchung u. Wartung eines Kraftfahrzeugs {45/59}	**inspectio**, onis f	das Ansehen, Betrachtung, Untersuchung, Besichtigung
–	**Inspektor(in)**	1. Verwaltungsbeamte(r) des gehobenen Dienstes {49/40}; 2. jmd., der Inspektionen durchführt {40/25}	**inspector**	s. oben
–	**Inspektorat**	Amt oder Wohnung eines Inspektors (veraltet) {49/40/44}	dto.	dto.
1441	**Inspiration**	1. schöpferischer Einfall, Gedanke; erhellende Idee, Erleuchtung {22/25}; 2. Einatmung (med. t. t.) {70}	**inspiratio**, onis f	das Einatmen; Lebenshauch; Eingebung
–	**inspirativ** l>nlat	durch Inspiration wirkend {22/25/70}	**inspirare**	einflößen (von Affekten); hineinblasen, -hauchen, begeistern
–	**Inspirator**	jmd., der einen anderen zu etw. anregt, inspiriert {25/33}	**inspirator**, oris m	Einflößer, Einhaucher
–	**inspiratorisch** l>nlat	1. = inspirativ {22/25}; 2. die Einatmung betreffend (med. t. t.) {70}	**inspirare**	s. oben
–	**inspirieren**	zu etw. anregen, animieren; Impulse geben {25/29/33}	dto.	dto.
1442	**Inspizient**	1. jmd., der für den Ablauf von Aufführungen oder Sendungen verantwortlich ist {33/35/40}; 2. aufsichtsführende Person {33/40}	**inspicere** (PPA. **inspiciens**)	(hinein)blicken; genau erkennen; besichtigen, mustern
–	**inspizieren**	be(auf)sichtigen, prüfen {25/33/40}	dto.	dto.
–	**Inspizierung**	genaue Prüfung {25/40}	dto.	dto.
1443	**instabil**	unbeständig; schwankend, labil {26/54/61/84}	**instabilis**, e	nicht feststehend; schwankend, unsicher, unstet
–	**Instabilität**	Unbeständig-, Veränderlichkeit, Unsicherheit {26/54/61/84}	**instabilitas**, atis f	Unbeständigkeit

1444	**Installateur** (l;germ >mlat) >mlat>frz	Handwerker für technische Anlagen eines Hauses {40/87}	**in** + mlat. **stallus** **installare** frz. *installer*	s. oben 1275 Chorstuhl als Zeichen der Amtswürde in eine Stelle, ein kirchliches Amt einsetzen
–	**Installation** (l;germ >mlat) >mlat	1. (Einbau, Anschluß einer) technische(n) Anlage; {40/41/87}; 2. Einweisung in ein (geistliches) Amt (schweiz., sonst veraltet) {51}	dto.	dto.
–	**installieren** (l;germ >mlat) >mlat>frz	1. technische Anlagen einrichten, -bauen, anschließen {40/41/87}; 2. in ein (geistliches) Amt einweisen {51}; 3. irgendwo einrichten, in etw. unterbringen {29/40}; 4. sich -: sich in einem Raum, einer Stellung einrichten {33/40/44/58}	dto.	dto.
1445	**instant** l>engl	sofort, ohne Vorbereitung zur Verfügung {59}	**instans** (Gen. –ntis)	drohend, drängend; gegenwärtig
–	**Instantgetränk** l>engl;d	Getränkepulver, das schnell zubereitet werden kann (z. B. Kakao) {17/59}	dto.	dto.
–	**Instanz** l>mlat	zuständige Stelle (bei Behörden oder Gerichten) {49/50/82}	**instantia**, ae f	Gegenwart; Emsigkeit; Heftigkeit; inständiges Bitten
–	**Instanzenweg** l>mlat	Dienstweg {40/49/50/82}	dto.	dto.
–	**instationär** (l;l)>nlat	nicht gleichbleibend, schwankend {61}	**in** + **stationarius**, a, um	s. oben 1275 stillstehend, zum Standort gehörig
1446	**Instinkt** l>mlat	1. angeborene, nicht erlernte Verhaltensweise und Reaktionsbereitschaft der Triebsphäre {11/69/70}; 2. sicheres Gefühl für etw. {26/24}; 3. zum Schlechten neigender Trieb im Menschen {70/77}	**instinctus**, us m	Anreizung, Eingebung, Antrieb
–	**instinktiv** o. **instinktuell** l>frz	1. instinktbedingt, durch den Instinkt geleitet {11/69/70}; 2. von einem Gefühl geleitet, unwillkürlich, gefühlsmäßig {24/26}	**instintus**, a, um	angestachelt, angereizt, angefeuert; begeistert
1447	**instituieren**	1. ein-, errichten {29/40}; 2. anordnen, unterweisen; stiften (veraltet) {25/28/33}	**instituere**	aufstellen, veranstalten; unterweisen

–	**Institut**	1. (wissenschaftliche Erziehungs)einrichtung, Anstalt {31/40}; 2. Institutsgebäude {58}; 3. durch positives Recht geschaffenes Rechtsgebilde {82}	**institutum**, ti n	das Erschaffene; Absicht; Einrichtung
–	**Institution**	1. einem bestimmten Bereich zugeordnete öffentliche Einrichtung {40/49}; 2. Einsetzung in ein kirchliches Amt (veraltet) {51}	**institutio**, onis f	Einrichtung; Anweisung, Unterricht
–	**institutionalisieren** l>nlat	1. in eine gesellschaftlich anerkannte Form bringen {33}; 2. sich -: zu einer Institution werden {33/40/49}	dto.	dto.
–	Institutionalisierung			
–	**institutionell** l>frz	1. die Institution betreffend {40/49}; 2. ein Institut betreffend, zu ihm gehörend {49/31}	dto.	dto.
1448a	**instruieren**	1. in Kenntnis setzen, lehren, unterweisen, anleiten {25/31/32}; 2. eine Rechtssache zur Entscheidung vorbereiten (jur. t. t.) {82}	**instruere**	errichten; veranstalten; unterweisen
–	**Instrukteur** l>frz	jmd., der andere unterrichtet, anleitet {31/40}	**instructor**, oris m	Einrichter, Zubereiter
–	**Instruktion**	Anleitung, Vorschrift, Richtschnur, Dienstanweisung {28/31/32/40}	**instructio**, onis f	das Ordnen, Einfügen; Unterweisung; Errichtung
–	**instruktiv** l>frz	lehrreich, aufschlußreich {25/31}	**instructus**, a, um	ausgerüstet, ausgestattet, unterrichtet, -wiesen
–	**Instruktor** l>mlat	1. Lehrer, Erzieher (veraltet); 2. = Instrukteur (österr.) {31/40}	**instructor**	s. oben
1448b	**Instrument**	1. Gerät, feines Werkzeug (für technische oder wissenschaftliche Arbeiten) {40/87}; 2. Musikinstrument {37}	**instrumentum**, ti n	Gerätschaft, Werkzeug, Hilfsmittel
–	**instrumental** l>nlat	1. durch Musikinstrumente (ohne Stimmen) ausgeführt; 2. wie Instrumentalmusik klingend {37}; 3. als Mittel, Werkzeug dienend {40}	dto.	dto.
–	**Instrumental**(is) l>nlat	das Mittel oder Werkzeug bezeichnender Fall (sprachwiss. t. t.) {76}	dto.	dto.
–	**instrumentalisieren** l>nlat	ein Gesangsstück zu einem Instrumentalstück umschreiben (mus. t. t.) {37}	dto.	dto.
–	Instrumentalisierung			

–	**Instrumentalismus** l>nlat	amerikanische Ausprägung des Pragmatismus (philos. t. t.) {77}	dto.	dto.
–	**Instrumentalist** l>nlat	1. jmd., der in einem Ensemble ein Instrument spielt {37/40}; 2. Anhänger, Vertreter des Instrumentalismus {77}	dto.	dto.
>>>	Instrumental... s. ggf. unter dem Rest des Wortes			
–	**instrumentarisieren** l>nlat	zu einem Instrumentarium (1.) machen {25/29/40}	dto.	dto.
–	Instrumentarisierung			
–	**Instrumentarium** l>nlat	1. Instrumentensammlung; 2. Gesamtzahl der in einem Klangkörper vorgesehenen Musikinstrumente (mus. t. t.) {37/57}; 3.. alles, was zur Durchführung einer Tätigkeit gebraucht wird {40/57}	dto.	dto.
–	**Instrumentation** l>nlat	(mus. t. t.) 1. Besetzung der Orchesterpositionen mit bestimmten Instrumenten; 2. Einrichtung einer Komposition für ein Orchester {37}	dto.	dto.
–	**instrumentatorisch** l>nlat	die Instrumentation betreffend {37}	dto.	dto.
–	**instrumentell** l>nlat	Instrumente betreffend, unter Zuhilfenahme von Instrumenten {37/40}	dto.	dto.
–	**instrumentieren** l>nlat	1. eine Komposition für Orchesterinstrumente ausarbeiten (mus. t. t.); 2. die Orchesterfassung einer Komposition herstellen (mus. t. t.) {37}; 3. mit technischen Instrumenten ausstatten {40/41/87}; 4. als Operationsschwester einem Arzt die chirurgischen Instrumente zureichen {29/40/70}	dto.	dto.
–	Instrumentierung			
1449	**Insubordination** (l;l;l)>nlat	mangelnde Unterordnung; Ungehorsam gegenüber (militärischen) Vorgesetzten {28/33/86}	**in** + **sub** + **ordinatio**, onis f	s. oben 1275 unter, unterhalb (An)ordnung, Reihenfolge

1450	**insuffizient**	1. unzureichend unzulänglich {22/25/56}; 2. ungenügend leistungsfähig, geschwächt (von Organen - med. t. t.) {70}	**insufficiens** (Gen. –ntis)	unzureichend, unzulänglich
–	**Insuffizienz**	1. Unzulänglichkeit, Schwäche {22/25/56}; 2. ungenügende Leistung, Schwäche eines Organs (med. t. t.) {70}; 3. unzureichende Vermögenslage eines Gläubigers (jur. t. t.) {43/82}	**insufficientia**, ae f	Unzulänglichkeit
1451	**Insulaner**	Inselbewohner {15/64/33}	**insulanus**, ni m	Inselbewohner
–	**insular**	Insel(n) betreffend, inselartig, Insel... {64}	**insularis**, e	zur Insel gehörig, Insel...
–	**Insularität** l>nlat	Insellage, geographische Abgeschlossenheit {64}	dto.	dto.
–	**Insulin** l>nlat	(med. t. t.) 2. Arzneimittel für Zuckerkranke; 1. Hormon der Bauchspeicheldrüse (= Inseldrüsen) {70}	**insula**	s. oben 1430
1452	**insurgieren**	1. zum Aufstand reizen {28/33/50}; 2. einen Aufstand machen {29/33/50/86}	**insurgere**	sich aufrichten; sich erheben (gegen jmdn.)
–	**Insurgent**	Aufständischer {33/50/86}	dto.	dto.
–	**Insurrektion**	Aufstand, Volkserhebung {50/86}	**insurrectio**, onis f	politische Erhebung
1453	**Inszenator** l;gr>l>frz	Leiter einer Bühnenaufführung {35/40/74}	**in** + **scaena**, ae f gr. *σκηνή*	s. oben 1275 Bühne, Schauplatz, Theater
–	**inszenatorisch** l;gr>l>frz	die Inszenierung betreffend {35/74}	dto.	dto.
–	**inszenieren** l;gr>l>frz	1. ein Stück (beim Film, Theater) künstlerisch gestalten; Regie führen {35/40/74}; 2. organisieren, vorbereiten, einfädeln (abwertend) {25/29/82}	dto.	dto.
–	**Inszenierung** l;gr>l>frz	1. das Inszenieren; 2. das inszenierte Stück {35/74}	dto.	dto.
1454	**intakt**	1. unversehrt, unberührt, heil {54/55}; 2. voll funktionsfähig {40/41/54/87}	**intactus**, a, um	unberührt, unverletzt; keusch, frei von etwas
1455	**Intarsien** (l;arab)>it	Einlegearbeiten (z. B. andersfarbiger Hölzer) {40/44}	**in** + arab. *tarsi'* it. *intarsio*	s. oben 1275 das Besetzen mit Edelsteinen
1456	**integer**	1. unbescholten, ohne Makel, unbestechlich {33/84}; 2. neu; sauber, unversehrt (veraltet) {55/56}	**integer**, gra, grum	unversehrt, unverletzt; unbefangen, unbescholten

–	**integral** l>mlat	ein Ganzes ausmachend; für sich bestehend (math. t. t.) {52/57/71}	dto.	dto.
–	**Integral** l>mlat	(math. t. t.) 1. Rechensymbol der Integralrechnung; 2. mathematischer Summenausdruck über die Differentiale eines Bereiches {71}	dto.	dto.
–	**Integration**	1. (Wieder)herstellung einer Einheit aus Differenziertem; Vervollständigung; 2. Einbeziehung, Eingliederung in ein größeres Ganzes {52/56/57}; 3. Berechnung eines Integrals (math. t. t.){71}	**integratio,** onis f	Wiederherstellung, Erneuerung
	Integrationist l>nlat	Anhänger der Aufhebung der Rassentrennung (in den USA) {50/30/33}	dto.	dto.
–	integrationistisch			
>>>	Integrations... s. ggf. unter dem Rest des Wortes			
–	**integrativ** l>nlat	eine Integration (1., 2.) darstellend, auf eine Integration hindeutend {52/57}	dto.	dto.
–	**integrieren**	1. in ein übergeordnetes Ganzes aufnehmen {56}; 2. sich -: sich in ein übergeordnetes Ganzes einfügen {33/56}; 3. ein Integral berechnen (math. t. t.) {71}	**integrare**	wiederherstellen, ergänzen, erneuern
–	**integrierend**	zu einem Ganzen notwendig gehörend; wesentlich, unerläßlich {56}	dto.	dto.
–	**integriert**	durch Integration entstanden {57/71}	dto.	dto.
–	Integrierung			
–	**Integrität**	1. Makellosigkeit, Unbescholtenheit, Unbestechlichkeit {30/84}; 2. Unverletzlichkeit (eines Staatsgebietes - jur. t. t.) {82/50}	**integritas,** atis f	Unversehrtheit, Unbescholtenheit; Jungfernschaft
1457	**Intellekt**	Denkvermögen, Verstand {22/25}	**intellectus,** us m	das Erkennen; Einsicht; Verstand; Erkenntnisvermögen
–	**intellektual**	vom Intellekt ausgehend, zu ihm gehörend {22/25}	**intellectualis,** e	geistig
–	**intellektualisieren** l>nlat	einer intellektuellen Betrachtung unterziehen {22/25}	dto.	dto.

–	**Intellektualismus** l>nlat	1. philosophische Lehre, die dem Intellekt den Vorrang gibt {77}; 2. übermäßige Betonung des Verstandes {25/26}	dto.	dto.
–	**intellektualistisch** l>nlat	die Bedeutung des Verstandes überbetonen {25/26}	dto.	dto.
–	**Intellektualität**	Verstandesmäßigkeit {25/22}	**intellectualitas**, atis f	Fähigkeit, etwas zu begreifen
–	**intellektuell** l>frz	1. den Intellekt betreffend; geistig-begrifflich {22/25}; 2. einseitig, betont verstandesmäßig {25/26}; 3. die Intellektuellen betreffend {25/33}	**intellectualis**	s. oben
–	**Intellektuelle(r)** l>frz	(übermäßig) vom Verstand bestimmter Mensch {25/22}	dto.	dto.
1458	**intelligent**	Intelligenz besitzend; verständig, klug, begabt {22}	**intellegens** (Gen.–ntis)	einsichtsvoll, (kunst)verständig
–	**Intelligenz**	1. geistige Fähigkeit, Klugheit {22}; 2. Schicht der wissenschaftlich Gebildeten {33}; 3. Vernunftwesen (veraltend) {33/69}	**intellegentia**, ae f	Vorstellung; Einsicht; Erkenntnisvermögen
–	**Intelligenzbestie** l;l	1. ungewöhnlich intelligenter Mensch (ugs.) {22}; 2. jmd., der seine Intelligenz zur Schau stellt (abwertend) {26/33}	dto. + **bestia**, ae f	dto. (wildes) Tier, Bestie
–	**Intelligenzler**	Angehöriger der Intelligenz (2.) (abwertend) {33}	**intellegentia**	s. oben
>>>	Intelligenzquotient, -test s. Quotient, Test			
–	**intelligibel**	nur durch den Intellekt im Gegensatz zur sinnlichen Wahrnehmung erkennbar {25}	**intellegibilis**, e	sinnlich wahrnehmbar; verständlich; denkbar
1459	**Intendant** l>frz	künstlerischer, geschäftlicher Leiter eines Theaters, einer Rundfunkanstalt {33/35/40/74/85}	**intendere**	hinwenden, -lenken, -richten; auf etw. achten
–	**Intendantur** l>frz	(veraltet) 1. Amt eines Intendanten {35/40/74/85}; 2. Verwaltungsbehörde eines Heeres {86}	dto.	dto.
–	**Intendanz** l>frz	1. Amt eines Intendanten {35 40/74/85}; 2. Büro eines Intendanten {58}	dto.	dto.
–	**intendieren**	auf etw. hinzielen; beabsichtigen, anstreben, planen {25/28}	dto.	dto.

–	**Intension**	1. Anspannung; Eifer; Kraft {26/25/22}; 2. Sinn, Inhalt einer Aussage {32}	**intensio**, onis f	Spannung
–	**intensional**	1. auf die Intension bezogen {32}; 2. inhaltsgleich, obwohl äußerlich verschieden (math. t. t.) {55/57/71}	dto.	dto.
–	**Intensität** l>nlat	(konzentrierte) Stärke, (besonders gesteigerte) Kraft {56}	dto.	dto.
–	**intensiv** l>frz	1. gründlich {56}; 2. kräftig, durchdringend, stark {55/56}; 3. mit großem Aufwand auf kleiner Fläche betrieben (landw. t. t.) {39}	**intensus**, a, um	heftig, stark, aufmerksam
–	**intensivieren** l>frz	verstärken, steigern; gründlicher durchführen {29/40/57}	dto.	dto.
–	**Intensivkurs** l>frz;l	Lehrveranstaltung, bei der viele Kenntnisse in kurzer Zeit vermittelt werden {31/59}	dto. + **cursus**, us m	dto. Lauf, Fahrt, Ritt
–	**Intensivstation** l>frz;l	Krankenstation zur Betreuung akut lebensgefährlich erkrankter Personen {70/58}	dto. + **statio**, onis f	dto. (Still)stehen, Aufenthalt, Standort, Posten
1460	**Intention**	1. Absicht, Vorhaben; Anspannung geistiger Kräfte auf ein bestimmtes Ziel {25/28}; 2. Wundheilung (med. t. t.) {70}	**intentio**, onis f	Spannung, Aufmerksamkeit, Anstrengung
–	**intentional** o. **intentionell** l>nlat	mit einer Intention (1.) verknüpft, zielgerichtet, zweckbestimmt {25/28}	dto.	dto.
–	**Intentionalität** l>nlat	Lehre von der Ausrichtung aller psychischen Akte auf ein reales oder ideales Ziel (psych. t. t.) {70}	dto.	dto.
1461	**interagieren** (l;l)>nlat	in Interaktion sein (soziol. t. t.) {32/33/81}	**inter** (Präp.) + **agere**	(da)zwischen, unter; während; einander tun, treiben, machen, handeln
–	**Interaktion** (l;l)>nlat	Wechselbeziehung zwischen Handlungspartnern (psych., soziol. t. t.) {32/33/70/81}	**inter** + **actio**, onis f	s. oben Bewegung; Vortrag; Handlung, Tätigkeit
–	**interaktiv** (l;l)>nlat	Interaktion betreibend (psych., soziol. t. t.) {32/33/70/81}	**inter** + **activus**, a, um	s. oben tätig, aktiv
1462	**Intercity (-Zug)** l>engl;l>>frz>engl	komfortabeler Schnellzug zwischen Großstädten mit wenigen Zwischenstops {45}	**inter** + **civitas**, atis f frz. *cité*	s. oben 1461 Bürgerschaft, Gemeinde, Staat

1463	**interdependent** (l;l)>nlat	voneinander abhängig {56/33}	**inter** + **dependere**	s. oben 1461 (her)abhängen; abhängig sein
–	**Interdependenz** (l;l)>nlat	gegenseitige Abhängigkeit {56/33}	dto.	dto.
1464a	**Interdikt**	Verbot aller kirchlichen Amtshandlungen als Strafe (kath. rel. t. t.) {51}	**interdictum**, ti n	Verbot; Interdikt
–	**Interdiktion**	Untersagung, Entmündigung (jur. t. t.) {28/33/82}	**interdictio**, onis f	Verbot; das Untersagen
1465a	**interdisziplinär** (l;l)>nlat	mehrere Teilbereiche umfassend, die Zusammenarbeit mehrerer Disziplinen betreffend {32/40/57}	**inter** + **disciplina**, ae f	s. oben 1461 Lehre, Unterricht, Unterweisung, Bildung
–	**Interdisziplinarität** (l;l)>nlat	Zusammenarbeit mehrerer Disziplinen {32/40}	dto.	dto.
1465b	**interdizieren**	1. untersagen, verbieten {28}; 2. entmündigen (veraltet - jur. t. t.) {33/82}	**interdicere**	untersagen, verbieten
1466	**interessant** l>mlat>frz	1. geistige Teilnahme, Aufmerksamkeit erweckend; fesselnd {25/26/33}; 2. vorteilhaft (kaufmannsspr. t. t.) {42}	**interesse**	dazwischen sein, dabeisein; beiwohnen; sich unterscheiden
–	**Interesse** l>mlat>frz	1. geistige Anteilnahme, Aufmerksamkeit {25/33}; 2. Vorliebe, Neigung (zum Kauf) {25/26/42}; 3. Bestrebung, Absicht {28}; 4. Vorteil, Nutzen {56/25}	dto.	dto.
–	**Interessent** l>mlat >nlat	1. jmd., der an etw. Interesse hat {25/33}; 2. potentieller Käufer {27/42}	dto.	dto.
–	**interessieren** l>mlat >(frz)	1. Interesse zeigen, Anteilnahme bekunden {25/27/32/33}; 2. sich nach etw. erkundigen; etw. beabsichtigen, anstreben {32/28}; 3. jmds. Interesse wecken {27/28}; 4. jmdn. zu gewinnen suchen {27/33}	dto.	dto.
–	**interessiert** l>mlat >(frz)	Anteil nehmend; geistig aufgeschlossen; aufmerksam {25/33}	dto.	dto.
–	**Interessiertheit** l>mlat >(frz);d	das Interessiertsein an etw., bekundetes Interesse {25/32/33}	dto.	dto.

1467	**Interferenz** (l;l)>nlat	1. Überlagerung, Überschneidung {58/56/72}; 2. Hemmung eines biologischen Vorgangs (biol. t. t.) {68/69}; 3. Einwirkung eines sprachlichen Systems auf ein anderes (sprachwiss. t. t.); 4. falsche Analogie beim Erlernen einer Sprache (sprachwiss. t. t.); 5. Verwechslung von ähnlich klingenden Wörtern innerhalb der eigenen Sprache (sprachwiss. t. t.) {76}	**inter** + **ferre**	s. oben 1461 tragen, führen, bringen
–	**interferieren** (l;l)>nlat	sich überlagern, überschneiden {58/56/72}	dto.	dto.
–	**Interferon** (l;l)>nlat	Eiweiß-Abwehrkörper bei der Interferenz (2.) einer Infektion; Krebsbekämpfungsmittel (med. t. t.) {70}	dto.	dto.
1468	**interfraktionell** (l;l)>nlat	zwischen den Fraktionen bestehend, allen Fraktionen gemeinsam {50/33}	**inter** + **fractio**, onis f	s. oben 1461 das (Zer)brechen
1469	**intergalaktisch** l;gr>l	zwischen den verschiedenen Milchstraßensystemen gelegen (astron. t. t.) {01/66}	**inter** + **galaxias**, ae m gr. γαλαξίας	s. oben 1461 Milchstraße
1470	**Interieur** l>frz	1. das Innere, die Ausstattung (eines Raumes) {44/58}; 2. einen Innenraum darstellendes Bild {36}	**interior**, ius (Komp.)	der (die, das) Innere; inneres; kürzeres
1471	**Interim**	1. Zwischenzeit {59}; 2. vorläufige Regelung, Übergangslösung {25/40/59}	**interim**	unterdessen, mittlerweile, inzwischen; mitunter
–	**interimistisch** l>nlat	vorläufig, einstweilig {59}	dto.	dto.
–	Interimstrainer (s. auch unter Trainer)			
1472	**interindividuell** (l;l)>nlat	zwischen mehreren Individuen ablaufend, sie betreffend {33}	**inter** + **individuus**, a, um	s. oben 1461 ungeteilt, unzertrennt
1473	**Interjektion**	Ausrufe-, Empfindungswort (sprachwiss. t. t.) {76}	**interiectio**, onis f	das Dazwischenwerfen, -setzen; Interjektion
–	interjektionell			
1474	**interkommunal** (l;l)>nlat	zwischen Städten bestehend (in bezug auf Vereinbarungen) {49/50}	**inter** + **communalis**, e	s. oben 1461 zur ganzen Gemeinde gehörig, Gemeinde...

1475	**interkonfessionell** (l;l)>nlat	das Verhältnis verschiedener Konfessionen zueinander betreffend (rel. t. t.) {51/33}	**inter** + **confessio**, onis f	s. oben 1461 Geständnis, Bekenntnis
1476	**interkontinental** (l;l)>nlat	1. zwischen die Erdteile eingeschaltet {02/64}; 2. von einem Kontinent aus einen anderen erreichend {45/86}	**inter** + **continens** (Gen. –ntis)	s. oben 1461 zusammenhängend, ununterbrochen, fortlaufend
>>>	Interkontinentalrakete s. Rakete			
1477	**interkulturell** (l;l)>nlat	die Beziehungen zwischen verschiedenen Kulturen betreffend {33/81}	**inter** + **cultura**, ae f	s. oben 1461 Pflege, Anbau, Verehrung
1478	**interlinear** (l;l)>nlat	zwischen die Zeilen des fremdsprachigen Urtextes geschrieben (bes. in mittelalterlichen Handschriften = sog. Interlinearglosse) {32/75}	**inter** + **linearis**, e	s. oben 1461 zu den Linien gehörend, in Linien bestehend, Linien...
1479	**interlingual** (l;l)>nlat	zwei o. mehrere Sprachen betreffend, ihnen gemeinsam (sprachwiss. t. t.) {32/76}	**inter** + **lingua**, ae f	s. oben 1461 Zunge; Rede, Sprache
–	**Interlinguistik** (l;l)>nlat	1. Wissenschaft von den Kunstsprachen; 2. Mehrsprachigkeit, synchrone vergleichende Sprachwissenschaft {40/76}	dto.	dto.
–	Interlinguist			
1480	**Interludium** l>nlat	musikalisches Zwischenspiel (bes. in der Orgelmusik) {37}	**interludere**	dazwischenspielen
1481	**intermediär** l>nlat	in der Mitte liegend, dazwischen befindlich, ein Zwischenglied bildend {58/56}	**intermedius**, a, um	zwischen etwas befindlich; der (die, das) mittelste
–	**Intermezzo** l>it	1. Zwischenspiel im Drama, in der ernsten Oper {35/37}; 2. kürzeres Klavier- oder Orchesterstück {37}; 3. lustiger Zwischenfall; kleine, unbedeutende Begebenheit {32/33}	dto. it. *intermezzo*	dto.
1482	**intermittieren**	(zeitweilig) zurücktreten (in bezug auf Krankheitserscheinungen - med. t. t.) {70}	**intermittere**	leer-, offenlassen; aussetzen, unterbrechen
–	Intermission			
–	**intermittierend**	zeitweilig aussetzend, wechselnd (z. B. Strom) {61/72}	dto.	dto.
1483	**intermolekular** l;l>frz	zwischen den Molekülen bestehend, stattfindend (chem., phys. t. t.) {72/73}	**inter** + **moles**, lis f frz. *molécule* *moléculaire*	s. oben 1461 Masse, Wucht, Klumpen, Größe

1484	**intern**	1. innerlich, inwendig {58}; 2. die inneren Organe betreffend (med. t. t.) {70}; 3. im engsten Kreise; nur die eigenen Verhältnisse (einer Familie) angehend {33}; 4. im Internat wohnend {31/44}	**internus**, a, um	im Innern befindlich, der Innere
–	Interne			
–	**internal**	innerlich, verinnerlicht {25}	dto.	dto.
–	**internalisieren** l>engl	Werte, Auffassungen, Normen o. ä. übernehmen und sich zueigen machen; verinnerlichen {25/30/33}	dto.	dto.
–	Internalisierung, Internalisation			
–	**Internat** l>engl	1. (höhere) Lehranstalt, in der die Schüler wohnen und verpflegt werden; 2. an eine Lehranstalt angeschlossenes Heim {31/44}	dto.	dto.
1485	**international** (l;l)>nlat	1. zwischen mehreren Staaten bestehend; 2. nicht national begrenzt; überstaatlich, weltweit {50/33}	**inter** + **natio**, onis f	s. oben 1461 Geschlecht; Sippe, Stamm; Nation
–	**Internationale** (l;l)>nlat	1. Vereinigung von Sozialisten und Kommunisten {33/50/75}; 2. Kampflied der internationalen Arbeiterbewegung {37/50}; 3. (Internationaler): an internationalen Sportwettkämpfen teilnehmender Athlet {85}	dto.	dto.
–	**internationalisieren** (l;l)>nlat	1. die Gebietshoheit eines Staates beschränken; 2. international machen {28/33/50}	dto.	dto.
–	Internationalisierung			
–	**Internationalismus** (l;l)>nlat	1. das Streben nach zwischenstaatlichem Zusammenschluß {50/28}; 2. Wort, das in gleicher Bedeutung in verschiedenen Kultursprachen vorkommt (sprachwiss. t. t.) {76}	dto.	dto.
–	Internationalist			
–	**Internationalität** (l;l)>nlat	Überstaatlichkeit {50/33}	dto.	dto.

1486	**internieren** l>frz	1. (Angehörige einer feindlichen Armee) in Lagern unterbringen, festsetzen {58/86}; 2. einen Kranken isolieren, in einer geschlossenen Anstalt unterbringen {70/58}	**internus** frz. *interner*	s. oben 1484 ins Landesinnere bringen
–	**Internierungslager** l>frz;d	Lager, in dem Zivilpersonen (während des Krieges) gefangengehalten werden {58/86}	dto.	dto.
–	**Internist** l>nlat	1. Facharzt für innere Krankheiten {40/70}; 2. Schüler eines Internats (veraltet) {31}	dto.	dto.
–	**internistisch** l>nlat	die innere Medizin betreffend {70}	dto.	dto.
–	**Internum**	1. Gebiet, das einer bestimmten Personengruppe vorbehalten ist {58/33}; 2. nur die eigenen inneren Verhältnisse angehende Angelegenheit {25/33/40}	dto.	dto.
1487	**interparlamentarisch** l;gr>l >vulgl>frz >engl	die Parlamente der einzelnen Staaten umfassend {50}	**inter** + **parabole**, es f o. **parabola**, ae f vulgl. parabolare gr. παραβολή frz. *parler* *parlement* engl. *parliament*	s. oben 1461 Gleichnis, Parabel; Wort sprechen Gleichnis, Sprichwort
1488	**Interpellation**	1. parlamentarische Anfrage an die Regierung {32/50}; 2. Recht, die Erfüllung eines Anspruchs zu verweigern (jur. t. t. - veraltet); 3. Einspruchsrecht gegen Vollstreckungsbefehle (jur. t. t. - veraltet); 4. Mahnung des Gläubigers an den Schuldner (jur. t. t. - veraltet) {82}; 5. Unterbrechung, Zwischenrede (veraltet) {32/59}	**interpellatio**, onis f	Unterbrechung, das Ins-Wort-Fallen; gerichtliche Klage
–	**interpellieren**	1. eine Interpellation einbringen {32/50/82}; 2. unterbrechen, dazwischenreden, ins Wort fallen (veraltet) {32/59}	**interpellere**	unterbrechen; Einspruch erheben; hindern

1489	**interplanetar(isch)** l;gr>l	zwischen den Planeten befindlich {01/66}	**inter** + **planetae**, arum f (Pl.) bzw. **planetes**, tum m (Pl.) gr. πλανῆται o. πλάνητες	s. oben 1461 Planeten, Wandelsterne
1490	**Interpol** (l;gr>l >mlat) >nlat	Internationale kriminalpolizeiliche Organisation mit Sitz in Paris {50/82}	**inter** + **politia**, ae f gr. πολιτεία mlat. policia	s. oben 1461 Staatsverwaltung, -verfassung, Staat Staat
–	**Interpolation**	1. das Errechnen von Werten einer Funktion (math. t. t.) {71}; 2. spätere unberechtigte Einschaltung in den Text eines Werkes {34/32/57}	**interpolatio**, onis f	Veränderung, Umgestaltung, Täuschung
–	**Interpolator**	jmd., der eine Interpolation vornimmt {32/34/40}	**interpolator**, oris m	Verfälscher, Verderber
–	**interpolieren**	1. Werte zwischen bekannten Werten einer Funktion errechnen (math. t. t.) {71}; 2. eine Interpolation vornehmen {32/34}	**interpolare**	herrichten; entstellen, verfälschen
1491	**Interpret(ator)**	1. jmd., der etw. in einer bestimmten Weise auslegt {32/25}; 2. Künstler, Musiker, Sänger {37/40}	**interpres**, etis mf	Vermittler, Unterhändler, Erklärer, Übersetzer
–	**Interpretation**	1. Auslegung, Erklärung, Deutung {32/25}; 2. künstlerische Wiedergabe von Musik {37}	**interpretatio**, onis f	Erklärung, Auslegung, Deutung, Übersetzung
–	**interpretativ** l>nlat	auf Interpretation beruhend; erklärend, deutend {32/25}	**interpretari**	vermitteln, erklären, übersetzen
–	**interpretatorisch** l>nlat	den Interpreten, die Interpretation betreffend {32/25/37}	**interpretatorius**, a, um	zur Erklärung geeignet
–	**interpretieren**	1. (einen Text) auslegen, deuten, erklären {32/25}; 2. Musik künstlerisch wiedergeben {37}	**interpretari**	s. oben
1492	**interpungieren** o. **interpunktieren** l>nlat	Satzzeichen setzen {76/32}	**interpungere**	(zwei Wörter) durch Punkte unterscheiden, abteilen
–	**Interpunktion**	(Satz)zeichensetzung {76/32}	**interpunctio**, onis f	Trennung der Wörter durch Punkte

1493	**Interregnum**	1. (Zeitraum einer) geschäftsführend amtierende(n), vorläufige(n) Regierung {50/59}; 2. kaiserlose Zeit 1254-73 n. Chr. (hist. t. t.) {50/59/75}	**interregnum**, ni n	Zwischenregierung, Interregnum
1494	**interrogativ**	fragend (sprachwiss. t. t.) {76}	**interrogativus**, a, um	zur Frage gehörig, fragend
–	**Interrogativum** o. **Interrogativ(pronomen)** l;l	fragendes Fürwort, Fragefürwort (sprachwiss. t. t.) {76}	dto. bzw. + **pronomen**, minis n	dto. bzw. Vorname; Fürwort (gramm. t. t.) vgl. unten 2857
1495	**Interruption**	1. Unterbrechung, Störung {41/58/59/87}; 2. (künstliche) Unterbrechung (med. t. t.) {58/70}	**interruptio**, onis f	Unterbrechung, das Abbrechen in der Rede
>>>	interruptus s. Redewendungsliste unter Coitus interruptus			
1496	**Intersexualität** (l;l)>nlat	krankhafte Mischung männlicher u. weiblicher Geschlechtsmerkmale in einem Individuum (biol. t. t.) {68/69}	**inter** + **sexualis**, e	s. oben 1461 zum Geschlecht gehörig
–	**intersexuell** (l;l)>nlat	eine geschlechtliche Zwischenform zeigend (biol. t. t.) {68/69}	dto.	dto.
1497	**Intershop** l;engl	(Kunstwort DDR) Geschäft, in dem Waren nur gegen frei konvertierbare Währungen verkauft wurden {42/75}	**inter**	s. oben 1461
1498	**interstellar** (l;l)>nlat	zwischen den Fixsternen befindlich (astron. t. t.) {01/66}	**inter** + **stellaris**, e	s. oben 1461 zu den Sternen gehörig
1499	**intersubjektiv** (l;l)>nlat	verschiedenen Personen gemeinsam, von verschiedenen Personen nachvollziehbar {25/33}	**inter** + **subiectivus**, a, um	s. oben 1461 hinzugefügt; zum Subjekt gehörig
1500	**interterritorial** (l;l)>nlat	zwischenstaatlich (in bezug auf Abkommen) {50/56}	**inter** + **territorialis**, e	s. oben 1461 zum Gebiet gehörig
1501	**Intervall**	1. Zeitabstand, -spanne; Frist; Pause {59}; 2. Abstand zweier zusammen oder nacheinander klingender Töne (mus. t. t.) {37}; 3. symptom- bzw. schmerzfreie Zwischenzeit im Verlauf einer Krankheit (med. t. t.); 4. Zeit zwischen den Menstruationen (med. t. t.) {59/70}; 5. Bereich zwischen zwei Punkten einer Strecke oder Skala (math. t. t.) {71}	**intervallum**, li n	Zwischenraum, Entfernung, Pause, Abstand

1502	**interve-nieren** l>frz	1. dazwischentreten, vermitteln; sich einmischen {32/33}; 2. sich vermittelnd in eine Rechtssache einschalten (jur. t. t.) {33/82}; 3. als hemmender Faktor in Erscheinung treten {56/70}	**intervenire**	dazwischenkommen, -treten, widerfahren
–	Intervenient			
–	**Interven-tion** l>frz	1. Vermittlung; Einmischung eines Staates in die Verhältnisse eines anderen {50/86}; 2. Ehreneintritt eines Dritten zum Schutz eines Rückgriffschuldners (jur. t. t.) {82/80}; 3. Maßnahme zur Verhinderung von Effektenkursrückgängen (wirtsch. t. t.) {80}	**interventio**, onis f	Vermittlung
–	**Interven-tionismus** l>nlat	(unsystematisches) Eingreifen des Staates in die (private) Wirtschaft {50/80}	dto.	dto.
–	Interventionist, interventionistisch			
1503	**Interview** (l;l)>frz >engl	1. Befragung einer prominenten Persönlichkeit {32/33/40}; 2. gezielte Personenbefragung zu statistischen Zwecken (soziol. t. t.) {81}; 3. methodische Befragung eines Patienten zur Diagnoseerstellung (med., psych. t. t.) {70}	**inter** + **videre** frz. *voir* *entrevoir* *entrevue* engl. *interview*	s. oben 1461 sehen sehen sich treffen Zusammenkunft
–	**intervie-wen** (l;l)>frz >engl	1. mit jmdm. ein Interview führen {32/33/40}; 2. jmdn. in einer bestimmten Angelegenheit be-, ausfragen {32}	dto.	dto.
–	**Intervie-wer** (l;l)>frz >engl	jmd., der ein Interview macht {32/40}	dto.	dto.
–	**Intervision** l;l	ehemaliger Zusammenschluß osteuropäischer Fernsehanstalten zum Austausch von TV-Programmen {46/75/85}	**inter** + **visio**, onis f	s. oben 1461 das Sehen, Anblick, Erscheinung, Vorstellung
1504	**interze-dieren**	dazwischentreten; sich verbürgen, für jmdn. eintreten {33/82}	**intercedere**	dazwischentreten, -liegen; verhindern, Einspruch erheben
–	**Interzes-sion**	1. das Eintreten für die Schuld eines anderen {33/82}; 2. = Intervention (1.) (veraltet) {50/86}	**intercessio**, onis f	Widerspruch, Vermittlung

1505	**interzellular** o. **-lär** (l;l)>nlat	zwischen den Zellen gelegen (med., biol. t. t.) {68/69/70/58}	**inter** + **cellula**, ae f	s. oben 1461 kleine Zelle; Kämmerchen
1506	**interzonal** l;gr>l	zwischen zwei Bereichen, Gebieten (z. B. Vereinbarungen) {33/58/50}	**inter** + **zona**, ae f gr. *ζώνη*	s. oben 1461 (Erd)gürtel Gürtel, Leibgurt
–	Interzonen...			
1507	**Inthronisation** o. **Inthronisierung** l;gr>l>mlat	Thronerhebung eines Monarchen; feierliche Einsetzung eines Abtes, Bischofs oder Papstes {47/50/51}	**in** + **thronus**, ni m gr. *θρόνος*	s. oben 1275 erhabener Sitz, Thron Sitz, Sessel, Thron
–	inthronisieren			
1508	**intim**	1. innig, vertraut, eng (befreundet) {33}; 2. sexuell (intim sein = geschlechtlich verkehren) {18}; 3. den Bereich der Geschlechtsorgane betreffend {11/70/18}; 4. ganz persönlich, verborgen, geheim {25/33}; 5. gemütlich {26/33}; 6. genau, bis ins Innnerste {56}	**intimus**, a, um (Superl.)	der (die, das) innerste, tiefste, vertrauteste, engste
–	**Intima**	1. innerste Gefäßhaut (med. t. t.) {70}; 2. Vertraute, Busenfreundin (eines Mädchens) {33}	dto.	dto.
–	**Intimität** l>nlat	1. vertrautes, intimes Verhältnis; Vertrautheit {33}; 2. Vertraulichkeit, vertrauliche Angelegenheit {25/33}; 3. sexuelle, erotische Handlung, Berührung, Äußerung {18/29/32}; 4. gemütliche, intime Atmosphäre {26/33}; 5. innerster persönlicher Bereich, Intimsphäre {25/33}	dto.	dto.
>>>	Intimsphäre s. Intimität (5.)			
–	**Intimspray** l;engl	Deodorant für den Intimbereich {21}	dto.	dto.
–	**Intimus**	Vertrauter; engster Freund {33}	dto.	dto.
1509	**intolerabel**	unerträglich; unleidlich, unausstehlich (veraltet) {26/33}	**intolerabilis**, e	unerträglich; unwiderstehlich; ungeduldig

–	**intolerant** l>frz	1. unduldsam; keine andere Meinung gelten lassend {25/33/84}; 2. bestimmte Stoffe nicht vertragend (med. t. t.) {70}	**intolerans** (Gen. –ntis)	unduldsam, nicht leicht ertragend; unerträglich
–	**Intoleranz** l>frz	1. Unduldsamkeit {25/33/84}; 2. auf Unverträglichkeit beruhende mangelnde Widerstandsfähigkeit gegen bestimmte Stoffe (med. t. t.) {70}	**intolerantia**, ae f	Unduldsamkeit, Unerträglichkeit, Unausstehlichkeit
1510	**Intonation** l>nlat	1. Tongebung beim Sprechen (sprachwiss. t. t.) {32/76}; 2. vom Vorsänger gesungene Anfangsworte eines liturgischen Gesangs {37/51}; 3. kurzes Orgelvorspiel (mus. t. t.) {37/59}; 4. Art der Tongebung bei Sängern, Instrumentalisten (mus. t. t.) {37}; 5. Ausgleich der Töne und ihrer Klangfarbe beim Orgelbau (mus. t. t.) {37/40}	**intonare**	donnern, laut vernehmen lassen, Getöse machen
–	**intonieren**	1. die Stimme auf eine bestimmte Tonhöhe einstellen (physiol. t. t.) {70/69}; 2. anstimmen, etw. zu spielen beginnen (mus. t. t.); 3. den Ton angeben (mus. t. t.); 4. Töne in einer bestimmten Tongebung hervorbringen (mus. t. t.) {37}	dto.	dto.
1511	**Intrade** l>it	festlich-feierliches Eröffnungsstück (mus. t. t.) {33/37}	**intrare**	be-, hineintreten, -gehen
>>>	intra... s. ggf. unter dem Rest des Wortes			
1512	**intrakutan** (l;gr>l) >nlat	in der Haut gelegen; in die Haut hinein (injiziert - med. t. t.) {70}	**intra** + **cutis**, is f gr. κύτος	innerhalb, innen, innerlich; binnen Haut, Oberfläche
1513	**intralingual** (l;l)>nlat	innersprachlich, innerhalb einer Sprache auftretend {76}	**intra** + **lingua**, ae f	s. oben 1512 Zunge, Sprache
1514	**intramolekular** (l;l)>nlat	sich innerhalb der Moleküle vollziehend (chem. t. t.) {73}	**intra** + **moles**, lis f	s. oben 1512 Wucht, große Masse, Größe
1515	**intramuskulär** (l;l)>nlat	im Innern eines Muskels gelegen; ins Innere des Muskels hinein erfolgend (med. t. t.) {70}	**intra** + **musculus**, li m	s. oben 1512 Mäuschen; Muskel

1516	**intransitiv**	nichtzielend (Verben ohne Akkusativobjekt und persönliches Passiv - sprachwiss. t. t.) {76}	**intransitivus**, a, um	intransitiv (gramm. t. t.)
–	**Intransitiv(um)**	intransitives Verb (sprachwiss. t. t.) {76}	dto.	dto.
1517	**intrasubjektiv** (l;l)>nlat	innerhalb des einzelnen Subjekts, des Ichs bleibend {25/77}	**intra** + **subjectivus**, a, um	s. oben 1512 hinzugefügt; zum Subjekt gehörig
1518	**Intrauterinpessar** l;l>nlat;gr >l>mlat	in die Gebärmutter eingelegter Kunststoffkörper zur Empfängnisverhütung (med. t. t.) {70/18}	**intra** + **uterinus**, a, um + **pessum**, si n o. **pessus**, si m gr. *πεσσόν* o. *πεσσός*	s. oben 1512 leiblich, von einer Mutter Mutterzäpfchen, Mutterkranz (med. t. t.)
1519	**intravenös** (l;l)>nlat	innerhalb einer Vene gelegen; in die Vene hinein erfolgend (von Injektionen - med. t. t.) {70}	**intra** + **venosus**, a, um bzw. **vena**, ae f	s. oben 1512 voll Adern, adrig Ader, Vene
1520	**intrazellulär** (l;l)>nlat	innerhalb der Zelle(n) gelegen (med., biol. t. t.) {68/69/70}	**intra** + **cellula**, ae f	s. oben 1512 Kämmerchen; kleine Zelle
1521	**intrigant** l>it>frz	ränkesüchtig, hinterlistig; ständig auf Intrigen sinnend {25/33/84}	**intricare** it. *intrigare* frz. *intriguer* *intrigant*	verwickeln, verwirren, in Verwirrung bringen
–	**Intrigant** l>it>frz	Ränkeschmied; jmd., der Intrigen schmiedet {25/33/84}	dto.	dto.
–	**Intriganz** l>it>frz	intrigantes Verhalten {25/33/84}	dto.	dto.
–	**Intrige** l>it>frz	hinterlistig angelegte Verwicklung, Ränkespiel {25/33}	dto. frz. *intrigue*	dto.
–	**intrigieren** l>it>frz	Ränke schmieden, hinterlistig Verwicklungen inszenieren, einen gegen den anderen ausspielen {25/33}	dto.	dto.
1522	**intrinsisch** l>frz>engl	von innen her, aus eigenem Antrieb durch Sachinteresse erfolgend, durch Sachanreize bedingt (psych., päd. t. t.) {70/78}	**intrinsecus** (Adv.)	inwendig, innerlich; einwärts
1523	**Intro**	1. einleitender Musiktitel {37/59/85}; 2. Vorbemerkung, einleitender (Zeitschriften)artikel {32}	**intro** (Adv.)	hinein; inwendig, innerlich

1524	**Introduktion**	1. Einleitung, Einführung (veraltet) {32/56/59}; 2. das Einführen des Penis in die Vagina beim Geschlechtsverkehr (med. t. t.) {70/18}	**introductio**, onis f	das Ein-, Zuführen
	(l>it)	3. (= Introduzione) freier Einleitungssatz vor dem Hauptsatz (beim Konzert - mus. t. t.); 4. erste Gesangsnummer einer Oper (mus. t. t.) {37};		
–	**introduzieren**	einleiten, einführen {32/59}	**introducere**	(hin)einführen, -leiten; vorführen
1525a	**Introversion** (l;l)>nlat	Konzentration des Interesses weg von der Außenwelt auf innerseelische Vorgänge (psych. t. t.) {70/84}	**intro** + **vertere**	s. oben 1523 (um)kehren, -wenden, drehen, richten
–	**introvertiert** (l;l)>nlat	nach innen gewendet, zur Innenverarbeitung der Erlebnisse veranlagt (psych. t. t.) {70/84}	dto.	dto.
1525b	**Intubation** l;l>(nlat)	das Einführen eines Tubus in die Luftröhre (z. B. bei der Narkose - med. t. t.) {70}	**in** + **tubus**, bi m	s. oben 1275 (Wasser)röhre
–	intubieren			
1526	**Intuition** l>mlat	1. unmittelbare, nicht auf Überlegung beruhendes Erkennen eines Sachverhalts; 2. Eingebung, (plötzliches) ahnendes Erfassen {22/24}	**intuitio**, onis f	das Erscheinen des Bildes auf der Oberfläche des Spiegels
–	**intuitiv** l>mlat	auf Intuition beruhend, mit Intuition {22/24}	**intueri**	hinsehen, anschauen, betrachten
1527	**intus**	1. innen, inwendig {58}; 2. etw. - haben: etw. begriffen -, sich etw. einverleibt -, etw. gegessen haben {25/17}; 3. einen - haben: angetrunken, beschwipst sein {14/17/26}	**intus** (Adv.)	von innen; inwendig; nach innen, hinein
1528	**invadieren**	in fremdes Gebiet einfallen {29/86}	**invadere**	eindringen,-fallen; überfallen
1529	**invalid**(e)	arbeits-, dienst-, erwerbsunfähig (infolge einer Verwundung, Krankheit o. ä.) {14/70}	**invalidus**, a, um	schwach, kraftlos; krank
–	Invalide			
–	**invalidieren** l>nlat	ungültig machen, umstoßen (veraltet) {25/56}	dto.	dto.
–	**invalidisieren** l>nlat	1. für invalide erklären {32/14/70}; 2. jmdm. eine Alters- oder Arbeitsunfähigkeitsrente gewähren {28/33/40/49}	dto.	dto.

–	**Invalidität** l>nlat	dauernde erhebliche Beeinträchtigung der Arbeits-, Dienst-, Erwerbsfähigkeit {14/40/70}	dto.	dto.
1530	**invariabel** (l;l)>nlat	unveränderlich {53/59/61}	**in** + **variabilis**, e	s. oben 1275 veränderlich
1531	**Invasion** l>frz	1. Einfall; feindliches Einrükken von Truppen in fremdes Gebiet {86}; 2. das Eindringen von Krankheitserregern in die Blutbahn (med. t. t.) {70}	**invasio**, onis f	Angriff, das Einfallen; Vergewaltigung
–	**Invasor**	Eroberer, eindringender Feind {86}	**invasor**, oris m	Eroberer, Angreifer
1532	**Invektive**	Schmährede, -schrift; beleidigende Äußerung {32/33/26}	**invectivus**, a, um	schmähend, voller Schmähungen
1533	**Inventa-r(ium)**	(Verzeichnis über die) Gesamtheit der zu einem Betrieb, Haus, einer Erbschaft o. ä. gehörenden Einrichtungsgegenstände, Vermögenswerte und Verbindlichkeiten {32/43/80}	**inventarium**, ii n	Vermögens-, Nachlaßverzeichnis; Inventar
–	**Inventarisation** l>nlat	Bestandsaufnahme (des Inventars) {32/43/80}	dto.	dto.
–	Inventarisator, inventarisieren, Inventarisierung			
1534	**Invention**	1. Erfindung (veraltet) {72/25/22}; 2. kleines Klavierstück mit einem zugrundeliegenden Thema (mus. t. t.) {37}	**inventio**, onis f	das Auf-, Erfinden; Entdeckung, Fund
–	**Inventor**	Erfinder, Urheber {22/25/40}	**inventor**, oris m	Erfinder, Urheber
–	**Inventur** l>mlat	Bestandsaufnahme der Vermögensverhältnisse eines Unternehmens zu einem bestimmten Zeitpunkt {42/43/80}	**invenire** (PFA. **inventurus**)	finden, entdecken, ausfindig machen
1535	**invers**	umgekehrt {56}	**invertere** (PPP. **inversus**)	umkehren, -drehen, -wenden

–	**Inversion**	1. Umkehrung der üblichen Wortstellung (sprachwiss. t. t.) {76}; 2. Umwandlung von Rohr- in Trauben- u. Fruchtzucker (chem. t. t.) {17/73}; 3. Berechnung der inversen Funktion (math. t. t.) {71}; 4. Umkehrung des Geschlechtstriebes (med. t. t.) {18/70}; 5. Form der Chromosomenmutation (biol. t. t.) {68/69}; 6. Reliefumkehr (geol. t. t.) {62}; 7. Temperaturumkehrung in der Atmosphäre unterhalb einer Sperrschicht (meteor. t. t.) {65}; 8. Umkehrung der Notenfolge der Intervalle (mus. t. t.) {37}	**inversio**, onis f	Umkehrung, -setzung, Versetzung
–	**invertieren**	umkehren, umstellen, eine Inversion vornehmen {56/58}	**invertere**	s. oben
–	**invertiert**	1. umgekehrt {58/56}; 2. zum eigenen Geschlecht hin empfindend (med. t. t.) {18/70}	dto.	dto.
–	Invertierte(r)			
–	**Invertzucker** l;d	der bei der Inversion (2.) entstehende Trauben- und Fruchtzucker (z. B. in Honig) {17/73}	dto.	dto.
1536	**investieren** l>(mlat)	1. mit den Zeichen der Amtswürde bekleiden, in ein Amt einsetzen {33/51/50}; 2. etw. in jmd. o. etw. -: etw. (z. B. Zeit) für etw. o. jmdn. verwenden {28/33/59};	**investire**	bekleiden
	(l>it)	3. Kapital langfristig in Sachgütern anlegen (wirtsch. t. t.) {80}		
–	Investierung			
–	**Investition** l>nlat	(wirtsch. t. t.) 1. Überführung von Finanz- in Sachkapital {80}; 2. Erhöhung des Bestandes an Gütern für späteren Bedarf {43/80}	dto.	dto.
–	**investiv** l>nlat	als Investition, in Form von Investitionen, zur produktiven Verwendung (wirtsch. t. t.) {41/80}	dto.	dto.

–	**Investitur** l>mlat	1. Einweisung in ein niederes geistliches Amt (kath. rel. t. t.) {51}; 2. (im Mittelalter) feierliche Belehnung mit dem Bischofsamt durch den König {50/51/75}; 3. abschließender Akt der Eigentumsübertragung {43/82}; 4. Bestätigung des Ministerpräsidenten durch die frz. Nationalversammlung {50}	dto. (2.: mlat. investitura)	dto.
–	**Investment** l>engl	Anteilsschein am Vermögen einer Kapitalanlagegesellschaft (wirtsch. t. t.) {80/43}	dto.	dto.
–	**Investor** l>nlat	Kapitalanleger (wirtsch. t. t.) {80/43}	dto.	dto.
1537	**Investigation**	Untersuchung, Nachforschung (veraltet) {25}	**investigatio**, onis f	das Aufspüren, Erforschen
–	**Investigator**	jmd., der Nachforschungen anstellt (selten) {25/40/33}	**investigator**, oris m	Aufspürer, Erforscher
–	**investigieren**	nachforschen, -spüren, untersuchen (veraltet) {25/33}	**investigare**	auskundschaften, aufspüren, erforschen
1538	**inveterieren**	verjähren (veraltet - jur. t. t.) {82/59}	**inveterare**	alt werden lassen; veralten
1539	**invisibel**	unsichtbar (selten) {54/55}	**invisibilis**, e	unsichtbar
1540	**Invitation**	Einladung (selten) {27/33}	**invitatio**, onis f	Aufforderung, Einladung
–	**invitieren**	(veraltet) 1. einladen, zu Gast bitten {27/33}; 2. ersuchen {27}	**invitare**	höflich auffordern, einladen; ermuntern
1541	**Invokation**	Anrufung Gottes (und der Heiligen - rel. t. t.) {51}	**invocatio**, onis f	Anrufung
1542	**involvieren**	einschließen, in sich begreifen, enthalten {56}	**involvere**	hineinwälzen,-rollen, -stürzen; einwickeln
1543	**Inzest**	1. Geschlechtsverkehr zwischen Blutsverwandten (med. t. t.) {70/18}; 2. Paarung von engverwandten Tieren (biol. t. t.) {69}	**incestum**, ti n	Unzucht, Blutschande
–	**inzestuös** l>frz	blutschänderisch, einen Inzest bedeutend {70/18}	**incestuosus**, a, um	unkeusch, blutschänderisch
1544	**inzident**	zufällig; im Verlauf einer Angelegenheit nebenbei auffallend (veraltet) {25/56}	**incidere**	hineinfallen; sich zutragen, sich ereignen

–	**Inzidenz** l>mlat	1. Eintritt (eines Ereignisses), Vorfall (veraltet) {52/59}; 2. Beziehung zwischen einem Punkt und einer Geraden (geometr. t. t.) {71}; 3. Teilcheneinfall in ein bestimmtes Raumgebiet (astron. t. t.) {66}; 4. Umstand, daß Subventionen eine andere Wirkung haben als vorauskalkuliert (wirtsch. t. t.) {80}	dto.	dto.
1545	**inzipient**	beginnend (med. t. t.) {59/70}	**incipere**	anfangen, beginnen
>>>	Ionen... s. ggf. unter dem Rest des Wortes			
1546	**Iris** (gr)>l	1. Regenbogen (meteor. t. t.) {65}; 2. Regenbogenhaut des Auges (med. t. t.) {11/70}; 3. Schwertlilie {04}	**iris**, idis f gr. ἶρις	Iriswurzel; Regenbogenstein
–	**irisieren** (gr)>l>nlat	in Regenbogenfarben schillern {54/55}	dto.	dto.
1547	**Ironie** (gr)>l	1. feiner verdeckter Spott {26/25}; 2. paradoxe Konstellation {56}	**ironia**, ae f gr. εἰρωνεία	feiner Spott; Ironie
–	**ironisch** (gr)>l	voller Ironie; spöttisch {25/26/84}	**ironicus**, a, um gr. εἰρωνικός	ironisch
1548	**irrational**	1. mit dem Verstand nicht faßbar; 2. vernunftwidrig {25}	**irrationalis**, e	unvernünftig, ohne Vernunft ausgeführt
–	**Irrationalismus** l>nlat	1. Vorrang des Gefühlsmäßigen vor der Verstandeserkenntnis {25/26/77}; 2. bestimmte metaphysische Lehre (philos. t. t.) {77}; 3. irrationale Verhaltensweise, irrationales Geschehen o. ä. {25/52}	dto.	dto.
–	**Irrationalität** l>nlat	die Eigenschaft des Irrationalen {25}	dto.	dto.
–	**irrationell**	dem Verstand nicht zugänglich, außerhalb des Rationalen {25}	dto.	dto.
1549	**irreal** l;l	nicht wirklich, unwirklich {24}	**in** + **realis**, e	s. oben 1275 sachlich, wesentlich
–	**Irreal(is)** (l;l)>nlat	Modus des unerfüllbaren Wunsches (sprachwiss. t. t.) {76}	dto.	dto.
–	**Irrealität** (l;l)>nlat	Nicht-, Unwirklichkeit {24}	dto.	dto.

1550	**irregulär** (l;l)>nlat	1. nicht der Regel entsprechend {33/56}; 2. ungesetzlich {82}; 3. vom Empfang der kath. geistlichen Weihen ausgeschlossen (kath. rel. t. t.) {51}	**in** + **regularis**, e	s. oben 1275 eine Richtschnur enthaltend; regelmäßig
–	**Irregularität** l>nlat	1. Regellosigkeit, mangelnde Gesetzmäßigkeit {33/56}; 2. vom üblichen Sprachgebrauch abweichende Erscheinung (sprachwiss. t. t.) {76}; 3. kirchenrechtliches Hindernis, das den Empfang geistlicher Weihen ausschließt (kath. rel. t. t.) {51}	dto.	dto.
1551	**irrelevant** (l;l)>nlat	unerheblich, belanglos {56/25}	**in** + **relevare**	s. oben 1275 aufheben, erleichtern, mildern, Erholung verschaffen
–	**Irrelevanz** l>nlat	Unwichtigkeit, Bedeutungslosigkeit {56/25}	dto.	dto.
1552	**irreligiös**	nicht religiös {51}	**irreligiosus**, a, um	gottlos, unreligiös
–	**Irreligiosität**	Religionslosigkeit {51}	**irreligiositas**, atis f	Gottlosigkeit
1553	**irreparabel**	1. sich nicht durch eine Reparatur instand setzen lassend {40/41/54/87}; 2. sich nicht ersetzen, beheben lassend {40/41/25}; 3. nicht heilbar, dauernd funktionsuntüchtig (med. t. t.) {70}	**irreparabilis**, e	nicht wiederherzustellen, unersetzlich, unwiederbringlich
–	**Irreparabilität** l>nlat	Unmöglichkeit, einen Fehler wieder auszugleichen {54/40/41/25}	dto.	dto.
1554	**irreversibel** l>frz	nicht umkehrbar, nicht rückgängig zu machen {52/56/59}	**irrevertibilis**, e frz. *irreversible*	nicht zurückgehbar
–	**Irreversibilität** l>frz	Unumkehrbarkeit {52/56/59}	dto.	dto.
1555	**Irritation**	1. auf jmdn. oder etw. ausgeübter Reiz, Reizung; 2. das Erregtsein; 3. Verwirrung, Verunsicherung {25/26}	**irritatio**, onis f	Erregung, (An)reizung; Erbitterung
–	**irritieren**	1. (auf)reizen, erregen; 2. unsicher machen, verwirren, beunruhigen; 3. stören, lästig sein; 4. ärgern (veraltend) {25/26/33}	**irritare**	erregen, (an)reizen, provozieren, aufbringen

1556	**Isolation** l>it>frz	1. Absonderung, Getrennthaltung (von Infektionskranken, Häftlingen o. ä.) {58/70/82}; 2. Vereinsamung, Abkapselung {58/26/33}; 3. Abgeschnittenheit eines Gebietes {58/64}; 4. Verhinderung des Durchgangs von Strömen (Gas, Strom o. ä.) {72}; 5. Isoliermaterial (techn. t. t.) {40/41/87}	**insula**, ae f it. *isola* *isolare* frz. *isoler* *isolation*	Insel, Eiland vgl. oben 1430
-	**Isolationismus** l>it>frz >nlat	politische Tendenz, sich vom Ausland abzuschließen {50/33}	dto.	dto.
-	Isolationist, isolationistisch			
-	**isolativ** l>it>frz	eine Isolation darstellend, beinhaltend {58/72}	dto.	dto.
-	**Isolator** l>it>frz	1. Stoff, der Energieströme schlecht oder gar nicht leitet {72}; 2. Material zum abdichten, isolieren (z. B. gegen Kälteeinbruch) {40/41/44/87}	dto.	dto.
-	**isolieren** l>it>frz	1. absondern, vereinzeln, abschließen {33/58}; 2. Kranke von Gesunden getrennt halten (med. t. t.) {70}; 3. eine Schachfigur von ihren Mitstreitkräften abschneiden {58/85}; 4. einen Isolator anbringen (techn. t. t.) {40/41/44/72/87}	dto.	dto.
>>>	Isolierstation s. Station			
-	Isolierung			
1557	**Itala**	1. wichtigste Gruppe unter den ältesten, der Vulgata vorausgehenden lateinischen Bibelübersetzungen; 2. (fälschliche) Bezeichnung für die Vetus Latina (eine alte lateinische Bibelübersetzung) {51/32}	**Italus**, a, um	italisch (= lateinisch), in oder aus Italien
1558	**item**	ebenso, desgleichen, ferner (veraltet) {83/56}	**item**	ebenso, ebenfalls, desgleichen, auch
-	**Item** (l>engl)	1. das Fernere, Weitere, ein weiterer (Frage)punkt {57/56}; 2. Einzelangabe, Element, Bestandteil; Einzelaufgabe innerhalb eines Tests {31/56/57}	dto.	dto.

1559	**Iteration**	1. schrittweises Rechenverfahren zur Annäherung an die exakte Lösung (math. t. t.) {71}; 2. Verdopplung einer Silbe, eines Wortes (rhet. t. t.); 3. Wiederholung einer Wortgruppe im Satz (rhet. t. t.) {76}; 4. zwanghafte, gleichförmige, ständige Wiederholung von Wörtern, Sätzen und einfachen Bewegungen (bei Geisteskrankheiten - med., psych. t. t.) {70}	**iteratio**, onis f	Wiederholung (auch als rhet., gramm. t. t.)
–	**iterativ**	1. wiederholend {56/59}; 2. sich schrittweise einer Lösung annähernd (math. t. t.) {71}	**iterativus**, a, um	zur Wiederholung dienend, wiederholend
–	**Iterativ(um)**	Verb mit wiederholender Aktionsart (sprachwiss. t. t.) {76}	dto.	dto.
–	**iterieren**	wiederholen, eine Iteration vornehmen {29/59/71/76}	**iterare**	(eine Handlung) noch einmal vornehmen, wiederholen, erneuern,
1560	**Itinerar(ium)**	1. Straßen- und Stationenverzeichnis der röm. Kaiserzeit (hist. t. t.) {75/32/64}; 2. Verzeichnis der Wegeaufnahmen bei Forschungsreisen {64/32/45}	**itinerarium**, ii n	das Signal zum Marsche; Wegbeschreibung

J

1561	**jade** l>span>frz	blaßgrün {55}	**ile**, lis n (o. **ileum**, ei / **ilium**, ii n) **ilia**, iorum n (Pl.) span. *ijada* *piedra de la ijada* afrz. *ejade* frz. *jade*	Unterleib, Weichen Magen, Gedärme Eingeweide, Weiche, Flanke Lendenstein blaßgrüner Stein
–	**Jade** l>span>frz	Mineral; blaßgrüner (chinesischer) Schmuckstein {02/20}	dto.	dto.
–	jaden			
1562	**jambisch** (gr)>l	den Jambus betreffend, nach Art des Jambus (sprachwiss. t. t.) {34/75/76}	**iambicus**, a, um gr. *ἰαμβικός*	jambisch
–	**Jambus** (gr)>l	antiker Versfuß (sprachwiss. t. t.) {34/75/76}	**iambus**, bi m gr. *ἴαμβος*	jambisches Versglied, Gedicht; jambischer Vers
1563	**Januar** o. **Jänner** l>vulgl	1. Monat im Jahr (schweiz., österr.) {59}	**Ianuarius**, a, um vulgl. Ienuarius*	zum Janus gehörig, januarisch
1564	**Januskopf** l;d	Bild eines zweigesichtigen Männerkopfes (als Bildnis des Zwiespalts) {25/51/55/75}	**Ianus**, ni m	römisch-italischer, doppelgesichtiger Gott
1565	**Jeton** l>vulgl>frz	1. Spielmünze, Spielmarke {56/85}; 2. Automatenmarke, Telefonmarke {46/56}	**iactare** vulgl. iectare* frz. *jeter* *jeton*	werfen, schleudern werfen, (be)rechnen
1566	**Jeu** l>frz	Spiel, Kartenspiel {85}	**iocus**, ci m	Scherz, Spaß; Spiel, Zeitvertreib
>>>	Job-Rotation s. Rotation			
–	**Joker** l>engl.	für jede andere Karte einsetzbare zusätzliche Spielkarte mit der Abbildung eines Narren {56/85}	dto.	dto.

–	**jokos**	scherzhaft, spaßig (veraltet) {26/33}	**iocosus**, a, um	scherzhaft, spaßig, kurzweilig
–	**Jokus**	Scherz, Spaß (ugs.) {26/33}	**iocus**	s. oben
–	**Jongleur** l>frz	1. Artist, Geschicklichkeitskünstler {40/85}; 2. jmd., der den Jongliersport ausübt {12/85}; 3. Spielmann, Possenreißer {40/75}	**ioculator**, oris m frz. *jongleur*	Spaßmacher, Schäker
–	**jonglieren** l>frz	1. mit artistischem Können mehrere Gegenstände gleichzeitig spielerisch werfen und auffangen {12/40/85}; 2. mit Gewichten o. ä. bestimmte Geschicklichkeitsübungen ausführen (Kunstkraftsport) {12/85}	dto. frz. *jongler*	dto.
1567	**Journal** l>vulgl>frz	1. Tageszeitung {32}; 2. Modezeitschrift {19/20/32}; 3. Tagebuch {32/34/59}	**diurnus**, a, um vulgl. diurnum* frz. *jour* *journal*	täglich Tag
–	**Journaille** l>vulgl>frz	hinterhältig-gemeine, skrupellose Presse, Journalisten {26/32/33/40}	dto.	dto.
–	**Journalismus** l>vulgl>frz	1. Tätigkeit, Arbeit eines Journalisten {40}; 2. charakteristische Art der Zeitungsberichterstattung, typischer journalistischer Schreibstil (salopp, abwertend) {32/26}	dto.	dto.
–	**Journalist** l>(vulgl) >(frz)	jmd., der beruflich für Presse, Rundfunk, TV schreibt, publizistisch tätig ist {40/32}	**diurnarius**, ii m	Journalist
–	**Journalistik** l>vulgl>frz	Zeitungswesen, -wissenschaft {32/40}	**diurnus**	s. oben
–	journalistisch			
1568	**jovial** l>mlat	betont wohlwollend, leutselig {26/84}	**Iovialis**, e	zu Jupiter gehörig
–	**Jovialität** l>mlat	joviales Wesen, Leutseligkeit {26/84}	dto.	dto.
1569	**jubilieren**	1. jubeln, frohlocken {26}; 2. ein Jubiläum feiern {33}	**iubilare**	jauchzen, frohlocken, ein wildes Geschrei erheben
–	**Jubel** l>vulgl	Freudengeschrei {32/26}	dto. mlat. iubilum	dto. freudiger Aufschrei; das Jauchzen, Frohlocken

>>> Jubeljahr, Jubilar, Jubiläum sind hebräischen Ursprungs!

–	**Jubilate** l>vulgl	Name des 3. Sonntags nach Ostern (rel. t. t.) {59/51}	**iubilare**	s. oben
–	**Jubilatio(n)** l>vulgl o. **Jubilus** kirchenl	jubelnde, auf einem Vokal gesungene Tonfolge im Gregorianischen Choral (rel. t. t.) {37/51}	**iubilatio,** onis f	das Jubeln, Jodeln, Frohlocken
–	**Jubilee** l>vulgl>frz >engl>am	religiöser Hymnengesang der farbigen Nordamerikaner {37/51}	**iubilum**	s. oben
1570	**Judikat**	Rechtsspruch, richterlicher Entscheid (veraltet - jur. t. t.) {82}	**iudicatum,** ti n	Urteil(sspruch), richterliche Entscheidung
–	**Judikation**	richterliche Untersuchung; Aburteilung (veraltet - jur. t. t.) {82}	**iudicatio,** onis f	Untersuchung, Urteil
–	**Judikative** l>nlat	richterliche Gewalt im Staat {50/82}	**iudicare**	verurteilen, gerichtlich entscheiden; beschließen
–	**judikatorisch**	richterlich (veraltet - jur. t. t.) {82}	**iudicatorius,** a, um	richterlich
–	**Judikatur** l>nlat	Rechtsprechung (jur. t. t.) {82}	**iudicare** (**iudicatur**	s. oben es wird gerichtlich entschieden)
–	**judiziell** l>nlat	die Rechtsprechung betreffend, richterlich (jur. t. t.) {82}	**iudicialis,** e	zum Gericht gehörig, gerichtlich; richterlich, amtlich
–	**judizieren**	das Richteramt verwalten, Recht sprechen (veraltet - jur. t. t.) {40/82}	**iudicare**	s. oben
–	**Judiz(ium)**	(jur. t. t.) 1. richterliche Untersuchung, Rechtspflege, Richteramt {40/82}; 2. Rechtsspruch {28/82}; 3. aus langjähriger Gerichtspraxis sich entwickelndes Rechtsfindungsvermögen {22/82}	**iudicium,** ii n	gerichtliche Untersuchung, Gerichtsverhandlung, Prozeß; Urteil
1571	**Jugulum**	Drosselgrube (Einsenkung an der Halsvorderseite zwischen dem Schlüsselbein u. den Hals- u. Schultermuskeln - med. t. t.) {11/70}	**iugulum,** li n	Schlüsselbein; Drosselgrube; Kehle
–	jugular			
1572	**Juice** l>frz>engl	Obst- oder Gemüsesaft {17}	**ius** (2.), uris n	Brühe, Suppe; Saft der Purpurschnecke vgl. ius (1.) 1578
1573	**Juli**	7. Monat im Jahr (nach Julius Cäsar benannt, der eine Kalenderreform durchführte) {59}	**Iulius,** a, um	zum Juli gehörig

1574	**Juni**	6. Monat im Jahr (nach der altröm. Göttin Juno benannt) {59}	**Iunius**, a, um	zum Juni gehörig
1575	**junior**	der jüngere {15/33}	**iunior**, ius (Komp.) bzw. **iuniores**, rum m (Pl.)	jünger(e/er/es) junge Mannschaft
–	**Junior**	1. Juniorchef einer Firma {40/41}; 2. Sohn (im Verhältnis zum Vater) {15/10}; 3. der junge Mann; Jungsportler {15/33/85}	dto.	dto.
1576	**Junktim**	notwendige Verbindung zwischen zwei Verträgen oder Gesetzesvorlagen {50/56/82}	**iunctim** (Adv.)	vereinigt, beisammen; gleich hintereinander
–	**Junktur**	1. Verbindung, Fuge (z. B. zwischen benachbarten Knochen des Skeletts - med. t. t.) {58/70}; 2. Grenze zwischen aufeinanderfolgenden sprachlichen Einheiten, die als Sprechpause erscheint (sprachwiss. t. t.) {76}	**iunctura**, ae f	Verbindung, Gelenk, Fuge, Bespannung
1577	**Junta** l>span	1. Regierungsausschuß (in Spanien, Lateinamerika) {50}; 2. = Militärjunta (s. darunter) {86}	**iungere** span. *juntar*	verbinden, vereinigen; anspannen; angrenzen verbinden
1578	**Jura**	1. Rechtswissenschaft {82}; 2. erdgeschichtliche Formation des Mesozoikums (nach dem schweiz. Gebirge) = Juraformation {62/59}	1.: **ius**, uris n 2.: **Iura**, ae f	Satzung, Verordnung; (Vor)recht Gebirgslandschaft in der Schweiz und Frankreich
–	**Jurator**	1. Wertsachverständiger {40/43/82}; 2. Eideshelfer (veraltet - jur. t. t.) {82}	**iurator**, oris m	Geschworener, Zeuge; Schwörer; Begutachter
–	**juridisch**	der Rechtswissenschaft entsprechend, juristisch {82}	**iuridicus**, a, um	das Recht handhabend, gerichtlich
–	**jurieren**	1. Werke für eine Ausstellung o. ä. zusammenstellen {28/34/36/57}; 2. in einer Jury, einem Sachverständigenausschuß mitwirken {25/33}	**iurare**	schwören, eidlich versichern
–	Jurierung			
–	**Jurisdiktion**	1. weltliche und geistliche Gerichtsbarkeit, Rechtsprechung {51/82}; 2. Vollmacht, Recht des Klerus zur Leitung der Mitglieder der Kirche {51}	**iurisdictio**, onis f	Zivilgerichtsbarkeit; Gerichtsbezirk
–	**Jurisprudenz**	Rechtswissenschaft {82}	**iurisprudentia**, ae f	Rechtsgelehrtheit, -wissenschaft

–	**Jurist** l>(mlat)	studierter, staatlich geprüfter Rechtswissenschaftler {40/82}	**ius** mlat. iurista	s. oben
–	**Juristerei** l>(mlat)	Rechtswissenschaft (ugs.) {40/82}	dto.	dto.
–	**juristisch** l>mlat	1. rechtswissenschaftlich, das Recht betreffend; 2. mit den Mitteln des Rechts, der Rechtswissenschaft {82}	dto.	dto.
–	**Juror** l>engl	Mitglied einer Jury {25/33}	**iurare**	s. oben
–	**Jury** l>frz>engl >(frz)	1. Schwurgericht, Gremium von Laien (bes. in Großbritannien, den USA) {82}; 2. Sachverständigenausschuß, Preisgericht {25/33}	dto. afrz. *jurée* frz. *jurer* *juré* engl. *jury*	Geschworenenversammlung Geschworener
–	**Jus**	1. Recht, Rechtswissenschaft {82}; 2. Bratensaft; Fruchtsaft (süddt., schweiz.) {17}	1.: **ius** 2.: **ius**	s. oben s. oben 1572
1579	**Jussiv** l>nlat	imperativisch gebrauchter Konjunktiv (sprachwiss. t. t.) {76}	**iussum**, si n	Befehl, Geheiß; Verordnung
1580	**just**	eben, gerade; recht {59/56}	**iuste** (Adv.)	gerecht, mit Recht, billig, gehörig
–	**justament** l>frz	1. gerade, genau {59/56}; 2. nun gerade, erst recht (veraltet) {28}	dto.	dto.
–	**justieren** l>mlat	1. Geräte oder Maschinen genau einstellen {40/41/72/87}; 2. Druckstöcke auf Schrifthöhe und Winkelständigkeit bringen {40/32}; 3. das Münzgewicht kontrollieren {25/40/42/56}	**iustare** (bzw. **iustus**, a, um mlat. iustare	gehörig untereinander mischen gerecht; recht, gehörig, ordentlich) berichtigen, in die gehörige Ordnung bringen
–	Justierer, Justierung o. Justage			
1581	**Justifikation** (l>nlat)	1. Rechtfertigung {25/32}; 2. (= Justifikatur) Rechnungsgenehmigung nach erfolgter Prüfung {80/42/28}	**iustificatio**, onis f	Rechtfertigung
–	**justifizieren**	1. rechtfertigen {25/32}; 2. eine Rechnung nach Prüfung genehmigen {28/42/80}	**iustificare**	recht handeln; rechtfertigen
1582	**Justitia**	altröm. Göttin des Rechts; Verkörperung der Gerechtigkeit {51/75/82}	**iustitia**, ae f	Gerechtigkeit, Billigkeit
–	**justitiabel** l>mlat	vor Gericht abzuurteilen {82}	dto.	dto.

–	**Justitiar(ius)** l>mlat	1. ständiger, für Rechtsangelegenheiten zuständiger Mitarbeiter eines Unternehmens, einer Behörde {40/41/42/49/82}; 2. Gerichtsherr in der Patrimonialgerichtsbarkeit (hist. t. t.) {75/82}	dto.	dto.
–	**Justitiariat** l>mlat	Amt des Justitiars {40/82}	dto.	dto.
–	**justitiell** l>mlat	die Justiz betreffend {82}	dto.	dto.
–	**Justitium**	Unterbrechung der Rechtspflege durch Krieg oder höhere Gewalt {59/82/86}	**iustitium**, ii n	Gerichtsruhe, -ferien; Staatstrauer
–	**Justiz**	1. Rechtswesen, -pflege; Rechtsprechung {82}; 2. Behörde, Gesamtheit der Justizbehörden {49/50/82}	**iustitia**	s. oben
>>>	Justizministerium s. Ministerium			
1583	**juvenil**	1. jugendlich, für junge Menschen charakteristisch {15/26/84} 2. direkt aus dem Erdinnern stammend, aufgestiegen (geol. t. t.) {62}	**iuvenilis**, e	jugendlich; heftig, stark
–	**Juvenilismus** l>nlat	1. Entwicklungsstufe des Jugendstadiums {15}; 2. Form seelischer Undifferenziertheit (psych. t. t.) {70}	dto.	dto.
–	**Juvenilität**	Jugendlichkeit {15/84}	**iuvenilitas**, atis f	Jugend
1584	**Juwel** l>vulgl>frz >niederl	1. Edelstein, Schmuckstück {20}; 2. etw. (jmd.) Wertvolles, hoch Geschätztes {56/33}	**iocus**, ci m vulgl. iocellum* afrz. *joël* mniederl. *juweel*	Scherz, Spaß Scherzhaftes, Kurzweiliges Schmuck
–	**Juwelier** l>vulgl>frz >niederl	Goldschmied, Schmuckhändler {40/42/20}	dto.	dto.
1585	**Jux**	Scherz, Spaß, Ulk (ugs.) {26/33}	**iocus**	s. oben 1566, 1584
–	**juxen**	ulken, Spaß machen (ugs.) {26/33}	dto.	dto.

K

1586a	**Kabarett** (gr)>l >mniederl >frz	1. zeit- und sozialkritische Kleinkunst(bühne) {33/35/74/85}; 2. drehbare, mit kleinen Fächern versehene Speiseplatte {44}	**camera,** ae f gr. *καμάρα* mniederl. *cambret* o. *cabret* frz. *cabaret*	Gewölbe, gewölbte Decke; Wölbung Kämmerchen Kleinkunstbühne; Restaurant; Satz Gläser mit Flasche vgl. unten 1603
–	Kabarettist			
1586b	**Kabel** l>mlat>frz	1. Ankertau, Schiffsseil {45}; 2. isolierte (Strom-, Telegrafen)leitung {41/46/72/87}	**capulus,** li m mlat. capulum frz. *câble*	Sarg, Griff Fangseil, Lasso
–	**kabeln** l>mlat>frz	ein Überseetelegramm aufgeben {46}	dto.	dto.
1587	**Kabine** l>aprov. >afrz>engl	1. Wohn- und Schlafraum auf Schiffen {44/45/58}; 2. kleiner, abgeteilter Raum für bestimmte Zwecke {58}; 3. Fahrgastraum eines Schiffes {45/58}	**cabanna,** ae f aprov. *cabana* afrz. *cabane* engl. *cabin*	Hütte (der Weinbergshüter) Hütte, Koje, Zelt
1588	**Kabrio(lett)** l>it>frz	1. Auto mit zurückklappbarem Stoffverdeck; 2. leichter, zweirädriger Einspänner (veraltet) {45}	**caper,** pri m it. *capriola* frz. *cabriole* *cabriolet*	(Ziegen)bock; Bocksgestank Bocksprung Einspänner
1589	**Kadaver**	toter, in Verwesung übergehender Tierkörper {15/09/69}	**cadaver,** eris n	Leiche, Leichnam; Aas
–	**Kadavergehorsam** l;d	blinder, willenloser Gehorsam unter völliger Aufgabe der Persönlichkeit {25/26/28/86}	dto.	dto.

1590	**Kadenz** l>vulgl>it	1. Akkordfolge als Abschluß eines Tonsatzes (mus. t. t.); 2. harmonisches Grundgerüst der Akkordfolge (mus. t. t.); 3. virtuose Paraphrasierung des Hauptthemas (mus. t. t.) {37}; 4. Schlußfall der Stimme (sprachwiss. t. t.) {76}; 5. metrische Form des Versschlusses {76/34}; 6. Klausel {25/56}; 7. Feuergeschwindigkeit pro Minute {59/86}	**cadere** vulgl. cadentia* it. *cadenza*	fallen, sinken, sich senken das Fallen
1591	**Kader** l>it>frz (l>it>frz >russ)	1. erfahrener Stamm (z. B. eines Heeres, einer Sportmannschaft) {33/86}; 2. (einzelner Angehöriger einer) Gruppe leitender Personen mit wichtigen Funktionen in Partei, Staat und Wirtschaft (DDR) {50/33/75}	**quadra**, ae f it. *quadro* frz. *cadre*	Viereck, Quadrat, Platte Rahmen, Einfassung
1592	**Kadett** l>prov>frz	1. Zögling eines Offiziersanwärterinternats (hist. t. t.) {31/75/86}; 2. Mitglied einer Organisation für Wehrkundeunterricht (schweiz.) {31/33/86}; 3. Bursche, Kerl (ugs.) {25/32/33}; 4. blau- oder schwarz-weiß gestreiftes Baumwollgewebe {19}	**capitellum**, li n prov. *capdel* frz. *cadet*	Köpfchen Offiziersanwärter
1593	**Käfig**	1. Vogelbauer, (vergittertes) Behältnis, Gehege {44/58/69}; 2. ein persönlich eingeengtes Leben (führen) {33}	**cavea**, ae f	Höhlung, Gehege, Käfig, Vogelbauer
1594	**Kaiser**	(Ober)herrscher (ältestes lateinisches Lehnwort im Germanischen) {50/75}	Gaius Iulius **Caesar**	römischer Feldherr, Staatsmann, Diktator (100-44 v. Chr.)
–	**Kaiserschnitt** l>mlat;d	herausschneiden des Fötus aus dem Mutterleib, künstliche Geburt (med. t. t.) {70}	**caedere** (PPP. **caesum**) mlat. sectio caesarea	schlagen, hauen; herausschneiden Kaiserschnitt
1595	**Kalamität**	1. (schlimme) Verlegenheit, mißliche Lage {25/26/33}; 2. durch Schädlinge, Unwetter o. ä. hervorgerufener Schaden in Pflanzenkulturen (biol. t. t.) {68/39}	**calamitas**, atis f	Schaden, Unheil, Unglück
1596a	**Kaldarium**	1. altröm. heißes Badezimmer {44/58/75}; 2. warmes Gewächshaus (veraltet) {39/58/68}	**caldarium**, ii n	Warmzelle im Bad, Warmbad

1596b	**Kaldaune** l>mlat	Eingeweide; eßbare Innereien (besonders vom Rind) {17}	**calidus,** a, um mlat. calduna o. caldumen	warm Eingeweide
1597	**kalendarisch**	nach dem Kalender {59}	**calendaris,** e	zu den Kalenden (= 1. Tag des Monats) gehörig
–	**Kalendarium**	1. Verzeichnis kirchlicher Gedenk- und Festtage {51/59/32}; 2. (Termin)kalender {59/32}; 3. altröm. Verzeichnis der am Monatsersten fälligen Zinsen (hist. t. t.) {75/59/42}	**calendarium,** ii n	Schuldregister, -buch
–	**Kalenden**	erster Tag des altröm. Monats (hist. t. t.) {75/59}	**Calendae,** arum f (Pl.)	1. Tag des Monats; Monat
–	**Kalender** l>mlat	Zeitweiser durchs Jahr {59/32}	**calendarium**	s. oben
1598	**Kalfaktor** o. **Kalfakter** l>mlat	1. jmd., der untergeordnete Hilfsdienste verrichtet (z. B. als Häftling im Gefängnis) {33}; 2. jmd., der andere bespitzelt, verleumdet, denunziert {28/32/33/82}	**calefacere** mlat. cal(e)factor	warm -, heiß machen, erhitzen, heizen Warmmacher, Heizer
1599	**Kalk**	Kreide; Tünche; weiße, wasserlösliche Gesteinsart {02}	**calx,** lcis f	Spiel-, Kalkstein; Kreide, Kalk
–	kalken, kalkig			
1600	**Kalkül** l>frz	1. Berechnung, Überlegung {25}; 2. Regelsystem zur schematischen Konstruktion von Figuren (math. t. t.) {71}	**calculus,** li m	(Rechen)stein; (Be)rechnung
–	**Kalkulation**	Kostenermittlung, Kostenvoranschlag {42/80}	**calculatio,** onis f	Berechnung
–	**Kalkulator**	Angestellter des betrieblichen Rechnungswesens {40/41/42}	**calculator,** oris m	Rechner, Rechenkünstler; Buchhalter
–	**kalkulatorisch**	rechnungsmäßig {42}	**calculatorius,** a, um	zum Rechnen gehörig
–	**kalkulieren**	1. (be)rechnen, veranschlagen {25/42/56}; 2. abschätzen, überlegen {25}	**calculare**	be-, an-, zusammenrechnen
1601	**Kalorie** l>nlat	1. phys. Maßeinheit für die Wärmemenge {72/56}; 2. Maßeinheit für den Energiewert (Nährwert) von Lebensmitteln {17/56/70}	**calor,** oris m	Wärme, Hitze, Glut
–	**Kalorimeter** l;gr	Gerät zur Bestimmung von Wärmemengen (phys. t. t.) {72}	dto. gr. μέτρον	dto. Maß
–	**kalorisch** l>nlat	die Wärme betreffend (phys. t. t.) {72}	**calor**	s. oben

1602	**Kalzit** o. **Calcit** l>nlat	Kalkspat {02}	**calx**	s. oben 1599
–	**Kalzium** l>nlat	chemischer Grundstoff (Metall) {02/73}	dto.	dto.
>>>	Kalzium... s. ggf. unter dem Rest des Wortes			
1603a	**Kamarilla** (gr)>l >span	einen unkontrollierten Einfluß ausübende Hofpartei; Clique in unmittelbarer Umgebung eines Herrschers {33/47/50}	**camera**, ae f gr. *καμάρα* span. *camarilla*	Gewölbe, gewölbte Decke, Wölbung königlicher geheimer Staatsrat
–	**Kamera** (gr)>l>nlat	1. Aufnahmegerät für Filme und TV-Übertragungen; 2. Fotoapparat {46/87}	dto.	dto.
–	**Kamerad** (gr)>l>it >frz	Genosse, Gefährte {33}	dto. it. *camerata* frz. *camerade*	dto. Stubengenossenschaft; Genosse, Gefährte
–	Kameraderie			
–	**Kameralien** (gr)>l>nlat	Staatswissenschaft; Volkswirtschaftslehre {50/80}	dto.	dto.
–	**Kameralismus** (gr)>l>nlat	Lehre von der ertragreichsten Gestaltung der Staatseinkünfte (hist. t. t.) {50/80/75}	dto.	dto.
–	**Kameralist** (gr)>l>nlat	(hist. t. t.) 1. Fachmann für Kameralistik {50/80/75}; 2. Beamter einer fürstlichen Kammer {40/47/50/75}	dto.	dto.
–	**Kameralistik** (gr)>l>nlat	1. Finanzwissenschaft (veraltet) {80/75}; 2. auf den Nachweis von Einnahmen und Ausgaben gerichtete Rechnungsführung {42/80}	dto.	dto.
–	kameralistisch, Kameralwissenschaft			
–	**Kammer** (gr)>l>nlat	1. Schlafgemach; 2. Vorratsraum {44/58}; öffentliche Kasse, Schatzkammer {50/42/43}	dto.	dto.
–	Kammerdiener, Kammersänger, Kammermusik, Kammerjäger			
–	**Kämmerer** (gr)>l>nlat	fürstlicher Aufseher für Finanzen im Mittelalter (hist. t. t.) {42/47/50/75}	dto.	dto.
1603b	**Kamée** l>frz	erhaben geschnittener Edelstein {20}	**gemma**, ae f afrz. *game* frz. *camée*	Knospe; geschnittener Edelstein; Juwel

1604	**Kamp**	1. eingefriedetes Feld, Grasplatz, Feldstück {39/58}; 2. Pflanzengarten zur Aufzucht von Forstpflanzen {68/39}	**campus**, pi m	Feld, Fläche, Ebene, Tummelplatz
–	**Kampagne** l>it>frz	1. militärischer Feldzug (veraltend) {29/86}; 2. gemeinschaftliche, großangelegte, zeitliche begrenzte Aktion, Aktivität {29/33/59}	dto. spätl. **campania**, iorum n (Pl.) it. *campagna* frz. *campagne*	dto. flaches Land, Blachfeld Ebene
–	**Kämpe** l >westgerm	Kämpfer, alter Haudegen {33/86}	uns.: **campus**	s. oben
–	**Kampf** l >westgerm	Zweikampf, Kampfspiel, körperliche Auseinandersetzung {29/86}	uns.: **campus**	s. oben
–	kämpfen, Kämpfer			
–	**kampieren** l>it>frz	1. im Freien lagern {33/85}; 2. irgendwo behelfsmäßig untergebracht sein (ugs.) {58/44}	dto. it. *campo* frz. *camp camper*	dto.
1605	**Kanaille** l>it>frz	bösartiger Mensch (bzw. Menschen), der anderen schaden will {25/33}	**canis**, is m it. *canaglia* frz. *canaille*	Hund Hundepack Gesindel
1606	**Kanal** (gr)>l>it	1. künstlich angelegte Wasserstraße {45}; 2. unterirdischer Abwassergraben {44/58/88}; 3. röhrenförmiger Durchgang (med. t. t.) {70}; 4. bestimmter Frequenzbereich eines Senders (techn. t. t.) {46/87}	**canalis**, is mf gr. *κάννα* it. *canale*	Röhre, Rinne, (Wasser)kanal
–	**Kanalisation** (gr)>l>it	1. unterirdisches Abwasserrohrleitungssystem (bzw. dessen Bau) {40/44/58/88}; 2. Ausbau von Flüssen zu schiffbaren Kanälen {45}	dto.	dto.
–	**kanalisieren** (gr)>l>it	1. eine Örtlichkeit mit einer Kanalisation (1.) versehen {40/44/58/88}; 2. eine Fluß schiffbar machen {45}; 3. etw. gezielt in eine bestimmte Richtung leiten (von politischen Bewegungen) {28/50/33}	dto.	dto.
–	Kanalisierung			
1607	**Kandelaber** l>frz	1. mehrarmiger Kerzenleuchter {44/57}; 2. mehrarmiger Ständer für die Straßenbeleuchtung {45/49/57}	**candelabrum**, ri n	Leuchter, Kandelaber

1608	**Kandidat**	1. jmd., der sich um etw., ein Amt bewirbt {27/33/40/50}; 2. Student, der sich auf das Examen vorbereitet; 3. Prüfling {31}	**candidatus**, ti m	(weißgekleideter) Bewerber um ein Amt
>>>	Kandidatenturnier s. Turnier			
–	**Kandidatur** l>nlat	Anwartschaft; als Kandidat aufgestellt sein {27/33/40/50}	**candidare**	glänzend weiß kleiden
–	**kandidieren** l>nlat	sich um ein Amt, eine Stelle bewerben {27/40/50}	dto.	dto.
1609	**Kanin-(chen)** iber>l>frz	(landsch. Karnickel) Kaninchenfell; Stallhase {06/19}	**cuniculus**, li m afrz. *conin*	Kaninchen; unterirdischer Gang
1610	**Kanne** (gr)>l>it	(bauchiges) Gefäß {44}	**canna**, ae f gr. *κάννα*	kleines Rohr, Schilf, Röhre vgl. oben 1606
1611	**kantabel** l>it	gesanglich, singbar {37}	**cantabilis**, e	des Besingens wert, preisenswert
–	**Kantabile** l>it	ernstes, getragenes Tonstück (mus. t. t.) {37}	dto.	dto.
–	**Kantabilität** l>it>nlat	Singbarkeit, gesanglicher Ausdruck; melodische Schönheit (mus. t. t.) {37}	dto.	dto.
–	**Kantate**	1. der vierte Sonntag nach Ostern {59}; 2. jährliche Zusammenkunft deutscher Buchhändler an diesem Tag {59/33/42};	**cantatus**, us m	Gesang
	(l>it)	3. mehrteiliges, meist lyrisches Gesangsstück mit Instrumentalbegleitung (mus. t. t) {37}		
1612	**Kante** (gr)>l>afrz	Rand, Ecke {58}	**canthus**, thi m gr. *κανθός* afrz. *cant*	eiserner Reif ums Rad, Radschiene; Radfelge; Augenwinkel Ecke (Kreis, Rand)
–	kantig, (ver)kanten, Kanthaken			

–	**Kanton** (gr)>l>it >frz	1. Bundesland der Schweiz; 2. Bezirk, Kreis in Frankreich und Belgien {48}; 3. Wehrverwaltungsbezirk in Preußen (hist. t. t.) {48/75/86}	dto. gr. *κανθός* it. *canto* afrz. *cant* it. *cantone* frz. *canton*	dto. Winkel, Ecke Bezirk Ecke, Winkel; Landstrich, Bezirk
–	kantonal			
–	**Kantonist** l>it>frz	1. ausgehobener Rekrut (veraltet) {86}; 2. unsicherer -: unzuverlässiger Mensch {25/33}	dto.	dto.
1613	**Kantor**	1. Vorsänger im Gregorianischen Choral; 2. Leiter des Kirchenchores, Organist {37/40/51}	**cantor**, oris m	Sänger, Schauspieler
–	**Kantorat** l>mlat	Amtszeit eines Kantors {59/37/51}	dto.	dto.
–	**Kantorei** l>mlat	1. Gesangschor im Mittelalter (hist. t. t.) {75/37}; 2. fürstliche Kapellinstitution im 15./16. Jh. {37/47/75}; 3. Schulchor {37/31}; 4. evangelischer Kirchenchor {37/51}	dto.	dto.
–	**Kantus**	Gesang (Studentensprache) {37}	**cantus**, us m	Gesang, Ton, Melodie
1614	**Kanüle** sumer >babyl>gr >l>frz	(med. t. t.) 1. Röhrchen zum Einführen oder Ableiten von Luft oder Flüssigkeiten; 2. Hohlnadel an einer Injektionsspritze {70}	**cannula**, ae f gr. *κάννα*	kleines Rohr, Röhre; Luftröhre vgl. oben 1610
1615	**Kanzel** l>mlat	1. erhöhter Stand für den kirchlichen Prediger {51/58}; 2. Lehrstuhl (österr.- veraltet) {31}; 3. Pilotenkabine in Flugzeugen {45/58}	**cancelli**, lorum n (Pl.)	Gitter, Einzäunung, Schranken
–	**Kanzlei** l>mlat	Schreibstube, Büro; Dienstraum für Behördenbeamte {40/49/50/58}	dto.	dto.
–	**(ab)kanzeln** l>mlat	jmdm. von der Kanzel herab eine Strafpredigt halten; streng zurechtweisen {26/30/32/33}	dto.	dto.
–	**Kanzler** l>mlat	1. Leiter der Kanzlei im Mittelalter (hist. t. t.) {75/47/40}; 2. Regierungschef eines Staates {50/40}	**cancellarius**, ii m	Türsteher; Kanzleidirektor

1616	**kanzellieren** l>mlat	Geschriebenes mit sich gitterförmig kreuzenden Strichen ungültig machen (veraltet) {32/56}	**cancellare**	gitterförmig machen, gittern; durchstreichen
1617	**kanzerogen** l;gr	krebserregend, -erzeugend (med. t. t.) {70}	**cancer**, cri m + gr. *γένεσις*	Gitter; Krebs; Krebskrankheit; Geschwür Entstehung, Erzeugung
–	**Kanzerologie** l;gr	Lehre von der Erkennung und Behandlung bösartiger Tumoren (med. t. t.) {70}	dto. + gr. *λόγος*	dto. Wort, Kunde, Kenntnis
–	Kanzerologe			
–	**Kanzerophobie** l;gr	Furcht vor einer Krebserkrankung (med. psych. t. t.) {25/26/70}	dto. + gr. *φόβος*	dto. Furcht, Schrekken; Flucht
–	**kanzerös**	krebsartig (med. t. t.) {70}	**cancerosus**, a, um	voller Krebsgeschwüre
1618	**Kanzone** l>it	1. romanische Gedichtform {34}; 2. leichtes, empfindungsvolles Lied (mus. t. t.) {26/37}; 3. A-Capella-Chorgesang im 14./15. Jh. (mus. t. t.) {37/75}; 4. liedartige Instrumentalkomposition für Orgel, Laute, Klavier, Streichinstrumente (mus. t. t.) {37}	**cantio**, onis f	Gesang, Lied, Arie; Geleier (abwertend)
–	**Kanzonette** l>it	kleines Gesangs- oder Instrumentalstück (mus. t. t.) {37}	dto.	dto.
1619a	**Kap** l>vulgl >prov>frz >niederl	Vorgebirge; vorspringender Teil einer Felsenküste {02/64}	**caput**, pitis n vulgl. capum* aprov. *cap* frz. *cap*	Haupt, Kopf; Spitze, Kuppe Vorgebirge
1619b	**Kapaun** l>vulgl>frz	verschnittener Masthahn {06/17}	**capus**, pi m bzw. **capo**, onis m vulgl. cappo* frz. *c(h)apon*	Kapaun, Kapphahn
1620	**Kapazität**	1. Fassungs-, Speicherungs-, Leistungs-, Produktionsvermögen (vom Geist, technischem Gerät gesagt; räumlich) {22/41/58/71/72}; 2. Kondensator {72/87}; 3. Produktionsstätte {41/58}; 4. hervorragender Fachmann {40/22}	**capacitas**, atis f	Fassungsvermögen; Geräumigkeit; Umfang; (geistige) Fähigkeit
–	**kapazitiv** l>engl	die Kapazität eines Kondensators betreffend (phys. t. t.) {72}	dto.	dto.

>>> Kapazitätsreserven s. Reserven

1621	**Kapelle** l>mlat (l>mlat>it)	1. kleines (privates) Gotteshaus ohne Gemeinde {51}; 2. abgeteilter Raum für Gottesdienste {51/58}; 3. mittelalterlicher Kirchengesangschor {37/51/75}; 4. Musikergruppe, Instrumentalorchester {37};	**cappa**, ae f mlat. cap(p)ella 3.: it. *capella*	Kopfbedeckung; Mantel mit Kapuze kleiner Mantel; kleines Gotteshaus Musikergesellschaft
>>>	Kapellmeister s. Meister			
1623	**kapieren**	begreifen, verstehen {25/22}	**capere**	fassen; be-, ergreifen; verstehen
–	**Kapee** l>(frz)	schwer von - sein: begriffsstutzig sein (ugs.) {22/25}	dto.	dto.
1624	**kapillar**	haarfein (von Blutgefäßen - med. t. t.) {53/70}	**capillaris**, e	zum Haar gehörig, Haar...
–	**Kapillare**	1. Haargefäß, kleinstes Blutgefäß (biol., med. t. t.) {69/70}; 2. Röhrchen mit sehr kleinem Querschnitt (phys. t. t.) {72/58}	dto.	dto.
–	**Kapillarität** l>nlat	das Verhalten von Flüssigkeiten in engen Röhren (phys. t. t.) {72}	dto.	dto.
1625	**kapital**	1. etw., das alles vergleichbare übersteigt {56/57}; 2. außerordentlich groß, stark (waidm. t. t.) {38}	**capitalis**, e	das Leben betreffend; gefährlich; vorzüglich, hauptsächlich
–	**Kapital** l>it	1. zu einer gewinnbringenden Produktion verwendetes Geld und Sachwerte (wirtsch. t. t.) {43/80}; 2. Wert des Vermögens eines Unternehmens (wirtsch. t. t.) {43/42/41}; 3. Gesamtheit der kapitalkräftigen Unternehmen (wirtsch. t. t.) {80/57}; 4. gewebtes Band am Buchblockrücken {32/40}	**caput**, pitis n it. *capitale* 4. **capital**, lis n	Kopf, Spitze, Hauptsache Hauptsumme, Reichtum leinernes Tuch; Kapitalverbrechen
–	**Kapitale** l>frz	1. Hauptstadt (veraltet) {48/64}; 2. Majuskelschrift im Mittelalter {32/75}	dto.	dto.
>>>	Kapital... s. ggf. unter dem Rest des Wortes			
–	**Kapitalisation** l>nlat	Umwandlung einer laufenden Einnahme in einen einmaligen Kapitalbetrag (wirtsch. t. t.) {80}	dto.	dto.
–	**kapitalisieren** l>nlat	in eine Geldsumme umwandeln (wirtsch. t. t.) {80}	dto.	dto.
–	Kapitalisierung			

–	**Kapitalismus** l>nlat	Wirtschaftssystem mit freiem Unternehmertum (wirtsch. t. t.) {80}	dto.	dto.
–	**Kapitalist** l>nlat	(wirtsch. t. t.) 1. Kapitalbesitzer {43/80}; 2. jmd. mit überwiegendem Einkommen aus Zinsen, Renten o. Gewinn {33/43}; 3. jmd., der über viel Geld verfügt (abwertend, ugs.) {43}	dto.	dto.
–	kapitalistisch			
–	**Kapitalverbrechen** l;d	schwere Straftat (z. B. Mord) {82}	**capital**	s. oben
1626	**Kapitän** l>it>(frz)	1. Kommandant eines Schiffes; 2. Chefpilot {40/45/86}; 3. Spielführer einer Sportmannschaft {85}	**capitaneus**, a, um it. *capitano* afrz. *capitaine*	durch Größe hervorstehend; vorzüglich Anführer, Hauptmann
–	**Kapitänspatent** l>it>(frz); mlat	amtliches Zeugnis, das jmdn. zur Führung eines Schiffes berechtigt {45/32/33}	dto. + mlat. (littera) **patens**	dto. landesherrlicher offener Brief; Offizierspatent
1627	**Kapitel**	1. Hauptstück, Abschnitt in einem Druckwerk {32/58}; 2. Körperschaft der Geistlichen einer Dom- oder Stiftskirche; 3. Versammlung eines geistlichen Ordens {51/33}	**capitulum**, li n	Köpfchen, Kapitell; Abschnitt, Kapitel
–	**Kapitell**	oberer Abschluß einer Säule, eines Pfeilers {88}	**capitellum**, li n	Köpfchen; Säulenkapitell
–	**Kapitelsaal** l;d	Sitzungssaal im Kloster {51/58/88}	**capitulum**	s. oben
1628	**Kapitol**	1. Stadtburg im alten Rom, Senatssitz (hist. t. t.) {50/75/88}; 2. Sitz des amerikanischen Senats, Parlamentsgebäude der USA in Washington {50/88}	**Capitolium**, ii n	Jupitertempel in Rom
1629	**Kapitulant** l>mlat>frz	1. Soldat, der sich zu einer längeren Dienstzeit verpflichtet (veraltet) {59/86}; 2. jmd., der vor den Argumenten politischer Gegner kapituliert {50/25/28}	**capitulum** mlat. capitulare frz. *capituler*	s. oben 1627 über einen Vertrag verhandeln unterhandeln
–	**Kapitular** l>mlat	Mitglied eines (Dom)kapitels {51/33}	**capitularii**, iorum m (Pl.)	Steuereinnehmergehilfen; Rekruten
–	**Kapitularien** l>mlat	Gesetze und Verordnungen der fränkischen Könige (hist. t. t.) {75/50}	**capitularium**, ii n	Kopfsteuer

–	**Kapitulation** l>mlat>frz	1. das Kapitulieren {25/28/33/86}; 2. Kapitulationsvertrag {32/50/86}; 3. resignierendes Nachgeben {28/25}; 4. Vertrag, der den Dienst eines Soldaten verlängert (veraltet) {59/86}	**capitulum**	s. oben
–	**kapitulieren** l>mlat>frz	1. sich dem Feind ergeben, sich unterwerfen {25/28/50/86}; 2. resignierend aufgeben, nachgeben {25/28}; 3. einen Kapitulationsvertrag (s. Kapitulation 4.) abschließen {59/86}	dto.	dto.
1630	**Kaplan** l>mlat	1. dem Pfarrer untergeordneter kath. Geistlicher; 2. Geistlicher mit besonderen Aufgaben {51}	**cappa**, ae f mlat. capella capellanus	s. oben 1621 Geistlicher, der den Gottesdienst in einer Kapelle abhält
1631a	**Kappe**	krempenlose Kopfbedeckung, Mütze {19}	**cappa** ae f	Kopfbedeckung vgl. oben 1621
–	Käppi			
1631b	**kappen** mlat >niederl	abschneiden, beschneiden; abhauen {58/39/29}	mlat. **cappare**	schneiden
1632	**Kappes** l>mlat	1. (landsch.) Weißkohl {05/17}; 2. unbrauchbare Pfuscharbeit (ugs.) {25/40/56}; 3. dummes, törichtes Geshwätz (ugs.) {25/32}	**caput**, pitis n mlat. caputia	Kopf, Spitze Kohlkopf, Weißkohl
1633	**Kapriccio** l>it	scherzhaftes, launiges Musikstück (mus. t. t.) {37}	**caput** it. *capriccio*	s. oben Laune, Grille
–	**Kaprice** l>it>frz	Laune, verspielter Eigensinn {26}	dto. frz. *caprice*	dto.
–	**kaprizieren** l>it>frz	eigensinnig auf etw. bestehen {26/28}	dto.	dto.
–	**kapriziös** l>it>frz	launenhaft, eigenwillig {26/28/84}	dto.	dto.
1634	**Kapriole** l>it	1. Luftsprung {12}; 2. Sprung in der Reitkunst {61/85}; 3. launenhafter, toller Einfall; übermütiger Streich {25/26}	**caper**, pri m it. *capro* *capriola*	(Ziegen)bock Bocksprung vgl. oben 1588
–	kapriolen			
1635	**Kapsel**	(rundes) Behältnis, Kästchen {58/44}	**capsula**, ae f	kleine Kapsel, Kästchen
–	abkapseln			
1636a	**Kapuze** l>it	an den Mantel angearbeitete Kopfbedeckung {19}	**cappa**, ae f it. *capuccio*	(Mantel) mit Kopfbedeckung

1636b	**Karamel** (gr)>l >span/port >frz	gebrannter Zucker {17}	**calamellus**, li m gr. *κάλαμος* span. / port. *caramelo* frz. *caramel*	Röhrchen Schilfrohr, Halm Zuckerrohr; gebrannter Zucker Gerstenzucker; gebrannter Zucker
–	Karamelle, karamellisieren			
1637	**Karbid** l>mlat	(chem. t. t.) 1. Kalziumkarbid, chemischer Rohstoff; 2. chemische Verbindung aus Kohlenstoff und einem Metall {73}	**carbo**, onis f	Kohle; böses Geschwür
–	**Karbo...**	Kohlenstoff in einer chemischen Verbindung {73}	dto.	dto.
–	**Karbol**	Karbolsäure, Phenol (chem. Verbindung) {73}	dto.	dto.
–	**Karbon**	erdgeschichtliche Formation (geol. t. t.) {59/62}	dto.	dto.
–	**Karbonade** l>it>frz	Kotelett, gebratenes Rippenstück (landsch.) {17}	dto.	dto.
–	**Karbonat** l>nlat	1. grauschwarze Diamantenabart {02}; 2. kohlensaures Salz {73}	dto.	dto.
1638	**Karbunkel**	Häufung dicht beieinanderliegender Furunkel (med. t. t.) {70}	**carbunculus**, li m	kleine Kohle; Edelsteinart; Geschwür
1639	**kardinal** o. **Kardinal...** l>mlat	grundlegend, wichtig, haupt... {56/25}	**cardinalis**, e	zur Türangel gehörig; vorzüglich, Haupt...
–	**Kardinal**	1. höchster kath. Würdenträger nach dem Papst (kath. rel. t. t.) {33/51}; 2. Singvogelart {07}; 3. Apfelsorte {05/17}; 4. eine Art Bowle {17}	dto.	dto.
–	Kardinalat			
–	**Kardinale** (o. **Kardinalzahl**)	Grundzahl, ganze Zahl {57}	dto.	dto.
>>>	Kardinal... s. ggf. unter dem Rest des Wortes			
1640a	**Karenz**	1. (...zeit): Wartezeit, Sperrfrist {59}; 2. Enthaltsamkeit, Verzicht {17/25/28}	**carentia**, ae f	das Nichthaben, Freisein von etw.

1640b	**Karfiol** [(gr)>l>it;l >it]>it	Blumenkohl (süddt., österr.) {05/17}	**caulis**, is m gr. *καυλός* it. *cavolo* + **flos**, oris n it. *fiore* *cavolfiore*	Stengel, Strunk; Kohl Blume Kohlblume
1641	**Karfunkel**	1. feurig-roter Edelstein {02/20}; 2. Karbunkel (med. t. t.) {70}	**carbunculus**, li m	s. oben 1638
1642	**Kargo** l>span (oder: gall>l >vulgl >span>frz)	Ladung eines Schiffes {45/42}	**carricare** span. *cargar*	beladen, belasten
1643	**karieren** l>frz	mit Würfelzeichnung mustern, kästeln {32/55}	**quadrare** frz. *carré*	viereckig machen, - sein; passen
-	**kariert** l>frz	1. gewürfelt, gekästelt {55}; 2. wirr, ohne erkennbaren Sinn (ugs.) {25}	dto.	dto.
1644	**Karies**	(med. t. t.) 1. Zahnfäule; 2. entzündliche Knochenerkrankung, Knochentuberkulose {70}	**caries**, iei f	Fäulnis, Morschheit
-	**kariös**	von Karies befallen, angefault (med. t. t.) {70}	**cariosus**, a, um	morsch, faul, mürbe
1645	**karikativ** (gall)>l >vulgl>it	in der Art einer Karikatur, verzerrt komisch {25/26/33/36}	**carricare** it. *caricatura*	s. oben 1642 Übertreibung, Überladung, Karikatur
-	**Karikatur** (gall)>l >vulgl>it	1. komisch übertriebene Zeichnung; 2. das Karikieren; Kunst der Karikatur {26/36}; 3. Zerr-, Spottbild {25/26/33/36}	dto.	dto.
-	**Karikaturist** (gall)>l >vulgl>it	Karikaturenzeichner {25/33/36/40}	dto.	dto.
-	**karikaturistisch** (gall)>l >vulgl>it	in der Art einer Karrikatur {25/33/36/56}	dto.	dto.
-	**karikieren** (gall)>l >vulgl>it	verzerren, als Karikatur darstellen {25/26/36}	dto.	dto.
1646	**Karitas**	(christliche) Nächstenliebe; Wohltätigkeit {33/30/28/51}	**caritas**, atis f	Teuerung; Hochachtung; Liebe; Werthaltung
-	**karitativ** l>nlat	mildtätig, Wohltätigkeits... {30/33/28/51}	dto.	dto.

1647	**Karneval** l>it	Fastnacht(sfest) {33/59}	uns. ob: 1. **carne, vale** aus: caro + valere oder: 2. **carrus navalis** aus: carrus + navalis, e	 Fleisch, leb wohl s. unten 1648 s. oben 0716 Schiffskarren s. oben 0504 zu den Schiffen gehörig
–	**Karnevalist** l>it	aktiver Teilnehmer am Karneval, Büttenredner o. ä. {33/85}	dto.	dto.
–	karnevalistisch			
1648	**karnivor** l;l	fleischfressend (von Pflanzen und Tieren - biol. t. t.) {68/69}	**caro,** rnis f + **vorare**	Fleisch verschlingen, verschlucken; gierig fressen
–	**Karnivore** l;l	Fleischfresser (biol. t. t.) {68/69}	dto.	dto.
1649	**Karo** l>gallorom >frz	1. Raute, Viereck {58}; 2. niedrigste Farbe im Kartenspiel; 3. Kartenspiel, bei dem Karo Trumpf ist {56/85}	**quadra**, ae f o. **quadrum**, ri n gallorom. quadrellum* frz. *carreau*	Viereck; Quadrat
1650	**Karosse** (gall)>l>it >frz	von Pferden gezogener Prunkwagen; Staatskutsche {33/45}	**carrus**, ri m it. *carro* *carozza* frz. *carosse*	vierrädriger Transportwagen, Karren
–	**Karosserie** (gall)>l>it >frz	Wagenoberbau, -aufbau (von Kraftwagen) {45}	dto.	dto.
–	**Karre(n)** (gall)>l>it >frz	1. kleines ein- bis zweirädriges Fahrzeug (zum Schieben) {40/45}; 2. klappriges Auto (abwertend, landsch.) {45}	dto.	dto.
–	**karren** (gall)>l>it >frz	etw. mit einer Karre befördern {40/45/61}	dto.	dto.
1651	**Karree** l>frz	1. Viereck {71}; 2. nähere Umgebung, Häuserblock {58}; 3. gebratenes oder gedämpftes Rippenstück (gastron. t. t.) {17}; 4. Diamantenschlifform {20/40/53}	**quadrare** frz. *carré*	s. oben 1643 Viereck

1652	**Karriere** (gall)>l >aprov>frz	1. schnellste Gangart des Pferdes {61}; 2. bedeutende, erfolgreiche Laufbahn {33/40}	**carrus** spätl. (**via**) **carraria** aprov. *carriera* frz. *carrière*	s. oben 1650 Straße Renn-, Laufbahn
–	**Karrieris-mus** (gall)>l >aprov>frz	rücksichtsloses Karrierestreben (abwertend) {28/33/40/84}	dto.	dto.
–	Karrierist, karrieristisch			
–	**kariolen** (gall)>l >mlat>it >frz	1. mit der Briefpost fahren (veraltet) {61/45}; 2. herumfahren, unsinnig fahren (landsch., ugs.) {45/61/25}	dto.	dto.
1653a	**Kartätsche** (gr)>l>it >(engl)	Artilleriegeschoß {86}	**charta,** ae f gr. χάρτης it. *carta* *cartaccia* engl. *cartage* it. *cartoccio*	Blatt Papier, Papyrusstaudenblatt; Brief, Schrift grobes Papier Tüte; Flintenpatrone
–	Kartätschenprinz, niederkartätschen			
–	**Karte** (äg)>(gr)>l >frz	(steifes) bedrucktes Blatt Papier (Land-, Spiel-, Speisekarte etc.) {32/64/85}	dto. frz. *carte*	dto.
–	**Kartei** (äg)>(gr)>l >frz	Zettelkasten {32/40/58}	dto.	dto.
–	**Karto...** (äg)>(gr)>l >frz	Karten..., Zettel... etc. {32}	dto.	dto.
–	**Kartell** (äg)>(gr)>l >it>frz	Zusammenschluß von wirtschaftlichen Unternehmen (wirtsch. t. t.) {80/57}	dto. it. *carto* *cartello* frz. *cartel*	dto. Urkunde kleines Schreiben Überbringer einer Herausforderung zum Duell
–	kartellieren			
–	**kartieren** (äg)>(gr)>l >frz	1. ein vermessenes Gebiet auf einer Karte darstellen (geogr. t. t.) {64}; 2. in eine Kartei einordnen {29/32/40}	dto.	dto.
1653b	**Kartoffel** l>vulgl>ait	aus Südamerika stammende, stärkehaltige Knollenpflanze {05/17}	(sc. terrae) **tuber,** eris n vulgl. terrae tufer* ait. *tartufo(lo)*	 Trüffel Trüffel; Kartoffel

1653c	**Karton** (äg)>(gr)>l >it>frz	1. (leichte) Pappe, Steifpapier {40/44}; 2. Schachtel aus leichter Pappe {40/44/58}; 3. Vorzeichnung zu einem Wandgemälde {36}; 4. Ersatzblatt in einem Buch {32/56}	**charta**, ae f gr. *χάρτης* it. *carto* *cartone* frz. *carton*	s. oben 1653a
–	**Kartonage** (äg)>(gr)>l >it>frz	1. Pappverpackung {40/42/44}; 2. Bucheinbandart in starkem Karton {32/40}	dto.	dto.
–	**kartonieren** (äg)>(gr)>l >it>frz	ein Buch in Pappe steif heften, einbinden {32/40}	dto. frz. *cartonner*	dto.
–	kartoniert			
–	**Kartusche** (äg)>(gr)>l >it>frz	1. Verzierung aus einer schildartigen Fläche mit ornamental geschmücktem Rahmen (kunstwiss. t. t.) {36/74/75}; 2. Metallhülse für Artilleriegeschoßtreibladungen;	dto. it. *carta* o. *cartuccia* 2., 3.: frz. *cartouche*	dto. Papprolle, Kartusche
	(äg>gr>l >it)	3. Patronentasche berittener Truppen {58/86}	1.: it. *cartoccio*	Kartusche
1654	**Karzer**	1. Arrestraum für Schüler o. Studenten (hist. t. t.) {58/31/75}; 2. Haftstrafe an Schulen und Universitäten; Arrest {31/82}	**carcer**, eris m	Gefängnis, Kerker, Gewahrsam
1655	**kaschieren** l>gallorom >frz	1. Mängel verdecken, verheimlichen, verbergen {23/25}; 2. ein Bühnenbild plastisch herstellen {35/36}; 3. Bucheinbandpappe überkleben {40/32}; 4. Gewebe mittels Klebstoff miteinander verbinden {19/40}	**coactare** gallorom. *coacticare** frz. *cacher*	mit Gewalt zwingen zusammendrükken
1656	**Käse**	festes Milchprodukt {17}	**caseus**, ei m	Käse
–	**käsig**	1. aus Käse, quarkartig {17}; 2. von bleicher Gesichtsfarbe {14/55}	dto.	dto.
1657	**Kaserne** l>vulgl >prov>frz	Gebäude zur ständigen Unterbringung von Soldaten, Truppenunterkunft {44/58/86}	**quaterni**, ae, a vulgl. quaderna* prov. *cazerna* frz. *caserne*	je vier je vier, Gruppe von vier Personen Wachthaus für vier Soldaten
–	**kasernieren** l>vulgl >prov>frz	Truppen in Kasernen unterbringen {58/86}	dto.	dto.

1658	**Kasino** l>it	1. Gebäude mit Räumen für gesellige Zusammenkünfte {33/58}; 2. Speiseraum {17/58}; 3. öffentliches Gebäude, in dem Glücksspiele betrieben werden {58/85}	**casa**, ae f it. *casa* *casino*	Hütte, Häuschen Haus Klubhaus
1659	**Kaskade** l>vulgl>it >frz	1. (künstlicher) stufenförmiger Wasserfall {61/64/88}; 2. wagemutiger Sprung in der Artistik {12/33/85}; 3. Anordnung gleichartiger Gefäße (chem. t. t.) o. anderer Teile (elektrotechn. t. t.) {73/72}	**casus**, us m vulgl. casicare* it. *cascare* *cascata* frz. *cascade*	Fall, Sturz; Zufall fallen Wasserfall
–	**Kaskadeur** l>vulgl>it >frz	Artist, der eine Kaskade (2.) ausführt {12/40/85}	dto.	dto.
1660	**Kasko** l>vulgl >span	1. Schiffsrumpf {45/58}; 2. Fahrzeug (im Unterschied zur Ladung) {45}; 3. Versicherung gegen Schäden am Auto des Versicherungsnehmers {33/42/45}	**quatere** quassus vulgl. quassicare* span. *cascar*	zerschlagen, zerschmettern; erschüttern, schütteln gebrochen, zerrüttet zerbrechen
–	Kaskoversicherung			
1661	**Kassation** l>nlat	1. Ungültigkeitserklärung von Urkunden {28/56/82}; 2. Aufhebung eines Gerichtsurteils durch die nächsthöhere Instanz {82}; 3. Entlassung aus dem Militär-, Staatsdienst (veraltet) {40/50/59/86}	**cassare**	zunichte-, ungültig machen, kassieren
–	kassatorisch			
1662a	**Kasse** l>it	1. verschließbarer Geldaufbewahrungsbehälter {40/42/58}; 2. Zahlungsraum, Bankschalter {42/58}; 3. Barmittel {42/43}; 4. Kurzform für Spar- bzw. Krankenkasse (ugs.) {33/42/49/80}	**capsa**, ae f it. *cassa*	Kasten, Kapsel, Behältnis Zahlungsraum; Geldbehälter
–	**kassieren**	1. jmdn. seines Amtes entheben, aus dem Dienst entlassen {40/59/33}; 2. etw. (z. B. ein Urteil) aufheben, für ungültig erklären {82};	**cassare**	s. oben 1661
	(l>it)	3. etw. hinnehmen {25}; 4. gefangennehmen {86}; 5. Geld einnehmen, -ziehen {42/80}; 6. etw. an sich nehmen {33/43}		
–	**Kassierer** l>it	jmd., der die Kasse führt, an der Kasse sitzt {42/40}	**cassare** bzw. **capsa**	s. oben 1661 bzw. s. oben

–	Kassierung			
1662b	**Kassette** l>it>frz	1. verschließbares Kästchen zur Aufbewahrung von Wertgegenständen; 2. flache Schutzhülle für Bücher, LP's etc. {44/58}; 3. lichtundurchlässiger Behälter in einem Fotoapparat {58/87}; 4. vertieftes Feld (in der Zimmerdecke - archit. t. t.) {88}; 5. Magnetband auf zwei kleinen Spulen in festem Kunststoffgehäuse {87}	**capsa** frz. *casse* *cassette* (dimin.)	s. oben
1663	**Kasserolle** vulgl>prov/ nordfrz>frz	flacher Henkeltopf zum Kochen oder Schmoren {44}	vulgl. **cattia**, ae f nordfrz. *casse* frz. *casserole*	Maurerkelle; Schöpflöffel; Schmelztiegel Pfanne
1664	**Kaste** l>port>frz	1. Gruppe innerhalb der hinduistischen Gesellschaftsordnung {33/51}; 2. sich streng absondernde Gesellschaftsschicht mit übertriebenem Standesbewußtsein {33}	**castus**, a, um port. *casto* *casta* frz. *caste*	rein, keusch, anständig, unschuldig Kaste Kaste
–	**kasteien** l>kirchenl	1. peinigen, martern {26/29/33}; 2. sich als religiöse Buße Schmerzen auferlegen, strenge Selbstzucht üben {28/51}	**castigare**	züchtigen, tadeln, strafen; rügen
1665a	**Kastell**	1. militärische Befestigungsanlage (hist. t. t.) {75/86/88}; 2. Burg, Schloß (hist. t. t.) {75/88}; 3. Aufbauten auf Kriegsschiffen (veraltet) {45/58/86}	**castellum**, li n	Zitadelle, Fort; Bollwerk, Festung
–	**Kastellan** l>mlat	1. Burg-, Schloßvogt (hist. t. t.) {75/50/47}; 2. Aufsichtsbeamter in Schlössern {40/49}	**castellani**, norum m (Pl.)	Besatzung eines Kastells; Bewohner eines befestigten Ortes
–	**Kastellanei** l>mlat	Schloßverwaltung {40/49}	**castellum**	s. oben
1665b	**Kastigation**	Züchtigung (veraltet) {26/51/82}	**castigatio**, onis f	Züchtigung, Zurechtweisung, Strafe
–	kastigieren			
1666	**Kastration**	1. Entfernung der Keimdrüsen beim Menschen oder Tieren (Hoden bzw. Eierstöcke - med. t. t.) {69/70}; 2. Entfernung der Staublätter bei Pflanzen (bot. t. t.) {68}	**castratio**, onis f	das Verschneiden, Kastrieren

–	**kastrieren**	eine Kastration vornehmen (med. t. t.) {68/69/70}	**castrare**	verschneiden, entmannen, kastrieren; (Bäume) lichten
–	**Kastrat** l>it	1. Mann, dem die Keimdrüsen entfernt wurden (med. t. t.) {70}; 2. in der Jugend entmannter, mit Knabenstimme singender Bühnensänger (17./18. Jh.) {37/75}	dto.	dto.
–	**Kastrierte**	Filterzigarette (ugs., scherzhaft) {17}	dto.	dto.
1667	**kasuell** l>frz	den Kasus betreffend (sprachwiss. t. t.) {76}	**casualis**, e	zufällig; den Kasus betreffend (gramm. t. t.)
–	**Kasuist** l>nlat	1. Vertreter der Kasuistik {77}; 2. Wortverdreher, Haarspalter {32/25}	**casus**, us m	Fall, Zufall; das Fallen; Beugefall (gramm. t. t.)
–	**Kasuistik** l>nlat	1. Teil der Sittenlehre, der für alle möglichen Fälle des Lebens Verhaltensgebote gibt (stoische und kath. Moralphilosophie) {77/30}; 2. Methode der Rechtsfindung (jur. t. t.) {82}; 3. Beschreibung von Krankheitsfällen (med. t. t.) {70}; 4. Wortverdreherei, Haarspalterei {32/25}	dto.	dto.
–	kasuistisch			
–	**Kasus**	1. Fall, Vorkommnis {52}; 2. Beugungsfall (sprachwiss. t. t.) {76}	dto.	dto.
1668	**Katafalk** (gr>l;l) >vulgl>it >frz	schwarz verhängtes Gestell, auf dem der Sarg während der Trauerfeierlichkeiten steht {51/15}	**catasta**, ae f gr. *κατάστασις* + **fala**, ae f vulgl. catafalicum* it. *catafalco* frz. *catafalque*	Schaugerüst (zur Ausstellung von Kaufsklaven) hohes Gerüst; hölzerner Turm
1669	**Katakombe** l>it	unterirdische Anlage zur Beisetzung von Toten (in frühchristlicher Zeit) {15/51/58/88}	**catacumba**, ae f	Katakombe, Grabgewölbe
1670	**Katapult** (gr)>l	1. Wurf-, Schleudermaschine im Altertum {75/86}; 2. gabelförmige Gummiband-, Steinschleuder {86}; 3. Startschleuder für Flugzeuge {45/86}	**catapulta**, ae f gr. *καταπέλτης*	Wurfmaschine, -geschoß; Katapult

1671	**katz-buckeln** (l);l>frz	übertrieben höflich sein {26/33}	**catta**, ae f o. **cattus**, ti m + **buccula**, ae f afrz. *boucle*	Katze Kater Bäckchen Metallbeschlag in der Schildmitte
–	Kater, Katze			
1672	**kaufen**	gegen Geld erwerben (ursprünglich: Tauschhandel treiben) {42}	uns. ob: **caupo**, onis m oder: **cauponari**	Verhökerer, Herbergs-, Schankwirt (ver)schachern, verhökern
–	Kauf, Käufer, käuflich, Kaufmann, Kaufleute			
1673	**kausal**	ursächlich, das Verhältnis Ursache-Wirkung betreffend, dem Kausalgesetz entsprechend {60}	**causalis**, e	zur Ursache gehörig
>>>	kausal..., Kausal... s. ggf. unter dem Rest des Wortes			
–	**Kausalis** l>spätl	(sprachwiss. t. t.) 1. Kasus in bestimmten Sprachen, der die Ursache, den Grund einer Handlung angibt; 2. Wort, das im Kausalis steht {60/76}	dto.	dto.
–	**Kausalität** l>nlat	Zusammenhang von Ursache und Wirkung {60}	dto.	dto.
–	**Kausativ(um)**	Verb des Veranlassens (sprachwiss. t. t.) {60/76}	**causativus**, a, um	ursächlich; die Rechtssache feststellend
1674	**Kautel**	1. Vorkehrung, Absicherung, (vertraglicher) Vorbehalt (jur. t. t.) {82}; 2. (nur Pl.) Vorsichtsmaßregel (med. t. t.) {70}	**cautela**, ae f	Vorsicht; Sicherstellung, Schutzmittel; Kaution (jur. t. t.)
1675	**Kaution**	Bürgschaft; Sicherheitsleistung in Form einer Geldhinterlegung {82}	**cautio**, onis f	Vorsicht, Sicherheit; Bürgschaft, Kaution
1676	**Kavalier** l>aprov>it >frz	1. Mann, der Frauen gegenüber besonders zuvorkommend und hilfsbereit ist; 2. Freund, Begleiter eines Mädchens (ugs., scherzhaft) {33}; 3. Edelmann (hist. t. t.) {75/33}	**caballarius**, ii m aprov. *cavalier* it. *cavaliere* frz. *chevalier*	Pferdeknecht, -wärter
–	**Kavaliers-delikt** l>aprov>it >frz;l	geringfügig strafbare Handlung {82}	dto. + **delictum**, ti n	dto. Fehler, Versehen, Vergehen

–	**Kavalierstart** l>aprov>it>frz;engl	schnelles Anfahren mit Vollgas (an Verkehrsampeln) {45/61}	dto.	dto.
–	**Kavalkade** l>it>frz	prachtvoller Reiteraufzug, Pferdeschau {33/61/85}	spätl. **caballicare** it. *cavalcare* *cavalcata* frz. *cavalcade*	 reiten Reitertrupp, Ritt
–	**Kavallerie** l>it>frz	Reiterei, Reitertruppe {86}	dto. it. *cavalleria* frz. *cavallerie*	
–	Kavallerist			
1677	**Kaventsmann** l>mlat>mhd;d	1. beleibter, begüterter Mann {11/33/43/53}; 2. Prachtexemplar {25/56}; 3. sehr hoher Wellenberg (seemannsspr. t. t.) {45/63}	**cavere** (PPA. **cavens**) mhd. *Kavent*	sich hüten; Beistand leisten, bürgen Gewährsmann, Bürge
1678	**Kaverne**	1. (künstlich angelegter) unterirdischer Hohlraum für militärische Anlagen oder Müll {49/58/86}; 2. Hohlraum in Körpergewebe (bes. in tuberkulösen Lungen - med. t. t.) {70}	**caverna**, ae f	Höhle, Grotte; Kammer
1679	**Kelch** (gr)>l	Trinkgefäß {44}	**calix**, icis m gr. κύλιξ	tiefe Schale, Becher, Pokal, Schüssel
>>>	Kelchkommunion s. Kommunion			
1680	**Keller**	(Vorrats)räume unterhalb des Wohnbereichs eines Hauses {44/58}	**cellarium**, ii n	Speise-, Vorratskammer
–	Kellerei, (ein)kellern			
–	**Kellner(in)** spätl	1. Kellermeister, Verwalter des Weinkellers; 2. Restaurantbedienstete(r) {40/17}	spätl. **cellarius**, ii m	 Kellermeister
–	kellnern			
1681a	**Kelter**	Traubenpresse {17/39/40/44}	**calcatura**, ae f	das Treten; das Keltern; die Kelter
–	**keltern**	Saft aus Weintrauben herauspressen {17/39/40}	dto.	dto.

1682a	**Kemenate** (gr)>l>mlat	Wohnraum einer Burg, Frauengemach (hist. t. t.) {58/44/75}	**caminare** (PPP. **caminatus**) **caminata**	in Form eines Kamins aufbauen, - aufsetzen mit einem Kamin versehen
			mlat. caminata o. caminada	Raum mit Kamin, heizbares Zimmer
			ahd. *kamenade, keminata*	
1682b	**Kerker**	1. Verließ, Gefängnis {82/58}; 2. Zuchthausstrafe (österr.) {82}	**carcer**, eris m	Gefängnis, Kerker, Gewahrsam
>>>	Kernreaktion, Kernreaktor s. Reaktor, Reaktion			
1682c	**Kerze** (gr)>l	Talg-, Wachslicht {44}	uns. ob: **charta**, ae f	Papyrus, Schreibmaterial
			gr. χάρτης	
			oder: **cerare**	mit Wachs überziehen
			(sc. candela) **cerata**	Wachslicht
1683	**Kessel**	Tiegel; bauchiger, erhitzbarer Wasserbehälter (aus Metall) {44}	**catillus**, li m bzw. **catinus**, ni m	Schüsselchen, Tellerchen Napf, Schüssel, Pfanne; Kessel
–	Kesselschlacht, Kesseltreiben, einkesseln			
1684	**Kette**	1. aus ineinandergreifenden Einzelgliedern gefügtes Metallband {20}; 2. zusammenhängende Folge (von Ereignissen o. ä.) {56/59}	**catena**, ae f	Kette; Fessel; Klammer(hölzer)
–	ketten, anketten, verketten, Verkettung			
1685	**keusch** l>got	tugendhaft, sittsam, enthaltsam, rein {25/30/33/51/84}	**conscius**, a, um	mitwissend, eingeweiht, bewußt
			got. kuskeis*	der christlichen Lehre bewußt
–	Keuschheit			
1686a	**Kipferl** l>ahd >österr	Gebäcksorte {17}	**cippus**, pi m	Spitzsäule, Pfahl
			ahd. *kipf(e)*	Wagenrunge; länglich geformtes Brot
			österr. *kipferl*	Hörnchen

1686b	**Kirsche** (gr)>l >vulgl	Steinfruchtart {05/17}	**cerasum**, si n gr. *κέρασος* vulgl. ceresia* o. cerasia*	Kirsche
1687	**Kissen** l>gallorom >afrz>frz	(loses) Sitzpolster {44}	**coxa**, ae f gallorom. coxinum* afrz. *coissin*, *cussin* frz. *coussin*	Hüfte, Hüftgelenk Hüft-, Sitzkissen
1688a	**klamm-heimlich** l;d	ganz heimlich {33/25}	**clam**	heimlich
1688b	**klar**	1. hell; rein; glänzend; schön; durchsichtig {55}; 2. wolkenlos {65}	**clarus**, a, um	laut; hell, leuchtend; deutlich; berühmt
–	Klarheit, klären			
–	**klarieren** l>(nlat)	1. klar -, einsatzbereit machen {29/40/86}; 2. beim Ein- und Auslaufen des Schiffes die Zollformalitäten erledigen {50/42/45}	dto.	dto.
–	**Klarinette** l>it>(frz)	Holzblasinstrument {37}	**clarus** it. *clarino* *clarinetto*	hell tönend hell tönende (Solotrompete)
–	Klarinettist			
1689	**Klasse** l>(frz)	1. Abteilung (z. B. in der Schule) {31/56}; 2. Gruppe mit bestimmten, besonderen Merkmalen; Einteilung nach besonderen Kennzeichen {33/56}	**classis**, is f frz. *classe*	versammelte Menge; Abteilung; Landheer; Flotte
–	**klasse** l>(frz)	großartig, ausgezeichnet {26/56/33}	dto.	dto.
–	...klassig			
–	**Klassement** l>frz	1. Einteilung, Ordnung {33/56}; 2. Rangliste, Reihenfolge (sport. t. t.) {56/85}	dto.	dto.
–	Klassenkampf			
–	**klassieren** l>frz	1. Fördergut nach der Größe aussortieren (bergmannsspr. t. t.) {41/56}; 2. nach bestimmten Merkmalen einer Klasse zuordnen {29/56}	dto.	dto.

–	**Klassifikation** (l;l)>nlat	1. das Klassifizieren; 2. das Klassifizierte {33/56/85}	dto. + **facere**	dto. tun, machen, handeln
–	**Klassifikator** (l;l)>nlat	Sachkatalogbearbeiter (bibliothekswiss. t. t.) {40/76}	dto.	dto.
–	**klassifikatorisch** (l;l)>nlat	die Klassifikation betreffend {33/56/85}	dto.	dto.
–	**klassifizieren** (l;l)>nlat	1. jmd. o. etw. in Klassen einteilen, einordnen {56/33}; 2. jmd. o. etw. als etw. abstempeln {33}	dto.	dto.
–	Klassifizierung			
–	**Klassik** l>nlat	1. Kultur und Kunst der griech.-röm. Antike {33/75/79}; 2. Epoche, die sich die antike Kunst und Kultur zum Vorbild genommen hat; 3. Epoche kultureller Höchstleistungen eines Volkes {33/56/59}	**classicus**, a, um	die Bürgerklassen -, das Heer betreffend; Bürger der ersten Klasse; mustergültig (nur in Phrasen!)
–	**Klassiker**	1. Vertreter der Klassik (1., 2.) {33/75/79}; 2. Wissenschaftler, Künstler o. ä., der richtungsweisende Ergebnisse erzielt hat {25/33/40/56}	dto.	dto.
–	**klassisch** l>(nlat)	1. die (antike) Klassik betreffend (z. B. Sprachen) {32/59/75}; 2. die Merkmale der Klassik tragend; 3. vollkommen, Maßstäbe setzend; mustergültig, zeitlos {56/25}; 4. altbewährt, seit langem verwendet {25/56/59}; 5. toll, großartig (ugs.) {25/26/56}	dto.	dto.
–	**Klassizismus** l>nlat	1. Nachahmung eines klassischen (antiken) Vorbildes {56/75/79}; 2. Baustil in Anlehnung an die Antike {75/88}; 3. europäischer Kunststil 1770-1830 {35/36/75/79}	dto.	dto.
–	**klassizistisch** l>nlat	1. den Klassizismus betreffend, zu ihm gehörend {25/56}; 2. die Antike nachahmend {25/56/75/79}	dto.	dto.
–	**Klassizität** l>nlat	Mustergültigkeit (veraltet) {25/56}	dto.	dto.

1690	**Klause** l>mlat	1. Klosterzelle; weltabgeschiedene Behausung {44/51/58}; 2. enger Raum, kleines (Studier)zimmer {44/58}; 3. Engpaß, Schlucht {64}; 4. Frucht der Windengewächse und Lippenblütler (bot. t. t.) {68}; 5. Damm zum Aufstauen von Flußwasser für die Holzflößerei {40/45}	**claudere** (PPP. **clausus**) mlat. clusa	(ver-, ab)schließen; versperren; beendigen umschlossener Raum, Klosterzelle; Einsiedelei
–	**Klausel**	1. vertraglicher Vorbehalt, Sondervereinbarung (jur. t. t.) {82}; 2. metrische Gestaltung des Satzschlusses (sprachwiss. t. t.) {76}; 3. formelhafter, melodischer Schluß (mus. t. t.) {37}	**clausula**, ae f	Schluß, Schlußsatz, Schlußformel; Klausel
–	**Klausner** l>mlat	Bewohner einer Klause (1.); Einsiedler {33/44}	**claudere**	s. oben
–	**klausulieren** l>nlat	in Klauseln bringen, verklausulieren {32/82/37/76}	**clausula**	s. oben
–	**Klausur**	1. Einsamkeit, Abgeschlossenheit {58/33}; 2. nicht jedermann zugänglicher Teil eines Klosters {51/58}; 3. (= Klausurarbeit) schriftliche, unter Aufsicht anzufertigende Prüfungsarbeit {25/31}	**clausura**, ae f	Verschluß; Schloß; Fort, Kastell
–	**Klausurtagung** l;d	Tagung unter Ausschluß der Öffentlichkeit {32/33/50}	dto.	dto.
–	**Klaustrophobie** l;gr	krankhafte Angst vor dem Aufenthalt in (kleinen) geschlossenen Räumen (psych. t. t.) {70}	**claudere** + gr. *φόβος*	s. oben Furcht
1691	**Klavier** l>mlat>frz	Tasten(musik)instrument {37}	**clavis**, is f mlat. clavis frz. *clavier*	Schlüssel, Riegel Taste Tastenbrett
–	**Klaviatur** l>mlat>frz >nlat	Gesamtheit der Tasten bei Klavier, Orgel, Harmonium {37}	dto.	dto.

>>> klein... s. ggf. unter dem Rest des Wortes

1692	**Klient**	1. Auftraggeber, Kunde (z. B. von Rechtsanwälten) {33/82/42}; 2. Bürger mit Dienstverpflichtung gegenüber seinem adligen Herren (im alten Rom - hist. t. t.) {75/33}	**cliens**, ntis m	Höriger, Klient, Vasall

–	**Klientel**	1. Gesamtheit der Klienten (1.) {57/33/42/82}; 2. Gesamtheit der von einem adligen Herren (= Patron) abhängigen Bürger im alten Rom (hist. t. t.) {33/57/75}	**clientela**, ae f	Schutzgemeinschaft; Schützlinge; Klientelverbindung
1693	**Kloake**	1. (unterirdischer) Abwasserkanal, Senkgrube {44/49/58}; 2. gemeinsamer Körperausgang für alle Körperausscheidungen bei niederen Säugetieren und Reptilien (zool. t. t.) {69}	**cloaca**, ae f	Gosse, Abzugskanal, Kloake
1694	**Klosett** l>frz>engl	(kurz: Klo) 1. Toilettenraum {58/44/21}; 2. Toilettenbecken {44/21}	**claudere** frz. *clos* *closet*	s. oben 1690 Gehege abgeschlossener Ort
–	**Kloster** l>vulgl	Wohnraum, -gebäude für Mönche und Nonnen {51/44/58}	**claustrum**, ri n vulgl. clostrum	Verschluß, Sperre, Riegel
–	klösterlich			
–	**Klüse** l>niederl	1. Öffnung im Schiffsbug für Ankerketten und Taue (seemannsspr. t. t.) {45/58}; 2. Augen, Augenlider (ugs.) {11}	**claudere** (PPP. **clausus** o. **clusus**) niederl. *kluisgad*	s. oben 1690 Öffnung im Schiffsbug
1695	**Koagulans**	die Blutgerinnung beschleunigendes Mittel (med. t. t.) {70}	**coagulare** (PPA. **coagulans**)	gerinnen machen; stiften
–	**Koagulum**	Blutgerinsel (med. t. t.) {70}	**coagulum**, li n	gerinnungsförderndes Mittel; das Gerinnen
1696	**koali(si)eren** l>mlat >engl>frz	1. verbinden, sich verbünden {33}; 2. mit jmdm. eine Koalition eingehen, bilden {50/33}	**coalescere** (Perf. **coalui**)	zusammen-, verwachsen; sich einigen, zusammenschließen
–	**Koalition** l>mlat >engl>frz	Vereinigung, Bündnis mehrerer Parteien oder Staaten {33/50}	dto. mlat. coalitio engl./frz. *coalition*	dto. Vereinigung, Zusammenkunft
–	Koalitionspartei, Koalitionsregierung			
1697	**Koautor** l;l	Mitverfasser {34/33/40}	**co, con = cum** + **auctor**, oris m	zusammen, mit Urheber, Verfasser
1698	**koaxial** (l;l)>nlat	mit gleicher Achse {54}	**co, con = cum** + **axis**, is m	s. oben 1697 Achse, Himmelsgegend

–	**Koaxialkabel** (l;l)>nlat;l >mlat>frz	Elektrokabel aus einem zylindrischen inneren und einem rohrförmigen äußeren Leiter (techn. t. t.) {46/87}	dto. + **capulus** mlat. capulum frz. *câble*	dto. s. oben 1586b
1699	**Kobra** (l;l)>port	südasiatische Brillenschlange {07}	**colubra**, ae f	Schlangenweibchen; kleine Schlange
			+ **cappa**, ae f port. *cobra de capello*	Kappe, Mütze Kappenschlange
1700	**Koch** l>vulgl	jmd., der die Mahlzeiten zubereitet, heiß macht {17/40}	**coquus**, ui m vulgl. cocus	Koch
–	**kochen**	heiß machen, sieden {17/54}	**coquere**	kochen, sieden
–	Köchin, Kocher			
1701	**Kode** l>frz>engl	1. Schlüssel zu Geheimschriften, Telegrafenschlüssel {25/32/46}; 2. Zeichensystem als Grundlage für Kommunikation {32}	**codex**, dicis m	Buch, Schrift, Verzeichnis, Schreibtafel
–	**Kodex**	1. Sammlung von Gesetzen, Handschriften o. ä. {57/32/82}; 2. mit Wachs überzogene, hölzerne Schreibtafel der Antike {75/32}	dto.	dto.
–	Ehrenkodex			
–	**kodieren** l>frz>engl	1. eine Nachricht verschlüsseln {32/46}; 2. etw. Mitzuteilendes mittels eines Kodes (2.) in eine sprachliche Form bringen {32}	dto.	dto.
–	Kodierung			
–	**Kodifikation** (l;l)>nlat	1. systematische Erfassung aller Fakten eines bestimmten Gebietes (z. B. des Rechts) {25/32/57}; 2. Gesetzessammlung {82/57}	dto. + **facere**	dto. tun, machen, handeln
–	**Kodifikator** l>nlat	jmd., der eine Kodifikation zusammenstellt {32/57/40}	dto.	dto.
–	**kodifizieren** l>nlat	1. eine Kodifikation (1.) zusammenstellen {32/57}; 2. systematisch erfassen {25/32/57}	dto.	dto.
–	Kodifizierung			
1702	**Koedition** l;l	Edition eines Werkes von mehrerern Herausgebern bzw. Verlagen {32/40}	**co, con = cum** + **editio**, onis f	s. oben 1697 Herausgabe; Geburt; Mitteilung
–	Koeditor			

1703	**Koedukation** (l;l)>engl	Gemeinschaftserziehung von Jungen und Mädchen in Schulen {31/33}	**co, con = cum** + **educatio**, onis f	s. oben 1697 Erziehung; das Aufziehen
–	**koedukativ** (l;l)>engl	zur Koedukation gehörend {31/33}	dto. + **educare**	dto. er-, aufziehen
1704	**Koeffizient** (l;l)>nlat	1. Vorzahl veränderlicher Größen einer Funktion (math. t. t.) {71}; 2. kennzeichnende Größe für physikalische o. technische Verhaltensweisen {72}	**co, con = cum** + **efficiens** (Gen. –ntis)	s. oben 1697 bewirkend
1705	**Koerzitivkraft** l>nlat;d	Fähigkeit eines Stoffes, der Magnetisierung zu widerstehen oder diese zu behalten (phys. t. t.) {72/87}	**coercere**	zusammenhalten, (ein)schließen, in Ordnung halten, beschränken
1706	**koexistieren**	zusammen dasein, nebeneinander bestehen {33/52}	**coexistere**	zugleich vorhanden sein
–	**koexistent**	nebeneinander bestehend {33/52}	dto.	dto.
–	**Koexistenz** l>frz	das gleichzeitige Nebeneinanderbestehen (z. B. von gesellschaftlichen Systemen) {52/50/33}	dto.	dto.
1707	**Kognat**	Blutsverwandter, der nicht Agnat (s. darunter) ist {10}	**cognatus**, ti m	(Bluts)verwandter
–	**Kognation**	Blutsverwandtschaft {10}	**cognatio**, onis f	Verwandtschaft durch Geburt
–	**kognatisch**	den oder die Kognaten betreffend {10}	**cognatus**, a, um	verwandt, verbunden
1708	**Kognition**	gerichtliche Untersuchung (veraltet) {82}	**cognitio**, onis f	das Kennenlernen, Kenntnis; richterliche Untersuchung
–	**kognitiv** l>nlat	die Erkenntnis betreffend, erkenntnismäßig {25}	**cognitus**, a, um	be-, erkannt; erprobt
1709	**Kognomen**	dem röm. Vor- und Geschlechternamen beigegebener Name (hist. t. t.) {75}	**cognomen**, minis n	Zu-, Beiname
1710	**Kohabitation**	Geschlechtsverkehr (med. t. t.) {70}	**cohabitatio**, onis f	das Beisammenwohnen
–	**kohabitieren**	Geschlechtsverkehr ausüben (med. t. t.) {70}	**cohabitare**	beisammen wohnen
1711	**kohärent**	zusammenhängend {56}	**cohaerens** (Gen. –ntis)	zusammenhängend
–	**Kohärenz**	1. Zusammenhang {56/25}; 2. Eigenschaft von Lichtbündeln, die gleiche Wellenlänge und Schwingungsart zu haben (phys. t. t.) {72}	**cohaerentia**, ae f	Zusammenhang

>>> Kohärenzfaktor, Kohärenzprinzip s. unter Faktor, Prinzip

–	**kohärieren**	zusammenhängen, Kohäsion zeigen {73/72/56}	**cohaerere** (PPP. **cohaesum**)	zusammenhängen, -halten, -kleben
–	**Kohäsion** l>nlat	innerer Zusammenhalt der Moleküle eines Körpers {73/72}	dto.	dto.
–	**kohäsiv** l>nlat	zusammenhaltend {73/72/56}	dto.	dto.
1712	**Kohl** (gr)>l	Gemüsesorte {05/17}	**caulis**, is m gr. *καυλός*	Stengel, Strunk, Kohl
1713	**Kohortation**	Ermahnung, Ermunterung (veraltet) {25/32}	**cohortatio**, onis f	Zuspruch; das Zureden, Anfeuern
–	**Kohortativ** l>nlat	Konjunktiv zum Ausdruck einer Aufforderung an die eigene Person (sprachwiss. t. t.) {76}	dto.	dto.
1714	**Kohorte**	1. zehnter Teil einer röm. Legion (hist. t. t.) {57/75/86}; 2. Personengruppe für eine soziologische Untersuchung (soziol. t. t.) {81/57}; 3. Schar, Gruppe (von gemeinsam agierenden Personen) {33/57/29}	**cohors**, rtis f	Viehhof; Leibwache; Kohorte
1715	**koinzident** (l;l)>nlat	zusammenfallend; einander deckend {33/56/58/59}	**co, con = cum + incidere**	s. oben 1697 hineinfallen, -geraten; sich ereignen, sich zutragen
–	**Koinzidenz** (l;l)>nlat	das Zusammentreffen, Zusammenfall (z. B. zweier Ereignisse) {56/33/59}	dto.	dto.
–	**koinzidieren** (l;l)>nlat	zusammenfallen; einander decken {33/56/58/59}	dto.	dto.
1716	**koitieren** l>nlat	(med. t. t.) 1. (mit jmdm.) Geschlechtsverkehr vollziehen; 2. jmdn. als Objekt für sein sexuelles Verlangen benutzen {18/70}	**coire**	zusammenkommen; sich vereinigen; sich paaren, begatten
–	**Koitus**	Geschlechtsverkehr (med. t. t.) {18/70}	**coitus**, us m	das Sich-Vereinigen; Begattung, Beischlaf
1717	**Koje** l>niederl	1. fest eingebautes Bett (auf Schiffen) {16/44/45}; 2. Raum zur Aufbewahrung von Segeln {58/45}; 3. Ausstellungsstand {42/33}	**cavea**, ae f niederl. *kooi*	Käfig, Höhle, Behältnis

1718	**Kokosnuß** (gr)>l >span/port; d	tropische hartschalige Baumfrucht {04/17}	**coccum**, ci n o. **coccus**, ci m gr. *κόκκος* span. *coco*	Kern; Beere; runder Auswuchs Gespenst, Butzemann
>>>	Kokospalme s. unter Palme			
1719	**kollabieren**	1. einen Kollaps (1.) erleiden, plötzlich schwach werden, verfallen (med. t. t.) {14/70}; 2. in sich zusammenfallen (von Sternen - astron. t. t.) {66}	**collabi** (PPP. **collapsus**)	in sich zusammensinken, -brechen; einsinken; verfallen
-	**Kollaps** l>mlat	1. plötzlicher Schwächeanfall infolge Kreislaufversagens (med. t. t.) {14/70}; 2. Holzschwund während der Trocknung {40/57}; 3. Endphase der Sternenentwicklung (astron. t. t.) {66}; 4. (wirtschaftlicher) Zusammenbruch {80}	dto.	dto.
1720	**Kollaborateur** l>frz	jmd., der innerhalb eines von feindlichen Truppen besetzten Gebietes mit dem Feind zusammenarbeitet {28/33/86}	**collaborare** frz. *collaborer*	mitarbeiten
-	**Kollaboration** l>frz	aktive Unterstützung der feindlichen Besatzungsmacht {28/29/33/86}	dto.	dto.
-	**kollaborieren**	(mit einer feindlichen Besatzungsmacht) zusammenarbeiten {28/33/86}	dto.	dto.
1721	**Kollation**	1. Vergleich einer o. mehrerer Abschriften mit der Urschrift zur Prüfung der Richtigkeit {32/25}; 2. Prüfung der Bogen in der Buchbinderei auf Vollzähligkeit {40/32/57}; 3. Prüfung antiquarischer Bücher auf Vollständigkeit {25/32/57}; 4. Übertragung eines freigewordenen Pfarramtes {51}; 5. kleine Zwischenmahlzeit, Imbiß (veraltet, landsch.) {17}; 6. Hinzufügung der Vorausleistungen des Erblassers (jur. t. t.) {82/43}	**collatio**, onis f	das Zusammenbringen; Vereinigung; Beitrag; Vergleichung

–	**kollationieren** l>nlat	1. (eine Abschrift mit der Urschrift) vergleichen {32/25}; 2. etw. auf seine Richtigkeit und Vollständigkeit prüfen {32/40/57/25}; 3. einen Imbiß einnehmen (veraltet) {17}; 4. durch Handschriftenvergleiche Fehler ausmerzen {32/25/76}	dto.	dto.
1722	**Kolleg**	1. Vorlesung(sstunde) an einer Hochschule {31/59}; 2. Fernunterricht im Medienverbund {31/46}; 3. kirchliche Studienanstalt für kath. Theologen {51/31}; 4. Schule (mit Internat) der Jesuiten {51/31}; 5. = Kollegium {33/40}	**collegium** ii n	Kollegium; Amtsgenossenschaft, Brüderschaft, Verein
–	**Kollege**	1. Amts-, Berufsgenosse; Mitarbeiter {33/40}; 2. Schul-, Klassenkamerad {33/31}; 3. saloppe Anrede für einen Unbekannten {32}; 4. Genosse, Werktätiger (DDR) {33/40}	**collega**, ae f	Amtsgenosse, -gehilfe; Standesgenosse
–	**kollegial**	1. freundschaftlich, hilfsbereit {26/33/84}; 2. durch ein Kollegium erfolgend {33/40}; 3. nach Art eines Kollegiums zusammengesetzt {33}	**collegialis**, e	kollegial(isch)
–	**Kollegialität** l>nlat	gutes Einvernehmen unter Kollegen, kollegiales Verhalten, kollegiale Einstellung {26/33/84}	dto.	dto.
	Kollegium	Gruppe von Personen mit gleichem Amt oder Beruf {33/40}	**collegium**	s. oben
1723	**Kollekte** l>mlat	1. Sammlung freiwilliger Spenden (während und nach dem Gottesdienst {28/42/51}; 2. kurzes Altargebet {51/59}	**collecta**, ae f	Beitrag, Beisteuer; Betversammlung
–	**Kollekteur** l>frz	(veraltet) 1. Lotterieeinnehmer {42/40/33}; 2. jmd., der für wohltätige Zwecke sammelt {33/42}	dto. bzw. **collector**, oris m	dto. Mitleser in der Schule
–	**Kollektion** l>frz	1. Mustersammlung von Waren (z. B. Modellen in der Textilbranche) {57/42/40/19}; 2. für einen bestimmten Zweck zusammengestellte Sammlung, Auswahl {40/57}	**collectio**, onis f	das Aufsammeln; Wiederholung, Schlußfolgerung
–	**kollektiv**	1. gemeinschaftlich; 2. alle Beteiligten betreffend, er-, umfassend {33/57}	**collectivus**, a, um	angesammelt; sammel..., kollektiv

–	**Kollektiv** l>(russ)	1. Gruppe, in der Menschen zusammen leben {33}; 2. Arbeitsteam; 3. von gemeinsamen Zielvorstellungen getragene Arbeits- und Produktionsgemeinschaft (DDR) {33/40}; 4. Gesamtheit von Meßwerten; 5. Gesamtheit von Teilchen mit Bewegungskorrelation (phys. t. t.) {57/72}	dto.	dto.
–	**kollektivieren** l>russ	Privateigentum in Gemeineigentum überführen {43/50/80}	dto.	dto.
–	**Kollektivierung** l>russ	Überführung privater Produktionsmittel in Gemeinwirtschaften {43/50/80}	dto.	dto.
–	**Kollektivismus** l>(russ)	1. Anschauung, die den Vorrang des gesellschaftlichen Ganzen gegenüber dem Individuum betont {77/33}; 2. kollektive Wirtschaftslenkung mit Vergesellschaftung des Privateigentums {43/50/80}	dto.	dto.
–	Kollektivist, kollektivistisch			
–	**Kollektivität** l>(russ)	1. Gemeinschaftlichkeit {25/33}; 2. Gemeinschaft {33}	dto.	dto.
–	**Kollektivum**	Sammelbezeichnung (sprachwiss. t. t.) {76}	dto.	dto.
–	**Kollektor** l>nlat	1. Bauteil für Stromzufuhr o. -aufnahme von elektrischen Maschinen (elektrotechn. t. t.); 2. technische Vorrichtung zur Sammlung von Sonnenenergie (phys. t. t.) {41/72}; 3. Sammler {33/57}	**collector**, oris m	Mitleser (in der Schule
>>>	Kolli s. Kollo			
1724	**kollidieren**	1. (von Fahrzeugen) zusammenstoßen {45/61}; 2. im Widerspruch zueinander stehen, zusammenprallen (z. B. von Interessen) {56/25}	**collidere**	zusammenschlagen, -stoßen, zerstoßen, zerquetschen
–	**Kollision**	1. Zusammenstoß von Fahrzeugen {45/61}; 2. Widerstreit von nicht miteinander vereinbaren Pflichten, Interessen {56/25}	**collisio**, onis f	das Zusammenstoßen; Elision (gramm. t. t.)

1725	**Kollier** l>frz	1. wertvolle, aus Edelsteinen o. Perlen bestehende Halskette {20}; 2. schmaler Pelz, der um den Hals getragen wird {19/20}	**collare**, ris n	Halsband; -fessel, -eisen
–	**Kollo** l>it	Frachtstück, Warenballen {42/45/57}	**collum**, li n	Hals; Flaschenhals
1726	**Kollokation**	1. Ordnung nach der Reihenfolge {56}; 2. Platzanweisung {58/28}; 3. inhaltliche Kombinierbarkeit sprachlicher Einheiten (sprachwiss. t. t.); 4. Zusammenfall verschiedener Inhalte in einer lexikalischen Einheit (sprachwiss. t. t.) {76}	**collocatio**, onis f	das Aufstellen, Errichten; Anordnung, Disposition
–	kollokieren			
1727	**Kolloquium**	1. wissenschaftliches Gespräch {25/32/40}; 2. kleinere Einzelprüfung an einer Hochschule {31}; 3. Zusammenkunft, Beratung von Wissenschaftlern oder Politikern über spezielle Probleme {32/25/50}	**colloquium**, ii n	Unterredung, Gespräch, Geplauder
–	**kolloquial** l>engl	für die Redeweise im Gespräch charakteristisch (sprachwiss. t. t.) {76/32}	dto.	dto.
1728	**Kolonat**	1. Grundhörigkeit in der röm. Kaiserzeit (hist. t. t.) {75/33}; 2. Erbzinsgut {43/39}	**colonatus**, us m	Bauernstand
–	**Kolone**	1. persönlich freier, schollengebundener Pächter in der röm. Kaiserzeit (hist. t. t.) {75/33}; 2. Erbzinsbauer {39/40}	**colonus**, ni m	Landwirt, Bauer, Ansiedler, Kolonist
–	**kolonial** l>frz	1. aus den Kolonien stammend, sie betreffend {58/33/42}; 2. in enger natürlicher Gemeinschaft lebend (biol. t. t.) {68/69}	**colonia**, ae f	Bauern-, Pachtgut; Ansiedlung; Kolonie
–	**kolonialisieren** l>frz	jmdn. in eine koloniale Abhängigkeit bringen {50/33}	dto.	dto.
–	**Kolonialwaren** l>frz;d	Lebens- und Genußmittel (aus Übersee - veraltet) {42/17}	dto.	dto.

–	**Kolonie**	1. auswärtige abhängige Besitzung eines Staates {33/43/50}; 2. Gruppe von Personen, die im Ausland einheimische Traditionen pflegen {33}; 3. mit Arbeitsteilung verbundener Zusammenschluß pflanzlicher oder tierischer Individuen einer Art (biol. t. t.) {68/69}; 4. Siedlung {33/58/64}; 5. röm. o. griechische Siedlung in eroberten Gebieten (hist. t. t.) {33/64/75}; 6. Lager (z. B. Ferienlager) {33/44/85}	dto.	dto.
–	**Kolonisation** l>frz/engl	1. Gründung, Entwicklung (und wirtschaftliche Ausbeutung) von Kolonien; 2. wirtschaftliche Entwicklung rückständiger Gebiete des eigenen Staates {50/42/80}	dto.	dto.
–	**Kolonisator** l>frz/engl	1. jmd., der an der Gründung einer Kolonie beteiligt ist; 2. jmd., der kolonisiert {40/33/50}	dto.	dto.
–	**kolonisatorisch** l>frz/engl	die Kolonisation betreffend {33/42/50/80}	dto.	dto.
–	**kolonisieren** l>frz/engl	1. aus einem Gebiet eine Kolonie (1.) machen {50/42/33}; 2. urbar machen, besiedeln und wirtschaftlich erschließen {39/42/58/33}	dto.	dto.
–	Kolonisierung			
–	**Kolonist** l>engl	1. europäischer Siedler in einer Kolonie (1.) {33}; 2. jmd., der in einer Kolonie wohnt {33/44}; 3. jmd., der kolonisiert {40/50/29}; 4. Adventivpflanze (bot. t. t.) {68}	dto. bzw. **colonus**	dto. s. oben
1729	**Kolonnade** l>it>frz	Säulengang, -halle {58/88}	**columna**, ae f frz. *colonne*	Säule, Pfeiler; Wasserhose Säule, senkrechte Reihe; Marschformation

–	**Kolonne** l>frz	1. für bestimmte Arbeiten im Freien zusammengestellter Trupp {40/33}; 2. Marschformation der Truppe oder von Fahrzeugen {61/86}; 3. senkrechte Reihe (einer Tabelle) {58/71}; 4. Druckspalte, Kolumne {32/40/58}; 5. Destillationsapparatur (chem. t. t.) {41/72/73}; 6. Wettkampfgemeinschaft im Kunstkraftsport {33/85}	dto.	dto.
1730	**Koloratur** l>it	Ausschmückung und Verzierung einer Melodie mit einer Reihe umspielender Töne (mus. t. t.) {37}	**colorare** it. *colorare* *coloratura*	färben; beschönigen, verdecken ausschmücken, färben Ausschmückung, Farbgebung
>>>	Koloratursopran s. Sopran			
–	**kolorieren** l>(it)	1. mit Farbe ausmalen {55/29/36}; 2. eine Komposition mit Verzierungen versehen (mus. t. t.) {37}	dto.	dto.
–	**Kolorist** l>(it)	1. jmd., der Zeichnungen o. Drucke farbig ausmalt; 2. Maler, der den Schwerpunkt auf das Kolorit (2.) legt {40/36}	dto.	dto.
–	**koloristisch** l>(it)	die Farbgebung betreffend {55/36}	dto.	dto.
–	**Kolorit** l>it	1. Farbgebung, Farbwirkung eines Gemäldes {36/55}; 2. Klangfarbe (mus. t. t.) {37}; 3. eigentümliche Atmosphäre, Stil {26/23}	dto. it. *colorire* *colorito*	dto.
1731	**Kolportage** l>frz	1. literarisch minderwertiger, auf billige Wirkung abzielender Bericht {34/32/26}; 2. Verbreitung von Gerüchten {32/33}; 3. Hausiererhandel mit Kolportageliteratur (veraltet) {32/34/40/42}	**comportatio**, onis f bzw. **comportare** frz. *comporter* *colporter* *colportage*	Beförderung, Transport zusammentragen, -bringen, einliefern
–	**Kolporteur** l>frz	1. jmd., der Gerüchte verbreitet {32/33}; 2. jmd., der mit Büchern u. Zeitschriften hausieren geht (veraltet) {34/40/42}	dto.	dto.
–	**kolportieren** l>frz	1. Gerüchte verbreiten {32/33}; 2. von Haus zu Haus gehen u. Ware anbieten (veraltet) {42/40}	dto.	dto.

1732	**Kolumne**	1. Satzspalte (druckw. t. t.) {32/40/58}; 2. von demselben Journalisten verfaßter, regelmäßig erscheinender Meinungsbeitrag {32/40}	**columna**, ae f	Säule, Pfeiler; Wasserhose vgl. oben 1729
–	**Kolumnist** l>nlat	jmd., der Kolumnen (2.) schreibt {40/32}	dto.	dto.
1733	**kombattant** l>vulgl>frz	kämpferisch {26/33}	**combattuere**	(be)kämpfen
–	**Kombattant** l>vulgl>frz	1. (Mit)kämpfer, Kampfteilnehmer {33/86}; 2. Angehöriger der Truppen, die völkerrechtlich abgesichert zu Kampfhandlungen berechtigt sind {86}	dto.	dto.
1734	**Kombination**	1. Verbindung, (geistige) Verknüpfung; Zusammenstellung {25/56}; 2. Herrenanzug aus verschiedenen Stoffen und Farben {19}; 3. planmäßiges Zusammenspiel (z. B. beim Fußball) {61/85}; 4. aus mehreren Einzeldisziplinen bestehender Wettkampf {57/85}	**combinatio**, onis f	Vereinigung
	(l>frz >engl)	5. einteiliger Schutzanzug (der Flieger) {19/40}; 6. Wäschegarnitur, bei der Hemd und Hose in einem Stück gearbeitet sind {19}		
–	**Kombi**	1. Kurzform von Kombiwagen (Liefer- und Personenwagen) {45}; 2. Kurzform von Kombi(=Mehrzweck)schrank (schweiz.) {44}	dto.	dto.
–	**Kombinat** l>russ	Zusammenschluß produktionsmäßig eng zusammengehörender Industriebetriebe zu einem Großbetrieb (DDR) {41/80/75}	**combinare** (PPP. **combinatus**)	vereinigen
–	**kombinativ** l>nlat	gedanklich verbindend, verknüpfend {25}	dto.	dto.
–	**Kombinatorik** l>nlat	(o. Kombinationslehre) 1. Begriffsaufbau nach bestimmten Regeln {56/32/25}; 2. Teilgebiet der Mathematik (math. t. t.) {71}	dto.	dto.
–	**kombinatorisch** l>nlat	die Kombination (1.) o. Kombinatorik betreffend {25/32/56/71}	dto.	dto.

–	**kombinieren**	1. mehrere Dinge zusammenstellen, (gedanklich) miteinander verknüpfen {56/25}; 2. schlußfolgern, mutmaßen {25/24}; 3. (im Fußball) planmäßig zusammenspielen {61/85}	dto.	dto.
–	**Kombinierter**	jmd., der die nordische Kombination (Skisprung plus 15 km Langlauf) absolviert {85}	dto.	dto.
1735	**Komfort** l>frz>engl	luxuriöse Ausstattung, behagliche Einrichtung {26/44/87}	**confortare** afrz. *conforter* *confort* engl. *comfort*	sehr stärken stärken, trösten Trost, Stärkung; Bequemlichkeit
–	**komfortabel** l>frz>engl	behaglich, wohnlich; mit allen Bequemlichkeiten des modernen Lebensstandards ausgestattet {26/44/87}	dto.	dto.

>>> Komintern s. unter kommunistisch und Internationale

1736	**Komitee** l>frz>engl >frz	1. (leitender) Ausschuß {33/50}; 2. Personen, die mit der Organisation einer Veranstaltung betraut sind {33}	**committere** engl. *commit* *committee* frz. *comité*	zusammenbringen; anvertrauen; preisgeben; abhalten
1737	**Komitien**	Bürgerversammlungen im alten Rom (hist. t. t.) {75/33}	**comitia,** iorum n (Pl.)	Volksversammlung (im antiken Rom)
1738	**Kommandant** l>vulgl>frz	1. Befehlshaber (z. B. eines Schiffes) {45/86}; 2. Kommandeur (schweiz.) {86}	**commendare** vulgl. commandare* frz. *commander*	empfehlen, auszeichnen; anvertrauen, übergeben;
–	**Kommandeur** l>vulgl>frz	Befehlshaber eines größeren Truppenteils (Bataillon bis Division) {86}	dto.	dto.
–	**kommandieren** l>vulgl>frz	1. die Befehsgewalt ausüben {86}; 2. jmdn. an einen bestimmten Ort beordern, dienstlich versetzen {28/40/50/86}; 3. etw. (im Befehlston) anordnen, Befehle erteilen {28/32/86}	dto.	dto.

–	**Kommando** l>it	1. Befehlsgewalt {33/86}; 2. Befehl(swort); Auftrag {28/32/50}; 3. vereinbarte Wortfolge als Startsignal (z. B. im Sport) {32/85}; 4. (militärische) Abteilung für einen Sonderauftrag {57/86}	dto.	dto.
–	**Kommanditgesellschaft** l>it>frz;d	Handelsgesellschaft, bei der mindestens einer der Gesellschafter nur mit seiner Einlage haftet {42/80}	dto.	dto.
–	**Kommanditist** l>it>frz	Gesellschafter, dessen Haftung auf seine Einlage beschränkt ist {42/80}	dto.	dto.
1739	**Kommemoration**	1. Erwähnung, Gedächtnis, Andenken (veraltet) {24}; 2. Fürbitte in der kath. Messe; kirchliche Gedächtnisfeier (rel. t. t.) {51/27/24}	**commemoratio**, onis f	Zurückrufung ins Gedächtnis, Vergegenwärtigung; Erwähnung
–	**kommemorieren**	erwähnen, gedenken (veraltet) {24/32}	**commemorare**	sich vergegenwärtigen, in Erinnerung rufen; erwähnen
1740	**kommensurabel**	mit gleichem Maß meßbar; vergleichbar {56}	**commensurabilis**, e	gleich zu bemessen, gleichmäßig
–	**Kommensurabilität** l>(nlat)	Vergleichbarkeit, Meßbarkeit mit gleichem Maß (math., phys. t. t.) {56/71/72}	dto.	dto.
1741	**Kommentar**	1. mit Erläuterungen und kritischen Anmerkungen versehenes Zusatzwerk zu einem Druckwerk (z. B. zu einem Gesetzestext, antiker Literatur o. ä.) {25/32/34/82}; 2. kritische Stellungnahme zu aktuellen Tagesereignissen; 3. Anmerkung, Erklärung, Stellungnahme (ugs.) {32/25}	**commentarium**, ii n	Notizen, Skizze; Tagebuch, Auszüge
–	kommentarisch			
–	**Kommentator**	1. Verfasser eines Kommentars {40/32}; 2. Berichterstatter von (Sport)ereignissen in den Medien (besonders TV, Radio) {32/33/40/85}	**commentator**, oris m	Erfinder, Urheber; Erklärer, Ausleger
–	**kommentieren**	1. ein Druckwerk mit kritischen oder erläuternden Anmerkungen versehen; 2. zu aktuellen Tagesereignissen Stellung nehmen; 3. eine Anmerkung zu etw. machen (ugs.) {25/32}	**commentari**	etw. überdenken, Betrachtungen anstellen, Entwürfe machen; verfassen

1742	**Komment-handlung** l>vulgl >frz;d	angeborenen Trieben entsprechende Handlung (zool. t. t.) {69}	**quomodo** frz. *comment?*	wie wie?; das Wie, die Art und Weise
–	**Komment-kampf** l>vulgl >frz;d	ritualisierte Form der Auseinandersetzung bei Tieren zur Vermeidung von Verletzungen (zool. t. t.) {69}	dto.	dto.
1743	**Kommerz** l>frz	1. Wirtschaft, Handel und Verkehr {41/42/45/80}; 2. wirtschaftliches, auf Gewinn bedachtes Interesse {42/28/80}	**commercium**, ii n	Handel, Warenverkehr; Marktplatz
–	**kommerzialisieren** l>frz	(wirtsch. t. t.) 1. öffentliche in privatwirtschaftliche Schulden umwandeln {80}; 2. alles wirtschaftlichen Interessen, dem Gewinnstreben unterordnen {28/42/80}	**commercialis**, e	den Verkehr betreffend, wechselseitig
–	**Kommerzialismus** l>frz	auf die Erzielung eines größtmöglichen Gewinnes zielendes wirtschaftliches Handeln (wirtsch. t. t.) {28/29/42/80}	dto.	dto.
–	**kommerziell** l>frz	(wirtsch. t. t.) 1. Wirtschaft u. Handel betreffend, auf ihnen beruhend {42/80}; 2. Geschäftsinteressen wahrnehmend, auf Gewinn bedacht {42/28/80}	dto.	dto.
–	**Kommerzienrat** l>frz;d	1. Titel für Großkaufleute und Industrielle (veraltet) {33/80/75}; 2. Träger dieses Titels {33}	**commercium**	s. oben
1744	**Kommilitone**	Studienkollege (Studentensprache) {31/33}	**commilito**, onis m	Mitsoldat, Waffenbruder, Kriegskamerad
1745	**Kommis** l>frz	Handlungsgehilfe (veraltet) {40/33}	**committere**	s. oben 1736
–	**Kommiß**	1. Militär(dienst) (ugs.) {86}; 2. Heeresvorräte (veraltet) {17/57/86}	**commissum**, si n	Verstoß; Konfiskation; anvertrautes Gut, Geheimnis
–	Kommißbrot, Kommißkopf			
–	**Kommissar** l>mlat	1. (vom Staat) Beauftragter; 2. Dienstrangbezeichnung für Polizeibeamte {40/49/50}	**committere** mlat. commissarius	s. oben 1736 mit der Besorgung eines Geschäftes Betrauter
–	**Kommissariat** l>mlat >nlat	1. (Amts)zimmer eines Kommissars {40/58}; 2. Polizeidienststelle (österr.) {40/49}	dto.	dto.
–	**kommisarisch** l>mlat >nlat	vorübergehend, vertretungsweise; beauftragt; einstweilig {59/33}	dto.	dto.

–	**Kommission** l>mlat	1. Ausschuß von beauftragten Personen {33/40}; 2. Auftrag (veraltet) {28}	**commissio**, onis f mlat. commissio	Vereinigung, Verbindung; Wettkampf Vorladung, Auftrag
–	**Kommissionär** l>mlat>frz	Geschäftsvermittler {40/42}	dto. frz. *commissionaire*	dto.
1746	**kommod** l>frz	bequem, angenehm (z. T. veraltet) {26}	**commodus**, a, um	angemessen, bequem, zweckmäßig; umgänglich
–	**Kommodität** l>frz	(veraltet, noch landsch.) 1. Bequemlichkeit {26/44}; 2. Abort {58/21}	**commoditas**, atis f	Angemessenheit, Zweckmäßigkeit, Bequemlichkeit
–	**Kommode** l>frz	Möbelstück mit mehreren Schubladen {44}	**commodus** frz. *commode*	s. oben
1747	**Kommodore** l>vulgl >frz>engl	1. Geschwaderführer bei Marine und Luftwaffe {45/86}; 2. erprobter ältester Kapitän bei großen Schiffahrtslinien {33/40/45}	**commendare** vulgl. commandare* frz. *commandeur* engl. *commodore*	s. oben 1738
1748	**kommun**	gemeinschaftlich, gemein {33}	**communis**, e	gemeinschaftlich, öffentlich, allgemein
–	**kommunal**	eine Gemeinde, die Gemeinden betreffend, gemeindeeigen, Gemeinde... {43/48/49}	**communalis**, e	zur ganzen Gemeinde gehörig, Gemeinde...
–	**kommunalisieren** l>nlat	Privatunternehmen in Gemeindebesitz und -verwaltung überführen {43/49/80}	dto.	dto.
–	**Kommunalobligation** (l;l)>nlat	von einer Gemeinde aufgenommene öffentliche Anleihe {49/80}	dto. + **obligatio**, onis f	dto. Verpflichtung, Schuldforderungsverhältnis; Pfandrecht
–	**Kommunarde** l>frz	1. Mitglied einer Kommune (4.) = Wohngemeinschaft {33/44}; 2. Anhänger der Pariser Kommune {33/75/25}	**communis**	s. oben
–	**Kommune** l>vulgl>frz	1. Gemeinde {48}; 2. Herrschaft des Pariser Gemeinderats (1792-94, 1871 - hist. t. t.) {75}; 3. Kommunisten (veraltet, abwertend) {50/25}; 4. Zusammenschluß mehrerer Personen zu einer Wohn- und Wirtschaftsgemeinschaft {33/44}	dto. vulgl. communia frz. *commune*	dto.

1749a	**Kommunikant**	1. jmd., der (zum ersten Mal) kommuniziert (kath. rel. t. t.) {51}; 2. Gesprächsteilnehmer, Teilhaber an einer Kommunikation (sprachwiss., soziol. t. t.) {32/76/81}	**communicare**	gemeinschaftlich machen; sich besprechen; jmdm. mitteilen
–	**Kommunikation**	1. Verständigung untereinander, Umgang, Verkehr {32/33}; 2. Verbindung, Zusammenhang {56/33}	**communicatio**, onis f	Mitteilung
>>>	Kommunikations... s. ggf. unter dem Rest des Wortes			
–	**kommunikativ** l>nlat	1. mitteilbar, mitteilsam; 2. die Kommunikation betreffend {32}	**communicare**	s. oben
–	**Kommuniqué** l>frz	1. regierungsamtliche Mitteilung {32/50}; 2. Denkschrift {32}	dto. frz. *communiquer* *communiqué*	dto. Mitteilung
1750	**Kommunion**	(Empfang des) Abendmahl(s) als Gemeinschaftsmahl der Gläubigen mit Christus (rel. t. t.) {33/51}	**communio**, onis f	Gemeinschaft; das heilige Abendmahl
1751a	**Kommunismus** l>engl>frz	letzte Entwicklungsstufe der menschlichen Gesellschaft unter Aufhebung sozialer Gegensätze (nach Karl Marx) {33/77/81}	**communis** engl. *communism* frz. *communisme*	s. oben 1748
–	**Kommunist** l>engl>frz	1. Vertreter, Anhänger des Kommunismus {25/33/50/81}; 2. Mitglied einer kommunistischen Partei {33/50}	dto.	dto.
–	**kommunistisch** l>engl>frz	den Kommunismus und seine Grundsätze betreffend, auf ihnen basierend {25/77/81}	dto.	dto.
–	**Kommunität**	1. Gemeinschaft, Gemeingut {33/43}; 2. Ort, an dem sich Studenten zum Speisen versammeln (veraltet) {31/58}; 3. ordensähnliche ev. Bruderschaft {33/51}	**communitas**, atis f	Gemeinschaft, Gemeinsinn; Leutseligkeit
1751b	**kommunizieren**	1. sich verständigen, miteinander sprechen {32/33}; 2. zusammenhängen, in Verbindung stehen {56/33}	**communicare**	s. oben 1749
1752	**kommutativ** l>nlat	1. umstellbar, vertauschbar (von math. Größen - math. t. t.) {71}; 2. die Umkehrung der Stromrichtung betreffend (phys. t. t.) {61/72}	**commutare**	verändern, verwandeln, wechseln; umtauschen

–	**kommutieren**	1. Größen umstellen, miteinander vertauschen (sprachwiss., math. t. t.) {76/71}; 2. die Richtung des elektrischen Stroms ändern (phys. t. t.) {61/72}	dto.	dto.
–	Kommutierung			
1753	**Komödie** (gr)>l	1. Bühnenstück, Lustspiel {35/74}; 2. kleines Theaster, in dem nur Komödien gespielt werden {58/35}; 3. unechtes, theatralisches Gebaren, Heuchelei, Verstellung {24/26/32/33}	**comoedia**, ae f gr. *κωμῳδία*	Lustspiel, Komödie
–	**Komödiant** (gr)>l>it >engl	1. Schauspieler {35/40}; 2. Heuchler; jmd., der anderen etw. vorzumachen sucht (ugs., abwertend) {24/26/32/33}	dto.	dto.
–	komödiantisch			
1754	**Kompagnon** (l;l)>mlat >frz	Gesellschafter, Teihaber, Mitinhaber eines Geschäftes o. Handelsunternehmens {43/40/42/80}	**com = cum** + **panis**, is m mlat. companio frz. *compagnon*	s. oben 1697 Brot Brotgenosse, Gefährte Geselle, Genosse
1755	**kompakt** l>frz	1. massig, gedrungen (ugs.) {53}; 2. undurchdringlich, dicht, fest {54}; 3. kurzgefaßt, das Wesentliche zusammenfügend; auf engstem Raum {57/58}	**compactus**, a, um	untersetzt, gedrungen, dick
1756	**Kompanie** (l;l)>mlat >it/frz	1. Handelsgesellschaft (veraltet) {42/75/80}; 2. Truppeneinheit von 100-250 Mann {57/86}	**com = cum** + **panis** mlat. companio compagn(i)a	s. oben 1697 s. oben 1754 Brotgenossenschaft, Kameradschaft, Gesellschaft
1757	**komparabel**	vergleichbar {25/56}	**comparabilis**, e	vergleichbar
–	**Komparabilität** l>nlat	Vergleichbarkeit {25/56}	dto.	dto.
–	**Komparation**	1. das Vergleichen {25/56}; 2. Steigerung des Adjektivs (sprachwiss. t. t.) {56/76}	**comparatio**, onis f	Vergleich, gleiches Verhältnis; Komparativ

–	**komparativ**	(sprachwiss. t. t.) 1. auf Vergleichung beruhend; 2. vergleichend (von der Untersuchung zweier Sprachen gesagt) {25/76}; 3. steigernd {56/76}	**comparativus,** a, um	zur Vergleichung geeignet, vergleichend; komparativ
–	**Komparativ**	Steigerungssufe, Mehrstufe (sprachwiss. t. t.) {56/76}	dto.	dto.
–	**komparieren**	1. vor Gericht erscheinen (veraltet) {82}; 2. vergleichen (veraltet) {25/56}; 3. die Komparation (2.) anwenden, steigern (sprachwiss. t. t.) {56/76}	1.: **comparere** 2., 3.: **comparare**	sichtbar werden, erscheinen, sich einfinden gleichmachen, gegenüberstellen, vergleichen
–	**Komparse** l>it	Nebenperson ohne Sprechrolle, Statist {35/40/74}	**comparere** it. *comparire* *comparsa*	s. oben erscheinen
–	**Komparserie** l>it	Gesamtheit der Komparsen, Statisterie {35/57/74}	dto.	dto.
1758	**Kompaß** (l;l)>vulgl >it	Gerät zur Feststellung der Himmelsrichtung mittels Magnetnadel {72/45/64}	**com = cum + passus,** us m vulgl. compassare* it. *compassare* *compasso*	s. oben 1697 (Doppel)schritt (als Längenmaß) abmessen ringsum abschreiten, messen Zirkel; Magnetnadel
1759	**kompatibel** (l;l)>frz >engl	1. syntaktisch-semantisch anschließbar (sprachwiss. t. t.) {76}; 2. miteinander vereinbar, zusammenpassend {56}; 3. die Eigenschaft der Kompatibilität besitzend (techn. t. t.) {41/71/72/87}; 4. miteinander vereinbar, verträglich (med. t. t.) {70}	**com = cum + pati**	s. oben 1697 (er)dulden, hinnehmen, zulassen, gestatten
–	**Kompatibilität** (l;l)>frz >engl	1. Vereinbarkeit (zweier Ämter in einer Person) {33/40/50}; 2. Austauschbarkeit, Vereinbarkeit verschiedener Systeme (techn. t. t.) {41/56/71/72/87}; 3. syntaktisch-semantische Anschließbarkeit (sprachwiss. t. t.) {76}; 4. Verträglichkeit verschiedener Medikamente oder Blutgruppen (med. t. t.) {70}	dto.	dto.
1760	**Kompendium**	Abriß, kurzgefaßtes Lehrbuch {31/32/57}	**compendium,** ii n	Ersparnis, Vorteil, Gewinn; Abkürzung (der Zeit)

1761	**Kompensation**	1. Ausgleich, Aufhebung von Wirkungen {54/56/70}; 2. Aufrechnung (jur. t. t.); 3. Schuldaufwiegung im Falle wechselseitiger Täterschaft (jur. t. t.) {82}; 4. Streben nach Ersatzbefriedigung als Ausgleich von Minderwertigkeitsgefühlen (psych. t. t.); 5. Ausgleich einer krankhaften Organveränderung (med. t. t.) {70}	**compensatio**, onis f	Ausgleichung, Gleichgewicht, Tilgung einer Forderung
–	**kompensatorisch** l>nlat	ausgleichend {54/56}	**compensare**	gegeneinander abwägen, ausgleichen; aufrechnen
–	**kompensieren**	ausgleichen (z. B. Wirkungen, Minderwertigkeitsgefühle) {54/56/70/82}	dto.	dto.
1762	**kompetent**	1. sachverständig, fähig {22/40}; 2. zuständig, maßgebend, befugt {25/33/40/50}; 3. tektonisch wenig verformbar (geol. t. t.) {62}	**competens** (Gen. –ntis)	zuständig, kompetent, passend, geeignet
–	**Kompetenz**	1. Vermögen, Fähigkeit {22/40}; 2. Zuständigkeit, Befugnis {25/33/40/50}; 3. zeitlich begrenzte Reaktionsbereitschaft von Zellen gegenüber einem Entwicklungsreiz (biol. t. t.) {59/68/69}; 4. nicht pfändbare Unterhaltsmittel eines Klerikers {42/51/82}	**competentia**, ae f	Zusammentreffen, Proportion, Verbindung, Konstellation
1763	**Kompilation**	1. Zusammenstellung, -tragung; unschöpferisches Abschreiben; 2. durch Zusammentragen unverarbeiteten Stoffes entstandene wertlose Schrift {32/56}	**compilatio**, onis f	Plünderung, Kompilation
–	**Kompilator**	Verfasser einer Kompilation {32/40}	**compilator**, oris m	Plünderer, Ausbeuter
–	**kompilatorisch**	aus Teilen verschiedener Werke zusammengeschrieben {32/56}	**compilare**	ausplündern, -beuten, berauben, stehlen
–	**kompilieren**	unverarbeiteten Stoff zu einer Schrift ohne wissenschaftlichen Wert zusammentragen {32/56}	dto.	dto.
1764	**Komplement**	1. Ergänzung {56}; 2. Komplementär-, Differenzmenge (math. t. t.) {71}; 3. ein die Antikörperwirkung aktivierender Blutserumbestandteil (med. t. t.) {70}	**complementum**, ti n	Ergänzungsmittel

–	**komple-mentär** l>frz	sich gegenseitig ergänzend {56}	dto.	dto.
–	**Komple-mentär-farbe** l>frz;d	Farbe, die mit einer anderen Farbe gemischt Weiß oder Schwarz ergibt; Ergänzungsfarbe {54/55}	dto.	dto.
–	**komple-mentieren** l>frz	ergänzen {56}	dto. (bzw. **com-plere**	dto. anfüllen, ergänzen)
–	Komplementierung			
–	**Komple-ment-winkel** l>frz;d	Ergänzungswinkel, der einen gegebenen Winkel zu 90° ergänzt (geometr. t. t.) {71}	dto.	dto.
–	**komplett** l>frz	1. vollständig, abgeschlossen; 2. ganz, gesamt, vollzählig {57}; 3. ganz und gar, absolut (ugs.) {56}; 4. voll, besetzt (bes. österr.) {57/58}	**completus**, a, um	vollständig, vollkommen
–	**komplet-tieren** l>frz	etw. vervollständigen; auffüllen, ergänzen {57}	dto. frz. *compléter*	dto.
1765	**komplex**	1. vielschichtig; viele Dinge umfassend {56/57}; 2. zusammenhängend {56}; 3. allseitig, alles umfassend (bes. DDR) {57/56}	**complecti** (PPP. **complexus**)	umfassen, umschlingen; umarmen; zusammenfassen
–	**Komplex**	1. Zusammenfassung, Verknüpfung {56}; 2. Gebiet, Bereich {56/58}; 3. Gruppe, Gebäudeblock {58}; 4. Zwangshandlungen auslösender Affekt (psych. t. t.) {70}; 5. chemische Vereinigung mehrerer Atome (chem. t. t.) {73}	**complexus**, us m	das Umfassen, Umschließen; Zusammenfassung, Verbindung
–	**Komple-xität** l>nlat	1. Gesamtheit aller Merkmale, Möglichkeiten {54/55/57}; 2. Vielschichtigkeit {56}	**complecti**	s. oben
1766	**Komplika-tion**	1. Schwierigkeit, Verwicklung; Erschwerung {25/56}; 2. Verschlimmerung eines Krankheitszustandes (med. t. t.) {14/70}	**complicatio**, onis f	das Zusammenwickeln; die Vervielfältigung
1767	**Kompli-ment** l>span>frz	1. Schmeichelei, höfliche Redensart {32/33}; 2. Gruß (veraltet) {32}; 3. Verbeugung (veraltet) {12/32}	**complere** span. *complir* *complimiento* frz. *compliment*	an-, ausfüllen, ergänzen; vollmachen an-, erfüllen Fülle; Übertreibung, Überschwang

–	**komplimentieren** l>span>frz	1. jmdn. willkommen heißen {32}; 2. jmdn. mit höflichen Gesten und Redensarten irgendwohin geleiten (ugs. meist: hinauskomplimentieren) {32/61}	dto.	dto. vgl. oben 1246b
1768	**Komplize** l>frz	Mitbeteiligter an einer Straftat, Helfershelfer {33/82}	**complex**, licis frz. *complice*	mit jmdm. eng verbunden; Verbündeter, Teilnehmer
1769	**komplizieren**	verwickeln, erschweren {25/56}	**complicare**	zusammenfalten, -wickeln; multiplizieren (arithm. t. t.)
–	**kompliziert** l>(frz)	schwierig, verwickelt, umständlich {25/56}	dto. frz. *compliqué*	dto.
1770	**Komponente**	1. Teilkraft {56/57}; 2. Bestandteil eines Ganzen {57}	**componere** (PPP. **compositus**)	zusammenstellen, -fügen; verfassen, entwerfen
–	**komponieren**	1. (ein Kunstwerk nach bestimmten Gesetzen) aufbauen, gestalten {22/25/79}; 2. ein musikalisches Werk schaffen {37}; 3. etw. aus Einzelteilen zusammensetzen, gliedern {25/57}	dto.	dto.
–	**Komponist** (o. **Kompositeur**) l>nlat	jmd., der ein musikalisches Werk komponiert {37/40}	dto.	dto.
–	**Komposition**	1. Zusammensetzung, -stellung von Dingen aus Einzelteilen {25/56/57}; 2. das Komponieren eines Musikstückes; 3. Musikwerk {37}; 4. Aufbau eines Kunstwerkes {56/79}; 5. das Zusammensetzen eines Wortes {76}; 6. gütliche Beilegung eines Rechtsstreites, Löse-, Sühnegeld {42/82}	**compositio**, onis f	Zusammenstellung, -setzung; Aussöhnung; Abfassung eines Schriftwerkes
–	**kompositionell** o. **kompositorisch** l>nlat	1. die Komposition eines Musikwerkes betreffend {37}; 2. gestalterisch {22/25/79}	dto.	dto.
–	**Kompositum**	aus zwei Teilen zusammengesetztes Wort (sprachwiss. t. t.) {76}	**componere**	s. oben

–	**Kompost** l>mlat>frz	Dünger aus mit Erde vermischten pflanzlichen o. tierischen Wirtschaftsabfällen {39}	dto. mlat. compostum frz. *compost*	dto. Misthaufen, Dünger
–	**kompostieren** l>mlat>frz	1. zu Kompost verarbeiten; 2. mit Kompost düngen {39}	dto.	dto.
–	**Kompott** l>vulgl>frz	gekochtes Obst, das als Nachtisch gegessen wird {17}	dto. vulgl. composita* frz. *compote*	dto. Zusammengesetztes, Gemischtes Eingemachtes
1771	**Kompresse** l>frz	(med. t. t.) 1. feuchter Umschlag; 2. zusammengelegtes Mullstück für Druckverbände {14/70}	**compressus**, us m	das Zusammendrücken, -pressen; Unterdrükkung
–	**kompressibel** l>nlat	zusammendrückbar, verdichtbar (phys. t. t.) {53/72}	**comprimere** (PPP. **compressus**)	zusammen-, niederdrücken; zusammendrängen
–	**Kompressibilität** l>nlat	Zusammendrückbarkeit, Verdichtbarkeit (phys. t. t.) {53/72}	dto.	dto.
–	**Kompression**	1. Zusammenpressung (phys. t. t.) {53/72}; 2. Quetschung eines Körperorgans (med. t. t.); 3. mechanische Abdrükkung eines blutenden Gefäßes (med. t. t.) {70}	**compressio**, onis f	das Zusammendrücken, -pressen; Unterdrükkung
–	**Kompressor** l>nlat	Apparat zum Verdichten von Gasen oder Dämpfen (techn. t. t.) {72}	**comprimere** (bzw. **compressor**, oris m	s. oben Schänder)
–	**komprimierbar** l;d	zusammenpreßbar {72/53}	**comprimere**	s. oben
–	**komprimieren**	1. zusammenpressen; 2. verdichten {72/53}	dto.	dto.
–	**komprimiert**	in gedrängter Kürze dargestellt, nur das Wesentliche enthaltend {32/57}	dto.	dto.
1772	**Kompromiß**	Übereinkunft auf der Grundlage gegenseitiger Zugeständnisse {25/33}	**compromissum**, si n	Kompromiß (jur. t. t.)
–	**kompromittieren** l>frz	dem Ansehen eines anderen empfindlich schaden; jmdn., sich bloßstellen {33/26}	**compromittere** frz. *compromettre*	sich ein gegenseitiges Versprechen geben jmdn. in eine kritische Lage bringen, bloßstellen
–	**Kompromittierung** l>frz	Bloßstellung; das Kompromittieren {33/26}	dto.	dto.

1773	**Komteß** o. **Komtesse** l>frz	unverheiratete Tochter eines Grafen {31/33}	**comes,** mitis mf frz. *comte* *comtesse*	Mitgänger; Begleiter(in), Gefolge Graf
1774	**Komtur** l>mlat>frz	(hist. t. t) 1. Ordensritter als Leiter einer Komturei; 2. Inhaber eines Komturkreuzes {33/75}	**commendare** mlat. commendator afrz. *commendeor*	anvertrauen Vorsteher der Niederlassung eines Ritterordens
-	**Komturei** l>mlat>frz	Verwaltungsbezirk, Ordenshaus eines geistlichen Ritterordens (hist. t. t.) {75/48}	dto.	dto.
1775	**Kondemnation**	Verurteilung, Verdammung (veraltet) {82}	**condemnatio,** onis f	Verurteilung, Bestrafung
-	**kondemnieren**	jmdn. verdammen, verurteilen (veraltet) {82}	**condemnare**	verurteilen, verdammen, schuldig sprechen
1776	**Kondensat**	Flüssigkeit, die sich aus dem Dampf (o. Zigarettenrauch) niedergeschlagen hat (phys. t. t.) {72/73/17}	**condensare** (PPP. **condensatus)**	verdichten, zusammenpressen
-	**Kondensation**	1. Verdichtung von Dampf o. Gas zu Flüssigkeit (phys. t. t.) {72}; 2. chemische Reaktion bei der Molekülvereinigung (chem. t. t.) {73}	**condensatio,** onis f	Verdichtung
-	**Kondensator** l>nlat	1. Gerät zur Speicherung elektrischer Ladungen (elektrotechn. t. t.) {41/87}; 2. Anlage zur Kondensation von Dämpfen, Verflüssiger {41/72}	**condensare**	s. oben
-	**kondensieren**	1. sich verflüssigen; Gase o. Dämpfe durch Druck o. Abkühlung verflüssigen; 2. eine Flüsigkeit durch Verdampfen eindicken {72/73}	dto.	dto.
-	**Kondensmilch** l;d	eingedickte, in Dosen abgefüllte (sterilisierte) Milch {17}	dto.	dto.
-	**Kondensstreifen** l;d	durch Abgase von Flugzeugen verursachter schmaler Wolkenstreifen (meteor. t. t.) {65}	dto.	dto.
1777	**Kondition** l>(mlat/vulgl)	1. Geschäftsbedingung (Lieferung bzw. Zahlung) {42}; 2. körperlich-seelische Gesamtverfassung eines Menschen {14/26/70}; 3. körperliche Leistungsfähigkeit {11/14}; 4. Stellung, Dienst (eines Angestellten - veraltet) {40/33}	**condicio,** onis f mlat./vulgl. conditio	Stellung, Beschaffenheit, Bedingung; Zustand

–	**konditional**	eine Bedingung angebend, bedingend (sprachwiss. t. t.) {76}	**condicionalis**, e	auf Bedingungen beruhend, bedingungsweise, angenommen
–	**Konditionalis**	Modus der Bedingung (sprachwiss. t. t.) {76}	dto.	dto.
–	**konditionell**	die Kondition (3.) betreffend {11/14}	dto.	dto.
–	**konditionieren**	1. in Stellung sein, in Diensten stehen {40/33}; 2. Rohstoffen vor der Verarbeitung bestimmte Eigenschaften verleihen; 3. den Feuchtigkeitsgrad von Textilrohstoffen ermitteln {40/41}; 4. bestimmte Reaktionen hervorrufen (psych., biol. t. t.) {69/70}	dto. (bzw. **condicere**	dto. übereinkommen; aufkündigen)
–	**konditioniert**	1. bedingt; beschaffen (von Waren {42/54}; 2. bestimmte Reaktionen bedingend (von Reizen - psych., biol. t. t.) {69/70}	dto.	dto.
–	**Konditionierung**	1. Ausbildung bedingter Reaktionen bei Mensch und Tier (psych., biol. t. t.) {69/70}; 2. Behandlung des Getreides vor dem Mahlen {39/40}; 3. Feuchtigkeitsgradermittlung von Textilrohstoffen {40/41}	dto.	dto.

>>> Konditionstraining s. Training

1778	**Konditor**	Feinbäcker {40/17}	**conditor**, oris m	Anfertiger würziger Speisen; jmd., der etw. schmackhaft macht
–	**Konditorei**	1. Laden, der Feinbackwaren herstellt und verkauft {17/40/42}; 2. Feinbackwaren, Feingebäck {17}	dto.	dto.
1779	**Kondolenz** l>nlat	Beileid(sbezeigung) {26/33/32}	**condolere**	Mitleid haben, Mitgefühl zeigen
–	**kondolieren**	sein Beileid aussprechen {26/32/33}	dto.	dto.
–	**Kondominium** (l;l)>nlat	1. Herrschaft mehrerer Staaten über dasselbe Gebiet {50}; 2. größeres Haus mit Eigentumswohnungen (in Südtirol) {44/43/58}	**con = cum** + **dominium**, ii n	s. oben 1697 Herrschaft, Besitz, Eigentum
1781	**Kondottiere** l>it	Söldnerführer im 14./15. Jh. in Italien (hist. t. t.) {75/86}	**conducere**	führen, zusammenführen, -bringen; mieten

–	**Kondukator** l>rum	Titel des ehemaligen rumänischen Diktators Ceausescu (hist. t. t.) {50/75}	dto.	dto.
1782	**Konfekt** l>mlat>it	1. feine Zuckerwaren, Pralinen; 2. Teegebäck {17}	**conficere** (PPP. **confectus**) mlat. confectum it. *confetto*	verfertigen, vollenden, zubereiten Zubereitetes
–	**Konfektion** l>frz	1. fabrikmäßige Serienherstellung von Kleidungsstükken; 2. Bekleidungsindustrie {41/19}; 3. (Handel mit) Fertigkleidung {42/19}	**confectio**, onis f	Herstellung, Anfertigung, Eintreibung
–	**konfektionieren** l>frz	fabrikmäßig herstellen {41}	dto.	dto.
1783	**Konferenz** l>mlat	1. Sitzung; Besprechung, Tagung {32/40}; 2. beratschlagende Versammlung {32/33/50}; 3. kartellartiger Reedereizusammenschluß im Überseehandel (wirtsch. t. t.) {42/45/80}	**conferre** mlat. conferentia	zusammentragen; Meinungen austauschen, sich besprechen
–	**konferieren** l>frz	1. mit jmdm. verhandeln, über etw. beraten {32/40/50}; 2. als Conférencier sprechen, ansagen {32/33/40/85}	dto. frz. *conférer*	dto.
1784	**Konfession**	(rel. t. t.) 1. (christliche) Glaubensgemeinschaft; (christliches) Glaubensbekenntnis {51}; 2. Geständnis, (Sünden)-bekenntnis {32/51}; 4. literarische Zusammenfassung von Glaubenssätzen {51/34}	**confessio**, onis f	Zu-, Ein-, Geständnis; Bekenntnis
–	**konfessionalisieren** l>(nlat)	die Besonderheiten einer Konfession (1.) in allen Bereichen des Lebens durchsetzen (rel. t. t.) {51/33}	dto.	dto.
–	**Konfessionalismus** l>(nlat)	(übermäßige) Betonung der eigenen Konfession (rel. t. t.) {33/51}	dto.	dto.
–	**konfessionalistisch** l>(nlat)	den Konfessionalismus betreffend; eng kirchlich denkend (rel. t. t.) {51/25}	dto.	dto.
–	**konfessionell** l>(nlat)	zu einer Konfession gehörend (rel. t. t.) {33/51}	dto.	dto.
1785	**Konfetti** l>mlat>it	1. bunte Papierblättchen, die bes. bei Faschingsveranstaltungen geworfen werden {33/85}; 2. Zuckergebäck, Süßigkeiten (österr., veraltet) {17}	**conficere** mlat. confectum it. *confetti* (Pl.)	s. oben 1782

1786	**Konfiguration**	1. Gestaltung, Gestalt (veraltet) {40/53}; 2. äußere Form, Aufbau eines Organs (med. t. t.); 3. Verformung (z. B. des Schädels bei der Geburt - med. t. t.) {70/53}; 4. Aspekt {25}; 5. Anordnung von Atomen (chem. t. t.) {73/58}; 6. Anordnung von Einzelerlebnissen zu einem Sachverhalt (psych. t. t.) {24/70}; 7. Planetenstellung (astron. t. t.) {66}; 8. Gruppe syntaktisch verbundener Wörter (sprachwiss. t. t.) {76}	**configuratio**, onis f	ähnliche Bildung
–	**konfigurieren**	1. gestalten (veraltet) {40/29}; 2. verformen {40/53/29}	**configurare**	zusammenheften, -nageln; durchbohren
1787	**Konfirmand**	jmd., der konfirmiert wird (rel. t. t.) {33/51}	**confirmare**	befestigen, kräftigen, bestätigen, ermutigen
–	**Konfirmation**	feierliche Aufnahme junger ev. Christen in die Gemeinde der Erwachsenen (rel. t. t.) {33/51}	**confirmatio**, onis f	Befestigung, Ermutigung, Bestätigung
–	**konfirmieren**	einen ev. Jugendlichen feierlich in die Gemeinde der Erwachsenen aufnehmen (rel. t. t.) {33/51}	**confirmare**	s. oben
1788	**Konfiserie** l>frz	Betrieb, der Süßwaren herstellt oder verkauft (schweiz.) {42/40/17}	**conficere**	s. oben 1782
1789	**Konfiskation**	entschädigungslose staatliche Enteignung {43/50}	**confiscatio**, onis f	Einziehung des Vermögens
–	**konfiszieren**	etw. (von Staats wegen, gerichtlich) einziehen, beschlagnahmen {43/50/82}	**confiscare**	in der Kasse aufheben; in die kaiserliche Schatzkammer einziehen
1790	**Konfitüre** l>frz	aus nur einer Obstsorte hergestellte Marmelade {17}	**confectura**, ae f frz. *confiture*	Verfertigung, Zubereitung Eingemachtes
1791	**Konflagration**	Feuersbrunst, Brand {54/55}	**conflagratio**, onis f	das Aufgehen in Flammen, Auflodern; Verbrennung
1792	**Konflikt**	1. Zerwürfnis, Streit {26/33}; 2. bewaffnete, militärische Auseinandersetzung zwischen Staaten {50/86}; 3. Widerstreit der Motive, Zwiespalt {25/26}	**conflictus**, us m	das Zusammenschlagen; feindlicher Zusammenstoß; Kampf

>>> Konfliktkommission s. Kommission

1793	**Konföderation**	Staatenbund {50}	**confoederatio**, onis f	Bündnis
–	**konföderieren**	sich -: sich verbünden {50/33}	**confoederare**	durch ein Bündnis vereinigen, verbünden
–	**Konföderierte**	1. Verbündete {33/50/86}; 2. die Südstaaten bzw. deren Anhänger im amerikanischen Sezessionskrieg 1861-65 (hist. t. t.) {50/75/86}	dto.	dto.
1794	**konform**	1. einig, übereinstimmend {25/33}; 2. winkel-, maßstabsgetreu (math. t. t.) {71}	**conformis**, e	gleichförmig, ähnlich
–	**konformieren**	anpassen, einfügen, übereinstimmend machen (veraltet) {56/29}	**conformare**	entsprechend (harmonisch) gestalten, anordnen, gehörig ausbilden
–	**Konformismus** l>engl	um Anpassung der persönlichen Einstellung bemüht sein {25/33}	**conformis**	s. oben
–	**Konformist** l>engl	1. jmd., der seine eigene Einstellung nach der herrschenden Meinung richtet {25/33}; 2. Anhänger der anglikanischen Staatskirche (rel. t. t.) {51}	dto.	dto.
–	konformistisch			
–	**Konformität** l>mlat	1. Übereinstimmung, Anpassung {25/56}; 2. das Gleichgerichtetsein des Verhaltens einer Person mit dem einer Gruppe (soziol. t. t.) {33/81}; 3. Winkel- und Maßstabtreue einer Abbildung (math. t. t.) {71}	dto.	dto.
1795	**Konfrontation** (l;l)>mlat	1. Gegenüberstellung von sich widersprechenden Meinungen, Sachverhalten, Personen (vor Gericht) {82}; 2. (politische) Auseinandersetzung {50/86}; 3. synchronische Sprachbetrachtung (sprachwiss. t. t.) {76}	**con = cum** + **frons**, ntis f mlat. confrontatio	Stirn-, Vorderseite, Außenseite
–	**konfrontieren** (l;l)>mlat	1. jmdn. einem anderen gegenüberstellen, um eine Unstimmigkeit auszuräumen {82}; 2. jmdn. dazu bringen, sich mit etw. Unangenehmen auseinanderzusetzen {25/28}; 3. zum Vergleich -, als Kontrast gegenüberstellen {25/56}	dto. mlat. confrontare	dto.

1796	**konfus**	verwirrt, verworren; wirr im Kopf {14/25/26}	**confusus**, a, um	verwirrt, verworren, ungeordnet
–	**Konfusion**	1. Verwirrung, Zerstreutheit; Unklarheit {14/25/26}; 2. das Erlöschen eines Rechtes (jur. t. t.) {82}	**confusio**, onis f	Vereinigung; Verwirrung, Verstörtheit
1797	**kongenial** (l;l)>nlat	geistesverwandt, geistig ebenbürtig {25/22}	**con = cum** + **genialis**, e	s. oben 1697 zum Genius gehörig; erfreulich
–	**Kongenialität** (l;l)>nlat	geistige Ebenbürtigkeit {25/22}	dto. + **genialitas**, atis f	dto. Ergötzlich-, Fröhlichkeit
1798	**kongenital** (l;l)>nlat	angeboren, aufgrund einer Erbanlage vorhanden (med. t. t.) {70}	**con = cum** + **genitalis**, e	s. oben 1697 zur Geburt gehörig, fruchtbar
1799	**Konglomerat** l>frz	1. Zusammenballung, Gemisch {54/57}; 2. Sedimentgestein aus Gesteinstrümmern (geol. t. t.) {62}; 3. Zusammenballung, Anhäufung (med. t. t.) {70}	**conglomerare** (PPP. **conglomeratus**)	zusammenrollen, -wickeln, -häufen
1800	**Kongregation**	(rel. t. t.) 1. kirchliche Vereinigung für bestimmte Aufgaben; 2. enger Verband von Klöstern innerhalb eines Mönchsordens; 3. Kardinalsversammlung; 4. Vereinigung, Versammlung (veraltet) {33/51}	**congregatio**, onis f	Geselligkeit; Zusammenstellung, Vereinigung
–	**Kongregationist** l>nlat	Mitglied einer Kongregation (rel. t. t.) {33/51}	dto.	dto.
–	**kongregieren** l>(nlat)	sich versammeln, vereinigen {51/33}	**congregare**	vereinigen, zusammengesellen, -scharen
1801	**Kongreß**	1. (größere) fachliche o. politische Versammlung, Tagung {33/40/50}; 2. Parlament in den USA (Repräsentantenhaus und Senat) {50}	**congressus**, us m	Zusammentreffen, -kunft; Gesellschaft; Angriff
1802	**kongruent**	1. übereinstimmend (von Ansichten) {25}; 2. deckungsgleich (von geometr. Figuren); übereinstimmend (von Zahlen - math. t. t.) {53/57/71}	**congruens** (Gen. –ntis)	übereinstimmend, entsprechend, gleichförmig
–	**Kongruenz**	1. Übereinstimmung {25/56}; 2. Deckungsgleichheit (math. t. t.) {71/53}; 3. formale Übereinstimmung zusammengehöriger Satzteile (sprachwiss. t. t.); 4. Vereinbarkeit des Verbs mit anderen Satzgliedern (sprachwiss. t. t.) {76}	**congruentia**, ium n (Pl.)	Übereinstimmendes

–	**kongruieren**	übereinstimmen, sich decken {25/53/71/56}	**congruere**	zusammentreffen, übereinstimmen, angemessen sein
1803	**Konifere**	Nadelbaumart {04}	**conifer**, era, erum	Zapfen tragend
1804	**Konjektur**	1. Vermutung (veraltet) {25}; 2. Textverbesserung, mutmaßlich richtige Lesart (philol. t. t.) {76/25}	**coniectura**, ae f	Vermutung, Mutmaßung; Deutung
–	**konjektural**	die Konjektur betreffend, auf ihr beruhend {76/25}	**coniecturalis**, e	auf Vermutung beruhend, mutmaßlich
–	**konjizieren**	1. vermuten (veraltet) {25}; 2. Konjekturen (2.) anbringen {76/25}	**conicere**	hineinwerfen; ermitteln, vermuten
1805	**Konjugation**	1. Abwandlung, Beugung des Verbs (sprachwiss. t. t.) {76}; 2. Vereinigung zweier Wimpertierchen (biol. t. t.) {69}	**coniugatio**, onis f	Verbindung, Verwandtschaft; Konjugation (gramm. t. t.)
–	**konjugieren**	1. ein Verb beugen (sprachwiss. t. t.) {76}; 2. verbinden (veraltet) {56/33}	**coniugare**	verbinden, verheiraten
–	**konjugiert**	1. zusammengehörend, einander zugeordnet {56}; 2. mit Doppelbindungen versehen (chem. t. t.) {73}; 3. gebeugt (von Verben - sprachwiss. t. t.) {76}	dto.	dto.
1806	**Konjunktion**	1. neben- o. untergeordnetes Bindewort (sprachwiss. t. t.) {76}; 2. Zusammentreffen mehrerer Planeten im gleichen Tierkreiszeichen (astrol. t. t.); 3. Stellung zweier Gestirne im gleichen Längengrad (astron. t. t.) {66}; 4. Verknüpfung mehrerer Aussagen (log. t. t.) {71}	**coniunctio**, onis f	Verbindung, Zusammenhang; Konjunktion (rhet. t. t.); Verwandtschaft
–	**konjunktional** l>nlat	die Konjunktion (1.) betreffend (sprachwiss. t. t.) {76}	dto.	dto.
–	**konjunktiv**	verbindend {56}	**coniunctivus**, a, um	verbindend
–	**Konjunktiv**	Aussageweise der Vorstellung, Möglichkeitsform (sprachwiss. t. t.) {76}	**coniunctivus**, vi m	Konjunktiv (gramm. t. t.)
–	konjunktivisch			
–	**Konjunktur**	(wirtsch. t. t.) 1. Wirtschaftslage, -entwicklung; 2. Wirtschaftsaufschwung {80}	**coniungere** (PFA. **coniuncturus**)	verbinden, vereinigen, zusammenhängen

–	**konjunkturell**	die wirtschaftliche Gesamtlage betreffend (wirtsch. t. t.) {80}	dto.	dto.
1807	**Konjuration**	Verschwörung (veraltet) {33/50/82}	**coniuratio**, onis f	eidliche Verbindung; Komplott, Verschwörung
1808	**konkav**	hohl, vertieft, nach innen gewölbt (phys. t. t.) {53/72}	**concavus**, a, um	hohl, gewölbt, gekrümmt
–	**Konkavität**	das Nach-innen-Gewölbtsein (phys. t. t.) {53/72}	**concavitas**, atis f	Höhlung, Höhle
1809	**Konklave**	abgeschlossene(r) Kardinalsversammlung(sort) bei der Papstwahl {51/58}	**conclave**, vis n	Gemach, Zimmer; Stall
1810	**konkludent**	eine Schlußfolgerung zulassend, schlüssig (philos. t. t.) {77/25}	**concludere**	einschließen; schlußfolgern
–	**konkludieren**	einen Schluß ziehen, folgern (philos. t. t.) {25/77}	dto.	dto.
–	**Konklusion**	Schluß, Folgerung, Schlußsatz im Syllogismus (philos. t. t.) {77/25}	**conclusio**, onis f	Einschließung, Blockade; Schlußfolgerung
–	**konklusiv** l>nlat	1. folgernd (philos. t. t.) {77/25}; 2. den allmählichen Abschluß eines Geschehens kennzeichnend (von Verben - sprachwiss. t. t.) {59/76}	**concludere**	s. oben
1811	**konkordant**	1. übereinstimmend {56/25}; 2. ungestört übereinander lagernd (geol. t. t.) {62}	**concordare**	übereinstimmen, harmonieren, in Einklang bringen
–	**Konkordanz** l>mlat	1. alphabetisches Gesamt-Wörterverzeichnis (eines Autors, eines Werkes - philol. t. t.) {32/76/57}; 2. Vergleichstabelle von Seitenzahlen verschiedener Werkausgaben {32/56}; 3. Lagerung von Gesteinsschichten (geol. t. t.) {62}; 4. Merkmalsübereinstimmung (biol. t. t.) {68/69}; 5. Ausdruck grammatischer Zusammenhänge (sprachwiss. t. t.) {76}	dto.	dto.
–	**Konkordat**	1. Vertrag zwischen einem Staat und dem Vatikan {50/51}; 2. Vertrag zwischen Kantonen (schweiz.) {50}	dto.	dto.
–	**Konkordia**	Eintracht, Einigkeit {26/28/33}	**concordia**, ae f	Eintracht, Einvernehmen, Harmonie
–	**Konkordienformel** l;l	letzte allgemein anerkannte lutherische Bekenntnisschrift von 1577 n. Chr. {51/32}	dto. + **formula**, ae f	dto. Gesetz, Formular, Bestimmung

1812	**konkret**	1. anschaulich, gegenständlich, wirklich; auf etw. Bestimmtes bezogen; 2. sachlich, bestimmt, wirkungsvoll; 3. deutlich, präzise {25/32}	**concrescere** (PPP. **concretus**)	sich verdichten, entstehen, sich bilden
–	**Konkretion**	1. Vergegenständlichung, Verwirklichung {25}; 2. Verklebung, Verwachsung (med. t. t.) {70}; 3. knolliger mineralischer Körper in Gesteinen (geol. t. t.) {62}	**concretio**, onis f	das Zusammenwachsen; innige Verbindung; Verdichtung
–	**konkretisieren** l>nlat	veranschaulichen, verdeutlichen, im einzelnen ausführen {25/32}	**concrescere**	s. oben
–	Konkretisierung			
–	**Konkretum**	Substantiv, das etw. Gegenständliches bezeichnet (sprachwiss. t. t.) {76}	dto.	dto.
1813	**Konkubinat**	1. gesetzlich erlaubte außereheliche Verbindung in der röm. Kaiserzeit (hist. t. t.) {31/33/75}; 2. eheähnliche Lebensgemeinschaft ohne Trauschein (jur. t. t.) {31/82}	**concubinatus**, us m	morganatische Ehe, Konkubinat
–	**Konkubine**	1. im Konkubinat lebende Frau (veraltet) {31/33}; 2. Geliebte (abwertend) {33/18}	**concubina**, ae f	Zuhälterin, Beischläferin, Konkubine
1814	**Konkurrent**	1. Mitbewerber (um eine Stellung, einen Preis) {33/40/85}; 2. (geschäftlicher) Rivale, Gegner {33/80}; 3. zwei Feste, die auf aufeinanderfolgende Tage fallen (kath. Liturgie) {51/59}	**concurrere**	zusammenlaufen, -kommen; aufeinandertreffen, attackieren
–	**Konkurrenz** l>mlat	1. Rivalität, Wettbewerb {33}; 2. (geschäftlicher) Rivale, Konkurrenzunternehmen, Gesamtheit der (wirtschaftlichen) Gegner {33/57/80}; 3. (sportlicher) Wettkampf, Wettbewerb {85}	dto.	dto.
–	**konkurrieren**	1. wetteifern, sich um einen Posten bewerben {33/40}; 2. zusammentreffen mehrerer Straftatbestände (jur. t. t.) {57/82}	dto.	dto.
–	**Konkurs**	(witsch. t. t.) 1. Zahlungsunfähigkeit einer Firma {80}; 2. gerichtliches Vollstreckungsverfahren zur Befriedigung aller Gläubiger {82/80}	**concursus**, us m	Zusammen-, Auflauf, Angriff, Zusammenstoß

1815	**Konnex**	1. Zusammenhang; Verbindung, Verflechtung {56/33}; 2. persönlicher Kontakt, Umgang {33}	**con(n)exus**, us m	Verknüpfung, Verflechtung, enge Verbindung
–	**Konnexion** l>frz	1. einflußreiche, fördernde Bekanntschaft, Beziehung {33/40}; 2. Beziehung zwischen verschiedenen Satzelementen (sprachwiss. t. t.) {76}	**conexio**, onis f	Verknüpfung, enge Verbindung; logische Schlußfolge
1816	**Konnotation** l;l	die Grundbedeutung eines Wortes begleitende zusätzliche (z. B. emotionale) Vorstellung (sprachwiss. t. t.) {24/76}	**con = cum** + **notatio**, onis f	s. oben 1697 Bezeichnung, Etymologie, Charakterisierung
–	**konnotativ** l;l	assoziative, emotionale Begleitvorstellung (sprachwiss. t. t.) {24/26/76}	dto. + **notatus**, a, um	dto. kenntlich, ausgezeichnet
1817	**Konquista** l>span	spanische Eroberung Südamerikas im 16. Jh. (hist. t. t.) {50/75/86}	**conquirere** span. *conquistar* *conquista*	aufsammeln, sich zu verschaffen suchen, nachhaschen erobern Eroberung
–	**Konquistador** l>span	Teilnehmer an der Konquista (hist. t. t.) {50/75/86}	dto. span. *conquistador*	dto. Eroberer
1818	**Konrektor** (l;l)>nlat	Stellvertreter des Rektors in einer (Grund-, Haupt-, Real-) schule {31/33/40}	**con =cum** + **rector**, oris m	s. oben 1697 Lenker, Leiter, Führer
1819	**Konseil** l>frz	1. Staats-, Ministerrat, Ratsversammlung {50/25}; 2. Beratung (veraltet) {25/32}	**consilium**, ii n frz. *conseil*	Beratung; Beschluß; beratendes Kollegium
1820	**Konsekration**	1. liturgische Weihe einer Person oder Sache (kath. rel. t. t.); 2. liturgische Weihe von Brot und Wein beim christlichen Abendmahl (kath. rel. t. t.) {51}; 3. Vergöttlichung des verstorbenen Kaisers in Rom (hist. t. t.) {51/75}; 4. feierliche Inkraftsetzung (ugs.) {33/25}	**consecratio**, onis f	religiöse Weihe, Vergötterung, Apotheose
–	**konsekrieren**	1. liturgisch weihen {51}; 2. feierlich in Kraft setzen {25/33}	**consecrare**	heilig sprechen, weihen; vergöttern
1821	**konsekutiv** l>nlat	1. aufeinanderfolgend {56/59}; 2. nachfolgend, abgeleitet (philos. t. t.) {77}; 3. folgend, die Folge bezeichnend (sprachwiss. t. t.) {76}	**consecuus**, a, um bzw. **consequi** (PPP. **consecutus**)	folgend (nach)folgen; erreichen
1822	**Konsen-s(us)**	1. Zustimmung, Einwilligung {25/28}; 2. Übereinstimmung zweier Vertragspartner {25/28/82}	**consensus**, us m	Übereinstimmung, Einstimmigkeit, Einwilligung

–	**konsentieren**	(veraltet) 1. übereinstimmen, einig sein {25/28}; 2. etw. genehmigen (jur. t. t.) {28/82}	**consentire**	übereinstimmen, einverstanden sein; sich verschwören
1823	**konsequent**	1. folgerichtig, logisch zwingend {25/71/77}; 2. unbeirrbar, fest entschlossen {28}; 3. beharrlich, immer, jedesmal {28/59}; 4. einer tektonischen Linie folgend (geol. t. t.) {62}	**consequens** (Gen. –ntis)	in richtiger Folge stehend, folgerichtig; richtig konstruiert (gramm. t. t.)
–	**Konsequenz**	1. Folgerichtigkeit {25/71/77}; 2. Zielstrebig-, Beharrlichkeit {28}; 3. Folge; Aus-, Nachwirkung (einer Handlung) {59/25}	**consequentia**, ae f	Folge, Aufeinanderfolge
1824	**Konservation**	Erhaltung, Instandhaltung (veraltet) {52}	**conservatio**, onis f	Bewahrung, Rettung, Aufrechterhaltung
–	**konservativ** l>mlat >engl	1. am Hergebrachten festhaltend, auf Überliefertem beharrend (bes. politisch) {25/50}; 2. althergebracht, bisher üblich {33/52/59}; 3. erhaltend, bewahrend (med. t. t.) {70}; 4. politisch dem Konservativismus zugehörend {25/50/33}	**conservare** mlat. conservativus engl. *conservative*	erhalten, bewahren, retten, beibehalten erhaltend
–	**Konservativer** l>mlat engl	1. Anhänger einer konservativen Partei {25/50/33}; 2. jmd., der am Hergebrachten festhält {25/33/59}	dto.	dto.
–	**Konservativismus** l>nlat	1. politische Anschauung, die auf die Erhaltung der bestehenden Ordnung gerichtet ist {25/50/33}; 2. Gesamtheit politisch konservativer Bestrebungen und Organisationen {25/33/50/57}	dto.	dto.
–	**Konservativität** l>nlat	konservative (1.) Art, Beschaffenheit, Charakter {25/84}	dto.	dto.
–	**Konservator**	Beamter, der für die Instandhaltung von Kunstdenkmälern verantwortlich ist {36/40/49/52/88}	**conservator**, oris m	Bewahrer, Erhalter, Retter
–	**Konservatorium** l>it	Musikhochschule für die Ausbildung von Musikern {31/37}	**conservare** it. *conservatorio*	s. oben
–	**konservatorisch** l>nlat	1. auf die Instandhaltung von Kunstwerken bedacht {28/36/40/52/88}; 2. das Konservatorium betreffend {31/37}	dto.	dto.
–	**Konservatorist** l>nlat	Schüler eines Konservatoriums {31/37}	dto.	dto.

–	**Konserve** l>mlat	1. haltbar gemachtes Lebensmittel in Blechdose oder Glas {17}; 2. auf einem Tonträger festgehaltene Aufnahme {46/87}; 3. kurz für: Blutkonserve (med. t. t.) {70}	dto. mlat. conserva	dto.
–	**konservieren**	1. haltbar machen {52/59}; 2. Gemüse, Früchte einmachen {17}; 3. etw. durch Pflege erhalten, bewahren (z. B. auch Gewebe in Nährboden - med. t. t.) {52/70/73}; 4. (totes) Gewebe in einer Flüssigkeit aufbewahren (med. t. t.) {70}; 5. eine Tonaufnahme auf Schallplatte o. Tonband festhalten {46/87}	dto.	dto.
1825	**konsiderabel** l>frz	beachtlich, ansehnlich (veraltet) {55/57}	**considerare**	in Augenschein nehmen, besichtigen; überlegen
1826	**Konsilium**	1. Rat {25/32}; 2. ärztliche Beratung über einen Krankheitsfall (med. t. t.) {70/32}	**consilium**	s. oben 1819
1827	**konsistent**	1. dicht, zäh zusammenhängend {54}; 2. dickflüssig, in sich stabil, beständig {54/52/73}; 3. widerspruchsfrei {25}	**consistere** (PPA. **consistens**)	sich hinstellen; mit jmdm. übereinstimmen; Fuß fassen, standhalten
–	**Konsistenz** l>nlat	1. Dichtigkeit, Zusammenhang {54}; 2. Widerspruchslosigkeit {25}; 3. Festigkeit, Beständigkeit (psych. t. t.) {70}; 4. Haltbarkeit, Beschaffenheit eines Stoffes (chem. t. t.) {73/52/59}	dto.	dto.
1828	**Konsistorium**	(rel. t. t.) 1. Plenarversammlung der Kardinäle unter Vorsitz des Papstes {33/51}; 2. kirchlicher Gerichtshof, Verwaltungsbehörde einer Diözese o. ev. Landeskirche {51/82}	**consistorium**, ii n	Versammlungsort, Bedientenzimmer, kaiserliches Kabinett
–	konsistorial, Konsistorialrat			
1829	**konskribieren**	(zum Heeres-, Kriegsdienst) ausheben (hist. t. t.) {75/86}	**conscribere**	verzeichnen, eintragen; Soldaten anwerben, ausheben
–	Konskription			
1830	**Konsolation**	Trost, Beruhigung (veraltet) {26/32}	**consolatio**, onis f	Trost, Ermutigung

–	**Konsole** l>frz	1. vorspringender Tragstein für Bogen, Figuren u. a. (archit. t. t.) {88}; 2. Wandbrett, an der Wand angebrachtes (Ablage)gestell {44}	**consolator**, oris m frz. *consolateur* *console*	Tröster; (Stütze) Gesimsträger, Pfeilerfigur
1831	**Konsolidation** l>(frz)	1. Festigung, Sicherung {52/56}; 2. Umwandlung kurzfristiger Staatsschulden in Anleihen (wirtsch. t. t.); 3. Vereinigung verschiedenartiger Anleihen (wirtsch. t. t.); 4. Zusammenlegung der Stammaktien (wirtsch. t. t.) {80}; 5. Fortbestand eines dinglichen Rechtes an einem Grundstück {82/43/80}; 6. Abheilung eines krankhaften Prozesses (med. t. t.) {70}; 7. Versteifung der Erdkruste (geol. t. t.) {62}	**consolidatio**, onis f	Feststellung, Sicherung des Eigentumsrechts (jur. t. t.)
–	**konsolidieren**	(etw. Bestehendes) sichern, festigen {52/56}	**consolidare**	feststellen, das Eigentumsrecht sichern (jur. t. t.)
–	Konsolidierung			
1832	**konsonant**	1. einstimmig, übereinstimmend (veraltet) {25/28}; 2. harmonisch zusammenklingend (mus. t. t.) {37}; 3. mitschwingend, -klingend (akust. t. t.) {72}	**consonans** (Gen. –ntis)	mitlautend (gramm. t. t.); übereinstimmend, passend
–	**Konsonant**	Mitlaut (sprachwiss. t. t.) {76}	**consonans**, ntis f	Konsonant (gramm. t. t.)
–	**konsonantisch**	(einen) Konsonanten betreffend (sprachwiss. t. t.) {76}	dto.	dto.
–	**Konsonanz**	1. Konsonantenverbindung, Häufung von Konsonanten (sprachwiss. t. t.) {57/76}; 2. Klangeinheit zwischen Tönen mit dem Schwingungsverhältnis ganzer Zahlen (mus. t. t.) {37}	**consonantia**, ae f	Einklang, Konsonanz, Harmonie, Übereinstimmung
1833	**Konsorte**	1. Leute solcher Art; zwielichtige Typen (abwertend) {25/33}; 2. Mitglied eines Konsortiums (wirtsch. t. t.) {80}	**consors**, rtis m	Teilhaber, Mitgenosse; am Vermögen gleichen Anteil habend
–	**konsortial...**	zum Konsortium gehörig (wirtsch. t. t.) {80}	dto.	dto.
–	**Konsortium**	Zweckverband von Geschäftsleuten o. Unternehmen zur Durchführung risikoreicher Geschäfte (wirtsch. t. t.) {80}	**consortium**, ii n	Teilhaberschaft, (Güter)gemeinschaft

1834	**Konspirant**	Verschwörer (veraltet) {33/50/82}	**conspirare**	übereinstimmen, in Einklang stehen; sich verschwören
–	**Konspirateur** l>frz	politischer Verschwörer (selten)	dto.	dto.
	o. **Konspirator** l>mlat	dto. (veraltet) {33/50/82}		
–	**Konspiration** l>frz	Verschwörung {33/50/82}	**conspiratio**, onis f	Übereinstimmung, Einmütigkeit; Komplott, Verschwörung
–	**konspirativ** l>nlat	1. eine politische Verschwörung bezweckend {33/50/82}; 2. zu einer Verschwörung gehörend {33/82}	**conspirare**	s. oben
–	**konspirieren**	sich verschwören, eine Verschwörung anzetteln {33/50/82/29}	dto.	dto.
1835	**Konstabler** (l;l)>l>mlat >frz (l>mlat >afrz>engl)	1. Geschützmeister (auf Kriegsschiffen), Unteroffiziersgrad der Artillerie {86}; 2. Polizist in England und den USA {40/49}	**comes** + **stabulum**, li n **comes stabuli** afrz. *conestable*	s. oben 0532 Stall Oberstallmeister
1836	**konstant**	unveränderlich; ständig gleichbleibend; beharrlich {59/54/28}	**constans** (Gen. –ntis)	(sich) gleichbleibend, beständig, gleichmäßig; unverändert
–	**Konstante**	unveränderliche Größe; fester Wert (auch math. t. t.) {56/59/71}	dto.	dto.
–	**Konstanz**	Unveränderlich-, Stetig-, Beharrlichkeit {54/56/59/28}	**constantia**, ae f	Beständig-, Unwandelbarkeit, Beharrlichkeit, Konsequenz
–	**konstatieren** l>frz	(eine Tatsache) feststellen, bemerken {25/32}	**constare**	feststehen, fortbestehen, bekannt sein; (da)stehen
1837	**Konstellation**	1. Zusammentreffen bestimmter Umstände und die daraus resultierende Lage {25/56/59}; 2. Planetenstand, Stellung der Gestirne zueinander (astron. t. t.) {66}	**constellatio**, onis f	Stellung der Gestirne, Horoskopstellerei
1838	**Konsternation**	Bestürzung (veraltet) {26}	**consternatio**, onis f	Bestürzung, Empörung, Verblüffung
–	**konsternieren**	bestürzt, fassungslos machen {26}	**consternare**	außer Fassung bringen, bestürzen; aufregen

–	**konster-niert**	bestürzt, betroffen, fassungslos {26}	dto.	dto.
1839	**Konstitu-ente**	sprachliche Einheit, die Teil einer komplexen Konstruktion ist (sprachwiss. t. t.) {76}	**constituere**	aufstellen, einsetzen; regulieren, feststellen
–	**konstitu-ieren** l>(frz)	1. einsetzen, festsetzen, gründen {28/25/33}; 2. sich -: sich versammeln, zusammentreten {33}	dto.	dto.
–	**Konstitu-tion**	1. körperliche, seelische Verfassung {26/14}; 2. Körperbau (med. t. t.) {11/70}; 3. Rechtsbestimmung, Satzung, Verfassung {50/82}; 4. päpstlicher Erlaß mit Gesetzeskraft {28/51}; 5. Atomanordnung im Molekül (chem. t. t.) {72/73}	**constitutio**, onis f	Verfassung, Einrichtung, Beschaffenheit; Anordnung
–	**Konstitu-tionalis-mus** l>nlat	1. auf einer Verfassung basierende Staatsform {50}; 2. für den Konstitutionalismus eintretende Lehre {50/81}	dto.	dto.
–	**konstitu-tionell** l>frz	1. verfassungsmäßig, an die Verfassung gebunden {50/81}; 2. anlagebedingt (med. t. t.) {70}	dto.	dto.
–	**konstitutiv** l>nlat	1. zur Feststellung dienend, grundlegend {25/56}; 2. die Erfahrung ermöglichend (philos. t. t.); 3. unerläßlich (philos. t. t.) {77}; 4. rechtsbegründend (jur. t. t.) {82}	**constituere**	s. oben
1840	**konstru-ieren**	1. ein kompliziertes (technisches) Gerät entwerfen und bauen {25/40/41/72}; 2. eine geometrische Figur zeichnen (geometr. t. t.) {71}; 3. Satzglieder zu einem Satz zusammenbauen (sprachwiss. t. t.) {76}; 4. gedanklich, begrifflich, logisch aufbauen; 5. theoretisch, künstlich herstellen (abwertend) {25}	**construere** (PPP. **constructus**)	zusammenbauen, -fügen, errichten, konstruieren
–	**Konstrukt**	Arbeitshypothese, gedankliche Hilfskonstruktion {25/40}	dto.	dto.
–	**Konstruk-teur** l>frz	Ingenieur o. Techniker für Entwicklung und Bau komplizierter Geräte {40/41}	dto.	dto.

–	**Konstruktion**	1. Bauart {41/54/72/87}; 2. geometrische Darstellung einer Figur (geometr. t. t.) {71}; 3. Zusammenordnung von Wörtern nach syntaktischen Regeln (sprachwiss. t. t.) {76}; 4. wirklichkeitsfremder Gedankengang {25/24}; 5. Entwurf, Plan {25}; 6. Darstellung von Begriffen in der Anschauung (philos. t. t.); 7. Aufbau eines Begriffssystems (philos. t. t.) {77}	**constructio**, onis f	Zusammenfügung, Periodenbau; Konstruktion
–	**konstruktiv** l>nlat	1. die Konstruktion betreffend {41/54/72/87}; 2. auf die Erhaltung des Bestehenden gerichtet, positiv {25/52}; 3. aufbauend, helfend, einen brauchbaren Beitrag liefernd {25/56}	**construere**	s. oben
–	**Konstruktivismus** l>nlat	1. Richtung in der bildenden Kunst des 20. Jh.s {36}; 2. Kompositionsweise (mus. t. t.) {37}	dto.	dto.
–	Konstruktivist, konstruktivistisch			
1841	**Konsul**	1. höchster Beamter der röm. Republik (hist. t. t.) {75/50}; 2. ständiger Vertreter eines fremden Staates zur Wahrnehmung politischer Interessen {50}	**consul**, lis m	höchster Beamter im antiken Rom
–	**konsularisch**	den Konsul, das Konsulat betreffend {75/50}	**consularis**, e	zum Konsul gehörig, konsularisch
>>>	Konsularagent s. Agent			
–	**Konsulat**	Amt(sgebäude) eines Konsuls, einer Auslandsvertretung {50/58}	**consulatus**, us m	Konsulwürde, -amt, Konsulat
1842	**Konsulent**	(Rechts)berater, Anwalt (veraltet) {82/40}	**consulere** (PPA. **consulens**)	beraten; beschließen, Vorsorge treffen
1843	**Konsultation**	1. Untersuchung und Beratung (z. B. durch einen Arzt) {25/32/70}; 2. gemeinsame Beratung von Regierungen {25/32/50}	**consultatio**, onis f	Begutachtung, Beratung; Konsultation; Anfrage
–	**konsultativ** l>nlat	beratend {25/32}	**consultare**	sich überlegen, beraten; beschließen
–	**konsultieren**	1. bei jmdm. (ärztlichen) Rat einholen {25/32/70}; 2. beratende Gespräche führen, sich besprechen {25/32}	dto.	dto.

–	Konsultierung			
1844	**Konsum** l>it	1. Verbrauch an Gütern des täglichen Bedarfs; 2. das wahllose Verbrauchen {57/17/42/43}; 3. Verkaufsstelle eines Konsumvereins (österr.); 4. ehemalige Handelskette für Nahrungsmittel (DDR) {42}	**consumere**	auf-, verwenden, -brauchen; zerstören
–	**Konsument**	Käufer, Verbraucher {42/33}	dto.	dto.
–	**konsumieren**	Konsumgüter verbrauchen {17}	dto.	dto.
–	**Konsumterror** l;l	durch unmittelbaren Anreiz zum Kauf und Verbrauch hervorgerufene Art von Kaufzwang {28/42/43/70}	dto. + **terror**, oris m	dto. Schrecken, Schrecknis
–	**Konsumtion**	1. Verbrauch an Wirtschaftsgütern {80}; 2. das Aufgehen eines einfachen Straftatbestandes in einem übergeordneteren, umfassenderen (jur. t. t.) {82}; 3. körperliche Auszehrung infolge anhaltenden Appetitmangels (med. t. t.) {70}	**consumptio**, onis f	Aufwand; Aufzehrung, Vernichtung
–	**konsumtiv** l>nlat	für den Verbrauch bestimmt {80}	**consumere**	s. oben
1845	**kontagiös**	ansteckend, ansteckungsfähig (med. t. t.) {70}	**contagiosus**, a, um	ansteckend
1846	**Kontakt**	1. das In-Verbindung-Treten; Fühlungnahme {33/32}; 2. Berührung {23}; 3. (menschliche) Beziehung {33}; 4. Vorrichtung zum Schließen eines Stromkreises {41/72/87}; 5. aus einem Festkörper bestehender Katalysator {72/73}	**contactus**, us m	Berührung; Einfluß; Ansteckung
–	**kontaktieren** l>nlat	1. Kontakt aufnehmen, Kontakte vermitteln {33/32}; 2. als Werbeberater neue Geschäftsbeziehungen einleiten {80/40/33}	dto.	dto.
–	**Kontaktlinse** l;l	Kunststoffschale (auf der Hornhaut als Brillenersatz zu tragen) {70/14}	dto. + **lens**, ntis f	dto. Linse
–	**Kontaktperson** l;l	jmd., der durch Kontakt mit infizierten Personen als Träger von Krankheitserregern in Betracht kommt (med. t. t.) {70}	dto. + **persona**, ae f	dto. Maske; Rolle; Charakter; Person

1847	**Kontamination**	1. Verschmelzung von zwei Wörtern (sprachwiss. t. t.) {56/76}; 2. Verseuchung mit schädlichen (bes. radioaktiven) Stoffen {73/72/70}	**contaminatio**, onis f	Befleckung, Verderbnis
–	**kontaminieren**	1. eine Kontamination (1.) vornehmen (sprachwiss. t. t.) {56/76}; 2. mit schädlichen (bes. radioaktiven) Stoffen verseuchen {72/73/70}	**contaminare**	berühren, verderben, besudeln, beflecken
1848	**Kontemplation**	1. Versunkenheit in Werk u. Wort Gottes (rel. t. t.) {25/51}; 2. beschauliches Nachdenken und geistiges Sich-versenken in etw. {24/25}	**contemplatio**, onis f	Anschauung, geistige Betrachtung; Berücksichtigung
–	**kontemplativ**	beschaulich, besinnlich {24/25/26}	**contemplativus**, a, um	beschaulich, theoretisch
–	**kontemplieren**	sich der Kontemplation (2.) hingeben {24/25}	**contemplari**	seine Blicke schweifen lassen
1849	**kontemporär** l>nlat	gleichzeitig, zeitgenössisch {59}	**contemporare**	gleichzeitig -, zu gleicher Zeit sein
1850	**Konter** l>frz>engl	1. Gegenangriff beim Sport {85}; 2. Pendelschwung zur Körperschwerpunktverlagerung beim Turnen {12/85}; 3. Wechsel von Rechts- in Linksgalopp und umgekehrt {61/85}; 4. schlagfertige Erwiderung {32}	**contra** frz. *contre* engl. *counter* *to counter*	gegenüber, entgegen, dagegen gegen, entgegen
–	**kontern** l>frz>engl	1. einen gegnerischen Angriff abfangen u. selbst angreifen {85}; 2. einen Konter (2.) ausführen {12/85}; 3. sich aktiv zur Wehr setzen, schlagfertig erwidern {32}; 4. ein Druckbild umkehren (druckw. t. t.) {32/40}; 5. eine Mutter im Gegensinn fest anziehen {40/61}	dto.	dto.
–	Konterschlag			
–	**Konteradmiral** l;arab>frz	hoher Seeoffizier {45/86}	**contra** + arab. *amir* frz. *a(d)miral*	s. oben Befehlshaber
–	**Konterfei** l>frz	Bildnis, Abbild, Porträt {36}	**contrafacere** frz. *contrefaire* *contrefait*	nachmachen, -bilden
–	**konterfeien** l>frz	abbilden, porträtieren {36}	dto.	dto.
–	**konterkarieren** (l;l)>frz	jmdm. in die Quere kommen; etw. hintertreiben {25/33}	**contra** + **quadrare**	s. oben s. oben 1643

>>> Konterrevolution, Konterrevolutionär s. Revolution, Revolutionär

1851	**Kontext**	1. der umgebende Text einer sprachlichen Einheit (sprachwiss. t. t.) {76}; 2. selbständiges Text- oder Redestück {32/34}; 3. umgebender inhaltlicher Gedanken- oder Sinnzusammenhang {25/32}	**contextus**, us m	Zusammenfügung, -hang; Verbindung
–	**kontextuell** l>nlat	den Kontext betreffend {76/32/25}	dto.	dto.
1852	**kontieren** l>(frz)>it	ein Konto angeben, etw. auf einem Konto verbuchen {80}	**computus**, ti m frz. *compte* it. *conto*	Berechnung Rechnung
–	Kontierung			
1853	**Kontinent**	1. (europäisches) Festland {64}; 2. Erdteil {02/64}	**continens** (Gen. –ntis) (Subst. - n)	zusammenhängend, ununterbrochen, angrenzend Hauptpunkt
–	**kontinental** l>nlat	festländisch {02/64}	dto.	dto.
1854	**Kontingent** l>(frz)	1. Anteil, (Pflicht)beitrag {33/57}; 2. der Einschränkung des Warenangebots dienende Mengenbegrenzung (wirtsch. t. t.) {42/80}; 3. (Mindest)truppenstärke {57/86}	**contingere** frz. *contingent*	berühren, (zu)treffen, zustehen
–	**kontingentieren** l>nlat	(wirtsch. t. t.) 1. die Erwerbs- bzw. Verbrauchsmenge einschränken {42/80/28}; 2. Handelsgeschäfte nur bis zu einem gewissen Umfang zulassen {28/42/50/80}	dto.	dto.
1855	**kontinuierlich** l>frz	stetig, fortdauernd, unaufhörlich {59}	**continuare** frz. *continuer*	zusammnehängend machen, ohne Unterbrechung fortführen, unmittelbar verbinden
–	**Kontinuität**	lückenloser Zusammenhang, Stetigkeit, Fortdauer; gleichmäßiger Fortgang {56/59}	**continuitas**, atis f	ununterbrochene Fortdauer
–	**Kontinuum**	1. lückenloser Zusammenhang {56/59}; 2. durch Verbindung vieler Punkte entstehendes geometrisches Gebilde (geometr. t. t.) {71}	**continuus**, a, um	zusammenhängend, ununterbrochen fortlaufend
1856	**Konto** l>it	laufende Abrechnung der Geschäftsvorgänge (wirtsch. t. t.) {80}	**computus**, ti m it. *conto*	Berechnung Rechnung

–	**Kontokorrent** l>it;l>it	Geschäftsverbindung mit Gegenüberstellung von Leistung und Gegenleistung bei der Abrechnung (wirtsch. t. t.) {80}	dto. + **currere** it. *conto* *+corrente*	dto. laufen, rennen, eilen
–	**Kontor** l>frz >niederl	1. Handelsniederlassung im Ausland {42/80}; 2. Handelszentrale, die die Betriebe mit Material versorgt (DDR) {42/80/75}; 3. Geschäftsraum eines Kaufmanns {42/58}	**computare** frz. *compter* *comptoir* niederl. *contoor*	zusammen-, berechnen berechnen, zahlen Schreibstube, Zahltisch
–	**Kontorist(in)** l>frz >niederl	Angestellte(r) in der kaufmännischen Verwaltung {40/80/42}	dto.	dto.
1857	**kontra**	gegen, entgegengesetzt {58/56}	**contra**	s. oben 1850
–	**Kontra**	Gegenansage beim Kartenspiel {32/85}	dto.	dto.
–	**Kontrabaß** l;l>it	tiefstes und größtes Streichinstrument (mus. t. t.) {37}	dto. + **bassus**, a, um it. *basso*	dto. dick; niedrig (spätl.)
1858	**Kontradiktion**	Widerspruch, Gegensatz (philos. t. t.) {25/56/77}	**contradictio**, onis f	Gegenrede, Widerspruch, -rede
–	**kontradiktorisch**	sich widersprechend (philos. t. t.) {25/56/77}	**contradictorius**, a, um	Widerspruch enthaltend
1859	**kontrahieren**	1. einen Vertrag schließen (jur. t. t.) {82}; 2. sich zusammenziehen (med. t. t.) {70/53}; 3. jmdn. zum Zweikampf fordern (hist. t. t.) {33/75/86}	**contrahere**	zusammenziehen, vereinigen; eine geschäftliche Verbindung eingehen, abschließen
–	**Kontrahent**	1. Vertragspartner (jur. t. t.) {82}; 2. Gegner im Streit oder Wettkampf {33/85/86}	dto.	dto.
1860	**Kontraindikation** l;l	Umstand, der die Anwendung einer ärztlichen Maßnahme o. Medikaments verbietet; Gegenanzeige (med. t. t.) {70}	**contra** + **indicatio**, onis f	s. oben 1850 Anzeige des Preises, Ansatz, Taxe
–	**kontraindiziert** l;l	aus bestimmten Gründen nicht anwendbar (med. t. t.) {70}	**contra** + **indicare**	 anzeigen, offenbaren; taxieren
1861	**Kontrakt**	Vertrag, Abmachung; Handelsabkommen {28/42/80/50}	**contractus**, us m	Vertrag, das Zusammenziehen; Geschäftsabschluß
–	**kontraktil** l>nlat	zusammenziehbar {53/54}	**contrahere**	s. oben 1859

–	**Kontraktion**	1. Zusammenziehung (z. B. von Muskeln - med. t. t.) {70/53}; 2. Verminderung der in der Volkswirtschaft vorhandenen Geld- und Kreditmenge (wirtsch. t. t.) {57/80}; 3. Zusammenziehung mehrerer Vokale (sprachwiss. t. t.) {76}; 4. Schrumpfung von Gesteinen (geol. t. t.) {53/62}; 5. Volumenverringerung eines Körpers (phys. t. t.) {72/53}; 6. Abwehr eines Angriffs beim Fechten (sport. t. t.) {12/85}	**contractio**, onis f	Zusammenziehung; Beklommenheit; Verkürzung
–	kontraktiv			
1862	**Kontrapunkt** (l;l)>mlat	auf der Bewegung mehrerer selbständiger Stimmen beruhender Tonsatz (mus. t. t.) {37}	**contra** + **punctus**, us m mlat. contrapunctum	s. oben 1850 das Stechen; Stich; Punkt Note
–	**kontrapunktieren** (l;l)>mlat	eine Handlung begleiten, etw. parallel zu etw. anderem tun {29/59}	dto.	dto.
–	**kontrapunktierend** (l;l)>mlat	den gegenüber anderen Stimmen selbständigen Stimmverlauf betreffend (mus. t. t.) {37}	dto.	dto.
–	kontrapunktisch			
1863	**konträr** l>frz	gegensätzlich, widrig {56/33}	**contrarius**, a, um	gegenüber, entgegengesetzt; widerstrebend, widrig
1864	**Kontrasignatur** l;l	Gegenzeichnung, Mitunterschrift {32}	**contra** + **signare**	s. oben 1850 (be)zeichnen, siegeln, stempeln
–	kontrasignieren			
1865	**Kontrast** (l;l)>vulgl >it	1. (starker) Gegensatz, auffallender Unterschied {33/55/56}; 2. syntagmatische Beziehung sprachlicher Einheiten (sprachwiss. t. t.) {76}	**contra** + **stare** vulgl. contrastare it. *contrastare* *contrasto*	s. oben 1850 stehen entgegenstehen
–	**kontrastieren** (l;l)>vulgl >it>frz	(sich) abheben, unterscheiden; abstechen; im Gegensatz stehen {25/33/55/56}	dto. frz. *contraster*	dto.
–	**kontrastiv** (l;l)>vulgl >it>frz	vergleichend, gegenüberstellend {56/33/25}	dto.	dto.

–	**Kontrastmittel** (l;l)>vulgl >it;d	in den Körper eingeführte, strahlungsundurchlässige Substanz bei Röntgenuntersuchungen (med. t. t.) {70/73}	dto.	dto.
1866	**Kontrazeption** l;l	Empfängnisverhütung (med. t. t.) {18/70}	**contra** + **capere**	s. oben 1850 ergreifen, fassen; bekommen, empfangen
–	kontrazeptiv			
–	**Kontrazeptivum** l;l	Empfängnisverhütungsmittel (med. t. t.) {18/70}	dto.	dto.
1867	**kontribuieren**	(veraltet) 1. Steuern entrichten {42/50/80}; 2. beitragen, behilflich sein {33}	**contribuere**	zu etw. schlagen, einverleiben, vereinigen
–	**Kontribution**	1. für den Unterhalt der Besatzungstruppen erhobener Beitrag im besetzten Gebiet; 2. von einem besiegten Land geforderte Geldzahlung {42/50/80/86}; 3. Beitrag zu einer gemeinsamen Sache (veraltet) {33/42}	**contributio**, onis f	gleichmäßige Zuteilung, gleichmäßiger Beitrag
1868	**Kontrolle** (l;l)>frz	1. Aufsicht, Überwachung; Prüfung {25/33/40}; 2. Beherrschung, Gewalt {25}	**contra** + **rota**, ae f bzw. **rotula**, ae f spätl. rotulus afrz. *rol(l)e* frz. *rôle* *contre-rôle* *contrôle*	s. oben 1850 Rad, Rolle, Töpferscheibe Rädchen Rolle, Liste, Register Gegenrolle, -register; Zweitregister
–	**Kontrolleur** (l;l)>frz	Aufsichtsbeamter, Prüfer {33/40}	dto. frz. *contrôleur*	–
–	**kontrollieren** (l;l)>frz	1. etw. nachprüfen, jmdn. beaufsichtigen {25/33/40}; 2. etw. unter seinem Einflußbereich haben, beherrschen {33}	dto. frz. *contrôler*	dto.
–	Kontrollkommission s. Kommission			
1869	**kontrovers**	1. streitig, bestritten {25/32/33}; 2. entgegengesetzt, gegeneinander gerichtet {56/33/25}	**controversus**, a, um	entgegengesetzt, gegenüberliegend; streitig
–	**Kontroverse**	(wissenschaftliche) Streitfrage; heftige Auseinandersetzung, Streit {25/32/33/40/50}	**controversia**, ae f	entgegengesetzte Richtung; Streitigkeit; Streitfrage

1870	**Kontur** (l;gr>l) >vulgl>it >frz	Umrißlinie, Umriß; andeutende Linienführung {53}	**con = cum** + **tornare** gr. *τορνεύειν* vulgl. contornare* it. *contorno* frz. *contour*	s. oben 1697 drehen, wenden, zurückkehren drechseln, drehen umgeben, einfassen, Konturen ziehen Umriß
–	**konturieren** (l;gr>l) >vulgl>it >frz	umreißen, andeuten {25/32}	dto. it. *contornare*	dto.
1871	**Konvaleszent**	jmd., der sich nach einem Unfall o. einer Krankheit auf dem Weg der Genesung befindet (med. t. t.) {70/14}	**convalescere**	erstarken; genesen, erholen
–	**Konvaleszenz**	1. Genesung (med. t. t.) {70/14}; 2. das Wirksamwerden eines Rechtsgeschäftes (jur. t. t.) {82}	**convalescentia**, ae f	Genesung
1872	**Konvektion**	1. Mitführung von Energie o. elektrischer Ladung durch kleinste Teilchen einer Strömung (phys. t. t.) {72}; 2. Zufuhr von Luft- (meteor. t. t.) o. Wassermassen in Weltmeeren (geophys. t. t.) in vertikaler Richtung {61/63/65}	**convectio**, onis f	das Zusammenfahren, -bringen
–	**konvektiv** l>nlat	durch Konvektion bewirkt; auf die Konvektion bezogen (meteor. t. t.) {61/65}	**convectare**	zusammenfahren, -bringen
–	**Konvektor**	Heizkörper, der Luft durch Bewegung erwärmt {44}	**convector**, oris m	Mitreisender, Reisegefährte
1873	**Konveniat**	Zusammenkunft kath. Geistlicher {51/33}	**convenire**	zusammentreffen, -kommen, -passen, zusagen
–	**konvenieren**	zusagen, gefallen, passen; annehmbar sein {25/26/27}	dto.	dto.
–	**Konvent**	1. Kloster(versammlung); regelmäßige Versammlung (z. B. von Geistlichen} {33/51}; 2. Gesamtheit der Habilitierten einer Universität {31/40/57}; 3. Volksvertretung in der Französischen Revolution (hist. t. t.) {75/50}	**conventus**, us m	Zusammenkunft, Versammlung; Kongreß; Verein
–	**Konvention** l>frz	1. Übereinkunft, Abkommen; völkerrechtlicher Vertrag {50/25}; 2. Regeln des sozialen Verhaltens, Umgangs {30/33}	**conventio**, onis f	Zusammenkunft, Volksversammlung; Übereinkunft, Vertrag

–	**konventional** l>frz>nlat	die Konvention (1.) betreffend {25/50}	**conventionalis**, e	den Vertrag betreffend
–	**konventionalisieren** l>frz>nlat	zur Konvention (2.) erheben {30/33}	dto.	dto.
–	**konventionalisiert** l>frz>nlat	sich in eingefahrenen Bahnen bewegend {25}	dto.	dto.
–	**Konventionalstrafe** l>frz>nlat; d	vertraglich vereinbarte Geldbuße bei Nichterfüllung des Vertrages (jur. t. t.) {42/80/82}	dto.	dto.
–	**konventionell** l>frz	1. die Konvention (2.) betreffend {30/33}; 2. herkömmlich, nicht modern {25/59}; 3. nichtatomar (von Waffen gesagt) {72/86}	dto.	dto.
1874	**konvergent** l>mlat	übereinstimmend {56}	**convergere**	sich hinneigen
–	**Konvergenz** l>mlat	1. Übereinstimmung von Meinungen {25}; 2. Ausbildung ähnlicher Merkmale unverwandter Lebewesen (biol. t. t.) {68/69}; 3. das Nachinnenschielen (med. t. t.) {70}; 4. Vorhandensein einer Annäherung konvergenter Linien (math. t. t.) {71}; 5. das Sichschneiden von Lichtstrahlen (phys. t. t.) {72}; 6. das Zusammenwirken von Anlage und Umwelt bei der psychischen Entwicklung (psych. t. t.) {70}; 7. Zusammentreffen verschiedener Srömungen des Meerwassers (ozeanogr. t. t.) {63/64}; 8. das Auftreten ähnlicher Oberflächenformen in unterschiedlichen Klimazonen {64/65}; 9. Bündelung des Elektronenstrahls in TV-Geräten (techn. t. t.) {46/87}	dto.	dto.
–	**konvergieren**	1. sich nähern, einander näherkommen, zusammenlaufen {58/61/72}; 2. demselben Ziel zustreben, übereinstimmen {28/33/56/61}	dto.	dto.
–	**konvergierend**	sich zuneigend, zusammenlaufend {58/61/72}	dto.	dto.

1875	**Konversation** l>frz	(geselliges, leichtes) Gespräch, Plauderei {32}	**conversatio**, onis f	das Sich-Aufhalten, Verkehren; Umgang, Aufenthalt
–	**Konversationslexikon** l>frz;gr	Nachschlagewerk für alle Wissensgebiete {32}	dto. + gr. λέξις	dto. das Lesen, Redeweise
1876	**Konverse**	1. Laienbruder eines kath. Mönchsordens {51/33}; 2. Begriff, Satz, der zu einem anderen gegenteilig ist (sprachwiss. t. t.) {76}	**conversus**, us m	Umdrehung
–	**Konversion**	1. Konfessionsübertritt (meist zur kath. Kirche) {51/61}; 2. Wortartenwechsel (sprachwiss. t. t.) {61/76}; 3. sinngemäße Umdeutung eines nichtigen Rechtsgeschäftes (jur. t. t.) {82}; 4. Schuldumwandlung (wirtsch. t. t.) {80}; 5. grundlegende Einstellungs-, Meinungsänderung (psych. t. t.) {25/70}; 6. Umwandlung unbewältigter Erlebnisse in körperliche Symptome (psych. t. t.) {70}; 7. Erzeugung spaltbaren Materials in einem Reaktor (kernphys. t. t.) {41/72}; 8. Aussageveränderung durch Vertauschung von Prädikat und Subjekt (log. t. t.) {25/76/77}	**conversio**, onis f	Übertritt, Umkehrung, -wandlung; Umlauf
–	**Konverter** l>frz>engl	1. Frequenztransformationsgerät (im Radio) {46/87}; 2. Gleichspannungswandler (elektrotechn. t. t.) {72/87}; 3. Gefäß für Stahl- o. Kupfererzeugung {41/58}; 4. Reaktor zur Erzeugung spaltbaren Materials (kernphys. t. t.) {41/72}.	**convertere**	umkehren, -drehen, -wandeln; hinwenden
–	**konvertibel** l>frz	frei austauschbar {80/56}	**convertibilis**, e	veränderlich
–	**Konvertibilität** o. **Konvertierbarkeit** l>frz	freie Austauschbarkeit der Währungen verschiedener Länder (wirtsch. t. t.) {80}	**convertibilitas**, atis f	Veränderlichkeit

–	**konvertieren** l>frz	1. verschiedene Währungen gegeneinander tauschen (wirtsch. t. t.) {80}; 2. zu einem anderen Glauben übertreten (rel. t. t.) {33/51/61}; 3. Informationen auf einen anderen Datenträger übertragen {32/46}	**convertere**	s. oben
–	**Konvertit** l>engl	jmd., der zu einem anderen Glauben übergetreten ist (rel. t. t.) {33/51/61}	dto.	dto.
1877	**konvex**	erhaben, nach außen gewölbt (phys. t. t.) {72/53}	**convexus**, a, um	nach oben (außen) gewölbt; kesselförmig
–	**Konvexität**	das Nach-außen-Gewölbtsein (phys. t. t.) {72/53}	**convexitas**, atis f	Wölbung, gewölbeartige Rundung, Höhlung
1878	**Konvikt**	1. Stift, Wohnheim für kath. Theologiestudenten; 2. Schülerheim, kath. Internat (österr.) {31/44/51}	**convictus**, us m	geselliges Zusammenleben, Tischgesellschaft; Bewirtung
1879	**Konvivium**	(Fest)gelage (veraltet) {33}	**convivium**, ii n	Gastmahl, Tischgelage, Gesellschaft
–	**Konvoi** (l;l)>vulgl >frz>engl	Geleitzug (besonders von Autos o. Schiffen) {45/57/86}	**con = cum** + **viare** vulgl. conviare* frz. *convoyer* *convoi* engl. *convoy*	s. oben 1697 gehen, (umher)-reisen begleiten, geleiten Geleit
1881	**Konvolut**	1. Bündel von verschiedenen Schriftstücken o. Drucksachen; 2. Sammelband, Sammelmappe {57/32}; 3. Knäuel (med. t. t.) {70}	**convolvere** (PPP. **convolutus**)	fortwälzen; zusammen-, umrollen, -wickeln
1882	**konzedieren**	zugestehen, erlauben; einräumen {25/28/32}	**concedere**	abtreten; einräumen, zugestehen
1883	**Konzentrat** (l;gr>l)>frz	1. angereicherter Stoff, hochprozentige Lösung (chem. t. t.) {73}, 2. hochprozentiger Pflanzen-, Fruchtauszug {17/73}; 3. Zusammenfassung {32/57}	**con = cum** + **centrum**, ri n gr. *κέντρον* frz. *concentrer*	s. oben 1697 Schenkel des Zirkels; Zentrum, Kreismittelpunkt in einem Punkt vereinigen
–	**Konzentration** (l;gr>l)>frz	1. höchste Aufmerksamkeit, geistige Anspannung {25}; 2. Zusammenballung (wirtsch. o. militärischer Kräfte) {57/80/86}; 3. gezielte Lenkung auf etw. hin {23/25/28}; 4. Gehalt einer Lösung an gelöstem Stoff (chem. t. t.) {56/73}	dto. frz. *concentration*	dto.

–	**Konzentrationslager** (l;gr>l) >frz;d	Internierungs- und Vernichtungslager für politisch, rassisch o. religiös Verfolgte (während der Nazi-Diktatur - hist. t. t.) {58/75/82}	dto.	dto.
–	**konzentrieren** (l;gr>l)>frz	1. wirtschaftliche, militärische Kräfte zusammenziehen {56/57/80}; 2. etw. verstärkt auf etw., jmdn. ausrichten {24/25}; 3. sich -: sich geistig sammeln, anspannen {25}; 4. anreichern, gehaltreich machen (chem. t. t.) {73/17}	dto.	dto.
–	**konzentriert** (l;gr>l)>frz	1. gesammelt, aufmerksam {24/25}; 2. einen gelösten Stoff in großer Menge enthaltend, angereichert (chem. t. t.) {73/17}	dto.	dto.
–	**konzentrisch** (l;gr>l) >mlat	1. einen gemeinsamen Mittelpunkt habend, um ihn herum angeordnet (von Kreisen - math. t. t.) {71}; 2. umfassend {57}	dto. mlat. concentricus	dto. einen gemeinsamen Mittelpunkt besitzend
1884	**Konzept**	1. (stichwortartiger) Entwurf, erste Fassung einer Rede o. Schrift {32/25}; 2. Plan, Programm {25/28}	**conceptus**, us m	das Zusammenfassen; Gedanke, Vorsatz
–	**Konzeption**	1. geistiger, künstlerischer Einfall; Entwurf eines Werkes {25/32/34}; 2. klare Grundvorstellung, Leitprogramm {25/28}; 3. Schwangerschaftseintritt, Empfängnis (biol. t. t.) {69/70}	**conceptio**, onis f	das Auffassen; Inbegriff; Empfängnis
–	**konzeptionell**	die Konzeption betreffend {s. darunter}	**conceptionalis**, e	zur Empfängnis gehörig
–	**konzeptualisieren** l>(nlat)	ein Konzept (2.) entwerfen, gestalten {25/28}	**conceptus**	s. oben
–	**konzeptuell**	ein Konzept (2.) aufweisend {25/28}	dto.	dto.
1885	**Konzern** l>mlat>frz >engl	Zusammenschluß von Wirtschaftsunternehmen ohne Aufgabe der rechtlichen Selbständigkeit (wirtsch. t. t.) {80/82/57}	**concernere** mlat. concernere frz. *concerner* engl. *concern* (Subst.)	vermischen beachten, berücksichtigen; betreffen, sich beziehen auf betreffen, sich beziehen auf, angehen (Geschäfts)beziehung, Unternehmung

1886	**Konzert** l>it	1. öffentliche Musikaufführung {33/37/85}; 2. Komposition für Solo u. Orchester {37}; 3. Zusammenwirken verschiedener Faktoren o. (politischer) Kräfte {33/50/56}	**concertare** it *concertare* *concerto*	sich messen, wetteifern; kämpfen abstimmen, verabreden Übereinkunft, Abmachung, Vereinigung; Vertrag
>>>	Konzertagentur s. Agentur			
–	**konzertant** l>it	konzertmäßig, in Konzertform (mus. t. t.) {37}	dto.	dto.
–	**konzertieren** l>it	1. ein Konzert geben (mus. t. t.) {37}; 2. etw. verabreden, besprechen (veraltet) {28/32}	dto.	dto.
–	**konzertiert** l>engl	verabredet, aufeinander abgestimmt, übereinstimmend {28/32/56/80}	dto. engl. *concerted (action)*	dto.
1887	**Konzession**	1. Zugeständnis, Entgegenkommen {25/28}; 2. behördliche Gewerbegenehmigung {40/80/50}; 3. staatliches Recht der Vergabe von Schürfrechten für Bodenschätze {41/50/82}	**concessio**, onis f	Zugeständnis, Vergünstigung, Bewilligung; Straferlaß
–	**Konzessionär** l>nlat	Inhaber einer Konzession {40/50/82}	dto.	dto.
–	**konzessionieren** l>nlat	eine behördliche Genehmigung, Konzession erteilen {40/50/82}	dto.	dto.
–	**konzessiv**	einräumend (sprachwiss. t. t.) {76}	**concessivus**, a, um	einräumend
–	Konzessivsatz			
1888	**Konzil**	1. Hochschulgremium mit Entscheidungsbefugnis {31/33/40}; 2. Versammlung hoher kath. Würdenträger {33/51}	**concilium**, ii n	Vereinigung, Verbindung; Versammlung, Zusammenkunft
–	**konziliant** l>frz	freundlich, versöhnlich; umgänglich, verbindlich {25/26/84}	**conciliatus**, a, um	beliebt, befreundet, geneigt
–	**Konzilianz** l>frz	Umgänglichkeit, Verbindlichkeit, freundliches Entgegenkommen {25/26/33/84}	**conciliare** (PPA. **concilians**)	vereinigen, verbinden; befreunden, gewinnen
–	**konziliar(isch)** l>frz	1. zu einem Konzil gehörend; 2. einem Konzil entsprechend {31/51/33}	dto.	dto.

1889	**konzinn**	1. angemessen, gefällig (veraltet) {26/28/56}; 2. syntaktisch gleich gebaut, harmonisch zusammengefügt, abgerundet (rhet., stilk. t. t.) {76/79}	**concinnus**, a, um	wohl zusammengefügt, harmonisch, elegant, gefällig
–	**Konzinnität**	1. Gefälligkeit (veraltet) {26/33}; 2. gleichartige syntaktische Konstruktion gleichwertiger Sätze (rhet. t. t.) {76}	**concinnitas**, atis f	kunstgerechte Verbindung, Harmonie, symmetrische Form
1890	**konzipieren**	1. ein schriftliches Konzept (1.) für etw. machen {32/25}; 2. etw. planen, entwerfen, entwickeln {25/40}; 3. schwanger werden (med. t. t.) {70}	**concipere**	zusammenfassen, annehmen; trachten nach etw.; schwanger werden
–	Konzipierung			
1891	**Kooperateur** l>frz	Wirtschafts-, Unternehmenspartner (wirtsch. t. t.) {33/80}	**cooperator**	Mitwirker, Mitarbeiter
–	**Kooperation**	Zusammenarbeit verschiedener (Wirtschafts)partner mit verschiedenem Aufgabenbereich {33/40/80}	**cooperatio**, onis f	Mitwirkung
–	**kooperativ** l>nlat	(auf wirtschaftlichem Gebiet) zusammenarbeitend, gemeinsam {80/33}	**cooperarius**, a, um	mitwirkend
–	**Kooperative** l>frz>russ	Genossenschaft (DDR) {33/40/75/80}	**cooperari**	mitwirken, mitarbeiten
–	**Kooperator**	1. Mitarbeiter (veraltet) {40/33}; 2. kath. Hilfsgeistlicher (landsch., österr.) {51}	**cooperator**	s. oben
–	**kooperieren**	(auf wirtschaftlichem Gebiet) zusammenarbeiten (33/40/80}	**cooperari**	s. oben
1892	**Kooptation**	nachträgliche Hinzuwahl neuer Mitglieder einer Körperschaft durch alte Körperschaftsmitglieder {28/33/59}	**cooptatio**, onis f	Wahl zur Ergänzung einer Korporation; Selbstergänzung
–	**kooptieren**	jmdn. durch Nachwahl in eine Körperschaft aufnehmen {28/33/59}	**cooptare**	als Ergänzung wählen, nachwählen
1893	**Koordinate** (l;l)>mlat >nlat	1. Zahl, die die Lage eines Punktes in der Ebene und im Raum angibt (math., geogr. t. t.) {58/64/71}; 2. (im Pl.) Abszisse u. Ordinate zusammen (math. t. t.) {71}	**co = cum** + **ordinatus**, a, um bzw. **ordinare** mlat. coordinare	s. oben 1697 geordnet, ordentlich ordnen, aufstellen, regeln beiordnen; in ein Gefüge einbauen; aufeinander abstimmen

–	**Koordination** (l;l)>nlat	1. gegenseitiges Abstimmen verschiedener Faktoren o. Vorgänge {25/56}; 2. Beiordnung von Satzgliedern o. Sätzen (sprachwiss. t. t.) {76}; 3. harmonisches Zusammenwirken der Muskelbewegungen (med. t. t.) {12/70}; 4. Zusammensetzung und Aufbau chemischer Verbindungen (chem. t. t.) {73}	**co = cum** + **ordinatio**, onis f	s. oben 1697 Einrichtung, (An)ordnung, Regelung
–	**Koordinator** l>nlat	jmd., der Teilbereiche eines Sachgebiets, Programme mit- bzw. aufeinander abstimmt {40/56/25}	**co = cum** + **ordinator**, oris m	s. oben 1697 Ordner, Einrichter, Regulierer
–	**koordinieren** l>mlat	mehrere Dinge o. Vorgänge aufeinander abstimmen {25/40/56}	**co = cum** + **ordinare** mlat. coordinare	s. oben 1697 s. oben
1894a	**Köper** l>vulgl >mniederl	Gewebeart mit sich schräg kreuzenden Fäden {19}	**capra**, ae f vulgl. capreus* mniederl. *keper*	Ziege Strebebalken Dachsparren; Gewebeart mit diagonal verlaufenden Bindungslinien
1894b	**Kopf** (gr)>l >gallorom	oberster Teil des Körpers {11}	**cupa**, ae f gr. *κυπή* gallorom. *cuppa*	Küpe, Kufe, Tonne Becher
–	**köpfen** (gr)>l >gallorom	enthaupten {82/15}	dto.	dto.
–	kopflos, kopfscheu, Kopfschmerzen, Kopfzerbrechen			
1894c	**Kopie** l>mlat	1. Abschrift, Durchschrift {32/56}; 2. Fotokopie {32/46/87}; 3. Nachbildung, Nachgestaltung {36/56}; 4. durch Belichten hergestelltes Bild von einem Negativ (fot. t. t.) {87}; 5. fotografisch hergestelltes Doppel eines Filmes (fot. t. t.) {57/87}	**copia**, ae f mlat. copia	Fülle, Menge, Vorrat (den Bestand an Exemplaren vermehrende) Abschrift
–	**kopieren** l>mlat	1. etw. in Zweitausfertigung herstellen {32/56}; 2. eine Fotokopie von etw. machen {32/46/87}; 3. ein Kunstwerk nachbilden {36/56}; 4. von einem Negativfilm einen Positivfilm herstellen (fot. t. t.) {87}	dto. (bzw. **copiari**	dto. sich mit etw. reichlich versehen)
–	**Kopierer** l>mlat	Gerät, mit dem Fotokopien gemacht werden {46/87}	dto.	dto.

–	**Kopist** l>mlat	jmd., der eine Kopie anfertigt {32/29}	dto.	dto.
1895	**Koppel** l>frz	1. Leibriemen {19}; 2. durch Riemen aneinandergebundene Hundekoppel {38}; 3. Einfriedung eines Feldes, eingezäunte Weide {58/39}	**copula,** ae f afrz. *co(u)ple* frz. *couple*	Strick, Seil, Leine; Bindemittel Band Koppelriemen
–	**koppeln** l>frz	1. verbinden, vereinigen {56/33}; 2. fesseln; an die Koppel legen {38}	**copulare**	verknüpfen, zusammenkoppeln, -schließen; vereinigen
–	**kopulieren**	1. miteinander verschmelzen (von Zellen bei der Befruchtung - biol. t. t.) {69/70}; 2. Pflanzen veredeln (bot. t. t.) {68}; 3. jmdn. trauen (veraltet) {31/33/82}; 4. Geschlechtsverkehr ausüben {18}	dto.	dto.
–	**Kopula**	1. = Kopulation {s. unten}; 2. Verbform, die die Verbindung zwischen Subjekt und Prädikat herstellt (sprachwiss. t. t.) {76}; 3. Subjekt und Prädikat zu einer Aussage verbindendes Glied (log. t. t.) {77/71/76}	**copula**	s. oben
–	**Kopulation**	1. Trauung, eheliche Verbindung (veraltet - jur. t. t.) {31/33/82}; 2. Verschmelzung von Geschlechtszellen bei der Befruchtung (biol. t. t.) {69/70}; 3. Veredelung von Pflanzen (bot. t. t.) {68}; 4. Geschlechtsverkehr {18}	**copulatio,** onis f	Verknüpfung, engere Verbindung
–	**kopulativ**	verbindend, anreihend {56/58}	**copulativus,** a, um	zur Verbindung gehörig, Verbindungs...
1896	**Koproduktion** l;l>frz	Gemeinschaftsherstellung, bes. beim Film {33/35/40/85}	**co = cum** + **productio,** onis f	s. oben 1697 das Hervorführen; Ausdehnung; das Hinausschieben
–	**Koproduzent** l;l>frz	jmd., der mit jmd. anderem einen Film o. ä. produziert {33/35/40/85}	dto. + **producere**	dto. hervorbringen, erschaffen; fortziehen, verschieben
–	**koproduzieren** l;l>frz	mit jmd. anderem zusammen etw. herstellen (bes. einen Film) {33/35/40/85}	dto.	dto.
1897	**koram**	öffentlich {33}	**coram**	angesichts, vor aller Augen; gegenwärtig, persönlich

1898a	**Korb**	1. Geflochtenes, Tragbehälter aus Weidengeflecht {44/58}; 2. Ablehnung bei einer (Be)werbung (bes. um ein Mädchen - ugs.) {33/28}	**corbis**, is mf	Korb
1898b	**Kork(en)** l>span	1. Rinde der Korkeiche {03}; 2. Flaschenstöpsel {44}	**cortex**, ticis mf span. *corcho*	Schale; Borke, Rinde; Kork
-	**(ver)korken** l>span	mit einem Korken zupfropfen {44/29}	dto.	dto.
-	Korkenzieher			
1899	**Kormoran** (l;l)>frz	pelikanartiger, fischfressender Schwimmvogel {07}	**corvus**, vi m + **marinus**, a, um **corvus marinus**	Rabe zum Meer gehörig, Meer... Meerrabe, Kormoran
1900	**Kornelkirsche** l;d	Zier- und Heckenstrauch mit eßbaren Früchten {04}	**cornus**, ni f bzw. **cornetum**, ti n	Kornelkirschbaum Kornelkirschbaumgebüsch
1901	**Kornett** l>frz	1. Fähnrich bei der Kavallerie (veraltet) {86}; 2. Orgelregister; 3. kleines Horn mit Ventilen (mus. t. t.) {37}	**cornu**, us n	Horn, Geweih; Flügel; Blashorn
-	**Kornettist** l>frz	jmd., der Kornett spielt (mus. t. t.) {37/40}	dto.	dto.
1902	**Korona** (gr)>l	1. Heiligenschein an einer Figur {51/23/24}; 2. (sichtbarer) Strahlenkranz der Sonne (astron. t. t.) {66}; 3. fröhliche Runde, Zuhörerkreis (ugs.) {32/33}; 4. Horde (ugs., abwertend) {57/33}	**corona**, ae f gr. κορώνη	Kranz, Krone; Versammlung, Zuhörer
-	**koronar** o. **Koronar...** (gr)>l	zu den Herzkranzgefäßen gehörend (med. t. t.) {70}	**coronarius**, a, um	zum Kranz gehörig
>>>	Koronar... s. ggf. unter dem Rest des Wortes			
1903	**Körper**	Leib; Masse; räumliches Gebilde; Verband {11/33/57/58}	**corpus**, poris n	Körper, Leib, Masse; Stand
-	körperlich, Körperschaft, verkörpern			
1904	**Korporal** l>it>frz >(engl)	(niederster) Unteroffiziersgrad (veraltet; schweiz.; in den USA und England) {86}	**corporalis**, e	zum Körper gehörig, körperlich
-	**Korporalschaft** l>it>frz;d	Unterabteilung der Kompanie im inneren Dienst (veraltet) {57/86}	dto.	dto.

1905	**Korporation** l>mlat >engl	1. Körperschaft, Innung, juristische Person {33/82}; 2. Studentenverbindung {31/33}	**corporatio**, onis f	Körperlichkeit
–	**korporativ** l>mlat >engl	1. körperschaftlich, geschlossen {33}; 2. eine Studentenverbindung betreffend {31/33}	**corporativus**, a, um	einen Körper bildend, substantiell
–	**korporiert**	einer Korporation angehörend {33/31}	**corporare**	zum Körper machen, - bilden; verkörpert
1906	**Korps** l>frz	1. größerer Truppenverband {57/86}; 2. studentische Verbindung {33/31}	**corpus**	s. oben 1903
–	Freikorps, Kadettenkorps			
–	**Korpsgeist** l>frz;d	1. Gemeinschafts-, Standesbewußtsein {25/33}; 2. Standeshochmut {26/33}	dto.	dto.
–	**korpulent**	beleibt {11}	**corpulentus**, a, um	wohlbeleibt, korpulent; dick und fett
–	**Korpulenz**	Beleibtheit {11}	**corpulentia**, ae f	Wohlbeleibtheit, Körperlichkeit
–	**Korpus**	1. Körper (ugs., scherzhaft) {32/11}; 2. Leib Christi am Kreuz (künstl. t. t.) {36/51}; 3. massives Grundteil bei Möbeln {44}; 4. Ladentisch, Büromöbel mit Fächern {40/42/58}; 5. Belegsammlung von Texten o. Schriften {32/57}; 6. Klangkörper eines Musik-, bes. Saiteninstruments (mus. t. t.) {37}; 7. Schriftgrad {32/58}	**corpus**	s. oben 1903
1907	**Korpuskel**	kleines Teilchen der Materie, Elementarteilchen (phys. t. t.) {72}	**corpusculum**, li n	Körperchen, Leibchen; Werkchen
–	korpuskular			
1908	**Korreferat** (l;l)>nlat	zweiter -, Nebenbericht {32}	**con = cum + referre**	s. oben 1697 zurücktragen, -bringen; erwidern; überliefern
–	**Korreferent** (l;l)>nlat	1. jmd., der ein Korreferat hält {31/32/40}; 2. Zweitgutachter (bei der Leistungsbeurteilung) {25/31/40}	dto.	dto.
–	**korreferieren** (l;l)>nlat	1. ein Korreferat halten {31/32/40}; 2. als zweiter Gutachter berichten {25/31/32/40}	dto.	dto.
1909	**korrekt**	richtig, fehlerlos, einwandfrei; genau {25}	**correctus**, a, um	ge-, verbessert

–	**Korrektheit** l;d	1. Richtigkeit {25}; 2. einwandfreies Benehmen {25/26/33/84}	dto.	dto.
–	**Korrektion**	(Ver)besserung; Regelung {25/32/56}	**correctio**, onis f	Berichtigung, Verbesserung; Zurechtweisung
–	**korrektiv** l>nlat	bessernd; zurechtweisend (veraltet) {25/56/33}	**correctus**	s. oben
–	**Korrektiv** l>nlat	etw., was Fehlhaltungen, Mängel ausgleichen kann {25/56}	dto.	dto.
–	**Korrektor**	1. jmd., der Korrekturabzüge auf Fehler durchsieht {23/25/40}; 2. Aufsichtsbeamter der röm. Kaiserzeit (hist. t. t.) {40/47/75}	**corrector**, oris m	Berichtiger; Zurechtweiser; Landvogt
–	**Korrektur**	1. Verbesserung, (Druck)berichtigung {32/25/56/40}; 2. schriftliche Berichtigung {32/25}	**correctura**, ae f	das Amt des Korrektors
1910	**korrelat(iv)** (l;l)>mlat	sich gegenseitig bedingend {56}	**cor = cum** + **relativus**, a, um	s. oben 1697 sich beziehend, bezüglich
–	**Korrelation** (l;l)>mlat	1. das Aufeinanderbezogensein von zwei Begriffen (sprachwiss. t. t.) {25/56/76}; 2. Zusammenhang zwischen statistischen Ergebnissen, die durch Wahrscheinlichkeitsrechnung ermittelt werden (math. t. t.) {71}; 3. Wechselbeziehung zwischen verschiedenen Organen (med. t. t.) {70}	**cor = cum** + **relatio**, onis f	s. oben 1697 das Zurückbringen, Erwiderung; Vortrag, Bericht
–	**korrelieren** (l;l)>mlat	einander bedingen, miteinander in Wechselbeziehung stehen {33/56/70}	**cor = cum** + **referre** (PPP. **relatus**)	s. oben 1697 zurückbringen; berichten; beurteilen; wiedergeben
1911	**Korrespondent** (l;l)>mlat >frz	1. Journalist für aktuelle (Auslands)reportagen {40/32}; 2. Betriebsangestellter für den kaufmännischen Schriftwechsel {40/42/32}; 3. Briefpartner (veraltet) {32/33/46}	**cor = cum** + **respondere** mlat. correspondere frz. *correspondre*	s. oben 1697 versichern, antworten, entsprechen übereinstimmen, in geschäftlicher Verbindung stehen, Briefe wechseln
–	**Korrespondenz** (l;l)>mlat >frz	1. Briefwechsel, -verkehr {32/46}; 2. Beitrag eines Zeitungskorrespondenten {32/40}; 3. Übereinstimmung (veraltet) {25/56}	dto.	dto.

–	**korrespondieren** (l;l)>mlat >frz	1. mit jmdm. in Briefverkehr stehen {32/46}; 2. mit etw. übereinstimmen {25/56}	dto.	dto.
1912	**Korridor** l>it	1. Wohnungsflur, Gang {44/58}; 2. schmaler Gebietsstreifen durch das Hoheitsgebiet eines fremden Landes {50/58}	**currere** it. *correre* *corridore*	laufen, eilen Läufer; Laufgang
1913	**Korrigenda**	Druckfehler, Fehlerverzeichnis {25/32}	**corrigere** (Gerund. **corrigendus**, a, um	berichtigen, verbessern; zurechtweisen etw., das berichtigt werden muß)
–	**korrigieren**	etw. berichtigen, verbessern {25/32/56}	dto.	dto.
1914	**korrodieren**	angreifen, zerstören; der Korrosion unterliegen {52/54/73}	**corrodere** (PPP. **corrosus**)	zernagen
–	**Korrosion** l>mlat	1. chemische Materialoberflächenveränderung bei festen Körpern {73/54}; 2. Wiederauflösung von Mineralien (geol. t. t.) {52/62/73}; 3. Körpergewebezerstörung durch Entzündungen (med. t. t.) {70}	dto.	dto.
–	**korrosiv** l>mlat	angreifend, zerstörend {52/70/73}	dto.	dto.
1915	**korrumpieren**	1. jmdn. bestechen {25/28/42}; 2. jmdn. moralisch verderben {28/25/30}	**corrumpere**	verderben, verfälschen; entehren; verführen
–	**korrumpiert**	verderbt (von Stellen in alten Handschriften - philol. t. t.) {32/56}	dto.	dto.
–	**korrupt**	1. bestechlich; 2. moralisch verdorben {30/84}	**corruptus**, a, um	verdorben, verderbt; ruchlos; geschändet
–	**Korruptel**	verderbte Textstelle (philol. t. t.) {32/76}	**corruptela**, ae f	das Verderben; Bestechung; Verführung; Schändung
–	**Korruption**	1. Bestechung, Bestechlichkeit; 2. moralischer Verfall {30/33/42}	**corruptio**, onis f	Verführung, Bestechung; das Verdorbensein
1916	**Korsage** l>frz	auf Figur gearbeitetes, versteiftes Oberteil eines Kleides {19}	**corpus** afrz. *cors*	s. oben 1903 Körper, Leib
–	**Korsett** l>frz	1. mit Stäbchen o. Schnüren mit Gummieinsätzen versehenes Mieder {19}; 2. fester Stützverband für gebrochene Körperteile (med. t. t.) {12/70}; 3. etw., das geistig einengt {25}	dto. frz. *corset*	dto. Mieder

–	**Korselett** l>frz	kleines, leichtes Korsett {19}	dto. frz. *corselet*	dto. leichter Brust-harnisch
1917	**Korsar** l>mlat>it	1. Seeräuber(schiff) (hist. t. t.) {45/75/86}; 2. Zweimannjolle mit Vor- und Großsegel {45}	**cursus,** us m mlat. cursarius it. *corsare*	Lauf, Fahrt (zur See), Reise; Umlauf Seeräuber
–	**Korso** l>it	1. Umzug, festliche Demonstrationsfahrt {33/61}; 2. große breite Straße (für Umzüge) {45/58}; 3. Wettrennen von Pferden ohne Reiter (hist. t. t.) {61/75/85}	**cursus** it. *corso*	s. oben (Um)lauf
1918a	**Kortex**	(med. t. t.) 1. äußere Zellschicht eines Organs; 2. Hirnrinde {70}	**cortex,** ticis mf	Rinde, Schale, Hülle
–	**Kortison**	(Kunstwort) Präparat aus Nebennierenrindenhormon (med. t. t.) {70}	dto.	dto.
1918b	**Korvette** l>frz	Kriegsschiffstyp {45/86}	uns.: **corbita,** ae f (sc. navis) frz. *corvette*	langsam segelndes Lastschiff
1919	**Kosinus** l>nlat	Verhältnis von Ankathete zu Hypotenuse (im rechtwinkligen Dreieck - math. t. t.) {71}	**complere** + **sinus** **complementi sinus**	s. oben 1764 s. unten 3331 Sinus des Ergänzungswinkels
1920	**kosten** l>vulgl>frz	wert sein, einen bestimmten Preis haben {56/42}	**constare** vulgl. costare* afrz. *coster* frz. *coûter*	feststehen; zu stehen kommen; kosten
–	**Kosten** l>vulgl >mlat	Aufwand, Wert, Preis, Ausgaben {56/42}	dto. mlat. costa	dto. Aufwand an Geldmitteln; Wert, Preis
–	kostbar, kostspielig, köstlich, Unkosten			
1921	**Kostüm** l>it>frz	1. (historische) Kleidung, Tracht {19/75}; 2. aus Rock und Jacke bestehende Damenkleidung {19}; 3. Theaterkleidung {35/19}; 4. Verkleidung für ein Maskenfest {19/33/85}	**consuetudo,** dinis f it. *costume* frz. *costume*	Gewohnheit, Sitte, Brauch; Umgang Bezeichnung für nationale Eigenheiten und Zustände in verschiedenen Kulturbereichen Tracht, Kleidung
–	**kostümieren** l>it>frz	jmdn., sich für ein Maskenfest, eine Theaterrolle verkleiden {19/33/35/85}	dto.	dto.
–	Kostümierung			

1922	**Kotangens** l>nlat	Kehrwert des Tangens (im rechtwinkligen Dreieck - math. t. t.) {71}	**complementi tangens**	Tangente des Ergänzungswinkels s. unten 3531 (tangere) bzw. oben 1764 (complere)
1923	**Kotelett** l>frz	Rippenstück von Kalb, Schwein, Lamm, Hammel {17}	**costa**, ae f afrz. *coste* frz. *côte* *côtelette*	Rippe, Seite Rippchen
–	**Koteletten** l>frz	Haare (des Bartes) an beiden Gesichtsseiten neben den Ohren; Backenbart {11/20}	dto.	dto.
1924a	**Kral** l>mlat >port >afrikaans	kreisförmig angelegtes, mit einer Hecke geschütztes Dorf bei afrikanischen Stämmen {58/33/64/44}	**currus**, us m mlat. currate port. *curral* afrikaans *kraal*	Wagen eingefriedeter Raum (für Wagen) Pferch
1924b	**kraß**	grob; auffallend, ungewöhnlich {25/55}	**crassus**, a, um	dick, grob
1924c	**Krawall** mlat	Aufruhr, Lärm {23/26/33}	mlat. **charavallium**	Katzenmusik; Straßenlärm
–	Krawallbrüder, Krawallmacher			
1925a	**Kreation** l>(frz)	1. Modeschöpfung, Modell(kleid) {19}; 2. Schöpfung, Erschaffung (veraltet) {40/79}; 3. Wahl, Ernennung (veraltet) {25/28/32/50}	**creatio**, onis f	das Erschaffen, Erzeugen; Erwählung
–	**kreativ** l>nlat	schöpferisch, Ideen habend und diese gestalterisch verwirklichend {22/79}	**creare**	schaffen, erschaffen; wählen
–	**Kreativität** l>nlat	das Schöpferische, Schöpferkraft {22/79}	dto.	dto.
–	**Kreator**	Schöpfer (veraltet) {22/33/40/79}	**creator**, oris m	Erzeuger, Schöpfer; Urheber
–	**Kreatur** l>mlat	1. (Lebe)wesen, Geschöpf {06/07/08}; 2. bedauerns-, verachtenswerter Mensch {25/26/33}; 3. Günstling, willenloses Werkzeug {33/28}	**creatura**, ae f	Schöpfung; Geschöpf
1925b	**Kredenz** l>mlat>it	Anrichte(schrank) (veraltet) {44}	**credere** mlat. credentia it. *credenza*	(an)vertrauen, glauben Glaube, Vertrauen, Glaubwürdigkeit Anrichte
–	**kredenzen** l>mlat>it	1. (ein Getränk) feierlich anbieten, einschenken, auftischen; 2. vorkosten (veraltet) {17/33}	dto.	dto.

–	**Kredit** (l>it>frz)	(wirtsch. t. t.) 1. Guthaben-Kontoseite {42/43/80}; 2. Vertrauen in die Rückzahlungsfähigkeit einer Person, eines Unternehmens; 3. kurz- o. langfristig zur Verfügung stehende Geld- oder Sachmittel; 4. Zahlungsaufschub; Stundung {42/59/80}	**credere** (PPP. **creditus**)	s. oben; hier: ein Darlehen anvertrauen
–	**kreditär** l>it>frz	das Kreditwesen o. Kredite betreffend (wirtsch. t. t.) {42/80}	dto. (bzw. **creditarius**, ii m	dto. Vertrauter, Kämmerer)
–	**kreditieren** l>it>frz	(wirtsch. t. t.) 1. jmdm. Kredit geben; 2. jmdm. etw. gutschreiben {42/80}	dto. bzw. **creditare**	dto. etw. fest glauben
–	**Kredo**	1. Ruf, äußerer Anschein {25/33}; 2. Apostolikum (rel. t. t.); 3. Teil der kath. Messe (rel. t. t.); 4. Glaubensbekenntnis, Leitsatz (rel. t. t.) {51}	**credere**	s. oben
1926	**Kreide**	weißer, zum Schreiben verwendeter Kalkstein {02/32}	**creta**, ae f	kretische Erde; Kreide; Ton
–	ankreiden			
1927	**kreieren** l>(frz)	1. eine neue Linie, eine neuen (Mode)stil entwickeln {19/22/79}; 2. etw. (Bedeutsames) schaffen {22/25/56}; 3. eine Rolle als erster auf der Bühne darstellen {35}; 4. einen Kardinal ernennen {33/51}	**creare**	s. oben 1924b
1928	**Krematorium** l>nlat	Einäscherungs-, (Leichen)verbrennungsanstalt {15/51}	**cremare**	verbrennen, einäschern
1929	**Krempel** l>(vulgl)>it	minderwertige, unbrauchbare Gegenstände; wertloses Zeug {56/44}	**comparare** vulgl. comprare ait. *crompare*	beschaffen, ankaufen; ausrüsten; anordnen kaufen
1931	**krepieren** l>it	1. bersten, platzen, zerspringen (von Sprenggeschossen) {86}; 2. sterben, verenden, verrecken (ugs.) {15/52}	**crepare**	knallen, knattern, krachen, dröhnen
–	Rohrkrepier			
1932	**Krepp** l>frz	Gewebe mit welliger oder gekräuselter Oberfläche {19/55}	**crispus**, a, um frz. *crêpe*	kraus(köpfig), sich kräuselnd
–	**kreppen** l>frz	1. Textilfasergewebe zu Krepp verarbeiten {19/40/41}; 2. Papier kräuseln {40}	dto.	dto.
>>>	Krescendo s. Crescendo			

1933	**Kreuz** (bzw. **kreuz**...)	1. Kreuz Christi {51}; 2. Galgen {82}; 3. sich schneidende Linien {58/71}; 4. (Adj.) verstärkender Partikel (z. B. kreuzgefährlich) {76/56}; 5. Rückenteil des Körpers {11}	**crux**, ucis f	Kreuz; Marterholz
–	zahlreiche Zusammensetzungen wie: Kreuzfahrer, -ritter etc.			
–	**kreuzigen**	ans Kreuz schlagen, martern, foltern {29/33/82}	**cruciare**	ans Kreuz schlagen, martern, quälen
–	Kreuzigung, kreuzen, Kreuzung			
–	**Kreuzer**	1. (Schlacht)schiff {45/86}; 2. alte deutsche Münze {56}	**crux**	s. oben
1934	**Krimi**	kurz für Kriminalroman, -film: Verbrechensschilderung und dessen Aufklärung {32/82}	**criminalis**, e (bzw. **crimen**, minis n	ein Verbrechen betreffend, kriminell, Kriminal... Beschuldigung, Anklage, Verbrechen)
–	**kriminal**	strafrechtlich (veraltet) {82}	dto.	dto.
–	**Kriminal**	Strafanstalt, Zuchthaus (landsch., ugs., österr.) {82/58}	dto.	dto.
–	**Kriminaler**	Kriminalbeamter, für Verbrechensbekämpfung zuständiger Polizist {40/49/82}	dto.	dto.
–	**kriminalisieren**	1. bei jmdm. kriminelle Neigungen wecken, in die Kriminalität treiben {25/82}; 2. als kriminell hinstellen {25/32/82}	dto.	dto.
–	Kriminalisierung			
–	**Kriminalist** l>nlat	1. Universitätsprofessor für Strafrecht {31/40/82}; 2. Sachverständiger für Verbrechensbekämpfung u. -aufklärung {40/82}	dto.	dto.
–	**Kriminalistik** l>nlat	Wissenschaft von der Aufklärung und Verhinderung von Verbrechen {82}	dto.	dto.
–	kriminalistisch			
–	**Kriminalität** l>nlat	1. Straffälligkeit {82}; 2. Umfang, Rate strafbarer Handlungen {82/57}	dto.	dto.
–	**Kriminalpolizei** l>nlat;gr>l >mlat	Polizeiabteilung zur Verhütung, Aufklärung und Bekämpfung von Verbrechen {49/82}	dto. + gr. *πόλις*	dto. Stadt, Staat
>>>	Kriminal... s. ggf. unter dem Rest des Wortes			

–	**kriminell** l>frz	1. straffällig; 2. strafbar, verbrecherisch {33/82}; 3. unverantwortlich, schlimm {25/26/30/33}	dto. frz. *criminel*	dto.
–	**Krimineller** l>(frz)	(abwertend) jmd., der ein schweres Verbrechen begangen hat {30/33/82}	dto.	dto.
–	**Kriminologie** l;gr	Wissenschaft über Ursachen und Erscheinungsformen von Verbrechen {82}	**crimen** + gr. *λόγος*	s. oben Wort, Kunde
–	Kriminologe, kriminologisch			
>>>	Kripo s. Kriminalpolizei			
1935	**Krokodil** gr>l	wasserbewohnende Panzerechse, Kriechtier {07}	**crocodil(l)us**, li m gr. *κροκόδειλος*	Krokodil
–	Krokodilstränen			
1936	**Krone** gr>l	1. Herrscherkennzeichen, -symbol {33/47}; 2. Zahnkrone {70}; 3. Baumkrone, -wipfel {03}; 4. nordeuropäische (und tschechische) Währungseinheit {56}	**corona**, ae f gr. *κορώνη*	Kranz, Krone; Einfassung s. oben 1902
–	**krönen**	1. die Krone aufs Haupt setzen {12/33/47}; 2. glanzvoll abschließen {25/33/59}	dto.	dto.
–	Kronjuwelen, Krönung, Kronprinz, Kronzeuge			
1937	**krud**	1. roh (von Nahrungsmitteln); 2. unverdaulich {17}; 3. roh, grausam {25/26/33/84}	**crudus**, a, um	roh; unverdaut; unreif; grausam
–	**Krudelität**	Grausamkeit {25/26/33/84}	**crudelitas**, atis f	Grausamkeit, Unbarmherzigkeit
–	**Krudität**	1. Grob-, Derb-, Plumpsein; Roheit {25/33}; 2. grober, derber Ausdruck {32}; 3. rücksichtslose Handlung, Grobheit {26/33}	**cruditas**, atis f	Unverdaulichkeit
1938	**Kruste**	1. (harte) Rinde, Oberfläche {03/58/55}; 2. Brotrinde {17}	**crusta**, ae f	Kruste, Rinde, Schale, Borke
–	**Krustazeen** l>nlat	Krebstier {08}	dto.	dto.
1939	**Kruzifix** l>mlat	(plastische) Darstellung des gekreuzigten Christus {51/36}	**crucifigere** (PPP. **crucifixus**)	ans Kreuz schlagen, kreuzigen
1940	**Kübel** (gr)>l>mlat	Gefäß {44}	**cupa**, ae f gr. *κύπη* mlat. cupellus	Küpe, Kufe, Tonne kleines Trinkgefäß

1941	**Kubus** (gr)>l	1. Würfel {58/71}; 2. dritte Potenz (math. t. t.) {71}	**cubus**, bi m gr. *κύβος*	Würfel; Kubikzahl
1942	**Küche** l>vulgl	Kochraum {44}	**coquina**, ae f vulgl. cocina	Küche
1943	**Kufe**	Bottich, Büte; Gefäß {44}	**cupa**	s. oben 1940
–	**Küfer**	1. Böttcher, Weinfaßhersteller {40}; 2. (Wein)kellermeister {40/17}	dto.	dto. vgl. unten 1955, oben 0575
1944	**kulant** l>frz	gefällig, entgegenkommend, großzügig (im Geschäftsverkehr) {25/42}	**colare** frz. *couler* *coulant*	durchseihen, reinigen, läutern fließend, gewandt; gefällig
–	**Kulanz** l>frz	Entgegenkommen, Großzügigkeit {25/42}	dto.	dto.
–	**Kulisse**	1. bewegliche Theaterbühnendekorationswand {35/61/74}; 2. Hintergrund; Silhouette {58/55}; 3. vorgetäuschte Wirklichkeit, Schein {24}; 4. äußerer Rahmen einer Veranstaltung {33}; 5. nichtamtlicher Börsenmarkt {80}; 6. Hebel mit verschiebbarem Drehpunkt (techn. t. t.) {72}	dto. frz. *coulisse*	dto. Rinne, Schiebefenster
1945	**kulinarisch**	1. auf die Kochkunst bezogen; 2. ausschließlich dem Genuß dienend {17/55}	**culinarius**, a, um	zur Küche gehörig, Küchen...
1946	**kulminieren** l>frz	seinen Höhepunkt erreichen {56}	**culminare** frz. *culminer*	den Höhepunkt erreichen
–	**Kulmination** l>frz	1. Erreichung des Höhepunkts {56}; 2. Durchgang eines Gestirns durch den Meridian im extremsten Punkt seiner Laufbahn (astron. t. t.) {66}	**culmen**, minis n	Gipfel, Kuppe; Zenit, Scheitelpunkt
–	Kulminationspunkt			
1947	**Kult(us)**	1. an feste Vollzugsformen gebundene Religionsausübung einer Gemeinschaft {51}; 2. übertriebene Verehrung für jmdn., etw. {26/33}	**cultus**, us m	Pflege; Kultur; Bildung; Verehrung einer Gottheit
–	**Kultusminister** l;l>frz	für den Kultur- und Erziehungsbereich zuständiges Regierungsmitglied {50/40/33}	dto. + **minister**, tri m frz. *ministre*	dto. Untergebener, Diener, Gehilfe; Vollstrecker Staatsdiener; mit einem politischen Amt Beauftragter vgl. unten 2242
–	Kultusministerium			

–	**kultisch**	den Kult betreffend, zum Kult gehörend {51}	dto.	dto.
–	**kultivieren** l>mlat>frz	1. Land bearbeiten, urbar machen; 2. Kulturpflanzen anbauen {39}; 3. etw. sorgsam pflegen {33}; etw. auf eine höhere Stufe bringen, verfeinern {40/56}	**colere** mlat. cultivare frz. *cultiver*	pflegen, bebauen, verehren, bewohnen (be)bauen, pflegen
–	**kultiviert** l>mlat>frz	gebildet, gepflegt; von vornehmer Lebensart {25/33}	dto. mlat. cultivus*	dto. gesittet, hochgebildet; gepflegt
–	**Kultur** (bzw. **Kultur**...)	1. Gesamtheit der geistigen und künstlerischen Lebensäußerungen eines Volkes {31/33}; 2. feine Lebensart, Erziehung und Bildung {31/33}; 3. Zucht von Mikroorganismen auf Nährboden (biol. t. t.) {69}; 4. Nutzung, Pflege und Bebauung von Ackerboden; 5. junger Bestand von Forstpflanzen {39}; 6. das Kultivieren {s. oben}	**cultura**, ae f	Pflege; Bearbeitung; Kultur; Anbetung
–	zahlreiche Zusammensetzungen wie: Kulturattachée, Kulturbeutel, Kultursenator etc.; s. ggf. unter dem Rest des Wortes			
–	**kulturell**	die Kultur (1.), ihre Erscheinungsformen betreffend {33}	dto.	dto.
1948a	**Kümmel** (semit) >(gr)>l	1. Gewürz(pflanze) {04/17}; 2. Kümmelschnaps {17}	**cuminum**, ni n gr. *κύμινον*	Kümmel
1948b	**Kummer** gallolat >mlat	1. Schutt, Müll {56/41/44}; 2. Belastung, Mühsal; 3. Not, Gram {26/25}; 4. Beschlagnahme, Verhaftung {50/43/82}	gallolat. **comboro(s)*** mlat. cumbrus, combrus	Zusammengetragenes Verhau, Sperre, Wehr
–	kümmerlich, Kümmerling, kümmern, Kümmernis			
1949	**Kumpan** (l;l)>mlat >frz	1. Gefährte, Kamerad, Begleiter (ugs.) {33}; 2. Mittäter, Helfer (ugs., abwertend) {82/33}	**cum** + **panis**, is m mlat. companio afrz. *compain*	s. oben 1697 Brot Brotgenosse, Gefährte Genosse
–	**Kumpanei** (l;l)>mlat >frz	1. Gruppe von Kumpanen (2.) (ugs., abwertend) {82/33}; 2. kameradschaftliches Zusammengehörigkeitsgefühl, Freundschaft {26/33}	dto.	dto. vgl. oben 1754, 1756
–	**Kumpel** l>mlat>frz	1. Arbeitskamerad; Bergmann {40/41/33}; 2. Freund (ugs.) {33}	dto.	dto.

1950	**Kumst** l>vulgl>frz	Weißkohl, Sauerkraut (ostpr.) {17}	**componere**	s. oben 1770
1951a	**Kumulation**	1. Anhäufung {57}; 2. vergiftende Wirkung fortgesetzt gegebener Arzneimittel (med. t. t.) {59/70}	**cumulatio**, onis f	Vermehrung, Zuwachs
–	**kumulativ** l>nlat	anhäufend {57}	**cumulatus**, a, um	gehäuft, vermehrt, vergrößert
–	**kumulieren**	1. anhäufen {57}; 2. einem Wahlkandidaten mehrere Stimmen geben {28/50/57}	**cumulare**	(auf)häufen, überschütten, vergrößern
–	**Kumulonimbus** (l;l)>nlat	blumenkohlartig aufgequollene Haufenwolke, Gewitterwolke (meteor. t. t.) {65}	**cumulus**, li m + **nimbus**, bi m	Haufen; Übermaß; Höhepunkt Platzregen, Unwetter, Sturm; Regenwolke
–	**Kumulus** l>nlat	Haufenwolke (meteor. t. t.) {65}	**cumulus**	s. oben
1951b	**kungeln** vulgl	heimlich absprechen, (in betrügerischer Weise) unter sich ausmachen {33/40}	vulgl. **conucula** altd. *kunkeln*	Spinnrocken, Spindel am Spinnrocken schwatzen, heimlich bereden
–	Kungelei			
1951c	**kunterbunt** (l;l)>mlat	1. verworren, durcheinander; 2. bunt gemischt {25/55/56}; 3. vielstimmig (veraltet) {37}	**contra** + **punctus**, us m mlat. contrapunctum	gegen das Stechen; Stich vgl. oben 1850, 1862 Note
1952	**Küpe**	1. Färbebad, Färbekessel (landsch.) {40}; 2. Lösung eines Küpenfarbstoffes {40/73}	**cupa**	s. oben 1940
1953	**Kupfer**	rötliches Metall {02}	**aes**, ris n **aes cyprum** spätl. cuprum gr. *κύπρος*	Kupfer, Erz zyprisches Erz Kupfer
1954	**Kupidität**	Begierde, Lüsternheit {26/18}	**cupiditas**, atis f	Begierde, Lust, Leidenschaft
–	**Kupido**	sinnliche Begierde, Verlangen {18/26}	**cupido**, inis f	Begierde, Trieb, Leidenschaft
1955	**kupieren** l>gallorom >frz	1. abschneiden (veraltet) {57/29}; 2. lochen, knipsen (veraltet) {55/29}; 3. durch Schneiden kürzen, stutzen (z. B. Pferdeschwanz) {57/29}; 4. einen Krankheitsprozeß aufhalten (med. t. t.) {70}	**cupa** gallorom. *cuppum** *cuppare** afrz. *coper* frz. *couper*	s. oben 1940 Kopf die Spitze abschlagen abschneiden

–	**Kuppe** l>spätl >gallorom >frz	1. Bergspitze, Gipfel {58/64}; 2. äußerste Spitze {64}	**cupa** spätl. **cuppa** frz. *coupe*	s. oben 1940 Becher; schalenförmiger Gegenstand; Haube, Gipfel
–	**Kuppel** l>it	halbkugelförmig gewölbtes Dach {88}	**cupula**, ae f it. *cupula*	Tönnchen, kleine Kufe; Grabgewölbe
1956	**kuppeln** l>frz	1. koppeln, verbinden {45/56}; 2. zur Ehe, zum Beischlaf zusammenbringen {18/33}	**copula**, ae f bzw. **copulare**	s. oben 1895
–	**Kupplung** l>frz	Verbindung von Motor und Getriebe (techn. t. t.) {45/72}	dto.	dto.
–	**Kuppelei** l>frz	1. eigennützige o. gewohnheitsmäßige Begünstigung der Ausübung von Unzucht {18}; 2. Heiratsvermittlung (abwertend) {33/40}	dto.	dto.
–	Kuppler(in), kupplerisch			
1957	**Kur**	unter ärztlicher Aufsicht durchgeführtes Heilverfahren (med. t. t.) {70}	**cura**, ae f	(Für)sorge, Rücksichtnahme, Pflege; Aufsicht
–	Kurpfuscher, -ort, -gast			
–	**kurabel**	heilbar (von Krankheiten - med. t. t.) {70}	**curabilis**, e	heilbar
1958	**Küraß** (l;l)>vulgl >it>frz	Brustharnisch (hist. t. t.) {75/86}	**vestis**, is f + **coriaceus**, a, um **vestis coriacea** vulgl. coracea* it. *corazza* frz. *cuirasse*	(Be)kleid(ung) ledern ledernes Kleid, Gewand Lederpanzer
–	**Kürassier** l>it>frz	1. Reiter mit Küraß; schwerer Reiter {75/86}; 2. stattliche Frau (ugs.) {25/55}	dto. frz. *cuirassier*	dto.
1959	**Kuratel** l>mlat	Pfleg-, Vormundschaft (ugs.) {33/82}	**curatio**, onis f mlat. curatela	Fürsorge; Verpflegung; Aufsicht Vormund-, Pflegschaft
–	**Kurator**	1. Vormund, Pfleger (veraltet) {33/82}; 2. Verwalter einer Stiftung {33/40}; 3. Staatsbeamter in der Universitätsvermögensverwaltung {31/50/40/43}	**curator**, oris m	Pfleger, Aufseher; Vormund

–	**Kuratorium**	1. Aufsichtsbehörde (von öffentlichen Körperschaften, privaten Institutionen) {33/43/50}; 2. Behörde eines Kurators (3.) {31/43/50}	**curatorius**, a, um	zum Vormund -, zum Kurator gehörig
1960	**Kurbel** l>vulgl	1. einarmiger, gebogener Hebel zum Drehen einer Welle {41/44/87}; 2. Ziehbrunnenwinde (veraltet) {44/87}	**curvus**, a, um vulgl. curva*	gekrümmt, gebogen, gewölbt, bauchig Krummholz
–	(an)kurbeln, Kurbelwelle			
1961	**Kürbis** l>vulgl	Gemüsepflanze mit dickfleischiger Beerenfrucht {05/17}	**cucurbita**, ae f vulgl. curbita*	Kürbis; Schröpfkopf
1962	**Kurie**	1. Sitz der päpstlichen Zentralbehörde, päpstlicher Hof {51/47}; 2. Körperschaft der altröm. Bürgerschaft (hist. t. t.) {75/33}	**curia**, ae f	Amtsgebäude, Sitz der Kurien; Abteilung der Bürgerschaft; Senatsversammlung
–	**kurial** l>mlat	zur päpstlichen Kurie gehörend {51/47}	**curialis**, e	zur Kurie -, zum kaiserlichen Hof gehörig
>>>	Kurienkardinal, Kurienkongregation s. Kardinal, Kongregation			
–	**Kuriatstimme** l;d	Gesamtstimme mehrerer, in einem Wahlkörper zusammengefaßter Stimmberechtigter (hist. t. t.) {75/50}	**curiatus**, a, um	zur Kurie gehörig
1963	**Kurier** l>it>frz	jmd., der (z. B. beim Militär) wichtige Informationen überbringt; Eilbote {40/45/61/86}	**currere** it. *correre corriere* frz. *courrier*	laufen, rennen, eilen
1964	**kurieren**	1. ärztlich behandeln, heilen {14/70}; 2. jmdn. von etw. abbringen {25/28}	**curare**	pflegen, sich kümmern; ärztlich behandeln, heilen
1965	**kurios** l>(frz)	auf unverständlich-spaßige Weise sonderbar, merkwürdig {25/26}	**curiosus**, a, um	interessiert, sorgfältig, aufmerksam; neugierig
–	**Kuriosität** l>(frz)	1. Sonderbar-, Merkwürdigkeit; 2. etw., das vom Normalen abweicht {25/26}	**curiositas**, atis f	Wißbegierde, Neugierde
–	**Kuriosum** l>(frz)	kuriose Sache, Angelegenheit, Situation {25/26/52}	**curiosus**	s. oben
1966	**Kurrikulum**	Laufbahn, Lebenslauf (veraltet) {15} Curriculum = Lehrplan s. oben 0578	**curriculum**, li n	Wettlauf, -rennen, Umlauf; Laufbahn

1967	**Kurs** l>niederl o. **Kursus** l>(mlat)	1. Fahrtrichtung, Reiseroute {61/45}; 2. Rennstrecke {61/58}; 3. zusammengehörige Folge von Unterrichtsstunden; Lehrgang {31/59/78}; 4. Gesamtheit der Kursteilnehmer {31/33/57};	**cursus**, us m niederl. *koers*	Lauf, Gang, Fahrt; Verlauf; Umlauf; Richtung Ausfahrt zur See, Reiseroute
	(l>it/frz)	5. Preis von Wertpapieren, Devisen u. a. (wirtsch. t. t.) {42/80}	it. *corso* frz. *cours*	
–	Kursbuch, Kurswagen			
–	**Kursant** l>niederl o. **Kursist** l>nlat	Teilnehmer an einem Kurs (3.) (DDR) {31/33} dto. (veraltet)	dto.	dto.
–	**kursieren**	umlaufen, in Umlauf sein, die Runde machen {61}	**cursare**	fort-, umherrennen, -laufen; durchlaufen
–	**kursiv** l>mlat	schräg (von Schreib- und Druckschrift) {32/58}	**currere** mlat. cursivus, cursiva littera	laufen, rennen, eilen laufend laufende Schrift
–	**Kursive** l>mlat	1. schrägliegende lateinische Druckschrift; 2. fortlaufend geschriebene Schrift (veraltet) {32/58}	dto.	dto.
>>>	Kurskorrektur s. unter Korrektur			
–	**kursorisch**	1. fortlaufend, nicht unterbrochen, rasch {59}; 2. überblickartig (vom Lesen gesagt) {32/56}	**cursorius**, a, um	zum Laufen gehörig
>>>	Kursus s. oben Kurs			
1968	**Kurtaxe** l;l	Abgabe in Kur- und Erholungsorten zur Benutzung besonderer Einrichtungen {33/49/42}	**cura** + **taxare**	s. oben 1957 tadeln; den Wert von etw. ermitteln, taxieren
1969	**Kurtisane** l>it>frz	Geliebte eines Adligen am Hof, Halbweltdame (hist. t. t.) {18/47/75}	**cors**, rtis f kirchenl. cortina it. *corte* *cortigiano* *cortigiana* frz. *courtisane*	Gefolge, Leibwache; Einzäunung, Hofraum Vorhang Hof, Fürstenhof Höfling Kurtisane

1970	**Kurve**	1. Straßen-, Fahrbahnkrümmung {45/58}; 2. gekrümmte Linie als Darstellung math. o. statist. Größen (math. t. t.) {71}; 3. Bogen, Bogenlinie; Wendung {58/61}	**curvus**, a, um	gekrümmt, gebogen, gewölbt, bauchig s. oben 1960
–	**Kurvenstar** o. **Kurvenwunder** l;d	weiblicher Filmstar mit hervorgehobenen, auf erotische Wirkung abzielenden Körperformen {18/33/40}	dto.	dto.
–	**kurven**	in Kurven, kreuz und quer fahren {45/61}	dto.	dto.
–	**Kurvendiskussion** l;l	rechnerische Untersuchung einer Kurve (2.) und ihrer Eigenschaften (math. t. t.) {71}	dto. + **discussio**, onis f	dto. Erschütterung; Untersuchung, Prüfung
–	**kurvig**	1. gekrümmt, gebogen (= kurvisch - math. t. t.) {71}; 2. kurvenreich {45/57/58}	**curvus**	s. oben
1971	**kurz**	zeitlich o. räumlich nicht lang {58/59}	**curtus**, a, um	verstümmelt, verkürzt, gestutzt
–	zahlreiche Zusammensetzungen z. B. Kurzschluß, Kurzweil etc.			
–	Kürze, kürzen, kürzlich, Kürzung, Kürzel, kurzum			
1972	**kuschen** l>frz	1. sich lautlos niederlegen (vom Hund) {38}; 2. sich ducken, sich fügen {25/28/33}	**collocare** frz. *coucher*	auf-, hinstellen, -legen niederlegen
–	kusch!			
–	**kuscheln** l>frz	sich (zärtlich) anschmiegen {26/18}	dto.	dto.
–	**Küste** l>frz >niederl	Meeresstrand {02/64}	**costa**, ae f afrz. *coste* frz. *côte* niederl. *kust*	Rippe Rippe; Seite; Abhang; Meeresstrand
1974	**Küster** l>mlat	Kirchendiener {40/51}	**custos**, odis mf mlat. custor	Wächter, Aufseher, Hüter Hüter (des Kirchenschatzes); Kirchenpfleger
–	**Kustode**	1. Kenzeichen der einzelnen Lagen einer Handschrift (hist. t. t.) {32/75}; 2. = Kustos {s. unten}	**custos**	s. oben
–	**Kustodia**	Behälter zur Aufbewahrung der Hostie (kath. rel. t. t.) {51/58}	**custodia**, ae f	Obhut, Wache; Verwahrung

–	**Kustos**	1. wissenschaftlicher Sachbearbeiter an Museen und Bibliotheken {40/32}; 2. Küster, Kirchendiener (veraltet) {40/51}; 3. Silbe o. Wort am Kopf bzw. Ende einer Buchseite zur Verbindung mit der kommenden Seite {32}	**custos**	s. oben
1975	**kutan** (gr)>l	zur Haut gehörend, sie betreffend (med. t. t.) {70/11}	**cutis**, is f gr. *κύτος*	Haut, Hülle
–	Kutanreaktion			
1977	**Kuvert** l>frz	1. Briefumschlag {32/44}; 2. (Tafel)gedeck für eine Person {44}	**cooperire**	von allen Seiten be-, überdecken, überschütten
			frz. *couvrier*	bedecken, einhüllen
			couvert	etw., mit dem etw. bedeckt wird
–	**kuvertieren** l>frz	mit einem (Brief)umschlag versehen {32}	dto.	dto.
–	**Kuvertüre** l>frz	Überzugmasse für Gebäck o. Pralinen aus Kakao, Zucker o. ä. {17}	dto.	dto.
1978	**Küvette** l>frz	1. kleines Gefäß (veraltet) {44}; 2. = Künette: Abzugsgraben auf der Sohle eines Festungsgrabens (hist. t. t.) {75/86/88}; 3. Innendeckel der Taschenuhr (veraltet) {44/58/59}	**cupa** frz. *cuve* *cuvette*	s. oben 1940 Schale, Schüssel, Becken

L

1979	**laben**	erfrischen, erquicken {17/26}	**lavare**	waschen, baden; befeuchten
–	Labsal			
1980a	**labial** l>mlat	1. zu den Lippen gehörend, sie betreffend (med. t. t.) {70}; 2. mit den Lippen gebildet (von Lauten - sprachwiss. t. t.) {76}	**labea** o. **labia**, ae f o. **labium**, ii n	Lippe; Gefäßrand; Lefze
–	**Labial(is)**	Lippenkonsonant (sprachwiss. t. t.) {76}	dto.	dto.
1980b	**Labium**	1. Lippe (med. t. t.); 2. Schamlippe (med. t. t.) {11/70}; 3. Unterlippe bei Insekten (biol. t. t.) {69}; 4. bei Blockflöten der Teil, der die Luftaustrittsspalte begrenzt (mus. t. t.) {37}	**labium**	s. oben 1980a
1981	**labil**	1. schwankend, leicht aus dem Gleichgewicht kommend, veränderlich {56/61}; 2. schwach, unsicher, beeinflußbar {25/28}	**labilis**, e	leicht gleitend; vergänglich
–	**Labilität** l>nlat	1. leichte Wandelbarkeit, Beeinflußbarkeit, Schwäche {61/25/28}; 2. uneinheitliche Luftbewegung (meteor. t. t.) {65}	dto.	dto.
1982	**Labiodental** l;l	Lippenzahnlaut (sprachwiss. t. t.) {76}	**labea** + **dens**, ntis m	s. oben 1980a der Zahn
1983	**Labor** o. **Laboratorium** l>mlat	Arbeits- und Forschungsstätte für naturwissenschaftliche oder technische Versuche {40/58}	**labor**, oris m bzw. **laborare**	Anstrengung, Mühe, Arbeit sich anstrengen, arbeiten
–	**Laborant(in)**	Fachkraft in Labors und Apotheken {40/41/70}	**laborare**	s. oben
–	**laborieren**	1. (ugs.) sich mit der Herstellung von etw. abmühen {40/41}; 2. an etw. leiden, gepeinigt werden durch etw. {14/26/70}	**laborare**	s. oben; auch: verfertigen; geplagt-, gepeinigt werden, leiden
1984	**Lactat** (o. **Laktat**) l>nlat	Salz der Milchsäure (chem. t. t.) {73}	**lac**, ctis n	Milch

1985	**lädieren**	(äußerlich sichtbar) beschädigen {14/29/53/55}	**laedere**	verletzen, beschädigen; beleidigen, kränken
1986	**Ladino** l>span.	1. Mischling von Weißen und Indianern in Mexiko und Mittelamerika {10}; 2. jüdisch-spanische Sprache {32}	**Latinus**, a, um	zu Latium gehörig, lateinisch
1987	**Lafette** l>frz	(fahrbares) Untergestell eines Geschützes {45/86}	**fustis**, is m frz. *fût* *affût* *l'affût*	Knüppel Anstand, (Hochsitz) Gestell, Lafette
1988	**lagrimando** o. **lagrimoso** l>it	traurig, klagend (mus. t. t.) {26/37}	**lacrimosus**, a, um	voller Tränen, kläglich, jammervoll
1989	**Lagune** l>it	1. vom offenen Meer getrenntes Flachwassergebiet vor einer Küste; 2. von Korallenriffen umgebene Wasserfläche eines Atolls {64/02}	**lacuna**, ae f it. *laguna*	Vertiefung, Senke; Tümpel, Teich Küstensee (in der Umgebung von Venedig)
1990	**Lake** (o. **Lache**)	Salzlösung zum Konservieren von Fleisch oder Fisch {17}	**lacus**, us m mnd. *lake*	See; Zuber, Kübel; Grube zur Aufbewahrung von Hülsenfrüchten Heringsbrühe; stehendes Wasser
1991	**Laktalbumin** (l;l)>nlat	biologisch hochwertiger Eiweißstoff aus Kuhmilch; Milcheiweiß {73/17}	**lac**, ctis n + **albumen**, minis n	Milch das Weiße
-	**Laktation** l>nlat	(med., biol. t. t.) 1. Milchabsonderung aus der Brustdrüse; 2. Stillzeit; das Stillen {17/59/69/70}	**lac**	s. oben
-	**laktieren**	(med., biol. t. t.) 1. Milch absondern {69/70}; 2. stillen {17/69/70}	**lactare**	säugen; saugen
-	**Laktose** l>nlat	Milchzucker {17/73}	**lac**	s. oben
1992	**Lakune**	1. Lücke in einem Text (sprachwiss. t. t.) {25/32/76}; 2. Vertiefung, Ausbuchtung; Muskel-, Gefäßlücke (med. t. t.) {53/58/70}	**lacuna**, ae f	Loch, Abgrund; Lücke vgl. oben 1989
1993	**Lamäng** l>frz	Hand; hohle Hand; unvorbereitet, mit Leichtigkeit {25/59}	**manus**, us f frz. *la main*	Hand; Schar; Tapferkeit die Hand

1994	**Lambada** l>port	portugiesisch-brasilianischer Modetanz mit erotischem Flair {37/18/61}	uns. ob: **lambere**	(be)lecken; scherzhaft: umranken; umzüngeln (von Flammen)
			port. *lamber* *lambão*	Schleckermaul, Sabberer
			oder: **lumbus**, bi m	Lende
			port. *lombo*	Lende; Buch-, Bergrücken
			lambada	Schlag, Hieb, Prügel
1995	**Lamé** l>frz	mit (Kunst)seide übersponnenes Gewebe aus Metallfäden {19}	**lam(i)na**, ae f	dünnes Metallstück, -plättchen, Blatt, Scheibe
–	**lamé** l>frz	mit Lamé durchwirkt {19}	dto.	dto.
–	**lamellar** l>nlat	streifig, schichtig, in Lamellen angeordnet {54/55}	**lamella**, ae f frz. *lamelle*	Blättchen, dünnes Blech
–	**Lamelle** l>frz	1. Sporenblättchen unter dem Hut der Blätterpilze (bot. t. t.) {03/68}; 2. dünnes Blättchen, Scheibe (techn. t. t.) {41/72/87}	dto.	dto.
–	lamellieren, lamellös			
1996	**Lamentation**	1. Gejammer, weinerliches Klagen {26/32}; 2. Klagelieder des Jeremias im Alten Testament (rel. t. t.) {37/51}	**lamentatio**, onis f	das Wehklagen, Weinen und Heulen
–	**lamentieren**	1. (abwertend): laut klagen, jammern {26/32}; 2. (landsch.) jammernd um etw. betteln {26/27}	**lamentare** o. **lamentari**	wehklagen, heulen, bejammern
–	**Lamento** l>it	1. Klage, Gejammer (abwertend) {26/32}; 2. schmerzlich-leidenschaftliches Musikstück (mus. t. t.) {26/37}	**lamentum**, ti n	das Wehklagen, Weinen und Heulen
–	**lamentoso** l>it	wehklagend, traurig (mus. t. t.) {26/37}	**lamentosus**, a, um	wehklagend
1997	**Lametta** l>it	1. Christbaumschmuck aus schmalen, glitzernden Metallstreifen {20/51}; 2. Orden, Uniformschnüre, Schulterstücke (abwertend) {20/86}	**lamina**	s. oben 1995
			it. *lama* *lametta*	Metallblatt, Klinge
1998	**Lampe** gr>l>vulgl >frz	Beleuchtungskörper {44}	**lampas**, adis f gr. *λαμπάς* vulgl. lampada afrz. *lampe*	Fackel, Kerze, Leuchte

–	**Lampion** gr>l>vulgl >it>frz	Papierlaterne {44}	dto. it. *lampa* *lampione* frz. *lampion*	dto.
1999	**lancieren** l>frz	1. auf geschickte Weise bewirken, daß etwas bekannt wird {28/32/33}; 2. geschickt an eine gewünschte Stelle, auf einen vorteilhaften Posten bringen {25/33/40}	**lanceare** frz. *lancer*	die Lanze schwingen schleudern; in Schwung bringen; loslassen;
2000	**Languste** l>vulgl >prov>frz	scheerenloser Panzerkrebs mit schmackhaftem Fleisch {08/17}	**locusta**, ae f vulgl. lacusta* aprov. *langosta* frz. *langouste*	Heuschrecke(nkrebs)
2001	**Lanolin** l>nlat	in Schafwolle enthaltenes, gereinigtes Fett (als Salbengrundlage, Rostschutzmittel) {70/73}	**lanosus**, a, um + **linimen**, minis n	wollig Schmiere
2002	**Lanze** l>frz	langstielige Stichwaffe, zum Werfen geeignet {86}	**lancea**, ae f frz. *lance*	Speer mit Wurfriemen, Lanze
–	**Lanzettbogen** l>frz;dt	schmaler Spitzbogen der engl. Gotik (archit. t. t.) {88}	dto. frz. *lancette*	dto.
–	**Lanzette** l>frz	zweischneidiges, kleines Operationsmesser (med. t. t.) {70}	dto.	dto.
–	Lanzettfenster, Lanzettfisch			
2003	**lapidar**	1. wuchtig, kraftvoll {26}; 2. knapp, ohne Erläuterungen, kurz und bündig (abwertend) {32/58/59}	**lapidarius**, a, um	zu den Steinen gehörig, Stein...; steinig
–	**Lapidarium**	Sammlung von Steindenkmälern {02/57}	dto.	dto.
–	**Lapislazuli** l;(pers >arab >mlat)	1. tiefblaues, feinkörniges, an Kalkstein gebundenes Mineral (= Lasurit) {02}; 2. blauer Edelstein {02/20}	**lapis**, idis m + pers. *lagward* arab. *lazaward* mlat. lazur	Stein Blaustein, -farbe
2004	**Lapsus**	Fehlleistung, Versehen, Schnitzer {25/33/40}	**lapsus**, us m	Gleiten; Fall; Versehen, Fehltritt
2005	**Lärche**	Nadelbaumart {04}	**larix**, icis f	Lärchenbaum
2006a	**Large** l>frz>engl	groß (Kleidergröße) {19/56}	**largus**, a, um	reichlich, freigebig
–	**largo** l>it	breit, gedehnt, im langsamsten Zeitmaß (mus. t. t.) {37/59}	dto.	dto.

–	Largo			
2006b	**Lärm** (l;l)>it>(frz)	lautes Geräusch, großes Aufsehen {23/26/33}	**ad** + **arma**, morum n (Pl.) it. *all' arme* frz. *alarme*	s. oben 0001 Waffen zu den Waffen vgl. oben 0132
–	lärmen			
2007	**Larve**	1. Gesichtsmaske {33/35/74}; 2. (abwertend, ironisch) Gesicht {11/25}; 3. Gespenst, Totengeist (veraltet) {51}; 4. Jugendform mancher Tierarten mit anderer Lebensweise und Gestalt (z. B. Insekten vor der Metamorphose - biol. t. t.) {69}	**larva**, ae f	böser Geist, Gespenst; Skelett; (Theater)maske
–	**larval**	die Tierlarve betreffend, im Larvenstadium befindlich (biol. t. t.) {69}	**larvalis**, e	gespensterhaft
–	**entlarven**	jmds. Absichten enthüllen, offenbaren {25}	**larva**	s. oben
2008	**Lasso** l>span	Wurfschlinge zum Einfangen von Tieren {39/38}	**laqueus**, ei m span. *lazo*	Strick als Schlinge, Fallstrick, Fessel Schnur, Schlinge
2009	**lasziv**	bewußt erotisch, mit einer an Anstößigkeit grenzenden Sinnlichkeit (von Frauen); wollüstig; zweideutig {18}	**lascivus**, a, um	schäkerhaft; geil, zügellos; üppig
–	**Laszivität**	1. laszives Wesen, laszive Art {18/84}; 2. laszive Äußerung {18/32}	**lascivitas**, atis f	geschlechtliche Ausschweifung, Mutwille
2010	**latent** l>frz	1. verborgen; vorhanden, aber nicht offenkundig {23/25/52}; 2. nicht gleich erkennbar (von Krankheiten - med. t. t.) {23/70}; 3. unsichtbar, unentwikkelt (fot. t. t.) {87}; 4. gebunden {56}	**latens** (Gen. –ntis)	unsichtbar, verborgen
–	**Latenz** l>nlat	1. Versteckt-, Verborgenheit {23/25/52}; 2. unbemerktes Vorhandensein einer Krankheit (med. t. t.) {23/70}; 3. Zeit zwischen Reizwirkung und Reaktion (psych. t. t.) {70/59}	dto.	dto.
2011	**lateral**	1. seitlich, seitwärts (gelegen) {58}; 2. an der Seite eines Organs gelegen (med. t. t.) {70}	**lateralis**, e	die Seite betreffend, an der Seite befindlich

>>> Laterankonzilien s. unter Konzil

2012	**Laterne** (gr)>l >vulgl	1. wetterfeste, durch ein Gehäuse geschützte Lampe {44/45}; 2. auf die Scheitelöffnung einer Kuppel gesetztes, durchbrochenes Türmchen (archit. t. t.) {88}	**lanterna**, ae f gr. *λαμπτήρ* vulgl. laterna	Laterne, Lampe Leuchter, Fackel
2013	**Latex** (gr)>l	Milchsaft tropischer Pflanzen, aus dem Kautschuk, Klebstoff u. a. hergestellt wird {03/40/41/73}	**latex**, ticis m gr. *λάταξ*	Flüssigkeit, Naß
2014	**Latifundium**	1. von Sklaven bewirtschaftetes Landgut im römischen Reich (hist. t. t.) {39/75}; 2. Liegenschaften, großer Land- und Forstbesitz; 3. Großgrundbesitz in Südamerika {39/43}	**latifundium**, ii n	großes Landgut
2015	**latinisieren**	in lateinische Sprachform bringen; der lateinischen Sprachart angleichen {32/76}	spätl. **latinizare**	ins Lateinische übersetzen
–	**Latinismus** l>mlat	Entlehnung eines dem Lateinischen eigentümlichen Ausdrucks in einer anderen Sprache {32/76}	**Latinus**, a, um	lateinisch
–	**Latinist** l>mlat	jmd., der sich wissenschaftlich mit der lateinischen Sprache u. Literatur befaßt {40/76}	dto.	dto.
–	**Latinität**	1. klassische, mustergültige lateinische Schreibweise; 2. klassisches lateinisches Schrifttum {34/76}	**Latinitas**, atis f	lateinische Sprache, lateinischer Ausdruck
–	**Latinum**	1. an einer höheren Schule vermittelter Wissensstoff der lateinischen Sprache {31/32/76}; 2. durch eine Prüfung nachgewiesene Kenntnis der lateinischen Sprache {22/25/32/76}	**Latinus**	s. oben
2016	**Latitüde** l>frz	1. geographische Breite {64}; 2. Weite, Spielraum (veraltet) {58/25}	**latitudo**, dinis f	Breite, Länge, Ausdehnung, Größe
–	**latitudinal** l>nlat	den Breitengrad betreffend (geogr. t. t.) {64}	dto.	dto.
2017	**Latrine**	primitive Toilette; Senkgrube {21/44}	**latrina**, ae f	Abtritt, Kloake; Bordell
2018	**Lattich**	Pflanzenart mit milchartigem Saft {04}	**lactuca**, ae f	Lattich, Kopfsalat
2019	**Latz** l>frz/it/span	durch Schlingen oder Knöpfe befestigte Kleidungsteile {19}	**laqueus** afrz. *laz* it. *laccio* span. *lazo*	s. oben 2008 Schnürband Schnur Schnur, Schlinge
–	Lätzchen, Sabberlätz(chen)			

2020	**Laudatio(n)**	Lobrede anläßlich einer Preisverleihung o. ä. {32/33}	**laudatio**, onis f	Belobigung, Lobrede; Dankadresse
–	**Laudator**	Redner bei einer Preisverleihung; Lobredner {32/33}	**laudator**, oris m	Leichen-, Lobredner, -hudler
–	**Laudes**	kath. Morgengebet {51}	**laus**, udis f	Lob(reden); Anerkennung; Loblied
2021	**Laune**	menschlicher Gemütszustand {26}	**luna**, ae f	Mond; Monat; Nacht
–	launenhaft, launig, launisch			
2022a	**Lava** l>it	feurig-flüssiger vulkanischer Schmelzfluß {62}	**labes**, bis f	das Hinsinken; Fall, Sturz; Unheil
			neapol. / it. *lava*	die Straße überflutender Sturzbach; Lava
2022b	**Lavendel** l>(it) >mlat>it	1. Heil- und Gewürzpflanze {04}; 2. Lavendelwasser, -parfüm {21}	**lavare** (it. *lavanda)*	waschen, baden etw., das zum Waschen dienlich ist
			mlat. lavandula it. *lavendola*	
–	**lavendel** l>mlat>it	hell(blau)violett (wie die Lavendelblüte) {55}	dto.	dto.
2023	**lavieren** l>it	1. Farben auf einem Bild verwischen; 2. mit verlaufenden Farbflächen arbeiten {36}; (andere Bedeutungen von lavieren sind niederl. Herkunft!)	**lavare**	s. oben 2022
2024	**Lawine** l>mlat >ladin	an Hängen niedergehende Schnee- oder Steinmassen {02/65}	**labi**	herabsinken, -gleiten, rinnen
			mlat. labina	Erdrutsch, Lawine
			ladin. *lavina*	Schnee-, Eislawine
2025	**lax**	nachlässig, ohne feste Grundsätze, nicht streng auf etw. achtend {25/33/84}	**laxus**, a, um	schlaff, locker, schlapp
2026	**legal**	gesetzlich (erlaubt), dem Gesetz gemäß {82}	**legalis**, e	die Gesetze betreffend, gesetzlich; den Gesetzen gemäß
–	**Legalisation** l>nlat	Beglaubigung (von Urkunden) {32/82}	dto.	dto.
–	**legalisieren** l>nlat	1. (Urkunden) amtlich beglaubigen; 2. legal machen {32/82}	dto.	dto.
–	Legalisierung			

–	**Legalität** l>mlat	Gesetzmäßigkeit; Bindung an das geltende Recht {82}	dto. (Adv. legaliter)	dto.
2028	**Legat**	1. Gesandter im alten Rom; Gehilfe des Feldherren o. des Statthalters {33/40/75/86}; 2. päpstlicher Gesandter bei besonderen Anlässen {33/51};	1., 2.: **legatus**, ti m	Gesandter, Unterfeldherr
		3. Vermächtnis; Zuwendung einzelner Vermögensgegenstände durch letztwillige Verfügung {82/43/28}	3.: **legatum**, ti n	Vermächtnis, Legat
–	**Legation**	1. (päpstliche) Gesandtschaft {33/51}; 2. Provinz des früheren Kirchenstaates {51/50}	**legatio**, onis f	Gesandtschaft, Gesandtenstelle
2029	**legendär** l>mlat	1. legenden-, sagenhaft {24/32/51}; 2. unwahrscheinlich, unglaublich; phantastisch {24/51}; 3. berühmt {25/33}	**legere** mlat. legenda	lesen; sammeln; auswählen die zu lesenden Stücke
–	**legendarisch** l>mlat	eine Legende betreffend, Legenden enthaltend, -artig {24/32/51}	dto.	dto.
–	**Legende** l>mlat	1. Heiligenerzählung {32/51}; 2. sagenhafte, unglaubwürdige Geschichte {24/32/51}; 3. episch-lyrisches Tonstück (mus. t. t.) {37}; 4. Zeichenerklärung, erklärender Text am Rand (für Karten, Abbildungen) {25/32}	dto.	dto.
2030	**leger** l>vulgl>frz	1. ungezwungen, zwanglos, lässig (im Benehmen) {25/26}; 2. bequem, leicht {55/19}; 3. nachlässig, oberflächlich {25/26}	**levis**, e vulgl. leviarius* frz. *léger*	leicht, flüchtig; leichtsinnig; sanft
2031	**legieren** l>it	1. ein Legat aussetzen (veraltet) {28/43/82}; 2. mehrere Metalle zusammenschmelzen, eine Legierung herstellen {41/40}; 3. Suppen o. Soßen mit Ei oder Mehl eindicken {17}	**ligare** it. *legare*	(zusammen-, an-) binden; umgeben; vereinigen (zusammen-, ver-) binden; vereinigen
–	**Legierung**	durch Zusammenschmelzen verschiedener Metalle entstandenes Mischmetall (z. B. Messing) {41/73}	dto.	dto.
2032	**Legion**	1. altrömische Heereseinheit (hist. t. t.) {57/75/86}; 2. frz. Fremdenlegion {40/86}, 3. unbestimmt große Anzahl, Menge {57}	**legio**, onis f	Heer; Heeresabteilung
–	**Legionär**	Mitglied einer Legion {33/86}	**legionarii**, iorum m (Pl.)	Legionssoldaten

2033	**Legislative** l>frz>nlat	1. gesetzgebende Gewalt, Gesetzgebung; 2. gesetzgebende Versammlung (veraltet) {50/82}	**legislatio,** onis f frz. *législation* *législatif* *assemblée législative*	Gesetzgebung Gesetzgebung gesetzgebende Versammlung
–	**legislativ** l>nlat	gesetzgebend {50/82}	dto.	dto.
–	**legislatorisch** l>nlat	gesetzgeberisch {50/82}	dto.	dto.
–	**Legislatur** l>nlat	1. Gesetzgebung; 2. gesetzgebende Versammlung (veraltet) {50/82}	dto. frz. *législature*	dto.
–	**Legislaturperiode** l>nlat; gr>l >mlat	Gesetzgebungs-, Wahlperiode; Amtsdauer einer Volksvertretung {50/59}	dto. + **periodus,** di m gr. *περίοδος*	dto. Gliedersatz, Periode
2034	**legitim**	1. rechtmäßig, gesetzlich anerkannt {82}; 2. ehelich (von Kindern) {31/33}; 3. berechtigt; allgemein anerkannt, vertretbar {25}	**legitimus,** a, um	recht-, gesetzmäßig; gehörig
–	**Legitimation** l>frz	1. Beglaubigung; (Rechts)ausweis {82}; 2. Ehelichkeitserklärung (für ein vorher uneheliches Kind) {28/31/33/82}	dto. frz. *légitimation*	dto.
–	**legitimieren** l>mlat >(frz)	1. beglaubigen; 2. für gesetzmäßig erklären {82/28}; 3. sich -: sich ausweisen {32/33/45/49}	dto. mlat. legitimare	dto. rechtlich anerkennen
–	Legitimierung			
–	**Legitimität** l>mlat>frz	1. Rechtmäßigkeit einer Staatsgewalt {50}; 2. Gesetzmäßigkeit (eines Besitzes) {82/43}	**legitimus,** a, um mlat. legitimitas frz. *légitimité*	s. oben Ehelichkeit Gesetzlichkeit (der Erbfolge)
2035	**Leguminose**	Hülsenfrüchtler {05}	**legumen,** minis n	Hülsenfrucht
>>>	Leit... s. unter dem Rest des Wortes			
2036	**Lektion**	1. Unterichtsstunde {31/59/78}; 2. Lernpensum, -abschnitt {31/57/78}; 3. Zurechtweisung, Verweis {32/33}; 4. liturgische Bibellesung {32/51}	**lectio,** onis f	das Lesen, Auswählen; Lektüre; Text

–	**Lektor**	1. Sprachlehrer an einer Hochschule {31/40}; 2. Mitarbeiter eines Verlages zur Begutachtung eingehender Manuskripte {32/40}; 3. Vorleser liturgischer Texte (kath. rel. t. t.); 4. jmd., der Lesegottesdienste abhält (ev. rel. t. t.) {51/32}	**lector**, oris m	Leser, Vorleser
–	**Lektorat** l>mlat	1. Lehrauftrag eines Lektors (1.) {31/40}; 2. Verlagsabteilung der Manuskriptprüfung {32/40}	dto.	dto.
–	**lektorieren** l>nlat	als Lektor (2.) ein Manuskript prüfen {32/40/25}	dto.	dto.
–	**Lektüre** l>mlat>frz	1. Lesestoff; 2. das Lesen {32}	**legere** mlat. lectura frz. *lecture*	s. oben 2029 das Lesen
2037	**Lemure**	1. Geist eines Verstorbenen, Gespenst (nach altröm. Glauben) {51}; 2. Halbaffe (mit Affenhänden und Fuchsgesicht) {06}	**lemures**, rum m (Pl.)	abgeschiedene Seelen, Nachtgeister, Gespenster
–	lemurisch			
–	**lemurenhaft** l>(nlat)	gespenstisch {51}	dto.	dto.
2038	**lentikular** o. **lentikulär**	1. linsenförmig (med. t. t.) {70}; 2. zur Augenlinse gehörend (med. t. t.) {70/11}	**lenticularis**, e	linsenartig, -förmig
–	**Lentikulariswolke** l;d	linsenförmige Wolke bei Fön in den Alpen (meteor. t. t.) {65}	dto.	dto.
2039	**lento** l>it	langsam (mus. t. t.) {37/59}	**lentus**, a, um	zäh; lange anhaltend; langsam
–	lentamente, lentement			
2040	**Leoniden** (gr)>l>nlat	regelmäßiger Sternschnuppenschwarm im November {66/01}	**leo**, onis m gr. *λέων*	Löwe
2041	**Leopard** (gr;gr)>l	afrikanische und asiatische gefleckte Raubkatze {06}	**leopardus**, di m gr. *λέων* + *παρδάλις* = *λεοπάρδαλος*	Leopard
2042	**letal**	tödlich (z. B. von Giften) (med. t. t.) {70}	**letalis**, e	tödlich
–	**Letalfaktor** l;l	Erbanlage, die Ursache einer todbringenden Mißbildung ist (med., biol. t. t.) {69/70}	dto. + **factor**, oris m	dto. Urheber, Schöpfer

–	**Letalität** l>nlat	Sterblichkeit, Verhältnis der Todesfälle zur Zahl der Erkrankten (med. t. t.) {70/57}	dto.	dto.
2043	**Letter** l>frz	Druckbuchstabe {32}	**littera**, ae f frz. *lettre*	Buchstabe, Handschrift; (im Pl.) Urkunde
2044	**Leu** (gr)>l >rumän	1. rumänische Währungseinheit {56/42}; 2. Löwe (veraltet) {06}	**leo**, onis m gr. *λέων*	Löwe
2045	**Leutnant** (l;l)>mlat >frz	Offizier der untersten Rangstufe {33/86}	**locus**, ci m + **tenere** mlat. locum tenens frz. aus: *lieu* + *tenir* *lieutenant*	Ort, Platz, Stelle (inne)haben, halten Statthalter, Stellvertreter
2046	**Levante** l>it	Mittelmeerländer östlich von Italien (veraltet) {64}	**levare** it. *levare* *levante*	erleichtern, aufrichten, erheben in die Höhe -, erheben Aufgang (= Orient)
–	**Levantiner** l>it	in der Levante geborener Nachfahre eines Europäers und einer Orientalin {10}	dto.	dto.
–	**levantinisch** l>it	die Levante, Levantiner betreffend {64}	dto.	dto.
2047	**Level** l>frz>engl	erreichtes Niveau, Leistungsstand, Rang, Stufe {56/25}	**libra**, ae f dimin.: **libella**, ae f afrz. *livel*, *liveau*	die Waage, das Gewogene Pfennig; Blei-, Wasserwaage
–	**Leveller** l>frz>engl	„Gleichmacher": Angehöriger einer radikal-demokratischen Gruppe Mitte des 17. Jh. in England {25/33/50/75}	dto.	dto.
2048	**Lew** (gr)>l >bulgar	bulgarische Währungseinheit {56/42}	**leo**	s. oben 2040, 2044
2049	**Lex**	Gesetz, Gesetzesantrag {82}	**lex**, egis f	Regel, Vorschrift; Gesetzesvorschlag
2050a	**Liaison** l>frz	1. (nicht standesgemäßes) Liebesverhältnis, Liebschaft {18/33}; 2. Ausspracheregel im Französischen {32/76}; 3. Mischung aus Ei, Rahm, Mehl, Fleischbrühe u. a. zur Soßenherstellung {17}	**ligatio**, onis f frz. *liaison*	das Binden; Verbindung vgl. unten 2060

2050b	**Liane** l>frz	Schling-, Kletterpflanze {04}	**ligamen**, minis n afrz. *li(i)en* o. *loi(i)en* frz. *lien*	Band, Verband, Binde Band, Strick, Fessel
2051	**Libelle**	1. vierflügeliges Raubinsekt, Wasserjungfer {08}; 2. Haarspange bestimmter Art {21}	**libella**, ae f	Blei-, Wasserwaage
2052	**liberal** l>frz	1. freiheitlich, wenig Einschränkungen auferlegend {25/33}; 2. die Weltanschauung des Liberalismus (1.), eine ihn vertretende Partei betreffend {50/25/33}; 3. nach allen Seiten offen {25}	**liberalis**, e	die Freiheit betreffend; anständig; freigebig
-	**Liberale** l>frz	Anhänger einer liberalen (4.) Partei, -des Liberalismus (1.) {50/25/33}	dto.	dto.
-	**liberalisieren** l>nlat	1. von Einschränkungen freimachen; freiheitlich gestalten {25/33}; 2. Einfuhrverbote im Außenhandel beseitigen (wirtsch. t. t.) {42/50/80}	dto.	dto.
-	**Liberalismus** l>nlat	1. im 19. Jh. begründete politische Denkrichtung, die Freiheit, Autonomie, Verantwortung und freie Entfaltung der Persönlichkeit vertritt {25/50/75}; 2. liberales (1.) Wesen, liberaler Zustand {25/33/84}	dto.	dto.
-	Liberalist			
-	**liberalistisch** l>nlat	1. den Liberalismus betreffend; freiheitlich {25/33/50}; 2. extrem liberal {25/33}	dto.	dto.
-	**Liberalität**	1. Großzügigkeit; 2. Vorurteilslosigkeit; 3. freiheitliche Gesinnung, liberales (1.) Wesen {25/33/84}	**liberalitas**, atis f	freisinnige Denkweise, Gutmütigkeit, Freigebigkeit
-	**Liberation**	Befreiung; Entlastung (veraltet) {33}	**liberatio**, onis f	Schulderlaß; Freispruch; Befreiung
-	**Libero** l>it	Abwehrspieler im Fußball ohne direkten Gegenspieler {85}	**liber**, era, erum	frei, ungebunden, ungehindert
-	**Libertät**	1. ständische Freiheit (hist. t. t.) {33/75}; 2. Freiheit, (eingeschränkte) Bewegungs- und Handlungsfreiheit {25/33/28}	**libertas**, atis f	Freiheit, Unabhängigkeit, Autonomie
-	**Liberte** l>frz	Freiheit (eines der Schlagworte der Franz. Revolution) {75}	dto.	dto.
-	**libertin** l>frz	ausschweifend, locker; zügellos, leichtfertig {18/26/30/33/84}	**libertinus**, a, um	freigelassen

–	**Libertin(er)** l>frz	1. Freigeist (veraltet) {25/26/33}; 2. ausschweifend lebender Mensch, Wüstling {18/26/30/33/84}	dto.	dto.
2053	**Libido**	1. Begierde, (Geschlechts)-trieb (med., psych. t. t.) {18/70}; 2. psychische Energie (psych. t. t.) {70}	**libido**, dinis f	Trieb, Begierde; Geil-, Lüsternheit
–	**libidinisieren** l>nlat	sexuelle Wünsche erregen, erotisieren, mit sexueller Energie aufladen (med., psych. t. t.) {18/70}	**libidinari**	lustentbrannt-, geil-, brünstig sein
–	**Libidinist** l>nlat	sexuell triebhafter Mensch (med., psych. t. t.) {18/70}	dto.	dto.
–	**libidinös**	auf die Libido bezogen, die sexuelle Lust betreffend (med., psych. t. t.) {18/70}	**libidinosus**, a, um	lüstern, wollüstig ausschweifend
2054	**Libretto** l>it	Textbuch von Opern, Operetten, Singspielen, Oratorien (mus. t. t.) {34/37}	**liber**, bri m it. *libro* dimin. *libretto*	Buch, Katalog, Schrift; Bast Büchlein
–	**librettisieren** l>it	in die Form eines Libretto bringen (mus. t. t.) {34/37}	dto.	dto.
–	**Librettist** l>it	Verfasser eines Librettos (mus. t. t.) {34/37/40}	dto.	dto.
2055	**licet**	es ist erlaubt {25/33}	**licet**	es ist erlaubt; man darf; es steht frei
2056a	**Lido** l>it	Strand vor abgeschnürten Meeresteilen {64/45/02}	**litus**, toris n	Ufer, Strand, Gestade
2056b	**liebkosen** d;l>ahd	zärtlich sein, liebevoll streicheln {18/29/33}	**causa**, ae f ahd. *kosa* *koson*	Rechtssache, Klage, Prozeß Rechtssache verhandeln; erzählen, plaudern
–	Liebkosung			
2056c	**Liebstöckel** l>mlat >ahd	Gewürz- und Arzneipflanze {04}	**ligusticum**, ci n mlat. levisticum, livisticum o. lubisticum ahd. *lubistecko*	aus Ligurien stammende Pflanze
2057	**liefern** l>mlat>frz	Ware abgeben, ausgeben, hinbringen; senden (wirtsch. t. t.) {42/80/45}	**liberare** mlat. liberare frz. *livrer*	losmachen, befreien, freisprechen freilassen, ausliefern, frei machen mit etw. ausstatten, liefern
–	Lieferung			

–	Lieferant			
–	zahlreiche Zusammensetzungen: ab-, be-, über-, ausliefern; geliefert			
2058	**Liga** l>span	1. Bund, Bündnis (z. B. kath. Fürsten im 17. Jh.) {75/33}; 2. Wettkampfklasse {33/85}	**ligare** span. *ligar* *liga*	zusammen-, ver-, an-, festbinden; vereinigen (ver)binden, vereinigen Bündnis
–	**Ligatur** l>spätl	1. Buchstabenverbindung auf einer Drucktype (z. B. æ oder œ) {32}; 2. Zusammenbinden von Noten über einen Takt hinweg (mus. t. t.) {37}; 3. Unterbindung von Blutgefäßen mittels Naht (med. t. t.) {70}	dto. spätl. **ligatura**, ae f	dto. Band, Verband, Bündel
–	**Ligist** l>span >nlat	Angehöriger einer Wettkampf-, Spielklasse {33/85}	dto.	dto.
–	ligistisch			
2059	**Liguster**	Zierheckengewächs, Rainweide {04}	**ligustrum**, ri n	Liguster, Rainweide
2060	**liieren** l>frz	1. eine Liaison, ein Liebesverhältnis beginnen {18/33}; 2. eine Geschäftsverbindung eingehen, geschäftlich zusammenarbeiten {41/42/33}	**ligare** frz. *lier*	s. oben 2058, 2031
–	**Liierte** l>frz	Vertraute(r) (veraltet) {33}	dto.	dto.
–	Liierung			
2061	**Likör** l>frz	süßes alkoholisches Getränk mit aromatischen Geschmacksträgern {17}	**liquor**, oris m frz. *liqueur*	Flüssigkeit
2062	**Liktor**	Amtsdiener hoher Beamter im alten Rom (hist. t. t.) {40/50/75}	**lictor**, oris m	Liktor, Amtsdiener
2063	**Lilie** (gr)>l	stark duftende Gartenpflanze {04}	**lilium**, ii n gr. *λείριον*	Lilie
2064	**Limbus**	1. Vorhölle für vorchristliche Gerechte {51/58}; 2. Saum teilweise verwachsener Kelchblätter (bot. t. t.) {68}; 3. Gradkreis, Teilkreis an Winkelmeßinstrumenten (techn. t. t.) {45/71/72}	**limbus**, bi m	Streifen; Besatz, Bordüre; Gürtel
2065	**Limes**	1. von den Römern angelegter Grenzwall (an Rhein und Donau) {75/88}; 2. math. Grenzwert (math. t. t.) {71}	**limes**, mitis m	Grenzlinie; Querweg; Unterschied; Grenzwall

–	**Limit** l>frz>engl	1. Grenze, die z. B. zeitlich, preislich nicht überschritten werden darf {42/56/57/58/59}; 2. Preisgrenze, äußerster Preis (wirtsch. t. t.) {42/80}	dto. frz. *limite*	dto.
–	**Limitation**	Begrenzung, Einschränkung {56/58/59/53}	**limitatio**, onis f	Festsetzung, Bestimmung
–	**limitativ** l>nlat	begrenzend, einschränkend {56/58/59/53}	**limitare**	abgrenzen; festsetzen
–	**limited** l>frz>engl	(Abk. Ltd.) Handelsgesellschaft mit beschränkter Haftung der Teilhaber (GmbH) (wirtsch. t. t.) {42/80}	dto.	dto.
–	**limitieren**	begrenzen, einschränken {56/25}	dto.	dto.
2066	**limös** l>nlat	schlammig, sumpfig (biol. t. t.) {68/64}	**limosus**, a, um	voller Schlamm, schlammig
2067	**Lineal** l>mlat	mit einer Längenskala versehenes Gerät zum Ziehen von Geraden {56/44/40}	**linea**, ae f bzw. **linealis**, e	Leine, Strich, Linie; Richtschnur in Linien bestehend, mit Linien gemacht
–	**Lineament**	1. Handlinie, Gesichtszug (med. t. t.) {14/70}; 2. Gesamtheit von gezeichneten Linien in der Kunst {36}; 3. Erdnaht, Bewegungsfläche der Erdkruste (geol. t. t.) {62}	**lineamentum**, ti n	Federstrich, Skizze, Umriß
–	**linear**	1. geradlinig; linienförmig {55/58}; 2. für alle in gleicher Weise erfolgend; gleichmäßig, gleichbleibend (wirtsch. t. t.) {56/59/80}; 3. die horizontale Satzweise befolgend (mus. t. t.) {37}	**linearis**, e	aus Linien bestehend, zu den Linien gehörig
–	**Linearität** l>nlat	1. kontrapunktischer Satzbau mit selbständiger Stimmenführung (mus. t. t.) {37}; 2. Eigenschaft, lineare Redeketten zu bilden (sprachwiss. t. t.) {76}; 3. Geradlinigkeit (z. B. Verlauf einer Kurve - math. t. t.) {55/56/71}	dto. (Adv. lineariter)	dto.
–	**Lineatur** l>nlat	1. Linierung (z. B. im Schulheft); 2. Linienführung {55/58}	**lineatus**, a, um	gestreift
–	**Liner** l>engl	1. Überseedampfer, Linienschiff; 2. Linien-, Passagierflugzeug {45}	**linea**	s. oben
2068	**lingual** l>mlat	die Zunge betreffend, zur Zunge gehörend {11/70}	**lingua**, ae f	Zunge, Sprache, Rede
–	**Lingual(is)** l>mlat	Zungenlaut (sprachwiss. t. t.) {76}	dto.	dto.

–	**Linguist** l>nlat	jmd., der sich wissenschaftlich mit der Linguistik befaßt; Sprachwissenschaftler {40/76}	dto.	dto.
–	**Linguistik** l>nlat	moderne Sprachwissenschaft {76}	dto.	dto.
–	linguistisch			
2069	**Linie**	1. längerer Strich {53/58}; 2. Strecke (math. t. t.) {71}; 3. Markierungs-, Begrenzungslinie (sport. t. t.) {58/85}; 4. kleines Längenmaß (veraltet) {56}; 5. Umriß(form, -gestalt) {53}; 6. Äquator (seemannsspr. t. t.) {64/45}; 7. Reihe {58}; 8. Front, Kampfgebiet {58/86}; 9. Truppen des stehenden Heeres {86}; 10. regelmäßig befahrene, beflogene Verkehrsstrecke {45}; 11. Verwandtschaftszweig {10}; 12. allgemeine Richtung für ein Vorhaben, Verhalten {25/28}	**linea**	s. oben 2067
–	**Linienmaschine** l;(gr)>l	Flugzeug, das im fahrplanmäßigen Verkehr eingesetzt wird {45}	**linea** + **machina**, ae f gr. μηχανή	s. oben 2067 Maschine; (Bühnen)gerüst
–	**Linienregiment** l;l	aktives, aber nicht zur Garde gehörendes Regiment {86}	**linea** + **regimentum**, ti n	s. oben 2067 Leitung, Regierung, Oberbefehl
–	**liniieren**	mit Linien versehen, Linien ziehen {29/58}	**lineare**	nach der Richtschnur -, dem Lot einrichten
–	Liniierung, -linig			
>>>	links..., Links... s. unter dem Rest des Wortes			
2070	**Linoleum** (l;l)>engl	Fußbodenbelag {44}	**linum**, ni n + **oleum**, ei n	Lein, Flachs Öl
–	**Linolsäure** l>nlat;d	Leinölsäure {17/73}	dto.	dto.
–	**Linolschnitt** l>nlat;d	im Hochdruckverfahren mit Linolplatten hergestelltes Druckbild {36/40}	dto.	dto
2071	**Linse**	1. Hülsenfrucht {05}; 2. geschliffenes Glas für optische Geräte {40/72/87}	**lens**, ntis f	Linse(nfrucht)
–	**linsen** l>(nlat)	schauen, blinzeln {23}	dto.	dto.

2072	**liquid(e)**	1. flüssig (chem. t. t.) {73/54}; 2. verfügbar (wirtsch. t. t.); 3. zahlungsfähig (wirtsch. t. t.) {42/43/80}; 4. die Eigenschaften eines Fließlautes aufweisend (sprachwiss. t. t.) {76}	**liquidus**, a, um	flüssig, fließend; hell; klar
–	**Liquida**	Fließlaut (sprachwiss. t. t.) {76}	**liquidus**, a, um	flüssig (von Konsonanten)
–	**Liquidation** l>mlat >roman/ frz	1. Abwicklung der Rechtsgeschäfte einer aufgelösten Handelsgesellschaft {42/82}; 2. Abwicklung von Börsengeschäften {80}; 3. Kostenrechnung freier Berufe {42/40}; 4. Beilegung eines Konfliktes (selten) {33/86}; 5. Beseitigung, Liquidierung; 6. Tötung, Ermordung {52/82}	dto. frz. *liquidation*	dto.
–	**Liquidator** l>nlat	1. jmd., der eine Liquidation (1.) durchführt {40/42/82}; 2. jmd., der einen anderen umbringt {33/82}	dto.	dto.
–	**liquidieren** l>mlat>it	1. eine Gesellschaft, ein Geschäft auflösen {82/42/80}; 2. eine Forderung in Rechnung stellen (wirtsch. t.); 3. Sachwerte in Geld umwandeln, flüssig machen (wirtsch. t. t.) {42/80}; 4. einen Konflikt beilegen {33/86}; 5. beseitigen, abschaffen {52};	dto. it. *liquidare*	dto. ins Reine bringen, klarlegen
	(l>mlat>it >russ)	6. hinrichten lassen, beseitigen, umbringen {52/82}		
–	**Liquidität** l>roman	(wirtsch. t. t.) 1. Verfügungsmacht über Bedarfsgüter; 2. Möglichkeit der Umwandlung von Sachgütern in Geld; 3. Zahlungsfähigkeit {42/43/80}	**liquiditas**, atis f	Flüssigkeit
2073	**Lire** o. **Lira** l>it	italienische Währungseinheit {56/42}	**libra**, ae f	Waage; das Gewogene; römisches Pfund
2074	**Liste** (germ) >mlat>it	Verzeichnis {32}	mlat. **lista** it. *lista*	Leiste; Papierstreifen, Verzeichnis
2075	**literarisch**	1. die Literatur (1.) betreffend, schriftstellerisch {34}; 2. vordergründig symbolisierend {34/32}	**litterarius**, a, um	zum Lesen und Schreiben gehörig, schriftlich
–	**literarisieren** l>nlat	etwas in literarischer (2.) Weise gestalten {34/40}	dto.	dto.

–	**Literat** l>nlat	Schriftsteller {40/34}	**litteratus,** a, um	schriftkundig, gelehrt, wissenschaftlich gebildet
–	**Literatur**	1. schöngeistiges Schrifttum {34}; 2. Gesamtbestand aller Schriftwerke eines Volkes {34/57}; 3. Fachschrifttum; Schriftennachweise {34/32}	**litteratura,** ae f	Alphabet; Buchstabenschrift; Sprachwissenschaft, -kunst
2076	**litoral**	die Küsten-, Uferzone betreffend (geogr. t. t.) {64}	**litoralis,** e	zum Ufer-, zum Strand gehörig
–	**Litoral**	Küsten-, Ufer-, Strandzone (geogr. t. t.) {64}	dto.	dto.
2077	**Litze** l>roman	Besatzschnur, biegsame Leitung aus dünnen Drähten, Packschnur {40/41/44}	**licium,** ii n	Gewebefaden, umschlungener Kettfaden, Band
2078	**Livre** l>frz	(hist. t. t.) 1. frz. Gewichtsmaß {56/75}; 2. frz. Währungseinheit bis zum Ende des 18. Jh.s {56/42/75}	**libra**	s. oben 2073
2079	**Livree** l>mlat>frz	uniformartige Dienerkleidung {19/33}	**liberare** frz. *livrer* *livrée*	s. oben 2057 liefern, mit etwas ausstatten („Geliefertes") vom Herren gestellte Kleidungsstücke für die Dienerschaft
–	**livriert** l>mlat>frz	Livree tragend {19}	dto.	dto.
2080	**Lizenz**	(behördliche) Erlaubnis, Genehmigung (zur Herstellung oder Herausgabe von etwas) {28/40/49/50}	**licentia,** ae f	Freiheit, Erlaubnis, Lizenz; Willkür
–	**lizenzieren** o. **lizensieren** l>nlat	Lizenz erteilen {28/49/50}	dto.	dto.
2081	**Llano** l>span	baumarme (halbwüste) Ebene in Lateinamerika (und New Mexico) {64/68}	**planus,** a, um bzw. **planum,** ni n	eben, platt, flach Ebene, Fläche
2082	**Lobby** (germ) >mlat>engl	1. Wandelhalle im Parlamentsgebäude {50/58}; 2. Vestibül, Hotelhalle {44/45/58}; 3. Interessengruppe, die in der Lobby (1.) versucht, Abgeordnete zu beeinflussen {50/28/33}	mlat. **lobia** aus: ahd. *louba* mhd. *loube*	Laube, Galerie Schutzdach, Hütte; Halle, Vorbau, Gang, Galerie, Speicher
–	**Lobbying** (germ) >mlat>engl	Abgeordnetenbeeinflussung durch Interessengruppen {50/28/33}	dto.	dto.
–	Lobbyismus, Lobbyist			

–	**Loge** (germ) >mlat >afrz/engl	1. abgeteilter Raum im Theater {58/35}; 2. Pförtnerraum {58/40}; 3. (Versammlungsort einer) Geheimgesellschaft, Vereinigung von Freimaurern {58/33}	dto. ahd. *louba* fränk. *laubja** 1., 2.: afrz. *loge* 3., 4.: engl. *lodge*	abgeschlossener Raum, Unterkunft
–	**Loggia** (germ) >mlat>frz >it	halboffene Bogenhalle; nach einer Seite offener, überdeckter Raum des Hauses {58/88}	dto. it. *loggia*	dto.
–	**logieren** (germ) >(mlat)>frz	1. (vorübergehend) wohnen; 2. beherbergen, unterbringen (veraltet) {44}	dto. frz. *loger*	dto.
–	**Logis** (germ) >(mlat)>frz	1. Wohnung, Bleibe, Unterkunft {44}; 2. Mannschaftsraum auf Schiffen (seemannsspr. t. t.) {44/45}	dto. frz. *loger* *logis*	dto. Bleibe, Unterkunft
>>>	Lok s. Lokomotive			
2083	**lokal, Lokal...** l>frz	1. örtlich, Orts...; 2. örtlich beschränkt {25/58}	**localis**, e frz. *local* (Adj.)	örtlich
–	**Lokal** l>frz	1. Gaststätte, Restaurant {33/17}; 2. Raum für Versammlungen, Zusammenkünfte {58}	dto. frz. *local* (Subst.)	dto. Örtlichkeit, Raum zu bestimmten Zwecken
–	**Lokalisation** l>frz	1. örtliche Beschränkung; 2. Ortsbestimmung {25/58}; 3. Zuordnung psychischer Funktionen zu Gehirnteilen (psych., med. t. t.); 4. Feststellung eines Krankheitsherdes; Verhinderung seiner Ausbreitung (med. t. t.) {70}	dto.	dto.
–	**lokalisieren** l>frz	1. örtlich beschränken, begrenzen; 2. örtlich bestimmen, festlegen {25/28/58}; 3. einen Krankheitsherd feststellen; seine Ausbreitung verhindern (med. t. t.) {70}	dto. frz. *localiser*	dto.
–	**Lokalität** l(>frz)	Örtlichkeit, Raum {58}	**localitas**, atis f frz. *localité*	Örtlichkeit
–	**Lokalkolorit** l>frz; l>it	besondere Atmosphäre einer Stadt oder Landschaft {26/58}	**localis** + **colorare**	s. oben s. oben 1730
–	**Lokaltermin** l>frz;l	Gerichtstermin am Tatort {58/59/82}	**localis** + **terminus**, ni m	s. oben Grenze, Grenzlinie, -stein

>>> Lokal... s. auch unter dem Rest des Wortes

–	**Lokation**	1. Platz-, Rangbestimmung (veraltet) {25/33/56}; 2. moderne Wohnsiedlung {44}; 3. Bohrstelle bei der Erdölförderung {41/62}; 4. Bauernansiedlung im Rahmen der mittelalterl. Ostsiedlung {39/75}	**locatio**, onis f	Stellung, Anordnung; Vermietung, Verpachtung
–	**Lokativ** l>nlat	Ortskasus, -fall (sprachwiss. t. t.) {76}	**locare**	stellen, setzen, legen
–	**Lokator**	1. ein im landesherrlichen Auftrag Kolonisationsland verteilender Ritter im Mittelalter {33/39/75}; 2. Vermieter, Verpächter (veraltet) {43/44}	**locator**, oris m	Vermieter, Verpächter
–	**Lokomotion**	der menschliche Gang, Fortbewegung (med. t. t.) {12/70}	**locus**, ci m + **motio**, onis f	Ort, Platz, Stelle Bewegung; Erregung, Eindruck
–	**Lokomotive** l>engl	schienengebundene Eisenbahnzugmaschine {45}	**locus** + **motivus**, a, um	s. oben zur Bewegung geeignet, beweglich
–	Lokomotivführer			
–	**lokomotorisch** l>nlat	die Fortbewegung, den Gang betreffend (med. t. t.) {12/70}	**locus** + **motorius**, a, um	s. oben voll Bewegung, lebhaft
–	**Lokus**	1. Ort, Platz, Stelle (veraltet) {58}; 2. Abort (ugs.) {44/58/21}	**locus** **locus necessitatis**	s. oben Ort der Notdurft
2084a	**Lokution**	1. Redewendung, Redensart; 2. Redestil, Ausdrucksweise {32}	**locutio**, onis f	Rede; Redensart; Sprache
2084b	**Lolch**	Grasart {04}	**lolium**, ii n	Schwindelhafer, Trespe
2085	**Longe** l>frz	1. sehr lange Laufleine für Pferde {38/61/85}; 2. Sicherheitsgurt mit Fangleine beim Turntraining {40/85/87}	**longus**, a, um frz. *longe*	lang; weit, entlegen Leitseil
–	**longieren** l>frz	ein Pferd an der Leine laufen lassen {38/61/85}	**longare**	lang machen, entfernt halten
–	**longitudinal** l>nlat	1. in der Längsrichtung verlaufend, längsgerichtet, längs... {58}; 2. die geographische Länge betreffend {64}	**longitudo**, dinis f	Länge, lange Dauer
–	**longline** l>engl>am	an der Seitenlinie entlang gespielt (z. B. beim Tennis) {58/85}	**longus** + **linea**	s. oben s. oben 2067
2086	**Loquazität**	Geschwätzigkeit (med. t. t.) {32/70/84}	**loquacitas**, atis f	Redselig-, Geschwätzigkeit

2087	**Lorbeer** l>ahd	Pflanzenart, dessen Blätter als Gewürze oder (im Kranz) zur Auszeichnung für besondere Verdienste dienen {04/17/33}	**laurus**, ri f ahd. *lorberi* (*lorboum*)	Lorbeer, Lorbeerbaum
2088	**Lotion** l>frz >(engl)	flüssiges Kosmetikum zur Reinigung und Pflege der Haut {21}	**lotio**, onis f	das Waschen, Baden, Schwemmen
2089	**Löwe** (gr)>l	Raubkatze {06}	**leo**, onis m gr. *λέων*	Löwe
2090	**loyal** l>frz	1. zur Regierung, zum Vorgesetzten stehend; gesetzestreu {25/33/40/50/82}; 2. die Interessen anderer achtend, vertragstreu, anständig, redlich {25/33/82/84}	**legalis**, e frz. *loyal*	s. oben 2026
–	**Loyalist** l>frz	1. amerikanischer Kolonist, der während des Unabhängigkeitskrieges zu England hielt {75/50}; 2. Anhänger der Politik der Loslösung von England in Ulster (Nordirland) {50}	dto.	dto.
–	**Loyalität** l>frz	1. Treue gegenüber Regierung, Vorgesetzten, Gesetzen {25/50}; 2. Vertragstreue; Achtung vor den Interessen anderer; Anständig-, Redlichkeit {25/82}	dto. frz. *loyauté*	dto.
2091	**lozieren**	1. an einen Ort setzen, stellen, einordnen (veraltet) {58}; 2. verpachten (veraltet) {42/43}	**locare**	irgendwohin stellen, setzen, unterbringen; verpachten
2092	**Ludus**	1. öffentliches Fest- und Schauspiel im antiken Rom (hist. t. t.) {75/33}; 2. mittelalterl. geistliches Drama {35/51/74/75}; 3. Bezeichnung für Elementarschule {31}	**ludus**, di m	öffentliche Spiele; Zeitvertreib; Elementarschule
2093	**Lügendetektor** d;l>engl	Registriergerät zur Feststellung unterdrückter affektiver Regungen {82/72/70}	**detector**, oris m	Offenbarer
2094	**lukrativ** l>frz	gewinnbringend, einträglich {42}	**lucrativus**, a, um frz. *lucratif*	gewonnen; mit Gewinn und Vorteil verknüpft
2095	**Lukubration**	wissenschaftliches Arbeiten bei Nacht (veraltet) {25/40/59}	**lucubratio**, onis f	das Arbeiten, Studieren bei Licht, in der Nacht
–	**lukulent**	lichtvoll, klar (veraltet) {54/55/25}	**luculentus**, a, um	recht hell, ansehnlich, tüchtig

2096	**lukullisch**	üppig, schwelgerisch, opulent (von Gerichten) {17/57}	**Lucullus**	römischer Feldherr, der ein verschwenderisches, üppiges Leben führte
–	**Lukullus**	Schlemmer {17/33}	dto.	dto.
2097	**Lumen**	1. kluger Mensch, Könner, hervorragender Kopf (veraltet, scherzhaft) {22/25}; 2. (innerer Durchmesser eines -,) röhrenförmiges (-n) Hohlorgan(s) (med., biol. t. t.) {53/58/69/70}; 3. Maßeinheit für den Lichtstrom (phys. t. t.) {72}	**lumen**, minis n	Licht; Augenlicht; Einsicht, Klarheit
–	**Luminanzsignal** l;l>frz	das beim Farbfernsehen zur Übertragung der Helligkeitswerte ausgestrahlte Signal {46/87}	**luminare** + **signalis**, e	erleuchten, erhellen bestimmt, ein Zeichen zu geben
–	**Lumineszenz** l>nlat	Leuchten eines Stoffes ohne gleichzeitige Temperaturerhöhung (phys. t. t.) {54/72}	**luminare** (+ **-escere**)	s. oben Suffix, das ein Wachsen ausdrückt
–	**lumineszieren** l>nlat	ohne Temperaturerhöhung leuchten (phys. t. t.) {54/72}	dto.	dto.
–	**luminös** l>frz	lichtvoll, leuchtend, vortrefflich {25/33/56}	**luminosus**, a, um	lichtvoll, hell, hervorstechend

>>> Lumpenproletariat s. Proletariat

2098	**Luna**	Mond (dichterisch) {01/34/66}	**luna**, ae f	Mond; Monat; Nacht
–	**lunar(isch)**	den Mond betreffend, von ihm ausgehend (astron. t. t.) {66}	**lunaris**, e	zum Mond gehörig; mondähnlich
2099	**Luperkalien**	altrömisches Reinigungs- und Fruchtbarkeitsfest (hist. t. t.) {75/33}	**Lupercalia**, iorum n (Pl)	Fest des lycäischen Pan
2100	**Lupine**	Schmetterlingsblütler; Futter-, Zier- und Gründüngungspflanze {05/39}	**lupinus**, ni m o. **lupinum**, ni n	Lupine, Wolfsbohne
2101	**Lüster** l>it>frz	1. Kronleuchter {44}; 2. Glanzüberzug auf Glas-, Ton-, Porzellanwaren {44/40}; 3. Appreturmittel in der Lederverarbeitung {40/73}; 4. glänzendes Halbwollgewebe {19}	**lustrare** it. *lustrare* *lustro* frz. *lustre*	hell machen, beleuchten; reinigen beleuchten Glanz
–	**Lustration**	1. kultische Reinigung (rel. t. t.) {51}; 2. Durchsicht, Musterung, Prüfung (veraltet) {25/40}	**lustratio**, onis f	Reinigung, Sühne; Durchwanderung
–	lustrieren			

–	**Lustrum**	1. altrömisches Reinigungs- und Sühneopfer (hist. t. t.) {75/51}; 2. Zeitraum von fünf Jahren {59}	**lustrum**, ri n	Reinigungsopfer; Jahrfünft; Steuer-, Finanzperiode
2102	**Lux**	Einheit der Beleuchtungsstärke (phys. t. t.) {72}	**lux**, ucis f	(Sonnen-, Tages)-licht; Leben; Hilfe
2103	**Luxation**	Verrenkung, Ausrenkung eines Gelenks (med. t. t.) {12/14/70}	**luxatio**, onis f	Verrenkung
–	luxieren			
2104	**Luxus**	übertriebener Aufwand, Verschwendung, Prunk {43/33}	**luxus**, us m	üppige Fruchtbarkeit, übermäßige Verschwendung, Pracht
–	**luxuriös**	komfortabel ausgestattet; üppig, verschwenderisch; prunkvoll {43/33}	**luxuriosus**, a, um	üppig, ausschweifend, schwelgerisch, geil
2105	**Luzerne** l>vulgl >prov>frz	Schmetterlingsblütler, Futterpflanze {05/39}	**lucerna**, ae f vulgl. lucerna* prov. *luzerno* frz. *luzerne*	Leuchte, Lampe Glühwürmchen; Luzerne
2106	**luzid**	1. hell; durchsichtig {55}; 2. klar, verständlich {25}	**lucidus**, a, um	lichtvoll, gell; glänzend; deutlich
2107	**Luzifer** l>kirchenl	Teufel, Satan {51}	**Lucifer**, ri m kirchenl. **Lucifer**	Venus, Morgenstern Teufel
–	luziferisch			
2108	**Lymphe** (gr)>l	(med. t. t.) 1. hellgelbe, eiweißhaltige Körperflüssigkeit in eigenem Gefäßsystem {11/70}; 2. Impfstoff gegen Pocken {70}	**lympha** o. **limpha**, ae f gr. *νύμφη*	klares Wasser, Flüssigkeit

M

2109	**Maar** l>vulgl	(mit Wasser gefüllte) kraterförmige Vertiefung (geogr. t. t.) {02/64}	**mare**, ris n vulgl. mara	Meer stehendes Gewässer, See
2110	**Machination**	1. listiger Anschlag, Kniff {25/28}; 2. Ränke, Machenschaften, Winkelzüge {25/28/33}	**machinatio**, onis f	Mechanismus; List, Kunstgriff; Maschine
–	machinieren			
2111	**Macho** l>span >südam	1. jmd. mit Männlichkeitswahn; Mann, der sich Frauen gegenüber überlegen fühlt {18/33}; 2. harter Bursche, Kraftprotz {25/26/33}	**masculus**, a, um span. *macho* *machismo*	männlich; kräftig, tüchtig übersteigertes Männlichkeitsgefühl
–	**macho** l>span >südam	übertrieben männlich {18/25/26/33}	dto.	dto.
2112	**Madam** l>frz	1. Hausherrin, die Gnädige; 2. Ehefrau (landsch., scherzhaft) {31/33}; 3. dickliche, behäbige Frau (scherzh.) {33}	**meus**, a, um + **domina**, ae f **mea domina** frz. *madame*	mein(e) Herrin meine (Haus)herrin
–	**Madame** l>frz	französische Anrede für „gnädige Frau" {32/33}	dto.	dto.
–	**Mademoiselle** l>gallorom >frz	französische Anrede für „Fräulein" {32/33}	dto. vulgl. dominicella* afrz. *ma demoiselle*	dto. meine junge Dame
–	**Madonna** l>it	1. (Darstellung der) Gottesmutter (mit dem Kinde) {51/36}; 2. schöne Geliebte (veraltet) {18}	**mea domina** it. *madonna*	s. oben
2113	**Maestro** l>it	1. großer Musiker o. Komponist {40/37}; 2. Musiklehrer {40/37/31}	**magister**, tri m	Meister; Lehrer; Lehrmeister

–	**Magister**	1. akademischer Grad in einigen Hochschulfächern, gleichwertig mit einem Diplom {31/40}; 2. akademischer Grad zur Unterrichtsbefähigung an Universitäten (hist. t. t.) {31/40/75}; 3. Lehrer (veraltet, scherzhaft) {31/40}	dto.	dto.
–	**Magistrale** l>nlat (l>russ)	1. Hauptverkehrslinie, -straße; 2. repräsentative Hauptstraße mit Geschäften und Gaststätten (DDR) {45}	**magistralis**, e	zum Lehrer gehörig, Lehrer...
–	**Magistrat**	1. hoher Beamter, öffentliches Amt im antiken Rom (hist. t. t.) {75/50}; 2. Stadtverwaltung {49}; 3. Mitglied der Regierung oder ausführenden Behörde (schweiz.) {49/50}	**magistratus**, us m	öffentliches Amt; Staatsbeamter, Obrigkeit
–	**Magistratur** l>nlat	behördliche Würde, obrigkeitliches Amt (veraltet) {33/49}	dto.	dto.
2114	**Magnat** l>mlat	1. Inhaber (branchenbeherrschender) wirtschaftlicher Macht {33/41/42/43}; 2. hoher Adliger (hist. t. t.) {75/33}	**magnates**, tium n (Pl.) mlat. magnas	die Großen, Häuptlinge
2115	**magnifik** l>frz	herrlich, prächtig, großartig (veraltet) {56/26}	**magnificus**, a, um	großartig, prächtig, prahlend
–	**Magnifizenz**	Anrede, Titel von Hochschulrektoren {31/32}	**magnificentia**, ae f	edler Charakter; Großartigkeit; Großsprecherei
2116	**Magnum**	Wein- oder Sektflasche mit doppeltem Fassungsvermögen (1,5 Liter) {17/56/57/58}	**magnus**, a, um	groß, bedeutend, zahlreich
2117	**Mai**	5. Monat im Jahr, Wonnemonat {59}	**Maius** (sc. mensis)	Maimonat
2118	**Maire** l>frz	Bürgermeister in Frankreich {49}	**maior**, ius (Komp.)	größer, älter; bedeutender; höherstehender
–	**Mairie** l>frz	Bürgermeisterei in Frankreich {49}	dto.	dto.
2119	**Majestät**	1. Herrlichkeit, Erhabenheit {25/33}; 2. Titel und Anrede von Kaisern und Königen {32/33}	**maiestas**, atis f	Hoheit, Erhabenheit, Würde
–	**majestätisch** l>(nlat)	herrlich, erhaben, hoheitsvoll {26/33/56}	dto.	dto.
2120	**Major** (l>span)	1. der weitere Begriff im Syllogismus (log. t. t.) {71}; 2. Offiziersrang über dem Hauptmann {86}	**maior** span. *mayor*	s. oben 2118

2121	**Majoran** (gr)>l>mlat	Gewürz- und Heilpflanze (bzw. die Blätter dieser Pflanze) {04/17}	**amaracum**, ci n gr. *ἀμάρακος* mlat. majorana	Majoran Majoran
2122	**majorisieren** l>nlat	übereinstimmen, durch Stimmenmehrheit zwingen {28/57/50}	**maior**	s. oben 2118
–	**Majorität** l>mlat>frz	(Stimmen)mehrheit {50/57}	dto. mlat. maioritas frz. *majorité*	dto.
–	**Majuskel**	Großbuchstabe (bes. in frühmittelalterlichen Handschriften) {32/58/75}	**maior**	s. oben 2118
2123	**Makel**	Schandfleck, Fehler {25/30/33}	**macula**, ae f	Lücke, Schandfleck, Makel
–	makellos			
–	**Makulatur** l>mlat	1. fehlerhafter Bogen, Fehldruck {40/32/56}; 2. Altpapier, Abfall der Papierindustrie {41/56}; 3. Unsinn; dummes, wertloses Zeug {25/56}	**maculare**	beflecken, fleckig machen, besudeln
>>>	Makro... s. ggf. unter dem Rest des Wortes			
2124a	**malade** (l;l)>l>frz	krank, unwohl, müde {14/70}	**malus**, a, um + **habitus**, us m **male habitus** frz. *malade*	schlecht, übel, böse s. oben 1233 in schlechter Verfassung
2124b	**Malaise** l>frz	1.. Übelkeit, Unbehagen {26/14}; 2. Unglück, Widrigkeit, Misere {26/33}	**malus**, a, um frz. *malaise*	schlecht, böse; ungünstig, schlimm Unbehagen
–	**Malaria** (l;gr>l)>l>it	Sumpf-, Wechselfieber (med. t. t.) {70}	**malus** + **aer** gr. *ἀήρ* **aer mala** it. *mala aria* *malaria*	s. oben s. oben 0090a schlechte Luft schlechte Luft, Sumpfluft
–	**maledeien** l>frz	verwünschen, fluchen (veraltet - häufiger vermaledeien) {32/27}	**maledicere** afrz. *maldire*	lästern, schmähen, schimpfen
–	**Malediktion**	Verleumdung, Schmähung (veraltet) {32}	**maledictio**, onis f	das Schmähen, Lästern, Schimpfen
–	**maledizieren**	verwünschen (veraltet) {32/27}	**maledicere**	s. oben

–	**Malefikus**	1. Missetäter, Übeltäter {25/33/82}; 2. unheilbringender Planet (astrol. t. t.) {66/51}	**maleficus**, a, um bzw. **maleficus**, ci m	übel handelnd, böse tuend, schädlich, gottlos Zauberer
–	**Malefiz**	1. Missetat, Verbrechen (veraltet) {25/82}; 2. Strafgericht (landsch.) {82}	**maleficium**, ii n	Übeltat, Frevel; Betrug, Zauberei
–	**Malheur** l>frz; l>vulgl>frz	1. Unglück, Unfall (veraltet); 2. Pech, kleines Unglück, peinliches Mißgeschick (ugs.) {26/33}	**malus** + **augurium**, ii n vulgl. agurium frz. *heur* frz. *malheur*	s. oben Omen; Vorzeichen; Wahrzeichen glücklicher Zufall
–	**maligne**	bösartig (z. B. Krebsgeschwür - med. t. t.) {70}	**malignus**, a, um	bösartig; mißgünstig; geizig
–	**Malignität**	Bösartigkeit (med. t. t.) {70}	**malignitas**, atis f	Bösartigkeit; Mißgunst; Kargheit
–	**maliziös** l>frz	arglistig, boshaft, hämisch {26/25/84}	**malitiosus**, a, um	schurkisch, arg-, hinterlistig, hämisch
–	**malträtieren** (l>frz;l>frz) >frz	mißhandeln, quälen {29/33}	**malus** + **tractare** frz. *mal* + *traiter* *maltraiter*	s. oben be-, verhandeln
–	**Malum**	Krankheit, Übel (med. t. t.) {70}	**malum**, li n	Krankheit; Fehler; Übel
–	**Malus**	1. nachträglicher Prämienzuschlag in der Kfz-Versicherung {45/42/57}; 2. Punktabzug zum Ausgleich unterschiedlicher Ausgangspositionen {56/85}	**malus**	s. oben
2125	**Malve** (gr)>l>it	krautige Heil- und Zierpflanze {04}	**malva**, ae f gr. *μαλάχη* it. *malva*	Malve
2126	**Mamillaria** l>nlat	Warzenkaktus {04}	**mamilla**, ae f	Brustwarze
–	**Mammalia** l>nlat	systematische Bezeichnung für alle Säugetiere (biol. t. t.) {69}	**mammalis**, e	zu den Brüsten gehörig
–	**Mammatuswolke** l;d	bei Gewittern auftretende Beutelwolke mit kleinen sackartigen Ausbuchtungen (meteor. t. t.) {65}	**mammatus**, a, um	mit Brüsten versehen
–	**Mammographie** l;gr	röntgendiagnostische Untersuchung der weiblichen Brust (med. t. t.) {70}	**mamma**, ae f + gr. *γράφειν*	Mutterbrust

2127	**Mamsell** l>gallorom >frz	1. Angestellte im Gaststättengewerbe {40}; 2. Fräulein, Hausgehilfin (scherzhaft, veraltet) {33/40}; 3. Hauswirtschafterin auf einem Gutshof {39/40}	**meus** bzw. **domina** **mea domina** mlat. mea dom(i)nicella frz. *mademoiselle*	 s. oben 2112 meine Herrin meine kleine Herrin (mein) Fräulein
2128	**Management** l>it>engl >am	Leitung eines Unternehmens, Betriebsführung {40/41/42/80}	**manus**, us f it. *mano* *maneggiare* engl. *(to) manage*	Hand; Handgemenge; Abteilung handhaben, bewerkstelligen handhaben, bewerkstelligen; leiten, führen
–	**managen** l>it>engl >am	1. leiten, zustande bringen, organisieren {25/33}; 2. einen Berufssportler, Künstler o. ä. betreuen {33/40/85}; 3. jmdm. eine höhere Position verschaffen {25/33}	dto.	dto.
–	**Manager** l>it>engl >am	1. Leiter (eines Großunternehmens) {40/41}; 2. Betreuer (eines Berufssportlers o. ä.) {33/40/85}	dto.	dto.
2129	**Mandant**	Klient eines Rechtsanwalts {33/82}	**mandare**	übergeben, anvertrauen, Auftrag erteilen
–	Mandantschaft			
–	**Mandat**	1. Auftrag, (Vertretungs)vollmacht (jur. t. t.) {82}; 2. Amt eines (gewählten) Abgeordneten (polit. t. t.); 3. in Treuhand von einem Staat verwaltetes Gebiet (polit. t. t.) {50/81}	**mandatum**, ti n	Auftrag, Befehl, Weisung
–	**Mandatar** l>mlat	1. jmd., der im Auftrag eines anderen handelt (z. B. Anwalt) {29/33/40/82}; 2. Abgeordneter (österr.) {50}	**mandare**	s. oben
>>>	Mandatsgebiet s. oben Mandat (3.)			

2130	**Mandel** (gr)>l >spätl/ vulgl	1. Nußfrucht des Mandelbaumes {05/17}; 2. Organ im Nasen-Rachenraum {11/70}	1., 2.: **amygdala**, ae f gr. *ἀμυγδάλη* spätl. amandula vulgl. amiddula	Mandel; Mandelkern, -baum
	(l>mlat)	3. Gruppe von 15 aufgestellten Getreidegarben {39/57}; 4. Anzahl von 15 oder 16 Stück (noch landsch.) {57}	3., 4.: **manus**, us m mlat. mandala	Hand; Schar Bündel, Garbe; Handvoll
2131	**Mandibel**	Oberkiefer der Gliederfüßler (biol. t. t.) {69}	**mandibula**, ae f	Kinnbacken, Kinnlade
–	**Mandibula**	Unterkiefer (med. t. t.) {70}	dto.	dto.
2132	**Manege** l>it>frz	runde Fläche für Zirkusdarbietungen bzw. in einer Reitschule {31/33/58/85}	**manus** it. *maneggio* frz. *manège*	s. oben 2128 Handhabung; Reitbahn Reitbahn, -schule
2133	**Manen**	die Geister der Toten im altröm. Glauben (hist., rel. t. t.) {51}	**manes**, nium m (Pl.)	Seelen der Verstorbenen, Totengeister
2134	**Manier** l>gallorom >frz	1. Art und Weise, Eigenart; Stil; 2. Künstelei, Mache {25/26/33}; 3. Umgangsform, Sitte, Benehmen {26/33}; 4. Verzierung (mus. t. t.) {37}	**manus** frz. *main* afrz. *manièr(e)* frz. *manière*	s. oben 2128 Hand zur Hand; gewandt; geschickt, gewohnt Art und Weise, Gewohnheit; Benehmen
–	**manieriert** l>gallorom >frz	gekünstelt, unnatürlich (abwertend) {25/26/33}	dto. frz. *maniéré*	dto.
–	**Maniertheit** l>gallorom >frz	Geziertheit, Gehabe, unnatürliches Ausdrucksverhalten (abwertend) {25/26/33/84}	dto.	dto.
–	**Manierismus** l>gallorom >frz>nlat	1. Stilbegriff, Epoche der Kunst zwischen Renaissance und Barock (kunstwiss., lit.wiss. t. t.); 2. gegenklassischer Stil in verschiedenen Epochen {75/79}; 3. manieriertes Verhalten, manierierte Ausdrucksweise {25/26/32/84}	dto.	dto.
–	Manierist, manieristisch			
–	**manierlich** l>gallorom >frz;d	1. den guten Manieren entsprechend, wohlerzogen {25/26/33/84}; 2. ganz gut, recht akzeptabel (ugs.) {25/56}	dto.	dto.

2135	**manifest**	1. handgreiflich, offenbar, offenkundig {25}; 2. deutlich erkennbar (von Krankheiten u. a. - med. t. t.) {70/23}	**manifestus**, a, um	handgreiflich, offenbar; überführt, ertappt
–	**Manifest** l>mlat	1. Grundsatzerklärung, Programm (einer Partei o. ä.) {25/50}; 2. Verzeichnis der Güter auf einem Schiff {32/57/45}	dto. mlat. manifestum	dto.
–	**Manifestant**	1. Teilnehmer an einer Kundgebung (veraltet) {28/33/50}; 2. jmd., der den Offenbarungseid leistet (jur. t. t.) {82}	**manifestare** (PPA. **manifestans**)	sichtbar machen, offenbaren
–	**Manifestation**	1. das Offenbar-, Sichtbarwerden {25/23}; 2. Offenlegung, Darlegung; Bekundung (jur. t. t.) {82}; 3. das Erkennbarwerden (von Krankheiten o. ä. - med. t. t.) {23/70}; 4. (politische) Kundgebung, Massenversammlung {50/33/57}	**manifestatio**, onis f	Offenbarung, das An-den-Tag-Legen
–	**manifestieren**	1. offenbaren; kundgeben, bekunden {25/28/32}; 2. den Offenbarungseid leisten (veraltet - jur. t. t.) {82}	**manifestare**	s. oben
2136	**Maniküre** (l;l)>frz	1. Hand-, bes. Nagelpflege {21}; 2. kleines Beutelchen für die Nagelpflegegeräte {21/58}; 3. Kosmetikerin für die Handpflege {21/40}	**manus** + **cura** frz. *manicure*	s. oben 2128 Sorge, Pflege
–	maniküren			
2137	**Manipel**	1. Unterabteilung der röm. Kohorte (hist. t. t.) {57/75/86}; 2. Band des kath. Meßgewandes am linken Unterarm {51/19}	**manipulus**, li m	Handvoll; Bündel; Manipel, Kompanie
–	**Manipulant** l>frz	1. jmd., der bestimmte soziale Verhaltensweisen auslöst o. steuert (25/28/33}; 2. Hilfskraft, Amtshelfer (österr., veraltend) {33/40/49}	dto. frz. *manipuler*	dto. handhaben

–	**Manipulation** l>frz	1. bewußter, gezielter Einfluß auf Menschen ohne deren Wissen (z. T. gegen ihren Willen) {25/28/33}; 2. absichtliche Informationsverfälschung {28/32}; 3. undurchsichtige Machenschaften {25/28/82}; 4. Handhabung, Verfahren (techn. t. t.) {72/29}; 5. Anpassen der Ware an Verbraucherbedürfnisse {42/80}; 6. Handbewegung, Hantierung (veraltet) {12}; 7. kunstgerechter Handgriff (med. t. t.) {70}	dto. frz. *manipulation*	dto. bestimmtes Heilverfahren
–	**manipulativ** l>frz	auf Manipulation beruhend, durch Manipulation entstanden {s. oben}	dto.	dto.
–	**Manipulator** l>frz (o. **Manipulierer**)	1. jmd., der andere zu seinem eigenen Vorteil beeinflußt {25/28/33}; 2. Vorrichtung zur Handhabung gefährlicher Substanzen {72/73}; 3. Zauberkünstler, Jongleur, Taschenspieler {40/85}	dto.	dto.
–	manipulatorisch, manipulierbar			
–	**manipulieren** l>frz	1. Menschen gezielt beeinflussen {25/28/33}; 2. Informationen verfälschen {32/28}; 3. etw. handhaben, betasten {12/23}; 4. kunstgerecht mit etw. umgehen {22/25/70}; 5. mit etw. hantieren {12/29}	dto. frz. *manipuler*	dto.
–	Manipulierung			
>>>	manisch-depressiv s. depressiv			
2138	**Manko** l>it	1. Fehlbetrag {57/42}; 2. Fehler, Unzulänglichkeit, Mangel {25/33}	**mancus,** a, um it. *manco*	verstümmelt, gebrechlich; unvollständig Mangel, Fehlbetrag
2139	**Manöver** (l;l) >vulgl>frz	1. Truppenübung unter Kriegsbedingungen {86}; 2. taktische Truppenbewegung {61/86}; 3. Bewegung mit einem Schiff, Flugzeug o. ä. {45/61}; 4. Scheinmaßnahme, Täuschungsversuch {25/28/33}	**manus** + **operari** vulgl. manuopera frz. *manœuvre*	s. oben 2128 tätig werden, arbeiten, wirken Handhabung; Handarbeit Handarbeit, Bewegung militärischer Verbände

–	**manövrieren** (l;l) >vulgl>frz	1. ein Manöver (2.) durchführen {61/86}; 2. ein Fahrzeug geschickt lenken {45/61}; 3. Kunstgriffe anwenden, um jmdn. in eine bestimmte Situation zu bringen {25/28}	dto. frz. *manœuvrer*	dto.
2140	**Manschette** l>frz	1. steifer Ärmelabschluß an Hemden oder Blusen {19}; 2. -n haben: Angst haben (ugs.) {26}; 3. Papierkrause für Blumentöpfe {44}; 4. unerlaubter Würgegriff beim Ringkampf {12/85}; 5. Dichtungsring mit eingestülptem Rand {40/44}	**manica**, ae f frz. *manche* *manchettte*	Tunikaärmel; Handfessel; Enterhaken Ärmel Handkrause
2141	**Mantel** l>(vulgl)	Kleidungsstück, Überkleid {19}	**mantellum**, li n vulgl. mantulum*	Hülle, Decke
–	bemänteln			
2142	**Mantisse**	1. Zugabe, Anhängsel (veraltet) {57}; 2. Ziffern des Logarhythmus hinter dem Komma (math. t. t.) {71}	**mantisa**, ae f	Zugabe; Gewinn
2143	**manuell** l>frz	mit der Hand, Hand... {11/12/29/61}	**manualis**, e	zur Hand gehörig, Hand...
2144	**Manufaktur** (l;l)>mlat >frz/engl	1. Handarbeit; Web- und Wirkwaren (veraltet) {19/40/44}; 2. (vorindustrieller) gewerblicher Großbetrieb (hist. t. t.) {41/75}; 3. in Handarbeit hergestelltes Industrieerzeugnis (40/41}	**manus** + **factura**, ae f mlat. manufactura frz. / engl. *manufacture*	s. oben 2128 das Machen; Herstelllung mit der Hand ausgeführte Arbeit
–	manufakturieren, Manufakturist			
2145	**Manuskript** (l;l)>mlat	1. Handschrift, handschriftliches Buch der Antike und des Mittelalters {32/75}; 2. Niederschrift eines Textes als Vorlage für den Setzer {32/40}; 3. Ausarbeitung einer Vorlesung, eines Vortrages {31/32}	**manus** + **scribere** (PPP. **scriptus**) mlat. manuscriptum	s. oben 2128 schreiben mit der Hand Geschriebenes
2146	**Mappe** l>(mlat)	1. Umschlag für Landkarten {40/58/64}; 2. flache Tasche; aus zwei aufklappbaren Deckeln bestehende Hülle {44/40/58}	**mappa**, ae f (mlat. mappa mundi	Vortuch; Serviette; Flagge, Signaltuch Land-, Weltkarte)
2147	**Maraschino** l>it	aus (dalmatischen Maraska)kirschen hergestellter Likör {17}	**amarus**, a, um it. *marasca*	bitter, herb; widerlich bittere, wilde Kirsche

2148	**Mare**	als dunkle Fläche erscheinende Ebene auf dem Mond (astron. t. t.) {66}	**mare,** ris n	Meer, -wasser; Meerfarbe
2149	**Marge** l>frz	Abstand, Spielraum, Spanne (bei Gewinn, Preisen o. ä. - wirtsch. t. t.) {80/56}	**margo,** ginis mf	Rand; Grenze
–	**marginal** l>mlat	1. am Rande, auf der Grenze liegend {58/56}; 2. auf dem Rand stehend {58}; 3. randständig (bot. t. t.) {68}; 4. unwichtig {25/56}	**marginare** mlat. marginalis, e	mit einem Rand versehen, einrahmen den Rand betreffend
>>>	Marginalexistenz s. Existenz bzw. Marginalität			
–	**Marginalglosse** l>mlat;gr>l	an den Rand der Seite geschriebene Zusatzbemerkungen (bei mittelalterlichen Handschriften) {32/75}	dto. + **glossa,** ae f gr. *γλῶσσα*	dto. Glosse, Randbemerkung
–	**Marginalie** l>mlat	1. Anmerkungen am Rand einer Handschrift, eines Buches {32}; 2. Randtitel bei Gesetzeserlassen (jur. t. t.) {82}	dto.	dto.
–	marginalisieren			
–	**Marginalität** l>mlat	Existenz am Rande einer sozialen Gruppe, Klasse oder Schicht (soziol. t. t.) {81/33}	dto.	dto.
2150	**Mariage** l>frz	1. Heirat, Ehe (veraltet) {31/33}; 2. Zusammentreffen von Dame u. König in der Hand des Kartenspielers {56/85}; 3. Kartenspiel mit 32 Blatt {85}	**maritare** frz. *marier*	verheiraten, vermählen; schwängern
2151	**marin**	1. zum Meer gehörend {02/64}; 2. aus dem Meer stammend, im Meer lebend (biol. t. t.) {68/69}	**marinus,** a, um	zum Meer gehörig, im Meer befindlich, Meer...
–	**Marinade** l>frz	1. Soße, Beize zum Einlegen von Fleisch, Fisch, Salaten; 2. in Gewürzsoße eingelegter Fisch {17}	dto. frz. *marin* *mariner*	dto. in Meer-, Salzwasser einlegen
–	**Marine** l>frz	1. See-, Flottenwesen {45}; 2. (Kriegs)flotte {45/86}; 3. bildliche Darstellung von See o. Küste, Hafen (kunstwiss. t. t.) {36}	dto. frz. *marine*	dto.
–	marineblau			
–	**marinieren** l>frz	(Fische) in Marinade (1.) einlegen {17}	dto. frz. *marin* *mariner*	dto. s. oben
–	**maritim**	1. das Meer betreffend, Meer... {02/64/65}; 2. das Seewesen betreffend {45/50}	**maritimus,** a, um	zum Meer gehörig, im Meer befindlich

2152	**Marketenderin** l>it	die Truppe bei Manövern und im Krieg begleitende Händlerin (hist. t. t.) {42/75/86}	**mercatus**, us m it. *mercato* *mercatare* *mercatante*	(Kauf)handel, (Jahr)markt Händler
–	**Marketenderei** l>it	Verkauf(sstelle) von Marketenderwaren (hist. t. t.) {42/75/86}	dto.	dto.
–	marketendern			
–	**Marketenderware** l>it;d	an die Soldaten gegen Bezahlung gelieferte Lebens- und Genußmittel, Gebrauchsgegenstände (hist. t. t.) {42/75/86}	dto.	dto.
–	**Marketing** l>frz>engl	Ausrichtung eines Unternehmens auf das absatzpolitische Ziel, Verbesserung der Absatzmöglichkeiten (wirtsch. t. t.) {42/80}	dto. engl. *market*	dto.
–	**Marketing-Research** l>frz>engl; (l;l>frz)>frz >engl	Absatzforschung (wirtsch. t. t.) {80}	dto. + **re** + **circare** afrz. *cercher* frz. *recerche*	dto. zurück, wieder durchwandern, -streifen, umkreisen vgl unten 2988
–	**Markt** l>(vulgl)	1. Verkauf von Waren, Handel {42/80}; 2. Verkaufsort, Handelsplatz {42/58}	**mercatus**	s. oben
–	Marktflecken, Marktschreier, marktschreierisch			
2153	**Marmelade** (gr;gr)>gr >l>port	1. mit Zucker eingekochte reife Früchte; 2. süßer Brotaufstrich aus Zitrusfrüchten (EG-Phraseologie) {17}	**melimelum**, li n gr. *μελίμηλον* aus: *μέλι* + *μῆλον* port. *marmelo* *marmelada*	Honig-, süßer Mostapfel; Granatapfelwein Honig Apfel Honigapfel, Quitte Quittenmus
2154	**Marmor** (gr)>l	kristallin-körniger, polier- und schleiffähiger Kalkstein {02/20/36/88}	**marmor**, oris m gr. *μάρμαρος*	Marmor(stein)
–	**marmorieren** (gr)>l	marmorartig bemalen, ädern {20/36/88}	**marmorare**	mit Marmor überziehen
–	**marmorn** (gr)>l	aus Marmor {02/20/36/88}	**marmoreus**, a, um	marmorn vgl. unten 2321
2155	**martialisch**	kriegerisch; grimmig, wild, verwegen {26/84/86}	**Martialis**, e	zu Mars gehörig, martialisch

–	**März**	dritter Monat im Jahr {59}	**Martius** (sc. mensis)	März, dritter (ursprünglich erster) Monat im Jahr
2156	**Maschine** (gr)>l	1. Gerät, das Arbeitsgänge selbständig verrichtet {40/41/72/87}; 2. Motorrad; Rennwagen {45/87}; 3. Flugzeug {45}; 4. Schreibmaschine {40/44/32}; 5. beleibte weibliche Person (ugs., scherzhaft) {25/26}	**machina**, ae f gr. *μηχανή* (dor. *μαχανά)*	Maschine, Gerüst; List; Bühne
–	**maschinell** (gr)>l	maschinenmäßig; mit einer Maschine (hergestellt) {40/41}	dto.	dto.
>>>	Maschinen... s. unter dem Rest des Wortes			
–	**Maschinerie** (gr)>l	1. maschinelle Einrichtung; Getriebe {40/41/72}; 2. System automatisch ablaufender Vorgänge, in die kein Eingriff möglich ist {41/25/72}	dto.	dto.
–	**Maschinist** (gr)>l	1. jmd., der Maschinen bedient und überwacht {40/41}; 2. Spezialist auf Schiffen für Inbetriebsetzung, Instandhaltung und Reparatur der Antriebsmaschine {40/45}	dto.	dto.
2157	**maskulin**	1. für den Mann charakteristisch, männlich; 2. das Männliche betonend, hervorhebend; 3. als Frau männliche Züge habend, nicht weiblich {18/23/25/26/70}	**masculinus**, a, um	männlich, männlichen Geschlechts (auch gramm. t. t.)
–	maskulinisch, Maskulinisierung			
–	**Maskulinum**	männliches Substantiv (sprachwiss. t. t.) {76}	dto.	dto.
2158a	**Massaker** l>vulgl >gallorom >frz	Gemetzel, Blutbad {82/26/33}	uns.: **mateola**, ae f vulgl. mateuca* früh-gallorom. *matteucculare** frz. *massacrer* *massacre*	Werkzeug zum Einschlagen in die Erde, Schlegel Schlegel erschlagen niedermetzeln
–	**massakrieren** l>vulgl >gallorom >frz	niedermetzeln, grausam hinmorden, quälen, mißhandeln {82/26/33}	dto.	dto.

2158b	**Masse** (gr)>l	ungestalteter Stoff; (Metall)-klumpen; Haufen {57}	**massa**, ae f gr. *μᾶζα*	Masse, Klumpen; Landgut
>>>	Massen... s. unter dem Rest des Wortes			
–	**massig** (gr)>l	schwer, gedrungen, mächtig {55/54}	dto.	dto.
–	**massieren** (gr)>l	1. Truppen zusammenziehen {57/86}; 2. verstärken {57}	dto.	dto.
–	**massiv** (gr)>l>frz	1. schwer, fest, wuchtig {54/55}; 2. ganz aus gleichem Material, nicht hohl {54/53}; 3. stark, heftig, ausfallend; in bedrohlicher Weise erfolgend {26/56}	dto. frz. *massif*	dto.
–	**Massiv** (gr)>l>frz	1. Gebirgsstock, geschlossene Gebirgseinheit {64}; 2. freigelegte Masse alter Gesteine (geol. t. t.) {62}	dto.	dto.
–	**Massivität** (gr)>l>frz	Wucht, Nachdruck; Derbheit {26/28}	dto.	dto.
2159	**Master** l>frz>engl	1. engl. Anrede: junger Herr {32/33}; 2. akademischer Grad in den USA, GB {31/33}; 3. Schallplattenmatritze (techn. t. t.); 4. = Master-Tape: kopierfähiges Mutterband einer Tonaufzeichnung (techn. t. t.) {32/33/87}; 5. Anführer bei Parforcejagden {38}	**magister**, tri m afrz. *maistre* frz. *maître*	Meister; Direktor, Anführer; Urheber
2160	**Mastiff** l>vulgl>frz >engl	englische doggenartige Hunderasse {06}	**mansuetus**, a, um afrz. *mastin*	sanftmütig, friedlich, zahm
2161	**Masturbation** l>nlat	(med. t. t.) 1. geschlechtliche Selbstbefriedigung; 2. geschlechtliche Befriedigung eines anderen durch manuelle Reizung der Geschlechtsorgane {18/70}	**masturbari**	onanieren
–	**masturbatorisch** l>nlat	auf Masturbation bezüglich (med. t. t.) {18/70}	dto.	dto.
–	**masturbieren**	(med. t. t.) 1. sich selbst geschlechtlich befriedigen; 2. bei jmdm. die Masturbation (2.) ausüben {18/70}	dto.	dto.
2162	**Matador** l>span	1. Hauptkämpfer im Stierkampf {85}; 2. Berühmtheit, hervorragender Mann; Anführer {33}	**mactator**, oris m span. *matador*	Mörder, Schlächter Mörder, Totschläger

2163	**material**	1. stofflich, sich auf einen Stoff beziehend, als Material gegeben {54/52}; 2. inhaltlich, sich auf den Inhalt beziehend (philos. t. t.) {77}	**materialis**, e	zur Materie gehörig, materiell
–	**Material** l>mlat	1. Roh-, Werkstoff {40/41/52}; 2. (schriftliche) Angaben, Unterlagen, Nachweise; Hilfsmittel {32}	dto.	dto.
–	**Materialisation** l>nlat	1. Umwandlung von Energie in materielle Teilchen (phys. t. t.) {72}; 2. Bildung körperhafter Gebilde in Abhängigkeit von einem Medium (parapsych. t. t.) {72/70/51}	dto.	dto.
–	**materialisieren** l>nlat	verstofflichen, verwirklichen {29/52}	dto.	dto.
–	**Materialismus** l>frz	1. philosophische Lehre, die die Wirklichkeit auf Kräfte o. Bedingungen der Materie zurückführt (philos. t. t.) {77}; 2. Streben nach Lebensgenuß ohne ethische Ziele oder Ideale {30/77/84}	dto. frz. *matérialisme*	dto.
–	**Materialist** l>frz	1. Vertreter des philosophischen Materialismus {77}; 2. nur auf den eigenen Vorteil bedachter Mensch {30/33/77/84}	dto. frz. *matérialiste*	dto.
–	materialistisch			
–	**Materialität** l>nlat	Stoff-, Körperlichkeit; das Bestehen aus Materie {52}	dto.	dto.
–	**Materie**	1. Stoff, Substanz (phys. t. t.) {72}; 2. Gegenstand, Gebiet (einer Untersuchung) {25}; 3. Urstoff, Ungeformtes {52}; 4. außerhalb des Bewußtseins vorhandene Wirklichkeit (philos. t. t.) {77}; 5. Inhalt, Substanz im Gegensatz zur Form {52}	**materia**, ae f	Stoff, Materie; Bauholz; Aufgabe
–	**materiell** l>frz	1. stofflich, körperlich greifbar; die Materie betreffend {52}; 2. auf Besitz, Gewinn bedacht {25/28/43}; 3. finanziell, wirtschaftlich {42/80}	**materialis** frz. *matériel*	s. oben

2164	**Matinee** l>frz	1. künstlerische Morgenunterhaltung; Vormittagsveranstaltung {33/59/85}; 2. Morgenrock (veraltet) {19}	**matutinum**, ni n (bzw. matutinum tempus) frz. *matin* *matinée*	Früh-, Morgenzeit, der Morgen Morgen
2165	**Mätresse** l>frz	Geliebte eines Fürsten (hist. t. t.) bzw. eines verheirateten Mannes (abwertend) {75/18/33}	**magister**, tri m frz. *maître* *maîtresse*	s. oben 2159 Herrin, Gebieterin, Meisterin
2166	**Matriarchat** (gr>l;gr) >nlat	Gesellschaftsordnung, in der die Frau die bevorzugte Stellung in Staat und Familie innehat {33}	**mater**, tris f gr. *μήτηρ* + gr. *ἄρχειν*	Mutter; Gattin, Frau herrschen
–	matriarchalisch			
2167	**Matrikel**	1. Verzeichnis von Personen (z. B. der Studenten einer Universität) {31/32}; 2. Personenstandsregister (österr.) {31/32/33/49}	**matricula**, ae f	öffentliches Verzeichnis, Matrikel, Stammrolle
2168	**matrimonial** o. **matrimoniell**	zur Ehe gehörig, ehelich (jur. t. t.) {31/33/82}	**matrimonialis**, e	die Ehe betreffend, ehelich
2169	**Matrix**	1. Krallen- und Nagelbett bei Wirbeltieren (biol. t. t.) {69}; 2. Chromosomenhülle (biol. t. t.) {68/69}; 3. System zusammengehörender Einzelfaktoren (EDV- t. t.) {71}; 4. Schaltung zur gleichzeitigen Steuerung von Helligkeits- und Farbsignalen im TV-Gerät (techn. t. t.) {87}	**matrix**, icis f	Mutter(tier); Gebärmutter; Verzeichnis
–	**Matrize** l>frz	1. Hohlform in der Setzmaschine {32/40}; 2. die von einem Druckstock hergestellte Wachsform {40}; 3. Teil bei der Werkzeugformung, in dessen Hohlform der Stempel eindringt {40/41}; 4. beschriftungsfähiges Vervielfältigungsblatt {32/57}	dto.	dto.
2170	**Matrone**	1. ältere, ehrwürdige Frau {33/15}; 2. ältere, füllige Frau (abwertend) {23/25/26}	**matrona**, ae f	ehrbare, verheiratete Frau; Gattin
2171	**Matte**	Decke, Unterlage; Bodenbelag {44}	**matta**, ae f	Matte, grobe Binsendecke
2172	**Matur(a)**	Reifeprüfung, Abitur (österr.) {31}	**maturus**, a, um	reif, erwachsen; zeitig, früh

–	**Maturant**	jmd., der die Reifeprüfung macht oder gemacht hat (österr.) {31}	**maturare**	reif werden, zur Entwicklung bringen; beschleunigen
–	**maturieren**	das Abitur ablegen (veraltet) {31}	dto.	dto.
2173	**Mauer**	1. Wall, (trennendes) Steinbauwerk {58/36}; 2. ehemalige Befestigungsanlage der DDR an der Berliner Sektorengrenze {50/75}	**murus**, ri m	Mauer, Damm, Wall
–	mauern, Maurer			
2174	**Maulbeere** (gr)>l	brombeerähnliche Frucht des Maulbeerbaums {04}	**morum**, ri n gr. *μῶρον* ahd. *morberi*	Maulbeere; Brombeere
2175	**Maulesel** bzw. **Maultier** (gr)>l;d	Kreuzung aus Pferd und Esel {06}	**mulus**, li m gr. *μυχλός*	Maulesel; Maultier
2176	**mausern** l>mlat	1. das Federkleid wechseln (biol. t. t.) {69}; 2. sich herausmachen, zum Vorteil verändern {33/25/56}	**mutare** mlat. muta	wegbewegen; verändern, umschlagen, wechseln, vertauschen Mauser der Vögel
–	**mausig** l>mlat	keck, frech (sich - machen) {26/33}	dto.	dto.
–	**Mauser** l>mlat	Federwechsel der Vögel (biol. t. t.) {69}	dto.	dto.
2177	**maxi**	knöchellang (auf Röcke, Kleider, Mäntel bezogen) {19/53/56}	**maximus**, a, um (Superl.)	am größten, höchsten, bedeutendsten
–	**Maxi**	1. knöchellange Kleidung (Kleid, Rock) {19/53/56}; 2. Länge bis zu den Knöcheln (von Kleidung) {19/53/56}; 3. auf LP-Größe gepreßte Single-Schallplatte {37/58/85}; 4. verlängerte Version eines Musiktitels (z. B. für Diskotheken) {37/59/85}	dto.	dto.
2178	**Maxilla**	Oberkiefer(knochen) (med. t. t.) {70}	**maxilla**, ae f	Kinn, -backen, -lade
2179	**maximal** l>nlat	1. höchstens {57}; 2. sehr groß, größt..., höchst... {57/58}	**maximus**	s. oben 2177
–	**maximalisieren** l>nlat	aufs Äußerste steigern {57}	dto.	dto.
–	**Maximalist** l>nlat	jmd., der das Äußerste fordert {28/56}	dto.	dto.

–	**Maxime** l>mlat>frz	Hauptgrundsatz, Leitsatz; subjektiver Vorsatz für das eigene sittliche Handeln; Lebensregel (philos. t. t.) {77/30}	dto. mlat. maxima (sc. regula) frz. *maxime*	dto. höchste Regel, oberster Grundsatz
–	**maximieren** l>mlat>frz	den Höchstwert zu erreichen suchen, bis zum Äußersten steigern (wirtsch., techn. t. t.) {28/56/72/80}	**maximus**	s. oben 2177
–	Maximierung			
–	**Maximum**	1. größtes Maß, Höchstmaß {57/56}; 2. oberster Extremwert (math. t. t.) {71}; 3. höchster Wert einer Beobachtungsreihe (meteor. t. t.); 4. Kern eines Hochdruckgebietes (meteor. t. t.) {65}; 5. etw. Unüberbietbares (ugs.) {56}	dto.	dto.
2180	**Mäzen**	Kunstfreund; freigebiger Gönner, Geldgeber für Künstler oder Sportler {28/33/85}	(Gaius Cilnius) **Maecenas**	Freund und Förderer berühmter röm. Dichter der Augusteischen Zeit
–	**Mäzenatentum**	freigebige, gönnerhafte Kunstpflege, -freundschaft; Sportförderertum {28/33/85}	dto.	dto.
–	mäzenatisch			
2181	**Medaille** (gr)>l >vulgl>it >frz	Gedenk-, Schaumünze ohne Geldwert; Siegerpreis {36/56/85}	**metallum**, li n gr. *μέταλλον* vulgl. metallia* moneta it. *medaglia* frz. *médaille*	Metall, Grube, Bergwerk Mine, Erzader; Mineral, Metall Münze aus Metall
–	**Medailleur** (gr)>l >vulgl>it >frz	Stempelschneider {40}	dto.	dto.
–	**Medaillon** (gr)>l >vulgl>it >frz	1. große Schaumünze; Bildkapsel, Rundbildchen; 2. ovales o. rundes (gerahmtes) Relief o. Bild(nis) (kunstwiss. t. t.) {36}; 3. kreisrunde o. ovale Fleischscheibe (meist vom Filet - gastron. t. t.) {17}	dto. it. *medaglione* frz. *médaillon*	dto.

2182	**medial**	1. das Medium (Mittelform zwischen Aktiv und Passiv) betreffend (sprachwiss. t. t.) {76}; 2. nach der Körpermitte gelegen (anat. t. t.) {70}; 3. Kräfte und Fähigkeiten eines Mediums (4.) besitzend {22/51/70}	**medialis**, e	mitten; mittägig, Mittags...
–	**median**	in der Mitte(llinie eines Körpers oder Organs) gelegen (anat. t. t.) {70/11}	**medianus**, a, um	in der Mitte befindlich, das mittlere
–	**mediat** l>frz	mittelbar (veraltet) {56/33}	**mediare**	halbieren, teilen
–	**mediatisieren** l>frz	mittelbar machen; bis dahin unmittelbar dem Reich unterstehende Besitzungen der Landeshoheit unterwerfen (hist. t. t.) {75/33/43}	dto.	dto.
2183	**mediäval** (l;l)>nlat	mittelalterlich (59/75}	**medius**, a, um + **aevum**, vi n	der mittlere, in der Mitte befindlich Zeit, Ewigkeit, Unsterblichkeit
–	**Mediävist** l>nlat	Wisssenschaftler auf dem Gebiet des Mittelalters {40/75/59}	dto.	dto.
–	**Mediävistik** l>nlat	Wissenschaft von Geschichte, Kunst und Literatur des europäischen Mittelalters {40/59/75}	dto.	dto.

>>> Medien, Medien... s. unter Medium

2184	**Medikament**	Arznei-, Heilmittel {70}	**medicamentum**, ti n	Arzneimittel, Medizin; Gift
–	**medikamentös**	unter Verwendung von Heilmitteln {70}	**medicamentosus**, a, um	heilkräftig, Heilkräfte besitzend
–	**Medikation**	Arzneiverordnung (med. t. t.) {70}	**medicatio**, onis f	Heilung, Kur
–	**Medikus**	Arzt (scherzhaft) {40/32/70}	**medicus**, ci m	Arzt, Wundarzt
2185	**medio** l>it	Mitte (d. h. am 15. Tag) des Monats (wirtsch. t. t.) {80/59}	**medius**	s. oben 2183
2186	**Mediothek** l;gr	um andere Medien (z. B. Folien, Tonträger) erweiterte Bibliothek {32}	**medium**, ii n + gr. θήκη	Mitte Behälter, Kiste; Sarg
2187	**Meditation**	1. Nachdenken; sinnende Betrachtung {25}; 2. geistig-religiöse Übung (bes. im Hinduismus und Buddhismus) {51/25}	**meditatio**, onis f	das Nachdenken, Studieren; Vorübung

–	**meditativ**	1. die Meditation betreffend {25/51}; 2. nachdenkend, nachsinnend {25}	**meditativus**, a, um	ein Sinnen auf etw. bezeichnend
2188a	**mediterran**	zum Mittelmeerraum gehörend {64/58}	**mediterraneus**, a, um	mitten im Land, mittelländisch; fern vom Meer
2188b	**meditieren**	1. nachdenken; sinnend betrachten {25}; 2. Meditation (2.) ausüben {25/51}	**meditari**	nachdenken, -sinnen; Vorübungen machen
2189	**medium**	1. mittelgroß (Kleidergröße) {19/53}; 2. halb durchgebraten (von Fleisch - gastron. t. t.) {17}	**medius**	s. oben 2183
–	**Medium**	1. Mittel(glied); vermittelndes Element {56/58}; 2. Mittelform zwischen Aktiv und Passiv (sprachwiss. t. t.) {76}; 3. Träger physikalischer oder chemischer Vorgänge {72/73}; 4. jmd., der für (angebliche) Verbindungen zum Übersinnlichen besonders befähigt ist (parapsych. t. t.) {22/51/70}; 5. Patient, Versuchsperson bei Hypnoseversuchen {70}; 6. Einrichtung für die Vermittlung von Informationen (z. B. Presse, TV) {32/46}; 7. Unterrichtshilfsmittel zur Informationsvermittlung {31/32}; 8. Kommunikationsmittel, Werbeträger {32/42/80}	**medium**, ii n	Mitte, Mittelpunkt; mittlere Zeit; Vermittler
2190	**Medizin**	1. Heilkunde {70/40}; 2. Heilmittel, Arznei {70}	**medicina**, ae f	Heilkunst; Arznei, Heilmittel
–	**medizinal**	zur Medizin gehörend, sie betreffend; medizinisch verwendet {70}	**medicinalis**, e	zur Arznei gehörig, Arznei...
>>>	Medizinalassistent s. Assistent			
–	**Medizinball** l;afränk >frz	großer, sehr schwerer, nichtelastischer Lederball {85}	**medicina**	s. oben
–	**Mediziner**	1. Arzt {70/40}; 2. Medizinstudent {70/31}	**medicinus**, a, um (bzw. **medicus**	zur Arznei, Heilung gehörig s. oben 2184)
–	**medizinisch**	1. zur Medizin gehörend, sie betreffend; 2. nach den Gesichtspunkten der Medizin (hergestellt) {70}	dto.	dto.

–	**Medizinmann** l;d	Zauberarzt; Priester bei vielen Naturvölkern (ethnol. t. t.) {33/51/81}	dto.	dto.
2191a	**Medley** l>mlat >afrz>engl	Potpourri, musikalisches Gemisch verschiedener Stücke (mus. t. t.) {32/57}	**medius** afrz. *medler* o. *mesler*	s. oben 2183 mischen
>>>	Meerrettich s. Rettich			
2191b	**Meier**	1. Dorfvorsteher (veraltet); 2. Verwaltungsbeamter im Frankenreich (hist. t. t.) {75/40/33}; 3. Molkereibesitzer {43/40/39}	**maior** + **domus** **maior domus** mhd. *meier*	s. oben 2118 s. oben 0811 Haushofmeister, Oberaufseher über ein Gut Gutsbewirtschafter
–	Meierei			
2192	**Meile**	Längenmaß {56/58}	**milia** (sc. passuum)	tausend Doppelschritte, röm. Meile
2193	**Meiler** l>mlat >roman	1. zum Verkohlen bestimmter Holzstoß {40}; 2. Atomreaktor {72/41}	**mille** mlat. miliarum	tausend Anzahl von tausend Stück
2194a	**Meister** l>(frz)	1. Handwerker mit Prüfung {40}; 2. jmd., der sein Metier beherrscht {22}	**magister** frz. *maître*	s. oben 2113
–	meistern, meisterhaft, meisterlich, Meisterschaft, Meisterstück			
2194b	**Melange** l>vulgl>frz	1. Mischung, Gemengsel {56}; 2. Milchkaffee (österr.) {17}	**miscere** vulgl. misculare* afrz. *mesler* frz. *mêler* *mélange*	(ver)mischen, vermengen, vereinigen Mischung
2195	**Melasse** (gr)>l >span>frz	Rückstand bei der Zuckergewinnung (als Futtermittel o. zur Branntweinherstellung verwendet) {17/39/41}	**mel**, lis n gr. *μέλι* span. *miel* *melaza* frz. *mélasse*	Honig
2196	**melieren** l>vulgl>frz	mischen, sprenkeln {56/55}	**miscere** frz. *mêler*	s. oben
–	**meliert** l>vulgl>frz	1. aus verschiedenen Farben gemischt (von Stoffen) {55/19}; 2. leicht ergraut (vom Haar) {55/11}	dto.	dto.
2197	**Melioration**	Bodenverbesserung (z. B. durch Be- oder Entwässerung - landw. t. t.) {39/56}	**melioratio**, onis f	Verbesserung

–	**meliorativ** l>nlat	einen positiven Bedeutungswandel durchmachend (von Wörtern - sprachwiss. t. t.) {61/76}	**melior**, ius (Komp.)	besser, schöner, günstiger
–	Meliorativum			
–	**meliorieren**	(Ackerland) verbessern (landw. t. t.) {39/56}	**meliorare**	verbessern
2198	**Melisse** (gr)>l>mlat	Heil- und Gewürzpflanze des Mittelmeergebietes {04/17}	**melisphyllum**, li n gr. *μελίφυλλον* mlat. melissa	Bienenkraut, Honigblatt Honigblatt
2199	**Melone** (gr)>l>it >(frz)	Kürbisgewächs {05/17}	**melo**, onis m o. **melopepo**, onis m gr. *μηλοπέπων* it. *mellone* frz. *melon*	apfelförmige Melone, die erst vollreif genossen wird
2200	**Membrane**	1. Schwingblättchen zur Übertragung von Druckänderungen (phys. t. t.) {72}; 2. zarte, dünne (Zelloberflächen)haut im (tierischen) Körper (biol. t. t.) {69}; 3. feinporiges Filterhäutchen (chem. t. t.) {73}	**membrana**, ae f	Haut, Häutchen, Pergament
2201	**Memoiren** l>frz	Lebenserinnerungen, Denkwürdigkeiten {32/34/24}	**memoria**, ae f frz. *mémoire* *mémoires*	Gedächtnis, Erinnerung, Andenken Gedächtnis, Erinnerung
–	**memorabel**	denkwürdig (veraltet) {24}	**memorabilis**, e	erwähnenswert, merk-, denkwürdig
–	**Memorabilien**	Denkwürdigkeiten, Erinnerungen {24/32}	dto.	dto.
–	**Memorandum**	(ausführliche diplomatische) Denkschrift {50/32}	**memorandus**, a, um	erwähnenswert, merkwürdig, selten
–	**Memorial** l>(frz/engl)	1. Tagebuch, Vormerkbuch (veraltet) {24/32/59}; 2. (sportliche) Veranstaltung zum Gedenken an einen Verstorbenen {24/33/85}; 3. Denkmal {24/36}	**memorialis**, e bzw. **memoriale**, lis n	zum Gedächtnis, Andenken gehörig Erinnerung(szeichen), Denkmal
–	**memorieren**	auswendig lernen {24/25}	**memorare**	jmdn. an etw. erinnern, mahnen; erwähnen
–	Memo-Technik, Memory			

2202	**Menage** l>gallorom >frz	1. Gewürzständer (selten) {44}; 2. Truppenverpflegung (österr.) {17/86}; 3. Haushalt, Wirtschaft (veraltet) {42/44/80}	**mansio**, onis f gallorom. *mansionaticum** frz. *ménage*	Aufenthalt, Wohnung, Nachtlager das zum Wohnen, Haushalt Gehörige Haushalt, Wirtschaft, Hausrat
–	**Menagerie** l>gallorom >frz	Tierschau, -gehege; Käfig {58/33}	dto. *ménagerie*	dto. Haushaltung; Verwaltung eines ländlichen Besitzes; (Ort der) Haustierhaltung; Sammlung lebender Tiere
2203	**Mennige** (iber)>l	Bleioxid, rote Malerfarbe; Rostschutzmitel {55/41/40}	**minium**, ii n iber. (span.) *miño*, *minho*	Bergzinnober, Mennige
2204	**Mensa**	1. kath. Altartisch {51}; 2. Kantine an Hochschulen und Universitäten mit preisgünstigem Essen {31/17}	**mensa**, ae f	(Opfer)tisch, Tafel; Speisen
2205	**Menses**	Monatsblutung (med. t. t.) {70}	**mensis**, is m	Mond, Monat; Menstruation
2206	**menstrual**	zur Monatsblutung gehörig (med. t. t.) {70}	**menstrualis**, e	monatlich; (menstruierend)
–	**Menstruation** l>nlat	Monatsblutung, Regel (med. t. t.) {70}	**menstruare**	die Monatsblutung haben
–	**menstruell**	die Monatsblutung betreffend (med. t. t.) {70}	**menstrualis**	s. oben
–	**menstruieren**	die Monatsblutung haben (med. t. t.) {70}	**menstruare**	s. oben
2207	**Mensur**	1. studentischer Zweikampf {31/33}; 2. meßbares Notenzeitmaß (mus. t. t.) {37/59}; 3. Verhältnis von Länge und Weite der Orgelpfeifen (mus. t. t.); 4. Verhältnis der Saiten zum Geigenkörper (mus. t. t.); 5. Rohrdurchmesser bei Blechblasinstrumenten (mus. t. t.) {37/56}; 6. Meßzylinder, Meßglas, -becher {44/56}	**mensura**, ae f	Messung, Maß, Beschafenheit, Umfang
–	**mensurabel**	meßbar {56}	**mensurabilis**, e	meßbar
–	**Mensurabilität** l>nlat	Meßbarkeit {56}	dto.	dto.
–	**mensural**	zum Messen gehörend, dienend {56}	**mensuralis**, e	zum Messen gehörig, - dienlich

–	Mensuralnotation			
2208	**mental** l>mlat	1. geistig (philos. t. t.) {77}; 2. aus Überlegungen hervorgegangen; 3. Geistesart, Psyche, Denkvermögen betreffend; 4. in Gedanken, heimlich (veraltet) {25};	1.-4.: **mens**, ntis f mlat. mentalis	Gesinung; Seele, Verstand; Gedanke geistig, in Gedanken, in der Vorstellung vorhanden
	(l>nlat)	5. zum Kinn gehörig (med. t. t.) {70}	5.: **mentum**, ti n	Kinn, Kinnbart
–	**Mentalität** l>mlat >engl	Geisteshaltung, Sinnesart; Einstellung {25/84}	dto. engl. *mentality*	dto.
2209	**Menthol** (gr>l;l) >nlat	Hauptbestandteil des Pfefferminzöls {73/70}	**ment(h)a**, ae f gr. *μίνθη* + **oleum**, ei n	Minze Öl
–	**Menü** o. **Menu** l>frz	1. aus mehreren Gängen bestehende Mahlzeit {17}; 2 Speisekarte (veraltet) {17/32}; 3. (Auflistung der) Programmier- und Computerbearbeitungsmöglichkeiten (EDV- t. t.) {32/71}	**minutus**, a, um frz. *menu* (Subst.) *menu*	ganz klein, winzig klein, dünn Kleinigkeit; detaillierte Speisenfolge
–	**Menuett** l>frz	1. mäßig schneller Tanz im 3/4 Takt; 2. dritter Satz in der Sonate oder Symphonie (mus. t. t.) {37}	dto. frz. *menuet* (Subst.)	dto. klein, winzig, zart; Kleinschrittanz
>>>	Mercatorprojektion s. Projektion			
2211	**merci** l>frz	danke {32/26}	**merces**, edis f	Verdienst, Lohn, Zins
2212	**merde** l>frz	Scheiße! (Ausruf des Ärgers, der Enttäuschung) {26/32}	**merda**, ae f	Unrat, Kot; Exkremente
2213	**Mergel** (gall)>l >mlat	Ton-Kalk-Gestein {02/62}	**marga**, ae f mlat. margila	Mergel
2214a	**Meridian**	1. Längenkreis von Pol zu Pol (geogr. t. t.) {64}; 2. Mittagskreis an der Himmelskugel (astron. t. t.) {66}	**meridianus**, a, um **circulus meridianus**	mittägig, zur Mittagszeit, nach Süden liegend Mittagslinie
2214b	**Meritum**	Verdienst (meist Pl.: Meriten) {56/33/25/40}	**meritum**, ti n	Verdienst, Lohn; Wohltat
2215	**merkantil(isch)** l>it>frz	kaufmännisch, den Handel betreffend {42}	**mercari** it. *mercare*	handeln, erkaufen
–	**Merkantilismus** l>it>frz	Wirtschaftspolitik im Zeitalter des Absolutismus (hist. t. t.) {42/50/75}	dto.	dto.
–	Merkantilist, merkantilistisch			

2216	**Mesner** l>mlat	Kirchendiener, Küster {51/40}	**mansio**, onis f mlat. ma(n)sonarius	Aufenthalt, Wohnung, Herberge Kirchendiener
2217	**Message** l>vulgl/mlat>engl	1. Mitteilung, Nachricht, Information; 2. Aussage, Botschaft {32/46}	**mittere** vulgl. missaticum	schicken, senden; melden Nachricht
2218	**Messalina**	genußsüchtige, zügellose Frau {17/18/26}	**Messalina**	die wegen ihrer Grausamkeit berüchtigte Frau des röm. Kaisers Claudius
2219	**Messe** l>mlat	1. kath. Gottesdienst mit Abendmahlsfeier {51}; 2. geistliche Komposition {51/37}; 3. Markt- und Ausstellungsveranstaltung für bestimmte Produkte {42/80/33}; 4. Jahrmarkt, Kirmes {33/85};	**mittere** kirchenl. / mlat. missa ite, (concio) missa est	s. oben 2217 liturgische Opferfeier, Messe geht, die (gottesdienstliche) Versammlung ist entlassen
	(l>vulgl >frz>engl)	5. Tischgenossenschaft von Offizieren auf Kriegsschiffen {33/45/86}; 6. Schiffskantine, Besatzungsspeiseraum {58/50/45}	(5., 6.): **mittere** (PPP. **missus**) vulgl. missum	s. oben 2217 (aus der Küche) Geschicktes, zu Tisch Aufgetragenes
			afrz. *mes* frz. *mets*	Gericht, Speise
			engl. *mess*	Gericht, Speise, Mahlzeit
2220	**Messidor** (l;gr)>frz	Erntemonat, zehnter Monat im frz. Revolutionskalender (hist. t. t.) {59/75}	**metere** + gr. δῶρον	abmähen, ernten Geschenk
2221	**Mestize** l>span	Nachkomme eines weißen und eines indianischen Elternteils {10}	**mixticius**, ii m	von Eltern verschiedener Rasse geboren, Mischling
			span. *mestizo*	vermischt, mischblütig
2222	**mesto** l>it	traurig, betrübt (mus. t. t.) {37}	**maestus**, a, um	traurig, betrübt, niedergeschlagen
2223	**Metall** (gr)>l	Sammelbezeichnung für eine best. Gruppe chem. Grundstoffe von hoher Festigkeit {02/73}	**metallum**, li n gr. *μέταλλον*	Metall, Bergwerk

– metallen, Metaller, metallic, Metallisation, metallisch, metallisieren, Metallurgie

2224	**Metier** l>frz	1. berufliche Tätigkeit; Beruf, Fach; 2. Tätigkeit, die man besonders gut ausüben kann, die man perfekt beherrscht {22/40}	**ministerium**, ii n afrz. *me(ne)stier*, *mistier* frz. *métier*	Dienst, -leistung; Verwaltung, Amt

2225	**Metrum** (gr)>l	1. Versmaß, metrisches Schema {34/76}; 2. Zeitmaß, Tempo (mus. t. t.) {37/59}; 3. Taktart (mus. t. t.) {37}	**metrum**, ri n	Vers, Versmaß, Silbenmaß
			gr. *μέτρον*	
2226	**Mette** l>vulgl >roman	Nacht- oder Frühgottesdienst; nächtliches Gebet {51/59}	**matutinus**, a, um	in der Frühe geschehend, morgendlich, Früh...
			vulgl. mattinus	
			kirchenl. mattina (sc. hora)	Frühmorgengottesdienst
2227	**metzeln** (hebr)>(gr) >l>mlat	niedermetzeln; hinrichten, schlachten {29/50/82}	**macellum**, li n	Fleisch(markt)
			gr. *μάκελλον*	Gehege, Gitter; Lebensmittelmarktplatz
			hebr. *mikela*	Hürde, Umzäunung
			mlat. macellare	schlachten
–	Gemetzel			
2228	**Metzger** (gr)>l>mlat	Fleischer, Schlächter {40/17}	**mattea**, ae f	leckere, köstliche Speise; Leckerbissen
			gr. *ματτύη*	eine Art Leckerbissen; Geknetetes
			mlat. matiarius	Fleischer, der Würste herstellt; jmd., der mit Därmen handelt
–	Metzgerei			
2229	**Meute** l>vulgl>frz	1. Koppel Jagdhunde {38/57}; 2. wilde Horde, Bande; Verfolgergruppe {33/57}	**movere**	bewegen; aufregen; abziehen
			vulgl. movita*	Bewegung
			afrz. *muete*	Erhebung, Aufruhr
			frz. *meute*	Jagdhundekoppel
–	**meutern** l>vulgl>frz	1. Aufruhr stiften; 2. sich einem Befehl widersetzen {28/50/86}	dto.	dto.
–	Meuterei, Meuterer			
2230	**mezzoforte** (l>it;l)>it	halblaut, mittelstark, mit halber Tonstärke (mus. t. t.) {37}	**medius**, a, um	mittel; in der Mitte befindlich, halb
			it. *mezzo*	
			+ **fortis**, e	stark, tüchtig, tapfer
–	Mezzoforte			

–	**Mezzosopran** l>it; l>mlat>it	Stimmlage zwischen Sopran und Alt (mus. t. t.) {37}	**medius** + **super**, pra, prum mlat. superanus it. *soprano*	s. oben oben, auf, über darüber befindlich: überlegen darüber befindlich; oberer
–	Mezzosopranistin			
2231a	**midi** l>engl	halb-, wadenlang {19/53/56}	**medius** engl. *middle*	s. oben 2230
–	**Midi** l>engl	halblange, bis zur Wadenmitte reichende Kleidung (Mäntel, Röcke u. ä.) {19/53/56}	dto.	dto.
2231b	**Miete**	(mit Stroh) abgedecktes Lager von Feldfrüchten und Obst {39/58}	**meta**, ae f	pyramidenförmige Figur; Heuschober; Grenze, Ende
>>>	Mietskaserne, Mietpartei s. Kaserne, Partei			
2232	**Migration**	Wanderung von Individuen o. Gruppen im geographischen o. sozialen Raum (soziol., biol. t. t.) {81/69/61}	**migratio**, onis f	Auswanderung, Umzug
–	**migratorisch** l>nlat	wandernd, durch Wanderung übertragen {61/69}	**migrare**	ausziehen, übersiedeln; wegbringen
–	**migrieren**	wandern (z. B. beim Wirtswechsel von Parasiten gesagt - biol. t. t.) {69}	dto.	dto.
>>>	Mikro... s. ggf. unter dem Rest des Wortes			
2233	**Mikroprozessor** gr;l>nlat	standardisierter Chip-Baustein eines Kleincomputers mit Steuerfunktionen (EDV-t. t.) {41/71/87}	gr. *μικρός* + **processus**, us m	klein, kurz, gering das Vorrücken, Fortschreiten, (guter) Fortgang
–	**Mikrozensus** gr;l	statistische Repräsentativerhebung der Bevölkerung und des Erwerbslebens {33/40/50/71/81}	dto. + **census**, us m	dto. Abschätzung, Kontrollierung; Vermögen, Besitz
2234	**Milan** l>vulgl >prov>frz	weitverbreitete Greifvogelgattung {07}	**milvus**, vi m prov. *milan*	Gabelweihe, Taubenfalke

2235	**Milieu** (l>frz;l>frz) >frz	1. (soziales) Umfeld, Umgebung {33/58/81}; 2. Lebensraum (von Pflanzen und Tieren) {58/68/69}; 3. kleine Tischdecke (österr., veraltend) {44}; 4. Stadtteil, Straße, in der Prostitution betrieben wird {58/18/40}	**medius** + **locus**, ci m frz. *mi* + *lieu*	s. oben 2230 Ort, Platz, Stelle mitten, mittlerer Ort, Stelle; Lage; Umstand
2236	**militant**	mit kriegerischen Mitteln für seine Überzeugung kämpfend; streitbar {28/50/81/86}	**militare** (PPA. **militans**, Gen. –ntis)	Kriegsdienst leisten, Soldat sein
–	**Militär** l>frz	1. Heerwesen, (Gesamtheit der) Soldaten {57/86}; 2. hoher Offizier {33/86}	**militaris**, e frz. *militaire*	den Kriegsdienst betreffend, soldatisch, kriegerisch
–	**Militärattache** l>frz;frz	einer diplomatischen Vertretung zugeteilter Offizier {50/86}	dto. + frz. *attacher*	dto. befestigen
>>>	Militär... s. ggf. unter dem Rest des Wortes			
–	**Militaria**	1. Heeresangelegenheiten (veraltet) {86}; 2. Bücher über das Militärwesen {32/86}; 3. Laden mit alten Waffen, Orden {42/86}	**militaris**	s. oben
–	**militärisch** l>frz	1. das Militär betreffend {86}; 2. schneidig, forsch, soldatisch {33/86}; 3. streng geordnet {33/56}	dto.	dto.
–	**militarisieren** l>frz	militärische Anlagen errichten, Truppen aufstellen, das Heerwesen organisieren {86}	**militare**	s. oben
–	**Militarismus** l>frz>nlat	Zustand des Übergewichts militärischer Grundsätze und Wertvorstellungen in der Politik, im täglichen Leben {30/50/86}	dto. frz. *militarisme*	dto.
–	Militarist, militaristisch			
–	**Militärjunta** l>frz; l>span	Regierung von Offizieren, die durch einen Putsch an die Macht gekommen sind {50/86}	**militaris** + **iunctus**, a, um span. *junto* *junta*	s. oben versammelt, vereinigt, verbunden Versammlung, Sitzung, Rat, Kommission
–	**Militärkonvention** (l;l)>frz	militärische zwischenstaatliche Vereinbarung {50/86}	**militaris** + **conventio**, onis f	s. oben Zusammenkunft; Übereinkunft, Vertrag

–	**Militär-mission** l>frz;l	1. Offiziere, die ausländische Staaten in militärischen Fragen beraten {25/86}; 2. Gebäude, in dem sich eine Militärmission befindet {58/86}	**militaris** + **missio**, onis f	s. oben das Gehenlassen, Absenden
–	**Militär-tribunal** l>frz;l	Militärgericht zur Aburteilung militärischer Straftaten {82/86}	**militaris** + **tribunal**, lis n	s. oben Tribunal; Stuhl, von dem aus Amtshandlungen angeordnet werden
–	**Military** l>frz>engl	reitsportliche Vielseitigkeitsprüfung (Geländeritt, Dressur, Jagdspringen - sport. t. t.) {38/85}	**militaris**	s. oben
–	**Miliz**	1. Heer (hist. t. t.) {75/86}; 2. Reservesoldaten mit kurzer militärischer Ausbildung {33/59/86}; 3. Polizei mit halbmilitärischem Charakter {49/86}; 4. Streitkräfte aus Wehrpflichtigen (schweiz.) {86}	**militia**, ae f	Kriegs-, Heeresdienst; Gesamtheit der Soldaten
–	Milizionär			
2237	**Mille**	Tausend; tausend Mark (ugs.) {56/57}	**mille**	tausend
–	**Milli...**	ein Tausendstel (in Zusammensetzungen wie Milligramm etc.) {57}	dto.	dto.
–	**Milliardär** l>frz	Besitzer von Milliardenwerten; steinreicher Mann {43}	dto. frz. *million milliard*	dto.
–	**Milliarde** l>frz	1000 Millionen {57}	dto.	dto.
–	Milliardstel			
–	**Million** l>it	1000 mal 1000 {57}	dto. it. *milione*	 Großtausend
–	Millionär, Millionstel			
2238	**Mine** (kelt)>l >mlat>frz	1. unterirdischer Gang {58}; 2. Bergwerk; Erzvorkommen {02/41}; 3. stäbchenförmige Bleistift-, Kugelschreibereinlage {44}; 4. Sprengkörper {86}; 5. verborgener, heimtükkischer Anschlag {25/26/29/33};	**mina**, ae f mlat. mina frz. *mine*	Metallader Erzader, -grube; unterirdischer Gang
	(gr>l)	6. altgriechische Münz- und Gewichtseinheit {75/56}	gr. *μνᾶ*	

–	**Mineral** (kelt)>mlat >frz	anorganischer, natürlich gebildeter Stoff der Erdkruste (geol. t. t.) {02/73}	mlat. **minera** (aes) minerale frz. *minéral*	Erzgrube; Grubenerz Grubenerz, Erzgestein
–	Mineralisation, Mineralisatoren, mineralisch, mineralisieren, Mineralisierung, Mineraloge, Mineralogie, mineralogisch, minieren			
2239	**mini** (l;l)>it>frz >engl	sehr kurz, weit oberhalb des Knies endend (von Kleidern, Röcken, Mänteln {19/53/56}	**minor**, nus (Komp.) + **minium**, ii n it. *miniatura* engl. *miniature*	kleiner, geringer, kürzer Bergzinnober, Mennige mit Zinnoberrot ausgeführte (zierliche) Kleinmalerei
–	**Mini** l>it>frz >engl	1. weit oberhalb des Knies endende Kleidung; 2. extra kurzes Minikleid (ugs.) {19/53/56}	dto.	dto.
–	**Miniatur** l>it	1. Illustration einer (alten) Handschrift oder eines Buches {36/32}; 2. zierliche Kleinmalerei, kleines Bildnis {36}; 3. allgemein verkleinerter Gegenstand {56/58}	dto.	dto.
–	**miniaturisieren** l>it	verkleinern (von elektronischen Bauteilen) {41/56/58/87}	dto.	dto.
–	Miniaturisierung			
–	**Minibikini** l>it>frz >engl; polyn>am	äußerst knapper, den Körper so wenig wie möglich bedekkender Damenbadeanzug {18/19/53/56}	dto.	dto.
–	**Minikini** l>it>frz >engl; polyn>am	nur aus einer Art Slip bestehende Badebekleidung für Damen {18/19/53/56}	dto.	dto.
2240	**minimal** l>nlat	sehr klein, sehr wenig; niedrigst, winzig {53/57/58}	**minimus**, a, um (Superl.)	kleinster, geringster, unbedeutendster
–	**minimalisieren** l>nlat	1. so klein wie möglich machen, sehr stark reduzieren, vereinfachen {25/53/57/58}; 2. abwerten, geringschätzen {25/56}	dto.	dto.
–	**Minimalisierung** l>nlat	Vereinfachung, Reduzierung auf die elementaren Bestandteile {57/58/25}	dto.	dto.
–	**Minimalist** l>nlat	Vertreter einer am. Kunstrichtung {36}	dto.	dto.

–	**minimieren** l>nlat	verringern, verkleinern {53/57/58}	dto.	dto.
–	Minimierung			
–	**Minimum**	1. geringstes, niedrigstes Maß, Mindestmaß {57/58}; 2. unterster Extremwert (math. t. t.) {71}; 3. niedrigster Wert innerhalb des Beobachtungszeitraums (meteor. t. t.); 4. Kern eines Tiefdruckgebietes (meteor. t. t.) {65}	**minimum**, mi n	das Kleinste, Geringste, Wenigste
2241	**Minispion** l>it>frz >engl; germ>it	Kleinstabhörgerät {23/33/82}	**minor**	s. oben 2239
2242	**Minister** l>frz	Mitglied einer Landesregierung mit Geschäftsbereich; Staatsverwaltungsbeamter {50/40}	**minister**, tri m frz. *ministre*	Untergebener, Diener, Gehilfe; Vollstrecker Staatsdiener; mit einem politischen Amt Beauftragter
–	**ministerial** l>frz	von einem Ministerium ausgehend, zu ihm gehörend {50}	spätl. **ministerialis**, e	den Dienst beim Kaiser betreffend
–	**Ministerialdirektor** l>frz;l	Abteilungsleiter in einem Ministerium {50/40}	dto. + **director**, oris m	dto. Lenker, Leiter
–	**Ministerialdirigent** l>frz;l	Referatsleiter in einem Ministerium {50/40}	dto. + **dirigere**	dto. gerade richten, ordnen, leiten
–	**Ministeriale**	Angehöriger des mittelalterlichen Dienstadels (hist. t. t.) {33/47/75}	**ministeriales**, lium m (Pl.)	kaiserliche Ordonanzen oder Beamte
–	**Ministerialität** l>nlat	mittelalterlicher Dienstadel (hist. t. t.) {33/47/75}	dto.	dto.
–	**ministeriell** l>mlat>frz	einen Minister, ein Ministerium betreffend, von ihm ausgehend (z. B. Anordnungen) {28/50}	**ministerialis**	s. oben
–	**Ministerium** l>frz	höchste Verwaltungsbehörde eines Landes mit einem bestimmten Aufgabenbereich {50}	**ministerium**, ii n frz. *ministère*	Dienstleistung, Verrichtung; Verwaltung
–	**Ministerpräsident** l>frz;l	1. Vorsitzender eines Ministerrates; 2. Regierungschef eines Bundeslandes in Deutschland {50/40}	**minister** + **praesidere**	s. oben vorsitzen, leiten, die Aufsicht haben
–	**ministrabel** l>nlat	befähigt, Minister zu werden (selten) {22/33/40/50}	**ministerialis**	s. oben

–	**Ministrant**	kath. Meßdiener {40/51}	**ministrare**	zur Hand gehen, bedienen; verschaffen
–	**ministrieren**	bei der Messe dienen {33/51}	dto.	dto.
>>>	Minium s. Mennige bzw. Miniatur			
2243	**Minorität** l>mlat>frz	Minderzahl, Minderheit {33/50/57}	**minor**, nus mlat. minoritas frz. *minorité*	s. oben 2239 Minderheit
2244	**Minuend**	Zahl, von der etw. abgezogen werden soll (math. t. t.) {57/71}	**minuere**	verkleinern, vermindern, verringern
>>>	Minuetto s. Menuett			
–	**minus**	1. weniger (math. t. t.) {57/71}; 2. unter dem Gefrierpunkt liegend (meteor. t. t.) {65/72}; 3. negativ (elektrotechn. t. t.) {72}	**minor**, nus	s. oben 2243
–	**Minus**	1. Verlust, Fehlbetrag {42/80}; 2. Mangel, Nachteil {25/33/56}	dto.	dto.
–	**Minuskel**	Kleinbuchstabe (bes. in mittelalterlichen Handschriften - hist. t. t.) {32/75}	**minusculus**, a, um	etwas klein, etwas kleiner
–	**Minute** l>mlat	1. 1/60 Stunde {59}; 2. 1/60 Grad (math. t. t.) {71}	**minutus**, a, um	ganz klein, winzig; Zeitteilchen
–	minütlich			
–	**minutiös** o. **minuziös** l>frz	1. peinlich genau, äußerst gründlich ; 2. kleinlich (veraltet) {25/26/33}	**minutia**, ae f frz. *minutie* *minutieux*	Kleinheit, Kleinigkeit Kleinigkeit; peinliche Genauigkeit; Kleinlichkeit
2245	**Minze** (gr)>l	Pflanzengattung der Lippenblütler {04/17}	**menta**, ae f gr. *μίνθη*	Minze
2246	**Mirage** l>frz	1. Luftspiegelung (meteor. t. t.) {65}; 2. Selbsttäuschung (veraltet) {24}; 3. Name eines frz. Kampfflugzeuges {45/86}	**mirari** frz. *mirer*	sich wundern; bewundern
2247	**Mirakel**	1. Wunder, Gebetserhörung (rel. t. t.) {51}; 2. mittelalterliches Drama über Marien- u. Heiligenwunder {35/51/74}	**miraculum**, li n	Wunder, wunderbares Ereignis

–	**mirakulös**	durch ein Wunder bewirkt (veraltet) {51}	**miraculose** (Adv.) mlat. miraculosus frz. *miraculeux*	auf wunderbare Weise, durch ein Wunder wunderbar
2248	**mischen**	zwei Substanzen, Dinge miteinander vermengen {56}	**miscere**	(ver)mischen, vermengen, vereinigen
–	Mischung, Mischling, Mischmasch, Gemisch, Mischehe			
2249	**miserabel** l>frz	1. sehr schlecht; 2. erbärmlich {25/56}; 3. moralisch minderwertig, gemein {30}	**miserabilis**, e frz. *misérable*	jämmerlich, kläglich, erbärmlich, schuftig
–	**Misere** l>frz	Elend, Unglück; Notsituation {25/26/33}	**miseria**, ae f frz. *misère*	Elend, Not, Unglück
–	**Misereor**	kath. Hilfsorganisation für Entwicklungsländer {51/33}	**misereri** (**misereor**	Mitleid haben, sich erbarmen ich erbarme mich)
2250	**Miss** o. **Miß** l>frz>engl	1. (engl.) Anrede für eine junge unverheiratete Frau {32/33}; 2. aus England stammende Erzieherin (veraltet) {31/40}; 3. Schönheitskönigin (in Verbindung mit einem Titel o. Ortsnamen) {18/33/85}	**magister** afrz. *maistresse* engl. *mistress*	s. oben 2113
2251a	**Missile** l>engl>am	Flugkörpergeschoß {86}	**mittere**	(feindlich los)-schicken, senden; übergeben
–	**Mission** l>mlat/frz	1. Sendung, (ehrenvoller) Auftrag; innere Aufgabe {25/28}; 2. Verbreitung einer religiösen Lehre unter Andersgläubigen, Heidenbekehrung (rel. t. t.) {51}; 3. (ins Ausland) entsandte Person(engruppe) mit besonderem Auftrag {28/33/40/50}; 4. diplomatische Vertretung eines Staates im Ausland {50}	**missio**, onis f (3., 4.: frz. *mission)*	das Ziehen-, Gehen lassen, Absenden; Entlassung, Verabschiedung
–	**Missionar** l>nlat	in der Mission (2.) tätiger Priester o. Prediger (rel. t. t.) {51}	dto.	dto.
–	**missionarisch** l>nlat	die Mission (2.) betreffend; auf Bekehrung hinzielend (rel. t. t.) {51/28}	dto.	dto.
–	**missionieren** l>nlat	eine (bes. die christliche) Glaubenslehre verbreiten, zum christlichen Glauben bekehren (rel. t. t.) {51/28}	dto.	dto.

2251b	**Mißkredit** d;l>it>(frz)	schlechter Ruf, mangelndes Vertrauen {33/25}	**credere**	anvertrauen, glauben
			(PPP. **creditus**)	das Anvertraute, Darlehen
			it. *credito* frz. *crédit*	Leihwürdigkeit
2252	**Mistral** l>prov/it >frz	kalter nördlicher Wind in Südfrankreich {01/65}	**magister** prov. *mistral* it. *maestrale*	s. oben 2113 Nordwestwind
2253	**Miszell(ane)en**	kleine Aufsätze verschiedenen Inhalts (bes. in wiss. Zeitschriften) {32/40}	**miscellanea**, neorum n (Pl.)	Speisengemengsel; Vermischtes; Schrift gemischten Inhalts
>>>	Mittelpunkt s. Punkt			
2254	**mixen** l>frz>engl	1. mischen (z. B. alkoholische Getränke) {56/17}; 2. Speisen mit einem elektrischen Küchengerät zerkleinern u. mischen {56/17}; 3. mischen verschiedener Aufzeichnungen auf eine Tonspur (techn. t. t.) {56/87}	**miscere** (PPP. **mixtus**) afrz. *mixte* engl. *to mix*	(ver)mischen, vermengen, vereinigen
–	**Mixer** l>frz>engl	1. (=Barmixer) jmd., der alkoholische Getränke mischt {17/40/56}; 2. Techniker, der verschiedene (Film)tonspuren mischt {40/56/87}; 3. Gerät zum Mixen (3.) {17/87}	dto.	dto.
–	**Mixed** l>frz>engl	gemischtes Doppel beim Tennis (sport. t. t.) {56/85}	dto.	dto.
–	Mix(ed)pickles			
–	**Mixtur**	1. (flüssige Arznei)mischung {56/70}; 2. Orgelregister, das auf jeder Taste mehrere Pfeifen ertönen läßt (mus. t. t.) {37}	**mixtura**, ae f	Vermischung, Vereinigung; Begattung
2255	**Mob** (l;l)>engl	Pöbel; aufgewiegelte Volksmenge {33}	**mobilis**, e	beweglich, leicht zu bewegen; biegsam, veränderlich
			+ **vulgus**, gi n	Volk, Menge
			mobile vulgus	bewegliche Masse, Volk, Menge
2256	**Möbel** l>mlat>frz	1. Einrichtung(sgegenstand), Mobiliar {44}; 2. ungefüger Gegenstand (ugs.) {40/44/58}	**mobilis** mlat. mobile	s. oben 2255 bewegliches Hab und Gut
			frz. *meuble*	Hausgerät; Einrichtungsgegenstand

–	**möblieren** l>mlat>frz	mit Hausrat einrichten, ausstatten {44}	dto. frz. *meubler*	dto.
–	Möblierung,	aufmöbeln, vermöbeln		
–	**mobil** l>frz	1. beweglich, nicht standortgebunden {54/61}; 2. Wohnsitz u. Arbeitsplatz häufig wechselnd {61/40/44}; 3. für den Krieg ausgerüstet, einsatzbereit {86}; 4. wohlauf, gesund, lebendig, munter (ugs.) {14}	**mobilis**	s. oben 2255
–	**Mobil**	Fahrzeug {45}	dto.	dto.
–	**mobile** l>it	beweglich, nicht steif (mus. t. t.) {37}	dto.	dto.
–	**Mobile** l>mlat >engl	hängend befestigte kinetische Plastik aus Plättchen, Stäben und Drähten (kunstwiss. t. t.) {36/44/61/79}	dto.	dto.
–	**Mobiliar** (l;l)>l>mlat >nlat	Gesamtheit der Möbel und Einrichtungsgegenstände; Hausrat, bewegliches Habe {43/44}	**res**, ei f + **mobilis**, e **res mobiles** mlat. mobilia	Sache, Ding; Vermögen (Pl.) s. oben 2255 bewegliches Vermögen bewegliches Vermögen
–	**Mobilien** l>mlat	1. Hausrat, Möbel (veraltet) {44}; 2. bewegliche Güter (wirtsch. t. t.) {80}	dto.	dto.
–	**Mobilisation** l>frz	1. Operation, bei der Körperteile (z. B. Gelenke) wieder beweglich gemacht werden (med. t. t.) {70}; 2. = Mobilmachung {86}	**mobilis**	s. oben 2255
–	Mobilisator			
–	**mobilisieren** l>frz	1. mobilmachen (mil. t. t.) {86}; 2. beweglich, zu Geld machen (wirtsch. t. t.) {80}; 3. ein Körperteil wieder beweglich machen (med. t. t.) {70}; 4. in Bewegung versetzen, zum Handeln veranlassen; verfügbar machen {61/28/29}	dto. frz. *mobiliser*	dto.
–	**Mobilisierung** l>frz	1. Aktivierung von Lebensvorgängen (biol. t. t.) {68/69}; 2. Umwandlung von gebundenem Kapital in Geldvermögen (wirtsch. t. t.) {42/80}; 3. = Mobilmachung {86}	dto.	dto.
–	**Mobilist**	Autofahrer (ugs., scherzhaft) {45/33}	dto.	dto.

–	**Mobilität**	1. (geistige) Beweglichkeit {22/25}; 2. Beweglichkeit innerhalb der Gesellschaft {33}; 3. Häufigkeit des Wohnsitzwechsels einer Person {33/44/61}	**mobilitas**, atis f	Beweglichkeit; Unbeständigkeit; Schnelligkeit
–	**mobilmachen** l;d	1. in den Kriegszustand versetzen {86}; 2. in Aufregung, Bewegung versetzen (ugs.) {26/61}	**mobilis** frz. *mobile*	s. oben 2255 marschbereit, beweglich
–	Mobilmachung			
–	**Mobilstation** l;l	Sprechfunkanlage im Auto oder als Handgerät {87}	dto. + **statio**, onis f	dto. Aufenthalt, Standort; das Stillstehen
2257	**modal** l>mlat	1. die Art und Weise des Geschehens betreffend, bezeichnend (philos., sprachwiss. t. t.) {76/77}; 2. in Modalnotation (einer Notenschrift des 12./13. Jh.s) notiert (mus. t. t.) {37}	**modus**, di m	Maß; Melodie; Regel; Art und Weise
–	**Modalität** l>mlat >nlat	1. Art und Weise (des Seins, des Denkens - philos., sprachwiss. t. t.) {76/77}; 2. Art und Weise der Aus- und Durchführung eines Vertrages o. ä. {80/82}	dto.	dto.
–	**Mode** l>frz	1. Brauch, Sitte zu einem bestimmten Zeitpunkt {33/59}; 2. Tages-, Zeitgeschmack (bei Kleidung, Schmuck o. ä.) {19/20/26/59/79};	dto. frz. *mode*	dto.
	(l>engl)	3. Schwingungsform elektromagnetischer Wellen in Hohlleitern (elektrotechn. t. t.) {72}		
–	**Modistin** l>frz	Putzmacherin; Angestellte eines Hutgeschäftes {40/19/20}	dto. frz. *modiste*	dto.
–	**Model**	1. Halbmesser des unteren Teils einer antiken Säule (archit. t. t.) {88}; 2. Hohlform für die Gebäckherstellung {40/58/17}; 3. erhabene Druckform für Stoff- und Tapetendruck {40/41/44}; 4. Strick- und Wirkmuster {40/19};	**modulus**, li m vulgl. modellus* it. *modello*	Rhythmus, Takt, Melodie; Maß(stab) Muster, Form; Vorbild; Entwurf; Mannequin
	(l>vulgl>it >engl)	5. Mannequin, Fotomodell {40/18}		

–	**Modell** l>vulgl>it	1. Muster, Vorbild {33/56/25}; 2. Entwurf oder verkleinerte, maßstabsgetreue Nachbildung {58/25/56}; 3. Kleidungsstück-Unikat {19/57}; 4. Mensch oder Gegenstand als Vorbild für ein Werk der bildenden Kunst {36}; 5. Typ, Ausführungsart eines Fabrikats {41/56/87}; 6. vereinfachte Darstellung zur Erleichterung der Untersuchung {25/56}; 7. Mannequin; 8. Callgirl {40/18}	dto.	dto.
–	**Modelleur** o. **Modellierer** l>vulgl>it >frz	Former, Musterformer {40}	dto. frz. *modelleur*	dto.
–	**modellieren** l>vulgl>it	(eine Plastik) formen, ein Modell herstellen {40/29/36}	dto. it. *modellare*	dto.
–	**modeln**	gestalten, in eine Form bringen {29/53}	**modulus**	s. oben
–	**Modem** (l;l;l)>engl	engl. Kurzform aus Modulator / Demodulator: Gerät zur Übertragung von Daten über Fernsprechleitungen (EDV - t. t.) {46/71/87}	**modulator**, oris m + **de** + **modulator**	jmd., der bei etw. den gehörigen Rhythmus beobachtet s. oben 0580
2258	**moderat**	gemäßigt, maßvoll {26/56/84}	**moderatus**, a, um	gemäßigt, Maß haltend; besonnen
–	**Moderation**	1. Mäßigung, Gleichmut (veraltet) {26}; 2. Leitung und Redaktion einer Rundfunk- o. TV-Sendung {32/40/85}	**moderatio**, onis f	Mäßigung, Selbstbeherrschung; Leitung, Herrschaft
–	**moderato** l>it	gemäßigt, mäßig schnell (mus. t. t.) {37/59}	**moderatus**	s. oben
–	**Moderator**	1. (leitender) Rundfunk- oder TV-Redakteur, der durch die Sendung führt {32/40/85}; 2. Stoff, der Neutronen hoher Energie abbremst (kernphys. t. t.) {72}; 3. Vorsteher eines gewählten Vorstandskollegiums einer reformierten Synode (rel. t. t.) {33/51}	**moderator**, oris m	Lenker, Handhaber; Mäßiger
–	**moderieren**	1. eine Rundfunk- oder TV-Sendung mit einleitenden u. verbindenden Worten versehen {32/40/85}; 2. mäßigen (veraltet, noch landsch.) {33/56}	**moderari**	mäßigen, beherrschen; leiten, lenken

2259	**modern** l>frz	1. der Mode (1.) entsprechend {59/26/19}; 2. neuzeitlich, neuartig {59/56}	**modernus**, a, um frz. *moderne*	neu, neuer
–	**Moderne** l>frz	1. moderne Richtung in Literatur, Kunst, Musik {59/34/35/36/37}; 2. die jetzige Zeit und ihr Geist {59/25/33}	dto.	dto.
–	**modernisieren** l>frz	1. der gegenwärtigen Mode (1.) entsprechend umgestalten, umändern (von Kleidungsstücken) {19/59/61}; 2. nach neuesten technischen o. wissenschaftlichen Erkenntnissen austatten, verändern {41/61/72/87}	dto. frz. *moderniser*	dto.
–	**Modernismus** l>frz	1. Streben nach Modernität (in Kunst und Literatur {34/35/36}; 2. Reformbewegung in der kath. Kirche {51}; 3. modernes Stilelement {25/59}	dto.	dto.
–	Modernist			
–	**modernistisch** l>frz	zum Modernismus gehörend; sich modern gebend {59/26/33}	dto.	dto.
–	**Modernität** l>frz	1. neuzeitliches Verhalten, Gepräge {25/26/33}; 2. Neuheit {59/56}	dto.	dto.
2260	**modest**	bescheiden, sittsam (veraltet) {26/84}	**modestus**, a, um	mäßig, besonnen; bescheiden, sittsam
2261	**Modifikation**	1. Abwandlung, Veränderung, Einschränkung {25/56/61}; 2. nichterbliche Änderung bei Pflanzen und Tieren (biol. t. t.) {68/69}; 3. Zustandsform, in der ein Stoff vorkommt (chem. t. t.) {73}	**modificatio**, onis f	Abmessung
–	**Modifikator**	1. etw., das abschwächende o. verstärkende Wirkung hat {61/56}; 2. modifizierend wirkendes Gen (biol. t. t.) {68/69}	**modificator**, oris m	jmd., der etw. gehörig einrichtet
–	**modifizieren**	einschränken, abändern, abwandeln {61/56}	**modificare** o. **modificari**	gehörig abmessen; mäßigen abmessen, Maß halten
2262	**modisch** l>frz	nach der Mode {19}	**modus** frz. *mode*	s. oben 2257

2263	**Modul**	1. = Model (1.-4.) {s. oben}; 2. zugrundeliegendes Verhältnis (math. t. t.); 3. Divisor, in bezug auf den zwei Zahlen kongruent sind (math. t. t.); 4. absoluter Betrag einer komplexen Zahl (math. t. t.) {71}; 5. Materialkonstante (phys., techn. t. t.);	**modulus** (1.: vulgl. modellus* it. *modello)*	s. oben 2257
	(l>engl/ am)	6. komplexes, eine geschlossene Funktionseinheit bildendendes Geräteteil (elektrotechn. t. t.) {41/72/87}	engl. *module*	
2264	**Modulation**	1. Beeinflussung einer Trägerfrequenz zum Zweck der Nachrichtenübertragung (techn. t. t.) {46/72/87}; 2. Tonartenwechsel (mus. t. t.); 3. Abstimmen von Tonstärken u. Klangfarbe im Musikvortrag (mus. t. t.) {37}	**modulatio**, onis f	das proportionierte Maß, Grundmaß; das Rhythmische
–	**Modulator**	Modulationsgerät (1.) (techn. t. t.) {46/72/87}	**modulator**, oris m	jmd., der den Rhythmus beobachtet
–	modulatorisch			
–	**modulieren**	1. abwandeln {61/29}; 2. eine Frequenz zwecks Nachrichtenübermittlung beeinflussen (techn. t. t.) {46/72/87}; 3. in eine andere Tonart übergehen (mus. t. t.) {37}	**modulari**	abmessen; regeln; taktmäßig, melodisch singen
>>>	Modultechnik s. Modul			
2265	**Modus**	1. Art und Weise {25/56}; 2. Aussageweise des Verbs im Deutschen (sprachwiss. t. t.) {76}; 3. Kirchentonart; Taktmaß (mus. t. t.) {37/51}	**modus**	s. oben 2257
2266	**Mohr**	dunkelhäutiger Mensch, Neger (veraltend) {10}	**Maurus**, ri m	der Mauretanier, Afrikaner mit dunkler Hautfarbe
–	**Mohrenkopf** l;(gr)>l >gallorom	runde Gebäckart mit Schokoladenüberzug {17}	dto. + **cupa**	dto. s. oben 1894b
2267	**Mol** l>nlat	bestimmte Menge eines chemisch einheitlichen Stoffes (chem. t. t.) {73/57}	**moles**, lis f	Schwere, Masse; Klumpen, Damm
–	**Molalität** l>nlat	Maßangabe der Konzentration von Lösungen in Mol je kg (chem. t. t.) {73/56/57}	dto.	dto.

–	**molar** l>nlat	das Mol betreffend, je ein Mol (chem. t. t.) {73/57}	dto.	dto.
2268	**Mole** l>it	Hafendamm {45/88}	**moles** it. *molo*	s. oben 2267
–	**Molekül** l>frz	kleinste Einheit einer chemischen Verbindung mit bestimmten Eigenschaften (chem. t. t.) {57/73}	dto. frz. *molécule*	dto.
–	molekular			
2269	**Molesten**	Beschwerden, Belästigungen (veraltet, noch landsch.) {25/26/32}	**molestia**, ae f	Beschwerde, Unbehagen, Verdruß
–	**molestieren**	belästigen (veraltet, noch landsch.) {32/25/26}	**molestare**	beschwerlich fallen, belästigen
2270a	**Moll** l>mlat	Tonart mit kleiner Terz im Dreiklang auf der ersten Stufe (mus. t. t.) {37}	**mollis**, e	weich, beweglich, biegsam, sanft
2270b	**Molle** l>mnd	1. Bierglas {44}; 2. Glas Bier (ugs., berlinisch) {17}	**mulctra**, ae f mnd. *molle*	Melkfaß, -kübel vgl. unten 2309
2270c	**mollig**	rundlich, nicht schlank {11/55}	uns.: **mollis**	s. oben 2270a
2271	**Molluske** l>nlat	Weichtier (z. B. Muscheln, Schnecken) {08}	**molluscus**, ci m bzw. **molluscus**, a, um	Ahornschwamm weich (mit dünner Schale)
2272	**molto** l>it	viel, sehr (mus. t. t.) {37/56}	**multus**, a, um	viel, zahlreich, sehr
2273	**Moment** l>frz	1. Augenblick, Zeitpunkt; 2. kurze Zeitspanne {59}; 3. ausschlaggebender Umstand; Merkmal; Gesichtspunkt {25/56}; 4. Produkt aus zwei physikalischen Größen (phys. t. t.) {72}	**momentum**, ti n	Bewegung; Augenblick; Gewicht, Bedeutung
–	**momentan** l>frz	augenblicklich, vorübergehend {59}	**momentaneus**, a, um	nur augenblicklich, zeitlich
–	monaural s. aural			
2274	**mondän** l>frz	nach Art der großen Welt, modern, von auffälliger Eleganz {19/20/55/79}	**mundanus**, a, um	zur Welt gehörig, weltlich; himmlisch
2275	**mondial** l>frz	weltweit, weltumspannend {58/64}	**mundialis**, e	weltlich, irdisch
2276	**monetär**	geldlich, die Finanzen betreffend {42/80}	**monetarius**, a, um	zur Münze gehörig, Münz...
–	**Monetarismus** l>nlat	Wirtschaftssteuerung durch Geldmengen (wirtsch.wiss. t. t.) {42/80}	dto.	dto.
–	Monetarist, monetaristisch			
–	**Moneten**	Geld (ugs.) {42/43}	**moneta**, ae f	Münze, Münzstätte, -stempel

–	**monetarisieren** l>nlat	in Geld umwandeln (wirtsch. t. t.) {42/80}	dto.	dto.
–	Monetarisierung			
2277	**monieren**	etw. bemängeln, tadeln, rügen, beanstanden {25/32/33}	**monere**	erinnern, ermahnen, veranlassen
–	**Monitor** l>engl	1. Kontrollbildschirm (für TV-Moderatoren o. zur Überwachung elektronischer Anlagen {32/40/46/87}; 2. einfaches Strahlennachweis- und -meßgerät (phys. t. t.) {72}; 3. Aufseher (veraltet) {33/40}; 4. veralteter Panzerschifftyp {45/86}	**monitor**, oris m	Erinnerer, Souffleur; Mahner, Warner
2278	**monokausal** gr;l	sich nur auf eine Grundlage stützend {60/25/57}	gr. *μόνος* + **causalis**, e	allein, einzeln, einzig zur Ursache gehörig
–	**Monokel** gr;l	Einglas, Korrekturlinse für ein Auge {14/70}	gr. *μόνος* + **oculus**, li m	s. oben Auge
–	**monokular** (gr;l)>nlat	mit einem Auge, für ein Auge (med. t. t.) {14/23/70}	gr. *μόνος* + **ocularis**, e	s. oben zu den Augen gehörig, Augen...
–	**Monokular** (gr;l)>nlat	Fernglas für ein Auge {23/38/87}	dto.	dto.
–	**Monokultur** gr;l	landwirtschaftliche Bodennutzung mit nur einer Nutzpflanze {39/57}	gr. *μόνος* + **cultura**, ae f	s. oben Pflege, Bebauung; Landwirtschaft
>>>	Monroedoktrin s. Doktrin			
2279	**Monseigneur** (l/l>frz;l >frz)>frz	1. Titel der frz. Ritter o. Prinzen {33/47}; 2. Titel für hohe Geistliche {33/51}	**meus**, a, um beeinflußt von: **bonus**, a, um frz. *mon* + **senior**, ris m frz. *seigneur*	mein gut, tüchtig der ältere, (reifere) Herr
–	**Monsieur** (l/l>frz;l >frz)>frz	frz. Anrede: Herr {32/33}	dto.	dto.
–	**Monsignore** (l/l>frz;l >frz)>frz>it	1. Titel hoher ital. kath. Geistlicher; 2. Titel päpstlicher Geheimkämmerer {33/51}	dto. it. *signore*	dto.
2280	**Monster** l>frz>engl	Ungeheuer {14/24/25/53}	**monstrum**, ri n	Ungeheuer, Unhold, Scheusal
–	Monsterfilm			

–	**monströs** l>(frz)	1. ungeheuerlich {25/56}; 2. mißgestaltet (med. t. t.) {14/70}	**monstr(u)osus**, a, um	widernatürlich, scheußlich; seltsam
–	**Monstrosität** l>(frz)	1. Ungeheuerlichkeit {25/56}; 2. Mißbildung, Mißgeburt (med. t. t.) {14/70}	**monstrositas**, atis f	Wider-, Unnnatürlichkeit
–	**Monstrum** o. **Monster**	1. Ungeheuer {24/25/53}; 2. großer, unförmiger Gegenstand; etw. Riesiges {53}; 3. Mißbildung, Mißgeburt (med. t. t.) {14/70}	**monstrum**	s. oben
–	**Monstranz** l>mlat	kostbares Gefäß zum Tragen und Zeigen der geweihten Hostie (rel. t. t.){51/58}	**monstrare** mlat. monstrantia	zeigen, (hin)weisen, andeuten die zeigenden (Gefäße)
2281	**Montage** l>vulgl>frz	1. das Zusammensetzen und Betriebsbereit-machen (einer Maschine) aus vorgefertigten Produktionsteilen {40/41/29}; 2. ein Kunstwerk zusammensetzen {36}; 3. künstlerischer Aufbau eines Films aus einzelnen Bild- und Handlungseinheiten {35/85}	**mons**, ntis m vulgl. montare* frz. *monter* *montage*	Berg, Gebirge steigen steigen, aufsitzen; errichten, aufbauen
2282	**montan**	Bergbau und Hüttenwesen betreffend {41}	**montanus**, a, um	auf den Bergen befindlich, Berg..., Gebirgs...
–	**Montanindustrie** l;l	Gesamtheit der bergbaulichen Industrieunternehmen {41/57}	dto. + **industria**, ae f	dto. s. oben 1360

\>>> Montanunion s. Union

2283	**Monteur** l>vulgl>frz	Montagefacharbeiter {40/41}	**mons** / montare* frz. *monteur*	s. oben 2281
–	**montieren** l>vulgl>frz	1. eine Maschine zusammensetzen und betriebsbereit machen; 2. etw. (mit technischen Hilfsmitteln) installieren, anbringen {29/40/41}; 3. etw. zu künstlerischen Zwecken zusammensetzen {36}; 4. einen Edelstein fassen {40/29/20}	dto. frz. *monter*	dto.
–	**Montur** l>vulgl>frz	1. Uniform, Dienstkleidung; 2. einteiliger Arbeitsanzug (ugs.) {40/19}; 3. Unterbau für eine Perücke {21}; 4. Fassung für Edelsteine {20/58}	dto. frz. *monture*	dto. Ausrüstung
2284a	**Monument**	1. (großes) Denkmal {24/36/88}; 2. (wichtiges) Erinnerungszeichen; Gedenkstein {24/36}	**monumentum**, ti n	Erinnerungszeichen, Denkmal, Andenken; Urkunden

–	**monumental**	1. denkmalartig {24/36/88}; 2. gewaltig, großartig {25/26/56}	**monumentalis**, e	nur als Denkzeichen dienend
–	**Monumentalität** l>nlat	eindrucksvolle Größe, Großartigkeit {25/26/56/58}	dto.	dto.
2284b	**Mop** l>afrz>engl	Staubbesen mit ölgetränkten Fransen {44}	**mappa**, ae f afrz. *mappe* engl. *mop*	Tuch, Decke
–	moppen			
>>>	Moped s. Motor bzw Pedal			
2285	**Mora**	1. (Zahlungs-, Weisungs)verzug {59/80}; 2. kleinste Zeiteinheit im Verstakt {32/59}	**mora**, ae f	Verzug, Verzögerung, Aufschub, Aufenthalt
2286	**Moral** l>frz	1. System von auf Tradition, Gesellschaftsform u. Religion beruhenden sittlichen Grundsätzen u. Normen {30}; 2. sittliches Verhalten {30/33}; 3. Stimmung, Kampfgeist {26}; 4. philos. Sittlichkeitslehre {30/77}; 5. lehrreiche Nutzanwendung {25}	**moralis**, e (bzw. philosophia moralis frz. *morale*	die Sitten betreffend, moralisch, ethisch Sittenlehre)
–	**moralisch** l>frz	1. der Moral (1.) entsprechend {30/33}; 2. die Moral (3.) betreffend {30/77}; 3. sittenstreng, tugendhaft {30}; 4. eine Moral (5.) enthaltend {30}; 5. geistig, nicht körperlich (veraltet) {25}	dto.	dto.
–	**moralisieren** l>frz	1. moralische (1.) Überlegungen anstellen {25/30}; 2. die Moral (2., 4.) verbessern {26/30/33}; 3. den Sittenprediger spielen {30/33}	dto. frz. *moraliser*	dto.
–	Moralist			
–	**Moralität** l>frz	1. moralische Haltung; sittliches Empfinden, Verhalten {30/33/84}; 2. mittelalterliches, lehrhaft allegorisierendes Drama {35/74/75}	**moralitas**, atis f	Charakteristik; Moralität
2287	**Moratorium** l>mlat	gesetzlich angeordneter, (vertraglich) vereinbarter Aufschub (z. B. einer Zahlung) {50/59/80}	**mora**	s. oben 2285
2288	**morbid** l>frz	1, kränklich, krankhaft (med. t. t.) {70/14}; 2. im (sittlichen) Verfall begriffen {30/33}	**morbidus**, a, um frz. *morbide*	krank, siech, ungesund
–	**Morbidität** l>nlat	1. Krankheitsstand; Zahlenverhältnis von Kranken und Gesunden (med. t. t.) {70/57}; 2. sittlicher Verfall {30/33}	dto.	dto.

–	**Morbus**	Krankheit (med. t. t.) {70}	**morbus**, bi m	Krankheit; Verdruß
2289	**Morelle** o. **Marelle** l>it>(frz)	Sauerkirschenart {05/17}	**Maurus**, ri m it. *morellus morello* frz. *morelle*	s. oben 2266a Nachtschatten
2290	**Mores**	1. Sitten, Anstand {33/30}; 2. jmdn. - lehren: energisch zurechtweisen {25/32}	**mos**, oris m (Pl. mores)	Sitte, Anstand; Benehmen; Charakter
2291	**morganatisch** mlat	nicht standesgemäß (in bezug auf die Ehe) {33/82/75}	mlat. **matrimoniam ad morganaticam**	Ehe zur linken Hand, Ehe auf (bloße) Morgengabe
2292	**moribund**	im Sterben liegend; sterbend (med. t. t.) {52/70}	**moribundus**, a, um	dem Tode nahe, im Sterben liegend
2293a	**Mörser**	schalenförmiges Gefäß zum Zerkleinern und Zerstoßen harter Stoffe {40/44}	**mortarium**, ii n	Mörser; Mörtel(pfanne)
2293b	**Mortadella** (gr)>l>it	ital. Zervelatwurst; Brühwurst aus Schweine- u. Kalbfleisch, Speckwürfeln u. Zunge {17}	**murta**, ae f gr. *μυρσίνη* **murtatum**, ti n (sc. farcimen) it. *mortadella*	Myrtenbeere mit Myrte(nbeeren) gewürzt(e Wurst)
2293c	**Mörtel**	Bindemittel für Bausteine {40/41}	**mortarium**	s. oben 2293a
2294	**Mortalität**	Sterblichkeit(sziffer) (med. t. t.) {52/57/70}	**mortalitas**, atis f	Sterblichkeit; Sterbefälle
–	**mortifizieren**	1. demütigen, beleidigen (veraltet) {26/32/33}; 2. kasteien {25/26}; 3. absterben (lassen), abtöten (med. t. t.) {52/70}; 4. tilgen, für ungültig erklären (jur. t. t.) {28/56/82}	**mortificare**	töten
2295	**Morula** (gr)>l>nlat	maulbeerähnlicher, kugeliger Zellhaufen der befruchteten Eizelle; Zellwachstumsstufe (biol. t. t.) {69/70}	**morum**, ri n gr. *μῶρον* o. *μόρον*	Maulbeere; Brombeere
2296	**Mosaik** (gr)>l>mlat >it>frz	1. flaches Bildwerk aus verschiedenfarbigen Steinen o. Glassplittern {36}; 2. aus vielen Teilen zusammengesetzte Einheit, bunte Vielfalt {56}	**musivum**, vi n (sc. opus) gr. *μουσεῖος* mlat. musaicum it. *mosaico* frz. *mosaïque*	Mosaik(arbeit) den Musen geweiht, künstlerisch
2297	**Moskito** l>span	Stechmücke {08}	**musca**, ae f span. *mosca* *mosquito*	Fliege Stechmücke

2298	**Most** l;l	unvergorener Frucht-, Traubensaft; Obstwein {17}	**vinum**, ni n + **mustus**, a, um (vinum) **mustum**	Wein jung, neu, frisch junger Wein, Most
–	**Mostrich** l>roman/ afrz>frz	Senf (aus zerriebenen Senfkörnern und Most bzw. Weinessig) {17}	dto. afrz. *mostarde* frz. *moutarde*	dto.
2299	**Motette** l>vulgl >mlat>it	mehrstimmiger Kirchengesang ohne Instrumentalbegleitung {37/51}	**muttire** vulgl. muttum mlat. motetum it. *mot(t)etto*	mucksen; halblaut reden Muckser; Wort Kirchengesang
2300	**Motion** l>frz	1. (Leibes)bewegung (veraltet) {12}; 2. schriftlicher Antrag im Parlament (schweiz.) {32/50}; 3. Abwandlung (des Adjektivs) nach dem jeweiligen Geschlecht (sprachwiss. t. t.) {76}	**motio**, onis f	Bewegung; Degradierung
2301	**Motiv** l>mlat>frz	1. Leitgedanke; Beweggrund, Ursache; Zweck {25/60}; 2. kleinste, gestaltbildende musikalische Einheit (mus. t. t.) {37}; 3. Vorlage, Gegenstand einer künstlerischen Darstellung (künstl. t. t.) {36/79}	**motivus**, a, um mlat. motivus motivum frz. *motif*	zur Bewegung geeignet, beweglich antreibend, anreizend Beweggrund, Antrieb
–	**Motivation** l>mlat >nlat	1. Summe der das menschliche Handeln beeinflussenden Beweggründe {25/60}; 2. Durchschaubarkeit einer aus Teilen bestehenden Wortbildung (sprachwiss. t. t.) {76}; 3. das Motiviertsein {25/26}	dto.	dto.
–	motivational			
–	**motivieren** l>mlat>frz	1. begründen {25/32/60}; 2. zu etw. anregen, veranlassen {25/28}	dto. frz. *motiver*	dto.
–	**motiviert** l>mlat>frz	1. als Wort in der semantischen Struktur durchsichtig (sprachwiss. t. t.) {76}; 2. angeregt, veranlaßt sein {25/28}	dto.	dto.
–	Motivierung			
–	**Motivik** l>mlat >nlat	Kunst der Motivverarbeitung in einem Tonwerk (mus. t. t.) {37}	dto.	dto.
–	**motivisch** l>mlat >nlat	das Motiv, die Motivik betreffend {s. darunter}	dto.	dto.

2302	**Motodrom** (l;gr)>frz	Rennstrecke, Rundkurs für Motorsportveranstaltungen {45/58/85}	**motor**, oris m + gr. *δρόμος*	Beweger; Fortrükker der Grenzsteine Lauf
–	**Motor**	1. Maschine, die Kraft erzeugt und etw. in Bewegung setzt {40/41/61/72/87}; 2. Kraft, die etw. antreibt; jmd., der etw. voranbringt {25/28/33/72}	**motor**	s. oben
–	...motorig			
–	**Motorik** l>nlat	1. menschliche Bewegungen als Ausdruck der Persönlichkeit (psych. t. t.); 2. Gesamtheit der willkürlichen aktiven Muskelbewegungen (med. t. t.) {12/70}; 3. gleichmäßige, motorartige Rhythmik (mus. t. t.) {37}; 4. Gesamtheit von Bewegungsabläufen {12/57}	dto.	dto.
–	Motoriker			
–	**motorisch**	1. bewegend, der Bewegung dienend; von einem Motor angetrieben {41/61/72/87}; 2. die Motorik (1.) betreffend {12/70}; 3. einen Muskelreiz aussendend und weiterleitend (von Nerven - med. t. t.) {70}; 4. von eintönig hämmernder Rhythmik (mus. t. t.) {26/37}; 5. gleichförmig, automatisch ablaufend {56/59}	**motorius**, a, um	voll Bewegung, lebhaft
–	**motorisieren** l>frz	mit Kraftfahrzeugen ausstatten, sich ein Kraftfahrzeug anschaffen {45/43}	dto. frz. *motoriser*	dto.
–	**Motorisierung** l>frz	das Ausstatten mit einem Motor (1.) bzw. mit Kraftfahrzeugen {45/72/43}	dto.	dto.
2303	**Motto** l>vulgl>it	Denk-, Wahl-, Leitspruch; Kennwort {25/28/32}	**muttire** vulgl. muttum it. *motto*	s. oben 2299 Witzwort, Wahlspruch
2304	**Mouche** l>frz	1. Schönheitspflästerchen {21}; 2. Treffer in den Mittelpunkt der Schießscheibe {85}	**musca**, ae f frz. *mouche*	Fliege Fliege; Kinnbärtchen; Schönheitspflästerchen vgl. oben 2297
2305	**Movens**	bewegender Grund, Antriebskraft {60/25}	**movere** (PPA. **movens**)	bewegen, erregen, einwirken, verursachen

–	**Movie** l>frz>engl >am	Unterhaltungsfilm, Kino {35/ 85}	dto.	dto.
–	**movieren**	ein Wort (bes. ein Adjektiv) nach dem jeweiligen Geschlecht abwandeln (sprachwiss. t. t.) {76}	dto.	dto.
2306a	**Moxibustion** jap;l	ostasiatische Heilmethode, die durch Einbrennen von Beifußwolle in bestimmte Hautstellen eine Erhöhung der allgemeinen Abwehrreaktion bewirkt (med. t. t.) {70}	jap. *moxa* + **ustio**, onis f	Beifußwolle das Brennen, Verbrennen; Entzündung
2306b	**Muff** (germ?) >mlat>frz >mniederl	Handwärmer aus Pelz {19}	mlat. **muffula** frz. *moufle* mniederl. *muffel*	Fausthandschuh Pelzhandschuh
–	**Muffe** (germ?) >mlat>frz >mniederl	Röhrenverbindungs- o. -ansatzstück {40/44/87}	dto.	dto.
2307	**Mühle** l>mlat	Einrichtung zum Mahlen von Getreide {40/58}	**molinae**, arum f (Pl.) mlat. molina	Mühle
2308	**Mulatte** (gr)>l >span	Nachkomme eines weißen und eines farbigen Elternteils {10}	**mulus**, li m gr. *μυχλός* span. *mulo* *mulato*	Maulesel; Maultier
2309	**Mulde** l>mnd	1. längliches, halbrundes Gefäß, Mehl-, Backtrog {44}; 2. muldenförmige Vertiefung im Erdreich; Talsenkung {64}	**mulctra**, ae f mnd. *molde*, *molle*	Melkfaß, Melkkübel; Milch vgl. oben 2270b
2310	**Muli** (gr)>l	Maulesel {06}	**mulus** gr. *μυχλός*	s. oben 2175, 2308
2311	**Müller**	Mehlproduzent, Mühlenbesitzer {40/43}	**molinarius**, ii m	Müller
2312	**Multi**	multinationaler Konzern {41/ 42/80}	**multus**, a, um	viel, zahlreich, groß, bedeutend

>>> multi... s. ggf. unter dem Rest des Wortes

–	**Multidimensionalität** l;l	Vielschichtigkeit (psych., soziol. t. t.) {70/81}	**multus** + **dimensio**, onis f	s. oben Vermessung; Dimension, Ausdehnung; Erdachse
–	**multilateral** l>nlat	mehrseitig, mehrere Seiten betreffend {56/33/50}	dto. + **lateralis**, e	dto. die Seiten betreffend, Seiten...
–	**Multilateralismus** l>nlat	System einer vielfach verknüpften Weltwirtschaft mit allseitig geöffneten Märkten {80}	dto.	dto.

–	**multipel**	1. vielfältig {56/57}; 2. an vielen Stellen im Körper auftretend (med. t. t.) {70}	**multiplex**, licis	vielteilig, vielfach, mannigfaltig
–	**multiplex**	vielfältig (veraltet) {56/57}	dto.	dto.
–	**Multiplexfilter** l;mlat	elektronische Schaltung in Tonbandgeräten zur Unterdrückung des Stereo-Pilottones bei Rundfunksendungen (techn. t. t.) {46/87}	dto. + mlat. **filtrum**	dto. s. oben 1095
–	**Multiplikant**	Zahl, die mit einer anderen multipliziert werden soll (math. t. t.) {71}	**multiplicare**	vermehren, vergrößern; multiplizieren (arithm. t. t.); vervielfältigen
–	**Multiplikation**	Vervielfachung, Vervielfältigung {71/57}	**multiplicatio**, onis f	Vervielfältigung, Vermehrung; das Multiplizieren (arithm. t. t.)
–	multiplikativ			
–	**Multiplikativum**	Wiederholungs-, Vervielfältigungszahlwort (sprachw. t. t.) {76}	**multiplicativus**, a, um	multiplizierend, zum Multiplizieren geeignet
–	**Multiplikator**	1. Zahl, mit der multipliziert werden soll (math. t. t.) {71/57}; 2. jmd., der erworbenes Wissen o. Informationen weitergibt {32/25}	**multiplicator**, oris m	Vervielfältiger; Multiplikator (arithm. t. t.)
–	**multiplizieren**	1. um eine bestimmte Zahl vervielfachen; 2. vervielfältigen, zunehmen lassen, vermehren {71/57}	**multiplicare**	s. oben
–	**Multiplizität**	mehrfaches Vorkommen, Vorhandensein {57/71/52}	**multiplicitas**, atis f	Vielfältigkeit
–	**Multivision** l;l	Technik der gleichzeitigen Projektion mehrerer Dias auf eine Leinwand {72/85/87}	**multus** + **visio**, onis f	s. oben das Sehen; Anblick; Erscheinung, Vorstellung
2313	**Mumifikation** (pers>arab >it;l)>nlat	1. Mumifizierung; 2. Austrocknung abgestorbener Gewebeteile an der Luft (med. t. t.) {70/73}	pers. *mum* arab. *mimiya* it. *mummia* + **facere**	Wachs tun, machen, handeln
–	**mumifizieren** (pers>arab >it;l)>nlat	1. einbalsamieren; 2. eintrocknen -, absterben lassen (bes. Gewebe - med. t. t.) {70/73}	dto.	dto.
2314	**Mumm**	Mut, Tatkraft, Entschlossenheit (ugs.) {28/84}	**animus**, mi m	Seele, Geist; Sinn; Verlangen; Mut
2315	**mundan**	weltlich, auf das Weltganze bezüglich (veraltet) {56}	**mundanus**, a, um	zur Welt gehörig, Welt...; körperlich, materiell

–	**Mundus**	Welt, Weltall, Weltordnung {02/56}	**mundus**, di m	Welt(all), -ordnung; Gerät; Erde; Unterwelt
2316	**Munition** l>frz	Schießmaterial für Feuerwaffen; Gewehr-, Pistolenkugel {86}	**munitio**, onis f	Befestigung, Verwahrung, Schanzwerk
–	**munitionieren** l>frz	mit Munition versehen, ausrüsten {86}	dto.	dto.
2317	**munizipal**	städtisch {64/48}	**municipalis**, e	zu einer Landstadt gehörig; kleinstädtisch
–	**Munizipalität** l>nlat	Stadtobrigkeit (veraltet) {49/33}	dto.	dto.
–	**Munizipium**	1. altröm. Landstadt (hist. t. t.) {75/48}; 2. Stadtverwaltung (veraltet) {49}	**municipium**, ii n	Landstadt, Bundesstadt
2318	**Münster** (gr)>l >vulgl	Stiftskirche; Hauptkirche; Dom {51/36}	**monasterium**, ii n gr. *μοναστήριον* vulgl. monisterium*	Kloster, Einsiedelei
2319	**Münze**	geprägtes Metallstück, Geldstück {20/36/42/56}	**moneta**, ae f	Münze, Münzstätte, -stempel
–	**münzen**	1. Geld prägen {29/42/56}; 2. auf jmdn. zielen, anspielen (ugs.) {25/32/33}	dto.	dto.
2320	**Muräne** (gr)>l	aalartiger Knochenfisch {07}	**murena**, ae f gr. *μύραινα*	Muräne (beliebter Seefisch)
2321	**Murmel** (gr)>l	(marmorne) Kinderspielkugel {85}	**marmor** gr. *μάρμαρος*	s. oben 2154
2322	**Murmeltier** l>roman	Alpennagetier-Gattung {06}	**mus**, uris mf	Maus
			+ **mons**, ntis m	Berg, Gebirge
			mus (Akk. murem) **montis** ahd. *murmunto*	Bergmaus
2323	**Muschel** (gr)>l >roman	Meeresschalentier {08}	**musculus**, li m	Mäuschen; Muskel; Bartenwalfisch; Miesmuschel
			gr. *μῦς*	Maus, Mäuschen
2324	**Museum** (gr)>l	Ausstellungsgebäude für Kunstgegenstände und wissenschaftliche Sammlungen {33/40/58/85}	**museum**, ei n gr. *μουσεῖος*	Museum; Musensitz; Bibliothek; Akademie

–	**museal** (gr)>l>nlat	1. zum, ins Museum gehörend; Museums... {33/40/58/85}; 2. veraltet, verstaubt, unzeitgemäß (ugs.) {25/33/59}	dto.	dto.
2325	**Musical** (gr)>l>mlat >frz>engl >am	aktuelle Stoffe behandelndes, populäres Musiktheater (theat. t. t.) {35/37/74}	**musica,** ae f (o. **ars musica**) gr. *μουσική τέχνη* frz. *musique*	Musenkunst, Musik
–	Music..., Musik... s. ggf. unter dem Rest des Wortes			
–	**Musik** (gr)>l>frz	1. Tonkunst; 2. Kunstwerk, bei dem Töne und Rhythmus eine Einheit bilden; 3. Unterhaltungsorchester (ugs.) {37}	dto.	dto.
–	**musikalisch** (gr)>l>frz	1. die Musik betreffend, tonkünstlerisch; 2. musikbegabt, musikliebend {22/26/37}; 3. klangvoll, wohltönend {37}	dto.	dto.
–	**Musikalität** (gr)>l>frz	1. musikalisches Empfinden; 2. Musikbegabung {37/22}; 3. Wirkung wie Musik (2.) {26/37}	dto.	dto.
–	**Musikant** (gr)>l>frz	Musiker, der zum Tanz, zu Umzügen o. ä. aufspielt {37/40}	dto. **musicare**	dto. musikalisch, melodisch einrichten
–	**Musiker** (gr)>l	1. jmd., der beruflich Musik macht; 2. Mitglied eines Orchesters, Orchestermusiker {37/40}	dto.	dto.
–	**Musikkorps** (gr)>l;l	Blasorchester als militärische Einheit {37/57/86}	dto. + **corpus,** poris n frz. *corps*	dto. Körper, Leib; Gesamtheit, Verband
–	**Musikus** (gr)>l	Musiker (veraltet, noch scherzhaft) {37/40}	dto. **musicus,** ci m	dto. Dichter
–	**musisch** (gr)>l	1. die schönen Künste betreffend {37}; 2. künstlerisch (begabt), kunstempfänglich {22/26/34/35/36/37}	**musicus,** a, um gr. *μουσικός*	die Musik betreffend, musikalisch
–	**musizieren** (gr)>l	(mit jmdm. zusammen) Musik machen, spielen {37}	**musicare**	s. oben
2326	**Muskat** sanskr >pers>gr>l >mlat>frz	als Gewürz verwendeter Same des Muskatnußbaumes {04/17}	**muscus,** ci m gr. *μόσχος* mlat. muscatus nux muscata afrz. *muscate*	Moos; Bisam, Moschus nach Moschus duftend Muskatnuß

–	**Muskateller** sanskr >pers>gr>l >mlat>it	1. Traubensorte mit Muskatgeschmack; 2. (süßer) Wein aus der Muskatellertraube {05/17}	dto. mlat. muscatellum it. *moscatello*	dto.
2327	**Muskel** (gr)>l	fleischiger Teil des Körpers, der durch Kontraktion und Erschlaffung Bewegungen vermittelt {11}	**musculus** gr. μῦς	s. oben 2323
2328	**Muskete** l>it>frz	schwere Handfeuerwaffe (hist. t. t.) {75/86}	**musca**, ae f	Fliege
			it. *mosca*	
			moschetto	gesprenkelter Sperber; Wurfgeschoß; Luntenschloßgewehr
			frz. *mousquet*	
–	**Musketier** l>it>frz	Musketenschütze, Fußsoldat {86}	dto. frz. *mousquetaire*	dto.
2329	**muskulär** (gr)>l>nlat	zu den Muskeln gehörend, die Muskulatur betreffend {11/70}	**musculus** gr. μῦς	s. oben 2327
–	**Muskulatur** (gr)>l>(frz) >nlat	Muskelgefüge, Gesamtheite der Muskeln eines Körpers oder Organs {11/70/57}	dto. frz. *musculature*	dto.
–	**muskulös** (gr)>l>frz	mit starken Muskeln versehen; äußerst kräftig {11/70/55}	**musculosus**, a, um frz. *musculeux*	muskulös, fleischig
2330	**Muster** l>it	1. Modell; Vorbild; Probestück ; 2. Zeichnung, Figur {40/32/56}	**monstrare**	zeigen, (hin)weisen, hindeuten; verordnen
			it. *mostrare*	
			mostra	das Zeigen; Darstellung; Ausstellung(sstück)
–	musterhaft, mustergültig			
–	**mustern** l>it	1. prüfend betrachten {23/25}; 2. Rekruten auf Militärtauglichkeit hin untersuchen {70/86}	dto.	dto.
–	**Musterung** l>it	1. Militärtauglichkeitsuntersuchung {70/86}; 2. Gewebszeichnung, Gewebsmuster {19/40/55}	dto.	dto.
2331	**Muta**	Explosiv-, Verschlußlaut (sprachwiss. t. t.) {76}	**mutuus**, a, um (**mutuae consonantes**	schweigend, lautlos, still, stumm; stummer Mitlaut (gramm. t. t.)

2332	**mutabel**	veränderlich, wandelbar {61}	**mutabilis**, e	wandelbar, veränderlich, launisch
–	**Mutabilität**	Unbeständigkeit, Veränderlichkeit {61}	**mutabilitas**, atis f	Veränderlichkeit
–	**Mutant(e)**	1. Junge im Stimmbruch (österr.) {11/70}; 2. durch Mutation verändertes Individuum (biol. t. t.) {68/69}	**mutare** (PPA. **mutans**)	verändern, wechseln, tauschen
–	**Mutation**	1. Veränderung im Erbgefüge (biol. t. t.) {68/69}; 2. Stimmbruch (med. t. t.) {70/11}; 3. Änderung, Wandlung (veraltet) {61}	**mutatio**, onis f	Veränderung, Wechsel, Vertauschung
–	**mutativ** l>nlat	sich spontan ändernd {61/68/69}	**mutare**	s. oben
–	**mutieren**	1. sich spontan im Erbgefüge ändern (biol. t. t.) {68/69}; 2. sich im Stimmbruch befinden (med. t. t.) {11/70}	dto.	dto.
2333	**mutual** o. **mutuell** l>nlat	gegenseitig, wechselseitig {33/56}	**mutuus**, a, um	geborgt, geliehen; wechsel-, gegenseitig
–	Mutualität			
2334	**Mütze** mlat>frz	Kopfbedeckung {19}	mlat. **almutium**, ii n bzw. **almutia**, ae f	Umhang um Kopf und Schultern der Geistlichen
			frz. *aumusse*	Pelzmantel der Geistlichen; Chorkappe
			mhd. *almuz, armuz*	
2335	**Mystifikation** (gr>l;l) >nlat	Täuschung, Vorspiegelung {24/25/28}	**mysticus**, a, um	geheim(nisvoll), mystisch, zum Geheimkultus gehörig
			gr. *μυστικός*	
			+ **facere**	tun, machen, handeln
–	mystifizieren			

N

2336	**naiv** l>frz	1. von kindlich unbefangener, unkritischer Denkart, treuherziger Arglosigkeit {25/84}; 2. wenig Sachkenntnis o. Urteilsvermögen erkennen lassend, töricht, einfältig {25}; 3. in vollem Einklang mit Natur und Wirklichkeit stehend {56}	**nativus,** a, um frz. *naïf*	von Natur entstanden, angeboren, natürlich, ursprünglich
–	**Naive** l>frz	Darstellerin jugendlich-naiver Mädchengestalten beim Theater {35/74}	dto.	dto.
–	**Naivität** l>frz	1. Natürlichkeit, Unbefangenheit; Treuherzigkeit, Kindlichkeit, Arglosigkeit {25/33/84}; 2. Einfalt, Leichtgläubigkeit {25}	dto. frz. *naïvité*	dto.
–	**Naivling** l;d	gutgläubiger, einfältiger Mensch; Einfaltspinsel {25}	dto.	dto.
2337	**Narr**	1. Scherzbold, Spaßmacher {25/32/33}; 2. Unterhaltungskünstler bei Hofe (hist. t. t.) {47/33/75}; 3. Trottel, einfältiger Mensch {25/33}	uns.: **nario,** onis m	Spötter, Nasenrümpfer
–	narren, Narretei, närrisch, Narrenhaus			
2338	**Narration**	Erzählung, Bericht (veraltet) {32}	**narratio,** onis f	Erzählung; Teil der klassischen antiken Rede
–	**narrativ**	erzählend, in erzählender Form darstellend (sprachwiss. t. t.) {32/76}	**narrativus,** a, um	zum Erzählen geeignet, erzählender Art
–	**Narrator**	Erzähler (lit.wiss. t. t.) {76/32}	**narrator,** oris m	Erzähler
–	**narratorisch**	den Erzähler o. die Erzählung betreffend, erzählerisch (lit.wiss. t. t.) {76/32}	**narratorius,** a, um	zur Erzählung geeignet, erzählend
2339	**nasal** l>nlat	1. zur Nase gehörend, sie betreffend (med. t. t.) {11/70}; 2. durch die Nase gesprochen, als Nasal(laut) ausgesprochen (sprachwiss. t. t.) {76}; 3. (unbeabsichtigt) näselnd, genäselt {32/55}	**nasus,** si m	Nase

–	**Nasal(laut)** l>nlat	Nasenlaut (sprachwiss. t. t.) {76}	dto.	dto.
–	**nasalieren** l>nlat	einen Laut nasal aussprechen (sprachwiss. t. t.) {76}	dto.	dto.
–	Nasalierung			
2340	**Natalität** l>nlat	Geburtenhäufigkeit {15/64/57}	**natalis**, e	zur Geburt gehörig, Geburts...
2341	**Nation** l>(frz)	Menschen mit dem Bewußtsein gleicher politisch-kultureller Vergangenheit und dem Willen zum Staat {33/50}	**natio**, onis f	Geschlecht; Geburt; Volk(sstamm); Nation
–	**national** l>frz	1. zur Nation gehörend, sie betreffend {33/50}; 2. die Interessen der eigenen Nation vertretend; vaterländisch {25/28/33/50}	dto.	dto.
>>>	National... s. ggf. unter dem Rest des Wortes			
–	**Nationalgarde** l;germ>frz	1. frz. Bürgerwehr 1789-1871 (hist. t. t.) {75/86}; 2. Miliz der US-Einzelstaaten (zugleich Reserve der US-Army) {86}	dto.	dto.
–	**Nationalhymne** l;gr>l	(bei feierlichen Anlässen gespieltes) Lied, dessen Text Ausdruck des National- und Staatsgefühls eines Volkes ist {37/50/33}	dto. + **hymnus**, ni m gr. *ὕμνος*	dto. Lobgesang, Hymne
–	**nationalisieren** l>nlat	1. (einen Wirtschaftszweig) verstaatlichen {41/43/50/80}; 2. die Staatsangehörigkeit verleihen, einbürgern {33/50}	**natio**	s. oben
–	**Nationalisierung** l>nlat	1. Verstaatlichung {41/43/50/80}; 2. Verleihung der Staatsangehörigkeit {50/33}	dto	dto.
–	**Nationalismus** l>nlat/frz	1. starkes, intolerantes, übersteigertes Nationalgefühl {50/25/26}; 2. erwachendes Selbstbewußtsein einer Nation mit dem Ziel, einen eigenen Staat zu bilden {50/28}	dto. frz. *nationalisme*	dto.
–	Nationalist, nationalistisch			
–	**Nationalität** l>nlat/frz	1. Volks- o. Staatszugehörigkeit {50/33}; 2. Volksgruppe in einem Staat; nationale Minderheit {50/57}	dto. frz. *nationalité*	dto.
–	**Nationalkonvent** l>nlat;l	die 1792 in Frankreich gewählte Volksvertretung (hist. t. t.) {75/50}	dto. + **conventus**, us m	dto. Zusammenkunft, Versammlung

–	**Nationalsozialismus** l>nlat;l	extrem nationalistische, imperialistische u. rassistische Bewegung, auf der die faschistische Terrorherrschaft in Deutschland von 1933-45 basierte (hist. t. t.) {50/75}	dto. + **socialis**, e frz. *socialisme*	dto. die Gesellschaft betreffend, gesellschaftlich
–	Nationalsozialist (kurz: Nazi), nationalsozialistisch			
2342	**nativ**	1. unverändert, im natürlichen Zustand befindlich (chem., med. t. t.) {73/70}; 2. angeboren (med. t. t.) {70}; 3. einheimisch (sprachwiss. t. t.) {76}	**nativus**, a, um	angeboren; natürlich, ursprünglich
–	**Nativität**	1: Geburtsstunde, Geburt (veraltet) {15/59}; 2. Stand der Gestirne bei der Geburt und das dadurch angeblich vorbestimmte Schicksal (astrol. t. t.) {66/51}	**nativitas**, atis f	Geburt; Generation
2343	**Natur**	1. Stoff, Substanz, Materie; alles, was sich ohne zutun des Menschen entwickelt (hat) {52}; 2. Gesamtheit der Tiere, Pflanzen, Gewässer und Gesteine {02/57}; 3. auf Veranlagung beruhende geistige, seelische, körperliche u. biologische Eigentümlichkeit {25/68/69/84}; 4. Mensch im Hinblick auf eine bestimmte Eigenart {25/11}; 5. eigentümliche Beschaffenheit, natürlicher Zustand von etw. {52/54}; 6. Geschlechtsteil; Sperma (landsch., veraltet, verhüllend) {11/18}	**natura**, ae f	natürliche Beschaffenheit, Eigenart; Charakter; Schöpfung
–	**Naturalien**	1. Naturprodukte; Lebensmittel, Waren, Rohstoffe {40/41/42/17}; 2. Gegenstände einer naturwissenschaftlichen Sammlung (selten) {40/57}	**naturalia**, iorum n (Pl.)	das Natürliche, Naturgemäße
–	**Naturalisation** l>frz	1. Einbürgerung eines Ausländers (jur. t. t.) {33/50/82}; 2. allmähliche Anpassung von Pflanzen und Tieren in fremden Lebensräumen (biol. t. t.) {68/69}; 3. Ausstopfen von Tierbälgen; Präparierung von Tierköpfen an Pelzkleidung {40/19}	**naturalis**, e frz. *naturaliser*	natürlich, angeboren, naturgemäß; die Natur betreffend
–	naturalisieren, Naturalisierung			

–	**Naturalismus** l>nlat/frz	1. Wirklichkeitstreue, -nähe; Naturnachahmung {56}; 2. philosophische Weltanschauung, nach der alles aus der Natur selbst erklärbar ist {77}; 3. naturgetreu abbildender Kunststil (1880-1900) {36}	dto. frz. *naturalisme*	dto.
–	Naturalist, Naturalistik			
–	**naturalistisch** l>nlat/frz	1. den Naturalismus betreffend {77/36}; 2. naturnah, wirklichkeitstreu {56}	**naturalis**, e	s. oben
–	**Naturallohn** l;d	Arbeitsentgelt in Form von Naturalien {40/42}	dto.	dto.
–	**Naturalobligation** l;l	nicht (mehr) einklagbarer Rechtsanspruch (z. B. Spielschulden) {82}	dto. + **obligatio**, onis f	dto. Verpflichtigung, Verbürgung, Pfandrecht
–	**Naturalregister** l;l>mlat	landwirtschaftliche Buchführung über Viehbestand und Hofvorräte {39/80}	dto. + **regesta**, torum n (Pl.) mlat. registrum	dto. Verzeichnis, Katalog
–	**Naturalrestitution** l;l	Wiederherstellung des vor Eintritt des Schadens bestehenden Zustandes (jur. t. t.) {82}	dto. + **restitutio**, onis f	dto. Wiederherstellung; Wiedererstattung
–	**naturell** (o. **natural**) l>frz	1. natürlich, ungefärbt, unbearbeitet {54}; 2. ohne besondere Zutaten zubereitet (gastron. t. t.) {17}	**naturalis** frz. *naturel*	s. oben
–	**Naturell** l>frz	natürliche Veranlagung, natürliche Wesens-, Gemütsart, Temperament {25/26}	dto.	dto.
–	**natürlich**	1. von Natur aus, nicht künstlich {52/56}; 2. gewiß, selbstverständlich {25}; 3. ungezwungen (vom Charakter gesagt) {26/84}	**natura**	s. oben
>>>	Natur... s. ggf. unter dem Rest des Wortes			
2344	**Navigation**	Einhaltung des gewählten Kurses, Standortbestimung (bei Schiffen, Flugzeugen) {45/58/86}	**navigatio**, onis f	Schiffahrt, Seereise
–	**Navigationsakte** l;l	Gesetze zum Schutz der eigenen Schiffahrt in England (im 17. Jh. - hist. t. t.) {45/50/75}	dto. + **acta**, torum n (Pl.)	dto. s. oben 0121

–	**Navigator**	1. für die Flugzeugnavigation verantwortliches Besatzungsmitglied; 2. Steuermann auf Schiffen (veraltet) {40/45/86}	**navigator**, oris m	Schiffer, Schiffsmann, Steuermann
–	navigatorisch			
–	**navigieren**	ein Schiff o. Flugzeug führen; die Navigation durchführen {45/86}	**navigare**	schiffen, segeln, fahren
>>>	Nazi s. Nationalsozialist			
>>>	nazistisch s. nationalsozialistisch			
2345	**nebulos** o. **nebulös**	unklar, undurchsichtig, dunkel, verworren, geheimnisvoll {25/26}	**nebulosus**, a, um	von Nebel bedeckt, finster, dunkel; schwer verständlich
–	neblig			
2346	**Necessaire** l>frz	Behältnis für Reiseutensilien (Näh-, Toilettenartikel); Kulturbeutel {21/44/58}	**necessarius**, a, um	notwendig, unvermeidlich, unentbehrlich, dringend
			frz. *nécessaire*	Reisebesteck, Handarbeitskästchen
2347	**Negation**	1. Verneinung; Ablehnung einer Aussage {28/32}; 2. Verneinungswort (sprachwiss. t. t.) {76}	**negatio**, onis f	Verneinung(swort), Leugnung
–	**negativ**	1. verneinend, ablehnend {32/28}; 2. ergebnislos; schlecht {56}; 3. kleiner als Null (math. t. t.) {71}; 4. das Foto-Negativ betreffend (fot. t. t.) {87}; 5. eine der beiden elektrischen Ladungsformen bezeichnend (phys. t. t.) {72}; 6. keinen krankhaften Befund zeigend (med. t. t.) {70}	**negativus**, a, um	verneinend
–	**Negativ** l>(frz)	fotografisches Bild mit vertauschter Helligkeit und Farbe im Vergleich zum Original (fot. t. t.) {87}	dto. frz. *négatif*	dto.
–	**Negative**	Verneinung, Ablehnung (veraltet) {32/28}	**negativa**, ae f	Negation

–	**Negativismus** l>nlat	1. ablehnende, negative Grundhaltung, Trotzverhalten von Jugendlichen (psych. t. t.); 2. Widerstand Geisteskranker gegen jede äußere Einwirkung und gegen die eigenen Triebe (med., psych. t. t.) {28/70}	**negativus**	s. oben
–	**negativistisch** l>nlat	aus Grundsatz ablehnend {32/28}	dto.	dto.
–	**Negativität** l>nlat	verneindes, ablehnendes Verhalten (selten) {28/32/84}	dto.	dto.
–	**Negativum**	etw., das an einer Sache als ungünstig, schlecht empfunden wird {26}	dto.	dto.
–	**negieren**	1. ablehnen, verneinen {32/28}; 2. bestreiten {32}; 3. mit einer Negation (2.) versehen (sprachwiss. t. t.) {76}	**negare**	verneinen; abschlagen, verweigern
2348	**Négligé** l>frz	zarter, oft durchsichtiger Überwurfmantel passend zur Damennachtwäsche; Hauskleid, Morgenrock {19/18}	**neglegere** frz. *négligér* *(habillement) négligé*	vernachlässigen, außer acht lassen, geringschätzen außer acht lassen, vernachlässigen vernachlässigte, lässig-intime Kleidung
–	**Negligenz** l>frz	Unachtsamkeit, Nachlässig-, Sorglosigkeit {25/26}	**neglegentia**, ae f	Nachlässig-, Unachtsamkeit, Gleichgültigkeit
–	**neglegieren** l>frz	vernachlässigen {25/26}	**neglegere**	s. oben
2349a	**Neger** l>span/port >frz	Mensch mit dunkler Hautfarbe; Afrikaner {10}	**niger**, gra, grum span./port. *negro* frz. *nègre*	schwarz, dunkelfarbig; dunkelhäutig
–	**negrid** l>span >nlat	zu den Negern gehörend; dunkelhäutig {10}	dto.	dto.
–	**Negride** l>span >nlat	Angehörige(r) des negriden Rassenkreises {10}	dto.	dto.
–	**negroid** l>span;gr	negerähnlich {10}	dto.	dto.
–	Negroide			
2349b	**Nektion** l>(nlat)	Verbindung, Verknüpfung mehrerer gleichartiger Sätze o. Satzteile (sprachwiss. t. t.) {76}	**nectere**	anknüpfen, binden, an-, zusammenfügen

>>> Neo... s. unter dem Rest des Wortes

2350a	**Nepotismus** l>nlat	1. Bevorzugung der eigenen Verwandten bei der Verleihung von Ämtern o. ä. {50/10}; 2. Vetternwirtschaft {33}; 3. Erscheinung bei Comic-Strip-Figuren, statt Eltern und Kinder jeweils Onkel und Neffen als übliches Verwandtschaftsverhältnis einzuführen {33/85}	**nepos**, otis m	Enkel; Neffe; Verschwender
–	nepotistisch			
2350b	**Nerv** (gr)>l >(engl)	1. Blattader o. -rippe {03/68}; 2. rippenartige Versteifung, Insektenflügelader {69}; 3. Reizleitung zwischen Gehirn, Rückenmark und Körperorgan (med. t. t.) {70/11}; 4. nervliche Konstitution, psychische Verfassung {70}; 5. Kernpunkt; kritische Stelle {25/56}	**nervus**, vi m gr. *νεῦρον*	Sehne, Flechse; Muskel; Nerv; Saite; Spannkraft, Lebenskraft
–	**nerval** l>(engl)	die Nerventätigkeit betreffend; nervlich (med. t. t.) {70}	**nervalis**, e	zu den Nerven gehörig, Nerven...
–	**nerven** l>nlat	1. jmdm. auf die Nerven gehen (ugs.); 2. nervlich strapazieren, anstrengen {26}; 3. hartnäckig bedrängen, zermürben {25/28/33}	**nervus**	s. oben
–	**nervig** l>nlat	sehnig, kraftvoll {11}	dto.	dto.
–	**nervlich** l>nlat	das Nervensystem betreffend {11}	dto.	dto.
–	**nervös** l>(frz/engl)	1. nervlich {25/26}; 2. unruhig, leicht reizbar, aufgeregt {84}; 3. fahrig, zerfahren {26}	**nervosus**, a, um frz. *nerveux* engl. *nervous*	sehnig, muskulös, nervig; kraftvoll
–	**Nervosität** l>(frz/engl)	1. nervöser Zustand, nervöse Art {25/26/84}; 2. einzelne nervöse Handlung {26/29}; 3. Unrast, Reizbarkeit, Erregtheit {26}	**nervositas**, atis f frz. *nervosité*	Stärke einer Faser, eines Fadens
–	enervieren, entnerven			
2351	**nett** l>frz >mniederl	schmuck; zierlich; niedlich; freundlich {26/84}	**nitidus** frz. *net* mniederl. *net*	s. oben sauber, rein, klar; unvermischt
–	Nettigkeit			

2351	**netto** l>it	rein, nach Abzug, ohne Verpackung (wirtsch. t. t.) {42/57/80}	**nitidus,** a, um it. *netto* *(peso netto)*	glänzend; schön; nett; rein rein, glatt, unvermischt rein, unvermischt
>>>	neumodisch s. modisch			
2352	**neutral** l>mlat >(frz)	1. unparteiisch, unabhängig {33/56}; 2. keinem Staatenbündnis angehörend; nicht an einem Konflikt teilnehmend {50/86}; 3. sächlich (sprachwiss. t. t.) {76}; 4. zu allem passend, nicht einseitig festgelegt {56/33}; 5. weder basisch noch sauer (chem. t. t.); 6. weder positiv noch negativ reagierend (chem. t. t.) {73}	**neutralis,** e mlat. neutralis (frz. *neutre)*	neutral; sächlich (gramm. t. t.) keiner Partei angehörend
–	**Neutralisation** l>frz	1. Aufhebung einer Wirkung, eines Einflusses {61/56}; 2. Aufhebung der Säurewirkung (chem. t. t.) {73}; 3. Auslöschung von Kräften, Ladungen o. ä. (phys. t. t.) {72}; 4. vorübergehende Unterbrechung eines Rennens {59/33}	dto. frz. *neutraliser*	dto.
–	**neutralisieren** l>frz	1. unwirksam machen, ausschalten {56/29}; 2. einen Staat zur Neutralität verpflichten (jur. t. t.) {50/82}; 3. (Grenz)-gebiet von militärischen Anlagen und Truppen freimachen (mil. t. t.) {86}; 4. die saure o. basische Reaktion von Lösungen aufheben (chem. t. t.); 5. Spannungen, Kräfte u. ä. aufheben, gegenseitig auslöschen (phys. t. t.) {72}; 6. ein Rennen unterbrechen (sport. t. t.) {59/85}	dto.	dto.
–	Neutralisierung			
–	**Neutralismus** l>nlat	Grundsatz der Nichteinmischung in fremde Angelegenheiten (vor allem in der Politik); Politik der Blockfreiheit {33/50/86}	dto.	dto.
–	Neutralist			

–	**Neutralität** l>mlat	1. unparteiische Haltung, Nichteinmischung {25/33}; 2. Nichtbeteiligung eines Staates an einem Krieg o. Konflikt {50/86}	dto. mlat. *neutralitas*	dto.
–	**Neutrino** l>it	masseloses Elementarteilchen ohne elektrische Ladung (phys. t. t.) {72}	**neuter**, tra, trum	keine(r/s) von beiden
–	**Neutron** l>nlat	Elementarteilchen ohne elektrische Ladung (phys. t. t.) {72}	dto.	dto.
–	Neutronenbombe			
–	**Neutrum**	sächliches Substantiv (sprachwiss. t. t.) {76}	**neutrum** (sc. genus)	das sächliche Geschlecht (gramm. t. t.)
2353	**Nexus**	Zusammenhang, Verbindung, Verflechtung {33/56}	**nexus**, us m	das Zusammenknüpfen; Verbindlichkeit; Umschlingung;
2354	**Nigger** l>span/port >frz>am	abfällige Bezeichnung für Afrikaner, Menschen mit dunkler Hautfarbe {10/33}	**niger**, gra, grum engl. *negro*	schwarz; dunkelfarbig, -häutig vgl. oben 2347
–	**Nigromantie** l;gr	Schwarze Kunst, Magie, Zauberei {51}	**niger** + gr. *μαντεία*	s. oben Sehergabe, Weissagung, Orakelspruch
2355	**Nihilismus** l>nlat	1. philosophische Anschauung von der Nichtigkeit alles Bestehenden {77/52}; 2. bedingungslose Verneinung aller Normen, Werte, Ziele {77/30}	**nihil**	nichts
–	**Nihilist** l>nlat	Vertreter des Nihilismus; alles verneinender, zerstörerischer Mensch {77/30/25}	dto.	dto.
–	nihilistisch			
2356	**Nimbus** l>mlat	1. Heiligenschein, Gloriole {51}; 2. Ruhmesglanz; Ansehen, Geltung {33}; 3. = Nimbostratus: tiefhängende Regenwolke (meteor. t. t.) {65}	**nimbus**, bi m mlat. nimbus	Platzregen, Regenschauer, Regenwolke; Heiligenschein Heiligenschein, Strahlenkranz
2357	**Nische** l>vulgl>frz	Mauervertiefung {58/88}	**nidus**, di m vulgl. nidicare* afrz. *nichier* frz. *nicher* *niche*	Nest, Lager; Schrank, Winkel ein Nest bauen; hausen

2358	**nival**	den Schneefall betreffend (meteor. t. t.) {65}	**nivalis**, e	zum Schnee gehörig; schneebedeckt; schneeweiß
–	**Nival**	Gebiet mit dauernder o. langfristiger Schnee- o. Eisbedekkung {65/63}	dto.	dto.
–	**Nivea** l>nlat	(Warenzeichen) „schneeweiße" Pflegecreme {21}	**niveus**, a, um	schneeig; schneeweiß, aus Schnee
2359	**Niveau** l>vulgl>frz	1. waagrechte, ebene Fläche; Höhenstufe {58/56}; 2. Wertstufe o. ä., auf der sich etw. bewegt {56}; 3. geistiger Rang; Stand, Grad, Stufe {22/25}	**libella**, ae f vulgl. libellus* afrz. *livel* / *nivel* frz. *niveau*	Münze; Blei-, Wasserwaage Grund-, Wasserwaage; waagrechte Fläche; Bildungsstufe
–	**niveaufrei** l>vulgl >frz;d	nicht in gleicher Höhe liegend (z. B. mit einer anderen Fahrbahn) {58}	dto.	dto.
–	**niveaulos** l>vulgl >frz;d	Bildung, Takt, geistigen Rang vermissen lassend {25/33}	dto.	dto.
–	**nivellieren** l>vulgl>frz	1. gleichmachen, einebnen; Unterschiede ausgleichen {56}; 2. Höhenunterschiede bestimmen {63}	dto. frz. *niveler*	dto.
2360	**nobel** l>frz	1. edel, vornehm; 2. freigebig, großzügig (ugs.) {25/33/84}	**nobilis**, e	bekannt; berühmt, edel, vornehm
–	**Nobiles**	Angehörige des Amtsadels im alten Rom (hist. t. t.) {75/50/33}	dto.	dto.
–	**Nobilität**	Amtsadel im alten Rom (hist. t. t.) {75/33/50}	**nobilitas**, atis f	Berühmtheit, vornehmer Rang, - Stand; Vorzüglichkeit
–	**Nobilitation** l>nlat	Verleihung des Adelstitels {33/47}	dto.	dto.
–	**nobilitieren**	adeln {33/47}	**nobilitare**	bekannt -, berühmt machen
–	Nobilitierung			
–	**Nobility** l>engl	Hochadel Großbritanniens {33}	**nobilitas**	s. oben
–	**Noblesse** l>frz	1. Adel; vornehme Gesellschaft (veraltet) {33}; 2. edle Gesinnung, Vornehmheit, vornehmes Benehmen {25/26/84}	dto. (bzw. **nobilis**	dto. s. oben)

2361	**Nocturne** l>frz	(mus. t. t.) 1. elegisches o. träumerisches Klaviercharakterstück; 2. = Notturno (selten) {37}	**nocturnus**, a, um	nächtlich, bei Nacht
2362	**nodös**	knotig, mit Knötchenbildung (med. t. t.) {70}	**nodosus**, a, um	voller Knoten, knotig, verwickelt
–	**Nodus**	1. Knoten (z. B. Lymphknoten - med. t. t.) {70}; 2. knotig verdickte Blattansatzstelle (bot. t. t.) {68}; 3. Knauf am Schaft eines Gerätes {40/44/87}	**nodus**, di m	Knoten; Verbindung, Verwicklung; Geschwulst
2363	**Noël** l>frz	französisches mundartliches Weihnachtslied, -spiel; Weihnachten {51/37/33/59}	**natalis**, is m afrz. *natal* frz. *noël*	Geburtstag, Entstehung, Geburt; Weihnachten
2364	**Noir** l>frz	die Farbe Schwarz als Gewinnmöglichkeit beim Roulette {55/85}	**niger** frz. *noir*	s. oben 2354
2365	**Noisette** l>frz	1. mit gemahlenen Haselnüssen durchsetzte Milchschokolade; 2. rundes Fleischstück aus der Keule bestimmter Schlachttiere {17}	**nucella**, ae f o. **nucicla**, ae f frz. *noisille*	kleine Nuß, Haselnuß
2366	**Nomen**	1. Name {32}; 2. deklinierbares Wort (sprachwiss. t. t.) {76}	**nomen**, minis n	Name, Benennung; Ruf, Ansehen
–	**Nomenklator** (l;gr)>l	1. altröm. Sklave, der seinem Herren die Namen seiner Sklaven und Besucher anzugeben hatte (hist. t. t.) {75/32}; 2. Buch, das die in einem Wissenschaftszweig gültigen vorkommenden Namen verzeichnet {32/57}	**nomenc(u)lator**, oris m	Namennenner (altröm. Sklave)
–	**nomenklatorisch** (l;gr)>l	den Nomenklator (2.), die Nomenklatur betreffend {32/57}	dto.	dto.
–	**Nomenklatur** (l;gr)>l	Zusammenstellung von Sach- oder Fachbezeichnungen eines Wissensgebietes {32/57}	**nomenclatura**, ae f	Namensverzeichnis
–	**nominal** l>frz	1. das Nomen (2.) betreffend, mit einem Nomen gebildet (sprachwiss. t. t.) {76}; 2. zum Nennwert (wirtsch. t. t.) {80/56}; 3. dem Namen nach {32}	**nominalis**, e	zum Namen gehörig, Namens...
–	**nominalisieren** l>(nlat)	(sprachwiss. t. t.) 1. = substantivieren; 2. einen ganzen Satz in eine Wortgruppe mit einem Nomen als Kern verwandeln {76}	dto.	dto.

–	**Nominal-kapital** l;l	(wirtsch. t. t.) 1. Grundkapital einer Aktiengesellschaft; 2. Stammkapital einer GmbH {80}	dto. + **capitalis**	dto. s. oben 1625
–	**nominatim**	namentlich {32/56}	**nominatim** (Adv.)	namentlich, ausdrücklich
–	**Nominativ**	erster Fall, Werfall (sprachwiss. t. t.) {76}	**nominativus** (sc. casus)	Nominativ (gramm. t. t.)
–	nominativisch			
–	**nominell** l>frz	1. (nur) dem Namen nach (bestehend), vorgeblich {32/25/24}; 2. den Nennwert betreffend {56/80}	**nominalis** frz. *nominal*	s. oben
–	**nominieren**	zur Wahl (für ein Amt), für die Teilnahme an etw. vorschlagen, ernennen {32/33/50}	**nominare**	be-, er-, nennen, namentlich erwähnen
–	**Nominierung**	das Vorschlagen eines Kandidaten; Ernennung {32/33/50}	dto.	dto.
2367	**Nonchalance** (l;l>frz)>frz	Nachlässigkeit, formlose Ungezwungenheit, Lässigkeit, Unbekümmertheit {25/26/33/84}	**non** + **calere**	nicht warm sein; sich erwärmen für; entbrannt sein, glühen
			frz. *chaloir*	sich für etw. erwärmen, angelegen sein
			nonchalance	
–	**nonchalant** (l;l>frz)>frz	nachlässig; formlos ungezwungen, lässig {25/26/33/84}	dto. frz. *nonchalant*	dto.
2368	**None** l>mlat	1. Teil des kath. Stundengebets {51}; 2. neunter Ton einer diatonischen Tonleiter (mus. t. t.) {37}	**nonus**, a, um	der (die, das) neunte
–	**Nonen**	im altröm. Kalender der neunte Tag vor den Iden (d. h. der 5. bzw. 7. Tag des jeweiligen Monats {59/75}	**Nonae**, arum f (Pl.)	der neunte Tag vor den Iden
2369	**Nonkonformismus** (l;l)>engl	individualistische Haltung in politischen, weltanschaulichen, religiösen und sozialen Fragen {25/77}	**non** + **conformis**, e	nicht s. oben 1794
–	**Nonkonformist** (l;l)>engl	1. jmd., der dem Nonkonformismus huldigt {25/77}; 2. Anhänger britischer protestantischer Kirchen, die die Staatskirche ablehnen {51/25/28}	dto.	dto.

–	**nonkonformistisch** (l;l)>engl	1. auf Nonkonformismus (1.) beruhend; seine eigene Einstellung nicht nach der herrschenden Meinung richtend {25/33}; 2. im Sinne eines Nonkonformisten (2.) denkend {25/51}	dto.	dto.
–	**Nonkonformität** (l;l)>engl	1. Nichtübereinstimmung; mangelnde Anpassung; 2. = Nonkonformismus {25}	dto.	dto.
2370	**Nonne**	Angehörige eines weiblichen Klosterordens {51}	**nonna**, ae f	Nonne; Amme, Kindermädchen
2371	**Nonplusultra** l;l;l	Unübertreffbares, Unvergleichliches {56}	**non** + **plus** + **ultra**	nicht mehr jenseits, weiter, darüber hinaus
2372	**Nonsens** (l;l)>engl	Unsinn; absurde, unlogische Gedankenverbindung {56/25}	**non** + **sensus**, us m	nicht Wahrnehmung, Gefühl; Sinn; Verstand
2373	**nonverbal** l;l	nicht durch Sprache, sondern durch Gestik, Mimik, optische Zeichen vermittelt {32}	**non** + **verbalis**, e	nicht zum Wort gehörig, Wort...
2374	**Norm** (gr)>etr>l	1. allgemein anerkannte Regel; Richtschnur, Maßstab {56/33}; 2. Durchschnitt, normaler, gewöhnlicher Zustand {56}; 3. vorgeschriebene Arbeitsleistung {40/57}; 4. sittliches Gebot als Grundlage der Rechtsordnung (jur. t. t.) {30/77/82}; 5. Größenanweisung für die Technik (z. B. DIN) {40/41/44/58}; 6. absoluter Betrag einer komplexen Zahl im Quadrat (math. t. t.) {71}; 7. am Fuß der ersten Seite jedes Bogens stehende Kurzfassung von Buchtitel u. Bogennummer (druckw. t. t.) {32/40}	**norma**, ae f gr. *γνώμων* (Akk. *γνώμονα)*	Winkelmaß; Richtschnur, Maßstab, Regel, Vorschrift Kenner, Maßstab, Richtschnur
–	**normal** (gr)>etr>l	1. der Norm entsprechend, vorschriftsmäßig; 2. so wie üblich; wie man es gewöhnt ist {25/33/56}; 3. geistig und körperlich gesund {70/14}	**normalis**, e gr. *γνώμων*	nach dem Winkelmaß gemacht; der Norm entsprechend s. oben
–	**Normal** (gr)>etr>l	1. ein mit besonderer Genauigkeit hergestellter Kontroll-Maßstab {40/41/56/58}; 2. = Normalbenzin (mit niedriger Oktanzahl) {45/73}	dto.	dto.

–	**normalisieren** (gr)>etr>l >frz	1. normal gestalten, auf ein normales Maß zurückführen; 2. sich -: wieder normal (2.) werden {56}; 3. eine Normallösung herstellen (chem. t. t.) {73}	dto. frz. *normaliser*	dto.
–	Normalisierung			
–	**Normalität** (gr)>etr>l >frz	normale Beschaffenheit, normaler Zustand; Vorschriftsmäßigkeit {56}	dto. frz. *normalité*	dto.
–	**Normalnull** (gr)>etr>l;l	festgelegte Bezugshöhenangabe {64/63}	**normalis** gr. γνῶμων + **nullus**, a, um bzw. **nullum**, li n	s. oben keine(r/s) nichts
–	**normativ** (gr)>etr>l >frz	1. als Norm (1.) geltend, als Richtschnur dienend {33/56}; 2. Normen (1.) setzend (gramm., sprachwiss. t. t.) {76}	**norma** gr. γνῶμων	s. oben
–	**Normativ** (gr)>etr>l >frz	besonderen Erfordernissen entsprechende Regel; Anweisung, Vorschrift (DDR) {28/33/40/56/75}	dto.	dto.
–	**Normative** (gr)>etr>l >frz	Grundbestimmung, grundlegende Festsetzung {28/33/56}	dto.	dto.
–	**normen** (gr)>etr>l >frz	einheitlich festsetzen, gestalten; zur Vereinheitlichung für etw. ein Norm aufstellen {28/41/56}	**normare** gr. γνῶμων frz. *normer*	nach dem Winkelmaß abmessen, gehörig einrichten
–	**normieren** (gr)>etr>l >frz	1. vereinheitlichen, in einer bestimmten Weise festlegen, regeln; 2. normen {28/33/56}	dto.	dto.
–	Normierung			
–	**Normung** (gr)>etr>l >frz	einheitliche Gestaltung, Festsetzung (als Norm (1.); Größenregelung {56/58}	**norma** gr. γνῶμων	s. oben
2375	**Nota**	(wirtsch. t. t.) 1. Rechnung {42/80}; 2. Vormerkung {27/42/80}	**nota,** ae f	Kennzeichen, Merkmal; Note; Anmerkung
–	**notabel** l>frz	bemerkenswert, merkwürdig (veraltet) {25/26}	**notabilis**, e	bemerkenswert, merkwürdig, auffällig
–	**Notabeln** l>frz	Mitglieder der bürgerlichen Oberschicht in Frankreich (hist. t. t.) {33/75}	dto.	dto.

–	**notabene** l;l	übrigens {56/83}	**bene** (Adv.) + **notare** **nota bene**	wohl, gut kennzeichnen; be- zeichnen; bemer- ken, wahrnehmen merke wohl
–	**Notabene**	Merkzeichen, Vermerk {24/ 32}	dto.	dto.
–	**Notabilität** l>frz	(veraltet) 1. Vornehmheit; 2. vornehme, berühmte Persön- lichkeit {33}	**notabilis**	s. oben
–	**Notar** l>mlat	staatlich vereidigter Vollju- rist mit Aufgaben wie Beglau- bigung und Beurkundung von Rechtsgeschäften {40/82}	**notarius,** ii m mlat. notarius	Schreiber, Sekre- tär; Stenograph durch kaiserliche Gewalt bestellter öffentlicher Schreiber
–	**Notariat** l>mlat	1. Amt eines Notars {40/82}; 2. Büro eines Notars {40/58}	**notarius,** a, um mlat. notariatus	zum (Geschwind)- schreiben gehörig
–	**notariell** o. **nota- risch** l>mlat	von einem Notar ausgefertigt und beglaubigt {40/82}	dto.	dto.
–	**Notation**	1. das Aufzeichnen von Mu- sik in Notenschrift (mus. t. t.) {37}; 2. das Aufzeichnen der einzelnen Züge einer Schach- partie {32/85}; 3. Darstellung von Informationen durch Symbole {32}	**notatio,** onis f	Bezeichnung; Be- merkung; Schilde- rung; Beobach- tung
–	**Note** l>mlat	1. musikalisches Tonzeichen {37}; 2. Kennzeichen, Merk- mal {25/56}; 3. schriftliche Be- merkung, erklärende An- merkung {32}; 4. Zensururteil {25/28}; 5. diplomatisches Schriftstück im zwischen- staatlichen Verkehr {50/32}; 6. Art, persönliche Eigenart {25/ 26/84}; 7. Banknote {42/56}	**nota**	s. oben
–	**notieren** l>mlat	1. aufzeichnen, aufschreiben (um etw. nicht zu vergessen) {32/24}; 2. vormerken {32/27}; 3. in Notenschrift schreiben (mus. t. t.) {37}; 4. den Börsen- kurs eines Wertpapiers, den Warenpreis festsetzen (wirtsch. t. t.) {28/42/80}	**notare** mlat. notare	s. oben in Notenschrift aufzeichnen
–	Notierung			

-	**Notiz**	1. Aufzeichnung, Vermerk; 2. Nachricht, Meldung, Anzeige {32/24}; 3. Preisfeststellung (wirtsch. t. t.) {42/80}	**notitia**, ae f	das Bekanntsein; Kenntnis; Nachricht, Aufzeichnung
-	Notizbuch			
-	**notorisch**	1. offenkundig, allbekannt {25/33}; 2. berüchtigt, gewohnheitsmäßig {25/33/59}	**notorius**, a, um	anzeigend, kundtuend
2376	**Notre-Dame** l>frz	1. frz. Bezeichnung für Jungfrau Maria {51}; 2. Name frz. Kirchen {36/51}	**noster**, tra, trum + **domina**, ae f	unser(e/es) Herrin vgl. oben 0581
2377	**Notturno** l>it	(mus. t. t.) 1. stimmungsvolles Musikstück (für eine nächtliche Aufführung im Freien); 2. einem Ständchen ähnliches Musikstück; 3. = Nocturno (selten) {37}	**nocturnus**, a, um	nächtlich, bei Nacht, Nacht...
2378	**Nougat** l>gallorom >aprov>frz	aus fein zerkleinerten gerösteten Nüssen oder Mandeln, Zucker und Kakao zubereitete pastenartige weiche Masse {17}	**nux**, ucis f vulgl. nucatum* aprov. *nogat* frz. *nougat*	Nuß; Nußbaum aus Nüssen Bereitetes Nußkuchen
2379	**Nova**	1. Stern, der durch innere Explosion kurzfristig hell aufleuchtet (astron. t. t.) {66}; 2. Neuerscheinungen des Buchhandels {32/42}	**novus**, a, um	neu, jung; ungewöhnlich, sonderbar
-	**Novation**	Schuldumwandlung (jur. t. t.) {82}	**novatio**, onis f	Erneuerung, Veränderung; Umwandlung einer bestehenden Schuld
-	**Novelle** l>it	1. Kunstform der Prosaerzählung {34}; 2. abändernder o. ergänzender Nachtrag zu einem Gesetz (jur. t. t.) {82/50}	**novellus**, a, um **Novellae**, arum f (Pl.) (sc. constitutiones) it. *novella*	neu, jung Novellen, Nachtragsgesetze kleine Neuigkeit; kurze poetische Erzählung
-	**novellieren** l>it	ein Gesetz(buch) mit Novellen (2.) versehen (jur. t. t.) {32/50/82}	dto. (bzw. **novellare**	dto. neue Weinstöcke setzen)
-	**Novellist** l>it	Verfasser einer Novelle (1.) {34/40}	dto.	dto.
-	**Novellistik** l>it	1. Kunst der Novelle (1.) {34}; 2. Gesamtheit der novellistischen Dichtung {34/57}	dto.	dto.
-	novellistisch			

2380	**November**	elfter Monat im Jahr {59}	**November**, bris, bre (sc. mensis)	November; zum November gehörig
2381	**Novität**	1. Neuerscheinung; Neuheit (z. B. von Büchern) {59/56}; 2. Neuigkeit (veraltet) {32/59}	**novitas**, atis f	Neuheit; das Ungewöhnliche, Überraschende
–	**Novize** bzw. **Novizin**	Mönch oder Nonne während der Probezeit (rel. t. t.) {51/59}	**novicius**, a, um bzw. **novicii**, iorum n (Pl.)	neu; Neuling Neulinge (bei den Sklaven)
–	**Noviziat** l>nlat	Probezeit, Stand eines Ordensneulings (rel. t. t.) {51/59}	dto.	dto.
–	**Novum**	Neuheit; neuer Gesichtspunkt, neu hinzukommende Tatsache {59/25}	**novum**, vi n (Subst.)	Neues vgl. oben 2379
2382	**Nuance** l>(vulgl) >frz	1. Abstufung, feiner Übergang; Feinheit; Ton {55/56}; 2. Schimmer, Spur, Kleinigkeit {57}	**nubes**, bis f vulgl. nuba* frz. *nue* *nuer* *nuance*	Wolke, Trübung, Schleier Wolke bewölken; abstufen, abschattieren
–	**nuancieren** l>(vulgl) >frz	abstufen, ein wenig verändern, feine Unterschiede machen {56/55}	dto. frz. *nuancer*	dto.
–	**nuanciert** l>(vulgl) >frz	1. äußerst differenziert, subtil; 2. pointiert {25/56}	dto.	dto.
2383	**nüchtern**	1. noch nichts gegessen o. getrunken habend; 2. nicht betrunken {17/26}; 3. schwunglos, langweilig {26/33/84}; 4. besonnen {25}	**nocturnus**, a, um	s. oben 2377
–	Nüchternheit, aus-, ernüchtern			
2384	**Nudismus** l>nlat	Freikörperkultur {33/18}	**nudus**, a, um	nackt, unbekleidet, entblößt
–	Nudist, nudistisch			
–	**Nudität**	1. Nacktheit {33/55}; 2. Darstellung eines nackten Körpers (als sexueller Anreiz) {18/36}	**nuditas**, atis f	Nacktheit, Blöße; das Entblößtsein
2385	**nuklear** l>nlat	1. den Atomkern betreffend, Kern...; 2. mit der Kernspaltung zusammenhängend, durch Kernenergie erfolgend {72/41}; 3. Atom-, Kernwaffen betreffend {72/86}	**nucleus**, ei m	Kern, Fruchtkern, Nuß
–	**Nuklein** l>nlat	Eiweißverbindung des Zellkerns (biol. t. t.) {68/69}	dto.	dto.

–	**Nukleinsäure** l>nlat;d	Grundsubstanz der Vererbung (biol. t. t.) {68/69}	dto.	dto.
–	**Nukleus**	1. Zellkern (biol. t. t.) {68/69}; 2. Nervenkern (anat., physiol. t. t.) {69/70}; 3. Feuersteinblock zur Herstellung von Werkzeugen {75/44/40}; 4. Kern einer sprachlich zusammengehörenden Einheit (sprachwiss. t. t.) {76}	dto.	dto.
2386	**null**	1. kein {57}; 2. nichts; nichtig {56/57}	**nullus**, a, um	kein(er/e/es); unbedeutend, gering
–	**Null** l>it	1. Ziffer 0 {57/71}; 2. Gefrierpunkt, Nullpunkt {72/65}; 3. Versager (ugs.) {33/25}; 4. in der Notierung für Streichinstrumente die leere Saite (mus. t. t.) {37}; 5. wertlose Sache {56}	dto. it. *nulla*	dto. Zahlzeichen für den Begriff des Nichts
–	**Nullage** l>(frz)	Nullstellung bei Meßgeräten (techn. t. t.) {41/72}	dto.	dto.
–	**Nulldiät** l;gr>l	Fasten, bei dem man nur Wasser, Mineralstoffe und Vitamine zu sich nimmt {17/14}	dto. + **diaeta**, ae f gr. *δίαιτα*	dto. geregelte Lebensweise
–	**Nuller**	1. Nullfehlerritt beim Springreiten; 2. Fehlschuß beim Schießsport (schweiz.); 3. Fehlsprung beim Weit-, Drei-, Hoch- oder Stabhochsprung (schweiz.); 4. mißglückter Pferdsprung beim Turnen (schweiz.) {61/85}	**nullus**	s. oben
–	**nullifizieren** l;l	für ungültig erklären, aufheben (jur. t. t.) {56/82}	**nullus** + **facere**	s. oben tun, machen, handeln
–	Nullifikation			
–	**Nullmeridian** l;l	Längenkreis von Greenwich, von dem ausgehend die Längenkreise nach Ost und West abgezählt werden {64}	**nullus** + **meridianus**	s. oben s. oben 2214
–	**Nulloption** l;l	(= Nullösung) Verzicht auf die Aufstellung bestimmter Waffensysteme {28/86}	**nullus** + **optio**, onis f	s. oben freier Wille, freie Wahl; Willkür, Belieben
–	**Nullpunkt** l;l	1. Gefrierpunkt beim Thermometer {72/65}; 2. seelischer Tiefpunkt {26}	**nullus** + **punctum**, ti n	s. oben Stich; Punkt; Tüpfel; Augenblick

–	**Nulltarif** l;arab>it >frz	kostenlose Gewährung bestimmter Leistungen {42/56}	**nullus** + arab. *ta'rif* it. *tariffa* frz. *tarif*	s. oben Bekanntmachung Preisstaffel, Gebührenordnung
2387	**Numen**	Gottheit, göttliches Wesen (als wirkende Macht ohne Gestaltscharakter) {51/28}	**numen**, minis n	Wink, Wille; göttliches Walten, Gottheit
2388	**Numerale**	Zahlwort (sprachwiss. t. t.) {76}	**numeralis**, e	zu den Zahlen gehörig, Zahl...
–	**numerieren**	beziffern, mit fortlaufenden Ziffern versehen {56/57}	**numerare**	zählen, rechnen; schätzen
–	**numerisch** l>nlat	1. zahlenmäßig, der Zahl nach {57}; 2. unter Verwendung von (bestimmten) Zahlen erfolgend {71}	**numerus**, ri m	Zahl, Anzahl, Menge, Rang
–	**Numero** l>it	Nummer (in Verbindung mit einer Zahl) {56/57}	dto.	dto.
–	**Numerus**	1. Zahl {57}; 2. Zahl, zu der der Logarithmus gesucht wird (math. t. t.) {71}; 3. Zahlform des Nomens (sprachwiss. t. t.); 4. Bau eines Satzes in bezug auf Gliederung, Wortlänge etc. (rhet., stilk. t. t.) {76}	dto.	dto.
2389	**numinos** l>nlat	göttlich {51}	**numen**	s. oben 2387
2390	**Nummer** l>it	1. zur Kennzeichnung dienende Ziffer, Zahl; Kennzahl {56}; 2. spaßige, unbekümmerte, dreiste Person, Witzbold {26/33}; 3. einzelne Darbietung im Varieté {33/85}; 4. Geschlechtsakt (ugs.) {18}	**numerus**	s. oben 2388
2391	**Nuntiatur** l>nlat	1. Amt eines Nuntius {40/50/51}; 2. Sitz eines Nuntius {50/51/58}	**nuntiare**	mündlich ver-, ankündigen; melden
–	**Nuntius** l>(mlat)	ständiger diplomatischer Vertreter des Papstes bei einer Staatsregierung im Botschafterrang {40/50/5,1}	**nuntius**, ii m (mlat. nuntius curiae)	Verkünder, Melder, Bote; Botschaft
2392	**Nurse** l>frz>engl	engl. Bezeichnung für Kinderpflegerin, Kindermädchen {40/31}	**nutrix**, icis f afrz. *norrice* frz. *nourrice* engl. *nurse*	Ernährerin, Säugerin, Amme
2393	**Nutria** l>span	1. (Fell der) südam. Biberratte {06}; 2. Pelz aus Biberrattenfell {19/20}	**lutra**, ae f span. nutra	Fischotter
2394	**nutrieren**	ernähren (veraltet) {17/33}	**nutrire**	nähern, säugen, füttern

–	**Nutriment**	Nahrungsmittel (med. t. t.) {70/17}	**nutrimentum**, ti n bzw.	Nahrung, Ernährung
			nutrimenta, torum n (Pl.)	Nahrungsmittel; Erziehung, Pflege
–	**Nutrition**	Ernährung (med. t. t.) {70/17}	**nutritio**, onis f	das Säugen, Ernähren

O

2395	**Obduktion**	Leichenöffnung zur Klärung der Todesursache (med. t. t.) {82/70}	**obductio**, onis f	das Verhüllen, Bedecken; Trübsal
–	**obduzieren**	eine Obduktion vornehmen (med. t. t.) {70}	**obducere**	etw. über etw. ziehen, bedecken; verschließen
–	**Obduzent**	Arzt, der eine Obduktion vornimmt {70/40}	dto.	dto.
2396	**obiit**	„ist gestorben" (Inschrift auf alten Grabmälern) {32/51}	**obire**	dahingehen, untergehen; sterben
2397	**Objekt**	1. Gegenstand, mit dem etw. geschieht o. geschehen soll {52/28}; 2. unabhängig vom Bewußtsein existierende Welt, auf die sich das Erkennen richtet (philos. t. t.) {77}; 3. plastisches Werk der modernen Kunst {36}; 4. von einem Verb als Ergänzung gefordertes Satzglied (sprachwiss. t. t.) {76}; 5. Grundstück, Wertgegenstand, Vertrags-, Geschäftsgegenstand (wirtsch. t. t.) {80/43}; 6. Gebäude, Anlage (bes. österr.) {58}	**obicere** (PPP. **obiectus**)	entgegenwerfen, -stellen; vorwerfen; darbieten
–	**Objektion**	Übertragung einer seelischen Erlebnisqualität auf einen Gegenstand (psych. t. t.) {70}	**obiectio**, onis f	das Vorwerfen, Vorrücken; Einwand
–	**objektiv** l>nlat	1. außerhalb des subjektiven Bewußtseins bestehend; 2. sachlich, nicht von Gefühlen und Vorurteilen bestimmt; unvoreingenommen, unparteiisch {25/33}	**obicere**	s. oben
–	**Objektiv** l>nlat	die dem zu beobachtenden Gegenstand zugewandte Linse eines optischen Geräts (z. B. Foto, Fernglas - opt. t. t.) {40/41/72/87}	dto.	dto.

–	**objektivieren** l>nlat	1. von emotionellen Einflüssen befreien {25/33}; 2. etw. so darstellen, wie es wirklich ist, unbeeinflußt von Meßgerät o. Beobachter (phys. t. t.) {72}	dto.	dto.
–	**Objektivismus** l>nlat	1. Annahme, daß es subjektunabhängige, objektive Wahrheiten und Werte gibt; 2. erkenntnistheoretische Lehre, wonach Erfahrungsinhalte objektiv Gegebenes sind (philos. t. t.) {77}; 3. ein bestimmtes methodisches Prinzip der bürgerlichen Wissenschaften {25}	dto.	dto.
–	Objektivist, objektivistisch			
–	**Objektivität** l>nlat	strenge Sachlichkeit; objektive Darstellung unter Ausschaltung des Subjektiven {25/32}	dto.	dto.
2398	**Oblate** l>mlat	1. ungeweihte Hostie (kath. rel. t. t.); 2. Abendmahlsbrot (ev. rel. t. t.) {51}; 3. eine Art Waffel; 4. sehr dünne Weizenmehlscheibe als Gebäckunterlage {17}; 5. kleines Bildchen für Poesiealben (landsch.) {32/36}	**offerre** (PPP. **oblatus**) mlat. oblata (sc. hostia)	entgegenbringen; erscheinen; preisgeben; darbringen als Opfer dargebrachtes Abendmahlsbrot
2399	**obligat**	1. unerläßlich, erforderlich, unentbehrlich {56}; 2. regelmäßig dazugehörend, üblich {59/33}	**obligatus**, a, um	verbindlich, verpflichtet
–	**Obligation**	1. Verpflichtung, persönliche Verbindlichkeit (jur. t. t.) {82/80}; 2. Schuldverschreibung eines Unternehmers (wirtsch. t. t.) {80}	**obligatio**, onis f	Verbürgung, Verpflichtung; Pfandrecht, Schuldforderungsverhältnis
–	**obligatorisch**	verpflichtend, bindend, verbindlich; Zwangs... {56/28/82}	**obligatorius**, a, um	verbindend, verbindlich
2400	**oblique**	schräg, schief (veraltet) {55}	**obliquus**, a, um	seitwärts, schräg, schief; zweideutig
–	**Obliquität**	1. Schrägstellung (des kindlichen Schädels bei der Geburt - med. t. t.) {70} 2. Abhängigkeit {33/56}; 2. Unregelmäßigkeit {53/56}	**obliquitas**, atis f	Schief-, Schrägheit, Zweideutigkeit
2401	**obsekrieren**	beschwören, dringend bitten (veraltet) {27}	**obsecrare**	inständig bitten, anflehen

2402	**Observanz**	1. Brauch, Herkommen {33/51}; 2. Gewohnheitsrecht (jur. t. t.) {82}; 3. Befolgung der eingeführten Regel (eines Mönchsordens) {51}	**observantia,** ae f	Beobachtung; Ehrfurcht; Achtsamkeit, Befolgung
–	**Observation**	1. wissenschaftliche Beobachtung {23/25/40/66}; 2. verdächtige Personen (polizeilich) überwachen {33/82/40}	**observatio,** onis f	Wahrnehmung, Beobachtung; Ehrerbietung
–	**Observatorium** l>nlat	Beobachtungsstation zu wissenschaftlichen Zwecken; Stern-, Wetterkarte (astron., meteor. t. t.) {65/66}	**observator,** oris m	Beobachter
–	**observieren**	1. wissenschaftlich beobachten {23/25/40}; 2. verdächtige Personen polizeilich überwachen {33/40/82}	**observare**	beobachten, lauern, aufpassen
2403	**Obsession**	Zwangsvorstellung (psych. t. t.) {70}	**obsessio,** onis f	Einschließung, Blockade
–	**obsessiv** l>nlat	in der Art einer Zwangsvorstellung (psych. t. t.) {70}	dto.	dto.
2404	**obskur**	1. dunkel; verdächtig; zweifelhafter Herkunft {26/33}; 2. unbekannt {25/33}	**obscurus,** a, um	dunkel, undeutlich, ungewiß; unbekannt
–	**Obskurität**	1. Dunkelheit, zweifelhafte Herkunft {26/33}; 2. Unbekanntheit {25/33}	**obscuritas,** atis f	Dunkelheit, Unverständlichkeit, Unberühmtheit
2405	**obsolet**	ungebräuchlich, veraltet {25/59/56}	**obsoletus,** a, um	unscheinbar, abgenutzt; gemein, alltäglich
2406	**Obstination**	Halsstarrigkeit, Eigensinn (veraltet) {26/28}	**obstinatio,** onis f	Beharrlichkeit; Starrsinn
2407	**obstruieren**	1. hindern; entgegenarbeiten; Widerstand leisten {28}; 2. verstopfen (med. t. t.) {70}	**obstruere**	entgegen-, verbauen; versperren, verstopfen
–	**Obstruktion**	1. Widerstand; parlamentarische Verzögerungstaktik {28/50}; 2. Verstopfung (von Körperkanälen - med. t. t.) {70}	**obstructio,** onis f	das Verbauen, Einschließen; Verschluß
–	obstruktiv			
2408	**obszön**	unanständig, schlüpfrig, schamlos (auf den Sexual-, Fäkalbereich bezogen) {18}; 2. (sittliche) Entrüstung hervorrufend {30}	**obsc(a)enus,** a, um	anstößig, unsittlich, ekelhaft, unzüchtig
–	**Obszönität**	Schamlosig-, Schlüpfrigkeit {18/30}	**obscenitas,** atis f	das Unflätige, Unzüchtigkeit
2409	**Odeur** l>frz	1. wohlriechender Stoff, Duft {21/55}; 2. seltsamer Geruch {55}	**odor,** ris m	Geruch; Duft; Gestank

2410	**odios** o. **odiös**	gehässig, unausstehlich, widerwärtig {26/33/84}	**odiosus**, a, um	Ärgernis erregend, verhaßt, widerwärtig
–	**Odiosität** l>(nlat)	Gehässigkeit, Widerwärtigkeit {26/33/84}	dto.	dto.
–	**Odium**	hassenswerter Makel; übler Beigeschmack {26/33}	**odium**, ii n	Widerwille, Abneigung, Feindschaft; Haß
2411	**odorieren**	zur Intensivierung des Geruchs Stadtgas (aus Sicherheitsgründen) mit Schwefelverbindungen mischen {49/55/73}	**odorare** o. **odorari**	(wohl)riechend machen; riechen; wittern
–	Odorierung			
2412	**offensiv** l>nlat	angreifend, den Angriff bevorzugend {26/28/29/85/86}	**offendere** (PPP. **offensus**)	beleidigen, kränken; verletzen, beschädigen
–	**Offensive** l>frz	1. (planmäßig vorbereiteter) Angriff (eines Heeres) {25/29/86}; 2. auf Angriff (Stürmen) eingestellte Spielweise (sport. t. t.) {85}	dto. frz. *offensive*	dto.
2413	**offerieren**	an-, darbieten (zum Kauf) {42}	**offerre**	entgegenbringen, preisgeben; darbringen, anbieten
–	**Offerte** l>frz	schriftliches (Waren)angebot; Anerbieten {32/42}	dto. frz. *offerte*	dto.
2414	**Office** l>frz >(engl)	(schweiz.) 1. Büro, Dienststelle (selten / engl.) {40/58}; 2. Anrichteraum (im Gasthaus) {58}	**officium**, ii n	Pflicht, Dienst, Beruf; Amt(sgeschäfte)
–	**Offizial** l>mlat	1. Vertreter des (Erz)bischofs in einer kirchlichen Gerichtsbehörde {51}; 2. ein Beamtentitel (österr.) {33/40/50}	**officialis**, is m (Subst.) (bzw. **officialis**, e	Diener, Subalternbeamter zur Pflicht-, zum Amt, - Dienst gehörig)
–	**Offizialdelikt** l>mlat;l	Straftat, deren Verfolgung von Amts wegen eintritt (jur. t. t.) {82}	dto. + **delictum**, ti n	dto. Fehler, Vergehen
–	**Offizialprinzip** l>mlat;l	Verpflichtung des Gerichts, Ermittlungen über die von den Beteiligten vorgebrachten Tatsachen hinaus anzustellen (jur. t. t.) {82}	dto. + **principium**, ii n	dto. Anfang, Ursprung; Grundlage; Urheber
–	**Offizialverteidiger** l>mlat;d	Pflichtverteidiger in Strafsachen (jur. t. t.) {82}	dto.	dto.
–	**offiziell** l>frz	1. amtlich, von einer Behörde ausgehend, bestätigt {50/49}; 2. feierlich, förmlich {26}	**officialis** frz. *officiel*	s. oben

–	**Offizier** l>mlat>frz	1. Bezeichnung für höhere militärische Rangstufen (ab Leutnant); 2. Träger eines Dienstgrades innerhalb dieser Rangstufe {33/86}; 3. Sammelbezeichnung für bestimmte Schachfiguren {85}	**officium** mlat. officiarius frz. *officier*	s. oben Beamteter, Bediensteter
–	**Offizin** l>mlat	1. (größere) Buchdruckerei (bes. DDR) {40/32}; 2. Apotheke {70/58/42}	**officina**, ae f	Werkstatt; Herd, Sitz
–	**offiziös** l>frz	halbamtlich; nicht verbürgt {25/33/50}	**officiosus**, a, um frz. *officieux*	diensteifrig, -beflissen, zuvorkommend gleichsam amtlich, diensteifrig
–	**Offiziosität** l>frz	1. Anschein der Amtlichkeit, des Offiziellen {25/33/50}; 2. Dienstfertigkeit (veraltet) {33}	**officiositas**, atis f	Gefälligkeit, Dienstfertigkeit
–	**Offizium**	1. Dienstpflicht, Obliegenheit (veraltet) {33/40}; 2. kath. Gottesdienst; Stundengebet; 3. kath. Kirchenamt; Amt und Pflichten eines Geistlichen {51}	**officium**	s. oben
2415	**Okarina** l>vulgl>it	kurze Flöte aus Ton oder Porzellan in Form eines Gänseeis (mus. t. t.) {37}	**auca**, ae f vulgl. avica* it. *oca* *ocarina*	Vogel, Gans Gans
2416	**Okkasion** l>(frz)	1. Gelegenheit, Anlaß (veraltet) {59/60}; 2. Gelegenheitskauf {42/59}	**occasio**, onis f	Gelegenheit, günstiger Zeitpunkt; Vorwand
–	**okkasionell** l>(frz)	gelegentlich, Gelegenheits... {59}	dto.	dto.
2417	**okkludieren**	1. verschließen {29/58}; 2. als Kalt- mit einer Warmfront zusammentreffen (meteor. t. t.) {65}	**occludere**	ver-, zu-, einschließen, einsperren
–	**Okklusion**	1. Verschließung, Verschluß {58}; 2. normale Schlußbißstellung der Zähne (med. t. t.) {70}; 3. das Zusammentreffen von Kalt- und Warmfront (meteor. t. t.) {65}	**occlusio**, onis f	Verschließung, Verstopfung
–	okklusiv			
–	**Okklusiv** l>(nlat)	Verschlußlaut (sprachwiss. t. t.) {76}	**occlusus**, a, um	verschlossen
2418	**okkult**	verborgen, geheim (von übersinnlichen Dingen) {51}	**occultus**, a, um	verborgen, versteckt, geheim
–	**Okkultismus** l>nlat	Geheimwissenschaft von den übersinnlichen Kräften und Dingen {51}	dto.	dto.

–	Okkultist, okkultistisch, Okkultologe			
2419	**Okkupant**	jmd., der fremdes Gebiet (widerrechtlich) in Besitz nimmt; Angehöriger einer Besatzungsmacht {43/82/86}	**occupare**	einnnehmen, besetzen, sich bemächtigen
–	**Okkupation**	1. (militärische) Besetzung eines fremden Gebietes (abwertend) {43/86}; 2. Aneignung herrenlosen Gutes (jur. t. t.) {43/82}	**occupatio**, onis f	Besetzung, Einnahme; Beschäftigung
–	**Okkupativ** l>nlat	Verb des Beschäftigtseins (sprachwiss. t. t.) {76}	**occupare**	s. oben
–	**okkupatorisch**	die Okkupation betreffend {43/82/86}	**occupatorius**, a, um	zur Besitznahme gehörig
–	**okkupieren**	ein fremdes Gebiet (militärisch) besetzen (abwertend) {43/86}	**occupare**	s. oben
2420	**Oktan** l>nlat	gesättigter Kohlenwasserstoff mit acht Kohlenstoffatomen (in Erdöl und Benzin) {45/73}	**octo**	acht
–	**Oktanzahl** l>nlat;d	Maßzahl für die Klopffestigkeit der Motorkraftstoffe {45/56/73}	dto.	dto.
–	**Oktav**	1. Achtelbogengröße (Buchformat) {32/40/58}; 2. = Oktave (österr.) {37}; 3. Nachfeier der Hochfeste in der kath. Liturgie (rel. t. t.) {51}	**octavus**, a, um	der achte
–	**Oktave** l>mlat	1. achter Ton einer diatonischen Tonleiter (mus. t. t.) {37}; 2. Strophenform aus acht elfsilbigen jambischen Verszeilen {34/76}	dto.	dto.
–	**Oktober**	zehnter Monat im Jahr {59}	**October**, bris, bre (sc. mensis)	zur Acht, zum Monat Oktober gehörig der zehnte (ursprünglich der achte) Monat des altröm. Kalenders
2421	**oktroyieren** l>mlat>frz	1. verleihen (veraltet) {33/43}; 2. ein Gesetz kraft landesherrlicher Machtvollkommenheit erlassen (veraltet) {75/50}; 3. aufdrängen, aufzwingen; aufoktroyieren {28}	**auctorare** mlat. auctorizare frz. *octroyer*	(sich) verbürgen, bekräftigen; verpflichten sich verbürgen; bestätigen, bewilligen
2422a	**okular**	1. das Auge betreffend, ihm zugewandt (z. B. von Fotolinsen gesagt) {41/87}; 2. mit dem, für das Auge {11/70}	**ocularis**, e	zu den Augen gehörig, Augen...
–	Okular			

2422b	**okulieren**	die geschlossene Knospe eines edelen Gewächses in ein unedeles einsetzen; veredeln {39/68}	**inoculare**	einpflanzen, okulieren; schmücken
–	Okulation, Okuliermesser, Okulierreis, Okulierung			
2423	**Okzident**	1. Abendland (= Europa) {33/64}; 2. Westen (veraltet) {64}; 3. Richtung der untergehenden Sonne {66}	**occidere** + **sol**, lis m **occidens sol**	niederfallen, untergehen Sonne Westen; Abendland; untergehende Sonne
–	**okzidentalisch**	1. abendländisch {33}; 2. westlich (veraltet) {64}	**occidentalis**, e	abendlich, westlich
2424	**Öl** (gr)>l >vulgl	flüssiges Fett (Speise-, Salb-, Haut-, Motorenöl etc.) {17/21/41}	**oleum**, ei n gr. *ἔλαιον* vulgl. olium*	Oliven-, (Baum)öl
–	ölen, ölig, Ölbaum, Ölgötze			
–	**Ölung** (gr)>l >vulgl	1. Salbung mit Öl {51}; 2. Ölzufuhr {41}	dto.	dto.
2425	**Oleander** [l;(l;gr) >mlat]>it	Rosenlorbeer (ein immergrüner Strauch) {04}	**olea**, ae f it. *oleandro* + **laurus**, ri f + gr. *ῥοδοδένδρον* mlat. lorandum	Olivenbaum Lorbeer(baum) Lorbeerrose, Oleander Oleander
2426	**Oleat** (gr)>l>nlat	Salz der Ölsäure (chem. t. t.) {73}	**oleatus**, a, um	mit Öl getränkt, - angemacht
–	**Olein** (gr)>l>nlat	ungereinigte Ölsäure (chem. t. t.) {73}	**oleum**	s. oben 2424
–	**Oleum** (gr)>l	(chem. t. t.) 1. Öl; 2. rauchende Schwefelsäure {73}	**oleum**, ei n gr. *ἔλαιον*	s. oben 2424
2427	**Olive** (gr)>l	1. Frucht des Ölbaumes, aus der Olivenöl gewonnen wird {05/17}; 2. Oliven-, Öbaum {05}; 3. Handgriff für die Verschlußvorrichtung an Fenstern, Türen o. ä. {40/41/44}; 4. länglich-runde Bernsteinperle {20}; 5. Endstück verschiedener ärztlicher Instrumente o. Laborgeräte (med. t. t.) {70}	**oliva**, ae f = **olea**, ae f gr. *ἐλαία*	Olive; Ölbaum; Ölzweig
–	**oliv** (gr)>l	olivenfarbig {55}	dto.	dto.
2428	**Omen**	(gutes o. schlechtes) Vorzeichen; Vorbedeutung {51/26}	**omen**, minis n	An-, Vorzeichen, Vorbedeutung
–	**ominös** l>(frz)	1. von schlimmer Vorbedeutung, unheilvoll {26/51}; 2. bedenklich, verdächtig, anrüchig {26}	**ominosus**, a, um frz. *omineux*	voll von Vorbedeutungen

2429	**Omissa**	Fehlendes, Lücken, Ausgelassenes (veraltet) {52/57}	**omittere** (PPP. **omissus**)	sein lassen; aufgeben; übergehen, unerwähnt lassen
–	**Omission**	Aus-, Unterlassung; Versäumnis (veraltet) {25}	**omissio,** onis f	Unterlassung
–	**omittieren**	aus-, unterlassen (veraltet) {25}	**omittere**	s. oben
2430	**Omnibus** l>frz	im öffentlichen Verkehr eingesetzter Kraftwagen zur Beförderung vieler Personen {45/57}	**omnis** (Dat. Pl.: **omnibus**	alle(r/s); jeder; ganz für alle)
–	**omnipotent**	allmächtig, einflußreich {22/33}	**omnipotens** (Gen. –ntis)	allmächtig
–	**Omnipotenz**	1. göttliche Allmacht {51}; 2. absolute Machtstellung {33}	**omnipotentia,** ae f	Allmacht
–	**omnipräsent** (l;l)>nlat	allgegenwärtig {22/51/52}	**omnis** + **praesens** (Gen. –ntis)	s. oben gegenwärtig, derweilig, sofortig, augenblicklich
–	**Omnipräsenz** (l;l)>nlat	Allgegenwart (Gottes) {22/51/52}	**omnis** + **praesentia,** ae f	s. oben Gegenwart; Macht; Schutz
–	**Omnivore** l;l	Allesfresser (von Pflanzen- und Tiernahrung lebend - biol. t. t.) {17/69}	**omnis** + **vorare**	s. oben verschlucken, verschlingen, gierig fressen
2431	**Ondulation** l>frz	das Wellen der Haare mit einer Brennschere {21}	**undula,** ae f frz. *ondulation*	kleine Welle das Wallen, Wogen
–	**ondulieren** l>frz	Haare wellen {21}	dto. frz. *onduler*	dto.
–	**Ondulé** l>frz	Gewebe mit wellig gestalteter Oberfläche {19/55}	dto.	dto.
2432	**Onkel** l>frz	Mutterbruder, Vaterbruder {10}	**avunculus,** li m frz. *oncle*	Onkel
2433	**Oper** l>it	1. musikalische(s) Bühnenwerk(e) mit Darstellung einer Handlung (mus. t. t.) {35/37}; 2. Opernhaus (als kulturelle Institution) {33/85}; 3. Mitglieder, Personal eines Opernhauses {40/37}	**opera,** ae f it. *opera (in musica)*	Mühe, Arbeit, erarbeitetes Werk; Tätigkeit (Musik)werk
–	**Operette** l>it	leichte(s), unterhaltende(s) musikalische(s) Bühnenwerk(e) mit Dialogen, Ballett etc. (mus. t. t.) {35/37}	dto. it. *operetta*	dto.
–	**Opera**	1. Plural von Opus (s. d.) {34/37}; 2. italienische Bezeichnung für Oper (mus. t. t.) {35/37}	dto.	dto.

2434	**operabel** l>frz	1. operierbar (med. t. t.) {70}; 2. so beschaffen, daß man damit arbeiten kann {40/54}	**operari** frz. *opérable*	werktätig sein, arbeiten, beschäftigt sein; opfern
–	**Operabilität** l>frz	operabele (1.) Beschafenheit, Operierbarkeit (med. t. t.) {70}	dto.	dto.
–	**operant** l>engl	eine bestimmte Wirkungsweise in sich habend {54/25}	dto.	dto.
–	**Operateur** l>frz	1. Arzt, der eine Operation vornimmt {70/40}; 2. Kameramann bei Filmaufnahmen; 2. Vorführer (in Kinos) {40/85}; 4. Toningenieur {40/85}; 5. jmd., der maschinelle Anlagen bedient {40/41}	**operator**, oris m frz. *opérateur*	Arbeiter, Verrichter, Schöpfer
–	**Operating** l>engl	das Bedienen (z. B. von Computern) {29/40/71}	**operari**	s. oben
–	**Operation**	1. chirurgischer Eingriff (med. t. t.) {70}; 2. zielgerichtete, detailliert abgestimmte Truppenbewegung (mil. t. t.) {61/86}; 3. Lösungsverfahren (math. t. t.) {71}; 4. wissenschaftlich nachkontrollierbares Verfahren {25/40/71/72/73}; 5. Handlung, Unternehmen; Arbeits- o. Denkvorgang {25/29}; 6. Durchführung eines Befehls einer EDV-Anlage {71}	**operatio**, onis f	Arbeit, Verrichtung; Gewerbe, Werktätigkeit
–	**operationabel** l>nlat	operationalisierbar {81/78}	dto.	dto.
–	**operational** o. **operationell** l>nlat	sich durch Operationen (5.) vollziehend, verfahrensbedingt {25}	dto.	dto.
–	**operationalisieren** l>nlat	1. Begriffe durch Angabe der Operationen (5.) o. der Indikatoren, die den betreffenden Sachverhalt anzeigen, standardisieren (soziol. t. t.) {78/81}; 2. Lernziele durch einen Ausbildungsgang in Verhaltensänderungen der Lernenden übersetzen (päd. t. t.) {78}	dto.	dto.
–	**Operationalismus** l>nlat	Theorie, nach der wissenschaftliche Aussagen nur dann gültig sind, wenn sie sich auf physikalische Operationen (5.) zurückführen lassen {72/25}	dto.	dto.

–	Operationssaal			
–	**operativ** l>nlat	1. die Operationen (1.) betreffend, chirurgisch eingreifend (med. t. t.) {70}; 2. strategisch (mil. t. t.) {86}; 3. (als konkrete Maßnahme) unmittelbar wirkend {25/61}	**operari**	s. oben
–	**Operativität** l>nlat	operative (3.) Beschaffenheit, unmittelbare Wirksamkeit {25/61}	dto.	dto.
–	**Operator** l>engl	1. jmd., der fertige Computer-Programme benutzt {40/71}; 2. Verfahrung zur Durchführung einer Operation (3.-5.) (math., linguist. t. t.) {71/76}; 3. jmd., der Werbeflächen in öffentlichen Verkehrsmitteln pachtet {40/80/32}	**operator**	s. oben
–	**operieren**	eine Operation durchführen (med. t. t.) {70}	**operari**	s. oben
–	Opfer			
–	**opfern**	1. etw. (einem) Gott als Opfergabe darbringen {51}; 2. auf etw. verzichten, etw. aufgeben {28/43}	dto.	dto.
2435	**opponieren**	1. widersprechen, sich widersetzen {32/28}; 2. gegenüberstellen (med. t. t.) {70}	**opponere**	gegen etw. halten, setzen; entgegenstellen, einwenden
–	**Opponent**	jmd., der eine gegenteilige Anschauung vertritt {28/25/32}	dto.	dto.
–	**opponiert**	gegenständig, gegenüberstehend, entgegengestellt (bot. t. t.) {68}	dto.	dto.
2436	**opportun**	in der gegenwärtigen Situation von Vorteil, angebracht {25/33}	**opportunus**, a, um	geeignet, günstig, nützlich, zweckmäßig
–	**Opportunismus** l>frz	1. bereitwillige Anpassung an die jeweilige Lage (um persönlicher Vorteile willen) {25/28/33/84}; 2. bestimmte bürgerliche ideologische Bewegung (marxist. t. t.) {81}	dto. frz. *opportunisme*	dto.
–	**Opportunist**	1. jmd., der sich aus Nützlichkeitserwägungen bedenkenlos der jeweiligen Lage anpaßt {25/28/33/84}; 2. Anhänger, Vertreter des Opportunismus (marxist. t. t.) {81}	dto. frz. *opportuniste*	dto.
–	opportunistisch			

–	**Opportunität**	Zweckmäßigkeit in der gegenwärtigen Situation {25/33}	**opportunitas**, atis f	günstige Lage, guter Zeitpunkt; lokkende Gelegenheit; Vorteil
2437	**Opposition** l>(frz)	1. Widerstand, Widerspruch {28}; 2. nicht an der Regierung beteiligte Parteien und Gruppen {50/33}; 3. Stellung eines Planeten oder des Mondes, bei der Sonne, Erde und der Planet auf einer Geraden liegen (astron. t. t.) {66}; 4. Gegensätzlichkeit sprachlicher Gebilde (sprachwiss. t. t.); 5. beispielhafte Beziehung einer sprachlichen Einheit zu einer anderen (sprachwiss. t. t.) {76}; 6. Gegenüberstellung des Daumens (med. t. t.) {70}; 7. bestimmte Stellungen einiger Schachfiguren {85}	**oppositio**, onis f	das Entgegensetzen, Widersprechen
–	**oppositär** l>nlat	gegensätzlich, eine Opposition ausdrückend {25/33/56}	**oppositus**, a, um	gegenüberliegend; entgegengesetzt, widersprechend
–	**oppositionell** l>frz	1. gegensätzlich; gegnerisch {56/33}; 2. widersetzlich, zum Widerspruch neigend {28/25/33}	**oppositio**	s. oben
2438	**Oppression**	1. Be-, Unterdrückung {25/33}; 2. Beklemmung (med. t. t.) {70}	**oppressio**, onis f	das Herabdrükken; Unterdrükkung; plötzliche Bewußtlosigkeit (med. t. t.)
–	**oppressiv** l>nlat	unterdrückend, drückend {25/33/56}	**opprimere** (PPP. **oppressus**)	herab-, nieder-, unterdrücken; überwältigen
–	**opprimieren**	bedrücken, überwältigen {25/29/33}	dto.	dto.
2439	**Optant**	jmd., der sich für etw. ausspricht, eine Option ausübt {27/28/32}	**optare**	aussuchen, wünschen, verlangen
–	**Optativ**	Modus des Verbs, der einen Wunsch o. die Möglichkeit eines Geschehens bezeichnet (sprachwiss. t. t.) {76}	**optativus**, a, um	wünschend, einen Wunsch ausdrükkend
–	optativ			
–	**optieren**	vom Recht der Option Gebrauch machen {27}	**optare**	s. oben
2440	**optimal** l>nlat	sehr gut, bestmöglich, beste, Best... {56}	**optimus**, a, um (Superl.)	der (die, das) beste, schönste, hervorragendste, tüchtigste

>>>	optimalisieren s. optimieren			
–	**Optimat**	Angehöriger der herrschenden Geschlechter im alten Rom (hist. t. t.) {75/33}	**optimas**, atis (m)	einer der Besten, Edelsten; Patriot, Aristokrat
–	**optim(alis)ieren** l>nlat	1. optimal gestalten {56/29}; 2. günstigste Lösungen für bestimmte Zielstellungen ermitteln (math. t. t.) {71}	**optimus**	s. oben
–	**Optimierung** l>nlat	1. das Optimieren {56/29}; 2. Teilgebiet der numerischen Mathematik {71}	dto.	dto.
–	**Optimismus** l>frz	1. heitere, zuversichtliche, lebensbejahende Lebensauffassung, Haltung {26/84}; 2. bestimmte positivistische philosophische Auffassung {77}	dto. frz. *optimisme*	dto.
–	**Optimist** l>frz	1. lebensbejahender, zuversichtlicher Mensch; 2. jmd., der Schwierigkeiten unterschätzt (scherzhaft) {26/84}	dto.	dto.
–	optimistisch			
–	**Optimum**	1. das Beste, Wirksamste; Höchstmaß {56}; 2. günstigste Umweltbedingungen für ein Lebewesen (biol. t. t.) {68/69}	**optimus**	s. oben
2441	**Option**	1. freie Entscheidung {27/28}; 2. Voranwartschaft auf den Erwerb bzw. das Recht zur zukünftigen Lieferung einer Sache (jur. t. t.) {28/42/43/80/82}; 3. Recht der Kardinäle, in eine freiwerdende Würde aufzurücken (kath. rel. t. t.) {33/51}	**optio**, onis f	freier Wille, freie Wahl; Willkür, Belieben
2442	**opulent**	üppig, reichlich {57/17}	**opulentus**, a, um	reich, vermögend, wohlhabend, ansehnlich
–	**Opulenz**	Üppigkeit, Überfluß {57/43}	**opulentia**, ae f	Wohlhabenheit, Reichtum; Macht
2443	**Opus**	künstlerisches, literarisches, bes. musikalisches Werk {34/35/36/37}	**opus**, peris n	Beschäftigung, Arbeit; Mühe; Werk
–	**Opusculum** o. **Opuskulum**	kleines Opus, kleine Schrift {34/37}	**opusculum**, li n	literarisches Werkchen

2444	**Orakel**	1. Stätte, wo Priester(innen) oder Seher(innen) Weissagungen verkündeten {51/58}; 2. Weissagung; rätselhafte, mehrdeutige Aussage {51/25/32}	**oraculum**, li n	Orakel-, Sprechstätte; Orakelspruch, Weissagung
-	**orakelhaft** l;d	dunkel, undurchschaubar, rätselhaft (in bezug auf Äußerungen) {51/25/26}	dto.	dto.
-	**orakeln** l>(nlat)	1. in dunklen Andeutungen sprechen {32/26}; 2. ein Orakel (2.) anstellen {51}	dto.	dto.
2445	**oral** l>nlat	1. am Mund gelegen, durch den Mund, ihn betreffend (med. t. t.) {11/70}; 2. mündlich (überliefert o. ä.) {32}	**os**, oris n	Antlitz, Gesicht, Mund; Sprache
-	**Oral**	mit dem Mund gesprochener Laut (im Unterschied zum Nasal - sprachwiss. t. t.) {76}	**os**	s. oben
2446	**Orante**	Gestalt der frühchristlichen Kunst in antiker Gebetshaltung (mit erhobenen Armen) {36/51}	**orare**	reden, sprechen; beten; bitten
-	**Oration**	liturgisches Gebet (in der kath. Messe - rel. t. t.) {51}	**oratio**, onis f	Rede; Äußerung; (kirchenl.: Gebet, Vaterunser)
-	**Orator**	Redner (in der Antike - hist. t. t.) {40/75}	**orator**, oris m	Redner, Sprecher
-	**oratorisch**	1. rednerisch, schwungvoll, hinreißend {26}; 2. in der Art eines Oratoriums (2.) {37}	**oratorius**, a, um	zum Redner gehörig, rednerisch; zum Beten gehörig
-	**Oratorium** l>mlat	1. Betsaal, Hauskapelle (in Klöstern o. ä.) {51/58}; 2. opernartiges Musikwerk ohne szenische Handlung mit religiösen oder episch-dramatischen Stoffen (mus. t. t.) {37}	**oratorium**, ii n	Bethaus, Betkammer
2447	**Orbis**	1. lateinische Bezeichnung für Kreis {58}; 2. Wirkungsbereich, der sich aus der Stellung der Planeten zueinander und zur Erde ergibt (astrol. t. t.) {66/51}	**orbis**, is m	Rundung, Kreis, Karree, Kreisbahn
-	**Orbit** l>engl	Umlaufbahn (eines Satelliten, einer Rakete) um einen Planeten (astron. t. t.) {66}	**orbita**, ae f	Kreisbahn, Kreislauf; Bahn, Spur
-	**orbital** l>nlat	1. den Orbit betreffend, zum Orbit gehörend (astron. t. t.) {66}; 2. zur Augenhöhle gehörend (med. t. t.) {70}	dto.	dto.

>>> Orbitalrakete, -station s. Rakete, Station

–	**Orbiter** l>engl	Teil eines Raumfahrtsystems, das in einen Orbit gebracht wird (astron. t. t.) {57/66}	dto.	dto.
2448	**Orden**	1. Ehrenzeichen, Auszeichnung {33/86}; 2. christliche, klösterliche o. weltliche Gemeinschaft {33/51}; 3. Regel; Reihenfolge; Gesetz; Rang (veraltet) {33/56}	**ordo**, dinis n	Ordnung; Rang, Stellung; Reihenfolge
–	**ordentlich** l;d	der Ordnung, Vorschrift gemäß; ordnungsliebend; sauber, anständig, tüchtig; wohlgeordnet {56/33/25/26}	dto.	dto.
–	**Order** l>frz	1. Befehl, Anweisung {28}; 2. Bestellung, Auftrag (wirtsch. t. t.) {80/42}	dto. afrz. *ordene* frz. *ordre*	dto.
–	**ordern** l>frz >(engl)	einen Auftrag erteilen; eine Ware bestellen (wirtsch. t. t.) {42/80}	dto. engl. *(to) order*	dto.
–	**Ordinale** o. **Ordinalzahl** l bzw. l;d	Ordnungszahl (z. B. zweiter) {56/57}	**ordinalis**, e	eine Ordnung anzeigen
–	**ordinär** l>frz	1. unfein, vulgär, gemein (abwertend) {26/30/84}; 2. alltäglich, gewöhnlich {25/26/59}	**ordinarius**, a, um frz. *ordinaire*	in gehöriger Reihe und Ordnung stehend; ordentlich, gewöhnlich; vorzüglich
–	**Ordinariat** l>nlat	1. oberste Verwaltungsstelle eines kath. Bistums {33/51}; 2. Amt eines ordentlichen Hochschulprofessors {31/40}	dto.	dto.
–	**Ordinarium**	1. kath. (handschriftliche) Gottesdienstordnung {32/51}; 2. der sogenannte ordentliche Haushalt (eines Staates, Landes etc.) mit regelmäßig wiederkehrenden Ausgaben und Einnahmen {50/42/80}	dto.	dto.
–	**Ordinarius**	1. ordentlicher Professor an einer Hochschule {31/40}; 2. Inhaber einer kath. Oberhirtengewalt {33/51}; 3. Klassenlehrer an einer höheren Schule (veraltet, landsch.) {31/40}	dto.	dto.
–	**Ordinate** l>nlat	Größe des Abstandes von der horizontalen Achse (Abszisse) auf der vertikalen Achse des rechtwinkligen Koordinatensystems (math. t. t.) {71}	**ordinatus**, a, um	geordnet, ordentlich

–	**Ordinaten-achse** l>nlat;d	Vertikalachse des rechtwinkligen Koordinatensystems (math. t. t.) {71}	dto.	dto.
–	**Ordination** l>mlat	1. feierliche Einsetzung in ein ev. Pfarramt; 2. kath. Priesterweihe {51} 3. ärztliche Verordnung {70/28}; 4. ärztliche Sprechstunde; Untersuchungszimmer (österr.) {70/59/58}	**ordinatio**, onis f	Einrichtung; Amtsbesetzung, geistliche Weihe
–	**ordinieren**	1. in ein geistliches Amt einsetzen (ev. rel. t. t.); 2. zum Priester weihen (kath. rel. t. t.) {33/51}; 3. eine Arznei verordnen (med. t. t.) {70}; 4. Sprechstunde halten (med. t. t.) {70/59}	**ordinare**	in ein Amt einsetzen, einen Priester weihen; (ver)-ordnen
–	**ordnen**	1. in Ordnung bringen, gehörig einrichten, sortieren {56/29}; 2. anordnen {25/29/58}	dto.	dto.
–	**Ordner**	1. jmd., der für Ordnung sorgt (z. B. in Sportstadien) {33/40/58/85}; 2. Vorrichtung zum Einordnen von Schriftstücken {40/44/32/58}	dto.	dto.
–	**Ordnung**	1. Tätigkeit des Ordnens; Geregeltheit; Aufgeräumtheit, Sauberkeit {58/56/25}; 2. systematische Zusammenfassung {25}; 3. Reihe, Grad {56}; 4. Regel, Vorschrift {25/28}	dto.	dto.
–	ab-, ver-, anordnen etc.			
–	**Ordo**	1. Hinordnung alles Weltlichen auf Gott {51}; 2. Stand des Klerikers, bes. des Priesters {51/33}; 3. systematische Einheit in der Biologie (biol. t. t.) {68/69}	**ordo**	s. oben
–	**Ordonnanz** l>frz	1. Befehl, Anordnung (veraltet) {28}; 2. Soldat, der einem Offizier zur Befehlsübermittlung zugeteilt ist {33/86}; 3. königliche Erlasse in Frankreich vor der Französischen Revolution (hist. t. t.) {28/50/75}	**ordinare** afrz. *ordenner* frz. *ordonner* *ordonnance*	s. oben
–	**Ordre** l>frz	französische Form von Order {28/50}	**ordo**	s. oben
2449	**Orient**	1. vorder- oder mittelasiatische Länder; 2. Osten (veraltet) {64}	**oriens** (Gen. –ntis) (sc. sol)	aufgehende Sonne; Osten; Morgen(land)

–	**Orientale**	Bewohner der Länder des Orients {10/64}	**orientales**, lium m (Pl.) (Subst.) bzw. **orientalis**, e	Morgenländer, Orientalen orientalisch, morgenländisch; in, aus dem Orient
–	**Orientalia**	Werke über den Orient {32/34/64}	**orientalis**	s. oben
–	**orientalisch**	den Orient betreffend; östlich, morgenländisch {64/58}	dto.	dto.
–	**orientalisieren**	1. orientalische Einflüsse aufnehmen {33}; 2. einer Sache orientalisches Gepräge geben {25/26/33}	dto.	dto.
–	**Orientalistik** l>nlat	Wissenschaft von den orientalischen Sprachen und Kulturen {40/64/75/76}	dto.	dto.
–	Orientalist, orientalistisch			
–	**orientieren** l>frz	1. sich -: eine Richtung suchen, sich zurechtfinden {25/58/61/33}; 2. eine Kirche in Ost-West-Richtung anlegen {51/88}; 3. informieren, unterrichten {32}; 4. auf etw. einstellen, nach etw. ausrichten (z. B. die Politik) {25/33/50}; 5. auf etw. hinlenken {25/28/61}; 6. sich -: seine Aufmerksamkeit auf etw., jmdn. konzentrieren (DDR) {25}	**oriens** frz. *orient* *s'orienter*	s. oben (ursprünglich: die Himmelsrichtung nach dem Sonnenaufgang bestimmen)
–	Orientierung			
2450	**original**	1. ursprünglich, echt; urschriftlich; eine Sendung direkt übertragen {56/32/46}; 2. von besonderer, einmaliger Art; urwüchsig, originell {56/25}	**originalis**, e	vom Ursprung an, ursprünglich
–	**Original** l>mlat	1. Urschrift, Urfassung; Urbild, Vorlage; Urtext {32/56}; 2. vom Künstler eigenhändig geschaffenes Werk der bildenden Kunst {36}; 3. eigentümlicher, durch seine besondere Eigenart auffallender Mensch {25/33/84}	dto. mlat. originale (exemplar)	dto. ursprüngliches Exemplar
–	**Originalität** l>frz	1. Ursprünglichkeit, Echtheit, Selbständigkeit {56/33}; 2. Besonderheit, Eigentümlichkeit {56/26}	dto. frz. *originalité*	dto.
–	**originär**	ursprünglich {56/59}	**originarius**, a, um	ursprünglich

–	**originell** l>frz	1. ursprünglich, in seiner Art neu, schöpferisch {56/25}; 2. eigenartig, eigentümlich, urwüchsig und gelegentlich komisch {33/26}	**originalis** frz. *originel*	s. oben
2451	**Orkus** (gr)>l	Unterwelt, Totenreich {51/58}	**Orcus**, ci m gr. ὄρχος bzw. ὅρκος	Unterwelt; Gott der Unterwelt, Pluto Gehege, Gruft Gegenstand, bei dem man einen Eid schwört
2452	**Ornament**	Verzierung; Verzierungsmotiv {20/36/44/88}	**ornamentum**, ti n	Ausrüstung; Zierde, Schmuck, Kostbarkeit
–	**ornamental** l>nlat	mit einem Ornament versehen, durch Ornamente wirkend; schmückend, zierend {20/36}	dto. bzw. **ornare**	dto. ausrüsten; veranstalten; schmücken, zieren
–	**ornamentieren** l>nlat	mit Verzierungen versehen {20/36}	dto.	dto.
–	**Ornamentik** l>nlat	1. Ornamente im Hinblick auf epochentypische Stilelemente; 2. Verzierungskunst {20/36/79}	dto.	dto.
–	**Ornat**	feierliche (kirchliche) Amtstracht {19/51}	**ornatus**, us m	Ausstattung, Kostüm, Kleidung; Ausschmückung
2453	**Ossarium**	1. Beinhaus (auf Friedhöfen) {15/58}; 2. Gebeinurne in der Antike (hist. t. t.) {15/58/75}	**oss(u)arium**, ii n	Gebein, Totenurne
2454	**ostensibel** l>nlat	zum Vorzeigen berechnet, zur Schau gestellt, auffällig {55/28}	**ostendere** (PPP. spätl. **ostensus**)	erklären, veranschaulichen; entgegenstrecken, zeigen
–	**ostensiv** l>nlat	1. augenscheinlich, handgreiflich, offensichtlich {23/55/25}; 2. zeigend; anschaulich machend, dartuend {25/32}; 3. = ostentativ {25/28/32/33}	dto.	dto.
>>>	Ostensorium s. Monstranz			
–	**Ostentation**	Schaustellung, Prahlerei (veraltet) {25/28/32/33}	**ostentatio**, onis f	das Zeigen, Zur-Schau-Stellen; Prahlerei
–	**ostentativ** l>nlat	zur Schau gestellt, betont, herausfordernd, prahlend {25/28/32/33}	dto.	dto.

2455	**ostinato** l>it	beharrlich, ständig wiederholt (zur Bezeichnung eines immer wiederkehrenden Baßthemas - mus. t. t.) {37/59}	**obstinatus**, a, um	fest entschlossen, hartnäckig
2456	**Oszillation**	Schwingung (phys. t. t.) {61/72}	**oscillatio**, onis f	das Schaukeln
–	**Oszillator** l>nlat	Schwingungserzeuger (phys. t. t.) {72}	dto.	dto.
–	**oszillatorisch** l>nlat	die Oszillation betreffend; zitternd, schwankend {54/72/61}	dto.	dto.
–	**oszillieren**	1. schwingen (phys. t. t.) {61/72}; 2. schwanken, pendeln {61}; 3. sich auf- oder abwärts bewegen (von Teilen der Erdkruste); hin- und herschwanken (von Eisrändern - geophys., geol. t. t.) {62/63}	**oscillare** bzw. **oscillari**	sich schaukeln geschaukelt werden
–	**Oszillogramm** l;gr	von einem Oszillographen aufgezeichnetes Schwingungsbild (phys. t. t.) {72}	**oscillare** + gr. *γράμμα*	s. oben Buchstabe
–	**Oszillograph** l;gr	Apparatur zum Aufzeichnen (schnell) veränderlicher (elektrischer) Vorgänge, bes. Schwingungen (phys. t. t.) {72}	dto. + gr. *γράφειν*	dto. schreiben
–	**Oszilloskop** l;gr	Apparatur zur Sichtbarmachung von Schwingungen; Kontrollbildschirm (phys., techn. t. t.) {72}	dto. + gr. *σκοπεῖν*	dto. sehen, betrachten
2457	**Otium**	Beschaulichkeit, Muße (veraltet) {59/85}	**otium**, ii n	Muße, Nichtstun, freie Zeit
2458	**Ottavino** l>it	(mus. t. t.) 1. Oktav-, Pikkoloflöte; 2. Oktavklarinette {37}	**octavus**, a, um	der achte
2459	**Ounce** l>frz>engl	engl. Gewichtseinheit, Unze (28,35g - Abk.: oz) {56}	**uncia**, ae f afrz. *unce*	der zwölfte Teil (eines röm. Asses); Zwölftel, Unze; Zoll
2460	**Ouvertüre** l>vulgl>frz	1. einleitendes Instrumentalstück {mus. t. t.); 2. einsätziges Konzertstück für Orchester (mus. t. t.) {37}; 3. Einleitung, Eröffnung, Auftakt {59}	**apertura**, ae f vulgl. opertura* frz. *ouverture*	Eröffnung; Öffnung, Luke (Er)öffnung
2461	**oval** l>mlat	eirund, länglichrund {53}	**ovatus**, a, um bzw. **ovalis**, e	eiförmig; zur Ovation (= kleiner Triumph) gehörig
–	**Oval** l>mlat	ovale Form, - Fläche, - Anlage {53/58}	dto.	dto.
2462	**ovarial** o. **ovariell** l>nlat	das Ovarium, den Eierstock betreffend (med. t. t.) {70}	**ovarius**, a, um	zum Ei gehörig, Eier...

–	**Ovarialgravidität** l>nlat;d	Eierstockschwangerschaft (med. t. t.) {70}	**ovarius** + **graviditas**, atis f	s. oben Schwangerschaft
–	**Ovariektomie** l;gr;gr	operative Entfernung eines Eierstocks (med. t. t.) {70}	dto. + gr. ἐκ + gr. τέμειν	dto. aus, heraus schneiden
–	**Ovarium**	Eierstock (biol., med. t. t.) {69/70}	**ovarium**, ii n (= **ovum**, vi n)	Ei; Eierschale, Eigestalt
2463	**Ovation**	Huldigung, (begeisterter, stürmischer) Beifall {32/26/33}	**ovatio**, onis f	kleiner Triumph, Ovation
>>>	Overheadprojektor s. Projektor			
2464	**Ovulation** l>nlat	Ausstoßung des reifen Eis aus dem Eierstock; Eisprung (biol., med. t. t.) {69/70}	**ovum**	s. oben 2462
–	**Ovu(lu)m**	Ei, Eizelle (biol., med. t. t.) {69/70}	dto.	dto.

P

2465	**Paar**	1. zwei zusammengehörige Dinge gleicher o. ähnlicher Beschaffenheit {56}; 2. zwei in einer Lebensgemeinschaft verbundene Lebewesen {33}	**par** (Gen. –ris) (bzw. Subst.)	gleichkommend, gleich(stark) Genosse bzw. Genossin; Gatte, Gattin; das Paar
–	**paaren**	1. zu Paaren zusammenfügen {56}; 2. Tiere zur Fortpflanzung zusammenbringen {69}; 3. sich begatten {69/70}	dto.	dto.
–	Pärchen			
2466	**Pace** l>frz>engl	Tempo eines Rennens, einer Jagd, eines Geländeritts (sport. t. t.) {38/61/85}	**passus**, us m frz. *pas*	Schritt, Tritt, Fußtapfe; röm. Doppelschritt (= 1,5 m; Längenmaß)
–	**Pacemaker** l>frz>engl; engl	1. Pferd in einem Rennen, das zugunsten eines anderen Pferdes das Tempo des Rennens bestimmt {61/85}; 2. Schrittmacherzelle der glatten Muskulatur (med. t. t.); 3. elektrisches Gerät zur künstlichen Anregung der Herztätigkeit (med. t. t.) {70}	**passus**	s. oben
2467	**Pacht** l>vulgl	vertraglich vereinbartes Recht zur Nutzung einer Sache gegen Entgelt {43/82}	**pactum**, ti n vulgl. pacta	Vertrag, Verabredung, Vergleich
–	pachten, Pächter			
2468	**Padre** l>it	(Titel der) Ordenspriester in Italien {51}	**pater**, tris m	Vater, Hausherr
2469	**Padrone** l>it	1. italienische Bezeichnung für: Herr, Besitzer, Chef {33/43}; 2. Schutzheiliger {51}	**patronus**, ni m	Schutz-, Schirmherr; Beschützer, Patron
2470	**Pagina**	Buch, Blattseite (veraltet) {32/58}	**pagina**, ae f	Blatt Papier, Seite, Kolumne
–	**paginieren**	mit Seitenzahlen versehen {57}	**paginare**	zusammenfügen; abfassen, schreiben

2471	**Paillette** l>frz	glitzerndes Metallblättchen zum Aufnähen {19/20/86}	**palea,** ae f frz. *paille* *paillette*	Streu, Stroh, Spreu; Hahnenbart Stroh
2472	**pair** l>frz	gerade (von Zahlen beim Roulettspiel) {57/85}	**par** frz. *pair*	s. oben 2465 ebenbürtig; gleich; gerade
–	**Pair** l>frz	Mitglied des französischen Hochadels (hist. t. t.) {75/33}	dto.	dto.
2473	**Pakt**	Vertrag, Übereinkommen; politisches oder militärisches Bündnis {50/86}	**pactum**	s. oben 2467
–	**paktieren** l>nlat	einen Vertrag, ein Bündnis schließen; gemeinsame Sache machen {33/50/86}	dto. (bzw. **pacisci**	dto. einen Vetrag schließen)
2474	**Paladin** l>mlat>it >frz	1. Angehöriger des Heldenkreises am Hofe Karls des Großen (hist. t. t.); 2. Hofritter, Berater eines Fürsten {75/47}; 3. treuer Gefolgsmann {47/33}	**Palatinus,** a, um **Palatini,** norum m (Pl. - Subst.) it. *paladino* frz. *paladin*	palatinisch; kaiserlich die kaiserlichen Palastdiener
2475	**Palais** l>frz	Palast, Schloß {58/88}	**Palatium,** ii n frz. *palais*	der palatinische Berg; Palast, kaiserlicher Hof
–	**Palas** l>frz	Hauptgebäude einer Ritterburg {44/58/75/88}	dto.	dto.
–	**Palast** l>frz	schloßartiges Gebäude {44/47/58/88}	dto.	dto.
–	**Palastrevolution** l>frz;l	das Aufbegehren, Sichempören gegenüber Vorgesetzten, Höhergestellten {28/33/40}	dto. + **revolutio,** onis f	dto. das Zurück-, Wegwälzen; Rückkehr
2476	**Palatin** l>mlat>frz	(hist. t. t.) 1. Pfalzgraf (im Mittelalter); 2. Stellvertreter des Königs von Ungarn (bis 1848) {47/50/75}	**Palatinus**	s. oben 2474
2477	**Palatschinke** (gr)>l >rumän >ung >österr	dünner, zusammengerollter mit Marmelade o. ä. gefüllter Eierkuchen {17}	**placenta,** ae f gr. πλακοῦς rumän. *placinta* ung. *palacsinta* österr. *Palatschinke*	(flacher) Kuchen Eierkuchen

2478	**Palaver** (gr)>l>port >engl	ergebnisloses langwieriges Reden über etw. (abwertend) {32}	**parabole**, es f o. **parabola**, ae f gr. *παραβολή* port. *palavra* engl. *palaver*	Gleichnis, Parabel Unterredung, Erzählung
-	**palavern** (gr)>l>port >engl	mit anderen über etw. sprechen, etw. erörtern, ohne daß ein Ergebnis zustandekommt (abwertend) {32}	dto.	dto.
2479	**Palazzo** l>it	ital. Bezeichnung für: Palast, Stadthaus {44/58/88}	**Palatium**	s. oben 2475
2480	**Palette** l>frz	1. reiche Auswahl, viele Möglichkeiten bietende Menge {56/57}; 2. ovales Mischbrett für Farben {40/36}; 3. Hubplatte zum Stapeln von Waren mit einem Gabelstapler {40/41/58}	**pala**, ae f it. *paletta* frz. *palette*	Spaten, Backofenschieber; Schulterblatt kleine Schaufel
2481	**Palisade** l>prov>frz	1. zur Befestigung dienender Pfahl, Schanzpfahl; 2. Hindernis aus dicht nebeneinander in die Erde gerammten Pfählen {86}	**palus**, li m prov. *palissa(da)* frz. *palissade*	Pfahl Pfahlzaun
2482	**Palliata**	altröm. Komödie mit griech. Stoff und Kostüm (hist. t. t.) {35/74/75}	**palliatus**, a, um	mit einem Pallium bekleidet
-	**Pallium**	1. mantelartiger Überwurf im antiken Rom {19/75}; 2. Krönungsmantel der Kaiser (im Mittelalter) {19/75/50}; 3. weiße Schulterbinde als Amtszeichen der kath. Erzbischöfen {19/51}	**pallium**, ii n	Bedeckung, Überwurf, Mantel
-	**Paletot** l>aengl >mfrz>frz	dreiviertellanger Herrenmantel; Überzieher {19}	uns.: **pallium** aengl. *pæll* o. *pall* mfrz. *paltoc* o. *paltoke* frz. *paletot*	 s. oben Mantel kurzer Überrock mit Ärmeln Herrenmantel
2483	**Palme** l>roman	tropische Holzpflanze mit unverzweigtem Stamm {04}	**palma**, ae f	flache Hand; Palme, Palmblatt
2484	**Paludarium** (gr)>l>nlat	Anlage zur Haltung von Sumpf- u. Moorpflanzen sowie Tieren (biol. t. t.) {58/68/69}	**palus**, udis f gr. *πηλός*	Pfuhl, Sumpf, Pfütze; See Schlamm
2485	**Panade** l>prov>frz	1. Brei aus Semmelbröseln und Ei zum Panieren; 2. breiige Mischung als Streck- und Bindemittel {17}	**panis**, is m frz. *pain* *paner*	Brot mit geriebenem Brot bestreuen

2486	**Panaschee** l>it>frz (o. **Panaschierung**)	1. aus verschiedenen Obstsorten bereitetes Kompott (veraltet); 2. mehrfarbiges Speiseeis (veraltet); {17}; 3. weiße Musterung auf Pflanzenblättern (bot. t. t.) {68}	**pinnaculum**, li n it. *pennacchio* frz. *panache*	kleiner Flügel; Federbusch
–	**panaschieren** l>it>frz	bei einer Wahl seine Stimme für Kandidaten verschiedener Parteien abgeben {50/57}	dto.	dto.
2487	**Paneel** (l>vulgl/ l>afrz) >mniederl >frz	1. (vertieft liegendes Feld einer) Holztäfelung {36/40/44}; 2. Holztafel der Gemälde {36}	**pannulus**, li m vulgl. pannellus* gemischt mit: **panis**, is m afrz. *panel* mniederl. *panneel* frz. *panneau*	Lumpen, zerlumptes Kleid, Lappen, Tuch Brot, Fladen; Türfüllung, Tafel Lappen, Lumpen, Fangnetz; eingefaßte Fläche, Tafel
2488	**panieren** l>frz	(Fleisch, Fisch o. ä.) vor dem Braten in geschlagenes Eigelb tauchen und in Semmelbröseln wälzen {17}	**panis** frz. *pain* *paner*	s. oben 2485
2489	**Panne** l>frz	1. Unfall, Schaden, Betriebsstörung {25/40/56}; 2. Störung, Mißgeschick, Fehler {25/56}; 3. Seiden-, Spiegelsamt {19/40}	**penna**, ae f frz. *penne* *panne*	Feder; Schwinge, Flügel äußerstes Ende der Segelstange; Feder Segelwerk, Aufbrassen der Segel; Mißgeschick
2490	**Pansen** l>vulgl> afrz	Magenabschnitt bei Wiederkäuern (biol. t. t.) {69}	**pantex**, ticis m afrz. *pance*	Wanst; Gedärme Magen, Wanst
2491	**Pantry** l>vulgl >frz>engl	Speisekammer, Anrichte (auf Schiffen, in Flugzeugen) {58/45}	**panis** vulgl. panitaria frz. *panaterie*	s. oben 2485 Bäckerei
2492	**Pänultima** l;l	vorletzte Silbe in einem Wort (sprachwiss. t. t.) {76}	**paene** + **ultimus**, a, um (Superl.)	beinahe, fast der, die, das allerletzte
–	**Pänultimagesetz** l;l;d	Betonungsregel in der lateinischen Sprache (sprachwiss., philol. t. t.) {76}	dto.	dto.
2493	**Panzer** l>vulgl> afrz>frz	1. metallener Rumpfschutz; feste Schutzhülle; 2. Stahlmantel {54/58}; 3. gepanzertes Kriegsfahrzeug, Panzerwagen {45/86}	**pantex** vulgl. pantica* afrz. *pance* *pancier(e)*	s. oben 2490 Magen, Wanst Leibrüstung, Brustpanzer

–	**panzern** l>vulgl >afrz>frz	mit Panzerplatten, einer starken Schutzhülle versehen {54/86}	dto.	dto.
2494	**papillar** l>nlat	warzenartig, -förmig {53/70}	**papilla**, ae f	Warze; Brust; Bläschen
–	**Papille**	1. Brustwarze (med. t. t.); 2. warzenartige Erhebung an Organoberflächen (med. t. t.) {70}; 3. haarähnliche Ausstülpung der Pflanzenoberhaut (bot. t. t.) {68}	dto.	dto.
–	**Papillom** l>nlat	Warzen, Zottengeschwulst (med. t. t.) {70}	dto.	dto.
–	**papillös** l>nlat	warzig (biol., med. t. t.) {69/70}	dto.	dto.
2495	**Papillon** l>frz	1. frz. Bezeichnung für Schmetterling {08}; 2. flatterhafter Mensch (veraltet) {26/33}; 3. feinfädiges Woll- o. Mischgewebe {19/40}	**papilio**, onis m	Schmetterling; Zelt
2496	**Pappel**	Laubbaumart mit langgestreckter Krone {04}	**populus**, li f	Pappel(baum)
2497	**Paprika** sanskr >pers>gr>l >serb>ung	1. Gemüse- und Gewürzpflanze; 2. Paprikaschote {05/17}; 3. Paprikapulver (Gewürz) {17}	**piper**, eris n gr. *πέπερι* serb. *pàpar* serb./ung. *pàprika*	Pfeffer Pfefferschote, Paprika
2498	**Papst** (gr)>l	Oberhaupt der röm.-kath. Kirche {33/51}	**pap(p)as**, ae m gr. *πάππας*	Erzieher; Vater, Bischof
2499	**Par** l>engl	für jedes Loch des Golfplatzes festgelegte Anzahl von Schlägen (sport. t. t.) {56/85}	**par**	s. oben 2465
2500	**Parabolantenne** gr>l;l>it	Satellitenempfangsantenne mit Wellenbündelung durch Reflektionsschirm in Form eines Hohlspiegels {46/66/72/87}	**parabole**, es f gr. *παραβολή* + **antemna**, ae f	Begleitung der Gestirne (astron. t. t.); Gleichnis Segelstange, Rahe vgl. oben 0207

2501	**Parade** l>it>frz (l>it>span >frz)	1. Truppenschau; prunkvoller Aufmarsch {33/61/86}; 2. Abwehr eines Angriffs (z. B. durch den Torhüter - sport. t. t.) {12/85} 3. das Anhalten eines Pferdes, eines Gespanns; Wechsel der Dressurlektion (sport. t. t.) {33/61};	**parare** 1.: it. *parare* frz. *parer* 2.: it. *parare* *parata* frz. *parade* 3.: it. parare span. *parar* *parada*	bereiten, (aus)rüsten, verschaffen vorbereiten; sich verteidigen, einen Angriff parieren herrichten, ausschmücken, elegant aufmachen s. oben s. oben an-, aufhalten, zum Stehen bringen
–	**paradieren** l>it>frz	1. vorbeimarschieren; feierlich vorbeiziehen {33/61/86}; 2. sich mit etw. brüsten; mit etw. prunken {32/25}	dto.	dto.
2502	**Paraffin** (l;l)>nlat	(chem. t. t.) 1. wachsähnliches Gemisch zur Herstellung von Kerzen, Bohnerwachs o. ä.; 2. Sammelbezeichnung für gesättigte, aliphatische Kohlenwasserstoffe {73}	**parum** + **affinis**, e	wenig angrenzend; verwandt; benachbart
–	paraffinieren, paraffinisch			
2503	**Paragium** l>mlat>ait	Abfindung nachgeborener Prinzen (z. B. mit Landbesitz) {43/47/82}	**par** ait. *paraggio*	s. oben 2465 Stamm; Adel
>>>	Parallel... s. unter dem Rest des Wortes			
>>>	para... s. ggf. unter dem Rest des Wortes			
2504	**para-normal** gr;l	nicht auf natürliche Weise erklärbar; übersinnlich (parapsych. t. t.) {70/51}	gr. *παρά* + **normalis**, e	halb..., neben... nach dem Winkelmaß gemacht
2505	**Parapluie** gr;l>frz	Regenschirm (veraltet) {44}	gr. *παρά* + **pluvius**, a, um bzw. **pluvia**, ae f frz. *pluie*	gegen vom Regen herrührend, regnerisch; Regen... Regen
2506	**Parasol** (gr;l)>it >frz	1. Sonnenschirm (veraltet) {44}; 2. großhutiger, wohlschmeckender Blätterpilz (= Parasolschirmpilz) {03}	gr. *παρά* + **sol**, lis m frz. *parasol*	s. oben 2505 Sonne, Sonnengott Sonnenschirm
2507	**parat**	(für den Gebrauchs-, Bedarfsfall) zur Verfügung (stehend), bereit {52/25}	**paratus**, a, um	bereit(stehend); gerüstet, vorbereitet

2508	**Parcours** l>frz	abgesteckte Hindernisbahn für Jagdspringen oder Jagdrennen (sport. t. t.) {38/58/85}	**percursus**, us m frz. *parcours*	das Durchlaufen Umlaufbahn, durchlaufene Strecke
2509	**Pardon** l>vulgl>frz	1. Verzeihung, Nachsicht (veraltet); 2. Verzeihung! (Wort der Entschuldigung) {26/32}	**donare** vulgl. perdonare frz. *pardonner* *pardon*	geben, schenken (völlig schenken); vergeben Gnade schenken, verzeihen
2510	**parental**	den Eltern, der Parentalgeneration zugehörend, von ihr stammend (biol. t. t.) {68/69}	**parentalis**, e	elterlich, der Eltern; zur Totenfeier der Eltern gehörig
-	**Parentalgeneration** l;l	Elterngeneration (biol. t. t.) {68/69}	dto. + **generatio**, onis f	dto. Zeugung(sfähigkeit); Generation
2511	**Parforcejagd** l;l>vulgl >frz;d	Hetzjagd mit Pferden und Hunden (sport. t. t.) {38/61/85}	**per** + **fortis**, e vulgl. fortia	durchaus, völlig sehr (verstärkender Partikel) stark, kräftig, mutig, energisch
-	**Parforceritt** l;l>vulgl >frz;d	Gewaltritt {38/61/85/86}	dto.	dto.
2512	**Parfum** o. **Parfüm** (l;l)>it>frz	1. Flüssigkeit mit intensivem (länger anhaltenden) Duft; 2. Duft, Wohlgeruch {21}	**per** + **fumare** it. *perfumare* frz. *parfumer* *parfum*	s. oben 2511 rauchen, dampfen, qualmen heftig dampfen, durchduften wohlriechend machen
-	**Parfümerie** (l;l)>it>frz	1. Geschäft, Betrieb, in dem Kosmetikartikel o. Parfüms verkauft bzw. hergestellt werden {21/40/42}	dto.	dto.
-	**Parfümeur** (l;l)>it>frz	Fachkraft für Parfümherstellung {40/21}	dto.	dto.
-	**parfümieren** (l;l)>it>frz	mit Parfüm besprengen; wohlriechend machen {21}	dto.	dto.

2513	**parieren** (l>it) (l>span >frz) (l>frz)	1. ohne Widerspruch gehorchen {25/28/33}; 2. einen Angriff abwehren (sport. t. t.) {12/85}; 3. ein Pferd in eine mäßigere Gangart, zum Stehen bringen (sport. t. t.) {61/85}; 4. Fleischstücke sauber zuschneiden, von Haut und Fett befreien {17}	1.: **parere** 2.-4.: **parare** 2.: it. *parare* 3.: span. *parar* frz. *parer* 4. frz. *parer*	gehorchen, unterworfen sein, dienen bereiten, ausrüsten, verschaffen sich verteidigen, Vorkehrungen treffen an-, aufhalten, zum Stehen bringen ein Pferd zum Stehen bringen herrichten, ausschmücken, arrangieren
2514	**Parietalauge** l;d	vom Zwischenhirn gebildetes, lichtempfindliches Sinnesorgan niederer Wirbeltiere (biol. t. t.) {69}	**parietalis**, e	zur Wand gehörig
2515	**Parität**	1. Gleichstellung, -setzung, (zahlenmäßige) Gleichheit {56/57}; 2. Austauschverhältnis zwischen verschiedenen Währungen (wirtsch. t. t.) {80/56}	**paritas**, atis f	Gleichheit
–	**paritätisch** l>(nlat)	gleichgestellt, gleichberechtigt {33/56}	dto.	dto.
2516	**Park** mlat >(frz)	1. großflächig angelegte, umschlossene Grünanlage; 2. Tiergehege {58}; 3. (militärisches) Depot, bes. für Waffen, Geschütze {58/86}; 4. reservierter städtischer Abstellplatz für Fahrzeuge {58/45}	mlat. **parricus** frz. *parc*	eingeschlossener Raum, Gehege eingehegter Raum
–	**parken** mlat>engl/am	ein Kraftfahrzeug vorübergehend abstellen {45}	dto. engl. *(to) park*	dto.
–	**Parkett** mlat>frz	1. getäfelter Holzfußboden {44}; 2. vorderer Raum zu ebener Erde (z. B. im Theater) {58}; 3. amtlicher Börsenverkehr {80}; 4. Schauplatz des großen gesellschaftlichen Lebens {33}	dto. frz. *parc* *parquet*	dto. eingehegter Raum kleiner, abgegrenzter Raum; hölzerne Einfassung
–	**Parkstudium** mlat>frz >engl;l	das Studieren eines dem gewünschten Fache ähnlichen Faches, bis die Zulassung zum eigentlichen gewünschten Studienfach erfolgt {31/59}	dto. engl. *to park* + **studium**, ii n	dto. Streben, Eifer, Drang

2517	**Parlament** (gr)>l >vulgl>afrz >engl	1. Volksvertretung mit gesetzgebender Funktion {50}; 2. Parlamentsgebäude {58}	**parabole,** es f o. **parabola,** ae f gr. *παραβολή* vulgl. paraula* paraulare* afrz. *parler* *parlement* engl. *parliament*	Gleichnisrede, Parabel (Gleichnis)rede, Erzählung sprechen sprechen, reden Gespräch, Unterhaltung, Erörterung
–	**Parlamentär** (gr)>l >vulgl>frz	Unterhändler zwischen feindlichen Heeren {32/50/86}	dto. frz. *parlamenter* *parlamentaire*	dto. in Unterhandlungen treten
–	**Parlamentarier** (gr)>l >vulgl>frz >engl	Abgeordneter, Parlamentsmitglied {50}	dto. engl. *parliamentarian*	dto.
–	parlamentarisch, parlamentarisieren			
–	**Parlamentarismus** (gr)>l >vulgl>frz >engl>nlat	demokratische Regierungsform, in der die Regierung dem Parlament verantwortlich ist {50}	dto.	dto.
–	**parlamentieren** (gr)>l >vulgl>frz	1. unterhandeln (veraltet) {32/50/86}; 2. eifrig hin und her reden, verhandeln (landsch.) {32}	dto.	dto.
–	**Parlando** (gr)>l >vulgl>it	vorgetragener Gesang; Sprechgesang (mus. t. t.) {37}	dto. it. *parlare*	dto.
–	**parlieren** (gr)>l >vulgl>frz	1. plaudern; sich unterhalten, leichte Konversation machen; 2. in einer fremden Sprache sprechen {32}	dto. frz. *parler*	dto.
–	**Parole** (gr)>l >vulgl>frz	1. gesprochene, aktualisierte Sprache, Rede {32}; 2. militärisches Kennwort, Losung {32/86}; 3. Leit-, Wahlspruch {25}; 4. (unwahre) Meldung, Behauptung {25/32}	dto. vulgl. paraula* frz. *parole*	dto. Wort; Spruch

2518	**Paroli** l>it>frz	1. Verdoppelung des ersten Einsatzes im Kartenspiel {56/85}; 2. - bieten: Widerstand entgegensetzen; sich widersetzen {28/33}	**par** it. *pari* *paroli* (Pl.)	s. oben 2465 das Gleiche (wie im ersten Einsatz); Verdopplung des Spielstocks
2519	**Part** l>frz	1. Anteil des Miteigentums an einem Schiff {43/57/45}; 2. Stimme eines Instrumental- oder Gesangsstücks (mus. t. t.) {37}; 3. Rolle in einem Theaterstück {35/74}	**pars**, rtis f partes (Pl.) frz. *part*	Teil, Stück, Portion, Abteilung Rolle des Schauspielers; Amt (An)teil
–	halbpart, Widerpart			
–	**Partei** l>frz	1. Abteilung, Personenverband {33/57}; 2. politische Organisation; Bürgerinitiative {33/50}; 3. Gegner im Zivilprozeß {82}; 4. Mitmieter in einer größeren Wohngemeinschaft {33}	**partire** o. **partiri** vulgl. partire frz. *partir* *partie*	teilen, zerlegen, trennen; zuteilen (An)teil; Abteilung, Gruppe; Beteiligung
–	**Partei-dokument** l>frz;l	Mitgliedsbuch für ein Mitglied der ehemaligen SED (DDR) {50/32}	dto. + **documentum**, ti	dto. Beweis, Zeugnis, warnendes Beispiel
–	**parteiisch** l>frz	voreingenommen, befangen, nicht objektiv {25/26}	**partire**	s. oben
–	parteilich, Parteibuch, Parteigenosse, Parteitag, Parteiorgan			
2520	**parterre** (l;l)>frz	zu ebener Erde {58}	**par** + **terra**, ae f	s. oben 2465 Erde, Land
–	**Parterre** (l;l)>frz	1. Erdgeschoß {58/44}; 2. Sitzreihe zu ebener Erde im Theater oder Kino {58/85}	dto.	dto.
2521	**Partie** l>frz	1. Abschnitt, Ausschnitt (z. B. des Gesichts) {57}; 2. Durchgang, Runde bei bestimmten Spielen (z. B. beim Schach) {59/85}; 3. Rolle in einem gesungenen (Bühnen)werk {37}; 4. (gemeinsamer) Ausflug {33/85}; 5. Warenposten (wirtsch. t. t.) {57/80}; 6. gute -: vermögender Heirats-, Ehepartner {33/43}	**pars** frz. *partie*	s. obne 2519 (An)teil; Abteilung, Gruppe; Beteiligung
–	**partiell** o. **partial**	teilweise (vorhanden); einseitig; anteilig {56/57}	**partialis**, e	(an)teilig, partiell

2522	**Partikel**	1. zusammenfasende Bezeichnung für die keiner Flexion unterliegenden Wortarten (Adverb, Präposition, Konjunktion - sprachwiss. t. t.); 2. ein die Bedeutung modifizierendes Wörtchen ohne syntaktische Funktion (sprachwiss. t. t.) {76}; 3. Elementarteilchen (phys., techn. t. t.) {72}; 4. Teilchen der Hostie (kath. rel. t. t.); 5. als Reliquie verehrter Span des Kreuzes Christi (kath. rel. t. t.) {51}	**particula**, ae f	kleiner Teil, ein Stückchen
–	**partikular** o. **partikulär**	einen Teil, eine Minderheit betreffend; einzeln {56/57}	**particularis**, e	einen Teil betreffend
–	**Partikularismus** l>nlat	das Streben staatlicher Teilgebiete, ihre Einzelinteressen durchzusetzen {50/33/28}	dto.	dto.
–	Partikularist, partikularistisch			
–	**Partikulier** l>frz	selbständiger Schiffseigentümer, Selbstfahrer in der Binnenschiffahrt {43/45}	**particula**	s. oben
2523	**Partisan** l>it>frz	irregulärer Kämpfer, der aus dem Hinterhalt gegen eingedrungene Feinde operiert {86}	**pars** it. *parte* *partigiano* frz. *partisan*	s. oben 2519 Parteigänger, Anhänger
2524	**partitiv** l>mlat	die Teilung ausdrückend (sprachwiss. t. t.) {76}	**partiri** (PPP. **partitus**)	s. oben 2519
–	**Partitur** l>mlat>it	übersichtliche Zusammenstellung aller zur Komposition gehörenden Stimmen (mus. t. t.) {37}	dto. mlat. partitura it. *partitura*	dto. (Ein)teilung
2525	**Partizip(ium)**	Mittelwort (der Gegenwart o. Vergangenheit - sprachwiss. t. t.) {76}	**participium**, ii n	das Teilnehmen; Partizip (gramm. t. t.)
–	**Partizipation**	das Teilhaben an etw. {43/33}	**participatio**, onis f	Teilhaftmachung, Mitteilung
–	**partizipial**	das Partizip betreffend (sprachwiss. t. t.) {76}	**participialis**, e	zum Partizip gehörig
–	**partizipieren**	von etwas, das ein anderer hat, etwas abbekommen; teilhaben {33/43/57}	**participare**	teilhaft machen, teilnehmen lassen; mitteilen

2526	**Partner** l>afrz>engl	1. Teilhaber, Teilnehmer, Kompagnon {33/43/42}; 2. Mitspieler, Gegenspieler {33/85}; 3. Genosse, Gefährte {33}	**partitio**, onis f	(Ab-, Ein-, Ver)teilung
			afrz. *parçon*	
			parçonier	Teilhaber
			mengl. *parcener*	
			engl. *partner*	
–	Partnerin, Partnerschaft			
2527	**partout** (l;l)>frz	durchaus, unbedingt, um jeden Preis {28}	**per**	durch, hindurch vgl. oben 2511
			frz. *par*	durch, gemäß, mittels
			+ **totus**, a, um	ganz
			frz. *tout*	ganz, all
2528	**Party** l>frz>engl >am	zwangloses Fest, gesellige Feier {33}	**pars**	s. oben 2519
			frz. *partie*	
			engl. *party*	Partei; Gesellschaft; Fest
2529	**Parvenü** l>frz	Emporkömmling, Neureicher {33/43}	**pervenire**	hinkommen, -gelangen; erreichen; bekommen
			frz. *parvenir*	anlangen, emporkommen
			parvenu	
2530	**Parzelle** l>vulgl>frz	vermessenes Grundstück (als Bau- oder Ackerland) {58/39/43}	**particula**	s. oben 2522
			vulgl. particella*	Teilchen
			frz. *parcelle*	Teilchen, Stückchen; Grundstück
–	**parzellieren** l>vulgl>frz	Großflächen in Parzellen zerlegen {39/43/57/58}	dto.	dto.
			frz. *parceller*	in kleine Stücke teilen
2531	**Pas** l>frz	französische Bezeichnung für: Schritt, Tanzbewegung {37}	**passus**, us m	(Doppel)schritt; Fußtapfe, Tritt
2532	**Paspel** l>vulgl >frz;l>frz	schmaler Nahtbesatz bei Kleidungsstücken; Litze, Vorstoß, Biese {19}	**passus**	s. oben 2531
			vulgl. passare*	Schritte machen, durchschreiten; durchgehen
			frz. *passer*	überschreiten, darüber hinausgehen
			+ **pilus**, li m	Haar
			frz. *poil*	Haar; Tuch-, Gewebehaar
			passepoil	Litze, Nahtbesatz
–	**paspelieren** l>vulgl >frz;l>frz	mit Paspeln versehen {19}	dto.	dto.
			frz. *passepoiler*	

2533	**Paß**	1. amtliches Legitimationsdokument im Ausland {32/45/50}; 2. Übergang über einen Gebirgskamm, enger Durchgang {45/64}; 3. Zuspiel, Vorlage (beim Ballspiel) {61/85}; 4. Paßgang, Gangart von Vierbeinern {61/69}	**passus**	s. oben 2531
2534	**passabel** l>vulgl>frz	annehmbar, leidlich {25/26/56}	**passus** vulgl. passare* frz. *passer* *passable*	s. oben 2531 s. oben 2532 (vorüber)gehen; durchqueren gangbar, überschreitbar
-	**Passage** l>vulgl>frz	1. Durchfahrt, Durchgang; das Passieren {58/61}; 2. Reise mit Schiff oder Flugzeug (bes. übers Meer) {45}; 3. überdachte Ladenstraße {42/58}; 4. Teil eines Musikwerks {37}; 5. Gangart bei der Pferdedressur (sport. t. t.) {61/85}; 6. Durchgang eines Gestirns durch den Meridian (astron. t. t.) {66}	**passus** vulgl. passare* frz. *passage*	s. oben 2531 s. oben 2532
-	**Passagier** l>vulgl>it >(frz)	Schiffsreisender; Flug-, Fahrgast {45/61}	dto. it. *passare* *passeggiere*	dto. reisen Reisender
-	**Passant** l>vulgl>frz	Fußgänger, Vorübergehender {33/45/61}	dto. frz. *passer* *passant*	dto.
>>>	passe! (Skatwort) s. passen (4.)			
-	**passé** l>vulgl>frz	vorbei, vergangen, abgetan, überlebt (ugs.) {59/56}	dto. frz. *passer*	dto.
-	**Passat** l>vulgl >span >niederl	ständig wehender tropischer nord- bzw. südöstlicher Wind (meteor. t. t.) {02/65}	dto. span. *passada* niederl. *passaat(wind)*	dto. Durch-, Übergang; Überfahrt
-	**passen** l>vulgl>frz >(niederl) (l>vulgl >frz>engl)	1. angemessen, willkommen, angenehm sein {25/26/56}; 2. genau entsprechen, mit etw. harmonieren, gut sitzen {19/56}; 3. aufmerksam verfolgen, harren (= aufpassen - veraltet) {25}; 4. ein Spiel vorübergehen lassen; nicht mithalten (beim Kartenspiel) {85}; 5. (den Ball) zuspielen, eine Vorlage geben {61/85}	**passus** vulgl. passare* frz. *paser* engl. *(to) pass*	s. oben 2531 s. oben 2532

–	unpäßlich, ver-, auf-, an-, abpassen			
–	**Passe-partout** l>vulgl >frz; (l;l)>frz	1. Umrahmung aus leichter Pappe für Graphiken, Aquarelle etc. {36}; 2. Freipaß, Dauerkarte (schweiz., sonst veraltet) {33/59}; 3. Haupt-, Generalschlüssel {44/40}	dto. + **per** + **totus**	dto. s. oben 2527
–	**Passeport** l>vulgl >frz;l>frz	frz. Bezeichnung für Reisepaß {50/32/45}	dto. + **portare** frz. *port*	dto. tragen, bringen
–	**passieren** l>vulgl>frz	1. durch-, überqueren; vorüber-, durchgehen {61}; 2. durchlaufen (lassen) (z. B. von einem Schriftstück) {61/32}; 3. sich ereignen, geschehen, sich zutragen, zustoßen {29/59}; 4. gerade noch erträglich sein (veraltet) {26}; 5. durchseihen, durch ein Sieb rühren (gastron. t. t.) {17}	dto.	dto.
–	**Passier-schlag** l>vulgl >frz;d	hart geschlagener Ball dicht am vorgerückten Gegenspieler vorbei ins Feld (beim Tennis - sport. t. t.) {61/85}	dto.	dto.
2535	**Passiflora** (l;l)>nlat	Passionsblume {04}	**patiri** (PPP. **passus**) + **flos**, oris m	(er)dulden, erleiden Blume, Blüte
2536	**passim**	da und dort, zerstreut, allenthalben {58}	**passim** (Adv.)	weit und breit, allenthalben, allerorten
2537	**Passion** l>(frz)	1. Leidenschaft; 2. Vorliebe, Liebhaberei {26/85}; 3. (Darstellung der) Leidensgeschichte Jesu Christi (in der bildenden Kunst o. Musik) {36/37/51}	**passio**, onis f	das Leiden, Erdulden; Krankheit
–	**Passionato** l>it	leidenschaftlicher Vortrag (mus. t. t.) {37}	dto.	dto.
–	**passionieren** l>frz	sich leidenschaftlich für etw. einsetzen; begeistern (veraltet) {26/85}	dto. frz. *passionner*	dto.
–	**passioniert** l>frz	leidenschaftlich (für etw. begeistert) {26/85}	dto.	dto.
–	**Passions-spiel** l>(frz);d	volkstümliche dramatische Darstellung der Passion Christi {51/35}	dto.	dto.

–	**passiv** l>(frz)	1. untätig, nicht zielstrebig, eine Sache nicht ausübend {25/33}; 2. teilnahmslos; still, duldend {25/26/84}; 3. (= passivisch) das Passiv betreffend, zu ihm gehörend; im Passiv stehend (sprachwiss. t. t.) {76}	**passivus**, a, um frz. *passif*	empfindsam; passiv (gramm. t. t.)
–	**Passiv** l>(frz)	Leideform; Verhaltensrichtung des Verbs (vom „leidenden" Subjekt her gesehen - sprachwiss. t. t.) {76}	dto.	dto.
–	**Passiva**	Schulden, Verbindlichkeiten eines Unternehmens {80}	dto.	dto.
–	**Passivität** l>frz	1. Untätig-, Teilnahmslosigkeit, Inaktivität {25/26/33}; 2. herabgesetzte Reaktionsfähigkeit bei unedlen Metallen (chem. t. t.) {73}	**passivitas**, atis f	Unstetigkeit, Unbeständigkeit; passive Bedeutung (gramm. t. t.)
>>>	passivisch s. passiv (3.)			
–	**Passivrauchen** l>(frz);d	das Einatmen von Tabakrauch durch einen Nichtraucher in Anwesenheit eines Rauchers {14/33}	**passivus**	s. oben
2538	**Passus**	1. Abschnitt in einem Text, Textstelle {58/32}; 2. Angelegenheit, Fall (selten) {52/82}	**passus**, us m	(Doppel)schritt; Fußtapfe, Tritt
2539	**Paste** (gr)>l>mlat >it	1. streichbare Masse (aus Fisch, Gänseleber o. ä., oder als Grundlage für Arzneien und Kosmetika) {17/21/70}; 2. Abdruck von Gemmen oder Medaillen in einer feinen Gipsmasse {20}; 3. (antike) Nachbildung von Gemmen in Glas {75/20}	**pasta**, ae f gr. *πάστη* mlat. pasta it. *pasta*	ein Gericht von gemischten und eingebrockten Speisen Mehlteig, Brei Teig Teig, Brei
–	**Pastell** (gr)>l>it >(frz)	1. zarte(r) helle(r) Farbton, Farbe {55/36}; 2. mit Pastellfarben gemaltes Bild {36}; 3. trockene Malerfarbe in Stiftform {40}	dto. it. *pastello*	dto. geformter Farbteig; Farbstift
–	**pastellen** (gr)>l>it >(frz)	(wie) mit Pastellfarbe gemalt; von heller, samtartiger Wirkung {55/36}	dto.	dto.
–	**Pastete** (gr)>l>mlat >roman	1. Fleisch-, Fischspeise in Teighülle; 2. Speise aus fein gemahlenem Fleisch o. Leber (gastron. t. t.) {17}	dto. mlat. pasta afrz. *pastee*	dto. Teig Teig, Brei
2540	**Pastille**	Kügelchen o. Plätzchen mit Heil- und Geschmacksstoffen zum Lutschen {17/70}	**pastillus**, li m	Kügelchen (aus Mehl); Arzneipastille; Pille

2541	**Pastor** l>mlat	Pfarrer, Geistlicher, Seelsorger {40/51}	**pastor**, oris m mlat. pastor	Hirt; Hühnerwärter Seelenhirt
–	**pastoral** l>mlat	1. ländlich, idyllisch {58/39/55}; 2. den Pastor betreffend; ihm zustehend; pfarramtlich, seelsorgerisch {33/51}; 3. feierlich, würdig {33}; 4. salbungsvoll (abwertend) {25/26}	**pastoralis**, e	zu den Hirten gehörig, Hirten...
–	**Pastorale** l>it	1. Hirtenmusik; ländlich-idyllisches Musikstück o. Oper {37}; 2. idyllische Hirtendarstellung in der Malerei {36}; 3. Krumm-, Hirtenstab des kath. Bischofs {51}	dto.	dto.
–	**Pastorat** l>mlat	Pfarramt, -wohnung {51/44}	**pastor**	s. oben
–	**Pastoration** l>mlat >nlat	seelsorgerische Betreuung einer Gemeinde oder Anstalt {33/51}	dto.	dto.
2542	**Pate** l>mlat	christlicher Taufzeuge {33/51}	**pater**, tris m mlat. pater spiritualis	Vater geistlicher Vater, Taufzeuge
–	Patin			
–	**Patenschaft** l>mlat	1. moralische und finanzielle Unterstützung (z. B. für eine Organisation {33/42}; 2. Taufzeugenschaft {33/51}	dto.	dto.
2543	**Patella**	Kniescheibe bzw. Kniesehne (med. t. t.) {70/11}	**patella**, ae f	Schüssel, Platte, Opferschale; Kniescheibe
–	**patellar**	zur Kniescheibe gehörend (med. t. t.) {70}	**patellarius**, a, um	zur Schüssel gehörig
2544	**patent** l>mlat	1. geschickt, praktisch, tüchtig; großartig (ugs.) {22/25/26/33}; 2. hübsch gekleidet, flott und selbstbewußt (landsch.) {19/26}	**patens** (Gen. –ntis) mlat. littera patens	offen, gangbar; unversperrt landesherrlicher offener Brief; Offizierspatent
–	**Patent** l>mlat	1. Recht zur alleinigen Nutzung und gewerblichen Verwertung einer Erfindung {82/40}; 2. Ernennungsurkunde, bes. eines (Schiffs)offiziers {32/40/45/86}; 3. Erlaubnis(urkunde) für die Ausübung bestimmter Berufe (schweiz.) {40/82}	dto.	dto.

–	**patentieren** l>mlat	1. einer Erfindung durch Verwaltungsakt Rechtsschutz gewähren {82/40}; 2. erhitzte Stahldrähte durch Abkühlen im Bleibad veredeln (techn. t. t.) {41}	dto.	dto.
–	**Patentrezept** l>mlat;l	erwünschte, einfache Lösung zur Beseitigung aller Schwierigkeiten {25}	dto. + **recipere** mlat. receptum	dto. zurück-, (auf)nehmen Apothekervermerk: genommen, verwendet
2545	**Pater**	kath. Ordensgeistlicher {40/51}	**pater**, tris m	Vater
–	**Paternalismus** l>(nlat)	Bestreben (eines Staates) andere (Staaten) zu bevormunden, zu gängeln {50/28}	**paternus**, a, um	väterlich, vom Vater übernommen; vaterländisch
–	**Paternität**	Vaterschaft {15}	**paternitas**, atis f	Vaterschaft, väterliche Gesinnung
–	**Paternoster** (l;l)>mlat	1. Vaterunser(gebet) {51}; 2. ständig umlaufender Aufzug ohne Tür {58/61}	**pater** + **noster**, tra, trum **pater noster** mhd. pater noster	s. oben unser(e/es) vgl. oben 2376 unser Vater Gebetsschnur mit aufgereihten Kügelchen
2546	**Patience** l>frz	(von einer Person gespieltes) Kartengeduldsspiel {59/85}	**patientia**, ae f	das Erdulden; Ausdauer, Geduld
–	**Patient**	von einem Arzt behandelte Person, Kranker {33/70}	dto.	dto.
2547	**Patio** l>vulgl >aprov >aspan o.: mlat >span	Innenhof des spanischen Wohnhauses {58/88}	uns.: **pactum**, ti n aprov. *patu* o. *pati* aspan. *patio* oder: mlat. **patuum** span. *patio*	Vertrag, Übereinkunft verpachtetes Land, Weide ungepflügtes Land Innenhof des Hauses
2548	**Patisserie** (gr)>l >vulgl>frz	1. feines Backwerk, Konditoreierzeugnisse {17}; 2. Feinbäckerei {58/40/17}	**pasta**, ae f gr. *πάστη* afrz. *pastis* frz. *pâtisserie*	Brei, Teig Kuchen vgl. oben 2539
2549	**patrimonial**	das Patrimonium betreffend, erbherrlich {33/43/75}	**patrimonialis**, e	zum Erbgut, Erbvermögen gehörig
–	**Patrimonium**	väterliches Erbgut (im röm. Recht) {33/43/75/82}	**patrimonium**, ii n	Erbgut, (Erb)vermögen
2550	**Patristik** l>nlat	Wissenschaft von den Schriften und Lehren der Kirchenväter; altchristliche Literaturgeschichte {51/75}	**pater**, tris m	Vater

–	Patristiker, patristisch			
–	**Patrize** l>nlat	Stempel, Prägestock (druckw. t. t.) {40}	dto.	dto.
2551	**patrizial** o. **patrizisch**	1. den Patrizier, den altröm. Adel betreffend, zu ihm gehörend {75/33}; 2. den Patrizier (2.) betreffend; wohlhabend, vornehm {75/33/43}	**patricius**, a, um	patrizisch, adlig
–	**Patriziat**	Gesamtheit der adligen altröm. Geschlechter; Bürger-, Stadtadel (hist. t. t.) {75/33}	**patriciatus**, us m	Würde eines Patricius in Rom
–	**Patrizier**	1. Mitglied des altröm. Adels (hist. t. t.); 2. vornehmer, wohlhabender Bürger (bes. im Mittelalter - hist. t. t.) {75/33}	**patricius**, ii m	Patrizier, Adliger
2552	**Patron**	1. Schutzherr eines Freigelassenen o. Klienten {75/33}; 2. Schutzheiliger einer Kirche o. Berufsgruppe; 3. Inhaber eines kirchlichen Patronats (2.) {51}; 4. Schutzherr, Gönner {33}; 5. Schiffs-, Handelsherr {43/45/42}; 6. übler Bursche, Kerl, Schuft (ugs., abwertend) {25/26/33};	**patronus**, ni m	Schutz-, Schirmherr; Verteidiger, Vertreter
	(l>frz)	7. Inhaber eines Geschäfts, einer Gaststätte {40/42/43}		
–	**Patrona**	(heilige) Beschützerin {51}	**patrona**, ae f	Beschützerin, Verteidigerin, Herrin
–	**Patronage** l>frz	Günstlingswirtschaft, Protektion {33/40}	**patronatus**, us m	Patronat, Würde eines Patrons
–	**Patronat**	1. Würde und Amt eines Schutzherren (im alten Rom - hist. t. t.) {75/33}; 2. Rechtsstellung des Stifters einer Kirche oder seines Nachfolgers {51/82}; 3. Schirmherrschaft {33}	dto.	dto.
–	**Patrone** l>mlat>frz	1. als Munition für Handfeuerwaffen dienende Metallhülse {58/86}; 2. Musterzeichnung auf Papier bei der Weberei {40}; 3. Behälter für einen Kleinbildfilm {58/87}; 4. (gefettetes) Papier, das man zum Schutz vor zu starker Hitze über Speisen deckt (gastron. t. t. - veraltet) {17/40}	**patronus** mlat. patronus frz. *patron*	s. oben Musterform Vater-, Musterform
–	**Patronin**	Schutzherrin; Schutzheilige {51}	**patrona**	s. oben

–	**Patrozinium**	1. Vertretung durch einen Patron vor Gericht im alten Rom (hist. t. t.); 2. Rechtsschutz des Gutsherren für seine Untergebenen im Mittelalter (hist. t. t.) {75/33/82}; 3. (himmlische) Schutzherrschaft eines Heiligen über eine Kirche {51}; 4. Fest des Ortsheiligen {51/33}	**patrocinium**, ii n	Vertretung, Verteidigung, Schutz; Klienten
–	**Pattern** l>frz>engl	1. (Verhaltens)muster o. (Denk)schema, Modell (psych. t. t.) {70/25}; 2. Satzbaumuster, Modell einer Satzstruktur (sprachwiss. t. t.) {76}	**patronus** frz. *patron*	s. oben
2553	**Pauperisierung** l>nlat	Verelendung, Verarmung {33/43}	**pauper** (Gen. -eris)	arm, unbemittelt; beschränkt
–	pauperisieren			
–	**Pauperismus** l>nlat	Verarmung, Verelendung; Massenarmut {43/33/57}	dto.	dto.
2554	**Pause** (gr)>l >roman	1. Unterbrechung einer Tätigkeit {29/40/59}; 2. kurze Zeit des Ausruhens, Rastens {59};	1., 2.: **pausa**, ae f gr. *παύειν*	Pause; das Innehalten; Stillstand aufhören (machen); ablassen
	(l>vulgl >frz)	3. auf durchscheinendem Papier gezeichnete Kopie {32/56}	3.: **pumex**, micis m vulgl. pomex* frz. *ponce*	Bimsstein, Lava
			frz. *poncer*	mit Bimssteinen abreiben; durchpausen
			gemischt mit: frz. *ébaucher*	entwerfen
–	**pausen** l>vulgl>frz	eine Originalzeichnung o. -schrift durch nachzeichnen oder mit lichtempfindlichem Papier wiedergeben (= durchpausen) {32/56}	dto.	dto.
–	**pausieren** (gr)>l >roman	1. eine Tätigkeit (für kurze Zeit) unterbrechen, mit etw. vorübergehend aufhören {29/40/59}; 2. ausruhen, ausspannen {16}	**pausare** gr. *παύειν*	innehalten, pausieren

2555	**Pavillon** l>frz	1. großes viereckiges (Fest)zelt {58}; 2. kleindes rundes o. mehreckiges freistehendes Gebäude {58/88}; 3. Einzelbau auf einem Ausstellungsgelände {58/33}; 4. vorspringender Eckteil des Hauptbaus eines (Barock)schlosses (archit. t. t.) {88}	**papilio**, onis f afrz. *pavillon*	Schmetterling; Zelt
2556	**Pax**	1. lateinische Bezeichnung für Friede {33/50}; 2. Friedensgruß (bes. in der kath. Messe) {51}; 3. = Paxtafel: Darstellung Christi, Mariens o. eines Heiligen {36/51}	**pax**, acis f	Friede, Ruhe; Gnade, Gunst
–	**Pazifik** l>engl	Pazifischer „Stiller" Ozean {02/64}	**pacificus**, a, um	Frieden stiftend, friedlich, Frieden schließend
–	**Pazifikation**	Beruhigung, Befriedung {33}	**pacificatio**, onis f	Friedensstiftung, -vermittlung
–	**pazifisch** l>engl	den Raum, Küstentyp, die Inseln des Stillen Ozeans betreffend {02/64}	**pacificus**	s. oben
–	**Pazifismus** l>frz	1. weltanschauliche Strömung, die jeden Krieg oder Rüstungen ablehnt; 2. Haltung, die durch den Pazifismus bestimmt ist {25/30/77}	dto. frz. *pacifique* *pacifisme*	dto. friedlich, friedliebend
–	Pazifist, pazifistisch			
–	**paziszieren**	einen Vertrag schließen, einen Vergleich mit jmdm. eingehen {50/33/82}	**pacisci**	verabreden, einen Vergleich-, Vertrag schließen
2557	**Pech** (gr)>l	1. dunkler zähklebriger teerartiger Rückstand bei der Destillation organischer Stoffgemenge {02/73}; 2. Unglück, Mißgeschick (übertr.) {25/26/33}	**pix** icis f gr. *πίσσα*	Pech, Teer
2558	**Pedal** l>nlat	Fußhebel (am Fahrrad, im Auto, bei verschiedenen Musikinstrumenten) {45/37}	**pedale**, lis n bzw. **pedalis**, e	Fuß-, Schuhwerk zum Fuß gehörig, Fuß...
2559a	**Pedell** (ahd)>mlat	Hausmeister einer (Hoch)schule {40/31}	mlat. **pedellus** ahd. *butil*	(Gerichts)bote, Diener
2559b	**Pedicatio** l>nlat	Analverkehr (med. t. t.) {18/70}	**p(a)edicare**	mit Knaben Unzucht treiben
2560	**Pedikulose** l>nlat	Läusebefall beim Menschen (med. t. t.) {14/70}	**pediculosus**, a, um	voller Läuse
2561	**Pediküre** (l>frz;l>frz)>frz	1. Fußpflege {21}; 2. Fußpflegerin {21/40}	**pes**, edis f + **cura**, ae f frz. *pied + cure*	Fuß Sorge, Pflege

–	**pediküren** (l>frz;l>frz) >frz	Fußpflege machen {21}	dto.	dto.
2562	**Pedometer** l;gr	Schrittzähler {57/61}	**pes** + gr. *μέτρον*	s. oben 2561 das Messen; Maß
2563	**Pedum**	bischöflicher Krummstab {51}	**pedum**, di n	Hirtenstab
2564	**Peer** l>frz>engl	1. Angehöriger des engl. Hochadels {33}; 2. Mitglied des engl. Oberhauses {33/50}	**par** (Gen. –ris) frz. *pair*	gleich; ebenbürtig
2565	**Pein** (gr)>l>mlat	1. Strafe, Leibesstrafe (veraltet) {26/33/82}; 2. Qual, Not, Mühe {25/26}; 3. eifrige Bemühung {28/29}	**poena**, ae f gr. *ποινή*	Strafe, Qual, Marter, Pein Zahlung, Buße, Sühne; Strafe
–	**peinigen** (gr)>l>mlat	Schmerzen zufügen, quälen, martern {26/33}	dto.	dto.
–	Peiniger, Peinigung			
–	**peinlich** (gr)>l>mlat	1. unangenehm, beschämend {26/33}; 2. pedantisch genau, sorgfältig {25/84}	dto.	dto.
2566	**Pejoration** l>nlat	das Annehmen eines negativen Sinnes bei einem Wort (sprachwiss. t. t.) {76}	**peiorare**	schlechter machen, (sich) verschlimmern
–	**pejorativ** l>nlat	die Pejoration betreffend; bedeutungsverschlechternd; abwertend (sprachwiss. t. t.) {76}	dto.	dto.
2567	**pektanginös** (l;l)>nlat	die Angina pectoris betreffend, ihr ähnlich; brust- und herzbeklemmend (med. t. t.) {70}	**pectus**, toris n + **angina**, ae f	Brust(bein); Seele, Herz Beklemmung
–	**pektoral**	die Brust betreffend, zu ihr gehörend {11/70}	**pectoralis**, e	zur Brust gehörig, Brust...
2568	**pekuniär** l>frz	das Geld betreffend; finanziell, geldlich {42/80}	**pecuniaris**, e o. **pecuniarius**, a, um frz. *pecuniaire*	zum Geld gehörig, Geld...
2569	**Pelerine** l>frz	weiter ärmelloser (Regen)umhang {19}	**peregrinus**, ni m frz. *pèlerin*	Fremdling; Nichtbürger; Pilger
2571	**Pelota** l>vulgl>frz >span	1. baskisches, tennisartiges Rückschlagspiel {85}; 2. Videospiel {85/87}	**pila**, ae f frz. *pillote* span./prov. *pelota*	Ball, Spielball
2570	**Pelle**	Wursthaut, Schale, dünne Haut {17/68/69/11}	**pellis**, is f	Fell, Pelz, Haut; Leder
–	**pellen**	schälen (z. B. Kartoffeln) {17/29}	dto.	dto.
–	**Pelz** l>mlat	weich beharrte Tierhaut; zum Kleidungsstück verarbeitetes Tierfell {06/19}	**pellicius**, a, um mlat. *pellicia*	aus Fellen gemacht Fellkleidungsstück, Pelz

2572	**Penalty** (gr)>l >vulgl >engl	Strafstoß (bes. im Eishockey - sport. t. t.) {85}	**poena** gr. *ποινή* vulgl. poenalitas	s. oben 2565
2573	**Penaten**	altröm. Schutzgötter des Hauses u. der Familie {51/75}	**penates**, tium m (Pl.)	Penaten (Hausgötter)
2574	**Pendant** l>frz	1. ergänzendes Gegenstück; Entsprechung {56}; 2. Ohrgehänge {20}	**pendere**	hängen; ausgehängt-, angeschlagen sein; liegen bleiben
			frz. *pendre* *pendant*	hängen
–	**Pendel** l>mlat	um eine Achse, einen Punkt frei schwingender Körper {61}	**pendulus**, a, um mlat. pendulum	herabhängend, schwebend Schwinggewicht
–	**pendeln** l>mlat	schwingen; sich ständig zwischen zwei Orten hin- und herbewegen {61}	dto.	dto.
–	Pendelverkehr			
2575	**penetrabel** l>frz	durchdringbar; durchdringend (veraltet) {54/55}	**penetrabilis**, e	durchdringbar, durchdringend
–	**penetrant** l>frz	in störender Weise durchdringend (z. B. vom Geruch); aufdringlich {26/33/55}	**penetrare** (PPA. **penetrans**)	hinein-, durchdringen, -ziehen
			frz. *pénétrer* *pénétrant*	durchdringen
–	**Penetranz** l>frz	1. durchdringende Schärfe; penetrante Beschaffenheit {55/54}; 2. Aufdringlichkeit {26/33}; 3. prozentuale Häufigkeit beim Auftreten des erbgutbedingten gleichen Phänotyps (biol. t. t.) {57/68/69}	dto.	dto.
–	**Penetration**	1. Durchdringung, Durchsetzung, das Penetrieren {58/61}; 2. Eindringtiefe (bei der Viskositätsprüfung von Schmierfetten - techn. t. t.) {41/72}; 3. das Eindringen (z. B. des Penis in die weibliche Scheide) {18/61}	**penetratio**, onis f	das Eindringen
–	**penetrieren** l>frz	1. durchsetzen, durchdringen {58/61}; 2. mit dem Penis in die weibliche Scheide eindringen {18}	**penetrare**	s. oben

2576	**penibel** (gr)>l>frz	1. sehr sorgfältig, genau, empfindlich {25/84}; 2. unangenehm, peinlich (landsch.) {26/33}	**poena** gr. *ποινή* frz. *peine* *pénible*	s. oben 2565 Strafe, Schmerz; Mühe, Schwierigkeit schmerzlich, beschwerlich, mühsam
–	**Penibilität** (gr)>l>frz	Sorgfalt, (ängstliche) Genauigkeit; Empfindlichkeit {26/84}	dto.	dto.
2577	**Penicillin** o. **Penizillin** l>nlat	besonders wirksames Antibiotikum (aus Pinselschimmelpilzen - med. t. t.) {70}	**penicillum**, li n o. **penicillus**, li m nlat. penicillium notatum	Pinsel; Malerei; Schwamm; Wundfäden Pinselschimmelpilz
2578	**Peninsula**	Halbinsel (geogr. t. t.) {02/64}	**paeninsula**, ae f	Halbinsel
–	peninsular(isch)			
2579	**Penis**	männliches Glied (med. t. t.) {70/11}	**penis**, is m	Schwanz; männliches Glied
2580	**Pennal** l>mlat	1. Federbüchse (veraltet); 2. höhere Lehranstalt (Schülersprache, veraltet); 3. angehender Student (in der Frühneuzeit) {31/75}	**penna** ae f mlat. pennale	Feder, Flügel, Flug; Schreibfeder Federbüchse
–	**Penne** l>mlat	(höhere) Schule (ugs.) {31/58}	dto.	dto.
–	**Pennäler** l>mlat	Schüler einer höheren Lehranstalt {31}	dto.	dto.
–	**Pennalismus** l>mlat >nlat	im 16. und 17. Jh. das Dienstverhältnis zwischen jüngeren und älteren Studierenden {31/33}	dto.	dto.
2581	**Pension** l>frz	1. Ruhestand {59/33/40}; 2. Ruhegeld für einen Beamten o. für dessen Witwe {42/40}; 3. Unterkunft und Verpflegung {17/44/45/58}; 4. kleineres Hotel mit familiärem Charakter, Fremdenheim {44/45}; 5. Pensionat (veraltet) {31/44}	**pensio**, onis f	Zahlung, Auszahlung, Abgabe, Mietzins
–	**Pensionär** l>frz	jmd., der sich im Ruhestand befindet, Ruhegehaltsempfänger {33/40/42}	dto. frz. *pensionnaire*	dto.
–	**Pensionat** l>frz	Erziehungsinstitut, in dem die Schüler beköstigt werden und untergebracht sind {31/44}	dto. frz. *pensionnat*	dto.
–	**pensionieren** l>frz	in den Ruhestand versetzen {33/40/59}	dto. frz. *pensionner*	dto.

–	Pensionierung			
–	**Pensionist** l>frz	Pensionär (österr., schweiz.) {33/40/59}	dto.	dto.
2582	**Pensum**	1. zugeteilte Aufgabe, Arbeit {57/40}; 2. in einer bestimmten Zeit zu bewältigender Lehrstoff; Abschnitt {31/57/59}	**pensum**, si n	Tages-, Wollarbeit; Pensum; Aufgabe
2583	**Peperoni** sanskr >pers>gr >l>it	kleine, in Essig eingelegte scharfe Paprikafrucht {17}	**piper**, eris n gr. *πέπερι* ait. *pevere* it. *pepe*	Pfeffer
2584	**per**	1. mit, mittels, durch {56/83}; 2. je, pro (amtsspr., kaufmannsspr. t. t.) {56/42}; 3. bis zum, am (amtsspr., kaufmannsspr. t. t.) {42/59}	**per** (Präp.)	auf ... hin, durch ... hindurch; während, unter; vermittelst, durch; völlig; (verstärkender Partikel)
–	**Per(chloräthylen)** (l;gr;gr) >nlat	Lösungsmittel (chem. t. t.) {73}	dto.	dto.
>>>	Percussion s. Perkussion			
2585	**perdu** l>frz	verloren, weg, auf und davon (ugs.) {52/56}	**perdere** frz. *perdre*	zugrunde richten, verderben; verschwenden, verlieren
2586	**Perem(p)tion**	Verfall, Verjährung (jur. t. t.) {82/59}	**peremptio**, onis f	Vernichtung, Tötung
–	**peremptorisch**	aufhebend (jur. t. t.) {82}	**peremptorius**, a, um	tödlich, unvermeidlich
2587	**perfekt**	1. vollendet, vollkommen (ausgebildet) {56/53}; 2. abgemacht, gültig {25/33/82/56}	**perfectus**, a, um	vollendet, vollkommen; vollendet (von der Zeit - gramm. t. t.)
–	**Perfekt(um)**	Zeitform der Vergangenheit, die ein Geschehen als abgeschlossen darstellt (sprachwiss. t. t.) {76}	**perfectum** (sc. tempus)	Perfekt (gramm. t. t.)
–	**Perfektion** l>frz	1. Vollendung, Vollkommenheit {33/56}; 2. Zustandekommen eines Rechtsgeschäftes (veraltet) {82}	**perfectio**, onis f	Ausführung, Vollendung, Vollkommenheit
–	**perfektionieren** l>nlat	vollenden, vervollkommnen {29/33/56}	dto.	dto.
–	Perfektionierung			

–	**Perfektionismus** l>nlat.	1. übertriebenes Streben nach Vervollkommnung (abwertend) {25/27/28/84}; 2. Sektenlehre der Methodisten in Nordamerika {51}	dto.	dto.
–	Perfektionist			
–	**perfektionistisch** l>nlat	1. in übertriebener Weise Perfektion anstrebend (abwertend) {25/27/28/84}; 2. bis in alle Einzelheiten vollständig, umfassend {57}	dto.	dto.
–	**perfekti(vi)sch** l>nlat	das Perfekt betreffend (sprachwiss. t. t.) {76}	**perfectus**	s. oben
>>>	Perfektpartizip s. Perfekt und Partizip			
2588	**perfid(e)** l>frz	hinterhältig, hinterlistig, tückisch {25/26/33/84}	**perfidus**, a, um	wortbrüchig, treulos, unredlich
–	**Perfidie** o. **Perfidität** l>frz	1. Hinterhältigkeit, Hinterlist, Falschheit {25/26/33/84}; 2. perfide Handlung, Äußerung {25/26/29/32}	**perfidia**, ae f	Wortbrüchig-, Treulosig-, Unredlichkeit
2589	**Perforation**	1. Durchbruch, z. B. eines Abszesses (med. t. t.); 2. Durchstoßung einer Organwand (med. t. t.); 3. Zerstükkelung des Kopfes eines abgestorbenen Fötus im Mutterleib (med. t. t.) {70}; 4. Reißlinie, Trennung an einem Papierblatt; Briefmarkenzähnung {44/54}; 5. Lochung am Filmrand {54/87}	**perforatio**, onis f	Durchbohrung (med. t. t.); Durchstich (archit. t. t.)
–	**Perforator**	1. Gerät zum Herstellen einer Perforation (4.) (techn. t. t.) {40/41}; 2. Schriftsetzer, der den Drucksatz auf Papierstreifen locht (druckw. t. t.) {40/32}	**perforator**, oris m	Durchbohrer, Durchlöcherer
–	**perforieren**	1. bei einer Operation unbeabsichtigt eine Organwand durchstoßen (med. t. t.) {70}; 2. durchlöchern {58/29}; 3. eine Perforation (4.) herstellen {40/29}	**perforare**	durchlöchern, -bohren, -brechen
2590	**perfundieren**	auf dem Wege der Perfusion in einen Organismus einführen (med. t. t.) {70}	**perfundere**	übergießen, überschütten, benetzen; bestreuen

–	**Perfusion**	(künstliche) Durchströmung eines Hohlorgans oder Gefäßes (z. B. bei der Nierenspende - med. t. t.) {70}	**perfusio,** onis f	das Begießen, Benetzen
2591	**Pergament** (gr)>l>mlat	(Handschrift auf einer) zum Beschreiben geglättete(n) Tierhaut {32/40}	**pergamena,** ae f (sc. charta) gr. *Περγαμηνός* mlat. pergamen(t)um	Pergament pergamenisch, zu Pergamum gehörig
–	**pergamenten** (gr)>l>mlat	(wie) aus Pergament {55/54}	dto.	dto.
–	**pergamentieren** (gr)>l>mlat	1. ein pergamentähnliches Papier herstellen {32/40}; 2. Baumwollgewebe durch Schwefelsäure pergamentähnlich machen {73/19}	dto.	dto.
2592	**Pergola** l>it	Laubengang aus einer Holzkonstruktion, an der sich Pflanzen emporranken {39/88}	**pergula,** ae f it. *pergola*	Weingeländer; Vorsprung, -bau
2593	**perikulös**	mißlich; gefährlich (veraltet) {26}	**periculosus,** a, um	gefährlich, mit Risiko verbunden
2594	**Perjuration** l>nlat	Meineid (veraltet - jur. t. t.) {82}	**periurium,** ii n	Meineid
2595	**Perkussion**	1. Organuntersuchung durch Beklopfen der Körperoberfläche (med. t. t.) {70}; 2. Zündung durch Schlag oder Stoß (techn. t. t.) {41/72}; 3. Schlaginstrumente in der Jazzkapelle (mus. t. t.); 4. Anschlagvorrichtung beim Harmonium (mus. t. t.); 5. Abklingeffekt bei der elektronischen Orgel (mus. t. t.) {37}	**percussio,** onis f	das Schlagen; der Takt (mus. t. t.)
2596	**perkutan** l>nlat	durch die Haut hindurch (z. B. bei der Anwendung einer Salbe - med. t. t.) {70}	**percutere**	durchbohren, -stechen; verwunden
2597	**Perle** l>vulgl/roman	aus der Schalensubstanz der Perlmuscheln gebildetes, glänzendes Kügelchen {20/69}	**perna,** ae f vulgl./roman. per(n)ula* ahd. *per(a)la*	Hüfte; Hinterkeule von Tieren; Muschelart
–	**Perlé** l>vulgl>frz	weicher, flauschartiger Mantelstoff {19}	dto. frz. *perlé*	dto.
–	Perlmutt			

2598	**permanent**	dauernd, anhaltend, ununterbrochen, ständig {59}	**permanere** (PPA. **permanens**)	verbleiben, ausdauern, verharren
–	**Permanenz** l>mlat	ununterbrochene, permanente Dauer {59}	dto.	dto.
2599	**permeabel**	durchdringbar, durchlässig {54}	**permeabilis**, e	durchgehbar, gangbar
–	**Permeabilität** l>nlat	1. Durchlässigkeit von Scheidewänden (chem. t. t.) {73/54}; 2. Verhältnis zwischen magnetischer Induktion und Feldstärke (phys. t. t.) {72}	dto.	dto.
2600	**Permission**	Erlaubnis (veraltet) {25/28}	**permissio**, onis f	Zu-, Überlassung; Erlaubnis
–	**Permit** l>frz>engl	engl. Bezeichnung für: Erlaubnis(schein) {25/28/49}	**permittere**	zulassen, erlauben; überlassen, anvertrauen
–	**permittieren**	erlauben, zulassen (veraltet) {25/28}	dto.	dto.
2601	**Permutation**	1. Vertauschung, Umstellung {56}; 2. Umstellung in der Reihenfolge bei einer Zusammenstellung geordneter Größen, Elemente (math. t. t.) {71}; Umstellung aufeinanderfolgender sprachlicher Elemente; Umstellprobe (sprachwiss. t. t.) {76}	**permutatio**, onis f	Veränderung; Wechsel, Vertauschung; Umtausch
–	Permutationswette			
–	**permutieren**	vertauschen, umstellen (z. B. die Reihenfolge math. Größen, sprachlicher Elemente) {56/76/71}	**permutare**	umkehren, wechseln, vertauschen
2602	**pernegieren** l>nlat	vollkommen verneinen, rundweg abschlagen (veraltet) {28/32}	**pernegare**	hartnäckig leugnen; verweigern, rundweg abschlagen
2603	**perniziös** l>frz	bösartig, unheilbar (med. t. t.) {70}	**perniciosus**, a, um	gefährlich, verderblich, schädlich
2604	**peroral** (l;l)>nlat	durch den Mund, über den Verdauuungsweg (med. t. t.) {70}	**per** + **os**, oris n	s. oben 2584 Gesicht, Antlitz; Mund
2605	**Perpendikel**	Uhrpendel {44/61}	**perpendiculum**, li n	Senk-, Richtblei; Lot
–	**perpendikulär**	senkrecht, lotrecht {58}	dto. bzw. **ad perpendiculum**	dto. senkrecht, lotrecht, gerade
2606	**perpetuieren** l>frz	ständig (in gleicher Weise) fortfahren, weitermachen; fortdauern {29/59}	**perpetuare**	ununterbrochen fortdauern lassen, - fortsetzen

2607	**perplex** l>frz	verwirrt, überrascht; bestürzt, betroffen (ugs.) {25/26}	**perplexus**, a, um	verflochten, unergründlich, verworren, verschlungen
–	**Perplexität** l>frz	Bestürzung, Verwirrung; Verlegenheit, Ratlosigkeit {25/26}	**perplexitas**, atis f	Verwirrung, Verschlingung, Dunkelheit
2608	**Persekutionsdelirium** l;l	(alkoholbedingter) Verfolgungswahn (med. t. t.) {70}	**persecutio**, onis f + **delirium**, ii n	Verfolgung, Fortsetzung; Delirium, das Irresein (med. t. t.)
2609	**Perseveranz**	Ausdauer, Beharrlichkeit {28/59/84}	**perseverantia**, ae f	Beharrlichkeit, Ausdauer
–	**Perseveration**	1. Tendenz seelischer Erlebnisse, im Bewußtsein zu verharren (psych. t. t.); 2. krankhaftes Verweilen beim gleichen Gedanken (med., psych. t. t.) {70}	**perseveratio**, onis f	Beharrung; Ausdauer
–	**perseverieren**	1. bei etw. beharren; etw. ständig wiederholen {59/29/70}; 2. hartnäckig immer wieder auftauchen (von Gedanken, Redewendungen, Melodien - psych. t. t.) {70}	**perseverare**	verharren, fortfahren, andauern, fortsetzen
2610	**Persiflage** l>vulgl>frz	feiner, geistreicher Spott; geistreiche Verspottung {25/26/32/33}	**sibilare** vulgl. sifilare frz. *siffler* *persifler* *persiflage*	(aus)pfeifen, zischen pfeifen (aus)pfeifen
–	**persiflieren** l>vulgl>frz	auf geistreiche Art verspotten {25/26/32/33}	dto.	dto.
2611	**persistent**	anhaltend, dauernd, hartnäckig (med., biol. t. t.) {59/69/70}	**persistere** (PPA. **persistens**)	festbleiben; verharren
–	**Persistenz** l>nlat	1. Beharrlichkeit, Ausdauer; Eigensinn {28/59/84}; 2. Bestehenbleiben eines Zustandes über längere Zeiträume (med., biol. t. t.) {69/70/59}	dto.	dto.
–	**persistieren**	1. auf etw. beharren, bestehen (veraltet) {25/28}; 2. bestehenbleiben, fortdauern (von krankhaften Zuständen - med. t. t.) {70/59}	dto.	dto.

2612	**Person** etr>l	1. Mensch, menschliches Wesen (als individuelles, geistiges bzw. hinsichtlich seiner äußeren Eigenschaften {15/33/52}; 2. Figur in einem Drama, Film o. ä. {33/35/85}; 3. Frau, junges Mädchen (abwertend) {33/25}; 4. Mensch als Träger von Rechten und Pflichten (= juristische Person - jur. t. t.) {82}; 5. Träger eines durch ein Verb gekennzeichneten Geschehens (sprachwiss. t. t.) {76}	**persona,** ae f	Maske; Rolle; Charakter; Persönlichkeit; Rang
–	**personal** bzw. **Personal...** etr>l	die Person (1.), den Einzelmenschen betreffend; von einer Einzelperson ausgehend {52/57/15}	**personalis**, e	persönlich
–	**Personal** etr>l>mlat	1. Gesamtheit der Hausangestellten {57/33/40}; 2. Belegschaft {40/41/57}	**persona** mlat. persona personale	s. oben Diener dienerhaft
–	**Personale** etr>l>mlat	1. persönliches Verb, das in allen drei Personen benutzt wird (sprachwiss. t. t.) {76}; 2. = Personalie: Angaben zur Person (veraltet) {32/49}	**personalis**	s. oben
–	**Personalie** etr>l >(spätl)	1. (Ausweispapiere, die) Angaben zur Person (enthalten) {32/49}; 2. Einzelheit, die jmds. persönliche Verhältnisse betrifft {32/33/43/44}	dto. spätl. **personalia**	dto. persönliche Dinge, Lebensumstände einer Person
–	**personalisieren** etr>l>nlat	auf Einzelpersonen ausrichten {25/33}	**personalis**	s. oben
–	**Personalismus** etr>l>nlat	1. der Glaube an einen persönlichen Gott {51}; 2. philos. Lehre von der Vervollkommnung der Persönlichkeit als höchstem sittlichen Ziel (philos. t. t.); 3. den Menschen als handelndes Wesen betrachtende philos. Richtung (philos. t. t.) {77}; 4. psych. Lehre, die den Personenbegriff in den Mittelpunkt stellt (psych. t. t.) {70}	dto.	dto.
–	Personalist,	personalistisch		
–	**Personalität** etr>l>nlat	die Persönlichkeit; die das Wesen einer Person ausmachenden Eigenschaften {25}	dto.	dto.

–	**Personalitätsprinzip** etr>l>nlat;l	Grundsatz, bestimmte Straftaten nach den Gesetzen des Heimatlandes des Täters abzuurteilen (jur. t. t.) {82}	dto. + **principium**, ii n	dto. Anfang, Ursprung, Grundlage
–	**personaliter** etr>l	in Person, persönlich, selbst {52}	**personaliter** (Adv.)	persönlich, nach Ansehen der Person
–	**Personalunion** etr>l;l	1. Vereinigung von Ämtern in der Hand einer Person {33/50/57}; 2. (durch Erbfolge bedingte) zufällige Vereinigung selbständiger Staaten unter einem Monarchen (hist. t. t.) {75/50}	**personalis** + **unio**, onis f	s. oben Einheit, Vereinigung
–	**personell** etr>l>frz	das Personal, die Belegschaft betreffend; die Person (1.) betreffend {40/41/57/52}	**personalis** frz. *personnel*	s. oben
–	**Personifikation** (etr>l;l)>frz	Vermenschlichung von Göttern, Begriffen oder leblosen Dingen {51/25}	**persona** + **facere** frz. *personnification*	s. oben machen, tun, handeln
–	**personifizieren** (etr>l;l)>frz	vermenschlichen {25/51}	dto. frz. *personnifier*	dto.
–	Personifizierung			
–	**persönlich** etr>l	1. die Person betreffend; in eigener Person {33}; 2. einem Menschen zu nahe tretend, beleidigend {26/33}	**persona**	s. oben
–	**Persönlichkeit** etr>l	1. in sich gefestigter Mensch {25/33}; 2. bedeutende Person des öffentlichen Lebens {50/33}	dto.	dto.
2613	**Perspektive** l>mlat	1. Betrachtungsweise, -möglichkeit; Sicht, Blickwinkel {25}; 2. Ausblick, Zukunftsaussicht {59/25}; 3. dem Augenschein entsprechende Darstellung räumlicher Verhältnisse {58/36}	**perspectus**, a, um spätl. **perspectivus**, a, um mlat. perspectiva (ars)	durchschaut; völlig bekannt, bewährt durchblickend durchblickende (=räumliche) Kunst
–	**perspektivisch** l>mlat	1. die Zukunftsaussicht(en) betreffend; in die Zukunft gerichtet, planend {25/59}; 2. die Perspektive (3.) betreffend, ihren Regeln entsprechend {36/58}	dto.	dto.
–	**Perspektivismus** l>mlat >nlat	Betrachtung der Welt unter bestimmten Gesichtspunkten (philos. t. t.) {25/77}	dto.	dto.

–	**Perspektivität**	besondere projektive Abbildung (math. t. t.) {71}	dto.	dto.
2614	**Perturbation**	Verwirrung, Störung (z. B. in den Bewegungen eines Sterns - astron. t. t.) {56/61/66}	**perturbatio**, onis f	Verwirrung, Störung, Unordnung
2615	**pervers** l>(frz)	andersartig veranlagt; entartet, widernatürlich; von der Norm abweichend (bes. sexuell) {18/25/33/70/84}	**perversus**, a, um	umgedreht, verkehrt; unrecht, schlecht
–	**Perversion** l>(frz)	krankhafte Abweichung vom Normalen, bes. in sexueller Hinsicht {18/25/33/70/84}	**perversio**, onis f	Um-, Verdrehung
–	**Perversität** l>(frz)	1. das Perverssein; 2. perverse Verhaltensweise, Erscheinungsform der Perversion {18/25/33/70}	**perversitas**, atis f	Verkehrtheit im Benehmen
–	**pervertieren** l>(frz)	1. vom Normalen abweichen, entarten {33/25/18/70}; 2. verdrehen, verfälschen {25/28/56}	**pervertere**	umkehren, -stürzen; vernichten, verderben
–	Pervertiertheit			
–	**Pervertierung** l>(frz)	1. das Pervertieren; 2. das Pervertiertsein, Entartung {33/25/18/70}	dto.	dto.
2616	**Perzeption**	1. das sinnliche Wahrnehmen als erste Stufe der Erkenntnis (philos. t. t.) {23/77}; 2. Reizaufnahme durch Sinneszellen, -organe (med., biol. t. t.) {23/68/69/70}	**perceptio**, onis f	das Empfangen; Erfassen, Begreifen; Erkenntnis
2617	**Pesete** o. **Peseta** l>span	spanische Währungseinheit {56}	**pe(n)sare** span. *pesar* *peso*	abwägen; beurteilen; bezahlen Waage, (Gewicht)
–	**Peso** l>span >südam	Währungseinheit in südamerikanischen Staaten (z. B. Chile, Argentinien) {56}	dto.	dto.
2618	**Pessar** (gr)>l>mlat	die Gebärmutter blockierender ring- oder schalenförmiger Körper zur Empfängnisverhütung; Mutterring (med. t. t.) {70}	**pessarium**, ii n o. **pessum**, si n o. **pessus**, si m gr. *πεσσόν* o. *πεσσός*	Mutterzäpfchen, Mutterkranz (med. t. t.)
2619	**Pessimismus** l>nlat	1. negative Grundhaltung, Lebensauffassung; Schwarzseherei {25/26/84}; 2. bestimmte philosophische Auffassung {25/77}	**pessimus**, a, um	der schlechteste, übelste; sehr schlecht
–	**Pessimist** l>nlat	negativ eingestellter Mensch; Schwarzseher {25/26/84}	dto.	dto.
–	**pessimistisch** l>nlat	lebensunfroh, niedergedrückt; schwarzseherisch {25/26/84}	dto.	dto.

2620	**Pest**	tödlich verlaufende Krankheit {14/70}	**pestis**, is f	Seuche, Pest, ansteckende Krankheit
–	verpesten			
–	**Pestilenz**	Pest, schwere Seuche {14/70}	**pestilentia**, ae f	Seuche, anstekkende Krankheit
–	**Pestizid** l;l	Schädlingsbekämpfungs-, -vernichtungsmittel {69/73}	dto. + **caedere**	dto. töten, niederhauen, schlagen
–	**Petition**	Bittschrift, Eingabe {32/27}	**petitio**, onis f	Angriff; das Bitten; Bewerbung; Forderung
–	**petitionieren** l>nlat	eine Bittschrift einreichen {32/27}	dto.	dto.
–	**Petitor**	1. (Amts)bewerber (veraltet) {27/28/40}; 2. Privatkläger (jur. t. t.) {82}	**petitor**, oris m	Amts(bewerber); Kläger; Freier
2622	**Petrefakt** gr;l	Versteinerung von Pflanzen o. Tieren (geol., biol. t. t.) {62/68/69}	gr. πέτρα o. πέτρος + **facere**	Stein, Felsen tun, machen, handeln
–	**petrefizieren** gr;l	versteinern (geol., biol. t. t.) {62/68/69}	dto.	dto.
–	**Petroleum** gr;l	1. Erdöl {02}; 2. Destillationsprodukt des Erdöls {73}	gr. πέτρα + **oleum**, ei n	s. oben Öl
2623	**Pfahl**	Stamm ohne Seitenäste zum Befestigen o. Abstützen {39/40}	**palus**, li m	Pfahl; hölzernes Phantom des Gegners für Kampfübungszwecke
2624	**Pfalz** l>vulgl	wechselnde Residenz deutscher Könige und Kaiser im Mittelalter {47/75}	**palatium** spätl. **palatia** vulgl. palantia	Palast, kaiserlicher Hof fürstliche Wohnung, Hof, Palast
2625	**Pfand** l>(mlat)	1. die zur Sicherung einer Verpflichtung gegebene Sache {82/43}; 2. Betrag, den man bei Rückgabe von Mehrwegflaschen zurückerhält {42}; 3. Gegenstand, den man einem Leihhaus als Bürgschaft überlassen hat {43/42}	uns.: **pactum**, ti n (Nf. panctum*) mlat. pantum*	Übereinkommen, Vertrag, Abmachung
–	**pfänden** l>(mlat)	ein Pfand für eine geldliche Forderung einziehen {43/82}	dto.	dto.
–	**Pfändung** l>(mlat)	Inbesitznahme durch den Gerichtsvollzieher {82/43}	dto.	dto.
–	Unterpfand, verpfänden			

2626	**Pfanne** (gr)>l >vulgl	1. Schüssel, Schale; Bratgefäß {44}; 2. Vertiefung am Gewehr für die Aufnahme des Pulvers {50/58}; 3. Gelenkkapsel (med. t. t.) {11/70}; 4. Dachziegel (landsch.) {44/40}	**patina**, ae f gr. πατάνη vulgl. panna	Schüssel, Pfanne(ngericht)
–	**Pfannkuchen** l>vulgl;d	1. Eierkuchen, Omelett; 2. in Fett gebackener, mit Marmelade gefüllter Kuchenteig (berlinisch) {17}	dto.	dto.
2627	**Pfau** (gr)>l	1. Vogel mit besonders bunten, prächtigen Schwanzfedern {07}; 2. eitler Mensch {26/33/84}	**pavo**, onis f (gr. ταώς)	Pfau
2628	**Pfeffer** sanskr >pers>gr>l	in Ostasien beheimateter Gewürzstrauch {17}	**piper**, eris m gr. πέπερι	Pfeffer
–	pfeffern, Pfefferkuchen, Pfefferminze			
–	**Pfeffersack** sanskr >pers>gr >l;(gr)>l	Großkaufmann, reicher Geschäftsmann {42/33/40}	dto. + **saccus**, ci m gr. σάκκος	Sack; Durchschlag, Filter
2629	**Pfeife** (gr)>l >vulgl	1. Blasinstrument; Dampfpfeife {37/41}; 2. Gerät zum Tabakrauchen {17/85}; 3. ängstlicher Mensch, Versager {26/25/33}	**pipare** gr. πιπ(π)ίζειν vulgl. pipa*	piepen Rohrpfeife, Schalmei, Röhre
–	**pfeifen** (gr)>l	Laute (junger) Vögel von sich geben {32/55}	dto.	dto.
–	an-, verpfeifen			
2630a	**Pfeil**	1. Bogengeschoß {61/85/86}; 2. Richtungsanzeiger in Pfeilform {32}	**pilum**, li n	Wurfspieß (röm. Fußsoldaten)
2630b	**Pfeiler** l>mlat	Pfosten, Säule, Stütze {44/88}	**pila**, ae f mlat. pilarium o. pilarius	Pfeiler Pfeiler, Stütze, Säule
2631	**Pferch** mlat	Einfriedung, Einzäunung, Gehege {58}	mlat. **parricus**, ci m	eingeschlossener Raum, Gehege
–	**pferchen** mlat	in einen Pferch sperren; auf engstem Raum zusammenzwängen {58/29}	dto.	dto.
–	ein-, zusammenpferchen			
2632	**Pferd** (gr;gall >spätl) >mlat	Reittier; Roß, Gaul {06/85}	gr. παρά + spätl. **veredus**, di m gall. voredos mlat. paraveredus	neben, bei, neben ... hin Post-, Kurierpferd Kurierpferd (auf Nebenlinien)

2633	**Pfifferling** sanskr >pers>gr>l	gelber Speisepilz mit würzigem, pfefferartigem Geschmack {04/17}	**piper** gr. *πέπερι*	s. oben 2628
2634	**Pfirsich** (pers)>l >vulgl	sehr saftige, süßliche Steinfrucht mit gelblichem Fleisch {05/17}	**persicum** (sc. malum) vulgl. persica	persischer Apfel
2635	**Pflanze**	1. Sammelbezeichnung für alle Gewächse {03}; 2. scherzhafter Ausdruck als Zusatz zum Geburtsort eines Menschen (z. B. Berliner Pflanze - ugs.) {33/15}	**planta**, ae f	Setzling; Pfropfreis; Gewächs
–	pflanzen, Pflanzer			
2636	**Pflaume** (gr)>l >vulgll	1. Steinfrucht mit saftigem Fruchtfleisch {05}; 2. untauglicher, schwächlicher Mensch (ugs.) {25/26/33}	**prunum**, ni n gr. *προύνη* bzw. *προῦμνον* vulgl. pruna*	Pflaume Pflaumenbaum Pflaume
2637	**pflücken** l>vulgl	eine Frucht vom Baum abreißen, eine Blume auszupfen {39/29}	**pilus**, li m vulgl. piluccare*	Haar auszupfen, enthaaren, rupfen, abbeeren
2638	**Pforte**	Tür, kleines Tor; Eingang; (Gebirgs)durchgang {44/64}	**porta**, ae f	Tor, Tür, Zugang
–	**Pförtner**	1. Türhüter, Hausmeister {40/44}; 2. Magenausgang (med. t. t.) {11/70}	dto.	dto.
2639	**Pfosten**	Stützpfeiler (meist aus Holz) {58/88}	**postis**, is m	(Tür)pfosten
2640	**Pfropf**	Setzreis {39}	**propago**, ginis f	Setzling, Ableger; Nachkommenschaft
–	**pfropfen**	Pflanzen durch ein Setzreis veredeln {39}	dto.	dto.
2641	**Pfründe** (l/l)>mlat	1. mit Einkünften verbundenes Kirchenamt {51}; 2. gute Einnahmequelle {42}	**praebere** Gerund. **praebenda** gemischt mit: **providere** mlat. provenda	darreichen, gewähren das zu Gewährende, das Darzureichende versorgen Reichtum
2642a	**Pfund**	Gewichtsbezeichnung (500g) {56}	**pondo**, deris n	dem Gewicht nach, an Gewicht; ein Pfund
–	**pfundig**	großartig, außerordentlich, beachtlich, ansehnlich {26/55/56}	dto.	dto.
–	Pfundskerl, Pfundssache			

2642b	**Pfütze**	kleine Wasseransammlung, Lache {58/57/53}	**puteus**, ei m	Grube, Brunnen, Zisterne
2643	**Phiole** (gr)>l>mlat	kugelförmige Glasflasche mit langem Hals {73/44}	**phiala**, ae f gr. *φιάλη* mlat. fiola	Tasse, Schale (Trink)schale
>>>	Photo... s. ggf. unter dem Rest des Wortes			
2644	**Photozelle** gr;l	Vorrichtung, die Licht- in Stromschwankungen bzw. Strahlungs- in elektrische Energie umwandelt (phys. t. t.) {72}	gr. *φῶς* (Gen. *φωτός*) + **cella**, ae f	Licht Vorratskammer, enger Wohnraum
>>>	Phyto... s. unter dem Rest des Wortes			
2645	**Piacere** l>it	Belieben, Willkür (beim musikalischen Vortrag - mus. t. t.) {28/37}	**placere** it. *piacere*	gefallen, gefällig sein
2646	**pianissimo** l>it	sehr leise (mus. t. t.) {37}	**planus**, a, um it. *piano*	platt, eben, flach leise, schwach
-	Pianissimo			
-	**Piano** l>it>frz o. **Pianoforte** (l;l)>it>frz	1. Klavier; 2. schwaches, leises Spielen oder Singen (mus. t. t.) {37}	**planus** + **fortis**, e it. *pianoforte* frz. *pianoforte*	s. oben stark, tüchtig, tapfer
-	**piano** l>it	leise, schwach (mus. t. t.) {37}	**planus**	s. oben
-	**Pianist** l>it>frz	ausgebildeter, in der Öffentlichkeit auftretender Klavierinterpret {37/40}	dto. frz. *pianiste*	dto.
-	**pianistisch** l>it>frz	klaviermäßig, klavierkünstlerisch {37}	dto.	dto.
-	**Pianola** l>it	selbsttätig spielendes Klavier (mus. t. t.) {37/87}	dto.	dto.
2647	**Piedestal** l>it>frz	1. (gegliederter) Sockel (archit. t. t.); 2. sockelartiger Ständer für bestimmte Zier- und Kunstgegenstände {88}; 3. Gestell mit schräggestellten Beinen für (Tier)vorführungen im Zirkus {40/58/85}	**pes**, edis m it. *piede* *piedistallo* frz. *pied* *piédestal*	Fuß Sockel, Grundlage
2648	**Piep** (gr)>l	geistiger Defekt {14/25/70}	**pipare** gr. *πιπ(π)ίζειν*	piepen vgl. oben 2629
-	**piepen** (gr)>l	1. Piep machen, einen leisen Pfeifton hören lassen {32/55}; 2. (übertr.) verrückt-, zum Lachen sein (ugs.) {25/33}	dto.	dto.

–	Piepmatz			
–	**piepsen** (gr)>l	1. Laut junger Vögel o. Mäuse {55/69}; 2. mit schwacher Stimme reden (ugs.) {32/55}	dto.	dto.
–	**piepsig** (gr)>l	leise, schwächlich, kränklich {14/55/70}	dto.	dto.
2650	**Pier** vulgl/mlat >engl	Hafendamm, Landungsbrükke (seemannsspr. t. t.) {45}	vulgl./mlat. pera	Uferbefestigung, Hafendamm
2651	**Pietät**	Ehrfurcht, Achtung (gegenüber Toten); Rücksichtnahme {25/33}	**pietas**, atis f	Pflichtgefühl, Liebe, Frömmigkeit, Dankbarkeit
–	**Pietismus** l>nlat	ev. Bewegung des 17./18. Jh.s, die die tätige Nächstenliebe betont {51/30}	dto.	dto.
–	Pietist, pietistisch			
2652	**Pigment**	1. Körperfarbstoff (med., biol. t. t.) {68/69/70}; 2. in Binde- o. Lösungsmitteln verteilter Farbstoff {73}	**pigmentum**, ti n	Färbestoff, Farbe; Schminke
–	**Pigmentation** l>nlat	Einlagerung von Pigment, Färbung {68/69/70}	dto.	dto.
–	**pigmentieren** l>nlat	1. Farbstoffe in kleinste Teilchen zerteilen {73}; 2. körpereigenes Pigment bilden; 3. sich durch Pigmente einfärben {68/69/70}	dto.	dto.
2653	**Pik** vulgl>frz	1. Spielkartenfarbe {85}; 2. Berggipfel, -spitze {58/64}; 3. heimlicher Groll (ugs.) {26}	vulgl. **piccare*** o. **pikkare*** frz. *pique*	stechen Spieß, Lanze
–	**pikant** vulgl>frz	1. den Geschmack reizend, gut gewürzt, scharf {17}; 2. interessant, prickelnd, reizvoll {25/26}; 3. zweideutig, schlüpfrig {18/25}	dto. frz. *piquer* *piquant*	dto. stechen; anstacheln, (auf)reizen
–	**Pikanterie** vulgl>frz	1. reizvolle Note, Reiz {25/26}; 2. Zweideutigkeit, Anzüglichkeit {25/18}	dto.	dto.
–	**Pike** vulgl>frz	1. (Landsknecht)spieß, Lanze (hist. t. t.) {75/86}; 2. von der - auf: von der untersten Stufe an (emporarbeiten) {33/40}	dto. frz. *pique*	dto.
–	**pikiert** vulgl>frz	(leicht) beleidigt, gereizt, verletzt, verstimmt {26/33}	dto. frz. *piquer*	dto.
–	piksen, Pikser			
2654	**Piktogramm** l;gr	formelhaftes Bildsymbol mit international festgelegter Bedeutung {32}	**pictura**, ae f + gr. *γράμμα*	das Malen, Malerei; Gemälde Buchstabe

–	**Pikto-graphie** l;gr	Symbol-, Bilderschrift {32}	dto. + gr. *γράφειν*	dto. schreiben
–	piktographisch			
2655	**Pilaster** l>it>frz	(flacher) Wandpfeiler (archit. t. t.) {88}	**pila**, ae f	Pfeiler
2656	**Pilger(er)** l>vulgl	Wallfahrer, Wanderer {45/51/61}	**peregrinus**, ni m vulgl./kirchenl. pelegrinus	Fremder, Fremdling, Ausländer Fremder, Wanderer, Pilgerer
–	**pilgern** l>vulgl	wallfahren, wandern {45/51/61}	dto.	dto.
2657	**Pille**	1. Arzneimittel in Kügelchenform {70/53}; 2. Niederlage, Schlappe (ugs.) {33/25}	**pilula**, ae f	kleiner Ball; Kügelchen; Pille (med. t. t.)
–	**Pillen-dreher** l;d	1. Apotheker (ugs., scherzhaft) {70}; 2. Käferart {08}	dto.	dto.
2658	**Pilz**	Sporenpflanze, deren Fruchtkörper z. T. eßbar und wohlschmeckend sind {04/17}	**boletus**, ti m ahd. *buliz*	Pilz
2659	**Piment** l>roman	Nelkenpfeffer, englisches Gewürz {04/17}	**pigmentum**	s. oben 2652
2660	**Pinasse** l>vulgl >span>frz >niederl	Beiboot (von Kriegsschiffen {45/86}	**pinus**, ni f vulgl. pinacea* frz. *pinasse*	Fichte, Kiefer; Schiff; Ruder Boot aus Fichtenholz
2661	**pingelig** (gr)>l	übertrieben gewissenhaft, pedantisch genau {25/26/84}	**poena** gr. *ποινή*	s. oben 2565
2662a	**Pinie**	Kiefer des Mittelmeerraumes mit schirmförmiger Krone {04}	**pinea**, ae f	Fichtenkern, -nuß; Pinie
2662b	**Pinne** l>frz	(Ruderpinne) Teil des Schiffssteuerruders {45}	**pinna**, ae f frz. *pinne*	Feder, Flosse, Flügel; Radschaufel Flosse
2663	**Pinsel** l>vulgl>frz	(Mal)gerät aus einem längeren (Holz)stiel mit eingesetztem Haar- oder Borstenbüschel {44/40/36}	**peniculus**, li m o. **penicillus**, li m vulgl. penicellus* afrz. *pincel* frz. *pinceau*	Bürste; Pinsel; Schwamm Pinsel, Malerei
–	pinseln			
2664	**pinxit**	hat (es) gemalt (Zusatz zur Signatur eines Künstlers auf Gemälden) {36}	**pingere** **pinxit**	(be-, ab)malen er (sie, es) hat es gemalt

2665	**Pinzette** vulgl>frz	kleine Greifzange; Federzange {44/40}	uns.: vulgl. **pinctiare*** frz. *pincer* *pince* *pincette*	 stechen, zwicken kneifen, zwicken Zange kleine Zange
2666	**Pionier** l>vulgl>frz	1. Soldat der technischen Truppe {86}; 2. Wegbereiter, Vorkämpfer, Bahnbrecher {33}; 3. Mitglied einer DDR-Jugendorganisation (hist. t. t.) {31/33/75}	**pes**, edis m vulgl. pedo afrz. *peon* *peonier* frz. *pionnier*	Fuß Fußgeher, Fußsoldat Fußgänger, -soldat
2667	**Pipe** (gr)>l >vulgl >frz/engl	1. Pfeife (ugs.) {17/44}; 2. das ist mir -: egal, nicht wichtig {25/56}; 3. engl. und am. Hohlmaß von unterschiedlicher Größe für Wein und Branntwein {56/58}; 4. runde oder ovale vulkanische Durchschlagsröhre (geol. t. t.) {62}	**pipare** gr. πιπ(π)ίζειν vulgl. pipa frz. *pipe*	piepen, pfeifen Rohrpfeife, Schalmei, Röhre Rohrpfeife, Röhre
–	**Pipeline** l>vulgl >engl	Rohrleitung für Erdöl {41/45/58}	dto.	dto.
–	**Pipette** l>vulgl>frz	Saugröhrchen, Stechheber {40/44/58}	dto. frz. *pipette*	dto. Pfeifchen, Röhrchen, Pipette
2668	**Pirat** (gr)>l>it	Seeräuber {45/40/82}	**pirata**, ae m gr. πειρατής	Seeräuber
–	**Piraterie** gr>l>frz	Seeräuberei {45/40/82}	dto.	dto.
2669	**Piscina** o. **Piscine** (l>frz)	1. Taufbrunnen im altchristlichen Baptisterium; 2. Ausgußbecken in mittelalterlichen Kirchen {51/58}; 3. Schwimmbecken, Swimmingpool {44/88}	**piscina**, ae f	Fischteich, Weiher, Wasserbekken
2670	**pissen** vulgl >aprov >afrz	Wasser lassen, urinieren {15}	uns.: vulgl. **pissiare*** aprov. *pissar* afrz. *pissier*	 lautmalende Bildung rieselnden Wassers
–	Pisse			
–	**Pissoir** vulgl >aprov >afrz>frz	Bedürfnisanstalt, Toilette für Männer {15/21/49/58}	dto.	dto.

2671	**Pistazie** pers>gr>l	1. Baum o. Strauch des Mittelmeergebietes mit grünlichen Nüssen {04}; 2. Frucht des Pistazienbaumes {17}	**pistacia**, ae f o. **pistacium**, ii n gr. *πιστάκη* o. *πιστάκιον* pers. *pista*^{h}	Pistazienbaum Pistazienkern
2672	**Piste** l>it>frz	1. abgesteckte Ski- o. Radrennstrecke {58/61}; 2. Einfassung in der Manege im Zirkus {58/33}; 3. Start- und Landebahn auf Flugplätzen {58/45}; 4. nicht ausgebauter Karawanenweg in der Wüste {58/45}	**pistare** it. *pestare* *pesta* *pista* frz. *piste*	stampfen, (zerstoßen) gestampfter Weg, Fährte, Spur Spur, Fährte
2673	**pittoresk** l>it>frz	malerisch {26/36}	**pictor**, oris m it. *pittore* *pittoresco* frz. *pittoresque*	Maler, Sticker malerisch schön
2674	**Placebo**	unwirksames, aus psych. Gründen verordnetes Scheinmedikament (med. t. t.) {70}	**placere** **placebo**	gefallen, gefällig sein; verordnen ich werde gefallen
2675	**placet**	es gefällt, wird genehmigt (veraltet) {25/28}	**placere**	s. oben vgl. unten 2687
2676	**placido** l>it	ruhig, still, gemessen (mus. t. t.) {37}	**placidus**, a, um	sanft, ruhig, still
>>>	placken s. unter plagen			
2677	**plädieren** l>frz	1. ein Plädoyer halten (jur. t. t.) {82}; 2. für etw. eintreten, stimmen; sich für etw. aussprechen {25/28/32/33}; 3. viel, eifrig (und laut) reden (ugs.) {32/55}	**placitum**, ti n afrz. *plait* frz. *plaid* *plaider*	Meinung, Willensäußerung; Grund-, Lehrsatz Rechtsversammlung; Klage; Prozeß vor Gericht verhandeln
–	**Plädoyer** l>frz	1. Schlußvortrag des Verteidigers o. Staatsanwalts vor Gericht (jur. t. t.) {32/82}; 2. Rede, mit der jmd. für etw. eintritt; engagierte Befürwortung {25/28/32/33}	dto. frz. *plaidoyer*	dto.
2678	**Plage** (gr)>l	quälendes Übel; Belästigung; anstrengende Arbeit; Mißgeschick {25/26/33/40}	**plaga**, ae f gr. *πλαγά* o. *πληγή*	Schlag, Streich, Hieb, Wunde
–	**plagen** (gr)>l	quälen, belästigen, schinden {25/26/33/40}	**plagare**	schlagen, verwunden; peinigen, quälen
–	placken, Plackerei			

2679	**Plagiat** (gr)>l>frz	unrechtmäßige Nachahmung eines fremden Werkes; Diebstahl geistigen Eigentums {82/34}	**plagiarius**, ii m gr. *πλάγιος* frz. *plagiaire* *plagiat*	Seelenverkäufer, Menschenräuber Menschenraub, Seelenverkauf jmd., der geistiges Eigentum stiehlt
2680	**plan**	flach, eben, platt {53}	**planus**, a, um	platt, eben, flach
–	**Plan**	auf den - treten: in Erscheinung treten {61/29}; 2. Ebene, Kampfplatz (veraltet) {58/86} (s. auch unten 2681!)	**planum**, ni n	Ebene, Fläche
–	**planieren** l>frz >(niederl)	(ein)ebnen {40/58/53}	**planare** frz. *planer* niederl. *planeren*	eben machen, ebnen
2681	**Plan** l>frz	1. Grundriß, Entwurf {25/36}; 2. Vorhaben {25/28}	**planta**, ae f frz. *plan*	Gewächs; Setzling; Fußsohle Oberfläche
–	planen, Planer, planlos, Planung, planvoll			
–	**Planche** l>spätl/roman >vulgl>frz	Fechtbahn (sport. t. t.) {58/61/85}	**palanga**, ae f spätl./roman. planca vulgl. palanca* frz. *planche*	Stange, Tragebaum; Rolle, Walze Bohle, Brett, Planke Brett
>>>	planieren s. oben 2680			
–	**Planke** l>spätl/roman >vulgl>frz	starkes Brett, Bohle {45/40}	dto.	dto.
2682	**Plantage** l>frz	(größere) Pflanzung, landwirtschaftlicher Großbetrieb (bes. in den Tropen) {39}	**plantare** frz. *planter* *plantage*	(be)pflanzen, versetzen
2683	**Pläsier** l>frz	Vergnügen, Spaß; Unterhaltung {25/26/33}	**placere** afrz. *plaisir* frz. *plaire*	s. oben 2674
2684	**Platz** (gr)>l >vulgl>afrz	1. freie, unbebaute (Straßen)fläche {58/45}; 2. Ort, Stelle {58}; 3. Stellung, Position {58/33}; 4. verfügbarer Raum {58}	**platea**, ae f gr. *πλατεῖα* (sc. *ὁδός)* frz. *place*	Gasse; Straße in der Stadt; freier Platz (im Haus) breite Straße
–	Plätzchen			

2685	**plausibel** l>frz	verständlich, überzeugend, triftig, einleuchtend {25}	**plausibilis**, e frz. *plausible*	Beifall verdienend, auf Beifall berechnet, einleuchtend
–	plausibili(si)eren, Plausibilität			
2686	**Plazenta** (gr)>l	1. Mutterkuchen (med., biol. t. t.) {69/70}; 2. leistenförmige Verdickung des Fruchtblattes (bot. t. t.) {68}	**placenta**, ae f gr. πλακοῦς	Kuchen flacher, breiter Kuchen
2687	**Plazet** (o. **Placet**)	Zustimmung, Genehmigung, Bestätigung {25/28}	**placere**	s. oben 2674
2688	**plazieren** (gr)>l >vulgl>afrz	1. an einen bestimmten Platz setzen {58}; 2. Kapitalien anlegen (wirtsch. t. t.) {80}; 3. einen gut gezielten Wurf, Schuß abgeben (sport. t. t.); 4. einen Schlag genau beim Gegner anbringen (sport. t. t.) {61/85}; 5. sich -: bei einem Wettkampf einen vorderen Platz erringen (sport. t. t.) {56/85}	**platea** frz. *placer*	s. oben 2684
2689	**Plebejer**	1. Angehöriger des gemeinen Volkes im alten Rom (hist. t. t.) {75/33}; 2. gewöhnlicher, ungehobelter Mensch {25/26/33}	**plebeius**, eii (o. ei) m	der Plebejer
–	**plebejisch**	1. zur Plebs (1.) gehörend {75/33}; 2. ungebildet, ungehobelt (abwertend) {25/26/33}	**plebeius**, a, um	bürgerlich, plebejisch
–	**Plebiszit**	Volksbeschluß, Volksabstimmung; Volksbefragung {28/50}	**plebiscitum**, ti n	Volksbeschluß
–	**plebiszitär** l>nlat	das Plebiszit betreffend, auf ihm beruhend {28/50}	dto.	dto.
–	**Plebs**	1. das gemeine Volk im alten Rom (hist. t. t.) {75/33}; 2. niederes, ungebildetes Volk, Pöbel (abwertend) {25/26/33}	**plebs**, bis f	Volk(smenge), Plebejer
2690	**plenar...** bzw. **Plenar...** l>engl	vollständig, vollzählig, gesamt {57}	**plenarius**, a, um engl. *plenary*	vollständig, völlig
–	**Plenarsaal** l>engl;d	Sitzungssaal der Parlamentsabgeordneten {58/50}	dto.	dto.
–	Plenarsitzung			
–	**Plenum** l>engl	Vollversammlung einer politischen Körperschaft, bes. die Mitglieder eines Parlaments {50/57}	**plenum** (sc. consilium) engl. *plenum*	vollzählige Versammlung

2691	**Pleureuse** l>frz	(veraltet) 1. Trauerbesatz an Kleidern {19/33}; 2. lange, geknüpfte, farbige Straußenfedern als Hutschmuck {19/20}	**plorare** frz. *pleurer*	schreien, weinen, heulen, bejammern
2692	**Plexiglas** (gr)>l;d	(Warenzeichen) nichtsplitternder, glasartiger Kunststoff {40/41}	**plectere** (PPP. **plexus**) gr. *πλέκειν*	flechten, ineinanderfügen
–	**Plexus** (gr)>l>nlat	Gefäß- oder Nervengeflecht (med. t. t.) {70}	dto.	dto.
2693	**Plisse** (gr)>l>frz	1. schmale, gepreßte Falten in einem Gewebe, Stoff; 2. gefältetes Gewebe {19}	**plicare** gr. *πλέκειν* afrz. *ployer* frz. *plier* *plisser* *plissé*	zusammenfalten, -legen, -wickeln in Falten legen falten, fälteln
–	**plissieren** (gr)>l>frz	in Falten legen {19}	dto.	dto.
2694	**Plombe** l>frz	1. Zahnfüllung; 2. Füllstoff bei Operationen (med. t. t.) {70}; 3. Kennzeichnungs-, Metallsiegel zum Verschluß von Behältern und Räumen {44/50/58/82}	**plumbum**, bi n frz. *plomb*	Blei, -kugel, -röhre
–	**plombieren** l>frz	1. einen defekten Zahn mit Füllmasse versehen (med. t. t.) {70}; 2. mit einer Plombe (3.) versehen {44/50/58/82}	dto. frz. *plomber*	dto.
2695a	**Plosivlaut** l;d	Explosivlaut (sprachwiss. t. t.) {76}	**plaudere** o. **plodere**	klatschen, schlagen
2695b	**Plumbum**	Blei; chemischer Grundstoff {73/02}	**plumbum**	s. oben 2694
2696	**Plumeau** l>frz	halblanges, dickeres Federdeckbett {44/16}	**pluma**, ae f frz. *plume* *plumeau*	(Flaum)feder Federbesen
2697	**plural**	den Pluralismus (2.) betreffend, pluralistisch {77/50}	**pluralis**, e	zur Mehrzahl, zu mehreren gehörig; im Plural stehend (gramm. t. t.)
–	**Plural(is)**	(Wort, das in der) Mehrzahl (steht) {76/57}	dto.	dto.
–	**Pluraletantum**	nur im Plural vorkommendes Wort (sprachwiss. t. t.) {76}	dto. + **tantum**	dto. nur
–	**pluralisch**	den Plural betreffend, im Plural stehend, - vorkommend, - gebraucht {76/57}	**pluralis**	s. oben

–	**Pluralismus** l>nlat	1. philosophische Anschauung, nach der die Welt aus selbständigen, einheitslosen Weltprinzipien besteht (philos. t. t.) {77/25}; 2. Vielgestaltigkeit weltanschaulicher, politischer o. gesellschaftlicher Phänomene {50/77/81}	dto.	dto.
–	**Pluralist** l>nlat	Vertreter des Pluralismus (1.) {77/25}	dto.	dto.
–	pluralistisch			
–	**Pluralität**	1. mehrfaches, vielfältiges Vorhandensein, Nebeneinanderbestehen; Vielzahl {52/57}; 2. Majorität {57/50}	**pluralitas**, atis f	Mehrzahl; Plural (gramm. t. t.)
–	**plurilingue** l;l	in mehreren Sprachen abgefaßt; vielsprachig {57/32}	**plures**, rium (Komp. - Pl. von plus) + **lingua**, ae f	mehrere, mehrfach Sprache, Zunge
–	**plus**	1. zuzüglich, und {57}; 2. im ungeladenen Zustand mehr Elektronen enthaltend als im geladenen (= positiv - phys. t. t.) {72}	**plus** (Komp.)	mehr, zahlreicher, größer
–	**Plus**	1. Gewinn, Überschuß {42/41/80}; 2. Vorteil, Nutzen {25}	dto.	dto.
–	**Plusquamperfekt**	Zeit- bzw. Verbform, mit der etw. Vorzeitiges in der Vergangenheit ausgedrückt wird (sprachwiss. t. t.) {76}	**plusquamperfectum**, ti n	Plusquamperfekt (gramm. t. t.)
2698	**Plüsch** l>gallorom >afrz>frz	samtiges Florgewebe mit senkrecht stehenden Fasern {44}	**pilus**, li m **pilare** gallorom. *piluccare* afrz. *pelucher* frz. *peluche*	Haar enthaaren Plüsch
2699	**Pluviometer** l;gr	Regenmesser (meteor. t. t.) {65}	**pluvia**, ae f + gr. *μέτρον*	Regen Maß
2700	**Pöbel** l>(frz)	Gesindel, Pack {26/33}	**populus**, li m frz. *peuple*	Volk, Volksmenge, Leute
–	**pöbelhaft** l>(frz)	in der Art des Pöbels, gemein {26/33/84}	dto.	dto.
–	**pöbeln** l>(frz)	1. sich pöbelhaft benehmen {26/33}; 2. jmdn. mit beleidigenden Äußerungen provozieren {26/32}	dto.	dto.
–	anpöbeln			

2701	**Podest** (gr)>l;l	(Treppen)absatz, Stufe; Podium {44/58}	**podium**, ii n gr. *πόδιον* gemischt mit: **suggestum**, ti n	Tritt, Erhöhung, Untergestell; Postament Erhöhung, Tribüne; Anhöhe
2702	**Podex**	(kurz Po o. Popo) Gesäß, Hintern (scherzhaft) {11/70}	**podex**, dicis m	Gesäß, Hintern
2703	**Podium** (gr)>l	trittartige, breitere Erhöhung; Rednerpult {58/32}	**podium** gr. *πόδιον*	s. oben 2701
–	Podiumsdiskussion s. Diskussion			
2704a	**Point** l>frz (l>frz >engl)	1. Stich (bei Kartenspielen); 2. Auge (bei Würfelspielen) {33/57}; 3. Notierungseinheit von Warenpreisen an Produktbörsen (wirtsch. t. t.) {42/80}; 4. engl. Bezeichnung für Punkt (sport. t. t.) {56/85}	**punctum**, ti n vulgl. puncta frz. *pointe*	Stich, kleines Loch, Punkt Spitze, Schärfe
–	**Pointe** l>frz	geistreicher, überraschender Schlußeffekt {25/26}	dto.	dto.
–	**Pointer** l>frz>engl	gescheckter Vorsteh- o. Hühnerhund {06}	dto.	dto.
–	**pointieren** l>frz	betonen, unterstreichen, hervorheben {25/32/56}	dto. frz. *pointer*	dto.
–	**pointiert** l>frz	betont, zugespitzt {25/32/56}	dto.	dto.
2704b	**Polenta** l>it	italienisches Maisgericht mit Käse {17}	**polenta**, ae f it. *polenta*	Gerstengraupen
2705	**Polier** (gr)>l >vulgl>frz	Vorarbeiter der Maurer und Zimmerleute, Bauführer {40/41}	**parabola**, ae f gr. *παραβολή* vulgl. paraulare* afrz. *parler* *parlier*	Gleichnisrede sprechen, reden Sprecher; Wortführer
2706	**polieren** l>frz	1. glätten, schleifen {40/41/29}; 2. glänzend machen, blank reiben; putzen {40/55}	**polire** frz. *polir*	feilen, glätten, polieren
2707	**Politbüro** (gr>l>frz;l >vulgl>frz) >russ>	zentraler Lenkungsausschuß einer kommunistischen Partei (bis 1990) {50}	**politicus**, a, um gr. *πολιτική* (sc. *τέχνη*) frz. *politique* + **burra**, ae f vulgl. bura frz. *bureau*	zum Staat gehörig, politisch Politik, Staatskunst zottiges Gewand, Wolle vgl. oben 0455

2708	**Politesse** l>it>frz (gr>l>mlat; l>frz>engl)	1. Höflichkeit, Artigkeit {25/26/33}; 2. Kniff, Schlauheit (landsch.) {25/22}; 3. Kunstwort aus Polizei und Hosteß: Hilfspolizistin für bestimmte Aufgabenbereiche {49/40}	**politia**, ae f frz. *police* 3.: gr. *πολιτεία* mlat. politia / policia + **hospes**, pitis m	Staatsverwaltung Staatsverwaltung, -verfassung Gastfreund, Quartiergeber, Wirt
2709	**Politur**	1. durch Polieren hervorgebrachte Glätte, Glanz {55/44}; 2. Poliermittel {40/44}; 3. Lebensart, gutes Benehmen (veraltet) {25/26}	**politura**, ae f	das Polieren, Glätten; Appretur
2710	**Polizei** (gr)>l>mlat	1. die öffentliche Ordnung überwachende Sicherheitsbehörde {49}; 2. Angehörige, Dienststelle der Polizei {49/40/58}	**politia** gr. *πολιτεία* mlat. policia	s. oben 2708
–	**Polizist** (gr)>l>mlat >nlat	Angehöriger der Polizei, Schutzmann {40/49}	dto.	dto.
2711	**Pollen**	Blütenstaub (bot. t. t.) {68}	**pollen** o. **pollis**, linis n	sehr feines Mehl, (Staub)mehl
2712	**Pollution**	unwillkürlicher Samenerguß im Schlaf (z. B. in der Pubertät - med. t. t.) {16/18/70}	**pollutio**, onis f	Besudelung, Verunreinigung

>>> Poly... s. unter dem Rest des Wortes

2713a	**Pomade** l>it>frz	parfümierte salbenähnliche Substanz zur Haarpflege {21}	**pomum**, mi n it. *pomo* *pomata* frz. *pommade*	Obst-, Baumfrucht; Obstbaum Apfel wohlriechende Salbe
–	**pomadig** l>it>frz	mit Pomade eingerieben {21}	dto.	dto.
–	pomadisieren			
–	**Pomeranze** (l;pers>it) >it>mlat	1. bittere Apfelsinenart (z. B. zur Orangeat-Herstellung verwendet) {05/17}; 2. (= Landpomeranze): einfältiger, unkultivierter Mensch vom Lande {33}	**pomum** it. *pomo* + it. *arancia* pers. *naring* ait. / mlat. pomarancia	s. oben Apfelsine
2713b	**Pomp** (gr)>l>frz	großer Aufwand, prachtvolle Ausstattung; übertriebener Prunk {20/33/55}	**pompa**, ae f gr. *πομπή* mfrz. pompe	(Fest)umzug; Leichenzug; Pracht, Prunk festlicher Aufzug
–	pomphaft			

–	**pompös** (gr)>l >spätl>frz	übertrieben prächtig, prunkhaft {33/55}	**pompa** gr. *πομπή* spätl. **pomposus**, a, um frz. *pompeux*	s. oben prächtig, reichlich
2714	**pönal** (gr)>l	die Strafe, das Strafrecht betreffend (jur. t. t.) {82}	**poenalis**, e gr. *ποινή*	zur Strafe gehörig, Straf...; peinlich, qualvoll
–	**pönalisieren** (gr)>l>nlat	1. unter Strafe stellen, bestrafen {33/82}; 2. einem Pferd einen Gewichtsausgleich auferlegen (sport. t. t.) {56/85}	dto.	dto.
–	Pönalisierung			
2715	**Pond**	Maßeinheit der Kraft (phys. t. t.) {72}	**pondus**, deris n	Gewicht; Last, Bürde
–	**Ponderabilien**	kalkulierbare, faßbare, wägbare Dinge {25}	**ponderabilis**, e	wägbar
2716	**Pönitent**	Büßender, Beichtender (kath. rel. t. t.) {51}	**paeniteri** o. **poeniteri**	Reue empfinden
–	**Pönitenz**	(kirchliche) Buße, Bußübung {51}	**paenitentia** o. **poenitentia**, ae f	Reue
2717	**Ponticello** l>it	Steg bei Geigeninstrumenten {37}	**ponticulus**, li m	kleine Brücke, kleiner Steg
2718	**Pontifex**	Oberpriester im alten Rom (hist. t. t.) {75/51}	**pontifex**, ficis m	Oberpriester
–	**pontifikal**	bischöflich (kath. rel. t. t.) {51}	**pontificalis**, e	oberpriesterlich
–	**Pontifikalamt** l;kelt	vom Bischof (oder einem Prälaten) gehaltene feierliche Messe (kath. rel. t. t.) {51}	dto.	dto.
–	**Pontifikale** l>mlat	liturgisches Buch für die bischöflichen Amtshandlungen (kath. rel. t. t.) {32/51}	dto.	dto.
–	**Pontifikat**	Amtsdauer und Würde des Papstes o. eines Bischofs (kath. rel. t. t.) {33/51/59}	**pontificatus**, us m	Amt und Würde eines Pontifex, Oberpriestertum
2719	**Ponton** l>frz	Tragschiff, Brückenschiff (mil. t. t.) {45/86}	**ponto**, onis f frz. *ponton*	Fähre, flaches Boot, Brückenschiff
2720	**Pool** l>frz>engl >am	1. Vertrag zwischen verschiedenen Unternehmungen über die Zusammenlegung der Gewinne und die Gewinnverteilung untereinander (wirtsch. t. t.); 2. Zusammenfassung von Beteiligungen am gleichen Objekt (wirtsch. t. t.) {80}; 3. kurz für: Poolbillard {85}	**pulla**, ae f frz. *poule* *jeu de la poule* *poule (2.)* engl. *pool*	Henne Henne ein Spiel, bei dem eine Henne als Einsatz gilt Einsatz., den der Gewinner bekommt Wirtschaftsvertrag
–	poolen			

2721	**Pop** l>engl>am	1. Sammelbezeichnung für Popkunst, -musik, -literatur {34/36/37}; 2. poppige Art, poppiger Einschlag (ugs.) {33/19/20}	**popularis**, e afrz. *populeir* engl. *popular* *popular art*	volkstümlich; einheimisch, inländisch; populär volkstümliche Kunst
–	**Pop-art** l>engl>am; l>engl	moderne Kunstrichtung {36}	**popularis** + **ars**, rtis f	s. oben Kunst(fertigkeit)
–	**Popper** l>engl>am	Jugendlicher, der sich modisch kleidet, um sich bewußt abzuheben {19/20/33}	**popularis**	s. oben
–	**poppig** l>engl>am	(Stil)elemente der Pop-art enthaltend, modern-auffallend {33/36/37/79}	**popularis**	s. oben
–	Popstar			
–	**Popular**	Mitglied der in Opposition zum Senat stehenden altröm. Volkspartei (hist. t. t.) {75/50}	**populares**, rium m (Pl.)	Volkspartei im alten Rom
–	**populär** l>frz	1. gemeinverständlich, volkstümlich {25/33}; 2. beliebt, allgemein bekannt {25/26/33}; 3. Anklang, Beifall, Zustimmung findend {26/33}	**popularis** frz. *populaire*	s. oben
–	**popularisieren** l>frz	1. gemeinverständlich darstellen {25/32}; 2. verbreiten, in die Öffentlichkeit bringen {32}	dto. frz. *populariser*	dto.
–	**Popularität** l>frz	Volkstümlichkeit, Beliebtheit {26/33}	**popularitas**, atis f frz. *popularité*	Popularität, Gefälligkeit; Genossenschaft
–	**Population**	1. Bevölkerung {33/64}; 2. Gesamtheit der Individuen einer Art o. Rasse in einem engeren Bereich (biol. t. t.) {57/68/69}; 3. Gruppe von Fixsternen mit bestimmten astrophysikalischen Eigenschaften (astron. t. t.) {66}	**populatio**, onis f	Bevölkerung, Volk
–	**Populismus** l>nlat	1. Politik mit dem Ziel der Gewinnung der Gunst der Massen (polit. t. t.) {81}; 2. literarische Richtung des 20. Jh.s {34}	**populus**, li m	Volk; Gemeinde, Staat
–	Populist, populistisch			
2722	**Porree** l>vulgl>frz	südeuropäische Lauchart, Gemüsepflanze {05/17}	**porrum**, ri n o. **porrus**, ri m frz. *poireau*	Lauch, Porree

2723	**Port** l>frz/engl	1. Ziel, Ort der Geborgenheit, Sicherheit {25/26/33/58}; 2. engl. Bezeichnung für: (befestigter) Hafen {45/58}	**portus**, us m	Seeinfahrt, Hafen; Zuflucht
2724	**Portable** l>engl	tragbares, mobil zu betreibendes Kleingerät (z. B. TV, Radio, Schreibmaschine) {41/87}	**portabilis**, e	tragbar
2725	**Portal** l>mlat	1. (prunkvolles) Tor, Pforte, großer Eingang {88}; 2. torartige Tragkonstruktion für einen Kran {40/41}	**porta**, ae f mlat. portale	Tor, Zugang, Eingang Vorhalle
2726	**Portefeuille** (l>frz;l>frz) >frz	1. Brieftasche, Aktenmappe (veraltet) {40/43/44/58}; 2. Geschäftsbereich eines Ministers {40/50}; 3. Wertpapierbestand einer Bank (wirtsch. t. t.) {80}	**portare** Imp. **porte**! frz. *porter* + **folium**, ii n afrz. *fueil* frz. *feuille*	tragen, führen, bringen trage! Blatt
–	**Portemonnaie** (l>frz;l>frz) >frz	Geldbeutel, -börse {58/43/44}	**portare** + **moneta**, ae f frz. *monnaie*	s. oben Münze, Münzstätte
2727	**Porter** l>afrz>engl	starkes (engl.) Bier {17}	**portator**, oris m afrz. *porteour* engl. *porter*	Träger Lastträger; Biersorte
2728	**Portier** l>frz	1. Pförtner; 2. Hauswart {40}	**portarius**, ii m frz. *portier*	Türhüter, Pförtner
2729	**Portikus**	Säulenhalle als Vorbau an der Haupteingangsseite eines Gebäudes (archit. t. t.) {88}	**porticus**, us m	Säulengang, -halle; Galerie
2730	**Portion**	(An)teil, abgemessene Menge (bes. bei Speisen) {57/17}	**portio**, onis f	Anteil; Proportion, Verhältnis
–	**portionieren** l>frz	in Portionen teilen {57/17/29}	dto.	dto.
–	**Portionierer** l>frz	Gerät zum Einteilen der Portionen {44/57/17}	dto.	dto.
2731	**Porto** l>it	Gebühr für die Beförderung von Postsendungen {42/45/46}	**portare** it. *portare* *porto*	s. oben 2726 tragen, bringen das Tragen; Transport(kosten)
2732	**Porträt** o. **Portrait** l>frz	(Brust)bild eines Menschen, Bildnis {36}	**protrahere** afrz. *po(u)rtraire*	hervorziehen; ans Licht bringen, offenbaren entwerfen, darstellen

–	**porträtieren** l>frz	jmds. Porträt anfertigen {36/29}	dto.	dto.
–	Porträtist			
2733	**Porzellan** l>it	feinste Tonware (durch Brennen von Kaolin, Feldspat und Quarz, z. B. für Figuren o. Geschirr) {36/44}	**porcella**, ae f it. *porcella* *porcellana*	kleines weibliches Schwein, Ferkel kleines weibliches Schwein; Meeresschnecke
2734	**Posament** l>vulgl>frz	textiler Besatzartikel (Borte, Quaste, Schnur) {19}	**pandere** (PPP. **passus**) vulgl. passare* frz. *passer* *passement*	ausbreiten, -spannen; öffnen; offenbaren durchgehen, Schritte machen Borte
–	**posamentieren** l>vulgl>frz	Posamenten herstellen {19/40}	dto.	dto.
2735a	**Posaune** l>vulgl>frz	Blechblasinstrument {37}	**bucina**, ae f afrz. *boisine* o. *buisine*	Hirten-, Kuh-, Signalhorn Jagd-, Signalhorn
–	**posaunen** l>vulgl>frz	1. die Posaune blasen (meist ugs.) {37}; 2. (= ausposaunen) etw., das nicht bekannt werden sollte, überall herumerzählen (ugs., abwertend) {32/26}; 3. laut(stark) verkünden {32}	dto.	dto.
–	**Posaunist** l>vulgl>frz	Musiker, der Posaune spielt {37}	dto.	dto.
2735b	**Pose** (l/gr>vulgl)>frz	auf Wirkung abzielende, gekünstelte Körperhaltung {12/33}	**ponere** (PPP. **positus**) gemischt mit: gr. *παύειν* (vulgl.) pausare frz. *poser* *pose*	setzen, stellen, legen innehalten innehalten, pausieren, ruhen setzen, stellen, legen Stellung, Haltung
–	posieren			

2736	**Position**	1. Stellung, Stelle (im Beruf) {40/33}; 2. Situation, Lage {25/33}; 3. Einstellung, Standpunkt {25}; 4. bestimmte Stellung, Haltung {12}; 5. Rangplatz (sport. t. t.) {56/85}; 6. Einzelposten einer (Waren)liste {42/57}; 7. Standort eines Schiffes, Flugzeuges o. Gestirns {58/45/66}; 8. militärische Stellung {86}; 9. metrische Länge (in der antiken Metrik - sprachwiss. t. t.) {76/34}; 10. jede geordnete Einheit in einer sprachlichen Konstruktion (sprachwiss. t. t.) {76}; 11. Setzung, Aufstellung einer These (philos. t. t.) {77/25}	**positio**, onis f	das Setzen, Stellen; Endung (gramm. t. t.); Lage, Stellung
–	**positionell** l>(frz)	1. stellungsmäßig {58; s. auch oben}; 2. in der Stellung einer Schachpartie begründet {85}	dto.	dto.
–	**positionieren** l>frz	in eine bestimmte Position (4.), Stellung bringen; einordnen {12/25/58}	dto. frz. *positionner*	dto.
–	**Positionierung** l>frz	der auf dem Bildschirm vorgenommene Umbruch (EDV-t. t.) {32/40/71}	dto.	dto.
–	**positiv** l>(frz)	1. bejahend, zustimmend {25/32}; 2. ein Ergebnis bringend; vorteilhaft, günstig {56/25}; 3. sicher, genau, tasächlich {25}; 4. größer als Null {57/71}; 5. das Foto-Positiv betreffend (fot. t. t.) {87}; 6. im ungeladenen Zustand mehr Elektronen enthaltend als im geladenen (phys. t. t.) {72}; 7. einen krankhaften Befund zeigend (med. t. t.) {70}	**positivus**, a, um	gesetzt, gegeben; im Positiv, als Substantiv stehend (gramm. t. t.)
–	**Positiv**	1. ungesteigerte Form des Adjektivs, Grundstufe (sprachwiss. t. t.) {76}; 2. kleine Standorgel (meist ohne Pedal) {37}; 3. über das Negativ gewonnenes, seitenrichtiges, der Natur entsprechendes Bild (fot. t. t.) {87}	dto.	dto.
–	**Positivismus** l>nlat	philos. Richtung, die ihre Forschung auf das Tatsächliche, Wirkliche beschränkt (philos. t. t.) {52/77}	dto.	dto.
–	Positivist			

–	**positivistisch** l>nlat	1. den Positivismus betreffend, auf ihm beruhend {52/77}; 2. vordergründig; bei einer wissenschaftlichen Arbeit keine eigene Gedankenarbeit aufweisend (abwertend) {25/40}	dto.	dto.
–	**Positivum**	etw., das an einer Sache als positiv (2.), vorteilhaft, gut empfunden wird; etw. Positives {25/26/56}	dto.	dto.
–	**posito**	angenommen, gesetzt den Fall (veraltet) {25}	**ponere** (PPP. **positus**)	stellen, setzen, legen
–	**Positron** l;gr>l	(Kurzwort aus positiv und Elektron): positiv geladenes Elementarteilchen (phys. t. t.) {72}	**positivus** + **electrum**, ri n gr. *ἤλεκτρον*	s. oben Bernstein
–	**Positur**	1. (betonte, herausfordernde) Haltung o. Stellung {12/26}; 2. Gestalt, Figur, Statur (landsch.) {11/53}	**positura**, ae f	Stellung, Lage; Interpunktion
2737	**Possession**	Besitz (jur. t. t.) {82/43}	**possessio**, onis f	Besitznahme, -ergreifung
–	**possessiv**	1. von einer Art, die jmdn. ganz für sich beansprucht {43/33}; 2. besitzanzeigend (sprachwiss. t. t.) {76}	**possessivus**, a, um	einen Besitz anzeigend
–	**Possessiv(um)**	(= Possessivpronomen) besitzanzeigendes Fürwort (sprachwiss. t. t.) {76}	dto.	dto.
–	**possessorisch**	den Besitz betreffend (jur. t. t.) {82/43}	**possessorius**, a, um	den Besitz(stand) betreffend
2738	**possibel** l>frz	möglich (veraltet) {25}	**possibilis**, e	möglich, tunlich
–	**Possibilität** l>frz	Möglichkeit (veraltet) {25}	**possibilitas**, atis f	Möglichkeit, Macht
2739a	**Post** (l;l)>l>it	1. (staatliche) Beförderungseinrichtung für Briefe etc. {46/61/50}; 2. Postgebäude {58}; 3. Brief, Versandgut {46/32}	**ponere** (PPP. **positus**) + **statio**, onis f	s. oben 2736 Posten; Standort, Aufenthalt; das Stillstehen
			posita statio	festgesetzter Aufenthaltsort
			it. *posta*	Pferdewechselstation
–	Postille, Postillion			
–	zahlreiche Zusammensetzungen (Postamt, -bote, -karte)			
2739b	**post...** o. **Post...**	nach, hinter {58/59/83}	**post** (Adv.)	hinter, nachher, zuletzt
>>>	Post... s. ggf. unter dem Rest des Wortes			

2739c	**postalisch** (l;l)>l>it >nlat	die Post betreffend, von ihr ausgehend; Post... {46/50/61}	**ponere** + **statio**	s. oben 2739a
2740	**Postament** (l;l)>l>it	Unterbau, Sockel einer Säule o. Statue {36/88}	**ponere** (PPP. **positus**)	s. oben 2736
			+ **locus**, ci m	Ort, Platz, Stelle
			positus locus	Standort; festgesetzter Ort
			it. *posto*	
2741	**post-datieren** (l;l>frz) >nlat	mit einer früheren bzw. späteren Zeitangabe versehen (veraltet) {32/59}	**post**	s. oben 2739b
			+ **dare**	geben
			frz. *dater*	
2742	**Posten** (l;l)>l>it	1. Rechnungsbetrag, Warenmenge {80/57};	1.: **ponere** (PPP. **positus**)	s. oben 2736
			+ **summa**, ae f	Hauptpunkt; Gesamtheit; Summe
			posita summa	aufgestellte, festgesetzte Summe
			it. *posta*	Rechnungsbetrag
		2. Standort für eine militärische Wache; auf Wache stehender (Soldat) {23/86}; 3. Stelle, Anstellung, Amt {40}	2., 3.: **ponere** (PPP. **positus**)	s. oben 2736
			+ **statio** bzw.	dto.
			locus bzw.	s. oben 2740
			mansio, onis f	Aufenthalt(sort), Nachtlager
			posita statio / mansio	festgesetzter Stand-, Aufenthaltsort
			it. *posta / posto*	Standort
2743	**Poster** (gr)>l>engl	künstlerisches, dekoratives (Werbe)plakat {36/42}	**postis**, is m	Tür(pfosten)
			gr. *παστάς*	
			engl. *(to) post*	(Plakate) anschlagen
2744a	**Post-existenz** l;l	das Fortbestehen der Seele nach dem Tod (philos. t. t.) {52/77}	**post**	s. oben 2739b
			+ **exsistentia**, ae f	das Bestehen, Dasein, Existenz
>>>	posthum s. postum			
2744b	**postieren** (l;l)>l>frz	aufstellen, hinstellen, einen Platz zuweisen {58/28}	**posita mansio / statio / locus**	s. oben 2742 (2., 3.)
–	**Postillion** (l;l)>l>l >frz/it	Postkutscher {40/46/45}	**posita statio** frz. *postillon* it. *postiglione*	s. oben 2739a
2744c	**postmortal** l;l	nach dem Tode (auftretend - med. t. t.) {59/70}	**post**	s. oben 2739b
			+ **mortalis**, e	sterblich, vergänglich, irdisch
–	**postnatal** l;l	nach der Geburt bzw. Entbindung (auftretend - med. t. t.) {59/70}	**post**	s. oben 2739b
			+ **natalis**, e	zur Geburt gehörig, Geburts...
>>>	postoperativ s. operativ			

–	**Postposition** (l;l)>nlat	1. dem Substantiv nachgestellte Präposition (sprachwiss. t. t.) {76}; 2. Verlagerung eines Organs nach hinten (med. t. t.) {70/58}; 3. verspätetes Auftreten (von Krankheitssymptomen - med. t. t.) {70/59}	**post** + **positio**	s. oben 2739b a. oben 2736
2745	**Postregal** [(l;l)>l;l] >nlat	Recht des Staates, das gesamte Postwesen in eigener Regie zu führen {50/82/46}	**posita statio** + **regalis**, e	s. oben 2739a zum König gehörig, ihm zukommend; königlich
–	Postscheck			
>>>	Postscheckkonto s. Konto			
2746	**Postskript(um)** l;l	Nachschrift {32/58}	**post** + **scriptum**, ti n	s. oben 2739b Schrift, Entwurf; alles Geschriebene
2747	**Postulat**	1. unbedingte (sittliche) Forderung {25/28/30}; 2. notwendige unbewiesene, aber einsichtige Annahme (philos. t. t.) {25/77}; 3. Probezeit für die Kandidaten eines kath. Ordens {51/59}	**postulatum**, ti n	Forderung; Klagegesuch
–	**postulieren**	1. fordern, zur Bedingung machen {25/28}; 2. feststellen {25}; 3. ein Postulat (2.) aufstellen {25/77}	**postulare**	fordern, verlangen, beanspruchen
2748a	**postum** o. **posthum** l/l	1. nach jmds. Tod erfolgt (z. B. erschienen, nachgelassen); 2. nach dem Tod des Vaters geboren, nachgeboren {59/15}	**postumus**, a, um bzw. **postumus** gemischt mit: **humare**	der letzte, hinterste; nachgeboren; nach dem Tode eintretend beerdigen, begraben
2748b	**postwendend** (l;l)>l>it;d	umgehend {59}	**ponere** + **statio**	s. oben 2739a
2749	**potent**	1. leistungsfähig {22}; 2. mächtig, einflußreich {33}; 3. zahlungskräftig, vermögend {43}; 4. zum Geschlechtsverkehr fähig (vom Mann gesagt); zeugungsfähig (med. t. t.) {70/18}	**potens** (Gen. –ntis)	mächtig; einflußreich; tüchtig, stark
–	**Potentat**	1. jmd., der Macht hat und ausübt {33/28}; 2. souveräner, regierender Fürst (veraltet) {50/75}	**potentatus**, us m	Vermögen, Kraft; Macht, Oberherrschaft

–	**potential** l>spätl/ mlat	1. die bloße Möglichkeit betreffend (philos. t. t.) {77}; 2. die Möglichkeit ausdrückend (sprachwiss. t. t.) {76}	**potentia,** ae f spätl. / mlat. potentialis, e	Vermögen; Kraft; Macht; Einfluß nach Vermögen; tätig wirkend
–	**Potential** l>mlat	1. Leistungsfähigkeit, Kapazität {22/57}; 2. Maß für die Stärke eines Kraftfeldes (phys. t. t.); 3. potentielle Energie (phys. t. t.) {56/72}	dto.	dto.
–	**Potentialis** l>mlat	Modus der Möglichkeit, Möglichkeitsform (sprachwiss. t. t.) {76}	dto.	dto.
–	**Potentialität** l>mlat	Möglichkeit, die zur Wirklichkeit werden kann (sprachwiss. t. t.) {76}	dto.	dto.
–	**potentiell** l>mlat>frz	möglich, denkbar; der Anlage, Möglichkeit nach {25}	dto. frz. *potentiel*	dto.
–	**Potentiometer** l>mlat;gr	Gerät zur Herstellung von Teilspannungen (elektrotechn. t. t.) {41/72/87}	dto. + gr. *μέτρον*	dto. Maß
–	**Potenz**	1. Fähigkeit, Leistungsvermögen {22}; 2. Fähigkeit des Mannes zum Geschlechtsverkehr; Zeugungsfähigkeit (med. t. t.) {70/18}; 3. Verdünnungsgrad einer Arznei (med. t. t.) {70/73}; 4. Produkt mehrerer gleicher Faktoren (math. t. t.) {71}	**potentia**	s. oben
–	**potenzieren** l>(nlat)	1. erhöhen, steigern {56/57}; 2. die Wirkung eines Arzneimittels verstärken (med. t. t.); 3. eine Arznei homöopathisch verdünnen (med. t. t.) {70}; 4. eine Zahl mit sich selbst multiplizieren, zur Potenz erheben (math. t. t.) {71}	dto.	dto.
2750	**Potpourri** (vork>l >spätl>afrz >frz;l >vulgl>frz) >span>frz	1. aus verschiedenen Melodien zusammengestelltes Musikstück {37}; 2. Allerlei, Kunterbunt {56/57}	**potus,** us m vork. *pottus** frz. *pot* + **putrere** vulgl. putrire* frz. *pourrir* span. *olla potrida* frz. *potpourri*	Trank, Getränk; das Zechen;Trinkgefäß (spätl.) morsch -, mürbe sein faulen, verwesen Eintopfgericht; buntes Allerlei (wörtlich: verfaulter Topf)

–	**Pott** vork>l >spätl>frz	Topf, Trinkgefäß {44}	**potus** vork. *pottus** frz. *pot*	s. oben
2751	**Poularde** l>frz	junges (verschnittenes) Masthuhn {17/39}	**pulla**, ae f bzw. **pullus**, li m afrz. *polle* frz. *poule*	Henne Hühnchen; junges Tier Henne
–	**Poulet** l>frz	junges, zartes Masthuhn o. -hähnchen {17/39}	dto.	dto.
2752	**Pound** l>engl	engl. Gewichtseinheit (= 453,6 g) {56}	**pondus**, deris n	Gewicht; Schwere, Masse
2753	**poussieren** l>frz	1. flirten, anbändeln; mit jmdm. in einem Liebesverhältnis stehen {33/18}; 2. jmdm. schmeicheln; jmdn. gut behandeln und verwöhnen, um etw. zu erreichen {25/28/32/33}	**pulsare** frz. *pousser*	stoßen, antreiben, drücken; beunruhigen stoßen, drücken
–	**Poussage** o. **Poussade** l>frz	1. (nicht ernstgemeinte) Liebschaft (veraltend); 2. Geliebte (oft abwertend) {33/18}	dto.	dto.
2754	**Power** l>vulgl >afrz>engl	1. Kraft, Stärke, Leistung (ugs.) {22/40}; 2. Einschaltknopf an techn. Geräten {87}	**posse** vulgl. potere afrz. *poer*	können; vermögen
2755	**Prä**	Vorteil, Vorrang {56}	**prae** (Adv./Präp.)	vor, voran, voraus, vorher
>>>	Prä..., prä...	s. ggf. unter dem Rest des Wortes		
2756	**Präambel** l>mlat	1. (feierliche Erklärung als) Einleitung einer (Verfassungs)urkunde, eines Staatsvertrages {50/32}; 2. Vorspiel in der Orgel- und Lautenliteratur {37/32}	**praeambulus**, a, um mlat. praeambulum	vorangehend Einleitung
2758	**Prädestination** l>mlat	1. göttliche Vorherbestimmung (des Menschen zur Seligkeit o. zur Verdammnis - rel. t. t.) {51}; 2. das Geeignetsein durch Fähigkeiten, charakterliche Anlagen für einen Beruf o. ä. {22/40/84}	**praedestinatio**, onis f	Vorherbestimmung
–	**prädestinieren** l>mlat	vorherbestimmen {22/51}	**praedestinare**	im voraus bestimmen, - vornehmen
–	**prädestiniert** l>mlat	vorherbestimmt; wie geschaffen {22/51}	dto.	dto.
2759	**Prädetermination** (l;l)>nlat	Vorherfestgelegtsein der Keimesentwicklung (biol. t. t.) {68/69}	**prae** + **determinatio**, onis f	s. oben 2755 Abgrenzung, Grenze

–	prädeterminieren			
2760	**prädikabel**	lobenswert, rühmlich (veraltet) {25/56}	**praedicabilis**, e	rühmenswert, ruhmwürdig
–	**Prädikat**	1. Note, Bewertung, Zensur {31/56}; 2. Rangbezeichnung, Titel (beim Adel) {33}; 3. grammatischer Kern einer Aussage (sprachwiss. t. t.) {76}; 4. der die Aussage enthaltende Teil des Urteils (log., philos. t. t.) {71/77}	**praedicare** (PPP. **praedicatus**)	öffentlich ausrufen, aussagen, behaupten, rühmen
–	**Prädikation**	Bestimmung eines Begriffs durch ein Prädikat (4.) (philos., log. t. t.) {77/71}	**praedicatio**, onis f	das öffentliche Ausrufen; Aussage, Behauptung
–	**prädikati(si)eren** l>nlat	mit einem Prädikat (1.) versehen (z. B. Filme) {25/56/85}	**praedicare**	s. oben
–	**prädikativ**	das Prädikat (3.) betreffend, zu ihm gehörend; aussagend (sprachwiss. t. t.) {76}	**praedicativus**, a, um	behauptend, bejahend, kategorisch
–	**Prädikativ(um)**	auf das Subjekt o. Objekt bezogener Teil der Satzaussage (sprachwiss. t. t.) {76}	dto.	dto.
>>>	Prädikatsnomen s. Nomen			
2761	**Prädikation**	Vorhersage, Voraussage {24/32/51/59}	**praedicatio**, onis f	das Vorhersagen; Prophezeiung
2762	**Prädisposition** (l;l)>nlat	Anlage, Empfänglickeit für bestimmte Krankheiten (med. t. t.) {70}	**prae** + **dispositio**, onis f	s. oben 2755 Anlage, Anordnung, Einrichtung, Verteilung
2763	**prädizieren**	einen Begriff durch ein Prädikat (4.) bestimmen (log., philos. t. t.) {71/77}	**praedicare**	s. oben 2760
2764	**praecox**	vorzeitig, frühzeitig, zu früh auftretend (med. t. t.) {70/59}	**praecox** (Gen. –ocis)	frühzeitig; frühreif; voreilig
2765	**Präexistenz** (l;l)>nlat	1. das Vorhandensein der Welt als Idee in Gedanken Gottes vor ihrer stofflichen Erschaffung (philos. t. t.); 2. das Bestehen der Seele vor ihrem Eintritt in den Leib (philos. t. t.); 3. Dasein Christi als Idee bei Gott vor seiner Menschwerdung (theol. t. t.) {51/77}	**prae** + **exsistentia**, ae f	s. oben 2755 das Bestehen, Dasein, Existenz
–	präexistieren			

2766	**Präfekt**	1. hoher Beamter im alten Rom (hist. t. t.) {75/50}; 2. oberster Verwaltungsbeamter eines Departments (Frankreich) o. einer Provinz (Italien) {49/40}; 3. leitender kath. Geistlicher in Missionsgebieten {51}; 4. ältester Schüler in einem Internat, der jüngere beaufsichtigt {31/33}	**praefectus**, ti m	Vorgesetzter, Vorsteher, Aufseher
–	**Präfektur**	Amt(sbezirk), Amtsräume eines Präfekten (2.) {49/48/58}	**praefectura**, ae f	Vorsteheramt; Provinzialverwaltung, Statthalterschaft
2767	**präferentiell** l>frz	Präferenzen betreffend {33/40/56}	**praeferre**	vor(an/aus)tragen; vorziehen, den Vorzug geben
–	**Präferenz** l>frz	1. Vorrang, Vorzug; Vergünstigung {33/40/56}; 2. Trumpffarbe bei Kartenspielen {56/85}	dto.	dto.
–	**präferieren** l>frz	vorziehen, den Vorzug geben {25/28}	dto.	dto.
2768	**Präfix**	(sprachwiss. t. t.) 1. vor den Wortstamm, vor ein Wort tretende Silbe; 2. Präverb {76}	**praefigere**	vorn anheften, vorstecken; verschließen
2769	**Präformation** l>nlat	angenommene Vorausbildung des fertigen Organismus im Keim (biol. t. t.) {69/70}	**praeformare**	vorher bilden, - entwerfen; vorzeichnen
–	präformieren			
2770	**prägnant** l>frz	gehaltvoll, eindrucksvoll; gedrängt (im Ausdruck); treffend darstellend {22/32/56}	**praegnans** (Gen. –ntis) frz. *prégnant*	schwanger, trächtig; voll, strotzend gehalt-, eindrucksvoll
–	**Prägnanz** l>frz	Schärfe, Genauigkeit, Knappheit des Ausdrucks {22/32/56}	dto.	dto.
2771	**Prähistorie** l;gr>l	Vorgeschichte {59/75}	**prae** + **historia**, ae f gr. *ἱστορία*	s. oben 2755 Kunde; Geschichte, Geschichtsforschung, -werk
–	Prähistoriker, prähistorisch			

2772	**Präjudiz**	1. vorgefaßte Meinung, Vorentscheidung {25/28}; 2. hochrichterliche Grundsatzentscheidung {28/82}; 3. durch Nichtbefolgung einer Verordnung entstehender Schaden {82/40}; 4. Vorwegnahme einer Entscheidung durch zwingendes Verhalten (Staatspolitik) {50}	**praeiudicium**, ii n	Vorentscheidung, Vorbescheid, Präjudiz
–	**präjudizial** o. **präjudiziell** l>frz	bedeutsam für die Beurteilung eines späteren Sachverhalts (jur. t. t.) {56/82}	**praeiudicialis**, e	zur vorgängigen, vorgreifenden richterlichen Entscheidung gehörig
–	**präjudizieren**	der (richterlichen) Entscheidung vorgreifen (jur., pol. t. t.) {81/82}	**praeiudicare**	einen vorgreifenden Spruch fällen, im voraus entscheiden
2773	**Präkaution**	Vorsicht, Vorkehrung {25}	**praecautio**, onis f	Vorsicht
2774	**Präkonisation** l>mlat	feierliche Bekanntgabe einer Bischofsernennung durch den Papst {32/33/51}	**praeconari**	den Herold machen, ausposaunen; rühmen
2775	**Prälat** l>mlat	geistlicher Würdenträger {33/51}	**praeferre**	voran-, zur Schau tragen, offenbaren, den Vorzug geben
			mlat. praelatus	geistlicher Würdenträger
2776	**Präliminar...** (l;l)>nlat	vorläufig, einleitend (nur in Zusammensetzungen, z. B. -frieden) {59}	**prae** + **liminaris**, e	s. oben 2755 zur Schwelle gehörig
–	**Präliminare** (l;l)>nlat	1. diplomatische Vorverhandlungen {59/50/32}; 2. Vorbereitung, Einleitung, Vorspiel {59}	dto.	dto.
–	**präliminieren** l>nlat	vorläufig feststellen, -legen {59/25/28}	dto.	dto.
2777	**präludieren**	durch ein Vorspiel eine Musikaufführung, einen Chorgesang einleiten (mus. t. t.) {37/59}	**praeludere**	vorspielen; ein Vorspiel -, eine Probe machen
–	**Präludium** l>nlat	(mus. t. t.) 1. improvisiertes muskalisches Vorspiel; 2. Einleitung der Suite und Fuge {37/59}; 3. selbständiges Instrumentalstück {37}	dto.	dto.
2778	**Prämaturität** l>nlat	Frühreife, vorzeitige Pubertät (med. t. t.) {18/59/70}	**praematurus**, a, um	frühzeitig, voreilig, frühreif

2779	**Prämie**	1. Belohnung, Preis {56/42}; 2. zusätzlich gezahlter Betrag für besondere Leistungen {56/42/40}; 3. Zugabe beim Warenkauf {42/57}; 4. Versicherungsbeitrag {33/42}; 5. Gewinn in der Lotterie {43/56/85}	**praemium**, ii n	Belohnung, Preis; Vorteil, Gewinn
>>>	Prämienfonds, Prämiendepot s. Fonds, Depot			
–	**prämi(i)eren**	mit einem Preis belohnen, auszeichnen {42/56}	**praemiare**	belohnen
2780	**Prämisse**	1. Vordersatz im Syllogismus (log., philos. t. t.) {71/77}; 2. Voraussetzung {25}	**praemittere**	vorausschicken, vorausgehen lassen
			praemissa (sc. propositio)	vorausgeschickter (Satz)
2781	**prämortal** (l;l)>nlat	vor dem Tode (auftretend - med. t. t.) {70/59}	**prae** + **mortalis**, e	s. oben 2755 sterblich, vergänglich
2782	**pränatal** (l;l)>nlat	vor der Geburt, ihr vorausgehend (med. t. t.) {70/59}	**prae** + **natalis**, e	s. oben 2755 zur Geburt gehörig, Geburts...
2783	**Pranke** gall>spätl >roman	Raubtiertatze {06/07}	**branca** ae f	Pranke, Pfote
2784	**Pränomen**	altröm. Vorname (hist. t. t.) {75}	**praenomen**, minis n	Vorname; Titel
2785	**Praenuntiation**	Vorherverkündigung (veraltet) {32/59}	**praenuntiatio**, onis f	Vorherverkündigung
2786	**Präparat**	1. etw. kunstgerecht Zubereitetes (z. B. Arzneimittel) {70}; 2. konservierte Pflanze o. Tierkörper zu Lehrzwecken {68/69/31}; 3. Gewebsschnitt zum Mikroskopieren {40/68/69}	**praeparare** (PPP. **praeparatus**) bzw. **praeparatus**, us m	vorbereiten, bereithalten, im voraus instand setzen Vorbereitung
–	**Präparation**	1. Vorbereitung, häusliche Aufgabe (veraltet) {25/31}; 2. Herstellung eines Präparats (2., 3.) {40/68/69}	**praeparatio**, onis f	Vorbereitung auf etw., Rüstung
–	**präparativ** l>nlat	die Herstellung von Präparaten (2., 3.) betreffend {40/68/69}	**praeparare**	s. oben
–	**Präparator**	jmd., der naturwissenschaftliche Präparate (2., 3.) herstellt {40/68/69}	**praeparator**, oris m	(Vor)bereiter
–	**präparatorisch**	vorbereitend, vorläufig (veraltet) {59/25}	**praeparatorius**, a, um	vorbereitend

–	**präparieren**	(einen Stoff, ein Kapitel, sich) vorbereiten {25}; 2. tote menschliche, tierische Körper o. Pflanzen (für Lehrzwecke) zerlegen und dauerhaft haltbar machen {31/40/68/69}	**praeparare**	s. oben
2787	**Präponderanz** l>frz	Übergewicht (z. B. eines Staates) {33/50/56}	**praeponderare**	Übergewicht -, den Vorzug haben; überwiegen
–	**präponderieren** l>frz	überwiegen {33/56}	dto.	dto.
2788	**Präposition**	Verhältniswort (sprachwiss. t. t.) {76}	**praepositio**, onis f	das Vor(an)setzen; Vorzug; Präposition (gramm. t. t.)
–	**präpositional** l>nlat	die Präposition betreffend, verhältniswörtlich (sprachwiss. t. t.) {76}	dto.	dto.
2789	**Prärie** l>frz	Grassteppen im mittleren Westen Nordamerikas {03/64}	**pratum**, ti n frz. *pré* *prairie*	Wiese(ngras) Wiese
2790	**Prärogativ(e)**	Vorrecht des Herrschers bei der Auflösung des Parlaments, dem Erlaß von Gesetzen (hist. t. t.) {75/50}	**praerogativa**, ae f	Vorbedeutung, Vorwahl, Vorrang, Vorrecht
2791	**Präsens**	Zeit-, Verbform der Gegenwart (sprachwiss. t. t.) {76}	**praesens** (Gen. –ntis)	gegenwärtig, jetzig; augenblicklich
–	**präsent**	anwesend; gegenwärtig; zur Hand {52/59}	dto.	dto.
2792a	**Präsent** l>frz	Geschenk, kleine Aufmerksamkeit {33/42/56}	**praesentare** frz. *presenter* *présent*	gegenwärtig machen, zeigen darbieten, vorstellen Geschenk
–	**präsentabel** l>frz	ansehnlich, vorzeigbar {33/56}	dto.	dto.
–	**Präsentation** l>mlat	1. Präsentierung {33/32}; 2. Vorlage (bes. eines Wechsels - wirtsch. t. t.) {80}	dto.	dto.
–	**Präsentator** l>mlat	jmd., der etw. (z. B. eine TV-Sendung) vorstellt, darbietet, kommentiert {33/32/40/85}	dto.	dto.
–	**präsentieren** l>frz	1. überreichen, darbieten {33/29}; 2. vorlegen, vorzeigen {29/32}; 3. sich -: sich zeigen, vorstellen {33/32}; 4. mit der Waffe eine militärische Ehrenbezeigung machen {86}	dto.	dto.

–	**Präsentierung** l>frz	Vorstellung, Vorzeigung, Überreichung {29/32/33}	dto.	dto.
–	**Präsentierteller** l>frz;spätl >roman >frz	nach allen Seiten hin offener, den Blicken der Öffentlichkeit ausgesetzter Platz {58}	dto. + **taliare** afrz. *tailleor* frz. *tailloir* *tailler*	dto. spalten; schneiden, zerlegen Vorlegeteller; Hackbrett Hackbrett (zer)schneiden, zerteilen vgl. unten 3543b
2792b	**präsentisch**	das Präsens betreffend (sprachwiss. t. t.) {76}	**praesens**	s. oben 2791
2793	**Präsenz** l>frz	1. Gegenwart, Anwesenheit {52}; 2. mittlerer Tonbereich bei HiFi-Anlagen (um 5 kHz - techn. t. t.) {87}	**praesentia**, ae f frz. *présence*	Gegenwart; Einwirkung; Schutz
–	**Präsenzbibliothek** l>frz;gr	Bibliothek, deren Bücher nicht ausgeliehen werden dürfen {31/32/49}	dto. + gr. *βιβλιοθήκη*	dto.
2794	**Präser(vativ)** spätl>frz	Gummischutz zur Schwangerschaftsverhütung oder zum Schutz vor Ansteckung (mit AIDS-Viren); Kondom {70/18}	**praeservare** mlat. praeservativus frz. *préservatif*	vorher beobachten vorbeugend, bewahrend
2795	**Präses**	(rel. t. t.) 1. Vorstand eines kath. Vereins; 2. Vorsitzender einer ev. Synode {33/51}	**praeses**, sidis mf	Beschützer; Vorsteher; Vorgesetzter
–	**präsidieren** l>frz	1. einem Gremium vorsitzen; 2. leiten (z. B. eine Versammlung) {33}	**praesidere** frz. *présider*	den Vorsitz haben, beaufsichtigen, leiten
–	**Präsident** l>frz	1. Vorsitzender (einer Versammlung o. ä.) {33}; 2. Leiter (einer Behörde o. ä.) {33/40}; 3. Staatsoberhaupt einer Republik {50}	**praesidens**, ntis m frz. *président*	Vorsitzender, Vorsteher
–	**präsidiabel** l>frz	befähigt, ein Präsidentenamt zu übernehmen {22/33/50}	**praesidialis**, e	den Statthalter betreffend, ihm zustehend, von ihm ausgehend
–	**präsidial**	den Präsidenten, das Präsidium (1., 2.) betreffend {50/33}	dto.	dto.
–	**Präsidium**	1. leitendes Gremium einer Versammlung o. Organisation; 2. Vorsitz, Leitung {33/50}; 3. Amtsgebäude eines (Polizei)präsidenten {40/49/58}	**praesidium**, ii n	Schutz, Hilfe; Besatzung, Posten
2796	**präskribieren**	1. vorschreiben, verordnen {28/50}; 2. als verjährt erklären (jur. t. t.) {32/59/82}	**praescribere**	einwenden; vorschreiben, verordnen; vorschieben

–	**Präskription**	1. Vorschrift, Verordnung {50/28}; 2. Verjährung (jur. t. t.) {59/82}	**praescriptio**, onis f	Überschrift; Vorschrift, Verordnung; Einwand zur rechtlichen Ausnahme gehörig
–	**präskriptiv**	vorschreibend, festgelegten Normen (1.) folgend; Normen setzend (sprachwiss. t. t.) {76}	**praescriptivus**, a, um	
2797	**präsumieren**	1. voraussetzen, annehmen, vermuten (philos., jur. t. t.) {77/82/25}; 2. argwöhnen (landsch.) {24/25}	**praesumere**	voraussetzen, erwarten, vermuten
–	**Präsum(p)tion**	Voraussetzung, Vermutung, Annahme (philos., jur. t. t.) {77/82/25}	**praesumptio**, onis f	Vermutung, Erwartung; Vorurteil
–	**präsumtiv**	voraussetzend, wahrscheinlich, vermutlich (philos., jur. t. t.) {77/82/25}	**praesumptivus**, a, um	vorausnehmend
2798	**Prätendent** l>frz	jmd., der Ansprüche auf ein Amt, eine Stellung (den Thron) erhebt {33/27/28}	**praetendere**	hervorragen; vorziehen; vorgeben
–	**prätendieren** l>frz	1. Anspruch erheben, beanspruchen fordern {27/28/33}; 2. behaupten, vorgeben {25/32}	dto.	dto.
–	**Prätention** l>frz	Anspruch, Anmaßung {28/26/33}	dto.	dto.
–	**prätentiös** l>frz	anspruchsvoll; anmaßend, selbstgefällig {26/28/33}	dto.	dto.
2799	**präterital** l>nlat	das Präteritum betreffend (sprachwiss. t. t.) {76}	**praeterire**	vorübergehen, vorbewikommen; übergehen
–	**Präteritio(n)**	nachdrückliche Hervorhebung durch die Erklärung, etw. übergehen zu wollen (rhetorische Figur - rhet. t. t.) {76}	**praeteritio**, onis f	das Vorübergehen; Übergehung
–	**Präteritum**	Zeit-, Verbform der Vergangenheit; Imperfekt (sprachwiss. t. t.) {76}	**praeteritum** (sc. tempus)	Vergangenheit (gramm. t. t.)
2800	**Prätor**	höchster (Justiz)beamter im antiken Rom (hist. t. t.) {75/50}	**praetor**, oris m	hoher römischer Beamter
–	**Prätorianer**	Angehörige der Leibwache römischer Feldherren o. Kaiser (hist. t. t.) {75/86}	**praetoriani**, norum m (Pl.)	Leibwache, Prätorianer(garde)
–	**prätorisch**	das Amt, die Person des Prätors betreffend (hist. t. t.) {50/75}	**praetorius**, a, um	prätorisch, zum Prätor gehörig
–	**Prätur**	Amt(szeit) eines Prätors (hist. t. t.) {50/59/75}	**praetura**, ae f	Würde, Amt eines Prätors, Prätur
2801	**prävalent**	überlegen; vorherrschend, überwiegend {56/33}	**praevalere**	sehr kräftig -, übermächtig sein; überwiegen, mehr vermögen
–	**Prävalenz**	Überlegenheit; das Vorherrschen {56/33}	**praevalentia**, ae f	Übermacht

–	**prävalieren**	vorherrschen, vor-, überwiegen {56/33}	**praevalere**	s. oben
2802	**Prävention** l>mlat	1. das Zuvorkommen {29/59}; 2. Vorbeugung; Abschreckung künftiger Verbrecher (jur. t. t.) {82}	**praevenire**	zuvorkommen; übertreffen
–	**präventiv** l>nlat	vorbeugend, verhütend {82/59}	dto.	dto.
–	**Präventivkrieg** l>nlat;d	Angriffskrieg, der dem voraussichtlichen Angriff des Gegners zuvorkommt {59/86}	dto.	dto.
2803	**Präzedens**	früherer Fall, früheres Beispiel {59/82}	**praecedere** (PPA. **praecedens**)	voran-, vorausgehen; übertreffen
–	**Präzedenz**	Rangfolge bei Prozessionen der kath. Kirche {51/33}	dto.	dto.
–	**Präzedenzfall** l;d	Musterfall, der für ähnlich gelagerte Situationen richtungsweisend ist (polit., jur. t. t.) {81/82}	dto.	dto.
2804	**Präzeption**	Unterweisung; Vorschrift, Verfügung {25/28/50}	**praeceptio**, onis f	Unterweisung, Vorschrift, Verfügung
2805	**präzise** l>frz	genau, bestimmt; unzweideutig, klar {25}	**praecisus**, a, um frz. *précis*	steil, abschüssig; abgebrochen (rhet. t. t.)
–	**präzisieren** l>frz	genauer bestimmen, eindeutiger beschreiben; knapp zusammenfassen {25/32}	dto. frz. *préciser*	dto.
–	**Präzision** l>frz	Genauigkeit, Feinheit {25/40}	**praecisio**, onis f frz. *précision*	das Abschneiden; Ab-, Ausschnitt
2806	**predigen**	1. das Wort Gottes (in der Kirche) verkünden {32/51}; 2. mahnend reden {25/32}	**praedicare**	öffentlich ausrufen, verkünden; vorhersagen; kirchenl.: verkündigen, predigen
–	Prediger, Predigt			
2807	**Preemphasis** (l;gr)>engl	Vorverzerrung hoher Frequenzen zur Störungsunterdrückung (im Funkwesen o. bei elektronischen Geräten) {46/87}	**prae** + **emphasis**, seos f gr. ἔμφασις	s. oben 2755 Anblick; Nachdruck, Kraft des Ausdrucks
2808	**Preis** l>frz >(niederl)	1. Ruhm, Herrlichkeit; 2. Lob, Anerkennung, Belohnung {33}; 3. Wert {56}; 4. Geld-, Kaufwert {42/56}	**pretium**, ii n afrz. *pris* frz. *prix*	Wert, (Kauf)preis; Lohn, Belohnung
–	**preisen** spätl>afrz >frz	1. rühmen, verherrlichen, hochschätzen {33/32/56}; 2. Gott loben {51}	spätl. **pretiare** afrz. *preisier* frz. *priser*	im Wert abschätzen, hochschätzen

>>> Preisindex s. Index

2809	**prekär** l>frz	heikel, mißlich, schwierig {26/33}	**precarius**, a, um frz. *précaire*	bittend; vorübergehend; widerruflich dto.; unsicher, heikel
2810	**Prélude** l>frz	(mus. t. t.) 1. phantasievolles Musikstück für Klavier o. Orchester; 2. frz. Bezeichnung für Präludium {37}	**praeludere**	s. oben 2777
2811	**Premiere** l>frz	Erst-, Uraufführung {33/35/59/85}	**primarius**, a, um frz. *premier* *première* (sc. *représentation)*	einer der ersten; vornehm, ansehnlich erster erste Aufführung
–	**Premier-(minister)** l>frz;(l)	erster Minister, Ministerpräsident {50}	dto. frz. *premier* + **minister**, tri m	dto. Untergebener, Diener, Gehilfe
2812	**Presse** l>mlat >(frz)	1. Vorrichtung o. Maschine, die durch Druck Rohstoffe o. Werkstücke formt {40/41/53}; 2. Gerät zum Auspressen von Obst {44}; 3. Druckmaschine {40/32}; 4. Gesamtheit periodischer Druckschriften, Zeitungen, Zeitschriften {32/57}; 5. Beurteilung in Zeitungen und Zeitschriften; Zeitungsecho {25/32/56}; 6. Zeitungsmitarbeiter {40/32}; 7. Privatschule mit Intensivunterricht für schwache Schüler (ugs., abwertend) {31}	**pressare** (bzw. **premere** mlat. pressa frz. *presser* *presse* 2.: **pressura**, ae f	drücken, pressen, bedrängen drücken, pressen, verbergen) Druck, Zwang Gedränge, Haufe; Schar Druck; das Keltern des Weines
–	**pressen**	(zusammen)drücken, zusammendrängen; durch Druck bearbeiten {12/40/53}	**pressare**	s. oben
–	erpressen			

>>> Pressekonferenz s. Konferenz

–	**pressieren**	eilig -, dringend sein; drängen, treiben (landsch.) {59}	dto. frz. *presser*	dto. pressen, (be)drängen, eilig sein
–	**Pression**	Druck, Nötigung, Zwang {28/33/82}	**pressio**, onis f	Druck, das (Herab)drücken
–	**Pressure-group** l>engl>am; engl>am	Interessenverband, der auf Parteien, Parlament, Regierung Einfluß zu gewinnen sucht {33/28/50}	**pressura**	s. oben

2813	**Prestige** l>frz	1. (positives) Ansehen, Geltung {33}; 2. Blendwerk, Zauber (veraltet) {25/26}	**praestigia**, ae f	Blendwerk, Gaukeleien
2814	**prestissimo** l>it	sehr schnell, in schnellstem Tempo (mus. t. t.) {37/59}	**praesto** (Adv.)	gegenwärtig, bei der Hand; rasch, bereit
-	**presto** l>it	schnell (mus. t. t.) {37/59}	dto.	dto.
2815	**Pretiosen**	Kostbarkeiten, Geschmeide {20/56}	**pretiosus**, a, um	kostbar, von hohem Wert; teuer
-	**preziös** l>frz	1. kostbar {20/56}; 2. geziert, geschraubt, gekünstelt {25/26/33}	dto. frz. *précieux*	dto.
-	**Preziosität** l>frz	geziertes Benehmen, Ziererei {25/26/33/84}	**preciositas**, atis f	Kostbarkeit
2816	**prim** l(;l)	nur durch eins und sich selbst teilbar (von Zahlen - math. t. t.) {71}	**primus**, a, um bzw. **numerus primus**	der erste, beste, vorzüglichste Ausgangs-, Elementarzahl
-	**prima** l>it	1. vom Besten, erstklassig; 2. vorzüglich, prächtig, ausgezeichnet {33/56}	dto. it. *prima, primo*	dto.
-	**Prima**	1. höchste Klassenstufe(n) einer höheren Lehranstalt {31/56}; 2. Erstausfertigung eines Wechsels (wirtsch. t. t.) {80}	dto.	dto.
-	**Primaballerina** l;(gr)>l>it	erste, Vortänzerin einer Ballettgruppe {37/61/40}	dto. + spätl. **ballare** gr. *βαλλίζειν* it. *ballare*	dto. tanzen tanzen
-	**Primadonna** l;l>it	1. Darstellerin der weiblichen Hauptpartie in der Oper {37}; 2. verwöhnter, empfindlicher, eine Sonderrolle für sich beanspruchender Mensch {26/33}	**primus** + **domina**, ae f	s. oben Herrin vgl. oben 0814
-	**Primaner**	Schüler einer Prima (1.) {31}	**primus**	s. oben
-	**primär** l>frz	1. zuerst vorhanden, ursprünglich {52/59}; 2. erst-, vorrangig; grundlegend, wesentlich {56/25}; 3. der unmittelbar am Stromnetz hängende Teil eines Netzgerätes, in den die umzuformende Spannung einfließt (elektrotechn. t. t.) {41/72/87}	**primarius**, a, um frz. *primaire*	zu den ersten gehörig, vornehm, ansehnlich

>>> primär..., Primär... s. ggf. unter dem Rest des Wortes

–	**Primär-energie** l>frz;gr>l >frz	von natürlichen, nicht weiterbearbeiteten Trägern (z. B. Kohle, Erdöl) stammende Energie (techn. t. t.) {41/56}	dto. + **energia**, ae f gr. *ἐνέργεια*	dto. Wirksamkeit
–	**Primas**	Ehrentitel des würdehöchsten Erzbischofs eines Landes {33/51}; 2. Solist und Vorgeiger einer Zigeunerkapelle {37}	**primas**, atis m	einer der Ersten und Vornehmsten
–	**Primat**	1. Vorrang, bevorzugte Stellung (z. B. des Papstes als Inhaber der obersten Kirchengewalt) {33/51}; 2. Herrentier (Ordnung der Säugetiere - biol. t. t.) {69/06}	**primatus**, us m	erste Stelle, erster Rang, Vorrang
–	**Primatologie** l;gr	Wissenschaft, die sich mit der Erforschung der Primaten (2.) befaßt (zool. t. t.) {40/69}	dto. + gr. *λόγος*	dto. Wort; Kunde
–	Primatologe			
–	**Prime** l>mlat	1. erste Tonstufe einer diatonischen Tonleiter (mus. t. t.) {37}; 2. erste, die Norm enthaltende Seite des Druckbogens (druckw. t. t.) {32/40}	**primus**	s. oben
–	**Primel** l>nlat	zu den Schlüsselblumengewächsen gehörende Zierpflanze {04}	**primulus**, a, um nlat. primula veris	der erste, erster erste (Blume) des Frühlings
–	**primissima**	ganz prima, ausgezeichnet (ugs.) {33/56}	**primus**	s. oben
2817	**primitiv** l>frz	1. auf niedriger Kultur-, Entwicklungsstufe stehend; urtümlich {81}; 2. von geringem geistig-kulturellen Niveau (abwertend) {81/25}; 3. einfach, dürftig, behelfsmäßig {33/56}	**primitivus**, a, um frz. *primitif*	der (die, das) erste in seiner Art
–	**Primitive** l>frz	auf niedriger Kultur-, Entwicklungsstufe stehende Völker {81}	dto.	dto.
–	**primitivi(si)eren** l>frz	in unzulässiger Weise vereinfachen, vereinfacht wiedergeben {32/25/56}	dto.	dto.
–	**Primitivismus** l>frz>nlat	moderne Kunstrichtung {36}	dto.	dto.
–	**Primitivität** l>frz>nlat	(abwertend) 1. geistig-seelische Unentwickeltheit {25/56}; 2. Einfachheit, Behelfsmäßigkeit, Dürftigkeit {33/56}	dto.	dto.
2818	**primo** l>it	erste, zuerst (z. B. violino - mus. t. t.) {37/56}	**primus**	s. oben 2816

–	**Primogenitur** l>mlat	Vorzugsrecht des (fürstlichen) Erstgeborenen bei der Erbfolge {10/33/47/50/56}	**primogenitus**, a, um	zuerst geboren
–	**Primus**	Erster, Bester in einer Schulklasse {31/56}	**primus**	s. oben 2816
>>>	Primzahl s. prim			
2819	**Printe** l>frz >niederl	lebkuchenähnliches Gebäck {17}	**premere** afrz. *preindre* niederl. *prent*	s. oben 2812 Abdruck, Aufdruck; Pfefferkuchen
–	**Printer** l>engl	automatisches Kopiergerät, das eine große Anzahl von Papierkopien von einem Negativ (oder Dia) herstellen kann {40/41/87}	dto. mengl. *print, prente*	dto.
2820	**Prinz** l>frz	nicht regierender Verwandter eines regierenden Fürsten {10/33/47}	**princeps**, cipis m frz. *prince*	der Erste, Vornehmste; Gebieter, Fürst Fürst, Prinz
–	**Prinzeps**	(hist. t. t.) 1. altröm. Senator von großem politischen Einfluß; 2. Titel röm. Kaiser {33/50/75}	dto.	dto.
–	**Prinzessin** l>frz	Fürstentochter {10/33/47}	dto. frz. *princesse*	dto. Fürstin
2821	**Prinzip**	1. Grundlage, Grundsatz; 2. Regel, Richtschnur {25/33/56}; 3. Gesetzmäßigkeit; Idee, die einer Sache zugrunde liegt; Schema, nach dem etw. aufgebaut ist {25}; 4. Anfang, Ursprung {59}	**principium**, ii n	Anfang, Ursprung; Grundlage; Grundstoff
–	**Prinzipal**	1. Leiter eines Theaters, einer Theatertruppe {35/40}; 2. Lehrherr; Geschäftsinhaber {31/42/43}; 3. Hauptregister der Orgel; 4. tiefe Trompete (mus. t. t.) {37}	**principalis**, is m	Vorsteher; Oberältester; niederer Offizier
–	**prinzipaliter**	vor allem, in erster Linie {56}	**principaliter** (Adv.)	vorzüglich, hauptsächlich; kaiserlich
–	**Prinzipat**	1. Vorrang (veraltet) {33}; 2. älteres röm. Kaisertum (hist. t. t.) {75/50}	**principatus**, us m	erste Stelle (im Staat), Obergewalt, Führungsposition
–	**prinzipiell**	1. im Prinzip, grundsätzlich {25/56}; 2. einem Grundsatz entsprechend, aus Prinzip {25}	**principialis**, e	anfänglich, ursprünglich

>>> Prinzregent s. Regent

2822	**Prior** l>mlat	1. Klosteroberer, -vorsteher; Vorsteher eines Priorats (2.); 2. Stellvertreter eines Abtes {51}	**prior**, ius (Komp.) mlat. prior	der erstere, vordere; eher; vorzüglicher Klostervorsteher
–	**Priorat** l>mlat	1. Amt, Würde eines Priors {33/51}; 2. von einer Abtei abhängiges (kleineres) Kloster {51}	**prioratus**, us m	erste Stelle, Vorrang
–	**Priorität** l>mlat>frz	1. Vorrecht, Vorrang(igkeit); 2. Rangfolge, Stellenwert {33/56}; 3. zeitliches Vorhergehen {59}; 4. mit Vorrechten ausgestattete Aktien, Obligation {80}	**prior** mlat. prioritas frz. *priorité*	s. oben
2823	**Prise** l>frz	1. aufgebrachtes feindliches Schiff {45/86}; 2. beschlagnahmte Ladung eines solchen Schiffes {42/45/86}; 3. Kriegsbeute {43/86}; 4. kleine Menge eines feinkörnigen, pulvrigen Stoffes (z. B. Pfeffer, Schnupftabak) {57/54}	**prehendere** frz. *prendre* *prise*	fassen, ergreifen; ertappen nehmen, ergreifen das Genommene; das Nehmen, Ergreifen
2824	**privat**	1. die eigene Person angehend, persönlich; 2. vertraulich; 3. familiär, häuslich, vertraut; 4. nicht offiziell, nicht öffentlich {33}	**privatus**, a, um	(ab)gesondert; einem Privatmann gehörig; nicht öffentlich
–	**Privataudienz** l;l	nicht dienstlichen Angelegenheiten dienender Empfang {33/32}	dto. + **audientia**, ae f	dto. das Hören, die Aufmerksamkeit, das Anhören
–	**Privatdetektiv** l;l>engl	freiberuflich tätiger, in privatem (2.) Auftrag handelnder Ermittler {40/82}	dto. + **detegere**	dto. enthüllen, entdekken, offenbaren
–	**Privatdozent** l;l	(Titel eines) nicht im Beamtenverhältnis stehender (-n) Hochschullehrer(s) {40/31}	dto. + **docere**	dto. lehren, unterrichten, zeigen
–	**Privatier**	(französisierend) jmd., der keinen Beruf ausübt; Rentner {33/40}	**privatus**	s. oben
–	**privatim**	in persönlicher, vertraulicher Weise; unter vier Augen {33}	**privatim**	als Privatmann; persönlich, für sich; in seiner eigenen Angelegenheit
–	**Privation**	Beraubung, Entziehung (veraltet) {33/43/82}	**privatio**, onis f	Befreiung; das Befreitsein

–	**privatisieren**	(französisierend) 1. staatliches in privates Vermögen umwandeln {50/43}; 2. als Rentner(in), als Privatmann vom eigenen Vermögen leben {43}	**privatus**	s. oben
–	Privatisierung			
–	**privatissime**	im engsten Kreis; streng vertraulich, ganz allein {33}	**privatus** **privatissime** (Adv., Superl.)	s. oben
–	**Privatpatient** l;l	jmd., der sich auf eigene Rechnung o. als Versicherter einer privaten Krankenkasse in ärztliche Behandlung begibt {49/14/33}	**privatus** + **patientia**	s. oben s. oben 2546
2825	**Privileg(ium)**	Vor-, Sonderrecht {33/56}	**privilegium**, ii n	besondere Verordnung, Ausnahmerecht; Vorrecht
–	**privilegieren** l>mlat	jmdm. eine Sonderstellung, ein Vorrecht einräumen {33/56}	dto. mlat. privilegiare	dto.
2826	**Prix** l>frz	frz. Bezeichnung für Preis {33/56/85}	**pretium**, ii n frz. *prix*	Wert, Preis; Belohnung
2827	**pro** (gr)>l	je, für (z. B. pro Stück) {56/57}	**pro** gr. *πρό*	vor, für, vorn, vorwärts, zugunsten vor, vorher, im voraus, zuvor
–	**Pro** (gr)>l	1. das Für, Dafür {25}; 2. minderjährige Prostituierte (Jargon) {18}	dto.	dto. vgl. unten prostituere 2878
–	**pro..., Pro** (gr)>l	1. (Vorsilbe): vor, vorwärts, hervor {58}; 2. für, zu jmds. Gunsten, zum Schutz von jmdm.; 3. an Stelle von; 4. im Verhältnis zu {33/56}	dto.	dto.
2828	**probabel**	wahrscheinlich, glaubwürdig; billigenswert (philos. t. t.) {25/77}	**probabilis**, e	beifalls-, anerkennenswert; wahrscheinlich
2829	**Proband**	1. Versuchs-, Testperson (med., psych. t. t.) {70}; 2. jmd., für den eine Ahnentafel aufgestellt wird (med. t. t.) {70/10}; 3. von einem Bewährungshelfer betreuter ehemaliger Strafgefangener {82/33}	**probare**	prüfen, abschätzen, untersuchen; billigen
–	**probat**	erprobt, bewährt, wirksam {25/56}	**probatus**, a, um	erprobt, bewährt, tüchtig

–	**Probation**	1. Prüfung, Untersuchung; 2. Nachweis, Beweis {25/40}; 3. Erprobung, Bewährung (jur. t. t.) {33/82}	**probatio**, onis f	Prüfung, Erprobung; Beweis
–	**Probe** l>mlat	1. Prüfung, Untersuchung; 2. Beweisverfahren {25/40}; 3. Bewährung(sversuch) {25/82}; 4. Muster, Teststück {56}; 5. Testaufführung (z. B. im Theater) {33/35/40}	**probare** mlat. proba	s. oben Prüfung, Untersuchung; Bewährungs-, Erfahrungsversuch
–	**proben** l>mlat	1. ausprobieren, testen {25/56}; 2. eine Probeaufführung machen {33/35/40}; 3. etw. einstudieren {25}	dto.	dto.
–	erproben			
–	**probieren**	1. ausprobieren, versuchen {25/56}; 2. kosten, abschmekken {17}; 3. eine (Theater)probe machen {33/35/40}; 4. (ein Kleidungsstück) anprobieren {19}	**probare**	s. oben
–	an-, auf-, ausprobieren			
–	**Probierer**	Prüfer im Bergbau, im Hüttenwerk, in der Edelmetallindustrie {40/41}	dto.	dto.
2830	**Procedere** o. **Prozedere**	Verfahrensordnung; Vorgehensweise; Prozedur {25/29/33/59}	**procedere**	vorrücken, -gehen; auftreten
>>>	Processor s. Prozessor			
2831	**Prodekan** l;l	Vertreter des Dekans an einer Hochschule {31}	**pro** + **decanus**, ni m	s. oben Vorgesetzter (von zehn Mann)
2832	**Prodigalität**	Verschwendungssucht (veraltet) {26/33/84/85}	**prodigalitas**, atis f	Verschwendung
2833	**Prodigium**	im altröm. Glauben ein Zeichen göttlichen Zorns (hist. t. t.) {75/51}	**prodigium**, ii n	Wunderzeichen; Ungeheuer(lichkeit)
2834	**Producer** l>engl	1. engl. Bezeichnung für: Hersteller, Fabrikant {40/41}; 2. Film-, Musikproduzent {33/35/37/40/85}; 3. jmd., der eine Hörfunksendung vorbereitet und ihren Ablauf überwacht {33/35/40/46/85}	**producere** (PPP. **productus**)	vor(wärts)führen; hervorbringen; fortdauern lassen; auftreten lassen
–	**Produkt**	1. Erzeugnis, Ertrag {41/42/80}; 2. Folge, Ergebnis {33/56}; 3. Ergebnis einer Multiplikation (math. t. t.) {71}	dto.	dto.

–	**Produktion** l>frz	1. Herstellung von Waren u. Gütern {40/41}; 2. Herstellung eines Films, einer Schallplatte, einer Radio- o. TV-Sendung {35/37/40/46/85}	**productio**, onis f frz. *production*	das Hervorführen; (Aus)dehnung Herstellung, Erzeugung
–	**produktiv** l>frz	1. ergiebig, viel hervorbringend {57}; 2. leistungsstark, schöpferisch, fruchtbar {22}	**productivus**, a, um frz. *productif*	zur Verlängerung geeignet ergiebig; schöpferisch
–	**Produktivität** l>frz	1. Ergiebigkeit, Leistungsfähigkeit {22/57}; 2. schöpferische Leistung, Schaffenskraft {22}	dto.	dto.
–	**Produzent**	1. jmd., der etw. produziert (1.); Hersteller, Erzeuger {40/41}; 2. Leiter einer Produktion (2.) {35/37/40/46/85}; 3. Beschaffer u. Verwalter der für eine Produktion (2.) nötigen Geldmittel {42/40/33/37}; 4. Lebewesen, das organische Nahrung aufbaut (biol. t. t.) {68/69}	**producere**	s. oben
–	**produzieren**	1. (Güter) hervorbringen, erzeugen, schaffen {40/41}; 2. die Herstellung eines Films o. ä. leiten {35/37/40/46/85}; 3. Geldmittel zur Verfügung stellen u. verwalten {40/42}; 4. sich -: seine Künste zeigen, sich auffällig benehmen {25/26/33}; 5. herausnehmen u. vorzeigen, -legen, präsentieren (veraltet, noch schweiz.) {23/32/33}	dto.	dto.
2835	**Prof**	kurz für: Professor (Jargon) {31}	**professor**, oris m	öffentlicher Lehrer, Professor
2836	**profan**	1. weltlich, unkirchlich; ungeweiht, unheilig (rel. t. t.) {51}; 2. alltäglich {56/59}	**profanus**, a, um	ungeheiligt, ungeweiht; gott-, ruchlos
–	**profanieren**	entweihen, entwürdigen {51/56}	**profanare**	verweltlichen; entweihen; schänden; offenbaren
–	Profanierung o. Profanation			
–	**Profanität**	1. Unheiligkeit, Weltlichkeit {51}; 2. Alltäglichkeit {56/59}	**profanitas**, atis f	Unheiligkeit
2837	**profaschistisch** (l;l)>nlat	sich für den Faschismus einsetzend {50}	**pro** + **fascis**, is m	s. oben 2827 Bund, Bündel, Paket; Rutenbündel vgl. oben 1045
2838	**Profession** l>frz	Beruf, Gewerbe {40}	**professio**, onis f	Bekenntnis; Gewerbe, Geschäft

–	**Professional** o. **Profi** l>frz>engl	Berufssportler {40/85}	dto. frz. *professionnel* engl. *professional*	dto. berufsmäßig
–	**professionalisieren** l>frz>engl	1. zum Beruf, zur Erwerbsquelle machen; 2. als Beruf anerkennen {33/40}	dto.	dto.
–	**Professionalismus** l>frz>engl >nlat	Ausübung des Berufssports {40/85}	dto.	dto.
–	**professionell** l>frz o. **professional** l>frz>engl	1. (eine Tätigkeit) als Beruf ausübend, als Beruf betrieben {40/85}; 2. fachmänisch, von Fachleuten zu benutzen {22/40}	dto.	dto.
–	**professioniert** l>frz	gewerbsmäßig {40}	dto.	dto.
–	**Professor**	(akademischer Titel für) Hochschullehrer, Forscher, Künstler {31/33/40}	**professor**, oris m	öffentlicher Lehrer, Professor
–	**professoral** l>nlat	professorenhaft, würdevoll {31/33}	dto.	dto.
–	**Professur** l>nlat	Lehrstuhl, Lehramt {31/40}	dto.	dto.

>>> Profi s. oben Professional

2839	**Profil** l>it>frz	1. Seitenansicht (eines Gesichtes); Umriß {53/23}; 2. zeichnerisch dargestellter senkrechter Schnitt durch die Erdkruste (geol. t. t.) {62/32}; 3. Schnitt in oder senkrecht zu einer Achse {58}; 4. Walzprofil bei der Stahlerzeugung {41}; 5. Riffelung bei Gummireifen, Schuhsohlen {44/45/19}; 6. festgelegter Querschnitt bei der Eisenbahn (techn. t. t.) {45/58/72}; 7. stark ausgeprägte, persönliche Eigenschaft; Charakter {84}; 8. aus einem Gebäude hervorspringender Teil eines architektonischen Elements (archit. t. t.) {88}; 9. Höhe und / oder Breite einer Durchfahrt (z. B. Tunnel-; veraltend) {45/58}	**filum**, li n it. *filo* *profilare* *profilo* frz. *profil*	Faden, Gewebe Strich, Linie, Faden umreißen, im Profil zeichnen; mit einer Linie im Umriß zeichnen Seitenansicht, Umriß

-	**profilieren** l>it>frz	1. im Profil, im Querschnitt darstellen {53/32}; 2. einer Sache, jmdm. eine besondere, charakteristische Prägung geben {25/55/56}; 3. sich -: seine Fähigkeiten entwickeln u. Anerkennung finden, sich einen Namen machen {22/33/40}; 4. sich -: sich im Profil (1.) abzeichnen {23/53}; 5. riffeln {40/41}	dto. frz. *profiler*	dto.
-	**profiliert** l>it>frz	1. mit Profil (5.) versehen, gerillt {44/45/19}; 2. in bestimmtem Querschnitt hergestellt {58}; 3. scharf umrissen, markant, von ausgeprägter Art {25/55}	dto.	dto.
-	**Profilierung** l>it>frz	1. Umrisse eines Gebäudeteils {58/53}; 2. Entwicklung der Fähigkeiten, das Sichprofilieren {22/25/40}	dto.	dto.
-	**Profilneurose** l>it>frz;gr >nlat	die Angst (bes. im Beruf), zu wenig zu gelten (und die daraus resultierenden Profilierungsbemühungen - psych. t. t.) {70}	dto. + gr. *νεῦρον*	dto. Nerv
2840	**Profit** l>frz >niederl	1. Nutzen, (materieller) Gewinn {41/42/80}; 2. Kapitalertrag (wirtsch. t. t.) {80}	**profectus**, us m frz. *profit* mniederl. *profijt*	Fortgang, Wachstum, Vorteil; Zunahme Gewinn
-	**profitabel** l>frz	gewinnbringend (wirtsch. t. t.) {80/41/42}	dto.	dto.
-	**Profiteur** l>frz	Nutznießer {80/33}	dto.	dto.
-	**profitieren** l>frz	Nutzen ziehen, Vorteil haben {33/56/80}	dto. frz. *profiter*	dto.
2841	**Profos** o. **Profoß** l>frz >niederl	Verwalter der Militärgerichtsbarkeit; Stockmeister (hist. t. t.) {75/82/86}	**propositus**, a, um afrz. *provost*	bloßgestellt; drohend; vorgesetzt
2842	**profund** l>frz	1. tief(gründig), gründlich {56/25}; 2. in den tieferen Körperregionen liegend (med. t. t.) {70}	**profundus**, a, um	bodenlos, unergründlich tief, unermeßlich
-	**Profundität** l>frz	Gründlichkeit, Tiefe {56/25}	**profunditas**, atis f	Tiefe; Unermeß-, Unergründlichkeit
2843	**Progredienz** l>nlat	das Fortschreiten, die zunehmende Verschlimmerung einer Krankheit (med. t. t.) {70/59}	**progredi** (PPA. **progrediens**)	fortschreiten, vorrücken, weitergehen

>>>	progredient s. progressiv (1.)			
–	**Progreß** l>nlat	1. Fortschritt {25/33/59}; 2. Fortschreiten des Denkens von der Ursache zur Wirkung (log. t. t.) {25/71/77}	**progressus**, us m	das Vorwärts-, Fortschreiten; Fortschritt
–	**Progres-sion**	1. Steigerung, Fortschreiten, Stufenfolge {56/57}; 2. mathematische Reihe {71}; 3. stufenweise Steigerung der Steuersätze {50/57/80}	**progressio**, onis f	das Fortschreiten, Fortgang; Steigerung; Wachstum
–	**progressiv** l>frz	1. stufenweise fortschreitend, sich entwickelnd {56/59/61}; 2. fortschrittlich {25/33/59}	**progressus** frz. *progrès* *progressif*	s. oben das Fortschreiten
2844	**prohibie-ren**	verhindern, verbieten {28}	**prohibere**	fern-, abhalten, verhindern
–	**Prohibition** l>(frz) >(engl)	1. Verbot, Verhinderung (veraltet) {28}; 2. staatliches Verbot von Alkoholherstellung und -abgabe {28/50/17}	**prohibitio**, onis f	Verhinderung, Verbot
–	**Prohibitio-nist** l>frz>engl	Anhänger der Prohibition (2.) {17/25/28/30}	dto.	dto.
–	**Prohibitiv** l>nlat	Modus des Verbots, verneinte Befehlsform (sprachwiss. t. t.) {76}	**prohibere**	s. oben
–	**prohibitiv** o. **prohibi-torisch** l>nlat	verhindernd, abhaltend, vorbeugend {28/25}	dto.	dto.
2845	**Projekt**	Plan, Unternehmung, Entwurf, Vorhaben {25/28/40/59}	**proicere** (**proiectum**	hin-, vor(wärts)-werfen, vorstrekken; vorrücken das nach vorn Geworfene)
–	**Projekteur** l>frz	Vorplaner (techn. t. t.) {25/40/41/59}	dto.	dto.
–	**projektie-ren**	entwerfen, planen, vorhaben {25/28/59}	dto.	dto.
–	**Projektil** l>frz	Geschoß {61/86}	dto. frz. *projectile*	dto. Geschoß

–	**Projektion**	1. Wiedergabe eines Bildes auf einem Schirm mit einem Bildwerfer (opt. t. t.) {72/87}; 2. Abbildung von Teilen der Erdoberfläche mit verschiedenen Gradnetzen (geogr. t. t.) {64/32}; 3. Übertragung von Gefühlen, Wünschen auf andere als Abwehrmechanismus (psych. t. t.) {70}; 4. Verfahren zur Abbildung von Körpern auf einer Ebene (math. t. t.) {71}	**proiectio**, onis f	das Hervorwerfen; Vorbau, Erker
–	**Projektor** l>nlat	Lichtbildwerfer (techn. t. t.) {87}	**proicere**	s. oben
–	**projizieren**	1. Bilder mit einem Projektor auf einen Bildschirm werfen {87}; 2. ein geometrisches Gebilde auf einer Fläche darstellen (math. t. t.) {71}; 3. etw. auf etw. übertragen {25/56/33}; 4. Gedanken, Vorstellungen o. ä. auf einen anderen Menschen übertragen {25/70}	dto.	dto.
2846	**Proklamation** l>frz	1. amtliche Verkündigung (z. B. einer Verfassung) {32/49/50}; 2. Aufruf an die Bevölkerung; 3. gemeinsame Erklärung mehrerer Staaten {32/50}	**proclamatio**, onis f frz. *proclamation*	das Ausrufen, Schreien
–	**proklamieren** l>frz	(durch eine Proklamation) verkündigen, erklären; aufrufen; kundgeben {32/49/50}	**proclamare** frz. *proclamer*	heftig rufen, schreien
–	Proklamierung			
2847	**Prokonsul**	1. ehemaliger Konsul als Statthalter einer Provinz im Römischen Reich (hist. t. t.) {50/75}; 2. ausgestorbene frühere Menschen(affen)art (biol. t. t.) {69}	**proconsul**, lis m	Prokonsul, Statthalter
–	**Prokonsulat**	Amt, Statthalterschaft eines Prokonsuls (hist. t. t.) {75/50}	**proconsulatus**, us m	Prokonsulat, Würde eines Prokonsuls
2848	**Prokura** l>it	Handlungsvollmacht, die ein Vollkaufmann erteilen kann {28/42/80}	**procurare** it. (sc. *per*) *procura*	Sorge tragen, verwalten; Geschäftsführer -, Agent sein (in) Vollmacht
–	**Prokuration** l>it>nlat	1. Stellvertretung durch Bevollmächtigte {33}; 2. Vollmacht {28/33}	**procuratio**, onis f	Besorgung, Verwaltung; Sühne

–	**Prokurator**	1. Statthalter einer Provinz des Römischen Reiches (hist. t. t.) {75/50}; 2. bevollmächtigter Vertreter einer Person im kath. kirchlichen Prozeß {51/82}; 3. Vermögensverwalter eines Klosters {33/43/51};	**procurator**, oris m	Verwalter, Stellvertreter; Geschäftsführer
	(l>it)	4. hoher venezianischer Staatsbeamter (hist. t. t.) {40/50/75}		
–	**Prokurist** l>it>nlat	Handlungsbevollmächtigter {40/42/80}	dto.	dto.
2849	**Prolet**	1. roher, ungehobelter, ungebildeter Mensch (ugs., abwertend) {33/25}; 2. kurz für: Proletarier (ugs., veraltet) {33}	**proletarius**, ii m (bzw. **proletarius**, a, um	Bürger der untersten Klasse gemein, niedrig)
–	**Proletariat** l>frz	die wirtschaftlich abhängige, besitzlose (Arbeiter)klasse {33/81}	dto. frz. *prolétariat*	dto.
–	**Proletarier**	Angehöriger des Proletariats {33/81}	dto.	dto.
–	**proletarisch**	den Proletarier, das Proletariat betreffend {33/81}	dto.	dto.
–	**proletarisieren** l>nlat	zu Proletariern machen {33/81}	dto.	dto.
2850	**Prolongation** l>nlat	Stundung, Verlängerung einer Kreditfrist (wirtsch. t. t.) {59/80}	**prolongare**	verlängern, weiter hinaussetzen
–	**Prolongement** l>frz	dem Weiterklingen der Töne dienendes Pedal bei Tasteninstrumenten (mus. t. t.) {37/59}	dto.	dto.
–	**prolongieren**	stunden, eine Kreditfrist verlängern (wirtsch. t. t.) {59/80}	dto.	dto.
2851	**Promenade** l>(vulgl) >frz	1. Spaziergang {29/61/85}; 2. Spazierweg {58}	**prominere** vulgl. minare* frz. *mener* *promener* *se promener* *promenade*	hervorragen, -treten; vorspringen treiben, führen führen spazierenführen spazierengehen
–	**promenieren** l>(vulgl) >frz	spazierengehen, sich ergehen {12/61/85}	dto.	dto.
2852	**Promille** l;l	1. ein Teil von Tausend; Tausendstel {57}; 2. in Tausendstel gemessener Alkoholanteil im Blut {57/17/82/45}	**pro** + **mille**	vor, für, anstelle vgl. oben 2827 tausend
2853	**prominent**	1. hervorragend, bedeutend, maßgebend; 2. weithin bekannt, berühmt {33/56}	**prominens** (Gen. –ntis)	hervorragend, vorspringend

–	Prominente(r)			
–	**Prominenz**	1. (Gesamtheit) prominente(r) Persönlichkeiten {33/57}; 2. das Prominentsein {33}; 3. hervorragende Bedeutung {33/56}	**prominentia**, ae f	das Hervorragen, Vorspringen; Vorsprung
2854	**promiscue**	vermengt, durcheinander {56}	**promiscue** (Adv.)	ohne Unterschied, gemeinschaftlich
–	**Promiskuität** l>nlat	Geschlechtsverkehr mit verschiedenen, häufig wechselnden Partnern {18/33}	**promiscuus**, a, um	gemischt, gemeinsam, gemeinschaftlich
>>>	Prommi s. prominent, Prominenz			
2855	**Promoter** l>frz>engl	1. Veranstalter (z. B. von Box-, Theaterveranstaltungen {33/40/85}; 2. Vertriebskaufmann für Händlerberatung u. Verkäuferschulung {31/40/42}	**promotor**, oris m	Vermehrer
–	**Promotor**	1. Förderer, Manager {33/40/85}; 2. Professor, der die formelle Verleihung der Doktorwürde vornimmt (österr.) {31/33}	dto.	dto.
–	**Promotion** (l>engl)	1. (offizielle Feier bei der) Verleihung, Erlangung der Doktorwürde {33/31}; 2. Absatzförderung, Werbung {42/80}	**promotio**, onis f	Beförderung
–	**Promovend**	jmd., der kurz vor seiner Promotion steht (DDR) {31}	**promovere**	vorwärts bewegen, vorrücken, befördern
–	**promovieren**	1. eine Dissertation schreiben {31/40}; 2. die Doktorwürde erlangen o. verleihen {33/31}	dto.	dto.
2856	**prompt** l>frz	1. unverzüglich, unmittelbar erfolgend; umgehend {59}; 2. doch tatsächlich {52}; 3. bereit, verfüg-, lieferbar (kaufmannsspr. t. t.) {42}; 4. schlagfertig {22/25/32}	**promptus**, a, um frz. *prompt*	gleich zur Hand, bereit; entschlossen; offenbar bereit, geschwind
2857	**Pronomen**	Fürwort (sprachwiss. t. t.) {76}	**pronomen**, minis n	Vorname; Fürwort (gramm. t. t.)
–	**pronominal**	das Pronomen betreffend, fürwörtlich (sprachwiss. t. t.) {76}	**pronominalis**, e	zum Fürwort gehörig, pronominal
2858	**prononcieren** l>frz	offen erklären, aussprechen, bekanntgeben (veraltet) {32/33}	**pronuntiare**	laut rufen, berichten, verkündigen

–	**prononciert** l>frz	1. deutlich ausgesprochen, scharf betont {32}; 2. ausgeprägt {25/56}	dto.	dto.
2859	**Propaganda**	1. systematische Verbreitung politischer Meinungen mit dem Ziel der Beeinflussung {32/50/28}; 2. Werbung, Reklame (wirtsch. t. t.) {80/42}	**propagare**	erweitern, weiter ausbreiten; verlängern, ausdehnen
–	**Propagandist** l>nlat	1. jmd., der Propaganda treibt {32/28/50}; 2. Werbefachmann {40/42/80}	dto.	dto.
–	**propagandistisch** l>nlat	die Propaganda betreffend, auf ihr beruhend {32/28}	dto.	dto.
–	**Propagator**	jmd., der etw. propagiert, sich für etw. einsetzt {28/32/33}	**propagator**, oris m	Fortsetzer, Erweiterer, Verlängerer
–	**propagieren**	verbreiten, für etw. Propaganda treiben, werben {32/28/42/80}	**propagare**	s. oben
2860	**Propeller** l>engl	Antriebsschraube bei Schiffen o. Flugzeugen {45/87}	**propellere**	fort-, wegstoßen, in Bewegung setzen; forttreiben
2861	**proper** l>frz	1. sauber, ordentlich; 2. eigen, ansprechend {33/55}; 3. sorgfältig, solide gearbeitet {40/56}	**proprius**, a, um	eigen, eigentümlich, charakteristisch, wesentlich
2862	**Proponent**	Antragsteller {27/32/49}	**proponere**	(öffentlich) aufstellen, vortragen, vorschlagen
–	**proponieren**	vorschlagen, beantragen {32/27}	dto.	dto.
2863	**Proportion**	1. Größenverhältnis; rechtes Maß; Eben-, Gleichmaß {56}; 2. Takt- und Zeitmaßbestimmung der Mensuralmusik (mus. t. t.) {37/59}; 3. Verhältnisgleichung (math. t. t.) {71}	**proportio**, onis f	Proportion, Ebenmaß; ähnliches Verhältnis
–	**proportional**	verhältnisgleich; angemessen, entsprechend {56/71}	**proportionalis**, e	zur Proportion gehörig, verhältnismäßig
–	**Proportionale**	Glied einer Verhältnisgleichung (math. t. t.) {71}	dto.	dto.
–	**Proportionalität**	Verhältnismäßigkeit, richtiges Verhältnis {71/56}	**proportionalitas**, atis f	Verhältnismäßigkeit, Ebenmaß
–	**proportioniert** l>mlat	in einem bestimmten Maßverhältnis stehend; ebenmäßig, wohlgebaut {53/56}	**proportionatus**, a, um	nach dem Ebenmaß eingerichtet
–	**Proporz**	1. Sitzverteilung nach dem Verhältnis der abgegebenen Stimmen; 2. Verhältniswahlsystem (österr., schweiz.) {50/56}	**proportio**	s. oben

2864	**Proposition**	1. Vorschlag, Antrag (veraltet) {32/27}; 2. Ankündigung des Themas (rhet., stilk. t. t.); 3. Satz als Informationseinheit (sprachwiss. t. t.) {76}; 4. Ausschreibung bei Pferderennen {85}	**propositio**, onis f	Vorstellung, Hauptsatz, Thema; Bekanntmachung
–	**propositional** l>(nlat)	den Satz als Informationseinheit betreffend (sprachwiss. t. t.) {76}	dto.	dto.
–	**Propositum**	Äußerung, Rede (veraltet) {32}	**propositum**, ti n	Vorsatz, Vorhaben; Thema
2865	**Proprätor**	Statthalter einer Provinz im Römischen Reich, gewesener Prätor (hist. t. t.) {75/50}	**propraetor**, oris m	Proprätor
2866	**Propst** l>spätl	Kloster-, Stiftsvorsteher; Superintendent {33/40/51}	**praepositus**, ti m spätl. **propos(i)tus**	Vorgesetzter, Vorsteher
2867	**Prorektor** (l;l)>nlat	Vorgänger und Stellvertreter des amtierenden Rektors an Hochschulen {31/40}	**pro** + **rector**, oris m	s. oben 2827 Lenker, Leiter, Führer
–	Prorektorat			
2868	**Prorogation**	1. Aufschub, Vertagung {59}; 2. Anerkennung eines an sich nicht zuständigen Gerichts (jur. t. t.) {82}	**prorogatio**, onis f	Verlängerung
–	**prorogativ**	aufschiebend, vertagend {59}	**prorogativus**, a, um	aufgeschoben werden
–	**prorogieren**	1. aufschieben, vertagen {59}; 2. eine Prorogation (2.) vereinbaren (jur. t. t.) {82}	**prorogare**	verschieben, verlängern; vorschießen
2869	**Prosa**	1. Rede, Schrift in ungebundener Form {32/34}; 2. nüchterne Sachlichkeit {25/32/84}; 3. geistliches Lied des frühen Mittelalters {37/51/75}	**prorsus**, a, um bzw. **prosus**, a, um	geradeaus gerichtet, ungebunden prosaisch
–	**Prosaiker**	1. Prosa schreibender Schriftsteller {40/34}; 2. Mensch von nüchterner Geistesart {25/84}	**prosaicus**, a, um	prosaisch
–	**prosaisch**	1. in Prosa (1.) abgefaßt {32/34}; 2. sachlich-nüchtern, ohne Phantasie, trocken{25/84}	dto.	dto.
–	Prosaist			
–	**prosaistisch**	frei von romantischen Gefühlswerten, sachlich-nüchtern berichtend {25/32}	dto.	dto.
2870	**Prosektur** l>nlat	pathologische -, Sektionsabteilung eines Krankenhauses (med. t. t.) {58/70}	**prosecare**	vorn ab-, be-, zurechtschneiden

2871	**Prosekution**	gerichtliche Verfolgung, Belangung (jur. t. t.) {82}	**prosecutio**, onis f	Begleitung, ehrender Nachruf
2872	**Proseminar** l;l	einführende Übung (für Studienanfänger) an der Hochschule {31}	**pro** + **seminarium**, ii n	s. oben 2827 Baum-, Pflanzschule
2873	**prosit** o. **prost**	wohl bekomm's! zum Wohl! (Trinkspruch) {17/27/33}	**prodesse** **prosit**	nützen, nützlich sein, helfen es möge nutzen, bekommen
-	**Prosit**	Zutrunk {27/33/17}	dto.	dto.
-	zuprosten			
2874	**proskribieren**	ächten, verbannen {82/33}	**proscribere**	öffentlich bekanntmachen; ächten; konfiszieren
—	**Proskription**	1. Ächtung (politischer Gegner) {82/33}; 2. öffentliche Bekanntmachung der Namen der Geächteten im alten Rom (hist. t. t.) {75/32}	**proscriptio**, onis f	öffentlicher Anschlag; Ächtung
2875	**Prospekt**	1. mit Bildern ausgestattete Werbeschrift {32/42}; 2. Preisliste {42}; 3. Vorderansicht des Pfeifengehäuses der Orgel {37/53}; 4. gemalter Bühnenhintergrund, -himmel (im Theater) {35/36/74}; 5. perspektivisch übertriebene Ansicht einer Landschaft beim Kupferstich (künstl. t. t.) {36}; 6. große, langgestreckte Straße in der Sowjetunion {45}; 7. Darlegung der Unternehmenslage bei geplanter Inanspruchnahme des Kapitalmarktes (wirtsch. t. t.) {32/80}	**prospectus**, us m	Hinblick; Aussicht; Anblick aus der Ferne
-	**prospektieren**	Minerallagerstätten ausfindig machen, untersuchen (geol. t. t.) {62/40}	**prospectare**	aus der Ferne hinschauen, sich umschauen; erwarten
-	**Prospektierung** l>nlat	1. Erkundung nutzbarer Bodenschätze {62}; 2. Drucksachenwerbung mit Prospekten {42/32}; 3. Lageberichtsbekanntgabe eines Unternehmens vor einer Wertpapieremission (wirtsch. t. t.) {32/80}	dto.	dto.
-	**Prospektion**	1. das Prospektieren {40/62}; 2. Drucksachenwerbung mit Prospekten {32/80}	**prospectio**, onis f	Vorsorge

–	**prospektiv**	1. der Aussicht, Möglichkeit nach; vorausschauend; 2. die Weiterentwicklung betreffend {25/59}	**prospectivus**, a, um	zur Aussicht gehörig
–	**Prospektor** l>engl	Gold-, Erzschürfer (bergmannsspr. t. t.) {40/41/62}	**prospector**, oris m	Vorherseher, Vorsorger
2876	**prosperieren** l>frz	gedeihen, vorankommen, gutgehen {33/80}	**prosperare**	einer Sache Erfolg verschaffen; gewähren, beglükken
–	**Prosperität** l>frz	Wohlstand, Periode allgemeinen wirtschaftlichen Aufschwungs {56/59/80}	**prosperitas**, atis f	erwünschte Beschaffenheit, glücklicher Zustand, Gedeihen
>>>	prost s. prosit			
2877	**Prosternation** l>mlat	Fußfall vor einem Herrscher o. religiösen Gegenstand (= Proskynese) {12/47/51/61}	**prosternere**	vor-, hinstrecken; niederstrecken, -werfen
–	**prosternieren**	sich (zum Kniefall) niederwerfen {12/47/51/61}	dto.	dto.
2878	**prostituieren** l>(frz)	1. jmdn. herabwürdigen, öffentlich preisgeben, bloßstellen {32/25/33}; 2. sich -: Prostitution (2.) treiben {18/33}	**prostituere**	öffentlich zur Unzucht preisgeben, prostituieren; vorn hinstellen
–	**Prostituierte** l>(frz)	Frau, die sich gewerbsmäßig zum Geschlechtsverkehr anbietet; Dirne {33/40/18}	dto.	dto.
–	**Prostitution** l>frz	1. gewerbsmäßige Ausübung sexueller Handlungen {33/18/40}; 2. Herabwürdigung, öffentliche Preisgabe, Bloßstellung {25/32/33}	**prostitutio**, onis f	Preisgebung zur Unzucht; Entehrung, Beschimpfung
–	**prostitutiv** l>frz	die Prostitution betreffend {33/18/40}	**prostitutus**, a, um	öffentlich preisgegeben
2879	**Protegé** l>frz	jmd., der protegiert wird; Günstling, Schützling {33}	**protegere** frz. *protegé*	vorn bedecken, beschützen; verbergen
–	**protegieren** l>frz	begünstigen, fördern, bevorzugen {33}	dto.	dto.
–	**Protektion** l>frz	Gönnerschaft, Förderung, Begünstigung, Bevorzugung {33}	**protectio**, onis f	Bedeckung; Beschützung, Verteidigung
–	**Protektionismus** l>frz>nlat	Schutz einheimischer Produkte gegen ausländische Konkurrenz durch handelspolitische Maßnahmen (wirtsch. t. t.) {80/50}	dto.	dto.
–	Protektionist, protektionistisch			

–	**Protektor**	1. Beschützer, Förderer; 2. Schutz-, Schirmherr; Ehrenvorsitzender {33}; 3. mit Profil versehene Lauffläche des Autoreifens {45}	**protector**, oris m	Bedecker, Beschützer; Leibwächter
–	**Protektorat** l>nlat	1. Schirmherrschaft {33}; 2. Schutzherrschaft eines Staates über ein fremdes Gebiet; unter Schirmherrschaft stehendes Gebiet {50/86}	dto.	dto.
2880	**Protest** l>it	1. spontane, temperamentvolle Mißfallensbekundung {28/32}; 2. amtliche Beurkundung über die Annahmeverweigerung bei Wechseln (jur. t. t.) {80/82}; 3. Rechtsmittel des Staatsanwalts gegen ein erstinstanzliches Urteil (jur. t. t.) {82}	**protestari** (PPA. **protestans**) it. *protestari* *protesto*	öffentlich bezeugen, - beweisen, - aussagen
–	**Protestant**	1. Angehöriger einer protestantischen Kirche {51}; 2. jmd., der gegen etw. protestiert (1.) {28/32}	dto.	dto.
–	**protestantisch**	zum Protestantismus gehörend, ihn vertretend; evangelisch {51}	dto.	dto.
–	**protestantisieren**	protestantisch machen, für die protestantische Kirche gewinnen (veraltet) {51}	dto.	dto.
–	Protestantismus			
–	**Protestation**	Mißfallensbekundung, Protest {28/32}	**protestatio**, onis f	das Bezeugen, Dartun
–	**protestieren** l>frz	1. Protest (1.) einlegen; 2. etw. als unzutreffend zurückweisen; widersprechen {32/28}; 3. die Annahme, Zahlung eines Wechsels verweigern (jur. t. t.) {82/80}	**protestari**	s. oben
>>>	Protestnote s. Note (5.)			
2881	**Protuberanz** l>nlat	1. Vorsprung (an Organen, Knochen etc. - med. t. t.) {53/70}; 2. aus dem Sonneninnern aufschießende glühende Gasmasse (astron. t. t.) {66}	**protuberare** (PPA. **protuberans**)	hervorschwellen, als Auswuchs hervortreten
2882	**Protze** l>spätl>it	zweirädriger Vorderwagen zweiteiliger militärischer Fahrzeuge (z. B. Geschütze, Minenwerfer) (veraltet - mil. t. t.) {86}	**birotus**, a, um spätl. **birotium** it. *biroccio*	zweirädrig Zweiradkarren
–	(ab)protzen			

2883	**Provenienz** l>nlat	Herkunft, Ursprung {33/42/ 56}	**provenire** (PPA. **proveniens**)	hervorkommen, entstehen, erzeugt werden
2884	**Prover-b(ium)**	Sprichwort {76/34}	**proverbium**, ii n	Sprichwort
–	**proverbia-l(isch)** o. **proverbiell** l>frz	sprichwörtlich {76/34}	**proverbialis**, e	sprichwörtlich
2885	**Proviant** l>vulgl >afrz>it	Verpflegung auf einer Wanderung, Expedition; Wegzehrung, Ration {17}	**praebere** **praebenda** vulgl. probenda* afrz. *provende* it. *provianda*	darreichen, gewähren von Staats wegen zukommendes Nahrungsgeld; Zehrgeld Mundvorrat
–	**proviantieren** l>vulgl>it >(frz)	mit Proviant versorgen {17}	dto.	dto.
2886	**Provinz**	1. eine Verwaltungseinheit bildendes größeres Gebiet {48}; 2. hinsichtlich des Kultur- und Vergnügungsangebots rückständiges Gebiet (abwertend) {33/56/58/85}	**provincia**, ae f	Aufgabe, Amts-, Geschäftsbereich; Provinz
–	**Provinzial** l>mlat	Vorsteher einer Ordensprovinz (rel. t. t.) {33/51}	**provincialis**, e	zur Provinz gehörig, sie betreffend, provinzialisch
–	**Provinziale**	Provinzbewohner {64/58/33}	**provincialis**, is m	einer aus der Provinz; Magistratsperson in der Provinz; Provinzbewohner
–	**Provinzialität** l>mlat	1. zur Provinz gehörende Eigenschaften {25/33}; 2. gesellschaftliche, kulturelle Rückständigkeit {33/85}	**provincialis**, e	s. oben
–	**Provinzialismus** l>mlat	1. in der Hochsprache auftretende, landschaftlich gebundene Spracheigentümlichkeit (sprachwiss. t. t.) {76/32}; 2. kleinbürgerliche, spießige Einstellung; Engstirnigkeit {25/28/33}; 3. Lokalpatriotismus (österr.) {25}	dto.	dto.

–	**Provinzialist** (o. **Provinzonkel**) l>mlat	jmd., der eine kleinbürgerliche Denkungsart besitzt {25/33}	dto.	dto.
–	**provinziell** l>frz	1. zur Provinz (2.) gehörend; ihr entsprechend; für das Leben in ihr charakteristisch (abwertend) {56/58/33}; 2. von geringem geistigen, kulturellen Niveau zeugend, engstirnig {25/28/33}; 3. landschaftlich, mundartlich {32}	dto.	dto.
–	**Provinzler** l;d	Provinzbewohner, (kulturell) rückständiger Mensch (abwertend) {64/56/33}	dto.	dto.
–	**provinzlerisch** l;d	1. wie ein Provinzler (abwertend) {33/56}; 2. ländlich {58/64}	dto.	dto.
2887	**Provision** l>it	1. Umsatzbeteiligung; Vermittlungsgebühr {42/80}; 2. rechtmäßige Verleihung eines Kirchenamtes (kath. rel. t. t.) {51}	**provisio**, onis f it. *provvisione*	Vorsorge, Vorkehrung, Fürsorge Vorrat, Erwerb, Vergütung; Vermittlungsgebühr
–	**Provisor**	1. Verwalter, Verweser (veraltet) {50/33}; 2. Geistlicher, der vertretungsweise eine Pfarrei betreut (österr.) {51}; 3. approbierter, in einer Apotheke angestellter Apotheker (veraltet) {40/70}	**provisor**, oris m	Voraussehr, Vorsorger; Verwalter
–	**provisorisch** l>mlat >(frz)	nur als Notbehelf, zur Überbrückung dienend; vorläufig, behelfsmäßig {56/59}	**providere** (PPP. **provisus**) mlat. provisorius frz. *provisoire*	vorsorgen, Vorkehrungen treffen; vorhersehen päpstlich verliehen
–	**Provisorium** l>mlat	1. Übergangslösung {56/59}, 2. Aushilfsausgabe (Briefmarke mit Aufdruck - philat. t. t.) {59/46}	dto.	dto.
2888	**provokant**	herausfordernd, aufreizend {26/28}	**provocare**	aufrufen; reizen; herausfordern, wetteifern
–	**Provokant**	Herausforderer, Kläger (veraltet - polit., jur. t. t.) {81/82}	dto.	dto.
–	**Provokateur** l>frz	jmd., der andere aufwiegelt, zu etw. provoziert {26/28}	**provocator**, oris m frz. *provocateur*	Herausforderer

–	**Provokation**	1. Herausforderung, Aufreizung {26/28}; 2. künstliche Hervorrufung von Krankheitserscheinungen (med. t. t.) {70}	**provocatio**, onis f	Herausforderung; Berufung (jur. t. t.)
–	**provokativ** l>nlat	herausfordernd, eine Provokation (1.) enthaltend {26/28}	**provocativus**, a, um	hervorlockend, abführend
–	**provokatorisch**	herausfordernd, eine Provokation (1.) bezweckend {26/28}	**provocatorius**, a, um	zur Herausforderung gehörig; abführend
–	**provozieren**	1. herausfordern, aufreizen {26/28}; 2. künstlich hervorrufen (z. B. Krankheiten - med. t. t.) {70}	**provocare**	s. oben
>>>	Prozedere s. Procedere			
2889	**prozedieren**	zu Werke gehen, verfahren {29/40}	**procedere**	vorrücken, -gehen; Fortschritte machen
–	**Prozedur** l>nlat>(frz)	Verfahren, (schwierige, unangenehme) Behandlungsweise {29/40}	dto. (frz. *procédure)*	dto.
–	**prozedural** l>nlat	verfahrensmäßig, den äußeren Ablauf einer Sache betreffend {29/40/59}	dto.	dto.
2890	**Prozent** (l;l)>it	1. vom Hundert, Hundertstel {57/71}; 2. in Prozenten berechneter Gewinnanteil {57/42}	**pro** + **centum**, ti n	s. oben 2827 hundert
–	prozentig			
–	**prozentual**, **prozentuell** o. **prozentisch** (l;l)>it>nlat	im Verhältnis zum Hundert, in Prozenten ausgedrückt {57/71}	dto.	dto.
–	prozentualiter			
–	**prozentuieren** (l;l)>it>nlat	in Prozenten berechnen, ausdrücken {57/71}	dto.	dto.
2891	**Prozeß** l>mlat	1. Verlauf, Hergang, Entwicklung {59/52}; 2. Gerichtsverhandlung, systematische gerichtliche Durchführung von Rechtsstreitigkeiten {82}	**processus**, us m mlat. processus	das Fortschreiten, Vorrücken; (guter) Fortgang, Verlauf Rechtsstreit, Handlungsweise
–	**prozessieren** l>nlat	einen Prozeß (2.) vor Gericht durchführen {82}	dto.	dto.

–	**Prozession**	feierlicher (kirchlicher) Umzug, Bitt- o. Dankgang (kath. u. orth. Kirche) {27/51/61}	**processio**, onis f	Vor-, Ausrücken; Aufzug; Prozession (rel. t. t.)
–	**Prozessor** l>(nlat)	aus Leit- und Rechenwerk bestehende Funktionseinheit in digitalen Rechenanlagen (EDV- t. t.) {41/71/72/87}	**procedere** (PPP. **processus**)	s. oben 2889
–	**prozessual** l>nlat	den Prozeß (2.) betreffend, gemäß den Grundsätzen des Verfahrensrechts (jur. t. t.) {82}	**processus**	s. oben
–	**Prozessualist** l>nlat	Wissenschaftler auf dem Gebiet des Verfahrensrechts (jur. t. t.) {82}	dto.	dto.
2892	**prüde** l>spätl >afrz>frz	1. in bezug auf Sexuelles gehemmt, unfrei {18/26}; 2. sehr empfindlich, engherzig hinsichtlich Sitte und Moral; zimperlich, spröde {26/30/84}	**prodesse** spätl. prode afrz. *prud'homme* *prode femme* frz. *preux* *prude*	nützen, nützlich sein Nutzen, Vorteil; wacker Ehrenmann ehrbare Frau tüchtig, tapfer zimperlich, gehemmt
–	**Prüderie** l>spätl> afrz>frz	prüde (Wesens)art, prüdes Verhalten; Zimperlichkeit, Geziertheit {26/30/84}	dto. frz. *pruderie*	dto.
2893a	**prüfen** l>vulgl >engl	erwägen; erkennen; berechnen; erproben {25/40/56}	**probare** vulgl. provare afrz. *prover* frz. *prouver*	erproben, billigen, prüfen, für gut befinden be-, erweisen, dartun
–	Prüfer, Prüfling			
–	**Prüfstein** l>vulgl >frz;d	Maßstab, Kriterium {25/56}	dto.	dto.
–	**Prüfung** l>vulgl>frz	1. Untersuchung {25/40}; 2. Bewährung, Erprobung {25/40/56}; 3. Examen {31/40}	dto.	dto.
>>>	Psycho... s. unter dem Rest des Wortes			
2893b	**Pub** l>engl	1. Kneipe, Wirtshaus {17/33/58}; 2. öffentliches Haus {33/49/58}	**publicus**, a, um	staatlich, allgemein; öffentlich, zum Volk gehörig
2894	**puberal** o. **pubertär** l>nlat	mit der Geschlechtsreife zusammenhängend (med. t. t.) {15/18/70}	**pubes** (Gen. –eris)	männlich, erwachsen
–	**Pubertät**	Zeit der eintretenden Geschlechtsreife (med. t. t.) {15/18/59/70}	**pubertas**, atis f	Geschlechtsreife, Zeugungskraft

–	**pubertieren** l>nlat	in die Pubertät eintreten, sich in ihr befinden (med. t. t.) {15/18/59/70}	dto.	dto.
2895	**publice**	öffentlich {33}	**publicus** (Adv. **publice**)	s. oben 2893b
–	**Publicity** l>frz>engl	1. öffentliches Bekanntsein o. -werden {33}; 2. Reklame, Propaganda; öffentliche Verbreitung {32/33}	**publicitus**, a, um frz. *publicité* engl. *publicity*	von Staats wegen, öffentlich; vor aller Welt
–	**publik** l>frz	öffentlich, offenkundig; allgemein bekannt {33}	**publicus**	s. oben
–	**Publikation** l>frz	1. im Druck erschienenes, literarisches o. wissenschaftliches Werk; 2. Veröffentlichung, Publizierung {32/34/40}	**publicatio**, onis f	Konfiskation; Veröffentlichung; Beichte
–	**Publikum** l>mlat >(frz) >(engl)	1. Zuhörer-, Leser-, Besucherschaft; 2. Öffentlichkeit, Allgemeinheit; 3. unentgeltliche öffentliche Vorlesung (veraltet) {32/33}	**publicus** mlat. publicum (sc. vulgus)	s. oben das gemeine Volk, Öffentlichkeit
–	**publizieren**	1. ein literarisches o. wissenschaftliches Werk veröffentlichen; Forschungsergebnisse bekannt machen; 2. publik machen {32/33/34/40}	**publicare**	einziehen, konfiszieren; öffentlich zeigen, bekanntmachen
–	Publizierung			
–	**Publizist** l>nlat	1. (politischer) Tagesschriftsteller; 2. Journalist (im Bereich des aktuellen politischen Geschehens) {32/40}	**publicus**	s. oben
–	**Publizistik** l>nlat	1. Tätigkeitsbereich von Presse, Film, Rundfunk o. Fernsehen; 2. Zeitungswissenschaft {32/40}	dto.	dto.
–	**publizistisch** l>nlat	den Publizisten, die Publizistik betreffend {32/40}	dto.	dto.
–	**Publizität** l>(frz)	das Bekannt-, Publiksein; Öffentlichkeit; öffentliche Darlegung {32/33}	dto. bzw. **publicitus** frz. *publicité*	dto. s. oben
2896	**Puder** l>frz	feines Pulver für Heil- und kosmetische Zwecke {21/70}	**pulvis**, veris n frz. *poudre*	Staub; (Töpfer)erde Staub; Pulver; Puder
–	pudern, Puderzucker			

2897	**pueril**	kindlich, im Kindesalter vorkommend (med. t. t.) {15/59/70}	**puerilis**, e	kind-, jugendlich; kindisch
–	**Puerilismus** l>nlat	das Kindischsein, kindisches Wesen (med., psych. t. t.) {25/70}	dto.	dto.
–	**Puerilität**	kindliches o. kindisches Wesen (med., psych. t. t.) {25/70}	**puerilitas**, atis f	Knabenalter; kindisches Wesen, Benehmen
2898	**Pulle**	1. Flasche (ugs.) {44}; 2. Kraft, Energie (z. B. volle - spielen) (ugs.) {25/33}	**ampulla**, ae f	kleine Flasche, Ölgefäß; Redeschwulst
2899	**Pulpa**	weiße, gefäßreiche Gewebemasse im Zahn und in der Milz (med. t. t.) {70}	**pulpa**, ae f	Fleisch, Muskelfleisch
2900	**Puls** l>mlat	1. das Anschlagen der Blutwelle an den Gefäßwänden {70/23}; 2. Schlagader (Pulsader) am Handgelenk {70/11}; 3. gleichmäßige Folge gleichartiger Impulse {59}	**pulsus**, us m mlat. pulsus (sc. venarum)	Stoß, Schlag; Pulsschlag
–	**Pulsar**	kosmische Strahlungsquelle mit Radioimpulsen von höchster periodischer Konstanz (astron. t. t.) {66}	**pulsare**	stoßen, stampfen, klopfen, schlagen
–	**Pulsation**	1. rhythmische Zu- und Abnahme des Gefäßvolumens, Pulsschlag (med. t. t.) {70/58}; 2. Veränderung eines Sterndurchmessers (astron. t. t.) {66/53}	**pulsatio**, onis f	das Stoßen, Schlagen, Knuffen
–	**pulsieren**	1. rhythmisch an- und abschwellen; schlagen, klopfen {59/23}; 2. sich lebhaft regen, fließen, strömen; in geschäftiger Bewegung sein {61}	**pulsare**	s. oben
–	**Pulsion**	Stoß, Schlag {23/61}	**pulsio**, onis f	das Fortstoßen; Abwehr
2901	**Pult**	(Tisch)aufsatz, Gestell mit schräger Fläche zum Schreiben, Auflegen von Notenblättern o. ä. {37/40/44/58}	**pulpitum**, ti n	Brettergerüst (als Redner-, Schauspiel-, Zuschauertribüne)
2902	**Pulver** l>mlat	1. fester Stoff in sehr feiner Zerteilung {54}; 2. Schießpulver {86}; 3. Geld (ugs.) {42/43}	**pulvis**, eris n mlat. pulver	Staub; (Töpfer)erde
–	pulvrig, pulvern, verpulvern			
–	**Pulverisator** l>nlat	Maschine zur Pulverherstellung durch Stampfen o. Mahlen {41/40}	**pulverizatus**, a, um	pulverisiert
–	**pulverisieren** l>nlat	feste Stoffe zu Pulver (1.) zerreiben, zerstäuben {29/40/41/54}	dto.	dto.

2903	**Punkt** l>(spätl)	1. geometrisches Gebilde ohne Ausdehnung; durch Koordinaten festgelegte Stelle im Raum (math. t. t.) {71}; 2. Satzschlußzeichen; Zeichen hinter der Abkürzung; Morsezeichen {32/46}; 3. sehr kleiner Fleck {58/55}; 4. typographischer Punkt (druckw. t. t.) {32/40}; 5. bestimmte Stelle, bestimmter Ort {58}; 6. Stelle, Abschnitt aus einem zusammenhängendem Ganzen {57/56}; 7. Thema, Verhandlungsgegenstand innerhalb eines größeren Themenkomplexes {32/57}; 8. Zeitpunkt, Augenblick {59}; 9. Wertungseinheit für bestimmte Leistungen (z. B. im Sport) {56/85}	**punctum**, ti n spätl. **punctus**, ti m	Stich; kleines Loch; Punkt, Tüpfel; Augenblick Punkt (als arithm. t. t.)
–	**Punktation** l>nlat	1. nicht bindender Vorvertrag (jur. t. t.) {82}; 2. (vorläufige) Festlegung der Hauptpunkte eines künftigen Staatsvertrages {59/82/50}; 3. Kennzeichnung der Vokale im Hebräischen (sprachwiss. t. t.) {76}	dto.	dto.
–	**punktieren** l>mlat	1. mit Punkten versehen, tüpfeln {55}; 2. eine Note um die Hälfte ihres Wertes verlängern (mus. t. t.); 3. Töne einer Gesangspartie um eine Oktave oder Terz versetzen (mus. t. t.) {37}; 4. eine Punktion durchführen (med. t. t.) {70}	**pungere** mlat. punctare	stechen; verletzen, beunruhigen; eindringen Einstiche, Punkte machen
–	**Punktion** o. **Punktur**	Entnahme von Flüssigkeiten aus Körperhöhlen durch Einstich mit Hohlnadeln (med. t. t.) {70}	**punctio**, onis f bzw. **punctura**, ae f	das Stechen; Stich dto.
–	**Punktualität** l>nlat	Genauigkeit, Strenge {25/31}	**punctum**	s. obne
–	**punktuell** l>nlat	einen o. mehrere Punkte betreffend, Punkt für Punkt, punktweise {57}	dto.	dto.
–	**Punktum**	basta!, genug damit!, Schluß {28/32/59}	dto.	dto.
–	**pünktlich**	auf den verabredeten Zeitpunkt genau {59}	dto.	dto.

2904	**pupillar**	1. die Pupille (1.) betreffend, zu ihr gehörend (med. t. t.) {11/70}; 2. (= pupillarisch) das Mündel betreffend (veraltet - jur. t. t.) {82/33}	1.: **pupilla**, ae f 2.: **pupillaris**, e	Pupille, Augapfel; Waise, Mündel zu den Waisen gehörig, unmündig
–	**Pupille**	1. Sehloch in der Regenbogenhaut des Auges {11/70}; 2. Mündel, Pflegebefohlene (veraltet - jur. t. t.) {82/33}	**pupilla**	s. oben
2905	**Puppe**	1. Kinderspielzeug {31/33/44/85}; 2. kleines Mädchen; Kosewort für junge Frauen {33/32}; 3. die von der Larve zum vollausgebildeten Insekt überleitende Entwicklungsstufe (biol. t. t.) {69}	**pup(p)a**, ae f	(junges) Mädchen; Backfisch; Puppe (Spielzeug)
–	Püppchen, ver-, entpuppen			
–	**Puppet** l>afrz>engl	1. engl. Bezeichnung für: Drahtpuppe, Marionette {33/35}; 2. willenloses Werkzeug {28/33}	dto. afrz. *poupette*	dto.
2906	**pur**	1. rein, unverfälscht; unvermischt {54/56}; 2. nur, bloß, nichts als; glatt {57}	**purus**, a, um	rein, lauter, sauber, klar; heiter
–	**Püree** l>frz	breiförmige Speise, Brei (z. B. aus Kartoffeln) {17}	**purare** afrz. *purer* frz. *purée*	reinigen reinigen; sieben; durchpassieren Brei aus Hülsenfrüchten; breiförmige Speise
2907a	**purgieren**	1. reinigen, läutern (rel. t. t.) {51}; 2. abführen, ein Abführmittel anwenden (med. t. t.) {70}	**purgare**	reinigen; abführen; entschuldigen, rechtfertigen
2907b	**pürieren** l>frz	zu Püree machen, eine Püree herstellen (gastron. t. t.) {17}	**purare**	s. oben 2906
2908	**purifizieren**	reinigen, läutern (kath. rel. t. t.) {51}	**purificare**	reinigen, entsühnen
2909	**Purismus** l>nlat	1. übertriebenes Streben nach Sprachreinheit, Kampf gegen Fremdwörter {32/25/28}; 2. bestimmte Auffassung in der Denkmalpflege {25/88}; 3. Kunstrichtung des 20. Jh.s {36}	**purus**, a, um	s. oben 2906
–	Purist, puristisch			

–	**Puritaner** l>(afrz) >engl	1. Anhänger einer streng kalvinistischen Richtung (im England des 16. u. 17. Jh.s - hist. t. t.) {75/51}; 2. sittenstrenger Mensch {30/33/84}	**puritas**, atis f afrz. *purté* engl. *purity* *puritan*	(moralische, sprachliche) Reinheit; Unschuld auf Reinheit Bedachter; Reiniger
–	Puritanismus			
–	**puritanisch** l>(afrz) >engl	1. den Puritanismus, die Puritaner (1.) betreffend {51/75}; 2. sittenstreng {30/33/84}; 3. bewußt einfach, spartanisch (z. B. in der Lebensführung) {25/26/33}	dto.	dto.
2910	**Purpur** (gr)>l	1. hochroter Farbstoff {36/55}; 2. purpurfarbenes, prächtiges, von Herrschern getragenes Gewand (bei offiziellen Anlässen) {19/50/75}	**purpura**, ae f gr. *πορφύρα*	Purpurschnecke; -farbe, Purpur; Purpurstoff
–	**purpurn** (gr)>l	purpurfarben {55}	dto.	dto.
2911	**pushen** l>frz>engl	1. durch forcierte Werbung die Aufmerksamkeit des Käufers auf etw. lenken {25/28/42}; 2. mit Rauschgift handeln (Jargon) {42/82}	**pulsare** frz. *pousser* engl. *to push*	s. oben 2900
2912	**Pustel**	Eiterbläschen in der Haut, Pickel (med. t. t.) {11/70}	**pustula**, ae f	Blase, Bläschen; Pustel (med. t. t.)
2913	**putativ**	auf einem Rechtsirrtum beruhend, vermeintlich (jur. t. t.) {82}	**putativus**, a, um	vermeintlich, scheinbar
2914	**Putrefaktion** o. **Putreszenz** (l>nlat)	1. Verwesung, Fäulnis (biol., med. t. t.) {68/69/70}; 2. faulige Nekrose (med. t. t.) {70}	**putrefactio**, onis f bzw. **putrescere** (PPA. **putrescens**)	(das Übergehen in) Fäulnis in Fäulnis, Verwesung übergehen
2915	**Putte** l>it	Figur eines kleinen nackten Knaben mit Flügeln; Kinderengel (in der Barockkunst) {36}	**putus**, ti m (o. **pusus**, si m) it. *putto*	Knabe Knäblein

Q

2916	**qua**	1. mittels, durch, auf dem Weg über {58/56}; 2. gemäß, entsprechend; 3. (in der Eigenschaft) als {33/56}	**qua** (Adv.)	auf der Seite, wo; da, wo; insoweit, wie; auf welche Art, wie
2917	**Quader** l>mlat	1. rechteckiger Körper (math. t. t.) {71/58}; 2. (behauener) massiver rechteckiger Steinblock {02/40/58}	**quadrus**, a, um mlat. quadrus (sc. lapis)	viereckig viereckiger Stein
2918	**Quadrant**	1. Viertelkreis; Viertelebene im Koordinatensystem (math. t. t.) {71}; 2. ein Viertel des Äquators, eines Meridians (geogr. t. t.) {64}; 3. Instrument zur Messung der Durchgangshöhe der Sterne (astron., hist. t. t.) {66/75}; 4. Instrument zum Einstellen der Höhenrichtung eines Geschützes (mil., hist. t. t.) {75/50}	**quadrans**, ntis m	der vierte Teil, Viertel
–	**Quadrat**	1. Viereck mit vier gleichen Seiten und vier rechten Winkeln (math. t. t.); 2. zweite Potenz einer Zahl (math. t. t.) {71}; 3. rechteckiges, nicht druckendes Stück Blei (druckw. t. t.) {40/32}; 4. 90 ° Winkelabstand zwischen Planeten (astrol. t. t.) {51/66}	**quadratum**, ti n (o. **quadratus**, ti m)	Viereck, Quadrat
–	**Quadrat...**	Fläche in der jeweiligen Maßeinheit (z. B. Quadratmeter) {57/71}	dto.	dto.
–	**quadratisch**	1. in der Form eines Quadrats {58/71}; 2. in die zweite Potenz erhoben (math. t. t.) {71}	**quadratus**, a, um	viereckig; wohlgebaut, -gefügt

–	**Quadratur**	1. Umwandlung einer ebenen Fläche in ein Quadrat gleichen Flächeninhalts durch geometrische Konstruktion (math. t. t.); 2. Inhaltsberechnung einer beliebigen Fläche durch Integralrechnung (math. t. t.) {71}; 3. zur Verbindungsachse Erde-Sonne rechtwinklige Planetenstellung (astron. t. t.) {66}; 4. architektonische Konstruktionsform {88}	**quadratura**, ae f	Verwandlung in ein Viereck
–	**Quadratwurzel** l;d	zweite Wurzel einer Zahl o. mathematischen Größe (math. t. t.) {71}	**quadratum**	s. oben
–	**Quadratzahl** l;d	Ergebnis der zweiten Potenz einer Zahl (math. t. t.) {71}	dto.	dto.
2919	**Quadriennale** l>it	alle vier Jahre stattfindende Ausstellung o. repräsentative Vorführung {33/59/85}	**quadriennium**, ii n	eine Zeit von vier Jahren
2920	**quadrieren**	eine Zahl mit sich selbst multiplizieren (math. t. t.) {71}	**quadrare**	viereckig machen, - sein; zutreffen, passen
–	**Quadrierung**	Nachahmung von Quadersteinen durch Aufmalung von Scheinfugen auf den Putz {40/88}	dto.	dto.
2921	**Quadriga**	von einem offenen Streitwagen aus gelenktes Viergespann (oft als Siegesdenkmal) {45/24/36}	**quadriga**, ae f	Viergespann
2922	**Quadrille** l>span>frz	von vier Personen im Karree aufgeführter Tanz {37/57}	**quadrus** span. *cuadro* *cuadrilla* frz. *quadrille*	s. oben 2917 Viereck, Karree Gruppe von vier Reitern
2923	**Quadrillion** (l;l)>frz	vierte Potenz einer Million, 10^{24} {57}	**quadrus**, a, um o. **quadruplex**, licis + **mille** frz. *million*	vierfach tausend vgl. oben 2193, 2237
–	**Quadrilliarde** l>frz	1000 Quadrillionen = 10^{27} {57}	dto. frz. *milliard*	dto.
2924	**Quadrivium**	Arithmetik, Geometrie, Astronomie, Musik im mittelalterlichen Universitätsunterricht (hist. t. t.) {31/75}	**quadrivium**, ii n	Kreuzweg; die vier höheren Wissenschaften

2925	**Quadro**	(mit) Vierradantrieb (beim Kfz) {45/61}	**quadrus**	s. oben 2917
2926	**quadrophon** l;gr	über vier Kanäle laufend (in bezug auf die Übertragung von Musik, Sprache o. ä. - techn. t. t.) {32/57/87}	**quadrus** + gr. *φωνέειν*	s. oben 2917 sprechen, tönen
–	**Quadrophonie** l;gr	vierkanalige Übertragungstechnik mit erhöhter räumlicher Klangwirkung (techn. t. t.) {32/57/87}	dto.	dto.
–	quadrophonisch			
2927	**Quadrupede**	(veraltet) 1. Vierfüßer {08/69}; 2. Säugetier {06/69}	**quadrupes**, edis mf	das vierfüßige Tier
2928	**Qualifikation** (l;l)>mlat >frz>(engl)	1. das Sich-qualifizieren; 2. Befähigung(snachweis), Eignung {22/40}; 3. Berechtigung zur Teilnahme an einem sportlichen Wettkampf {22/33/85}; 4. Beurteilung, Kennzeichnung {25/56}	**qualis**, e + **facere** mlat. qualificatio frz. / engl. *qualification*	wie beschaffen machen, tun Verfahrensweise, Art
–	**qualifizieren** (l;l)>mlat >(frz) >(engl)	1. sich -: sich weiterbilden, einen Befähigungsnachweis erbringen {22/31/40}; 2. seine berufliche Leistungsfähigkeit steigern (DDR) {22/40}; 3. die für die Teilnahme an einem Wettbewerb erforderlichen sportlichen Leistungen bringen {22/33/85}; 4. die Befähigung, Eignung für jmdn. o. etw. darstellen {22/25}; 5. als etw. beurteilen, einstufen, kennzeichnen {25/56}	**qualis** + **facere** mlat. qualificare engl. *qualify*	s. oben näher bestimmen, mit einer bestimmten Eigenschaft versehen
–	**qualifiziert** (l;l)>mlat >(frz) >(engl)	tauglich, besonders geeignet {25/22/33/56}	dto.	dto.
–	Qualifizierung			
2929	**Qualität**	1. Beschaffenheit; 2. Güte, Wert {56}; 3. Klangfarbe eines Vokals (sprachwiss. t. t.) {76}; 4. relative Überlegenheit des Turmes gegenüber Läufer oder Springer beim Schachspiel {56/85}	**qualitas**, atis f	Beschaffenheit, Verhältnis, Eigenschaft
–	**qualitativ** l>mlat	hinsichtlich der Beschaffenheit {56}	dto. mlat. qualitativus	dto. qualitativ
2930	**Quant**	nicht weiter teilbares Energieteilchen (phys. t. t.) {72}	**quantus**, a, um	wie groß, wie viel; so groß wie

–	**Quantifikation** (l;l)>nlat	Umformung der Eigenschaften von etw. in Zahlen, meßbare Größen {57/71/72}	dto. + **facere**	dto. tun, machen
–	Quantifizierung			
–	**quantisieren** l>nlat	1. eine Quantisierung (2., 3.) vornehmen; 2. (= quanteln) eine Energiemenge in Quanten darstellen (phys. t. t.) {72}	**quantus**	s. oben
–	**Quantisierung** l>nlat	1. das Quanteln, die Quantelung; 2. quantentheoretische Beschreibung eines physikalischen Systems (phys. t. t.) {72}; 3. bestimmtes technisches Verfahren bei der Digitalisierung von Tonaufnahmen (techn. t. t.) {41/87}	dto.	dto.
–	**Quantisierungsrauschen** l>nlat;d	rauschähnlicher Störimpuls bei Digitalaufnahmen (z. B. bei DAT-Recordern, im PCM-Verfahren - techn. t. t.) {87}	dto.	dto.
2931	**Quantität**	1. Menge, Anzahl, Masse {57}; 2. Dauer einer Silbe ohne Rücksicht auf die Betonung (antike Metrik - sprachwiss. t. t.) {76/59}	**quantitas**, atis f	Menge, Anzahl; Summe, Quantität
–	**quantitativ** l>nlat	der Quantität (1.) nach, mengenmäßig {57}	dto.	dto.
–	**quantitieren** l>nlat	Silben im Vers nach der Quantität (2.) messen (sprachwiss. t. t.) {76}	dto.	dto.
2932	**Quantum**	angemessene Menge (bes. an Nahrungsmitteln o. ä.); Anzahl, Anteil {57/17}	**quantus**	s. oben
2933	**Quarantäne** l>vulgl>frz	räumliche Absonderung, Isolierung ansteckungsverdächtiger Personen (med. t. t.) {70/58}	**quadraginta** vulgl. quarranta frz. *quarante* *quarantaine*	vierzig Anzahl von vierzig (Tagen)
2934	**Quart** l>(mlat) (l>frz >engl)	1. vierte Stufe einer diatonischen Tonleiter; Intervall von vier Tönen (mus. t. t.) {37}; 2. Viertelbogengröße (druckw. t. t.) {32/40/58}; 3. früheres Flüssigkeitsmaß in Preußen und Bayern; 4. engl. und am. Hohlmaß {56}	**quartus**, a, um bzw. **quarta**, ae f (sc. pars)	der (die, das) vierte der vierte Teil; Viertel
–	**Quarta** l(;l)	dritte (österr. vierte) Klasse eines Gymnasiums {31/56}	dto. **quarta classis**	dto. vierte Abteilung
–	**Quartal** l>mlat	Vierteljahr {59}	**quartus** mlat. quartale (anni)	s. oben Viertel eines Jahres

–	**Quartal-säufer** l>mlat;d	von periodischer Trunksucht befallener Mensch {14/17/59/70}	dto.	dto.
–	**Quartaner**	Schüler der Quarta {31/56}	**quarta**	s. oben
–	**quartär**	1. das Quartär betreffend (geol. t. t.) {62}; 2. an vierter Stelle in einer Reihe, (Rang)-folge stehend; viertrangig {56}; 3. zentrales Atom, an das vier organische Reste gebunden sind (chem. t. t.); 4. aus Molekülen mit quartärem (3.) Atom als Zentrum bestehend (chem. t. t.) {72/73}	**quartarius**, ii m	Viertel
–	**Quartär**	erdgeschichtliche Formation (geol. t. t.) {62/59}	dto. (bzw. **quartus**	dto. s. oben)
–	**Quarter** l>frz>engl	engl. Gewicht o. Hohlmaß; am. Getreidemaß {56/57}	dto.	dto.
–	**Quarter-back** l>frz>engl; engl	zentraler Spieler, Spielmacher beim American Football {85}	dto.	dto.
–	**Quartett** l>it	1. (Komposition für) vier solistische Instrumente (mus. t. t.); 2. die erste o. zweite Strophe des Sonetts (mus. t. t.) {37}; 3. Gruppe von vier Personen, die gemeinsam etw. tun {33/57}; 4. Kartenspiel (bes. für Kinder) {85}	dto. it. *quarto* *quartetto*	dto.
–	**Quartier** l>frz	1. Unterkunft {58/44}; 2. Stadtviertel (schweiz., österr.) {49/64}	**quartarius**, ii m frz. *quartier*	Viertel
–	**quartieren** l>frz	unterbringen, einquartieren (veraltet) {58/44}	dto.	dto.
–	ein-, aus-, umquartieren			
2935	**Quasar** (l;l;l)>nlat	kurz für: quasi-stellare Radioquelle (astron. t. t.) {66}	**quasi** + **stellaris**, e + **radius**, ii m	als wenn, gerade als ob; gleichwie; zu den Sternen gehörig; Stab, Stecken; Radius des Kreises, Halbmesser
2936	**quasi**	gewissermaßen, gleichsam, sozusagen {56}	**quasi**	s. oben 2935
>>>	quasi... s. ggf. unter dem Rest des Wortes			
2937	**Quästio**	in einer mündlichen Diskussion gelöste wissenschaftliche Streitfrage {25/32}	**quaestio**, onis f	Befragung, Untersuchung; Gegenstand, Thema

–	**Quästor**	1. hoher Finanz- und Archivbeamter in der Römischen Republik (hist. t. t.) {75/50}; 2. Leiter einer Quästur (2.) {31/42}; 3. Kassenwart eines Vereins (schweiz.) {33/42}	**quaestor**, oris m	Quästor, römischer Beamter
–	**Quästur**	1. Amt(sbereich) eines Quästors (1.) {75/50}; 2. Universitätskasse, die die Hochschulgebühren einzieht {31/42}	**quaestura**, ae f	Amt, Würde eines Quästors, Quästur
2938	**Quatember** (l;l)>mlat	kath. Faststag zu Beginn der vier Jahreszeiten (kath. rel. t. t.) {51/59}	**quattuor** + **tempus**, poris n kirchenl. **quattuor tempora**	vier Zeit vier Zeiten
2939	**Quaternion**	Zahlensystem mit vier komplexen Einheiten (math. t. t.) {57/71}	**quaternio**, onis f	Vier(zahl); Quartbogen Papier
2940	**Quentchen** l>mlat	kleine Menge, ein bißchen {57}	**quintus**, a, um mlat. quintinus* quentinus*	der Fünfte Fünftel
2941	**Querele** l>frz	(kleinere) Streiterei {33/26/32}	**querela**, ae f frz. *querelle*	Klage, Beschwerde; Unpäßlichkeit Klage, Beschwerde; Streit
–	**Querulant** l>nlat	jmd., der sich über jede Kleinigkeit beschwert; Nörgler, Besserwisser {32/33/84}	**querelari**	Klage erheben, klagen
–	**Querulanz** l>nlat	querulatorisches Verhalten mit krankhafter Steigerung des Rechtsgefühls (psych. t. t.) {26/32/33/70/84}	dto.	dto.
–	**Querulation** l>nlat	Beschwerde, Klage (veraltet) {25/32/33/82}	dto.	dto.
–	**querulatorisch** l>nlat	nörglerisch, streitsüchtig {32/25/33/84}	dto.	dto.
–	**querulieren** l>nlat	nörgeln, ohne Grund klagen {32/25/33}	dto.	dto.
2942	**Queue** l>frz	1. Billardstock {85}; 2. lange Reihe, Schlange {58}; 3. Ende einer Kolonne o. reitenden Abteilung {58/61/86}	**cauda**, ae f	Schwanz
2943	**Quieszenz**	Ruhe(stand) (veraltet) {33/40/26}	**quiescentia**, ae f	Ruhe
–	**quieto** l>it	ruhig, gelassen (mus. t. t.) {26/37}	**quietus**, a, um	ruhig, gelassen, friedlich

2944	**Quint(e)** l>mlat	fünfte Stufe einer diatonischen Tonleiter; Intervall von fünf Tönen (mus. t. t.) {37}	**quintus**, a, um	der (die, das) fünfte
–	**Quinta** l>(mlat)	zweite (österr. fünfte) Klasse einer höheren Schule {31/56}	dto. (bzw. **quinta classis**	dto. fünfte Abteilung)
–	**Quintaner** l>(mlat)	Schüler einer Quinta {31/56}	dto.	dto.
2945	**Quintesenz** (l;l)>mlat	Endergebnis, Hauptgedanke, -inhalt; Wesen einer Sache {25}	**quintus** + **esse** mlat. quinta essentia (= Lehnübersetzung von gr. *πεμπτή οὐσία)*	s. oben (vorhanden) sein das fünfte Seiende (unsichtbarer Luftstoff als fünftes Element)
2946	**Quintett** l>it	(Komposition für) fünf solistische Instrumente o. Solostimmen {37}	**quintus** it. *quinto* *quintetto*	s. oben 2944
>>>	Quintilliarde, Quintillion vgl. oben Quadrillion, Quadrilliarde			
2947	**Quirinal**	Sitz des italienischen Staatspräsidenten {58/50}	**Qurinalis**, e	dem Quirinus (= Romulus) geweiht; einer der sieben Hügel Roms
2948	**Quirite**	röm. Vollbürger in der Antike (hist. t. t.) {75/33}	**Quiritis**, is m	römischer Vollbürger
2949	**quitt** l>frz	ausgeglichen, wett; bezahlt, erledigt; los und ledig {56/33}	**quietus**, a, um afrz. *quite* frz. *quitte*	ruhig; untätig; frei (von Störungen); losgelöst frei, ledig
2950	**Quitte** (gr)>l >vulgl	zu den Rosengewächsen zählende Baumart bzw. deren apfel- oder birnenförmige Früchte {04/17}	**cotonea** o. **cydonea** (sc. mala) gr. *κυδώνια μῆλα* vulgl. quidonea	Quittenäpfel
2951	**quittieren** l>mlat>frz	1. den Empfang einer Leistung o. Lieferung bescheinigen, bestätigen {42/32}; 2. auf etw. reagieren, etw. mit etw. beantworten; (etw.) hinnehmen (müssen) {32/33}; 3. etw. aufgeben, beenden (z. B. seinen Dienst) {32/40/59}	**quietare** mlat. quietare oder quit(t)are frz. *quitter*	beruhigen befreien, entlassen; aus einer Verbindlichkeit entlassen freimachen; sich zurückziehen

–	**Quittung** l>mlat>frz	1. Empfangsbescheinigung, -bestätigung (für eine Bezahlung) {32/42}; 2. unangenehme Folgen (z. B. einer Tat); Vergeltung {25/33/82}	dto.	dto.
2952	**Quivive** (l;l)>frz	auf dem - sein: auf der Hut sein, aufpassen {23/25}	**qui, quae, quod** + **vivere** frz. *qui vive?*	welche(r/s) leben wer lebe?
2953	**Quodlibet**	1. humoristische musikalische Form {37/35}; 2. ein Kartenspiel {85}; 3. Durcheinander, Mischmasch (veraltet) {56}	(**quilibet, quaelibet**) **quodlibet**	 alles ohne Unterschied; das erste, beste; das beliebige
2954	**Quorum** l>engl	die zur Beschlußfähigkeit eines Gremiums notwendige Mindestzahl anwesender Mitglieder (o. abgegebener Stimmen - bes. süddt., schweiz.) {50/57/28}	**qui, quae, quod** **quorum** (Gen. Pl. m) engl. *quorum of justice of the peace*	s. oben 2952 deren zur Bildung eines Gerichtshofes nötige Zahl von Friedensrichtern
2955	**Quotation** l>mlat >nlat	Kursnotierung an der Börse (wirtsch. t. t.) {80}	**quotus**, a, um mlat. quota pars	der wievielste; wieviele, wieweni-ge Anteil
–	**Quote** l>mlat	Anteil (von Sachen o. Personen) für den Einzelnen {57}	dto.	dto.
–	**Quotenregelung** l>mlat;l >mlat	Regelung, wonach ein Anteil einer bestimmten Gruppe angehören muß (z. B. Frauenanteil im Parteivorstand o. ä.) {57/33/50}	dto. + **regula**, ae f mlat. regula	dto. Richtschnur; Maßstab, Regel Ordensregel
–	**Quotient** l>mlat	(math. t. t.) 1. Zähler und Nenner eines Bruches {57/71}; 2. Ergebnis einer Division {71}	**quotiens** (Adv.)	wie oft, wievielmal
–	**quotieren** l>mlat	den Preis (Kurs) angeben, mitteilen, notieren (wirtsch. t. t.) {80}	dto. (bzw. **quotus**	dto. s. oben)
–	Quotierung			

R

2956	**Rabatt** l>vulgl>it	Preisnachlaß {42/80}	**batt(u)ere**	schlagen, klopfen, stampfen
			vulgl. battere	
			reabbat- t(u)ere*	niederschlagen, wieder abschlagen
			it. *rabattere*	nieder-, abschlagen; einen Preisnachlaß gewähren
			rabatto	
–	**Rabatte** l>vulgl>frz >niederl	1. schmales Beet (an Wegen, um Rasenflächen) {39/58/03}; 2. Umschlag, Aufschlag an Kragen o. Ärmeln (bes. bei Uniformen - veraltet) {19/75/86}	**batt(u)ere**	s. oben
			vulgl. reab- batt(u)ere	
			frz. *rabattre*	nieder-, abschlagen
			rabat	Aufschlag am Halskragen; schmales Beet
			niederl. *rabat*	
–	**rabattieren** l>vulgl>it	Rabatt gewähren {42/80}	**batt(u)ere** it. *rabattere*	s. oben
2957	**rabiat** l>mlat	1. rücksichtslos und roh {25/26/33/84}; 2. wütend {25/26}	**rabere**	toll sein, wüten, toben
			mlat. rabiare	wüten
			rabiatus	
–	**Rabies**	Tollwut (med. t. t.) {70}	**rabies**, iei f	Wut, Tollheit, Raserei
2958	**Rabulist** l>nlat	Wortverdreher; jmd., der mit spitzfindigen Argumenten die Tatsachen verdreht {32}	**rabula**, ae m	Zungendrescher, Rabulist
2959	**radial** l>mlat	den Radius betreffend; strahlenförmig, von einem Mittelpunkt ausgehend {58/71}	**radius**, ii m	Stab; Halbmesser, Kreisradius; Speiche
–	**Radialität** l>nlat	radiale Anordnung {58/71}	dto.	dto.
–	**Radiant**	1. scheinbarer Ausstrahlungspunkt eines Meteorschwarms (astron. t. t.) {66}; 2. Einheit des Winkels im Bogenmaß; ebener Winkel {71}	**radiare**	Strahlen von sich werfen, schimmern, strahlen
–	**Radiata**	Hohltiere und Stachelhäuter (biol. t. t.) {08/69}	**radiatus**, a, um	mit Speichen, Strahlen versehen; strahlend

–	**Radiation**	1. stammesgeschichtliche Ausstrahlung, Entwicklungsexplosion (biol. t. t.) {68/69}; 2. scheinbar von einem Punkt ausgehende Bewegung eines Meteoritenschwarms (astron. t. t.) {66}	**radiatio**, onis f	das Strahlen; Glanz
–	**Radiator** l>nlat	Hohlkörper bei Dampf-, Wasser-, Gaszentralheizungen, der die Wärme ausstrahlt; Heizkörper {44/87}	**radiare**	s. oben
2960	**Radicchio** (gr)>l>it	eßbare Zichorien-Pflanze (für Salate) {17/05}	**radix**, icis f gr. *ῥάδιξ*	(Baum)wurzel; Ursprung, Quelle
2961	**Radien**	[Pl. v. Radius] (biol. t. t.) 1. Flossenstrahlen der Fische; 2. Strahlen der Vogelfeder; 3. Strahlen(achsen) radial-symmetrischer Tiere {69}	**radius**	s. oben 2959
2962	**radieren**	1. etw. Geschriebenes mit einem Radiergummi, Messer entfernen {32/52}; 2. eine Zeichnung auf eine Kupferplatte einritzen {36/40}	**radere**	reinigen, glätten; abschaben, -kratzen
–	**Radierer**	1. Künstler, der Radierungen herstellt {36/40}; 2. Radiergummi (ugs.) {32/44}	dto.	dto.
–	**Radierung**	1. Tiefdruckverfahren, bei dem die Zeichnung auf einer Kupferplatte eingeritzt wird {36/40}; 2. durch das Radier-Tiefdruckverfahren hergestelltes graphisches Blatt {36/32}	dto.	dto.
2963	**Radieschen** (gr)>l>it >frz >niederl	rettichartiges Wurzelknollengewächs {05/17}	**radix** gr. *ῥάδιξ* it. *radice* frz. *radis* niederl. *radijs*	s. oben 2960 Wurzel, Radieschen
–	**radikal** l>frz	1. vollständig, gründlich {56}; 2. hart, rücksichtslos {26/33}; 3. einen politischen o. weltanschaulichen Radikalismus vertretend {50/25}; 4. die Wurzel betreffend (math. t. t.) {71}	**radicitus** (Adv.) spätl. **radicalis** frz. *radical*	mit der Wurzel, mit Stumpf und Stiel, von Grund aus, ganz eingewurzelt grundlegend, gründlich
–	**Radikalinski** l>frz>(d)	(polonisierend) politisch Radikaler (ugs., abwertend) {25/50}	dto.	dto.

–	**radikali- sieren** l>frz>nlat	radikal, rücksichtslos, unerbittlich machen {26/33/28}	dto.	dto.
–	**Radikali- sierung** l>frz>nlat	Entwicklung zu einer radikalen (3.) Form {25/50}	dto.	dto.
–	**Radikalis- mus** l>frz>nlat	1. rücksichtslose bis zum Äußersten gehende (politische, religiöse o. ä.) Richtung {25/50/51}; 2. unerbittliches, unnachgiebiges Vorgehen {25/26/33}	dto.	dto.
–	**Radikaler** o. **Radi- kalist** l>frz>nlat	Vertreter des Radikalismus {25/50}	dto.	dto.
–	radikalistisch			
–	**Radikand** (gr)>l	Größe o. Zahl, deren Wurzel gezogen werden soll (math. t. t.) {71}	**radix**	s. oben
2964	**Radio** l>engl>am	Rundfunkempfang(sgerät) {46/87}	**radius** engl. *radio(tele- graphy)*	s. oben 2959 Übermittlung von Nachrichten durch Ausstrahlung elektromagnetischer Wellen
–	**radioaktiv** l>engl;l	durch Atomkernzerfall bestimmte Elementarteilchen aussendend (phys. t. t.) {72}	dto. + **activus**, a, um	dto. tätig, eine Tätigkeit bezeichnend, aktiv
–	**Radio- aktivität** (l>engl;l) >frz	Eigenschaft von Atomkernen, sich umzuwandeln und dabei Strahlen auszusenden (phys. t. t.) {72}	dto. + **activitas**, atis f frz. *radioactivité*	dto. aktive Bedeutung (gramm. t. t.)
>>>	Radio... s. ggf. unter dem Rest des Wortes			
–	**Radiolarie** l>nlat	Strahlentierchen (meerbewohnender Wurzelfüßler - biol. t. t.) {08/69}	**radius**	s. oben 2959
–	**Radiologie** l>(nlat);gr	Wissenschaft von den Strahlen radioaktiver Stoffe und ihre Anwendung, Strahlenkunde {40/70/72}	dto. + gr. *λόγος*	dto. Wort, Kunde
–	Radiologe, radiologisch			
>>>	Radiorecorder s. Recorder			
–	**Radium** l>nlat	radioaktiver chemischer Grundstoff, Metall {73/02}	**radius**	s. oben 2959

–	**Radius**	1. Halbmesser des Kreises (math. t. t.) {71}; 2. Speiche, Röhrenknochen des Unterarms (med. t. t.) {11/70}	dto.	dto.
2965	**Radix** (gr)>l	1. Pflanzenwurzel {68}; 2. Basisteil eines Organs, Nervs o. sonstigen Körperteils (med., anat. t. t.) {11/70}	**radix** gr. *ῥάδιξ*	s. oben 2960
–	**radizieren** (gr)>l>nlat	die Wurzel (aus einer Zahl) ziehen (math. t. t.) {71}	dto.	dto.
2966	**Radon** l>nlat	radioaktiver chemischer Grundstoff, Edelgas {02/73}	**radius**	s. oben 2959
2967	**Raffinade** l>mlat>frz	feingemahlener, gereinigter Zucker {17}	**affinis**, e mlat. affinare mfrz. *affiner* frz. *raffiner* *raffinade*	verwandt, verschwägert Metalle reinigen reinigen, verfeinern reinigen, läutern, feiner machen
–	**Raffinage** l>mlat>frz	Verfeinerung, Veredelung {41/56}	dto.	dto.
–	**Raffinat** l>mlat>frz	Raffinationsprodukt {41}	dto.	dto.
–	**Raffination** l>mlat>frz	Reinigung und Veredelung von Naturstoffen u. technischen Produkten {41}	dto.	dto.
–	**Raffinement** l>mlat>frz	1. höchste Verfeinerung; luxuriöser Geschmack {26/56}; 2. klug berechnendes Handeln, um andere unmerklich zu beeinflussen {25/29}	dto. frz. *raffinement*	dto.
–	**Raffinerie** l>mlat>frz	Betrieb zur Raffination von Erdöl, Zucker etc. {41/72}	dto. frz. *raffinerie*	dto.
–	**Raffinesse** l>mlat>frz	1. besondere künstlerische, technische o. ä. Vervollkommnung, Feinheit {25/56}; 2. schlau und gerissen ausgeklügelte Vorgehensweise; Durchtriebenheit {22/25/29/84}	dto. (frz. *finesse)*	dto.
–	**raffinieren** l>mlat>frz	Zucker, Öle u. andere (Natur)produkte reinigen {41}	dto.	dto.
–	**raffiniert** l>mlat>frz	1. durchtrieben, gerissen, schlau {22/25/84}; 2. von Raffinement (1.) zeugend, mit Raffinesse (1.) erdacht {25/56}; 3. gereinigt (techn. t. t.) {41}	dto. (frz. *raffiner)*	dto.
–	**Raffiniertheit** l>mlat>frz; d	Durchtriebenheit, Gerissenheit {22/25/84}	dto.	dto.

2968	**Rage** l>vulgl>frz	1. Wut, Raserei, Zorn {26}; 2. Eile, Aufregung {26/59}	**rabies**, iei f	Wut, Tollheit, Raserei
			vulgl. rabia*	
			frz. *rage*	Wut vgl. oben 2957
2969	**Ragout** l>frz	Mischgericht aus Fleisch, Wild, Geflügel oder Fisch in pikanter Soße {17}	**gustus**, us m	Geschmack; Genuß; Vorspeise
			frz. *goût*	Geschmack, Geschmackssinn
			ragoûter	den Gaumen reizen, Appetit machen
			ragoût	
2970	**Rallye** (l;l>frz) >frz>engl >frz	Automobilwettbewerb (in mehreren Etappen) mit Sonderprüfungen (Sternfahrt, Cross) {33/45}	**re** (Präp. insep.)	zurück, entgegen, wieder
			+ **alligare**	an-, verbinden
			frz. *allier*	(sich) vereinigen, verbünden
			+ *re* = *rallier*	wieder zusammenkommen, sich wieder vereiningen, sammeln
			engl. *rally*	Wiedervereinigung, Zusammenkunft
			frz. *rallye*	
2971	**Ranküne** l>vulgl>frz	Groll, heimliche Feindschaft; Rachsucht {26/84}	**rancor**, oris m	alter Haß, Groll; ranziger Geschmack
2972	**Ranunkel**	Gartenpflanze der Gattung Hahnenfuß {04}	**ranunculus**, li m	Hahnenfußgewächs; kleiner Frosch
2973	**ranzig** l>frz >niederl	durch Zersetzung verdorben, stinkend (von Fetten und Ölen) {54/55}	**rancidus**, a, um	ranzig, stinkend; ekelhaft
			frz. *rance*	
			niederl. *ransig*	
2974	**rapid(e)** l>frz	sehr, erstaunlich schnell vor sich gehend; reißend, stürmisch {59}	**rapidus**, a, um	wild; reißend schnell, rasch
			frz. *rapide*	
–	**rapidamente** o. **rapido** l>it	sehr schnell, rasend (mus. t. t.) {37/59}	dto.	dto.
–	**Rapidität** l>frz	Blitzeschnelle, Ungestüm {59}	**rapiditas**, atis f	reißende Schnelligkeit
2975	**Rappel**	Anfall von Raserei, Verrücktheit {26}	**rabies**	s. oben 2957
–	rappeln			
2976	**Rappell** (l;l)>frz	Abruf, Schreiben zur Rückberufung eines Gesandten (veraltet) {50/32}	**re**	s. oben 2970
			+ **appellare**	anreden, -sprechen; benennen

2977	**Rapport** (l;l)>mlat >frz	1. Bericht, Meldung (mil., wirtsch. t. t.) {32/80/86}; 2. unmittelbarer Kontakt zwischen Versuchsleiter und Medium (psych. t. t.) {70/32}; 3. sich ständig wiederholendes Muster oder Motiv (z. B. auf Teppichen) {36/44/55}; 4. Beziehung, Zusammenhang {56}	**re** + **apportare** frz. *re* + *apporter*	s. oben 2970 herbei-, hintragen, -bringen, -schaffen
–	**rapportieren** (l;l)>mlat >frz	1. berichten, Meldung machen {32/80/86}; 2. sich als Motiv ständig wiederholen {36/44/55}	dto.	dto.
2978	**Raps** l;l	(eigentlich Rapsaat) Nutzpflanze für Viehfutter o. zur Ölherstellung {05/39}	**semen**, minis n + **rapicius**, a, um **semen rapicium**	Same, Setzling, Sprößling Rüben..., von Rüben Rapssamen, Raps
2979	**Rapunzel** (gr>l;gr>l) >vulgl >mlat	Baldriangewächs {04}	**radix**, icis f gr. *ῥάδιξ* + **phu** (Akk. phun) gr. *φοῦ* vulgl. radice puntium* mlat. rapuncium	Wurzel eine Art Baldrian
2980	**rar** l>frz	nur in (zu) geringer Menge, Anzahl vorhanden; selten, aber gesucht {56/57}	**rarus**, a, um frz. *rare*	locker, dünn; einzeln; selten (vorkommend)
–	**Rarität**	etw. Seltenes, Kostbares; Seltenheit {56/57}	**raritas**, atis f	Lockerheit; Seltenheit
2981	**rasant** l>vulgl>frz	1. imponierend, erstaunlich schnell (ugs.) {59}; 2. mitreißend, begeisternd (ugs.) {26}; 3. sehr flach gestreckt (ballist. t. t.) {58/61/86}; 4. rassig, attraktiv {26/55/18}; 5. fabelhaft, großartig {26/56}	**radere** vulgl. rasare* frz. *raser* *rasant*	kratzen; abscheren; darüber hinstreichen scheren, rasieren; darüber hinstreichen, streifen bestreichend, den Erdboden streifend
–	**Rasanz** l>vulgl>frz	1. rasende Geschwindigkeit; stürmische Bewegtheit (ugs.) {59/61}; 2. in Erregung versetzende Schönheit, Großartigkeit (ugs.) {26/55/18}; 3. rasante (3.) Flugbahn eines Geschosses (ballist. t. t.) {58/61/86}	dto.	dto.

–	**rasieren** l>vulgl>frz >niederl	1. mit einem Rasiermesser o. -apparat die (Bart)haare entfernen {21}; 2. übertölpeln, betrügen (ugs.) {25/33}	dto. frz. *raser* niederl. *raseren*	dto.
–	**Rasur**	1. das Rasieren, Entfernung der (Bart)haare {21}; 2. das Radieren; Schrifttilgung {32/52}	**rasura**, ae f	das Abscheren, Abrasieren; Kratzen, Schaben
2982	**Räson** l>frz	Vernunft, Einsicht (veraltend) {25}	**ratio**, onis f frz. *raison*	Berechnung; Erwägung; Denken; Vernunft Vernunft, Verstand; Recht(fertigung); Grundsatz
–	**räsonabel** l>frz	(veraltet, landsch.) 1. vernünftig {25}; 2. heftig; 3. gehörig {56}	dto.	dto.
–	**räsonieren** l>frz	1. vernünftig reden; Schlüsse ziehen (veraltet) {25/32}; 2. viel und laut reden (abwertend) {32/55}; 3. seiner Unzufriedenheit Luft machen, schimpfen (abwertend) {32/26}	dto. frz. *raisonner*	dto. überlegen, vernunftgemäß handeln
2983	**Raster**	in ein Liniennetz o. Punktsystem aufgelöste Bildfläche, Schema {55/72/87}	**raster** o **rastrum**, tri m	Harke, Hacke
–	**rastern**	ein Bild in Rasterpunkte zerlegen {55/72/87}	dto.	dto.
–	**Rastral** l>nlat	Gerät mit fünf Zinken zum Ziehen der Notenlinien {40/37}	dto.	dto.
–	rastrieren			
2984	**Rate** l>mlat>it	Anteil, Teilbetrag {57/42/80}	**reri** (PPP. **ratus**) mlat. rata (sc. pars) it. *rata*	meinen, glauben, urteilen, schätzen berechneter Anteil
–	Ratenzahlung			
2985	**Ratifikation** (l;l)>mlat	Bestätigung eines von der Regierung abgeschlossenen völkerrechtlichen Vertrages durch die gesetzgebende Körperschaft {28/50/82}	**ratus**, a, um + **facere** mlat. ratificatio	berechnet; bestimmt, feststehend, gültig tun, machen Bestätigung, Genehmigung
–	**ratifizieren** (l;l)>mlat	als gesetzgebende Körperschaft einen völkerrechtlichen Vertrag in Kraft setzen {28/50/82}	dto. mlat. ratificare	dto.
–	Ratifizierung			

2986	**Ratio**	Vernunft, Einsicht; Denk-, Urteilsvermögen; Verstand {22/25}	**ratio,** onis f	(Be)rechnung; Geschäft; Rechenschaft; Verhalten; Beschaffenheit; Vernunft; Regel
–	**Ration** l>mlat>frz	zugeteilte Menge an Lebens- und Genußmitteln; (täglicher) Verpflegungssatz {17/57/86}	dto. mlat. ratio frz. *ration*	dto. berechneter Anteil (an Mundvorrat)
–	**rationieren** l>mlat>frz	in festgelegten, kleinen Mengen haushälterisch zu-, einteilen; sparsam zumessen {17/57/86}	dto. frz. *rationner*	dto.
–	**rational**	die Ratio betreffend; vernünftig, von der Vernunft bestimmt {25}	**rationalis,** e	zu den Rechnungen, zur Vernunft gehörig; folgernd
–	**Rationalisator** l>nlat	jmd., der mit der Durchführung einer betrieblichen Rationalisierungsmaßnahme betraut ist {40/41/80}	dto.	dto.
–	**rationalisieren** l>frz	1. vereinheitlichen, straffen; wirtschaftlich effizienter machen (wirtsch. t. t.) {40/41/42/80}; 2. vernunftgemäß gestalten; durch Denken erfassen {25}; 3. ein emotionales Verhalten nachträglich verstandesmäßig begründen (psych. t. t.) {70}	dto. frz. *rationaliser*	dto.
–	**Rationalisierung** l>frz	1. Einbau wirtschaftlich effizienterer Verfahren (wirtsch. t. t.) {40/41/42/80}; 2. nachträgliche verstandesmäßige Rechtfertigung eines irrationalen, triebhaften Verhaltens (psych. t. t.) {70}	dto.	dto.
–	**Rationalismus** l>nlat	Geisteshaltung, die das rationale Denken als einzige Erkenntnisquelle ansieht {25/77}	dto.	dto.
–	**Rationalist** l>nlat	Vertreter des Rationalismus; einseitiger Verstandesmensch {25/77/33}	dto.	dto.
–	rationalistisch			
–	**Rationalität** l>mlat	1. Eigenschaft von Zahlen, sich als Bruch schreiben zu lassen (math. t. t.) {71}; 2. Vernunftgemäßheit; Zweckmäßigkeit {25}	**rationalitas,** atis f mlat. rationalitas	Vernünftigkeit, Vernunft Vernunft, Denkvermögen
–	**rationell** l>frz	vernünftig, zweckmäßig, sparsam {25/57}	**rationalis,** e frz. *rationnel*	s. oben

2987	**Ravage** l>frz	1. Verwüstung, Verheerung {25/56/86}; 2. mißlicher Umstand; ärgerlicher Aufwand (landsch.) {26/33}	**rapere** frz. *ravir* *ravage*	rauben, fortraffen, -reißen hinreißen Verwüstung
2988	**Ravioli** (gr)>l >vulgl lombard>it	mit kleingewiegtem Fleisch oder Gemüse gefüllte Nudelteigtasche {17}	**rapum**, pi n gr. *ῥάπυς* vulgl. rapa lombard. *rava* it. *ravioli*	Rübe, Wurzelknolle Rübe
>>>	Re..., re... s. ggf. unter dem Rest des Wortes			
2989	**Re**	Erwiderung auf ein Kontra beim Skatspiel {32/85}	**re**	s. oben 2970
2990	**Reagens** o. **Reagenz** (l;l)>nlat	Stoff, der mit einem anderen eine chemische Reaktion herbeiführt und ihn so identifiziert (chem. t. t.) {52/73}	**re** + **agere** (PPA. **agens**) (**reagere**	s. oben 2970 tun, treiben, handeln wieder treiben)
–	**Reagenzglas** (l;l)>nlat;d	zylindrisches Prüf-, Probier-, Versuchsglas {40/58/73}	dto.	dto.
–	**reagieren** (l;l)>nlat	1. auf etw. ansprechen, antworten, eingehen {32}; 2. eine chemische Reaktion eingehen, auf etw. einwirken (chem. t. t.) {73}	dto.	dto.
–	**Reaktion** (l;l)>nlat >(frz)	1. das Reagieren; (Gegen)wirkung {32}; 2. durch einen Reiz ausgelöstes und bestimmtes Verhalten (psych. t. t.) {70}; 3. unter stofflichen Veränderungen ablaufender Vorgang (chem. t. t.) {73}; 4. fortschrittsfeindliches politisches Verhalten (polit. t. t.) {33/50/81}; 5. Gesamtheit aller fortschrittsfeindlichen Kräfte (polit. t. t.) {33/50/57/81}	**re** + **actio**, onis f	s. oben 2970 Handlung, Tätigkeit; Rede; Bewegung
–	**Reaktionär** (l;l)>frz	jmd., der sich fortschrittlichen politischen o. sozialen Neuorientierungen widersetzt (abwertend) {28/33/50/81}	**re** + **actionarius**, ii m (bzw. **actio**	s. oben 2970 Agent, Intendant s. oben)
–	**reaktionär** (l;l)>frz	nicht politisch fortschrittlich (abwertend) {25/33/50/81}	dto.	dto.
–	**reaktiv** (l;l)>nlat	1. als Reaktion auf einen Reiz auftretend (psych., med. t. t.) {70}; 2. Gegenwirkung ausübend o. erstrebend {32/28}	**re** + **activus**, a, um	s. oben 2970 tätig, handelnd; aktiv (gramm. t. t.)

–	**reaktivieren** (l;l)>nlat	1. wieder in Tätigkeit setzen, in Gebrauch nehmen {29/40/44}; 2. wieder anstellen, in Dienst nehmen {33/40}; 3. chemisch wieder umsetzungsfähig machen {73}	**re** + **activus**	s. oben 2970 s. oben
–	Reaktivität			
–	**Reaktor** (l;l)>nlat	Vorrichtung, Anlage, in der eine physikalische o. chemische Reaktion abläuft (z. B. im Atommeiler - phys., chem. t. t.) {72/73/41}	**re** + **actor**, oris m	s. oben 2970 Vollzieher; Treiber; Kläger
2991	**real** l>mlat	1. dinglich, sachlich {52}; 2. wirklich, tatsächlich; der Realität entsprechend {52/56}	spätl. **realis**, e (bzw. **res**	sachlich, wesentlich Sache, Ding; Gegenstand; Angelegenheit)
>>>	Real... s. ggf. unter dem Rest des Wortes			
–	**Realeinkommen** l>mlat;d	Einkommen unter dem Aspekt der Kaufkraft (wirtsch. t. t.) {80/42}	dto.	dto.
–	**Realgymnasium** l>mlat;gr>l	frühere Form der höheren Schule {31/75}	dto. + **gymnasium**, ii n gr. *γυμνάσιον*	dto. Turn-, Tummelplatz, Bildungsschule
–	**Realien** l>mlat	1. wirkliche Dinge, Tatsachen {52}; 2. Naturwissenschaften als Grundlage der Bildung u. als Lehr- und Prüfungsfächer {31}; 3. Sachkenntnisse (päd. t. t.) {22/25/78}	**realis** bzw. **res**	s. oben
–	**Realinjurie** l>mlat;l	tätliche Beleidigung (jur. t. t.) {82}	dto. + **iniuria**, ae f	dto. Unrecht, Gewalttätigkeit, Beleidigung (jur. t. t.)
–	**Realisation** l>mlat>frz	1. Verwirklichung {52/29}; 2. Herstellung, Inszenierung eines Films, einer Fernsehsendung {33/35/40/85}; 3. Umsetzung einer abstrakten Einheit (sprachwiss. t. t.) {76}; 4. Umwandlung in Geld (wirtsch. t. t.) {42/80}	**realis** bzw. **res**	s. oben
–	**Realisator** l>mlat>nlat	1. Geschlechtsbestimmungsfaktor in den Fortpflanzungszellen (biol. t. t.) {68/69}; 2. Hersteller, Autor, Regisseur eines Films o. einer TV-Sendung {33/35/40/85}	dto.	dto.

–	**realisieren** l>mlat>frz (l>mlat>frz >engl)	1. verwirklichen {52/29}; 2. in Geld umwandeln {42/80}; 3. eine Realisation (3.) vornehmen (sprachwiss. t. t.) {76}; 4. klar erkennen, einsehen, begreifen {25}	dto. frz. *réaliser* (engl. *to realise)*	dto. verwirklichen
–	Realisierung			
–	**Realismus** l>mlat >nlat	1. wirklichkeitsnahe Einstellung; auf Nutzen bedachte Grundhaltung {25/77}; 2. ungeschminkte Wirklichkeit {52}; 3. bestimmte philosophische Denkrichtung {25/77}; 4. mit der Wirklichkeit übereinstimmende Kunstrichtung, künstlerische Darstellung (in Literatur, bildender Kunst) {34/36}	**realis** bzw. **res**	s. oben
–	**Realist** l>mlat >nlat	1. nüchterner, sachlicher und wirklichkeitsorientierter Mensch {25/33/84}; 2. Vertreter des Realismus {34/36}	dto.	dto.
–	**Realistik** l>mlat >nlat	ungeschminkte Wirklichkeitsdarstellung {34/36/52}	dto.	dto.
–	**realistisch** l>mlat >nlat	1. wirklichkeitsnah, lebensecht {52}; 2. ohne Illusion, sachlich-nüchtern {25/84}; 3. zum Realismus (4.) gehörend {34/36}	dto.	dto.
–	**Realität** l>mlat >(frz)	Wirklichkeit, tatsächliche Lage, Gegebenheit {52}	**realis** bzw. **res** frz. *réalité*	s. oben
–	**realiter** l>mlat	in Wirklichkeit {52}	dto.	dto.
–	**Reallexikon** l>mlat;gr	Nachschlagewerk, das die Sachbegriffe einer Wissenschaft bzw. eines Wissensgebietes enthält {31/32/34}	dto. + gr. *λέξις*	dto. Wort
–	**Realo** l>mlat >nlat	Mitglied der Grünen Partei, das sich für eine realistische (Kompromiß)politik einsetzt {50/25/33}	**realis** bzw. **res**	s. oben
–	**Realschule** l>mlat;d	Lehranstalt, die bis zur Mittleren Reife führt; Mittelschule {31}	dto.	dto.

2992	**reamateurisieren** (l;l)>frz	einen Berufssportler wieder zum Amateur machen {33/40/85}	**re** + **amator**, oris m frz. *amateur*	s. oben 2970 Liebhaber, Verehrer; jmd., der einer Sache sehr zugetan ist
2993a	**Reanimation** (l;l)>nlat	Wiederbelebung (durch künstliche Beatmung o. ä. - med. t. t.) {70}	**re** + **animatio**, onis f	s. oben 2970 das Beleben, Beseelen; freudiger Eifer
–	**reanimieren** (l;l)>nlat	wiederbeleben (med. t. t.) {70}	**re** + **animare**	s. oben 2970 Leben einhauchen, beseelen
2993b	**Rebe**	1. Wurzelausläufer einer Pflanze; Rankpflanze {03}; 2. Weinstock; Weinberg, -garten (im Pl.) {05}	**repere**	kriechen, schleichen
–	Rebensaft, Reblaus			
2994	**Rebell** l>frz	Aufrührer, Aufständischer {25/28/50/86}	**rebellis**, e frz. *rebelle*	den Krieg erneuernd; sich auflehnend; widerspenstig aufrührerisch; Rebell
–	**rebellieren** l>frz	sich auflehnen, sich empören, sich widersetzen {25/28/50/86}	**rebellare** frz. *rebeller*	den Krieg erneuern; sich auflehnen, sich widersetzen, sich empören
–	**Rebellion** l>frz	Aufruhr, Aufstand; Widerstand, Empörung {25/28/50/86}	**rebellio**, onis f	Erneuerung des Krieges; erneuerter Aufstand
–	**rebellisch** l>frz	widersetzlich, aufsässig, aufrührerisch {25/28/33/50}	**rebellis**	s. oben
2995	**Rebus** l>frz	Bilderrätsel {25/32/85}	**res**, ei f (Ablativ **rebus** frz. *rébus*	Sache, Ding durch Sachen)
2996	**Receiver** l>frz>engl	1. Dampfaufnehmer bei Verbunddampfmaschinen (techn. t. t.) {41}; 2. Rückschläger (z. B. beim Tennis, Baseball) {85}; 3. Empfänger-(=Radio)-Verstärker-Kombination für Hifi-Wiedergabe (techn. t. t.) {46/87}	**recipere** frz. *receivre* engl. *(to) receive*	zurücknehmen; auf-, annehmen; empfangen
2997	**Receptaculum**	1. Blütenboden bedecktsamiger Pflanzen (bot. t. t.) {68}; 2. blasenförmiges weibliches Geschlechtsorgan bei Würmern, Weich- und Gliedertieren (zool. t. t.) {69}	**receptaculum**, li n	Behälter, Behältnis; Magazin, Schlupfwinkel

2998	**Recherche** (l;l)>vulgl >afrz>frz	Nachforschung, Ermittlung {25/29/32/40}	**re** + **circare** afrz. *cercher* frz. *chercher* *recherche*	s. oben 2970 durchwandern, durchstreifen, umkreisen
–	**Recher-cheur** (l;l)>vulgl >afrz>frz	Ermittler {40/32/29}	dto.	dto.
–	**recher-chieren** (l;l)>vulgl >afrz>frz	ermitteln, untersuchen, erkunden, sich genau über etw. informieren {25/29/32/40}	dto.	dto.
2999	**recipe**	nimm! (Hinweis auf ärztlichen Rezepten - med. t. t.) {32/70}	**recipere**	s. oben 2996
3000	**recitando** l>it	frei (ohne strikte Einhaltung des Taktes), rezitierend (mus. t. t.) {37}	**recitare**	laut vortragen, vorlesen
3001	**recom-mandé** (l;l)>vulgl >frz	frz. - postalisch für: eingeschrieben {46/32}	**re** + **commen-dare** vulgl. commandare* frz. *commander*	s. oben 2970 anvertrauen, empfehlen; übergeben; Weisung geben
3002	**Recon-quista** (l;l)>span	Kampf der (christlichen) Bevölkerung Spaniens gegen die arabische Herrschaft (im Mittelalter - hist. t. t.) {50/75/86}	**re** + **conquirere** span. *conquista*	s. oben 2970 einsammeln, sich zu verschaffen suchen, erwerben
3003	**Recorder** l>frz>engl	(techn. t. t.) 1. Gerät zur Aufzeichnung von Bild und/oder Tonsignalen {87}; 2. Drehspulenschnellschreiber im Funkdienst {46}	**recordari**	sich etw. vergegenwärtigen, an etw. zurückdenken; bedenken
3004	**Redakteur** l>frz	jmd., der Beiträge für die Veröffentlichung in Zeitung, Rundfunk, TV auswählt, bearbeitet und selbst schreibt {32/40/85}	**redigere** (PPP. **redactus**) frz. *rédiger* *rédacteur*	zurückbringen, -führen; in Ordnung bringen, herabsetzen zurückführen; einen Text in Ordnung bringen

–	**Redaktion** l >(kirchenl) >frz	1. Tätigkeit des Redakteurs, Redigierung {40/32}; 2. Gesamtheit der Redakteure {40/32/57}; 3. Raum, in dem die Redakteure arbeiten {40/58}; 4. Veröffentlichung; (bestimmte) Ausgabe eines Textes {32}	dto. kirchenl. **redactio** frz. *rédaction*	dto. Zurückführung
–	**redaktionell** l>frz	die Redaktion betreffend {40/32}	dto.	dto.
–	**Redaktor** l>nlat>(frz)	1. wissenschaftlicher Herausgeber; 2. Redakteur (schweiz.) {40/32}	dto. (frz. *rédacteur)*	dto.
–	**redigieren** l>frz	einen (eingesandten) Text bearbeiten, druckfertig machen {32/25/40}	**redigere**	s. oben

>>> Redintegration s. Reintegration

3005	**Redistribution** (l;l)>nlat	Korrektur der (marktwirtschaftlichen) Einkommensverteilung mit Hilfe finanzwirtschaftlicher Maßnahmen (wirtsch. t. t.) {80}	**re** + **distributio**, onis f	s. oben 2976 Verteilung; logische Einteilung
3006	**redivivus**	wiedererstanden {52}	**redivivus**, a, um	wieder lebendig geworden; schon gebraucht; erneuert
3007	**Redoute** l>it>frz	1. Saal für festliche o. Tanzveranstaltungen {58}; 2. Maskenball (österr., sonst veraltet) {33/85}; 3. Festungswerk (hist. t. t.) {75/86/88}	**reducere** it. *ridotto* frz. *redoute*	zurückführen, -ziehen; retten; wieder einführen Sammelplatz, Schanze

3008	**Reduktion**	1. Verringerung, Herabsetzung {57}; 2. Zurückführung (des Komplizierten auf etw. Einfaches - log. t. t.) {77/71/25}; 3. Verlust von Quantität und Qualität bis zum Vokalschwund (sprachwiss. t. t.) {76}; 4. einen Kleriker in den Laienstand zurückführen (kath. rel. t. t.) {51}; 5. christliche Indianersiedlung unter Missionarsleitung {51/33}; 6. Elektronenübertragung bei der Oxydation (chem. t. t.); 7. Entzug von Sauerstoff aus einer chemischen Verbindung (chem. t. t.) {73}; 8. Verarbeitung eines Erzes zu Metall {41}; 9. Umrechnung eines physikalischen Meßwertes {72/71}	**reductio**, onis f	Zurückziehung; Zurückführung, Wiedereinsetzung
–	**reduktiv** l>nlat	mit den Mitteln der Reduktion arbeitend, durch Reduktion bewirkt {73/76}	**reductus**, a, um	zurückgezogen, zurücktretend; entlegen
3009	**redundant**	Redundanz aufweisend {57}	**redundans** (Gen. –ntis)	überströmend, überflüssig
–	**Redundanz**	1. Überfluß, Üppigkeit {57}; 2. im Sprachsystem angelegte mehrfache Kennzeichnung derselben Information (sprachwiss. t. t.); 3. stilistische Überladung einer Aussage (stilk. t. t.) {76}; 4. Bezeichnung für zusätzliche Information in der Nachrichtentechnik {46}	**redundantia**, ae f	das Überströmen, die Überfülle (im Ausdruck - stilk. t. t.)
3010	**Reduplikation**	Verdopplung eines Wortes, einer Anlautsilbe (sprachwiss. t. t.) {76}	**reduplicatio**, onis f	Verdoppelung, Wiederholung
–	**reduplizieren**	der Reduplikation unterworfen sein (sprachwiss. t. t.) {76}	**reduplicare**	wieder verdoppeln
3011	**Reduzent**	Lebewesen (z. B. Bakterie, Pilz), das organische Stoffe mineralisiert (biol. t. t.) {68}	**reducere**	s. oben 3007

–	**reduzieren**	1. auf etw. Einfacheres, Wesentlicheres zurückführen {57/25}; 2. verringern, herabsetzen {57}; 3. einen Vokal abschwächen (sprachwiss. t. t.) {76}; 4. einer chemischen Verbindung Elektronen zuführen bzw. Sauerstoff entziehen (chem. t. t.) {73}; 5. Erze zu Metall verarbeiten {41}; 6. einen physikalischen Meßwert umrechnen (z. B. Luftdruck auf Meersehöhe) {72/71}	dto.	dto.
–	Reduzierung			
3012	**reell** l>mlat>frz	1. anständig, ehrlich, redlich {33/84}; 2. ordentlich, den Erwartungen entsprechend (ugs.) {25/26/27}; 3. wirklich, tatsächlich (vorhanden) {52}	**realis** bzw. **res** frz. *réel*	s. oben 2991 tatsächlich, wirklich, zuverlässig
>>>	Reexport s. Export			
3013	**Refektorium** l>mlat	Speisesaal in einem Kloster {58/51}	**refectorius**, a, um	erquickend
3014	**Referat**	1. Vortrag über ein bestimmtes Thema {32}; 2. eine Beurteilung enthaltender schriftlicher Bericht; Kurzbesprechung (eines Buches) {32/34}; 3. Sachgebiet eines Referenten (3.) {40/32}	**referre** **referat**	überbringen; melden, berichten, mitteilen er/es möge berichten
–	**Referee** l>engl	Schiedsrichter, Ringrichter (sport. t. t.) {33/85}	dto.	dto.
–	**Referendar** l>mlat	Anwärter auf die höhere Beamtenlaufbahn nach der ersten Staatsprüfung {31/40}	dto. **referendum** mlat. referendarius	dto. das zu Berichtende Anwärter für den Staatsdienst
–	**Referendariat** l>mlat >nlat	Vorbereitungsdienst für Referendare {31/40}	dto.	dto.
–	**Referendum**	1. Volksabstimmung, Volksentscheid {50/28}; 2. (= Denotat) begrifflicher Inhalt eines sprachlichen Zeichens im Gegensatz zu den emotionalen Nebenbedeutungen (sprachwiss. t. t.) {76}	dto.	dto.

–	**Referent**	1. jmd., der ein Referat (1.) hält, Redner {32}; 2. Gutachter (bei der wissenschaftlichen Arbeit) {32/40}; 3. Sachbearbeiter in einer Dienststelle {40/49}; 4. = Denotat [s. oben Referendum (4.)] (sprachwiss. t. t.) {76}	dto. (PPA. **referens**)	dto.
–	**Referenz** l>frz	1. (Empfehlung einer) Vertrauensperson {25/33}; 2. Beziehung zwischen sprachlichen Zeichen (sprachwiss. t. t.) {76}; 3. etw., das beim Vergleich technischer Leistungen als Vorbild herangezogen wird (z. B. in Testberichten) {32/56/87}	dto. frz. *référence* engl. *reference*	dto.
–	**referieren** l>(frz)	1. einen kurzen (beurteilenden) Bericht von etw. geben, vortragen; 2. ein Referat (1.) halten {32}	**referre**	s. oben
3015	**refinanzieren** (l;l)>vulgl/ mlat>frz	fremde Mittel aufnehmen, um damit selbst Kredit zu geben (wirtsch. t. t.) {80}	**re** + **finire** vulgl./mlat. finare frz. *financer*	s. oben 2970 begrenzen, einschließen; enden endigen, zum Ende kommen; eine Abgabe zahlen
–	Refinanzierung			
3016	**reflektieren**	1. zurückstrahlen, spiegeln {54}; 2. nachdenken, erwägen {25}; 3. an jmd. o. etw. sehr interessiert sein, etw. erhalten wollen {33/27}	**reflectere**	zurückbeugen, -drehen, umwenden
–	**Reflektor** l>nlat>(frz)	(techn. t. t.) 1. Hohlspiegel hinter einer Lichtquelle zur Bündelung des Lichts {72}; 2. Teil einer Antenne, das einfallende elektromagnetische Wellen zurückwirft {46/72/87}; 3. Fernrohr mit Parabolspiegel {66/87}; 4. Umhüllung eines Atomreaktors mit Material von großer Neutronenreflektion {41/72}; 5. Vorrichtung aus einem lichtreflektierenden Material; Rückstrahler {55/45}	dto. (frz. *réflecteur)*	dto.
–	**reflektorisch** l>nlat	durch einen Reflex bedingt (med., biol. t. t.) {70/69}	dto.	dto.

–	**Reflex** l>frz	1. Widerschein, Rückstrahlung {55/23}; 2. Muskelkontraktion, unwillkürliche Reaktion des Organismus auf eine Reizung des Nervensystems (med., biol. t. t.) {70/69}	**reflexus**, us m frz. *réflexe*	das Zurückbeugen
–	**Reflexion** l>(frz)	1. das Zurückwerfen von Licht, elektromagnetischen Wellen, Schallwellen etc. (phys. t. t.) {72}; 2. das Nachdenken; Überlegung, Betrachtung {25}	**reflexio**, onis f (frz. *réflexion)*	das Zurückbeugen; die Umkehrung; Erwiderung
–	**reflexiv** l>nlat	1. sich (auf das Subjekt) rückbeziehend (sprachwiss. t. t.) {76}; 2. die Reflexion (2.) betreffend, reflektiert {25}	**reflectere**	s. oben
–	**Reflexiv(um)** o. **Reflexivpronomen** l>nlat bzw. l>nlat;l	rückbezügliches Fürwort (sprachwiss. t. t.) {76}	dto. (+ **pronomen**	dto. s. oben 2857)
–	**Reflexivität** l>mlat >nlat	reflexible Eigenschaft, Möglichkeit des (Sich)rückbeziehens (sprachwiss., philos. t. t.) {76/77}	dto.	dto.
3017	**Reflux** l>mlat	Rückfluß (z. B. bei Erbrechen; med. t. t.) {70}	**refluere** (PPP. **refluxus**)	zurück-, ab-, überfließen
3018	**Reform** l>frz	Umgestaltung, Neuordnung; Verbesserung des Bestehenden {25/50/56}	**reformare** frz. *réformer* *réforme*	umgestalten, -bilden; abändern, wiederherstellen
–	**Reformation**	1. durch Luther ausgelöste Bewegung zur Erneuerung der Kirche im 16. Jh. {51/75}; 2. Erneuerung, geistige Umgestaltung, Verbesserung {25/50/56}	**reformatio**, onis f	Um-, Neugestaltung; Verbesserung
–	**Reformator**	1. Begründer der Reformation (1.) {51}; 2. Umgestalter, Erneuerer {25/33/56}	**reformator**, oris m	Umgestalter, Erneuerer, Verbesserer
–	**reformatorisch** l>nlat	1. in der Art eines Reformators (1.); umgestaltend, erneuernd {51}; 2. die Reformation (2.) betreffend; im Sinne der Reformation, Reformatoren (2.) {25/33/56}	dto.	dto.
–	**Reformer** l>frz>engl	Umgestalter, Verbesserer, Erneuerer {25/50/33}	**reformare** engl. *reformer*	s. oben

–	**reformerisch** l>frz>engl	Reformen betreibend; nach Verbesserung, Erneuerung strebend {25/50/33}	dto.	dto.
–	**Reformhaus** l>frz;d	Fachgeschäft für Reform(= Natur-)kost {42/17}	**reformare**	s. oben
–	**reformieren**	1. verbessern (geistig, sittlich) erneuern; neu gestalten {25/30/33/50}; 2. die Oktanzahl von Benzin erhöhen (techn. t. t.) {72/73/45}	dto.	dto.
–	**reformiert**	evangelisch-reformiert, protestantisch (rel. t. t.) {51}	dto.	dto.
–	Reformierte, Reformierung			
–	**Reformismus** l>nlat	1. Bewegung zur Verbesserung eines (sozialen) Zustandes, (politischen) Programms {50/33/25/81}; 2. Bewegung innerhalb der Arbeiterklasse, die soziale Verbesserungen durch Reformen, nicht durch Revolutionen erreichen will (abwertend - marxist. t. t.) {81}	dto.	dto.
–	Reformist, reformistisch			
3019	**Refrain** l>vulgl >afrz>frz	wiederkehrende Laut- oder Wortfolge in einem Gedicht o. Lied; Kehrreim {34/37/59}	**refringere** (PPP. **refractus**) vulgl. refrangere*	auf-, zer-, zurückbrechen, -werfen
			afrz. *refraindre*	(zurück)brechen; wiederholt unterbrechen; modulieren
			frz. *refrain*	Kehrreim; Rückprall (der Wogen an Klippen)
–	**Refraktion** l>nlat	(phys. t. t.) 1. Brechung von Lichtwellen an Grenzflächen zweier Medien; 2. Brechungswert {72}	**refringere**	s. oben
–	**Refraktor** l>nlat	Fernrohr mit mehreren Sammellinsen als Objektiv (opt. t. t.) {66/72/87}	dto.	dto.
–	**Refrakturierung** l>nlat	operatives Wiederzerbrechen eines Knochens (med. t. t.) {70}	dto.	dto.
3020	**Refrigerator** l>nlat	Gefrieranlage {44/87}	**refrigerare**	abkühlen, erkalten, kalt werden

3021	**Refugium**	1. Zufluchtsort, -stätte {33/58}; 2. Rückzugs- u. Erhaltungsgebiet (z. B. für bedrohte Tierarten) {58/68/69}	**refugium**, ii n	Zuflucht(sort); Geheimgang
3022	**Refutation**	1. Widerlegung (veraltet) {25}; 2. Lehensaufkündigung durch den Vasallen (hist. t. t.) {75/33}	**refutatio**, onis f	Widerlegung
3023a	**Regal** l>mlat (l>mlat >frz)	1. (wirtschaftlich nutzbares) Hoheitsrecht {75/50/80}; 2. Bücher-, Warengestell mit Fächern {44/58}; 3. Schriftkastengestell (druckw. t. t.) {58/40/32}	1. **regalis**, e	zum König gehörig, dem König zukommend, königlich
			2., 3.: **rigare**	eine Flüssigkeit leiten, führen
			mlat. riga rigulus	Graben; Reihe
			frz. *rigole*	Rinne, Furche
3023b	**Regatta** l>vulgl>it	Wettfahrt für Boote {45/61/85}	uns.:	
			re	s. oben 2970
			+ **captare**	greifen, Jagd machen, nach etw. streben
			vulgl. recaptare*	wetteifern
			ait. *regattare*	wetteifern, streiten
			it. *regatta*	Gondelwettfahrt
3024	**Regel** l>(mlat)	1. Richtschnur, -linie; Norm, Vorschrift {25/33}; 2. Menstruation der Frau (med. t. t.) {11/70/59}	**regula**, ae f	Leiste, Richtschnur, Maßstab, Regel
			mlat. regula	Ordensregel
–	regeln, Regler, Regelung, regelmäßig, regelrecht			
3024	**Regeneration** l>(frz)	1. Wiederauffrischung, Erneuerung {59/56}; 2. Wiederherstellung bestimmter chemischer o. physikalischer Eigenschaften {72/73}; 3. Rückgewinnung chemischer Stoffe (chem. t. t.) {73}; 4. Ersatz verlorengegangener Organe (med., biol. t. t.) {69/70}	**regeneratio**, onis f	Wiedergeburt
–	**regenerativ** o. **regeneratorisch** l>nlat	1. wiedergewinnend, wiedergewonnen {56/59/52}; 2. durch Regeneration (4.) entstanden (med., biol. t. t.) {68/69/70}	**regenerare**	wieder erzeugen, hervorbringen, fortpflanzen
–	**regenerieren** l>(frz)	1. erneuern, auffrischen, wiederherstellen {52/56/59}; 2. wiedergewinnen (von Rohstoffen - chem. t. t.) {41/73}; 3. sich -: sich neu bilden (med., biol. t. t.) {68/69/70}	dto.	dto.

3026	**Regent**	1. (fürstliches) Staatsoberhaupt {50/33}; 2. verfassungsmäßiger Vertreter des Monarchen, Landesverweser {50}	**regere** (PPA. **regens**) spätl. **regens**	lenken, leiten, herrschen Herrscher, Fürst
–	**Regentschaft** l;d	Herrschaft o. Amtszeit eines Regenten {50/59}	dto.	dto.
3027	**Regesten**	zeitlich geordnete Urkundenverzeichnisse {32/75}	**regesta**, torum n (Pl.)	Verzeichnis, Katalog
3028	**Regie** l>frz	1. verantwortliche Führung; künstlerische Leitung (bei der Gestaltung einer Aufführung {33/35/40/85}; 2. Regie-, Verwaltungskosten (österr.) {42/33}	**regere** frz. *régir* *régie*	s. oben 3026 lenken, leiten, verwalten verantwortliche Leitung, Verwaltung
–	**regieren**	1. (be)herrschen; die Verwaltung, Politik eines Staates leiten {40/50}; 2. einen bestimmten Fall fordern (sprachwiss. t. t.) {76}; 3. in der Gewalt haben; bedienen; lenken {28/33}	**regere**	s. oben
–	**Regierung**	1. das Regieren; Ausübung der Herrschaftsgewalt {40/50}; 2. oberstes Organ eines Staates; Gesamtheit der Personen, die einen Staat regieren (1.) {50/57}	dto.	dto.
–	**Regime** l>frz	1. einem bestimmten politischen System entsprechende (volksfeindliche) Regierung(sform) {50}; 2. System, Schema, Ordnung (selten) {56}; 3. Lebensweise; Diätvorschrift (selten) {17/15}	**regimen**, minis n frz. *régime*	Lenkung, Leitung; Regierung, Verwaltung
–	**Regiment**	1. Regierung, Herrschaft; Leitung {50}; 2. größere Truppeneinheit {57/86}	**regimentum**, ti n	Leitung, Regierung; Oberbefehl
3029	**Region**	1. Gebiet, Gegend {58/64}; 2. Bereich, Sphäre {58/33}; 3. Bezirk, Abschnitt; Körpergegend (anat. t. t.) {70}	**regio**, onis f	Richtung; Reihe; Gebiet, Bezirk
–	**regional** (o. **Regional**...)	1. sich auf einen bestimmten Bereich erstreckend; gebietsweise, Gebiets... {58/64}; 2. (= regionär) einen bestimmten Körperbereich betreffend (anat. t. t.) {70}	**regionalis**, e	zur Landschaft, Provinz gehörig
–	**Regionalismus** l>nlat	1. Ausprägung landschaftlicher Eigeninteressen {48/28}; 2. Heimatkunst, bodenständige Literatur um 1900 {34/75}	dto.	dto.
–	Regionalist			

>>> regionär s. regional (2.)

3030	**Regisseur** l>frz	jmd., der (berufsmäßig) Regie (1.) führt {33/35/40/85}	**regere** frz. *régir* *régisseur*	s. oben 3026 Verwalter; Spielleiter
3031	**Register** l>mlat	1. alphabetisches Namen- o. Sachverzeichnis; 2. stufenförmig eingeschnittener, mit Buchstaben versehener Seitenrand in Büchern {32}; 3. Orgelpfeifengruppe mit charakteristischer Klangfärbung (mus. t. t.) {37}; 4. Lage der menschlichen Stimme {11/37}; 5. amtliches Verzeichnis rechtlicher Vorgänge {82/32/49}; 6. genaues Aufeinanderpassen der Farben beim Mehrfarbendruck {36/40}; 7. spezieller, schnell verfügbarer Kurzzeitspeicher einer digitalen Rechenanlage (EDV-t. t.) {71/72}	**regesta** mlat. registrum	s. oben 3027 Verzeichnis
-	**registered** l>mlat>frz >engl	1. in ein Register eingetragen, patentiert, gesetzlich geschützt(es Warenzeichen - Abkürzung ®) {32/82}; 2. eingeschrieben (auf Postsendungen) {46/32}	**regesta** mlat. registrare	s. oben 3027
-	**Registertonne** l>mlat;kelt >mlat >roman	Maß zur Angabe des Rauminhalts von Schiffen {45/56/58}	**regesta** mlat. registrum + mlat. **tunna** frz. *tonne*	s. oben 3027 Faß Tonne, großes Faß
-	**Registrator** l>mlat	1. Register führender Beamter (veraltet) {40/49}; 2. Ordner(mappe) {32/40/44}	**regesta**	s. oben 3027
-	**registratorisch** l>mlat	das Registrieren betreffend {32/29/57}	dto.	dto.
-	**Registratur** l>mlat >nlat	1. das Registrieren, Eintragen; Buchung {32}; 2. Aufbewahrungsstelle für Karteien, Akten; 3. Regal, Gestell, Schrank zum Aufbewahren von Akten {58/40}; 4. die die Register (3.) auslösende Schaltvorrichtung bei der Orgel (mus. t. t.) {37}	dto.	dto.

–	**registrieren** l>mlat	1. in ein Register eintragen; 2. selbsttätig aufzeichnen; einordnen {32}; 3. bewußt wahrnehmen {23/24}; 4. sachlich, ohne urteilenden Kommentar feststellen {25/32}; 5. Registerstimmen verbinden und mischen (bei der Orgel - mus. t. t.) {37}	dto. mlat registrare	dto.
3032	**Reglement** l>frz	Gesamtheit von Vorschriften für einen bestimmten Bereich {33/40/57}	**regulare** frz. *régler* *réglement*	regeln, einrichten regeln; bestimmen, verordnen
–	**reglementarisch** l>frz	der (Dienst)vorschrift, Geschäftsordnung gemäß {25/33/40/50}	dto.	dto.
–	**reglementieren** l>frz	durch Vorschriften regeln, einschränken {25/28/33/40/50}	dto. frz. *réglementer*	dto.
–	**Reglementierung** l>frz	1. das Reglementieren {25/28/33/40/50}; 2. Unterstellung (bes. von Prostituierten) unter behördliche Aufsicht {49/18/40}	dto.	dto.
3033	**Regreß**	1. Rückgriff eines ersatzweise haftenden Schuldners auf den Hauptschuldner (jur. t. t.) {82/80}; 2. das Zurückgehen vom Besonderen zum Allgemeinen, von der Wirkung zur Ursache (log. t. t.) {77/71}	**regressus**, us m	Rückkehr; Zuflucht; Ersatzanspruch, Regress (jur. t. t.)
–	**Regression**	1. langsamer Rückzug des Meeres (geogr. t. t.) {64}; 2. Reaktivierung entwicklungsgeschichtlich älterer Verhaltensweisen (biol. t. t.) {69}; 3. das Zurückfallen auf kindliche Stufen der Triebvorgänge (psych. t. t.) {70}; 4. nachträgliche Wiederaufnahme, Wiederholung eines Wortes , (sprachwiss. t. t.) {76}; 5. Aufteilung einer variablen Größe (math. t. t.) {71}; 6. das Schrumpfen des Ausbreitungsgebietes einer Art (biol. t. t.) {58/61/68/69}	**regressio**, onis f	Rückkunft, Rückgang, -zug; Wiederholung eines Wortes

–	**regressiv** l>nlat	1. zurückschreitend in der Art eines Regresses (2.) (log. t. t.) {77/71}; 2. sich zurückbildend (von Krankheiten - med. t. t.) {70}; 3. auf einer Regression (3.) beruhend (psych. t. t.) {70}; 4. nicht progressiv, rückschrittlich; rückläufig {25/33/59}; 5. einen Regreß (1.) betreffend (jur. t. t.) {82/80}	**regredi** (PPP. **regressus**)	zurückgehen, -kommen, -kehren; gegen jmdn. Ersatzansprüche stellen (jur. t. t.)
–	**Regressivität** l>nlat	regressives Verhalten (psych. t. t.) {70}	dto.	dto.
3034	**regulär**	1. vorschriftsmäßig; gewöhnlich, üblich; der Regel gemäß; 2. regelrecht (ugs.) {25/33/56}	**regularis**, e	eine Richtschnur enthaltend; regelmäßig
–	**Regularien**	regelmäßig abzuwickelnde Geschäftsangelegenheiten bei Versammlungen {33/40/59}	dto.	dto.
–	**Regularität** l>nlat/frz	1. Gesetzmäßigkeit, Richtigkeit {25/56/33}; 2. sprachübliche Erscheinung (sprachwiss. t. t.) {76}	dto. frz. *régularité*	dto.
–	**Regulation** l>nlat	1. Regelung der Organsysteme eines Organismus durch verschiedene Steuerungseinrichtungen (biol. t. t.); 2. Anpassung eines Lebewesens an wechselnde Umweltbedingungen (biol. t. t.) {68/69}; 3. = Regulierung {s. unten}	**regulare**	s. oben 3032
–	**regulativ** l>nlat	regulierend, regelnd; als Norm dienend {25/3340/56}	dto.	dto.
–	**Regulativ** l>nlat	1. regelnde Vorschrift, Verordnung {25/28/32/40/49}; 2. steuerndes, ausgleichendes Element {25/56}	dto.	dto.
–	**Regulator** l>nlat	(techn. t. t.) 1. Apparatur zur Einstellung des gleichmäßigen Ganges einer Maschine {40/41}; 2. Pendeluhr, bei der das Pendel reguliert werden kann {44/59/87}; 3. steuernde, ausgleichende Kraft {56/72}	dto.	dto.
–	**regulieren**	1. regeln, ordnen {25/33/40/56}; 2. sich -: in ordnungsgemäßen Bahnen verlaufen {25}; 3. in Ordnung bringen, den gleichmäßigen Gang einer Maschine einstellen {40/41}; 4. einen Fluß begradigen (geogr. t. t.) {39/64}	dto.	dto.

–	**Regulierung**	1. Regelung {25/56}; 2. Herstellung des gleichmäßigen Ganges einer Maschine {72/40/41}; 3. Begradigung eines Flußlaufs (geogr. t. t.) {39/64}	dto.	dto.
3035	**Rehabilitand** (l;l)>mlat (>frz)	jmd., dem die Wiedereingliederung in das gesellschaftliche Leben ermöglicht werden soll {33}	**re** + **habilis**, e mlat. rehabilitare frz. *réhabiliter*	s. oben 2970 leicht zu handhaben, beweglich, handlich, tüchtig in den früheren Stand wiedereinsetzen
–	**Rehabilitation** l>mlat >(frz)	1. (Wieder)eingliederung eines Kranken oder Behinderten in das gesellschaftliche Leben {33/70}; 2. = Rehabilitierung: Wiederherstellung des sozialen Ansehens, Wiedereinsetzung in frühere (Ehren)stellen {33}	dto. mlat. rehabilitatio frz. *réhabilitation*	dto.
–	**rehabilitieren** l>mlat >(frz)	1. jmds. soziales Ansehen wiederherstellen {33}; 2. einen durch Krankheit o. Unfall Geschädigten wieder in die Gesellschaft eingliedern {33/70}	dto. mlat. rehabilitare	dto.
3036	**Reimplantation** (l;l;l)>nlat	Wiedereinpflanzung, -einheilung (med. t. t.) {70}	**re** + **in** + **plantare**	s. oben 2970 in, hinein (etc.) (be)pflanzen, versetzen
3037	**Reimport(ation)** (l;l)>nlat	Wiedereinfuhr ausgeführter Güter {42/80}	**re** + **importare**	s. oben 2970 einführen; hineintragen, -bringen
–	**reimportieren** (l;l)>nlat	ausgeführte Güter wiedereinführen {42/80}	dto.	dto.
3038	**Reinfektion** (l;l)>nlat	Wiederansteckung mit den gleichen Erregern (med. t. t.) {70}	**re** + **infectio**, onis f	s. oben 2970 das Färben; Schändung
3039	**Reinkarnation** (l;l)>nlat	Wiedergeburt (in der buddhistischen Seelenwanderungslehre - rel. t. t.) {51}	**re** + **incarnatio**, onis f	s. oben 2970 Fleisch-, Menschwerdung (Christi)
3040	**Reintegration** (l;l)>nlat	1. = Redintegration: volle Rechtswirksamkeit eines völkerrechtlichen Vertrages nach zwischenzeitlicher Einschränkung {82/50}; 2. Wiedereingliederung {33/56/59}; 3. Wiederherstellung (veraltet) {52/59}	**re** + **integratio**, onis f	s. oben 2970 Wiederherstellung, Erneuerung

–	**reintegrieren** (l;l)>nlat	wiedereingliedern {33/56/59}	**re** + **integrare**	s. oben 2970 wiederherstellen, erneuern, einrenken
3041	**reinvestieren** (l;l)>nlat	freiwerdende Kapitalbeträge erneut anlegen (wirtsch. t. t.) {80}	**re** + **investire**	s. oben 2970 bekleiden
–	Reinvestition			
3042	**Rejektion**	1. Abstoßung transplantierter Organe durch den Organismus des Empfängers (med. t. t.) {70}; 2. Abweisung, Verwerfung (z. B. einer Klage - jur. t. t.) {82}	**reiectio**, onis f	das Zurück-, Auswerfen; Verschmähung, Ab-, Zurückweisung
–	**rejizieren**	(einen Antrag, eine Klage) verwerfen, abweisen (jur. t. t.) {82}	**reicere**	zurückschlagen, -stoßen; abweisen, verwerfen (jur. t. t.)
3043	**Rekapitulation**	1. das Rekapitulieren; das Rekapitulierte {32/59/24/25}; 2. gedrängte Wiederholung der Stammesentwicklung (biol. t. t.) {68/69}	**recapitulatio**, onis f (Lehnübersetzung von gr.: *ἀνακεφαλείωσις*)	die Zusammenfassung des Erzählten in den Hauptpunkten; Wiederholung
–	**rekapitulieren**	1. wiederholen, noch einmal zusammenfassen {59/32}; 2. in Gedanken durchgehen, sich noch einmal vergegenwärtigen {24/25}	**recapitulare** o. **recapitulari** (Lehnübersetzung von gr.: *ἀνακεφαλαιόειν*)	wiederholen, in den Hauptpunkten zusammenfassen
3044	**Reklamation**	Beanstandung, Beschwerde {32/33/42}	**reclamatio**, onis f	Gegengeschrei, das Neinrufen
–	**reklamieren** l>(frz)	1. (zurück)fordern, für sich beanspruchen {28/43}; 2. wegen irgendwelcher Mängel beanstanden, Einspruch erheben {32/28/42}	**reclamare** frz. *réclamer*	dagegenschreien, laut widersprechen, sich widersetzen
–	**Reklame** l>(frz)	Werbung; Anpreisung (von Waren zum Verkauf); mit etw. prahlen {32/42}	dto. frz. *réclame*	dto. das Ins-Gedächtnis-Rufen
3045	**Rekodierung** l;l>frz	(beim Übersetzen) erfolgende Umsetzung in den Kode der Zielsprache (sprachwiss. t. t.) {76}	**re** + **codex**, dicis m frz. *code*	s. oben 2970 Buch, Verzeichnis; Schreibtafel

3046	**rekognos-zieren**	1. auskundschaften (scherzhaft) {25/23}; 2. die Stärke, Stellung des Feindes erkunden, aufklären (schweiz., sonst veraltet - mil. t. t.) {86}; 3. die Echtheit einer Person, Urkunde (gerichtlich, amtlich) anerkennen {25/33/49/82}	**recognoscere**	wiedererkennen, erinnern; besichtigen, prüfen
–	**Rekognos-zierung**	1. Erkundung; 2. Identifizierung {23/25/86}	dto.	dto.
3047	**rekom-mandieren** (l;l)>frz	1. empfehlen; einschärfen (veraltet, landsch.) {25/27/32}; 2. einschreiben lassen (postal. t. t. - österr.) {46/32}	**re** + **commen-dare**	s. oben 2970 anvertrauen, empfehlen; übergeben
–	Rekommandation			
3048	**rekonstru-ieren** (l;l)>nlat >(frz)	1. den ursprünglichen Zustand wiederherstellen {59/52}; 2. den Ablauf eines früheren Vorgangs darstellen {32/59}; 3. zu größerem wirtschaftlichen Nutzen umgestalten (DDR) {42/61/80}	**re** + **construere** (frz. *reconstruire)*	s. oben 2970 auf-, erbauen, errichten
–	rekonstruktabel			
–	**Rekon-struktion** (l>l)>nlat	1. das Wiederherstellen, Wiederaufbauen, Nachbilden; das Nachgebildete, Wiederhergestellte {52/59}; 2. das Wiedergeben, Darstellen (eines Vorgangs in seinen Einzelteilen) {32/57}; 3. wirtschaftliche Umgestaltung (DDR) {42/61/80}	**re** + **constructio**, onis f	s. oben 2970 Zusammenfügung, Konstruktion; Bau
3049	**rekonva-leszent**	sich im Stadium der Genesung befindend (med. t. t.) {14/59/70}	**reconvales-cere**	wieder erstarken
–	Rekonvaleszent			
–	**Rekonva-leszenz** l>nlat	Genesung(szeit) (med. t. t.) {14/59/70}	dto.	dto.
–	**rekonva-leszieren**	genesen (med. t. t.) {14/70}	dto.	dto.
3050	**Rekord** l>frz>engl	(anerkannte) sportliche Höchstleistung {56/85}	**recordari** vulgl. recordare frz. *recorder* engl. *record*	sich vergegenwärtigen; sich erinnern ins Gedächtnis bringen, erinnern schriftlich aufzeichnen, beurkunden

–	Rekordhalter, Rekordler			
3051	**Rekreation**	Erfrischung, Erholung {25/26/33}	**recreatio,** onis f	Wiederherstellung, Erholung
–	**rekreieren**	erfrischen, erquicken, Erholung verschaffen {25/26/33}	**recreare**	wiederherstellen, erfrischen, sich erholen
3052	**Rekrut** (l;l)>frz	Soldat in der ersten Ausbildungszeit {59/86}	**re** + **crescere** bzw. **recrescere** frz. *recroître* *recrue*	s. oben 2970 wachsen, gedeihen wieder wachsen, - hervorwachsen nachwachsen Nachwuchs (an Soldaten)
–	**rekrutieren** l>frz	1. Rekruten ausheben, mustern {86}; 2. zuammenstellen, beschaffen {57/29}; 3. sich -: sich zusammensetzen, bilden (aus etw.) {33/54/56}	dto. frz. *recruter*	dto.
3053	**rektal** (l;l)>l>nlat	(med. t. t.) 1. den Mastdarm betreffend {70}; 2. durch den, im Mastdarm erfolgend {58/70}	**rectus,** a, um + **intestinum,** ni n **rectum intestinum**	in gerader Richtung Darm gerade verlaufender Darm
3054	**Rektifikation** (l;l)>nlat	1. Berichtigung, Zurechtweisung (veraltet) {25/33}; 2. Bestimmung der Länge einer Kurve (math. t. t.) {71}; 3. Trennung von Flüssigkeitsgemischen durch wiederholte Destillation (chem. t. t.) {73}	**rectus** + **facere**	s. oben 3053 tun, machen, handeln
–	rektifizieren			
3055	**Rektion**	Eigenschaft eines Wortes, den Kasus eines abhängigen Wortes zu bestimmen (sprachwiss. t. t.) {76}	**rectio,** onis f	Regierung, Leitung
–	**Recto**	Vorderseite eines Blattes in einem Buch {32/58}	**recto** (Adv.) (bzw. **rectus**	geradewegs, direkt s. oben 3053)
–	**Rektor** l>mlat	1. Leiter einer (Hoch)schule {31/33/40}; 2. kath. Geistlicher an einer Nebenkirche {51}	**rector,** oris m mlat. rector	Lenker, Leiter; Führer; Erzieher Vorsteher
–	**Rektorat** l>mlat	1. Amt(szeit) eines Rektors {40/59/31}; 2. Verwaltungsgremium, dem der Rektor, die Prorektoren und der Kanzler angehören {49/40/31}	dto. mlat. rectoratus	dto.
3056	**Rektum** l>nlat	Mastdarm (med. t. t.) {11/70}	**rectum intestinum**	s. oben 3053

3057	**rekultivieren** l;l>mlat >frz	(durch Bergbau) unfruchtbar gewordenen Boden wieder als Kulturland nutzen (landw. t. t.) {39}	**re** + **colere** mlat. cultivare frz. *cultiver*	s. oben 2970 pflegen; (be)bauen, bewohnen (be)bauen, pflegen
3058	**rekurrieren**	1. Bezug nehmen, auf etw. zurückgreifen {25/56}; 2. Beschwerde, Berufung einlegen gegen Gerichtsurteile, Verwaltungsakte (veraltet, nur österr. - jur. t. t.) {82}	**recurrere**	zurücklaufen, -kommen, -kehren
3059	**Relais** l>frz	1. zum Ein-, Ausschalten eines stärkeren Stromes benutzter Apparat (elektrotechn. t. t.) {41/72/87}; 2. (Station für den) Pferdewechsel {45/46/58}; 3. kleinere Reiterabteilung zur Überbringung von Befehlen (hist. t. t.) {46/50/75}; 4. Weg zwischen Wall und Graben einer Festung {58/75/86}	**relaxare** frz. *relaisser* *relais*	erweitern; erschlaffen; nachlassen; erleichtern nachlassen, sich aufhalten Ablösung; Vorspann; Stafette, Relais
–	**Relaisstation** l>frz;l	1. Pferdewechselstation im Postverkehr, beim Militär {45/46/58/86}; 2. automatisch gesteuerter Sender bei Radio und TV zur Weitervermittlung des Programms (techn. t. t.) {46/87}	dto. + **statio**, onis f	dto. das Stillstehen; Standort; Posten; Quartier
3060	**Relation**	1. Beziehung, Verhältnis {56/33}; 2. Beziehung zwischen den Elementen einer Menge (math. t. t.) {71}; 3. gesellschaftliche, geschäftliche o. ä. Verbindung (veraltend) {42/33}; 4. Bericht, Mitteilung (veraltet) {32}; 5. regelmäßig befahrene (Schiffahrts)linie {45}	**relatio**, onis f	Erwiderung; Vortrag; Beziehung, Verhältnis (gramm., philos. t. t.)
–	**relativ** l>(frz)	1. ziemlich, verhältnismäßig, vergleichsweise, je nach dem Standpunkt verschieden; 2. bezüglich {25/56}	**relativus**, a, um frz. *relatif*	sich beziehend auf etw., bezüglich
–	**relativieren** l>nlat	in seiner Gültigkeit beschränken {56/25}	dto.	dto.
–	**relativisch** l>nlat	das Relativpronomen, -adverb betreffend, als - gebraucht (sprachwiss. t. t.) {76}	dto.	dto.

–	**Relativismus** l>nlat	(philos. t. t.) 1. erkenntnistheoretische Lehre, nach der nur die Verhältnisse der Dinge zueinander erkennbar sind; 2. Anschauung, nach der jede Erkenntnis nur relativ, nicht allgemein (gültig) richtig ist {25/56/77}	dto.	dto.
–	**Relativist** l>nlat	(philos. t. t.) 1. Vertreter des Relativismus; 2. jmd., für den alle Erkenntnis subjektiv ist {25/56/77}	dto.	dto.
–	**relativistisch** l>nlat	1. den Relativismus betreffend (philos. t. t.) {25/56/77}; 2. die Relativität(stheorie) betreffend, auf ihr beruhend (phys. t. t.) {72}	dto.	dto.
–	**Relativität** l>nlat	1. Bezogenheit, Bedingtheit; 2. relative (1.) Gültigkeit {56/72}	dto.	dto.
–	**Relativitätstheorie** l>nlat;gr>l	von Einstein begründete physikalische Theorie {25/56/72}	dto. + **theoria**, ae f gr. *θεωρία*	dto. Theorie, Spekulation, Untersuchung
–	**Relativpronomen** l>(frz);l	bezügliches Fürwort (sprachwiss. t. t.) {76}	**relativus** + **pronomen**, minis n	s. oben Vorname; Fürwort (gramm. t. t.)
3061	**relaxed** l>engl	gelöst, zwanglos {26/33}	**relaxare**	s. oben 3059
–	**relaxen** l>engl	sich körperlich entspannen, sich nach einer Anstrengung erholen {16/26}	dto.	dto.
–	Relaxing			
–	**Release(-Center)** l>frz>engl; (gr)>l	Stelle, Zentrale zur Heilung, Behandlung Rauschgiftsüchtiger {58/70}	dto. afrz. *relaissier* (+ **centrum**, ri n gr. *κέντρον*	dto. Mittelpunkt des Kreises; Zentrum)
3062	**Relegation**	1. Verweisung von der (Hoch)schule {28/31}; 2. Qualifikation für eine Liga (sport. t. t.) {85}	**relegatio**, onis f	Ausschließung, Verweisung, Verbannung
–	**Relegateur** l>frz	Professor, der jmdn. von der Hochschule verweisen läßt {28/31}	dto.	dto.
–	**relegieren**	von der Hochschule verweisen {28/31}	**relegare**	fortschicken, entfernen, verbannen, verweisen

3063	**relevant** l>mlat>frz	bedeutsam, wichtig {56/25}	**relevare** mlat. **relevantes articuli**	auf-, in die Höhe heben; erleichtern; wieder in den vorigen Stand einsetzen berechtigte, beweiskräftige Argumente (im Rechtsstreit)
–	**Relevanz** l>mlat >(engl)	Wichtigkeit, Erheblichkeit {56/25}	dto. engl. *relevance*	dto.
3064	**reliabel** l>frz>engl	verläßlich, zuverlässig {25/26/77/78}	**religare** afrz. *relier* eng. *rely*	auf-, anbinden; befestigen; losbinden
–	**Reliabilität** l>frz>engl	Zuverlässigkeit eines wissenschaftlichen Versuchs, eines (informellen) Tests (philos., päd. t. t.) {77/78}	dto. engl. *reliability*	dto.
3065	**Relief** l>frz	1. Geländeoberfläche o. deren plastische Nachbildung {58/64}; 2. plastisches Bildwerk auf einer Fläche {36}	**relevare** frz. *relever* *relief*	s. oben 3063 in die Höhe -, aufheben
–	reliefieren, Reliefierung			
3066	**Religion**	1. Glaubensbekenntnis; 2. Gottesverehrung; 3. innerliche Frömmigkeit {51}	**religio**, onis f	religiöse Scheu, Gottesfurcht; Gewissenhaftigkeit; Gottesverehrung
–	**religiös** l>frz	1. die Religion betreffend; 2. gottesfürchtig, fromm {51}	**religiosus**, a, um frz. *religieux*	gewissenhaft; religiös, fromm, gottesfürchtig
–	**Religiosität** l>(frz)	(innere) Frömmigkeit, Gläubigkeit, Gottesfurcht {51}	**religiositas**, atis f frz. *religiosité*	Gottesfurcht, Frömmigkeit
–	**religioso** l>it	feierlich, andächtig (mus. t. t.) {37}	**religiosus**	s. oben
3067	**relikt**	in Resten vorkommend (von Tieren und Pflanzen - biol. t. t.) {57/68/69}	**relictus**, a, um	verlassen
–	**Relikt**	1. Überrest, Überbleibsel {57}; 2. Restbestand früherer Pflanzen und Tiere (biol. t. t.) {68/69/57}; 3. ursprünglich gebliebener Gesteinsteil (geol. t. t.) {62}; 4. Boden, der von einer Klimaänderung kaum beeinflußt wurde (geogr. t. t.) {64}; 5. mundartliche Restform (sprachwiss. t. t.) {76}	**relictus**, us m bzw. **relinquere** (PPP. **relictus**)	das Verlassen zurück-, übrig-, hinterlassen

–	**Reliquiar** l>mlat	(künstlerisch gestalteter) Reliquienbehälter {51/36/58}	**reliquiae**, iarum f (Pl.) kirchenl.	Rest, Trümmer, Gerippe
			reliquiae (sc. sanctorum)	Überreste, Gebeine (der Heiligen)
–	**Reliquie** l>(mlat)	1. Überrest eines Heiligen, seiner Gebrauchs- o. Martergegenstände als Gegenstand religiöser Verehrung {51}; 2. kostbares Andenken (selten) {24}	dto.	dto.
3068	**remanent**	zurückbleibend {59/52}	**remanere**	zurück-, dauernd ver-, übrigbleiben
–	**Remanenz** l>nlat	1. Dauermagnetismus (phys. t. t.) {72/63}; 2. Rückstand, Weiterbestehen eines Reizes, Engramm (biol. t. t.) {69}	dto.	dto.
>>>	Rematerialisation s. Materialisation			
3069	**Remedium**	1. Heilmittel (med. t. t.) {70}; 2. bei Münzen zulässige Toleranzabweichung bei Gewicht und Feingehalt {56}	**remedium**, ii n	Heil-, Gegen-, Hilfsmittel
3070	**Remigrant**	jmd., der in das Land zurückkehrt, das er aus politischen o. ä. Gründen verlassen mußte {33/50/61}	**remigrare**	zurückkehren; ausziehen
–	Remigrierte(r)			
3071	**remilitarisieren** (l;l)>frz	wiederbewaffnen, wieder mit eigenen Truppen besetzen {86}	**re** + **militaris**, e	s. oben 2970 die Soldaten, den Kriegsdienst betreffend, soldatisch, Militär...
3072	**Reminiszenz**	Erinnerung, die etw. für jmdn. bedeutet; Anklang, Überbleibsel {24/57}	**reminiscentia**, ae f	Rückerinnerung
3073	**remis** l>frz	unentschieden (bes. in bezug auf Schachpartien und Sportwettkämpfe) {56/85}	**remittere**	zurückschicken; aufhören; nachlassen; auf etw. verzichten
			frz. *remettre*	zurückführen, zurückstellen
			remis	zurückgestellt (als ob nicht stattgefunden)
–	**Remis** l>frz	Sportwettkampf, Schachpartie mit unentschiedenem Ausgang {56/85}	dto.	dto.

–	**Remise** l>frz	1. Geräte-, Wagenschuppen {44}; 2. (künstlich angelegtes) dichtes Schutzgehölz für Wild (forstwirt. t. t.) {38/39}	dto. frz. *remise*	dto. das Zurück-, Einstellen
–	**Remission**	1. Erlaß, Nachsicht (veraltet) {25/28}; 2. Rücksendung von Remittenden (buchw. t. t.) {32/40/42}; 3. das Zurückwerfen von Licht (in der Lichttechnik) {40/72}; 4. Rückgang von Krankheitserscheinungen (med. t. t.) {70}	**remissio**, onis f	das Zurückschikken; Nachlassen; Unterbrechung; das Erlassen
–	**Remittende**	beschädigtes, fehlerhaftes, an den Verlag zurückgesandtes Buch (buchw. t. t.) {32/42}	**remittere** **remittenda**	s. oben das Zurückzuschickende
–	**remittieren**	1. Remittenden zurücksenden (buchw. t. t.) {42/32}; 2. Zahlung für empfangene Leistungen einsenden (wirtsch. t. t.) {80}; 3. zeitweilig nachlassen, zurückgehen (z. B. Fieber - med. t. t.) {59/70}	**remittere**	s. oben
3074a	**Remonstration** (l;l)>mlat	Gegenvorstellung, Einspruch, Einwand {25/32}	**re** + **monstratio**, onis f	s. oben 2970 das Zeigen
–	**remonstrieren** (l;l)>mlat	Einwände, Gegenvorstellungen erheben {25/32}	**re** + **monstrare**	s. oben 2970 zeigen, weisen, hindeuten
3074b	**Remoulade** l>it>frz	Kräutermayonnaise, pikante kalte Soße {17}	**armoracia** o. **armoracea**, ae f o. **armoracium**, ii n it. *ramolaccio* o. *ramoraccio* nordfrz. *rémola* o. *ramolas* frz. *rémoulade*	Meerrettich Meerrettich Meerrettich
3075	**Renaissance** l>frz	1. Epoche einer kulturellen Bewegung in Europa im Übergang vom Mittelalter zur Neuzeit {59/75}; 2. geistige u. künstlerische Bewegung, die bewußt an die griechisch-römische Antike anzuknüpfen versucht {33/79}; 3. Wiederaufleben, neue Blüte {59/56}	**renasci** vulgl. (re)nascere* frz. *naître* *renaître* *renaissance*	wieder geboren werden, wieder entstehen geboren werden wiedergeboren werden, wiederaufleben Wiedergeburt
–	renaissancistisch			
3076	**renal**	die Nieren betreffend (med. t. t.) {70}	**renalis**, e	die Nieren betreffend

3077	**Rendezvous** l>vulgl>frz	1. Stelldichein, Verabredung {33}; 2. Annäherung und Ankoppelung von Raumfahrzeugen im Weltraum {66/61}	**reddere**	zurück-, wieder-, herausgeben; erstatten
			vulgl. rendere*	
			frz. *se rendre*	sich wohin begeben
			rendezvous	Versammlung (der Soldaten im Krieg), Treffen, Verabredung
–	**Rendite** l>mlat/roman>it	Jahresertrag einer Kapitalanlage (wirtsch. t. t.) {59/80}	**reddere**	s. oben
			mlat./roman. rendere*	zurück-, ergeben
			it. *rendere*	zurückerstatten, bezahlen
			rendita	Ertrag, Einkommen
3078	**Renegat** (l;l)>mlat >(frz)	(Glaubens)abtrünniger (rel. t. t.) {51}	**re**	s. oben 2970
			+ **negare**	verneinen, leugnen, verweigern
			mlat. renegare	verleugnen
			renegatus	Treuebrüchiger
			frz. *renégat*	jmd., der seinem Glauben abschwört
–	Renegation			
3079	**renitent** l>(frz)	widerspenstig, widersetzlich {28/33/84}	**reniti** (PPA. **renitens**)	sich entgegenstemmen, - widersetzen; widerstehen
			frz. *rénitent*	
–	**Renitenz** l>mlat	Widersetzlichkeit {28/33/84}	dto.	dto.
3080	**Renommee** l>frz	guter Ruf, Leumund, Ansehen {33}	**nominare**	(er-, be)nennen
			frz. *nommer*	
			renommer	wieder ernennen, erwählen; loben, rühmen
			renommée	
–	**renommieren** l>frz	angeben, prahlen, großtun {32/33}	dto.	dto.
–	**renommiert** l>frz	berühmt, angesehen, namhaft {33}	dto.	dto.
3081	**renovieren**	erneuern, instand setzen, wiederherstellen {40/44/52/59}	**renovare**	erneuern, wiederherstellen; wiederholen
–	**Renovierung** o. **Renovation**	Erneuerung, Instandsetzung {44/40/52/59}	dto. bzw.	dto.
			renovatio, onis f	Erneuerung, Wiederholung

3082	**rentabel** l>mlat/ roman >(frz)	einträglich, lohnend; gewinnbringend (wirtsch. t. t.) {42/80}	**reddere** mlat./roman. rendere* afrz. *rente*	s. oben 3077 zurück-, ergeben Einkommen, Ertrag; Gewinn
–	**Rentabilität** l>mlat/ roman>frz	Verhältnis von Gewinn zu eingesetztem Kapital bei einer Unternehmung (wirtsch. t. t.) {56/80}	dto.	dto.
–	**Rente** l>mlat/ roman>frz	regelmäßiges Einkommen aus angelegtem Kapital; Altersruhegeld {42/43/80}	dto.	dto.
–	**Rentner** o. **Rentier** l>mlat/ roman>frz	jmd., der eine Rente bezieht {59/15/33/42/80}	dto.	dto.
–	**rentieren** l>mlat/ roman>frz	Zins, Gewinn bringen, einträglich sein, (sich) lohnen (wirtsch. t. t.) {42/80}	dto.	dto.
3083	**Renunziation**	Abdankung (eines Monarchen) {33/50}	**renuntiatio**, onis f	Verkündigung, Anzeige, Aufkündigung
–	**renunzieren**	(als Monarch) abdanken {33/50}	**renuntiare**	öffentlich bekanntmachen; aufgeben, verzichten
3084	**Reorganisation** l;gr>l>frz	1. Neugestaltung, Neuordnung {25/52/33}; 2. Neubildung zerstörten Gewebes bei der Heilung (med. t. t.) {70}	**re** + **organum**, ni n gr. *ὄργανον* frz. *organe* *organisation*	s. oben 2970 Werkzeug; musikalisches Instrument Organ, Werkzeug
–	**reorganisieren** l;gr>l>frz	neu gestalten, neu ordnen, wieder einrichten {25/52/33}	dto. frz. *organiser*	dto. einrichten, anordnen, gestalten, organisieren
3085	**reparabel**	wiederherstellbar {54}	**reparabilis**, e	ersetzlich, ersetzbar
–	**Reparateur** l>(frz)	jmd., der berufsmäßig Reparaturen durchführt {40}	**reparator**, oris m	Wiederhersteller, Erneuerer
–	**Reparation**	1. Reparatur (selten) {40}; 2. Regeneration, bei der verlorengegangene Organe ersetzt werden (biol., med. t. t.) {69/70}; 3. Kriegsentschädigungen, Wiedergutmachungsleistungen (nur im Pl.) {80/86}	**reparatio**, onis f	Wiederherstellung, Erneuerung
–	**Reparatur** l>mlat	Wiederherstellung, Ausbesserung, Instandsetzung {40/41/44/56/87}	**reparare** mlat. reparatura	wiederherstellen, wieder erneuern, ersetzen Wiederherstellung

–	**reparieren**	in Ordnung bringen, ausbessern, wiederherstellen {40/41/44/56/87}	**reparare**	s. oben
–	Reparierung			
3086	**repatriieren**	1. die Staatsangehörigkeit wiederverleihen {50/33}; 2. einen Kriegs- o. Zivilgefangenen in die Heimat entlassen {33/86}	**repatriare**	ins Vaterland zurückkehren, heimkehren
3087	**Repertoire** l>frz	Vorrat einstudierter Theaterstücke, Kompositionen o. ä.; Spielplan {35/37/57}	**repertorium** frz. *répertoire*	Verzeichnis
–	**Repertorium**	wissenschaftliches Nachschlagewerk (z. B. Bibliographie von Zeitschriftenaufsätzen) {32/34/57}	**repertorium**	s. oben
3088	**repetieren**	1. durch Wiederholen einüben, lernen {25/59}; 2. eine Klasse noch einmal durchlaufen (verhüllend) {31/59}; 3. als Ton richtig zu hören sein (beim Klavier - mus. t. t.) {37}	**repetere**	wieder auf etw. losgehen; wiederholen, sich erinnern
–	**Repetiergewehr** l;d	Mehrladegewehr mit Patronenmagazin {86}	dto.	dto.
–	**Repetieruhr** l;d	Taschenuhr mit Schlagwerk {44/59/87}	dto.	dto.
–	**Repetition**	Wiederholung {59}	**repetitio**, onis f	Rückforderung; Wiederholung
–	**Repetitor**	Akademiker, der Studierende (bes. Juristen) durch Stoffwiederholung auf das Examen vorbereitet {31/40/82}	**repetitor**, oris m	Zurückforderer; Wiederholer
–	**Repetitorium** l>nlat	Wiederholungsunterricht, -buch {31/32/59}	dto.	dto.
3089	**Replik** l>frz	1. Entgegnung, Erwiderung {32}; 2. Erwiderung des Klägers auf das Vorbringen des Beklagten (jur. t. t.) {82}; 3. Nachbildung eines Kunstwerkes durch den Künstler selbst (künstl. t. t.) {36}	**replicare** (PPP. **replicatus**)	wieder auseinanderfalten; überdenken; dagegen einwenden (jur. t. t.)
–	**Replikat** l>frz	originalgetreue Nachbildung eines Kunstwerks (künstl. t. t.) {36}	dto.	dto.
–	**Replikation**	Erscheinung, das biologische Systeme sich identisch vermehren (z. B. Chromosomen - biol. t. t.) {68/69}	**replicatio**, onis f	das Zurückfalten. Wiederaufrollen; Wiederholung

–	**replizieren**	1. entgegnen, erwidern {32}; 2. eine Replik (2.) vorbringen (jur. t. t.) {82}; 3. eine Replik (3.) herstellen {36}	**replicare**	s. oben
3090	**Report** l>engl (l>frz)	1. (Dokumentar)bericht {32/40}; 2. Kursaufschlag an der Wertpapierbörse (wirtsch. t. t.) {80}	**reportare** engl. *report* afrz. *reporter*	zurücktragen, -führen, -bringen
–	**Reportage** l>frz>engl >frz	aktueller Bericht vom Ort des Geschehens für Presse, Radio, TV {32/40/85}	dto. engl. *reporter* frz. *reportage*	dto.
–	**Reporter** l>frz>engl	Zeitungs-, Radio-, TV-Berichterstattung {32/40/85}	dto. engl. *(to) report* *reporter*	dto.
–	**reportieren** l>frz>engl	über ein Ereignis (live) berichten {32/40/85}	dto. engl. *(to) report*	dto.
3091	**repräsentabel** l>frz	würdig, stattlich; wirkungsvoll {25/33/55}	**repraesentare** frz. *représenter*	vergegenwärtigen, vorstellen; darstellen; verwirklichen
–	**Repräsentant** l>frz	1. (offizieller) Vertreter (z. B. eines Volkes) {50/33}; 2. Vertreter einer Firma {42/40}; 3. Abgeordneter {50/40}	dto. frz. *représentant*	dto.
–	**Repräsentantenhaus** l>frz;d	zweite Kammer des nordamerikanischen Kongresses (USA) mit zweijähriger Wahlperiode {50}	dto.	dto.
–	**Repräsentanz** l>frz	1. Vertretung {50/40/33}; 2. Auslandsvertretung einer Bank, eines Industrieunternehmens {41/42}; 3. das Repräsentativsein {33}	dto.	dto.
–	**Repräsentation** l>(frz)	1. Vertretung einer Gesamtheit von Personen {57/33}; 2. das Repräsentativsein {33}; 3. Vertretung eines Staates, einer öffentlichen Einrichtung o. ä. auf gesellschaftlicher Ebene {33/50}; 4. auf Status und Außenwirkung bedachter gehobener Lebensstil {33}	**repraesentatio**, onis f frz. *représentation*	Abbildung; Vorstellung; Voraus-, Barzahlung

–	**repräsentativ** l>frz	1. vom Prinzip der Repräsentation (1.) bestimmt {57/33}; 2. als einzelne(-er, -es) typisch für etw., eine Gruppe {25/33/55}; 3. verschiedene Interessen(gruppen) berücksichtigend {25/33}; 4. in seiner Art, Anlage, Ausstattung wirkungs-, eindrucksvoll {26/55}; 5. der Repräsentation (3., 4.) dienend {33/50/41}	**repraesentare**	s. oben
–	**repräsentieren**	1. etw., eine Gesamtheit von Personen nach außen vertreten {33/57}; 2. repräsentativ (2., 3.) sein; 3. Repräsentation (3., 4.) betreiben {33}; 4. wert sein; (einen Wert) darstellen {56}	dto.	dto.
3092a	**Repressalie** l>mlat	Druckmittel, Vergeltungsmaßnahme {28/29/33/86}	**repre(he)ndere**	festhalten, ergreifen; widerlegen (rhet. t. t.); zurücknehmen
			mlat. reprensalia o. repraessalae	gewaltsame Rücknahme dessen, was einem widerrechtlich genommen wurde
			frz. *repressaille*	
3092b	**Repression**	1. Unterdrückung von Triebregungen (psych. t. t.) {70}; 2. Unterdrückung individueller Entfaltung durch gesellschaftliche Autoritätsverhältnisse {50/33}; 3. politische Gewaltanwendung {50/86}	**repressio**, onis f	das Zurückdrängen, Rückzug; Tadel
–	**repressiv** l>nlat	hemmend, unterdrückend, Repression ausübend (z. B. in bezug auf Gesetze) {50/82}	**reprimere** (PPP. **repressus**)	zurückdrängen, hemmen, einschränken
3093	**Reprint** (l;l)>afrz >engl	unveränderter Nachdruck, Neudruck (druckw. t. t.) {32/40}	**re**	s. oben 2970
			+ **premere**	drücken; bedrängen, verfolgen
			afrz. *preindre / priente*	
			engl. *(to) print*	drucken

3094	**Reprise** l>frz	1. Wiederaufführung eines lange nicht gespielten Theaterstückes; Neuauflage einer vergriffenen Schallplatte {35/37/59/85}; 2. dem Feind wieder abgenommene Prise {43/45/86}; 3. Börsenkurserholung, die vorherige Verluste ausgleicht (wirtsch. t. t.) {80}; 3. Wiederaufnahme des ersten Teils nach der Durchführung im Sonatensatz (mus. t. t.) {37}	**reprehendere** frz. *reprendre* *reprise*	s. oben 3092a wiederaufnehmen
>>>	reprivatisieren s. unter privatisieren			
3095	**Repro** (l;l)>nlat	(kurz für Reproduktion) fotografische Wiedergabe nach einer Bildvorlage (druckw. t. t.) {32/40/87}	**re** + **productio, onis f**	s. oben 2976 das Hervorführen; Ausdehnung, Verlängerung
–	**Reproduktion** (l;l)>nlat	1. Wiedergabe {32}; 2. Vervielfältigung von Büchern (durch Druck) {32/40}; 3. Exemplar einer Reproduktion (2.) {32}; 4. Wiederholung des gesellschaftlichen Produktionsprozesses {33}; 5. Fortpflanzung (biol. t. t.) {68/69}; 6. das Sich-erinnern an früher erlebte Bewußtseinsinhalte (psych. t. t.) {24/70}	dto.	dto.
–	**reproduktiv** (l;l)>nlat	nachbildend, nachahmend {55/56}	**re** + **productivus**, a, um	s. oben 2970 zur Verlängerung geeignet
–	**reproduzieren** (l;l)>nlat	1. etw. genauso hervorbringen, (wieder)herstellen {52/56}; 2. eine Reproduktion (3.) herstellen {32/40}; 3. ständig neu erzeugen {52/29/59}; 4. die Reproduktion (4.) bewirken {33}; 5. sich -: sich fortpflanzen (biol. t. t.) {68/69}	**re** + **producere**	s. oben 2970 (her)vorführen, -bringen, erzeugen, erschaffen
–	**Reprographie** (l;l)>nlat; gr	Kopierverfahren mittels elektromagnetischer Strahlung {32/40/41/72/87}	dto. + gr. *γράφειν*	dto. schreiben
–	reprographieren			
–	**reprographisch** (l;l)>nlat; gr	durch Reprographie hergestellt, auf ihr beruhend, sie betreffend {32/40/41/72/87}	dto.	dto.

3096	**Reptil** l>frz	Kriechtier {07}	**reptile,** lis n	kriechendes Tier
–	**Reptilienfonds** l>frz;l>frz	1. Fonds Bismarcks zur Bekämpfung geheimer Staatsfeinde (sogenannter „bösartiger Reptilien" - hist. t. t.) {42/50/75}; 2. Geldfonds, über dessen Verwendung hohe Regierungsstellen keine Rechenschaft abzulegen brauchen {42/50}	dto. + **fundus**	dto. s. oben 1126
3097	**Republik** l>frz	Staat, in dem mehrere nicht durch Erbfolge bestimmte Personen sich zu rechtlich umschriebenen Bedingungen die Staatsgewalt teilen {50}	**res publica** frz. *république*	Gemein-, Staatswesen, Staat(sverwaltung, -gewalt)
–	**Republikaner** l>frz >(engl)	1. Anhänger der republikanischen Staatsform {50/25}; 2. Mitglied der Republikanischen Partei in den USA; 3. Mitglied einer rechtsradikalen deutschen Partei {33/50}	dto. frz. *républicain*	dto.
–	**republikanisch** l>frz	1. die Republik betreffend, für sie eintretend {25/50}; 2. die Republikanische Partei (USA), die Rep's betreffend {33/50}	dto.	dto.
–	**Republikanismus** l>frz>nlat	das Eintreten für die republikanische Verfassung {25/50}	dto.	dto.
3098	**Repulsion**	Ab-, Zurückstoßung (techn. t. t.) {41/61/72}	**repulsio,** onis f	Abwehr; Abweisung, Widerlegung
–	**repulsiv** l>nlat	zurück-, abstoßend (bei elektrisch o. magnetisch geladenen Körpern - phys. t. t.) {72}	dto.	dto.
3099	**Repunze** l;l>it	Feingehaltsstempel für Waren aus Edelmetallen {40/56}	**re** + **punctio,** onis f it. *punzone*	s. oben 2970 das Stechen; Stich Stoß; Stempel
–	repunzieren			
3100	**Reputation** l>frz	(guter) Ruf, Ansehen {33}	**reputatio,** onis f	Berechnung; Erwägung, Betrachtung
–	**reputierlich** o. **reputabel** l>frz	ansehnlich; achtbar; ordentlich {33/25/56}	**reputare**	(be)rechnen; überdenken, erwägen
3101	**Requiem**	(Komposition, die die) kath. Totenmesse (zum Leitthema hat) {37/51}	**requies,** etis f	Ruhe, Rast; Todesruhe

3102	**requirieren**	1. für Heereszwecke beschlagnahmen {43/86}; 2. (auf etw. gewaltsame Weise) be-, herbeischaffen (scherzhaft, verhüllend) {43}; 3. Nachforschungen anstellen, untersuchen {25}; 4. ein Gericht, eine Behörde um Rechtshilfe ersuchen {82}	**requirere** (PPP. **requisitus**)	verlangen; nach-, erforschen, untersuchen
–	**Requisit**	1. Zubehör für eine Bühnenaufführung, Filmszene {33/35/40/85}; 2. benötigtes Gerät, Zubehörteil {40/44/87}	**requisita**, torum n (Pl.)	Bedürfnis, Notdurft; das Nötige
–	**Requisite**	Raum für Requisiten (1.); für die Requisiten zuständige Stelle {33/35/40/58/85}	dto.	dto.
–	**Requisiteur** l>frz	Verwalter der Requisiten beim Theater o. Film {33/35/40/85}	dto.	dto.
–	**Requisition**	1. Beschlagnahme für Heereszwecke {43/86}; 2. Beschaffung auf etw. gewaltsame Weise (scherzhaft, verhüllend) {33/43}; 3. Nachforschung, Untersuchung {25}; 4. Rechtshilfeersuchen {27/50/82}	**requisitio**, onis f	Untersuchung
3103	**Res**	Sache, Ding, Gegenstand (philos. t. t.) {77}	**res**, ei f	Sache, Ding, Gegenstand
3104a	**Research** (l;l)>frz >engl	Markt-, Meinungsforschung (soziol., wirtsch. t. t.) {80/81}	**re** + **circare** frz. *chercher* *recherche*	s. oben 2970 umkreisen, durchstreifen
–	Researcher			
3104b	**Reseda** o. **Resede**	krautige Mittelmeerzierpflanze {04}	**reseda**, ae f	Resede o. Reseda
3105	**Reservat**	1. Vorbehalt, Sonderrecht {82/33}; 2. den Indianern vorbehaltenes Gebiet {58/64}; 3. natürliches Großraumgehege zum Schutz von in freier Wildbahn lebenden Tierarten (biol. t. t.) {58/69}	**reservare** (PPP. **reservatus**)	(auf)bewahren; erhalten, erretten
–	**Reservation** l>nlat >(engl)	1. Vorbehalt, Sonderrecht {82/33}; 2. Indianerreservat in Nordamerika {58/64}	dto.	dto.

–	**Reserve** l>mlat>frz	1. Verschlossenheit, zurückhaltendes Wesen {26/84}; 2. im Frieden die Gesamtheit der nicht aktiv dienenden Soldaten (mil. t. t.) {57/86}; 3. im Krieg zurückgehaltene, einsatzbereite Ersatztruppe (mil. t. t.) {86}; 4. Vorrat; Rücklage für den Notfall {25/57/44}; 5. Gesamtheit der Ersatzspieler einer Mannschaft (sport. t. t.) {85}	dto. frz. *réserve*	dto.
–	**Reservefonds** l>mlat>frz; l>frz	Rücklage {42/43/57}	dto. + **fundus**	dto. s. oben 1126
–	**reservieren**	1. für jmdn. bis zur Inanspruchnahme zurücklegen; vorbelegen {27/25/33/42}; 2. für einen bestimmten Anlaß, Fall zurückhalten {25/57}	dto. frz. *réserver*	dto.
–	**reserviert**	zurückhaltend, zugeknöpft, kühl, abweisend {26/33/84}	dto.	dto.
–	**Reservist** l>mlat>frz >nlat	1. Soldat der Reserve (3., 4.) {86}; 2. Auswechsel-, Ersatzspieler (sport. t. t.) {85}	dto.	dto.
–	**Reservoir** l>frz	1. Sammelbecken, Wasserspeicher, Behälter für Vorräte {17/57/58}; 2. Reservebestand, -fonds {25/44/57}	dto. frz. *réservoir*	dto.
3106	**Resident** l>frz	1. Regierungsvertreter; Geschäftsträger {50}; 2. Statthalter (veraltet) {50/75}	**residere** (PPA. **residens**)	sich niederlassen, sich setzen; verweilen
–	**Residenz** l>mlat	Wohnsitz eines Staatsoberhaupts o. hohen Geistlichen; Hauptstadt {44/47/48/58}	dto. mlat. residentia	dto.
–	**residieren**	seinen Wohnsitz haben (von regierenden Fürsten) {44/47}	dto.	dto.
–	**residual** l>nlat	(med. t. t.) 1. als Reserve zurückbleiben (z. B. nicht ausgeatmete Luft); 2. als Rest zurückbleiben (z. B. Urin in der Blase); 3. als Dauerfolge einer Krankheit zurückbleiben (z. B. Lähmungen) {59/70}	**residere** [mit langem e hinter dem d]	zurückbleiben, verweilen; rückständig bleiben
3107	**Resignation** l>mlat	1. Schicksalsergebenheit; Entsagung, Verzicht {25/26/28/84}; 2. freiwillige Niederlegung eines Amtes (amtsspr. t. t.) {33/40}	**resignare** mlat. resignatio	ungültig machen, vernichten; zurückgeben, verzichten
–	**resignativ** l>nlat	resignierend, durch Resignation gekennzeichnet {25/26/28/84}	dto.	dto.

–	**resignieren**	entsagen, verzichten; sich widerspruchslos fügen, sich in eine Lage schicken {25/26/28}	dto.	dto.
–	**resigniert**	durch Resignation (1.) gekennzeichnet {25/26/28/84}	dto.	dto.
3108	**Résistance** l>frz	(hist. t. t.) 1. Gruppe konservativer französischer Parteien im 19. Jh. {75/50}; 2. französische Widerstandsbewegung gegen die deutsche Besatzung im 2. Weltkrieg {28/50/75/86}	**resistentia**, ae f	Widerstand
–	**resistent**	widerstandsfähig (z. B. in bezug auf Schädlinge - biol. t. t.) {68/69/54/22}	**resistere** (PPA. **resistens**)	zurückbleiben; Widerstand leisten, sich widersetzen
–	**Resistenz**	1. Widerstand, Gegenwehr {22/25/28/86}; 2. anlagebedingte Widerstandsfähigkeit gegen Krankheiten, Witterung etc. (biol., med. t. t.) {68/69/70}	**resistentia**	s. oben
–	**resistieren**	widerstehen; ausdauern {22/25/28}	**resistere**	s. oben
–	**resistiv** l>nlat	widerstehend, hartnäckig {28/25}	dto.	dto.
–	**Resistivität** l>nlat	Widerstandsfähigkeit (biol., med. t. t.) {68/69/70}	dto.	dto.
3109	**resolut** l>frz	Bestimmtheit zum Ausdruck bringend; beherzt, tatkräftig; betont entschlossen {25/28/84}	**resolutus**, a, um frz. *resolu*	wollüstig; zügellos, ausgelassen
–	**Resolution** l>(frz)	1. Beschluß, Entschließung {25/28/32}; 2. Rückgang von Krankheitserscheinungen (med. t. t.) {70}	**resolutio**, onis f frz. *résoudre*	Auflösung; Aufhebung, Schwäche entscheiden, beschließen
3110	**Resonanz**	1. durch Schallwellen gleicher Schwingungszahl angeregtes Mitschwingen eines Körpers (phys. t. t.) {72}; 2. Klangverstärkung und -verfeinerung durch Mitschwingung in den Obertönen (mus. t. t.) {37}; 3. Widerhall, Anklang, Verständnis, Wirkung {25/32/33}	**resonantia**, ae f	Widerschall, Widerhall
–	**Resonator** l>nlat	bei der Resonanz mitschwingender Körper (z. B. die Luftsäule bei Blasinstrumenten - mus., phys. t. t.) {72/37}	**resonare**	widerschallen, -hallen, ertönen
–	**resonatorisch** l>nlat	die Resonanz betreffend, auf ihr beruhend (mus., phys. t. t.) {37/72}	dto.	dto.

–	**resonieren**	mitschwingen (mus., phys. t. t.) {37/72}	dto.	dto.
3111	**resorbieren**	bestimmte Stoffe aufnehmen, aufsaugen (chem. t. t.) {73}	**resorbere**	wieder -, zurück in sich schlucken, -schlürfen
–	**Resorption** l>nlat	1. das Aufsaugen; Aufnahme gelöster Stoffe in die Blutbahn (med. t. t.) {70/73}; 2. Wiederauflösung eines Kristalls beim Erstarren einer Gesteinsschmelze (geol. t. t.) {62/73}	dto.	dto.
3112	**resozialisieren** (l;l)>engl	schrittweises Wiedereingliedern in die Gesellschaft (nach Verbüßung einer längeren Haftstrafe) (jur., soziol. t. t.) {33/81/82}	**re** + **socialis**, e	s. oben 2970 die Gesellschaft betreffend, gesellschaftlich
–	Resozialisierung			
3113	**Respekt** l>frz	1. Ehrerbietung; schuldige Achtung {33/26}; 2. Scheu {25/26}; 3. leerer Rand (bei Seiten) {58/40/32}	**respectus**, us m frz. *respect*	das Zurückblicken; Rücksicht, Berücksichtigung
–	**respektabel** l>mlat>frz	ansehnlich; angesehen {33/56}	**respectare** mlat. respectabilis frz. *respectable*	zurück-, sich umsehen; entgegensehen; Rücksicht nehmen
–	**Respektabilität** l>frz	Achtbarkeit, Ansehen {33}	dto.	dto.
–	**respektieren** l>frz	1. achten; anerkennen, gelten lassen {25/33}; 2. einen Wechsel bezahlen (wirtsch. t. t.) {80}	dto. frz. *respecter*	dto.
–	**respektierlich** l>frz	ansehnlich, achtbar {33/56}	dto.	dto.
–	**respektiv** l>mlat	jedesmalig, jeweils (veraltet) {59}	dto.	dto.
–	**respektive** l>mlat	beziehungsweise; oder {56}	dto.	dto.
3114	**Respiration**	Atmung (med. t. t.) {70}	**respiratio**, onis f	das Atemholen, Aufatmen; Pause
–	**Respirator** l>nlat	Atmungsgerät, Atemfilter (med., techn. t. t.) {70/72}	**respirare**	ausatmen; aufatmen, Luft schöpfen
–	**respiratorisch** l>nlat	mit der Atmung verbunden, auf sie bezüglich (med. t. t.) {70}	dto.	dto.
–	**respirieren**	atmen (med. t. t.) {70}	dto.	dto.

3115	**Response** l>engl	durch einen Reiz ausgelöstes und bestimmtes Verhalten (psych., sprachwiss. t. t.) {70/76}	**responsum**, si n	Antwort; Ausspruch; Rechtsbescheid
–	**Responsorium** l>mlat	kirchlicher Wechselgesang {37/51}	dto. bzw. **responsoria**, iorum n (Pl.)	dto. Wiederholungen beim Gottesdienst
3116	**Ressentiment** (l;l)>frz	1. heimlicher Groll; ohnmächtiger Haß, (Lebens)neid {26/33}; 2. das Wiedererleben eines (dadurch verstärkten) meist schmerzlichen Gefühls (psych. t. t.) {26/70}	**re** + **sentire** frz. *sentir* *ressentir* *ressentiment*	s. oben 2970 fühlen, empfinden, wahrnehmen empfinden, nachfühlen heimlicher Groll
3117	**Ressort** l>frz	Geschäfts-, Amts-, Arbeits-, Aufgabenbereich {40/49/50}	**sors**, rtis f (**sortiri** frz. *ressortir* *ressort*	Los, Schicksal; erloster Anteil durch Los erhalten) hervorgehen; zugehören
3118	**Ressource** l>frz	1. natürliches Produktionsmittel für die Wirtschaft (wirtsch. t. t.) {80}; 2. Hilfsmittel; Reserve; Geldmittel {42/57/80}	**resurgere** afrz. *resourdre* *ressource*	wieder aufstehen; sich erheben; wieder erstehen
3119	**Rest** l>it	Rückstand, Überbleibsel {57}	**restare** it. *resto*	widerstehen; zurück-, übrig bleiben, übrig sein übrig gebliebener Geldbetrag
3120	**Restaurant** l>frz	Gaststätte {58/17}	**restaurare** frz. *restaurer* *restaurant*	wiederherstellen; erneuern, erholen wiederherstellen, stärken
–	**Restaurateur** l>frz	1. Gastwirt (veraltet) {40/17}; 2. = Restaurator (ugs.) {36/40/88}	**restaurator**, oris m	Wiederhersteller (eines Bauwerkes o. ä.)
–	**Restauration**	1. das Restaurieren; Ausbessern eines Kunstwerkes {36/40/88}; 2. Wiedereinrichtung der alten politischen und sozialen Ordnung nach einem Umsturz {50/81};	**restauratio**, onis f	Erneuerung, Wiederherstellung
	(l>frz)	3. Gastwirtschaft (österr., sonst veraltet) {58/17}		
–	**restaurativ** l>nlat	die Restauration (2.) betreffend, sich auf die Restauration stützend {50/81}	**restaurare**	s. oben
–	**Restaurator**	Fachmann, der Kunstwerke wiederherstellt {36/40/88}	**restaurator**	s. oben

–	**restaurieren** l>(frz)	1. ein Kunst-, Bauwerk, Gemälde o. ä. wiederherstellen, ausbessern {36/40/88}; 2. eine frühere politische, gesellschaftliche Ordnung wiederherstellen {50/81}; 3. sich -: sich erholen, sich erfrischen (veraltend) {14}	**restaurare**	s. oben
–	Restaurierung			
3121	**restituieren**	wiederherstellen {52}; 2. zurückerstatten {33/42}; 3. ersetzen {56}	**restituere**	wiedergeben; wiederherstellen
–	**Restitution**	1. Wiederherstellung, Wiedererrichtung {52}; 2. Wiedergutmachung, Schadenersatzleistungen für die einem anderen Staat zugefügten Schäden {50/42}; 3. Wiederaufhebung einer Entscheidung (im röm. Recht) {82}; 4. Form der Regeneration mit Ersetzung verlorener Organteile (z. B. Haare - biol. t. t.) {68/69}	**restitutio**, onis f	Wiederherstellung; Wiedererstattung, Rückgabe; Begnadigung
3122	**Restriktion**	1. Ein-, Beschränkung (z. B. von Rechten) {28/82}; 2. für den Gebrauch eines Wortes geltende Einschränkung (sprachwiss. t. t.) {76}	**restrictio**, onis f	Einschränkung, Kargheit
–	**restriktiv** l>nlat	einschränkend, einengend {25/28}	**restrictus**, a, um	straff angezogen; karg; streng
–	**restringieren**	1. einschränken (veraltet) {25/28/33}; 2. zusammenziehen (med. t. t.) {53/70}	**restringere**	zurückziehen, beengen, beschränken
–	**restringiert**	eingeschränkt {25/28/33}	dto.	dto.
3123	**Resultat** l>mlat>frz	1. (in Zahlen ausdrückbares) Ergebnis (einer Rechnung) {57/71}; 2. Erfolg, Ergebnis {33/56}	**resultare** mlat. resultare resultatum frz. *résultat*	zurückspringen; hüpfen; widerhallen lassen entspringen, entstehen Folge, Ergebnis; Folgerung, Schluß
–	**resultativ** l>mlat >nlat	ein Resultat bewirkend {71/25}	dto.	dto.
–	**resultieren** l>mlat>frz	sich als Resultat ergeben, die Folge von etw. sein {25/33/56}	**resultare**	s. oben

3124	**Resümee** l>frz	1. Zusammenfassung {32/57/25}; 2. Fazit {32/25}	**resumere** frz. *résumer*	wieder (vor)nehmen, - annehmen, wiederholen; wiederherstellen
–	**resümieren** l>frz	zusammenfassen {32/25/57}	dto.	dto.
3125	**Retardation** l>frz	Verzögerung, Verlangsamung eines Ablaufs, einer Entwicklung {59}	**retardatio**, onis f	Verzögerung
–	**retardieren** l>frz	1. verzögern, hemmen {33/59}; 2. nachgehen (in bezug auf Uhren - veraltet) {44/59/87}	**retardare**	verzögern, zurück-, aufhalten; hemmen
–	**retardiert** l>frz	in der geistigen o. körperlichen Entwicklung zurückgeblieben (med., psych. t. t.) {70}	dto.	dto.
3126	**retikular** o. **retikulär**	netzartig {54/55}	**reticulum**, li n o. **reticulus**, li m	kleines Netz, Gitter; Vorhang
–	**Retikulum**	(biol. t. t.) 1. Netzmagen der Wiederkäuer; 2. Netzwerk entspiralisierter Chromosomen im Zellkern {68/69}	dto.	dto.
–	**Retina** l>mlat	Netzhaut des Auges (med. t. t.) {70}	**rete**, tis n mlat. retina	Netz; Garn Netzhaut
–	**Retinitis** l>mlat >nlat	Netzhautentzündung (med. t. t.) {70}	dto.	dto.
3127	**Retorte** l>mlat>frz	1. rundliches Labordestillationsgefäß mit umgebogenem Hals {40/58/73}; 2. Behälter, der innen mit feuerfestem Material ausgekleidet ist {40/40/58}	**retorquere** (PPP. **retortus**) mlat. retorta	rückwärts drehen, - wenden, - kehren; verdrehen die Zurückgedrehte (Flasche)
–	**Retortenbaby** l>mlat>frz; engl	Baby, das sich aus einem außerhalb des Mutterleibs befruchteten Ei entwickelt hat (med. t. t.) {15/70}	dto.	dto.
3128	**retour** l;(gr)>l >vulgl>frz	zurück (landsch., sonst veraltend) {56/58}	**re** + **tornus**, ni m gr. *τόρνος* frz. *tour* *tourner* *retourner*	s. ben 2970 Dreh-, Drechseleisen zurückkehren
–	**Retour** l;(gr)>l >vulgl>frz	Rückfahrkarte (österr., ugs.) {45/58/61}	dto.	dto.

–	**Retourkutsche** l;(gr)>l >vulgl>frz; ung	das Zurückgeben eines Vorwurfs, einer Beleidigung (bei einer passenden Gelegenheit) {25/32/33}	dto. + ung. *kocsi*	dto. Wagen aus der Stadt Kocs
–	**retournieren** l;(gr)>l >vulgl>frz	1. Waren an den Verkäufer zurücksenden {42}; 2. zurückgeben, -bringen (österr.) {29/45}; 3. den gegnerischen Aufschlag zurückschlagen (beim Tennis - sport. t. t.) {12/61/85}	dto.	dto.
3129	**Retraktion**	Zusammenziehung, Verkürzung, Schrumpfung (med. t. t.) {53/70}	**retractio**, onis f	das Zurückziehen; Verminderung
3130	**Retro...**, **retro...**	rückwärts, zurück; umgekehrt; nach hinten {58}	**retro** (Adv., Präp.)	rückwärts, nach hinten, zurück

>>> Retro..., retro... s. ggf. unter dem Rest des Wortes

–	**retrospektiv** (l;l)>nlat	rückschauend, rückblickend {24/59}	**retro** + **spectare**	s. oben betrachten, (an)schauen, zusehen
–	**Retrospektive** (l;l)>nlat	1. Rückschau, Rückblick {24/25/59}; 2. Kunstaustellung, Filmserie, die das Werk eines Künstlers, Regisseurs o. einer Epoche rückschauend vorstellt {24/35/36/59/85}	dto.	dto.
–	**Retroversion**	1. Rückwärtsneigung, bes. der Gebärmutter (med. t. t.) {70}; 2. Text für die Übersetzung in eine andere Sprache, der zuvor aus der Zielsprache herüber übersetzt wurde (sprachwiss. t. t.) {31/76}	**retrovertere**	umwandeln
–	**retrovertieren**	zurückneigen, -wenden {58/61}	dto.	dto.
3131	**Rettich** (gr)>l	Gemüsepflanze mit scharf schmeckender eßbarer Wurzelknolle {05/17}	**radix**, icis f gr. *ῥάδιξ*	Wurzel; Ursprung; Rettich; Radieschen vgl. oben 2960
3132	**Return** l;(gr)>l >vulgl>frz >engl	Rückschlag, zurückgeschlagener Ball (Tischtennis-, Tennis - sport. t. t.) {12/61/85}	**re** + **tornus** gr. *τόρνος* frz. *retourner*	s. oben 2970 s. oben 3128
3133	**reunieren** (l;l)>frz	1. wiedervereinigen, versöhnen (veraltet) {33/26}; 2. sich -: sich versammeln {57/33}	**re** + **unire**	s. oben 2970 vereinigen
–	**Reunion** (l;l)>frz	1. Wiedervereinigung {33/50}; 2. Gesellschaftsball (veraltet) {33}; 3. französische Insel im Indischen Ozean {64}	**re** + **unio**, onis f	s. oben 2970 Einheit; Vereinigung; Zwiebel

3134	**revalidieren** (l;l)>nlat	wieder gültig werden {56}	**re** + **valere**	s. oben 2970 gesund, stark sein; vermögen, gelten
3135	**Revanche** l>frz;l>frz	1. Vergeltung für eine militärische Niederlage; Rache {25/33/86}; 2. Gegenleistung {33/80}; 3. Chance, eine Wettkampfniederlage wettzumachen; Rückkampf, Rückspiel (nach verlorenem Hinspiel - sport. t. t.) {85}	**re** + **vindicare** frz. *(re +) venger* *revancher* *revanche*	s. oben 2970 beanspruchen; befreien; rächen, bestrafen rächen, ahnden rächen
–	**revanchieren** l>frz;l>frz	1. vergelten, sich rächen {25/33/86}; 2. sich erkenntlich zeigen, eine Gegendienst erweisen {33/42}; 3. eine erlittene Niederlage im Rückkampf wettmachen (sport. t. t.) {85}	dto.	dto.
–	**Revanchismus** l>frz;l>frz >russ	Politik, die auf die Rückgewinnung der in einem Krieg verlorenen Gebiete mit militärischen Mitteln gerichtet ist (DDR, abwertend) {25/50/86}	dto.	dto.
–	Revanchist, revanchistisch			
3136	**Reverend** l>engl	(Titel der) Geistlicher (-n) in England und Amerika {51}	**reverendus**, a, um	(hoch)ehrwürdig; Hochwürden
–	**Reverenz**	1. Ehrerbietung {33}; 2. Verbeugung {12/32}	**reverentia**, ae f	Scheu, Achtung, Ehrfurcht; Hoheit
3137	**Revers** l>frz (l>mlat)	1. Umschlag, Aufschlag an Kleidungsstücken {19}; 2. Rückseite (einer Münze) {58}; 3. Erklärung, Verpflichtungsschein {28/32/33}	**revertere** o. **reverti** (PPP. **reversus**) frz. *revers* 3.: mlat. reversum	um-, zurückkehren, -kommen Aufschlag (an Kleidungsstükken) Münzrückseite, Antwort
–	**Reverse** l>engl	Umschaltautomatik für den Rücklauf bzw. die Gegenspur von Cassetten- o. Tonbandgeräten (techn. t. t.) {61/87}	dto.	dto.
–	**reversibel** l>(frz)>nlat	1. umkehrbar {56/58/61}; 2. heilbar (med. t. t.) {70}	dto.	dto.
–	**Reversibilität** l>nlat	Umkehrbarkeit {58/61}	dto.	dto.
–	**Reversion**	Umkehrung, Umdrehung {58/61}	**reversio**, onis f	Umkehrung, Umdrehung; Rück-, Wiederkehr

3138	**revidieren**	1. (über)prüfen, kontrollieren, durchsuchen {23/25/40}; 2. formal abändern, korrigieren {25/33/40}	**revidere**	wieder hinsehen
3139	**Revier** l>vulgl>frz >niederl	1. Bezirk, Gebiet; Tätigkeitsbereich {58/40}; 2. kleinere Polizeidienststelle (eines Stadtbezirks) {49/58}; 3. von einem Truppenteil belegte Räume in einer Kaserne (mil. t. t.) {58/86}; 4. Krankenstube eines Truppenteils (mil. t. t.) {58/70/86}; 5. Teilbezirk eines Forstamtes (forstwirt. t. t.); 6. begrenzter Jagdbezirk (forstwirt. t. t.) {58/38/39}; 7. Abbaugebiet (bergmannsspr. t. t.) {41/58}; 8. Wohngebiet, Lebensraum, bestimmter Tiere {69/58}	**ripa,** ae f **riparius** vulgl. riparia afrz. *rivière* mniederl. *riviere*	Ufer, Rand, Abhang eines Gewässers am Ufer befindlich das am Ufer Befindliche Ufergegend, Fluß Ufergegend entlang eines Wasserlaufs
3140	**Review** l>frz>engl	Titel(bestandteil) engl. o. am. Zeitschriften {32}	**revidere** frz. *revue*	s. oben 3138
–	**Revision** l>mlat	1. nochmalige Durchsicht; Korrektur des umgebrochenen Drucksatzes (druckw. t. t.) {32/40/25}; 2. Änderung nach eingehender Prüfung {25}; 3. bei einem Bundesgericht gegen ein Urteil einzulegendes Rechtsmittel (jur. t. t.) {82}; 4. Kontrolle vorhandener Bestände auf ihre Vollzähligkeit (z. B. in Bibliotheken) {25/43/57}	dto. (bzw. **revisio,** onis f mlat. revisio	dto. das Wiedersehen) prüfende Wiederdurchsicht
–	**Revisionismus** l>mlat >nlat	1. das Streben nach Änderung eines bestehenden völkerrechtlichen Zustandes {28/50/81}; 2. Richtung innerhalb der deutschen Sozialdemokratie gegen den Marxismus im 19. Jh. {50/75/81}	dto.	dto.
–	Revisionist, revisionistisch			
–	**Revisor** l>nlat	1. (Wirtschafts)prüfer {40/42/80}; 2. die letzten Korrekturen im druckfertigen Bogen prüfender Korrektor {40/32/25}	**revisere**	nachsehen; besichtigen, besuchen
3141	**Revival** l>engl	Wiederbelebung, Erneuerung {52/59}	**revivere**	wieder leben
3142	**Revokation**	Widerruf (z. B. eines wirtschaftlichen Auftrages) {28/42/80}	**revocatio,** onis f	Zurück-, Abrufen

3143	**Revolte** l>vulgl>it >frz	Aufruhr, Aufstand (einer kleinen Gruppe) {28/33/50/86}	**revolvere** vulgl. revolvitare* it. *rivoltare* frz. *révolter* *révolte*	zurückrollen, -wälzen, -drehen umdrehen, umwenden; empören zurück-, umwälzen; aufwiegeln, empören
–	**revoltieren** l>vulgl>it >frz	an einer Revolte teilnehmen; sich empören, sich auflehnen; meutern {28/33/50/86}	dto.	dto.
–	**Revolution** l>(frz)	1. (gewaltsamer) Umsturz der bestehenden politischen u. sozialen Ordnung {33/50/81/86}; 2. Aufhebung, Umwälzung der bisher anerkannten Gesetze, Praktiken durch neue Erkenntnisse {25/61}; 3. Gebirgsbildung (geogr. t. t.) {64}; 4. Umlauf eines Himmelskörpers um ein Hauptgestirn (astron. t. t.) {61/66}; 5. Solospiel im Skat {85}	**revolutio**, onis f (1.: frz. *révolution)*	das Zurück-, Wegwälzen; Rückkehr; Umdrehung
–	**revolutionär** l>frz	1. die Revolution (1.) betreffend, zum Ziele habend; für die Revolution eintretend {25/28/50/81/86}; 2. eine Revolution (2.) bewirkend {25/61}	dto. frz. *révolutionnaire*	dto.
–	**Revolutionär** l>frz	1. jmd., der auf eine Revolution (1.) hinarbeitet; Umstürzler {25/28/33/50/81}; 2. jmd., der sich gegen das Überkommene auflehnt {28/33}	dto.	dto.
–	**revolutionieren** l>frz	1. in Aufruhr bringen, für seine revolutionären (1.) Ziele gewinnen {25/28/33/50/81}; 2. revoltieren (selten) {28/33/50/86}; 3. grundlegend verändern {25/61}	dto. frz. *révolutionner*	dto.
–	**Revoluzzer** l>it	jmd., der sich (besonders in nicht ernstzunehmender Weise) als Revolutionär gebärdet {33/25}	dto. it. *rivoluzione* *rivoluzionario*	dto.
–	**Revolver** l>frz>engl	1. kurze Handfeuerwaffe mit einer drehbaren Trommel als Magazin {86}; 2. drehbare Vorrichtung an Werkzeugmaschinen zum Einspannen mehrerer Werkzeuge {41/61/40}	**revolvere** engl. *(to) revolve* *revolver*	s. oben sich drehen

–	**Revolverpresse** l>frz>engl; l>mlat>frz	reißerisch aufgemachte Sensationszeitungen (abwertend) {32/26}	dto. + **premere** (PPP. **pressus**)	dto. s. oben 2812
–	**revolvieren**	zurückdrehen (techn. t. t.) {61/41}	**revolvere**	s. oben
3144	**revozieren**	1. (sein Wort) zurücknehmen; widerrufen {25/28}; 2. vor Gericht einen mündlichen Antrag sofort zurückziehen (jur. t. t.) {82}	**revocare**	zurückziehen, widerrufen
3145	**Revue** l>frz	1. (Bestandteil des) Titel(s) von Zeitschriften {32}; 2. musikalisches Ausstattungsstück mit sängerischen, tänzerischen und artistischen Darbietungen {37/85}; 3. Truppenschau (veraltet) {33/86}	**revidere** frz. *revoir* *revue*	s. oben 3138 wiedersehen
3146	**Rex**	1. (altröm.) Königstitel {33/50/75}; 2. = Direktor (Schülersprache) {31/33}	**rex,** egis m	König, Regent, Herrscher
3147	**Rezensent**	Verfasser einer Rezension, Literaturkritiker {32/34/40}	**recensere** (PPA. **recensens**)	prüfen, in Augenschein nehmen, durchmustern
–	**rezensieren**	ein künstlerisches o. wissenschaftliches Produkt kritisch besprechen {25/32/34/40}	dto.	dto.
–	**Rezension**	1. kritische Besprechung eines wissenschaftlichen oder künstlerischen Produkts {25/32/40}; 2. berichtigende Durchsicht eines alten Textes {32/25}	**recensio,** onis f	Musterung
3148	**Rezept**	1. schriftliche Arztanweisung für den Apotheker; Lösung, Heilmittel {70/32}; 2. Back-, Kochanweisung {17/32}	**recipere** (PPP. **receptus**)	(zurück)nehmen, -bekommen; auf-, entgegennehmen
–	**Rezeption**	1. Aufnahme, Übernahme fremden Gedanken-, Kulturgutes (z. B. des röm. Rechts) {33/75/81}; 2. Aufnahme eines Textes, eines Kunstwerkes durch den Hörer, Leser, Betrachter {32/23}; 3. Aufnahme in eine Gemeinschaft (veraltet) {33};	**receptio,** onis f	Aufnahme; Vorbehalt
	(l>frz)	4. Aufnahme(raum), Empfangsbüro im Foyer eines Hotels {58/33/40}	(frz. *réception)*	Empfangsbüro, -halle
–	**rezeptiv** l>nlat	(nur) aufnehmend, empfangend; empfänglich {33}	**recipere**	s. oben

–	**Rezeptor**	1. Empfänger; Steuereinnehmer {40/49/42}; 2. Ende einer Nervenfaser zur Aufnahme von Reizen (med., biol. t. t.) {68/69/70}	**receptor**, oris m	Aufnehmer; Hehler; Befreier
–	**rezeptorisch**	von Rezeptoren (2.) aufgenommen (med., biol. t. t.) {23/68/69/70}	**receptorius**, a, um	zur Aufnahme geeignet
–	**Rezeptur** l>nlat	1. Zubereitung (von Arzneimitteln in kleinen Mengen) nach Rezept {70/44/17}; 2. Steuereinnehmerei (hist. t. t.) {75/49/42}	**recipere** (PFA. **recepturus**, a, um)	s. oben
3149	**Rezession** l>engl	Verminderung der wirtschaftlichen Wachstumsgeschwindigkeit, leichter Konjunkturrückgang (wirtsch. t. t.) {80}	**recessio**, onis f	das Zurückgehen, Zurückweichen
–	**rezessiv** l>nlat	1. zurücktretend, nicht in Erscheinung tretend (in bezug auf Erbfaktoren - biol. t. t.) {55/68/69}; 2. die Rezession (2.) betreffend (wirtsch. t. t.) {80}	**recedere** (PPP. **recessus**)	zurücktreten, -weichen, sich entfernen
–	**Rezessivität** l>nlat	Eigenschaft eines Gens, nicht in Erscheinung zu treten (biol. t. t.) {55/68/69}	dto.	dto.
3150	**Rezipient**	1. Hörer, Leser, Betrachter eines Kunstwerkes, Textes etc. {23/32/33}; 2. Glasglocke mit Ansatzrohr für eine Vakuumpumpe (phys. t. t.) {72}	**recipere** (PPA. **recipiens**)	s. oben 3148
–	**rezipieren**	1. fremdes Gedanken-, Kulturgut aufnehmen, übernehmen {33/75/81}; 2. einen Text, ein Bild o. ä. als Leser, Hörer, Betrachter aufnehmen {32/33}	dto.	dto.
3151	**reziprok** l>(frz)	wechsel-, gegenseitig; aufeinander bezüglich {56/71}	**reciprocus**, a, um frz. *réciproque*	wechselseitig; auf demselben Weg zurückgehend
–	**Reziprozität** l>nlat	Wechselseitigkeit (der im Außenhandel eingeräumten Bedingungen) {42/80}	dto.	dto.
3152	**Rezitation**	künstlerischer Vortrag einer Dichtung, eines literarischen Werkes {34/32}	**recitatio**, onis f	das Vorlesen; Vorlesung
–	**Rezitativ** l>it	dramatischer Sprechgesang (in Oper, Operette, Kantate, Oratorium - mus. t. t.) {37}	**recitare** it. *recitativo*	vortragen, vorlesen
–	**rezitativisch** l>it	in der Art des Rezitativs vorgetragen (mus. t. t.) {37}	dto.	dto.

–	**Rezitator**	jmd., der rezitiert; Vortragskünstler {32/40/85}	**recitator**, oris m	Vorleser
–	**rezitatorisch** l>nlat	den Rezitator, die Rezitation betreffend (mus. t. t.) {32/37/40/}	dto.	dto.
–	**rezitieren**	ein literarisches Werk, ein Gedicht künstlerisch vortragen {32/34}	**recitare**	s. oben
3153a	**ridikül** l>frz	lächerlich {26/56}	**ridiculus**, a, um	lächerlich; spaßhaft
3153b	**Riegel** l>vulgl	1. Schieber als Verschlußvorrichtung, Sperre, Querbalken {44}; 2. Schokoladenstreifen {17/57}; 3. aufgesetzter Stoffstreifen {19}	**regula**, ae f vulgl. regula	Leiste, Latte; Stab; Richtschnur
–	**riegeln** l>vulgl	mit einem Riegel (1.) verschließen {29/44}	dto.	dto.
–	ab-, ver-, zuriegeln			
3154	**Riemen** l>(niederl)	Ruder {45}	**remus**, mi m niederl. *riem*	Ruder
3155	**rigid(e)**	1. streng, unnachgiebig {26/28/84}; 2. starr, steif, fest {25/54}	**rigidus**, a, um	starr, steif; unbeugsam, streng
–	**Rigidität**	1. Unnachgiebigkeit {26/28/84}; 2. Unfähigkeit sich wechselnden Bedingungen anzupassen (psych. t. t.); 3. Versteifung, (Muskel)starre (med. t. t.) {70}	**rigiditas**, atis f	Steife, Härte (des Holzes)
3156	**Rigorismus** l>nlat	unbeugsames, starres Festhalten an Grundsätzen (bes. in der Moral) {28/30/84}	**rigor**, oris m	Steifheit, Strenge, starres Wesen, Unbeugsamkeit
–	Rigorist, rigoristisch			
–	**rigoros** l>mlat >(frz)	sehr streng, unerbittlich, hart, rücksichtslos {25/26/28/33/84}	dto. mlat. rigorosus frz. *rigoreux*	dto. streng, hart
–	**Rigorosität** l>mlat >(frz)	Stenge, Rücksichtslosigkeit {25/26/28/33/84}	dto.	dto.
–	**rigoroso** l>mlat>it	genau, streng im Takt (mus. t. t.) {37}	dto.	dto.
–	**Rigorosum** l>mlat	mündliche Doktorprüfung {31/32}	dto.	dto.
3157	**Rimesse** l>it	(wirtsch. t. t.) 1. Übersendung von Geld bzw. eines Wechsels; 2. in Zahlung gegebener Wechsel {80}	**remittere** it. *rimettere* *rimessa*	zurückschicken, -werfen; verursachen übergeben, anvertrauen

3158a	**Riposte** l>it>frz	unmittelbarer Gegenstoß nach einem parierten Angriff beim Fechten (sport. t. t.) {12/85}	**respondere** it. *riposta* frz. *riposte*	antworten; erwidern, vergelten
–	**ripostieren** l>it>frz	eine Riposte ausführen (sport. t. t.) {12/85}	dto.	dto.
3158b	**Risiko** gr/l>vulgl >it	1. Wagnis, Gefahr {25/26/33}; 2. gewagter Einsatz bei einem Geschäft {25/42}	uns.: gr. *ῥίζα* o.: **resecare** vulgl. resecum* ait. *risico* o. risco it. *rischio*	Wurzel; Klippe abschneiden das vom Festland Abgeschnittene; Felsklippe; Gefahr Gefahr, Wagnis
–	**riskant** gr/l>vulgl >it>(frz)	gewagt, gefährlich, waghalsig {25/26/33}	dto. (frz. *risquant)*	dto.
–	**riskieren** gr/l>vulgl >it>(frz)	freiwillig Gefahr auf sich nehmen, ein Wagnis eingehen, aufs Spiel setzen {25/26/28/33}	dto. (frz. *risquer)*	dto.
3159	**Risorgimento** l>it	italienische Einigungsbestrebungen im 19. Jh. (hist. t. t.) {75/50/28}	**resurgere** it. *risorgere*	wieder auf(er)stehen, sich wieder erheben, wieder hervorkommen
>>>	Ristorante s. Restaurant			
3160	**rite**	1. genügend (geringstes Prädikat bei Doktorprüfungen) {56/31}; 2. ordnungsgemäß {56}	**rite** (Adv.)	gesetzlich; auf gehörige Weise, recht
3161	**ritual**	den Ritus betreffend {51/33}	**ritualis**, e	den religiösen Brauch, die Zeremonien betreffend
–	**Ritual**	1. Ordnung für gottesdienstliches Brauchtum; 2. religiöser (Fest)brauch in Worten, Gesten, Handlungen; Ritus (1.) {51}; 3. Zeremoniell, Vorgehen nach festgelegter Ordnung {33}; 4. Verhalten in bestimmten Grundsituationen, besonders bei Tieren (z. B. Balzverhalten - biol. t. t.) {69}	dto.	dto.
–	**Rituale**	liturgisches Buch für die Amtshandlungen des kath. Priesters {51/32}	dto.	dto.
–	**ritualisieren** l>nlat	zum Ritual (4.) formalisieren (biol. t. t.) {69}	dto.	dto.

–	**Ritualisierung** l>nlat	Verselbständigung einer Verhaltensform zum Ritual (4.) mit Signalwirkung für artgleiche Tiere (biol. t. t.) {69}	dto.	dto.
–	**ritualistisch** l>nlat	1. das Ritual streng befolgend {51/33}; 2. den Ritualismus (eine anglokatholizistische Bewegung) betreffend (rel. t. t.) {51}	dto.	dto.
–	**rituell** l>frz	1. dem Ritus (1.) entsprechend {51}; 2. in der Art eines Ritus (2.), zeremoniell {33}	dto. frz. *rituel*	dto.
–	**Ritus**	1. religiöser (Fest)brauch in Worten, Gesten und Handlungen {51}; 2. das Vorgehen nach festgelegter Ordnung; Zeremoniell {33}	**ritus**, us m	religiöser Brauch, Zeremonie, Ritus, Sitte
3162	**Rivale** l>frz	Nebenbuhler, Mitbewerber; Gegenspieler {33}	**rivalis**, is m frz. *rival*	der an der Nutzung eines Wasserlaufs Mitberechtigte, Bachnachbar; Nebenbuhler
–	**rivalisieren** l>frz	um den Vorrang kämpfen {29/33/86}	**rivalis**, e frz. *rivaliser*	zum Bach -, zum Kanal gehörig
–	**Rivalität** l>frz	Nebenbuhlerschaft, Kampf um den Vorrang {29/33/86}	**rivalitas**, atis f frz. *rivalité*	Eifersucht, Nebenbuhlerschaft
3163	**Rizinus**	1. strauchiges Wolfsmilchgewächs mit fettreichem giftigen Samen {04}; 2. Abführmittel aus gleichnamigem Samen {70}	**ricinus**, ni m	Holzbock, Zecke
3164a	**robust**	stark, derb, widerstandsfähig, unempfindlich (in bezug auf Dinge und Menschen) {11/25/26/54/84}	**robustus**, a, um	aus Hartholz; hart, stark, fest
3164b	**Rochen** l>(frz)	Seefischart {07}	**raja**, ae f frz. *raieteau* o. *raieton*	Rochen junger Rochen
3165	**Rodeo** l>span >engl	mit Geschicklichkeitsübungen und Wildwestvorführungen verbundene Reiterschau der Cowboys in den USA {12/61/85}	**rotare** span. *rodar*	kreisförmig herumdrehen, -rollen, -schleudern

3166	**Rolle** l>spätl >(vulgl) >frz	1. kleines Rad, kleine Scheibe; 2. rollenförmiger (zylindrischer) Gegenstand {61/40}; 3. Schriftrolle, Urkunde {32}; 4. Darstellungspart eines Schauspielers {33/35/40/85}; 5. Leistung des Einzelnen im größeren Rahmen {25/56/40}	**rota**, ae f bzw. **rotula**, ae f spätl. **rotulus**, li m afrz. *rol(l)e* frz. *rôle*	Rad Rädchen; Rolle, Walze Rolle, Liste, Register
–	**rollen** l>vulgl/ mlat>frz	sich (z. B. durch Drehung eines Rades) vorwärtsbewegen {61}	**rotula** / spätl. **rotulus** mlat. / vulgl. rotulare* afrz. *rol(l)er* frz. *rouler*	s. oben ein Rädchen, eine Scheibe rollen rollen
–	Roller, Rollmops, Rollstuhl, Rolladen			
–	**rollieren** l>mlat>frz; d	1. einen dünnen Stoff am Rand rollend umlegen {19}; 2. nach einem bestimmten System turnusmäßig abwechseln {61}; 3. die Oberfläche eines zylindrischen Werkstücks einebnen {40/58}	dto.	dto.
>>>	Rollo s. Rouleau			
3167	**Roman** l>vulgl>frz	Exemplar bzw. literarische Gattung erzählender Prosa, die das Schicksal eines einzelnen o. einer Gruppe schildert {34}	**Romanus**, a, um vulgl. romanice* frz. *roman*	zu Rom gehörig, römisch auf romanische Art, in romanischer Sprache ursprüngl.: eine in lateinisch-romanischer Volkssprache verfaßte Erzählung; heute: Roman
–	**Romancier** l>vulgl>frz	Verfasser von Romanen, Romanschriftsteller {40/34}	dto. frz. *romancier*	dto.
–	**Romane**	Angehöriger eines Volkes mit romanischer Sprache {10/81}	**Romanus**	s. oben
–	**romanesk** l>it	1. breit ausgeführt, in der Art eines Romans gehalten {34}; 2. nicht ganz real o. glaubhaft {25/24}	dto.	dto.
–	**Romanik**	europäische Baustilepoche des frühen Mittelalters (auch Malerei - archit., künstl. t. t.) {36/75/88}	dto.	dto.

–	**romanisch**	1. aus dem Vulgärlatein entwickelt (z. B. französich, italienisch etc.) {32/76}; 2. die Romanen und ihre Kultur betreffend; zu den Romanen gehörig {10/81}; 3. die Kunst der Romanik betreffend, für die Romanik charakteristisch {36/75/79}	dto.	dto.
–	**romanisieren** l>nlat	1. römisch machen (veraltet); 2. romanisch machen {81}; 3. in lateinische Schriftzeichen umsetzen (sprachwiss. t. t.) {76/32}	dto.	dto.
–	**Romanismus** l>nlat	1. eine für eine romanische Sprache charakteristische Erscheinung in einer nichtromanischen Sprache (sprachwiss. t. t.) {76}; 2. papst-, kirchenfreundliche Einstellung (veraltend) {25/51}; 3. Richtung der niederländischen Malerei im 16. Jh. {36/75/79}	dto.	dto.
–	**Romanist** l>nlat	1. jmd., der sich wissenschaftlich mit romanischen Sprachen und Literaturen befaßt {40/76}; 2. Wissenschaftler auf dem Gebiet des Römischen Rechts {40/82}; 3. Vertreter des Romanismus (3.) {36/75/79}	dto.	dto.
–	**Romanistik** l>nlat	1. Wissenschaft von den romanischen Sprachen und Literaturen {76/40}; 2. Wissenschaft vom Römischen Recht {82/40}	dto.	dto.
–	**romanistisch** l>nlat	die Romanistik betreffend {76/82/40}	dto.	dto.
–	**Romantik** l>vulgl>frz >engl	1. durch eine schwärmerische Idealisierung der Wirklichkeit gekennzeichnete Art {26/84}; 2. romantischer Reiz, romantische Stimmung {25/26}; 3. abenteuerliches Leben {15/25/26/33}; 4. Epoche des europäischen Geisteslebens im 18. u. 19. Jh. {59/75/79}	dto. frz. *romantique* engl. *romantic*	dto.
–	**Romantiker** l>vulgl>frz >engl	1. Vertreter, Künstler der Romantik (1.) {40/59/79}; 2. Phantast, Gefühlsschwärmer {25/26/33/84}	dto.	dto.

–	**roman-tisch** l>vulgl>frz >engl	1. die Romantik (1.) betreffend, im Stil der Romantik {59/75/79}; 2. phantastisch, gefühlsschwärmerisch, die Wirklichkeit idealisierend; 3. stimmungsvoll, malerisch-reizvoll; 4. abenteuerlich, geheimnisvoll {25/26/33}	dto.	dto.
–	**Romantsch** l>vulgl >rätorom	rätoromanische Sprache (im schweiz. Graubünden) {32/76}	**Romanus**	s. oben
–	**Romanze** l>vulgl >prov >span>frz	1. volksliedhaftes episches Gedicht mit balladenhaften Zügen {34}; 2. liedartiges gefühlsgesättigtes Musikstück erzählenden Inhalts (mus. t. t.) {34/37}; 3. episodenhaftes Liebesverhältnis {18/33/59}	**Romanus** vulgl. romanice* aprov. *romans* span. *romance* frz. *romance*	 s. oben
3168	**Rondeau** l>frz	1. (= Rondel) mittelalterl. frz. Tanzlied beim Rundtanz (mus. t. t.) {37}; 2. Gedicht mit zweireimigem Refrain (im 13. Jh.) {34/75}; 3. rundes Beet; runder Platz (österr.) {58/45/39}	**rotundus**, a, um afrz. *rond* frz. *rondeau*	scheiben-, kreisrund, abgerundet Tanzlied
–	**Rondell** o. **Rundell** l>frz	1. Rundteil (an der Bastei - archit. t. t.) {88}; 2. Rundbeet {39/58}; 3. Rückteil des Handtaschenüberschlags {44}	dto.	dto.
–	**Rondo** l>it	1. mittelalterl. Tanzlied, Rundgesang (mus. t. t.) {37/75}; 2. (Schluß)satz in Sonaten und Sinfonien {37}	dto. it. *rondo*	dto. Tanzlied
3169	**rosa**	1. blaßrot, rosenfarbig {55}; 2. sich auf Homosexualität beziehend (verhüllend, Jargon) {18}	**rosa**, ae f	Rose(nstrauch), Rosenkranz; Rosenöl
–	**Rosa**	rosa Farbe (ugs.) {55}	dto.	dto.
–	**Rosazee**	Rosengewächs (bot. t. t.) {68}	dto.	dto.
–	**rosé** l>frz	rosig, zartrosa {55}	dto. frz. *rosé*	dto.
–	**Rosé** l>frz	Wein aus roten Trauben, hellgekeltert {17}	dto.	dto.
–	**Rose**	Blumenart {04}	dto.	dto.

–	**Rosette** l>frz	1. kreisförmiges Ornamentmotiv in Form einer stilisierten Rose (archit., künstl. t. t.) {36/88}; 2. Schliffform für flache Diamanten {40/20}; 3. aus Bändern geschlungene o. genähte Verzierung (mod. t. t.) {19/20}; 4. rundes Schalloch der Laute (mus. t. t.) {37/58}; 5. bestimmte Anordnung grundständiger Blätter (bot. t. t.) {68}; 6. After (scherzhaft, verhüllend) {11}	dto. frz. *rose* *rosette*	dto. Röschen
–	Rosenkohl, Rosenkranz			
>>>	Roséwein s. Rosé			
–	**rosig**	1. rosenrot {55}; 2. erfreulich, schön, gut {25/56}	dto.	dto.
3170	**Rosine** l>vulgl>frz	getrocknete Weinbeere {17}	**racemus**, mi m vulgl. racimus* frz. *raisin*	Kamm der Weintrauben; Weinbeere; Traube (als Ganzes) Weintraube
3171	**Rosmarin** l;l	immergrüner Strauch des Mittelmeergebietes (Grundstoff für Gewürze, Heilmittel, Kosmetika) {04/17/21/70}	**ros**, oris m + **marinus**, a, um **ros marinus**	Tau Meer..., zum Meer gehörig Rosmarin
3172	**Rostra**	mit erbeuteten Schiffsschnäbeln verzierte Rednertribüne im alten Rom (hist. t. t.) {36/75/88}	**rostra**, rorum n (Pl.)	Rednerbühne in Rom
–	**Rostrum**	über das Vorderende des Tierkörpers hinausragender Fortsatz (z. B. Vogel- o. „Delphin"schnabel - biol. t. t.) {69}	**rostrum**, ri n	Schnabel, Maul, Schnauze
3173	**Rotaprint** l;l>frz >engl	Warenzeichen: Offsetdruck- u. Vervielfältigungsmaschine {32/40}	**rota**, ae f + **premere** afrz. *preindre* engl. *print*	Rad; Wechsel; Rolle; Kreis drücken, pressen
–	**Rotarier** l>engl	Angehöriger des Rotary Club International, einer Vereinigung führender Persönlichkeiten unter dem Gedanken des Dienstes {33}	**rota**	s. oben
–	rotarisch			

–	**Rotation**	1. Drehung in einer Kreisbahn um eine feste Achse (phys. t. t.) {72}; 2. geregelte Aufeinanderfolge des Kulturpflanzenanbaus (landw. t. t.); 3. Bewäserungsregelung in der Landwirtschaft (landw. t. t.) {39}; 4. das Mitdrehen des Oberkörpers im Schwung (beim Ski - sport. t. t.); 5. Positionswechsel aller Spieler einer Mannschaft (beim Volleyball - sport. t. t.) {12/61/85}; 6. das Anrollen der Walzendruckmaschine (= Rotationsdruck - druckw. t. t.) {32/40/41/61}	**rotatio**, onis f	kreisförmige Umdrehung
–	**rotieren**	1. umlaufen, sich um die eigene Achse drehen {12/61}; 2. über etw. aus der Fassung geraten; sich in Aufregung befinden {26}; 3. ins - kommen: heftig, eifrig arbeiten müssen {25/40}; 4. die Positionen wechseln (z. B. beim Volleyball) {12/61/85}	**rotare**	(kreisförmig) herumdrehen, -schleudern, -rollen; sich im Kreis drehen
–	**Rotor** l>engl	1. sich drehender Teil einer elektrischen Maschine {40/41/61/87}; 2. sich drehender Zylinder im Schiffsantrieb; 3. Drehflügel des Hubschraubers {45/61}; 4. kippbarer Drehofen zur Stahlproduktion {41/61}; 5. automatische Aufzugswelle in Armbanduhren {59/61/87}	**rotator**, oris m engl. *rotor*	der Herumdreher
–	**Rotunde**	1. Rundbau, runder Saal {58/88}; 2. rund gebaute öffentliche Toilette (veraltend, verhüllend) {21/58}	**rotundus**, a, um	scheiben-, kreisrund, abgerundet
3174	**Rotte** l>mlat >afrz	Abteilung, Schar; wilder Haufen, zusammengewürfelte Horde {57/33}	**rumpere** (PPP. **ruptus**)	zerbrechen, zersprengen, zerreißen
			mlat. rupta	Abteilung; Räuberschar
			afrz. *rote*	Horde, Räuberschar
–	**rotten** l>mlat >afrz	eine Rotte bilden {33/57}	dto.	dto.
–	zusammenrotten			

3175	**Rouge** l>frz	1. Make-up in roten Farbtönen (für Wangen und Lippen) {21}; 2. Rot als Farbe beim Roulett {55/85}	**rubeus**, a, um frz. *rouge*	rot
3176	**Roulade** l>mlat>frz	1. mit Speck, Zwiebeln, Gurkenstreifen gefüllte, gerollte und geschmorte Fleischscheibe {17}; 2. rollender Lauf, mit dem die Melodie ausgeschmückt wird (Oper des 17. u. 18. Jh.s - mus. t. t.) {37}	**rota / rotula** frz. *rouler* *roulade*	s. oben 3166 rollen
–	**Rouleau** o. **Rollo** l>mlat>frz	aufrollbarer Vorhang {44}	dto. frz. *rôle* *rouleau*	dto. Rolle
–	**Roulett(e)** l>frz	1. (Gewinnspiel mit einer Kugel auf einer) rotierende(n) Scheibe mit 37 Zahlenfeldern {85}; 2. eine mit feinen Zähnchen besetzte Scheibe in der Kupferstichkunst {36/40}	spätl. **rotella**, ae f afrz. *roele* frz. *rouelle* *roulette*	Rädchen Rollrädchen; Roulett
3177	**Route** (l;l)>vulgl >frz	1. (vorgeschriebener, geplanter) Reiseweg; Weg in bestimmter Marschrichtung {45/58/61}; 2. Kurs, Richtung (in bezug auf ein Handeln, Vorgehen) {25}	**via**, ae f + **rumpere** (PPP. **ruptus**) vulgl. rupta (sc. via) frz. *route*	Straße, Weg vgl. unten 3477 s. oben 3174 gebrochener, gebahnter Weg
–	**Routine** (l;l)>vulgl >frz	1. handwerksmäßige Gewandtheit, Übung, Fertigkeit, Erfahrung {22/40}; 2. bloße Fertigkeit bei einer Ausführung ohne persönlichen Einsatz {22/25/40}; 3. Dienstplan auf einem Kriegsschiff {40/45/59/86}	dto. frz. *route* *routine*	dto. Wegerfahrung
–	**Routinier** (l;l)>vulgl >frz	routinierter Praktiker {40/22}	dto. frz. *routinier*	dto.
–	**routiniert** (l;l)>vulgl >frz	gewitzt, (durch Übung) gewandt, geschickt, gekonnt, sachverständig {22/40}	dto. frz. *routiné*	dto.
3178	**royal** l>(prov) >frz	1. königlich {33/47}; 2. königstreu {25/50}	**regalis**, e (prov. *reial*) frz. *royal*	zum König gehörig, königlich
–	**Royalismus** l>frz>nlat	Königstreue {25/50}	dto. frz. *royalisme*	dto.
–	**Royalist** l>frz>nlat	Anhänger des Königshauses {25/50}	dto.	dto.
–	royalistisch			

3179	**Rubikon**	den - überschreiten: einen (strategisch) entscheidenden Schritt tun {56/50/25}	**Rubico,** onis m	Grenzfluß zwischen der altröm. Provinz Gallia cisalpina und Italien
3180	**Rubin** l>mlat	Mineral, roter Edelstein {02/20}	**rubeus,** a, um mlat. rubinus	rot Rubin, roter Edelstein
3181	**Rubrik**	1. Spalte, in die etw. unter einer Überschrift eingetragen wird {32/58}; 2. Klasse, in die man jmdn., etw. gedanklich einordnet {33/25}; 3. rot gehaltene Überschrift in mittelalterl. Handschriften o. Frühdrucken {32/55/58/75}; 4. rot gedruckte Anweisung in liturgischen Büchern (kath. rel. t. t.) {32/51}	**rubrica** (sc. terra)	rote Erde, roter Schreibstoff; Gesetzestitel, Rubrik
–	**rubrizieren** l>mlat	1. in eine bestimmte Rubrik (1., 2.) einordnen; {32/33/58/25}; 2. Überschriften und Initialen (rot) malen {32/55}	**rubricare**	rot färben, röten
–	**Rubrum** l>mlat	kurze Inhaltsangabe als Aufschrift (bei Aktenstücken o. ä.); Kopf eines amtlichen Schreibens {32/40/49}	**ruber,** bra, brum	rot (gefärbt), gerötet; glühend
3182	**rüde** l>frz	roh, rücksichts- und gefühllos, grob {25/26/33/84}	**rudis,** e frz. *rude*	roh, ungebildet, wild; ungeschickt
3183	**Rudiment**	1. Rest, Überbleibsel, Bruchstück {53/57/59}; 2. Organ, das im Laufe vieler Generationen verkümmert ist (biol. t. t.) {53/59/68/69}	**rudimentum,** ti n	erster Unterricht, Übungsschule, erster Versuch
–	**rudimentär** l>nlat	(biol. t. t.) 1. nicht voll ausgebildet; 2. zurückgeblieben, verkümmert {53/59/68/69}	dto.	dto.
3184	**Ruin** l>frz	1, Zusammenbruch, Zerrüttung, Verderben, Untergang {56/52/59}; 2. wirtschaftlicher Zusammenbruch eines Unternehmens {80}	**ruina,** ae f frz. *ruine*	das Herabstürzen; Unglück, Ruin, Untergang; Trümmer
–	**Ruine** l>frz	1. Überrest eines verfallenen Bauwerks {53/58/59/88}; 2. Trümmer (Pl.) {53/56}; 3. hinfälliger, entkräfteter Mensch (ugs.) {14}	dto.	dto.
–	**ruinieren** l>mlat>frz	zerstören, verwüsten, zugrunde richten {14/56/52/80}	dto. mlat. ruinare frz. *ruiner*	dto.

–	**ruinös** l>frz	1. baufällig, schadhaft {40/52/56}; 2. zum Ruin, wirtschaftlichen Zusammenbruch führend {80}	dto.	dto.
3185	**Rumor** l>mlat	Lärm, Unruhe (landsch., sonst veraltet) {26/33/55}	**rumor,** oris m mlat. rumor	dumpfes Geräusch; Gerücht, Ruf Lärm, Tumult
–	**rumoren**	1. Lärm machen, geräuschvoll hantieren, poltern {29/40/55}; 2. rumpeln; (im Magen) kollern; Unruhe hervorrufen {14/26/55}	dto.	dto.
3186	**rund** l>frz	eckenlos, abgerundet; kreis-, kugelförmig {58/53}	**rotundus,** a, um afrz. *ront* frz. *rond*	(kreis)rund, abgerundet
–	**Rund** l>frz	Rundung, Umkreis; Umgebung, Arena {58}	dto. frz. *rond*	dto. das Runde; Kreis; Ring
–	**Runde** l>frz	1. (Um)kreis; Durchgang; Wettkampfabschnitt {59/85}; 2. Rundgang zur Überprüfung der Wachen {61/86}	dto. frz. *ronde*	dto.
–	**runden** l>frz	rund machen; etw. vervollständigen, abschließen, vollenden {29/53/57/59}	dto.	dto.
–	**rundlich** l>frz	annähernd rund; ein wenig dick {11/53/55}	dto.	dto.
–	**Rundung** l>frz	rundliche Biegung; Wölbung (z. B. auch des Körpers) {11/53}	dto.	dto.
–	Rundfunk, überrunden			
3187	**rustikal** l>mlat	1. ländlich-einfach (zubereitet, hergestellt) {17/25/33/56}; 2. in ländlichem (altdeutschen) Stil {36/44}; 3. von robuster, unkomplizierter Wesensart; 4. grob, derb, roh (im Benehmen {25/26/33/84}	**rusticus,** a, um mlat. rusticalis	ländlich; schlicht, einfach; roh
–	**Rustikalität** l>mlat	rustikale (1., 2.) Art {17/25/36/44/56}	dto.	dto.
–	**Rustikus**	plumper, derber Mensch (veraltet) {25/26/84}	**rusticus,** ci m	Bauer(nlümmel); Grobian

S

3188	**Sack** (hebr) >(gr)>l	1. grober Mantel; Trauer-, Büßerkleid {19/33/51}; 2. Behältnis aus grobem Jutestoff {58/40/44}	**saccus**, ci m gr. *σάκκος*	Filter, Durchschlag; Sack
–	sacken, Sacktuch, Sackgasse, einsacken, Sackpfeife			
–	**Säckel** (hebr) >(gr)>l	Portemonnaie, Geldbeutel {58/42}	**saccellus**, li m gr. *σάκκος*	Säckchen
3189	**Safe** l>frz>engl	Geldschrank, Tresor, Schließfach {58/42}	**salvus**, a, um frz. *sauf* engl. *safe*	wohlbehalten, heil, unversehrt unversehrt, sicher
3190a	**Saison** l>(vulgl) >frz	Zeitabschnitt, in dem in einem bestimmten Bereich Hochbetrieb herrscht (z. B. Hauptgeschäfts-, -reisezeit) {40/45/59/85}	**satio**, onis f vulgl. satio* frz. *saison*	das Anpflanzen, Säen; Aussaat Zeit der Aussaat
–	**saisonal** l>frz>nlat	die (wirtschaftliche) Saison betreffend, saisonbedingt {40/59/80}	dto.	dto.
3190b	**Sakko** (hebr)>(gr) >l>ahd	(italienisierend) einzeln zu kaufendes Jackett {19}	**saccus** gr. *σάκκος* ahd. *sac*	s. oben 3188
3191	**sakra!**	verdammt (süddt. salopp als Ausruf des Erstaunens, der Verwünschung - gekürzt aus Sakrament) {32/26}	**sacramentum**, ti n	Strafsumme; Treueid; Verpflichtung zum Kriegsdienst
–	**sakral** l>nlat	1. heilig, den Gottesdienst betreffend (rel. t. t.) {51}; 2. zum Kreuzbein gehörend (med. t. t.) {70}	**sacer**, cra, crum	heilig, ehrwürdig; verflucht
–	**Sakrament**	die eine göttliche Gnade vermittelnde Handlung in der Kirche (z. B. Taufe - rel. t. t.) {29/51}	**sacramentum**	s. oben
–	**sakramental** l>nlat	1. zum Sakrament gehörend; 2. heilig {51}	dto.	dto.
–	**Sakrifizium**	(kath. Meß)opfer (rel. t. t.) {51}	**sacrificium**, ii n	Opfer(tier)

–	**Sakrileg(ium)**	1. Vergehen gegen Stätten u. Gegenstände religiöser Verehrung (z. B. Kirchenraub, Gotteslästerung - rel. t. t.) {51/82}; 2. ungebührliche Behandlung von Personen oder Gegenständen {25/26/33}	**sacrilegium**, ii n	Tempelraub; Religionsfrevel
–	**sakrilegisch**	ein Sakrileg betreffend; gotteslästerlich (rel. t. t.) {51/82}	**sacrilegus**, a, um	tempelräuberisch, religionsfrevlerisch, gottlos
–	**Sakristan** l>mlat	kath. Küster, Mesner (rel. t. t.) {40/51}	**sacer** mlat. sacristia	s. oben Sakristei
–	**Sakristei** l>mlat	Nebenraum in der Kirche für den Geistlichen und die gottesdienstlichen Geräte {58/51}	dto.	dto.
–	**sakrosankt**	hochheilig, unverletzlich (rel. t. t.) {51}	**sacrosanctus**, a, um	unverletzlich, hochheilig
3192	**säkular**	1. außergewöhnlich {56};2. alle hundert Jahre wiederkehrend {59}; 3. weltlich {33/51}	**saecularis**, e	hundertjährig; weltlich, zeitlich
–	**Säkularfeier** l;l	Hundertjahrfeier {59/33}	dto. + **feriae**, arum f (Pl.)	dto. Feiertag, Ruhetag vgl. oben 1060
–	**Säkularisation** l>nlat	1. Einziehung o. Nutzung kirchlichen Besitzes durch den Staat {50/43/51}; 2. = Säkularisierung {s. darunter}	**saecularis**	s. oben
–	**säkularisieren** l>nlat	1. kirchlichen Besitz einziehen und verstaatlichen {51/43/50}; 2. aus kirchlicher Abhängigkeit lösen; unter weltlichem Gesichtspunkt betrachten {51/33/25}	dto.	dto.
–	**Säkularisierung** l>nlat	1. Loslösung gesellschaftlicher Gruppen aus den Bindungen an die Kirche seit Ausgang des Mittelalters; Verweltlichung {51/33/50}; 2. Erlaubnis für Ordensgeistliche, sich außerhalb des Klosters aufhalten zu dürfen {51/15}; 3. = Säkularisation {50/51/43}	dto.	dto.
–	**Säkulum**	Jahrhundert {59}	**saeculum**, li n	Zeit-, Menschenalter; Jahrhundert
3193	**Salami** l>it	eine stark gewürzte (geräucherte) Dauerwurst {17}	**sal**, lis m/n it. *sale* *salame*	Salz; Meerwasser Salzfleisch, Schlackwurst

–	**Salami-taktik** l;gr>frz	politische Ziele durch kleinere, von der Gegenseite hingenommene Übergriffe zu erreichen suchen {25/28/50}	dto. + gr. *τακτικά*	dto. Taktik
3194	**Salär** l>frz	Gehalt, Lohn (bes. schweiz.) {40/42/56}	**salarium,** ii n frz. *salaire*	Salzration, Verpflegungsgeld, Sold Lohn
3195	**Salat** l>vulgl>it	Gemüsepflanze {05/17}; 2. mit Gewürzen zubereitetes, kalt serviertes Gericht aus Gemüse, Fleisch o. ä. {17}; 3. Wirrwarr, Durcheinander (ugs.) {25/33/56}	**salire** vulgl. salare* it. *salare* *insalare* *insalata*	salzen salzen, in Salz einlegen einsalzen eingesalzene, gewürzte Speise; Salat
3196	**Salbei** l>mlat	Heilpflanze {04}	**salvia,** ae f mlat. salvegia	Salbei
3197	**saldieren** l>vulgl>it	(wirtsch. t. t.) 1. den Saldo ermitteln; 2. die Bezahlung einer Rechnung bestätigen; 3. (eine Rechnung o. ä.) begleichen; eine Schuld tilgen {42/80}	**solidus,** a, um vulgl. saldus* it. *saldo* *saldare*	dicht; fest; hart; tüchtig fest (ein Konto) ausgleichen, festmachen
–	**Saldo** l>vulgl>it	(wirtsch. t. t.) 1. Unterschiedsbetrag zwischen der Soll- u. der Habenseite eines Kontos; 2. Betrag, der bis zur völligen Begleichung einer Rechnung fällig bleibt {42/80}	dto. it. *saldare* *saldo*	dto.
3198	**Saline**	Anlage zur Kochsalzgewinnung {41/62}	**salinae,** arum f (Pl.)	Salzgrube, -lager; Saline
3199	**Salizylat** l>nlat	Salz der Salicylsäure (gärungs- u. fäulnishemmend - chem. t. t.) {73}; 2. Fiebermittel (z. B. in Aspirin enthalten - med. t. t.) {70}	**salix,** icis f	Weide, Weidenbaum, -ruten
3200	**Salm** l>gall>frz (gr>l)	1. Fischart (Lachs) {07}; 2. langweiliges Geschwätz (ugs.) {32/26}	**salmo,** onis f frz. *saumon* 2.: psalmus, mi m gr. *ψαλμός*	Salm, Lachs Lachs Psalm
3201	**Salmiak** l>mlat	eine Ammoniakverbindung (Ammoniumchlorid - chem. t. t.) {21/44/73}	**sal armeniacum** mlat. sal armoniacum	armenisches Salz
3202	**Salpeter**	Sammelbezeichnung für Leichtmetallsalze der Salpetersäure (chem. t. t.) {73}	**sal petrae**	Salpeter, Salz des Steins

3203	**saltatorisch**	sprunghaft, mit tänzerischen Bewegungen verbunden (med. t. t.) {12/70}	**saltatorius**, a, um	zum Tanzen gehörig
–	**Salto** l>it	freier Überschlag mit ein- o. mehrmaliger Drehung des Körpers (sport. t. t.) {12/85}	**saltus**, us m it. *salto*	Sprung; das Hüpfen, Springen Sprung, Kopfsprung
3204	**salü** l>it	Grußformel (zur Begrüßung, zum Abschied - bes. schweiz., ugs.) {32/33/59}	**salus**, utis f frz. *salut*	Wohlbefinden, Gesundheit; begrüßende Anrede
–	**Salut** l>frz (l>frz >russ)	1. (Kanonenschuß)salve bei der Begrüßung o. Bestattung von hochgestellten Persönlichkeiten {15/33/50/55/86}; 2. Name einer sowjetischen Raumkapsel (eigentlich: Saljut) {66}	dto.	dto.
–	**Salutation**	feierliche Begrüßung, Gruß (veraltet) {32/33}	**salutatio**, onis f	Staatsbesuch; Begrüßung; Aufwartung
–	**salutieren**	1. vor einem Vorgesetzten strammstehen und militärisch grüßen {32/33/86}; 2. Salut schießen {86}	**salutare**	(be)grüßen, seine Aufwartung machen
3205	**Salvation**	Rettung, Verteidigung (veraltet) {33}	**salvatio**, onis f	Rettung
–	**Salvator**	1. (Christus als) Retter, Erlöser (der Menschheit) {51}; 2. Warenzeichen: bayerische Starkbiersorte {17}	**salvator**, oris m	Erretter, Erlöser
–	**salve!**	sei gegrüßt (altröm. lateinischer Gruß) {32/33/75}	**salve**	heil dir, sei gegrüßt; bleib gesund
–	**Salve** l>frz	gleichzeitiges Schießen von mehreren Feuerwaffen, meist Geschützen {57/59/86}	dto. frz. *salve*	dto. gleichzeitiges Schießen
–	**salvieren**	retten, in Sicherheit bringen (veraltet) {33}	**salvere**	gesund sein, sich wohlbefinden
3206	**Sample** l>frz>engl	1. ausgewählte Stichprobe(ngruppe in der Markt- u. Meinungsforschung) {25/32/80/81}; 2. Warenprobe {42}	**exemplum**, li n mengl. *essample*	Beispiel
–	**Sampler** l>frz>engl	1. geologischer Assistent bei Erdölbohrungen {40/62}; 2. LP, CD, o. MC mit einer Zusammenstellung erfolgreicher Musiktitel verschiedener Interpreten {37/57/85}	**exemplar**, ris n afrz. *essemplaire*	Abschrift, Kopie; Abbild, Modell

3207	**Sanatorium** l>nlat	(private) Heilstätte, Kurheim {49/70/58}	**sanare** (bzw. **sanator**, oris m	gesund machen, heilen; zur Vernunft bringen Heiler, Gesundmacher)
>>>	San, Sancta, Sanctus s. Sankt(us)			
3208	**Sanguiniker** l>nlat	lebhafter, temperamentvoller, lebensbejahender Mensch {25/26/84}	**sanguineus**, a, um	aus Blut bestehend, blutvoll
–	**sanguinisch**	zum Temperamentstyp des Sanguinikers gehörend; leichtblütig; lebhaft-heiter {25/26/84}	dto.	dto.
3209	**sanieren**	1. einen Krankheitsherd wegoperieren (med. t. t.); 2. eine Harnröhrenspülung zur Desinfektion vornehmen (med. t. t.) {70}; 3. in einem Stadtteil gesunde Lebensverhältnisse schaffen {49/33/14}; 4. einem Unternehmen aus wirtschaftlichen Schwierigkeiten helfen (wirtsch. t. t.); 5. mit Manipulationen größtmöglichen Gewinn aus einem Unternehmen ziehen (ugs.) {42/80}	**sanare**	s. oben 3207
–	**Sanierung**	1. Heilung {14/70}; 2. wirtschaftliche Gesundung {42/80}; 3. Umgestaltung durch Renovierung oder Abriß mit anschließendem Neuaufbau {41/49/58/61/88}	dto.	dto.
–	**sanitär** l>frz	der Gesundheit, der Hygiene dienend; zum Bad, zur Toilette gehörig {21/14/44}	**sanitas**, atis f frz. *sanitaire*	Gesundheit, Vernunft
–	**Sanitär** l>frz	Sanitärbereich, Sanitärbranche {21/44/42}	dto.	dto.
–	**Sanitäter**	jmd., der in der Ersten Hilfe ausgebildet ist; Krankenpfleger {33/40/70}	dto.	dto.
–	Sanitätsoffizier (kurz: Sani)			
3210	**Sankt(us)**	1. (= Sanctus) heilig (in Heiligen-, Ortsnamen) {51}; 2. Lobgesang vor der Eucharistie (rel. t. t.) {51/37}	**sanctus**, a, um	geheiligt, heilig; göttlich

3211	**Sanktion** l>frz	1. Bestätigung, Anerkennung {25/32/33}; 2. Anweisung, die einen Gesetzesinhalt zum verbindlichen Rechtssatz erhebt (jur. t. t.) {82}; 3. Maßnahme gegen einen das Völkerrecht verletzenden Staat (jur. t. t.) {82/50}; 4. Zwangsmaßnahme, Sicherung(sbestimmung) {25/28/50}; 5. gesellschaftliche Reaktion auf (nicht) normgerechtes Verhalten (soziol. t. t.) {33/81}	**sanctio**, onis f frz. *sanction*	geschärfte Verordnung, Strafgesetz; Klausel, Vorbehalt
–	**sanktionieren** l>frz	1. Gesetzeskraft erteilen {50/82}; 2. bestätigen, gutheißen {25/28}; 3. mit best. Maßnahmen auf eine Normabweichung reagieren; Sanktionen (4.) verhängen {28/33/82}	dto. (bzw. **sancire** frz. *sanctionner*	dto. heiligen, bestätigen, besiegeln)
–	**Sanktionismus** l>frz	einseitige, auf politische Strafmaßnahmen ausgerichtete Politik eines Staates {28/33/50/82}	dto.	dto.
>>>	Santo, Santa, São s. Sankt(us)			
3212	**sapperlot, -ment** o. **sappradi**	Ausruf des Erstaunens, der Erregung {26/32}	**sacramentum**	s. oben 3191
–	**sapristi** l>frz	Ausruf des Erstaunens (veraltet) {26/32}	dto.	dto.
3213	**Sardine** l>it	west-, südeuropäischer kleiner Heringsfisch {07/17}	**sarda**, ae f it. *sardina*	Heringsart, Sardelle
–	**Sardelle** l>it	1. kleiner Hering des westeuropäischen Mittelmeers {07/17}; 2. schräg über eine Glatze gelegte Resthaarsträhne (ugs., scherzhaft) {21}	dto. it. *sardella*	dto. kleine Sardine
3214	**Satellit**	1. (= Satellitenstaat) außenpolitisch abhängiger Staat (abwertend) {50/28}; 2. Himmelskörper, der einen Planeten umkreist (astron. t. t.); 3. Raumsonde, künstlicher Erdmond (astron. t. t.) {66}	**satelles**, lites m/f	Trabant, Begleiter, Helfershelfer; Gefolge (Pl.)
–	Satellitenfoto			
3215	**Satire**	(Literaturgattung) ironisch-witzige(r) künstlerische(r) Darstellung(en) menschlicher und sozialer Zustände {33/34/35}	**satira** o. **satura**, ae f	Satire, Spottgedicht

–	**Satiriker**	Verfasser von Satiren {40/34/35}	**satiricus**, ci m	Satirenschreiber
–	**satirisch**	1. die Satire betreffend {34/35}; 2. spöttisch-tadelnd, beißend {25/26/33}	**satiricus**, a, um	satirisch, zur Satire gehörend
3216	**Satisfaktion**	Genugtuung (besonders durch eine Ehrenerklärung o. ein Duell) {33/86}	**satisfactio**, onis f	Genugtuung; Entschuldigung, Rechtfertigung
3217	**Saturation**	1. Sättigung {57/17}; 2. Verfahren bei der Zuckergewinnung {41}	**saturatio**, onis f	Sättigung
–	**saturieren**	1. sättigen {57/17}; 2. (Ansprüche) befriedigen {25/27}	**saturare**	sättigen, stillen, befriedigen
–	**saturiert**	1. zufriedengestellt; gesättigt {25/27/17/57}; 2. ohne geistige Ansprüche, selbstzufrieden (abwertend) {25/33}	dto.	dto.
–	Saturiertheit			
3218	**Saturnalien**	ausgelassenes Fest {33}	**Saturnalia**, iorum n (Pl.)	zu Ehren des Gottes Saturn gefeiertes Fest im alten Rom
–	**saturnisch**	uralt (veraltet) {59}	**Saturnius**, a, um	saturnisch, zu Saturn gehörig
3219	**sauber** l>vulgl	1. rein {21/55}; 2. nicht straffällig sein (Jargon) {32/82}	**sobrius**, a, um	nüchtern, mäßig, enthaltsam; besonnen
			vulgl. suber	mäßig, besonnen
–	Sauberkeit, säuberlich, säubern, Säuberung			
3220	**Sauce** o. **Soße** l>vulgl>frz	Zutat zur Zubereitung von Gerichten, Salaten, Nachspeisen o. ä.; Brühe, Tunke {17}	**salsus**, a, um vulgl. salsa	gesalzen, salzig die Gesalzene (Brühe)
			afrz. *sausse* frz. *sauce*	 Tunke, Brühe
–	**Saucier** l>vulgl>frz	Soßenkoch {17/40}	dto.	dto.
–	**Sauciere** l>vulgl>frz	Soßengießer, -schüssel {44}	dto. frz. *saucière*	dto.
3221	**sautieren** l>frz	(bereits gebratene Stücke Fleisch o. Fisch) kurz in der Pfanne braten {17/59}	**saltare** frz. *sauter*	springen, tanzen in Butter schmoren, umschwenken; springen
3222	**sazerdotal**	priesterlich (rel. t. t.) {51}	**sacerdotalis**, e	priesterlich
–	**Sazerdotium**	(rel. t. t.) 1. Priestertum, Priesteramt {33/51}; 2. geistliche Gewalt des Papstes im Mittelalter {51/75}	**sacerdotium**, ii n	Priestertum, -amt, -würde

3223	**Scanner** l>(frz) >engl	Gerät, das ein Objekt mit einem Licht- o. Elektronenstrahl punkt- o. zeilenweise abtastet u. die Meßwerte elektronisch weiterverarbeitet (techn., EDV- t. t.) {46/71/87}	**scandere** (frz. *scander)* engl. *(to) scan*	(empor)steigen, sich erheben; be-, ersteigen
–	**Scanning** l>engl	Untersuchung mit Hilfe eines Scanners (techn. t. t.) {40/46/70/71/87}	dto.	dto.
3224	**Schachtel** mlat>it	1. Behältnis {58/44}; 2. häßliche, alte Frau {32/33/53}	mlat. **scatula**, ae f it. *scatola*	Schrein, Schatulle Behälter
3225	**Schafott** (gr>l;l) >vulgl>frz >niederl	(erhöhte) Stätte für Enthauptungen {58/82}	**catasta**, ae f gr. *κατάστασις* + **fala**, ae f vulgl. catafalicum* afrz. *chafaud* frz. *échafaud* mniederl. *scafaut, scafot* niederl. *schavot*	Schaugerüst zur Ausstellung käuflicher Sklaven; Marterrost, Tribüne hohes Gerüst, hölzerner Turm
3226	**Schalotte** l>vulgl>(it) >frz	kleine Zwiebel {17/05}	**ascalonia**, ae f (it. *scalogna)* frz. *échalote*	Schalotte
3227	**Scharlach** vulgl/mlat	1. ansteckende Krankheit (med. t. t.) {14/70}; 2. rote Farbe, roter Stoff) {19/55}	vulgl. **febris scarlatina** mlat. scarlatum	Scharlachfieber rote Farbe
3228	**Scharnier** l>vulgl>frz	1. drehbares Gelenk (an Türen) {44/61}; 2. Umbiegungslinie einer Flexur (geol. t. t.) {62}	**cardo**, dinis m vulgl. cardinaria* afrz. *charne* frz. *charnière*	Türangel, Wendepunkt
3229	**schassen** l>vulgl>frz	1. (von der Schule, aus der Stellung) wegjagen {31/40/33}; 2. jmdn. ertappen, erwischen {29/82}; 3. jagen (landsch.) {33/38/61}	**captare** vulgl. capitare* o. captiare* frz. *chasser*	nehmen, fassen, fangen zum Gefangenen machen, jagen, zu ergreifen suchen
3230	**Schatulle** mlat>it	1. Geld-, Schmuckkästchen {20/42/43/44/58}; 2. Privatkasse eines Staatsoberhaupts o. Fürsten (veraltet) {42/43/47}	mlat. **scatula**, ae f it. *scatola*	Schrein Behälter vgl. oben 3224

3231a	**Schemel**	kleine Bank, Fußbank; (niedriger, dreibeiniger) Sitz ohne Lehne {44}	**scamellum** o. **scamillum**, li n (**scamillus**, li m	Bänkchen ungleiche Säulenkapitellbänkchen)
3231b	**scheuern** vulgl>frz >niederl	(mit Bürste und Sand) reinigen; reiben {21}	uns.: vulgl. **excurare*** afrz. *escurer* frz. *écurer* mniederl. *schuren*	reinigen reiben
3232	**Schilf** (etr)>l	Wassergras, Rohr, Röhricht, Ried, Binse {04}	**scirpus**, pi m	Binse; Binsennetz; Rätsel
3233	**Schindel**	Holzbrettchen als Dach- und Wandbedeckung {44/88}	**scindula** o. **scandula** ae f	Dachschindel
3234	**Schleuse** l>mlat>frz	Stauvorrichtung in fließenden Gewässern {45/88}	**excludere** mlat. (ex)clusa afrz. *escluse* frz. *écluse* niederl. *sluis*	ausschließen; absondern, abhalten Schleuse
–	**schleusen** l>mlat>frz	ein Schiff durch eine Schleuse, jmdn. o. etw. durch einen Engpaß manövrieren {45/61}	dto.	dto.
3235	**Scholar** o. **Scholast** (gr)>l	(herumziehender) Schüler, Student (im Mittelalter - hist. t. t.) {31/75}	**scholaris**, e gr. *σχολή* bzw. **scholasticus**, ci m gr. *σχολαστικός*	zur Schule gehörig, Schul...; zur kaiserlichen Garde gehörig Schüler, Student; Professor, Gelehrter
3236	**schreiben**	Buchstaben, Wörter zu Papier bringen {32/40}	**scribere**	schreiben, zeichnen, ziehen
–	**Schreiben**	Schriftstück, Brief {32}	dto.	dto.
–	Schreiber			
–	**Schrift**	Geschriebenes, Schriftwerk, Schreibkunst {32}	**scriptum**, ti n	Schrift
–	schriftlich, Schrifttum, Schriftsprache, Schriftsteller; an-, ab-, vor... und zahlreiche andere Zusammensetzungen mit „Schreiben" oder „Schrift"			
3237	**Schrein**	1. Behälter {44/48}; 2. Geld-, Kleiderkasten {19/42/58}; 3. Reliquienschrein {51}; 4. Sarg {15/58}; Archivtruhe {32/58}	**scrinium**, ii n	zylindrische Kapsel für Papiere, Bücher, Salben etc.
3238	**Schule**	Unterrichtsstätte, Unterricht {31/58}	**sc(h)ola**, ae f	Muße, Ruhe; Schule , Unterricht
–	Schüler			

3239	**Schüssel** (gr)>l	flaches Gefäß {44}	**scutella**, ae f bzw. **scutula**, ae f gr. *σκυτάλη*	Platte flache Schüssel
3240	**Schuster**	Schuhmacher {40}	**sutor**, oris m	(Flick)schuster
–	**schustern**	(= zusammenschustern) Pfuscharbeit machen {25/29/56}	dto.	dto.
–	zuschustern			
3241	**Schwadron** (l;l)>vulgl >it	kleinste Truppeneinheit der Kavallerie (mil. t. t.) {57/86}	**ex** + **quadrare** vulgl. exquadrare* it. *squadrare* *squadra* *squadrone*	s. oben 0950 viereckig machen, - sein; passen viereckig machen Geschwader, Viereck Schwadron
–	**Schwadronade** (l;l)>vulgl >it	wortreiche, nichtssagende Schwafelei, prahlerisches Gerede {32/25}	dto.	dto.
–	**schwadronieren** (l;l)>vulgl >it	schwatzen, viel und lebhaft erzählen {32/25}	dto.	dto.
–	**Schwadroneur** (l;l)>vulgl >it	jmd., der schwadroniert {32/25}	dto.	dto.
3242	**Science-fiction** (l;l)>engl >am	abenteuerlich-phantastische Literatur utopischen Inhalts auf naturwissenschaftlich-technischer Grundlage {25/34/85}	**scientia**, ae f + **fictio**, onis f	Wissen(schaft), Kunde, Kenntnis Gestaltung; erdichteter Fall, Fiktion
–	**Scientology** l>engl	religiöse, mit wissenschaftlichem Scheinanspruch auftretende Sekte {51}	**scientia**	s. oben
3243a	**scilicet**	nämlich; zu ergänzen, zu verstehen in dem Sinne (Abkürzung: sc.) {25}	**scilicet**	natürlich, freilich, nämlich
3243b	**sculpsit**	... hat es geschnitzt, gemeißelt, gegossen (auf Plastiken) {32/36}	**sculpere**	bilden, schnitzen, meißeln
3244a	**Séance** l>frz	(spiritistische) Sitzung {33/51}	**sedere** frz. *seoir* *séance*	sitzen, sich setzen sitzen Sitz, Sitzung

>>> Season s. Saison

3244b	**Secam** l>frz;l>frz	kurz aus séquentiel à mémoire (= aufeinanderfolgend mit Gedächtnisspeicherung): französisches Farbfernsehsystem (techn. t. t.) {46/87}	**sequi** (PPA. **sequens**) frz. *séquentiel* + **memoria**, ae f frz. *mémoire*	(ver-, nach)folgen vgl. unten 3287 Gedächtnis, Erinnerung vgl. oben 2201
3245	**secco**	it. Bezeichnung für: trocken (z. B. bei Wein, Sekt) {17/54}	**siccus**, a, um	trocken, nüchtern, enthaltsam
3246a	**Secondhandshop** l>engl; engl	Laden, in dem gebrauchte Ware (bes. Kleidung) verkauft wird {19/42/56}	**secundus**, a, um	folgend, zweite(r/s); günstig
3246b	**Securitate** l>rumän	ehemaliger rumänischer Geheimdienst {50/75/86}	**securitas**, atis f	Furcht-, Sorglosigkeit; Sicherheit, Gefahrlosigkeit
3247	**sedativ** l>nlat	beruhigend, schmerzstillend (von Medikamenten - med. t. t.) {70}	**sedare**	beruhigen, beschwichtigen, hemmen
–	**Sedativ(um)** l>nlat	Beruhigungsmittel, schmerzlinderndes Mittel (med. t. t.) {70}	dto.	dto.
3248	**Sediment**	1. das durch Sedimentation entstandene Schicht- o. Absatzgestein (geol. t. t.) {62/02}; 2. Bodensatz einer (Körper)-flüssigkeit (med. t. t.) {70/57}	**sedimentum**, ti n	Bodensatz
–	**sedimentär** l>nlat	durch Ablagerung entstanden (von Gesteinen - geol. t. t.) {62}	dto.	dto.
–	**Sedimentation** l>nlat	1. Ablagerung von Stoffen, die an anderen Stellen abgetragen wurden (geol. t. t.) {62}; 2. Bodensatzbildung in Flüssigkeiten (chem., med. t. t.) {70/73/57}	dto.	dto.
–	**sedimentieren** l>nlat	1. ablagern (von Staub, Kies usw. durch Wind, Wasser, Eis - geol. t. t.) {62}; 2. einen Bodensatz bei Flüssigkeiten bilden (chem., med. t. t.) {70/73/57}	dto.	dto.
3249	**Sedition**	Aufruhr, Aufstand (veraltet) {33/50/86}	**seditio**, onis f	Zerwürfnis; Aufstand, Aufruhr
–	**seditiös**	aufständisch, aufrührerisch (veraltet) {28/33/50/86}	**seditiosus**, a, um	aufrührerisch, unruhig
3250	**Seduktion**	Verführung (veraltet) {18/28/33}	**seductio**, onis f	Verführung, Trennung

–	**seduzieren**	verführen (veraltet) {18/28/33}	**seducere**	trennen; ausschließen; verführen
3251	**Segment**	Abschnitt, Teilstück (in bezug auf ein Ganzes) {57}	**segmentum**, ti n	Ein-, Abschnitt; Schnitt
–	**segmentär** l>nlat	aus einzelnen Abschnitten zusammengesetzt {57/54}	dto.	dto.
–	**Segmentation** l>nlat	Bildung von Furchungen an Zellkernen (med., biol. t. t.) {68/69/70}	dto.	dto.
–	**segmentieren** l>nlat	(in Segmente) zerlegen; gliedern {57/58}	dto.	dto.
–	Segmentierung			
3252	**segnen** (kirchen)l	1. das Zeichen des Kreuzes machen, bekreuzigen {12/51}; 2. jmdm. o. etw. den kirchlichen Segen geben {32/51}	**signare**	mit einem Zeichen versehen, bezeichnen; das Zeichen des Kreuzes machen
–	Segnung			
–	**Segen** (kirchen)l	1. Zeichen des Kreuzes {12/51}; 2. Segensspruch, Gnade {32/51}	**signum**, ni n	Merk-, Kennzeichen; Zeichen des Kreuzes
–	**Segno** l>it	Zeichen, von dem oder bis zu dem noch einmal zu spielen ist (mus. t. t.) {32/37}	dto.	dto.
3253	**Seide** l>mlat >aprov	aus dem Gespinst der Seidenspinnerraupe o. künstlich hergestelltes Gewebe {19}	**saeta**, ae f mlat. seta aprov. *seda*	Borste; Angelschnur; Pinsel Seide
–	seiden, seidig			
3254	**Seidel** l>mlat	Bierkrug, Bierglas {44}	**situla**, ae f mlat. sidulus	(Schöpf)eimer, Stimmurne
3255	**Seigneur** l>frz	1. frz. Grund-, Lehnsherr (hist. t. t.) {75/33}; 2. vornehmer, gewandter Herr (veraltet) {33}	**senior**, oris m	älterer, reifer Mann von 45 bis 60 Jahren
–	**seigneural** l>frz	vornehm, weltmännisch (veraltet) {33}	dto.	dto.
3256	**Sekante**	jede Gerade, die eine Kurve (bes. einen Kreis) schneidet (math. t. t.) {71}	**secare** (PPA. **secans**)	(ab-, zer)schneiden, ritzen

3257	**Sekret** l>(mlat)	1. Drüsenabsonderung mit biochemischer Aufgabe (med., biol. t. t.) {68/69/70}; 2. Ausscheidung, Absonderung (einer Wunde - med. t. t.) {70}; 3. vertrauliche Mitteilung {32/33}; 4. stilles Gebet des Priesters während der Messe (kath. rel. t. t.) {51}	**secernere** (PPP. **secretus**)	ab-, aussondern, ausscheiden
3258a	**Sekretär** l>mlat >(frz)	1. jmd., der die Korrespondenz, organisatorische Aufgaben o. ä. erledigt {40/32}; 2. leitender Funktionär einer Organisation; 3. Schriftführer {40/33}; 4. Beamter des mittleren Dienstes {40/49}; 5. Schreibschrank {58/44}; 6. afrikanischer Raubvogel (Kranichgeier) {07}	**secretus**, a, um mlat. secretarius frz. *secrétaire*	abgesondert, getrennt; einsam, geheim (Geheim)schreiber
–	**Sekretariat** l>mlat	1. für Verwaltung, organisatorische Aufgaben zuständige Abteilung; Geschäftsstelle, Kanzlei {32/40/49}; 2. Raum eines Sekretariats {58}	dto. mlat. secretariatus	dto. Amt eines Geheimschreibers
–	**Sekretärin** l>mlat >(frz)	Angestellte für Korrespondenz und organisatorische Aufgaben {40/32}	dto.	dto.
3258b	**sekretieren** l>nlat	1. absondern, ausscheiden (med. t. t.) {70}; 2. geheimhalten, verschließen (z. B. Bücher) {25/28/33/58}	**secernere**	s. oben 3257
–	**Sekretion**	1. Produktion und Absonderung von Sekreten durch Drüsen (med. t. t.) {70}; 2. das Ausfüllen von Hohlräumen im Gestein durch Minerallösungen (geol. t. t.) {62}	**secretio**, onis f	Absonderung, Trennung, Scheidung
–	**sekretorisch** l>nlat	die Sekretion von Drüsen betreffend (med. t. t.) {70}	**secernere**	s. oben 3257
3259	**Sekt** l>it>frz	Schaumwein {17}	**siccus** **siccum** (sc. vinum) it. *vino secco* frz. *vin sec*	s. oben 3245 trockener (Wein)
3260	**Sekte** l>mlat	1. kleine abgespaltene religiöse Gemeinschaft {33/51}; 2. philosophisch o. politisch einseitig ausgerichtete Gruppe {25/33/77/50}	**secta**, ae f	Grundsätze; Denk-, Handlungsweise; Sekte
–	Sektierer			

–	**sektiererisch** l>mlat	1. einer Sekte anhängend; 2. nach Art eines Sektierers {51/33}	dto.	dto.
3261	**Sektion**	1. Abteilung, Gruppe (innerhalb einer Behörde, Institution) {57/33/40/49}; 2. = Obduktion (med. t. t.) {70/82}; 3. vorgefertigtes Bauteil (bes. eines Schiffes - techn. t. t.) {41/45}	**sectio**, onis f	das (Ab-, Zer-, Ver)schneiden; Zerteilung
–	Sektionschef			
–	**Sektor**	1. (Sach)gebiet (als Teil von einem Ganzen), Bezirk {57/58}; 2. Teil, Besatzungszone von Berlin (hist. t. t.) {75/58/50}	**sector**, oris m	(Ab-, Zer)schneider; Ab-, Ausschnitt eines Kreises
3262	**Sekunda**	1. die sechste und siebente Klasse einer höheren Schule; 2. die zweite Klasse einer höheren Schule (österr.) {31/56}	**secundus**, a, um	zweite(r/s); folgend
–	**Sekundaner**	Schüler einer Sekunda {31}	dto.	dto.
–	**Sekundant** l>(frz)	1. Zeuge bei einem Duell {33/82}; 2. Betreuer eines (Box)-sportlers während eines Wettkampfes {33/40/85}; 3. Helfer, Beistand {33}	**secundare** (PPA. **secundans**)	begünstigen, beglücken; gefällig sein
–	**Sekundanz** l>nlat	1. Tätigkeit eines Sekundanten (1.) {33/82}; 2. Hilfe, Beistand {33}	dto.	dto.
–	**sekundär** l>frz	1. an zweiter Stelle stehend, zweitrangig {56/25}; 2. nachträglich hinzukommend {59/57}; 3. zwei Atome ersetzend, sich mit ihnen verbindend (chem. t. t.) {73}; 4. den Teil eines Netzgerätes betreffend, über den die umgeformte Spannung abgegeben wird (elektrotechn. t. t.) {72/87}	**secundarius**, a, um (bzw. **secundarium**, ii n frz. *secondaire*	der Ordnung nach der zweite, von der zweiten Sorte Nebensache)
–	**Sekundärliteratur** l;l	wissenschaftliche, kritische Literatur über dichterische Texte, Quellen als Gegenstand von Untersuchungen {34/56/25}	dto. + **litteratura**, ae f	dto. das Geschriebene; Sprachwissenschaft; Schrift
–	**Sekundarstufe** l;d	die Klassen 5-10 (bzw. 13) an der Haupt- und Realschule (bzw. Gymnasium) {31/56}	dto.	dto.

–	**Sekunde**	1. Zeitgrundeinheit, 60. Teil einer Minute; 2. sehr kurze Zeitspanne, kurzer Augenblick {59}; 3. Winkelmaß (3600. Teil eines Winkelgrades) {58/71}; 4. dritte Seite eines Druckbogens mit der Sternchenziffer) {32/40/56}; 5. Intervall der zweiten Tonstufe der diatonischen Tonleiter (mus. t. t.) {37}	**secundus**	s. oben
–	**sekundlich** o. **sekündlich**	in jeder Sekunde geschehend, sich vollziehend {29/59}	dto.	dto.
–	**sekundieren** l>(frz)	1. jmdn. o. etw. (mit Worten) unterstützen; beipflichtend äußern {32/25}; 2. die zweite Stimme singen, jmdn. begleiten (mus. t. t.) {37}; 3. als Sekundant tätig sein {33/82}; 4. einen Wettkämpfer (z. B. Boxer) während des Kampfes betreuen {33/40/85}	**secundare**	s. oben
–	**Sekundogenitur** l;l	Besitz(recht) des zweitgeborenen Sohnes und seiner Linie in Fürstenhäusern {33/43/10/47}	**secundus** + **genitura**, ae f	s. oben Zeugung; Geschlecht (im Sinne von Familie)
3263	**Sekurit** l>nlat	(Warenzeichen) nicht splitterndes Sicherheitsglas {41/44/45}	**securus**, a, um	unbesorgt, sicher, gefahrlos
3264	**selekt(ion)ieren** l>nlat	aus einer Anzahl von Individuen o. Dingen als besonders geeignet auswählen {25/57}	**seligere** (PPP. **selectus**)	auswählen, auserlesen
–	**Selektion**	1. Aussonderung, Auswahl {25/57}; 2. Auslese, Zuchtwahl (biol. t. t.) {68/69}	**selectio**, onis f	das Auslesen; Auswahl
–	**selektiv** l>nlat	1. auf Auswahl, Auslese beruhend; auswählend {25/57}; 2. trennscharf (z. B. von Radioempfängern gesagt - techn. t. t.) {46/87}	**seligere**	s. oben
–	**Selektivität** l>nlat	technische Fähigkeit eines (Rund)funkempfängers zur Isolierung einer gewünschten Welle von Nachbar- und Gleichkanalsendern (techn. t. t.) {46/87}	dto.	dto.
3265	**Semester**	1. akademisches Studienhalbjahr {59/31}; 2. Student eines bestimmten Semesters {31}; 3. Jahrgang (ugs., scherzhaft) {15}	**seme(n)stris**, e	sechsmonatlich, halbjährlich

3266	**Semi...**, **semi...** (gr)>l	halb... (in Zusammensetzungen) {57}	**semi** gr. ἡμι...	halb (in Zusammensetzungen
3267	**Semideponens** (gr)>l;l	Verb mit teils aktivischen, teils passivischen Endungen (bei aktiver Bedeutung - sprachwiss. t. t.) {76}	**semi** + **deponens** (Gen. –ntis) (sc. verbum)	s. oben 3266 Deponens (gramm. t. t.)
>>>	Semifinale s. Semi... bzw. Finale			
3268	**Semikolon** (gr)>l; (gr)>l	aus Komma und Punkt bestehendes Satzzeichen (sprachwiss. t. t.) {76}	**semi** + **colon** o. **colum**, li n gr. κῶλον	s. oben 3266 Versglied; Darmkolik
3269	**Seminar**	1. Hochschulinstitut eines bestimmten Fachbereichs; 2. Lehrveranstaltung (an einer Hochschule) {31}; 3. kirchliches Institut zur Ausbildung von Geistlichen {31/51}; 4. Institut für die Volksschullehrerausbildung (hist. t. t.) {31/40/75}; 5. unterrichtstheoretischer Lehrgang für Studienreferendare vor dem zweiten Staatsexamen {31/40}	**seminarium**, ii n	Baum-, Pflanzschule
–	**Seminarist** l>nlat	Seminarteilnehmer (2.-5.) {31/51/75/40}	dto.	dto.
–	**seminaristisch** l>nlat	das Seminar, den Seminaristen betreffend {31/40}	dto.	dto.
3270	**Semmel**	Brot, Brötchen aus Weizenmehl {17}	**simila**, ae f	feinstes Weizenmehl
3271	**sempre** l>it	immer (mus. t. t.) {59/37}	**semper**	jedesmal, jederzeit, immer
3272	**Senar**	lateinischer Vers mit sechs Hebungen (antike Metrik - philol. t. t.) {34/76}	**senarius**, ii m	sechsgliedriger (jambischer) Vers
3273	**Senat**	1. Staatsrat als Träger des Volkswillens im antiken Rom (hist. t. t.) {75/50}; 2. eine von zwei Kammern des Parlaments (z. B. in den USA) {50}; 3. Regierungsbehörde in Hamburg, Bremen und Berlin {49/50}; 4. Stadtverwaltung (z. B. in Lübeck) {49}; 5. Verwaltungsbehörde an Hochschulen und Universitäten {31}; 6. Richterkollegium an höheren deutschen Gerichten {82/40}	**senatus**, us m	Senat; Senatssitzung, -versammlung (im antiken Rom)

–	**Senator**	Mitglied des Senats {50/82/40}	**senator**, oris m	Mitglied des römischen Senats
–	**senatorisch**	den Senat betreffend {50/82}	**senatorius**, a, um	zu den Senatoren gehörig, senatorisch
>>>	Senhor s. Señor			
3274	**senil**	1. altersschwach, greisenhaft; 2. das Greisenalter betreffend, im hohen Lebensalter auftretend {15/70}; 3. verkalkt (abwertend) {14/56/70}	**senilis**, e	greisenhaft, zu den Greisen gehörig, Greisen...
–	**Senilität** l>nlat	1. verstärkte Ausprägung normaler Alterserscheinungen (z. B. Gedächtnisschwäche - med. t. t.) {70}; 2. Verkalktheit, Verschrobenheit (abwertend) {14/70}	dto.	dto.
3275	**senior**	(unflektiert hinter Personennamen): der ältere {15/33}	**senior**, ius (Komp.)	der ältere, bejahrtere, reifere
–	**Senior(in)**	1. = Seniorchef (ugs.) {33/40}; 2. Vater (im Verhältnis zum Sohn) {15}; 3. der ältere Mann o. die ältere Frau (bes. im Sport) {15/85}; 4. Vorsitzender {33/40}; 5. der o. die Älteste (in einem Familien-, Versammlungskreis) {15}; 6. ältere Menschen (nur im Pl.) {15/33}	dto.	dto.
–	**Seniorat** l>nlat	1. Aufsicht und Verantwortung des Grundherren gegenüber seinen Abhängigen im Frankenreich (hist. t. t.) {75/33}; 2. Vorrecht des Ältesten innerhalb eines Familienverbandes {15/33}; 3. Ältestenwürde, Amt des Vorsitzenden {33}	dto.	dto.
–	**Seniorchef** l;l >gallorom >frz	Geschäfts-, Firmeninhaber, dessen Sohn in der Firma mitarbeitet {40/41/42/15}	dto. + **caput** pitis n gallorom. *capum** frz. *chef*	dto. Haupt, Kopf; Hauptperson (Ober)haupt
–	**Señor** l>span	span. Bezeichnung für: Herr {33/32}	**senior**	s. oben
–	**Señora** l>span	span. Bezeichnung für: Dame, Frau {32/33}	dto.	dto.
–	**Señorita** l>span	span. Bezeichnung für: Fräulein {32/33}	dto.	dto.

3276	**Sensation** l>mlat>frz (l>frz >engl)	1. aufsehenerregendes Ereignis; Veranstaltungshöhepunkt, erstaunliche Leistung {22/26/33/85}; 2. subjektive körperliche Gefühlsempfindung (med. t. t.) {26/70}; 3. äußere Sinneswahrnehmung {23}	**sensatus**, a, um mlat. sensatio frz. *sensation*	mit Empfindung, Verstand begabt; verständig das Empfinden, Verstehen Empfindung, Sinneseindruck; Ereignis, das Aufsehen erregt
–	**sensationell** l>mlat>frz	aufsehenerregend, verblüffend, (höchst) eindrucksvoll {26/33/85}	dto. frz. *sensationnel*	dto.
3277	**sensibel** l>frz	1. empfindsam, empfindlich (in bezug auf die Psyche) {26/84}; 2. die Empfindung, Reizaufnahme betreffend, Hautreize aufnehmend (von Nerven - med. t. t.) {23/70}	**sensibilis**, e frz. *sensible*	empfindbar, sinnlich; der Empfindung fähig
–	**sensibilisieren** l>nlat	1. empfindlich, sensibel machen (für die Aufnahme von Reizen, Eindrücken) {70/26}; 2. fotografische Schichten für das Licht empfindlich machen {40/87}; 3. den Organismus gegen bestimmte Antigene empfindlich machen, Antikörperbildung bewirken (med. t. t.) {70}	dto.	dto.
–	**Sensibilismus** l>frz	(hochgradige) Empfindlichkeit für äußere Einrücke, Reize {26/70}	dto.	dto.
–	**Sensibilität** l>frz	1. Empfindlich-, Empfindsam-, Feinfühligkeit {26/84}; 2. Fähigkeit bestimmter Teile des Nervensystems, Gefühls-, Sinnesreize aufzu-nehmen (med., psych. t. t.) {23/70}; 3. Empfangsempfindlichkeit bei Funkempfängern {46/87}	**sensibilitas**, atis f	Empfindlichkeit, Empfindbarkeit
–	**sensitiv** l>mlat>frz	leicht reizbar, überempfindlich (in bezug auf die Psyche - med., psych. t. t.) {70}	**sensus**, us m	Wahrnehmung; Empfindung, Gefühl; Bewußtsein
–	**Sensitivität** l>mlat>frz	Überempfindlichkeit, Feinfühligkeit (med., psych. t. t.) {70/84}	dto.	dto.
–	**Sensor** l>nlat	elektronischer Fühler; Signalmesser (techn. t. t.) {41/46/72/87}	dto.	dto.
–	**sensoriell** l>frz o. **sensorisch** l>nlat	die Sinnesorgane, die Aufnahme von Sinnesempfindungen betreffend (med. t. t.) {70/23}	dto.	dto.

–	**Sensorium** l>nlat	1. Bewußtsein (med. t. t.) {70/24}; 2. Gespür {24/26}	dto.	dto.
–	**Sensualismus** l>nlat	Lehre, nach der alle Erkenntnis allein auf die Sinnesorgane zurückführbar ist (philos. t. t.) {23/25/77}	**sensualis**, e	sinnlich
–	Sensualist, sensualistisch			
–	**Sensualität**	Empfindungsvermögen der Sinnesorgane (med. t. t.) {23/70}	**sensualitas**, atis f	Empfindsamkeit, Sinnlichkeit
–	**sensuell** l>frz	(med. t. t.) 1. die (Wahrnehmung durch) Sinnesorgane betreffend; 2. sinlich wahrnehmbar {70/23}	**sensualis**	s. oben
–	**Sensus**	Empfindungsvermögen eines Sinnesorgans (med. t. t.) {70/23}	**sensus**	s. oben
3278	**Sentenz**	1. einprägsamer, treffend formulierter Ausspruch {32/25}; 2. Sinn-, Denkspruch als dichterische Ausdrucksform {34}; 3. richterliches Urteil (jur. t. t.) {82}; 4. (nur Pl.) Sammlung von Bibelstellen {51/57}	**sententia**, ae f	Meinung, Urteil; Denkspruch, Sentenz
–	**sententiös** o. **sentenziös** l>frz	in der Art einer Sentenz, sentenzenreich {32/25/34}	**sententiosus**, a, um	voller Gedanken, gedankenreich
3279	**Sentiment** l>mlat>frz	Empfindung, Gefühl, Gefühlsäußerung {26/32}	**sentire** mlat. sentimentum frz. *sentiment*	fühlen, empfinden, wahrnehmen Meinung, Ansicht
–	**sentimental** l>frz>engl	1. empfindsam; 2. rührselig, übertrieben gefühlvoll {26/84}	dto. engl. *sentiment* *sentimental*	dto. Gefühl, Empfindung; gefühlvolle Stimmung
–	**Sentimentalität** l>frz>engl	Empfinsamkeit, Rührseligkeit {26/84}	dto.	dto.
3280	**separat**	abgesondert, einzeln {56/57/58}	**separatus**, a, um	abgesondert,verschieden, getrennt
–	**Separation** l>(frz)	1. Absonderung (veraltet) {56/58}; 2. Gebietsabtrennung zum Zweck der politischen Verselbständigung {50/58/81}; 3. Flurbereinigung (im Deutschland des 18. Jh.s - hist. t. t.) {39/64/75}	**separatio**, onis f	Absonderung, Trennung

–	**Separatismus** l>nlat	Streben nach Gebietsabtrennung zur Gründung eines eigenen Staates (oft abwertend) {28/50/58/81}	dto.	dto.
–	**Separatist** l>nlat	Verfechter, Anhänger des Separatismus {28/50/58/81}	dto.	dto.
–	**separatistisch** l>nlat	1. den Separatismus betreffend; 2. Tendenzen des Separatismus zeigend {28/50/58/81}	dto.	dto.
–	**Separativ**	Kasus der Trennung (sprachwiss. t. t.) {76}	**separativus**, a, um	trennend, absondernd
–	**Separator**	Gerät zur Trennung verschiedener Bestandteile von Stoffgemischen (durch Zentrifugalkräfte - techn. t. t.) {40/70/72}	**separator**, oris m	Absonderer, Trenner
–	**Séparée** l>frz	Nebenraum (in einem Lokal); Sonderraum {58}	**separare** frz. *séparer*	absondern, trennen
–	**separieren** l>(frz)	absondern, ausschließen {33/56/58}	dto.	dto.
3281	**September**	neunter Monat im Jahr, Herbstmond {59}	**Septembris**, e (sc. mensis)	zur Sieben -, zum Monat September gehörig; September
3282	**Septenar**	antikes lateinisches Versmaß (philol., sprachwiss. t. t.) {34/76}	**septenarius**, a, um (sc. versus)	aus sieben bestehend Siebenfüßler, Septenar
3283	**septennal** (l;l)>nlat	siebenjährig (veraltet) {59}	**septem** + **annalis**, e	sieben ein Jahr dauernd, das Jahr betreffend
–	**Septennat** o. **Septennium**	Zeitraum von sieben Jahren (veraltet) {59}	**sept(u)ennium**, ii n	Zeitraum von sieben Jahren
3284	**septentrional**	nördlich {58/64}	**septemtrionalis**, e	nördlich, Nord...
3285	**Septett** l>it	(mus. t. t.) 1. Komposition für sieben Instrumente, Stimmen; 2. Vereinigung von sieben Solisten {37/57}	**septem**	sieben
–	**Septima**	die siebte Klasse des Gymnasiums (österr.) {31/56}	**septimus**, a, um	der siebente
–	**Septime**	siebenter Ton der diatonischen Tonleiter (mus. t. t.) {37}	dto.	dto.
3286	**Septuaginta**	älteste und wichtigste griech. Übersetzung des Alten Testaments {32/51}	**septuaginta**	siebzig
3287	**sequens**	folgend (veraltet) {56/58}	**sequi** (PPA. **sequens**)	(ver-, nach)folgen

–	**sequentiell** l>frz	fortlaufend, nacheinander zu verarbeiten (in bezug auf Computerprogrammspeicherung - EDV- t. t.) {71}	dto.	dto.
–	**Sequenz**	1. hymnusähnlicher Gesang in der mittelalterlichen Liturgie {37/51/75}; 2. Wiederholung eines musikalischen Motivs (mus. t. t.) {37/59}; 3. kleinere filmische Handlungseinheit {33/35/57/85}; 4. Serie aufeinanderfolgender Karten gleicher Farbe {56/85}; 5. Befehlsfolge in einem Programmierabschnitt (EDV- t. t.) {71}; 6. Aufeinanderfolge, Reihe, Folge {56/57}	**sequentia**, ae f	Folge, Reihenfolge
–	**Sequenzer** l>engl	Kleincomputer, der Tonfolgen speichern und beliebig oft wiedergeben kann (mus., techn. t. t.) {37/87}	dto.	dto.
3288	**Serenade** l>it>frz	(mus. t. t.) 1. instrumentale oder vokale Abendmusik; 2. Ständchen {37}	**serenare** it. *serenare* *sereno* *serenata* frz. *sérénade*	heiter machen, aufheitern
3289	**Sergeant** l>frz >(engl)	Unteroffiziers- oder Polizeidienstgrad {33/49/86}	**servire** (PPA. **serviens**) afrz. *sergent* frz. *sergeant*	dienen, dienlich sein; taugen Diener; bewaffneter Mann Gerichtsdiener; Unteroffizier
3290	**Serial** l>engl	1. Fernsehserie {33/35/57/85}; 2. Roman, der als Fortsetzungsserie abgedruckt wird {32/34/57}	**series**, iei f	Reihe(nfolge), Kette; Stammreihe
–	**Serie**	1. Reihe bestimmter gleichartiger Dinge o. Geschehnisse, Folge {33/57}; 2. mehrteilige Fernseh- oder Radiosendung {33/56/57/85}	dto.	dto.
–	**seriell** l>nlat	1. eine Reihentechnik verwendend (mus. t. t.) {37}; 2. das zeitliche Nacheinander in der Übertragung bzw. Verarbeitung von Daten bezeichnend (EDV- t. t.) {71/59}; 3. in Serie herstellbar, erscheinend {32/57}	dto.	dto.

3291	**seriös** l>mlat>frz	1. ernsthaft, ernstgemeint; 2. gediegen, anständig, würdig {25/26/33}; 3. glaubwürdig; (gesetzlich) zulässig, erlaubt {82}	**serius**, a, um mlat. seriosus frz. *sérieux*	ernstlich, ernsthaft, ernst
–	**Seriosität** l>mlat>frz	Ernsthaftigkeit, Würdigkeit {25/26/33}	dto.	dto.
3292	**Sermon** l>(frz)	1. Rede, Gespräch, Predigt (veraltet) {32}; 2. Redeschwall; langweiliges Geschwätz {25/32}; 3. Strafpredigt {32/51}	**sermo**, onis f	Unterredung, Unterhaltung, Gespräch; Sprache
3293	**Serologe** l;gr	Facharzt, Wissenschaftler auf dem Gebiet der Serologie {70/40}	**serum**, ri n + gr. *λόγος*	Molke, Käsewasser; wässriger Teil von etwas Wort, Kunde
–	**Serologie** l;gr	Teilgebiet der Medizin, das sich mit der Diagnostizierung von (Infektions)krankheiten aus den Veränderungen des Blutserums befaßt (med. t. t.) {70}	dto.	dto.
–	serologisch			
3294	**Serpentine** l>nlat	1. in Schlangenlinie ansteigender Weg an Berghängen {64/45}; 2. Windung, Kehre, Kehrschleife {58}	**serpentinus**, a, um	von Schlangen, Schlangen...
3295	**Serum**	(med. t. t.) 1. flüssiger, Eiweißkörper enthaltender, nicht gerinnbarer Anteil des Blutplasmas; 2. mit Immunkörpern angereichertes, als Impfstoff verwendetes Blutserum {70}	**serum**	s. oben 3293
3296	**Serval** l>frz>port	katzenartiges afrikanisches Raubtier {06}	**lupus cervarius** frz. *loup-cervier* port. *cerval*	Hirschwolf; Luchs; Schakal
3297	**Servelat-** o. **Zervelatwurst** l>it>frz;d	geräucherte Dauerwurst (Schlackwurst) aus zwei Drittel Schweine- und einem Drittel Rindfleisch und Speck {17}	**cerebellum**, li n it. *cervello* *cervellata*	kleines Gehirn Gehirn Hirnwurst
3298	**Server** l>frz>engl	Spieler, der beim Tennis den Aufschlag macht (sport. t. t.) {12/61/85}	**servire** frz. *servir* engl. *(to) serve*	dienen, Sklave sein; taugen; gefällig sein

–	**Service** l>frz >(engl)	1. zusammengehöriger Geschirr- oder Gläsersatz {44/57}; 2. Bedienung, Kundendienst, Kundenbetreuung {42/33}; 3. Aufschlag(ball) beim Tennis (sport. t. t.) {12/61/85}	**servitium**, ii n frz. *service* 1.: servir 2., 3.: engl. *service*	Sklaverei, Sklavendienst Dienst(leistung), Bedienung dienen; servieren, Speisen auftragen
–	**servieren** l>frz	1. bei Tisch bedienen, auftragen {33/17}; 2. den Ball (beim Tennis) aufschlagen (sport. t. t.); 3. einem Mitspieler den Ball zum Torschuß genau vorlegen (sport. t. t.) {12/61/85}; 4. (etw. Unangenehmes) vortragen, erklären, darstellen (ugs., abwertend) {32/26}	**servire** frz. *servir*	s. oben
–	**Serviererin** l>frz	weibliche Bedienung in einer Gaststätte {40/33}	dto.	dto.
–	**Serviette** l>frz	Stoff- o. Papiertuch zum Säubern des Mundes beim Essen {44/21}	dto. frz. *serviette*	dto.
–	**servil**	unterwürfig, kriechend, knechtisch (abwertend) {33}	**servilis**, e	zu den Sklaven gehörig, sklavisch
–	**Servilismus** l>nlat	(abwertend) 1. Unterwürfigkeit, Kriecherei; 2. eine für unterwürfige Gesinnung kennzeichnende Handlungsweise o. ä. {33}	dto.	dto.
–	**Servilität** l>nlat	(abwertend) 1. unterwürfige Gesinnung {25/33/84}; 2. Servilismus {33}	dto.	dto.
–	**Servitium**	1. Dienstbarkeit, Sklaverei (veraltet) {33}; 2. Abgaben neuernannter Bischöfe und Äbte an die römische Kurie (hist. t. t.) {75/42/51}	**servitium**	s. oben
–	**Servo...**	(in Zusammensetzungen) Mechanismen zur Regelung und Steuerung großer Kräfte bei geringem Kraftaufwand (z. B. -lenkung, -motor - techn. t. t.) {41/45/72/87}	**servus**, vi m	Sklave
–	**Servus**	(bes. süddt., österr.) freundschaftlicher Gruß beim Abschied o. zur Begrüßung (wörtl.: ihr Diener) {32/33}	dto.	dto.
3299	**sessil**	festsitzend, festgewachsen (besonders von im Wasser lebenden Tieren, z. B. Korallen - biol. t. t.) {58/61/68/69}	**sessilis**, e	aufsitzend; niedrig, ins Breite wachsend

–	**Session** (l>engl)	1. Sitzung(szeit, -sdauer - z. B. eines Parlaments) {50/59}; 2. musikalische Großveranstaltung {37/33}	**sessio**, onis f	das Sitzen; Sitzplatz; das Verweilen; Gerichtssession
3300	**Sesterz**	antike röm. Münze (hist. t. t.) {56/75}	**sestertius** (sc. nummus)	der Sesterze (altrömische Silbermünze)
3301	**Sex** l>engl	1. Geschlechtlichkeit, Sexualität (in ihren durch Kommunikationsmittel verbreiteten Erscheinungsformen) {18/33}; 2. Geschlechtsverkehr; 3. Geschlecht, Sexus; 4. starke erotische Anziehungskraft (= Sex-Appeal) {18}	**sexus**, us m	männliches und weibliches Geschlecht; Geschlechtsglied
–	**Sex-Appeal** (l;l)>engl >am	starke erotische Anziehungskraft {18}	dto. + **appellare** afrz. *apeler*	dto. anreden, -sprechen, auffordern, anregen
–	**Sexbombe** l;gr>l>it >frz	Frau, von der eine starke sexuelle Reizwirkung ausgeht (z. B. Filmschauspielerin - ugs. t. t.) {18/33}	dto. + **bombus**, bi m gr. *βόμβος* it. *bomba* frz. *bombe*	dto. dumpfer, tiefer Ton; Summen, Brummen
–	**Sexismus** l>engl	Haltung, Grundeinstellung, einen Menschen aufgrund seines Geschlechts zu benachteiligen, diskriminieren; bes. diskriminierendes Verhalten gegenüber Frauen {18/33}	dto. engl. *sexism*	dto.
–	**Sexist(in)** l>engl	Vertreter(in) des Sexismus {18/33}	dto.	dto.
–	sexistisch			
–	**Sexologie** l;gr	Wissenschaft über die Erforschung der Sexualität u. des sexuellen Verhaltens {18/70}	dto. + gr. *λόγος*	dto. Wort, Kunde
–	Sexologe, sexologisch			
–	**Sexshop** l;engl	Laden, in dem Erotika und Mittel zur Sexualstimulation verkauft werden {18/42}	dto.	dto.
3302	**Sexta**	die erste Klasse einer höheren Schule {31/56}	**sextus**, a, um	der (die, das) sechste
–	**Sextaner**	Schüler einer Sexta {31}	dto.	dto.

–	**Sextakkord** l;(l>vulgl >frz)/gr>l	erste Umkehrung des Dreiklangs mit der Terz im Baß (mus. t. t.) {37}	dto. + **cor**, rdis n	dto. Herz, Geist; Gemüt; Stimmung
			vulgl. adcordare*	in Übereinstimmung bringen; ein Abkommen treffen
			frz. *accorder* *accord*	Übereinstimmung; Abkommen; Zusammenklang mehrerer Töne
			gemischt mit: **chorda**, ae f	Saite
			gr. *χορδή*	Darm, Saite
–	**Sextant**	Instrument zur Freihandmessung von Winkeln (Gestirnshöhen) für die Bestimmung von Ort und Zeit (bes. auf See) {45/58/64/66}	**sextans**, ntis m	der sechste Teil (eines Asses oder zwölfteiligen Ganzen)
–	**Sexte** l>mlat	sechster Ton der diatonischen Tonleiter; sechstufiges Intervall (mus. t. t.) {37}	**sextus**	s. oben
–	**Sextett** l>it	(mus. t. t.) 1. Komposition für sechs solistische Instrumente; 2. Vereinigung von sechs Instrumentalsolisten {37/57}	dto.	dto.
–	**Sextillion** l>nlat	sechste Potenz einer Million (10^{36}) {57}	dto.	dto.
3303	**Sextourismus** (l;gr>l>frz) >engl	Tourismus mit dem Ziel sexueller Kontakte {45/18}	**sexus** + **tornus**, ni m	s. oben 3301 Dreheisen, Grabstichel, Meißel
			gr. *τόρνος* afrz. *tor, torn*	
			frz. *tourner* *tour*	drehen, wenden Ausflug, Fahrt
–	**sexual** o. **sexuell** l>frz	geschlechtlich, auf das Geschlecht(sleben) bezogen {18}	**sexualis**, e	zum Geschlecht gehörig
–	**Sexualdelikt** l;l	Straftat auf sexuellem Gebiet (z. B. Vergewaltigung) {18/82}	dto. + **delictum**, ti n	dto. Fehler, Vergehen
–	**Sexualethik** l;gr>l	Ethik im Bereich des menschlichen Geschlechtslebens {18/30}	dto. + **ethicus**, a, um gr. *ἠθικός*	dto. sittlich, moralisch
–	**Sexualhormon** l;gr	(med. t. t.) 1. von den Keimdrüsen gebildetes, regulierend einwirkendes Hormon; 2. Hormon, das auf die Keimdrüsen einwirkt {18/70}	dto. + gr. *ὁρμή*	dto. Angriff, Antrieb

–	**Sexualität** l>nlat	Geschlechtlichkeit, Gesamtheit der im Sexus begründeten Lebensäußerungen {18/70}	**sexualis**	s. oben
–	**Sexualobjekt** l;l	jmd., der zur Befriedigung sexueller Wünsche dient {18/33}	dto. + **obicere** (PPP. **obiectus**)	dto. entgegenstellen; vorsetzen, vorwerfen
–	**Sexualorgan** l;gr>l	Geschlechtsorgan {11/18}	dto. + **organum**, ni n gr. ὄργανον	dto. Werkzeug, Instrument
–	Sexualpädagogik, Sexualpathologie, Sexualpsychologie, Sexualzyklus			
>>>	Sexuologe s. Sexologe			
–	**Sexus**	1. differenzierte Ausprägung eines Lebewesens im Hinblick auf seine Aufgabe in der Fortpflanzung {18/69}; 2. Geschlechtstrieb als elementare Lebensäußerung; Sexualität {18/70}; 3. Wortklasse, Genus (sprachwiss. t. t.) {76}	**sexus**	s. oben 3301
–	**sexy** l>frz>engl	Sex-Appeal besitzend, von starkem sexuellen Reiz; erotisch-attraktiv {18/55}	dto.	dto.
3304	**Sezession** l>(engl)	1. Absonderung, Trennung von einer (Künstler)gemeinschaft; Abfall eines Staates, einer Provinz) {50/35/58/33}; 2. Abtrennung eines Gebietsteils eines Staates gegen dessen Willen (völkerrechtl. t. t.) {28/50/82/86}; 3. Jugendstil in Österreich {34/36}	**secessio**, onis f	das Sich-Absondern; physische, politische Absonderung, Trennung
–	**Sezessionist** l>nlat	1. jmd., der sich von einer (Künstler)gemeinschaft getrennt hat {58/35/33}; 2. Anhänger der abgefallenen amerikanischen Südstaaten (hist. t. t.) {25/33/50/75}	dto.	dto.
–	**sezessionistisch** l>nlat	die Sezession betreffend, ihr angehörend {s. oben}	dto.	dto.
3305	**sezieren**	(eine Leiche) öffnen, anatomisch zerlegen (anat. t. t.) {70/82}	**secare**	(ab-, zer)schneiden; operieren, amputieren
3306	**Sibilant**	Zischlaut, Reibelaut (sprachwiss. t. t.) {76}	**sibilare** (PPA. **sibilans**)	(hervor)zischen, pfeifen
3307	**Sibylle** (gr)>l	weissagende Frau, Wahrsagerin {51}	**Sibylla**, ae f gr. Σίβυλλα	Weissagerin, Priesterin des Apoll

–	**Sibyllinen** (gr)>l	hellenistisch-jüdische Weissagungsbücher {32/51/75}	**liber**, brum n **libri Sibyllini**	Buch die Sibyllinischen Bücher
–	**sibyllinisch** (gr)>l	geheimnisvoll, rätselhaft {25/26/32}	**Sibyllinus**, a, um	sibyllinisch
3308	**sic!**	so; ebenso; wirklich so! (mit bezug auf etw. Vorangegangenes, das in dieser - falschen - Form gelesen oder gehört worden ist) {56}	**sic**	so, also, solcherlei, dergestalt
3309	**Sichel** l>(vulgl)	kleines halbrundes Mäh-, Schneidewerkzeug {39}	**secula**, ae f	Sichel
3310	**sicher**	1. sorg-, gefahrlos, unbekümmert {25/26}; 2. frei von Schuld, Pflichten, Strafe (veraltet - jur. t. t.) {33/82}	**securus**, a, um	sorg-, furchtlos, unbekümmert; gefahrlos
–	Sicherheit, sicherlich, sichern, Sicherung			
3311	**Siegel**	1. Stempel, -abdruck (als Verschluß von Briefen, zur Beglaubigung von Urkunden o. ä.) {32}; 2. Bekräftigung {28}; 3. geheimnisvoll Verschlossenes, Unverständliches {25/32}	**sigillum**, li n	kleines Bildnis, Statuette; Siegel, Abdruck des Siegelrings
–	siegeln, Siegellack, Siegelring, be-, versiegeln			
3312	**Sierra** l>span	Gebirgskette (in Spanien, in Mittel- u. Südamerika) {64}	**serra**, ae f	Säge; Sägefisch
3313	**Siesta** l>span	Ruhepause (nach dem Essen); Entspannung, Mittagsschläfchen {16/59}	**sexta** (sc. hora)	sechste, Mittagsstunde
3314	**Sigel** (o. **Sigle**) l>(vulgl) >frz	festgelegtes Abkürzungszeichen für Silben, Wörter, Wortgruppen {32}	**sigla**, lorum n (Pl.) vulgl. sigillum* frz. *sigle*	Abkürzungsverzeichnis, Abkürzungen
–	**sigeln**	mit einem festgelegten Abkürzungszeichen versehen (z. B. von Buchtiteln in Katalogen) {32}	dto.	dto.
3315	**Signal** l>frz	1. akustisches o. optisches Zeichen mit Bedeutung {23/32}; 2. an einer Schienenstrecke installierte Vorrichtung zum Geben von Streckenzeichen; 3. Verkehrszeichen im Straßenverkehr {45/32/23}; 4. Start-, Warnzeichen {32/23}	**signalis**, e afrz. *seignal* frz. *signal*	bestimmt, ein Zeichen zu geben

–	**signalisieren** l>frz	1. deutlich -, aufmerksam machen, ein Signal geben; 2. etw. ankündigen; 3. benachrichtigen, warnen {23/29/32}	dto. frz. *signaler*	dto.
3316	**Signatar** l>nlat	1. (= Signatarmacht) der einen (internationalen) Vertrag unterzeichnende Staat {50}; 2. Unterzeichner eines Vetrages (veraltet - jur. t. t.) {82}	**signare** (PPP. **signatus**)	mit einem Zeichen versehen, (be)-zeichnen; (be-, ver)siegeln; unterzeichnen
–	**signatum**	unterzeichnet {32}	dto.	dto.
–	**Signatur** l>mlat	1. Kurzzeichen als Unterschrift, Namenszug; 2. Kennzeichen auf Gegenständen {32}; 3. Name, Zeichen des Künstlers auf seinem Werk {32/36}; 4. Nummer, Kürzel eines Buches in einer Bibliothek {32/33}; 5. kartographisches Zeichen zur Darstellung von Dingen o. Gegebenheiten {64/32}; 6. Einkerbung an Drucktypen (druckw. t. t.); 7. Ziffer o. Buchstabe zur Bezeichnung der Reihenfolge der Bogen einer Druckschrift (druckw. t. t.) {32/40}	dto. mlat. signatura	dto. Siegelzeichen, Unterschrift
–	**Signet** l>frz	1. Buchdrucker-, Verlegerzeichen {32/40}; 2. Handsiegel (veraltet); 3. Aushängeschild, Visitenkarte {32/33}; 4. Marke, Firmensiegel {40/41/42/32}	**signare**	s. oben
–	**signieren**	1. mit einer Signatur versehen {s. darunter}; 2. unterzeichnen, abzeichnen {32}	dto.	dto.
3317	**signifikant** l>(frz)	1. wichtig, bedeutsam; 2. typisch {25/56}; 3. (= signifikativ) bedeutungsunterscheidend (sprachwiss. t. t.) {76}	**significans** (Gen. –ntis)	bezeichnend, treffend; deutlich, anschaulich
–	**Signifikant**	Ausdrucksseite des sprachlichen Zeichens (sprachwiss. t. t.) {76}	dto.	dto.
–	**Signifikanz**	Bedeutsamkeit, Wesentlichkeit {56/25}	**significantia**, ae f	Deutlickeit, Anschaulichkeit; Bedeutung
–	**Signifikat**	Inhaltsseite des sprachlichen Zeichens (sprachwiss. t. t.) {76}	**significare** (PPP. **significatus**)	anzeigen, bezeichnen, hin-, bedeuten
–	**signifizieren**	bezeichnen, anzeigen {32}	dto.	dto.

>>> Signor, Signore, Signora, Signorina (it.) s. oben Señor

3318	**Signum**	verkürzte Unterschrift; Zeichen {32/58}	**signum**, ni n	Zeichen; Kennzeichen, Merkmal
3319	**Sikkativ**	Trockenstoff, der Druckfarbe, Ölfarben u. a. zugesetzt wird {54/73}	**siccativus**, a, um	trocknend
3320	**Silentium**	1. Stillschweigen, Stille (als Aufforderung - scherzhaft, veraltend) {27/28}; 2. Zeit, in der Internatsschüler ihre Schularbeiten erledigen {31/59}	**silentium**, ii n	Lautlosigkeit, Stille, Schweigen; Ruhe
3321	**Silicagel** l>nlat;l	(Warenzeichen) Kieselgel, ein (aufsaugendes) Mittel für Gase, Flüssigkeiten, gelöste Stoffe {54/73}	**siliceus**, a, um (bzw. **silex**, licis m + **gelatus**, a, um	aus Kiesel, Kiesel... Kieselstein) gefroren, erstarrt
–	**Silicium** o. **Silizium** l>nlat	chemischer Grundstoff, Nichtmetall {02/73}	**silex**, licis m	Kiesel-, Feuerstein; Granit; Basalt
>>>	Silic... s. auch Silik...			
–	**Silifikation** (l;l)>nlat	Verkieselung {73/62}	dto. + **facere**	dto. tun, machen
–	**Silikat** l>nlat	Salz der Kieselsäure (chem. t. t.) {73}	dto.	dto.
–	**Silikon** l>nlat	siliziumhaltiger Kunststoff (z. B. in der plastischen o. kosmetischen Chirurgie verwendet) {73/70}	dto.	dto.
>>>	Silizium s. Silicium			
3322	**Silvae**	literarische Sammelwerke der Antike und des Mittelalters mit verschiedenartigen Gedichten {34/57/75}	**silva**, ae f	dichtgedrängte Menge; unbenutztes Material, reicher Stoff (poet. t. t.); Wald, Forst
3323	**similär** l>frz	ähnlich {53/56}	**similis**, e frz. *similaire*	ähnlich
–	**Similarität** l>frz	Ähnlichkeit {53/56}	dto.	dto.
–	**Simili** l>it	(= Similistein) Nachahmung (bes. von Edelsteinen) {20/56}	dto.	dto.
3324	**Simonie** mlat	Kauf, Verkauf von geistlichen Ämtern oder Dingen (hist. t. t.) {42/51/75}	mlat. **simonia**	Kauf geistlicher Ämter (nach Simon von Kardia benannt)
3325	**simpel** l>frz	1. sehr einfach, leicht zu bewältigen, unkompliziert {25}; 2. einfältig {25/22}; 3. anspruchslos-einfach {56}	**simplex** (Gen. –licis) frz. *simple*	einfach; schlicht, arglos einfach

–	**Simpel** l>frz	einfältiger Mensch, Dummkopf (landsch., ugs.) {25/22/33}	dto.	dto.
–	**Simplex**	einfaches, nicht zuammengesetztes Wort (sprachwiss. t. t.) {76}	dto.	dto.
–	**simpliciter**	schlechthin (veraltet) {56}	**simpliciter** (Adv.)	einfach, geradezu, schlechthin, lediglich
–	**simplifizieren** (l;l)>nlat	1. etw. vereinfacht darstellen; 2. etw. sehr stark vereinfachen {56/25/32}	**simplex** + **facere**	s. oben tun, machen
–	**Simplifizierung** o. **Simplifikation** (l;l)>nlat	Vereinfachung {25/32/56}	dto.	dto.
–	**Simplizität**	1. Einfachheit {56}; 2. Einfalt {22/25}	**simplicitas**, atis f	Einfachheit; Einfalt; Unschuld, Ehrlichkeit
3326	**Sims** (gr)>l	vorspringende Baukante; Rand, Leiste {58/88}	**sima**, ae f	Rinnleiste, Teil des Säulenkranzes
			gr. σιμός	aufwärtsgebogen
3327	**Simulant**	jmd., der eine Krankheit vortäuscht, sich verstellt {25/70}	**simulans** (Gen. –ntis)	nachahmend
–	**Simulation**	1. Verstellung {25}; 2. Vortäuschung (von Krankheiten {25/70}; 3. Nachahmung (in bezug auf technische Vorgänge) {56/72}	**simulatio**, onis f	Vorwand, Verstellung, Vortäuschung
–	**Simulator**	Gerät, in dem künstlich realitätsnahe Bedingungen und Verhältnisse herstellbar sind (z. B. Flugsimulator - techn. t. t.) {23/41/45/72/85}	**simulator**, oris m	Nachahmer, Heuchler
–	**simulieren**	1. sich verstellen {25}; 2. (eine Krankheit) vortäuschen {25/70}; 3. (technische) Vorgänge wirklichkeitsgetreu nachahmen {23/41/45/72/85}; 4. nachsinnen, grübeln (ugs.) {25}	**simulare**	ähnlich machen; darstellen; nachahmen; vorgeben
3328	**simultan** l>mlat	1. gemeinsam {33/56}; 2. gleichzeitig {59}	**simul**	zugleich; ebenso ... wie; sobald als
			mlat. simultaneus	gemeinsam, gleichzeitig
–	**Simultaneität** l>mlat	1. Gemeinsamkeit, Gleichzeitigkeit {33/56/59}; 2. Darstellung von auseinanderliegenden Ereignissen auf einem Bild {36/59}	dto.	dto.
–	**Simultanspiel** l>mlat;d	Schachspiel, bei dem jmd. gegen mehrere Gegner gleichzeitig spielt {25/59/85}	dto.	dto.

3329a	**Sinekure** (l;l)>nlat	1. Pfründe ohne Amtsgeschäfte (hist. t. t.) {33/42/75}; 2. müheloses, einträgliches Amt {33/42}	**sine** (Präp.) + **cura**, ae f	ohne Sorge; Sorgfalt vgl. oben 1957
3329b	**Single** l>frz>engl	1. Einzelspiel im Tennis (sport. t. t.); 2. Zweierspiel im Golf (sport. t. t.) {57/85}; 3. kleine Schallplatte (mit einem Titel je Seite {37/57/85}; 4. jmd., der bewußt u. willentlich allein, ohne feste Bindung lebt {33}	**singulus**, a, um	ein einziger, einzeln; allein; je einer
–	**Singular(is)**	(Wort, das in der) Einzahl (steht) (sprachwiss. t. t.) {76}	**singularis**, e	Einzel...; zum Singular gehörig (gramm. t. t.); einzigartig, ausgezeichnet
–	**singulär**	1. vereinzelt vorkommend, einen Sonderfall darstellend {33/56/57}; 2. einzigartig {56}	dto.	dto.
–	**Singularetantum** l;l	nur im Singular vorkommendes Wort (z. B. das All - sprachwiss. t. t.) {76}	dto. + **tantum**	dto. nur
–	**singularisch**	den Singular betreffend, im Singular (gebraucht, vorkommend - sprachwiss. t. t.) {76}	**singularis**	s. oben
–	**Singularität**	1. vereinzelte Erscheinung; Seltenheit, Besonderheit {33/56/57}; 2. Stellen, wo sich Kurven o. Flächen unnormal verhalten (math. t. t.) {71}; 3. zu bestimmten Jahreszeiten stetig wiederkehrende Wettererscheinungen (meteor. t. t.) {59/65}	**singularitas**, atis f	das Alleinsein, Ehelosigkeit; Singular (gramm. t. t.)
3330	**sinister**	1. links, linker (med. t. t.) {11/70}; 2. unheilvoll, unglücklich {25/26/33}	**sinister**, tra, trum	links, linksseitig; unglücklich, widerwärtig
3331	**Sinus**	1. Winkelfunktion im rechtwinkligen Dreieck (math. t. t.) {71}; 2. Hohlraum (innerhalb von Schädelknochen (med. t. t.) {58/70}	**sinus**, us m	bauschige Rundung, Krümmung, Falte; Bucht; das Innerste
–	**Sinuskurve** l;l	zeichnerische Darstellung der Sinusfunktion in einem Koordinatensystem (math. t. t.) {71}	dto. + **curvus**, a, um	dto. gekrümmt, gebogen; sich schlängelnd
3332	**Sir** l>frz>engl	1. allgemeine engl. Anrede (ohne Namen) für: Herr {32/33}; 2. engl. Adelstitel {33/47}	**senior**, oris m afrz. *sire*	älterer Mann von 45-60 Jahren
–	**Sire** l>frz	frz. Anrede für: Majestät {32/33/47}	dto.	dto.

3333	**Sirene** gr>l>frz	1. schöne, verführerische Frau {18}; 2. Anlage zur Erzeugung eines Alarm- oder Warnsignals {23/40/44}; 3. bestimmte Säugetierordnung (Seekühe - biol. t. t.) {69}	**Siren,** nis f gr. *Σειρήν*	nach der griech. Sage mit betörendem Gesang ausgestattete Vögel mit Mädchenköpfen
3334	**sistieren**	1. ein Verfahren unterbrechen, vorläufig einstellen (jur. t. t.) {59/82}; 2. jmdn. zur Feststellung seiner Personalien zur Polizeiwache bringen {49/61/82}	**sistere**	wohin bringen, hinstellen; einstellen, hemmen; stillstehen
–	Sistierung			
3335	**Situation** l>mlat>frz	1. (Sach)lage, Stellung, (Zu)stand {33/52}; 2. Lageplan (geogr. t. t.) {64}; 3. Gesamtheit der äußeren Bedingungen des sozialen Handelns und Erlebens (soziol. t. t.) {81}	**situs,** us m mlat. situare frz. *situer* *situation*	Lage, Stellung; Gegend in die richtige Lage bringen
–	**situativ** l>mlat>frz >nlat	durch die (jeweilige) Situation bedingt {56/52}	dto.	dto.
–	**situieren** l>mlat>frz	legen, in die richtige Lage bringen, (an)ordnen; (in einen Zusammenhang) stellen {56/58/25}	dto.	dto.
–	**Situierung** l>mlat>frz	Lage, Anordnung (z. B. von Gebäuden) {58}	dto.	dto.
–	**situiert** l>mlat>frz	in bestimmter Weise gestellt, lebend (z. B. gut -) {33/43}	dto. frz. *situé*	dto.
3336	**Skala** l>it	1. Maßeinteilung an Meßinstrumenten (techn. t. t.) {41/56/72/87}; 2. Zusammenstellung von Farben beim Mehrfarbendruck (druckw. t. t.) {32/40/55}; 3. Tonleiter (mus. t. t.) {37}; 4. Stufenleiter, vollständige Reihe {56/57}	**scalae,** arum f (Pl.) it. *scala*	Leiter, Treppe, Stiege
–	**Skalierung** l>it>nlat	Skaleneinteilung (z. B. beim Lineal) {40/44/56/58}	dto.	dto.
–	**skalieren** l>it>nlat	1. Verhaltensweisen o. Leistungen in einer Wertskala einstufen (psych., soziol. t. t.) {25/33/70/81}; 2. mit einer Maßeinteilung versehen {40/56/58}	dto.	dto.
3337	**Skalpell**	kleines chirurgisches Messer mit feststehender Klinge (med. t. t.) {70}	**scalpellum,** li n o. **scalpellus,** li m	chirurgisches Messer, Skalpell; Federmesser

3338	**skandieren**	1. rhythmisch abgehackt, in einzelnen Silben sprechen (z. B. als Anfeuerung bei Sportveranstaltungen) {32/33/85}; 2. Verse taktmäßig lesen {32/34}	**scandere**	(stufenweise) sich erheben, be-, emporsteigen
3339	**Skat** (gr)>l>it	1. deutsches Kartenspiel für drei Spieler {85}; 2. die zwei verdeckt liegenden Karten beim Skatspiel {57/85}	**charta**, ae f	Papier; Papyrusstaude; dünnes Blatt; Spielkarte
			gr. *χάρτης*	
			it. *carta*	
			scartare	Karten wegwerfen, ablegen
			scarto	die abgelegten, gedrückten Karten
3340	**skontieren** l>it	Skonto gewähren (wirtsch. t. t.) {42/80}	**computare**	zusammen-, aus-, be-, abrechnen
			it. *contare*	zählen, rechnen
			scontare	abrechnen, abziehen
			sconto	
–	**Skonto** l>it	Preisnachlaß bei Barzahlung (wirtsch. t. t.) {42/80}	dto.	dto.
3341	**Skorbut** mlat>frz/it/span	eine durch Vitamin-C-Mangel ausgelöste Krankheit (med. t. t.) {14/70}	mlat. **scorbutus**	Skorbut
–	skorbutisch			
3342	**Skript(um)** l>frz>engl	1. schriftliche Ausarbeitung, Schriftstück {32/40}; 2. Nachschrift einer Hochschulvorlesung {32/31}; 3. Drehbuch für Filme {33/34/35/85}; 4. Kurzform von Manuskript {32}	**scriptum**, ti n	Schrift, Entwurf; schriftliche Anweisung
–	**Skriptgirl** l;engl	Mitarbeiterin eines Filmregisseurs, die während der Dreharbeiten alle technischen Daten notiert {32/33/40/85}	dto.	dto.
–	**Skriptor**	antiker o. mittelalterl. Buchschreiber, Bibliotheksgehilfe (hist. t. t.) {75/40/32}	**scriptor**, oris m	Schreiber, Sekretär; Autor, Verfasser
–	**Skriptorium** l>mlat	mittelalterl. Klosterschreibstube {58/40/51/32}	**scriptorius**, a, um	zum Schreiben gehörig, Schreib...
–	**Skriptur**	Schrift, Schriftstück (veraltet) {32}	**scriptura**, ae f	das Schreiben; Schriftstück
3343	**Skrotum**	Hodensack (med. t. t.) {11/70}	**scrotum**, ti n	Hodendsack
3344	**Skrupel**	1. Zweifel, moralische Bedenken; Gewissensbisse {30/25}; 2. altes Apothekergewicht {40/56/70}	**scrupulum**, li n	spitzes Steinchen; beunruhigender Zweifel, Besorgnis
–	skrupellos, Skrupellosigkeit			

–	**skrupulös**	bedenkenvoll, ängstlich; peinlich genau (veraltet) {25/26/84}	**scrupulosus**, a, um	voll spitzer Steinchen, schroff; ängstlich genau, gewissenhaft
–	**Skrupulosität**	Bedenklichkeit, Ängstlichkeit (veraltet) {25/26/84}	**scrupulositas**, atis f	ängstliche Genauig-, Ängstlichkeit
3345	**Skulpteur** l>frz	Künstler, der Skulpturen herstellt {40/36}	**sculptor**, oris m	Steinschneider, Bildhauer
–	**skulptieren** l>nlat	eine Skulptur herstellen, ausmeißeln {29/36/40}	**sculpere** (PPP. **sculptus**)	schnitzen, meißeln
–	**Skulptur**	1. Bildhauerarbeit, -werk; 2. Bildhauerkunst {36/40}	**sculptura**, ae f	geschnitztes, gemeißeltes Bildnis, Skulptur
–	**skulptural** l>nlat	die Form einer Skulptur betreffend {36/53}	dto.	dto.
3346	**skurril** etr>l	(in Aussehen und Wesen) sonderbar, auf lächerliche o. befremdende Weise eigenwillig {25/26/33/53/84}	**scurrilis**, e	possenreißermäßig; lustig, schäkerhaft
–	**Skurrilität** etr>l	sonderbares Wesen, bizarres Aussehen, - Beschaffenheit; Verschrobenheit {25/26/33/53/84}	**scurrilitas**, atis f	Lustigmacherei, Possenreißerei
3347	**Skyline** (engl;l) >engl	Horizontlinie, charakteristische Silhouette einer Stadt aus der Ferne {53/88}	engl. sky + **linea**, ae f	Himmel Leine, Schnur, Strich, Umriß
3348	**Socke(n)** gr>l	kurzer Strumpf {19}	**soccus**, ci m gr. *συκχίς*	leichter, niedriger griech. Schlupfschuh (bes. des Komödienschauspielers)
–	**Sockel** (gr)>l>it >frz	Unterbau, Fußgestell (z. B. für Statuen); unterer Mauervorsprung {36/58/88}	**socculus**, li m gr. *συκχίς* it. *zoccolo* frz. *socle*	leichte Sandale, kleiner Soccus Sockel
3349	**Sodalität**	kath. Bruderschaft o. Kongregation (rel. t. t.) {33/51}	**sodalitas**, atis f	Kameradschaft, Verbrüderung; geheime Verbindung
–	**Sodale**	Mitglied einer kath. Sodalität (rel. t. t.) {33/51}	**sodalis**, is m	Kamerad, Mitglied einer Verbrüderung
3350	**Soffitte** l>vulgl>it	1. eine Bühne nach oben abschließendes Deckendekorationsstück (theat. t. t.) {35/74}; 2. (= Soffittenlampe) röhrenförmige Glühlampe {44}	**suffigere** vulgl. suffictus it. *soffitta*	an -, unter etw. heften, -stecken, -schlagen
3351	**Sohle** l>vulgl	1. Lauffläche des Fußes, Schuhes {11/19}; 2. Talboden {64/58}	**solum**, li n vulgl. sola*	unterster Teil; Boden; Fußsohle

3352	**Soiree** l>frz	Abendgesellschaft; Abendvorstellung {33/35/59/85}	**serum**, ri n (sc. diei) frz. *soir* *soiree*	späte Zeit, Abend Abend
3353	**Sol** l>span	1. Währungseinheit in Peru {56}; 2. (Kunstwort) kolloide Lösung (chem. t. t.) {73}	**sol**, lis m	Sonne(nhitze), Sonnengott
–	**solar(isch)**	die Sonne betreffend, zur Sonne gehörend; durch sie erfolgend (meteor., astron., phys., techn. t. t.) {41/65/66/72/87}	**solaris**, e o. **solarius**, a, um	zur Sonne gehörig, Sonnen...
–	**Solar-energie** l;gr>l>frz	Sonnenenergie {41/72/87}	dto. + **energia**, ae f gr. ἐνέργεια	dto. Wirksamkeit
–	**Solarisation** l>nlat	Erscheinung der Umkehrung der Lichteinwirkung bei starker Überbelichtung des Films (fot. t. t.) {87}	**solaris**	s. oben
–	**Solarium**	Einrichtung zur Körperbräunung mit künstlichen Lichtquellen {21/58/72/87}	**solarium**, ii n	Sonnenuhr; Terrasse, der Sonne ausgesetzter Ort
–	**Solar-kollektor** l;l	Vorrichtung, mit deren Hilfe Sonnenenergie aufgefangen und gespeichert wird (techn. t. t.) {41/72/87}	**solaris** + **collector**, oris m (bzw. **colligere**	s. oben Mitleser in der Schule sammeln; lesen)
–	**Solar-plexus** l;gr>l	Sonnengeflecht (des sympathischen Nervensystems im Oberbauch - med. t. t.) {70}	**solaris** + **plectere** (PPP. **plexus**) gr. πλέκειν	s. oben flechten, ineinander fügen
–	**Solarzelle** l;l	Element aus Halbleitern, das Sonnenstrahlen in elektrische Energie umwandelt {41/72/87}	**solaris** + **cella**, ae f	s. oben Kämmerchen, Stübchen
3354	**Sold** l>(it)>frz	Entlohnung, Entgelt des Soldaten {42/56/86}	**solidus**, di m (it. *soldo* afrz. *solt*	Goldmünze Münze, Sold) Goldmünze, Sold
–	besolden			
–	**Soldbuch** l>frz;d	Soldatenausweis (mit Eintragungen über Soldauszahlungen - mil. t. t.) {32/42/86}	dto.	dto.
–	**Soldat(in)** l>vulgl>it >(frz)	1. Angehörige(r) der Streitkräfte eines Landes; 2. unterster militärischer Dienstgrad {86}; 3. unfruchtbares Insektenexemplar zur Verteidigung des Stocks (bes. bei Ameisen - biol. t. t.); 4. Feuerwanze (biol. t. t.) {69}	dto. it. *soldo* *soldare* *soldato* (frz. *soldat)*	dto. in Wehrsold nehmen Soldat; in Wehrsold genommener Mann

–	**Soldateska** l>vulgl>it	rohes Kriegsvolk {33/86}	dto.	dto.
–	**soldatisch** l>vulgl>it	in Art und Haltung eines Soldaten {33/86}	dto.	dto.
–	**Söldner** l>frz	Berufssoldat in fremdem Kriegsdienst {40/86}	dto.	dto.
–	**solid(e)** l>frz	1. fest, haltbar (von Gegenständen) {54}; 2. ordentlich, maßvoll, nicht ausschweifend; anständig {25/33}	**solidus**, a, um frz. *solide*	fest, dicht; unerschütterlich, tüchtig
–	**solidarisch** l>frz	1. gemeinsam, übereinstimmend; 2. füreinander einstehend, eng verbunden {56/33}	dto. frz. *solidaire*	dto. wechselseitig für das Ganze haftend, solidarisch
–	**solidarisieren** l>frz>nlat	1. sich -: für jmdn., etw. eintreten; sich mit jmdm. verbünden {33}; 2. zu solidarischem Verhalten bewegen {33/28}	dto.	dto.
–	**Solidarität** l>frz	Zusammengehörigkeitsgefühl, Kameradschaftsgeist, Übereinstimmung {33}	dto. frz. *solidarité*	dto.
–	**Solidarnosc** l>frz>poln	unabhängige polnische Gewerkschaftsbewegung {33/40/50}	dto.	dto.
–	**Solidität** l>frz	1. Festigkeit, Haltbarkeit {54}; 2. Zuverlässigkeit; Mäßigkeit {25/33}	**soliditas**, atis f	Dichtigkeit, Festigkeit; Dauerhaftigkeit
–	**Solidus**	altröm. Goldmünze (hist. t. t.) {56/75}	**solidus**	s. oben
3355	**Solist(in)** l>it>frz	1. Musiker o. Sänger, der ein Solo mit Orchesterbegleitung vorträgt (mus. t. t.) {37}; 2. Spieler, der einen Alleingang unternimmt (bes. bei Mannschaftssportarten) {12/61/85}	**solus**, a, um it. *solo* frz. *soliste*	einzig, allein, bloß; verlassen
–	**solistisch** l>it>frz	(mus. t. t.) 1. den Solisten betreffend; sich als Solist betätigend; 2. für Solo komponiert {37}	dto.	dto.
–	**solitär** l>frz	einsam lebend, nicht staatenbildend (von Tieren - biol. t. t.) {69}	**solitarius**, a, um	alleinstehend; einsam, ungesellig
–	**solo** l>it	1. als Solist (bei einer musikalischen Darbietung) {37}; 2. allein; unbegleitet, ohne Partner (ugs.) {33/57}	**solus**	s. oben

–	**Solo** l>it	1. aus dem Chor o. Orchester hervortretende Gesangs- o. Instrumentalpartie; Einzelgesang, -spiel, -tanz {37}; 2. Einzel-, Alleinspiel (bei Kartenspielen) {57/85}; 3. Alleingang eines Spielers (bei Mannschaftsspielen - sport. t. t.) {12/61/85}	dto.	dto.
3356	**Söller**	offener Umgang, Altan, erhöhter offener Saal; Raum unter dem Dach {58/88}	**solarium**, ii n	flaches Dach, Terrase; Erker, Altan
3357a	**Solstitium**	Sonnenwende (geophys., meteor. t. t.) {59/64/65}	**solstitium**, ii n	(Sommer)sonnenwende
3357b	**solubel** o. **solvabel** (l>nlat)	1. löslich, auflösbar (chem. t. t.) {73/54}; 2. (nur solvabel): zahlungsfähig (veraltet - wirtsch. t. t.) {42/80}	**solubilis**, e bzw. **solvere**	auflöslich, zertrennbar; auflösend s. unten 3357c
3357c	**solvent** l>it	zahlungsfähig (wirtsch. t. t.) {42/80}	**solvere** (PPA. **solvens**)	(auf-, ab)lösen; be-, abzahlen; befreien
–	**Solvenz** l>nlat	Zahlungsfähigkeit (wirtsch. t. t.) {42/80}	dto.	dto.
3358	**Sombrero** l>span	breitrandiger, leichter Strohhut aus Mittel- u. Südamerika {19}	**umbra**, ae f span. *sombra* *sombrero*	Schatten, Schattenbild Schattenspender
3359	**somnambul** (l;l)>frz	schlafwandlerisch, nachtwandelnd, mondsüchtig {16}	**somnus**, ni m + **ambulare**	Schlaf, Schlummer umherwandern, spazierengehen, herumgehen
–	**Somnambule(r)** (l;l)>frz	Schlafwandler(in) {16}	dto.	dto.
–	somnambulieren, Somnambulismus			
3360	**Sonar** (frz;l;frz) >engl	(kurz aus: sound navigation and ranging) Unterwasserortungsgerät mittels Schallwellen {40/45/72/86}	**navigatio**, onis f Lautung wie: **sonare**	Schiffahrt, Seereise tönen, schallen, klingen
3361	**Sonate** l>it	Tonstück für ein o. mehrere Instrumente (mus. t. t.) {37}	**sonare** it. *sonare* *sonata*	s. oben 3360 („Klingstück")
–	**Sonett** l>it	in Italien entstandene Gedichtform {34}	**sonus**, ni m it. *sonetto*	Klang, Schall, Ton („Klinggedicht")
–	Sonograph			
–	**Sonographie** l;gr	Prüfung und Aufzeichnung der Gewebedichte mittels Schallwellen (med. t. t.) {70}	**sonare** bzw. **sonus** + gr. γράφειν	s. oben schreiben

–	**sonor** l>frz	1. klangvoll, volltönend {55}; 2. stimmhaft (sprachwiss. t. t.) {76}	**sonorus**, a, um frz. *sonore*	schallend, klingend, klangvoll
–	**Sonorität** l>frz	Klangfülle eines Lautes, Grad der Stimmhaftigkeit (sprachwiss. t. t.) {76}	**sonoritas**, atis f	klangvoller Ton, Wohlklang
3362	**Sopran** l>mlat>it	(mus. t. t.) 1. höchste Stimmlage von Knaben und Frauen; 2. Sopransängerin; 3. Sopranstimmen im gemischten Chor; Sopranpartie, -stimme in einem Musikstück {37}	**super** (Adv., Präp.) mlat. superanus it. *soprano*	oben, darauf, darüber darüber befindlich; überlegen darüber befindlich; oberer; höchste Stimmlage (Subst.)
–	**Sopranist(in)** l>mlat>it	Sänger(in) mit Sopranstimme (mus. t. t.) {37}	dto.	dto.
3363	**Sorbinsäure** l>nlat;d	Konservierungsstoff für Lebensmittel (chem. t. t.) {73/17}	**sorbus**, bi f	Sperberbaum, Eberesche
–	**Sorbit** l>nlat	sechswertiger Alkohol, pflanzlicher Wirkstoff; Kunstzucker (chem. t. t.) {73/17}	dto.	dto.
–	**Sorbose** l>nlat	aus Sorbit entstehender, unvergärbarer Zucker {73/17}	dto.	dto.
3364	**Sorte** l>frz>it >niederl	1. Art, Gattung; 2. Güteklasse, Qualität {56}	**sors**, rtis f frz. *sorte* it. *sorta*	Orakel; Rang; Art, Kategorie Art, Qualität
–	**sortieren** l>it	1. in Güteklassen einteilen, nach bestimmten Gesichtspunkten ordnen; auslesen {40/56}; 2. Lochkarten ordnen (EDV- t. t.) {40/56/71}	**sortiri** it. *sortire*	(er)losen, auswählen, erhalten
–	**Sortierer** l>it	1. Arbeiter, dessen Aufgabe das Sortieren (1.) ist {56/40}; 2. Sortiermaschine {40/41/56}	dto.	dto.
–	**sortiert** l>it	1. ein reichhaltiges (Waren)-angebot aufweisend {42/57}; erlesen, ausgewählt, hochwertig {56}	dto.	dto.
–	**Sortiment** l>it	1. Warenangebot, -auswahl {42/57}; Kurzform von Sortimentsbuchhandel, -handlung {42/32}	dto. it. *sortimento*	dto.
–	**Sortimenter** l>it	Laden-, Sortimentsbuchhändler {42/40/32}	dto.	dto.
>>>	Soße s. Sauce			
3365	**Sou** l>frz	französische Münze zu fünf Centimes {56}	**solidus**	s. oben 3354

3366	**Soubrette** l>prov>frz	Darstellerin von heiteren, lustigen Sopranpartien in Oper, Operette, Kabarett {35/37/40/74}	**superare**	über-, hervorragen; überwinden
			prov. *sobrar*	überbieten
			sobret	affektiert
3367	**Soufflé** l>frz	Auflauf (gastron. t. t.) {17}	**sufflare**	gegen -, an etw. blasen; aufblasen
			frz. *souffler*	
–	**Souffleur** l>frz	Theatermitarbeiter, der dem Schauspieler den Rollentext vorsagt, zuflüstert {32/35/40/74}	dto.	dto.
			frz. *souffleur*	
–	**Souffleuse** l>frz	Vorsagerin, weiblicher Souffleur {32/35/40/74}	dto.	dto.
			frz. *souffleuse*	
–	**soufflieren** l>frz	(einem Schauspieler den Text seiner Rolle) flüsternd vorsagen {32/35/40/74}	dto.	dto.
			frz. *souffler*	
3368	**Soutane** l>it>frz	langes, enges Obergewand der kath. Geistlichen {51/19}	**subtus**, a, um	unten, unterwärts
			it. *sottano*	unter, unterst
			sottana	Untergewand
			frz. *soutane*	
3369	**Souterrain** l>frz	Kellergeschoß, Kellerwohnung {44/58}	**subterraneus**, a, um	unter der Erde befindlich, - lebend, unterirdisch
			frz. *souterrain*	
3370	**Souvenir** l>frz	(kleines Geschenk als) Andenken, Erinnerungsstück {24/33/45}	**subvenire**	dazu -, zu Hilfe kommen; einfallen, in den Sinn kommen
			frz. *souvenir*	sich erinnern; Erinnerung (Subst.)
3371	**souverän** l>mlat>frz	1. die staatlichen Hoheitsrechte (unumschränkt) ausübend {50/28}; 2. einer besonderen Lage, Aufgabe jederzeit gewachsen; überlegen {22/33/40}	**super** (Adv., Präp.)	oben, darauf, darüber s. oben 3362
			mlat. superanus	darüber befindlich, überlegen
			frz. *souverain*	
–	**Souverän** l>frz	1. (unumschränkter) Herrscher, Fürst eines Landes {50/47}; 2. das Wahlvolk (bei freien Wahlen) {50}	dto.	dto.
			frz. *souverain*	Herrscher, Fürst (Subst.)
–	**Souveränität** l>frz	1. höchste Herrschaftsgewalt eines Staates, Hoheitsgewalt; Unabhängigkeit {50}; 2. Überlegenheit {22/33/40/56}	dto.	dto.
			frz. *souveraineté*	
–	**Sovereign** l>mlat >afrz>engl	ehemalige engl. 1-£-Goldmünze {56}	dto.	dto.
			afrz. *souvrain*	
			frz. *souverain*	

3373	**Sozi** l>(frz)	(abwertend) kurz für: Sozialdemokrat {33/50}	**socialis**, e	die Gesellschaft betreffend, gesellschaftlich; gesellig
–	**sozial** l>frz	1. die menschliche Gesellschaft betreffend, gesellschaftlich, Gesellschafts...; 2. das Gemeinwohl betreffend {33/50}; 3. gemeinnützig, menschlich, wohltätig, hilfsbereit {30/33/50/84}; 4. die gesellschaftliche Stellung betreffend {33}; 5. gesellig lebend (bes. von staatenbildenden Insekten - biol. t. t.) {69}	dto.	dto.
>>>	Sozial... s. ggf. unter dem Rest des Wortes			
–	**Sozialprodukt** l;l	Gesamtheit aller Waren und Diensteistungen, die eine Volkswirtschaft in einem bestimmten Zeitraum erzeugt (wirtsch., polit. t. t.) {57/80/81}	dto. + **producere** (PPP. **productus**)	dto. vor(wärts)führen, -ziehen; hervorbringen, erzeugen
–	**Sozialisation** l>nlat	Prozeß der Einordnung des Einzelnen in die Gemeinschaft (soziol. t. t.) {33/81}	**socialis**	s. oben
–	**sozialisieren** l>nlat	(Industrie)betriebe o. Wirtschaftszweige vergesellschaften, verstaatlichen {50/80/81}	dto.	dto.
–	**Sozialisierung** l>nlat	1. Verstaatlichung, Vergesellschaftung der Privatwirtschaft {50/80/81}; 2. = Sozialisation {33/81}	dto.	dto.
–	**Sozialismus** l>frz	1. die dem Kommunismus vorausgehende Entwicklungsstufe (marxist. t. t.) {81/77}; 2. politische Richtung, die den gesellschaftlichen Besitz der Produktionsmittel vertritt {43/50/80/81}; 3. (gescheiterte) Gesellschaftsform in Osteuropa {33/50/81}	dto.	dto.
–	**Sozialist** l>frz	1. Anhänger, Verfechter des Sozialismus {25/33/80/81}; 2. Mitglied einer sozialistischen Partei {33/50/81}	dto.	dto.
–	sozialistisch			

3374	**Sozietät**	1. menschliche Gemeinschaft; soziale, durch gleiche Interessen und Ziele verbundene Gruppe (soziol. t. t.) {81/33}; 2. Verband, Gemeinschaft bei Tieren (biol. t. t.) {69}; 3. (als Gesellschaft eingetragener) Zusammenschluß zu gemeinsamer Arbeit {33/40}	**societas**, atis f	Gesellschaft, Gemeinschaft, Bündnis
–	**soziieren**	sich -: sich wirtschaftlich vereinigen {33/80}	**sociare**	vergesellschaften, vereinigen, verbinden
>>>	Sozio... s. ggf. unter dem Rest des Wortes			
–	**Soziologie** l;gr	Wissenschaft, die sich mit Ursprung, Entwicklung und Struktur der menschlichen Gesellschaft befaßt {40/81}	**socius**, ii m + gr. *λόγος*	Gesellschaftter, Teilnehmer, Kamerad Wort, Lehre, Wissenschaft
–	Soziologe, soziologisch			
–	**Sozius**	1. Teihaber (wirtsch. t. t.) {43/80}; 2. Rück- o. Beifahrer(sitz) auf dem Motorrad, -roller {45}; 3. Genosse, Kompagnon (ugs., scherzhaft) {33}	**socius**	s. oben
3375	**Spagat** vulgl>it	1. Stellung (z. B. beim Ballett), bei der die in entgegengesetzter Richtung gespreizten Beine eine Linie bilden {12/37/85}; 2. Bindfaden (österr.) {44}	uns.: vulgl. **spagum*** it. *spaccare* *spaccato*	 Schnur spalten
–	**Spaghetti** vulgl>it	1. lange, dünne, stäbchenförmige Teigwaren, Nudeln {17}; 2. Italiener (ugs., abwertend) {10/32/33}	dto. it. *spago*	dto. dünne Schnur, Faden
3376	**Spalier** l>it	1. Gitterwand für (Obst)pflanzen {39}; 2. Ehrenformation beiderseits des Weges (mil. t. t.) {86}	**spatula**, ae f it. *spalla* *spalliera*	Rührlöffel, Spatel; Vorderbug, Schulterblatt Schulter Schulterstütze, Rückenlehne; (Pflanzenteppich entlang einer) Stützwand
3377	**Spaniel** l>span>frz >engl	langhaariger englischer Jagdhund {06/38}	**Hispanus**, a, um span. *español* afrz. *espaigneul* frz. *epagneul*	hispanisch, iberisch (= spanisch)

3378	**Spartakusbund** l;d	1917 gegründete linksradikale Bewegung in Deutschland {33/50/81}	**Spartacus**	thrakischer Gladiator, Führer im Sklavenkrieg gegen Rom 73 v. Chr.
–	**Spartakist** l>nlat	Angehöriger des Spartakusbundes {33/50/81}	dto.	dto.
3379	**Spaß** l>vulgl>it	Scherz, Vergnügen, Jux {26/33}	**expandere** (PPP. **expassus**) vulgl. expassare* it. *spassare*	auseinanderbreiten, -spannen; aufklären ausbreiten, zerstreuen zerstreuen, unterhalten
			spasso	Zerstreuung, Zeitvertreib, Vergnügen
–	spaßen, spaßig, Spaßvogel			
3380	**Spatel** o. **Spachtel**	kleines schaufel- oder messerförmiges Werkzeug {40/44}	**spatula**, ae f	kleiner Rührlöffel, Spatel vgl. oben 3376
3381	**spationieren** l>nlat	mit Zwischenräumen, gesperrt drucken {58/32/40}	**spatium**, ii n	Zwischenraum, Entfernung; Größe, Weite
–	**spazieren** l>it	1. zur Erholung, zum Vergnügen im Freien gehen {12/85}; 2. unbeschwert-zwanglos, ohne Eile gehen; schlendern {12/59/85}	**spatiari**	mit gemessenen Schritten einhergehen, herumspazieren, lustwandeln
			it. *spaziare*	
–	Spaziergang, Spazierstock			
3382	**Special** l>engl	TV-, Rundfunksendung, in der eine Person o. ein Thema im Mittelpunkt steht {25/32/33/85}	**specialis**, e	besonder(s), speziell; eigentümlich
>>>	Species s. Spezies			
3383	**Spediteur** l>it>(frz)	Transportunternehmer {40/45}	**expedire**	losmachen, ausführen; zurechtmachen, instand setzen
			it. *spedire*	abfertigen, versenden
–	**Spedition** l>it	1. gewerbsmäßige Versendung von Gütern; 2. Transportunternehmen {40/45}	**expeditio**, onis f	Erledigung, Abfertigung, Herrichtung
			it. *spedizione*	Absendung, Beförderung

3384	**Speicher** l>(spätl)	Lagerraum, Vorratshaus; Dachboden {58/44}	**spica**, ae f (o. **spicus**, ci m o. **spicum**, ci n) spätl. **spicarium**	Getreideähre, Kornähre Getreidespeicher
3385	**Speise** l>mlat	feste Nahrung, Kost; Lebensunterhalt, Lebensmittel {17}	**expensa**, ae f mlat. spe(n)sa	Ausgabe, Aufwand Ausgaben, Aufwand; Nahrung
–	speisen, Speisung, Speisekammer, ab-, verspeisen			
3386	**Spektakel**	1. Lärm, Krach, lautes Sprechen, Gepolter (ugs.) {32/55}; 2. die Schaulust befriedigendes Theater-, Ausstattungsstück {26/33/35/85}	**spectaculum**, li n	Anblick, Schauspiel; Zuschauerbühne
–	**spektakeln**	lärmen (veraltet) {29/55}	dto.	dto.
–	**spektakulär** l>nlat	aufsehenerregend {26/33}	dto.	dto.
–	**Spektakulum**	Anblick, Schauspiel (scherzhaft) {26/33/85}	dto.	dto.
3387	**spektral** l>nlat	auf das Spektrum (1.) bezüglich, davon ausgehend {54/72}	**spectrum**, ri n	Erscheinung in der Vorstellung; Schemen; Gesicht
–	**Spektralanalyse** l>nlat;gr	1. Ermittlung der chem. Zusammensetzung eines Stoffes durch Auswertung seines Spektrums (chem., phys., techn. t. t.) {72/73}; 2. Verfahren zur Feststellung der physikalisch-chemischen Beschaffenheit von Himmelskörpern (astron., phys. t. t.) {66/72}	dto. + gr. *ἀνάλυσις*	dto. Auflösung
–	**Spektralfarben** l>nlat;d	ungemischte, reine Farben einer spektralen Zerlegung von Licht {54/55}	dto.	dto.
–	**Spektrum**	1. (relative) Häufigkeits- bzw. Intensitätsverteilung eines (Strahlen)gemisches {72/57}; 2. bei der Brechung von weißem Licht durch ein Prisma entstehende Farbfolge von Rot bis Violett (phys. t. t.) {55/72}; 3. Buntheit, Vielfalt {56/57}	dto.	dto.
3388	**Spekulant**	1. Kaufmann, der sich in gewagte Geschäfte einläßt {25/40/80}; 2. jmd., der in Überlegungen und Handlungen Risiken eingeht; waghalsiger Spieler {24/25/33}	**speculari** (PPA. **speculans**)	umherspähen, auskundschaften, belauern, beobachten

–	**Spekulation**	1. auf Annahmen beruhende Erwartung, Behauptung {25/24/32}; 2. hypothetischer, über die erfahrbare Wirklichkeit hinausgehender Gedankengang (philos. t. t.) {77/25}; 3. Geschäftsabschluß, der auf Gewinne aus zukünftigen Preisänderungen abzielt (wirtsch. t. t.) {42/80}; 4. gewagtes Geschäft {25/40/80}	**speculatio**, onis f	das Ausspähen, Auskundschaften; Betrachtung
–	**Spekulatius** l>(frz) >niederl	flaches Gebäck aus gewürztem Mürbteig in Figurenform {17}	uns. ob: **speculatio** frz. *spéculation* o.: **speculum**, li n niederl. *spekulatie*	s. oben Mischstoff; Luxuserzeugnis Spiegel(bild) Zuckerbackwerk als Tischschmuck
–	**spekulativ**	1. in der Art der Spekulation (2.) denkend (philos. t. t.); 2. in reinen Begriffen denkend (philos. t. t.) {77/25}; 3. die Spekulation (3., 4.) betreffend {80}; 4. grüblerisch {25}	**speculativus**, a, um	spekulativ
–	**spekulieren**	1. grübeln (ugs.); 2. auf etw. rechnen (ugs.) {25}; 3. ausforschen, auskundschaften (ugs.) {23/25/33}; 4. (an der Börse) Aktien o. ä. kaufen, um sie bei gestiegenem Kurs wieder zu verkaufen (wirtsch. t. t.) {80}	**speculari**	s. oben
3389	**Spelunke** (gr)>etr>l	wenig gepflegtes, verrufenes Wirtshaus {58/33}	**spelunca**, ae f gr. σπήλυγξ	Höhle, Grotte
3390	**spenden** l>mlat	als Geschenk austeilen, Almosen geben {28/33/42}	**expendere** mlat. spendere	gegeneinander abwägen; ausgeben, be-, auszahlen ausgeben, aufwenden
–	**Spende** l>mlat	Almosen, Gabe, Geschenk {28/33/42}	dto. mlat. spenda, spenta	dto.
–	**Spender** l>mlat	Schenker, Geber, Stifter {28/33/42}	dto.	dto.
–	**spendabel** l>mlat	(französisierend) freigiebig, großzügig {28/33/42}	dto.	dto.
–	**spendieren** l>mlat	für einen anderen bezahlen; jmdn. zu etw. einladen (ugs.); schenken {28/33/42}	dto.	dto.

3391	**Sperenzchen** o. **Sperentien** l>mlat	1. Umschweife, Umstände; Schwierigkeiten, Ausflüchte {25/32}; 2. kostspielige Vergnügungen, Gegenstände {33/42/85}	**sperare** mlat. sperentia	hoffen, erwarten, sich versprechen Hoffnung
3392	**Spesen** l>vulgl>it	Auslagen, Unkosten (im Dienst) {40/42}	**expensa**, ae f mlat. / it. *spesa* *spese* (Pl.)	Ausgabe, Aufwand Ausgabe, Aufwand
3393	**Spezerei** l>mlat>it	Gewürze, Gewürzware (veraltend) {17}	**species**, iei f mlat. specieria it. *spezieria*	Anblick; Gewürze, Zutaten; Waren Gewürze, Gewürzhandel
–	**Spezereiwaren** l;d	1. Lebensmittel (veraltend) {17}; 2. Gemischtwaren (schweiz.) {17/42}	dto.	dto.
3394	**Spezi**	1. bester Freund, Busenfreund (landsch.) {33}; 2. Erfrischungsgetränk aus Limonade und Cola {17}	**specialis**, e	besonder(s), speziell; eigentümlich
–	**spezialisieren** l>frz	1. gliedern, einzeln anführen, unterscheiden {25/32/56}; 2. sich -: sich (beruflich) auf ein Teilgebiet beschränken {40/56}	dto. frz. *spécialiser*	dto.
–	Spezialisierung, Spezialisation			
–	**Spezialist** l>frz	Fachmann auf einem bestimmten Gebiet; Facharbeiter, Facharzt {40/70}	dto. frz. *spécialiste*	dto.
–	spezialistisch			
–	**Spezialität** l>(frz)	1. Besonderheit {56}; 2. Interessengebiet eines Menschen {25}; 3. Feinschmeckergericht {17}	**specialitas**, atis f (frz. *spécialité)*	besondere Beschaffenheit
–	**spezial** o. **speziell**, **Spezial**... l>frz	vor allem, besonders, eigentümlich; eigens; einzeln {33/56/57}	**specialis** frz. *spécial*	s. oben
3395	**Spezies**	1. (Bezeichnung für eine) Tier- o. Pflanzenart einer Gattung (in der biol. Systematik - biol. t. t.) {68/69}; 2. Grundrechnungsart in der Mathematik (math. t. t.) {71}; 3. Verpflichtung zur Leistung einer bestimmten Sache (jur. t. t.) {33/82}; 4. Teegemisch (pharmaz. t. t.) {70/17}	**species**, iei f	Anblick, Gestalt; das einzelne Stück; Art

3396	**spezifisch** (l;l)>spätl >frz	1. arteigen, kennzeichnend, eigentümlich {33/56}; 2. -es Gewicht: Verhältnis zwischen Körpergewicht und -volumen (phys. t. t.) {72}	**species** + **facere** spätl. **specificus**, a, um frz. *spécifique*	s. oben 3395 tun, machen von besonderer Art, eigentümlich
–	**Spezifik** (l;l)>spätl >frz	das Spezifische einer Sache {56}	dto.	dto.
–	**Spezifikation** o. **Spezifizierung** (l;l)>spätl >mlat	1. Einteilung der Gattung in Arten (biol. t. t.) {68/69}; 2. Einzelaufzählung {32/57}; 3. Umbildung eines Stoffes durch Arbeiten, die ihn erheblich verändern (chem. t. t.) {73}	dto.	dto.
–	**Spezifikum** (l;l)>spätl >(nlat)	1. Besonderes, Entscheidendes {56}; 2. gegen eine bestimmte Krankheit wirksames Mittel (med. t. t.) {70}	dto.	dto.
–	**Spezifität** (l;l)>spätl >frz	1. Eigentümlichkeit, Besonderheit {56}; 2. charakteristische Reaktion (chem. t. t.) {73}	dto.	dto.
–	**spezifizieren** (l;l)>spätl >frz	1. einzeln aufführen, verzeichnen {32/57}; 2. zergliedern {57/58}	dto.	dto.
3397	**Spezimen** o. **Specimen**	Probe(arbeit); Muster (z. B. auf Briefmarken) {56/46/32}	**specimen**, minis n	Probe, Beispiel, Muster
3398	**Spicilegium**	Ährenlese (im 17. und 18. Jh. oft in Buchtiteln) {34/75}	**spicilegium**, ii n	Ährenlese, Nachlese, -ernte
3999	**Spiegel** l>mlat	Gerät mit reflektierender Metallschicht zur Selbstbetrachtung {44/23}	**speculum**, li n mlat. speglum	Spiegel, Spiegelbild
–	spiegeln, Spiegelung, Spiegelbild, Spiegelei, Spiegelfechten, Rückspiegel, vorspiegeln, Eulenspiegel			
3400	**Spikes** l>engl	1. Metalldornen an der Sohle von Laufschuhen (z. B. in der Leichtathletik) o. an der Rollfläche von Autoreifen; 2. rutschfester Laufschuh o. Reifen {19/45/54/85}	**spica**, ae f (o. **spicus**, ci m o. **spicum**, ci n)	Spitze; Getreideähre; Haarnadel vgl. oben 3384
3401	**Spina**	(med. t. t.) 1. Stachel, Dorn; spitzer Knochenvorsprung; 2. Rückgrat {70}	**spina**, ae f	Dorn(busch); Gräte; Rückgrat
–	**spinal**	zur Wirbelsäule, zum Rückenmark gehörend (med. t. t.) {70}	**spinalis**, e	zum Rückgrat gehörig, Rückgrat...

3402	**Spind** l>mlat	Kleider-, Vorratsschrank {44/58/86}	**expendere** mlat. spendere mlat. spinda, spenda	s. oben 3390 ausgeben, aufwenden Spende; Vorrat zum Austeilen; Vorratsbehälter
3403	**Spirale** gr>l>mlat	1. sich gleichmäßig um eine Achse windende (Schrauben)linie {58}; 2. Kurve, die in unendlich vielen Windungen einen festen Punkt umläuft (math. t. t.) {71}; 3. Gegenstand in der Form einer Spirale (z. B. Uhrfeder) {58/44}	**spira**, ae f gr. *σπεῖρα* mlat. spiralis	Windung; Brezel Windung, Spirale schneckenförmig sich windend
–	spiralig			
3404	**Spirant** o. **Spirans**	Reibelaut, Frikativ (sprachwiss. t. t.) {76}	**spirare** (PPA. **spirans**)	blasen, wehen, hauchen, atmen
3405	**Spiritismus** l>nlat	Geisterlehre; Glaube an Erscheinungen von Seelen Verstorbener; Versuch, okkulte Vorgänge als Einwirkung von Geistern zu erklären {51}	**spiritus**, us m	Hauch, Atem, Seele, Geist
–	**Spiritist** l>nlat	Anhänger des Spiritismus {51}	dto.	dto.
–	spiritistisch			
–	**spiritual** l>mlat	auf den (Heiligen) Geist bezogen; geistig, übersinnlich {51}	**spiritualis**, e	zur Luft, zum Atem gehörig; geistig, geistlich
–	**Spiritual** l>mlat (l>frz>engl >am)	1. Seelsorger, Beichtvater in kath. Seminaren und Klöstern (rel. t. t.) {33/40/51}; 2. geistliches Volkslied der im Süden Nordamerikas lebenden afrikanisch-stämmigen Farbigen {37/51}	dto.	dto.
–	**Spiritualien** l>mlat	geistliche Dinge (rel. t. t.) {51}	dto.	dto.
–	**spiritualisieren** l>mlat >nlat	vergeistigen {51}	dto.	dto.
–	**Spiritualismus** l>mlat >nlat	1. metaphysische Lehre, die das Wirkliche als geistig annimmt {77/51}; 2. theologische Richtung, die die unmittelbare geistige Verbindung des Menschen mit Gott betont (rel. t. t.) {25/51/77}	dto.	dto.
–	Spiritualist, spiritualistisch			

–	**Spirituali-tät** l>mlat	Geistigkeit {51/25}	dto.	dto.
–	**spirituell** l>mlat>frz o. **spirituös** l>frz	Weingeist enthaltend, geistig, alkoholisch {17/73}	dto. frz. *spiritueux*	dto.
–	**Spirituosen** l>frz	alkoholhaltige Getränke (z. B. Liköre) {17}	dto.	dto.
–	**Spiritus**	1. Hauch, Atem, (Lebens)-geist {15/51}; 2. Weingeist, Alkohol {17/73}	**spiritus**	s. oben
3406a	**Spital** l>mlat	Krankenhaus, Altersheim; Armenhaus (veraltet, noch landsch.) {49/58/70}	**hospitalis**, e spätl. **hospitale**, lis n	gastlich, gastfreundlich Gast(schlaf)zimmer
3406b	**Spoiler** l>engl	(techn. t. t.) 1. Luftleitblech am Heck von Rennautos; 2. Klappe an Flugzeugtragflächen zur Änderung der Strömungsverhältnisse {45/72}	**spoliare** engl. *(to) spoil* *spoiler*	rauben, plündern rauben, wegnehmen Plünderer; Luftleitblech
3407	**Spolienrecht** l;d	Recht des Kirchenpatrons, den beweglichen Nachlaß eines Geistlichen einzuziehen (im Mittelalter - hist. t. t.) {33/43/51/75}	**spolium**, ii n	Tierhaut; erbeutete Rüstung; Raub
3408	**sponsern**	(durch finanzielle Unterstützung) fördern {28/33/42}	**spondere** (PPP. **sponsus**)	sich verpflichten, geloben, sich verbürgen
–	**sponsieren**	um ein Mädchen werben, ihr den Hof machen (veraltet, noch landsch.) {33/18}	dto.	dto.
–	**Sponsor** l>engl	1. Gönner, Förderer, Geldgeber (z. B. im Sport) {42/28/33}; 2. Person(engruppe), die eine Rundfunk- o. TV-Sendung finanziert, um sie zu Reklamezwecken zu nutzen {28/42/46/85}	**sponsor**, oris m	Bürge, Pate
3409	**spontan**	von selbst; freiwillig, ohne Aufforderung, aus eigenem plötzlichen Antrieb; unmittelbar {59/28}	**spontaneus**, a, um	freiwillig, frei
–	**Sponta-n(e)ität** l>nlat	Handeln ohne äußere Anregung; eigener, innerer Antrieb; unmittelbare Reaktion {28/59}	dto.	dto.
–	**Sponti** l>nlat	Angehöriger einer undogmatischen, politisch linksgerichteten Gruppe (ugs.) {33/50}	dto.	dto.

3410a	**Sport** l>vulgl/ roman >afrz>engl	Sammelbegriff für alle mit der planmäßigen Körperschulung und körperlicher Betätigung im Wettkampf und -spiel zusammenhängenden Belange {85}	**deportare** vulgl./roman. deportare sfrz. *(se) de(s)porter desport* engl. *disport*	fort-, wegtragen, -bringen, -schaffen zerstreuen, vergnügen (sich) zerstreuen, vergnügen Zerstreuung, Vergnügen; Zeitvertreib, Spiel
–	sportiv, sportlich, Sportler, Sportsmann			
3410b	**Sportel** (gr)>etr>l	mittelalterl. Form des Beamteneinkommens; Gebühr für Amtshandlungen (z. B. Gerichtskosten) {49/82/42/75}	**sportula**, ae f gr. *σπυρίς*	(Speise)körbchen, Spende, Geschenk; Gerichtssporteln
3411	**Sprit** l>(frz)	1. Weingeist, Alkohol {73/17}; 2. Treibstoff, Benzin {73/45}	**spiritus** (frz. *esprit*	s. oben 3405 Geist, Weingeist)
3412	**Spund**	1. Verschlußzapfen an Fässern {58}; 2. junger, unreifer Mensch (landsch.) {33/15}	**expungere** (PPP. **expunctus**)	ausstechen; abdanken; tilgen; das (aus der Faßwand) Herausgestochene, Öffnung
–	Spundloch			
–	**Spundwand** l>(spätl)	Schutzwand bei Bauarbeiten {58/40}	dto.	dto.
3413	**Sputum**	Auswurf; Gesamtheit der Sekrete der Luftwege (med. t. t.) {70}	**sputum**, ti n	Spucke, Speichel, Auswurf
3414	**Square** (l;l)>vulgl >frz>engl	engl. Bezeichnung für: Quadrat, Platz {45/58}	**ex** + **quadra**, ae f afrz. *esquarre*	s. oben 0911 Viereck, Quadrat
3415	**Squash** (l;l)>vulgl >frz>engl	1. Ballspiel in einem geschlossenen Raum (sport. t. t.) {85}; 2. ausgepreßter Saft von Zitrusfrüchten {17}	**ex** + **quassare** afrz. *esquacer* o. *esquasser*	s. oben 0911 heftig schütteln; zerschlagen, beunruhigen
3416	**Staat**	Gesamtheit eines Gemeinwesens, Land {50/81}	**status**, us m	Stand; Stellung, Zustand; Verfassung
–	staatlich, Staatsmann, Staatsanwalt, Hofstaat, verstaatlichen			
>>>	Staats... s. ggf. unter dem Rest des Wortes			

–	**Staats-räson** l;l>frz	Grundsatz vom Vorrang der Staatsinteressen {25/50/56}	dto. + **ratio**, onis f frz. *raison*	dto. Berechnung, Vernunft; Recht; Grundsatz
–	**Staats-sekretär** l;l>mlat >frz	direkt dem Minister unterstellter hoher Staatsbeamter (in manchen Staaten = Minister) {50/40}	dto. + **secretus**, a, um mlat. secretarius frz. *secrétaire*	dto. abgesondert, getrennt, geheim (Geheim)schreiber
3417	**stabil**	1. beständig, sich im Gleichgewicht haltend {52/56/58/61}; 2. seelisch robust, widerstandsfähig {14/25/26/84}; 3. körperlich kräftig, muskulös, widerstandsfähig {11}; 4. fest, dauerhaft {54/59}	**stabilis**, e	fest(stehend); dauerhaft, standhaft
–	**Stabilisator** l>nlat	1. Gerät zur Gleichhaltung elektrischer Größen (techn. t. t.) {72}; 2. Bauteil, das bei der Federung einen Ausgleich bei einseitiger Belastung bewirkt (z. B. bei LKW's) {41/45}; 3. Zusatz, der unerwünschte chemische Reaktionen verhindert {73/17}; 4. gerinnungshemmende Flüssigkeit bei der Blutkonservierung (med. t. t.) {70}; 5. Anti-Schlingervorrichtung in Schiffen {41/45/61}	dto.	dto.
–	**stabili(si)eren** l>(frz)	festsetzen; festigen; dauerhaft, standhaft machen {52/56/59}	dto. (frz. *stabiliser)*	dto.
–	**Stabilität**	1. Beständigkeit, Dauerhaftigkeit {59}; 2. Standhaftigkeit, Gleichgewichtssicherheit {11/12/84}	**stabilitas**, atis f	das Feststehen, Festigkeit, Standhaftig-, Unveränderlichkeit
3418	**Stagflation** l;l	(Kurzwort aus Stagnation und Inflation): Stillstand des Wirtschaftswachstums bei gleichzeitiger Geldentwertung (wirtsch. t. t.) {80}	**stagnare** + **inflatio**, onis f	überschwemmt sein, (stauen) das Aufschwellen, Blähung
–	**Stagnation** o. **Stagnierung** l>nlat	1. Stockung, Stauung, Stillstand {61/56}; 2. kalte, sich nicht vermischende Wasserschicht in Binnenseen (geogr. t. t.) {64/63}	**stagnare**	s. oben
–	**stagnieren**	1. stocken, sich stauen; sich festfahren {56/61}; 2. stehen (von Gewässern) {64}	dto.	dto.

3419	**Stanniol** l>it>nlat	silberglänzende Zinn- o. Aluminiumfolie {44/40}	**stannum** o. **stagnum**, ni n it. *stagno* *stagnolo*	Mischung aus Silber und Blei; Zinn Blattzinn
3420	**statarisch**	verweilend, langsam fortschreitend {59/61}	**statarius**, a, um	im Stehen geschehend, auf demselben Fleck handelnd
3421	**Statement** l>(frz) >engl	öffentliche (politische) Erklärung o. Behauptung {50/32}	**status**, us m	Stellung; Umstände, Verfassung, Lage
3422	**Station**	1. (kleiner) Bahnhof; Haltestelle (eines öffentlichen Verkehrsmittels) {45/58}; 2. Halt, Aufenthalt, Rast {59/61}; 3. Bereich, Krankenhausabteilung {58/70}; 4. Ort, an dem sich eine technische Anlage befindet; Sende-, Beobachtungsstelle {46/72/58}; 5. Stelle, an der bei einer Prozession haltgemacht wird {51/58/61}	**statio**, onis f	Standort, Aufenthalt; Wachposten; Poststation
–	**stationär** l>(frz)	1. an einen festen Standort gebunden {58}; 2. örtlich und zeitlich unverändert {52/58/61}; 3. die Behandlung in einer Klinik betreffend {70}	**stationarius**, a, um (frz. *stationnaire)*	stillstehend, zum Standort gehörig
–	**stationieren** l>frz	1. an einen bestimmten Platz stellen, auf-, anstellen {58}; 2. eine Truppe an einen bestimmten Standort verlegen (mil. t. t.) {58/86}	dto.	dto.
3423	**Statist** l>nlat	stumme Nebenfigur in einer Theater- o. Filmszene {35/40/74}	**stare** (PPP. **status**)	sich aufhalten, stehen(bleiben); verharren
–	**Statisterie** l>nlat	Gesamtheit der Statisten {35/40/57/74}	dto.	dto.
–	**Statistik** l>nlat	1. wissenschaftliche Methode zur zahlenmäßigen Erfassung, Untersuchung und Darstellung von Massenerscheinungen {32/33/40/71/81}; 2. (schriftlich) dargestelltes Ergebnis einer Untersuchung nach der statistischen Methode {32/33/40/71/81}; 3. Auswertung einer großen Zahl physikalischer Größen {72/57}	**status**	s. oben 3421

–	**Statistiker** l>nlat	1. Wissenschaftler, der sich mit theoretischen Grundlagen und Anwendungsmöglichkeiten der Statistik befaßt; 2. Bearbeiter und Auswerter von Statistiken {33/40/71/81}	dto.	dto.
–	**statistisch** l>nlat	die Statistik betreffend, auf ihren Ergebnissen beruhend {32/33/71/81}	dto.	dto.
–	**Stativ**	dreibeiniges Gestell zum Aufstellen von Geräten (z. B. für Kameras) {40/87}	**stativus**, a, um	stehend, still-, feststehend
3424	**statuarisch**	auf die Bildhauerkunst o. eine Statue bezüglich; standbildhaft {36}	**statuarius**, a, um	zu den Statuen gehörig
–	**Statue**	Standbild (plastische Darstellung eines Menschen, eines Tieres) {36}	**statua**, ae f	Statue, Standbild, Bildsäule
–	**Statuette** l>frz	kleine Statue {36}	dto. frz. *statuette*	dto.
–	**statuieren**	aufstellen, festsetzen; bestimmen {25/28}	**statuere**	aufstellen; festsetzen, bestimmen; beschließen
3425	**Statur**	(Körper)gestalt, Wuchs {11/53}	**statura**, ae f	Wuchs, Größe, Gestalt
3426	**Status**	1. Zustand, Bestand {52/53}; 2. allgemeiner Gesundheitszustand; Allgemeinbefund nach ärztlicher Untersuchung (med. t. t.); 3. akutes Stadium einer Krankheit mit gehäuft auftretenden Symptomen (med. t. t.); 4. anlagemäßig bedingte Neigung zu einer bestimmten Krankheit (med. t. t.) {14/70}; 5. Stellung des Einzelnen in der Gesellschaft {33}	**status**	s. oben 3421
3427	**Statut**	Satzung, (Grund)gesetz {33/82}	**statuere** (PPP. **statutus**)	s. oben 3424
–	**statutarisch** l>nlat	auf dem Statut beruhend, satzungs-, ordnungsgemäß {33/82}	dto.	dto.
3428	**stellar**	die Fixsterne betreffend (astron. t. t.) {66}	**stellaris**, e	zu den Sternen gehörig

>>> Steppke s. Stöpsel
>>> Stereo... s. unter dem Rest des Wortes

3429	**steril** l>frz	1. keimfrei {70}; 2. unfruchtbar, nicht fortpflanzungsfähig (biol., med. t. t.) {69/70}; 3. langweilig, unschöpferisch {22/26/33}; 4. kalt, nüchtern wirkend, ohne eigene Note gestaltet {26/33}	**sterilis**, e frz. *stérile*	unfruchtbar, ertraglos, leer
–	**Sterilisation** l>frz	das Unfruchtbar-, Keimfreimachen (biol., med. t. t.) {69/70}	dto. frz. *stérilisation*	dto.
–	**Sterilisator** l>frz>nlat	Entkeimungsapparat (techn. t. t.) {70/72}	dto.	dto.
–	**sterilisieren** l>frz	1. keimfrei (u. dadurch haltbar) machen (z. B. Nahrungsmittel) {17/59/73}; 2. unfruchtbar, zeugungsunfähig machen (biol., med. t. t.) {69/70}	dto. frz. *stériliser*	dto.
–	**Sterilität** l>(frz)	1. Keimfreiheit (von chirurgischen Instrumenten) {70}; 2. Unfruchtbarkeit (der Frau), Zeugungsunfähigkeit (des Mannes - med. t. t.) {70}; 3. geistiges Unvermögen, Ertragslosigkeit {22/25}	**sterilitas**, atis f (frz. *stérilité*)	Unfruchtbarkeit
3430	**Stiel**	1. Handhabe, Griff an Geräten {44/40}; 2. Pflanzenstengel {03/68}	**stilus**, li m	Stiel, Stengel; Schreibart; Schreibgriffel
–	**Stil**	1. Art des sprachlichen Ausdrucks (eines Individuums) {32/34}; 2. einheitliche charakteristische Darstellungs- und Ausdrucksweise einer Epoche, eines Künstlers {59/34/35/36/37}; 3. Lebensweise, die dem besonderen Wesen, den Bedürfnissen von jmdm. entspricht {33/28}; 4. (vorbildliche und allgemein anerkannte) Art, etwas auszuführen (z. B. eine Sportart) {12/33/85}	dto.	dto.
–	**Stilett** l>it	kleiner Dolch {44}	dto. it. *stile, stilo* (dimin.) *stiletto*	dto. Pfriem, Griffel; Dolch
–	**Stilfigur** l;l	kunstmäßige Gestaltung eines Ausdrucks, Redefigur (rhet., sprachwiss. t. t.) {34/76}	dto. + **figura**, ae f	dto. Bildung, Gestalt; Redefigur, Wendung (rhet. t. t.)
–	**stilisieren** l>(nlat)	1. natürliche Formen (in dekorativer Absicht) vereinfachen {20/36/53}; 2. in einen bestimmten Stil bringen (veraltend) {34}	**stilus**	s. oben

–	**Stilisierung** l>(nlat)	1. nach einem bestimmten Stilideal o. -muster geformte (künstlerische) Darstellung {34/36/79}; 2. Vereinfachung o. Reduktion auf die Grundstruktur(en) {25/56}	dto.	dto.
–	**Stilist** l>nlat	Beherrscher des Stils, des sprachlichen Ausdrucks {34/32}	dto.	dto.
–	**Stilistik** l>nlat/frz	1. Stillehre, Stilkunde {34/32/76}; 2. Lehrbuch für guten Stil; systematische Beschreibung der Stilmittel {76/32}	dto. frz. *stilistique*	dto.
-	**stilistisch** l>nlat	den Stil (1., 2., 4.) betreffend {s. oben}	dto.	dto.
3431	**Stimulans**	anregendes Arzneimittel; Reizmittel (med. t. t.) {70}	**stimulare** (PPA. **stimulans**)	beunruhigen, anreizen, anregen
–	**Stimulanz**	Anreiz, Antrieb {26}	dto.	dto.
–	**Stimulation**	das Anregen, Anreizen; Ermuntern {26}	**stimulatio**, onis f	Reizung
–	**Stimulator**	Vorrichtung, die einen Reiz auslöst {70/69}	**stimulator**, oris m	Reizer
–	**stimulieren**	anreizen, anregen, ermuntern {26}	**stimulare**	s. oben
–	**Stimulus**	1. Reiz, Antrieb {26}; 2. ein dem Sprechakt vorausgehender (äußerer) Reiz (sprachwiss. t. t.) {76}	**stimulus**, li m	Stachel; Fußangel; Antrieb
3432	**Stipendiat**	Schüler, Studierender, jüngerer Wissenschaftler, der eine finanzielle Unterstützung erhält {31/40/42}	**stipendiari**	besoldet werden
–	**Stipendium**	finanzielle Unterstützung für Schüler, Studierende, jüngere Wissenschaftler {31/42}	**stipendium**, ii n	Steuer; Sold, Unterstützung
3433	**Stipulation**	vertragliche Abmachung; Übereinkunft {28/32/82}	**stipulatio**, onis f	Kontrakt, Handgelöbnis
–	**stipulieren**	1. vertraglich vereinbaren, übereinkommen; 2. festlegen, festsetzen {28/32/82}	**stipulari**	sich etw. förmlich ausbedingen, eine Verbindlichkeit übernehmen
3434a	**stop!** (gr)>l >vulgl/ mlat>engl	1. halt! {61/27/32}; 2. Punkt (im Telegrafenverkehr) {46}	**stuppa**, ae f gr. *στύπ(π)η* mlat. / vulgl. stuppare	Werg; Hanf mit Werg verstopfen
–	**Stopfen** (gr)>l >vulgl/ mlat	Korken (landsch.) {44}	dto.	dto.

–	**stopfen** (gr)>l >vulgl/ mlat	1. dicht machen, verschließen; flicken; 2. füllen, hineinstecken {29/44/58}; 3. mit Nadel und Faden ausbessern {19/40/44}	dto.	dto.
–	aus-, ver-, vollstopfen			
–	**Stopp** (gr)>l >vulgl/ mlat>engl	(unfreiwillger) Halt, Stokkung {61/45}	dto.	dto.
–	**stoppen** (gr)>l >vulgl/ mlat >niederl	anhalten, haltmachen; im Lauf aufhalten {61/45}	dto.	dto.
–	**Stopper** (gr)>l >vulgl/ mlat>engl	Mittelläufer im Fußballspiel (sport. t. t.) {85}	dto.	dto.
–	**Stöpsel** (gr)>l >vulgl/ mlat	1. Flaschenverschluß {44}; 2. kleines, dickliches Kind {15/ 53};	dto.	dto.
	o. **Steppke**	kleiner Kerl (ugs., berlinisch) {15/53}		
3434b	**Stoppel** l>spätl	Rest des abgeschnittenen (Getreide)halmes bzw. Barthaars {39/21/57}	**stipula**, ae f spätl. **stup(u)la**	(Korn-, Stroh)-halm Strohhalm
–	stopp(e)lig, (zusammen)stoppeln			
3435	**Store** l>it>frz (l>frz >engl)	1. durchsichtiger Fenstervorhang {44}; 2. Vorrat, Lager, Laden {42/ 58/57}	1.: **storea**, ae f it. *stora* frz. *store* 2.: **instaurare** afrz. *estor estoire*	Matte, geflochtene Binsendecke Strohmatte, Rohrgeflecht Matte, Fenstervorhang veranstalten, anstellen; erneuern; wiederherstellen
3436	**stornieren** l>vulgl>it	1. einen Fehler in der Buchhaltung berichtigen {25/42/ 80}; 2. (einen Auftrag) rückgängig machen {28/42/45/80}	**extornare** it. *stornare*	abdrehen, abdrechseln zum Weichen bringen; rückgängig machen
–	**Storno** l>vulgl>it	1. Berichtigung eines Buchungsfehlers, Rückbuchung (wirtsch. t. t.) {25/42/80}; 2. das Rückgängigmachen (österr.) {28/42/45/80}	dto. it. *storno*	dto.

3437	**Story** (gr)>l>frz >engl>am	1. den Inhalt eines Films, Romans o. ä. ausmachende Geschichte {34}; 2. ungewöhnliche (Kurz)geschichte {25/34/56}; 3. Bericht, Report; Erzählung {32/34}	**historia**, ae f gr. *ἱστορία* afrz. *estoire* frz. *histoire* engl. *history* *story*	Kunde, Kenntnis; Erzählung, Geschichte
3438	**Stracciatella** l>it	1. Speiseeissorte aus Vanilleeis mit kleinen Schokoladenstücken; 2. (Eier)einlaufsuppe {17}	**distrahere** vulgl. distractiare* it. *stracciare*	zerreißen, zerstückeln, zerstreuen zerreißen zerreißen, zerstückeln
3439	**Strangulation** o. **Strangulierung** (gr)>l	1. das Erdrosseln, Erhängen {15/82}; 2. Abklemmung innerer Organe (med. t. t.) {70}	**strangulatio**, onis f gr. *στραγγαλόειν* o. *στραγγαλίζειν*	das Erwürgen, Ersticken
–	**strangulieren** (gr)>l	durch Zudrücken der Luftröhre töten; erdrosseln, erhängen {15/82}	**strangulare** gr. *στραγγαλόειν*	erwürgen, erdrosseln, ersticken
3440	**Straße** l>spätl	gepflasterter, befestigter Weg {58/45}	**sternere** (PPP. **stratus**) spätl. **via strata**	einen Weg ebnen, bahnen; auf den Boden hinstreuen gepflasterter Weg, Heerstraße
3441	**Stratokumulus** (l;l)>nlat	tief hängende, gegliederte Schichtwolke (meteor. t. t.) {65}	**stratum**, ti n + **cumulus**, li m	Matratze, Polster, Lager; Decke Haufen, aufgetürmte Masse
–	**Stratopause** (l;gr>l) >nlat	Schicht in der Atmosphäre (meteor. t. t.) {65}	**stratum** + **pausa**, ae f gr. *παῦσις*	s. oben das Innehalten, Stillstand
–	**Stratosphäre** l;gr	Teilschicht der Atmosphäre in einer Höhe von 12 bis 80 km über der Erde (meteor. t. t.) {65/63}	**stratum** + gr. *σφαῖρα*	s. oben Ball, (Himmels)-kugel
–	stratosphärisch			
–	**Stratus** l>nlat	tief hängende, ungegliederte Schichtwolke (meteor. t. t.) {65}	**stratum**	s. oben
3442a	**Streß** l>vulgl>frz >engl	1. den Körper belastende, stärkere Leistungsanforderung {14/40/70}; 2. gerichteter, einseitiger Druck (geol. t. t.) {62}	**distringere** afrz. *destresse* engl. *distress* *stress*	auseinanderziehen; in Anspruch nehmen; einengen Sorge, Kummer Druck, Anspannung
–	stressen, Stressor, gestreßt			

3442b	**Striegel**	kammartiges Instrument zur Pflege des Fells bzw. der Haut bestimmter Haustiere (bes. Pferde) {39}	**strigilis**, is f	Schabeisen zum Abreiben der Haut, Striegel
–	**striegeln**	mit dem Striegel bearbeiten, glätten, pflegen {39/21}	dto.	dto.
3443	**strikt(e)**	streng; genau; pünktlich {25/26/33/59}	**strictus**, a, um	zusammengezogen; streng; karg
–	**Striktion**	Zusammenziehung {53/58}	**strictio**, onis f	Zusammenziehung, -pressung
–	**stringent**	bündig, zwingend, streng {25/28}	**stringere** (PPA. **stringens**)	zusammenziehen, -schnüren; kurz zusammenfassen
–	**Stringenz** l>nlat	Bündigkeit, strenge Beweiskraft (auch philos. t. t.) {25/77}	dto.	dto.
–	**stringieren**	1. zusammenziehen, -schnüren (veraltet) {53/58}; 2. die Klinge des Gegners mit der eigenen Waffe abdrängen (beim Fechten - sport. t. t.) {12/85}	dto.	dto.
3444	**Strippe** (gr)>l >roman >(niederl)	1. Bindfaden, Schnur (ugs., berlinisch) {44}; 2. Fernsprechleitung, Leitungsdraht (ugs.) {46}	**stroppus**, pi m o. **struppus**, pi m gr. *στρόγος* it. *stroppo*, frz. *étrope*, span. *estrobo*	gedrehter Riemen, dünner, geflochtener Kranz Seil, Band Schlaufe zur Befestigung des Ruders in der Dolle
3445	**Struktur**	1. (unsichtbare) Anordnung der Teile eines Ganzen zueinander, gegliederter Aufbau, innere Gliederung; 2. Gefüge, das aus Teilen besteht, die wechselseitig voneinander abhängen {56}; 3. erhabene Musterung bei Textilien, Tapeten {19/44/53}; 4. geologische Bauform (geol. t. t.) {62}	**structura**, ae f	ordentliche Zusammenfügung, Ordnung; Bauwerk
–	**struktural** o. **strukturell** l>nlat	die Struktur betreffend {s. oben}	dto.	dto.

–	**Strukturalismus** l>nlat	1. sprachwissenschaftliche Richtung, die Sprache als ein geschlossenes Zeichensystem versteht (sprachwiss. t. t.) {76}; 2. Forschungsmethode in der Völkerkunde, die eine Beziehung zwischen der Struktur einer Sprache und der Kultur einer Gesellschaft herstellt (ethnol. t. t.) {81}; 3. Wissenschaftstheorie, die von einer synchronen Betrachtungsweise ausgeht {25/40/59}	dto.	dto.
–	Strukturalist, strukturalistisch			
–	**strukturieren** l>nlat	mit einer Struktur (1.-3.) versehen {s. oben}	dto.	dto.
3446	**Student**	1. Hochschüler in der wissenschaftlichen Ausbildung; 2. Schüler einer höheren Schule (österr.) {31}	**studere** (PPA. **studens**)	sich eifrig, mit Fleiß bemühen; streben; sich wissenschaftlich beschäftigen
–	**studentisch** l>nlat	die Studenten betreffend; von, durch, mit Studenten {31}	dto.	dto.
–	**Studie** l>(nlat)	1. Entwurf, kurze skizzenhafte Darstellung, Vorarbeit; Übung {25/32/40}; 2. kunstvolle Darstellung einer Spielführung beim Schach (sport. t. t.) {25/32/85}	**studium**, ii n	Eifer, Streben, Interesse; wissenschaftliche Beschäftigung
–	**Studien...** l>(nlat)	amtlicher Titel für Beschäftigte in pädagogischen Berufen {31/49/78/40}	dto.	dto.
>>>	Studien... s. ggf. auch unter dem Rest des Wortes			
–	**studieren**	1. eine Hochschule, Universität besuchen {31}; 2. Kenntnisse auf einem bestimmten Fachgebiet erwerben {22/25/31}; 3. genau untersuchen, beobachten, erforschen; 4. genau, prüfend durchlesen {23/29/32}; 5. einüben, einstudieren {25/40}	**studere**	s. oben
–	**Studiker** l>nlat	Student (ugs., scherzhaft) {31}	dto.	dto.

–	**Studio** l>it	1. Künstlerwerkstatt, Atelier (z. B. eines Malers) {36/40/58}; 2. Aufnahmeraum (beim Film) {33/35/58/85}; 3. Versuchsbühne (für modernes Theater {35/58/74}; 4. Übungs- und Trainingsraum für Tänzer {37/58}; 5. abgeschlossene Einzimmerwohnung {44/58}	**studium** it. *studio*	s. oben Studium; Studie; Arbeitszimmer, Atelier
–	**Studiosus**	Studierender, Student (ugs., scherzhaft) {31}	**studiosi, sorum** m (Pl.)	Studierende, Kunstbeflissene
–	**Studium**	1. Hochschulbesuch, -ausbildung; 2. eingehende wissenschaftliche Beschäftigung {25/31}; 3. genaue, kritische Prüfung; kritisches Durchlesen {25/32}; 4. das Einüben, Erler-nen {25/31/40}	**studium**	s. oben
3447	**stupend**	erstaunlich, verblüffend {26}	**stupere** (PPA. **stupens**)	verblüfft sein, stutzen, staunen
–	**stupid(e)** l>frz	stumpfsinnig, geistlos, beschränkt, dumm {22/25}	**stupidus**, a, um	verdutzt, verblüfft; dumm, borniert
–	**Stupidität**	1. Stumpfsinnigkeit, Beschränkt-, Dummheit {22/25}; 2. von Geistlosigkeit zeugende Handlung, Bemerkung {25/29/32}	**stupiditas**, atis f	Sinnlosigkeit, Verdutztheit, Dummheit
3448	**Stuprum**	1. Ehebruch {33}; 2. Notzucht, Vergewaltigung {18/82}	**stuprum**, ri n	Schändung, Hurerei, Ehebruch
3449	**stylen** l>engl	entwerfen, gestalten, eine bestimmte Form geben {36/40/53}	**stilus**, li m	s. oben 3430
–	**Styling** l>engl	1. industrielle Formgebung im Hinblick auf funktionsgerechtes ansprechendes Äußeres {41/36}; 2. Karosseriegestaltung im Kraftfahrzeugbau {41/53/45}	dto.	dto.
–	**Stylist** l>engl	Formgestalter (bes. im Autobau) {40/41/45/53}	dto.	dto.
3450	**Suasorie**	eine Redeübung über die Ratsamkeit einer fingierten Entschließung (hist., rhet. t. t.) {32/75/76}	**suasoria**, ae f	Rede, worin etw. empfohlen, Rat gegeben wird
–	**suasorisch**	die Suasorie betreffend; überredend {28/32/75/76}	**suasorius**, a, um	zum Ratgeben -, zum Überreden gehörig

3451	**Sub** (l>engl >am)	1. wiederholtes Kontra, Erwiderung auf ein Re (beim Skatspiel {32/85}; 2. Kurzform von: Subkultur {33/31}; 3. = Sub... (in Zusammensetzungen): unter, neben, im Randbereich liegend {58}; 4. Lokalität einer subkulturellen (z. B. homosexuellen) Gruppe {33/58}; 5. Angehöriger einer subkulturellen Gruppe {33}	**sub** (Präp.)	unter (... hervor); unten, unterhalb; bei
>>>	Sub... s. ggf. auch unter dem Rest des Wortes			
3452	**subaltern**	1. unterwürfig, untertänig (abwertend); 2. untergeordnet, unselbständig {33}	**subalternus**, a, um	untergeordnet
–	**Subalternität** l>nlat	1. Abhängig-, Unselbständigkeit; 2. Unterwürfig-, Untertänigkeit {33}	dto.	dto.
>>>	Subdiakon s. Sub...			
3453	**subito** l>it	plötzlich, sofort, unvermittelt (mus. t. t.) {37/59}	**subito** (Adv.)	plötzlich, jählings; sofort
3454	**Subjekt**	1. das erkennende, mit Bewußtsein ausgestattete, handelnde Ich (philos. t. t.) {77}; 2. Satzgegenstand (sprachwiss. t. t.) {76}; 3. Thema in der Fuge (mus. t. t.) {37}; 4. heruntergekommener, gemeiner Mensch (abwertend) {33/25}	**subietcum**, ti n	Satzgegenstand; Grundbegriff; (das Zugrundegelegte)
–	**subjektiv**	1. auf ein Subjekt bezüglich, dem Subjekt angehörend, in ihm begründet; persönlich (philos. t. t.) {77}; 2. auf die eigene Person bezogen, von der eigenen Person aus urteilend {25/33}; 3. einseitig, parteiisch; unsachlich {25/26/33}	**subiectivus**, a, um (bzw. subicere	hinzugefügt, nachgesetzt; zum Subjekt gehörig darunter werfen, unter etw. legen, zugrundelegen)
–	**Subjektivismus** l>nlat	(philos. t. t.) 1. Ansicht, nach der das Ich das primär Gegebene sei; 2. nur vom Ich ausgehende Haltung, Ichbezogenheit {77/25}	dto.	dto.
–	Subjektivist, subjektivistisch			

–	**Subjektivität** l>nlat	1. Inbegriff dessen, was zu einem Subjekt gehört (philos. t. t.); 2. die Eigenständigkeit des geistigen Lebens (philos. t. t.) {77}; 3. persönliche Auffassung, Eigenart {25/26}; 4. Einseitigkeit {25/26/33}	dto.	dto.
3455	**Subkontinent** (l;l)>nlat	geographisch geschlossener Teil eines Kontinents (z. B. Indien - geogr. t. t.) {64}	**sub** + **continens** (Gen. –ntis) (bzw. terra continens	s. oben 3451 zusammenhängend, unmittelbar angrenzend Festland, Kontinent)
3456	**Subkultur** (l;l)>nlat	besondere, in bewußtem Gegensatz zur herrschenden Kultur stehende Gruppierung {33/81}	**sub** + **cultura**, ae f	s. oben 3451 Pflege; Kultur; Bebauung
–	**subkulturell** (l;l)>nlat	zu einer Subkultur gehörend, sie betreffend {33/81}	dto.	dto.
3457	**subkutan**	(med. t. t.) 1. unter der Haut befindlich; 2. unter die Haut appliziert (= gespritzt) {70}	**subtercutaneus**, a, um	unterhalb der Haut befindlich
3458	**sublim**	1. nur mit großer Feinsinnigkeit, mit feinem Verständnis wahrnehmbar; 2. von großer Feinsinnigkeit, feinem Verständnis, großer Empfindsamkeit zeugend {22/23/25/26}	**sublimis**, e	emporragend, erhaben, schwebend, in die Höhe gehoben
–	**Sublimation** l>nlat	unmittelbarer Übergang eines festen Stoffes in den Gaszustand (chem. t. t.) {73/65}	**sublimare**	emporheben, -steigen; erhöhen
–	**sublimieren**	1. auf eine höhere Ebene erheben, ins Erhabene steigern; verfeinern, veredeln {29/40/56}; 2. einen (unbefriedigten Geschlechts)trieb in kulturelle Leistungen umsetzen (med., psych. t. t.) {33/70}; 3. unmittelbar vom festen in den gasförmigen Zustand übergehen (chem., phys. t. t.) {65/72/73}	dto.	dto.
–	Sublimierung			
3459	**submarin** (l;l)>nlat	unter der Meeresoberfläche lebend, befindlich (geol., biol. t. t.) {62/68/69}	**sub** + **marinus**, a, um	s. oben 3451 zum Meer gehörig, im Meer befindlich

3460	**Submission**	1. Ehrerbietig-, Unterwürfigkeit; Unterwerfung (veraltet) {33}; 2. öffentliche Ausschreibung einer Arbeit und Auftragsvergabe an den günstigsten Anbieter {40/42/49/80}; 3. Kaufhandlung (DDR) {29/42}; 4. Musterausstellung der Herstellerbetriebe zur Entgegennahme von Aufträgen des Handels (DDR) {42/80}	**submissio**, onis f	Herablassung
–	**submittieren**	sich um einen Auftrag bewerben (wirtsch. t. t.) {40/42/80}	**submittere**	herunter-, herablassen; unterwerfen; zuschicken
3461	**Subordination** (l;l)>mlat	1. Unterordnung, Gehorsam (veraltend) {33}; 2. Unterordnung von Sätzen, Satzgliedern (sprachwiss. t. t.) {76}	**sub** + **ordinatio**, onis f	s. oben 3451 (An)ordnung; Regelung; Reihenfolge
–	**subordinieren** (l;l)>mlat	unterordnen (sprachwiss. t. t.) {76}	**sub** + **ordinare**	s. oben 3451 ordnen; regeln, festsetzen
3462	**subpolar** l;gr	zwischen den Polen und der gemäßigten Klimazone gelegen (geogr., meteor. t. t.) {64/65}	**sub** + gr. *πόλος*	s. oben 3451 Drehpunkt, Achse; Erdpol
3463	**subsidiär** o. **subsidiarisch** l>frz	1. unterstützend, hilfeleistend {33}; 2. behelfsmäßig, als Behelf dienend {56}	**subsidiarius**, a, um	zur Reserve gehörig, zur Aushilfe dienend
–	**Subsidiarität** l>frz>(nlat)	1. Prinzip, wonach der Staat nur Aufgaben übernehmen soll, zu deren Wahrnehmung untergeordnete Einheiten (bes. die Familie) nicht in der Lage sind (pol., soziol. t. t.) {81}; 2. das Subsidiärsein einer Rechtsnorm (jur. t. t.) {82}	dto.	dto.
–	**Subsidium**	1. Beistand, Rückhalt, Unterstützung (veraltet) {33}; 2. Hilfsgelder (seltener Truppen o. Kriegsmaterial), die ein Staat einem anderen gibt {50/42/75/86}	**subsidium**, ii n	Hilfe, Rückhalt, Reserve, Beistand
3464	**Subsistenz**	1. der Bestand, das Bestehen durch sich selbst (philos. t. t.) {77/52}; 2. Lebensunterhalt, materielle Grundlage des Lebens; 3. materielle Existenz {15/17/33/42/52}	**subsistentia**, ae f	Bestand, Realität, Substanz
–	Subsistenzwirtschaft			

–	**subsistieren**	1. für sich (unabhängig von anderen) bestehen (philos. t. t.) {77/52}; 2. seinen Lebensunterhalt haben (veraltet) {15/17/33/42/52}	**subsistere**	stillstehen, haltmachen; bestehen bleiben; widerstehen
3465	**Subskribent**	jmd., der sich zur Abnahme eines noch nicht erschienenen Buches verpflichtet (buchw. t. t.) {42/32/28}	**subscribere** (PPA. **subscribens**)	(dar)unterschreiben; unterstützen
–	**subskribieren**	sich verpflichten, ein noch nicht erschienenes Druckerzeugnis abzunehmen; vorausbestellen (buchw. t. t.) {32/28/42}	dto.	dto.
–	**Subskription**	1. Vorausbestellung von später erscheinenden Büchern (durch Unterschrift - buchw. t. t.) {28/32/42}; 2. am Schluß einer antiken Handschrift stehende über Inhalt, Verfasser des Werkes, Schreiber etc. {32/75}; 3. Verpflichtung, eine bestimmte Anzahl von Wertpapieren zu kaufen {28/42/80}	**subscriptio**, onis f	Unterschrift (unter ein Dokument); Mitanklage
3466	**Substantialismus** l>nlat	philosophische Lehre, nach der die Seele eine Substanz, ein dinghaftes Wesen ist (philos. t. t.) {77}	**substantialis**, e	wesentlich; selbständig; die Substanz betreffend, wesenhaft
–	**substantial** o. **substantiell** l>frz	1. substanzartig, wesenhaft {52}; 2. wichtig, wesentlich {56/25}; 3. stofflich, materiell, Substanz besitzend {52/54}; 4. nahrhaft, gehaltvoll, kräftig (veraltend) {17}	dto.	dto.
–	**substantiieren** l>nlat	durch Tatsachen belegen, begründen (philos., jur. t. t.) {77/82}	**substantia**, ae f	Bestand, Existenz, Substanz, Beschaffenheit
–	**Substantiv(um)** l>(spätl)	Haupt-, Dingwort; Nomen (sprachwiss. t. t.) {76}	**substantivus**, a, um spätl. **nomen substantivum**	selbständig; für sich selbst bestehen könnend Substantiv (gramm. t. t.)
–	**substantivieren** l>nlat	zum Substantiv machen (sprachwiss. t. t.) {76}	dto.	dto.
–	**Substantivierung** l>nlat	(sprachwiss. t. t.) 1. das Substantivieren; 2. substantivisch gebrauchtes Wort {76}	dto.	dto.
–	**substantivisch**	das Substantiv betreffend; haupt-, dingwörtlich (sprachwiss. t. t.) {76}	dto.	dto.

–	**Substanz**	1. Stoff, Materie, Material {52/73}; 2. das unveränderliche Wesen einer Sache, Urgrund (philos. t. t.) {77}; 3. der eigentliche Inhalt, das Wesentliche, Wichtige {56/52}; 4. Vorrat, Vermögen, Kapital {43}	**substantia**	s. oben
3467	**Substituent**	1. der ersetzende Stoff, Ersatzstück {73}; 2. Atom, das ein anderes Atom ersetzen kann, ohne das Gefüge zu zerstören (phys. t. t.) {72}	**substituere** (PPP. **substitutus**)	unterwerfen; an die Stelle -, ersetzen, substituieren
–	**substituieren**	1. austauschen, ersetzen {29/40/56}; 2. einen Begriff an Stelle eines anderen setzen (philos. t. t.) {77}	dto.	dto.
–	**Substitut(in)**	1. Ersatz(mittel) {56}; 2. Stellvertreter, Ersatzmann, Untervertreter {33}; 3. Verkaufsleiter {40/42}	dto.	dto.
–	**Substitution**	1. Ersetzung, Austauschung {56}; 2. Verschiebung eines Affektes auf ein Ersatzobjekt (sogenanntes Übersprungverhalten - psych., biol. t. t.) {69/70}; 3. Ersetzung von Gütern o. Produktionsfaktoren (wirtsch. t. t.) {41/42/80}; 4. Ersatz eines sprachlichen Elements (sprachwiss. t. t.) {76}; 5. Ersetzung einer mathematischen Größe {71}; 6. Ersetzung eines Begriffs (log. t. t.) {77/71}	**substitutio**, onis f	das Setzen an die Stelle eines anderen; Ersatz, Ersetzung; Ergänzung
3468	**Substrat**	1. Unterlage, Grundlage {58/25}; 2. eigenschaftslose Substanz eines Dinges als Träger seiner Eigenschaften (philos. t. t.) {77}; 3. Sprachgut eines (besiegten) Volkes im Hinblick auf den Niederschlag, den sie in der (neuen) aufgezwungenen Sprache gefunden hat (sprachwiss. t. t.) {76/81}; 4. Nährboden (biol. t. t.) {68/69}; 5. Substanz, die bei fermentativen Vorgängen abgebaut wird (biol., chem. t. t.) {68/69/73}	**substratus**, us m	das Unterstreuen, Unterlegen

3469	**subsumieren** (l;l)>nlat	1. ein-, unterordnen (z. B. einen Begriff von engerem Umfang einem von weiterem - log. t. t.) {56/77}; 2. einen Sachverhalt rechtlich würdigen (jur. t. t.) {56/82}	**sub** + **sumere**	s. oben 3451 nehmen; wählen, aussuchen
–	**Subsumtion** (l;l)>nlat	1. Unterordnung von Begriffen unter einem Oberbegriff {76/56}; 2. Unterordnung eines Sachverhalts unter den Tatbestand einer Rechtsnorm (jur. t. t.) {82}	**sub** + **sumptio**, onis f	s. oben 3451 das Nehmen
3470	**subterran**	unterirdisch {58}	**subterraneus**, a, um	unter der Erde befindlich, unterirdisch
3471	**subtil**	1. mit großer Behutsamkeit, Sorgfalt, Genauigkeit vorgehend o. ausgeführt; in die Details gehend; 2. fein strukturiert; schwierig, kompliziert {25/40/56}	**subtilis**, e	fein, dünn, zart; feinfühlend
–	**Subtilität**	1. subtiles Wesen, das Subtilsein {25/26/33/84}; 2. etw. Subtiles; Feinheit {25/56}	**subtilitas**, atis f	Zart-, Feinheit, Genauigkeit
3472	**Subtrahend**	Zahl, die von einer anderen Zahl abgezogen wird (math. t. t.) {71}	**subtrahere**	entreißen, entfernen; sich (entziehen)
–	**subtrahieren**	abziehen, vermindern (math. t. t.) {71}	dto.	dto.
–	**Subtraktion**	das Abziehen (math. t. t.) {71}	**subtractio**, onis f	das Sich-Entziehen, Abweichen
–	**subtraktiv** l>nlat	mit Subtraktion durchgeführt (math. t. t.) {71}	**subtrahere**	s. oben
3473	**Subtropen** (l;gr)>nlat	Gebiete des Übergangs von den Tropen zur gemäßigten Klimazone (geogr. t. t.) {64/65}	**sub** + gr. τροπή	s. oben 3451 Wende
–	**subtropisch** (l;gr)>nlat	in den Subtropen gelegen {64/65}	dto.	dto.
3474	**Suburb** l>engl>am	engl. Bezeichnung für: Vorstadt, amerikanische Trabantenstadt {64/81}	**suburbium**, ii n	Vorstadt
–	**Suburbanisation** l>nlat	Ausdehnung der Großstädte durch eigenständige Trabantenstädte {64/58}	**suburbanus**, a, um	nahe bei der Stadt befindlich
–	**Suburbia** l>engl>am	Gesamtheit der um die großen Industriestädte gelegenen Trabantenstädte {57/64/81}	**suburbium**	s. oben
–	**suburbikarisch**	vor der Stadt gelegen (von Bistümern) {64/51}	**suburbicarius**, a, um	nahe bei der Stadt (befindlich)
–	**Suburbium**	Vorstadt (bes. einer mittelalterl. Stadt) {64/75}	**suburbium**	s. oben

3475	**subvenieren**	zu Hilfe kommen, unterstützen (veraltet) {33}	**subvenire**	beistehen, zu Hilfe kommen
–	**Subvention**	zweckgebundene (finanzielle) Unterstützung aus öffentlichen Mitteln; staatlicher Zuschuß {50/42/80}	**subventio**, onis f	Hilfeleistung, Beistand
–	**subventionieren** l>nlat	durch zweckgebundene öffentliche Mittel unterstützen, mitfinanzieren {42/50/80}	dto.	dto.
3476	**Subversion**	(Staats)umsturz {25/33/50}	**subversio**, onis f	Umkehrung; Umsturz, Zerstörung
–	**subversiv** l>nlat	1. umstürzlerisch {25/33/50}; 2. zerstörend {52}	**subvertere** (PPP. **subversus**)	umkehren; umstürzen, vernichten
3477a	**Subway** (l;l)>engl >am	1. Untergrundbahn {45}; 2. Straßenunterführung {45/58}	**sub** + **via**, ae f engl. *way*	s. oben 3451 Weg, Straße
3477b	**Subwoofer** (l;engl) >engl	besondere Lautsprecherbox für niederfrequente Schwingungen (techn. t. t.) {87}	**sub**	s. oben 3451
3478	**Sudatorium**	Schwitzbad, Sauna (med. t. t.) {44/58/70}	**sudatorium**, ii n	Schwitzbad
3474	**Süffisance** o. **Süffisant** l>frz	süffisantes Wesen, süffisante Art {25/26/84}	**sufficere** frz. *suffire* *suffisant* *suffisance*	nachwählen; darreichen; hinreichen, genügen genügen genüglich, dünkelhaft, selbstgefällig
–	**süffisant** l>frz	geistige Überlegenheit genüßlich zur Schau tragend; selbstgefällig, spöttisch-überheblich {25/26/84}	dto.	dto.
3480	**Suffix**	an ein(en) Wort(stamm) angehängte Ableitungssilbe, Nachsilbe (sprachwiss. t. t.) {76}	**suffigere** (PPP. **suffixus**)	anfügen, -heften, -stecken
3481	**Suffizienz**	1. Zulänglichkeit, Können {22}; 2. ausreichendes Funktionsvermögen (z. B. des Herzens - med. t. t.) {56/70}	**sufficiens** (Gen. –ntis)	hinreichend, hinlänglich, genügend
–	**suffizient**	genügend, ausreichend (in bezug auf das Funktionsvermögen eines Organs - med. t. t.) {56/70}	dto.	dto.
3482	**Suffragette** l>frz>engl	(engl.) für politische Gleichberechtigung eintretende Frauenrechtlerin {33/50/81}	**suffragium**, ii n	Abstimmung; Stimme; Stimmrecht
–	**Suffragium**	1. politisches Stimmrecht {50}; 2. Abstimmung {28/50}; 3. Gebet zu den Heiligen um ihre Fürbitte {51}	dto.	dto.

3483	**suggerieren**	1. jmdn. gegen seinen Willen gefühlsmäßig beeinflussen; jmdm. etw. einreden; 2. einen den Tatsachen nicht entsprechenden Eindruck entstehen lassen {25/28}	**suggerere** (PPP. **suggestum**)	unten an etw. bringen; eingeben; einflüstern
–	**suggestibel** l>nlat	beeinflußbar, für Suggestion empfänglich {25/28}	dto.	dto.
–	**Suggestibilität** l>nlat	Beeinflußbarkeit, gute Empfänglichkeit für Suggestionen (z. B. bei Hypnose) {25/28}	dto.	dto.
–	**Suggestion**	1. Beeinflussung eines Menschen {28/25}; 2. Gefühl, Gedanke, Eindruck, der jmdm. suggeriert (1.) wird {24/25/26/28}; 3. suggestive Wirkung, Kraft {25/28}	**suggestio, onis** f	Hinzufügung; Eingebung, Einflüsterung; Vorstellung
–	**suggestiv** l>nlat	1. beeinflussend, (den anderen) bestimmend; auf jmdn. einwirkend; 2. auf Suggestion zielend {28/25}	**suggerere**	s. oben
–	**Suggestivität** l>nlat	Beeinflußbarkeit {28/25}	dto.	dto.
3484a	**Suite** l>gallorom >frz	1. Gefolge eines Fürsten {47/33}; 2. Folge von zusammengehörenden Zimmern in Hotels, Palästen o. ä. {44/58}; 3. lustiger Streich (veraltet) {33/26}; 4. Folge von verschiedenen zusammengehörigen, in der gleichen Tonart stehenden Stücken (mus. t. t.) {37}	**sequi** gallorom. *sequita** frz. *suite*	(nach-, ver)folgen, begleiten Folge Folge
3484b	**Suizid** l>nlat	Selbstmord {28/15/82}	**suum, ui** n (Subst.) bzw. **sui** + **caedere**	das Seine, Ihrige seine eigen Person, gegen sich hauen, schlagen, töten
–	**suizidal** l>nlat	durch Selbstmord erfolgt, zum Selbstmord neigend {15/25/28/82}	dto.	dto.
–	**Suizidalität** l>nlat	Neigung, Selbstmord zu begehen {25/28/15/82}	dto.	dto.
–	**Suizidant** o. **Suizident** l>nlat	jmd., der Selbstmord begeht o. zu begehen versucht {15/28/82}	dto.	dto.
–	Suizidologe, Suizidologie			

3485	**Sujet** l>frz	Gegenstand, Stoff einer künstlerischen Darstellung, bes. einer Dichtung {25/34/35}	**subiectum**, ti n frz. *sujet*	Subjekt; Satzgegenstand, Grundbegriff
3486	**Sukkubus** l>mlat	Teufel, der mit Männern in sexueller Beziehung steht (rel. t. t.) {18/51}	**succumbere** (bzw. **succuba**, ae f	niederfallen, -sinken; sich beschlafen lassen Beischläferin
3487	**sukkulent**	saftig, fleischig (in bezug auf die Beschaffenheit von Geweben - med., biol. t. t.) {68/69/70}	**succulentus**, a, um	saftvoll, -reich; kräftig
–	**Sukkulent**	Pflanze trockener Gebiete mit besonderen Wassergeweben (bot. t. t.) {68}	dto.	dto.
–	**Sukkulenz** l>nlat	Verdickung von Pflanzenteilen durch Wasserspeicherung (bot. t. t.) {68}	dto.	dto.
3488	**sukzedan**	nachfolgend, aufeinanderfolgend (med. t. t.) {70}	**succedaneus**, a, um	stellvertretend
–	**sukzedieren**	nachfolgen (z. B. in einem Amt - veraltet} {33/40/50/59}	**succedere**	ablösen, nachfolgen
–	**Sukzeß**	Erfolg (veraltet) {25/33/40}	**successus**, us m	Fortgang, Verlauf; Erfolg
–	**Sukzession**	1. Thronfolge {47/33}; 2. apostolische Nachfolge {51}; 3. Übernahme der Rechte und Pflichten eines Staates durch einen anderen {50/82}; 4. Eintritt einer Person in ein bestehendes Rechtsverhältnis, Rechtsnachfolge {82}; 5. Übergehen einer Pflanzengesellschaft in eine andere (bot. t. t.) {68}	**successio**, onis f	das Nachrücken, Nachfolge; Fortgang, Erfolg
–	**sukzessiv** l>nlat	allmählich eintretend {52/59}	**succedere**	s. oben
–	**sukzessive** l>nlat	allmählich, nach und nach {59}	dto.	dto.
–	**Sukzessor**	(Rechts)nachfolger (veraltet) {82}	**successor**, oris m	Nachfolger
3489	**Sulfat** l>nlat	Salz der Schwefelsäure (chem. t. t.) {73}	**sulphur**, ris n	Schwefel; Blitz
–	**Sulfid** l>nlat	Salz der Schwefelwasserstoffsäure (chem. t. t.) {73}	dto.	dto.
–	**sulfidisch** l>nlat	Schwefel enthaltend (chem. t. t.) {73}	dto.	dto.
–	**Sulfit** l>nlat	Salz der schwefligen Säure (chem. t. t.) {73}	dto.	dto.

3490	**Summa**	1. Summe (veraltet) {57/71}; 2. Bezeichnung für für eine Zusammenfassung des gesamten theol. und philos. Wissensstoffes {51/57/77}	**summa**, ae f	Hauptsache; Gesamtheit, das Ganze, Summe
–	**Summand**	hinzuzuzählende Zahl (math. t. t.) {71}	dto.	dto.
–	**summarisch** l>mlat	1. kurz zusammengefaßt {32/56/57}; 2. kurz u. bündig {57}; 3. nur ganz allgemein, ohne auf Einzelheiten einzugehen {32/56}	dto. mlat. summarius	dto. kurz zusammengefaßt
–	**Summarium** l>nlat	1. kurze Inhaltsangabe (veraltet); 2. Inbegriff (veraltet) {32/57/25}; 3. Sammlung mittelalterl. Glossen (sprachwiss., lit.wiss. t. t.) {76/75}	**summarium**, ii n	kurzer Inhalt; Inbegriff der Hauptpunkte
–	**Summary** l>engl	Zusammenfassung eines Artikels, Buchs o. ä. {32/57}	dto.	dto.
–	**Summation** l>nlat	1. Bildung einer Summe (math. t. t.) {71}; 2. Anhäufung {57}	**summa**	s. oben
–	**summativ** l>nlat	1. das Zusammenzählen betreffend; 2. durch Summation erfolgend {71/57}	dto.	dto.
–	**Summe**	1. Resultat einer Addition {71}; 2. Gesamtzahl {71/57}; 3. Geldbetrag {42/57}	dto.	dto.
–	**Summepiskopat** l;gr>l	die oberste Gewalt der Landesfürsten in den deutschen ev. Kirchen bis 1918 {50/51}	dto. + **episcopatus**, us m gr. ἐπίσκοπος	dto. Bischofswürde
–	**summieren**	1. zusammenzählen {71/57}; 2. zusammenfassen, vereinigen {57/32}; 3. sich -: immer mehr werden, anwachsen {57/61}	**summa** (bzw. **summare**	s. oben auf den Höhepunkt bringen)
3491	**super** l>(engl)	erstklassig, großartig, hervorragend, toll {26/33/56}	**super**	obendrauf, darüber, darauf; oberhalb
–	**Super**	1. (= Superheterodynempfänger) Rundfunkgerät mit hoher Verstärkung und Trennschärfe (techn. t. t.) {46/87}; 2. (= Superbenzin) Brennstoff mit hoher Oktanzahl {45/73}	dto.	dto.
–	**super...**, **Super...**	höchst, sehr, äußerst, überaus; über (... hinaus) {56/58}	dto.	dto.
–	Supermacht, -markt, -mann			
3492	**superb** o. **süperb** l>frz	vorzüglich, prächtig {17/26/56}	**superbus**, a, um	hochmütig, eitel; hervorragend, prächtig

3493	**Supercup** (l;gr>l) >engl	1. Wettbewerb zwischen den Europapokalgewinnern der Landesmeister und der Pokalsieger (im Sport) {85}; 2. Siegestrophäe beim Supercup-Spiel {56/85}	**super** + **cup(p)a**, ae f gr. κύπη	s. oben 3491 Küpe, Tonne; Grabgewölbe
>>>	Superhet s. Super (1.)			
3494	**Superintendent** l>mlat	höherer ev. Geistlicher, Vorsteher eines Kirchenkreises {51}	**superintendere**	die Aufsicht haben
–	**Superintendentur** l>mlat >nlat	Amt(sbereich o. Wohnung) eines Superintendenten {51/58/44}	dto.	dto.
3495	**superior**	überlegen {33/56}	**superior**, ius (Komp.)	weiter oben befindlich; vorzüglicher, andere übertreffend
–	**Superiorität** l>mlat	Überlegenheit, Übergewicht {56/33}	dto.	dto.
3496	**superlativ**	1. überragend {56/33}; 2. übertreibend, übertrieben (rhet. t. t.) {76}	**superlativus**, a, um	im Superlativ stehend; steigernd; zur Übertreibung dienend
–	**Superlativ**	1. Höchststufe des Adjektivs bei der Steigerung (sprachwiss. t. t.) {76}; 2. etw., das nicht zu überbieten ist; 3. Ausdruck höchsten Wertes, Lobes {26/33/56}	dto.	dto.
–	**superlativisch**	1. den Superlativ betreffend (sprachwiss. t. t.); 2. übertrieben (sprachwiss. t. t.) {76}; 3. überragend {26/33/56}	dto.	dto.
3497	**Supernova** (l;l)>nlat	besonders lichtstarker Stern (astron. t. t.) {66}	**super** + **novus**, a, um	s. oben 3491 neu; frisch
3498	**supersonisch** (l;l)>nlat	schneller als der Schall; über der Schallgeschwindigkeit (phys. t. t.) {54/72}	**super** + **sonare**	s. oben 3491 tönen, schallen, klingen
3499	**Superstition**	Aberglaube (veraltet) {51}	**superstitio**, onis f	Aberglaube; religiöser Fanatismus
–	**superstitiös**	abergläubisch (veraltet) {51}	**superstitiosus**, a, um	weissagerisch, abergläubisch
3500	**Supervisor** (l;l)>engl	1. (Leistungs)kontrolle, Inspektion {40/25}; 2. Leitung, (Ober)aufsicht {40/33}	**super** + **visor**, oris m	s. oben 3491 Beschauer

3501	**Supinum**	erstarrte lateinische Verbform (sprachwiss. t. t.) {76}	**supinus**, a, um **supinum** (sc. verbum)	rücklings, rückwärts gebogen Supinum
3502	**Supplement**	1. Ergänzung, Nachtrag, Anhang {57/32}; 2. Ergänzungswinkel (zu 180° - math. t. t.) {71}	**supplementum**, ti n	Ergänzung(smittel); Verstärkung; Nachhilfe
–	**supplementär** l>nlat	ergänzend {57/71}	**supplere**	ergänzen, nachfüllen, ersetzen
3503	**Supplikation**	Bittgesuch, Bitte (veraltet) {27/33}	**supplicatio**, onis f	Dank-, Buß-, Betfest; demütige Ergebung
3504	**Suppression**	1. Unterdrückung, Hemmung (med. t. t.) {70}, 2. Unterdrückung o. Kompensation der Wirkung mutierter Gene (biol. t. t.) {68/69}	**suppressio**, onis f	Nieder, Unterdrückung; Unterschlagung
–	**suppressiv** l>nlat	unterdrückend, hemmend (biol. t. t.) {68/69/70}	**supprimere** (PPP. **suppressus**)	(her)unterdrükken; aufhalten; verschweigen
3504	**supranational** (l;l>mlat) >nlat	überstaatlich, übernational {50}	**supra** + **natio**, onis f	oberhalb, weiter oben, darüber hinaus Geschlecht, Gattung, Stamm
3506	**Supranaturalismus** (l;l>nlat) >nlat	über das Natürliche hinausgehende Denkrichtung; Glaube an Übernatürliches {51}	**supra** + **naturalis**, e	s. oben 3505 natürlich, angeboren, den Gesetzen der Natur gemäß
–	supranaturalistisch			
3507	**Supremat(ie)** l>nlat	(päpstliche) Obergewalt; Überordnung {51/33}	**supremus**, a, um (Superl.)	der (die, das) oberste, höchste, erhabenste
3508	**Surplus** (l;l)>mlat >frz>engl	1. Überschuß, Gewinn, Profit (wirtsch. t. t.) {80}; 2. überschüssig (z. B. Lagerbestände, Gebrauchsgegenstände) {42/56/57}	**super** frz. *sur* + **plus** (Komp.) frz. *plus*	s. oben 3491 mehr, größer, höher
3509	**surreal** (l;l)>frz	traumhaft, unwirklich {24}	**super** frz. *sur* + spätl. **realis**, e	s. oben 3491 sachlich, wesentlich
–	**Surrealismus** (l;l)>frz	moderne Kunstrichtung, die das Unbewußte und Traumhafte darstellen will {34/36}	dto.	dto.
–	Surrealist, surrealistisch			

3510	**Surrogat** l>nlat	1. Ersatz(mittel), Behelf {40/56}; 2. ersatzweise eingebrachter Vermögensgegenstand (jur. t. t.) {43/82}	**subrogare**	jmdn. an die Stelle eines anderen wählen lassen, ersetzen; ergänzen
3511	**suspekt**	verdächtig, fragwürdig, zweifelhaft {25/26}	**suspectus**, a, um	verdächtig, argwöhnisch
3512	**suspendieren**	1. (einstweilen) des Dienstes entheben; aus einer Stellung entlassen {50/40/59}; 2. zeitweilig aufheben {59/56}; 3. von einer Verpflichtung befreien {33}; 4. (Teilchen in einer Flüssigkeit) fein verteilen (chem. t. t.) {54/73}; 5. (Glieder) auf-, hochhängen, hochlagern (med. t. t.) {70/12}	**suspendere**	aufhängen; in der Schwebe halten; unterbrechen, aufheben
–	Suspendierung			
–	**Suspension**	1. (einstweilige) Dienstenthebung; zeitweilige Aufhebung {40/50/56/59}; 2. Aufschwemmung feinstverteilter fester Stoffe in einer Flüssigkeit (chem. t. t.) {54/73}; 3. schwebende Aufhängung von Gliedern (med. t. t.) {12/70}	**suspensio**, onis f	Unterbrechung, Aussetzung; das Sich-in-die-Höhe-ziehen (med. t. t.)
–	**suspensiv** l>nlat	aufhebend; aufschiebend {56/59}	**suspensus**, a, um	ungewiß, zweifelhaft; von der Arbeit befreit
>>>	Sutane s. Soutane			
3513	**suzerän** l>vulgl>frz	oberherrschaftlich (selten) {50/33}	**sursum** frz. *suzerain*	aufwärts, in die Höhe, oben
–	**Suzerän** l>vulgl>frz	Staat als Oberherr über abhängige halbsouveräne Staaten {50/33}	dto.	dto.
–	**Suzeränität** l>vulgl>frz	Oberhoheit, -herrschaft eines Staates über andere Staaten {50/33}	dto.	dto.
>>>	systemimmanent s. immanent			
>>>	systemkonform s. konform			

3514	**Szenario** (gr)>l	1. szenisch gegliederter Entwurf eines Films; 2. für die Regie erstellte Übersicht über Szenenfolge, auftretende Personen usw. (theat. t. t.) {32/35/40/74/85}; 3. Konstruktion einer hypothetischen Aufeinanderfolge von Ereignissen zur Beachtung kausaler Zusammenhänge (in der industriellen Planung) {25/41/60/80}	**scaena**, ae f (bzw. **scaenarius**, a, um gr. *σκηνή*	Bühne, Schauplatz, Szene, Theater szenisch, Bühnen...)
–	**Szenarium** (gr)>l	1. Schauplatz {58}; 2. = Szenario (1., 3.) {32/40/41/74/80}	dto.	dto.
–	**Szene** (gr)>l>frz	1. Schauplatz einer (Theater)-handlung; Bühne {35/58/74}; 2. kleinste Einheit des Dramas o. Films; Auftritt (als Unterabteilung des Aktes {33/35/59/74/85}; 3. Vorgang, Anblick {23/29}; 4. theatralische Auseinandersetzung; Zank {26/33}; 5. Gesamtheit bestimmter (kultureller) Aktivitäten {33/57/81}	dto.	dto.
–	**Szenerie** (gr)>l>frz	1. das mittels der Dekoration usw. dargestellte Bühnenbild {23/35/36}; 2. Landschaft(sbild), Schauplatz {23/58}	dto.	dto.
–	**szenisch** (gr)>l>frz	die Szene betreffend, bühnenmäßig {35/74}	dto.	dto.
>>>	Szepter s. Zepter			
3515	**szientifisch** l>nlat	wissenschaftlich {25/40}	**scientia**, ae f	Wissenschaft, Kenntnis, Kunde
3516	**Szissur**	Spalte, Riß (veraltet; med. t. t.) {58/70}	**scissura**, ae f	Trennung; Riß, Spalte

T

3517	**tabellarisch**	in Form einer Tabelle angeordnet {32/58}	**tabellarius**, a, um	zu den Briefen -, zu den Stimmtäfelchen gehörig
–	**tabellarisieren** l>nlat	etw. übersichtlich in Tabellen anordnen {32/58}	dto.	dto.
–	**Tabellarium** l>nlat	aus Tabellen bestehende Zusammenstellung, Übersicht (als Anhang eines Buches) {32/57/58}	dto.	dto.
–	**Tabelle**	Übersicht, Zahlentafel, Liste {32/58}	**tabella**, ae f	kleine Tafel; Urkunde, Vertrag
–	**tabellieren** l>nlat	eine Tabelliermaschine einstellen und bedienen {40}	dto.	dto.
3518	**Tabernakel**	1. Ziergehäuse mit säulengestütztem Spitzdach in der gotischen Baukunst (archit. t. t.) {88}; 2. von Säulen getragener Überbau über einem Altar {51/88}; 3. Gehäuse zur Aufbewahrung der geweihten Hostie auf dem kath. Altar (rel. t. t.) {51/58}	**tabernaculum**, li n	Hütte, Bude, Zelt
3519	**Tableau** l>frz	1. wirkungsvoll gruppiertes Bild (im Schauspiel - theat. t. t.) {35/74}; 2. Gemälde (veraltet) {36}; 3. Tafel (z. B. Mieterverzeichnis im Flur; Ergebnistafel {32/33/44/85}; 4. Zusammenstellung von Vorlagen in der Reproduktionstechnik {32/40}	**tabula**, ae f	Brett, Tafel, Register, Verzeichnis
–	**Tablett** l>frz	Servierbrett {44}	**tabula** frz. *table* *tablette*	s. oben Tisch, Tafel, Brett Tafel, Brett, Platte zum Abstellen von Geschirr; Arzneimittelplättchen
–	**Tablette** l>frz	in eine feste Form gepreßtes Arzneimittel zum Einnehmen {70/53}	dto.	dto.

3520	**Tablinum**	Hauptraum des altröm. Hauses (hist. t. t.) {58/44/75}	**tab(u)linum,** ni n	Vorbau; Bildergalerie; Raum im römischen Haus
3521	**Tabulator**	zum Tabellenschreiben bestimmte Einrichtung bei Schreibmaschinen und in der EDV-Textverarbeitung {32/40/71/87}	**tabula**	s. oben 3519
–	**Tabulatur**	(mus. t. t.) 1. Tafel mit den Meistersingerregeln {37}; 2. Notierungsweise für Instrumente, auf denen mehrstimmig gespielt wird (vom 14.-18. Jh.) {37/75}	dto.	dto.
3522	**tacet**	Angabe, daß ein Instrument o. eine Stimme auf längere Zeit zu pausieren hat (mus. t. t.) {37/59}	**tacere** (**tacet**	schweigen, still sein er, sie, es schweigt)
3523	**Tafel** l>(it)	1. Schreibtafel, -platte {58/32}; 2. (recht)eckige Platte aus einem festen Stoff (z. B. Schokolade) {58/17}; 3. Speiserunde, festlich gedeckter Tisch {33/44}	**tabula** it. *tavola*	s. oben 3519
–	**tafeln** l>(it)	speisen {17/33}	dto.	dto.
–	**täfeln** l>(it)	Wände mit Holztafeln verkleiden {44/40}	dto.	dto.
–	Tafelrunde			
3524	**Taille** l>vulgl>frz	1. schmaler werdende Stelle des menschlichen Körpers oberhalb der Hüfte; Gürtellinie {11/53}; 2. Gürtelweite (ugs.) {11/58/19}; 3. enganliegendes (auf Stäbchen gearbeitetes) Kleideroberteil (veraltet) {19}; 4. (Vasallen)steuer in England und Frankreich (hist. t. t.) {33/42/75}; 5. tiefere Tenorlage bei Intrumenten (mus. t. t.) {37}; 6. das Aufdekken der Blätter für Gewinn o. Verlust beim Kartenspiel {85}	spätl. **taliare** frz. *tailler* *taille*	spalten; schneiden, zerlegen (zer)schneiden, zerteilen Schnitt; Körperschnitt, Wuchs, Figur
–	**Tailleur** l>vulgl>frz	1. frz. Bezeichnung für Schneider {40}; 2. enganliegendes Schneiderkostüm, Jackenkleid {19}	dto.	dto.
–	**taillieren** l>vulgl>frz	1. ein Kleidungsstück auf Taille arbeiten {40/19}; 2. die Spielkarten aufdecken {85}	dto.	dto.

3525	**Takt**	1. abgemessenes Zeitmaß einer rhythmischen Bewegung, eines musikalischen Ablaufs (mus. t. t.) {37/59};	**tactus**, us m	Berührung; Gefühl; Wirkung, Einfluß
	(l>frz)	2. Gefühl für Anstand, Feingefühl; vornehme Zurückhaltung {25/26/84}	(2. frz. *tact*	Tastsinn; Gefühl für Anstand, Feingefühl)
–	**taktieren** l>nlat	den Takt angeben, schlagen (mus. t. t.) {37}	**tactus**	s. oben
–	**taktil**	das Tasten, den Tastsinn betreffend (med. t. t.) {23/70}	**tactilis**, e	berührbar
–	taktlos, taktvoll			
3526	**Talar** l>it	bis zu den Knöcheln reichendes schwarzes Amts- o. Festgewand {19/33/40}	**talaris** (sc. vestis) o. **talaria**, ium n (Pl.)	langes, bis an die Knöchel gehendes Kleid; Knöchelteile
3527	**Talon** l>vulgl>frz	1. Erneuerungsschein bei Wertpapieren {80}; 2. Gutschein; Warenausgabeschein {42}; 3. Kartenrest, Kartenstock (bei Glücksspielen) {57/85}; 4. Kaufsteine (beim Dominospiel) {85}; 5. unterer Teil des Bogens von Streichinstrumenten (mus. t. t.) {37}	**talus**, li m frz. *talon*	Fesselknochen, Ferse, Knöchel Stamm, Rest
3528	**Tamariske** l>vulgl	Strauch oder Baum aus salzhaltigen Trockengebieten {04}	**tamarix**, icis f	Tamariske
3529	**Tand** l>roman >mhd/mnd	1. wertloses Zeug {56/44}; Kinderspielzeug (veraltet) {44/33}	**tantus**, a, um **tantum**, ti n uns.: span./roman. *tanto* mhd. *tant* mnd. *tant van Nurenberch*	so groß, so viel Kleinig-, Nichtigkeit Kaufpreis, Spielgeld leeres Geschwätz, Possen Nürnberger Spielwaren
–	**tändeln** l>roman >mhd	scherzen, verspielt sein; flirten, mit Nichtigkeiten die Zeit totschlagen {18/26/33/59/85}	dto. spätmhd. *tenten*	dto. Unfug, Unsinn machen
–	**Tändelei** l>roman >mhd	Spielerei, Liebhaberei, Flirt {18/26/33/85}	dto. mhd. *tenterie*	dto.
3530	**Tandem** l>mlat >engl	1. Wagen mit zwei hintereinandergespannten Pferden; 2. Doppelsitzerfahrrad {45}; 3. zwei hintereinandergeschaltete Antriebe (techn. t. t.) {41/45/61}	**tandem** mlat. tandem engl. *tandem*	endlich, zuletzt, schließlich der Länge nach (hintereinander) Zweispänner; Tandemfahrrad
3531	**Tangens**	im rechtwinkligen Dreieck das Verhältnis von Gegen- zu Ankathete (math. t. t.) {71}	**tangere** (PPA. **tangens**)	an-, berühren, treffen; betreten

–	**Tangente**	1. Gerade, die eine gekrümmte Linie in einem Punkt berührt (math. t. t.) {71}; 2. dreieckiges Messingplättchen beim Klavichord (mus. t. t.) {37}; 3. Autostraße, die am Rande eines Ortes vorbeiführt {45/64}	dto.	dto.
–	**tangential** l>nlat	eine gekrümmte Linie o. Fläche berührend (von Geraden, Kurven - math. t. t.) {71}	dto.	dto.
–	**tangieren**	1. eine gekrümmte Linie o. Fläche berühren (math. t. t.) {71}	dto.	dto.
3532	**Tante** l>frz	Mutters-, Vatersschwester; nahe Verwandte {10}	**amita**, ae f afrz. *ant* frz. *tant*	Vatersschwester, Tante
3533	**Tantieme** l>frz	1. Gewinnbeteiligung an einem Unternehmen {80}; 2. an Autoren gezahlte Vergütung für die Aufführung musikalischer o. literarischer Werke {33/34/37/42}	**tantus**, a, um frz. *tant* *tantième*	so groß, so viel so (und so) viel
–	**tanto** l>it	viel, sehr (mus. t. t.) {37/56}	**tanto**	um soviel, desto
3534	**Tape** (gr)>l>engl	1. Klebeband, Verband {70/44}; 2. Lochstreifen, Magnetband; 3. Tonband (techn. t. t.) {46/87}	**tapete**, tis n o. **tapetum**, ti n gr. *τάπης* engl. *tape*	Teppich Band, Stoffband; Tonband
–	**Tapedeck** (gr)>l >engl;engl	(Cassetten)tonbandgerät ohne eigenen Verstärker und Lautsprecher (techn. t. t.) {87}	dto.	dto.
–	**Tapet** (gr)>l>(frz)	1. Überzug eines Konferenztisches (veraltet) {40/44/19}; 2. etw. aufs - bringen: etw. zur Sprache bringen {32}	dto.	dto.
–	**Tapete** (gr)>l>mlat	Wandverkleidung aus gemustertem Stoff, Papier oder Leder {44}	dto. mlat. tapeta	dto.
–	**tapezieren** (gr)>l>mlat >it	1. Wände mit Tapeten bekleben, verkleiden; 2. mit einem neuen Stoff beziehen (z. B. Möbel - österr.) {29/40/44}	dto. it. *tappezzare*	dto. tapezieren
–	**Tapezierer** (gr)>l>mlat >it	Handwerker, der tapeziert, mit Stoffen bespannt, Möbel polstert {40/44}	dto.	dto.
3535	**tardando** l>it	zögernd, langsamer werdend (mus. t. t.) {37/59}	**tardare**	säumen, zaudern, zögern; aufhalten

3536	**Tastatur** l>vulgl>it	größere Anzahl von in bestimmter Weise angeordneten Tasten {37/40/44/57/87}	**taxare** vulgl. taxitare* tastare* it. *tastare*	anstechen; tadeln; antasten; prüfend betasten
–	**tasten** l>vulgl>it	herum-, befühlen; berühren {12/23}	dto.	dto.
–	**Taste** l>vulgl>it	1. Griffbrettchen {40/44/58/87}; 2. Griffsteg zum Anschlagen der Saiten eines Instruments {37}	dto. it. *tasto*	dto.
3537	**Taverne** l>it	italienische Weinschenke, Wirtshaus {58/17}	**taberna**, ae f it. *taverna*	Bretterhütte, Bude; Laden; Wirtshaus
3538	**Taxameter** l>mlat>frz; gr	1. Fahrpreisanzeiger in einem Taxi {56/42/45}; 2. = Taxi (veraltet) {45}	**taxare** mlat. taxa frz. *taxer* *taxe* + gr. *μέτρον*	s. oben 3536 Schätzung des Wertes; Gebühr Maß(stab)
–	**Taxation** o. **Taxierung** l>frz	Bestimmung des Geldwertes einer Sache oder Leistung {25/42/56}	**taxatio**, onis f	das Abschätzen, Veranschlagen; Wert
–	**Taxator** o. **Taxierer**	Wertsachverständiger, Schätzer {40/42/56}	**taxator**, oris m	Mies-, Schlechtmacher
–	**Taxe** l>mlat >(frz)	1. Schätzung, Beurteilung des Wertes {25/42/56}; 2. (amtlich) festgesetzter Preis {28/42/49/56}; 3. Gebühr(enordnung) {42/56}; 4. = Taxi {45}	**taxare** mlat. taxa	s. oben 3636 s. oben
–	**Taxi** (l;gr)>frz	Mietauto (mit Chauffeur) {45}	**taxare** (+ gr. *μέτρον*) frz. *taximètre* *taxi*	s. oben 3536
–	**taxieren** l>frz	1. etw. hinsichtlich Größe, Gewicht o. Wert abschätzen, veranschlagen {25/56/57}; 2. jmdn. prüfend betrachten, einschätzen {23/25/33}	**taxare** frz. *taxer*	s. oben 3536
–	**Taxkurs** l;l>it	geschätzter Kurs, Wert {25/56}	**taxare** + **cursus**, us m it. *corso*	s. oben 3536 Lauf, Fahrt; Verlauf; Umlauf Tages-, Börsenpreis; Wertstand
3539	**Technicolor** gr;l	(Warenzeichen) ein Farbbildherstellungsverfahren (techn. t. t.) {40/41/72/85}	gr. *τέχνη* *τεχνικός* + **color**, oris m	Kunst, Handwerk, Wissenschaft kunstvoll, fachmännisch Farbe; Anstrich; Teint

3540	**Tedeum**	1. frühchristlicher Lobgesang {51/37}; 2. musikalisches Werk über diesen Hymnus (mus. t. t.) {37}	**te** + **deus**, ei m (+ laudare) **te deum** (sc. laudamus)	dich Gott loben „Dich, Gott, (loben wir)"
3541	**Teint** l>frz	Gesichts-, Hautfarbe, - beschaffenheit; (Gesichts)haut {11}	**ting(u)ere** frz. *teindre* *teint*	benetzen, anfeuchten; färben färben Gesichtsfarbe; gefärbter Stoff, Färbung
3542	**tektieren** l>nlat	eine fehlerhafte Stelle in einem Buch überkleben {32/25/58}	**tegere** (PPP. **tectus**)	be-, verdecken, verbergen; schützen
–	**Tektur**	Deckstreifen mit dem richtigen Text, der über eine falsche Stelle in einem Buch geklebt wird {25/32/58}	**tectura**, ae f	Bedeckung; Übertünchung
3543a	**Telekolleg** gr;l	Unterrichtssendung in Serienform im TV {31/33/46/85}	gr. τῆλε + **collegium**, ii n	fern, weit, in der Ferne Amtsgemeinschaft, Vereinigung, Zunft
–	**Teleobjektiv** gr;l>nlat	Kombination von Linsen zur Erreichung großer Brennweiten für Fernaufnahmen (fot., opt. t. t.) {40/87}	gr. τῆλε + **obicere** (PPP. **obiectus**) nlat. obiectivus	s. oben entgegenwerfen, -stellen; -vorwerfen
–	**Teleprompter** gr;l>nlat	(Warenzeichen) Rolle, auf der für den Moderator auf der Kamerascheibe sichtbar der zu sprechende Text abläuft {32/40/46/85}	gr. τῆλε + **promptus**, a, um	s. oben sichtbar; zur Hand, verfügbar; bequem
>>>	Teleskopantenne s. Antenne			
–	**Television** gr;l	Fernsehen (Abk.: TV) {32/46/85}	gr. τῆλε + **visio**, onis f	s. oben das (An)sehen; Anblick, Vorstellung
3543b	**Teller** l>roman >frz/it	1. Unterlage (aus Porzellan, Holz, Steingut), auf dem Speisen serviert werden {44}; 2. Speisenmengenangabe {17/57}	spätl. **taliare** afrz. *tailleor* frz. *taillior* it. *tagliere*	s. oben 3524 Vorlegeteller, Hackbrett Hackbrett Hackbrett; kleine Platte
3544	**Tellur** l>nlat	chemischer Grundstoff, Halbmetall (chem. t. t.) {02/73}	**tellus**, uris f	Erde; Fußboden; Erdreich
–	**tellurisch** l>nlat	die Erde betreffend {02}	dto.	dto.

3545	**Tempel**	1. nichtchristlicher, bes. antiker Kultbau für eine Gottheit; 2. Synagoge {51/58/88}; 3. heilige, weihevolle Stätte {51}; 4. Gotteshaus (z. B. der Mormonen) {51/58/88}	**templum,** li n	Tempel; Anhöhe; Kapelle; weiter Raum
3546	**Temperament** l>frz	1. Wesens-, Gemütsart {26/84}; 2. Lebhaftigkeit, Munterkeit, Schwung {26/25/33/84}	**temperamentum,** ti n	rechtes Maß, gehörige Mischung, Mäßigung
–	**temperamentvoll** l>frz	lebhaft, schwungvoll {25/26/33/84}	dto.	dto.
–	**Temperatur**	1. Wärmegrad (eines Stoffes) {72/65}; 2. (erhöhte) Körperwärme, leichtes Fieber (med. t. t.) {70}; 3. temperierte Stimmung bei Tasteninstrumenten (mus. t. t.) {37}	**temperatura,** ae f	gehörige Vermischung, Zubereitung, Beschaffenheit
–	**temperieren**	1. die Temperatur regeln; 2. (ein wenig) erwärmen {17/40/44/54}; 3. mäßigen, mildern {29/54/56}; 4. (die Oktave) in zwölf gleiche Halbtonschritte einteilen (mus. t. t.) {37}	**temperare**	mäßig sein; in das gehörige Maß, Verhältnis bringen
3547	**Templer** l>frz	1. Angehöriger eines mittelalterl. geistlichen Ritterordens (hist. t. t.) {75/33/51}; 2. Mitglied der Tempelgesellschaft (einer pietistische Freikirche) {51}	**templum**	s. oben 3545
3548	**tempo** l>it	Bestandteil bestimmter Fügungen mit der Bedeutung „im Zeitmaß, Rhythmus von ... ablaufend" (mus. t. t.) {37/59}	**tempus,** oris n it. *tempo*	Zeit(abschnitt); Gelegenheit; Umstände; Schicksal Zeit; Gelegenheit; Zeitmaß
–	**Tempo** l>it	1. Geschwindigkeit, Schnelligkeit, Hast {59/61}; 2. zeitlicher Vorteil eines Zuges im Schach {25/56/59/85}; 3. Hieb beim Fechten (sport. t. t.) {12/85}; 4. Taktbewegung, zähl- und meßbares musikalisches Zeitmaß {37/59}; 5. (Warenzeichen) Kurzform für Papiertaschentuch(marke) (ugs.) {44}	dto.	dto.
–	**temporal**	1. zeitlich, das Tempus betreffend (sprachwiss. t. t.) {76}; 2. weltlich (veraltet) {33/51}; 3. zu den Schläfen gehörend (med. t. t.) {70}	1., 2.: **temporalis,** e 3.: **temporalis**	die Zeit betreffend, zeitlich, von kurzer Dauer die Schläfe betreffend
–	**Temporalien** l>mlat	die mit einem Kirchenamt verbundenen Einkünfte (kath. rel. t. t.) {51/42}	**temporalis**	s. oben (1., 2.)

–	**temporär** l>frz	zeitweilig (auftretend), vorübergehend {59}	**temporarius,** a, um	nur eine Zeit dauernd; der Zeit angemessen
–	**temporell** l>frz	zeitlich, vergänglich, irdisch, weltlich {59/52}	**temporalis**	s. oben (1., 2.)
–	**Tempus**	Zeitform des Verbs (z. B. Präsens - sprachwiss. t. t.) {76/59}	**tempus**	s. oben
3549	**Tendenz** l>mlat>frz/engl	1. Hang, Neigung {25/26/28}; 2. erkennbare Absicht, Richtung; Entwicklungslinie {25/28/59}; 3. Darstellungsweise, mit der etw. bezweckt, ein bestimmtes (politisches) Ziel erreicht werden soll {28/32/33/50}	**tendere** mlat. tendentia frz. *tendance* aengl. *tendence*	hinlenken; sich hinneigen, hinarbeiten, streben das Bewegen in eine Richtung
–	**tendenziell** l>frz	der Tendenz nach, entwicklungsmäßig {59/61}	dto. frz. *tendre*	dto.
–	**tendenziös** l>frz	von einer weltanschaulichen, politischen Tendenz beeinflußt, nicht objektiv {25/33/50}	dto. frz. *tendancieux*	dto.
–	**tendieren**	neigen zu etwas; gerichtet sein auf etwas {25/33}	dto.	dto.
3550	**Tender** l>engl	1. Anhänger der Dampflokomotive (für Wasser und Brennstoff); 2. Begleitschiff für Proviant, Brennmaterial {45}	**attendere** engl. *(to) (at)tend* *tender*	hinspannen, -strecken; seine Aufmerksamkeit auf etw. richten Sorge tragen für, aufmerken, achten auf
3551	**Tendre** l>frz	Vorliebe, Neigung (veraltet) {25/26/28/33}	**tendere** frz. *tendre*	s. oben 3549
3552	**Tennis** l>afrz>engl	beliebte Ballsportart {85}	**tenere** afrz. *tenez!* (Imp. von frz. *tenir)* mengl. *tenes* engl. *tennis*	haben; (fest)halten, besitzen nehmt, haltet (den Ball!)
3553	**Tenor** l>it	1. hohe Männerstimme (mus. t. t.); 2. Tenorsänger (im Chor - mus. t. t.); 3. für den Tenor geschriebener Teil eines Musikwerkes (mus. t. t.) {37};	**tenor,** oris m it. *tenore*	Verlauf, Zusammenhang, Sinn, Inhalt; Stimmhöhe
	(l)	4. Haltung, Sinn, Wortlaut, Inhalt {25/32}; 5. Inhalt eines Gesetzes {82}; 6. entscheidender Teil des Urteils {25/82}		
–	**tenoral** l>it>nlat	tenorartig, die Tenorlage betreffend (mus. t. t.) {37}	dto.	dto.
–	**Tenorist** l>it	Tenorsänger (im Chor - mus. t. t.) {37}	dto.	dto.

>>> Tenor... s. unter dem Rest des Wortes

3554	**Tentakel** l>nlat	1. Fanghaar fleischfressender Pflanzen (bot. t. t.) {68}; 2. beweglicher Fortsatz in der Kopfregion niederer Tiere zum Ergreifen der Beutetiere (zool. t. t.) {69}	**tentare** o. **temptare** nlat. tentaculum	betasten, berühren; angreifen; untersuchen
–	**tentativ** l>nlat	versuchs-, probeweise {25/33/56}	dto.	dto.
3555	**Tenuis**	stimmloser Verschlußlaut (z. B. „p" - sprachwiss. t. t.) {76}	**tenuis**, e	dünn, fein, zart, schwach
3556	**Tepidarium**	1. lauwarmer Raum der römischen Thermen (hist. t. t.) {75/58/21}; 2. Gewächshaus (veraltet) {39/58}	**tepidarium**, ii n	Lauwarmbad (in römischen Thermen)
–	**Teppich** (gr)>l >vulgl/ roman	Decke; (aus Wolle o. Fasern) gewebter, geknüpfter Bodenbelag o. Wandbehang {44}	**tapete** gr. *τάπης* vulgl. tap(p)edum* ahd. *tep(p)it* mhd. *tep(p)ich*	s. oben 3534
3558	**Term** l>frz >(engl)	1. (Reihe von) Zeichen in einer formalisierten Theorie {25/32/71}; 2. Zahlenwert von Frequenzen oder Wellenzahl eines Atoms (phys. t. t.) {72}; 3. = Terminus (sprachwiss. t. t.) {76}	**terminus**, ni m frz. *terme* engl. *term*	Grenzstein, -linie; Grenze, Ziel
–	**Termin** l>(mlat)	1. festgesetzter Zeitpunkt, Tag {59}; 2. Liefer-, Zahlungstag; Frist {42/59}; 3. vom Gericht festgesetzter Zeitpunkt für eine Rechtshandlung (jur. t. t.) {59/82}	dto. mlat. terminus	dto. inhaltlich abgegrenzter, fest umrissener Begriff
–	**Terminal** l>engl	1. Abfertigungshalle für Fluggäste; 2. Zielbahnhof {45/58}; 3. Ein- und Ausgabeeinheit einer EDV-Anlage (EDV-t. t.) {71/72/87}	**terminalis**, e	zur Grenze -, zum Ende gehörig
–	**Termination**	Begrenzung, Beendigung {58/59}	**terminatio**, onis f	Be-, Abgrenzung; Abschluß, Ende
–	**terminieren**	1. befristen; 2. zeitlich festlegen {59}; 3. innerhalb eines zugewiesenen Gebietes Almosen sammeln (von Bettelmönchen {58/33}	**terminare**	be-, abgrenzen; beschließen; beendigen
–	**Terminologie** l>mlat;gr	1. Gesamtheit der in einem Fachgebiet üblichen Fachwörter {32/57/76}; 2. Wissenschaft von der Terminologie {76}	**terminus** mlat. terminus + gr. *λόγος*	s. oben Wort, Kunde

–	**Terminologe** l>mlat;gr	(wissenschaftlich ausgebildeter) Fachmann, der fachsprachliche Begriffe definiert {40/32/76}	dto.	dto.
–	**terminologisch** l>mlat;gr	die Terminologie betreffend, dazu gehörend {32/76}	dto.	dto.
–	**Terminus** l>mlat	1. Begriff (philos. t. t.) {77}; 2. Fachausdruck, -wort {32/76}	**terminus**	s. oben
3559	**Termite** l>nlat	staatenbildendes Insekt der (Sub)tropen {08}	**termes**, mitis f o. **tarmes**, mitis m	Holzwurm, Fleischmade
3560	**Terra**	Erde, Land (geogr. t. t.) {64}	**terra**, ae f	Erde, Erdboden; Land(schaft)
–	**Terrain** l>vulgl>frz	1. Gebiet, Gelände {58}; 2. Boden, Baugelände, Grundstück {58/43}; 3. Erdoberfläche (im Hinblick auf ihre Formung - geogr. t. t.) {64}	**terrenum**, ni n vulgl. terranum* frz. *terrain*	Erdstoff; Erde, Acker
–	**Terrakotta** o. **Terrakotte** l>it;l>it	1. gebrannte Tonerde, die beim Brennen eine andere (meist rötliche) Farbe annimmt {02}; 2. antikes Gefäß, kleine Plastik aus dieser Tonerde {44/75}	**terra** it. *terra* + **coquere** it. *cuocere* (PPfem. *cotta)*	s. oben kochen, brennen
–	**Terrarium**	1. Behälter für die Haltung kleiner Landtiere; 2. (Zoo)gebäude, in dem Lurche und Reptilien gehalten werden {58/69}	**terrarium**, ii n (bzw. **terrarius**, a, um	Erddamm im Freien, auf freiem Boden aufgewachsen)
–	**Terrasse** l>gallorom >frz	1. (Gelände)stufe, Absatz {64}; 2. nicht überdachter größerer Platz vor o. auf einem Gebäude {44/58/88}	**terra** gallorom. *terracea** frz. *terrasse*	s. oben Erdaufhäufung
–	**terrassieren** l>gallorom >frz	ein Gelände terrassen-, treppenförmig anlegen, erhöhen {39/40/58}	dto.	dto.
–	**terrestrisch**	1. die Erde betreffend, Erd... {02}; 2. auf dem Festland gebildet, geschehen (von Ablagerungen - geol. t. t.) {62}	**terrestris**, e	auf der Erde -, dem Land befindlich; Erd...; irdisch
–	**Terrier** l>mlat >engl	Rasse kleiner englischer Hunde für die Erdwildjagd {06/38}	**terrarius**, a, um frz. *(chien) terrier* engl. *terrier (dog)*	(spätl.) den Erdboden betreffend, Erd... Erdhund, Hund für die Erdwildjagd
3561	**terribel**	schrecklich (veraltet - meist in der Verbindung „Enfant terrible") {26/33}	**terribilis**, e	schrecklich; ehrwürdig

3562	**Terrine** l>vulgl>frz	(Suppen)schüssel; Suppe {44/17}	**terra** vulgl. terrinus* afrz. *terrin* frz. *terrine*	s. oben 3560 irden irden
3563	**territorial** l>frz	zu einem Gebiet gehörend, ein Gebiet betreffend {48/58}	**territorialis**, e	zum Gebiet gehörig
–	**Territorialität** l>frz	Zugehörigkeit zu einem Staatsgebiet {48/58/50}	dto.	dto.
–	**Territorium** l>(frz)	1. Grund und Boden, Land, Gebiet {58}; 2. Hoheitsgebiet eines Staates {48/64}; 3. kleinere Einheit der regionalen Verwaltung (DDR) {48/49}	**territorium**, ii n	Stadtgebiet, das zu einer Stadt gehörige Ackergebiet
3564	**Terror**	(systematische) Verbreitung von Angst und Schrecken durch Gewaltaktionen {26/29/33/82/86}; 2. Zwang, Druck (durch Gewaltanwendung); 3. Zank und Streit (ugs.); 4. großes Aufheben um Geringfügigkeiten (ugs.) {26/32/33}	**terror**, oris m	Schrecken, Einschüchterung; Schrecknis
–	**terrorisieren** l>frz	1. Terror ausüben, Schrecken verbreiten {26/29/33/82/86}; 2. jmdn. unterdrücken, bedrohen, einschüchtern {26/29/33}	dto. frz. *terroriser*	dto.
–	**Terrorismus** l>mlat >nlat	1. Schreckensherrschaft {26/33/50/86}; 2. das Verbreiten von Terror durch Anschläge und Gewaltmaßnahmen zur Erreichung eines bestimmten (politischen) Ziels {26/28/29/50/82}; 3. Gesamtheit der Personen, die Terrorakte verüben {57/29/33/82}	dto. frz. *terreur* *terrorisme*	dto.
–	**Terrorist** l>frz	jmd., der Terroranschläge plant und ausführt {25/29/33/82}	dto. frz. *terroriste*	dto.
–	**terroristisch** l>frz	Terror verbreitend {26/29/33/82}	dto.	dto.
3565	**Tertia**	1. in Unter- (4.) und Obertertia (5.) geteilte Klasse einer höheren Schule; 2. dritte Klasse einer höheren Schule (österr.) {31/56}	**tertius**, a, um **tertia** (sc. classis)	dritte(r/s) dritte Klasse
–	**Tertianer**	Schüler einer Tertia {31}	**tertianus**, a, um bzw. **tertiani**, norum m (Pl.)	zum dritten gehörig Soldaten der dritten Legion

–	**Tertiär** l>frz	erdgeschichtliche Formation (geol. t. t.) {62}	**tertiarius**, a, um bzw. **tertiarius**, ii m	das Drittel enthaltend Drittel
–	**tertiär** l>frz	1. die dritte Stelle einer Reihe einnehmend {33/56}; 2. drittrangig (abwertend) {56/25}; 3. das Tertiär betreffend (geol. t. t.) {59/62}	dto.	dto.
–	**Terz** l>mlat	1. Intervall von drei Tonstufen; dritter Ton vom Grundton aus (mus. t. t.) {37}; 2. Gebet des Breviers um die dritte Tagesstunde (9 Uhr) {51/59}	dto **tertia** (sc. vox)	dto. dritte (Stimme)
–	**Terzett** l>it	1. (Komposition für) drei Singstimmen (mit Instrumentalbegleitung - mus. t. t.); 2. dreistimmiger musikalischer Vortrag (mus. t. t.) {37}; 3. Gruppe von drei Personen, die häufig gemeinsam in Erscheinung treten {33/57/59}	dto. it. *terzetto*	dto.
3566	**Test** l>frz>engl	Versuch, Prüfung zur Eignungsfeststellung, Leistungsermittlung einer Person o. Sache {22/25/31/40}	**testum**, ti n afrz. *test* engl. *test*	irdenes Geschirr, Gefäß, Schüssel, Napf irdener Topf; Tiegel (für alchimistische Experimente)
3567	**Testament**	1. letztwillige Verfügung (z. B Vermögensverteilung nach jmds. Ableben) {15/28/43/82}; 2. politisches Vermächtnis {25/28/50}; 3. Verfügung, Ordnung (Gottes), Bund Gottes mit den Menschen (rel. t. t.) {51}	**testamentum**, ti n	letzter Wille, Testament
–	**testamentarisch**	durch letztwillige Verfügung festgelegt {15/28/43/82}	**testamentarius**, a, um	zum Testament gehörig
3568	**Testat**	Bescheinigung, Beglaubigung, Bestätigung {25/28/32}	**testari** (PPA. **testatus**)	bezeugen, bekunden; versichern; beweisen
–	**Testator**	1. jmd., der ein Testament macht {15/28/82}; 2. jmd., der ein Testat ausstellt {25/28/32}	**testator**, oris m	Zeuge; Testator
3569	**testen** l>afrz>engl	einem Test unterziehen {25/29/40/56}	**testum** afrz. *test* engl. *(to) test*	s. oben 3566
–	**Tester** l>frz>engl	jmd., der jmdn. o. etw. testet {40/25/56}	dto.	dto.

3570	**testieren**	1. ein Testat geben; bescheinigen, bestätigen {25/28/32}; 2. ein Testament machen (jur. t. t.) {15/28/82}	**testari**	s. oben 3568
3571	**Testikel**	eiförmige männliche Keimdrüse; Hoden (med. t. t.) {11/70}	**testiculus**, li m	Hoden
3572	**Testimonium**	Zeugnis (jur. t. t.) {82}	**testimonium**, ii n	Zeugnis, Beweis
3573	**Testosteron** l;gr	(Kunstwort) männliches Geschlechtshormon (med. t. t.) {70}	**testis**, is m + gr. *στέρεος*	Hoden; Zeuge starr, hart, fest
3574	**Testudo**	1. bei Belagerungen verwendetes Schutzdach (hist., mil. t. t.) {75/86}; 2. Verband zur Ruhigstellung des gebeugten Knie- o. Ellenbogengelenks (sogenannter Schildkrötenverband - med. t. t.) {12/70}; 3. Lyra (bei den Römern); Laute (im 15.-17. Jh.) {37/75}	**testudo**, dinis f	Schildkröte; Lyra; Belagerungsschutzdach
3575	**Tete** l>(vulgl) >frz	1. Anfang, Spitze (einer marschierenden Truppe - veraltet) {58/61/86}; 2. an der - sein: an der Macht sein {33/50}	**testa**, ae f vulgl. testa frz. *tête*	Geschirr, Topf; (Hirn)schale; Kopf Kopf, Haupt
-	**tête-à-tête** l>(vulgl) >frz;l>frz;l >(vulgl) >frz	vertraulich, unter vier Augen (veraltet) {33}	dto. + **ad** frz. *à*	dto. s. oben 0001
-	**Tête-à-Tête** l>(vulgl) >frz;l>frz;l >(vulgl) >frz	1. Gespräch unter vier Augen (ugs., scherzhaft) {33}; 2. vertrauliche Zusammenkunft; zärtliches Beisammensein {18/33}	dto.	dto.
3576	**Text**	1. Wortlaut eines Schriftstücks, Vortrags o. ä. {32}; 2. Folge von Aussagen, die untereinander in Zusammenhang stehen (sprachwiss. t. t.) {76}; 3. Bibelstelle als Predigtgrundlage {51}; 4. Beschriftung (z. B. von Abbildungen) {32}; 5. die zu einem Musikstück gehörenden Worte {37/32}; 6. Schriftgrad von 20 Punkt (druckw. t. t.) {40/32/58}	**textus**, us m	Verbindung, Zusammenhang; Darstellung, Inhalt
-	**texten**	einen (Schlager-, Werbe)text gestalten {32/40/42/37}	dto.	dto.
-	**Texter**	Verfasser von (Schlager-, Werbe)texten {40/32/37/42}	dto.	dto.

–	**textil** l>frz	1. die Textiltechnik, -industrie betreffend {41}; 2. gewebt, gewirkt; Gewebe...; Stoffe betreffend {19/41/44}	**textilis**, e	gewebt, gewirkt; geflochten, zusammengefügt
–	**Textilien** l>frz	gewebte, gestrikte o. gewirkte, aus Faserstoffen hergestellte Waren {19/44}	**textile**, lis n	Gewebe, Zeug, Tuch, Leinwand
–	**Textkritik** l;gr>l	Untersuchung eines überlieferten Textes auf Echtheit und Inhalt (sprachwiss. t. t.) {25/56/76}	**textus** + **criticus**, a, um gr. *κριτικός*	dto. entscheidend; kritisch
>>>	Textlinguistik s. Linguistik			
3577	**Therme** (gr)>l	1. Thermalquelle (warme Quelle) {63/64}; 2. antike römische Badeanlage (nur Pl.) (hist. t. t.) {75/21}	**thermae**, arum f (Pl.) gr. *θερμός*	Warmbad; die (öffentlichen) Thermen
3578	**Tibia**	1. altröm. schalmeiartige Knochenflöte (hist. t. t.) {75/37}; 2. Schienenbein, Unterschenkelknochen (med. t. t.) {11/70}	**tibia**, ae f	Schienbein(knochen); Flöte, Pfeife
3579	**Tiegel** idg/gr>l	Pfanne, Topf {44}	uns.: **tegula**, ae f gr. *τήγανον* ahd. *tegel*	 Pfanne, Tiegel irdener Topf
3580	**Tilde** l>span	1. diakritisches Zeichen als Hinweis für die Palatalisierung (= nasale Aussprache: ñ = nj) (sprachwiss. t. t.) {76}; 2. Wiederholungszeichen: ~ {32/59}	**titulus**, li m span. *tilde*	Auf-, Überschrift; Titel, Ehrenname
3581	**Timidität** l>(frz)	Schüchternheit, Furchtsamkeit, Verzagtheit (veraltet) {26/84}	**timiditas**, atis f	Furchtsamkeit, Scheu, Schüchternheit
3582	**Tinktur**	1. Färbung (veraltet) {55}; 2. dünnflüssiger Auszug aus pflanzlichen o. tierischen Stoffen {73/70}	**tinctura**, ae f	das Färben; farbig ausgezogene Flüssigkeit
–	**Tinte** l>mlat	Schreibflüssigkeit {73/32}	**tingere** (PPP. **tinctus**) mlat. aqua tincta	benetzen, mit einer Flüssigkeit tränken; färben gefärbte Flüssigkeit, Tinktur

3583	**Tirade** l>vulgl>it >frz	1.Worterguß, Wortschwall {26/32/57}; 2. Lauf schnell aufeinanderfolgender Töne von gleichem Zeitwert (mus. t. t.) {37/59}	uns.: **tiro**, onis m vulgl. tirare* it. *tirare* frz. *tirer* *tirade*	Rekrut, Neuling, Anfänger ziehen; schießen ziehen, sich hinziehen ziehen länger anhaltendes Ziehen; langgezogener Vortrag
3584	**Tirocinium**	1. Probestück, kleines Lehrbuch für Anfänger {31}; 2. erster Kriegsdienst eines Soldaten, erster Feldzug {59/86}	**tirocinium**, ii n	erster Kriegsdienst, (militärische) Unerfahrenheit
3585	**Tisch** (gr)>l	Speisetafel; Ladentisch {44/42/58}	**discus**, ci m gr. *δίσκος*	(Wurf)scheibe, Platte, Teller Wurfscheibe, Teller, Schüssel
–	**Tischler** (gr)>l	Holzhandwerker, Möbelschreiner {40}	dto.	dto.
–	Tischlerei, tischlern			
3586	**Titel**	1. Name eines Buches, einer Schrift o. ä. {32}; 2. unter einem bestimmten Titel veröffentlichtes Werk, Buch, Schallplatte {34/32}; 3. Beruf, Stand, Rang (häufig als Zusatz zum Namen) {33/40}; 4. im sportlichen Wettkampf errungener Rang {56/85}; 5. Abschnitt eines Gesetzes- o. Vertragswerks (jur. t. t.) {56/82}; 6. der durch ein rechtskräftiges Urteil erworbene Grund, einen Anspruch durchzusetzen; Rechtstitel (jur. t. t.) {82}; 7. Verwendungszweck von einer zu einer Gruppe zusammengefaßten Anzahl von Ausgaben (im Haushalt eines Staates) {42/50/80}	**titulus**	s. oben 3580
–	**titeln** (o. **betiteln**)	einen Film mit einem Titel versehen {32/33/35/40}	dto.	dto.
–	**Titelpart** l;l	Rolle in einem Film o. Theaterstück, deren Name mit dem des Stückes übereinstimmt {33/35/40/85}	dto. + **pars**, rtis f	dto. Teil; Anteil; Rolle
–	**Titular** l>mlat	Titelträger; jmd., der mit dem Titel eines Amtes bekleidet ist, ohne die damit verbundenen Funktionen auszuüben {33}	**titulare**	titulieren, benennen, betiteln

–	**Titulatur** l>nlat	Betitelung; Rangbezeichung {32/33}	dto.	dto.
–	**titulieren** (o. **betiteln**)	(mit dem Titel) anreden, benennen {33/32}; 2. bezeichnen, nennen, mit einem Schimpfnamen belegen {25/32/33}	dto.	dto.
3587	**Tjost** l>vulgl>frz	ritterlicher Zweikampf mit scharfen Waffen (beim mittelalter. Turnier - hist. t. t.) {33/75/86}	**iuxta** (Präp.) vulgl. iuxtare* afrz. *joster* frz. *jouter*	dicht daneben, nebeneinander; unmittelbar nach nebeneinanderlegen zusammenbringen, sich vereinigen; mit den Lanzen kämpfen
–	tjostieren			
3588	**Toast** l>afrz>engl	1. geröstete Weißbrotscheibe; 2. zum Toasten geeignetes Brot {17}; 3. Trinkspruch {32/33}; 4. Ansprache bei diplomatischen Empfängen (DDR) {32/33/50}	**torrere** (PPP. **tostus**) afrz. *toster* engl. *(to) toast*	dörren; braten, rösten
–	**toasten** l>afrz>engl	1. Weißbrot rösten {17/44}; 2. einen Trinkspruch ausbringen {32/33}	dto.	dto.
–	**Toaster** l>afrz>engl	elektrisches Gerät zum Rösten von Brotscheiben {87}	dto. engl. *toaster*	dto.
3589	**Toga**	von vornehmen Bürgern im alten Rom getragenes Obergewand (hist. t. t.) {75/19}	**toga,** ae f	Bedeckung; Bekleidung; Toga
–	**Togata**	altröm. Komödie (hist. t. t.) {35/74/75}	**togata**, ae f (sc. fabula)	Nationalschauspiel der Römer
3590	**Toilette** l>frz	1. das Sichankleiden, Sichzurechtmachen {21}; 2. (elegante) Damenkleidung samt Zubehör, bes. Gesellschaftskleidung {19/33}; 3. Raum mit WC-Becken (und Waschgelegenheit); 4. WC-Becken in einer Toilette (3.) {58/21/44}	**tela,** ae f frz. *toile* *toilette* *(cabinet de)* *toilette*	Gewebe, Tuch; Webstuhl Tuch Tüchlein Toilette, WC
3591	**Tokkata** o. **Toccata** l>ahd>it	(mus. t. t.) 1. in freier Improvisation gestaltetes Musikstück für Tasteninstrumente; 2. virtuoses Vortragsstück, Konzertetüde (für Klavier) {37}	**ducere** ahd. *tukkôn* it. *toccare*	ziehen, führen zucken anklopfen, berühren
3592	**tolerabel**	erträglich, leidlich {25/26/56}	**tolerabilis**, e	erträg-, leidlich
–	**tolerant** l>frz	1. duldsam, nachsichtig; verständnisvoll, entgegenkommend {25/26/33/84}; 2. sexuell aufgeschlossen {18/25/33}	**tolerans** (Gen. –ntis) frz. *tolérant*	ertragend, duldend, ausdauernd

–	**Toleranz**	1. das Tolerantsein, Entgegenkommen; Duldung, Duldsamkeit {25/26/33/84}; 2. begrenzte Widerstandsfähigkeit des Organismus gegenüber schädlichen äußeren Einwirkungen (med. t. t.) {70}; 3. Differenz zwischen der Norm u. den tatsächlichen Maßen eines Werkstücks (techn. t. t.) {40/41/56/58}	**tolerantia**, ae f	das Ertragen, Erdulden; Geduld
–	**tolerieren**	dulden, gewähren lassen, erlauben {25/26/33}	**tolerare**	ertragen, aushalten, erdulden
3593	**Ton** (gr)>l	1. Klang, Laut, Hall; Akzent; 2. Farbton {23/55}; 3. Umgangston {32/33}	**tonus**, ni m gr. τόνος	Spannung der Saiten; Laut, Klang; Farbton
–	tonal			
–	**Tonalität** (gr)>l>nlat	Beziehung zwischen Tönen, Klängen und Akkorden (mus. t. t.) {37}	dto.	dto.
–	Tonart, Tonleiter, betonen, vertonen, ertönen			
–	**tönen** (gr)>l	(er)klingen, hallen; laut (prahlend) reden {32/33/55}	**tonare** gr. τόνος	ertönen, erschallen; donnern
3594	**Tonne** (gall)>mlat >frz	1. größeres Faß; Boje; verankertes Seezeichen {32/45}; 2. Gewichtseinheit {56}	mlat. **tunna** frz. *tonne*	Faß
–	**Tonnage** (gall)>mlat >frz>engl >frz	Tonnengehalt eines Schiffes {56/57/45}	dto.	dto.
3595	**Tonsur** l>(mlat)	kreisrund geschorene Stelle auf dem Kopf kath. Mönche {21/51}	**tonsura**, ae f	das (Ab)scheren, die Schur; das Beschneiden der Bäume
–	**tonsurieren** l>nlat	die Tonsur machen {21/51}	dto.	dto.
3596	**Torero** l>span	nicht berittener Stierkämpfer {40/85}	**taurarius**, ii m span. *torero*	Stierfechter
–	**Toreador** l>span	(berittener) Stierkämpfer {40/85}	**taurus**, ri m span. *toro* *torear*	Stier mit dem Stier kämpfen
3597	**torkeln** l>mlat	taumeln, wanken, schwankend gehen (bes. von einem Betrunkenen gesagt) {12}	**torculum**, li n mlat. torculare	Kelter, Presse keltern

3598	**Törn** (gr)>l>mlat >frz>engl	1. Fahrt mit einem Segelboot; Segeltörn {45/61}; 2. Zeitspanne, Turnus für eine abwechselnd ausgeführte Arbeit an Bord {40/45/59}; 3. (nicht beabsichtigte) Schlinge in der Leine {44/55}; 4. (= Turn - Jargon) durch Haschisch o. Marihuana bewirkter Rauschzustand {25/26/17/82}	**tornare** gr. *τορνεύειν* mlat. turnare engl. *turn*	mit einem Drecheleisen runden, drechseln
–	**Tornado** (gr)>l >span >engl	starker Wirbelsturm im südlichen Nordamerika (meteor. t. t.) {65}	**tornare** span. *tornar* *tornado*	s. oben Wirbelsturm
3599	**Toro** l>span	span. Bezeichnung für Stier {06/33}	**taurus** span. *toro*	s. oben 3596
3600	**torpedieren** l>nlat	1. mit Torpedos beschießen, versenken {45/86}; 2. durchkreuzen, verhindern (z. B. einen Plan) {25/28}	**torpedo**, dinis f	körperliche o. geistige Trägheit, Lähmung; Zitterrochen
–	**Torpedo**	1. mit eigem Antrieb ausgestattetes Unterwassergeschoß {45/86}; 2. marmorierter o. gefleckter Zitterrochen {07}	dto.	dto.
3601a	**torquieren**	1. peinigen, quälen, foltern {25/26/29/33}; 2. drehen, krümmen {29/53/58}	**torquere**	drehen, wenden; quälen, foltern
–	**Torsion**	1. Verdrehung, Verdrillung; Formveränderung fester Körper durch entgegengesetzt gerichtete Drehmomente (phys., techn. t. t.) {53/72}; 2. Verdrehung einer Raumkurve (math. t. t.) {71}	**torsio**, onis f	Marter, Plage
3601b	**Torso** (gr)>l >vulgl/ spätl>it	1. unvollendet gebliebene o. unvollständig erhaltene Statue (meist nur der Rumpf) {36/56/57}; 2. Bruchstück, unvollendetes Werk {40/56/57}	**thyrsus**, si m gr. *θύρσος* vulgl. / spätl. tursus it. *torso*	Stengel eines Gewächses, Strunk; Bacchusstab Kohlstrunk, Fruchtkern
3602	**Torte** spätl>it	Feingebäck aus Mürbteigboden mit Obst- o. Cremefüllung {17}	spätl. **torta**, ae f it. *torta*	ein gewundenes Gebäck, der Striezel; rundes Brot, Brotgebäck
–	**Tortelett(e)** spätl>it	Törtchen aus Mürbteigboden mit Obst- o. Cremefüllung {17}	dto. it. *tortelletta* (dimin.)	dto.

–	**Tortilla** spätl>span	1. aus Maismehl hergestelltes Fladenbrot (in Lateinamerika); 2. Omelette mit verschiedenen Füllungen (in Spanien) {17}	dto. span. *torta* *tortilla*	dto. Torte
3604	**Tortur** l>mlat	Folter, Qual, Plage {26/29/33}	**tortura**, ae f mlat. tortura	Krümmung; Verrenkung; Bauchgrimmen Folter, Plage, Qual
3605	**total** l>mlat>frz	vollständig, restlos, gänzlich, völlig, Gesamt... {57/56}	**totus**, a, um (Adv. totaliter) mlat. totalis frz. *total*	ganz, völlig, sämtlich gänzlich
–	**Total** l>mlat>frz	Gesamtheit, Summe (bes. schweiz.) {57}	dto.	dto.
–	**Totale** l>mlat>frz	(fot. t. t.) 1. Ort der Handlung mit allen Dingen und Personen {57/58/87}; 2. Gesamtaufnahme, Totalansicht {23/87}	dto.	dto.
–	**Totalisator** l>mlat>frz >nlat	1. Einrichtung zum Wetten beim Renn- und Turniersport {25/42/85}; 2. Sammelgefäß für Niederschläge (meteor. t. t.) {65}	dto. frz. *totaliser* *totalisateur*	dto. alles zusammenzählen, addieren Zählwerk, Registriermaschine
–	**totalisieren** l>mlat>frz	1. unter einem Gesamtaspekt betrachten, behandeln {25/32/40}; 2. zusammenzählen (wirtsch. t. t.) {42/80}	dto. frz. *totaliser*	dto.
–	**totalitär** l>mlat>frz	1. die Gesamtheit umfassend, ganzheitlich {57}; 2. den Totalitarismus betreffend, auf ihm beruhend (polit. t. t.) {50/81}	dto.	dto.
–	**Totalitarismus** l>mlat>frz	totalitäre, alles unterwerfende (staatliche) diktatorische Machtausübung (abwertend - polit. t. t.) {50/81}	dto.	dto.
–	**Totalität** l>mlat>frz	1. Gesamtheit, Vollständigkeit, Ganzheit {57}; 2. vollständige Sonnen- o. Mondverfinsterung (astron. t. t.) {66}	dto. frz. *totalité*	dto.
–	**Toto** l>mlat>frz >nlat	Einrichtung zum Wetten im Fußball- o. Pferdesport (kurz für: Totalisator) {25/42/85}	dto.	dto.
3606	**Touch** l>ahd>frz >engl	Anflug, Hauch, Anstrich {26/56}	**ducere** ahd. *tukkôn* frz. *toucher* engl. *(to) touch*	ziehen, führen zucken berühren

–	**touchieren** l>ahd>frz >engl	1. berühren {23}; 2. mit dem Finger betastend untersuchen (med. t. t.) {23/70}; 2. mit dem Ätzstift bestreichen, abätzen (med. t. t.) {70}	dto.	dto.
3607	**Tour** (gr)>l>frz	1. Ausflug, Fahrt, Exkursion {45/61}; 2. bestimmte Strecke {58/45}; 3. Art und Weise, mit Tricks und Täuschungsmanövern etw. zu erreichen (abwertend) {25/28/33}; 4. Vorhaben, Unternehmen, das nicht korrekt ist {25/28/82}; 5. Umlauf, Umdrehung eines rotierenden Körpers (techn. t. t.) {61/72}; 6. in sich geschlossener Abschnitt einer Bewegung {12/61}; 7. einzelne Lektion beim Dressurreiten {31/61/85}	**tornus**, ni m gr. *τόρνος* afrz. *tor(n)* frz. *tour*	Dreh-, Drechseleisen; Meißel
–	**touren** (gr)>l>frz	auf Tour (1.) bzw. Tournee gehen, sein (Jargon) {61/45/35/37}	**tornare** gr. *τορνεύειν* mlat. turnare frz. *tourner*	mit einem Dreheisen runden, drechseln drehen, wenden; einen Ausflug machen
–	**Tourismus** (gr)>l>frz >engl>nlat	das Reisen von Touristen in größerem Ausmaß; Fremdenverkehr {33/45/61}	**tornus** frz. *tour* *tourisme* engl. *tourism*	s. oben
–	**Tourist** (gr)>l>frz >engl	1. Urlauber, Reisender; 2. Ausflügler, Wanderer, Bergsteiger {33/45/61}	dto. engl. *tourist*	dto.
>>>	Touristenklasse s. unter Klasse			
–	**Touristik** (gr)>l>frz	1. institutionalisierter Touristenverkehr, Reisewesen {45/33}; 2. das Wandern o. Bergsteigen (veraltet) {61/45}	dto.	dto.
–	**touristisch** (gr)>l>frz	den Tourismus betreffend, Reise... {33/45/61}	dto.	dto.
–	**Tournee** (gr)>l>frz	Gastspielreise von Künstlern, Artisten o. ä. {35/37/40/45/61}	**tornare** frz. *tourner* *tournée*	s. oben
3608	**trachten**	an etw., über etw. (nach)denken; auf etw. achten; nach etw. streben; bedenken; aussinnen {25/28}	**tractare**	sich mit etw. beschäftigen, handhaben; untersuchen; überdenken vgl. unten 3614

3609	**tradieren**	überliefern, weitergeben, mündlich fortpflanzen {32/33/59}	**tradere**	übergeben, überliefern; anvertrauen, mitteilen
–	**Tradition**	1. Überlieferung {32/33/59}; 2. Brauch, Gewohnheit, Gepflogenheit {33}; 3. Weitergabe (an spätere Generationen) {32/33/59}; 4. außerbiblische Überlieferung von Glaubenslehren seit der Apostelzeit {51}	**traditio**, onis f	Übergabe; Überlieferung; Vortrag
–	**Traditionalismus** l>nlat	1. geistige Haltung, die bewußt an der Tradition festhält {25/33}; 2. philosophisch-theologische Richtung des früheren 19. Jh.s in Frankreich {77/51/75}	dto.	dto.
–	**Traditionalist** l>nlat	Anhänger und Vertreter des Traditionalismus {25/33/51/77}	dto.	dto.
–	**traditionalistisch** l>nlat	den Traditionalismus betreffend, für ihn charakteristisch; ihm verbunden, verhaftet {25/33/51/77}	dto.	dto.
–	**traditionell** l>frz	überliefert, herkömmlich; dem Brauch entsprechend, üblich {33/59}	dto. frz. *traditionnel*	dto.
3610	**Traduktion**	1. Übersetzung {32}; 2. Wiederholung eines Wortes in veränderter Form o. mit anderem Sinn (rhet., sprachwiss. t. t.) {76}	**traductio**, onis f	Hinüberführung; Metonymie; Fortdauer; Wiederholung (als Redefigur - rhet. t. t.)
3611	**Trailer** l>vulgl >afrz>engl	1. Erkennungsfilmvorspann (z. B. für TV-Serien) {24/33/59/85}; 2. nicht belichteter Filmstreifen am inneren Ende einer Filmrolle (fot. t. t.) {87}; 3. Fahrzeuganhänger (besonders als Wohnwagen) {45}; 4. Vorspann, Vorschau (z. B. bei der Werbung für einen Film) {25/33/59}	**trahere** bzw. **traha**, ae f vulgl. trahale afrz. *traail*	ziehen, schleppen, schleifen Schleife (ein Akkergerät)
–	**Trainer** l>vulgl>frz >engl	jmd., der Sportler betreut, trainiert; Übungsleiter {33/40/85}	**trahere** vulgl. tragere* traginare* frz. *traîner* engl. *(to) train*	s. oben ziehen, schleppen (nach)ziehen, nachschleppen (auf-, er)ziehen, abrichten

–	**trainieren** l>vulgl>frz >engl	1. planmäßig, gezielt (ein)üben (als Vorbereitung für einen Wettkampf - ugs.); 2. Training betreiben; 3. durch Training (bestimmte Übungen, Fertigkeiten) technisch vervollkommnen {12/28/33/61/85}	dto.	dto.
–	**Training** l>vulgl>frz >engl	planmäßige Durchführung eines Übungsprogramms zur Ausbildung von Können, Stärkung von Kondition und Leistungsfähigkeit {12/28/33/61/85}	dto.	dto.
3612	**Trakt**	1. Gebäudeteil {58}; 2. Zug, Strang; Gesamtlänge (z. B. Darmtrakt - med. t. t.) {70/58}; 3. Landstrich {64}	**tractus**, us m	Ausdehnung, Lage; Landstrich; Verlauf
3613	**traktabel**	leicht zu behandeln, umgänglich {25/26/33}	**tractabilis**, e	betast-, angreif-, behandelbar; biegsam
3614	**Traktat**	1. Abhandlung {32}; 2. religiöse Flugschrift {51/32}; 3. (Staats)vertrag (veraltet) {50}	**tractatus**, us m	Behandlung, Erörterung; Schrift; Predigt
–	**traktieren**	1. be-, unterhandeln (veraltet) {25/32}; 2. literarisch darstellen, gestalten (veraltet) {34}; 3. plagen, quälen, mißhandeln {25/26/33}; 4. bewirten (veraltet) {17/33}; 5. jmdn. mit etw. überfüttern {17/33/57}	**tractare**	schleppen; berühren; handhaben; be-, verhandeln
–	Traktandum			
–	**Traktion**	1. Zug, das Ziehen, Zugkraft (med., phys., techn. t. t.) {41/61/70/72}; 2. Art des Antriebes von Zügen (durch Triebfahrzeuge) {41/45}	**tractio**, onis f (bzw. **tractare**	Ableitung s. oben)
3615	**Traktor** l>engl	(landwirtschaftliche) Zugmaschine, Schlepper (landw. t. t.) {39/45}	**trahere** engl. *tractor*	s. oben 3611
–	**Traktorist** l>russ	Traktorfahrer {39/40}	dto.	dto.
3616	**Traktur**	bei der Orgel der vom Manual oder Pedal auszulösende Zug (Regierwerk - mus. t. t.) {37}	**tractura**, ae f	das Ziehen des Zugviehs am Wagen

3617	**Trance** l>frz>engl	schlafähnlicher Zustand (bei spiritistischen Medien); Dämmerzustand {16/24/51}	**transire**	(hin-, vor)übergehen; sich verwandeln; vergehen
			(a)frz. *transir*	hinübergehen, verscheiden
			transe	das Hinübergehen (in den Todesschlaf); Angstzustand
			engl. *trance*	
3618	**tranchieren** l>vulgl >afrz>frz	Fleisch, Geflügel kunstgerecht in Stücke schneiden, zerlegen {17}	**trinus**, a, um	je drei, dreifach
			vulgl. trinicare*	dreiteilen
			afrz. *trench(i)er*	ab-, durch-, zerschneiden, zerlegen
			frz. *trancher*	
3619	**Tranquilizer** l>frz>engl	beruhigendes Medikament (med. t. t.) {70}	**tranquillare**	ruhig machen, beruhigen, stillen
3620	**Transaktion**	ungewöhnlich großes Geschäft eines Unternehmers {41/42/56/80}	**transactio**, onis f	Vollendung; Vergleich; Abschluß
3621	**transalpin(isch)**	jenseits der Alpen (von Rom aus gesehen) {58/64}	**transalpinus**, a, um	jemseits der Alpen gelegen, - geschehend
3622	**transatlantisch** l;gr>l	überseeisch {64/58}	**trans** (Präp.)	jenseits; über ... hin(aus)
			+ **Atlanteus** o. **Atlanticus**, a, um	westafrikanisch; zum Atlasgebirge gehörend; atlantisch
			gr. *'Ατλαντικός*	

>>> trans..., Trans... s. ggf. auch unter dem Rest des Wortes

3623	**Transfer** l>engl	1. Zahlung ins Ausland in fremder Währung {42/80}; 2. Übertragung der im Zusammenhang mit einer bestimmten Aufgabe erlernten Vorgänge auf eine andere Aufgabe (psych., päd. t. t.) {70/78}; 3. Überführung, Weitertransport im Reiseverkehr {45}; 4. Wechsel eines Berufsspielers zu einem anderen Verein {40/61/85}; 5. positiver Einfluß der Muttersprache bei der Erlernung einer Fremdsprache (sprachwiss. t. t.) {56/76/78}; 6. = Transferenz (sprachwiss. t. t.) {76}	**transferre**	(hin)übertragen, -bringen, -schaffen; übersetzen
			engl. *transfer*	

–	**transferabel** l>engl	umwechsel-, übertragbar in fremde Währung (wirtsch. t. t.) {42/80}	dto.	dto.
–	**Transferenz**	(Vorgang, Ergebnis der) Übernahme einer fremdsprachlichen Erscheinung in die Muttersprache (sprachwiss. t. t.) {76}	dto.	dto.
–	**transferieren**	1. Geld in eine fremde Währung umwechseln, Zahlungen an das Ausland leisten (wirtsch. t. t.) {42/80}; 2. den Wechsel eines Berufsspielers zu einem anderen Verein vornehmen (sport. t. t.) {40/61/85}; 3. jmdn. dienstlich versetzen (österr., amtsspr. t. t.) {33/40/61}	dto.	dto.
–	**Transferliste** l;germ >mlat>it	Meldeliste für den Vereinswechsel von Profisportlern (z. B. beim Fußball - sport. t. t.) {32/40/61/85}	dto. + mlat. / it. **lista**	dto. Leiste; (Papier)-streifen, Verzeichnis
3624	**Transformation**	Umwandlung, Umformung, Umgestaltung, Übertragung {53/61/72}	**transformatio**, onis f	Umbildung, Verwandlung
–	**Transformator** l>nlat	Instrument zur Umformung elektrischer Spannungen (techn. t. t.) {41/72/87}	**transformare**	verwandeln, umformen, umgestalten
–	**transformieren**	umwandeln, umformen, umgestalten; übertragen {56/61/72}	dto.	dto.
3625	**transfundieren**	eine Blutübertragung vornehmen (med. t. t.) {70}	**transfundere**	hinübergießen; übertragen
–	**Transfusion**	1. intravenöse Übertragung von Blut in den Organismus (med. t. t.) {70}; 2. Diffusion von Gasen durch eine poröse Scheidewand (chem. t. t.) {73}	**transfusio**, onis f	das Hinüberschütten; Übertragung
3626	**transgalaktisch** l;gr>l	jenseits der Milchstraße befindlich, über das Milchstraßensystem hinausgehend (astron. t. t.) {66}	**trans** + **galaxias**, ae m gr. *γαλαξίας*	s. oben 3622 Milchstraße
3627	**transgredient**	überschreitend, über etwas hinausgehend {57/58}	**transgredi**	(hin)über-, -gehen, -steigen
–	**transgredieren**	große Festlandsmassen überfluten (geogr. t. t.) {64}	dto.	dto.
3628	**transient** l>engl	die Transiente betreffend, auf ihr beruhend (techn. t. t.) {41/56/59/72}	**transire** (PPA. **transiens**)	(hin)über-, hingehen; übersteigen
–	**Transiente** l>engl	vorübergehende Abweichung vom Normalbetrieb einer Kernkraftanlage; leichte Störung (techn. t. t.) {41/56/59/72}	dto.	dto.

–	**Transientenintermodulationsverzerrung** l>engl;l;l;d	(kurz TIM) bei HiFi-Verstärkern an Boxen auftretende klirrende Tonverzerrung (techn. t. t.) {87}	dto. + **inter** + **modulatio**, onis f	dto. zwischen, unter proportioniertes Maß, Grundmaß
3629	**Transistor** (l;nlat) >engl	(wörtl.: Übertragungswiderstand) Halbleiterbauelement; Teil eines Verstärkers (phys., techn. t. t.) {41/72/87}	**transferre** engl. *transferre* + **resistere** nlat. resistor	s. oben 3623 sich widersetzen
–	**transistori(si)eren** (l;nlat) >engl	mit Transistoren versehen (techn. t. t.) {41/72/87}	dto.	dto.
3630	**Transit** l>it	1. Durchfahrt, -reise durch ein Land {45/61}; 2. Zustandekommen von Aspekten infolge der Planetenbewegung; das Überschreiten eines Tierkreiszeichens (astrol. t. t.) {66/51}	**transitus**, us m it. *transito*	Übergang, Durchgang; das Vorübergehen; Veränderung
–	Transithandel, Transitverkehr			
–	**transitiv**	zielend, d. h. mit einer Ergänzung im Akkusativ (sprachwiss. t. t.) {76}	**transitivus**, a, um	übergehend; transitiv
–	**Transitiv(um)**	transitives Verb (sprachwiss. t. t.) {76}	dto.	dto.
–	**transitivieren** l>nlat	ein nicht zielendes Verb transitiv machen (z. B.: einen guten Kampf kämpfen - sprachwiss. t. t.) {76}	dto.	dto.
>>>	Transitvisum s. unter Visum			
3631	**transkontinental** (l;l)>nlat	einen Erdteil durchquerend (geogr. t. t.) {58/64}	**trans** + **continens** (Gen. –ntis)	s. oben 3622 zusammenhängend, ununterbrochen
3632	**transkribieren**	1. in eine andere Schrift übertragen {32/56}; 2. die Originalfassung eines Tonstückes auf ein anderes, auf mehrere Instrumente übertragen (mus. t. t.) {37/56}	**transcribere** (PPP. **transcriptus**)	aus einer Schrift in die andere übertragen, ab-, umschreiben
–	**Transkription**	1. Umschreibung eines Musikstückes in eine andere als die Originalfassung (mus. t. t.) {37/56}; 2. phonetische Umschrift; lautgerechte Übertragung in eine andere Schrift (sprachwiss. t. t.) {32/56}	**transcriptio**, onis f	Übertragung, Umschreibung

–	**Transkript**	Ergebnis einer Transkription {32/37/56}	**transcribere**	s. oben
3633	**Translation**	1. Übertragung, Übersetzung {32}; 2. bildlicher Ausdruck, Trope (sprachwiss. t. t.) {76}; 3. geradlinige, fortschreitende Bewegung {61}; 4. feierliche Überführung der Reliquien eines Heiligen an einen anderen Ort (kath. rel. t. t.) {51/61}	**translatio**, onis f	das Übertragen; Versetzung; Trope, Metapher
–	**Translator**	Übersetzer (veraltet) {32/40}	**translator**, oris m	Übertrager, Übersetzer; Kopierer
3634	**Transliteration** (l;l)>nlat	buchstabengetreue Umsetzung eines Textes in eine andere Buchstabenschrift (unter Verwendung von diakritischen Zeichen - sprachwiss. t. t.) {32/76}	**trans** + **littera**, ae f	s. oben 3622 Buchstabe, Handschrift; Schrift
–	**transliterieren** (l;l)>nlat	Wörter nichtlateinschreibender Sprachen buchstabengetreu in Lateinschrift wiedergeben (sprachwiss. t. t.) {32/76}	dto.	dto.
3635	**Translokation** (l;l)>nlat	1. Ortsveränderung, Versetzung (veraltet) {40/61}; 2. Verlagerung eines Chromosomenbruchstückes in ein anderes Chromosom (biol. t. t.) {61/68/69}	**trans** + **locatio**, onis f	3622 Stellung, Anordnung; Vermietung
–	**translozieren** (l;l)>nlat	1. an einen anderen Ort versetzen (veraltet) {61/40}; 2. verlagern (in bezug auf Chromosomenbruchstücke - biol. t. t.) {61/68/69}	dto.	dto.
3636	**transluzent** o. **transluzid**	durchscheinend, durchsichtig {54/55/65}	**translucere** (PPA. **translucens**) bzw. **translucidus**, a, um	durchscheinen; durchsichtig sein durchsichtig
3637	**transmarinisch**	überseeisch {64}	**transmarinus**, a, um	jenseits des Meeres befindlich, überseeisch
3638	**Transmission**	1. Vorrichtung zur Kraftübertragung und -verteilung auf mehrere Arbeitsmaschinen (z. B. durch Treibriemen - techn. t. t.) {41/45/72}; 2. Durchlassung von Strahlen durch einen Stoff ohne Frequenzänderung (phys. t. t.) {72}	**transmissio**, onis f	Übersendung; Überfahrt; Übertragung

–	**Transmitter** l>am	1. am. Bezeichnung für Meßumformer (techn. t. t.) {41/72}; 2. Überträgersubstanz, -stoff (med. t. t.) {70}; 3. Fernbedienung (z. B. für TV-Geräte), bei der mehrere nacheinander eingegebene Befehle auf ein Kommando hin übertragen werden (techn. t. t.) {28/59/87}; 4. Sender (z. B. von Funkamateuren - techn. t. t.) {46/87}	**transmittere**	hinüberschicken, -bringen; durch-, vorbeilassen
–	**transmittieren** l>am	übertragen, übersenden (techn. t. t.) {46/87}	dto.	dto.
3639	**Transmutation** l>nlat	Genmutation (biol. t. t.) {61/68/69}	**transmutatio**, onis f	Veränderung; Umzug; Vertauschung
–	**transmutieren** l>nlat	um-, verwandeln (biol. t. t.) {61/68/69}	**transmutare**	hinüberschaffen; vertauschen, verwechseln
3640	**transpadanisch**	jenseits des Flusses Po gelegen (von Rom aus gesehen) {64}	**transpadanus**, a, um	jenseits des Flusses Po befindlich
3641	**transparent** (l;l)>mlat >frz	1. durchscheinend, durchsichtig {54/55}; 2. deutlich, versteh-, erkennbar {25/55}	**trans** + **parere** (PPA. **parens**) mlat. transparere transparens frz. *transparent*	s. oben 3622 erscheinen, sichtbar -, offenbar sein durchscheinen
–	**Transparent** (l;l)>mlat >frz	1. Spruchband {32/23}; 2. Bild, das von hinten beleuchtet wird; Leuchtbild {36}	dto.	dto.
–	**Transparenz** (l;l)>mlat >frz	1. das Durchscheinen; Durchsichtigkeit; 2. Lichtdurchlässigkeit (z. B. des Papiers) {54/55}; 3. Deutlichkeit, Verstehbarkeit {23/25}	dto.	dto.
3642	**Transpiration** (l;l)>vulgl >frz	1. Hautausdünstung, Schwitzen (med. t. t.) {11/70}; 2. Abgabe von Wasserdampf durch Pflanzen (bot. t. t.) {68}	**trans** + **spirare** vulgl. transpirare frz. *transpirer*	s. oben 3622 blasen, wehen, hauchen, atmen durchhauchen, -atmen; ausduften
–	**transpirieren** (l;l)>vulgl >frz	ausdünsten, schwitzen (biol., med. t. t.) {68/69/70}	dto.	dto.

3643	**Transplantat**	übertragenes, verpflanztes Gewebestück (med. t. t.) {70}	**transplantare** (PPP. **transplantatus**)	verpflanzen, versetzen
–	**Transplantation** l>nlat	1. Verpflanzung von lebenden Geweben (med. t. t.) {70}; 2. Pfropfung (bot. t. t.) {68/39}	dto.	dto.
–	**Transplanteur** l>nlat	Arzt, der eine Transplantation ausführt {70/40}	dto.	dto.
–	**transplantieren**	lebendes Gewebe verpflanzen (med. t. t.) {70}	dto.	dto.
3644	**Transponder** (l;l)>engl	Anlage, die Funksignale aufnimmt, verstärkt und wieder abstrahlt (techn. t. t.) {46/72/87}	**transmittere** + **respondere** engl. *transmitter / responder*	s. oben 3638 antworten
3645	**transponieren**	ein Tonstück in eine andere Tonart übertragen (mus. t. t.) {37}	**transponere**	ver-, umsetzen; verpflanzen
3646	**Transport(ation)** l>frz	1. Beförderung von Menschen, Tieren, Gegenständen {45/61/42}; 2. Fracht, zur Beförderung zusammengestellte Sendung {42/45}; 3. Übertrag in der Buchhaltung (veraltet) {42/80}	**transportare** (PPP. **transportatus**) bzw. **transportatio, onis** f	(hin)überfahren, übersetzen Übersiedlung, Wanderung
–	**transportabel** l>frz	beweglich, tragbar, beförderbar {45/54/61}	dto. frz. *transportable*	dto.
–	**Transporter** l>frz>engl	Transportfahrzeug, -flugzeug, -schiff {45/61}	dto. engl. *transporter*	dto.
–	**Transporteur** l>frz	1. jmd., der etw. transportiert {40/45/61}; 2. mit einer Gradeinteilung versehener (Halb)kreis zur Winkelmessung (math. t. t.) {71}; 3. Zubringer an der Nähmaschine {87}	dto. frz. *transporteur*	dto.
–	**transportieren** l>frz	1. versenden, befördern, wegbringen {61/45}; 2. mechanisch bewegen, weiterschieben (z. B. einen Film) {61/87}; 3. die Basis für etw. abgeben, was an andere weitergegeben wird (z. B. Wörterbedeutungen) {56/76}; 4. übertragen (in der Buchhaltung - veraltet) {42/80}	dto. frz. *transporter*	dto.
–	**Transportierung** l>frz	Fortschaffung, Beförderung {61/45}	dto.	dto.

3647	**Transposition** l>nlat	das Transponieren eines Tonstückes in eine andere Tonart (mus. t. t.) {37}	**transponere**	s. oben 3645
3648	**Transsexualismus** (l;l)>nlat	Identifizierung eines Menschen mit dem jeweils anderen Geschlecht (med., psych. t. t.) {70/18}	**trans** + **sexualis**, e	s. oben 3622 zum Geschlecht gehörig
–	**transsexuell** (l;l)>nlat	den Transsexualismus betreffend (med., psych. t. t.) {18/70}	dto.	dto.
–	**Transsexuelle(r)** l>nlat	zum Transsexualismus neigende Person (med. t. t.) {18/70}	dto.	dto.
3649	**Transsubstantiation** (l;l)>mlat	Verwandlung der Substanz von Brot und Wein in Leib und Blut Christi (kath. rel. t. t.) {51}	**trans** + **substantia**, ae f	s. oben 3622 Wesenheit, Existenz, Beschaffenheit
3650	**transversal** (l;l)>mlat	querlaufend, senkrecht zur Ausbreitungsrichtung stehend, schräg {58/71}	**trans** + **vertere** (PPP. **versus**)	s. oben 3622 (um)wenden, (sich) drehen, (um)kehren
–	**Transversale** (l;l)>mlat	Gerade, die eine Figur (Drei-, Vieleck) schneidet (math. t. t.) {71}	dto.	dto.
3651	**transvestieren** (l;l)>nlat	Neigung, die für das andere Geschlecht typische Kleidung anzulegen (psych., med. t. t.) {70/19}	**trans** + **vestire** (PPP. **vestitus**)	s. oben 3622 sich (be)kleiden, ausschmücken
–	Transvesti(ti)smus			
–	**Transvestit** (l;l)>nlat	Mann, der sich wie eine Frau kleidet, frisiert, schminkt (psych., med. t. t.) {70/19/21}	dto.	dto.
3652	**transzendent**	1. übersinnlich, übernatürlich (philos. t. t.) {77/51}; 2. nicht algebraisch (math. t. t.) {71}	**transcendere** (PPA. **transcendens**)	(hin)überschreiten, -steigen, -treten
–	**transzendental** l>mlat	1. = transzendent {77/51/71}; 2. die a priori mögliche Erkenntnisart von Gegenständen betreffend (philos. t. t.) {25/77}	dto.	dto.
–	**Transzendenz**	1. das jenseits der Erfahrung liegende; Jenseits {51}; 2. das Überschreiten der Grenzen der Erfahrung des Bewußtseins, des Diesseits (philos. t. t.) {24/25/77}	**transcendentia**, ae f	das Übersteigen, Überschreiten
–	**transzendieren**	über einen Bereich hinaus in einen anderen (hin)übergehen (philos. t. t.) {25/77}	**transcendere**	s. oben

>>> Trapezakt s. Akt

3653	**Trasse** l>vulgl>frz	im Gelände abgesteckte Linienführung eines Verkehrsweges, einer Versorgungsleitung {58/45}	**tractus**, us m vulgl. tractiare* afrz. *tracier* frz. *tracer* *tracé*	das Ziehen; Verlauf, Ausdehnung; Gegend ziehen eine Spur ziehen vorzeichnen, entwerfen
–	**trassieren** l>vulgl>frz	1. eine Trasse zeichnen, berechnen, im Gelände abstekken {58/40}; 2. mit Fäden in der Farbe der Stickerei vorspannen (bei der Gobelinstikkerei) {44/19};	dto.	dto.
	(l>vulgl>it)	3. einen Wechsel auf jmdn. ziehen o. ausstellen {80}	it. *tratta*	Zug, Riß, gezogener Wechsel
3654	**travers** l>frz	quergestreift (mod. t. t.) {19/55}	**traversus**, a, um	quergehend, -liegend; schief, schräg
–	**Travers** l>frz	Seitengang des Pferdes in Richtung der Bewegung (sport. t. t.) {61/85}	**transversum**, si n	Quere, schräge Lage, - Richtung
–	**Traversale** l>frz	Schrägverschiebung des Pferdes fast parallel zur Viereckseite (der Reitbahn - sport. t. t.) {61/85}	**transversarius**, a, um (bzw. **transversus**	querliegend; entgegengesetzt s. oben)
–	**Traverse** l>frz	1. Querbalken, -träger, -verbinder (archit., techn. t. t.) {41/58/72/88}; 2. senkrecht zur Strömung in den Fluß gezogener Querbau, der die Verlandung beschleunigt {64/39}; 3. Schulterwehr (mil. t. t.) {86}; 4. seitliche Ausweichbewegung (sport. t. t.) {12/85}; 5. Querungsstelle an Hängen o. Wänden, Quergang (beim Bergsteigen) {12/58/85}	**transversum**	s. oben
–	**Traversflöte** l;aprov>frz	Querflöte {37}	**transversus**	s. oben
–	**traversieren** l>frz	1. quer durchgehen {12/58}; 2. durchkreuzen, hindern {25/28}; 3. eine Reitbahn beim Dressursport in der Diagonale durchreiten (sport. t. t.) {61/85}; 4. durch Seitwärtstreten dem Fechthieb des Gegners ausweichen (sport. t. t.) {12/85}; 5. horizontal an einem Abhang entlanggehen o. -klettern (beim Bergsteigen) {12/58/85}	dto.	dto.

3655	**Travestie** (l;l)>it>frz >(engl)	komisch-satirische Umbildung ernster Dichtung (wobei der Inhalt in lächerlicher Form dargeboten wird) {26/33/34/35/74}	**trans** + **vestire** frz. *travesti*	s. oben 3622 s. oben 3651 Verkleidung
–	**travestieren** (l;l)>it>frz	1. in Form einer Travestie darbieten {26/33/34/35/74}; 2. ins Lächerliche ziehen {26/33}	dto.	dto.
3656	**Trecento** l>it	italienischer Kunststil des 14. Jh.s (= 300 Jahre nach 1000 n. Chr.) {36/79}	**trecenti,** a, ae	dreihundert
3657	**Treff** l>frz	französische Spielkartenfarbe, Kleebatt (schweiz.); Kreuz (beim Skat) {32/56/85}	**trifolium,** ii n frz. *trèfle* schweiz. *Treffle*	Dreiblatt, Klee Klee; Dreiblatt, Kreuz (beim Kartenspiel)

>>> tremens s. Delirium bzw. Delirium tremens (Redewendungsliste)

3658a	**tremolieren** o. **tremulieren** l>vulgl>it	mit einem Tremolo vortragen, spielen, singen (mus. t. t.) {37/55}	**tremulus,** a, um bzw. **tremere** it. *tremolare*	zitternd (er)zittern
–	**Tremolo** l>vulgl>it	(mus. t. t.) 1. bei Tasten-, Streich-, Blasinstrumenten auf verschiedene Weise erzeugte Bebung; rasche Wiederholung eines Tons o. Intervalls; 2. (fehlerhafte) bebende Tonführung beim Gesang {37/55}	dto.	dto.
–	**Tremor**	Muskelzittern, rhythmische Zuckungen einzelner Körperteile (z. B. der Lippen, Augenlider - med. t. t.) {12/70}	**tremor,** oris m	das Zittern; zitternde Bewegung der Glieder
3658b	**Trense** (l>span; afrz >aspan) >span >mniederl	einfacher Pferdezaum (aus Gebißstange und Zügel) {39/33}	**trinus**, a, um span. *trena* + afrz. *tre(s)ce* aspan. *treça* span. *trenza* mniederl. *trens(s)e*	dreifach, je drei aus drei Teilen Geflochtenes; Borte, Schärpe; Band Haarflechte, Zopf Haarflechte Flechte, Zopf Seil, Pferdezaum, Zügel
3658c	**Triangel**	1. Schlaginstrument in Form eines dreieckig gebogenen Stahlstabes (mus. t. t.) {37}; 2. Winkelriß in Kleidungsstükken (ugs.) {19}	**triangulum,** li n	Dreieck

–	**triangulär**	dreieckig {53}	**triangularis**, e	dreieckig
3659	**Triarier**	altgedienter schwerbewaffneter Soldat im alten Rom (hist. t. t.) {75/86}	**triarii**, iorum m (Pl.)	Triarier
3660	**Tribun**	(hist. t. t.) 1. altröm. Volksführer {50/75}; 2. zweithöchster Offizier einer altröm. Legion {75/86}	**tribunus**, ni m (sc. plebis	Oberst; Offizier; Volkstribun)
–	**Tribunal** l>(frz)	1. erhöhter Platz, auf dem der Prätor Recht sprach (im alten Rom) {75/58/82}; 2. (hoher) Gerichtshof; 3. Forum, das in einer öffentlichen Untersuchung gegen behauptete Rechtsverstöße o. ä. protestiert; (Straf)gericht {33/82}	**tribunal**, lis n	Gerichtshof; Tribunensitz; erhöhte Feldherrenbühne
–	**Tribunat**	Amt, Würde eines Tribuns {75/50/33}	**tribunatus**, us m	Tribunat; Amt eines Tribunen
–	**Tribüne** l>it>frz	1. Rednerbühne; 2. erhöhtes Gerüst mit Sitzplätzen für Zuschauer {33/58/85}; 3. die Zuschauer auf einem solchen Gerüst {33/85}	**tribunal** it. *tribuna* frz. *tribune*	s. oben Rednerbühne, Galerie
–	**tribunizisch**	einen Tribun betreffend {50/75/86}	**tribunicius**, a, um	tribunizisch, zu den Tribunen gehörig
–	**Tribus**	1. Wahlbezirk im antiken Rom (hist. t. t.) {75/50/48}; 2. Kategorie der zoologischen und botanischen Systematik (biol. t. t.) {68/69}	**tribus**, us m	(Stimm)bezirk, Tribus, Gau
3661	**Tribut**	1. direkte Steuer im antiken Rom (hist. t. t.) {42/75}; 2. Opfer, Beitrag, Beisteuerung {42/80}; 3. schuldige Verehrung, Hochachtung {33}	**tributum**, ti n	öffentliche Abgabe, Steuer, Tribut
–	**tributär**	steuer-, zinspflichtig {33/42/80}	**tributarius**, a, um	zum Tribut, zu den Abgaben gehörig
3662	**Trichter** l>spätahd/mhd	1. kegelförmiges Gerät mit Abflußrohr zum Eingießen von Flüssigkeiten {44}; 2. Idee (ugs., berlinisch) {25}	**traiectorium**, ii n spätahd. *trahter, træhter* mhd. *trihter, trahter*	Trichter

3663	**Trick** l>spätl >vulgl>afrz >engl	Kniff, Kunstgriff, List {22/25/33}	**tricae**, arum f (Pl.)	Possen, Ränke; Unsinn, Widerwärtigkeiten
			spätl. **tricari**	Schwierigkeiten -, Ausflüchte -, Winkelzüge machen
			vulgl. triccare*	
			afrz. *trichier*	betrügen
			triche	Betrug
			nordfrz. *trique*	
			engl. *trick*	List, Kniff; Betrug; Streich
3664	**Trident**	1. Dreizack (bes. als Waffe des griechisch-römischen Meergottes Poseidon / Neptun) {51/75/86};	**tridens**, ntis m	Dreizack (der Fischer)
	(l>engl >am)	2. Bezeichnung für einen am. Raketentyp (mil. t. t.) {86}		
3665	**triennal**	1. drei Jahre dauernd; 2. alle drei Jahre (stattfindend) {59}	**triennalis**, e	dreijährig
–	**Triennale**	Veranstaltung im Turnus von drei Jahren {59/33}	dto.	dto.
–	**Triennium**	Zeitraum von drei Jahren {59}	**triennium**, ii n	Zeitraum von drei Jahren
3666	**Triklinium** (gr)>l	altröm. Speisezimmer (hist. t. t.) {75/58/44}	**triclinium**, ii n	Speisesofa; Speisezimmer
			gr. *τρίκλινον*	
3667	**trikolor**	dreifarbig {55}	**tricolor** (Gen. –oris}	dreifarbig
–	**Trikolore** l>frz	dreifarbige, bes. die frz. Nationalflagge {50/55}	dto.	dto.
3668	**Trilliarde** (l;l>frz) >nlat	1000 Trillion = 10^{21} {57}	**tri** (Zahlwortpräfix)	dreimal; dreifach
			+ **mille**	tausend
			frz. *milliard*	
–	**Trillion** (l;l>frz>it) >nlat	eine Million Billionen 10^{18} {57}	dto.	dto.
			+ **mille**	tausend
			frz. *million*	
			it. *millione*	Großtausend
3669	**Trinitarier** l>nlat	(rel. t. t.) 1. Anhänger von der Lehre der Dreieinigkeit {25/51}; 2. Angehöriger eines kath. Bettelordens {33/51}	**trinitas**, atis f	Dreizahl; Dreieinigkeit in Gott (kirchenl.)
–	**trinitarisch** l>nlat	die (Lehre von der) Trinität betreffend (rel. t. t.) {51}	dto.	dto.
–	**Trinität**	Dreieinigkeit, Dreifaltigkeit Gottes (rel. t. t.) {51}	dto.	dto.
–	**Trinitatis(fest)** l;d	Sonntag nach Pfingsten; Dreifaltigkeitsfest {51/59}	dto.	dto.

3670	**Trio** l>it	1. Musikstück für drei Instrumente (mus. t. t.); 2. Mittelteil des Menuetts o. Scherzos (mus. t. t.); 3. Vereinigung von drei Instrumental-, seltener Vokalsolisten (mus. t. t.) {37/57}; 4. drei Personen, die etw. gemeinsam ausführen (ironisch) {33/57}	**tri** bzw. **tres**, tria it. *trio*	s. oben 3668 drei
3671	**Tripel** l>frz	1. die Zusammenfassung dreier Dinge (math. t. t.) {71}; 2. dreifacher Gewinn (veraltet) {42/57}	**triplex** (Gen. –icis)	dreifältig, dreifach
–	**Triplizität**	Dreifachheit; dreifaches Vorkommen {57/52}	**triplicitas**, atis f	Dreifaltigkeit
>>>	Trireme s. griech. Liste (Triere)			
3672	**trist** l>frz	1. traurig, öde, trost-, freudlos; 2. langweilig, unfreundlich, jämmerlich {26/84}	**tristis**, e frz. *triste*	traurig, betrübt; unglücklich, unfreundlich
–	**Tristesse** l>frz	Traurigkeit, Trübsinn, Melancholie, Schwermut {26/84}	**tristitia**, ae f	Traurigkeit; mürrisches Benehmen
–	**Tristien**	Trauergedichte (bes. die des altröm. Dichters Ovid über seine Verbannung) {34}	**tristis**	s. oben
3673	**Triticum**	Getreidepflanzengattung mit zahlreichen Weizenarten {05}	**triticum**, ci n	Weizen
3674	**Triumph**	1. großer Erfolg, Sieg {25/26/33/85}; 2. Genugtuung, Frohlocken, Siegesfreude {25/26}; 3. feierlicher Einzug eines siegreichen Feldherren (im antiken Rom - hist. t. t.) {33/75/86}	**triumphus**, phi m	Siegeszug, Triumph; Dreischritt
–	**triumphal**	herrlich, ruhm-, glanzvoll, großartig {25/26/33}	**triumphalis**, e	zum Triumph gehörig
–	**triumphant**	1. triumphierend, frohlockend {25/26}; 2. sieg-, erfolgreich {25/26/33/85}	**triumphare** (PPA. **triumphans**)	einen Triumph(zug) abhalten, triumphieren, völlig besiegen
–	**Triumphator**	1. feierlich einziehender siegreicher Feldherr (im antiken Rom - hist. t. t.) {33/75/86}; 2. frohlockender, jubelnder Sieger {25/26/33/85}	**triumphator**, oris m	Triumphator
–	**triumphieren**	1. jubeln, frohlocken {25/26}; 2. jmdm. hoch überlegen sein; über jmdn., etw. siegen {33/50/56/85}	**triumphare**	s. oben
3675	**Triumvir**	Mitglied eines Triumvirats (hist. t. t.) {75/50}	**triumvir**, ri m	Triumvir

–	**Triumvirat**	Dreimännerherrschaft (im antiken Rom - hist. t. t.) {75/ 50}	**triumviratus**, us m	Amt eines Triumvirn
3676	**trivial** l>frz	1. gedanklich unbedeutend, nicht originell {25/56}; 2. alltäglich, gewöhnlich, nichts Auffälliges aufweisend {33/56}	**trivialis**, e frz. *trivial*	dreifach; allbekannt, gewöhnlich, gemein
–	**trivialisieren** l>frz	etw. trivial machen, ins Triviale ziehen {32/33/56}	dto.	dto.
–	**Trivialität** l>frz	Plattheit, Seichtheit, Alltäglichkeit {33/56}	dto.	dto.
–	**Trivialliteratur** l>frz;l	Unterhaltungs-, Konsumliteratur für den Geschmack eines anspruchslosen Leserkreises {34}	dto. + **littera**, ae f	dto. s. oben 2075
3677	**Trivium** l>mlat	im mittelalterl. Universitätsunterricht die Fächer Grammatik, Rhetorik, Dialektik {31/75}	**trivium**, ii n	Drei-, Scheideweg; Wegkreuzung; die drei (unteren) Wissenschaften (s. links)
3678	**Trizeps**	dreiköpfiger Muskel des Oberarms (med. t. t.) {11/70}	**triceps** (Gen. –cipitis)	dreiköpfig; dreierlei
3679	**Troß** l>spätl>frz	1. der die Truppe mit Verpflegung und Munition versorgende Wagenpark (veraltet) {33/45/86}; 2. Anhang, Gefolge, Mitläufer {33}; 3. Schar, Haufen {33/57}	**torquere** (PPP. **torsus**) spätl. torsus* torsare* frz. *trousser* *trousse*	drehen, winden gedreht, gewunden ein Bündel schnüren aufladen und festschnüren Bündel, Gepäckstück
–	**Trosse** l>spätl>frz	starkes Tau, Drahtseil {45/40}	dto. frz. *drosse*	dto.
3680	**Trouble** (gr)>l >vulgl>frz >engl	Ärger, Unannehmlichkeit(en), Aufregung {25/26/33}	**turba**, ae f bzw. **turbare** gr. *τύρβη* vulgl. turbulare afrz. *tourbler* frz. *troubler* *trouble*	lärmende Unordnung, Verwirrung, Getümmel, Tumult in Unordnung, in Verwirrung bringen, stören, beunruhigen trüben; verwirren, beunruhigen Verwirrung, Unruhe

–	**Trubel** (gr)>l >vulgl>frz	lärmendes Treiben, wirres Durcheinander {25/26/33}	dto.	dto.
3681	**Trüffel** l>vulgl>it/ aprov>frz	zu den Schlauchpilzen gehörender wohlschmeckender Erdschwamm {04}	**tuber**, eris n vulgl. tufera frz. *truffe* (Nf. *truffle)*	Buckel, Höcker; Trüffel, Morchel
3682	**Trumpf** l>frz	höchste Farbe beim Kartenspiel {33/56}	**triumphus** frz. *triomphe*	s. oben 3674
–	auftrumpfen, übertrumpfen			
3684	**tschüs(s)** (l;l)>frz >(span)	auf Wiedersehen!, bis dann! (ugs.) {32/33}	**ad** + **deus**, ei m frz. *adieu* span. *adiós*	zu, hin, nach Gott zu Gott, Gott befohlen
3685	**Tuba**	1. tiefstes Blechblasinstrument (mus. t. t.) {37}; 2. altröm. Blasinstrument, Vorläufer der Trompete {37/75}; 3. Ohrtrompete (med. t. t.); 4. Ausführungsgang der Eierstöcke, Eileiter (med. t. t.) {11/70}	**tuba**, ae f	Gußröhre; Trompete, Tuba
3686	**Tube**	röhrenförmiger, biegsamer Behälter (aus Metall für Salben, Farben o. ä.) {44/58}	**tubus**, bi m	Röhre; Scheide
3687	**Tuberkel**	(med. t. t.) 1. kleiner Höcker, Vorsprung (besonders an Knochen); 2. knötchenförmige (Tuberkulose-)Geschwulst {70}	**tuberculum**, li n	kleiner Höcker, kleine Geschwulst
–	**tuberkular** l>nlat	knotig, mit Bildung von Tuberkeln einhergehend (von Organveränderungen - med. t. t.) {70}	dto.	dto.
–	**Tuberkulin** l>nlat	aus Tuberkelbakterien gewonnener, zur Diagnosestellung von Tuberkulose verwendeter (Gift)stoff (med. t. t.) {70/73}	dto.	dto.
–	**tuberkulos** o. **tuberkulös** l>nlat	(med. t. t.) 1. die Tuberkulose betreffend, mit ihr zusammenhängend; 2. an Tuberkulose leidend, schwindsüchtig {70}	dto.	dto.
–	**Tuberkulose** l>nlat	chronische Infektionskrankheit (z. B. der Lunge - med. t. t.) {70}	dto.	dto.

3688a	**tubulär** o. **tubulös** l>nlat	schlauch-, röhrenförmig (med. t. t.) {70/58}	**tubulatus**, a, um	mit Röhren versehen, hohl
–	**Tubus**	1. linsenfassendes Rohr bei optischen Geräten (opt. t. t.); 2. Fernrohr (veraltet - opt. t. t.) {66/72/87}; 3. Rohransatz bei Glasgeräten {40/44/58}; 4. Röhre zur Einführung in die Luftröhre (z. B. zur Narkose - med. t. t.) {70}	**tubus**	s. oben 3686
3688b	**Tuff** l>it	lockeres, großporiges Gestein (aus vulkanischen Auswürfen - geol. t. t.) {62/88}	**tofus**, fi m it. *tufo*	Tuffstein, Tuff Vulkangestein
3689	**Tumor**	Geschwulst, Gewächs, Gewebewucherung (med. t. t.) {70}	**tumor**, oris m	Geschwulst; Aufgeblasenheit, Stolz
3690	**Tumult**	1. Lärm, Unruhe {23/26/33}; 2. Auflauf lärmender Menschen, Aufruhr {23/26/33/57}	**tumultus**, us m	Lärm, Unruhe, Getöse, Aufruhr
–	**Tumultuant**	Unruhestifter; Ruhestörer, Aufrührer {33/28/50}	**tumultuare** (PPA. **tumultuans**)	lärmen
–	**tumultuarisch**	lärmend, unruhig, erregt, ungestüm, aufrührerisch {26/33/55}	**tumultuarius**, a, um	in Eile zusammengerafft; ohne Vorbereitung gemacht
–	**tumultuieren**	lärmen; einen Auflauf erregen {26/33}	**tumultuare**	s. oben
–	**tumultuos** o. **tumultuös** l>frz	heftig, stürmisch, aufgeregt, wild bewegt {26/33}	**tumultuosus**, a, um	unruhig, geräuschvoll, in Aufregung
3691	**Tumulus**	Hügelgrab (ethnol. t. t.) {15/58/81}	**tumulus**, li m	Erdhaufen, -hügel, Grabmal
3692	**Tünche**	1. Kalkputz, weißer Überzug, Anstrich {40/88}; 2. Schminke; beschönigende, verhüllende Aufmachung; Schein {21/25/55}	**tunica**, ae f ahd. *tunicha*	römisches Untergewand, Kleid; Haut, Hülle (Kalk)verputz, weißer Überzug, Anstrich
–	**tünchen**	1. mit Kalk bestreichen, verputzen {40/88}; 2. be-, verkleiden (veraltet) {19/55/56}	**tunica** ahd. *tunihha* *tunicha*	s. oben Gewand, Kleid
–	**Tunika**	1. Untergewand im antiken Rom (hist. t. t.) {19/75}; 2. über dem Kleid getragener (kürzerer) Überrock; ärmelloses Übergewand {19}	**tunica**	s. oben

3693	**Tunnel** (kelt)>mlat >afrz>frz >engl	1. unter der Erde angelegter Verkehrsweg; 2. unterirdischer Gang {45/58}; 3. freier Raum zwischen den Spielern beim Rugby (sport. t. t.) {58/ 61/85}	mlat. **tunna** afrz. *tonnel* frz. *tonnelle* engl. *tunnel*	Faß Tonnengewölbe, Faß unterirdischer Gang, Stollen; Tunnel
–	**tunneln** (kelt)>mlat afrz>frz >engl	beim Fußballspiel dem Gegenspieler den Ball durch die Beine spielen (sport. t. t.) {12/ 61/85}	dto.	dto.
3694	**Turbine** l>frz	Kraftmaschine zur Erzeugung drehender Bewegung durch Ausnutzung der Energie und Strömungskräfte von Gas, Wasser o. Dampf (techn. t. t.) {41/45//61/72/86}	**turbo**, binis m	Wirbel; Sturm; Kreisel
>>>	Turbogenerator s. Turbolader bzw. Generator			
–	**Turbokompressor** l;l o. **Turbolader** l;d	mit einer Turbine gekoppelter Luftverdichter in Verbrennungsmotoren (techn. t. t.) {41/45/72/86}	dto. + **comprimere** (PPP. **compressus**) bzw. **compressor**, oris m	dto. zusammendrükken, -pressen, verstopfen Mädchenschänder
–	Turbo-Prop-Flugzeug			
–	**turbulent**	1. stürmisch, ungestüm, lärmend {26/55}; 2. durch das Auftreten von Wirbeln gekennzeichnet, ungeordnet (phys., astron., meteor. t. t.) {72/65/66}	**turbulentus**, a, um	unruhig, bewegt, stürmisch
–	**Turbulenz**	1. Wirbelbildung bei Strömungen in Gasen und Flüssigkeiten (phys. t. t.), in der Luft (meteor. t. t.) {72/65}; 2. Unruhe, wildes Durcheinander, aufgeregte Bewegtheit; ungestümes Wesen {26/33}	**turbulentia**, ae f	Unruhe, Verwirrung
3695	**Turm** l>afrz>(frz)	1. in die Höhe errichtetes Bauwerk {58/88}; 2. Schachfigur {85}	**turris**, is f (Akk. turrim) afrz. *torn** frz. *tournelle* (dimin.)	Turm Turm Türmchen
–	**türmen** l>afrz>(frz)	turmähnlich aufbauen, mit einem Turm versehen {58/88}	dto.	dto.
–	auftürmen			

3696	**Turn** (gr)>l>engl	1. Kehre, hochgezogene Kurve im Kunstfliegen (sport. t. t.) {45/61/85}; 2. Rauschzustand (infolge Drogenkonsums - Jargon) {17/26/33/82}	**tornus,** ni m gr. *τόρνος* engl. (to) turn	Dreheisen, Meißel
–	**turnen** (gr)>l >(engl)	1. Drogen zu sich nehmen (Jargon) {33/17/82}; 2. eine berauschende Wirkung haben (ugs.) {26}; 3. eine bestimmte sportliche Übung vollführen {12/85}	dto.	dto.
–	**Turnier** (gr)>l>frz	1. ritterliches Kampfspiel im Mittelalter (hist. t. t.) {33/75/86}; 2. ein von mehreren Einzelsportlern oder Mannschaften bestrittener Wettbewerb (sport. t. t.) {85}	dto. afrz. *torn* *torn(e)ier* o. *tourn(o)ier*	dto. Dreheisen; Drehung, Wendung Drehungen machen, die Pferde im Kreis laufen lassen; am Kampfspiel teilnehmen
–	**Turnus** (gr)>l>mlat	regelmäßiger Wechsel, Wiederkehr, Reihenfolge; Umlauf {56/59/61}	**tornus** mlat. turnus	dto. Wechsel, Reihenfolge
3697	**Turteltaube** l;d	1. Vogelart {07}; 2. flirtendes Mädchen {26/18}	**turtur,** uris m	Turteltaube; Stachelrochen
–	turteln			
3698a	**Tuskulum**	1. ruhiger, behaglicher Landsitz {43/33/44}; 2. Lieblingsaufenthalt {26/58}	**Tusculum,** li n	alte Stadt in Latium, in der Cicero seinen Landsitz hatte
3698b	**Tussis**	Husten (med. t. t.) {70}	**tussis,** is f	Husten
3699	**Tutel**	Vormundschaft (jur. t. t.) {33/82}	**tutela,** ae f	Fürsorge, Obhut, Schutz; Vormundschaft
3700	**Tutor**	1. Leiter eines Tutoriums; 2. Lehrer und Ratgeber von Studenten {31/40}; 3. Vormund, Erzieher (im röm. Recht - jur. t. t.) {33/75/82}	**tutor,** oris m	Beschützer, Vormund; Kurator
–	**Tutorium**	ein Seminar begleitender Übungskurs an einer Universität {31}	**tutorius,** a, um	vormundschaftlich
3701	**tutti** l>it	alle (Instrumenten- und Gesangs)stimmen zusammen (mus. t. t.) {37/57}	**totus,** a, um	ganz, völlig, alle, zugleich
–	**Tutti** l>it	alle Stimmen, volles Orchester (mus. t. t.) {37/57}	dto.	dto.
–	**Tuttifrutti** l>it;l>it	1. Vielfruchtspeise; Süßspeise aus verschiedenen Früchten {57/17}; 2. Allerlei, Durcheinander (veraltet) {57/56}	dto. + **fructus,** us m	dto. Frucht; Genuß, Ertrag

U

3702	**ubiquitär** l>nlat	überall verbreitet (z. B. von Pestiziden - biol., chem. t. t.) {68/69/73/58}	**ubique**	wo auch immer, überall
–	**Ubiquität** l>nlat	1. Allgegenwart (Gottes o. Christi - rel. t. t.) {51}; 2. in der Wirtschaft überall in jeder Menge erhältliches Gut {42/80}; 3. das Nichtgebundensein an einen Standort (bes. biol. t. t.) {68/69/58}	dto.	dto.
3703	**Uhr** (gr)>l>afrz >frz	1. Stundenmesser, Zeitanzeiger {59/44}; 2. (veraltet bzw. in Redewendungen): Stunde {59}	**hora**, ae f gr. *ὥρα* afrz. *(h)ore, eure* frz. *heure*	(Jahres)zeit, Stunde Jahres-, Tageszeit
3704	**Ulkus** (gr)>l	Geschwür (med. t. t.) {70}	**ulcus**, ceris n gr. *ἕλκος*	Geschwür, Auswuchs
3705	**Ulme**	Laubbaumart {04}	**ulmus**, mi f	Ulme
3706	**ultimativ** l>nlat	in Form eines Ultimatums; nachdrücklich {28/59}	**ultimus**, a, um	der (die, das) letzte, äußerste, entfernteste
–	**Ultimatum** l>kirchenl >mlat	letzte, äußerste Aufforderung {28/59}	dto. kirchenl. **ultimare** mlat. ultimatum	dto. zu Ende gehen
–	**ultimo**	am Letzten (des Monats) {59}	**ultimus**	s. oben
–	**Ultimo**	Letzter (des Monats) {59}	dto.	dto.
3707	**Ultra**	politischer Extremist {25/33/50}	**ultra**	jenseits, darüber hinaus
3708	**Ultrakurzwelle** l;d;d	(kurz UKW o. FM) Rundfunkübertragungsbereich von ca. 46-136 Mhz, auf dem frequenzmoduliert gesendet wird (techn. t. t.) {46/72/87}	**ultra**	s. oben 3707
3709	**ultramarin** (l;l)>nlat	kornblumenblau {36/55}	**ultra** + **marinus**, a, um	s. oben 3707 zum Meer gehörig, See...
–	**Ultramarin** (l;l)>nlat	ursprünglich aus Lapislazuli gewonnene, leuchtendblaue Mineralfarbe {36/55}	dto.	dto.

3710	**ultra-montan** (l;l)>nlat	(jenseits der Alpen): streng päpstlich gesinnt {51}	**ultra** + **montanus**, a, um	s. oben 3707 auf den Bergen befindlich, Berg...
–	**Ultra-montaner** (l;l)>nlat	strenger Katholik {51}	dto.	dto.
–	**Ultramon-tanismus** (l;l)>nlat	streng päpstliche Gesinnung (besonders im ausgehenden 19. Jh.) {51}	dto.	dto.
3711	**ultra-mundan**	über die Welt hinausgehend, jenseitig (philos. t. t.) {77}	**ultramundanus**, a, um	jenseits der Welt, überweltlich
3712	**Ultraschall** l;d	Schall mit einer Frequenz über 20 Kilohertz (phys. t. t.) {72}	**ultra**	s. oben 3707
3713	**Ultraviolett** l;l>frz	(Abk. UV) unsichtbare Strahlung mit kurzer Wellenlänge und starker chemischer bzw. biologischer Wirkung (phys. t. t.) {54/72}	**ultra** + **viola**, ae f afrz. *viole* frz. *violette* *violet*	s. oben 3707 Veilchen; Violett Veilchen
–	ultraviolett			
3714	**Ulzeration**	Geschwürbildung (med. t. t.) {70}	**ulceratio**, onis f	Geschwür(bildung)
–	**ulzerieren**	geschwürig werden (med. t. t.) {70}	**ulcerare**	wund machen
–	**ulzerös**	geschwürig (med. t. t.) {70}	**ulcerosus**, a, um	voller Geschwüre, Beulen; höckrig
3715a	**Umbra**	1. dunkler Kern eines Sonnenflecks (astron. t. t.) {66}; 2. Erdbraun, braune Malerfarbe {36/40/55}	**umbra**, ae f	Schatten, Muße
3715b	**ummodeln** d;l>vulgl	verändern; anpassen an etw. {40/56/61}	**modulus**, li m vulgl. modellus*	Maß(stab) vgl. oben 2257
3716a	**Umpire** (l;l)>frz >engl	Schiedsrichter bei Boxkämpfen, beim Tennis (sport. t. t.) {33/85}	**non** + **par** afrz. *nompair*	nicht gleich(kommend), gleichstark nicht gleich
3716b	**umzingeln** l;d	einkreisen, belagern {58/61/86}	**cingulum**, li n bzw. **cingere**	Gürtel, Degengurt umgürten, einkreisen, umringen, umschließen
3717	**Unanimität** l>frz	Einhelligkeit, Einmütigkeit {28/25/33}	**unanimitas**, atis f	Einmütigkeit, Eintracht
3718	**undulieren** l>nlat	wellenartig verlaufen, hin und her wogen (med., biol. t. t.) {56/68/69/70}	**undare**	wallen, Wellen schlagen, wogen

3719	**uni** l>frz	einfarbig, nicht gemustert {55}	**unire** frz. *unir* *uni*	vereinigen verbinden, vereinigen, glätten, vereinfachen einfach, eben; einfarbig
–	**Uni** l>frz	1. einheitliche Farbe {55}; 2. kurz für: Universität {31}	dto. (bzw. **universitas**, atis f	dto. Gesamtheit; gesellschaftlicher Verband vgl. unten 3727)
–	**unieren** l>frz	vereinigen (besonders in bezug auf Religionsgemeinschaften) {33/51}	dto.	dto.
–	**Unifikation** o. **Unifizierung** (l;l)>mlat	Konsolidierung, Vereinheitlichung, Vereinigung (z. B. von Staatsschulden, Anleihen) {56/42/80}	dto. + **facere**	dto. tun, machen, handeln
–	unifizieren			
3720	**uniform** l>frz	gleich-, einförmig; gleichmäßig, einheitlich {55/56}	**uniformis**, e frz. *uniforme*	einförmig, einfach
–	**Uniform** l>frz	einheitliche Dienstkleidung (bes. bei Militär, Post etc.) {19/40/49/86}	dto.	dto.
–	**uniformieren** l>frz	1. einheitlich einkleiden; in Uniformen stecken {19/40/86}; 2. gleichförmig machen {56}	dto.	dto.
–	**Uniformismus** l>frz>nlat	Streben nach gleichförmiger, einheitlicher Gestaltung {28/56}	dto.	dto.
–	**Uniformist** l>frz>nlat	jmd., der alles gleichförmig gestalten will {28/56}	dto.	dto.
–	**Uniformität** l>frz	Ein-, Gleichförmigkeit (z. B. im Denken) {25/56}	**uniformitas**, atis f	Einförmigkeit
3721	**unikal** l>nlat	1. nur einmal vorhanden {52/57}; 2. einzigartig {56}	**unicus**, a, um	der einzige, alleinige; vorzüglich; ungewöhnlich
–	**Unikat** l>nlat	1. einzige Ausfertigung eines Schriftstückes {57/32}; 2. = Unikum {57/36/26/33}; 3. einziges Kunstwerk seiner Art {34/36/57}	dto.	dto.
–	**Unikum**	1. nur in einem Exemplar vorhandenes graphisches Erzeugnis {57/36}; 2. origineller, auf andere oft belustigend wirkender Mensch (ugs.) {26/33/84}	dto.	dto.

3722	**unilateral** (l;l)>nlat	einseitig, nur auf der einen Seite {56/58/50}	**unus**, a, um + **lateralis**, e	ein(er/es) die Seite betreffend, an der Seite befindlich
3723	**Union**	Bund, Vereinigung, Verbindung (bes. v. Staaten, Bekenntnissen) {33/51/50}	**unio**, onis f	Einheit, Vereinigung
-	**Unionist** l>nlat >(engl)	1. Anhänger einer Union {33/50/51}; 2. Gegner der Konföderierten im nordamerikanischen Bürgerkrieg {33/75/86} (hist. t. t.); 3. zu den Konservativen übergewechselter Liberaler in England (im 19. Jh. - hist. t. t.) {50/75}	dto.	dto.
3724	**unipolar** l;gr	einpolig, den elektrischen Strom nur in einer Richtung leitend (phys. t. t.) {54/72}	**unire** + gr. πόλος	s. oben 3719 Drehhpunkt; Erdpol
3725	**unisono** l>it	1. auf demselben Ton in der Oktave spielen (mus. t. t.) {37}; 2. einstimmig, einhellig (ugs.) {28/25/33}	**unisonus**, a, um	eintönig, einförmig
-	**Unisono** l>it	Einklang (aller Stimmen o. Instrumente - mus. t. t.) {37}	dto.	dto.
3726	**Unit** l>engl	1. Lerneinheit in Unterrichtsprogrammen {31/57/78}; 2. fertige Einheit eines techn. Gerätes (techn. t. t.) {41/72/87}; 3. Gruppe, Team {33/40/57}	**unitas**, atis f	Einheit einer Sache; Gleichheit; Einigkeit
-	**Unitarier** l>nlat	Vertreter einer nachreformatorischen kirchlichen Richtung (rel. t. t.) {51}	dto.	dto.
-	**unitarisch** l>nlat	1. Einigung bezweckend o. erstrebend {33/28}; 2. die Lehre der Unitarier betreffend (rel. t. t.) {51}	dto.	dto.
-	**Unitarismus** o. **Unitarisierung**	1. Bestreben, die Befugnisse der Bundesbehörden gegenüber den Ländern zu erweitern (die Zentralgewalt zu stärken) {28/50}; 2. theologische Lehre der Unitarier (rel. t. t.) {51}; 3. Lehre von der ursächlichen Übereinstimmung verschiedener Krankheitsformen (med. t. t.) {70}	dto.	dto.
-	Unitarist, unitaristisch			
-	**Unität**	1. Einheit, Übereinstimmung {33/56}; 2. (= Brüderunität) pietistische Freikirche {51}; 3. kurz für Universität (s. darunter) {31}	dto.	dto.

3727	**universal** l>frz	allgemein, gesamt; weltweit, (die ganze Welt) umfassend {57/58/56}	**universalis**, e	zum Ganzen, zur Gesamtheit gehörig, allgemein
–	**Universale** l>(frz)	auf verschiedenes in gleichem Sinne zutreffender Begriff, Gattungsbegriff {32}	dto.	dto.
–	**Universalismus** l>nlat	1. Denkart, die den Vorrang des Allgemeinen, Ganzen gegenüber dem Besonderen, Einzelnen betont {25/77}; 2. bestimmte theologische Lehre (rel. t. t.) {51}	dto.	dto.
–	**Universalität**	1. Allgemeinheit, Gesamtheit {56/57}; 2. Allseitigkeit, allumfassende Bildung {22/25/31}	**universalitas**, atis f	Gesamtheit, das Ganze
–	**universell** l>frz	umfassend, weitgespannt {56/57}	**universalis** frz. *universel*	s. oben
–	**Universiade** l>nlat	internationale Studentenwettkämpfe in verschiedenen Disziplinen {31/33/85}	**universus**, a, um	ganz, sämtlich, insgesamt
–	**Universität**	wissenschaftliche Hochschule {31}	**universitas**, atis f	Gesamtheit, das Ganze; Kollegium, gesellschaftlicher Verband
			(sc. magistrorum et scolarium	... der Lehrenden und Lernenden)
–	**universitär** l>nlat	die Universität betreffend {31}	dto.	dto.
–	**Universum**	das zu einer Einheit zusammengefaßte Ganze; Weltall {01}	**universum**, si n	das Ganze, die ganze Welt, Weltall
3728a	**univok**	eindeutig, einnamig (philos. t. t.) {77}	**univocus**, a, um	einstimmig, eintönig; eindeutig, einnamig
3728b	**unterminieren** d;(kelt)>l >mlat>frz	1. unterirdische Gänge, Stollen anlegen {58/29}; 2. untergraben, aushöhlen (z. B. die Moral) {58/25/33}	**mina**, ae f mlat. mina	Metallader Erzader, -grube; unterirdischer Gang
			frz. *mine*	
–	unsauber s. sauber			
3729	**Unziale**	1. mittelalterl. griechische und römische Buchschrift aus gerundeten Großbuchstaben {32/75}; 2. = Initiale {32}	**uncialis**, e	ein Zwölftel betragend
-	**Unze** (l>afrz >engl)	1. veraltete Gewichtseinheit in Deutschland {56/57}; 2. englische Gewichtseinheit (28,35 g - z. B. für Edelmetalle üblich) {56}	**uncia**, ae f	zwölfter Teil eines römischen Asses, Zwölftel, Unze

3730	**urban**	1. gebildet und weltgewandt, weltmännisch {22/25/33}; 2. für die Stadt charakteristisch, in der Stadt üblich {33/81}	**urbanus**, a, um	zur Stadt gehörig, städtisch; gebildet; geistreich
–	**Urbanisation** l>nlat	1. moderne Stadtsiedlung {64/33/44}; 2. städtebauliche Erschließung {64/49}; 3. Verstädterung (oft abwertend) {64/81}; 4. Verfeinerung {25/56}	dto.	dto.
–	**urbanisieren** l>nlat	1. städtebaulich erschließen {64/49}; 2. verstädtern {64/81}; 3. verfeinern {25/56}	dto.	dto.
–	Urbanisierung			
–	**Urbanistik** l>nlat	Wissenschaft des Städtewesens (geogr., soziol. t. t.) {64/81}	dto.	dto.
–	**Urbanität**	Bildung; feine, weltmännische Art {22/25/33}	**urbanitas**, atis f	Stadtleben; feine Lebensart; Feinheit im Benehmen, Reden
3731	**urgent**	unaufschiebbar, dringend, eilig {59/26}	**urgens** (Gen. –ntis)	dringend, zwingend
–	**Urgenz** l>mlat	Dringlichkeit {59/26}	**urgentia**, iorum n (Pl.)	dringende Notwendigkeit
3732	**Urin**	von den Nieren abgesonderte, ausgeschiedene Körperflüssigkeit {11/70}	**urina**, ae f	Harn, Urin
–	**urinal**	den Urin betreffend, zum Urin gehörend {11/70}	**urinalis**, e	zum Urin gehörig, Harn treibend
–	**Urinal**	1. Uringlas, -flasche (med. t. t.) {58/70}; 2. (in Herrentoiletten) an der Wand befestigtes Becken zum Urinieren {58/44/21}	dto.	dto.
–	**urinieren** l>(nlat)	harnen {11/70}	**urina**	s. oben
–	**urinös** l>nlat	urinähnlich; harnstoffhaltig (med. t. t.) {70}	dto.	dto.
3733	**Urne**	Ton- oder Metallgefäß (z. B. zur Aufbewahrung von Totenasche) {44/58/15}	**urna**, ae f	Wasser-, Aschenkrug, Topf
3734	**urogenital** gr;l	Harn- und Geschlechtsorgane betreffend, zu ihnen gehörend (med. t. t.) {11/70}	gr. *οὐρητικός* + **genitalis**, e	zum Harn gehörig zur Zeugung gehörig, fruchtbar, befruchtend
3735	**Usance** (o. **Usanz**) l>vulgl>frz	Brauch, Gepflogenheit im Geschäftsverkehr (wirtsch. t. t.) {40/42/80}	**usus**, us m	Benutzung, Gebrauch, Anwendung, Übung
–	**Uso** l>it	Gebrauch, Handelsbrauch (wirtsch. t. t.) {40/42/80}	dto.	dto.

–	**usuell** l>frz	gebräuchlich, üblich, landläufig {25/33/80/40}	**usualis**, e frz. *usuel*	zum Gebrauch dienlich, gewöhnlich
3736	**Usurpation**	widerrechtliche Inbesitznahme, Anmaßung der öffentlichen Gewalt, gesetzwidrige Machtergreifung {43/50/82/86}	**usurpatio**, onis f	Gebrauch; widerrechtliche Aneignung; Mißbrauch
–	**Usurpator**	jmd., der widerrechtlich die (Staats)gewalt an sich reißt; Thronräuber {33/50/82/86}	**usurpator**, oris m	Anmaßer, Usurpator
–	**usurpatorisch**	die Usurpation, den Usurpator betreffend {33/43/50/82/86}	**usurpatorius**, a, um	widerrechtlich, unrechtmäßig
–	**usurpieren**	widerrechtlich die (Staats)gewalt an sich reißen {33/50/82/86}	**usurpare**	ausführen; in Anspruch nehmen; sich anmaßen, sich aneignen
3737	**Usus**	Brauch, Gewohnheit, Sitte; Gebrauch {25/33/40}	**usus**	s. oben 3735
3738	**Utensil**	(notwendiges) Gerät, Gebrauchsgegenstand; Hilfsmittel; Zubehör {44/40}	**utensilia**, ium n (Pl.)	brauchbare Dinge, Gebrauchsgegenstände
3739	**uterin**	zur Gebärmutter gehörend, auf sie bezogen (med. t. t.) {11/70}	**uterinus**, a, um	leiblich, von einer Mutter
–	**Uterus**	Gebärmutter (med. t. t.) {11/70}	**uterus**, ri m	Unterleib; Gebärmutter
3740	**Utilitarismus** l>frz	philosophische Lehre, die im Nützlichen die Grundlage des sittlichen Verhaltens sieht (philos. t. t.) {77/30}	**utilitas**, atis f	Nützlichkeit, Vorteil, Interesse
–	Utilitarier, Utilitarist, utilitaristisch			
–	**Utilität**	Nützlichkeit (veraltet) {25/33}	dto.	dto.
3741	**Utraquismus** l>nlat	Bildungskonzept, nach dem gleichermaßen humanistische und naturwissenschaftliche Bildungsinhalte vermittelt werden sollen (päd. t. t.) {31/78}	**uterque**, **utraque**, **utrumque**	beide(r/s), jede(r/s) von beiden
–	**Utraquist** l>nlat	Anhänger einer reformierten religiösen Richtung, die das Abendmahl in beiderlei Gestalt zu empfangen forderten (hist., rel. t. t.) {33/51/75}	dto.	dto.

V

3742	**Vademe-kum** l;l	Taschenbuch, Leitfaden, Ratgeber (den man bei sich tragen kann) {25/32}	**vadere** (Imp. **vade**) + **mecum**	gehen, wandern, geh! mit mir
3743	**Vagabund** l>frz	Landstreicher, Herumtreiber {33/61}	**vagabundus**, a, um frz. *vagabond*	umherschweifend, unstet
–	**vagabundieren** l>frz	herumstrolchen, sich herumtreiben, zigeunern {33/61}	dto. frz. *vagabonder*	dto.
3744	**Vagant**	umherziehender, fahrender Student o. Kleriker im Mittelalter; Spielmann (hist. t. t.) {31/37/51/61/75}	**vagari** (PPA. **vagans**)	umherschweifen, -ziehen
–	**vage** l>frz	unbestimmt, ungewiß, unsicher; dunkel, verschwommen {25/55}	**vagus**, a, um frz. *vague*	umherstreifend, unstet, schwankend, planlos
3745	**Vagina**	1. aus Haut, Bindegewebe o. Muskelfasern bestehende Gleithülle o. Kanal (med. t. t.) {70/58}; 2. weibliche Scheide (med. t. t.) {11/70}; 3. Blattscheide (bot. t. t.) {68}	**vagina**, ae f	Schwertscheide, Hülle; weibliche Scheide
–	**vaginal** l>nlat	zur weiblichen Scheide gehörend, auf sie bezüglich (med. t. t.) {11/70}	dto.	dto.
–	**Vaginismus** l>nlat	Scheidenkrampf (med. t. t.) {70}	dto.	dto.
–	**Vaginitis** l>nlat	Scheidenentzündung, -katarrh (med. t. t.) {70}	dto.	dto.
3746	**Vagus**	Hauptnerv des parasympathischen Systems (med. t. t.) {11/70}	**vagus**	s. oben 3744
3747	**vakant**	frei, unbesetzt, offen; erledigt {58/59/25}	**vacare** (PPA. **vacans**)	leer -, frei -, unbesetzt -, entblößt sein
–	**Vakanz** l>mlat	1. freie Stelle {58/40}; 2. Ferien (landsch.) {59/85}	dto.	dto.
–	**Vakuole** l>nlat	mit Flüssigkeit o. Nahrung gefülltes Bläschen im Zellplasma (bes. der Einzeller - biol. t. t.) {68/69}	**vacuus**, a, um	leer, ledig, frei; unbesetzt

–	**Vakuum**	1. nahezu luftleerer Raum {58/57/72}; 2. Zustand des geringen Drucks im Vakuum (phys. t. t.) {72}; 3. unausgefüllter Raum, Lehre {58/57}	**vacuum**, ui n	leerer Raum, Leere
3748	**Vakzination** l>nlat	1. (Pocken)schutzimpfung {70}; 2. Impfung mit Kuhpockenlymphe (hist., med. t. t.) {70/75}	**vaccinus**, a, um	von Kühen, Kuh...
3749	**Valediktion** l>nlat	(veraltet) 1. das Abschiednehmen; 2. Abschiedsrede {32/33}	**valedicere**	jmdm. Lebewohl sagen, von jmdm. Abschied nehmen
–	**valedizieren**	Lebewohl sagen, Abschied nehmen; die Abschiedsrede halten {32/33}	dto.	dto.
3750	**Valenz**	1. chemische Wertigkeit (chem. t. t.) {73}; 2. Entfaltungsstärke der auf die Ausbildung der Geschlechtsorgane wirkenden Faktoren in den Chromosomen (biol. t. t.) {69/70}; 3. syntagmatische Eigenschaft lexikalischer Einheiten (in bezug auf die Wertigkeit von Verben - sprachwiss. t. t.) {76}; 4. Aufforderungscharakter, den Objekte der Wahrnehmung besitzen (psych. t. t.) {70/23}	**valentia**, ae f	Stärke, Körperkraft; Vermögen, Fähigkeit
3751	**valid(e)** l>(frz)	1. kräftig, gesund {14}; 2. rechtskräftig {82}; 3. aussagekräftig (im Hinblick auf die Leistungsbeurteilung - päd. t. t.) {78/56}	**validus**, a, um	kräftig, stark; nahrhaft, wirksam
–	**Validation** l>nlat	Gültigkeitserklärung {56/82/32}	**validare**	kräftig, stark machen
–	**validieren**	1. etw. für rechtsgültig erklären, geltend machen, bekräftigen {82}; 2. Aufgaben auf ihre Aussagekraft hin untersuchen, aussagekräftig machen (päd. t. t.) {78/56}	dto.	dto.
–	**Validität**	1. Rechtsgültigkeit {82}; 2. Gültigkeit eines wissenschaftlichen Versuchs {56/25}; 3. Übereinstimmung eines Ergebnisses mit dem tatsächlichen Sachverhalt (soziol., psych. t. t.) {70/81}	**validitas**, atis f	Stärke
3752	**Valorisation** l>vulgl >nlat	staatliche Preisbeeinflussung zugunsten der Produzenten (wirtsch. t. t.) {42/50/80}	**valere** vulgl. valor	vermögen, wirksam sein; gelten, wert sein

–	valorisieren			
–	**Valuta** l>it	(wirtsch. t. t.) 1. (Geld, Zahlungsmittel) ausländische(r) Währung {42/80}; 2. Wert, Gegenwert {42/56}; 3. Wertstellung im Kontokorrent; 4. Zinsscheine ausländischer Effekten {80}	**valere** it. *valere*	s. oben gelten, wert sein
3753	**vanille** l>span>frz	blaßgelb {55}	**vagina**, ae f span. *vaina* *vainilla* frz. *vanille*	(Schwert)scheide; Ährenhülse Scheide; Samenhülse; Schote kleine Scheide, kleine Schote
–	**Vanille** l>span>frz	mexikanische Gewürzpflanze (Orchideenart) {04/17}	dto.	dto.
–	**Vanillin** l>span>frz >nlat	Riechstoff mit Vanillearoma {73}	dto.	dto.
3754	**vaporisieren** l>nlat	1. verdampfen; 2. den Alkoholgehalt in Flüssigkeiten bestimmen (chem. t. t.) {73}	**vaporare**	dampfen, mit Dampf erfüllen; räuchern
3755	**Vaquero** l>span	Rinderhirt, Cowboy (im Südwesten der USA und in Mexiko) {39/40}	**vacca**, ae f	Kuh
3756	**Varia**	Vermischtes, Verschiedenes, Allerlei (druckw. t. t.) {32/40/56}	**varius**, a, um	mannigfaltig, bunt, verschieden
–	**variabel** l>frz	veränderlich, abwandelbar; schwankend {25/26/61}	**variabilis**, e frz. *variable*	veränderlich
–	**Variabilität** l>frz	Veränderlichkeit (bes. im Erbgut - biol. t. t.) {68/69}	dto.	dto.
–	**Variable** l>frz	1. veränderliche Größe (math. t. t.); 2. (Symbol für) ein beliebiges Element aus einer vorgegebenen Menge (log. t. t.) {71}	dto.	dto.
–	**Variante** l>frz	1. leicht veränderte Form; Abwandlung, Abart, Spielart {56/53}; 2. abweichende Lesart einer Textstelle (lit.wiss. t. t.) {76}; 3. Wechsel von Moll nach Dur (mus. t. t.) {37/61}	**variare** (PPA. **varians**) frz. *varier* *variante*	(ab)wechseln, verändern, nuancieren variieren
–	**Varianz**	1. mittlere quadratische Mittelwertabweichung (statist. t. t.) {71/80}; 1. Veränderlichkeit bei bestimmten Umformungen (math. t. t.) {71}	**variantia**, ae f	Verschiedenheit
–	**Variation** l>frz	Abwechslung; Abänderung, Abwandlung {56/61}	**variatio**, onis f	Verschiedenheit, Veränderung

–	**Varietät**	1. Ab-, Spielart; Bezeichnung für geringfügig abweichende Formen (biol. t. t.) {68/69}; 2. sprachliche Variante (sprachwiss. t. t.) {76}	**varietas**, atis f	Mannigfaltigkeit, Verschiedenheit, Abwechslung
–	**Varieté** l>frz	Theater mit bunt wechselndem Programm artistischer, tänzerischer und gesanglicher Darbietungen {35/37/85}	dto. frz. *varieté (théâtre des variétés)*	dto. Abwechslung, bunte Vielfalt
–	**variieren** l>frz	verschieden sein, abweichen; verändern, abwandeln (bes. ein musikalisches Thema) {37/56/61}	**variare** frz. *varier*	s. oben
–	**Variometer** l;gr	1. Gerät zur Bestimmung kleinster Luftdruckschwankungen (meteor. t. t.) {65/72}; 2. Gerät zur Beobachtung erdmagnetischer Schwankungen (geophys. t. t.) {63/72}; 3. Spulenanordnung zur Frequenzabstimmung in HF-Geräten (phys. t. t.) {72/87}; 4. Gerät zur Bestimmung der Steig- und Sinkgeschwindigkeit von Flugzeugen (techn. t. t.) {45/61/72}; 5. Meßgerät zur Selbstinduktion bei Wechselströmen (phys. t. t.) {72}	**varius** + gr. *μέτρον*	s. oben das Messen; Maß
3757	**Vasall** (gall)>mlat >frz	mittelalterl. Lehensmann; Gefolgsmann (hist. t. t.) {75/33}	mlat. **vas(s)alus** gall. / walis. *gwes* afrz. *vassal*	Gefolgsmann
–	vasallisch, Vasallität			
3758	**Vase** l>(vulgl) >frz	(kunstvoll gearbeitetes) Ziergefäß (für Blumen) {58/44/36}	**vas**, sis n vulgl. vasus o. vasum frz. *vase*	Gefäß, Geschirr, Gerät
3759	**Vastation**	1. Verwüstung (veraltet) {52/55}; 2. Zerstörung einer Landschaft durch Braunkohletagebau (DDR) {64/41}	**vastatio**, onis f	Verheerung, Verwüstung
3760	**Vatikan** l>mlat	1. Papstpalast in Rom {51/58/88}; 2. oberste Behörde der kath. Kirche {33/51}	**Vaticanus** (sc. mons)	der vatikanische Hügel in Rom
–	**vatikanisch** l>mlat	zum Vatikan gehörend {51}	dto.	dto.
3761	**Vatizinium**	Weissagung, Prophezeiung (veraltet) {24/32/51}	**vaticinium**, ii n	Prophezeiung, Weissagung

3762	**Vegetabilien**	pflanzliche Nahrungsmittel {17}	**vegetabilis**, e	belebend
–	**vegetabilisch**	pflanzlich; Pflanzen... {03/17}	dto.	dto.
–	**Vegetarier** l>mlat >engl	jmd., der ausschließlich pflanzliche Nahrung zu sich nimmt {17}	dto. engl. *vegetable* *vegetarian*	dto. Gemüse
–	**vegetarisch** l>mlat >engl	pflanzlich, Pflanzen... {17/03}	dto.	dto.
–	**Vegetarismus** l>mlat >engl>nlat	Ernährung ausschließlich von Pflanzenkost {17}	dto.	dto.
3763	**Vegetation**	1. Gesamtheit des Pflanzenbestandes (eines bestimmten Gebietes) {68/64}; 2. Wucherung (med. t. t.) {70}	**vegetatio**, onis f	Belebung, belebende Bewegung

>>> Vegetations... s. unter dem Rest des Wortes

–	**vegetativ** l>mlat	1. pflanzlich {03}; 2. ungeschlechtlich (biol. t. t.) {68/69}; 3. dem Willen nicht unterliegend (von Nerven - med. t. t.) {70}	**vegetare**	beleben, erregen, ermuntern
–	**vegetieren**	1. kümmerlich, kärglich (dahin)leben {15/33/43}; 2. ohne Blüte, nur in der vegetativen Phase leben (bot. t. t.) {68}	dto.	dto.
3764	**vehement**	heftig, ungestüm, stürmisch, jäh {25/26/33}	**vehemens** (Gen. –ntis)	heftig, stürmisch; wirksam
–	**Vehemenz**	Heftigkeit, Wildheit, Ungestüm, Schwung, Lebhaftigkeit, Elan {25/26/33}	**vehementia**, ae f	Heftigkeit, Hitze, Leidenschaftlichkeit
3765	**Vehikel**	1. Hilfsmittel {56/33}; 2. klappriges, altmodisches Fahrzeug (ugs.) {45/56}; 3. wirkungsloser Stoff in Arzneien (pharmaz. t. t.) {70}	**vehiculum**, li n	Transportmittel, Fahrzeug, Schiff
3766	**Veilchen**	1. Blumenart {04}; 2. blaugeschlagene Augenpartie eines Gesichtes (ugs.) {14/70}	**viola**, ae f frühmhd. *viol(e)* nhd. *Vei(e)l*	Veilchen
3767	**Veitstanz** mlat	Krankheit, die sich Muskel- und Gliederzuckungen äußert (med. t. t.) {70}	mlat. (chorea) **Sancti Viti**	Tanz des heiligen Vitus
3768	**Vektor**	phys. o. math. Größe, die durch Angriffspunkt, Richtung und Betrag festgelegt ist (phys., math. t. t.) {71/72}	**vector**, oris m	Träger, Fahrer; Passagier

–	**vektoriell** l>nlat	durch Vektoren berechnet, auf Vektorrechnung bezogen, mit Vektoren erfolgt (math. t. t.) {71}	**vectorius**, a, um	zum Transport dienlich
3769	**Velo**	Fahrrad (schweiz.) {45}	**velox** (Gen. –ocis)	schnell, rasch vgl. unten 3771
–	**Velodrom** (l>frz;gr) >frz	(geschlossene) Radrennbahn {45/58/85}	dto. + gr. *δρόμος*	dto. Lauf
3770	**Velour-(leder)** l>aprov >frz(;d)	samtartiges Leder, das auf der Fleischseite behandelt worden ist {40/44/19}	**villosus**, a, um bzw. **villus**, li m aprov. *velos* afrz. *velous* frz. *velours*	zottig, haarig, rauh zottiges Tierhaar Samt
–	**Velours** l>aprov>frz	1. frz. Bezeichnung für Samt {19/44}; 2. samtartiges Gewebe mit gerauhter, weicher Oberfläche {19/44/55}	dto.	dto.
3771	**Veloziped** (l;l)>frz	Fahrrad (veraltet) {45}	**velox** + **pes**, edis m	s. oben 3769 Fuß
–	**Velozipedist** (l;l)>frz	Radfahrer (veraltet) {45}	dto.	dto.
3772	**Velum**	1. Vorhang o. Teppich im altröm. Haus zur Türbedeckung (hist. t. t.) {75/44}; 2. Schultertuch der kath. Priestergewandung (kath. rel. t. t.) {19/51}; 3. Tuch zur Bedeckung der Abendmahlsgeräte (rel. t. t.) {51};4. Gaumensegel, weicher Gaumen (med. t. t.) {70/11}; 5. Wimpernkranz der Schnekkenlarve (biol. t. t.); 6. Randsaum der Quallen (biol. t. t.) {69}; 7. Hülle junger Blätterpilze (bot. t. t.) {68}	**velum**, li n	Hülle, Tuch, Vorhang; Segel
3773	**Vendetta** l>it	(Blut)rache {33/82}	**vindicta**, ae f it. *vendetta*	Rettung; Rache
3774	**Vene**	Ader, in der das Blut zum Herzen fließt {11/70}	**vena**, ae f	Ader, Blutader; Gefäß
3775	**Venenum**	Gift (med. t. t.) {70}	**venenum**, ni n	Gift(trank), Zaubertrank
3776	**venerabel**	verehrungswürdig (veraltet) {33/56}	**venerabilis**, e	verehrungs-, ehrwürdig; ehrfurchtsvoll
–	**Veneration**	Verehrung der kath. Heiligen (veraltet - rel. t. t.) {51}	**veneratio**, onis f	Verehrung; Ehrwürdigkeit
3777	**venös**	die Venen betreffend, zu ihnen gehörend (med. t. t.) {11/70}	**venosus**, a, um	voller Adern, adrig

3778	**Ventil** l>mlat	1. Absperrvorrichtung für den Durchlaß von Gasen o. Flüssigkeiten an Leitungen {40/41/72/87}; 2. bewegliche Klappe an der Orgel (mus. t. t.); 3. mechanische Vorrichtung bei Blechblasinstrumenten (mus. t. t.) {37}	**ventilare** mlat. ventile	schwingen, hin und her bewegen; anfachen; erörtern Schleuse eines Wasserkanals
–	**Ventilation** l>frz	1. Lufterneuerung, Lüftung in geschlossenen Räumen {14/44/58}; 2. Belüftung der Lungen (med. t. t.) {70}; 3. = Ventilierung (s. unten) {32/25}	**ventilatio**, onis f frz. *ventilation*	das Lüften (der Weintrauben)
–	**Ventilator** l>engl	mechanisch arbeitendes Gerät mit Flügelrad zum Absaugen und Bewegen von Luft o. Gasen {44/40/58/61/87}	**ventilator**, oris m engl. *ventilator*	Schwinger; Getreideworfler; Antreiber
–	**ventilieren** l>frz	1. lüften, die Luft erneuern {14/44/58}; 2. sorgfältig erwägen, prüfen, überlegen; eingehend erörtern {32/25}	**ventilare** frz. *ventiler*	s. oben
–	**Ventilierung** l>frz	Erörterung, eingehende Prüfung, Erwägung {32/25}	dto.	dto.
3779	**ventral**	(med. t. t.) 1. bauchwärts gelegen; 2. im Bauch, an der Bauchwand auftretend {70/11}	**ventralis**, e	zum Bauch gehörig, Bauch...
3780	**Ventriculus**	(med. t. t.) 1. Tasche, Hohlraum; 2. Magen {70/11/58}	**ventriculus**, li m	Magen; Herzkammer; kleiner Bauch
–	**Ventrikel**	Herzkammer; Hirnkammer (med. t. t.) {70/11/58}	dto.	dto.
–	**ventrikular** o. **ventrikulär** l>nlat	den Ventrikel betreffend, zu ihm gehörend (med. t. t.) {70/11/58}	dto.	dto.
–	**Ventriloquist** l;l	Bauchredner {11/32/33}	dto. + **loqui**	dto. reden, sprechen
3781	**Veranda** l>port>(frz) >engl	gedeckter, an den Seiten verglaster Anbau an einem Wohnhaus, Vorbau {44/58/88}	**vara**, ae f port. *baranda* bzw. *varanda* (frz. *véranda*) engl. *veranda*	Querholz; gabelförmige Stange Altan Geländer; Balustrade; Balkon

>>> ver... s. ggf. unter dem Rest des Wortes

3782	**Verb(um)**	Zeit-, Tätigkeitswort (sprachwiss. t. t.) {76}	**verbum**, bi n	Ausdruck; (Zeit)-wort, Verb (gramm. t. t.)

–	**verbal**	1. das Verb betreffend, als Verb (gebraucht) {76}; 2. wörtlich, mit Worten, mündlich {32}	**verbalis**, e	zum Wort, zum Verb gehörig (gramm. t. t.)
–	Verbal... s. ggf. unter dem Rest des Wortes			
–	**Verbale**	1. von einem Verb abgeleitetes Wort (sprachwiss. t. t.) {76}; 2. wörtliche Äußerung (veraltet) {32}; 3. Wortkenntnisse (veraltet) {22/32}	dto.	dto.
–	**Verbal-iniurie** l;l	Beleidigung durch (Schimpf)-worte (jur. t. t.) {32/82}	dto. + **iniuria**, ae f	dto. Unrecht; Beleidigung; Entehrung
–	**verbalisie-ren** l>nlat	1. Gedanken, Gefühle, Vorstellungen o. ä. in Worten ausdrücken {26/32}; 2. ein Wort durch Anfügen verbaler Endungen zu einem Verb umbilden (sprachwiss. t. t.) {76}	**verbalis**	s. oben
–	**verbaliter**	wörtlich {32/56}	**verbaliter** (Adv.)	wie ein Zeitwort
–	**verbatim**	wörtlich {32/56}	**verbatim** (Adv.)	wörtlich
3783	**verdam-men** d;l	1. für strafwürdig erklären, verurteilen, verwerfen {25/32/82}; 2. verfluchen, aus der göttlichen Gnade ausstoßen (rel. t. t.) {51}	**damnare**	büßen lassen; verurteilen; verwerfen
–	**Verdamm-nis** d;l	ewige Verworfenheit vor Gott, ewige Strafe {51}	dto.	dto.
3784	**Verdikt** (l;l)>mlat >engl	Urteil(sspruch der Geschworenen - jur. t. t.) {82}	**verus**, a, um + **dictum**, ti n mlat. ver(e)- o. ver(um)-dictum engl. *verdict*	wahr, wirklich, echt Äußerung, Wort, Spruch eidliche Aussage, Urteils-, Schuldspruch
3785	**Verifika-tion** (l;l)>mlat	1. das Verifizieren {25/32}; 2. Beglaubigung, Unterzeichnung eines diplomatischen Protokolls {32/50}	**verus** + **facere** mlat. verificatio	s. oben 3784 tun, machen, handeln
–	**verifizier-bar** (l;l)>mlat;d	nachprüfbar {25}	dto.	dto.
–	Verifizierbarkeit			
–	**verifizieren** (l;l)>mlat	1. durch Überprüfen die Richtigkeit von etw. bestätigen; 2. beglaubigen {25/32}	dto. mlat. verificare	dto. prüfen

3786	**veritabel** l>frz	wahrhaft, echt; aufrichtig {56/25}	**veritas**, atis f frz. *véritable*	Wirklichkeit; Ehrlichkeit; Wahrheit,
3787	**vermaledeien** d;l>frz	verfluchen, verwünschen {32/27/51}	**maledicere** afrz. *maldire*	lästern, schmähen verfluchen
3788	**Vermifugum** l;l	Arzneimittel zum Abtreiben von Eingeweidewürmern (med. t. t.) {70}	**vermis**, is m + **fugare**	Wurm vertreiben, in die Flucht schlagen
-	**Vermizid** l;l	wurmtötendes chemisches Mittel {70/73}	dto. + **caedere**	dto. fällen, töten
3789	**Vernissage** l>frz	Kunstausstellung, bei der die Werke eines lebenden Künstlers vorgestellt werden {33/36/85}	**veronix**, icis f frz. *vernis*	ein wohlriechendes Harz; Sandarak Firnis; frisch gefirnißte Bilder
3790	**verpönt** d;l	verrufen, allgemein abgelehnt, mißbilligt {32/25/33}	**poena**, ae f	Buße, Strafe; Sühnegeld
3791	**Vers**	1. Gedichtzeile {34/57}; 2. kleinster Abschnitt des Bibeltextes {51/57}	**versus**, us m	Vers; Reihe, Linie; Zeile
-	Versfuß			
3792	**versieren** l>(frz)	verkehren, sich mit etw. beschäftigen (veraltet) {33/40}	**versari**	sich aufhalten, verweilen; sich mit etw. beschäftigen
-	**versiert** l>(frz)	erfahren, bewandert, gewitzt {22/40}	dto. (frz. *versé*	dto. versiert)
3793	**versifizieren** l;l	in Verse bringen {34}	**versus** + **facere**	s. oben 3791 tun, machen, handeln
3794	**Version** l>frz	1. Lesart; 2. Fassung, Wiedergabe, Darstellung {32/56}; 3. (vom ursprünglichen Typ abweichende) Ausführung {41/45/56/72/87}	**vertere** (PPP. **versus**) frz. *version*	kehren, wenden, drehen Übersetzung; Lesart, Fassung
-	**Verso**	Rückseite eines Blattes in einer Handschrift o. einem Buch (druckw. t. t.) {32/40}	**vertere**	s. oben
3795	**versus**	gegen, im Gegensatz zu {56/33}	**versus** o. **versum** (Adv.)	gegen ... hin; nach ... zu
3796	**Vertebrat(e)**	Wirbeltier {07/69}	**vertebratus**, a, um	gelenkig, beweglich
3797	**Vertex**	1. Scheitel, Spitze eines Organs (bes. des Schädelgewölbes - med. t. t.) {70}; 2. scheinbarer Schnittpunkt der Bewegungsrichtung aller Einzelsterne (astron. t. t.) {66/61/24}	**vertex**, ticis m	Wirbel; Scheitel; Gipfel, Spitze

3798	**vertikal**	senkrecht, lotrecht {58/71}	**verticalis**, e	senkrecht, vertikal
–	**Vertikale**	Senkrechte {58/71}	dto.	dto.
>>>	Vertikal... s. ggf. unter dem Rest des Wortes			
3799	**Verve** l>vulgl >afrz>frz	Schwung, Begeisterung (bei einer Tätigkeit) {26/29/40}	**verbum** afrz. *verve* frz. *verve*	s. oben 3782 Ausdrucksweise Schwung, Begeisterung
3800	**Vesper**	1. abendliche Gebetsstunde; 2. Abendgottesdienst {51/59}; 3. Zwischenmahlzeit (süddt.) {17/59}	**vesper**, eri(s) m	Abendstern; Abend
–	**vespern**	zur Vesper (3.) essen; einen Imbiß einnehmen {17}	dto.	dto.
3801	**Vestalin**	altröm. Vestapriesterin {75/51}	**Vestalis**, is f (sc. virgo)	vestalische Jungfrau, Vestapriesterin
3802	**Vestibül** l>frz	Vorhalle (in einem Theater, Konzertsaal) {58/88}	**vestibulum**, li n	Vorhof, Vorplatz, Eingang
–	**Vestibulum**	1. Vorhalle des altröm. Hauses (hist. t. t.) {44/58/75/88}; 2. Vorhof, Eingang eines Organs (med. t. t.) {70}	dto.	dto.
>>>	Vestitur s. Investitur			
3803	**Veteran**	1. altgedienter Soldat; 2. Teilnehmer an einem früheren Krieg {86}; 3. im Dienst alt gewordener, bewährter Mann {22/40/59}	**veterani**, norum m (Pl.)	alterprobte Soldaten
3804	**veterinär** l>frz	tierärztlich {70}	**veterinarius**, a, um bzw. **veterinarius**, ii m	zum Zugvieh gehörig Tierarzt
–	**Veterinär** l>frz	Tierarzt {70/40}	dto. frz. *vétérinaire*	dto.
>>>	Veterinärmedizin s. Medizin			
3805a	**Veto** l>frz	1. offizieller, verhindernder Einspruch {28/32/50}; 2. Einspruchsrecht {82}	**vetare** (**veto**	verbieten, verhindern ich verbiete)
3805b	**Vettel**	liederliches häßliches Weib {26/33/55}	**vetula**, ae f	altes (häßliches) Weib
3806	**Vexierbild** l;d	Suchbild, das eine nicht sofort erkennbare Figur enthält {23/25}	**vexare**	schütteln; quälen, plagen
–	**vexieren**	plagen; necken, irreführen {25/28/32}	dto.	dto.

3807	**via**	1. (auf dem Wege) über {58/56}; 2. durch, über (eine bestimmte Instanz erfolgend) {33/56/82}; 3. in Richtung auf, nach (ugs.) {58}	**via,** ae f	Weg, Straße; Spalte
–	**Viadukt** (l;l)>nlat	Brücke, deren Tragwerk meist aus mehreren Bögen besteht {45/88}	dto. + **ductus,** us m	dto. Zug; durchlaufende Verbindung, Leitung vgl. oben 0836
3808	**Vibraphon** l;gr	Schlaginstrument mit klaviaturähnlich angeordneten Metallplatten (mus. t. t.) {37}	**vibrare** + gr. *φόνος*	zittern, schwingen, vibrieren Ton, Laut
–	Vibraphonist			
–	**Vibration**	Schwingung, Beben, Erschütterung {61/62}	**vibratio,** onis f	das Schwingen, Vibrieren
–	**vibrato** l>it	schwingend, leicht zitternd, bebend (z. B. im Gesang - mus. t. t.) {37/55}	**vibrare**	s. oben
–	**Vibrator** l>nlat	1. Gerät zur Erzeugung mechanischer Schwingungen {40/41}; 2. künstliche Nachbildung des erigierten Penis zur Selbstbefriedigung bei Frauen (= Godemiché) {18}	dto.	dto.
–	**vibrieren**	schwingen, beben, zittern {61}	dto.	dto.
>>>	Vicomte s. Visconte			
3809	**vide!** o. **videatur!**	siehe! (Hinweis in Texten) {32/25}	**videre** (Imp. vide	sehen, erblicken, erkennen sieh!)
–	**videlicet**	zu verstehen in dem Sinne, zu ergänzen {32/25}	**videlicet** (Adv.)	es ist offenbar; freilich, versteht sich
–	**Video** l>engl	Kurzform für Videotechnik, -recorder, -band {46/87}	**videre** (**video**	s. oben ich sehe)
–	**Videoband** l;d	Magnetband zur Aufzeichnung und Wiedergabe von bewegten Bildern {46/87}	dto.	dto.
>>>	Videokamera s. Kamera			
>>>	Videokassette s. Kassette			
–	**Videorecorder** (l;l)>engl	Speichergerät zur Aufzeichnung von TV-Sendungen o. Bildern einer Videokamera (techn. t. t.) {46/87}	dto. + **recordari**	dto. sich vergegenwärtigen, an etw. zurückdenken
–	**Videotext** (l;l)>engl	gesondert gesendete, geschriebene Programminformationen im TV (techn. t. t.) {46/87}	dto. + **textus,** us m	dto. Geflecht; Verbindung; Inhalt, Text

–	**Videothek** (l;gr)>engl	Sammlung von Filmaufzeichnungen, Video-Film-Verleihgeschäft {42/57/85}	dto. + gr. *θήκη*	dto. Behälter, Kiste, Sarg
3810	**Vignette** l>frz	1. Ornament in Form einer Weinranke auf mittelalterl. Handschriften {75/36/32}; 2. Zier-, Titelbildchen, Randverzierung (in Druckschriften) {36/32}; 3. Maskenband zur Verdeckung bestimmter Stellen vor dem Kopieren (fot. t. t.) {40/58/87}; 4. privat hergestellte Spendenmarke für Wohltätigkeitszwecke {33}	**vinea**, ae f frz. *vigne* *vignette*	Weinberg, -garten, -stock Rebe, Weingarten, -stock Verzierungsbild; Waldrebe
3811	**Vikar(in)**	1. bevollmächtigter Stellvertreter in einem geistlichen Amt (kath. rel. t. t.); 2. Kandidat(in) der evangelischen Theologie (ev. rel. t. t.) {33/51}; 3. Stellvertreter eines Lehrers (schweiz.) {31/33}	**vicarius**, ii m	Stellvertreter; Statthalter
–	**Vikariat** l>mlat	Amt eines Vikars (rel. t. t.) {33/51}	dto.	dto.
3812	**Viktimologie** l;gr	Teilgebiet der Kriminologie, das sich mit der Opfer-Täter-Beziehung befaßt {82}	**victima**, ae f + gr. *λόγος*	Opfer(tier) Wort, Kunde
3813	**Viktoria**	1. geflügelte Siegesgöttin {51/36}; 2. Sieg (als Ausruf) {32/33/86}	**victoria**, ae f	Sieg; Siegesgöttin
3814	**Viktualien**	Lebensmittel (veraltet; süddt.) {17}	**victualia**, ium n (Pl.)	Lebensmittel
–	Viktualienmarkt			
3815	**Villa** l>it	Landhaus; vornehmes Einfamilienhaus, Einzelwohnhaus {44/58/88}	**villa**, ae f	Landhaus, Landgut
3816	**Vinaigrette** l>frz;l>frz	1. aus Essig, Öl, Senf und verschiedenen Gewürzen bereitete Soße; 2. Fleischgericht in dieser Soße {17}	**vinum**, ni n frz. *vin* + **acidus**, a, um frz. *aigre* *vinaigre*	Wein sauer, scharf; bitter Essig, Säure
3817	**vindizieren**	die Herausgabe einer Sache vom Eigentümer gegenüber dem Besitzer einer Sache verlangen (jur. t. t.) {43/82}	**vindicare**	beanspruchen; befreien; bestrafen
3818	**Vinyl**	bestimmter Kunststoff; ungesättigter Kohlenwasserstoffrest (chem. t. t.) {73}	**vinum**	s. oben 3816
3819	**Viola**	Veilchen (bot. t. t.) {68}	**viola**, ae f	(blaues) Veilchen; Violett

3820a	**Violation**	Verletzung, Schändung (veraltet - jur. t. t.) {33/82}	**violatio**, onis f	Verletzung, Entehrung, Schändung
3820b	**Violazeen** l>nlat	Veilchengewächs (bot. t. t.) {68}	**viola**	s. oben 3819
3820c	**violent**	heftig; gewaltsam (veraltet) {26/28/82}	**violens** (Gen. –ntis)	gewaltsam, ungestüm
–	**Violenz**	Heftigkeit; Gewalttätigkeit (veraltet) {26/28/29/82}	**violentia**, ae f	Gewalttätigkeit, Heftigkeit
3821	**violett** l>frz	dunkelblau mit einem Stich ins Rote; veilchenfarbig {55}	**viola** frz. *viole* *violet*	s. oben 3819
3822	**Viper**	zu den Ottern gehörende Giftschlange {07}	**vipera**, ae f	Viper; Giftschlange
3823	**viral**	durch einen Krankheitsvirus verursacht (med. t. t.) {70}	**virus**, ri m	Schleim; Saft; Gift
3824	**Virginität**	1. Jungfräulichkeit {70/11/18}; 2. Unberührtheit {18/25}	**virginitas**, atis f	Jungfräulichkeit, Jungfrauenschaft
3825	**viril**	(med. t. t.) 1. den Mann, das männliche Geschlecht betreffend; 2. charakteristische männliche Züge aufweisend, vermännlicht (von Frauen) {70/18}	**virilis**, e	zum Mann gehörig, männlich
–	**Virilismus** l>nlat	(med. t. t.) 1. Vermännlichung der Frau {70/18}; 2. vorzeitige Geschlechtsreife bei Jungen {70/18/59}	dto.	dto.
–	**Virilität**	männliche Zeugungskraft, Mannbarkeit (med. t. t.) {70/18}	**virilitas**, atis f	Männlichkeit, Mannbarkeit, Zeugungskraft
3826	**Virologie** l;gr	Wissenschaft und Lehre von den Viren (med. t. t.) {40/70}	**virus** + gr. *λόγος*	s. oben 3823 Wort, Kunde
–	Virologe, virologisch			
–	**virös**	virusbedingt (med. t. t.) {60/70}	**virosus**, a, um	stark stinkend; giftig
3827	**Virtualität** l>mlat	innewohnende Kraft o. Möglichkeit {22/25/84}	**virtus**, us m	Mannhaftigkeit; Tüchtigkeit, Tugend
–	**virtuell** l>mlat>frz	1. der Kraft o. Möglichkeit nach vorhanden {22/25/52}; 2. anlagemäßig (psych. t. t.) {70}	dto.	dto.
–	**virtuos** l>it	meisterhaft, technisch vollendet {22/37/40/56}	dto. it. *virtù* *virtuoso*	dto. Tugendhaftigkeit, Tüchtigkeit tugendhaft, tüchtig, gut
–	**Virtuose** l>it	Künstler (Musiker), der seine Kunst mit vollendeter Meisterschaft beherrscht (mus. t. t.) {22/37/40/56}	dto.	dto.

–	**Virtuosität** l>it>nlat	1. vollendete Beherrschung der Technik in der Musik {22/37/40}; 2. meisterhaftes Können {22/40/56}	dto.	dto.
–	**Virtus**	männliche Tüchtigkeit, Tapferkeit; Tugend {22/25/30}	**virtus**	s. oben
3828	**virulent**	1. krankheitserregend, ansteckend, giftig (med. t. t.) {70}; 2. drängend, heftig {26/28/59}	**virulentus**, a, um	voller Gift, giftig
–	**Virulenz**	1. Ansteckungsfähigkeit; Giftigkeit; aktive Wirkung von Krankheitserregern (med. t. t.) {70}; 2. Dringlichkeit, (heftiges) Drängen {26/28/59}	**virulentia**, ae f	Gestank
3829	**Virus**	kleinstes (krankheitserregendes, vermehrungsfähiges) Partikel (med. t. t.) {70}	**virus**	s. oben 3823
3830	**Visage** l>frz	1. Gesicht (ugs., abwertend) {11}; 2. Miene, Gesichtsausdruck (salopp) {11/26}	**visus**, us m afrz. *vis* frz. *visage*	Anblick, Erscheinung; Gesicht Gesicht Gesicht, Antlitz
–	**Visagist(in)** l>frz	Spezialist(in) für die vorteilhafte Gestaltung des Gesichts durch dekorative Kosmetik {21}	dto.	dto.
–	**vis-à-vis** l>frz;l>frz	gegenüber {58}	**visus** frz. *vis* + **ad** frz. *à*	s. oben s. oben 0001
–	**Visavis** l>frz	(der) Gegenüber {58}	dto.	dto.
3831	**Visconte** (l;l)>mlat >frz>it	italienischer Adelstitel zwischen Graf und Baron (frz. Vicomte, engl. Viscount) {33}	**vice(m)** + **comes**, mitis m	anstatt, für, an Stelle, wie Begleiter, Gefährte
–	**Viscontessa** (l;l)>mlat >frz>it	weibliche Entsprechung zu Visconte (frz. Vicomtesse, engl. Viscountesse) {33}	dto.	dto.
3832	**visibel**	sichtbar, offenbar, augenscheinlich (veraltet) {23/25}	**visibilis**, e	sichtbar
3833	**Visier** l>frz (l>vulgl >frz)	1. beweglicher, das Gesicht deckender Teil des (mittelalterl.) Helms {19/75/86}; 2. visierähnlicher Teil des Motorrad- o. Rennfahrerschutzhelms {19/45}; 3. Zielvorrichtung bei Handfeuerwaffen {23/86}	1., 2.: **visus** afrz. *vis* frz. *visière* 3.: **videre** vulgl. visare* frz. *viser* *visière*	s. oben 3830 Gesicht Helmgitter s. oben 3809 aufmerksam hinblicken, ins Auge fassen, auf etw. zielen Visier als Zielvorrichtung

–	**visieren** (o. **anvisieren**) (d;)l>vulgl >frz	aufs Korn nehmen, zielen {23/86}	**videre** frz. *viser*	s. oben (3.)
3834	**Vision**	1. inneres Gesicht; Erscheinung vor dem geistigen Auge; 2. optische Halluzination, Trugbild {24}; 3. in bezug auf die Zukunft entworfenes Bild {25/59}	**visio**, onis f	Anblick; Erscheinung, geistige Vorstellung
–	**visionär** l>nlat/frz	traumhaft; seherisch; in der Art einer Vision {24/25}	dto. frz. *visionnaire*	dto.
–	**Visionär** l>nlat/frz	1. jmd., der Zukunftsvisionen hat; seherisch begabter Mensch {24/25}; 2. Schwärmer, Geisterseher (veraltet) {24/51}	dto.	dto.
3835	**Visitation** l>(frz)	1. Durchsuchung (z. B. des Gepäcks beim Zoll) {29/33/42/45/50}; 2. Besuchs(dienst) eines Geistlichen in den ihm unterstellten Gemeinden {33/51}; 3. Besuch des Schulrats (veraltend) {31/40}	**visitatio**, onis f	Besichtigung, Besuch; Heimsuchung, Strafe
–	**Visite** l>frz	1. Krankenbesuch des Arztes (im Krankenhaus) {70}; 2. Besuch (veraltet, noch scherzhaft) {33}	**visitare** frz. *visiter* *visite*	oft sehen, besichtigen, besuchen besuchen, besichtigen; durchsuchen
–	**Visitenkarte** l>frz;(gr)>l >frz	1. Besucherkarte; 2. Karte mit Namen und Adresse, die man jmdm. (bei einem Besuch) aushändigt {32/33}; 3. (hinterlassene) Spur (ugs., spöttisch) {25/32/82}	dto. + **charta**, ae f gr. *χάρτη* frz. *charte*	dto. Blatt (Papyrus), Schrift Blatt (Papyrus)
–	**visitieren** l>(frz)	1. etw. durchsuchen {23/25/29}; 2. eine Visitation (2., 3.) vornehmen {31/33/40/51}	**visitare**	s. oben
3836	**viskos** o. **viskös**	zähflüssig, leimartig {54}	**viscosus**, a, um	klebrig, zäh
–	**Viskose** l>nlat	Zelluloseverbindung, Ausgangsstoff für Kunstseide (chem. t. t.) {73}	dto.	dto.
–	**Viskosimeter** l>nlat;gr	Gerät zur Bestimmung des Grades der Zähflüssigkeit (techn., phys. t. t.) {72}	dto. + gr. *μέτρον*	dto. Maß; das Messen
–	**Viskosität** l>nlat	Zähflüssigkeit (phys. t. t.) {54/72}	**viscosus**	s. oben

3837	**visualisieren** l>engl	1. etw. optisch herausstellen {32/23}; 2. einen Text durch Abbildungen veranschaulichen {32/25}; 3. einen Bildhintergrund dazustellen {58/23}; 4. Ideen in ein Bild umsetzen {23/25/36}	**visualis**, e	zum Sehen gehörig
–	**visuell** l>frz	das Sehen betreffend {23}	dto.	dto.
–	**Visum** l>(frz)	1. Ein- o. Ausreiseerlaubnis (für ein fremdes Land) {50/45}; 2. Sichtvermerk im Paß {50/32}	**videre** (PPP. **visus**) frz. *visa*	sehen vgl. oben 3809 amtlicher Vermerk, Siegel, Beglaubigung
3838	**Vita**	1. Leben(slauf), Biographie {15/32/59}; 2. Lebensfunktion, Lebenskraft (med. t. t.) {70}	**vita**, ae f	Leben, Lebensweise, Biographie, Lebenslauf
–	**vital** l>frz	1. das Leben betreffend, lebenswichtig {15/70}; 2. lebenskräftig; munter, unternehmungsfreudig {25/26/84}	**vitalis**, e frz. *vital*	zum Leben gehörig; das Leben erhaltend
–	**vitalisieren** l>nlat	beleben {25/26}	dto.	dto.
–	**Vitalität** l>frz	Lebenskraft, Lebensfülle; Lebendigkeit {25/26/84}	**vitalitas**, atis f frz. *vitalité*	Leben, Lebenskraft
–	**Vitamin** (l;engl) >nlat	lebenswichtiger, die biologischen Vorgänge regelnder Wirkstoff {70/17}	**vita** + engl. *amine*	s. oben organische Stickstoffverbindungen
–	**vitamini(si)eren** (l;engl) >nlat	Lebensmittel mit Vitaminen anreichern {17/70}	dto.	dto.
3839	**vite(ment)** l>vulgl>(it) >frz	schnell, rasch (mus. t. t.) {37}	uns.: **visere** (PPP. **visus**) o. **visitare** vulgl. vistus* it. *visto* afrz. *viste* frz. *vite*	ansehen, besuchen, besichtigen augenblicklich; schnell schnell, rasch
3840	**vitiös** l>(frz)	1. fehlerhaft, lasterhaft {25/18}; 2. bösartig {25/26/33}	**vitiosus**, a, um	fehler-, mangelhaft; lasterhaft; verkehrt
3841	**Vitrine** l>vulgl>frz	gläserner Schaukasten, Glas-, Schauschrank {58/44}	**vitrum**, ri n vulgl. vitrinus frz. *vitre* *vitrine*	Glas gläsern, aus Glas Glas-, Fensterscheibe

3842	**Vitriol** l>mlat	kristallwasserhaltiges Zink-, Eisen-, Kupfersulfat (veraltet - chem. t. t.) {73}	**vitreolus**, a, um bzw. **vitreus**, a, um	fein gläsern gläsern; kristallen; meergrün
3843	**vivace** l>it	lebhaft (mus. t. t.) {26/37}	**vivax** (Gen. –acis)	munter, lebendig, lebhaft
–	Vivace			
3844	**Vivarium**	1. kleinere Anlage zur Haltung lebender Tiere (z. B. Terrarium) {58/69}; 2. Gebäude, in dem ein Vivarium untergebracht ist {58}	**vivarium**, ii n	Tierbehältnis, Tiergarten; Fischteich; Menagerie
3845	**Vivat**	Hochruf {32/33}	**vivere** (**vivat**	leben, am Leben sein er möge leben)
–	**vivat!**	er lebe hoch! {27/32/33}	dto.	dto.
3846	**vivipar**	lebend gebärend (biol. t. t.) {69}	**viviparus**, a, um	lebendige Junge gebärend
3847	**Vivisektion** (l;l)>nlat	operativer Eingriff am lebenden Tier (zu wissenschaftlichen Zwecken - biol., med. t. t.) {69/70}	**vivus**, a, um + **sectio**, onis f	lebendig; lebend das Schneiden; Operation; Kastration
–	**vivisezieren** (l;l)>nlat	eine Vivisektion durchführen (med., biol. t. t.) {69/70}	dto. + **secare**	dto. (zer-, ab)schneiden; operieren; kastrieren
3848	**Vize**	(ugs.) 1. Stellvertreter; an Stelle von ... {33/40}; 2. jmd., der den zweiten Platz belegt {33/56/85}	**vice(m)**	anstatt, anstelle von, für, gleich wie
>>>	Vize... s. unter dem Rest des Wortes			
3849	**Vocoder** (l>engl;l >frz>engl) >engl	(kurz aus: voice coder) Gerät zur Erzeugung oder klanglichen Veränderung menschlicher Sprache (z. B. bei Gesangsaufnahmen - techn. t. t.) {37/41/87}	**vox**, ocis f engl. *voice* + **codex**, dicis m frz. / engl. *code*	Stimme; Aussprache; Äußerung; (Zauber)formel Buch; Verzeichnis; Schreibtafel Kode
3850	**Vogt** l>mlat	1. Verwalter, Schirmherr (hist. t. t.) {40/47/50/75}; 2. Vormund (veraltet) {33/82}	**advocatus**, us m mlat. vocatus	der Herbeigerufene; Rechtsbeistand, Anwalt
–	Vogtei			
3851	**Vokabel**	(Einzel)wort, besonders einer Fremdsprache (sprachwiss. t. t.) {76/32}	**vocabulum**, li n	Benennung, Bezeichnung; Substantiv

–	**Vokabular** l>mlat	1. Wörterverzeichnis; 2. Wortschatz {32/76/57}	dto. mlat. vocabularium	dto. Wörterverzeichnis, Wortschatz
3852	**vokal**	gesangsmäßig, die Singstimme betreffend (mus. t. t.) {37}	**vocalis**, e	stimm-, tonreich; erklingend, ertönend
–	**Vokal**	(silbenbildender) Selbstlaut (sprachwiss. t. t.) {76}	**vocalis** (sc. littera)	Selbstlaut
–	**vokalisch**	den Vokal betreffend, selbstlautend (sprachwiss. t. t.) {76}	dto.	dto.
–	**vokalisieren** l>nlat (l>frz)	1. einen Konsonanten wie einen Vokal sprechen (sprachwiss. t. t.) {76}; 2. beim Singen die Vokale bilden und aussprechen {37}	dto. (2.: frz. *vocaliser)*	dto.
–	**Vokalismus** l>nlat	Vokalbestand einer Sprache (sprachwiss. t. t.) {57/76}	dto.	dto.
–	**Vokalist** l>frz	Sänger im Gegensatz zum Instrumentalisten {37}	dto.	dto.
3853	**Vokation**	Berufung in ein Amt {33/40}	**vocatio**, onis f	Einladung; Vorladung; Berufung
3854	**Vokativ**	Anredekasus (sprachwiss. t. t.) {76}	**vocativus** (sc. casus)	Anrede-, Rufkasus
3855	**Volant** l>frz	1. Besatz an Kleidungs- und Wäschestücken {19}; 2. Lenkrad, Steuer beim Kfz {45}	**volare** frz. *voler* (Part.) *volant*	fliegen fliegen Flatterndes; rüschenähnlicher Besatz an Frauenkleidung; Lenkrad im Auto
–	**Voliere** l>frz	1. großer (Freiflug)-Vogelkäfig; 2. Freigehege, Raubtiergehege {58/69}	**volare** frz. *volée*	s. oben Flug
–	**volley** l>frz>engl	aus der Luft, dem Flug (heraus) geschlagen, gespielt (bei Ballspielen - sport. t. t.) {12/61/85}	dto. engl. *volley*	dto. Flugball
–	**Volley** l>frz>engl	aus der Luft geschlagener Ball, Flugball (z. B. beim Tennis - sport. t. t.) {12/61/85}	dto.	dto.
3856	**Volontär** l>frz	jmd., der sich gegen geringes Entgelt in die Berufspraxis eines Journalisten o. Kaufmanns einarbeitet {40/32}	**voluntarius**, a, um frz. *volontaire*	freiwillig freiwillig; Freiwilliger
–	**Volontariat** l>frz>nlat	Ausbildungszeit, Stelle eines Volontärs {31/40/59}	dto.	dto.
–	**volontieren** l>frz>nlat	als Anlernling, Volontär arbeiten {31/40}	dto.	dto.

3857	**Volte** l>vulgl>it >frz	1. eine Reitfigur (sport. t. t.) {61/85}; 2. Kunstgriff im Kartenspiel {25/85}; 3. Verteidigungsart im Fechtsport (sport. t. t.) {12/61/85}	**volutatus**, us m vulgl. volvita* it. *volta* frz. *volte*	das Wälzen, Herumwälzen Wölbung, Wendung Wendung, Drehung, Umlauf
-	**Voltige** l>vulgl>it >frz	Sprung des Kunstreiters auf das galoppierende Pferd {12/40/61/85}	**volvere** vulgl. volvitare* voltare* it. *volteggiare* frz. *voltiger*	wälzen, drehen, rollen, wirbeln wenden sich drehen und wenden; Schwünge, Sprünge ausführen
-	**Voltigeur** o. **Voltigierer** l>vulgl>it >frz	1. Luft-, Kunstspringer {12/40/61/85}; 2. jmd., der ein leichtes Gefecht führt (mil. t. t. - veraltet) {86}	dto. frz. *voltigeur*	dto.
-	**voltigieren** l>vulgl>it >frz	1. eine Volte (1., 3.) ausführen; 2. Luft-, Kunstsprünge, Schwingübungen auf dem Pferd ausführen {12/33/61/85}; 3. ein leichtes Gefecht führen, plänkeln (mil. t. t. - veraltet) {86}	dto. frz. *voltiger*	dto.
3858	**Volumen** l>(frz)	1. Rauminhalt eines Körpers {58/72}; 2. Stromstärke einer Fernsprech- o. Rundfunkübertragung (techn. t. t.) {46/87}; 3. Umfang, Gesamtmenge von etw. {57}; 4. Schriftrolle, Band (eines Werkes) {32/57}	**volumen**, minis n 4.: frz. *volume*	Schriftrolle, Buch; Kreis, Windung
-	**Volumenprozent** l>(frz);(l;l) >it	Hundertsatz vom Rauminhalt; Abk. Vol.-% (z. B. bei Angaben über den Alkoholgehalt von Flüssigkeiten) {17/56/57/73}	dto. + **pro** + **centum**, ti n it. *per cento*	dto. für, anstatt hundert
-	**voluminös** l>frz	umfangreich, stark, massig {53/57}	**voluminosus**, a, um	voller Krümmungen, - Kreise
3859	**voluptös** l>frz	Begierde erweckend, wollüstig {18/26}	**voluptuosus**, a, um	voll Vergnügen, ergötzlich
3860	**volvieren**	1. wälzen, rollen, wickeln {29/61}; 2. genau ansehen {23}; 3. überlegen, durchdenken {25}	**volvere**	wälzen, rollen; überdenken, überlegen
3861	**Votation** l>nlat	Abstimmung (veraltet) {50/28}	**vovere** (PPP. **votus**)	geloben, feierlich versprechen; wünschen

–	**votieren** l>nlat	sich für jmdn., etw. entscheiden, (ab)stimmen {28/50}	dto.	dto.
–	**Votiv(gabe)** l(;d)	Opfergabe, Weihgeschenk an Götter und Heilige (z. B. Bildtafeln, Plastiken) {51/36}	**votivus**, a, um	durch ein Gelübde versprochen, geweiht; erwünscht
–	**Votivmesse** l;l	Messe, die für ein besonderes Anliegen gefeiert wird (z. B. Braut-, Totenmesse - rel. t. t.) {15/51}	dto. + **missa**, ae f	dto. das Entlassen; Messe
–	**Votum** l>(mlat) >engl	1. (feierliches) Gelübde {25/28/51}; 2. Urteil, Stimme {25/32}; 3. (Volks)entscheid(ung) {28/50}; 4. Gutachten {25/40}	**votum**, ti n mlat. votum	Gelübde; Wunsch, Verlangen; Hochzeit Gelübde; Stimme, Stimmrecht
3862	**Voyeur** l>frz	jmd., der als heimlicher Zuschauer bei sexueller Betätigung anderer sexuelle Befriedigung erfährt (psych., med. t. t.) {70/18}	**videre** afrz. *véeur (veor)* frz. *voyeur*	s. oben 3809 Beobachter, Späher
–	Voyerismus, voyeristisch			
3863	**vozieren**	1. berufen {25/33}; 2. vor (Gericht) vorladen {32/28/82}	**vocare**	(be)rufen, anrufen; vorladen (vor Gericht); reizen
3864	**vulgär** l>frz	1. auf abstoßende Weise derb und gewöhnlich, ordinär (abwertend) {33/26}; 2. zu einfach und oberflächlich; nicht wissenschaftlich dargestellt {25/32/40/56}	**vulgaris**, e frz. *vulgaire*	(all)gemein, alltäglich; öffentlich; niedrig
–	**vulgarisieren** l>frz	1. in unzulässiger Weise vereinfachen; allzu oberflächlich darstellen (abwertend) {25/32/40/56}; 2. unter das Volk bringen, bekannt machen (veraltet) {32}	dto.	dto.
–	**Vulgarismus** l>frz	vulgäres (1.) Wort, vulgäre (1.) Wendung (sprachwiss. t. t.) {76}	dto.	dto.
–	**Vulgarität** l>(engl)	Gemeinheit, Niedrigkeit, Roheit, Plattheit {25/26/33}	**vulgaritas**, atis f (engl. *vulgarity)*	Gemeinheit
–	**Vulgärlatein** l>frz;l	lateinische Volks- und Umgangssprache, aus der sich die romanischen Sprachen entwickelt haben (philol. t. t.) {76}	**vulgaris** + **Latinus**, a, um	s. oben lat(e)inisch

–	**Vulgata**	1. Überarbeitung der altlateinischen Bibelübersetzung durch Hieronymus im 4. Jh. n. Chr. {32/51/75}; 2. am weitesten verbreite Textform antiker Werke {32/34}	**vulgatus**, a, um	allgemein bekannt, verbreitet; gewöhnlich
3865	**Vulkan**	(geol. t. t.) 1. Stelle der Erdoberfläche, an der Magma aus dem Erdinnern austritt; 2. (feuerspeiender) Berg mit Krater und Feuerschlot {62/64}	**Vulcanus**, ni m	(Gott des) Feuer(s); Flamme, Vulkan
–	**Vulkanisation** o. **Vulkanisierung** l>engl/nlat	Umwandlung von Kautschuk in Gummi mit Hilfe von Schwefel {40/41/73}	dto. engl. *(to) vulcanize*	dto. dem Feuer übergeben; vulkanisieren
–	**vulkanisch**	durch Vulkanismus entstanden (geol. t. t.) {62/64}	**Vulcanius**, a, um	vulkanisch; zu Vulkan gehörig
–	**Vulkaniseur** l>engl>frz	Facharbeiter in der Gummiherstellung {40/41/73}	dto. engl. *vulcanize*	dto.
–	**vulkanisieren** l>engl	1. Kautschuk in Gummi umwandeln; 2. Gummiteile durch Vulkanisation miteinander verbinden {40/41/73}	dto.	dto.
–	**Vulkanismus** l>nlat	Gesamtheit vulkanischer Vorgänge (geol. t. t.) {62/64}	**Vulcanus**	s. oben
–	Vulkanologe, Vulkanologie			
3866	**Vulva**	das äußere Geschlechtsorgan der Frau (med. t. t.) {11/70}	**vulva**, ae f o. **volva**, ae f	Gebärmutter, Hülle

W

3867	**Wall**	langgestreckte (künstlich errichtete) Erdaufschüttung; Wand, Mauer {58/50}	**vallum**, li n	Verschanzung, Wall, Schutzwehr
3868	**Wams** (gr)>spätl >mlat>afrz	enganliegende Männerjacke mit Schoß {19}	spätl. **bambax**, acis f	Baumwolle
			gr. *πάμβαξ*	Baumwolle
			mlat. wambasium	Wams
			afrz. *wambais*	Wams
			bambais o. *gambais*	gefüttertes Kleidungsstück unter der Rüstung
3869	**Wanne**	Becken, Gefäß (z. B. zum Baden) {21/44}	**vannus**, ni f	Getreide-, Futterschwinge
3870	**waten**	(besonders auf nachgebendem o. schleimigen Untergrund) die Beine anhebend gehen {61/12}	**vadare**	waten, durchwaten
3871	**Watte** mlat >niederl	locker bauschige Masse aus Seide, Baumwolle, Kunstfaser {19/21/44/70}	mlat. **wadda**	Watte
			niederl. *watten*	
–	**wattieren** mlat >niederl	mit Watte füttern {19/44/70}	dto.	dto.
3872	**Weichbild** l>asächs >(aengl);d	Ortsgebiet, innerhalb der Ortsgrenzen liegendes Gebiet {48/58}	**vicus**, ci m	Quartier, Dorf, Gehöft
			asächs. *wik*	
			aengl. *wic*	
3873	**Weiher**	kleiner See, Teich {02/64}	**vivarium**, ii n	Tierbehältnis, Fischteich
3874	**Weiler** l>mlat	kleine Ansiedlung, die keine eigene Gemeinde bildet {48/64}	**villa**, ae f	Landhaus, -gut
			mlat. villare	Gehöft
3875	**Wein**	1. Obstsorte, Trauben {05/17}; 2. Traubensaft (gegoren) {17}	**vinum**, ni n	Wein, Weinstock
–	Weinberg, Weinbrand, Weinstock			
3876	**Weste** l>it>frz	ärmellose Oberbekleidung, Jacke (meist über dem Hemd getragen) {19}	**vestis**, is f	Kleid(ung), Anzug, Gewand
			it. *veste*	Kleid, Gewand
			frz. *veste*	ärmelloses Wams

3877	**Wicke**	bunt blühende, stark duftende Blume {04}	**vicia**, ae f	Wicke
3878	**Widerpart** d;l	Gegenspieler; Gegenüber {33/58}	**pars**, rtis f	Rolle; Teil vgl. oben 0225
3879	**Winzer**	Weinbauer, -leser {39/40}	**vinitor**, oris m	Winzer
3880	**Wirsing** l>lombard	Kohlsorte {05/17}	**viridia**, ium n (Pl.)	grüne Gewächse, Gartengewächse
			lombard. *verza*	Wirsingkohl

Z

3881	**Zar(in)** l>(gr)>got >slaw	Herrschertitel bei Russen, Serben, Bulgaren (hist. t. t.) {33/47/50/75}	(Gaius Iulius) **Caesar** (gr. *Καῖσαρ*) got. *Kaisar* bulg. *car*	römischer Staatsmann und Diktator (100-44 v. Chr.) Herrscher Zar, Kaiser
–	**Zarismus** l>got>slaw >nlat	Zarentum, unumschränkte Herrschaft der Zaren (hist. t. t.) {33/50/75}	dto.	dto.
–	**zaristisch** l>got>slaw >nlat	den Zaren, den Zarismus betreffend (hist. t. t.) {33/50/75}	dto.	dto.
3882	**Zäsur**	1. Einschnitt im Vers, bei dem Wort- und Versfußende nicht zusammenfallen (metr. t. t.) {76}; 2. Unterbrechung des Verlaufs eines Musikstücks {37/59}; 3. (gedanklicher) Einschnitt {25/59}	**caesura**, ae f	das Hauen, Fällen; Abschnitt, Zäsur (metr. t. t.)
3883	**Zebra** l>vulgl >aport >aspan >frz/engl	afrikanisches Huftier mit schwarz-weiß gestreiftem Fell {06}	**equifer**, ri m vulgl. eciferus* aport. *ezebrario / cebrario* aspan. *ezebra / enzebra* frz. *zèbre* engl. *zebra*	Wildpferd Wildesel der Pyrenäenghalbinsel Zebra
–	Zebrastreifen			
3884	**zedieren**	eine Forderung an einen Dritten abtreten; jmdm. etw. übertragen (jur. t. t.) {28/82}	**cedere**	weichen; auf etw. verzichten, etw. abtreten
3885	**Zelebration**	Feier (des Meßopfers) {33/51}	**celebratio**, onis f	zahlreiche Gesellschaft; glänzende Feier; Auszeichnung

–	**zelebrieren**	1. (ein Fest) feierlich begehen {33}; 2. eine Messe lesen {32/51}; 3. etw. feierlich gestalten, betont langsam u. genußvoll ausführen {26/29/33/59}	**celebrare**	zahlreich besuchen; festlich begehen, feiern
3886	**Zelle**	1. Wohnraum eines Mönchs im Kloster {51/44}; 2. kleiner Raum im Gefängnis, in der Nervenklinik {58/82/70}; 3. kleinste geschlossene Einheit eines lebenden Organismus (biol. t. t.) {68/69}	**cella**, ae f	(Vorrats)kammer, Kabinett; Gefängnis, Bienenstock-Zelle

\>>> Zellmembran s. Membran

–	**zellular** o. **zellulär** l>nlat	zellenähnlich, -artig; aus Zellen gebildet (biol. t. t.) {68/69}	dto.	dto.
–	**Zellulitis** l>nlat	eine Entzündung des Zellgewebes (med. t. t.) {70}	dto.	dto.
–	**Zelluloid** l;gr	leicht brennbarer Kunststoff aus Zellulosenitrat (chem. t. t.) {73}	dto. + gr. *ἴδιος*	dto. ähnlich
–	**Zellulose** l>nlat	Hauptbestandteil der pflanzlichen Zellwände, Grundstoff der Papierherstellung {73/68}	**cellula**, ae f	kleine Zelle, Kämmerchen
3887	**Zement** l>frz	1. Baustoff zur Herstellung von Mörtel und Beton {40/41}; 2. die Zahnwurzeln überziehendes Knochengewebe (med. t. t.) {70}	**caementum**, ti n spätl. **cimentum** afrz. *ciment*	Bruch-, Mauerstein Zement
–	**zementieren** l>frz>nlat	1. etw. mit Zement verkitten; lockeres Material verfestigen {40/41}; 2. (einen Zustand, Standpunkt) starr, endgültig und unverrückbar festlegen {25/28}	dto.	dto.
3888	**zensieren**	1. eine Arbeit, Leistung mit einer Note bewerten {25/31/56}; 2. ein Buch, einen Film o. ä. auf unmoralische Inhalte hin kritisch überprüfen {25/18/25/30/34/35}	**censere**	begutachten, schätzen, prüfen, kontrollieren
–	**Zensor**	1. altröm. Beamter, der die Vermögenseinschätzung der Bürger durchführte (hist. t. t.) {33/43/50/75}; 2. behördlicher Beurteiler von Druckschriften {40/50/34/18/30}; 3. Kontrolleur von Postsendungen {46/40/25}	**censor**, oris m	römischer Beamter; Kritiker, strenger Richter

–	**zensorisch**	1. den Zensor (2., 3.) betreffend {s. oben}; 2. sittenrichterlich (veraltet) {25/33/18/30}	**censorius**, a, um	zum Zensor gehörig; sittenrichterlich; streng prüfend
–	**Zensur**	1. Amt des Zensors (1.) (hist. t. t.) {33/43/50/75}; 2. behördliche Prüfung und (ggf.) Verbot von Büchern, Filmen o. ä. {18/28/30/35/50}; 3. kirchliche Prüfung religiöser Literatur von kath. Verfassern; 4. Verwerfung einer theologischen Lehrmeinung (im kath. Kirchenrecht) {25/51/82}; 5. Note, Bewertung einer Leistung {25/31/56}	**censura**, ae f	Zensorenamt; Prüfung, Untersuchung, Kritik
–	**Zensus**	1. Vermögensschätzung der Bürger durch die Zensoren (hist. t. t.) {50/75/43}; 2. Verzeichnis aller bekannten Exemplare von Frühdrucken (bibliothekswiss. t. t.) {32/57/75}; 3. Abgabe, Pachtzins {42/43/80}; 4. Volkszählung {50/57/81}	**census**, us m	Abschätzung und Kontrolle der Vermögensverhältnisse römischer Bürger; Besitztum, Vermögen; Steuerkataster
3889	**Zentimeter** l;(gr)	der hundertste Teil eines Meters {56/58}	**centum**, ti n + gr. μέτρον bzw. **centimeter**, tri m	hundert das Messen; Maß hundert, sehr viele Versmaße gebrauchend
3890	**Zentner**	Maßeinheit; fünfzig Kilogramm {56}	**centenarium**, ii n	Zentner; das Hundertpfundgewicht
3891	**zentral** (gr)>l	im Zentrum -, nach allen Seiten hin günstig gelegen {58}; 2. von einer (übergeordneten) Stelle aus {33/40}; 3. sehr wichtig, sehr bedeutend, hauptsächlich, entscheidend {25/56}	**centralis**, e gr. κέντρον (bzw. **centrum**, ri n	in der Mitte befindlich Mittelpunkt eines Kreises; Stachel(stab); ruhender Zirkelschenkel Zirkelschenkel; Kreismittelpunkt; Kern)
–	**Zentrale** (gr)>l	1. Hauptort, -stelle; Mittel-, Ausgangspunkt {58/56}; 2. Fernsprechvermittlung von mehreren Anschlüssen {46/57}; 3. Verbindungsstrecke der Mittelpunkte zweier Kreise (math. t. t.) {71}	dto.	dto.

–	**Zentralisation** (gr)>l>frz	1. organisatorische Zusammenfassung zu einem einheitlichen Komplex {40/48/57}; 2. Zustand, nach dem sich etw. nach dem Zentralisieren befindet {48/52/53}	dto. frz. *centralisation*	dto.
–	**zentralisieren** (gr)>l>frz	mehrere Dinge organisatorisch zusammenfassen {40/48/56/57}	dto. frz. *centraliser*	dto.
–	Zentralisierung			
–	**Zentralismus** (gr)>l>nlat	das Bestreben, Politik u. Verwaltung eines Staates zusammenzuziehen u. von einer Stelle aus zu leiten {28/33/48/50/81}	dto.	dto.
–	**zentralistisch** (gr)>l>nlat	von einer Zentralbehörde aus bestimmt; nach Zusammenziehung strebend; {28/48/50/81}	dto.	dto.
–	**Zentralität** (gr)>l>nlat	Mittelpunkt von Orten {58}	dto.	dto.
–	**zentrieren** (gr)>l>nlat	1. etw. auf die Mitte einstellen {58}; 2. sich genau, speziell auf jmdn. (o. etw.) als Zentrum des Handelns einstellen {33}	dto.	dto.
–	**zentrifugal** (gr>l;l) >nlat	1. auf die Zentrifugalkraft bezogen; durch Zentrifugalkraft wirkend (phys. t. t.) {72}; 2. vom Zentrum zur Peripherie verlaufend (med. t. t.) {70}	dto. + **fuga**, ae f	dto. Flucht; das Fliehen
–	**Zentrifugalkraft** (gr>l;l) >nlat;d	bei der Bewegung eines Körpers auftretende nach außen gerichtete Kraft; Fliehkraft (phys. t. t.) {72}	**centralis** + **fuga**	s. oben
–	**Zentrifuge** (gr>l;l)>frz	Schleudergerät zur Trennung von Substanzen mittels der Zentrifugalkraft (techn., phys. t. t.) {40/41/72}	dto. frz. *centrifuge*	dto.
–	**zentrifugieren** (gr>l;l)>frz	mit der Zentrifuge trennen, ausschleudern, zerlegen (phys., techn. t. t.) {40/41/72}	dto.	dto.
–	**zentrisch** (gr)>l>nlat	in der Mitte, im Mittelpunkt befindlich {58}	**centrum** gr. *κέντρον*	s. oben

–	**Zentrum** (gr)>l	1. Mittelpunkt; innerster Bezirk, Brennpunkt {58}; 2. Innenstadt {58/64/81}; 3. politische Partei in Deutschland (1871-1933) {50/75}; 4. Mittelfeld des Schachbretts {58/85}; 5. Bereich, der Mittelpunkt für bestimmte Tätigkeiten ist (z. B. Einkaufs..., Presse...) {40/56/58/85}	dto.	dto.
3892	**Zenturie**	Heeresabteilung (von 60-100 Mann) im antiken Rom (hist. t. t.) {57/75/86}	**centuria**, ae f	Zenturie; Hundertschaft
–	**Zenturio**	Befehlshaber einer Zenturie (hist. t. t.) {75/86}	**centurio**, onis f	Zenturio
3893	**Zerealie**	1. Getreide, Feldfrucht {05}; 2. (Gericht aus) Getreideflocken {17}	**Cerealia**, ium n (Pl.)	das Ceresfest; Getreidefrüchte, Zerealien
3894	**zerebral** l>nlat	1. das Großhirn betreffend, von ihm ausgehend, zu ihm gehörend (med. t. t.) {70}; 2. = retroflex (mit zurückgebogener Zungenspitze gebildet - sprachwiss. t. t.) {76}; 3. intellektuell, geistig {22/25}	**cerebrum**, ri n	Gehirn, Verstand; Kopf
3895	**Zeremonie** l>mlat >(frz)	1. (traditionsgemäß begangene) feierliche Handlung, Förmlichkeit {33/47}; 2. zum Ritus gehörende äußere Zeichen, Handlungen (rel. t. t.) {51}	**caerimonia**, ae f mlat. ceremonia frz. *cérémonie*	feierlich(-religiöse) Handlung, Feierlichkeit; Ehrfurcht
–	**zeremoniell** l>frz	1. feierlich, förmlich, gemessen {33/47/51}; 2. steif, umständlich {25/33}	**caerimonialis**, e	zur Gottesverehrung gehörig; feierlich
–	**Zeremoniell** l>frz	Gesamtheit der Regeln und Verhaltensweisen des höfischen und gesellschaftlichen Verkehrs {47/33}	dto. frz. *(le) cérémonial*	dto.
3896	**zernieren** l>frz	(eine Festung) einschließen; umzingeln (mil. t. t.) {58/61/86}	**circinare** frz. *cerner*	kreisförmig machen; runden; einen Kreis schneiden einschließen, umrändern

3897	**Zertifikat** (l;l) >kirchenl >mlat>(frz)	1. (amtliche) Bescheinigung, Beglaubigung, Zeugnis, Schein {31/32/49}; 2. Anteilschein bei Investmentgesellschaften (wirtsch. t. t.) {43/80}; 3. Urkunde für hinterlegte Wertpapiere (wirtsch. t. t.) {32/43/80}	**certus**, a, um + **facere** kirchenl. **certificare** mlat. certificare certificatum (frz. *certificat)*	sicher, gewiß tun, machen, handeln vergewissern gewiß machen, beglaubigen Beglaubigung
–	Zertifikation, zertifizieren, Zertifizierung			
3898	**Zervelatwurst** l>it;d	geräucherte Dauerwurst aus 2/3 Schweinefleisch und 1/3 Rindfleisch und Speck {17}	**cerebellum**, li n it. *cervello* *cervellata*	kleines Gehirn Gehirn Hirnwurst
3899	**Zession** l>(nlat)	Übertragung eines Anspruchs von dem bisherigen Gläubiger auf einen Dritten (jur. t. t.) {82/80}	**cessio**, onis f	das Abtreten, Übergeben
3900	**Zettel** (gr)>l>mlat >it	kleines (rechteckiges) Stück Papier {32/44}	**scheda** o. **scida**, ae f gr. *σχίδη* **schedula**, ae f mlat. cedula it. *cedola* mhd. *zedel(a)*	abgerissener Papyrusstreifen; Blatt Papier Blättchen Papier
3901	**Ziegel**	aus Ton gebranntes Dachdeckplättchen {40/41/88}	**tegula**, ae f	Ziegel(dach); Dachziegel
3902	**Zikade**	kleines, grillenähnliches Insekt {08}	**cicada**, ae f	Baumgrille, Zikade
3903	**Ziliaten** l>nlat	Wimpertierchen (Einzeller - biol. t. t.) {08/69}	**cilium**, ii n	Augenlid; Wimpern
3904	**Zingulum**	Gürtelschnur, -binde kath. Ordenstrachten, der Soutane {19/51}	**cingulum**, li n	Gurt, Gürtel; Degengehänge
3905	**Zins**	1. Abgabe, Steuer {49/42}; 2. Miete, Pacht {42/43}; 3. Entgelt für die Überlassung von Kapital (wirtsch. t. t.) {80}	**census**	s. oben 3888
–	verzinsen			
3906	**Zipolle** l>mlat/ vulgl>it	Zwiebel {05/17}	**cepula**, ae f mlat. / vulgl. cepulla* it. *cipolla*	kleine Zwiebel Zwiebel
3907	**zirka**	ungefähr, etwa {56/57}	**circa** (Präp.)	ringsherum, nahe bei; ungefähr, gegen

3908	**Zirkel** gr>l/gr>l >(frz)	1. geometrisches Gerät zum Zeichnen von Kreisen (math. t. t.) {71}; 2. eng miteinander verbundene Gruppe von Personen {33}; 3. Kreis, Ring {58}; 4. Figur beim Dressurreiten {61/85}; 5. verschlungene Buchstaben als Zeichen der Zugehörigkeit zu einer studentischen Verbindung {32/33/31}; 6. Quintenzirkel (mus. t. t.) {37}	**circinus**, ni m gr. *κίρκινος* unter Einfluß von: **circulus**, li m gr. *κίρκος* frz. *cercle*	Zirkel Kreis(linie); Verein, Gruppe Kreis gesellschaftlicher Kreis
–	**zirkeln** (gr)>l	1. genau einteilen, abmessen {25/57}; 2. genau bemessend an eine bestimmte Stelle bringen (ugs.) {12/58}; 3. einen Kreis ziehen (math. t. t.) {71}	**circulare** gr. *κίρκος*	kreisförmig machen Kreis
–	**Zirkelschluß** gr>l;d	Beweis, bei dem das zu Beweisende bereits in der Voraussetzung enthalten ist {25/71/77}	**probatio circularis**	sich im Kreis drehender Beweis; Zirkelschluß
–	**Zirkeltraining** gr>l;l >vulg>frz >engl	(eigentlich Circuittraining) Konditionstrainingsmethode mit Übungen an im Kreis aufgestellten Geräten {12/61/85}	**circulus** + **trahere** / vulgl. tragere* bzw. traginare*	s. oben s. oben 3611
–	**zirkular** o. **zirkulär** (gr)>l	1. kreisförmig {58}; 2. periodisch wiederkehrend (med. t. t.) {70/59}	**circularis**, e (gr. *κίρκος*)	kreisförmig, kreisrund
–	**Zirkular** (gr)>l	Rundschreiben (veraltet) {32}	dto.	dto.
–	**Zirkulation** (gr)>l	Kreislauf, Umlauf {61}	**circu(m)latio**, onis f gr. *κίρκος*	Umlauf, Kreislauf; das Herumtragen
–	**zirkulieren** (gr)>l	in Umlauf sein, umlaufen, kreisen {61}	**circulare**	s. oben
3909	**Zirkumflex**	Dehnungszeichen für Vokale (sprachwiss. t. t.) {76}	**circumflectere** (PPP. **circumflexus**)	umbiegen; zirkumflekteren, lang betonen (gramm. t. t.)
–	**zirkumflektieren**	einen Buchstaben mit einem Zirkumflex versehen (sprachwiss. t. t.) {76}	dto.	dto.
3910	**Zirkus** (gr)>l>(frz/engl)	1. Kampfspielbahn im antiken Rom {33/58/75/85}; 2. Artistenunternehmen {33/40/85}; 3. Zelt, Gebäude mit einer Manege {58/88}; 4. etw. Abwechslungsreiches, Buntes {33/56}; 5. Durcheinander, unnötiger Trubel, Aufwand; Wirbel, Getue (ugs.) {25/26/33}	**circus**, ci m gr. *κίρκος* engl. *circus* frz. *cirque*	Kreis(linie); Rennbahn; Arena Ring, Kreis

3911	**Zirrokumulus** (l;l)>nlat	feingegliederte, fedrige Wolke in höheren Luftschichten, Schäfchenwolke (meteor. t. t.) {65}	**cirrus**, ri m + **cumulus**, li m	Fransen; Federbüschel; Haarlocke Haufen, aufgetürmte Masse; Gipfel
–	**Zirrostratus** (l;l)>nlat	aus Eiskristallen bestehende Schleierwolke in höheren Luftschichten (meteor. t. t.) {65}	**cirrus** + **stratus**, us m	s. oben das Hinbreiten; Decke, Teppich, Matratze
–	**Zirrus**	1. aus feinsten Eisteilchen bestehende Federwolke in höheren Luftschichten (meteor. t. t.) {65}; 2. rankenartiger Körperanhang vieler Wassertiere (z. B. zum Herbeistrudeln der Nahrung - biol. t. t.) {69}	**cirrus**	s. oben
3912	**zirzensisch** (gr)>l	den Zirkus betreffend, in ihm abgehalten {33/58/85}	**circensis**, e gr. *κίρκος*	zum Zirkus gehörig, zirzensisch
3913	**zisalpin(isch)**	diesseits der Alpen (von Rom aus gesehen) {58/64}	**cisalpinus**, a, um	diesseits der Alpen gelegen, -wohnend
3914	**ziselieren** l>vulgl>frz	Figuren und Ornamente aus Gold o. Silber herausarbeiten {40/36/20}	**caedere** spätl. **cisorium** vulgl. caesellus* o. cisellus* frz. *ciseau* *ciseler*	schlagen, töten; heraushauen, -schneiden Schneidewerkzeug Schneidewerkzeug Meißel ziselieren
–	**Ziseleur** l>vulgl>frz	jmd., der Ziselierarbeiten ausführt {40/36/20}	dto.	dto.
3915	**Zisterne**	unterirdischer Behälter zum Auffangen von Regenwasser {58/17}	**cisterna**, ae f	Zisterne
3916	**Zitadelle** l>it>frz	1. Festung innerhalb o. am Rande einer Stadt {58/86/88}; 2. letzter Widerstandskern in einer Festung {28/58/86}	**civitas**, atis f ait. *cittade* it. *cittadella* frz. *citadelle*	Bürgerschaft, Gemeinde; Staat Stadt Stadtfestung
3917	**Zitat**	1. wörtlich angeführte Belegstelle; 2. bekannter Ausspruch, geflügeltes Wort {32}	**citare** (PPP. **citatus**)	aufrufen; anführen, erwähnen, vorladen das Angeführte, Erwähnte
–	**zitieren**	1. eine Stelle aus einem geschriebenen Text (wörtlich) anführen {32}; 2. jmdn. vorladen, zu sich kommen lassen, um ihn für etw. zur Rechenschaft zu ziehen {82/28}	**citare**	s. oben

3918	**Zitrone** (gr)>l>it	1. immergrüner Südfruchtstrauch o. -baum {05}; 2. Frucht des Zitronenbaums {17}	**citrus**, ri f gr. *κέδρος* it. *citrone*	Zitronenbaum
–	**Zitronat** (gr)>l>it >frz	kandierte Fruchtschale einer Zitronenart {17}	dto. it. *citronata* frz. *citronnat*	dto.
>>>	Zitrusfrucht s. Frucht			
3919	**zivil** l>(frz)	1. bürgerlich, nicht-militärisch {33}; 2. anständig, annehmbar {25/33}	**civilis**, e	bürgerlich; gemeinnützig; leutselig, höflich
–	**Zivil** l>frz	bürgerliche Kleidung {19}	dto. (frz. *tenue civile)*	dto.
–	**Zivilcourage** l>frz;l >gallorom >frz	Mut, überall unerschrocken seine eigene Meinung zu vertreten {25/28/84}	dto. + **cor**, rdis n gallorom. *cor* frz. *cœur* *courage*	dto. Herz; Mut Mut, Beherztheit
–	**Zivildienst** l>frz;d	Wehrersatzdienst {33/86}	**civilis**	s. oben
–	**Zivilisation** l>frz/engl	1. Gesamtheit der durch Wissenschaft und Technik geschaffenen Lebensbedingungen {33/52/81}; 2. Bildung, Gesittung {31/33}	dto. frz. *civilisation* engl. *civilization*	dto.
–	**zivilisatorisch** l>frz>nlat	auf die Zivilisation gerichtet, sie betreffend {33/52/81}	dto.	dto.
–	**zivilisieren** l>frz	der Zivilisation zuführen; verfeinern, veredeln {33/56/81}	dto. frz. *civiliser*	dto.
–	**zivilisiert** l>frz	1. Zivilisation (1.) aufweisend {33/52/81}; 2. Kultur und Bildung habend {31/33}	dto. frz. *civilisé*	dto.
–	**Zivilist** l>nlat	Bürger (im Gegensatz zum Soldaten) {33/86}	dto.	dto.
–	**Zivilität** l>frz	Anstand, Höflichkeit {25/26/33}	**civilitas**, atis f	Bürgerstand; Höflichkeit
–	**Zivilkammer** l>frz;l	Spruchabteilung für privatrechtliche Streitigkeiten bei den Landgerichten {82}	**civilis** + **camera**, ae f	s. oben gewölbte Decke, Zimmerwölbung; Kammer
–	**Zivilprozeß** l>frz;l >mlat	Gerichtsverfahren, dem die Bestimmungen des Privatrechts zugrunde liegen (jur. t. t.) {82}	**civilis** + **processus**, us m mlat. processus	s. oben Fortschreiten; Verlauf, Fortgang Handlungsweise, Rechtsstreit

–	**Zivilsenat** l>frz;l	Spruchabteilung für privatrechtliche Streitigkeiten bei den Oberlandesgerichten und beim Bundesgerichtshof (jur. t. t.) {82}	**civilis** + **senatus**, us m	s. oben Ältestenrat; Organ ehemaliger Magistrate in Rom
3920	**Zölibat**	Ehelosigkeit aus religiösen Gründen (z. B. bei kath. Geistlichen) {51/33}	**caelibatus**, us m	Ehelosigkeit, Zölibat; das himmlische Leben
3921	**zonal** o. **zonar** (gr)>l	zu einer Zone gehörend, eine Zone betreffend {58/48}	**zonalis**, e bzw. **zonarius**, a, um gr. *ζώνη*	zu den Zonen gehörig zum Gürtel gehörig Gürtel
–	Zone			
3922	**Zuckercouleur** d;l>frz	gebrannter Zucker {17}	**color**, oris m frz. *couleur*	Farbe; Anstrich
3923	**Zwieback** (l;l)>frz/it	leicht gesüßtes, in Scheiben geschnittenes knusprig gebackenes Weißbrot {17}	Lehnübersetzung aus: **bis** + **coquere** (PPP. **coctus**) **bis coctum** frz. *biscuit* it. *biscotto*	zweimal backen, kochen zweimal Gebackenes
3924	**Zwiebel** l>(spätl)>it	stark würzende Küchenpflanze {05/17}	**cepula**, ae f spätl. **cepulla** it. *cipolla*	kleine Zwiebel Zwiebel
3925	**Zypresse** (gr)>l	immergrüner Baum des Mittelmeergebietes {04}	**cupressus**, us oder si f gr. *κυπάρισσος*	Zypresse

Anhang

Wörter griechischen Ursprungs

Abacus	abacus	ἄβαξ	
Abbe, Abate	abbas	ἄββας	(chald/aram)
Achat	achates	ἀχάτης	
achaten	dto.	dto.	
Acryl	acer	ἄκρος	
Aero	aër	ἀήρ	
Ägide	aegis	αἰγίς	
Agon	agonia	ἀγωνία	
agonal	dto.	dto.	
Agonie	dto.	dto.	
Agrar	ager	ἀγρός	
Air	aër	ἀήρ	
Akademie	Academia	Ἀκαδήμεια	
akademisch	dto.	dto.	
Akademiker	dto.	dto.	
Akazie	acacia	ἀκακία	
Akklimatisation	clima	κλῖμα	
Akkord	chorda	χορδή	
Alabaster	alabaster	ἀλάβαστρος	
alabastern	dto.	dto.	
alkäisch	Alcaïcus	Ἀλκαϊκός	
Allegorie	allegoria	ἀλληγορία	
Allegorik	dto.	dto.	
allegorisch	dto.	dto.	
allegorisieren	dto.	dto.	
Allegorismus	dto.	dto.	
Almosen	eleemosyna	ἐλεημοσύνη	
Aloe	aloe	ἀλόη	
Alphabet	alphabetum	ἀλφάβετος	
Amaryllis	amaryllis	Ἀμαρυλλίς	
Amazone	Amazones	Ἀμαζόνες	
Amen	amen	ἀμήν	(hebr)
Amethyst	amethystus	ἀμέθυστος	
Ammoniak	(sal) Ammoniacum	Ἀμμωνιακός	(ägypt)
Amnestie	amnestia	ἀμνηστία	
amnestieren	dto.	dto.	
Amöbe	amoebaeus	ἀμοιβαῖος	
Amphib(ie)	amphibium	ἀμφίβιον	
amphibisch	dto.	dto.	
Amphibium	dto.	dto.	
Amphitheater	amphitheatrum	ἀμφιθέατρον	
Amphore	amphora	ἀφορεύς	
Ampulle	dto.	dto.	
Anabolikum	anabolicus	ἀναβολικός	
Anadiplose	anadiplosis	ἀναδίπλοσις	
Anaglyphen	anaglyphus	ἀνάγλυφος	
Anakoluth	anacoluthon	ἀνακόλουθον	
Analekten	analecta	ἀναλέγειν	
analog	analogus	ἀνάλογος	

Analog-Digital-Konverter	analogia	ἀναλογία
Analogie	dto.	dto.
analogisch	dto.	dto.
Analogismus	dto.	dto.
Analysator	analyticus	ἀναλυτικός
Analyse	dto.	ἀνάλυσις
analysieren	dto.	ἀναλύειν
Analysis	dto.	ἀνάλυσις
Analytik	dto.	ἀναλυτικός
Analytiker	dto.	dto.
analytisch	dto.	dto.
Anapäst	anapaestus	ἀνάπαιστος
Anapher	anaphora	ἀναφορά
Anathem(a)	anathema	ἀνάθεμα
Anatom	anatome	ἀνατομή
Anatomie	anatomia	ἀνατομία
anatomisch	anatomicus	ἀνατομικός
Anemone	anamone	ἀνεμώνη
Angelus	angelus	ἄγγελος
Angina	angina	ἀγχόνη
Anis	anisum	ἄνισον / ἄνησ(σ)ον
Ankathete	cathetus	κάθετος
Anker	ancora	ἄγκυρα
anomal	anomalos	ἀνώμαλος
Anomalie	anomalia	ἀνωμαλία
anonym	anonymus	ἀνώνυμος
Anonymität	dto.	dto.
Anonymus	dto.	dto.
Antagonismus	antagonista	ἀνταγωνιστής
Antagonist	dto.	dto.
antagonistisch	dto.	dto.
Antarktika	antarticus	ἀνταρκτικός
Antarktis	dto.	dto.
antarktisch	dto.	dto.
Anthrazit	anthracites	ἀνθρακίτης
Antichrist	anti + Christus	ἀντί + Χριστός
antichristlich	dto.	dto.
Antinomie	antinomia	ἀντινομία
Antipathie	antipathia	ἀντιπάθεια
Antipode	antipodes o. antipodus	ἀντίπους
Antithese	antithesis	ἀντίθεσις
Antithetik	antitheticus	ἀντιθετικός
antithetisch	dto.	dto.
Äon	aeon	αἰών
Äonen	dto.	dto.
Aorist	aoristos	ἀόριστος
Apathie	apathia	ἀπάθεια
apathisch	dto.	dto.
Aphärese	aphaeresis	ἀφαίρεσις
Aphorismus	aphorismus	ἀφορισμός
Apodiktik	apodixis	ἀπόδειξις
apodiktisch	apodicticus	ἀποδεικτικός

Apokalypse	apocalypsis	ἀποκάλυψις
Apokalyptik	dto.	dto.
Apokalyptiker	dto.	dto.
apokalyptisch	dto.	dto.
Apokope	apocopa o. apocope	ἀποκοπή
apollinisch	Apollo	Ἀπόλλων
Apologet	apologia	ἀπολογία
Apologetik	dto.	dto.
Apologetiker	dto.	dto.
apologetisch	dto.	dto.
apologisieren	dto.	dto.
Aporie	aporia	ἀπορία
Aposiopese	aposiopesis	αποσιώπησις
Apostel	apostolus	ἀπόστολος
Apostolat	dto.	dto.
Apostoliker	dto.	ἀποστολικός
apostolisch	dto.	dto.
Apostroph	apostrophus	ἀπόστροφος
Apotheke	apotheca	ἀποθήκη
Apotheker	apothecarius	dto.
Apotheose	apotheosis	ἀποθέωσις
Apsis	apsis	ἅψις o. ἄψις
arabesk	Arabicus	Ἄραβες
Arabeske	dto.	dto.
Archetypus	archetypus	ἀρχέτυπος
Architekt	architectus	ἀρχιτέκτων
architektonisch	architectonicus	ἀρχιτεκτονικός
Architektonik	dto.	dto.
Architektur	architectura	dto.
Archiv	archi(v)um	ἀρχεῖον
(archivalisch)	dto.	dto.
(Archivalien)	dto.	dto.
Archont	archon	ἄρχων
(Archontat)	dto.	dto.
Areopag	Areopagus	Ἄρειος πάγος
Argusauge	Argus	Ἄργος
Ariadnefaden	Ariadne	Ἀριάδνη
Aristokrat	aristocratia	ἀριστοκρατία
Aristokratie	dto.	dto.
aristokratisch	dto.	dto.
Aristotelismus	Aristoteles	Ἀριστοτέλης
Arithmetik	arithmetica	ἀριθμητική τέχνη
Arithmetiker	dto.	dto.
arithmetisch	dto.	dto.
arkadisch	Arcadicus	Ἀρκαδικός
Arktis	arcticus	ἄρκτος
arktisch	dto.	ἀρκτικός
Aroma	aroma	ἄρωμα
aromatisch	aromaticus	ἀρωματικός
aromatisieren	aromatizare	ἀρωματίζειν
Aronstab	aron	ἄρον
Arsen	arsenicum	ἀρσενικόν
Arterie	arteria	ἀρτηρία

arteriell	dto.	dto.
Arznei	archiater	ἀρχίατρος
Arzt	dto.	dto.
Asbest	asbestos	ἄσβεστος
Asklepiadeus	Asklepiade(u)s	Ἀσκληπιάδης
Asphalt	asphaltus	ἄσφαλτος
asphaltieren	dto.	dto.
Aster	aster	ἀστήρ
Asteroid	dto.	dto.
Asthma	asthma	ἆσθμα
Asthmatiker	dto.	ἀσθματικός
asthmatisch	dto.	dto.
astral	aster	ἀστήρ
Astro...	dto.	dto.
Astrologie	astrologia	ἀστρολογία
Astronomie	astronomia	ἀστρονομία
Asyl	asylum	ἄσυλον
Asylant	dto.	dto.
Asylierung	dto.	dto.
Asyndeton	asyndeton	ἀσύνδετον
asyndetisch	dto.	dto.
Äther	aether	αἰθηρ
ätherisch	dto.	dto.
Athlet	athleta	ἀθλητής
Athletik	dto.	ἀθλητικός
Athletiker	dto.	dto.
athletisch	dto.	dto.
Ätiologie	aetiologia	αἰτιολογία
ätiologisch	dto.	dto.
Atlant	Atlas	Ἄτλας
Atlantik	Atlanticum (mare)	Ἀτλαντικόν πέλαγος
Atlantis	dto.	dto.
atlantisch	dto.	dto.
Atlas	Atlas	Ἄτλας
Atom	atomus	ἄτομος
Atrophie	atrophia	ἀτροφία
Augiasstall	Augias o. Augeas	Αὐγείας
Aula	aula	αὐλή
Auster	ostreum	ὄστρεον
authentisch	authenticus	αὐθεντικός
autochthon	autochthon	αὐτόχθων
Automat	automatus	αὐτόματος
automatisch	dto.	dto.
Automatik	dto.	dto.
Axiom	axioma	ἀξίωμα
Axiomatik	dto.	dto.
axiomatisch	dto.	dto.
Bagno	bal(i)neum	βαλανεῖον
Bakterie	bacterium	βακτήριοω
bakteriell	dto.	dto.
Ball	ballare (spätl)	βάλλειν
Ballade	dto.	dto.

balladesk	dto.	dto.	
Ballerina	dto.	dto.	
Ballett	dto.	dto.	
Balletteuse	dto.	dto.	
Ballettkorps	dto.	dto.	
Balliste	ballista	βάλλειν	
ballistisch	dto.	dto.	
Ballistik	dto.	dto.	
Balsam	balsamum	βάλσαμον	(hebr)
balsamieren	dto.	dto.	
Balsamierung	dto.	dto.	
balsamisch	dto.	dto.	
Balustrade	balaustium	βαλαύστιον	
Baptismus	baptista	βαπτισμός	
Baptist	dto.	βαπτίστης	
Baptisterium	Baptisterium	βαπτιστήριον	
Barbar	barbarus	βάρβαρος	
Barbarei	barbaria	dto.	
barbarisch	dto.	dto.	
Barbarismus	dto.	βαρβαρισμός	
Bariton	barytonos	βαρύτονος	
Bark(e)	baris	βάρις	
Barkasse	dto.	dto.	
Basalt	basanites o. basaltes	βασανίτης	
Base	basis	βάσις	
basisch	dto.	dto.	
basieren	dto.	dto.	
Basilika	basilica	βασιλική	
Basilikal	basilicus	βασιλικός	
Basilikum	dto.	dto.	
basilisk	dto.	dto.	
Basiliskenblick	dto.	dto.	
Basis	basis	βάσις	
becircen	Circe	Κίρκη	
Berber	barbarus	βάρβαρος	
Beryll(ium)	beryllus	βήρυλλος	(sanskr)
bezirzen	Circe	Κίρκη	
Bezirk	circus	κίρκος	
(Bibel)	biblos	βίβλος	
Bibliothek	bibliotheca	βιβλιοθήκη	
Bibliothekar	dto.	dto.	
Bigamie	bigamus	γάμειν	
Bischof	episcopus	ἐπίσκοπος	
Bistum	dto.	dto.	
Blamage	blasphemare (vulgl. blastemare)	βλασφήμειν	
blamabel	dto.	dto.	
blamieren	dto.	dto.	
Blasphemie	blasphemia	βλασφημία	
blasphemieren	dto.	dto.	
blasphemisch	dto.	dto.	
Boje	boja	βόεια	
Boletus	boletus	βωλίτης	
Bolid	bolis	βολίς	

Bombage	bombus	βόμβος	
Bombarde	dto.	dto.	
Bombardement	dto.	dto.	
bombardieren	dto.	dto.	
Bombe	dto.	dto.	
Bombast	bombax o. bombagium	πάμβαξ	(pers)
bombastisch	dto.	βαμβάκιον	
boreal	boreas	βορέας	
Boreal	dto.	dto.	
Boreas	dto.	dto.	
Börse	byrsa	βύρσα	
Box	buxus	πύξις	
brachial	bra(c)chium	βραχίων	
Bratsche	dto.	dto.	
brav	barbarus	βάρβαρος	
bravo	dto.	dto.	
Brezel	brac(c)chium	βραχίων	
Brille	beryllus	βήρυλλος	(sanskr)
brillieren	dto.	dto.	
brillant	dto.	dto.	
Brillant	dto.	dto.	
Brillanz	dto.	dto.	
Brillantine	dto.	dto.	
Brom	bromus	βρῶμος	
Bromid	dto.	dto.	
bromieren	dto.	dto.	
Bromit	dto.	dto.	
bronchial	bronchia	βρόγχια	
Bronchie	dto.	dto.	
Buchsbaum	buxus	πύξις	
Büchse	dto.	dto.	
Bukolik	bucolicus	βουκολικός	
Bukoliker	dto.	dto.	
bukolisch	dto.	dto.	
Bulbus	bulbus	βολβός	
(Burnus)	birrus	βίρρος	(arab)
Bursche	byrsa	βύρσα	
Burschenschaft	dto.	dto.	
burschikos	dto.	dto.	
Butike	apotheca	ἀποθήκη	
Budike	dto.	dto.	
Butter	butyrum (vulgl. butura*)	βούτυρον	
buttern	dto.	dto.	
Cactaceae	cactus o. cactos	κάκτος	
Calamus	calamus	κάλαμος	
Canasta	canaster	κάναστρον	(babyl/assyr)
Cannabis	cannabis	κάνναβις	
Cartoon	charta	χάρτης	
Cartoonist	dto.	dto.	
Cathedra	cathedra	καθέδρα	
Cembalo	cymbalum	κύμβαλον	
Cembalist	dto.	dto.	

cembalistisch	dto.	dto.	
Chairman	cathedra	καθέδρα	
Chaise	dto.	dto.	
Chamäleon	chamaeleon	χαμαιλεον	
Chaos	chaos	χάος	
Chaot	dto.	dto.	
Chaotik	dto.	dto.	
chaotisch	dto.	dto.	
Charakter	character	χαρακτήρ	
charakterisieren	dto.	dto.	
Charakteristik	dto.	dto.	
Charakteristikum	dto.	dto.	
charakteristisch	dto.	dto.	
charakterlich	dto.	dto.	
Charakterologe	dto.	dto.	
Charakterologie	dto.	dto.	
charakterologisch	dto.	dto.	
Charisma	charisma	χάρισμα	
charismatisch	dto.	dto.	
Charta	charta	χάρτης	(ägypt)
Charte	dto.	dto.	
Charter	chartula	dto.	
Charterer	dto.	dto.	
Chartermaschine	dto.	dto.	
chartern	dto.	dto.	
Chiasma	chiasmus	χιασμός	
Chiasmus	dto.	dto.	
chiastisch	dto.	dto.	
Chicorée	cichorium	κιχώριον	
Chimäre	chimaera	χίμαιρα	
Chirurg	chirurgus	χειρουργός	
Chirurgie	dto.	χειρουργία	
chirurgisch	dto.	dto.	
Cholera	cholera	χολέρα	
Choleriker	cholericus	χολερικός	
cholerisch	dto.	dto.	
Choliambus	choliambus	χωλίαμβος	
Chor	chorus	χορός	
Choral	dto. (mlat. choralis)	dto.	
Chorda	chorda	χορδή	
Choriambus	choriambus	χορίαμβος	
chorisch	chorus	χόρος	
Chorist	dto.	dto.	
Chorus	dto.	dto.	
Christ	Christus	Χριστός	
Christentum	dto.	dto.	
christianisieren	dto.	dto.	
Christianitas	Christianitas	dto.	
Christian Science	dto.	dto.	
christlich	Christianus	Χριστιανός	
Christzentrik	dto. + centrum	dto. + κέντρον	
christzentrisch	dto.	dto.	
Christus	Christus	Χριστός	

Chrom	chroma	χρῶμα	
chromatisch	chromaticus	χρωματικός	
Chronik	chronica	χρονικὰ βιβλία	
chronisch	chronicus	χρονικός	
Cidre	sicera	σίκερα	(hebr)
Circe	Circe	Κίρκη	
Cipollata	cepa	κάπια	
Clavis	clavis	κλαϝίς o. κλείς	
Comic	comicus	κωμικός	
Comic Strip	dto.	dto.	
Conus	conus	κῶνος	
Cord	chorda	χορδή	
Coup	vulgl. colpus o. colap(h)us	κόλαφος	
Cyan	cyanus	κύανος	
Cyanid	dto.	dto.	
Daktylus	dactylus	δάκτυλος	
Dämon	daemon	δαίμων	
dämonisch	daemonicus	δαιμονικός	
Dattel	dactylus	δάκτυλος	(semit)
Dauphin	delphinus	δελφίς o. δελφίν	
Dehydratation	de + hydrius	ὕδωρ	
dehydrieren	dto.	dto.	
Dekade	decas	δεκάς	
dekadisch	dto.	dto.	
Dekaeder	decem	δέκα	
Dekagramm	dto.	dto.	
Delphin	delphinus	δελφίς o. δελφίν	
Delphinarium	dto.	dto.	
Delphinologe	dto.	dto.	
depolarisieren	de + polus	πόλος	
Depolarisierung	dto.	dto.	
Depolarisator	dto.	dto.	
Desaster	dis + astrum	δυσ + ἄστρον	
dezentral	de + centrum	κέντρον	
Dezentralisation	dto.	dto.	
dezentralisieren	dto.	dto.	
Diabetes	diabetes	διαβήτης	
diabetisch	dto.	dto.	
Diabetiker	dto.	dto.	
Diabolus	diabolus	διάβολος	
diabolisch	diabolicus	διαβολικός	
Diadem	diadema	διάδημα	
diagonal	diagonalis	διά + γωνία	
Diagramm	diagramma	διάγραμμα	
Diakon	diaconus	διάκονος	
Diakonie	diaconia	διακονία	
Dialekt	dialectos	διάλεκτος	
Dialektik	dialectica (ars)	διαλεκτικός	
dialektisch	dialecticus	dto.	
Dialog	dialogus	διάλογος	
Diamant	adamas (spätl. diamas)	ἀδάμας	
diametral	diametrus	διάμετρος	

Diärese	diaeresis	διαίρεσις
Diarrhö(e)	diarrhoea	διάρροια
Diastole	diastole	διαστολή
Diät	diaeta	δίαιτα
diätisch	dto.	dto.
Diätetikum	diaeteticus	διαιτητικός
Diatribe	diatriba	διατριβή
Didaktik	didascalice	διδασκαλική
Didaktiker	dto.	dto.
didaktisch	didascalicus	διδασκαλικός
Dilemma	dilemma	δίλημμα
Diözese	dioecesis	διοίκησις
Diözesan	dto.	dto.
Diphthong	diphthongus	δίφθογγος
Diplom	diploma	δίπλωμα
Diplomand	dto.	dto.
Diplomat	dto.	dto.
Diplomatie	dto.	dto.
Diplomatik	dto.	dto.
diplomatisch	dto.	dto.
diplomieren	dto.	dto.
Disc..., Disco	discus	δίσκος
Diskette	dto.	dto.
Diskus	dto.	dto.
Distichon	distichus	δίστιχον
distichisch	dto.	dto.
Dogma	dogma	δόγμα
dogmatisch	dogmaticus	δογματικός
Dragoner	draco	δράκων
Drachen	dto.	dto.
Dragee	tragemata	τραγήματα
Drama	drama	δρᾶμα
Dramatik	dramaticus	δραματικός
Dramatiker	dto.	dto.
dramatisch	dto.	dto.
Dynamik	dynamice	δυναμική
dynamisch	dto.	dto.
dynamisieren	dto.	dto.
Dynast	dynastes	δυνάστης
Ebenholz	ebenus	ἔβενος
Ecclesia	ecclesia	ἐκκλησία
Echo	echo	ἠχώ
echoen	dto.	dto.
Echolot	dto.	dto.
Eimer	amphora	ἀμφορα
Ekloge	ecloga	ἐκλογή
Ekstase	ecstasis	ἔκστασις
ekstatisch	dto.	dto.
Elephant	elephas o. elephantus	ἐλέφας
Elegie	elegia	ἐλεγεία
Elegiker	elegiacus	ἐλεγιακός
elegisch	elegius	ἐλεγεῖος

elektrisch	electrum	ἤλεκτρον
Ellipse	ellipsis	ἔλλειψις
Elogium	elogium	ἐλεγεῖον
Elysium	Elysium	Ἠλύσιον (πεδίον)
elysisch	dto.	dto.
Emblem	emblema	ἔμβλημα
Embryo	embryo	ἔμβρυον
Emphase	emphasis	ἔμφασις
emphatisch	dto.	ἐμφατικώτερος
Emporium	Emporium	ἐμπόριον
Endivie	intubus	ἐντύβιον (ägypt)
Enchiridion	enchiridium	ἐγχειρίδιον
Energie	energia	ἐνέργεια
energisch	dto.	dto.
Engel	angelus	ἄγγελος
Enklitikon	encliticum	ἐγκλίτικον
enklitisch	encliticus	ἐγκλιτικός
Enkomium	encomiographus (encomium)	ἐγκώμιον
Ephor(us)	ephorus	ἔφορος
Epigramm	epigramma	ἐπίγραμμα
episch	epicus	ἐπικός
Epik	dto.	dto.
Epikureismus	Epicurus	Ἐπίκουρος
Epilepsie	epilepsia	ἐπιληψία
epileptisch	epilepticus	ἐπιλεπτικός
Epilog	epilogus	ἐπίλογος
Epiphora	epiphora	ἐπιφορά
episkopal	episcopus	ἐπίσκοπος
Episkopat	episcopatus	dto.
Episkopus	episcopus	dto.
Epistel	epistula	ἐπιστολή
Epistolarium	epistolarius	dto.
Epitaph(ium)	epitaphius	ἐπιτάφιον
Epithalamium	epithalamium	ἐπιθαλάμιον
Epitheton	epitheton	ἐπίθετον
Epitome	epitome	ἐπιτομή
epitomieren	dto.	dto.
Epode	epodos	ἐπῳδός
epodisch	dto.	dto.
Epos	epos	ἔπος
episch	epicus	ἐπικός
Eremit	eremita	ἐρημίτης
Eremitage	eremitis	ἐρημῖτις
Eremitei	dto.	dto.
Erika	erice	ἐρείκη
Eros	Eros	Ἔρως
Eros-Center	dto. + centrum	dto. + κέντρον
Erzengel	archangelus	ἀρχάγγελος
Etesien	etesiae	ἐτησίαι
Ethik	ethice o. ethica	ἠθική
ethisch	ethicus	ἠθικός
ethnisch	ethnicus	ἐθνικός
Ethos	ethos	ἦθος

Etymologie	etymologia	ἐτυμολογία	
etymologisch	etymologicus	ἐτυμολογικός	
Eucharistie	eucharistia	εὐχαριστία	
Eunuch	eunuchus	ἐυνοῦχος	
Euro..., Europa	Europa	Εὐρώπη	
evangelisch	euangelicus	εὐαγγελικός	
Evangelist	euangelista	εὐαγγελιστής	
Evangelium	euangelium	εὐαγγέλιον	
Exodus	exodus	ἔξοδος	
exorzi(si)eren	exorcizare	ἐξορκίζειν	
Exorzismus	exorcismus	ἐξορκισμός	
Exorzist	exorcista	ἐξορκιστής	
Exot(e)	exoticus	ἐξωτικός	
exotisch	dto.	dto.	
Exoteriker	exotericus	ἐξωτερικός	
exoterisch	dto.	dto.	
Exzentriker	eccentricus o. eccentros	ἔκκεντρος	
exzentrisch	dto.	dto.	
Fasan	phasianus	φασανιός	
Fasanerie	dto.	dto.	
Fregatte	aphracta	ἄφρακτα	
frenetisch	phreneticus	φρενητικός	
galaktisch	galacticus	γαλακτικός	
Galaxie	galaxias	γαλαξίας	
Gamma	gamma	γάμμα	(semit)
Ganglien	ganglion	γάγγλιον	
Genese	genesis	γένεσις	
Genesis	dto.	dto.	
Geograph	geographus	γεωγράφος	
Geographie	geographia	γεωγραφία	
geographisch	geographicus	γεωγραφικός	
Geometrie	geometria	γεωμετρία	
geometrisch	geometricus	γεωμετρικός	
Geranie	geranion	γέρανος	
Gigant	Gigas	Γίγας	
gigantisch	giganteus	Γιγάντειος	
Gigantomachie	gigantomachia	Γιγαντομαχία	
Ginger-ale	zingiber	ζιγγίβερις	
Gips	gypsum	γύψος	(semit)
Giralgeld	gyrus	γύρος	
Girant	dto.	dto.	
girieren	dto.	dto.	
Giro	dto.	dto.	
Gitarre	cithara	κιθάρα	
Glaukom	glaucoma	γλαύκωμα	
Glossar(ium)	glossarium	γλωσσάριον	
Glosse	glossa	γλῶσσα (γλώσσημα)	
glossieren	dto.	dto.	
Glykoneus	glycon	Γλύκων	
Golf	colphus	κόλπος	
Gramm	gramma	γράμμα	
Grammatik	grammatica (ars)	γραμματικὴ (τέχνη)	

Grammatiker	grammaticus	γραμματικός	
grammatisch	dto.	dto.	
Graphik	graphice	γραφικός	
Graphiker	graphicus	dto.	
graphisch	dto.	dto.	
gräzisieren	graecissare	γραικίζειν	
Gräzität	graecitas	Γραικός	
Greif	gryphus	γρύψ	
Griffel	graphium	γραφεῖον	
Grille	gryllus	γρύλλος	
Gringo	Graecus	Γραικός	
grotesk	crypta	κρύπτη	
Groteske	dto.	dto.	
Grotte	dto.	dto.	
Gruft	dto.	dto.	
Gummi	cummi(s)	κόμμι	(ägypt)
gummieren	dto.	dto.	
Gymnasiarch	gymnasiarchus	γυμνασίαρχος	
Gymnasium	gymnasium	γυμνάσιον	
Halo	halos	ἅλος	
Hanf	cannabis	κάνναβις	
Harmonie	harmonia	ἁρμονία	
harmonieren	dto.	dto.	
Harmonik	harmonice	ἁρμονική (τέχνη)	
Harmonika	dto.	dto.	
Harmoniker	dto.	dto.	
harmonisch	harmonicus	ἁρμονικός	
harmonisieren	dto.	dto.	
Hebraicum	Hebraicus	Ἑβραϊκός	
hebräisch	dto.	dto.	
Hemisphäre	hemisphaerium	ἡμισφαίριον	
hemisphärisch	dto.	dto.	
Heroide	heroicus	ἡρωϊκός	
Heroik	dto.	dto.	
heroisch	dto.	dto.	
Hippopotamus	hippopotamus	ἱπποπόταμος	
Hierarchie	hierarchia	ἱεραρχία	
hierarchisch	dto.	dto.	
Historie	historia	ἱστορία	
Homöophoron	homoeoprophoron	ὁμοιοπρόφορον	
Homöoptoton	homoeoptoton	ὁμοιοπτωτον	
Homöoteleuton	homoeoteleuton	ὁμοιοτέλευτον	
Homonym	homonyma	ὁμώνυμα	
Hoplit(en)	hoplites	ὁπλίτης	
Horizont	horizon	ὁρίζων	
horizontal	dto.	dto.	
Horizontale	dto.	dto.	
horizontieren	dto.	dto.	
Horoskop	horoscopium	ὡροσκοπεῖον	
Huflattich	lapathum	λάπαθον	
Hyäne	Hyaena	ὕαινα	
Hyazinth	hyacinthus	ὑάκινθος	

Hyazinthe	dto.	dto.	
Hydra	hydra	ὕδρα	
Hydraulik	hydraules bzw. hydraulia	ὑδραύλης	
hydraulisch	dto.	dto.	
Hymen	hymen	ὕμην	
Hymne	hymnus	ὕμνος	
Hyperbaton	hyperbaton	ὑπερβατόν	
Hyperbel	hyperbole	ὑπερβολή	
Hypnose	hypnotice	ὕπνος	
hypnotisch	hypnoticus	ὑπνωτικός	
Hypotenuse	hypotenusa	ὑποτείνουσα	
Hypothek	hypotheca	ὑποθήκη	
Hypothese	hypotheticus	ὑπόθεσις	
hypothetisch	dto.	ὑποθετικός	
Hysterie	hystericus	ὑστερικός	
hysterisch	dto.	dto.	
Ibis	ibis	ἶβις	
ideal	idea	ἰδέα	
Ideal	dto.	dto.	
Idealismus	dto.	dto.	
Idealist	dto.	dto.	
idealistisch	dto.	dto.	
Idee	dto.	dto.	
Idiom	idioma	ἰδίωμα	
Idiot	idiota	ἰδιώτης	
idiotisch	dto.	dto.	
Idol	idolum	εἴδωλον	
Idyll	idyllum	εἰδύλλιον	
Indigo	indicum	Ἰνδικόν	
Ingwer	zingiber	ζιγγίβερις	(sanskr)
Iris	iris	ἶρις	
irisieren	dto.	dto.	
Ironie	ironia	εἰρωνεία	
ironisch	dto.	dto.	
Ischias	ischias	ἰσχιάς	
Jalousie	zelus	ζῆλος	
jambisch	iambicus	ἰαμβικός	
Jambus	iambus	ἴαμβος	
Kabarett	camera	καμάρα	
Kachel	caccabus	κάκκαβος	
Kadmium	cadmia	καδμία	
Kaktus	cactus	κάκτος	
Kamel	camelus	κάμηλος	
Kamellen	chamaemelon	χαμαίμηλον	
Kamera	camera	καμάρα	
Kamille	chamaemelon	χαμαίμηλον	
Kamin	caminus	κάμινος	
Kanal	canalis	κάννα	
Kanapee	conopeum	κωνωπεῖον	
Kanaster	canistrum	κάναστρον	(sumer/babyl)
Kanister	dto.	dto.	

Kanon	canon	κανών	(sumer/babyl)
Kanonade	dto.	dto.	
Kanone	canna	κάννα	
Kanonier	dto.	dto.	
kanonieren	dto.	dto.	
Kanonik	canonicus	κανονικός	
Kanoniker	dto.	dto.	
kanonisch	dto.	dto.	
kanonisieren	dto.	dto.	
Kanonist	dto.	dto.	
Kanonistik	dto.	dto.	
Kanne	canna	κάννα	
Kante	cantus	κανθός	
Kanton	dto.	dto.	
Kaper	capparis	κάππαρις	
Karamel	calamus	κάλαμος	
Kardamon	cardamomum	καρδάμωμον	
Karotin	carota	καρωτόν	
Karotte	dto.	dto.	
Karte	charta	χάρτης	
Karzinom	carcinoma	καρκίνωμα	
Kastagnette	castinea	καστάνεια	
Kastanie	dto.	dto.	
Katalexis	catalexis	κατάληξις	
katalektisch	dto.	καταληκτικός	
Katalog	catalogus	κατάλογος	
Katapult	catapulta	καταπέλτης	
Katarakt	cataracta	καταράκτης	
Katarrh	catarrhus	κατάρρους	
Katastrophe	katastrophe	καταστροφή	
Katechese	catechismus	κατήχησις	
Katechismus	dto.	κατηχισμός	
Kategorie	categoria	κατηγορία	
kategorisch	categoricus	κατηγορικός	
Katheder	cathedra	καθέδρα	
Kathedrale	cathedralis	dto.	
Kathete	cathetus	κάθετος	
Katheter	catheter	καθετήρ	
Katholik	catholicus	καθολικός	
katholisch	dto.	dto.	
Katholizismus	dto.	dto.	
Kerbel	caerefolium	χαιρέφυλλον	
Kiste	cista	κίστη	
klerikal	clerus	κλῆρος	
Kleriker	dto.	dto.	
Klerus	dto.	dto.	
Klima	clima	κλῖμα	
klimatisch	dto.	dto.	
Klimakterium	climakter	κλιμακτήρ	
Klimax	climax	κλῖμαξ	
Klinik	clinicus	κλινικός	
klinisch	dto.	dto.	
Klistier	clysterium	κλυστήριον	

Koffer	cophinus	κόφινος
Kohl	caulis	καυλός
Kokosnuß	coccum	κόκκος
Kolik	colica	κωλική νόσος
Koller	cholera	χολέρα
Kolon	colon o. colum	κόλον
Koloß	colossus	κολοσσός
kolossal	dto.	dto.
Kolossalität	dto.	dto.
Komet	cometa	κομήτης
Komik	comicus	κωμικός
Komiker	dto.	dto.
komisch	dto.	dto.
Komma	comma	κόμμα
Komödiant	comoedia	κωμῳδία
komödiantisch	dto.	dto.
Komödie	dto.	dto.
konisch	conos	κῶνος
Konus	dto.	dto.
Kopf	cupa	κύπη
Koralle	corallum	κοράλλιον
Kord	chorda	χορδή
Kordel	dto.	dto.
Kordon	dto.	dto.
Koriander	coriandrum	κορίανδρον
Korona	corona	κορώνη
Koryphäe	coryphaeus	κορυφαίος
kosmisch	cosmos	κόσμος
Kosmonaut	cosmos + nauta	κόσμος + ναύτης
Kosmographie	cosmographia	κοσμογραφία
Kosmos	cosmos	κόσμος
Krater	crater	κρατήρ
Kretikus	creticus	κρητικός
Kretin	Christianus	Χριστιανός
Kretinismus	dto.	dto.
kretinoid	dto.	dto.
Krise	crisis	κρίσις
kriseln	dto.	dto.
Krisis	dto.	dto.
Kristall	crystallus	κρύσταλλος
kristallen	dto.	κρυστάλλινος
kristallin	crystallinus	dto.
kristallinisch	dto.	dto.
kristallisieren	dto.	dto.
Kriterium	criterium	κριτήριον
Kritik	criticus	κριτικός
kritikabel	dto.	dto.
Kritikaster	dto.	dto.
Kritiker	dto.	dto.
Kritikus	dto.	dto.
kritisch	dto.	dto.
kritisieren	dto.	dto.
Kritizismus	dto.	dto.

Kritizist	dto.	dto.
Krokodil	crocodilus	κροκόδειλος
Krokus	crocus	κρόκος
Krone	corona	κορώνη
Krypta	crypta	κρύπτη
kryptisch	crypticus	κρυπτικός
Kübel	cupa	κύπη
Kubik	cubicus	κύβος
kubisch	dto.	κυβικός
Kubismus	dto.	dto.
Kubus	cubus	κύβος
Kümmel	cuminum	κύμινον
Kupfer	Cyprus	κύπρος
Labyrinth	labyrinthus	λαβύρινθος
Laie	laicus	λαϊκός
Lakritze	glycyrriza	γλυκύρριζα
Lampe	lampas	λαμπάς
Lasagne	lasanum	λάσανον
Laterne	lampter	λαμπτήρ
Latex	latex	λάταξ
Laudanum	ladanum	λήδανον
Leier	lyra	λύρα
leiern	dto.	dto.
Lemma	lemma	λῆμμα
Leopard	leopardus	λεοπάρδαλος
Lepra	lepra	λέπρα
leprös	leprosus	dto.
Lethargie	lethargia	ληθαργία
lethargisch	lethargicus	ληθαργικός
Levkoje	leucoÏon	λευκόϊον
Litanei	litania	λιτανεία
Liter	libra (mlat litra)	λίτρα
Liturgie	liturgia	λειτουργία
liturgisch	liturgicus	λειτουργικός
Logik	logica	λογική
Logiker	logicus	λογικός
logisch	dto.	dto.
Lotos (Lotus)	lotus o. lotos	λωτός
Löwe	leo	λέων
Lymphe	lympha	νύμφη
Lyra	lyra	λύρα
Lyrik	lyricus	λυρικός
lyrisch	dto.	dto.
Lyzeum	Lyceum	λύκειον
Magie	magia	μαγεία
Magier	magus	μάγος
magisch	magicus	μαγικός
Magma	magma	μάγμα
Magnet	magnes	μάγνης
magnetisch	dto.	dto.
magnetisieren	dto.	dto.
Magnetismus	dto.	dto.

Mammon	mammona(s)	μαμώνα	(aram)
Mandel	amygdala	ἀμυγδάλη	
Mandoline	pandura	πανδοῦρα	
Mangan	magnesia	μάγνης	
Manie	mania	μανία	
Mantik	mantica	μαντική	
Margarine	margarita	μαργαρίτης	
Margerite	dto.	dto.	
Marmelade	melimelum	μελίμηλον	
Marmor	marmor	μάρμαρος	
marmorn	marmoreus	dto.	
Marter	martyrium	μαρτύριον	
martern	dto.	dto.	
Martyrium	dto.	dto.	
Märtyrer	dto.	dto.	
Maschine	machina	μηχανή	
Masse	massa	μάζα	
Mathematik	mathematica (ars)	μαθηματική	
Mathematiker	dto.	dto.	
mathematisch	dto.	dto.	
Maulbeere	morum	μῶρον o. μόρον	
Mausoleum	Mausoleum	Μαυσώλειον	
Mechanik	mechanicus	μηχανικός	
mechanisch	dto.	dto.	
Mechanismus	dto.	dto.	
Medaille	metallum	μέταλλον	
Meduse	Medusa	Μέδουσα	
Melancholie	melancholia	μελαγχολία	
Melasse	mel	μέλι	
Melisse	melisphyllum	μελίφυλλον	
Melodie	melodia	μελῳδία	
melodisch	dto.	dto.	
Melone	melopepo	μηλοπέπων	
Metall	metallum	μέταλλον	
metallisch	dto.	dto.	
Metamorphose	metamorphosis	μεταμόρφωσις	
Metapher	metaphora	μεταφορά	
metaphorisch	metaphoricos	μεταφορικῶς	
Metaphorik	dto.	dto.	
Meter	metrum	μέτρον	
Methode	methodus	μέθοδος	
Methodik	dto.	dto.	
methodisch	dto.	dto.	
methodisieren	dto.	dto.	
Methodismus	dto.	dto.	
Methodist	dto.	dto.	
methodistisch	dto.	dto.	
Metöke	metoecus	μέτοικος	
Metonymie	metonymia	μετωνυμία	
Metrik	metrica (ars)	μετρική τέχνη	
metrisch	metricus	μετρικός	
Metro	metrum	μέτρον	
Metropole	metropolis	μητρόπολις	

Metrum	metrum	μέτρον	
Migräne	hemicrania	ἡμικρανία	
Mimus	mimus	μῖμος	
Mime	dto.	dto.	
mimisch	mimicus	μιμικός	
Mimik	dto.	dto.	
mimen	mimus	dto.	
Mimikry	mimica (ars)	dto.	
Mimose	mimus	μῖμος	
Mimus	dto.	dto.	
Minze	ment(h)a	μίνθη	
Mispel	mespilum	μέσπιλον	
Mitra	mitra	μίτρα	
mitral	dto.	dto.	
Molosser	Molossus	μολοσσός	
Molybdän	molybdaena	μολύβδαινα	
Monarchie	monarchia	μοναρχία	
Monasterium	monasterium	μοναστήριον	
monastisch	monasticus	μοναστικός	
Mönch	monachus	μοναχός	
Monogramm	monogramma	μόνος + γράμμα	
Monopol	monopolium	μονοπώλιον	
monopolisieren	dto.	dto.	
Monopolismus	dto.	dto.	
Monopolist	dto.	dto.	
monopolistisch	dto.	dto.	
monostichisch	monostichium	μονοσίιον	
Monosyllabum	monosyllabos	μονοσύλλαβος	
monoton	monotonus	μονοτόνος	
Monotonie	dto.	dto.	
Morpheus	Morpheus	Μορφεύς	
Mortadella	murta	μυρσίνη	
Morula	morum	μῶρον, μόρον	
Mosaik	musivum	μουσεῖος	
Moschus	muscus	μόσχος	
Münster	monasterium	μοναστήριον	
Muräne	murena	μύραινα	
Murmel	marmoreus	μάρμαρος	
Muse	musa	Μοῦσα	
Museum	museum	μουσεῖον	
Musik	(ars) musica	μουσική (τέχνη)	
musikalisch	musicus	μουσικός	
Musikalität	dto.	dto.	
Musikant	dto.	dto.	
musikantisch	dto.	dto.	
Musikus	dto.	dto.	
musisch	dto.	dto.	
musivisch	musivus	μουσεῖον	
musizieren	musicus	μουσικός	
Muskat	muscus	μόσχος	
Myriade	myrias	μυριάς	
Myrrhe	myrrha	μύῤῥα	(aram)
Myrte	myrtos	μύρτος	

Mysterium	mysterium	μυστήριον	
mysteriös	dto.	dto.	
Mystik	mysticus	μυστικός	
mystisch	dto.	dto.	
Mythos	mythos	μῦθος	
mythisch	dto.	dto.	
Mythologie	mythologiae	μυθολογίαι	
mythologisch	dto.	dto.	
Naphthalin	naphtha	νάφθα	
Narde	nardus (nardum)	νάρδος	
Narziß	Narcissus	Νάρκισσος	
Narzisse	narcissus	νάρκισσος	
Nauarch	nauarchus	ναύαρχος	
Nausea	nausea	ναυσία	
Nautik	nauticus	ναυτικός	
nautisch	dto.	dto.	
Nautilus	nautilus	ναυτίλος	
Nektar	nectar	νέκταρ	
Nektarine	dto.	dto.	
nektarisch	dto.	dto.	
Nektarium	dto.	dto.	
Neoteriker	neotericus	νεωτερικός	
neoterisch	dto.	dto.	
Nereiden	Nereus o. Nereis	Νηρεύς o. Νηρηΐς	
Nestor	Nestor	Νέστωρ	
Nitrat	nitrum	νίτρον	(ägypt)
Nitrit	dto.	dto.	
Nitro...	dto.	dto.	
Nomade	nomas	νομάς	
nomadisch	dto.	dto.	
nomadisieren	dto.	dto.	
Numismatik	numisma o. nomisma	νόμισμα	
Numismatiker	dto.	dto.	
numismatisch	dto.	dto.	
Nymphe	nymphe	νύμφη	
Nymphchen	dto.	dto.	
Nymphomanie	dto.	dto.	
Oase	oasis	Ὄασις	(ägypt)
Obelisk	obeliscus	ὀβελίσκος	
Obolus	obolus	ὀβολός	
Ocker	ochra	ὠχρός	
ocker	dto.	dto.	
Ode	ode	ᾠδή	
Odeon	odeum	ᾠδεῖον	
Odyssee	Odyssea	Ὀδύσσεια	
Ökonom	oeconomus	οἰκονόμος	
Ökonomie	oeconomia	οἰκονομία	
ökonomisch	oeconomicus	οἰκονομικός	
Öl	oleum	ἔλαιον	
Oleander	rhododendros	ῥοδοδένδρον	
Oleat	oleum	ἔλαιον	
Olein	dto.	dto.	

Onomatopöie	onomatopoeïa	ονοματοποιία	
Onyx	onyx	ὄνυξ	
Opal	opalus	ὀπάλλιος	(sanskr)
Opiat	opium	ὄπιον	
Opium	dto.	dto.	
Optik	optice	ὀπτική	
Optiker	dto.	dto.	
optisch	dto.	dto.	
Orchester	orchestra	ὀρχήστρα	
orchestral	dto.	dto.	
Orchestration	dto.	dto.	
orchestrieren	dto.	dto.	
Orchidee	orchis	ὄρχις	
Organ	organum	ὄργανον	
organisch	dto.	dto.	
Organismus	dto.	dto.	
Organisation	dto.	dto.	
Organisator	dto.	dto.	
organisatorisch	dto.	dto.	
organisieren	dto.	dto.	
Organist	dto.	dto.	
Orgel	dto.	dto.	
orgeln	dto.	dto.	
Orgie	orgia	ὄργια	
Orkus	orcus	ὄρχος	
Orphik	Orphicus	Ὀρφικός	
orphisch	dto.	dto.	
orthodox	orthodoxus	ὀρθόδοξος	
Orthographie	orthographia	ὀρθογραφία	
orthographisch	orthographus	ὀρθογράφος	
Oxymoron	oxymorus	ὀξύμωρον	
Ozean	Oceanus	Ὠκεανός	
ozeanisch	dto.	dto.	
Ozeanographie	dto.	dto.	
ozeanographisch	dto.	dto.	
Ozeanologie	dto.	dto.	
ozeanologisch	dto.	dto.	
Pädagoge	paedagogus	παιδαγωγός	
Pädagogik	dto.	dto.	
pädagogisch	dto.	dto.	
pädagogisieren	dto.	dto.	
Palästra	palaestra	παλαίστρα	
Palimpsest	palimpsestos	παλίμψεστος	
Palingenesie	palingenesia	παλιγγενεσία	
Paludarium	palus	παλός	
Pandekten	pandectes	πανδέκτης	
Pandora	Pandora	Πάνδωρα	
Panegyriker	panegyricus	πανηγυρικός	
panegyrisch	dto.	dto.	
Panther	panther	πάνθηρ	
Pantomime	pantomimus	παντόμιμος	
pantomimisch	dto.	dto.	

Papier	papyrus	πάπυρος	
papiern	dto.	dto.	
Paprika	piper	πέπερι	(sanskr/pers)
Papst	pappus	πάππας	
Papyrus	papyrus	πάπυρος	
Parabel	parabole	παραβολή	
Parabol...	dto.	dto.	
Paradigma	paradigma	παράδειγμα	
paradigmatisch	paradigmaticos	παραδειγματικός	
paradox	paradoxos	παράδοξος	
Paradoxie	dto.	dto.	
Paragraph	paragraphus	παράγραφος	
parallel	parallelus o. parallelos	παράλληλος	
Parallele	dto.	dto.	
parallelisieren	dto.	dto.	
Parallelismus	dto.	dto.	
Parallelität	dto.	dto.	
Paralyse	paralysis	παράλυσις	
paralytisch	dto.	dto.	
Paraphe	paragraphus	παράγραφος	
paraphieren	dto.	dto.	
Paraphrase	paraphrasis	παράφρασις	
Parasit	parasitus	παράσιτος	
parasitär	parasiticus	παρασιτικός	
parasitieren	dto.	dto.	
parasitisch	dto.	dto.	
Parasitismus	dto.	dto.	
Pardel (Pard, Parder)	leopardus	λεοπάρδαλος	
Parenthese	parenthesis	παρένθεσις	
Parlament	parabole	παραβολή	
Parlamentär	dto.	dto.	
Parlamentarier	dto.	dto.	
parlamentarisch	dto.	dto.	
parlamentarisieren	dto.	dto.	
Parlamentarismus	dto.	dto.	
parlieren	dto.	dto.	
Parodie	parodia	παρῳδία	
parodieren	dto.	dto.	
parodistisch	dto.	dto.	
Parodist	dto.	dto.	
Parodistik	dto.	dto.	
Paronomasie	paronomasia	παρονομασία	
Paste	pasta	πάστη	
Pastell	dto.	dto.	
pastellen	dto.	dto.	
Pathetik	patheticus	παθητικός	
pathetisch	dto.	dto.	
Patisserie	pasta	πάστη	
Patriarch	patriarcha o. patriarches	πατριάρχης	
patriarchalisch	dto.	dto.	
patriarchisch	dto.	dto.	
Patriot	patriota	πατριώτης	
patriotisch	dto.	dto.	

Patriotismus	dto.	dto.
Pech	pix o. pissaaphaltos	πίσσα
Pedant	paedagogus	παιδαγωγός
pedantisch	dto.	dto.
Pedanterie	dto.	dto.
Pein	poena	ποινή
pelagisch	pelagus	πέλαγος
pelagial	dto.	dto.
Pelagial	dto.	dto.
Pelikan	pelicanus	πελεκᾶνος
Penalty	poena	ποινή
penibel	dto.	dto.
Pentagon	pentagonus	πεντάγωνος
Pentameter	pentameter	πεντάμετρος
Pentere	penteris	πεντήρης
Penthemimeres	penthemimeres	πενθημιμερής
Perikope	pericope	περικοπή
Periode	periodus	περίοδος
periodisch	periodicus	περιοδικός
Peripatetiker	peripateticus	περιπατητικός
peripatetisch	dto.	dto.
Peripatos	dto.	dto.
peripher	peripheres	περιφερής
Peripherie	peripheria	περιφέρεια
Peristyl	peristylium	περιστύλιον
Perron	petra	πέτρα
Persiko	persicus	Περσικός
Pessar	pessum o. pessus	πεσσόν o. πεσσός
Petersilie	petroselinon	πετροσέλινον
Pfanne	patina	πατάνη
Pfau	pavo	τα(*F*)ῶς
Pfeffer	piper	πέπερι
pfeifen	pipiare	πιπ(π)ίζειν
Pfifferling	piper	πέπερι
Pflaster	emplastrum	ἔμπλαστρον (sc. φάρμακον)
Phalanx	phalanx	φάλαγξ
Phallus	phallus	φαλλός
Phänomen	phaenomenon	φαινόμενον
phänomenal	dto.	dto.
Phantasie	phantasia	φαντασία
phantasieren	dto.	dto.
phantastisch	phantasticus	φανταστικός
Phantom	phantasma o. (vulgl) fantauma*	φάντασμα
Pharisäer	Pharisaei	Φαρισαῖοι
pharisäisch	dto.	dto.
pharmazeutisch	pharmaceuticus	φαρμακευτικός
Pharmazie	dto.	dto.
Pherekrateus	Pherecratios	Φερεκράτειος
Philippika	Philippica	Φιλιππικά
Philologe	philologus	φιλόλογος
Philologie	philologia	φιλολογία
philologisch	philologus	φιλόλογος
Philosoph	philosophus	φιλόσοφος

Philosophie	philosophia	φιλοσοφία
philosophisch	philosophus	φιλόσοφος
Phlegma	phlegma	φλέγμα
phlegmatisch	phlegmaticus	φλεγματικός
Phrase	phrasis	φράσις
Phraseologie	dto.	dto.
phraseologisch	dto.	dto.
phrenetisch	phreneticus	φρενητικός
Physik	physica	φυσική
physikalisch	dto.	dto.
physisch	physicus	φυσικός
Physiognom	physiognomon	φυσιογνώμων
Physiognomie	dto.	dto.
Physiologe	physiologia	φυσιολογία
Physiologie	dto.	dto.
physiologisch	dto.	dto.
Physis	physis	φύσις
Piazza	platea	πλατεῖα
Pinakothek	pinacotheca	πινακοθήκη
Pirat	pirata	πειρατής
Pistazie	pistacia	πιστάκη
Placement	platea	πλατεῖα
Plage	plaga	πλαγά ο. πληγή
Plagiat	plagium	πλάγιος
Planet	planetes	πλανήτης ο. πλάνετης
planetarisch	dto.	dto.
Plasma	plasma	πλάσμα
Plaste	plasticus	πλαστικός
plastifizieren	dto. + facere	dto.
Plastik	plasticus	dto.
plastisch	dto.	dto.
Platane	platanus	πλάτανος
Plateau	plattus* (vulgl)	πλατύς
Plattform	dto.	dto.
Platte	dto.	dto.
Platine	dto.	dto.
Platitüde	dto.	dto.
Platz	platea	πλατεῖα
Plazenta	placenta	πλακοῦς
Pleonasmus	pleonasmos	πλεονασμός
Plexiglas	plectere	πλέκειν
Plexus	dto.	dto.
Plissee	dto.	dto.
plissieren	dto.	dto.
Podest	podium	πόδιον
Podium	dto.	dto.
Poesie	poesis	ποίησις
Poet	poet	ποιήτης
Poetik	poeticus	ποιητικός
poetisch	dto.	dto.
poetisieren	dto.	dto.
poetologisch	dto.	dto.
Pokal	baucalis	βαύκαλις

Pol	polus	πόλος
polar	dto.	dto.
Polarität	dto.	dto.
Polarisation	dto.	dto.
Polarisator	dto.	dto.
polarisieren	dto.	dto.
Polarisierung	dto.	dto.
Polarität	dto.	dto.
Polarkreis	dto.	dto.
Politik	politice (spätl)	πολιτική (τέχνη)
politisch	politicus	πολιτικός
Polizei	politia	πολιτεία
Polizist	dto.	dto.
Polyp	polypus	πολύπους
Polyptoton	poyptoton	πολύπτωτον
Pomp	pompa	πομπή
pompös	pomposus (spätl)	dto.
pönal	poena	ποινή
pönalisieren	dto.	dto.
Pönalisierung	dto.	dto.
Pore	porus	πόρος
porig	dto.	dto.
porös	dto.	dto.
Porösität	dto.	dto.
Poster	postis	παστάς
Pragmatik	pragmaticus	πραγματικός
Pragmatiker	dto.	dto.
pragmatisch	dto.	dto.
Praktik	practicus	πρακτική τέχνη
praktikabel	dto.	πρακτικός
Praktikabilität	dto.	dto.
Praktikant	dto.	dto.
Praktiker	dto.	dto.
Praktikum	dto.	dto.
praktisch	dto.	dto.
praktizieren	dto.	dto.
Praxis	praxis	πρᾶξις
Presbyter	presbyter`	πρεσβύτερος
Presbyterium	presbyterium	πρεσβυτέριον
Priapea	Priapeia	Πρίαπος
Priapeus	Priapeus o. Priapius	Πριαπικός
priapisch	dto.	dto.
Priester	presbyter	πρεσβύτερος
Prisma	prisma	πρίσμα
pro..., Pro...	pro...	πρό...
Problem	problema	πρόβλημα
problematisch	problematicus	προβληματικός
Problematik	dto.	dto.
problematisieren	dto.	dto.
Prognose	prognosis	πρόγνωσις
Prognostik(um)	prognosticus	προγνωστικός
prognostizieren	dto.	dto.
Programm	programma	πρόγραμμα

Programmatik	dto.	dto.	
programmieren	dto.	dto.	
Prokeleusmatikus	proceleusmaticus	προκελευσματικός	
Prokrustesbett	Procrustes	Προκρούστης	
Prolepse	prolepsis	πρόληψις	
Prolog	prologium	προλόγιον	
Proömium	prooemium	προοίμιον	
Prophet	propheta	προφήτης	
Prophetie	prophetia	προφητεία	
prophetisch	propheticus	προφητικός	
prophezeien	dto.	dto.	
Propyläen	propylaeon	προπύλαιον	
Prosodie	prosodia	προσῳδία	
prosodisch	dto.	dto.	
Pro(s)these	prosthesis	πρό(σ)θεσις	
Prototyp	prototypus	πρωτότυπος	
Prytane	prytanis	πρύτανις	
Psalm	psalmus	ψάλμα	
Psalter	psalterium	ψαλτήριον	
Purpur	porphyreticus	πορφύρα	
Pygmäe	Pygmaeus	Πυγμαίοι	
pygmäisch	dto.	dto.	
Pygmalioneffekt	Pygmalion + effectus	Πυγμαλίων	
Pyramide	pyramis	πυραμίς	(ägypt)
Python	Python	Πύθων	
Pyxis	pyxis	πυξίς	
Quitte	Cydonia mala	κυδώνια μῆλα	
Radicchio	radix	ῥάδιξ	
Rapunzel	dto. + phu	ῥάδιξ + φοῦ	
Reim	rhythmus	ῥυθμός	
Reis	oryza	ὄρυζα	(sanskr/pers)
Retsina	resina	ῥητίνη	
Rettich	radix	ῥάδιξ	
Rhabarber	reubarbarum	ῥῆον + βάρβαρος	
Rhapsodie	rhapsodia	ῥαψῳδία	
Rhetor	rhetor	ῥήτωρ	
Rhetorik	rhetorica	ῥητορική	
Rhetoriker	rhetoricus	ῥητορικός	
rhetorisch	dto.	dto.	
Rhinozeros	rhinoceros	ῥινόκερως	
Rhododendron	rhododendron	ῥοδοδένδρον	
Rhombus	rhombus	ῥόμβος	
Rhythmik	rhythmice	ῥυθμική	
Rhythmiker	rhythmicus	ῥυθμικός	
rhythmisch	dto.	dto.	
Rhythmus	rhythmus	ῥυθμός	
Risotto	oryza	ὄρυζα	(sanskr/pers)
Rumba	rhombus	ῥόμβος	
Sabbat	sabbatum	σάββατον	(hebr)
Saccharin	saccharon	σάκχαρον	
Sack	saccus	σάκκος	(hebr)

Salamander	salamandra	σαλαμάνδρα	
Sandale	sandalium	σανδάλιον	
Sandalette	dto.	dto.	
Saphir	sappirus	σάπφειρος	
sardonisch	Sardonius	Σαρδόνιος	
Sarg	sarcophagus	σαρκοφάγος	
Sarkasmus	sarcasmos	σαρκασμός	
sarkastisch	dto.	σαρκαστικός	
Sarkophag	sarcophagus	σαρκοφάγος	
Satan	satan(as)	σατανάς	(hebr)
satanisch	dto.	dto.	
Satrap	satrapes	σατράπης	
Satrapie	satrapia o. satrapea	σατραπεία	
Satyr	Satyrus	Σάτυρος	
Satyrspiel	dto.	dto.	
Saumpfad	sagma	σάγμα	
Saumtier	dto.	dto.	
Schalmei	calamus (spätl. calamellus)	κάλαμος	
Scharteke	charta	χάρτης	
Schema	schema	σχῆμα	
schematisch	dto.	dto.	
schematisieren	dto.	dto.	
Schematismus	dto.	dto.	
Schimäre	Chimaera	Χίμαιρα	
Schisma	schisma	σχίσμα	
Schismatiker	dto.	dto.	
schismatisch	dto.	dto.	
Scholar	scholaris	σκολή	
Schule	schola	dto.	
Schüssel	scutula	σκυτάλη	
Sellerie	selinon	σέλινον	
Senf	sinapi(s)	σίναπι	
septisch	septicus	σηπτικός	
Sesam	sesamum o. sisamum	σήσαμον	
Sibylle	Sibylla	Σίβυλλα	
sibyllinisch	dto.	dto.	
Silbe	syllaba	συλλαβή	
Silo	sirus	σίρος o. σειρός	
Sinfonie (Symphonie)	symphonia	συμφωνία	
Sinfoniker	dto.	dto.	
sinfonisch	dto.	dto.	
Sipho(n)	sipho	σίφων	
Sirene	Siren	Σειρήν	
Sisyphusarbeit	Sisyphus	Σίσυφος	
Sittich	sittacus (spätl)	ψιττακός o. σιττακός	
Skandal	scandalum	σκάνδαλον	
skandalös	dto.	dto.	
skandali(si)eren	dto.	dto.	
Skarabäus	scarabaeus	σκαραβός o. σκαραβεῖος	
Skelett	sceletus	σκελετός	
Skizze	schedium o. schedius	σχέδιος	
Skorpion	scorpio o. scorpius	σκορπίων o. σκορπίος	
Smaragd	smaragdus	σμάραγδος	

Socke	soccus	συκχίς
Sockel	dto.	dto.
Sonntag	Solis (dies)	ἡμέρα Ἡλίου
Sophia	sophia	σοφία
Sophismus	sophisma	σόφισμα
Sophist	sophistes	σοφιστής
Sophistik	sophisticus	σοφιστικός
sophistisch	dto.	dto.
Spargel	aspargus	ἀσπάραγος
spartanisch	Sparta	Σπάρτη
Spasmus	spasmus	σπασμός
spastisch	spasticus	σπαστικός
Sperma	sperma	σπέρμα
Spermium	dto.	dto.
Sphäre	sphaera	σφαίρα
Sphärik	sphaericus	σφαιρικός
sphärisch	dto.	dto.
Sphinx	Sphinx	Σφίγξ
Spirale	spira	σπεῖρα
Spleen	splen	σπλήν
spleenig	dto.	dto.
Spondeus	spondeus	σπονδεῖος
spondeisch	spondiacus	σπονδειακός
Spondiakus	dto.	dto.
Sportel	sporta	σπυρίς
Stadium	stadium	στάδιον
Stemma	stemma	στέμμα
Stigma	stigma	στίγμα
Stigmatisation	dto.	dto.
stigmatisieren	dto.	dto.
Stoiker	stoicus	Στωϊκός
stoisch	dto.	dto.
Stola	stola	στολή
Story	historia	ἱστορία
Stratege	strategus	στρατηγός
Strategie	strategia	στρατηγία
strategisch	strategicus	στρατηγικός
Strauß (Vogel)	struthio	στρουθίων
Strippe	struppus	στρόφος
Strophe	stropha	στροφή
Styropor	styrax + porus	στύραξ + πόρος
Sybarit	Sybaritae	Συβαρῖται
sybaritisch	dto.	Συβαριτικός
Sybaritismus	dto.	dto.
Sykomore	sycomorus	συκόμορος
Sykophant	sycophanta	συκοφάντης
sykophantisch	dto.	dto.
syllabisch	syllabicus	συλλαβικός
Syllabus	syllabus	σύλλαβος
Syllepsis	syllepsis	σύλληψις
Syllogismus	syllogismus	συλλογισμός
syllogistisch	syllogisticus	συλλογιστικός
Syllogistik	dto.	dto.

Symbol	symbolus o. symbolum	σύμβολον o. σύμβολος
Symbolik	symbolicus	συμβολικός
Symbolisation	dto.	dto.
symbolisch	dto.	dto.
symbolisieren	dto.	dto.
Symbolisierung	dto.	dto.
Symbolismus	dto.	dto.
Symbolist	dto.	dto.
Symmetrie	symmetria	συμμερτρία
symmetrisch	symmetros	σύμμετρος
Sympathie	sympathia	συμπάθεια
Symposion (o. Symposium)	symposion o. symposium	συμπόσιον
Synalöphe	synaliphe	συναλοιφή
Synagoge	synagoga	συναγωγή
Syndikus	syndicus	σύνδικος
Synekdoche	synecdoche	συνεκδοχή
synekdochisch	synecdochice	συνεκδοχικῶς
Synizese	synizesis	συνίζησις
Synkope	syncopa o. syncope	συγκοπή
synodal	synodalis	συνῳδία
Synodale	dto.	dto.
Synode	synodia	dto.
synodisch	dto.	dto.
Synonym	synonymos	συνώνυμος
synonym	dto.	dto.
Synonymie	synonymia	συνωνυμία
Synopse	synopsis	σύνοψις
Syntax	syntaxis	συντάξις
Synthese	synthesis	σύνθεσις
System	systema	σύστημα
Systematik	dto.	dto.
Systematiker	dto.	dto.
systematisch	dto.	dto.
systematisieren	dto.	dto.
Systole	systole	συστολή
Szenario (o. -ium)	scaena	σκηνή
Talent	talentum	τάλαντον
talentiert	dto.	dto.
Tape	tapete o. tapetum	τάπης
Tapedeck	dto.	dto.
Tapet	dto.	dto.
Tapete	dto.	dto.
Tartarus	Tartarus	Τάρταρος
Tautologie	tautologia	ταυτολογία
tautologisch	dto.	dto.
Tektonik	tectonicus	τεκτονικός
tektonisch	dto.	dto.
Teppich	tapete o. tapetum	τάπης
Terpentin	terebinthinus	τερεβίνθινος
Tetanus	tetanus	τέτανος
Tetrade	tetradium o. tetradeum	τετραδεῖον

Tetrameter	tetrameter	τετράμετρος	
Tetrarch	tetrarcha o. tetrarches	τετράρχης	
Tetrarchie	tetarchia	τετραρχία	
Teufel	diabolus	διάβολος	
Thalamus	thalamus	θάλαμος	
Thallus	thallus	θάλλος	
Theater	theatrum	θέατρον	
theatralisch	theatralis	θεατρικός	
Theke	theca	θήκη	
Thema	thema	θέμα	
Theogonie	theogonia	θεογονία	
Theologe	theologus	θεολόγος	
Theologie	theologia	θεολογία	
theologisch	theologicus	θεολογικός	
Theorem	theorema	θεώρημα	
Theoretiker	theoreticus	θεωρητικός	
theoretisch	dto.	dto.	
Theorie	theoria	θεωρία	
Therme	thermae	θερμός	
thesaurieren	thesaurizare	θησαυρίζειν	
Thesaurus	thesaurus	θησαυρός	
These	thesis	θέσις	
Thorax	thorax	θώραξ	
Thron	thronus	θρόνος	
Thunfisch	thynnus	θύννος	
Thymian	thymum	θύμον	
Tiara	tiara(s)	τιάρα	(pers)
Tiger	tigris	τίγρις	(pers)
Timpano	tympanum	τύμπανον	
Tisch	discus	δίσκος	
Titan	Titan(us)	Τιτάν	
titanisch	dto.	Τιτάνις	
Tomus	tomus	τόμος	
Ton	tonus	τόνος	
Topas	topazus o topazos	τόπαζος ο. τοπάζιον ο. τοπάζων	
topasen	dto.	dto.	
Topik	topice	τοπική (τέχνη)	
topisch	topicus	τοπικός	
Topographie	topographia	τοπογραφία	
topographisch	dto.	dto.	
Törn	tornus	τόρνος	
Tornado	tornare	τορνεύειν	
Torso	thyrsus (spätl. tursus)	θύρσος	
Tour	tornus	τόρνος	
touren	dto.	dto.	
Tourismus	dto.	dto.	
Tourist	dto.	dto.	
Touristik	dto.	dto.	
touristisch	dto.	dto.	
Tournee	dto.	dto.	
Toxikologe	toxicum o. toxicon	τοξικόν	
Toxikologie	dto.	dto. + λόγος	

toxikologisch	dto.	dto.
Toxikum	dto.	τοξικόν
Trachee	trachia	τραχεῖα
Tragik	tragicus	τραγικός
Tragiker	dto.	dto.
Tragikomödie	tragicomoedia	τραγικωμῳδία
tragisch	tragicus	τραγικός
Tragöde	tragoedus	τραγῳδός
Tragödie	tragoedia	τραγῳδία
Trapez	trapezium	τραπέζιον
Trapezakt	dto. + agere	dto.
traumatisch	traumaticus	τραυματικός
Tresen	thesaurus	θησαυρός
Tresor	dto.	dto.
Triade	trias	τρίας
triadisch	dto.	dto.
Trias	dto.	dto.
Tribrachys	tribrachys	τρίβραχυς
Triere	trieris	τριήρης
Trimeter	trimetrus o. trimetros	τρίμετρος
Triton	Triton	Τρίτων
trochäisch	trochaeus	τροχαϊκος
Trochäus	dto.	τροχαῖος
Trope (Tropus)	tropus o. tropos	τρόπος
Tropen	tropa	τροπή
Trophäe	tropaeum	τροπαῖον
tropisch	tropicus	τροπικός
Turn	tornus	τόρνος
turnen	tornare	τορνεύειν
Turnier	dto.	dto.
Turnus	dto.	τόρνος
Tympanum	tympanum	τύμπανον
Typ	typus	τύπος
Type	dto.	dto.
typisch	typicus	τυπικός
Typus	typus	τύπος
Tyrann	tyrannus	τύραννος
Tyrannei	tyrannis	τυραννίς
Tyrannis	dto.	dto.
tyrannisch	tyrannicus	τυραννικός
tyrannisieren	dto.	dto.
Uran	Uranus	Οὐρανός
Uhr	hora	ὥρα
Xanthippe	Xanthippe	Ξανθίππη
Zeder	cedrus	κέδρος
Zelot	zelotes	ζηλῶτης
Zentaur	centaurus	Κένταυρος
zentral	centralis	κέντρον
Zentrale	dto.	dto.
Zentralisation	dto.	dto.
zentralisieren	dto.	dto.

Zentralismus	dto.	dto.	
zentralistisch	dto.	dto.	
Zentralität	dto.	dto.	
zentrieren	centrum	dto.	
zentrifugal	dto. + fuga	dto.	
Zentrifugalkraft	dto. + fuga	dto.	
zentrisch	centrum	dto.	
Zentrismus	dto.	dto.	
Zentrist	dto.	dto.	
Zentrum	dto.	dto.	
Zephir	Zephyrus	ζέφυρος	
Zepter	sceptrum	σκῆπτρον	
Zerberus	Cerberus	Κέρβερος	
Zettel	scheda	σχίδη	
Zeugma	zeugma	ζεῦγμα	
Zichorie	cichorium	κιχώριον	
Zimbel	cymbalum	κύμβαλον	
Zimt	cinnamum	κίνναμον	(hebr)
Zinnober	cinnabari(s)	κιννάβαρι(ς)	
Zirkel	circus	κίρκινος	
zirkeln	circulare	dto.	
Zirkeltraining	dto.	dto.	
zirkulär (-ar)	dto.	dto.	
Zirkular(note)	dto. + nota	dto.	
Zirkulation	circulare	dto.	
zirkulieren	dto.	dto.	
Zirkus	circus	κίρκος	
zirzensisch	circensis	dto.	
Zither	cithara	κιθάρα	
Zitrone	citrus	κέδρος	
Zodiakallicht	zodiacus	ζωδιακός	
Zoll	telonium (kirchenl.)	τελώνιον o. τελωνεῖον	
Zöllner	dto.	dto.	
zonal	zonalis	ζώνη	
zonar	zonarius	dto.	
(Zone)	zona	dto.	
Zwetsch(g)e	damascena (vulgl. davascena*)	Δαμασκηνά	
Zyan	cyanus	κύανος	
Zyanid	dto.	dto.	
Zyankali	dto.	dto.	
zyklam	cyclaminos	κυκλάμινος	
Zyklamen	cyclamen o. cyclaminum	dto.	
zyklisch	cyclinus	κυκλικός	
Zyklop	Cyclops	Κύκλωψ	
zyklopisch	Cyclopius	κυκλώπιος	
Zyklus	cyclus	κύκλος	
Zylinder	cylindrus	κύλινδρος	
Zyniker	Cynicus	κυνικός	
zynisch	dto.	dto.	
Zynismus	cynismus	κυνισμός	
Zypresse	cupressus	κυπάρισσος	

Neulateinische Wörter

Adamsit
Adjutantur
adverbal
Advokatur
affektioniert
Affektivität
Afrikanist
Afrikanistik
Afzelia
Agentur
Akademismus
Akademist
Aktivitas
Alanin
Albizzie
Albumin
Albuminat
albuminös
Albumose
Alexandrit
Algonkium
Alkylation
Alkylen
alkylieren
Alkylierung
Alternanz
Alternator
Amateurismus
Americium
Amin
Aminierung
ammoniakalisch
Ammonit
Ammonium-(nitrat)
Analogat
Andalusit
Andesin
Andesit
Angaria
Anglikanismus
anglisieren
Anglist
Anglistik
anglistisch
Anglizismus
animalisieren
Animalismus
Animismus
Animist
animistisch
Annalin
antediluvianisch
Antihistaminikum
Anus (praeternaturalis)
Appretur
Aragonit
Aralie
Araukarie
Archivalien
archivalisch
Archivar
archivarisch
archivieren
archivisch
Archivistik
Archontat
Aristotelismus
Arkansit
Arminianismus
Arnika
aromatisieren
assoziativ
Athanasianum
Attraktivität
Aubretie
Austenit
Austenitisierung
Austromarxismus
Austromarxist
austromarxistisch
Avitaminose
Babesien
Balloelektrizität
baritonal
Baritonist
Bauxit
Bavaria
Begonie
Bennettitee
Bentonit
Bergenie
Berkelium
(Berlinale)
Berolina
Berolinismus
Berylliose
Bignonie
Bilharzie
Bilharziose
Billbergie
Bimetallismus
Biotit
(Bonapartismus)
Borazol
Bornit
Borrelie
Borreliosen
Borussia
Boson
Boulangerit
Britizismus
Bromelie
Bronzit
Brucella
Brucellose
Brucin
Byronismus
Byzantinismus
Byzantinist
Byzantinistik
Byzantinologie
Cäcilianismus
Californium
Casiopeium
Castr(o)ismus
Catechine
Catlinit
Cattleya
Chloralismus
Chroman
Chromat
Cinchonin
Clarkia (o. –e)
Clivia
Clownismus
Cobaea
Colchium
Columbium
Couéismus
Cremor tartari
Cristobalit
Dahlie
Dalbergia
Daltonismus
damaszieren
Darwinismus
Darwinist
darwinistisch
Defensivität
Dekonzentration
dekonzentrieren
Demantoid
Demineralisation
demineralisieren
denitrieren
Denitrifikation
denitrifizieren
dereierend
Desinfektion
Desinfektor
Desinfiziens
desinfizieren
Desinfizierung
Desinformation
Desintegration
Desintegrator
desintegrierend
Desintegrierung
Desoxydation
desoxydieren
Desoxyribose
Desoxyribonukleinsäure
Deutzie
Devon
devonisch
(Dezisionismus)
Dien
Dilettantismus
Diolefin
Doktrinarismus
Donarit
Donatismus
Donatist
Douglasie
dramatisieren
Dunit
Echeveria
(Egozentrik)
Einsteinium
Elzeviriana
entnazifizieren
Erbium
Erythea
Eschscholtzia
Essexit
Esterase
Euhemerismus

euhemeristisch
(extraperitoneal)
(extrapleural)
Faradisation
Fasziolose
Fatimiden
Fennosarmatia
fennosarmatisch
Fennoskandia
Fermion
Fermium
Fetischismus
Fetischist
fetischistisch
Feudalismus
feudalistisch
Feudalität
Feuilletonismus
Feuilletonist
Feuilletonistik
feuilletonistisch
Florentinum
Fordismus
Forsythie
Francium
Frisur
(frontal)
Funkie
Georgine
Gerbera
Gleditschie
Hortensie
Humoristikum
Illinium
Illit
Indium
Intensivum
Jiddist
Kaledonien
Kambrium
kambrisch
Kantala
Kobalt
Kolonialismus
Kolonialist
kolonialistisch
Kommandantur
Konfuzianer
konfuzianisch
Konfuzianismus
konfuzianistisch
Konzentrizität
(kopernikanisch)
Korporativismus
(Kosinus)
Kuratie
Labrador
Lamarchismus
Latimeria
Laurentia
lauretanisch
Lawrencium
Legetimismus
legitimistisch
Legitimist
Leishmania
Leishmaniose
Leninismus
Leninist
leninistisch
Lipsia
Littreitis
(Logarithmus)
Lobelie
(Lumpazi-
vagabundus)
Lutetium
Machiavellismus
Machiavellist
machiavellistisch
MacLeaya
Magnolie
Malepartus
Malthusianer
Malthusianismus
malthusianistisch
Maranta
Marinismus
Marinist
Marxismus
Marxist
marxistisch
Masochismus
Masochist
masochistisch
Mendelevium
Mendelismus
Mesmerismus
Moldavit
Molinismus
Monstera
Montbretie
Moralin
moralinsauer
Moralismus
Moralist
moralistisch
Morganismus
(Morphium)
Morphologie
(Natrium)
Nazismus
Nestorianer
Nestorianismus
(Nihilismus)
Nielsbohrium
Nizä(n)um
Nobelium
Nonius
Normativismus
Ordovizium
Paladianismus
Paladium
Pangermanismus
Panslawismus
Pargasit
Parisismus
Parkinsonismus
Paulismus
paulinisch
Paulownia
pauschal
Pauschal
pauschalieren
pauschalisieren
Pelagianer
Pelagianismus
Peronismus
Peronist
peronistisch
Perthit
Petrarkismus
Petrarkist
Phänomenalismus
Plagiator
plagiatorisch
planetarisch
Planetarium
Poinsettie
Polonium
Pontedrie
Protestantismus
Quassie
reinstallieren
Reizianum
Resorcin
Rhenium
Rhesus(affe)
Rickettsien
Rickettsiose
Robinie
Rudbeckia
Ruthenium
Saint-Simonismus
salisch
Salmonellen
Samarium
Sarmat
Sassolin
Saxophon
Saxophonist
Scandium
Schintoismus
Semipelagia-
nismus
Semitist
Semistik
semitistisch
Shigelle
Silur
silurisch
Sinika
Sinia
Sivapithecus
Smithsonit
Societas Jesu
Sodomie
sodomisieren
Sodomit
sodomistisch
Sorbit
Sozinianer
Sparmannia
Spartakiade
Stalinismus
Stalinist
stalinistisch
Stapelie
Subsemitonium
Swertia
Sylvanit
Sylvin
Sylvit
Syphilis
Taborit
(Technica)
(Technicus)
(Teleskop)
Telekie
Terbium
Theatiner
Thomismus

Titoismus
Tradeskantie
(Transistor)
Trautonium
(Trichine)
Troostit
Trotzkismus
Uwarowit
Vallisneria
Variszit
Veronal
Veronika
Vesuvian
(Victorianismus)
(victorianisch)
Vivianit
Weigelie
Welwitschia
Ytterbium
Washingtonia
Wavellit
Websterit
Wellingtonia
Wesleyaner
Wiklifit
Wollastonit
Wulfenit
Zinckenit
Zinnie
Zionismus
Zionist
zionistisch
Zirkon
Zirkonium

Liste zusammengesetzter, aus mehreren Wörtern bestehender Ausdrücke, lateinischer Redewendungen und geflügelter Worte

Wörtliche Übersetzungen sind normal gedruckt, Erklärungen kursiv, Zusätze in Klammern. Zusatzangaben zu Fachausdrücken oder Erklärungen stehen in eckigen Klammern. Auf Angabe von Quellen wurde an dieser Stelle verzichtet: Herkunftsangaben finden sich in eigens dieser Aufgabe gewidmeten Zitatensammlungen wie in Büchmanns "Geflügelten Worten".

Ab igne ignem	Vom Feuer Feuer *(d. h. man gibt mit Selbstverständlichkeit von dem, was man hat, etwas ab)*
ab imo pectore	aus tiefster Brust *(aus tiefstem Herzen)*
ab initio	vom Anfang an
ab Iove principium	bei Jupiter ist der Anfang
Ablativus absolutus	*selbständige satzwertige Wortgruppe im Lateinischen* [sprachwiss. t. t.]
ab ovo usque ad mala	vom Ei bis zu den Äpfeln *(d. h.von der Vorspeise bis zum Nachtisch: 1. vom Anfang einer Sache an bis zum Ende; 2. von vornherein, grundsätzlich)*
absit omen	möge dies keine schlechte Vorbedeutung haben
ab urbe condita	seit Gründung der Stadt Rom *(altrömische Zeitrechnung)*
abusus non tollit usum	Mißbrauch hebt den Brauch nicht auf *(die Ausnahme bestätigt die Regel)*
abusus optimi pessimus	der Mißbrauch des Besten ist der schlimmste
Accusativus cum Infinitivo (AcI)	*lateinische Satzkonstruktion (Nennform* [sprachwiss. t. t.]*)*
a conditione	unter der Bedingung, bedingungsweise *(Fachausdruck im Buchhandel)*
Acta Apostolorum	Handlungen (Taten) der Apostel *(Apostelgeschichte)*
Acta Sanctorum	Handlungen (Taten) der Heiligen *(Legendensammlung christlicher Heiliger)*
actum ut supra	verhandelt wie oben [veraltet]
Actus fidei	Glaubensakt, Handlung des Glaubens

Actus purus	reines Wirken *(auf Aristoteles zurückgehender philosophisch-theologischer Begriff)*
ad absurdum führen	*jmdm. die Unsinnigkeit oder Nichthaltbarkeit einer Behauptung beweisen*
ad acta legen	*1. (Schriftstücke) als erledigt ablegen; 2. eine Angelegenheit als erledigt betrachten*
ad arbitrium	nach Willkür, willkürlich
ad arma	zu den Waffen *(ans Werk, gehen wir an eine Sache heran)*
a dato	vom Tag *(der Austellung)* an
ad audiendum verbum	zur mündlichen Berichterstattung
ad deliberandum	zur Überlegung
ad experimentum	versuchsweise, vorläufig
ad fontes	zu den Quellen
ad hoc	*eigens zu diesem Zweck; aus dem Stehgreif, plötzlich*
ad hominem	*auf die Bedürfnisse und Möglichkeiten des Menschen abgestimmt*
ad hominem demonstrieren	*jmdm. etwas so widerlegen oder beweisen, daß die Rücksicht auf die Eigenart der Person die Methode bestimmt*
ad honorem	zu Ehren, ehrenhalber
ad infinitum	bis ins Unendliche; beliebig, unendlich lange, unbegrenzt
ad interim	einstweilen, unterdessen, vorläufig
ad Kalendas Graecas (soluturos)	an den griechischen Kalenden (werden sie zahlen) *(niemals, am St. Nimmerleins-Tag)*
ad latus	zur Seite
ad libitum	nach Belieben *(1 Freistellung des musikalischen Vortragstempos* [mus. t. t.]*; 2. nach Belieben zu benutzen* [mus. t. t.]*; 3. Hinweis auf Rezepten für beliebige Verwendung bestimmter Arzneibestandteile* [med. t. t.]*)*

ad litteram zitieren	gemäß dem Buchstaben *(einen Text genau nach dem Wortlaut, buchstäblich wiedergeben)*
ad maiorem Dei gloria (vicit pietas)	zur größeren Ehre Gottes (siegte die Frömmigkeit)
ad manus (proprias)	zur Hand (zu eigenen Händen) *(zugestellt)*
ad manum (manus) medici	zur Hand (zu Händen) des Arztes
ad multos annos	auf viele Jahre *(Glückwunsch)*
ad nauseam	bis zur Seekrankheit, bis zum Erbrechen
ad notam	zur Kenntnis
ad oculos (demonstrieren)	vor Augen (führen)
ad perpetuam memoriam	zum ewigen Gedenken, zum immerwährenden Andenken
ad pias causas	zu frommen Zwecken *(z. B. bei Stiftungen für die Kirche)*
ad publicandum	zur Veröffentlichung
ad referendum	zur Berichterstattung
ad rem	zur Sache *(gehörend)*
ad saturationem	bis zur Sättigung *(auf Rezepten* [med. t. t.]*)*
ad spectatores	an das Publikum *(gerichtet)*
ad usum	zum Gebrauch *(auf Rezepten* [med. t. t.]*)*
ad usum Delphini	zum Gebrauch des Schülers *(für Schüler bearbeitet, nach Entfernung anstößiger Stellen)*
ad usum medici	für den *(persönlichen)* Gebrauch des Arztes *(auf Ärztemustern)*
ad usum proprium	für den eigenen Gebrauch *(auf Rezepten* [med. t. t.]*)*
ad valorem	vom Warenwert *(Berechnungsgrundlage beim Zoll)*
ad vitrum	in einer Flasche *(abzugeben)*

Advocatus Dei	*Geistlicher, der in einem Selig- oder Heiligsprechungsprozeß die Gründe dafür vorbringt*
Advocatus Diaboli	*1. Geistlicher, der in einem Selig- oder Heiligsprechungsprozeß die Gründe dagegen vorbringt; 2. jmd., der die Sache der Gegenseite vertritt, ohne selbst zu ihr zu gehören*
ad vocem	zu dem Wort *(ist zu bemerken; dazu wäre zu sagen)*
aequam memento rebus in arduis servare mentem, (non secus in bonis ab insolenti temperatam laetitia, moriture Delli)	einen gleichmütigen Sinn sei eingedenk zu bewahren in schweren Zeiten, (nicht anders in guten einen von überschwenglicher Freude gemäßigten, sterblicher Dellius)
aetatis suae	seines o. ihres Alters, im Alter von *(auf Porträts mit einer Altersangabe)*
a fortiori	erst recht, um so mehr *(nach dem stärker überzeugenden Grunde* [philos. t. t.]*)*
(unter jmds.) Ägide stehen	unter jmds. Schirmherrschaft stehen
agnosco veteris vestigia flammae	ich erkenne die Spuren des alten Feuers wieder *(von Dido in Erinnerung an ihren ermordeten Gatten gesagt)*
Agnus Dei	Lamm Gottes *(1. Christus; 2. Gebetshymnus im kath. Gottesdienst; 3. Schlußsatz der musikalischen Messe; 4. vom Papst geweihtes Osterlammbildnis)*
alea iacta est	der Würfel ist geworfen (gefallen)
alieni iuris	fremden Rechts *(unter der Rechtsgewalt von jmd. anderem stehen; unmündig, unselbständig sein)*
a limine	kurzerhand, von vornherein *(ohne Prüfung in der Sache)*
aliquid haeret	etwas bleibt immer hängen *(wenn man verleumdet wird)*
Alma mater	*Universität, Hochschule (mit personalem Bezug auf die dort Studierenden)*
altera pars	*s. audiatur et altera pars*
Alter ego	*1. sehr enger vertrauter Freund; 2. abgespaltener seelischer Bereich bei Personen mit Bewußtseinsspaltung; 3. Anima bzw. Animus; 4. Es* [Begriff bei Freud]; *5. Tier oder Pflanze in Schicksalsgemeinschaft mit Menschen* [Glaube bei Naturvölkern]*)*

alterius non sit, qui suus esse potest	einem anderen gehöre nicht, wer sich selbst gehören kann *(mittelalterlicher Aufruf zur Selbstbestimmung)*
altum silentium	tiefes Schweigen, große Stille
am	*s. ante meridiem bzw. Artium (liberalium) magister*
ama et fac quod vis	liebe und tu, was du willst
a maiori	Vom Größeren her*(gesehen; um so eher)*
a maiori ad minus	vom Größeren aufs Kleinere
amantes amentes	vor Liebe von Sinnen *(die verrückten Liebenden)*
amicus certus in re incerta cernitur	der wahre Freund wird in unsicherer Lage erkannt
amicus Plato, sed magis amica veritas	unser Freund ist Plato, aber mehr noch unser Freund die Wahrheit
a minori	Vom Kleineren her *(gesehen; um so eher)*
amor fati	Liebe zum Schicksal
amor vincit omnia	alles wird von der Liebe besiegt
anathema sit!	er sei verflucht!
Angelus Silesius	der schlesische Bote *(Dichtername des Johann Scheffler)*
Angina pectoris	*anfallartiger Brustschmerz bei Erkrankung der Herzkranzgefäße*
anima candida	eine reine Seele, ein lauteres Gemüt
anima naturaliter Christiana	die Seele ist von Natur aus eine christliche
animula vagula blandula	Seelchen, du schweifendes, schmeichelndes
anni currentis	laufenden Jahres [veraltet]
anni futuri	künftigen Jahres [veraltet]
anni praeteriti	vorigen Jahres [veraltet]
anno currente	im laufenden Jahr [veraltet]

anno / Anno Domini	im Jahre des Herren *(n. Chr. Geburt)*
anno salutis	im Jahre des Heils
annus discretionis	Jahr der Müdigkeit
annus gratiae	Gnadenjahr
ante Christum natum	vor Christi Geburt
ante cibum	vor dem Essen *(auf Rezepten* [med. t. t.]*)*
ante diem	bei Tagesanbruch
ante meridiem	vormittags
ante mortem	vor dem Tode [med. t. t.]
ante portas	vor den Toren *(im Anmarsch, im Kommen* [scherzhaft]*)*
anulus piscatorius	Fischerring *(Ring des Papstes - nach dem Ausspruch: „Von nun an wirst du Menschenfischer sein")*
Anus praeter (nlat)	*künstlicher Darmausgang*
apage, satana!	Weiche, Satan!
a posteriori	vom Späteren her *(aus Erfahrung; nachträglich, später)*
a potiori	(„Vom Mächtigeren her" gesehen) erst recht
a potiori (fit denominatio)	nach der Hauptsache (soll sich die Bezeichnung richten)
a priori	grundsätzlich, von vornherein *(von der Erfahrung unabhängig, aus der Vernunft durch logisches Schließen gewonnen)*
Aqua destillata	destilliertes *(chemisch reines)* Wasser
aquila non captat muscas	ein Adler fängt keine Fliegen *(um Kleinigkeiten kümmert sich der Prätor nicht)*
Arbiter elegantiae	Sachverständiger in Sachen des guten Geschmacks
Arbiter litterarum	Literatursachverständiger
Argumentum e contrario	Schlußfolgerung aus dem Gegenteil

Argumentum e silentio	Beweis aus dem Schweigen *(der Quellen; sinnlose, widersprüchliche Schlußfolgerung ohne Quellenbasis)*
arma virumque cano, (Troiae qui primus ab oris ...)	von Waffen und dem Mann singe ich, (der als erster von den Küsten Trojas ...)
Ars amandi	Liebeskunst
Ars antiqua	*Blütezeit der Mensuralmusik (13. / 14. Jh.)*
Ars dictandi	*die Kunst, nach gültigen rhetorischen Regeln zu schreiben*
ars longa vita brevis	die Kunst ist lang, das Leben kurz
Ars moriendi	*kleines Sterbe- und Trostbuch des Mittelalters*
Ars nova	*neue Strömung in der französischen Musik des 14. Jh.s*
Ars povera	*Kunst, unkonventionelle Materialien bewußt unästhetisch darzubieten*
Artes liberales	die *(Sieben)* Freien Künste
Arthrosis deformans	*chronische Gelenkentzündung*
Artium (liberalium) magister	Meister der freien Künste *(akademischer Grad des mittelalterlichen Hochschulbetriebes)*
Asa foetida	*1. eingetrocknetes Gummiharz; 2. Nervenberuhigungsmittel* [med. t. t.]
audacter calumniare, semper aliquid haeret	verleumde nur frech drauflos, etwas bleibt immer hängen
audax omnia perpeti gens humana ruit per vetitum nefas	tollkühn, alle *(noch so schweren Strafen)* zu durchleiden, stürzt das Menschengeschlecht dahin durch den verbotenen Frevel
audiatur et altera pars	man muß auch die Gegenseite hören *(Rechtsgrundsatz)*
Auditorium maximum	*größter Hörsaal einer Hochschule*
aura popularis	Volksgunst
Aurea mediocritas	goldener Mittelweg

aurea prima sata est aetas	hervorgebracht wurde als erstes das Goldene Zeitalter
Aurora musis amica	Aurora ist die Freundin der Musen *(Morgenstund' hat Gold im Mund)*
Austria erit in orbe ultima	Österreich wird bestehen (o. sich ausdehnen) bis ans Ende der Welt
Austriae sit imperare orbi universo	alles Erdreich ist Österreich untertan
aut Caesar aut nihil	entweder Cäsar oder nichts *(alles oder nichts)*
aut prodesse volunt aut delectare poetae, aut simul et iucunda et idonea dicere vitae	entweder Nutzen bringen oder Freude bereiten wollen die Dichter, oder zugleich sowohl Vergnügliches als auch fürs Leben Brauchbares sagen
aut simile	oder ähnliches *(auf Rezepten* [med. t. t.])
Ave Caesar (imperator), morituri te salutant	Sei gegrüßt, Kaiser, die Todgeweihten grüßen dich (Grußworte der Gladiatoren)
barba non facit philosophum	der Bart *(allein)* macht *(noch)* keinen Philosophen
Beata Maria Virgo	selige Jungfrau Maria
beatae memoriae	seligen Angedenkens
beati possidentes	glücklich ist, wer im Besitze lebt
beatissima virgo	die allerseligste Jungfrau *(Marienbezeichnung)*
beatus ille, qui procul negotiis, (ut prisca gens mortalium, paterna rura bobus exercet suis, solutus omni faenore)	glücklich jener, der fern *(ist)* von *(städtischen)* Geschäften, (wie das alte Geschlecht der Sterblichen, die väterlichen Felder mit seinen eigenen Ochsen bestellt, frei von jeglichem Zins und Wucher)
bella gerant alii, tu felix Austria nube! (nam quae Mars aliis, dat tibi regna Venus)	Kriege führen mögen die anderen, du, glückliches Österreich, heirate! (Denn die der Kriegsgott Mars anderen gibt, die Königreiche gibt dir die Liebesgöttin Venus)
bellum omnium contra (o. in) omnes	Krieg aller gegen alle *(Urzustand der menschlichen Gesellschaft nach Hobbes)*

beneficia non obtruduntur	Wohltaten werden nicht aufgedrängt *(niemand ist gezwungen, Wohltaten anzunehmen - Rechtsgrundsatz)*
beneficium senectutis	Wohltat (Vorrecht) des Alters
bene meritus	ein wohlverdienter Mann
bene valete!	lebt wohl! *(alte Grußformel)*
bene vixit, qui bene latuit	glücklich hat gelebt, wer in glücklicher Verborgenheit lebte
biblia pauperum	die Bibel der Armen *(kurze, einfache biblische Geschichte bis zur Auferstehung Christi)*
bis dat, qui cito dat	doppelt gibt, wer schnell gibt
bona fide	guten Glaubens, auf Treu und Glauben
bonus vir semper tiro	ein gutmütiger Mensch bleibt immer ein Anfänger
brevi manu	kurzerhand
Caesar ad Rubiconem	Cäsar am Rubikon *(vor einer wichtigen Entscheidung stehen)*
Caesar non supra grammaticos	der Kaiser *(steht)* nicht über den Philologen
Camera obscura	*Urform der fotografischen Kamera*
candidatus (reverendi) ministerii	*Kandidat des (lutherischen) Predigtamtes*
canis a non canendo	der Hund wird Hund genannt, weil er nicht singt
cantus firmus	festes, starkes Lied *(Stimme, die der Komponist dem Choral entnimmt, um eine Gegenstimme hinzuzufügen)*
capitis deminutio	des Hauptes Verminderung *(Ehrenminderung durch den Verlust eines höheren Standes oder Amtes; Herabsetzung einer Person)*
Captatio benevolentiae	*das Werben um Publikumsgunst mit bestimmten Redewendungen*
Caput mortuum	*1. rotes Eisen-Tri-Oxyd; Englischrot; 2. Wertloses* [veraltet]

carmina burana	Lieder aus Beuren *(Sammlung von mittellateinischen Liedern fahrender Schüler)*
carpe diem	nutze den Tag *(koste den Tag voll aus)*
Casus belli	Kriegsfall, kriegsauslösendes Ereignis
Casus conscientiae	Gewissensangelegenheit
Casus foederis	Vertragsfall *(Ereignis, das die Bündnispflicht eines Staates auslöst)*
Casus obliquus	*abhängiger Fall* [sprachwiss. t. t.]
Casus rectus	*unabhängiger Fall* [sprachwiss. t. t.]
causa finita est	die Sache ist entschieden
cave canem	hüte dich vor dem Hund *(Inschrift auf der Schwelle altrömischer Häuser)*
cedant arma togae, concedat laurea laudi	weichen sollen die Waffen *(des Legionärs)* vor der Toga *(des Bürgers)*, weichen soll der Lorbeer *(des Triumphators)* vor dem Lobpreis *(des Politikers)*
cedo maiori	ich überlasse es dem Größeren; vor Größeren trete ich zurück
certus amicus rebus incertibus	sicherer Freund in unsicheren Dingen
ceteris paribus	unter *(sonst)* gleichen Umständen
Ceterum censeo (Carthaginem esse delendam)	Im übrigen meine ich, (daß Karthago zerstört werden muß) *(hartnäckig wiederholte Forderung)*
ceteris paribus	unter sonst gleichen Bedingungen
Character indelebilis	*unzerstörbares Merkmal, das Taufe, Firmung und Priesterweihe der Seele einprägen* [kath. rel. t. t.]
Christianos ad leones	die Christen vor die Löwen
Christus manionem benedicat	Christus segne dieses Haus *(Segensformel des Dreikönigstages)*

circulus vitiosus	*1. Zirkelschluß, bei dem das zu Beweisende in der Voraussetzung enthalten ist; 2. gleichzeitige, sich ungünstig beeinflussende Krankheiten* [med. t. t.]; *3. Teufelskreis, Irrkreis; Zwickmühle*
Circus maximus	*größte Rennbahn in Rom*
citato loco	an der angeführten Stelle
citius, altius, fortius	schneller, höher, stärker *(altes Motto für den sportlichen Geist bei Olympischen Spielen)*
civis Romanus sum	ich bin ein römischer Bürger *(und unterstehe daher auch im „Ausland" der römischen Gerichtsbarkeit)*
Civitas Dei	der Staat Gottes *(geschichtsphilosophischer Begriff bei Augustinus)*
Clausula rebus sic stantibus	Vorbehalt, daß die Dinge so bleiben wie sie sind *(Vorbehalt, daß ein Schuldversprechen oder Geschäft bei Änderung der Verhältnisse seine bindende Wirkung verliert* [jur. t. t.]
Clericus Clericum non decimat	ein Geistlicher nimmt von einem *(anderen)* Geistlichen keinen Tribut *(eine Krähe hackt der anderen kein Auge aus)*
Codex argenteus	*ältestes Evangeliar in gotischer Sprache*
Codex aureus	*kostbare mittelalterliche Handschrift*
Codex Iuris Canonici	*Gesetzbuch des katholischen Kirchenrechts*
cogito, ergo sum	Ich denke, also bin ich *(philosophischer Grundsatz bei Descartes)*
Coincidentia oppositorum	*Aufhebung der irdischen Widersprüche im Unendlichen, im göttlichen All*
Collegium musicum	*freie Vereinigung von Musikliebhabern (an Universitäten)*
Collegium publicum	*öffentliche Vorlesung an einer Universität*
Commune Sanctorum	*Sammlung von Meß- und Breviergebeten in der kath. Liturgie*
communi consensu	unter allgemeiner Zustimmung

Communis opinio	allgemeine Meinung, herrschende Auffassung
compelle intrare, ut impleatur domus mea	nötige sie hereinzukommen, auf das mein Haus voll werde
conceptio immaculata	unbefleckte Empfängnis *(Marias)*
concordia res parvae crescunt, discordia maximae dilabuntur	durch Eintracht wächst Kleines, durch Zwietracht zerfällt das Größte
concursus ad delictum	*Zusammenwirken von mehreren Personen bei Begehen einer strafwürdigen Tat*
concursus creditorum	Zusammenlaufen der Gläubiger
concursus delictorum	*Verübung mehrerer strafbarer Handlungen durch eine einzelne Person*
conditio iuris	Bedingung des Rechts *(Voraussetzung, die sich aus einem Geschäft notwendigerweise von selbst ergibt)*
Conditio (o. condicio) sine qua non	*1. unerläßliche Voraussetzung, notwendige Bedingung; 2. Äquivalenztheorie*
Confessio Augustana	*lutherische Bekenntnisschrift*
Confessio Belgica	*Bekenntnisschrift der reformierten Gemeinden in den spanischen Niederlanden (1561)*
Confessio Gallicana	*Bekenntnisschrift der reformierten Gemeinden Frankreichs (1559)*
Confessio Helvetica	*Bekenntnisschrift der evangelischen / reformierten Kirche (1536/1562-66)*
Confoederatio Helvetica	das Helvetische Bündnis *(die schweizerische Eidgenossenschaft)*
Consecutio temporum	*Zeitenfolge in Haupt- und Gliedsätzen* [sprachwiss. t. t.]
consensu contrahitur	*durch Übereinstimmung kommt eine Verbindlichkeit (ein Vertrag) zustande*
Consensus communis	*allgemeine Übereinstimmung der kath. Gläubigen in einer Lehrfrage*

Consensus gentium	Übereinstimmung der Völker *(Schluß von der allgemeinen Geltung eines Satzes auf dessen begründeten Charakter* [philos. t. t.]*)*
Consensus omnium	*Übereinstimmung aller Menschen in bestimmten Anschauungen und Ideen*
consilia evangelica	die evangelischen Räte, Ratschläge *(freiwillige übernommene sittliche Vorschriften)*
Consilium abeundi	*förmlicher Rat an eine Schüler o. Studenten, die Lehranstalt zu verlassen, um sich den Verweis zu ersparen*
Constructio ad sensum	*Satzkonstruktion, bei der sich das Prädikat nicht nach der Form des Subjekts, sondern nach dem Sinn richtet* [sprachwiss. t. t.]
consuetudo abrogatoria	überholte Gewohnheit
consuetudo est quasi altera natura	die Gewohnheit ist gleichsam die zweite Natur
consummatum est	es ist vollbracht *(Worte Jesu am Kreuz)*
Contradictio in adiecto	*Widerspruch zwischen der Bedeutung des Substantivs und dem hinzugefügten Adjektiv*
contra geben	*Gegenworte geben, widersprechen*
contra legem	gegen das *(o. den reinen Wortlaut des)* Gesetzes
contraria contrariis	Entgegengesetztes mit Entgegengesetztem *(bekämpfen)*
contra sextum	gegen das sechste *(Gebot; Verstoß gegen die Keuschheit, Sittlichkeit)*
contra vim mortis non est medicamen in hortis	gegen die Gewalt des Todes gibt es kein Heilkraut in den Gärten *(dagegen ist kein Kraut gewachsen)*
coram notario et testibus	vor Notar und Zeugen
coram publico	vor aller Welt, öffentlich
Corpus Christi	*Altarsakrament in der katholischen Kirche*
Corpus Christi Mysticum	der geheimnisvolle Leib Christi

Corpus delicti	*etwas, was als Gegenstand für eine kriminelle Tat gedient hat und als Beweisstück zur Überführung des Täters dient*
Corpus Inscriptionum Latinarum	*Sammlung lateinischer Inschriften der Römerzeit*
Copus iuris	*Gesetzsammlung*
Corpus iuris canonici	*Sammlung des katholischen Kirchenrechts*
Corpus iuris civilis	*Sammlung von Rechtsvorschriften des 6. Jh.s n. Chr.*
Corpus luteum	*Gelbkörper des Eierstocks*
Corpus Reformatorum	*Gesamtausgabe der Schriften der Reformatoren*
crambe repetita	aufgewärmter Kohl *(längst allgemein Bekanntes, das als neu hingestellt wird)*
creatio ex nihilo	Schöpfung aus dem Nichts
credat Iudaeus Apella, (non ego)	das soll der Jude Apella glauben, (nicht ich) *(das glaube, wer mag)*
credo, quia absurdum est	Ich glaube, weil es widersinnig ist *(bestimmtes Verständnis der göttlichen Offenbarung)*
credo, ut intellegam	Ich glaube, damit ich erkenne *(Satz der christlichen Religionen)*
crimen laesae maiestatis	das Verbrechen der Majestätsbeleidigung
cucullus non facit monachum	die Kutte macht nicht den Mönch
cui bono	wem nützt es *(wer hat eine Vorteil davon)*
cuius regio, eius religio	wessen das Land, dessen ist die Religion *(Verfügungsrecht der Fürsten über Wahl der Religon nach 1555 / 1648)*
cum grano salis	mit einem Körnchen Salz *(mit entsprechender Einschränkung, nicht ganz wörtlich zu nehmen)*
cum infamia	mit Schimpf und Schande
cum laude	mit Lob *(drittbeste Note in der Doktorprüfung)*

cum tacent, clamant	indem sie schweigen, schreien sie *(als Zustimmung gedeutetes Schweigen)*
cum tempore	*mit akademischem Viertel: 15 Minuten nach der angegebenen Zeit*
cura pecuniae	des Geldes Sorge *(Geldsorgen, finanzielle Sorgen)*
cura posterior	*Angelegenheit, mit der man sich erst später zu beschäftigen hat*
Curriculum vitae	Lebenslauf
damnatio memoriae	Verdammung des Gedenkens *(Auslöschung des Gedenkens an einen Verurteilten)*
dat, dicat (o. donat), dedicat	er gibt, weiht und widmet *(römische Formel auf Gegenständen, die man den Göttern weihte)*
Dativus ethicus	*freier Dativ, drückt persönliche Anteilnahme und Mitbetroffensein des Sprechers aus* [sprachwiss. t. t.]
de auditu	*vom Hörensagen*
debet et credit	*Soll und Haben* [bezeichnet in der Buchhaltung die beiden Seiten des Kontos]
de dato	vom Tag *(der Ausstellung an* [auf Urkunden - veraltet]*)*
deductio ad absurdum	Hinführung zum Widersinnigen
de facto	tatsächlich *(bestehend)*
Defensor Dei	Verteidiger Gottes *(o. der Kirche)*
Defensor fidei	Verteidiger des Glaubens *(Ehrentitel des engl. Königs)*
Defensor matrimonii	Verteidiger der Ehe *(Bezeichnung des Staatsanwaltes in Scheidungsprozessen)*
de gustibus non est disputandum	über Geschmack läßt sich nicht streiten
Dei gratia	von Gottes Gnaden *(Zusatz zum Titel von Bischöfen)*
de integro	von neuem, wieder von vorn
de iure	von Rechts wegen *(rechtlich betrachtet)*

de lege ferenda	vom Standpunkt des zukünftigen Rechts aus
de lege lata	vom Standpunkt des geltenden Rechts aus
Delirium tremens	*Säuferwahn; Psychose durch Alkoholentzug bei Alkoholikern* [med. t. t.]
Dementia praecox	Jugendirresein [med. t. t.]
Dementia senilis	Altersschwachsinn [med. t. t.]
de mortuis nihil nisi bene	von den Toten *(soll man)* nur gut *(sprechen)*
de nihilo nihil	aus nichts *(wird)* nichts *(von nichts kommt nichts)*
(Denique) nullum est iam dictum, quod non dictum sit prius	(Schließlich) gibt es ja nichts mehr zu sagen, das nicht früher schon gesagt worden wäre
Deo gratias!	Gott sei Dank!
Deo iuvante	mit Gottes Hilfe
Deo optimo maximo	Gott, dem Besten und Größten *(Einleitung kirchlicher Weihinschriften)*
Deo volente, (nobis viventibus)	mit dem Willen Gottes *(so Gott will)* und wir *(noch)* leben
De profundis (clamavi ad te, Domine)	aus der Tiefe (habe ich zu dir gerufen, Herr) *(Anfangsworte des 129. Psalmes)*
desiderio desideravi	mit *(großer)* Sehnsucht habe ich danach verlangt
Deus absconditus	*der trotz Offenbarung letztlich unerkennbare Gott* [rel. t. t.]
Deus ex machina	Gott aus der Theatermaschine *(unerwarteter Helfer aus einer Notlage; überraschende Lösung einer Schwierigkeit)*
deus nobis haec otia fecit	ein Gott hat uns diese Muße geschaffen
Devotio moderna	neuartige Frömmigkeit *(religiöse Erneuerungsbewegung des 14.-16. Jh.s)*
(Dictum) sapienti sat (est)	Für den Verständigen *(ist)* genug *(gesagt; für den, der die Hintergründe kennt, ...)*

diem perdidi, (amici)	ich habe einen Tag verloren, (Freunde)
Dies academicus	*vorlesungsfreier Tag an der Universität mit Veranstaltungen aus besonderem Anlaß*
dies a quo	der Tag, von dem an *(Anfangstermin)*
dies ad quem	der Tag, bis zu dem *(Endtermin)*
Dies ater	Unglückstag
dies diem docet	ein Tag lehrt den anderen *(durch Erfahrung wird man klug)*
Dies irae, dies illa solvet saeculum in favilla	*Bezeichnung und Anfang der Sequenz der Totenmesse*
Differentia specifica	*artspezifisches Unterscheidungsmerkmal*
difficile est saturam non scribere	es ist schwer, eine Satire *(darüber)* nicht zu schreiben
dimidium facti, qui coepit, habet: (Sapere aude, incipe)	die Hälfte des Werkes hat, wer *(nur erst)* angefangen hat: (Wage es einmal, Vernunft zu üben, fang nur erst an!)
dira necessitas	grause Notwendigkeit
discite, moniti!	lernt, *(ihr seid)* gewarnt!
disiecta membra poetae	die zerstückelten Glieder des Dichters
divide et impera	teile und herrsche *(stifte Zwietracht unter deinen Gegnern, um sie so einzeln leichter beherrschen zu können)*
dixi et salvavi animam meam	ich habe gesprochen und meine Seele gerettet
docendo discimus	durch Lehren lernen wir
Doctor iuris utriusque	*Doktor des weltlichen und kanonischen Rechts*
dolus eventualis	Vergehen bei Gelegenheit *(wenn jemand aus einer nicht selbst herbeigeführten widerrechtlichen Sache nutzen zieht)*
Domine, quo vadis?	*s. quo vadis*
Dominus vobiscum	der Herr sei mit euch *(liturgischer Gruß)*

donatio mortis causa	Schenkung im Todesfall, von Todes wegen *(nach dem Ableben des Schenkers)*
donec eris felix, multos numerabis amicos	solange du glücklich bist, wirst du viele Freunde zählen
donec eris sospes, multos numerabis amicos; (tempora si fuerint nubila, solus eris)	solange du noch unversehrt bist, wirst du viele Freunde zählen; (wenn die Zeiten einmal trübe geworden sind, wirst du allein sein)
... dono dedit	... hat dies ... zum Geschenk gegeben *(mit dem Namen des Schenkenden und des Beschenkten)*
do (tibi) ut des	ich gebe (dir), damit du gibst *(1. altrömische Rechtsformel für gegenseitige Verträge oder Austauschgeschäfte; 2. man gibt etwas, damit man mit einer Gegengabe rechnen kann)*
dramatis personae	*die Personen, die in einem Drama auftreten*
ducunt volentem fata, nolentem trahunt	den Willigen führt das Schicksal, den Widerwilligen zerrt es
dulce est despicere in loco	eine Wonne ist es, unvernünftig zu sein, wo es am Platze ist
dulce et decorum est pro patria mori	süß und ehrvoll ist's, für's Vaterland zu sterben
dum Roma deliberat, Saguntum perit	während Rom berät, geht Sagunt verloren
dum spiro, spero	solange ich atme, hoffe ich
duo cum faciunt idem, non est idem	wenn zwei dasselbe tun, ist es nicht dasselbe
Ecce - Homo	*Darstellung des dornengekrönten Christus*
Ecclesia militans	die streitende Kirche *(das Volk Gottes, die Gläubigen)*
Ecclesia triumphans	die triumphierende Kirche *(die Gemeinschaft der Seligen im Himmel)*
e contrario	aus dem Gegenteil *(aufgrund eines Umkehrschlusses, eines Schlusses aus einem gegenteiligen Sachverhalt auf entsprechend gegenteilige Folgen)*

edite, bibite, collegiales	schmauset, trinket, Freunde *(Kehrreim aus einem Studentenlied)*
Editio castigata	*Buchausgabe, bei der anstößige Stellen von der Zensur gestrichen wurden*
Editio princeps	Erstausgabe *(alter wiederentdeckter Werke)*
Eheu - fugaces, Postume, Postume, labuntur anni	Eheu - flüchtig, Postumus, Postumus, gleiten die Jahre dahin
eiusdem mensis	desselben Monats [veraltet]
Ejaculatio praecox	*vorzeitig erfolgender Samenerguß* [med. t. t.]
Encheiresis naturae (gr;l)	*Handhabung; Bezwingung der Natur*
eo ipso	*1. eben dadurch; 2. von selbst, selbstverständlich*
Epistola (enim) non erubescit	Denn ein Brief errötet nicht
Epistolae obscurorum virorum	Dun-kelmännerbriefe *(Sammlung erdichteter frühneuzeitlicher Briefe)*
Epitheton ornans (gr>l;l)	*schmückendes, immer wiederkehrendes, formelhaftes Beiwort*
e pluralis unum	aus den vielen eins *(Wahlspruch der USA)*
ergo bibamus	also laßt uns trinken *(Kehrreim mittellateinischer Trinklieder)*
eritis sic ut deus (scientes bonum et malum)	ihr werdet sein wie Gott (wissend, was gut und böse ist) *(Worte der Schlange beim Sündenfall)*
errare humanum est	Irren ist menschlich
erratischer Block	*Gesteinsblock, Findling, der in der letzten Eiszeit an seinen Platz transportiert wurde*
est modus in rebus, sunt certi denique fines, (quos ultra citraque nequit consistere rectum)	Es ist ein Maß in den Dingen, es gibt schließlich bestimmte Grenzen, (jenseits deren und diesseits deren das Richtige nicht bestehen kann)
est quaedam flere voluptas	Es gibt eine Lust zu weinen

et cetera	und so weiter
et cetera p. p. (= perge, perge)	und so weiter fahre fort
et cum spiritu tuo	und mit deinem Geiste *(Antwort der Gemeinde im kath. Gottesdienst)*
Et in Arcadia ego	Auch in Arkadien ich *(Auch in dem entferntesten, glücklichen Arkadien bin ich, der Tod, zugegen)*
Et tu, Brute?	Auch du, Brutus? *(legendärer Ausspruch Caesars bei seiner Ermordung)*
ex abrupto	unversehens
ex aequo	in derselben Weise, gleichermaßen
ex aequo et bono	nach Recht und Billigkeit
ex ante	im vorhinein [wirtsch. t. t.]
ex asse	ganz, ganz und gar, vollständig *(auf Heller und Pfennig)*
ex cathedra (Petri)	*1. aus päpstlicher Vollmacht, daher unfehlbar; 2. von maßgebender Seite, so daß etwas nicht angezweifelt werden kann*
ex definitione	*(schon, allein)* nach der Definition
exegi monumentum aere perennius	ich habe *(mir)* ein Denkmal errichtet, dauernder als Erz
exempla docent (o. illustrant)	Beispiele lehren *(erläutern, sind bildhaft)*
exempla sunt odiosa	Beispiele sind hassenswert (*Beispiele anzuführen ist gehässig)*
exempla trahunt	Beispiele ziehen *(Beispiele machen Schule)*
exempli causa (o. gratia)	beispielshalber, zum Beispiel
exemplum statuere	*ein Exempel statuieren, exemplarisch bestrafen*
exercitia spiritualia	geistliche Übungen, Frömmigkeitsübungen
ex est	es ist aus

ex eventu	aus dem Ausgang *(einer Sache eben diese Sache vorhersagen)*
ex falso quodlibet	aus Falschem folgt Beliebiges *(aus einer falschen Aussage darf jede beliebige Aussage logisch gefolgert werden)*
ex iuvantibus	*Erkennung einer Krankheit aus der Wirksamkeit spezifischer Mittel*
ex - lex	*außerhalb des Gesetzes, rechtlos, vogelfrei*
Ex libris	*kunstvoller Zettel mit Namen des Buchbesitzers auf der Deckelinnenseite*
ex nexu	außer Verbindung, ohne Zusammenhang
ex nihilo nihil	aus nichts *(wird)* nichts
ex nunc	von jetzt an *(Zeitpunkt für den Eintritt der Wirkung einer Vereinbarung* [jur. t. t.]*)*
ex officio	von Amts wegen, amtlich [jur. t. t.]
ex opere operato	*Ausdruck der kath. Theologie von der Gnadenwirksamkeit der Sakramente*
Exoriare aliquis nostris ex ossibus ultor	Mögest du einst, irgendeiner, aus unseren Gebeinen als Rächer entstehen *(legendäre Ausruf Didos)*
ex oriente lux	aus dem Osten kommt das Licht
ex parte	zum Teil, teilweise, von seiten
Experimentum crucis	*Experiment, dessen Ausgang eine endgültige Entscheidung über mehrere Möglichkeit herbeiführt*
experto credite	Glaubt dem, der es selbst erfahren hat
ex post facto	1. nach geschehener Tat, hinterher; 2. im nachhinein [wirtsch. t. t.]
expressis verbis	ausdrücklich, mit ausdrücklichen Worten
ex professo	berufsmäßig, von Amts wegen, absichtlich
ex propriis (o. proprio)	aus eigenem, aus eigenen Mitteln, aus eigener Kraft, aus eigenem Antrieb
ex silentio	aus dem Nichtvorkommen *(von Belegen etwas schließen)*

ex tacendo	aus dem Nichtvorkommen *(von Belegen etwas schließen)*
ex tempore	aus dem Stehgreif
extra ecclesiam nulla salus	außerhalb der Kirche *(ist)* kein Heil
extra muros	außerhalb der Mauern
extra ordinem	außerhalb der Reihe
extrinsische Motivation	*durch äußere Zwänge, Strafen verursachte Motivation*
ex tunc	von damals an (*Zeitpunkt für den Eintritt der Rückwirkung einer Bestimmung oder Vereinbarung* [jur. t. t.])
ex ungue leonem (pingere)	Nach der Klaue den Löwen (malen) *(aus einem Glied oder Teil auf die ganze Gestalt, das Ganze schließen)*
ex usu	aus dem Gebrauch heraus *(aus der Erfahrung, durch Übung, nach denm Brauch)*
ex voto	auf Grund eines Gelübdes
fabula docet	die Fabel lehrt *(die Moral von der Geschichte ist, ...; diese Lehre soll man aus der Geschichte ziehen)*
facies Hippocratica	Hippokratisches Gesicht *(Gesicht eines Sterbenden)*
facio, ut des (o. facias)	ich tue *(dies)*, damit du *(etwas)* gibst
facta loquuntur	*eine Sache spricht für sich selbst*
fac totum	mach alles, tu alles
facultas docendi	*1. Lehrauftrag an einer höheren Schule im Angestelltenverhältnis; 2. Lehrbefähigung* [veraltet]
fama crescit eundo	das Gerücht wächst, während es sich verbreitet
favete linguis	Hütet eure Zungen *(sprecht nichts Unrechtes (während der Opferhandlungen)*
felix Austria (o. Germania o. ä.)	glückliches Österreich *(als Ausruf)*
felix culpa	glückliche Schuld (*religiöser Gedanke christlicher Bekenntnisse)*

Felix, qui potuit rerum cognoscere causas (atque metus omnis et inexorabile fatum subiecit pedibus strepitumque Acherontis avari)	Glücklich, der es vermochte, die Urgründe des Seienden zu erkennen, (und der so alle Ängste und das unerbittliche Schicksal seinen Füßen unterwarf und das Waffenrasseln des raffgierigen Acheron *(Glücklichpreisung des epikureischen Naturwissenschaftlers)*
festina lente	Eile mit Weile
fiat iustitia et pereat mundus	das Recht muß seinen Gang gehen und sollte die Welt darüber zugrunde gehen
fiat lux	es werde Licht
fideliter et constanter	treu und beständig
fide, sed cui, vide!	Traue, aber achte darauf, wem!
fides Graeca (o. Punica)	griechische Treue (*Wortbrüchigkeit, Unzuverlässigkeit)*
fidus Achates	der treue Achates *(musterhaft treuer Begleiter des Aeneas)*
figura etymologica	*Redefigur, bei der sich ein intransitives Verb mit einem Substantiv gleichen Stamms oder verwandter Bedeutung als Objekt verbindet* [rhet. t. t.]
filia hospitalis	*Tochter der Wirtsleute des Studenten* [scherzhaft]
finis coronat opus	das Ende krönt das Werk *(Ende gut, alles gut)*
fixe Idee	*Zwangsvorstellung*
flore pleno	mit gefüllter Blüte, üppigem Blütenstand
fons et origo	Quelle und Ursprung
Forsan et haec olim meminisse iuvabit	Vielleicht wird auch die Erinnerung hieran uns einst noch ein Trost sein
Fortes fortuna adiuvat	den Mutigen hilft das Glück
fortiter in re, suaviter in modo	stark *(unnachgiebig)* in der Sache, milde in der Form
Fratres minores	*Franziskaner(-Mönche)*

fuimus Troes, (fuit Ilium et ingens gloria Teucrorum)	Trojaner sind wir gewesen, (gewesen ist Ilium und der ungeheure Ruhm der Teukrer) *(es ist alles verloren, wir sind vernichtet)*
fulmen in clausula	Blitz am Schluß *(brillante Schlußpointe einer Rede)*
fünfte Kolonne	*Spionage- und Sabotagetrupp aus Mitgliedern der eigenen Truppen*
Furor poeticus	dichterische Begeisterung
Furor principum	*dichterische Begeisterung*
Furor teutonicus	*1. germanischer Angriffsgeist; 2. Aggressivität als den Deutschen unterstelltes Wesensmerkmal*
Futurum exactum	*vollendetes Futur* [sprachwiss. t. t.]
Gallia est omnis divisa in partes tres	Gallien ist als Ganzes in drei Teile gegliedert
Gallina scripsit	die Henne hat es geschrieben *(Krähenfüße im Gesicht als Zeichen des Alterns)*
Gallinae filius albae	Sohn einer weißen Henne *(Sonntagskind, Glückskind)*
gaudeamus igitur, iuvenes dum sumus	Daher laßt uns lustig sein, solange wir jung sind *(Anfang eines Studentenliedes)*
gaudium laboris acti	das Vergnügen an der getanen Arbeit *(nach getaner Arbeit ist gut ruhen)*
Generatio aequivoca	mehrdeutige Zeugung *(Urzeugung; Entstehung des Lebens ohne göttlichen Schöpfungsakt)*
Generatio primaria	mehrdeutige Zeugung
Generatio spontanea	mehrdeutige Zeugung
Genius loci	der Geist des Ortes *(Nimbus; Schutzgeist)*
Genu recurvatum	*überstreckbares Knie, das einen nach vorne offenen Winkel bildet* [med. t. t.]
genus irritabile vatum	das empfindsame Geschlecht der Dichter
Gesta Romanorum	*Titel eines lateinischen Novellenbuches aus dem Mittelalter*

Gloria in excelsis deo	Ehre sei Gott in den Höhen *(Lobgesang der Engel bei der Geburt Christi - Teil der Meßliturgie)*
Gradus ad Parnassum	Stufe zum Parnaß *(1. Titel von Werken, die in die lateinische und griechische Verskunst einführen* [hist. t. t.]; *2. Titel von Etüdenwerken)*
Graeca non leguntur	Griechisches wird nicht gelesen *(Notiz mittelalterlicher Glossare)*
grammatici certant, et adhuc sub iudice lis est	die Philologen streiten untereinander, und noch ist der Rechtsstreit nicht entschieden
gratia supponit naturam	die Gnade setzt die Natur voraus (bzw. knüpft an sie an) *(im Wesen des Menschen ist das Strreben nach Gott naturhaft vorhanden)*
grosso modo	im großen ganzen
gutta cavat lapidem	der *(steter)* Tropfen höhlt den Stein
Habeas corpus	*Anfangsworte des mittelalterlichen Haftbefehls*
habeat sibi	er habe es für sich selbst *(meinetwegen, von mir aus, er soll seinen Willen haben)*
habemus Papam	wir haben einen Papst *(Ausruf nach vollzogener Papstwahl)*
habent sua fata libelli	Bücher haben *(auch)* ihre Schicksale
haec placuit semel, haec deciens repetita placebit	dieses Gedicht hat einmal gefallen, dieses wird auch zehnmal wiedergelesen noch gefallen
Hannibal ad (o. ante) portas	(Hannibal vor den Toren *(Achtung! Sei(d) vorsichtig! Ein Unwillkommener ist im Anmarsch)*
have, pia anima	sei gegrüßt, fromme Seele *(Grabsteininschrift)*
hic et nunc	hier und jetzt *(sofort, im Augenblick, augenblicklich, ohne Aufschub, auf der Stelle)*
hic haeret aqua	hier hängt das Wasser *(hier geht es nicht weiter, hier ist kein Ausweg)*
hic Rhodus, hic salta	*hier gilt es: Hier zeige, was du kannst!*
Hinc illae lacrimae!	Daher jene Tränen! *(Das ist also der wahre Grund!)*

hoc anno	in diesem Jahre
Hoc erat in votis: (modus agri non ita magnus ...)	Das war in meine Gebeten: (Ein Stück Land, nicht so sehr groß ...) *(Das hatte ich mir gewünscht)*
hoc est	das ist [veraltet]
hoc loco	hier an diesem Ort [veraltet]
Hoc volo, sic iubeo, sit pro ratione voluntas	Das will ich, so befehle ich *(es)*, anstelle des Grundes stehe mein Wille
hodie mihi, cras tibi	heute mir, morgen dir
Homo erectus	*ausgestorbene Frühmenschenart*
Homo faber	*der Mensch mit seiner Fähigkeit, Werkzeuge und technische Hilfsmittel herzustellen*
homo homini lupus	der Mensch ist dem Menschen ein Wolf *(der Mensch ist der gefährlichste Feind des Menschen)*
Homo ludens	*der Mensch als Spielender*
Homo novus	Neuling, Emporkömmling, Neureicher
Homo oeconomicus	*der von wirtschaftlichen Zweckmäßigkeitserwägungen geleitete Mensch*
Homo sapiens	vernunftbegabter *(moderner)* Mensch
homo sui iuris	einer, der sein eigener Herr ist
homo sum, humani nihil a me alienum puto	ich bin ein Mensch, nichts Menschliches ist mir fremd
honoris causa	ehrenhalber
hora ruit	die Stunde eilt
Horas non numero nisi serenas	Ich zähle nur die heiteren Stunden *(Inschrift auf Sonnenuhren)*
horribile dictu	es ist furchtbar, dies sagen zu müssen
horribile visu	schrecklich anzusehen
Horror vacui	Scheu vor dem Leeren

Hortulus animae	*häufiger Titel spätmittelalterlicher Gebetbücher*
huius anni	dieses Jahres
huius mensis	dieses Monats
id est	das ist, das heißt
Iesus hominum salvator	Jesus, der Menschen Heiland
igni et ferro	mit Feuer und Schwert *(ausrotten)*
ignis et aquae interdictio	Untersagung des Feuers und Wassers *(Formel, mit der im alten Rom die Verbannung ausgesprochen wurde)*
ignoramus et ignorabimus	wir wissen es nicht und werden es auch nicht wissen *(Schlagwort für die Unlösbarkeit der Welträtsel)*
Iliacos intra muros peccatur et extra	innerhalb und außerhalb der Mauern von Ilium (=Troja) wird gesündigt *(Fehler werden auf beiden Seiten gemacht)*
Ilias post Homerum	eine Ilias nach Homer *(etwas zu tun ist überflüssig, weil der Vorgänger nicht übertroffen werden kann)*
(Illis) salus populi suprema lex esto	(Diesen) *(d. h. den höchsten Magistraten)* soll das Wohl des Volkes das oberste Gesetz sein
illokutiver Indikator	*Partikelwort, kurze Phrase, die einen nicht eindeutigen Satz eindeutig macht*
Imago Dei	*Gottebenbildlichkeit des Menschen als christliche Lehre*
Imitatio Christi	*Nachfolge Christi, christliches Leben im Gehorsam gegen das Evangelium*
Immaculatio conceptio	unbefleckte Empfängnis *(Marias)*
Immum coeli	Schnittpunkt der Ekliptik; Himmelstiefe [astrol. t. t.]
imprimi potest	es kann gedruckt werden
Improbe Amor, quid non mortalia pectora cogis	Unersättliche Liebe, wozu nicht treibst du die sterblichen Herzen
in absentia	in Abwesenheit *(des Angeklagten)* [jur. t. t.]

in abstracto	im allgemeinen *(ohne Berücksichtigung der besonderen Lage betrachtet)*
in actu	in Tätigkeit
in aeternum	auf ewig, für immer
in albis	in weißen Bogen *(in Rohbogen, nicht gebunden)* [bei Büchern - veraltet]
in Baccho et Venere	bei Bacchus und Venus *(beim Wein und bei den Frauen)*
in brevi	in kurzem [veraltet]
in camera caritatis	unter wohlgemeinter Verschwiegenheit, unter vier Augen *(gesagt)*
in caritatem servire	in Liebe zum Nächsten dienen
in cauda venenum	Im Schwanz steckt das Gift *(Das dicke Ende kommt nach)*
in concreto	*auf den vorliegenden Fall bezogen; im Einzelfall; in Wirklichkeit*
in continuo	im fortlaufenden; in ununterbrochenen Zusammmenhang
in contumaciam urteilen	*in Abwesenheit des Beklagten ein Urteil fällen* [jur. t. t.]
in contumaciam verurteilen	*wegen Nichterscheinens vor Gericht verurteilen* [jur. t. t.]
in corpore	*in Gesamtheit, alle gemeinsam* [jur. t. t.]
in cunabulis	in der Wiege *(uranfänglich)*
in curia	an öffentlicher Stelle, beim Amt
Index librorum prohibitorum	Verzeichnis der verbotenen Bücher *(der röm.-kath. Kirche)*
indicta causa	ohne Verhör, ohne Gerichtsverfahren, ohne Verteidigung [jur. t. t.]
in dubio (pro reo)	im Zweifelsfalle (für den Angeklagten) *(Rechtsgrundsatz)*
in dulci iubilo	in süßem Jubel *(Anfang eines mittelalterlichen Weihnachtsliedes)*

in duplo	in zweifacher Ausfertigung, doppelt [veraltet]
in effectu	in der Tat, wirklich [veraltet]
in effigie	Im Bilde, bildlich *(im übertragenen Sinne)*
inesse quin etiam sanctum aliquid et providum putant	Ja sie *(= die Germanen)* glauben sogar, daß *(den Frauen)* etwas Heiliges und Voraussehendes innewohne
in extenso	ausführlich, vollständig
in extremis	in den letzten Zügen *(liegend, am Ende sein)* [med. t. t.]
in facto	in der Tat, in Wirklichkeit, wirklich
Infandum, regina, iubes renovare dolorem	Unsägliches Leid, Königin, heißt du mich erneuern
in fidem	zur Beglaubigung, zur Bestätigung *(einer Sache)*
in flagranti	auf frischer Tat
in floribus	in Blüte, im Wohlstand
Influxus physicus	*1. Beeinflussung der Seele durch den Leib; Wechselwirkung von: Leib-Seele, Körper-Geist*
in folio	in Folioformat *(von Büchern)*
in genere	im allgemeinen, überhaupt
in globo	im ganzen, insgesamt
in hoc signo (vinces)	in diesem Zeichen (wirst du siegen) *(Inschrift eines legendären, am Himmel erschienenen Kreuzes)*
in honorem	zu Ehren
in infinitum	bis ins Unendliche, ohne Ende, grenzenlos
in integrum restituieren	*in den vorigen (Rechts)stand wiedereinsetzen, den früheren Rechtszustand wiederherstellen* [jur. t. t.]
in magnis et voluisse ...	*s. Quod si deficiant ...*
in maiorem Dei gloriam	zur größeren (höheren) Ehre Gottes

in mandatis	im Auftrag
in margine	am Rande
in medias res	mitten in die Dinge hinein *(ohne Umschweife, Einleitung zur Sache kommen)*
in memoriam	zum Gedächtnis, zum Andenken
in mora	im Rückstand, säumig
in natura	*1. leibhaftig, wirklich, persönlich; 2. in Waren, in Form von Naturalien* [ugs.]
in naturalibus	*natürlich, ganz im Zustand der Natur, nackt*
in necessariis unitas, in dubiis libertas, in omnibus caritas	In den notwendigen Dingen Einigkeit, in den umstrittenen Freiheit, in allen Liebe
in nexu	im Zusammenhang
in nomine	im Namen
in nomine Dei	im Namen Gottes
in nomine Domini	im Namen des Herren
in nuce	im Kern *(in Kürze, kurz und bündig)*
in obscuro	im Verborgenen, geheim
in optima forma	in bester Form *(einwandfrei; wie es sich gehört)*
in partibus infidelium	*Zusatz zum Titel von Bischöfen in wieder heidnisch gewordenen Gebieten* [hist. t. t.], *im Gebiet der Ungläubigen*
in pectore	*unter Geheimhaltung (z. B. bei der Kardinalsernennung)*
in perpetuam memoriam	zum ewigen Gedenken
in perpetuum	auf immer, auf ewige Zeiten
in persona	in Person, persönlich, selbst
in pleno	in voller Versammlung; vollzählig

in pontificalibus	in priesterlichen Gewändern *(im Festgewand, höchst feierlich* [scherzhaft]*)*
in praxi (l;gr>l)	*1. im wirklichen Leben, tatsächlich; 2. in der (tatsächlichen) Rechtsprechung*
in principio erat verbum	im Anfang war das Wort *(Beginn des Evangeliums)*
in puncto	in dem Punkt, hinsichtlich
in puncto puncti	*was die Keuschheit betrifft; hinichtlich des sechsten Gebots*
in puncti sexti	hinsichtlich des sechsten Gebots *(der Keuschheit)* [veraltet - scherzhaft]
in puris naturalibus	im reinen Naturzustand *(ohne alle Verhüllung, nackt)*
inquietum est cor nostrum, donec requiescat in te	Unruhig ist unser Herz, bis es Ruhe findet in dir
INRI (Iesus Nazarenus Rex Iudaeorum)	Jesus von Nazareth, König der Juden
in saeculo saeculorum	auf die Jahrhunderte der Jahrhunderte hin *(in alle Ewigkeit)*
in salvo	in Sicherheit [veraltet]
in situ	*1. in der natürlichen, richtigen Lage* [von Organen - med. t. t.]*; 2. in originaler Lage* [von Fundstücken - archäol. t. t.]
in spe	*zukünftig, baldig*
in specie	*in Hinblick auf, insonderheit*
in spiritualibus	in geistlichen Dingen
in statu nascendi	im Zustand des Entstehens
in statu quo	im gegenwärtigen Zustand, unverändert
in statu quo ante	im früheren Zustand
in summa	im ganzen, insgesamt
in suspenso	unentschieden, in der Schwebe [veraltet]

Integer vitae scelerisque purus (non eget Mauris iaculis neque arcu ...)	Wer unangetastet in seiner Lebensführung und von *(jeglichem)* Verbrechen rein ist, (der bedarf nicht maurischer Wurfspieße noch eines Bogens ...)
Intellectus archetypus	*das Urbild prägendes, göttliches, schauend-schaffendes Denken*
intellego (o. intelligo), ut credam	*ich gebrauche den Verstand, um zum Glauben zu kommen*
in tergo	auf der Rückseite
inter alia	unter anderem
inter arma caritas	inmitten der Waffen Nächstenliebe *(Losung des Genfer Roten Kreuzes)*
inter arma silent leges	im Waffen*(lärm)* schweigen die Gesetze
interim fit aliquid	Inzwischen geschieht irgendetwas *(Begründung für ein Verzögern von etwas)*
inter nos	unter uns *(gesagt)*
inter pocula	zwischen den Bechern *(beim Wein, beim Trinken)* [veraltet]
inter pocula laeti	*Frohsinn beim Weine, Trinken in Gesellschaft stimmt fröhlich*
Interpretatio Romana	*1. römische Deutung und Benennung nichtrömischer Götter; 2. Deutung und Übernahme germanischer religiöser Bräuche und Vorstellungen durch die kath. Kirche*
in toto	im ganzen *(etwas ablehnen oder annehmen; im großen und ganzen)*
intra legem	innerhalb, im Rahmen des Gesetzes [jur. t. t.]
intra muros	innerhalb der Mauerwände *(nicht öffentlich, geheim)*
intra partum	während der Geburt [med. t. t.]
in triplo	dreifach, in dreifacher Ausfertigung [selten]
in (ad) usum Delphini	*für den Schulgebrauch nach Entfernung anstößiger Stellen*

in verba magistri (schwören)	*auf des Meisters Worte schwören, d. h. die Lehrsätze eines Lehrers nachsprechen*
in vino veritas	im Wein *(liegt)* die Wahrheit
in vitro	im Reagenzglas *(durchgeführt)*
in vivo	am lebenden Objekt
Iovi optimo maximo	Jupiter, dem Besten und Größten *(römische Weihinschrift)*
ipse dixit	er *(der Meister)* selbst hat *(es)* gesagt *(Redewendung der Schüler des Pythagoras)*
ipse fecit	er hat *(es)* selbst gemacht *(hinter Künstlersignaturen)*
ipsissima verba (o. vox)	*mit ureigenen Worten, genau dem Wortlaut nach*
ipso facto	durch die Tat selbst *(Rechtsformel, die besagt, daß die Folgen einer Tat von selbst eintreten; durch die Tatsache selbst, eigenmächtig* [jur. t. t.]*)*
ipso iure	durch das Recht selbst *(Rechtsformel, die besagt, daß die Rechtsfolgen einer Tat von selbst eintreten* [jur. t. t.]*)*
is fecit, huic prodest	getan hat es der, dem es nützt *(Grundsatz der Kriminalistik)*
ite, missa est	geht, *(die gottesdienstliche Versammlung)* ist entlassen *(Schlußworte der kath. Meßfeier)*
iucundi acti labores	angenehm die getane Arbeit *(nach getaner Arbeit fühlt man sich wohl, ist gut ruh'n)*
Julianischer Kalender	*der von Julius Caesar eingeführte Kalender*
Iura novit curia	das Gericht kennt das anzuwendende Recht
iurare in verba magistri	auf des Meisters Worte schwören *(die Meinung eines anderen nachbeten)*
juristische Person	*mit der Rechtsfähikeit einer (natürlichen) Person ausgestattete Körperschaft*
ius gentium	Völkerrecht
iustitia fundamentum regnorum	die Gerechtigkeit ist die Grundlage der Königreiche

ius primae noctis	das Recht der ersten Nacht *(Recht der Feudalherren auf die Brautnacht seiner weiblichen Leibeigenen im Mittelalter)*
Kamera obscura	*s. Camera obscura*
katilinarische Existenz	*heruntergekommener, zu verzweifelten Schritten neigender Mensch, der nichts mehr zu verlieren hat*
katonische Strenge	*hart strafende Unnachgiebigkeit (nach Cato, gest. 147 v. Chr.)*
kaudinisches Joch	*tiefe Demütigung, Erniedrigung*
Koitus (Coitus) a tergo	Geschlechtsverkehr von hinten
Koitus interruptus	unterbrochener Geschlechtsverkehr
Koitus per anum	*Geschlechtsverkehr durch Einführen des Penis in den After des Geschlechtspartners*
Koitus reservatus	*Geschlechtsverkehr mit unterdrücktem Samenerguß*
Korpus ...	*s. Corpus ...*
kurulischer Stuhl	*Amtssessel des höchsten altrömischen Beamten*
labor improbus	die unablässige Arbeit, harte Arbeit
labor omnia vicit (improbus et duris urgens in rebus egestas)	Mühsal bezwang alles, unersättlich, (und die in harten Zeiten bedrängende Armut) *(Mühsal gewann die Herrschaft über alles)*
Lacrimae Christi	*alkoholreicher, goldfarbener Wein von den Hängen des Vesuvs*
Laesio enormis	übermäßige Verletzung *(Rückgaberecht bei Preiswucher* [in Österreich]*)*
lapsus calami	*Schreibfehler*
lapsus linguae	*das Sichversprechen*
lapsus memoriae	Gedächtnisfehler
Laterna magica	*1. einfacher Projektonsapparat des 17. Jh.s; 2. Bühnenaufführung mit Projektionen kombiniert*

latet anguis in herba	Verborgen liegt eine Schlange im Gras
laudator temporis acti	Lobredner der Vergangenheit
lectori salutem	*Formel zur Begrüßung des Lesers in alten Schriften*
lege artis	vorschriftsmäßig, nach den Regeln der *(ärztlichen)* Kunst
Legenda aurea	*mittelalterliches Erbauungsbuch (Legendensammlung)*
legibus solutus	von den Gesetzen entbunden
leoninischer Vertrag	*Vertrag, bei dem ein Partner allen Nutzen hat*
lex imperfecta	unvollständiges Gesetz *(das keine Sanktionen bei Übertritt androht)*
Lex generalis	allgemeines Gesetz
lex mihi ars	die Kunst *(ist)* mir Gesetz
Lex specialis	Sondergesetz
Lex specialis derogat generali	das besondere Gesetz geht dem allgemeinen vor
Liberalium artium magister	Magister der Freien Künste *(Titel mittelalterlicher Universitätslehrer)*
Liber pontificalis	Papstbuch *(mittelalterliche Sammlung der ältesten Papstbiographien)*
libertas et iustitia	Freiheit und Gerechtigkeit *(Devise der USA)*
Liberum arbitrium	Willens- und Wahlfreiheit *(freier, selbständiger Entschluß* [philos. t. t.]*)*
Liberum veto	*Grundsatz im frühneuzeitlichen Parlament Polens (Sejm), wonach ein Gesetz die Zustimmung aller (Fürsten) braucht, um angenommen zu werden*
licentia docendi	*die Erlaubnis, an Hochschulen Vorlesungen zu halten*
licentia poetica	dichterische Freiheit
limbus patrum	Umgrenzung der Väter *(„Abrahams Schoß", Vorhölle für die Frommen in vorchristlicher Zeit* [nach kath. Auffassung]*)*

limbus puerorum (o. infantium)	Umgrenzung der Kinder *(Vorhölle für ungetauft verstorbene Kinder* [nach kath. Auffassung]*)*
Litterarum Humaniorum Doctor	*Doktor der Literaturwissenschaften in England*
loco citato	an der angeführten Stelle *(eines Buches)*
loco laudato	an der angeführten Stelle *(eines Buches)* [selten]
loco sigilli	anstatt des Siegels *(auf Abschriften)*
Locus amoenus	*aus bestimmten Elementen zusammengesetztes Bild einer lieblichen Landschaft als literarischer Topos*
locus, a quo	*Ort, wo der Aussteller eines Wechselpapiers wohnt* [wirtsch. t. t.]
locus, ad quem	*Ort, an dem ein Wechsel zahlbar ist* [wirtsch. t. t.]
locus classicus	klassische *(Beleg)*stelle
Locus communis	*Gemeinplatz, bekannte Tatsache, abgedroschene Redensart*
locus delicti	*Ort, wo das Verbrechen begangen wurde*
locus minoris resistentiae	*Ort des geringeren Widerstandes, wunder Punkt, Achillesferse*
lucus a non lucendo	Wald *(wird Wald genannt)* vom nicht leuchtend sein
Lumen naturale	*das natürliche Licht der Vernunft im Unterschied zum göttlichen; das menschlich-endliche Erkenntnisvermögen mit seiner Abhängigkeit vom „übernatürlichen Licht" der göttlichen Offenbarung*
lupus in fabula	der Wolf in der Fabel *(wenn man vom Teufel spricht, ist er nicht weit)*
Magna Charta	*1. englisches Grundgesetz, in dem der König dem Adel Freiheitsrechte garantieren mußte (1251); 2. Grundgesetz, Verfassung, Satzung*
magna cum laude	mit großem Lob *(sehr gut; zweitbestes Prädikat der Doktorprüfung)*
Magna Mater	Große Mutter, Muttergottheit

Maiestas Domini	Herrlichkeit des Herren *(Darstellung des thronenden Christus)*
Maior domus	*Titel der merowingischen, obersten Hofbeamten (= Hausmeier)*
mala fide	*in böser Absicht; trotz besseren Wissens*
malleus maleficarum	Hammer der Übeltäterinnen *(Hexenhammer: Anleitung zur Bekämpfung des Hexenwesens von 1487)*
manu propria	eigenhändig
manum de tabula	die Hand von der Tafel *(jetzt die Hände davon lassen, damit aufhören)*
manus manum lavat	eine Hand wäscht die andere
Manus mortua	Tote Hand *(Bezeichnung im Vermögensrecht* [veraltet]*)*
massa perditionis, (unde electi sumus)	die Masse der Verdammnis, aus der wir erwählt sind
Mater dolorosa	*Beiname der Gottesmutter im Schmerz um die Leiden des Sohnes*
Maturitas praecox	*(sexuelle)* Frühreife [med., psych. t. t.]
mea culpa, (mea culpa, mea maxima culpa)	durch meine Schuld, (meine Schuld, meine größte Schuld) *(Ausruf aus dem lateinischen Sündenbekenntnis am Beginn der kath. Meßliturgie)*
medias in res	*s. in medias res*
media in vita in morte sumus	mitten im Leben sind wir vom Tod umfangen
medicinae universalis (Abk.: med. univ.)	der gesamten Heilkunde *(Bezeichnung für den praktischen Arzt)*
medicus curat, natura sanat	der Arzt behandelt, die Natur heilt
medio tutissimus ibis	in der Mitte wirst du am sichersten gehen
Medium coeli	Himmelsmitte, Zenit, Spitze *(des 10. Hauses* [astrol. t. t.]*)*
memento mori (o. moriendum esse)	Denke daran, daß du wirst sterbend sein *(Vorfall, Gegenstand, der an den Tod gemahnt)*

mensa academica	*Kantine an Hochschulen und Universitäten*
mensis currentis	laufenden Monats [veraltet]
mens sana in corpore sano	in einem gesunden Körper *(möge auch)* ein gesunder Geist *(wohnen)*
mente captus	begriffstutzig *(nicht bei Verstand, unzurechnungsfähig)*
Meum est propositum in taberna mori	Mein Vorsatz ist, in einer Taverne zu sterben
Miles gloriosus	*Aufschneider, Prahlhans*
Militat omnis amans (et habet sua castra Cupido)	Kriegsdienst leistet jeder Liebende, (und auch Cupido hat seine Heerlager)
minima de malis	das Geringste von den Übeln
minima non curat praetor	Um Kleinigkeiten kümmert sich der Prätor nicht *(In Bagatellsachen treffen die Gerichte keine Entscheidungen)*
mirabile dictu	*kaum zu glauben*
misce stultitiam consiliis brevem: Dulce est despicere in loco	Mische kurze Torheit in dein kluges Planen: Eine Wonne ist es, unvernünftig zu sein, wo es am Platze ist
misera plebs	das arme Volk
Misericordias Domini	*zweiter Sonntag nach Ostern*
Missa pontificalis	*Pontifikalamt*
Missa solemnis	*feierliches Hochamt*
Missa lecta	*Lesemesse*
Missale Romanum	*Meßbuch der kath. Kirche*
Missio canonica	*Ermächtigung zur Erteilung des Religionsunterrichts*
Mixtum compositum	Durcheinander, buntes Gemisch
Modus operandi	Art und Weise des Handelns, Tätigwerdens
Modus procedendi	Verfahrensweise

Modus vivendi	*1. Form des Zusammenlebens ohne Rechtsgrundlage o. völlige Übereinstimmung (zwischen verschiedenen Parteien); leidliches Verhältnis; 2. Aussageweise des Verbs im deutschen* [sprachwiss. t. t.]; *3. Bezeichnung für eine Kirchentonart; 4. Bezeichnung der Notenzeitwerte im Mittelalter; 5. Taktmaß der Mensuralnotation* [3.-5. mus. t. t.]
Morbus sacer	*Epilepsie*
more geometrico	*bestimmte philosophische Methode* [philos. t. t.]
(jmdn.) Mores lehren	*jmdm. Anstand beibringen*
morituri te salutant	die Todgeweihten grüßen dich
mors certa, hora incerta	der Tod ist gewiß, seine Stunde ungewiß
mors porta vitae	der Tod ist die Pforte des Lebens
mos maiorum	Sitte der Väter *(alter Brauch)*
Motu proprio	*päpstlicher Erlaß*
mulier taceat in ecclesia	das Weib hat in der Kirche zu schweigen
multiple Sklerose (l;gr)	*Erkrankung des Gehirns und des Rückenmarks* [med. t. t.]
multum, non multa	viel, nicht vielerlei *(Gründlichkeit, nicht Oberflächlichkeit)*
mundus vult decipi, (ergo decipiatur)	die Welt will betrogen sein, (daher sei sie betrogen)
Musica antiqua	alte Musik
Musica mensurata	Mensuralmusik
Musica mundana	*himmlische, sphärische Musik*
Musica celestis	*himmlische, sphärische Musik*
Musica nova	neue Musik
Musica sacra	Kirchenmusik
Musica viva	*moderne Musik*

Muta cum liquida	*Verbindung von Verschluß- und Fließlaut* [sprachwiss. t. t.]
mutatis mutandis	*mit den nötigen Abänderungen*
narrata refero	ich berichte *(nur)* Erzähltes
naturalia non sunt turpia	Natürliches ist keine Schande
Natura naturans	die schaffende Natur
Natur naturata	die geschaffene Natur
Natura non facit saltus	die Natur macht keine Sprünge *(in der Natur geht alles allmählich vor sich)*
naturam expelles furca, tamen usque recurret et mala perrumpiet furtim fastidia victrix	Die Natur kannst du mit der Forke austreiben: Sie wird dennoch immer wieder zurückkehren und unversehens als die sichere Siegerin die verderbliche Verwöhntheit durchbrechen
navigare necesse est, vivere non est necesse	Schiffahrt ist nötig, leben nicht
ne bis in idem	*Verbot, rechtskräftig abgeschlossene Strafsachen noch einmal neu zu eröffnen (Rechtsgrundsatz)* [jur. t. t.]
nec aspera terrent	auch Widerwärtigkeiten schrecken nicht
nemo ante mortem beatus	niemand ist vor (seinem) Tod glücklich *(zu preisen)*
nemo contra deum nisi deus ipse	Keiner *(kann)* gegen Gott *(sein)* außer Gott selbst
nemo iudex in causa sua	niemand *(kann)* Richter *(sein)* in seiner eigenen Angelegenheit
ne quid nimis	Nichts zu sehr *(Nichts im Übermaß tun, genießen)*
Nervus abducens	*sechster Gehirnnerv* [med. t. t.]
Nervus probandi	*Beweiskraft, Hauptbeweisgrund* [veraltet - jur. t. t.]
Nervus rerum	*1. Triebfeder, Hauptsache; 2. Geld als Zielpunkt allen Strebens, als wichtige Grundlage*
Nihil est (enim) simul et inventum et perfectum	(Denn) nichts ist zugleich sowohl erfunden als auch vollendet

nihil est in intellectu, quod non fuerit prius in sensu	Nichts ist im Verstand, was nicht zuvor in der Wahrnehmung gewesen wäre
nihil fit sine causa	nichts geschieht ohne Ursache
nihil humani a me alienum puto	nichts Menschliches ist mir fremd
nihil novi sub sole	nichts Neues unter der Sonne
nihil obstat	es steht nichts im Wege *(Unbedenklichkeitsformel der kath. Kirche für Druckerzeugnisse)*
nil admirari	nichts bewundern
Nil mortalibus ardui est: (caelum ipsum petimus stultitia neque per nostrum patimur scelus iracunda Iovem ponere fulmina)	Nichts ist den Sterblichen unersteiglich: (Am Himmel selbst vergreifen wir uns in unserer Dummheit, und durch unseren Frevel lassen wir es nicht zu, daß Jupiter die zürnenden Blitze niederlegt)
nil nocere	*(Dem Patienten wenigstens)* in keiner Hinsicht schaden [med. t. t.]
Nil tam difficile est, quin quaerendo investigari possit	Nichts ist so schwierig, daß es nicht durch Nachforschen aufgespürt werden könnte
Nisus formativus	Bildungstrieb *(Lebenskraft jedes Lebewesens)*
Nisus sexualis	Geschlechtstrieb [med. t. t.]
Nitimur in vetitum semper cupimusque negata	Immer drängen wir zum Verbotenen hin und begehren das Verweigerte
nobile officium	Ehrenpflicht, Ehrenamt
nolens, volens	wohl oder übel
noli me tangere	rühr' mich nicht an *(1. Springkraut* [bot. t. t.]*; 2. Darstellung des auferstandenen Christus)*
noli turbare circulos meos	störe nicht meine Kreise
Nomen acti	*Substantiv, das das Ergebnis eines Geschehens bezeichnet* [sprachwiss. t. t.]

Nomen actionis	*Substantiv, das ein Geschehen bezeichnet* [sprachwiss. t. t.]
Nomen agentis	*Substantiv, das den Träger eines Geschehens bezeichnet* [sprachwiss. t. t.]
Nomen est (bzw. et o. atque) omen	der Name ist (bzw. und) zugleich Vorbedeutung
Nomen gentile (o. gentilicium)	*altrömischer Geschlechtername*
Nomen instrumenti	*Substantiv, das Geräte und Werkzeuge bezeichnet* [sprachwiss. t. t.]
Nomen loci	*Substantiv, das den Ort eines Geschehens bezeichnet* [sprachwiss. t. t.]
Nomen nescio (Abk. N. N.)	den Namen weiß ich *(noch)* nicht
Nomen patientis	*Substantiv mit passivischer Bedeutung* [sprachwiss. t. t.]
Nomen postverbale	*Substantiv, das von einem Verb rückgebildet ist* [sprachwiss. t. t.]
Nomen proprium	*1. Eigenname; 2. deklinierbares Wort*
Nomen qualitatis	*Substantiv, das einen Zustand oder eine Eigenschaft bezeichnet* [sprachwiss. t. t.]
nomina sunt odiosa	Namen sind verpönt *(es ist besser, manchmal keine Namen zu nennen)*
non confundar in aeternum	nicht werde ich zuschanden werden in Ewigkeit *(letzter Vers des Tedeums)*
non dolet, Paete	es schmerzt nicht, Paetus (es ist halb so schlimm)
non (enim) possumus, (quae vidimus et audivimus, non loqui)	(Denn) wir können nicht, (was wir gesehen und gehört haben, nicht verkünden)
(sed nunc) non erat his locus	aber jetzt hatten diese keinen Platz *(etwas war nicht am Platze)*
non liquet	es ist nicht klar [jur. t. t.]
non modo ..., sed etiam ...	nicht nur ..., sondern auch ...

non multa, sed multum	nicht vielerlei, sondern vieles *(nicht Oberfächlich-, sondern Gründlichkeit)*
non olet	es *(das Geld)* stinkt nicht *(man sieht dem Geld nicht an, wie es verdient wird)*
non omnia possumus omnes	Nicht alles können wir alle
non omnis moriar	Nicht ganz werde ich sterben
non plus ultra	*das ist das höchste der Gefühle, das ist unübertreffbar*
non possumus	wir können nicht *(Weigerungsformel der kath. Kirche gegenüber der weltlichen Macht)*
non scholae, sed vitae discimus	nicht für die Schule, für das Leben lernen wir *(bzw. die umgekehrte Variante)*
non serviam	ich will nicht dienen *(legendärer Ausspruch des Luzifer)*
Non sum, qualis eram	Ich bin nicht, wie ich war
Nonum(que) prematur in annum	(Und) bis ins neunte Jahr werde es *(das Gedicht)* zurückgehalten
nosce te (ipsum)!	Erkenne dich (selbst)!
nota bene	*wohlgemerkt, man achte darauf*
Nota quadrata (oder quadriquarta oder Romana)	*(viereckiges Notenzeichen der Choralnotation* [mus. t. t.]*)*
Notiones communes	*(die dem Menschen angeborenen und daher allen Menschen gemeinsamen Begriffe und Vorstellungen* [im Stoizismus - philos. t. t.]*)*
novissima verba	*die letzten Worte eines Sterbenden*
nuda veritas	die nackte Wahrheit
nudis verbis	mit nackten *(dürren)* Worten
nulla dies sine linea	Kein Tag (verstreiche) ohne eine Linie *(Laß keinen Tag verstreichen, ohne wenigstens eine einzige Linie zu ziehen)*
nulla poena (o. nullum crimen) sine lege	keine Strafe (kein Verbrechen) ohne Gesetz [Rechtsgrundsatz]

Nullus est liber tam malus, ut non aliqua parte prosit	Kein Buch ist so schlecht, daß es nicht in irgendeiner Hinsicht nützen könnte
Numerus clausus	*(zahlenmäßig beschränkte Zulassung* [z. B. zu einem Studium])
Numerus currens	*1. laufende Nummer, mit der ein neu eingehendes Buch in einer Bibliothek versehen wird* [veraltet]; *2. Zahl, zu der der Logarithmus gesucht wird* [math. t. t.]; *3. Zahlform des Nomens* [sprachwiss. t. t.]; *4. ebenmäßige Verteilung des gesamten Sprachstoffes im Satz* [rhet. t. t.]
nunc est bibendum, (nunc pede libero pulsanda tellus)	jetzt soll man trinken, nun mit freiem Fuß die Erde stampfen *(jetzt ist es an der Zeit, Feste zu feiern)*
Nunc vino pellite curas!	Nun vertreibt mit Wein die Sorgen!
O curas hominum, o quantum est in rebus inane!	Oh die Sorgen *(und Mühen)* der Menschen, oh wieviel Leeres ist in den Dingen!
oderint, dum metuant	Mögen sie *(mich)* nur hassen, wenn sie *(mich)* nur fürchten
odi et amo	Ich hasse und liebe
odi profanum vulgus (et arceo)	ich hasse die ungebildete Masse (und halte sie mir fern)
Odium generis humani	Haß gegen das Menschengeschlecht
Officium divinum	*1. Gottesdienst; 2. Kirchenamt*
Oleum et operam perdidi	Öl und Mühe habe ich verloren
o matre pulchra filia pulchrior	Oh, einer schönen Mutter schönere Tochter
o mihi praeteritos referat si Iuppiter annos!	Oh wenn doch Jupiter mir die vergangenen Jahre zurückbrächte!
omnes eodem cogimur	Alle werden wir an den gleichen Ort gezwungen
omnes una manet nox	auf alle wartet ein und dieselbe Nacht *(allen steht ein und dassselbe bevor)*

Omne tulit punctum, qui miscuit utile dulci (lectorem delectando pariterque monendo)	Jede Stimme hat der davongetragen, der das Nützliche dem Angenehmen beigemischt hat, (indem er den Leser erfreut und zugleich ermahnt)
omnia ad maiorem Dei gloriam	alles zur größeren Ehre Gottes
omnia mea mecum porto	all meinen Besitz trage ich bei mir
omnia vincit Amor	alles wird von der Liebe besiegt
omnis homo mendax	Jeder Mensch ist ein Lügner
operante Konditionierung	*Veränderung bestimmter Verhaltensweisen durch Verknüpfung von Situationsgegebenheiten mit Verhaltensweisen, die Belohnungen oder Bestrafungen nach sich ziehen* [psych. t. t.]
opere citato (Abk.: op. cit.)	in dem *(vorher)* zitierten Werk
Opinio communis	allgemeine Meinung
optima fide	im besten Glauben
optima forma	in bester Form
Opus alexandrinum (o. sectile)	*zweifarbiges, geometrisch angeordnetes Fußbodenmosaik*
Opus eximium	herausragendes, außerordentliches Werk
Opus incertum	*römisches Mauerwerk aus Bruchsteinen mit Mörtelguß*
Opus operatum	*(vollzogene sakramentale Handlung* [rel. t. t.]*)*
Opus reticulatum	*römisches Mauerwerk aus netzförmig angeordneten Steinen*
Opus spicatum	*römisches Mauerwerk, dessen Steine im Ähren- oder Fischgrätenmuster gefügt sind*
Opus tesselatum	*farbiges Fußbodenmosaik*
O quae mutatio rerum!	Oh welche Veränderung der Dinge! *(Kehrreim eines Studentenliedes)*
Ora et labora, (Deus adest sine mora)	Bete und arbeite, (Gott ist da ohne Verzug) *(alte Mönchsregel)*

(Orandum est, ut sit) mens sana in corpore sano	(Bitten sollen wir allenfalls, daß) ein gesunder Geist in einem gesunden Körper *(wohne)*
ora pro nobis	bitte für uns *(kath. Anrufung der Heiligen)*
Oratio dominica	*Gebet des Herrn, Vaterunser*
Oratio obliqua	*indirekte Rede* [sprachwiss. t. t.]
(Oratio) pro domo	(Rede) für das *(eigene)* Haus
Oratio recta	*direkte Rede* [sprachwiss. t. t.]
Orbis pictus	*Unterrichtsbuch des Pädagogen Comenius (17./18. Jh.)*
Orbis terrarum	Erdkreis
Ordinarium missae	*die im ganzen Kirchenjahr gleichbleibenden Gesänge der Messe* [rel. t. t.]
Ordo amoris	*1. Rangordnung von ethischen Werten; 2. Stand des Klerikers*
Ordo maioris	*die drei höheren priesterlichen Weihegrade*
Ordo minoris	*die vier niederen priesterlichen Weihegrade*
Ordo missae	*1. Meßordnung der kath. Kirche für die unveränderlichen Teile der Messe* [rel. t. t.]; *2. verwandte Familien zusammen-fassende systematische Einheit in der Biologie* [biol. t. t.]
o sancta simplicitas	oh heilige Einfalt
o tempora, o mores	Oh Zeiten, oh Sitten
otium cum dignitate	*wohlverdienter Ruhestand*
Pacem volo, bellum paro	den Frieden will ich, daher rüste ich zum Krieg
pacta sunt servanda	Verträge (Bündnisse) müssen eingehalten werden
panem et circenses (dare)	Brot und Zirkusspiele (geben) *(Lebensunterhalt und Vergnügungen als Mittel zur Zufriedenstellung des Volkes)*
Pange lingua	erklinge, Zunge *(Frohnleichnamshymnus)*

par et impar	gleich und ungleich
pari pari	gleich zu gleich, unentschieden
par nobile fratrum	ein edles Brüderpaar [ironisch gemeint]
pars pro toto	*Redefigur, die einen Teilbegriff anstelle eines Gesamtbegriffes setzt* [rhet. t. t.]
parta tueri	*das Erworbene zu wahren wissen*
Particula pendens	*die ohne Entsprechung bleibenden Partikel beim Anantapodoton* (rhet. t. t.)
parturiunt montes, nascetur ridiculus mus	es kreißen die Berge, zur Welt kommen wird eine lächerliche Maus
Pastor primarius	*Oberpfarrer, Hauptpastor*
Pater familias	Familienoberhaupt, Familienvater [scherzhaft]
Pater historiae	Vater der Geschichtsschreibung
pater noster ...	Vater unser ... *(das Gebet des Herrn)*
Pater patriae	Vater des Vaterlandes *(altrömischer Ehrentitel)*
pater peccavi (in caelo et coram te)	Vater, ich habe gesündigt (gegen den Himmel und vor dir)
pater peccavi sagen	*flehentlich um Verzeihung bitten*
pater semper incertus est	*Vaterschaft ist nie mit Sicherheit nachweisbar*
patior, ut potiar	Ich leide, um zu herrschen
patriae in serviendo consumor	im Dienst am Vaterland werde ich aufgezehrt
patria potestas	väterliche Gewalt
Patrimonium Petri	*der alte Grundbesitz der römischen Kirche als Grundlage des späteren Kirchenstaates* [rel. t. t.]
Pauper ubique iacet	Der Arme liegt überall am Boden
Pavor nocturnus	*nächtliches Aufschrecken aus dem Schlaf* [med. t. t.]

Pax Christi	*1944 in Frankreich gegründete kath. Weltfriedensbewegung*
Pax Romana	*1. befriedeter Bereich römisch-griechischer Kultur in der römischen Kaiserzeit* [hist. t. t.]; *2. 1921 gegründete internationale kath. Studentenbewegung*
pax tecum	Friede sei mit dir
pax vobiscum	Friede sei mit euch *(Gruß in der kath. Meßlithurgie)*
Pecca fortiter, (sed fortius fide et gaude in Christo, qui victor est peccati, mortis et mundi)	Sündige tapfer, (aber tapferer noch glaube und freue dich in Christus, der Sieger ist über Sünde, Tod und Welt)
peccatur intra et extra	drinnen und draußen wird gesündigt
Pectus est (enim), quod disertos facit, (et vis mentis)	(Denn) das Herz ist es, was den Redner macht, (und die Ausdruckskraft der Empfindung)
pecunia non olet	Geld stinkt nicht
Pedum rectum	*gerader Hirtenstab als kanonisches Abzeichen des Papstes* [rel. t. t.]
pendente lite	bei schwebendem Rechtsstreit, schwebendem Verfahren
per abusum	durch Mißbrauch [veraltet]
per accidens	durch Zufall [veraltet]
per acclamationem	durch Zuruf *(z. B. eine Wahl)*
per Adresse	*bei; über die Anschrift von*
per annum	jährlich, für das Jahr [veraltet]
per aspera ad astra	auf rauhen Wegen zu den Sternen *(nach vielen Mühen zum Erfolg; durch Nacht zum Licht)*
per decretum	laut (durch) Verfügung, durch einen Erlaß
per definitionem	*wie es das Wort ausdrückt, wie in der Aussage enthalten; erklärtermaßen*
pereat mundus	soll die Welt verderben *(nach uns die Sintflut)*

per exemplum	zum Beispiel [veraltet]
per fas	auf rechtliche Weise [veraltet]
per fas et nefas	auf jede erlaubte oder unerlaubte Weise
Perfer, obdura!	Halte durch, bleibe hart!
periculum in mora	Gefahr *(ist)* im Verzug *(Gefahr besteht, wenn man zögert)*
perlokutionärer (perlokutiver) Akt	*Sprechakt im Hinblick auf die Konsequenzen der Aussage, der Sprechhandlung* [sprachwisss. t. t.]
per maiora	*durch Stimmenmehrheit*
Per mutuum colloquium et consolationem fratrum	Durch das Wechselseitige Gespräch und die Tröstung der Brüder untereinander
per nefas	auf widerrechtliche Weise [veraltet]
per os	durch den Mund *(einzunehmen)* [med. t. t.]
per pedes (Apostolorum)	zu Fuß *(wie die Apostel)* [ugs., scherzhaft]
Perpetuum mobile	*1. eine nach physikalischen Gesetzen nicht mögliche Maschine, die ohne Energieverbrauch arbeitet* [techn. t. t.]; *2. ein in kurzwertigen, schnellen Noten verlaufendes virtuoses Instrumentalstück* [mus. t. t.]
per procura (l>it)	in Vollmacht, in Vertretung, anstelle von
per rectum	durch den Mastdarm *(anzuwenden)* [med. t. t.]
per rescriptum principis	durch Verfügung des Fürsten
per se	an sich, von selbst
Persona grata	*1. willkommener, gern gesehener Mensch; 2. Angehöriger des diplomatischen Dienstes, gegen den das Gastland nicht einzuwenden hat*
Persona gratissima	*sehr willkommener, gern gesehener Mensch*
Persona ingrata (oder non grata)	unwillkommener Mensch *(Angehöriger des diplomatischen Dienstes, der in seinem Gastland unerwünscht geworden ist)*
per ultimo (l>it)	*bis zum bzw. am Monatsletzten*

Petitio principii	*Verwendung eines unbewiesenen, erst noch zu beweisenden Satzes als Beweisgrund für einen anderen Satz* [log. t. t.]
Philosophia ancilla theologiae	Die Philosophie *(sei)* die Dienerin der Theologie
Philosophia perennis	*Philosophie im Hinblick auf die in ihr enthaltenen Grundwahrheiten* [philos. t. t.]
Philosophia prima	*Metaphysik bei Aristoteles*
pia causa	aus frommer Ursache *(fromme Stiftung, milde Gabe)*
pia desideria	fromme Wünsche*(unerfüllbare Wünsche)*
piae memoriae	frommen Angedenkens, seligen Andenkens
pia fraus	frommer Betrug *(eine Lüge, die aus Schonung für den Betroffenen geschieht; Selbsttäuschung)*
Pia mater	*weiche Hirnhaut* [med. t. t.]
Pia spinalis	*weiche Haut des Rückenmarks* [med. t. t.]
Pium corpus	*Stiftung für wohltätige Zwecke* [jur. t. t.]
pleno iure	mit vollem Recht
pleno organo	*mit vollem Werk, mit allen Registern* [beim Orgelspiel - mus. t. t.]
pleno titulo	*Zusatz bei der Nennung von Personen(gruppen)*
plenus venter non studet libenter	ein voller Bauch studiert nicht gern
Pluralis maiestatis (oder maiestaticus)	*Bezeichnung der eigene Person durch den Plural* [sprachwiss. t. t.]
Pluralis modestiae (modestatis)	*Bezeichnung der eigenen Person durch den Plural, Plural der Bescheidenheit* [sprachwiss. t. t.]
plus ultra	*darüber hinaus, immer noch mehr*
Poeta doctus	*gelehrter, gebildeter Dichter, der ein gebildetes Publikum voraussetzt*
Poeta laureatus	*ein mit dem Lorbeerkranz gekrönter Dichter* [hist. t. t.]

Poetica licentia	Dichterische Freiheit
pons asini	Eselsbrücke
Pontifex maximus	*1. oberster Priester im alten Rom* [hist. t. t.]; *2. Titel der römischen Kaiser* [hist. t. t.]; *3. Titel des Papstes*
Pontificale Romanum	*amtliches kath. Formelbuch für bischöfliche Amtshandlungen außerhalb der Messe*
(von) Pontius zu Pilatus	*von einer Stelle zur anderen, immer wieder woandershin*
post caenam stabis, aut mille passus meabis	nach dem Essen sollst du ruhn oder tausend Schritte tun
post Christum (natum)	nach Christi (Geburt), nach Christus
post festum	*hinterher, im nachhinein; zu einem Zeitpunkt, wo es eigentlich zu spät ist, keinen Zweck oder Sinn mehr hat*
post hoc, ergo propter hoc	nach diesem, also darum *(zur Bezeichnung eines logischen Schlusses als fehlerhaft)*
post hoc, non propter hoc	danach, nicht deswegen
post mortem	nach dem Tode
post nubila Phoebus	nach den Wolken kommt Phoebus (= die Sonne) *(nach unangenehmen Dingen folgen auch wieder angenehme)*
post partum	nach der Geburt bzw. Entbindung [auftretend - med. t. t.]
post scriptum	*Nachschrift, schriftlicher Zusatz*
postum veröffentlicht	*als letztes Werk nach dem Tode des Autors veröffentlicht*
post urbem conditam	nach der Gründung der Stadt *(Rom; altrömische Jahreszählung)*
Potius amicum quam dictum perdere	Lieber einen Freund als ein Wort verlieren *(Lieber es mit einem Freund verderben als ein Witzwort unterdrücken)*
Praeceptor Germaniae	Lehrmeister, Lehrer Deutschlands *(besonders auf Melanchthon bezogen)*
praemissis praemittendis	*man nehme an, der gebührende Titel sei vorausgeschickt* [veraltet]
praemisso titulo	*nach vorausgeschicktem gebührenden Titel* [veraltet]

Praesens historicum	*Gegenwartsform des Verbs, die längst Vergangenes ausdrückt, historisches Präsens* [sprachwiss. t. t.]
praeter legem	außerhalb des Gesetzes
praeter propter	*ungefähr, in etwa*
prima causa	die erste Ursache *(in einer Kausalkette)*
Prima-facie-Beweis	*Beweis aufgrund des ersten Anscheins* [jur. t. t.]
Prima philosophia	*Metaphysik bei Aristoteles*
primo loco	an erster Stelle
Primum mobile (o. movens)	der erste *(unbewegte)* Beweger [philos. t. t.]
Primum vivere, deinde philosophari	Zuerst leben, dann erst philosophieren *(in erster Linie ein tätiges Leben führen, in zweiter Linie philosophische Studien treiben)*
Primus inter pares	*Erster unter Ranggleichen, ohne Vorrang*
principiis obsta	wehre den Anfängen *(leiste gleich am Anfang Widerstand)*
Principium contradictionis	*Satz vom Widerspruch* [log. t. t.]
Principium exclusi tertii	*Satz vom ausgeschlossenen Dritten* [log. t. t.]
Principium identitatis	*Satz der Identität* [log. t. t.]
Principium rationis sufficientis	*Satz vom hinreichenden Grund* [log. t. t.]
pro anno	aufs Jahr, jährlich
pro aris et focis	für Altar und Herd *(Aufruf zum Kampf für die engere Heimat)*
probatum est	es ist bewährt, erprobt *(es hilft mit Sicherheit)*
(pro captu lectoris) habent sua fata libelli	*(Je nachdem, wie der Leser sie aufnimmt), haben Büchlein ihre jeweils eigenen Schicksale*
pro centum	für hundert

pro copia	für die Abschrift *(die Richtigkeit der Abschrift wird bestätigt)* [veraltet]
procul negotiis	fern von Geschäften *(Mühen)*
Procul, o procul este, profani!	Fern, oh fern steht, Unheilige!
Prodenda, quia prodita	*Die Dinge sind den Nachfahren zu überliefern, weil sie uns von den Vorfahren überliefert sind*
pro die	je Tag, täglich
pro domo	für das *(eigene)* Haus *(in eigener Sache, zum eigenen Nutzen, für sich selbst)*
pro dosi	*als Einzelgabe verabreicht* [von Medizin - med. t. t.]
pro et contra	für und wider
(Profecto enim) vita vigilia est	(Denn wahrhaftig:) Das Leben ist eine Wache *(Ein wahres Leben ist nur das wache Leben)*
pro forma	der Form wegen, zum Schein
progressus ad infinitum	das Fortschreiten ins Unbegrenzte
pro iuventute	für die Jugend *(Name einer Stiftung)*
pro loco	für den Platz, für die Stelle [veraltet]
pro memoria	zum Gedächtnis, zur Erinnerung
pro mille	1. für Tausend; 2. vom Tausend
pro nihilo	um nichts, vergeblich [veraltet]
pro patria	für das Vaterland
pro patria est, dum ludere videmur	für das Vaterland geschieht es, wenn wir *(auch)* zu spielen scheinen
propria causa	in eigener Angelegenheit
pro primo	zuerst [veraltet]
proprio motu	aus eigenem Antrieb

pro rata (o. pro rata parte)	verhältnismäßig, dem vereinbarten Anteil entsprechend [wirtsch. t. t.]
pro rata temporis	*anteilmäßig auf einen bestimmten Zeitablauf bezogen*
pro sit	es nütze, es schlage gut an; wohl bekomm's, zum Wohl *(Trinkspruch)*
pro tempore	*vorläufig, für jetzt*
pro titulo	anstelle des Titels *(bei allgemeinen Mitteilungen)*
pro und contra	Für und Wider
pro usu medici	für den *(persönlichen)* Gebrauch des Arztes
pulvis et umbra sumus	Staub und Schatten sind wir
Punctum puncti	Hauptpunkt *(besonders auf das Geld bezogen)*
Punctum saliens	der springende Punkt *(Kernpunkt; Entscheidendes)*
Quae medicamenta non sanant, ferrum sanat, quae ferrum non sanat, ignis sanat; (quae vero ignis non sanat, insanabilia reputari oportet)	was die Medizin nicht heilt, heilt das Eisen; was das Eisen nicht heilt, heilt das Feuer; (was aber das Feuer nicht heilt, muß als unheilbar angesehen werden)
quae nocent, docent	was schadet, lehrt *(durch Schaden wird man klug)*
Quaestio facti	*die Untersuchung des Sachverhalts, der tatsächlichen Geschehensabfolge einer Straftat (im Unterschied zur Quaestio iuris)* [jur. t. t.]
Quaestio iuris	*Untersuchung einer Straftat hinsichtlich ihrer Strafwürdigkeit und tatbestandsmäßigen Erfaßbarkeit* [jur. t. t.]
Qualis rex, talis grex	Wie der König, so die Herde
(Quamquam animus) meminisse horret (luctuque refugit, incipiam)	(Wie sehr auch mein Sinn) schaudert, sich zu erinnern, (und in Trauer davor zurückweicht, so will ich doch beginnen)
Quamvis sint sub aqua, sub aqua maledicere temptant	Wenn sie auch unter Wasser sind, noch unter Wasser versuchen sie zu schmähen

Quandoque bonus dormitat Homerus	Dann und wann schläft *(selbst)* der *(sonst so untadlige)* gute Homer einmal
quantum satis	in ausreichender Menge
quantum vis	soviel du nehmen willst, nach Belieben [auf Rezepten - med. t. t.]
Quem di diligunt, adulescens moritur	Einer, den die Götter lieben, stirbt als junger Mensch
quid iuris	was ist rechtens?
quid non mortalia pectora cogis, auri sacra fames!	wozu nicht treibst du die sterblichen Herzen, verfluchter Hunger nach Gold!
Quid novi (ex Africa)	was gibt es Neues (aus Afrika)?
quidquid agis, prudenter agas et respice finem	was du tust, tue klug und bedenke den Ausgang
quidquid delirant reges, plectuntur Achivi	alles, was die Könige anstellen, müssen die Achäer *(die Völker)* büßen
Quidquid id est, timeo Danaos et dona ferentes	Was es auch ist, ich fürchte die Danaer *(Griechen)*, auch wenn sie Geschenke bringen
quid sit futurum cras, fuge quaerere	Was morgen sein wird, meide zu fragen
quieta non movere	was ruht, soll man nicht bewegen *(bzw. aufrühren; laß Vergangenes vergangen sein)*
qui pro quo	wer für wen *(Verwechslung von Personen, Mißverständnis)*
qui tacet, consentire videtur	wer schweigt, scheint zuzustimmen
Quis custodit custodes?	Wer bewacht die Wächter?
Quis leget haec?	Wer soll *(all)* das lesen?
quis ut deus	wer ist wie Gott *(legendärer Ausspruch des Erzengels Michael)*
quod bonum, faustum, felix fortunatumque sit	was gut, glückbringend, erfolgreich und gesegnet sei

quod deus avertat	was Gott verhüten möge
quod deus bene vertat	was Gott zum Guten wenden wolle
quod erat demonstrandum	was zu beweisen war *(durch diese Ausführung ist das klar, deutlich geworden)*
quod libet	was gefällt *(buntes Durcheinander, willkürliche Auswahl; humoristische Gesangstücke)*
quod licet Iovi, non licet bovi	was Jupiter erlaubt ist, ist nicht dem Ochsen erlaubt *(was dem (sozial) höhergestellten zugebilligt wird, wird bei dem (sozial) Niedrigerstehenden beanstandet)*
quod non est in actis, non est in mundo	was nicht in den Akten ist *(steht)*, ist nicht in der Welt *(bekannt)*
Quod non fecerunt barbari, fecerunt Barberini	Was *(einst)* die Barbaren nicht getan haben, das haben jetzt die Barberrini *(röm. Adelsfamilie im 17. Jh.)* getan
Quod omnes tangit, debet ab omnibus approbari	Was alle berührt, muß *(auch)* von allen gebilligt werden
quod scripsi, scripsi	was ich geschrieben habe, habe ich geschrieben *(Ausspruch des Pilatus)*
(Quod si deficiant vires, audacia certe laus erit:) In magnis et voluisse sat est.	(Wenn auch die Kräfte versagen, die Kühnheit wird sicher ein Ruhm sein): In großen Dingen ist auch, *(nur)* gewollt zu haben, *(schon)* genug.
Quod supra nos, nihil ad nos	Was über uns *(hinausgeht)*, *(bedeutet)* nichts für uns *(Was über unser menschliches Erkennen hinausgeht, hat keine Bedeutung für unsere Lebensführung)*
Quos deus perdere vult, dementat prius	Die der Gott verderben will, schlägt er zuvor mit Wahnsinn
quos ego!	die *(werde)* ich ...! *(euch will ich helfen, euch will ich's zeigen* [Einhalt gebietender Ruf Neptuns an die Winde])
quot capita, tot sensus	so viele Köpfe, so viele Sinne *(je mehr Leute, um so mehr - verschiedene - Ansichten)*
quot homines, tot sententiae	so viele Menschen, so viele Meinungen *(viel Köpf' viel Sinn)*
quousque tandem abutere, Catilina, patientia nostra?	wie lange noch schließlich willst du, Catilina, unsere Geduld mißbrauchen?

quo vadis	wohin gehst du *(legendäre Frage des Petrus an Christus)*
Rara avis	seltener Vogel *(etwas Seltenes)*
ratio legis	der Sinn des Gesetzes *(die Absicht des Gesetzgebers)*
rebus sic stantibus	*s. Clausula rebus sic stantibus*
recenter paratum	frisch bereitet [auf Rezepten - med. t. t.]
Rector magnificentissimus	*früherer Titel des Landesherren als Rektor der Hochschule* [hist. t. t.]
redde mihi legiones	gib mir meine Legionen zurück *(legendärer Ausruf des Augustus nach der Schlacht im Teutoburger Wald)*
Reformatio in peius	*Abänderung eines angefochtenen Urteils in höherer Instanz zum Nachteil des Anfechtenden* [jur. t. t.]
Regens chori	*Chordirigent der kath. Kirche*
Regina coeli	Himmelskönigin *(kath. Bezeichnung Marias)*
Regina regit colorem	die Königin bestimmt die Farbe *(Grundsatz beim Schach, wonach die weiße Dame auf weißem, die schwarze Dame auf schwarzem Feld steht)*
Regula falsi	*Verfahren zur Verbesserung vorhandener Näherungslösungen von Gleichungen* [math. t. t.]
Regula fidei	*kurze Zusammenfassung der (früh)christlichen Glaubenslehre, besonders das Glaubensbekenntnis*
relata refero	ich berichte berichtetetes *(was mir berichtet worden ist)*
rem tene, verba sequentur	Halte dich an die Sache, die Worte werden folgen
repetitio est mater studiorum	das Wiederholen *(Übung)* ist die Mutter der Studien
requiescat in pace	er (sie) ruhe in Frieden
rerum concordia discors	der Dinge zwieträchtige Eintracht [Prinzip der Kosmologie des Empedokles - philos. t. t.]
res accessoria	*Nebensache*

Res ad triarios venit (redit)	Die Sache kommt an die Triarier *(es kommt zum Äußersten)*
Res cogitans	*das denkende Wesen, Geist, Seele* [philos. t. t.]
reseda, morbus reseda	heile, heile die Krankheiten wieder *(magischer Spruch zur Verstärkung der Heilwirkung der Pflanze Reseda)*
Reservatio mentalis	geheimer Vorbehalt *(etwas Erklärtes nicht zu wollen* [jur. t. t.]*)*
res dubia	zweifelhafte Angelegenheit
Res extensa	*das ausgedehnte Wesen, Materie, Körper* [philos. t. t.]
Res iudicata	*(rechtskräftig)* entschiedene Sache [jur. t. t.]
res nullius	niemandes Sache *(herrenloses Gut)*
res omnium communes	Dinge, die allen gemeinsam gehören
res publica	öffentliche Sache *(Gemeinwesen, Staat)*
res sacrae	Heiliges, geweihte Dinge *(Dinge, die tabu sind)*
res severa (est) verum gaudium	eine ernste Sache (ist) die wahre Freude
Res tantum cognoscitur, quantum diligitur	*(Jede)* Sache wird nur so weit erkannt, soweit sie geschätzt wird
Restitutio in (o. ad) integrum	*1. Wiedereinsetzung in den vorigen Stand* [durch Gerichtsentscheid - jur. t. t.]; *2. völlige Wiederherstellung der normalen Körperfunktionen* [med. t. t.]
Restrictio mentalis	geheimer Vorbehalt *(etwas Erklärtes nicht zu wollen* [jur. t. t.]*)*
re vera	in der Tat, in Wahrheit [veraltet]
rex regnat, sed non gubernat	der König herrscht, aber er regiert nicht *(d. h. er erfüllt seine Pflichten nicht)*
ridentem (bzw. ridendo) dicere verum	lächelnd *(sage ich)* die Wahrheit sagen
Risum teneatis, amici?	Könnt ihr das Lachen *(wohl)* unterdrücken, Freunde?
Roma aeterna	die ewige *(Stadt)* Rom

Roma locuta (est), causa finita (est)	Rom hat gesprochen, die Sache ist erledigt *(entschieden)*
rorate coeli	tauet Himmel *(den Gerechten)*
rota Romana	römisches Rad *(höchster Gerichtshof der kath. Kirche)*
Sacrificium intellectus	Opfer des Verstandes *(1. Verzicht auf eigene Meinungsbildung in Glaubensdingen bei Katholiken; 2. Aufgabe der eigenen Überzeugung)*
Saepe stilum vertas, (iterum quae digna legi sint scripturus)	Oft kehre den Griffel um, (um beim zweiten Mal etwas, was es verdient, gelesen zu werden, niederzuschreiben)
salus publica suprema lex (esto)	die Staatswohlfahrt (sei) das höchste Gut (o. Gesetz)
salva approbatione	vorbehaltlich der Genehmigung
salva ratificatione	vorbehaltlich der Genehmigung
salva venia	mit Erlaubnis, mit Verlaub *(zu sagen)* [veraltet]
salvis omissis	unter Vorbehalt von Auslassungen [wirtsch. t. t.]
salve regina	sei gegrüßt, Königin *(Beginn eines kath. Mariengebets)*
salvo errore	unter Vorbehalt eines Irrtums
salvo errore calculi	unter Vorbehalt eines Rechenfehlers [wirtsch. t. t.]
salvo errore et omissione	unter Vorbehalt von Irrtum und Auslassung
salvo honore	unbeschadet der Ehre
salvo iure	mit Vorbehalt, unbeschadet des Rechts *(eines anderen* [jur. t. t.]*)*
salvo meliore	unbeschadet einer besseren *(Einsicht)*
salvo titulo	mit Vorbehalt des richtigen Titels [veraltet]
salvus conductus	sicheres Geleit
Sancta Sedes	Heiliger *(Apostolischer)* Stuhl

sancta simplicitas	heilige Einfalt! *(Ausruf des Staunens über jmds. Begriffsstutzigkeit)*
Sanctum Officium	*Kardinalskongregation für die Reinhaltung der kath. Glaubens- und Sittenlehre; Inquisition*
sapere aude!	wage es, weise zu sein! (*habe Mut, dich deines eigenen Verstandes zu bedienen!)*
sapiens omnia sua secum portat	der Weise trägt all sein Gut mit sich
sapienti sat (est)	*es bedarf keiner weiteren Erklärung für den Eingeweihten*
saxa loquuntur	die Steine reden *(bestimmte Kunstanschauung)*
Sectio aurea	Goldener Schnitt *(eine kleinere Strecke verhält sich zu einer größeren wie die größere zum Ganzen* [math. t. t.])
Sectio caesarea	Kaiserschnitt [med. t. t.]
Sedes Apostolica	*(Heiliger)* Apostolischer Stuhl
(Sed fugit interea), fugit inreparabile tempus	(Aber es flieht unterdessen), es flieht die unwiderbringliche Zeit
Sedia gestatoria	*Tragsessel des Papstes bei feierlichen Anlässen*
(Sed) omnes una manet nox (et calcanda semel via leti)	(Aber) alle Menschen erwartet eine einzige Nacht und der (nur) ein einziges Mal zu betretende Weg des Todes
sella curulis	*Amtssessel der höheren Magistrate im antiken Rom; Richterstuhl* [hist. t. t.]
Semen est sanguis Christianorum	Ein Same ist das Blut der Christen
semper aliquid haeret	irgendetwas bleibt *(bei Verleumdung, übeler Nachrede)* immer hängen
semper Augustus	immer Augustus *(= Mehrer des Reiches - Titel der römischen Kaiser)*
semper et ubique	immer und überall
semper idem	immer derselbe *(Ausspruch Ciceros über den Gleichmut des Sokrates)*

Semper sursum!	Immer aufwärts!
Senatus consultum ultimum	der letzte *(gültige)* Senatsbeschluß (*Erklärung des Staatsnotstands im alten Rom* [hist. t. t.])
Senatus Populusque Romanus (Abk. SPQR)	der Senat und das römische Volk [hist. t. t.]
Sensus communis	*gesunder Menschenverstand*
sentire cum ecclesia	mit der Kirche fühlen *(in einer bestimmten Angelegenheit im Sinne der Kirche denken)*
Sero venientibus ossa	Den zu spät Kommenden die Knochen *(Die Letzten beißen die Hunde)*
Servus servorum Dei	Knecht der Knechte Gottes *(Papstttitel in Urkunden)*
Sic erat in fatis	So war es in den Schicksalssprüchen *(So war es vorbestimmt)*
(Sicilides Musae), paulo maiora canamus	(Sizilische Musen), ein wenig Größeres wollen wir singen
sic itur ad astra	so steigt man zu den Sternen empor
Sic me servavit Apollo	So rettete mich Apoll
sic transit gloria mundi	so vergeht die Herrlichkeit der Welt *(Zuruf an den neuen Papst)*
sic volo, sic iubeo	so will ich (es), so befehle ich (es) *(anstatt einer Begründung wird der Wille als Motiv eines Befehls gegeben)*
si duo faciunt idem	wenn zwei dasselbe tun
Si fractus inlabatur orbis, inpavidum ferient ruinae	(Selbst) wenn geborsten die Weltkugel einstürzen sollte, einen Unerschrockenen werden ihre Trümmer treffen
sigillum confessionis	Siegel der Beichte *(Beichtgeheimnis-Garantie)*
Silent leges inter arma	*Die Gesetze schweigen, wo die Waffen sprechen*
Silentium obsequiosum	*1. ehrerbietiges Schweigen gegenüber einer kirchlichen Lehrentscheidung; 2. Schweigen als Ausdruck des Nichtzustimmens*
similia similibus (curantur)	Gleiches (wird) durch Gleiches (geheilt)

Simplex sigillum veri	Einfach ist das Siegel des Wahren *(der Wahrheit)*
Si natura negat, facit indignatio versum, (qualemcumque potest, quales ego vel Cluvienus)	Wenn die Natur ihn versagt, macht die Empörung den Vers, (so schlecht und recht, wie sie es eben vermag, wie ich oder Cluvienus sie machen)
sine anno	ohne *(Erscheinungs)*jahr [veraltet]
sine anno et loco	ohne *(Erscheinungs)*jahr und -ort [veraltet]
sine die	ohne Tag *(ohne Festsetzung eines neuen Termins etw. vertagen)*
sine ira et studio	ohne Haß und Vorliebe *(objektiv und sachlich)*
sine loco	ohne *(Erscheinungs)*ort [veraltet]
sine loco et anno	ohne *(Erscheinungs)*ort und -jahr [veraltet]
sine obligo	ohne Verpflichtung, ohne Verbindlichkeit [wirtsch. t. t.]
sine qua non	*s. conditio sine qua non*
sine tempore	*ohne akademisches Viertel; pünktlich zur vereinbarten Zeit*
Sint Maecenates, non deerunt, Flacce, Marones	Wenn *(nur erst)* Mäzene sich einstellen, so werden, Flacchus, Vergile nicht ausbleiben
Sint, ut sunt, aut non sint	Sie sollen sein, wie sie sind, oder sie sollen nicht sein
si parva licet componere magnis	wenn es erlaubt ist, kleinere mit größeren *(Dingen)* zu vergleichen
si tacuisses philosophus mansisses	hättest du geschwiegen, wärest du ein Philosoph geblieben *(durch Schweigen kann man seine Unkenntnis verbergen)*
sit venia verbo	dem Wort sei Verzeihung gewährt *(man möge mir diese Ausdrucksweise nachsehen, gestatten)*
Si vis amari, ama!	Wenn du geliebt werden willst, liebe!
si vis pacem, para bellum!	wenn du den Frieden willst, bereite den Krieg (vor)!
Societas Jesu	*der Orden der Jesuiten*

societas leonina	*Gesellschaft mit dem Löwen*
sola fide	allein durch den Glauben *(Grundsatz der lutherischen Rechtfertigungslehre)*
solamen miseris socios habuisse malorum	es ist ein Trost für Unglückliche, Leidensgenossen zu haben
Soli Deo	*das nur vor dem Allerheiligsten abgenommene Scheitelkäppchen der kath. Geistlichen*
soli Deo gloria	Gott *(sei)* allein die Ehre
Spectatum veniunt, veniunt, spectentur ut ipse	Um zu sehen, kommen sie, sie kommen, um selbst gesehen zu werden
Spiritus asper	*H-Anlaut im Altgriechischen* [sprachwiss. t. t.]
Spiritus familiaris	*guter Hausgeist, Vertraute(r) der Familie*
Spiritus lenis	*Zeichen für das Fehlen des H-Anlautes im Altgriechischen* [sprachwiss. t. t.]
Spiritus rector	*leitender, treibender, belebender Geist, Seele*
Spiritus Sanctus	der Heilige Geist
Stabat mater (dolorosa)	die (leidende) Mutter Jesu stand *(am Kreuz; 1. Anfang einer kath. Sequenz; 2. Komposition, die den Text dieser Mariensequenz zugrunde legt* [mus. t. t.]
stante pede	stehenden Fußes *(sofort, auf der Stelle im Hinblick auf etwas zu Unternehmendes)*
Stat sua cuique dies, (breve et inreparabile tempus omnibus est vitae)	Fest steht jedem sein Tag, (kurz und unwiederbringlich ist für alle die Zeit des Lebens)
Status nascendi	*besonders reaktionsfähiger Zustand chemischer Stoffe im Augenblick ihres Entstehens aus anderen* [chem. t. t.]
Status quo	*gegenwärtiger Zustand*
Status quo ante	*Stand vor dem bezeichneten Tatbestand oder Ereignis*
Status quo minus	*Verschlechterung gegenüber dem gegenwärtigen Zustand* [med. t. t.]
Status praesens	*augenblicklicher Krankheitszustand* [med. t. t.]

Studium generale	*1. frühe Form der Universität im Mittelalter; 2. Vorlesungen allgemeinbildender Art an Hochschulen*
Studium exemplare	*Universitätsvorlesungen verschiedener Bereiches eines einzigen Oberthemas*
sua sponte	freiwillig
suaviter in modo, fortiter in re	sanft in der Art, stark in der Sache (o. Tat)
sub auspiciis (praesidentis)	unter dem Ehrenschutz (des Präsidenten) *(auszeichnende Formel bei Promotionen)*
sub conditione	unter der Bedingung, bedingungsweise
sub divo	*unter freiem Himmel*
sub hasta	unter dem Hammer *(bei Versteigerungen)*
sub iudice	unter dem Richter *(von noch unentschiedenen Prozessen gesagt* [jur. t. t.]*)*
sub omni canone	unter allem Maßstab [scherzhaft: unter aller Kanone]
sub rosa	unter der Rose *(unter dem Siegel der Verschwiegenheit)*
sub sigillo (confessionis)	unter dem Siegel (der Verschwiegenheit) *(des Beichtgeheimnisses)*
sub specie aeternitatis	unter dem Gesichtspunkt der Ewigkeit
sub utraque specie	in beiderlei Gestalt *(Brot und Wein in bezug auf das Abendmahl* [rel. t. t.]*)*
sub voce	unter dem *(Stich)*wort [sprachwiss. t. t.]
sui generis	*durch sich selbst eine Klasse bildend, einzig, besonders*
sui iuris	*(eine Person)* eigenen Rechts
summa cum laude	mit höchstem Lob, ausgezeichnet, mit Auszeichnung *(höchstes Prädikat bei der Doktorprüfung)*
summa summarum	alles in allem; zusammenfassend *(kann man sagen ...)*
Summum bonum	das höchste Gut [philos.-theol. t. t.]

summum ius summa iniuria	höchstes Recht *(kann)* größtes Unrecht *(sein; die buchstabengetreue Gesetzesauslegung kann schwerwiegendes Unrecht bedeuten)*
Summus Episcopus	*1. Papst (oberster Bischof); 2. Landesfürst als evangelisches Landeskirchenhaupt (bis 1918)*
sunt ceteri denique fines	es gibt schließlich (o. allerdings) bestimmte Grenzen
(Sunt hic etiam sua praemia laudi); sunt lacrimae rerum et mentem mortalia tangunt	(Selbst hier hat die rühmliche Tat ihren wohlverdienten Lohn); es sind Tränen da für das Geschehene, und menschliches Leid berührt das Empfinden
sunt pueri, pueri puerilia tractant	es sind Knaben (o. Kinder), Kinder treiben Kindereien
suo loco	an seinem *(gehörigen)* Ort
suo tempore	zu seiner *(gehörigen)* Zeit
sursum corda!	empor die Herzen! *(Ruf zu Beginn der Einleitung der liturgischen Eucharistie)*
Sustine et abstine!	Halte aus und enthalte dich!
suum cuique	jedem *(gefällt)* das Seine
Tabula gratulatoria	*Gratulantenliste* [in Festschriften o. ä.]
Tabula rasa	*1. Zustand der Seele bei der Geburt* [philos. t. t.]; *2. wachsüberzogene antike wieder löschbare Schreibtafel; 3. unbeschriebenes Blatt*
Tabula rasa machen	*reinen Tisch machen; energisch Ordnung schaffen*
taedium vitae	*Lebensüberdruß, Ekel vor dem Leben*
tale quale	so, wie es ist *(Bezeichnung der Warenqualität)*
Tantae molis erat Romanam condere gentem	Solcher Mühsal bedurfte es, das Römergeschlecht zu begründen
tantum ergo	so sehr also *(Anfang der fünften Strophe des Pange lingua in der kath. Liturgie)*
tantum religio potuit suadere malorum	so viel Übeles hat die Religion anzuraten vermocht

te deum (laudamus)	Dich, Gott, (loben wir) *(Beginn des Ambrosianischen Lobgesanges)*
tempora mutantur (et nos mutamur in illis)	alles wandelt, ändert sich (und wir ändern uns mit ihnen)
tempora si fuerint nubila solus eris	in Zeiten, wo Wolken am Himmel sind, wirst du allein sein *(im Unglück stehst du allein)*
tempus clausum (o. feriatum)	geschlossene Zeit *(in der keine Festivitäten stattfinden dürfen - z. B. Fastenzeit)*
tempus edax	die gefräßige Zeit
tempus fugit	die Zeit läuft davon
Terar, dum prosim!	Mag *(die Sache)* mich aufreiben, wenn ich *(ihr)* nur nütze!
Terminus ad (o. ante) quem	*Zeitpunkt, bis zu dem etwas gilt oder ausgeführt sein muß* [philos., jur. t. t.]
Terminus a quo (o. post quem)	*Zeitpunkt, von dem an etwas beginnt, ausgeführt wird* [philos., jur. t. t.]
Terminus interminus	*das unendliche Ziel alles Endlichen*
Terminus technicus	*Fachwort, -ausdruck*
terra firma	Festland
Terra incognita	*1. unbekanntes Land; 2. unerforschtes, fremdes Wissensgebiet*
Terra sigillata	*Geschirr der römischen Kaiserzeit aus rotem Ton mit figürlichen Verzierungen*
Tertium comparationis	*Vergleichspunkt, das Gemeinsame zweier verschiedener, miteinander verglichener Gegenstände oder Sachverhalte* [philos. t. t.]
Tertium non datur	ein Drittes gibt es nicht [log. t. t.]
Tertius gaudens	der lachende Dritte *(wenn zwei sich streiten)*
Testimonium paupertatis	*1. amtliche Bescheinigung der Mittellosigkeit zur Erlangung einer Prozeßkostenhilfe; 2. Armutszeugnis*

Theatrum mundi	*1. Titel von umfangreichen historischen Werken des 17. und 18. Jh.s; 2. mechanisches Theater, in dem die Figuren mit Hilfe von Laufschienen bewegt werden*
timeo Dardanos et dona ferentes	ich fürchte die Dardaner *(= Trojaner)*, und sollten sie (o. auch wenn sie) Geschenke bringen
Timeo lectorem unius libri	Ich fürchte den Leser *(nur)* eines einzigen Buches *(ich fürchte den, der nur ein einziges Buch gelesen hat)*
Tironische Noten	*altrömische Kurzschrift* [nach dem Erfinder, Ciceros Sklaven Tiro benannt]
titulo pleno	mit vollem Namen *(unbeschadet des Titels)*
Tolle, lege! Tolle, lege!	Nimm, lies! Nimm, lies!
(... totamque infusa per artus) mens agitat molem (et magno se corpore miscet)	(... und hingegossen über die Glieder) bewegt der Geist die *(ganze)* Masse (und mischt sich mit dem großen Körper)
toties-quoties-Ablaß	*Ablaß, der (an einem Tag) mit jeder Erfüllung der gestellten Bedingungen neu gewonnen werden kann* [rel. t. t.]
totus mundus agit histrionem	die ganze Welt macht den Schauspieler *(die ganze Welt ist ein Theater)*
Trahit sua quemque voluptas	Jeden einzelnen zieht seine *(besondere)* Lust an
tres faciunt collegium	Drei bilden eine Gesellschaft *(d. h. sind mindestens erforderlich)*
Treuga Dei	Gottesfriede *(im Mittelalter das Verbot einer Fehde an bestimmten Tagen* [hist. t. t.])
tua res agitur, (paries cum proximus ardet)	um deine Angelegenheit handelt es sich, *(dich geht es an, du mußt selbst aktiv werden,)* (wenn die nächste Wand brennt)
tu felix Austria nube!	*s. alii bella gerant, ...*
Tu ne cede malis, sed contra audentior ito, (quam tua fortuna sinet)	Du weiche dem Unglück dann nicht, sondern geh' kühner gegen es an, (als dein Geschick dich lassen will)
Tu ne quaesieris, scire nefas, quem mihi, quem tibi finem di dederint	Du forsche dem nicht nach - es zu wissen ist uns verwehrt - welches Ende mir, welches dir die Götter gegeben haben

tunica proprior pallio (est)	das Hemd (ist mir) näher als der Rock
tu quoque(, Brute)	auch du(, Brutus) *(legendärer Ausspruch Caesars bei seiner Ermordung)*
Tu regere imperio populos, Romane, memento - hae tibi erunt artes - pacique imponere morem, parcere subiectis et debellare superbos	Du, Römer, denke daran, durch deine Befehlsgewalt die Völker *(der Welt)* zu beherrschen - diese Künste werden dir zukommen - und dem Frieden eine gesittete Lebensordnung aufzuprägen, die Unterworfenen milde zu schonen und die Unbotmäßigen niederzukämpfen,
Ubi bene, ibi patria	wo es mir gut geht, da ist mein Vaterland
ubi sunt tempora	wo sind die Zeiten *(geblieben)*
Ultima (hora) latet	Die letzte (Stunde) ist verborgen
ultima lima	letzte Feile *(letzte Glättung des Textes)*
Ultima ratio	*letztes, äußerstes Mittel; letztmöglicher Weg, wenn nichts anderes mehr Aussicht auf Erfolg hat*
ultima Thule	die äußerste Thule *(ein weit entferntes Land am Ende der Welt* [nach der Insel Thule benannt])
ultra posse nemo obligatur	Unmögliches zu leisten *(kann)* ist niemand verpflichtet *(werden)* [Rechtssatz des römischen Rechts - jur. t. t.]
Una salus victis nullam sperare salutem	Die einzige Rettung für die Besiegten ist, auf keine Rettung mehr zu hoffen
Una sancta	*die eine heilige kath. und apostolische Kirche* [Selbstbezeichnung der kath. Kirche]
Una-Sancta-Bewegung	*kath. Form der ökumenischen Bewegung*
Unio mystica	*die geheimnisvolle Vereinigung der Seele mit Gott als Ziel der Gotteserkenntnis in der Mystik* [rel. t. t.]
Universitas litterarum	Gesamtheit der Wissenschaften *(Universität)*
uno actu	in einem Akt *(ohne Unterbrechung)*
Unus homo nobis cunctando restituit rem	Ein einziger Mann hat uns *(allen)* durch sein Zaudern den Staat wiederhergestellt
unus pro multis	einer für viele *(für alle)*

urbi et orbi	der Stadt *(Rom)* und dem Erdkreis *(Formel päpstlicher Segensspendungen)*
Urbs aeterna	die Ewige Stadt *(Rom)*
usque ad finem	bis zum *(bitteren)* Ende, bis zuletzt
Usnea barbata (arab>mlat;l)	Bartflechte *(eine als Heilmittel verwendete Baumflechte* [bot. t. t.]*)*
usus Tyrannus	der Brauch (o. die Gewohnheit) ist ein Tyrann *(die Macht der Gewohnheit)*
ut aliquid fiat	damit *(doch wenigstens)* etwas geschieht
Ut desint vires, tamen est laudanda voluntas	Wenn auch die Kräfte fehlen, so ist doch der Wille zu loben
ut exemplum docet	wie das Beispiel lehrt
utile dulci	das Nützliche mit dem Angenehmen *(verbinden)*
ut infra	wie unten *(bemerkt* [veraltet]*)*
ut in omnibus glorificetur deus	daß in allem Gott verherrlicht werde *(Gott gebührt Ehre und Lob)*
Ut pictura poesis	Wie die Malerei, so die Dichtung
Ut sementem feceris, ita metes	Wie du gesät hast, so wirst du ernten
ut supra	wie oben *(erwähnt, gesagt, geschrieben)*; wie vorher [mus. t. t.]
ut unum sint	daß sie *(alle)* eins seien *(Wendung aus dem Johannes-Evangelium, die die Einhelligkeit und Liebe unter den Glaubensbrüdern meint* [rel. t. t.]*)*
uxori optimae	der besten Frau *(zugeeignet; Widmungs-, Dedikationsformel)*
Vade mecum	wandere mit mir *(Nachschlagewerk, Leitfaden, Handbuch)*
vae victis	wehe den Besiegten *(Ausspruch des gallischen Eroberers von Rom, Brennus 390 v. Chr.)*

vanitas vanitatum (omnia vanitas)	Eitelkeit der Eitelkeiten, (alles ist Eitelkeit) *(alles ist eitel)*
Vare, redde mihi legiones meas	Varus, gib mir meine Legionen wieder *(legendärer Ausruf des Augustus nach der von Varus verlorenen Schlacht im Teutoburger Wald)*
variatio (varietas) delectat	Abwechslung macht Freude
Varium et mutabile semper femina	Ein buntschillerndes und wechselhaftes Wesen *(ist doch)* immer die Frau
vaticinium ex eventu	Voraussage *(über eine Sache)* nach dem Ausgang *(eben dieser Sache; Prophezeiung von etwas, was längst eingetreten ist)*
Velum palatinum	*Gaumensegel* [med. t. t.]
Venia legendi	*Erlaubnis, an Hochschueln zu lehren*
veni, creator spiritus	Komm, Schöpfer Geist
veni, sancte spiritus	Komm, Heiliger Geist
veni, vidi, vici	ich kam, ich sah, ich siegte *(Ausspruch Cäsars)*
verba docent, exempla trahunt	Worte belehren, Beispiele reißen mit
Verba volant, scripta manent	*(Gesprochene)* Worte fliegen *(davon)*, geschriebene *(Worte)* bleiben
verbi causa	zum Beispiel [veraltet]
verbi gratia	zum Beispiel [veraltet]
Verbum abstractum (o. substantivum)	*das inhaltsarme Verb „sein“* [sprachwiss. t. t.]
Verbum attributivum	*jedes Verb außer dem Verbum abstractum* [sprachwiss. t. t.]
Verbum finitum	*Personalform des Verbs mit Personenangabe, -zahl* [sprachwiss. t. t.]
Verbum infinitum	*Verbform, die keine Angabe einer Person enthält* [sprachwiss. t. t.]

Ver ascrum	heiliger Frühling *(altrömischer Brauch, in Notzeiten dem Mars und Jupiter Erstlinge eines Frühlings zu weihen)*
Versus memoriales	*Merkverse, Verse, die als Gedächtnisstütze dienen*
Versus quadratus	*trochäischer Septenar* [antiker Versfuß]
Versus rapportati	*Verse mit verschränkter Aufzählung von Satzgliedern* [sprachwiss. t. t.]
Versus rhopalici	*Vers, in dem jedes folgende Wort eine Silbe mehr hat als das vorangehende* [sprachwiss. t. t.]
verte, si placet	bitte wenden [mus. t. t.]
verte subito	rasch wenden [mus. t. t.]
Verum gaudium res severa est	Wahre Freude ist eine ernste Sache
Vestigia terrent	Die Spuren schrecken
Vetus Latina	*alte lateinische Bibelübersetzung*
Vexilla regis	*altrömische Kirchenmelodie*
Via eminentiae	*Methode, etwas durch Steigerung zu bestimmen*
Via moderna	*rationalistisch-mathematische Methode des Kartesianismus*
Via negationis	*Methode, etwas durch Verneinung zu bestimmen*
via sacra	die heilige Straße *(auf der im alten Rom die Triumphzüge abgehalten wurden)*
vice versa	umgekehrt, wechselweise
Victoria regia	*südamerikanische Seerose*
Victrix causa deis placuit, sed victa Catoni	Die siegreiche Sache hat den Göttern gefallen, aber die besiegte dem Cato
videant consules (ne quid detrimenti res publica capiat)	die Konsuln sollen dafür Sorge tragen, daß der Staat keinen Schaden erleide *(Formel zur Einleitung des Staatsnotstandes im alten Rom)*

Video meliora proboque: deteriora sequor	Ich sehe das Bessere und erkenne es an: Dem Schlechteren folge ich
Vincere scis, Hannibal, victoria uti nescis	Zu siegen weißt du, Hannibal, den Sieg zu nutzen weißt du nicht
Viola tricolor	*Stiefmütterchen* [bot. t. t.]
viribus unitis	mit vereinten Kräften
vis comica	Kraft der Komik
Vis inertia	*Beharrungsvermögen* [philos. t. t.]
Vis maior	höhere Gewalt [jur. t. t.]
Vita activa	tätiges Leben *(besonders als Teil mönchischer Lebensführung)*
vita brevis, ars longa	das Leben *(ist)* kurz, die Kunst lang *(Beginn der Aphorismen des Hippokrates)*
Vita communis	gemeinsames Leben *(unter Verzicht auf privates Vermögen in kath. geistlichen Orden)*
Vita contemplativa	*bertrachtendes, beschauliches Leben im Gegensatz zur Vita activa*
vitae, non scholae discimus	für das Leben, nicht für die Schule lernen wir
Vitam impendere vero	Das Leben in die Waagschale werfen für die Wahrheit *(Das Leben einsetzen für die Wahrheit)*
Vita reducta	reduziertes Leben *(Zustand des Organismus bei Ausfall lebenswichtiger Organsysteme* [med. t. t.]*)*
vivant sequentes!	die *(Nach)*folgenden sollen leben!
vivat, crescat, floreat	er (sie, es) lebe, blühe und gedeihe *(Studentenspruch)*
vivat sequens!	es lebe der Folgende!
vivere militare est	das Leben ist *(= heißt)* Kriegsdienst leisten *(= kämpfen)*
vivos voco, mortuos plango, fulgura frango	die Lebenden rufe ich, die Toten beweine ich, die Blitze breche ich *(Glockeninschrift)*
Voces aequales	gleiche Stimmen [mus. t. t.]

volenti non fit iniuria	dem Willigen *(= dem, der es so haben will)*, geschieht kein Unrecht *(Grundsatz römischen Rechtsdenkens)*
Vox acuta	hohe bzw. scharfe Stimme [mus. t. t.]
Vox celestis	*eine Orgelstimme* [mus. t. t.]
Vox humana	1. menschliche Stimme; *2.(menschenstimmenähnliches Orgelregister* [mus. t. t.])
Vox media	*inhaltlich neutrales, von zwei Extremen gleich weit entferntes Wort* [rhet. t. t.]
Vox nihili	Stimme des Nichts *(Wort, das seine Entstehung einem Fehler verdankt)*
Vox populi vox Dei	Volkes Stimme *(ist)* Gottes Stimme *(das ist die öffentliche Meinung die großes Gewicht hat)*

Alphabetisches Verzeichnis der im lexikalischen Teil auftauchenden lateinischen Ursprungswörter

Dieses Verzeichnis enthält auch die Stichwortnummern in den Nachträgen!
Hinweise zu den verwendeten Zeichen:

K = siehe ausschließlich imAbschnitt *Korrekturen* in den Nachträgen
(K) = siehe auch im Abschnitt *Korrekturen* in den Nachträgen
N = siehe Abschnitt *Nachträge* in den Nachträgen
(= steht an 2. Position, d. h. erfüllt eine Brückenfunktion
(* = mlat. o. vulgl. o. erschlossene Form
{ = Herleitung unsicher

A

B

C

D

E

F

G

H

I

L

M

N

O

P

Q

R

S

T

U

V

W

Z

Nachträge

In dem zehnjährigen Zeitraum seit der Veröffentlichung dieses Lexikons sind uns und unseren Lesern einige Unkorrektheiten aufgefallen, die der Richtigstellung bedürfen. Allen aufmerksamen Lesern, die uns auf Druckfehler oder Irrtümer hingewiesen haben, sei an dieser Stelle ausdrücklich gedankt. Vorzunehmende Änderungen sind nachfolgend durch Unterstreichungen gekennzeichnet. Die Nachträge – neuaufgenommene Wörter – sind von uns gegenüber früheren Auflagen nochmals um einige zumeist aktuell hinzugekommene Lemmata ergänzt worden.

1. Korrekturen und Ergänzungen zu vorhandenen Eintragungen

S. XIX erster Abschnitt erste Zeile: statt (linken) richtig: (rechten)

S. XXIII erster Abschnitt letzte Zeile:
statt antiquitates, tium richtig: (2X) antiquitates, Gen. antiquitatum.

S. XXXIII unter ahd: ergänze: ait. = altitalienisch

S. 3 Nr. 0013 Lemma Abiturient Spalte 4 und 5 unter dto:
ergänze: mlat. abiturire abgehen wollen
nlat. abituriens (PPA.)

S. 7 Nr. 0040 Lemma Accesoire Spalte 2: statt Accesoire richtig: Accessoire

S. 8 Nr. 0046 Lemma Acryl Spalte 3:
statt Polyacrylnitrit richtig: Polyacrylnitril

S. 12 Nr. 0074 Lemma abnominal: statt abnominal richtig: adnominal

S. 14 Nr. 0090a Lemma Aerosol Spalte 4 und 5: statt + sal, lis Salz
richtig: + solutio, onis f Lösung
solutus, a, um gelöst, locker, ungebunden

S. 20 Nr. 0113 Lemmata akkomodabel, Akkomodation, akkomodieren
statt akkomodabel, Akkomodation, akkomodieren
richtig: akkommodabel, Akkommodation, akkommodieren

S. 40 Nr. 0216 Lemma Antiquität Spalte 4:
statt antiquitates, tium f (Pl.) richtig: antiquitates, tum f (Pl.)

S. 45 Nr. 0245 Lemma Aprikose Spalte 4 und 5 vor arab. *albarquq*:
ergänze: beeinflußt durch:
apricus, a, um der Sonne ausgesetzt, den Sonnenschein liebend

S. 55 Nr. 0291 Lemma Assemble Spalte 2: statt Assemble richtig: Assemblee

S. 57 Nr. 0297 Lemma Assimilation o. Assimilierung Spalte 3 am Ende:
ergänze: 3. Angleichung eines Konsonanten an einen anderen (sprachwiss. t. t.) {76}

S. 61 Nr. 0318a Lemma Augur Spalte 3:
statt 1. Priester– und Vogelschauer richtig: 1. Priester und Vogelschauer
ebenda, unten:
ergänze: 2. jmd., der als Eingeweihter Urteile über sich anbahnende (politische) Entwicklungen äußert {25/32/50/81}

S. 67 Nr. 0358 Lemma Barbe Spalte 3:
statt {07}; Spitzenband richtig: {07/69}; 2. Spitzenband

S. 74 Nr. 0398 Lemma Binom Spalte 5 Zeile 1 hinter s. oben: ergänze: 0388

S. 75 Nr. 0404 Lemma Biskotte Spalte 4: statt (PPP. coctum) richtig: (PPP. coctus)

S. 76 Nr. 0412 Lemma Boiler Spalte 2: statt l>frz>engl richtig: (gr)>l>frz>engl

ebenda Spalte 4 unter bulla, ae f: ergänze (gr. *βόλος*)

S. 82 Nr. 0444 Lemma Buchse Spalte 3: statt Holzzylinder richtig: Hohlzylinder

ebenda, Nr. 0449 Lemma Büffel Spalte 2: statt l>it>frz richtig: (gr)>l>it>frz

ebenda, Spalte 4 Zeile 4: ergänze gr. *βούβαλος*

S. 85 Nr. 0463 Lemma Caeremoniale Spalte 3 Zeile 2:
statt An-weisungen richtig: Anweisungen

S. 87 Nr. 0483 Lemma Cäsium Spalte 3: statt chem. Grundstoff; radiokatives ...
ergänze: chem. Grundstoff; (als Isotop bei Kernspaltungen) radioaktives

S. 89 Nr. 0493 Lemma Centavo Spalte 3 Zeile 2: statt Währungsen richtig: Währungen

S. 92 Nr. 0512b Lemma Cherub(im) Spalte 2:
statt (hebr)>kirchenl richtig: (hebr)>gr>l>kirchenl

ebenda, Spalte 4 unten: ergänze: gr. *χερουβίμ*

S. 93 Nr. 0522 Lemma Clavis Spalte 4 und 5 unten:
ergänze: *κλειδίον* o. *κλῄς* Schlüssel, Riegel

S. 95 Nr. 0532 Lemma Comes Spalte 3 Zeile 4:
statt Verwaltungsangelegenhei-ten richtig: Verwaltungsangelegenheiten

S. 100 Nr. 0575 Lemma Cup Spalte 2:
statt l>roman>engl richtig: (gr)>l>engl
ebenda, Spalte 4 und 5: ergänze: gr. *κυπή* Höhlung

S. 103 Nr. 0590 Lemma Debet Spalte 4 und 5 unten:
ergänze: debet er (sie, es) schuldet

S. 106 Nr. 0611 Lemma Defizient Spalte 4 unten: ergänze: (PPA. deficiens)
ebenda, Lemma Defizit Spalte 4 und 5 unten:
ergänze: deficit es mangelt, fehlt

S. 109 Nr. 0626 Lemma Dekan Spalte 3 Zeile 4:
statt intendant {51}; Vorsteher richtig: intendant {51/77}; 3. Vorsteher

S. 113 Nr. 0651 Lemma dementi Spalte 5:
statt (verstärkender Partikel) richtig: (eine verstärkende Partikel)

S. 116 Nr. 0665 Lemma dental Spalte 3 Zeile 3:
statt {11/70}; mit Hilfe der Zähne   richtig: {11/70}; 2. mit Hilfe der Zähne

S. 117 Nr. 0667 Lemma Denunziation Spalte 3 Zeile 2:
statt Denuntianten   richtig: Denunzianten

ebenda, Lemma denunziatorisch Spalte 3 Zeile 2:
statt Denuntiation   richtig: Denunziation

S. 118 Nr. 0674b Lemma deplaziert o. deplaciert Spalte 4 Zeile 6
statt (sc. όδός)   richtig: (sc. ὁδός)

S. 125 Nr. 0710 Lemma Detektor Spalte 4 und 5 unten:
ergänze: (bzw. detegere)   s. oben 0709

S. 133 Nr. 0757 Lemma Din(n)er Spalte 4:
statt + ieiunius, a, um   richtig: + ieiunus, a, um

S. 134 Nr. 0758 Lemma Dirigat Spalte 4 und 5 unten:
ergänze: dirigat   er soll leiten, lenken, aufstellen

S. 135 Nr. 0766 Lemma diskret Spalte 3 Zeile 1: statt unauffälig richtig: unauffällig

S. 139 Nr. 0782 Lemma dissident Spalte 4 unten:
ergänze: [mit langem e hinter dem d]

S. 143 Nr. 0800 Lemma Dividend Spalte 4 und 5 unten:
ergänze: Gerund. dividendum   das zu Teilende

ebenda, Nr. 0805 Lemma herumdoktorn: statt herumdoktorn   richtig: herumdoktern

S. 152 Nr. 0852b Lemma Eclair Spalte 3 Zeile 2: statt schokolade   richtig: Schokolade

S. 155 Nr. 0865 Lemma Ejektor Spalte 4 und 5:
statt eiectare   herauswerfen, –speien   richtig: dto.

S. 157 Nr. 0875 Lemma Elevator Spalte 4 und 5 unten:
ergänze: (bzw. elevare)   s. unten

S. 158 Nr. 0886 Lemma Emerit Spalte 4 und 5:
statt emere   ver-, ausdienen   richtig: emereri   ausdienen, zu Ende dienen

S. 167 Nr. 0940 Lemma Etui Spalte 3 Zeile 3: statt Futeral   richtig: Futteral

S. 169 Nr. 0948 Lemma Evolution Spalte 5:
ergänze: das Aufschlagen -, Lesen des Buches
ebenda, Spalte 4 und 5 unten:
ergänze: (evolvere)   s. unten

S. 177 Nr. 0991 Lemma Exponat Spalte 4 und 5 unten:
ergänze: russ. gebildet vom Präs. Stamm expon– unter
Benutzung des l. Suffix –at(us)

S. 204 Nr. 1130 Lemma forensisch Spalte 3 Zeile 3:
statt {32}; die Gerichtsverhand-   richtig: {32}; 2. die Gerrichtsverhand-

S. 207 Nr. 1134 Lemma Fortisimo Spalte 2: statt Fortisimo   richtig: Fortissimo

S. 216 Nr. 1172 Lemma Gambit Zeile 4 oben: ergänze: unsicher
ebena, Nr. 1175 Spalte 5 Zeile 1: statt s. oben 1170 richtig: s. oben 1170b

S. 219 unten Nr. 1183 Lemma Genius fehlt (s. unten bei: Nachträge).

S. 220 Nr. 1191 Lemma Gerundiv(um) Spalte 4 und 5 unten:
ergänze: spätl. modus gerundivus Gerundivum (gramm. t. t.)

S. 225 Nr. 1214 Lemma gratis Spalte 4 und 5 unten:
ergänze: (von gratia abgeleiteter Ablativ Plural gratiis) s. unten 1219

S. 229 Nr. 1233 Lemma Habitat Spalte 4 und 5 unten:
ergänze: habitat (PPP. habitatus) er (sie, es) wohnt

S. 230 Nr. 1236 Lemma Hämoglobinogen Spalte 2:
statt Hämoglobinogen richtig: hämoglobinogen

ebenda, Spalte 4 und 5:
statt + gr. γένος Art, Stamm, Geschlecht
richtig: + -γενής stammend von; hervorbringend, verursachend

S. 240 Nr. 1275 Lemma in, ... usw. Spalte 2 oben (vor in...):
ergänze: il..., Il..., im..., Im...,

S. 249 Nr. 1321b Lemma impraktikabel Spalte 4 und 5:
statt + gr. πράξις Tat, Handlung, Beschäftigung
richtig: + gr. πρακτικός zum Tun gehörig
l. practicus, a, um tätig

S. 257 Nr. 1358 Lemma Induktor Spalte 4 und 5 unten:
ergänze: (bzw. inducere) hineinführen; veranlassen; etw. mit etw. überziehen; auf-, verführen

S. 269 Nr. 1415 Lemma Inkubator Spalte 4 und 5 unten:
ergänze: (bzw. incubare) s. oben

S. 271 Nr. 1433 Lemma Inserat Spalte 4 und 5 unten:
ergänze: inserat er soll einfügen
o. inseratur es soll eingefügt werden

ebenda, Lemma Inserent Spalte 4 unten: ergänze: (PPA. inserens)

S. 309 Nr. 1603a Lemma Kämmerer Spalte 3 unten:
ergänze: 2. Leiter der Finanzverwaltung einer Stadt oder Gemeinde {40/42/49}

S. 310 Nr. 1606 Lemma kanalisieren Spalte 3 Zeile 3:
statt 2. eine Fluß richtig: 2. einen Fluß

S. 316 Nr. 1632 Lemma Kappes Spalte 3 Zeile 4 statt Geshwätz richtig: Geschwätz

S. 320 /321 passim Spalte 2 statt (äg) richtig: (ägypt)

S. 336 Nr. 1722 Lemma Kollege Spalte 4: statt collega, ae f richtig: collega, ae m

S. 337 Nr. 1723 Lemma Kollektor Spalte 4 und 5 unten:
ergänze: (bzw. colligere, PPP. collectus) sammeln, zusammensuchen, konzentrieren

S. 351 Nr. 1770 Lemma Kompositum Spalte 3:
ergänze: aus zwei oder mehreren Teilen

S. 354 Nr. 1778 Lemma Konditor Spalte 4 unten: ergänze: [mit langem i]

S. 354 Nr. 1779 Lemma Kondominium Spalte 1: statt – richtig: 1780

S. 355 Nr. 1784 Lemma Konfession Spalte 3 Zeile 5:
statt {32/51}; 4. literarische richtig: {32/51/77}; 3. literarische

S. 356 Nr. 1787 Lemma Konfirmand Spalte 4 unten:
ergänze: (Gerund. confirmandus)

S. 363 Nr. 1824 Lemma Konservatorium Spalte 5 unten:
ergänze: it. *conservatorio* Waisenhaus; Stätte zur Pflege und Erhaltung (der musikalischen Tradition)

S. 377 Nr. 1875 Lemma Konversationslexikon Spalte 4 und 5:
statt + gr. λέξις Wort richtig: ***λεξικόν (βιβλίον)*** Wörterbuch

S. 404 Nr. 2000 Lemma Languste Spalte 3 Zeile 1:
statt scheerenloser richtig: scherenloser

S. 407 Nr. 2023 Lemma lavieren Spalte 5: statt s. oben 2022 richtig s. oben 2022b

S. 409 Nr. 2033 Lemma Legislaturperiode Spalte 4 und 5:
statt periodus, di m Gliedersatz, Periode
richtig: periodus, i f Satzgefüge, Periode

S. 412 Nr. 2052 Lemma Libero Spalte 4 unten: ergänze: [mit langem i]

ebenda, Lemma Liberte Spalte 2: statt Liberte richtig: Liberté

S. 426 Nr. 2124 Lemma Malaise Spalte 4 und 5 unter malus:
ergänze: frz. *mal* dto.
\+ frz. *aise* Freude, Wohlbehagen

S. 432 Nr. 2142 Lemma Mantisse Spalte 3 Zeile 2 und 3:
statt Logarhythmus richtig: Logarithmus

S. 439 Nr. 2174 Lemma Maulbeere Spalte 4: statt gr μῶρον richtig: gr. ***μόρον***

S. 446 Nr. 2209 Lemma Menthol Spalte 2:
statt (gr>l;l)>nlat richtig: (gr>l;gr>l>vulgl)>nlat

ebenda, Spalte 4 unten: ergänze: gr. ***ἔλαιον*** vulgl. olium*

ebenda, Lemma Menü Spalte 1: statt – richtig: 2210

S. 450 Nr. 2236 Lemma Militärattache Spalte 2:
statt Militärattache richtig: Militärattaché

S. 454 Nr. 2245 Lemma Minze Spalte 4: statt menta richtig: ment(h)a

S. 461 Nr. 2266 Lemma Mohr Spalte 2 bzw. 4 und 5 unten:
ergänze (gr)>l>ahd>mhd
gr. *μαῦρος* dunkel
ahd. mor
mhd. mor(e)

ebenda, Lemma Mohrenkopf, Spalte 2:
statt l;(gr)>l>gallorom richtig: (gr)>l>ahd>mhd;(gr)>l>gallorom

S. 466 Nr. 2293a Lemma Mörser Spalte 3 unten:
ergänze: 2. schweres (Steilfeuer)geschütz {86}

ebenda Nr. 2295 Lemma Morula Spalte 4: statt gr. μῶρον richtig: gr. *μόρον*

S. 468 Nr. 2302 Lemma Motor Spalte 4 und 5 unten:
ergänze: (bzw. movere, PPP. motus) s. unten 2305

S. 470 Nr. 2312 Lemma Multiplikant Spalte 2:
statt Multiplikant richtig: Multiplikand

ebenda Spalte 4 unten: ergänze: (Gerund. multiplicandus)

S. 470 Nr. 2314 Lemma Mumm Spalte 4 unten: ergänze: (Akk. animum)

S. 473 Nr. 2329 Lemma Muskulatur spalte 3 Zeile 1:
statt Gesamtheite richtig: Gesamtheit

ebenda, Nr. 2331 Lemma Muta Spalte 4:
statt mutuus, a, um (mutuae consonantes
richtig: mutus, a, um (mutae consonantes)

S. 481 Nr. 2350b Lemma nervig Spalte 3 unten:
ergänze: 2. auf die Nerven gehend, störend {26}

S. 488 Nr. 2374 Lemma normen Spalte 3 Zeile 3:
statt für etw. ein Norm richtig: für etw. eine Norm

S. 496 Nr. 2400 Lemma Obliquität Spalte 3 Zeile 4:
statt {33/56}; 2. Unregelmäßigkeit richtig: {33/56}; 3. Unregelmäßigkeit

S. 501 Nr. 2427 Lemma Olive Spalte 3 Zeile 3: statt Öbaum richtig: Ölbaum

S. 503 Nr. 2434 Lemma Operabilität Spalte 3 Zeile 1:
statt Beschafenheit richtig: Beschaffenheit

ebenda, Lemma Operateur Spalte 3 Zeile 3:
statt Filmaufnahmen; 2. richtig: Filmaufnahmen; 3.

S. 504 Nr. 2434 Lemma Operator Spalte 3 Zeile 3:
statt Verfahrung richtig: Verfahren

S. 518 Nr. 2500 Lemma Parabolantenne Spalte 3 Zeile 3:
statt Reflektionsschirm richtig: Reflexionsschirm

S. 519 Nr. 2506 Lemma Parasol Spalte 4 und 5:
statt gr. *παρά* s. oben 2506 richtig: parare s. oben 2501
it. *parare*

S. 527 Nr. 2535 Lemma Passiflora Spalte 4: statt patiri richtig: pati

S. 530 Nr. 2546 Lemma Patience Spalte 1: statt 2546 richtig: 2546a

ebenda, Lemma Patient Spalte 1 statt 2546 richtig: 2546b

ebenda, Spalte 4 und 5: statt dto. richtig: pati (PPA. patiens) (er)dulden, hinnehmen, zulassen, gestatten

S. 535 Nr. 2574 Lemma Pendant Spalte 4 unter pendere:
ergänze: [mit langem e hinter dem d]

S. 537 Nr. 2584 Lemma per Spalte 5 Zeile 6 und 7
statt (verstärkender Partikel) richtig: (eine verstärkende Partikel)

S. 538 Kopfzeile: statt Pefektionismus richtig: Perfektionismus

S. 539 Nr. 2596 Lemma perkutan Spalte 2 Zeile 2
statt l>nlat richtig: (l;gr>l)>nlat

ebenda, Spalte 4 und 5: statt percutere durchbohren, –stechen, verwunden
richtig: per s. oben 2584
+ cutis, is f Haut, Hülle
gr. κύτος

S. 545 Nr. 2620 Lemmata Petition / petitionieren / Petitor Spalte 1:
statt – richtig: 2621

S. 547 Nr. 2636 Lemma Pflaume Spalte 2:
statt (gr)>l>vulgll richtig: (gr)>l>vulgl

S. 547 Nr. 2642a Lemma Pfund Spalte 4: statt pondo richtig: pondus

S. 554 Nr. 2687 Lemma Plazet (o. Placet) Spalte 4 und 5:
ergänze: placet es gefällt

S. 555 Nr. 2693 Lemma Plisse Spalte 2 statt Plisse richtig: Plissee

S. 571 Nr. 2777 Lemma Präludium Spalte 3 Zeile 2:
statt muskalisches richtig: musikalisches

S. 582 Nr. 2829 Lemma Proband Spalte 4 unten: ergänze: (Gerund. probandus)

S. 590 Nr. 2855 Lemma Promovend Spalte 4 unten:
ergänze: (Gerund. promovendus)

S. 591 Nr. 2859 Lemma Propaganda Spalte 4 unten:
ergänze: (Gerund. propagandus)

S. 607 Nr. 2926 Lemma quadrophon Spalte 4 und 5
statt + gr. φωνέειν sprechen, tönen richtig: + gr. φωνή Laut, Stimme, Ton

S. 611 Nr. 2945 Lemma Quintesenz Spalte 2 statt Quintesenz richtig: Quintessenz

S. 618 Nr. 2978 Lemma Raps Spalte 3 Zeile 1:
statt (eigentlich Rapsaat) richtig: (eigentlich verkürzt aus Rapp-Saat)

S. 623 Nr. 2991 Lemma Reallexikon Spalte 4 und 5:
statt + gr. λέξις Wort richtig: *λεξικόν (βιβλίον)* Wörterbuch

S. 662 Nr. 3140 Lemma Revision Spalte 3 Zeile 2:
statt umgebrochenen richtig. umbrochenen

S. 686 Nr. 3240 Lemma Schuster Spalte 4 und 5:
ergänze: sutor, oris m (Flick)schuster, Näher, Schuhmacher
ahd. *sutari* Schuhmacher, -näher
mhd. *schuochsuter*

S. 698 Nr. 3298 Lemma Server Spalte 3:
ergänze: 2. Bezeichnung für den zentralen Computer eines Netzwerks; 3. Dienstleistungen erfüllende Service-Einrichtung im Internet {32/42/46/71/80}

S. 709 Nr. 3343 Lemma Skrotum Spalte 5: statt Hodendsack richtig: Hodensack

S. 714 Nr. 3364 Lemma sortiert Spalte 3 Zeile 3:
statt erlesen, ausgewählt richtig: 2. erlesen, ausgewählt

ebenda, Lemma Sortiment Spalte 3 Zeile 2:
statt {42/57}; Kurzform richtig {42/57}; 2. Kurzform

S. 715 Nr. 3367 Lemma Soufflé Spalte 4: statt frz. *sauffler* richtig: frz. *souffler*

S. 735 Nr. 3446 Lemma Studium Spalte 3 Zeile 7: statt Erler-nen richtig: Erlernen

ebenda Nr. 3447 Lemma stupend Spalte 4 unten: ergänze: (Gerund. stupendus)

S. 750 Nr. 3519 Lemma Tableau Spalte 3 Zeile 5:
statt verzeichnis im Flur; Ergeb- richtig: verzeichnis im Flur); Ergeb-

S. 751 Nr. 3524 Lemma Taille Spalte 3 Zeile 11:
statt Tenorlage bei Intrumenten richtig: Tenorlage bei Instrumenten

S. 767 Nr. 3602 Lemma Torte Spalte 2: statt spätl>it richtig: (gr)>spätl>it

ebenda, Spalte 3 unten:
ergänze: saloppe Anrede für Frauen: „Schätzchen, Puppe" (ugs.) {32/33}

ebenda, Spalte 4 und 5 unten: ergänze: unsicher:
τὸ ἀρτίδιον das kleine Brot
*τωρτίδιον**

S. 769 Nr. 3606 Lemma touchiren Spalte 3 Zeile 3: statt 2. mit richtig: 3. mit

S. 782 Nr. 3666 Lemma Triklinium Spalte 4: statt τρίκλινον richtig: *τρίκλινος*

S. 785 Nr. 3682 Lemma Trumpf Spalte 2: statt l>frz richtig: (gr)>l>mfrz>frz

ebenda, Spalte 4 und 5 unten:
ergänze: gr. *θρίαμβος* Festzug und Festlied für Dionysos
mfrz. triumphe
frz. triomphe

S. 792 Nr. 3724 Lemma unipolar Spalte 4 und 5:
statt unire s. oben 3719 richtig: unus, a, um ein(er/e/es)

S. 793 Nr. 3729 Lemma Unze Spalte 3 unten:
ergänze: 3. Gewichtseinheit für Edelmetalle und–steine (31,1 g) {56}

S. 797 Nr. 3747 Lemma Vakuum Spalte 3 Zeile 5: statt Lehre richtig: Leere

S. 804 Nr. 3789 Lemma Vernissage Spalte 4 Zeile 1 oben: ergänze: unsicher

S. 806 Nr. 3808 Lemma Vibraphon Spalte 4 und 5:
statt + gr. φόνος Ton, Laut richtig: + gr. φωνή Ton, Laut; Sprache, Stimme

S. 808 Nr. 3823 Lemma viral Spalte 4: statt virus, ri m richtig: virus, ri n

S. 808 Nr. 3827 Lemma Virtualität Spalte 4: statt virtus, us m richtig: virtus, utis f

ebenda, Lemma virtuell Spalte 3 unten:
ergänze: 3. nicht echt, nicht wirklich vorhanden, künstlich; die Sinne täuschend {23/24/46/55/71/87}

S. 817 Nr. 3870 Lemma waten Spalte 4: statt vadare richtig: vadere

ebenda, Spalte 4 unten: ergänze: (ahd. *watan*)

S. 819 Nr. 3883 Lemma Zebra Spalte 5:
statt Pyrenäenghalbinsel richtig: Pyrenäenhalbinsel

S. 820 Nr. 3886 Lemma Zelluloid Spalte 4 und 5:
statt + gr. ἴδιος ähnlich richtig: + –(ε)ιδής ähnlich aussehend

S. 822 Nr. 3891 Lemma Zentrifugalkraft Spalte 3 Zeile 1:
statt bei der Bewegung richtig: bei der Kreisbewegung

S. 823 Nr. 3891 Lemma Zentrum Spalte 3 Zeile 5 und 6:
statt Mittelfeld richtig: Mittelfelder

S. 825 Nr. 3909 Lemma Zirkumflex Spalte 5:
statt zirkumflekteren richtig: zirkumflektieren

S. 830 Lemma Amphore Spalte 3: statt ἀφορεύς richtig: ἀμφορεύς

S. 833 Lemma Bakterie Spalte 3: statt βακτήριοω richtig: βακτηρία

S. 836 Lemma Choleriker Spalte 3: statt χολερικός richtig: χολή

S. 837 nach Cord: ergänze: Coroner corona κορωνή

S. 843 Lemma Kardamon Spalte 1: statt Kardamon richtig: Kardamom

S. 845 Lemma Kupfer Spalte 2 und 3:
statt Cyprus κύπρος richtig: (aes) cyprum κύπριος

S. 847 3. Zeile: Lemma Mimus ist zu tilgen.

S. 853 Lemma Polyptoton Spalte 2: statt poyptoton richtig: polyptoton

S. 857 Lemmata synodal und Synodale: statt συνῳδία richtig: σύνοδος ebenda, Lemma Synode: statt synodia richtig: synodus

ebenda, Lemma synodisch: statt dto. richtig: synodicus

S. 861 Lemma Casiopeium: statt Casiopeium richtig: Cassiopeium

ebenda, Lemma Colchium: statt Colchium richtig: Colchicum

S. 862, Lemma Paladium: statt Paladium richtig: Palladium

S. 862 unter Stapelie: ergänze: Strontium

S. 869 Redewendung annus discretionis Spalte 2:
statt Müdigkeit richtig: Mündiigkeit

S. 870 Redewendung Artes liberales Spalte 2 unten:
ergänze: *(das sind [seit Seneca 4 v. Chr. bis 65 n. Chr.] Grammatik, Dialektik, Rhetorik, Arithmetik, Geometrie, Astronomie, Musik; darunter [seit Boethius 480-524 n. Chr.] Trivium [= Grammatik, Dialektik, Rhetorik] und Quadrivium [Arithmetik, Geometrie, Astronomie, Musik]).*

S. 873 Redewendung Christus manionem benedicat:
statt manionem richtig: mansionem

S. 877 Redewendung Copus iuris Spalte 1: statt Copus iuris richtig: Corpus iuris

S. 881 Redewendung dulce est despicere in loco Spalte 1:
statt despicere richtig: desipere

S. 882 Redewendung pluralis unum Spalte 1: statt pluralis richtig: pluribus

S. 889 Lemma Hoc erat in votis. ..., 2. Spalte: statt meine richtig: meinen

S. 901 Redewendung misce stultitiam ... Spalte 1 Zeile 2 und 3:
statt despicere richtig: desipere

ebenda Redewendung Missio canonica Spalte 2:
richtig: *Auftrag, Sendung durch die Kirche zur Erteilung von Unterricht (bis zur Universität)*

S. 909 Redewendung Pange lingua Spalte 2:
statt erklinge, Zunge richtig: Erklinge, Zunge *(Anfang verschiedener Hymni in der Karwoche bzw. an Fronleichnam)*

S. 926 Redewendung Spectatum veniunt ... Spalte 1 Zeile 2:
statt ipse richtig: ipsi

S. 928 Redewendung tantum ergo Spalte 1 und 2:
statt tantum ergo richtig: Tantum ergo sacramentum
Also laßt uns das große Sakrament verehren
(Anfang der fünften Strophe des Pange lingua in der kath. Liturgie))

S. 934 Redewendungen ver ascrum Spalte 1 statt ver ascrum richtig: ver sacrum

S. 937 Ursprungswortliste, 3. Spalte: statt accomodare richtig: accommodare
accomodatio accommodatio
accomodatus accommodatus

S. 937 Ursprungswortliste, 3. Spalte, accessio: ergänze: 0040(K), 0130.

S. 949 Ursprungswortliste, 2. Spalte emeri:
statt emeri richtig: emereri (emeritus) 0886, 0886(K).

S. 957 Ursprungswortliste, 3. Spalte nach locutio: ergänze: logisticus 2082N.

S. 959 Ursprungswortliste, 2. Spalte nach modus:
ergänze: modus (gerundivus) 1159K, danach molaris 2267N.

S. 960 Ursprungswortliste, 3. Spalte mutus: statt 2331, 2332(K) richtig: 2331, 2331(K)

S. 963 Ursprungswortliste, 1. Spalte nach periculosus:
ergänze: periodus 2033, 2033(K).

S. 969 Ursprungwörterliste 2. Spalte nach Rubico: ergänze: rubidus 3178N

S. 969 Ursprungswortliste, 1. Spalte: statt sal 0090a (?), 3193 richtig: sal 3193.

S. 969 Ursprungswortliste, 3. Spalte scrofa: ergänze: 3225N, 3342N

S. 970 Ursprungswortliste, 3. Spalte nach solus:
ergänze: solutio 0090a(K) und solutus (0090aK).

S. 972 Ursprungswortliste , 1. Spalte tantum: statt 3329 richtig: 3329b

2. Nachträge – neuaufgenommene Wörter

S. XXVIII Nachtrag zur Literaturliste als Nr. 21:

21. Büchmann, Georg, Geflügelte Worte, Berlin, Frankfurt / Main, Zürich 1981[33].

S. 7

0040 N	**Access** l>engl	Zugang; Zugriff {32/46/71}	**accessus**, us m	Annäherung, Zugangsstelle, Zutritt

S. 29

0151 N	**Alm** voridg>l	Bergweide {39}	**albus**, a, um ahd. *alba* mhd. *albe*	weiß

S. 38 [nach Nr. 0204]

>>> anpöbeln s. pöbeln

S. 42

0229 N	**Apotheke** (gr)>l>frz	1. Geschäft, in dem Arzneimittel hergestellt und verkauft werden {14/21/42/70}; Schränkchen, Tasche, Behälter für Arzneimittel {14/58/70/87}; 3. (abwertend) teures Geschäft {42}	**apotheca**, cae f gr. *ἀποθήκη* frz. *boutique*	Vorratskammer, (Wein)lager, Speicher Speicher, Scheune; Guthaben; Zuflucht

S. 71

0376 N	**Belladonna** (l;l)>it	1. Tollkirsche {04}; 2. aus der Tollkirsche gewonnenes Arzneimittel {04/70}	**bellus**, a, um + **domina**, ae f it. *belladonna*	hübsch, niedlich, charmant Hausherrin, -frau, Wirtin schöne Frau; Tollkirsche
–	**Belle Epoque** l>frz; gr >mlat>frz	Bezeichnung für die Zeit des gesteigerten Lebensgefühls in Frankreich zu Beginn des 20. Jh.s. {59/75}	**bellus**, a, um frz. *belle* + gr. *ἐποχή* frz. *époque*	s. oben Haltepunkt; das Zurückhalten (des Urteils) Epoche

S.73

0389 N	**Biest** l>afrz	1. derb für: Vieh {38/39}; 2. Scheusal, Untier {06/07/08/38}; 3. bösartige Frau {33/84}	**bestia**, ae f afrz. *beste*	vernunftloses, wildes Tier; Bestie vgl. oben 0385a

S. 74

0396 N	**Binaural- prozessor** l;l;l	digitale Schaltungseinheit, die eine räumliche Klangwiedergabe über Kopfhörer ermöglicht {46/87}	**bini**, ae, a + **auris**, is f + **procedere** (PPP. **processus**)	je zwei; beide Ohr vorrücken, -gehen; Fortschritte machen

S. 78

0429 N	**Boutique** (gr)>l>frz	kleiner Laden, kleines Modegeschäft {19/20/42}	**apotheca**, cae f	Vorratskammer, (Wein)lager, Speicher
			gr. *ἀποθήκη*	Speicher, Scheune; Guthaben; Zuflucht
			frz. *boutique*	

S. 84

0459 N	**Bütt** (gr)>vulgl/ mlat	einem Faß ähnliches Vortragspult für den Redner bei einer Karnevalssitzung {35/85}	vulgl. **buttis** gr. *βυτίνη* mlat. butina	Faß s. oben 0426 / 0447 Flasche, Gefäß

S. 85

0460 N	**Cache** l>gallorom >frz>engl	temporärer Zwischenspeicher von Daten zweier miteinander kommunizierender Funktionseinheiten bei Computern {32/46/71}	**coactare** gallorom. *coacticare** frz. *cacher*	mit Gewalt zwingen zusammendrücken verbergen

S. 86

0469 N	**canceln** l>>engl	1. absagen (von Reisen) {27/28/45}; 2. ungültig machen, streichen (von Textstellen) {32/56/76}	**cancellare**	gittern; (mit Gittern) durchstreichen; eine Schrift kanzellieren vgl. 1616

S. 94

0522 N	**Client** l>engl	Computer-Anwendung, die die Dienste eines Servers in Anspruch nimmt {33/42/46/71} (vgl. unten 1692)	**cliens**, ntis m	Höriger, Klient, Vasall

S. 130

0741 N	**digestiv**	die Verdauung betreffend, fördernd (med. t. t.) {70}	**digerere** (PPP. **digestus**) (bzw. **digestibilis**, e)	verdauen; verteilen, beseitigen; sortieren verdaulich, die Verdauung fördernd

–	**Digestivum** (oder **Digestif**)	1. verdauungsförderndes Mittel oder Getränk {17/70}; 2. Lösungsmittel zum Extrahieren fester Drogen (med. t. t.) {70/73}	dto.	dto.

S. 136

0768 N	**Diskus** (gr)>l	1. Wurfgerät in der Leichtathletik {85}; 2. Diskuswerfen {61/85}; 3. wulstförmige Verdickung des Blütenbodens (bot. t. t.) {68}; 4. Opferteller für das geweihte Brot (orth. t. t.) {44/77}	**discus**, ci m gr. *δίσκος*	(Wurf)scheibe, Platte, Teller Wurfscheibe, Teller, Schüssel
–	Diskuswerfen, –werfer, –wurf			

S. 144

0812 N	**Domain** l>frz>engl	alle Dokumente und Rechner unter einem gemeinsamen Namen (EDV - t. t.) {71}	**dominium**, ii n frz. *domaine* engl. *domain*	Herrschaft, Besitz, Eigentum, Machtgebiet

S. 163

0912 N	**Eppich**	Bezeichnung für mehrere Pflanzen, z. B. Sellerie; Efeu (landsch.) {03/05/68}	**apium**, ii n ahd. *epfi(ch)*	von den Bienen bevorzugte Pflanze; Eppich, Doldengewächs Sellerie

S. 168

0943 N	**Event** l>engl	1. Ereignis, Vorkommnis; 2. besonders herausragende Veranstaltung {32/33/85}	**eventus**, us m	Ausgang, Ergebnis; Ereignis, Vorfall; Schicksal

S. 185

1027 N	**fachsimpeln** d;l>frz	ausgiebige Fachgespräche führen {32/40}	**simplex** (Gen. –licis) frz. *simple*	einfach, schlicht; harmlos, natürlich einfach
–	Fachsimpelei			

S. 192

1069 N	**Fermate**	(mus. t. t.) 1. Zeichen über einer Note oder Pause zur Verlängerung; 2. verlängerte Note oder Pause {37/59}	**firmare** it. *fermare* *fermata*	befestigen; dauerhaft machen anhalten; befestigen Halt, Aufenthalt

S. 216 [nach Nr. 1174]

>>> gebenedeit s. benedeien

S. 216

1174 N	**gefeit** l>vulgl >afrz>mhd	geschützt, unverletzlich {14/24/33}	**fatum**, ti n	Göttersprunch, Weissagung; Lebensschicksal
			vulgl. **Fata**	Schicksalsgöttin, Fee
			afrz. *faie*	Fee
			mhd. *fei(e)*	Fee
			veinen	nach Art der Feen durch Zauber schützen
–	feien			

S. 220

1183	**Genius**	1. Schutzgeist, göttliche Verkörperung des Wesens eines Menschen, einer Gemeinschaft, eines Ortes im röm. Altertum (hist. t. t.) {51/75/77}; 2. schöpferische Kraft eines Menschen {22/25/28}; 3. schöpferisch begabter Mensch {22/25/33}; 4. geflügelt dargestellte Gottheit der röm. Mythologie (kunstwiss. t. t.) {36/51/75/77}	**genius**, ii m	Gönner, Gastgeber, Schutzgeist vgl. oben 1181

S. 232

1243 N	**hereditär** l>frz	1. das Erbe, die Erbschaft, die Erbfolge betreffend {15/33/50}; 2. erblich, die Vererbung betreffend (med., biol. t. t.) {68/69/70}	**hereditarius**, a, um frz. *héréditaire*	erbschaftlich, erblich, geerbt

S. 233

1248 N	**Homepage** (engl;l >engl) >engl	1. Web-Seite eines Internet-Anbieters; 2. frei einstellbare Startseite im Web-Browser, mit der man immer beginnt {32/46/71}	engl. *home* + **pagina**, ae f engl. *page*	Haus–; Heim– Blatt Papier, Seite, Kolumne vgl. unten 2470

S. 235

1256 N	**Host** l>afrz >engl	Zentralrechnersystem, das einem Anwender ermöglicht, in einem Netzwerk mit anderen Computern zu kommunizieren {32/46/71}	**hospes**, pitis m afrz. *(h)oste* engl. *host*	Fremdling; Gastfreund, Gast Gastgeber; Gast

S. 258

1364 N	**Infallibilität** (l;l)>mlat	Unfehlbarkeit des Papstes in Dingen der Glaubenslehre (kath. rel. t. t.) {25/51/77}	**in** (Praeverb) + **fallere** mlat. infallibilis	drin, dran, dabei; un- täuschen, betrügen, ausgleiten lassen nicht zu täuschen
–	infallibel, Infallibilist			

S. 272

1434 N	**Insinuant**	1. jmd., der Unterstellungen, Verdächtigungen äußert {32/33/82}; 2. jmd., der anderen etw. zuträgt, einflüstert {28/32/33}; 3. jmd., der sich bei anderen einschmeichelt {33}	**insinuare** (PPA. **insinuans**)	eindringen, sich eindrängen; sich einschmeicheln
–	**Insinuation**	1. Unterstellung, Verdächtigung {32/33/82}; 2. Einflüsterung, Zuträgerei {28/32/33}; 3. Einschmeichelung {33}; 4. Eingabe eines Schriftstückes an ein Gericht (veraltet) {82}	**insinuatio**, onis f	eindringlicher Eingang einer Rede; Empfehlung
–	**insinuieren**	1. unterstellen {32/33/82}; 2. einflüstern, zutragen {28/32/33}; 3. sich –: sich einschmeicheln {33}; 4. ein Schriftstück einem Gericht einreichen (veraltet) {82}	**insinuare**	s. oben

S. 281

1466 N	**Interface** (l;l)>engl	Schnittstelle; Übertragungs- und Verbindungsstück, durch das ein Datenaustausch zwischen zwei Bereichen stattfindet {71}	**inter** (Präp.) + **facies**, ei f	(da)zwischen, unter; während; einander äußere Beschaffenheit, Anblick, Aussehen, Gesicht

S. 284

1484 N	**Internet** (l;engl) >engl	weltweiter Verbund von Computernetzwerken zum Austausch von Daten, Nachrichten, Musik etc. {32/33/40/46/71}	**inter** + engl. *net*	(da)zwischen, unter; während; einander Netz; Netzwerk; Verbindung

S. 327

1686a N	**Kirmes** (gr>ahd;l >mlat) >mhd	(aus Kirchmeß) 1. die zur Einweihung einer Kirche gelesene Messe; feierliche Einweihung einer Kirche {51/77}; 2. Jahrmarkt, Rummel {85}	gr. *κυριακόν* spätgr. *κυρικόν* ahd. *kiricha*	das zum Herrn gehörige Haus
			+ **mittere**	schicken, senden, melden
			kirchenl / mlat. missa mhd. *kirmesse*	liturgische Opferfeier, Messe

S. 328

1687 N	**Klamauk**	(berlin., ugs.) Lärm, Krach; Wirbel; Auseinandersetzung {23/32/33}	uns. ob: **clamare**	(aus)rufen, laut verkünden, schreien

S. 332

1701 N	**Koda** l>it	(mus. t. t.) 1. Schlußteil eines musikalischen Satzes {37/59}; 2. zusätzliche Verse beim Sonett {37/57}	**cauda**, ae f it. *coda*	Schwanz

S. 335

1718 N	**Koks** l>engl	1. durch Erhitzen unter Luftabschluß veredelte Braun- oder Steinkohle {02/41/87}; 2. (ugs., scherzhaft) Geld {32/56} (die übrigen Bedeutungen sind nicht lateinischen Ursprungs)	uns. ob: **coquere** (PPP. **coctus**) engl. *coke*	kochen, braten, sieden Koks
–	Kokerei			

S. 407

2022a N	**Lavabo**	1. liturgische Handwaschung des Geistlichen in der Messe (kath. rel. t. t.) {21/61/77}; 2. vom Geistlichen dabei verwendetes Waschbecken mit Kanne (kath. rel. t. t.) {21/77}; 3. (schweiz.) Waschbecken {87}	**lavare** **lavabo**	waschen, baden ich werde waschen

S. 411

2043 N	**Lettner**	in mittelalterl. Kirchen den Chor vom Langhaus trennende, plastisch ausgestaltete, hohe Schranke mit einer Empore, auf der liturgische Schriftlesungen stattfanden und die Chorsänger Aufstellung nahmen {51/58/75/88}	**lectorium**, ii n mlat. lectorium o. lectionarium mhd. *lect(en)er*	Lesepult Lesepult im Chor

S. 419

2082 N	**Logistik** (gr)>l>(frz)	1. ↗ mathematische Logik {25/71}; 2. militärische Planung {25/86} [andere Bedeutungen sind nicht griech.-lateinischen Ursprungs!]	**logisticus**, a, um 1. gr. *λογιστικός* 2. gr. *λογιστική τέχνη* frz. *logistique*	die Finanzverwaltung betreffend zum Rechnen gehörig; Mathematiker (Kunst des) Rechnens
–	**Logistiker** (gr)>l	Vertreter der Logistik {25/40/71}	dto.	dto.
–	**logistisch** (gr)>l	die Logistik betreffend, auf ihr beruhend {25/71/86}	dto.	dto.

S. 422

2096 N	**Lumbalpunktion** l;l	Einstich in den Lendenwirbelkanal zur Entnahme von Rückenmark (med. t. t.) {70}	**lumbus**, bi m + **punctio**, onis f	Lende das Stechen; Stich

S. 433

2148 N	**Margarine** (gr>l;l)>frz	streichfähiges, butterähnliches Speisefett {17}	**margarita**, ae f gr. *μάργαρον* oder *μαργαρίτης* + **acidus**, a, um frz. *acide* *acide margarique*	Perle Perle sauer; widerlich, lästig Säure perlfarbene Säure

S. 433

2148 N	**Margerite** (gr)>l>frz	Wiesenblume mit sternförmigem weißen Blütenstand {04/68}	**margarita** gr. *μάργαρον* oder *μαργαρίτης*	Perle Perle

S. 455

2249 N	**Miserere**	1. Anfang und Bezeichnung des 51. Psalms in der Vulgata {77}; 2. Koterbrechen bei Darmverschluß (med. t. t.) {14/70}	**misereri** **(misereor)**	Mitleid haben, sich erbarmen ich erbarme mich

S. 456

2251 bN	**Mister** l>engl	englische Anrede für einen Herrn in Verbindung mit einem Namen {32/33}	**magister** tri m engl. *mister* (bzw. *master*)	Meister, Lehrer, Lehrmeister Herr

S. 462

2267 N	**Molar**	Mahl-, Backenzahn (med. t. t.) {11/70}	**molaris**, e bzw. dens molaris	zum Mahlen gehörig Backenzahn

S. 469

2312 N	**Multimedia** (l;l)>engl	kombinierter Einsatz verschiedener digitaler Medien wie Ton, Text, Grafik, bewegte Bilder {32/46/47/71}	**multus**, a, um + **medium**, ii n	viel, zahlreich, groß, bedeutend Mitte, Mittelpunkt; mittlere Zeit; Vermittler

S. 474

2332 N	**Muting** l>engl	Verfahren zur Unterdrükkung des Zwischensenderrauschens beim UKW-Empfang {46/87}	**mutus**, a, um	schweigend, lautlos, still, stumm

S. 502

2432 N	**online** (engl;l) >engl	in der Leitung, miteinander verbunden (von Computern gesagt – Gegenteil: offline) {32/46/71}	engl. *on* + **linea**, ae f	ein; in Leine, Strich; Linie; Richtschnur

S. 511

2453 N	**Ossifikation** l;l	Verknöcherung; Bildung von Knochen (med. t. t.) {70}	**os**, ossis n + **facere**	Knochen, Bein tun, machen, handeln

S. 515

2475 N	**Palatal(laut)** l;d	am vorderen Gaumen gebildeter Laut (sprachwiss. t. t.) {32/76}	**palatum**, ti n o. **palatus**, ti m	Gaumen

– palatalisieren, Palatalisierung

S. 530

2546 N	**Patina** (gr)>l>it	1. Schüssel, Pfanne {87}; 2. grünliches Kupferoxid, Edelrost {73}; 3. – ansetzen: (ugs.) veraltet sein, überholt sein {33/59}	1. **patina**, ae f gr. *πατάνη* 2., 3. uns. ob: **patina** gr. *πατάνη* it. patina	Schüssel, Pfanne Firnis, Glanzmittel für Felle

S. 538

2589 N	**Performance** l>engl	1. Auftritt, Vorstellung {23/26/29/32}; 2. gestisch-theatralische Aktion {12/29/37/74}	**performare**	völlig bilden

S. 545

2621 N	**Petent**	Bittsteller {27/33/47/50/82}	**petere** (PPA. **petens**)	aufsuchen, zu erlangen suchen; wünschen, bitten

S. 545

2622 N	**petto** l>it	in – haben: etwas Überraschendes vor bzw. im Sinn haben; im Schilde führen {25/28}	**pectus**, toris n it. *(avere) in petto*	Brust; Herz, Gemüt, Sinn, Verstand, Gesinnung im Herzen, im Sinn haben

S. 547

2641 N	**Pfühl**	großes, weiches Bettkissen; weiche Lagerstatt (dichterisch, veraltet) {16/44}	**pulvinus**, ni m ahd. *pfulawi* mhd. *pfülw(e)*	Sitz-, Kopfkissen; Polster; Gartenbeet; Sandbank

S. 576

2802 N	**Präverb(ium)** l;l	mit dem Stamm nicht fest verbundener, ihm nur in der infiniten Form vorangestellter Teil des Verbs (sprachwiss. t. t.) {76}	**prae** (Präp.) + **verbum**, bi n	vor, voran, voraus, vorher Ausdruck; (Zeit)wort, Verb

S. 596

2885 N	**Provider** l>engl	Organisation o. Firma, die Verbindungen zum Internet o. Teilen davon anbietet {32/42/46/71/80}	**providere**	vorhersehen; Sorge tragen für; vorsorgen; besorgen

S. 621

2986 N	**Ratzefummel** l>d;l	(Schülersprache): Radiergummi {31/40/87}	**radere**	reinigen, gätten; abschaben, abkratzen vgl. 2962
–	**ratzekahl** l>spätl>frz >d;d	(volksetymologische Umbildung von radikal): gänzlich leer, kahl; ganz und gar {55/56/57}	**radicitus** (Adv.)	mit der Wurzel, mit Stumpf und Stiel, von Grund aus, ganz
			spätl. **radicalis**	eingewurzelt
			frz. *radical*	grundlegend, gründlich vgl. 2963
–	ratzeputz			

S. 668

3162 N	**Riviera** l>vulgl>frz >it	1. Mittelmeerküstenlandschaft in Italien bzw. Frankreich {02/64}; 2. allgemein für: reizvolle Küstenlandschaft {02/64/85}	**ripa**, ae f	Ufer, Rand, Abhang eines Gewässers
			riparius	am Ufer befindlich
			vulgl. riparia	das am Ufer Befindliche
			frz. *rivière*	Ufergegend, Fluß vgl. 3140

S. 668 [nach Nr. 3162N]

– Riverboatparty (Party s. oben 2528), Riverboatshuffle

S. 674

3177 N	**Router** (l;l)>vulgl >frz>engl	aus Hard- und Software bestehendes Computersystem, das Datenpakete zwischen zwei Netzwerken weiterleitet {32/46/71}	**via**, ae f	Straße, Weg vgl. unten 3177
			+ **rumpere** (PPP. **ruptus**)	zerbrechen, –reißen, –sprengen
			vulgl. rupta (sc. via)	gebrochener, gebahnter Weg
			frz. *route*	

S. 674

3178 N	**Rubidium** l>nlat	chem. Grundstoff; Alkalimetall (mit charakteristischen roten Spektrallinien) {02/73}	**rubidus**, a, um*e*	dunkelrot; braunrot

S. 684

3225 N	**Schalmei** (gr)>l >spätl>afrz >mhd	1. Blasinstrument mit doppeltem Rohrblatt; 2. Spielpfeife einer Sackpfeife; 3. Zungenstimme bei der Orgel; 4. einfaches volkstümliches Blasinstrument mit mehreren gebündelten Röhren aus Metall {37}	**calamus**, mi m	Rohr, Schilf; Halm; Schreibrohr; Rohrföte
			gr. *κάλαμος*	Rohr, Halm
			spätl. **calamellus**	Röhrchen
			afrz. *chalemel(le)*	
			mhd. *schal(e)mie(e)*	

– Schalmeibläser, schalmeien, Schalmeienklang

S. 685

3235 N	**Schraube** l>spätl >mlat>afrz >spätmhd	nagelähnlicher Metallstift mit Gewinde {40/41/44}	uns. ob: **scrofa**, ae f	Mutterschwein, Sau
			spätl. scrofa	weibliche Scham
			mlat. scrofa	Schraubenmutter,
			o. scroba	Mutterschwein
			afrz. *escroe*	Schraubenmutter
			spätmhd. *schrube*	Schraubenmutter, Schraube
–	**geschraubt** l>spätl mlat>afrz >spätmhd	gekünstelt, geziert im Ausdruck {32}	dto.	dto.

– schrauben, Schraubung, Schraubenschlüssel, Schraubenwinde, Schraubenzieher, Schraubstock, Schraubzwinge; verschrauben, Verschraubung

S. 685 [nach 3237]

>>> Schubkarre s. Karre(n)

S. 709

3342 N	**Skrofeln** l>mlat	tuberkulöse Haut- und Lymphknotenerkrankung bei Kindern (med. t. t.) {14/70}	**scrofulae**, arum f (Pl.)	Halsdrüsen, Halsgeschwulst; Skrofeln

– Skrofulose, skrofulös

S. 710

3347 N	**Snob** (l;l)>engl	jmd., der sich durch zur Schau gestellte Extravaganz den Schein kultureller Überlegenheit zu geben versucht; blasierter Vornehmtuer {33/84}	**sine** (Präp.)	ohne
			+ **nobilitas**, atis f	Berühmtheit, vornehmer Rang o. Stand; Vorzüglichkeit

– Snobismus, snobistisch

S. 730

3433 N	**Stola** (gr)>l	1. über einem Kleid getragenes, schalartiges Gebilde (z. B. ein Pelz) {19/20}; 2. über der Tunika getragenes langes römisches Frauengewand {19/75}; 3. Teil der liturgischen Priesterbekleidung in Form eines langen mit Ornamenten versehenen Stoffstreifens (kath. rel. t. t.) {19/77}	**stola**, ae f gr. *στολή*	langes Kleid; Damenkleid Rüstung; Kleidung

S. 789

3702 N	**Uffizien** l>it	ehemaliger Regierungspalast in Florenz (jetzt Gemäldegalerie) {49/50/58}	**officium**, ii n	Pflicht, Dienst, Beruf; (Amts)geschäfte vgl. 2414

S. 794

3735 N	**User** l>engl	Anwender, Benutzer einer Computer-Software; Teilnehmer am Internet {32/46/71}	**usus**, us m (bzw. **uti**, PPf. **usus**)	Benutzung, gebrauch, Anwendung, Übung benutzen, gebrauchen, anwenden

S. 801

3768 N	**Velar-(laut)** l;d	Gaumensegel–, Hintergaumenlaut (sprachwiss. t. t.) {32/76}	**velum**, li n	Hülle, Vorhang, Tuch; Segel

S. 814

3860 N	**Volute** [vor volvieren]	spiralförmige Einrollung am Kapitell ionischer Säulen oder als Bauornament in der Renaissance; Schnecke{88}	**volvere** (PPP. **volutus**)	wälzen, rollen; überdenken, überlegen

S. 828

3922 N	**zuschanzen** d;l>vulgl >afrz>frz	sich oder jmdm. unterderhand etw. Vorteilhaftes verschaffen oder zukommen lassen {28/33}	**cadere** vulgl. cadentia* afrz. *cheance* frz. *chance*	(aus–, zu)fallen; widerfahren, zufällig eintreten das Fallen; Fall vgl. oben 0500

S. 899 [Redewendungsliste – nach lupus in fabula]

Magister Artium	Meister der (Freien) Künste *(in den geisteswisenschaftlichen Hochschulfächern an Universitäten verliehener akademischer Grad)*